TRAITÉ ÉLÉMENTAIRE

DE

DROIT COMMERCIAL

PAR

E. THALLER

PROFESSEUR DE DROIT COMMERCIAL A L'UNIVERSITÉ DE PARIS
A L'ÉCOLE DES HAUTES ÉTUDES COMMERCIALES ET AU COLLÈGE DES SCIENCES SOCIALES
PROFESSEUR HONORAIRE DE L'UNIVERSITÉ DE LYON

PARIS

LIBRAIRIE NOUVELLE DE DROIT ET DE JURISPRUDENCE

Arthur ROUSSEAU, Éditeur

14, RUE SOUFFLOT, ET RUE TOULLIER, 13

—

1898

TRAITÉ ÉLÉMENTAIRE

DE

DROIT COMMERCIAL

DU MÊME AUTEUR

De la faillite des Agents de change et de la liquidation de leurs charges. 1 vol. in-8°. 1883.

De la réforme de la loi sur les Sociétés par actions. 1 vol. in-8°. Paris, 1886. (*Larose* et *Forcel.*)

Des faillites en Droit comparé, avec une étude sur le règlement des faillites en droit international (*Ouvrage couronné par l'Institut*). 2 vol. in-8°. — Paris, 1887. (*A. Rousseau.*)

Annales de Droit commercial français, étranger et international, publiées avec le concours de nombreux Professeurs des Universités françaises et étrangères, Magistrats, Avocats, etc. — 1886-1897. — 1 vol. par an. (*A. Rousseau.*)

TRAITÉ ÉLÉMENTAIRE

DE

DROIT COMMERCIAL

PAR

E. THALLER

PROFESSEUR DE DROIT COMMERCIAL A L'UNIVERSITÉ DE PARIS
A L'ÉCOLE DES HAUTES ÉTUDES COMMERCIALES ET AU COLLÈGE DES SCIENCES SOCIALES
PROFESSEUR HONORAIRE DE L'UNIVERSITÉ DE LYON

PARIS

LIBRAIRIE NOUVELLE DE DROIT ET DE JURISPRUDENCE

Arthur ROUSSEAU, Éditeur

14, RUE SOUFFLOT, ET RUE TOULLIER, 13

—

1898

BAR-SUR-SEINE. — IMP. Ve C. SAILLARD

PRÉFACE

Ce livre est le fruit d'un enseignement général que j'ai donné d'abord à Lyon pendant seize années consécutives, avant que la Faculté de Paris ne m'eût fait le grand honneur de me désigner à la succession de M. Rataud. Le cours a subi nécessairement de nombreux remaniements depuis que j'en ai pris possession ; mais son esprit et sa méthode n'ont pas dû varier sensiblement avec le temps, et s'il arrivait à l'un de mes anciens auditeurs de feuilleter par occasion quelques pages de l'ouvrage, il est probable qu'il y trouverait le souvenir de leçons remontant à l'époque déjà lointaine de ses propres études.

Les traités qui ont précédé ce volume m'ont naturellement beaucoup servi. Cette observation est surtout vraie du Précis de M. Boistel, du Traité de MM. Lyon-Caen et Renault, ainsi que du Cours de notre regretté collègue d'Aix, M. Laurin, ouvrages qui, à des titres divers, ont conquis les suffrages du public et largement concouru à propager la connaissance du droit commercial. Comme il arrive toujours en pareil cas, il m'est difficile de démêler la part d'informations que j'y ai puisée, à côté de ce qu'il peut y avoir de personnel dans mon travail. S'il eût été en mon pouvoir de les citer chaque fois que j'ai suivi leur doctrine, c'est à tout propos que leurs noms seraient revenus sous ma plume : le caractère du livre m'a déterminé à le faire seulement sur les points où mes opinions devaient différer des leurs.

J'en dirai autant des dissertations publiées par mes collègues de Paris et de province, à commencer par les innombrables notes insérées par M. Labbé dans le Recueil de Sirey pendant trente-cinq ans. Ces notes, en tant qu'elles parcourent tout le champ de la jurisprudence commerciale, constituent, ainsi qu'on le sait, un véritable monument d'études de la plus haute portée.

On ne m'en voudra pas de ces omissions nécessaires de bibliographie qui se comblent en quelque sorte d'elles-mêmes. J'ai préféré diriger mes citations vers les travaux moins connus, et particulièrement sur les thèses de doctorat de la dernière époque. On a peut-être une tendance à les confondre dans une même prétérition; et c'est à tort, car les unes sont de très bonnes monographies, et il en est d'autres qui, par les qualités dont elles témoignent ou par les renseignements qu'elles donnent, méritent, pour ne rien dire de plus, d'être préservées de l'oubli.

Mais, dans ce rappel des inspirations du livre, c'est à l'enseignement même de M. Rataud que je tiens à remonter : car c'est bien de lui que nous procédons en réalité les uns et les autres, et nous nous en créons un titre d'honneur. Le premier il a su animer le droit du commerce au contact de la vie des affaires. Quoique se défendant d'être un économiste, il a eu le don de suggérer à ses auditeurs le goût de la législation commerciale, en leur montrant les rapports que l'économie politique entretient avec elle. Dût sa modestie souffrir de cet hommage spontané, il a frayé la voie avec le mérite des féconds initiateurs. On peut et on doit en convenir, alors même qu'on aurait pris parti pour une autre méthode d'exposition que la sienne.

Il me sera permis d'indiquer la véritable raison qui m'a porté à publier ce cours, alors que plusieurs autres livres semblables étaient déjà entre les mains de nos étudiants, et pour leur plus grand profit.

Les professeurs de nos Facultés chargés de l'enseignement de la licence sont condamnés par les règlements à une tâche professionnelle, assurément utile et indispensable, mais à laquelle ils désirent joindre un rôle d'enseignement supérieur plus approprié au titre de leurs fonctions.

Or l'obligation de parcourir périodiquement un cycle uniforme de connaissances générales, absorbant tout le temps de la chaire, n'est pas faite pour donner satisfaction à cette tendance. Le professeur, voulant ainsi creuser des questions spéciales et renouveler d'une année à l'autre l'objet de ses investigations, doit cependant, quand il en coûterait quelque expédient, pouvoir conquérir une leçon par semaine sur le vulgarisateur qu'il est d'abord et qu'il ne saurait se dispenser d'être.

Cela lui sera rendu plus facile, si l'ensemble de son cours général est imprimé. Il est alors en mesure, tout en poursuivant son programme, de renvoyer à son livre ceux qui l'écoutent, pour les questions de détail : le temps qu'il gagne ainsi peut être avantageusement employé à travailler des points particuliers devant un auditoire absolument bénévole. C'est, du moins, ce que je conjecture, avec le désir d'en pouvoir faire l'expérience par la suite.

Pour parler de l'ouvrage en soi, il ne m'appartient pas d'en juger l'esprit. Quelques lecteurs lui trouveront une tendance un peu sombre et abstraite. Je me suis attaché à dégager les principes de chaque institution, avec la manière dont les institutions se combinent entre elles. C'est de la *méthode* que j'ai eu souci avant toutes choses : j'entends par là la connaissance des idées générales devant servir de clef pour la solution des cas litigieux qui, dans le commerce plus qu'ailleurs, se reproduisent chaque jour avec une extrême variété de manifestations.

Quant à ces questions particulières, je ne les ai pas multipliées, et lorsqu'il m'est arrivé de les trouver sur mon chemin, je me suis abstenu d'y consacrer de longues explications. L'élève, qui s'est placé en face de la notion dirigeante et a mis un peu de réflexion personnelle à la pénétrer, doit être en état de constituer par lui-même tout l'appareil de démonstration nécessaire pour isoler le problème d'application de son cadre doctrinal. Par le même motif, je me suis montré sobre en fait de citations d'arrêts. Mais il ne semble pas que ce laconisme dans le détail nuise à la compréhension du droit des affaires. Je serais porté plutôt à penser le contraire. L'essentiel pour les débutants est d'apprendre à raisonner, plutôt que d'avoir des raisonnements tout préparés : sous ce rapport, les principes ne sauraient être mis trop en évidence.

Je ne me dissimule pas, du reste, les difficultés que présenteront, pour des étudiants encore novices, certaines parties de ce traité composées d'après un pareil plan, et notamment celle du change, que les anciens auteurs qualifiaient déjà d'abstruse. Afin de diminuer leur fatigue, j'ai eu recours à des procédés de typographie, comme l'emploi d'*italiques*, pour arrêter l'attention sur les idées ou sur les termes importants. L'embarras de la lecture tiendra quelquefois à des défauts d'exécution : c'est le résultat d'une rédaction hâtive ; ils se corrigeront plus tard, si les circonstances doivent nous favoriser d'une seconde édition.

Le dédommagement pour le lecteur, si le relief de l'institution lui est suffisamment apparu, sera de passer de plain-pied du droit dans l'économie politique : deux sciences qui ne peuvent plus désormais se désassocier. A cet égard aussi, et dans la mesure où un livre élémentaire pouvait le comporter, je me suis efforcé de montrer l'intime parenté de ces deux ordres de connaissances.

Sans répondre à l'objection que des économistes obstinément « documentaires » m'adresseront peut-être de faire de l'*apriorisme* (reproche que je crois injuste), il m'a semblé que c'est aujourd'hui surtout qu'il importait dans nos écoles de renforcer chez les aspirants à la licence les bases dogmatiques de l'économie politique. Le doctorat s'est dédoublé; que la licence du moins demeure un terrain commun sur lequel les jeunes gens acquièrent la gymnastique d'esprit indispensable pour se préparer aux études spéciales du degré supérieur et pour y apporter une autonomie de personnalité ! Et, en parlant ainsi de l'action des idées générales sur l'ouverture des intelligences dans toutes les sciences similaires, je ne puis oublier cette élite commerçante de la société de Lyon, à côté de laquelle j'ai fait mes premières armes, et dont j'ai suivi les entretiens. Ceux qui croient dans l'avenir de la France provinciale n'ont pas tort de considérer comme un appoint de succès la volonté qu'ont les hommes de réagir, dans l'œuvre de l'éducation, contre l'assimilation des cerveaux de la jeunesse par le jeu de la mémoire ou des idées toutes faites.

J'exprimerai un regret en finissant. C'est que, dans l'organisation actuelle du doctorat, aucune place ne soit faite au droit commercial. Il mériterait cependant de figurer également dans les deux branches, dans celle des sciences politiques comme dans celle du droit privé. La lacune est d'autant plus fâcheuse, que nous voyons les aspirants à l'une de nos agrégations obligés de produire une épreuve dans la législation du commerce, qu'ils ont perdue de vue depuis la fin de leur licence, remontant à trois années au moins. On nous promet que cette omission va être réparée, et ce ne sera que justice.

E. T.

Paris, 1er juin 1898.

PRINCIPAUX ERRATA

P. 38, l. 20. Au lieu de *XIe siècle*, lisez : *XIIe siècle.*

P. 42, l. 3. Au lieu de : *Le Code civil prime le Code de Commerce*, lisez : *Le Code de Commerce prime le Code Civil.*

P. 62, l. 21-22. Au lieu de : *Vingt jours*, lisez : *Dix jours.*

P. 223, l. 4. Ajoutez : *Voir à cet égard la loi du 1er juillet 1893 spéciale à la Compagnie de Panama.*

P. 315, l. 36. Au lieu de : *n° 471*, lisez : *n° 473.*

P. 328, l. 18. Au lieu de : *Lui demander*, lisez : *Leur demander.*

P. 347, l. 11. Ajoutez : *Les primes, ainsi que les lots, sont frappées de l'impôt sur le revenu de 4 0/0.*

P. 388, l. 11. Après *prime pour payer*, ajoutez : *ou pour livrer.*

P. 460, l. 9. Au lieu de : *Pour le client*, lisez : *Contre le client.*

P. 516, l. 25. Ajoutez : *Ce registre public au greffe du tribunal de commerce est à présent créé par la loi du 1er mars 1898, portant modification à l'article 2075 C. civ.*

P. 516, note 1, l. 1. Au lieu de : *Personnalité*, lisez : *Universalité.*

P. 543, dernière ligne. Lisez : *n° 937, p. 535.*

P. 575, l. 29. Au lieu de : *D'autre origine*, lisez : *De même origine.*

P. 601, l. 25, dernier mot. Lisez : *Allemagne.*

TRAITÉ ÉLÉMENTAIRE

DE

DROIT COMMERCIAL

INTRODUCTION

SECTION PREMIÈRE

DÉFINITION DU COMMERCE. ÉTENDUE DU DROIT COMMERCIAL. THÉORIE DES ACTES DE COMMERCE

(Art. 632 et 633 C. com.)

1. — Le commerce dans les différentes parties du droit. — Le commerce se rattache à toutes les branches de la législation. Il ne dépend pas seulement de celle de ses parties qui a pour objet le droit commercial proprement dit.

C'est ainsi que le commerce a des liens intimes avec le *droit public et administratif*.

Il existe des exploitations de nature commerciale qui, pour cause d'hygiène ou de police, sont assujetties soit à une déclaration, soit même à une autorisation préalable. Par exemple, les établissements incommodes, dangereux ou insalubres.

Il y a des impôts qui frappent surtout le commerce, bien que les autres professions n'en soient pas nécessairement exemptes : la patente, les impôts de douane, les contributions indirectes. La loi économique de l'incidence de l'impôt fait supporter en définitive cette charge par le consommateur, au moins dans un grand nombre de cas. Mais ce n'est pas sur le consommateur que le fisc le prélève. Ces impôts dépendent de la *législation financière,* qui fait elle-même partie du droit administratif.

Dans le *droit des gens* ou *droit international public*, le commerce tient une assez grande place : cette science détermine notamment à quel régime obéit, d'après la coutume ou les conventions, la propriété de la marchandise des belligérants ou des neutres en temps de guerre maritime. D'autre part, il s'est constitué, au moyen de traités négociés par la diplomatie, des Unions douanières, des Unions postale, télégraphique, etc.

A côté du droit international public, le *droit international privé*, qui résout les conflits des lois de plusieurs Etats en matière de relations entre particuliers, se trouve appelé à trancher des différends d'ordre commercial plus souvent que des différends civils. Car les rapports d'affaires ou de contrats, entre personnes n'ayant pas même nationalité ou domicile, s'établissent surtout à l'occasion du commerce. Le droit international privé vient aussi garantir la propriété industrielle, les droits d'auteur, etc., pour des inventions ou des œuvres étrangères : ici encore reparaît la pratique des Unions internationales.

Le *droit criminel* intervient pour assurer, au moyen de sanctions pénales, la loyauté du trafic (tromperie sur la nature de la marchandise vendue, usage de faux poids ou de fausses mesures, falsification de denrées, faux en écritures de commerce, manœuvres pour opérer la hausse ou la baisse des prix, contrefaçon de brevets ou de marques, usurpation de nom), ou afin de garantir les créanciers contre les actes d'imprévoyance grave ou contre le détournement du gage par les débiteurs (banqueroutes simple et frauduleuse).

2. — Droit commercial. — Le droit commercial, tel que les programmes le limitent, laisse en dehors de lui tous ces ordres d'études. Ils ressortissent à d'autres chefs d'enseignement. Toutefois on peut dire que, lorsque ce droit s'occupe de la réglementation des bourses de commerce ou de l'organisation des tribunaux de commerce, il commet quelques empiètements sur le terrain du droit public ; comme aussi le fait par lui de statuer dans l'ordre des faillites lui donne accès, à divers égards, dans le domaine de la procédure.

Le droit commercial, au sens strict du mot, constitue une dépendance du droit privé. Il forme la contre-partie du droit civil, il en est le complément sous certains rapports. A ce point de vue limité, on le définira : *la partie du droit privé qui détermine la nature et les effets des conventions conclues soit par les commerçants, soit à l'occasion de faits de commerce.*

Les relations entre les particuliers ou avec les sociétés s'établissant presque uniformément dans le commerce au moyen de contrats, c'est-à-dire d'accords de volontés en vue de créer des engagements, le droit commercial forme en réalité une annexe au titre *Des obligations conventionnelles en général.*

Ce droit a son siège pour la France dans l'un des Codes publiés sous le premier Empire : c'est le *Code de commerce*, le troisième dans l'ordre des dates, promulgué par la loi du 15 septembre 1807, en vigueur à partir du 1er janvier 1808. Des lois complémentaires importantes sont venues s'y ajouter depuis cette date, plusieurs parties du Code ont été l'objet de modifications ou de revisions.

C'est le commentaire méthodique de ce Code et de ces lois qui va suivre, à l'exception toutefois des matières traitées dans le livre II (art. 190 à 436), c'est-à-dire à l'exception du droit maritime. Le mouvement commercial fait emprunter à bon nombre de marchandises la voie de mer : d'où le transport maritime ou affrétement, que complètent l'assurance et les conventions variées dont la construction et l'armement d'un navire seront la cause déterminante. Ces contrats, malgré leur étroite corrélation avec le droit commercial terrestre, font l'objet d'un cours séparé. Leur examen, très important par lui-même, chargerait à l'excès l'enseignement ordinaire de la législation du commerce.

3. — Dédoublement du droit privé. — On saisit de suite, d'après ces préliminaires, que le droit privé se dédouble en deux parties. Ces deux parties sont :

1° Le *droit civil*, qui gouverne les relations ordinaires entre les particuliers, et qui statue en outre exclusivement sur les rapports de famille, sur les successions ou donations, sur la condition de la propriété immobilière ;

2° Le *droit commercial*, qui est spécial soit à certaines catégories de personnes, soit à certaines espèces de conventions.

Malgré l'égalité des citoyens ou des particuliers devant la loi, ils dépendent de deux législations différentes, suivant leur profession ou suivant le caractère des opérations qu'ils font.

On recherchera plus loin la raison de ce dualisme, qui présente pratiquement certains inconvénients, et qui n'existe pas dans les lois de tous les États.

Au premier aspect, le motif qui a guidé la loi dans la séparation de ces deux droits est celui-ci : *le commerce a besoin de règles juridiques et d'institutions favorables à la rapidité des transactions et au développement du crédit*. Le commerçant met en valeur le capital d'autrui, il lui faut des délais pour l'exécution de ses engagements, ses nouvelles affaires le laissent constamment en avance sur ses rentrées, la législation à laquelle il est soumis doit donner des garanties de sécurité à ses fournisseurs ou bailleurs de fonds.

Partant de cette notion générale, le droit commercial organise notamment :

1° Les *sociétés commerciales* qui, suivant leur type, tantôt renforcent la responsabilité des associés, et tantôt font affluer les capitaux à l'entreprise au moyen de parts sociales à engagement limité ou de trafic commode ;

2° Les *effets de commerce*, qui facilitent le déplacement des capitaux ou bien tiennent lieu de monnaie, grâce à la confiance inspirée par les signataires ;

3° La *faillite*, qui vise au remboursement proportionnel des créanciers, préserve le gage contre les dilapidations, contre les paiements de faveur de la dernière heure, et procure ainsi une sécurité au moins relative à ceux qui opèrent à crédit avec le commerçant ;

4° Les *tribunaux de commerce*, avec leur procédure expéditive et l'expérience des juges qui les composent.

4. — Ressort du droit commercial. — Ce dédoublement du droit privé obligeait le législateur à dégager, aussi nettement que possible, le ressort du droit commercial. Il devait déterminer le point où le droit commercial et le droit civil se sépareraient l'un de l'autre. En s'élevant à une notion générale qui eût donné le signe auquel se distingue le commerce, par opposition aux autres manifestations d'activité, il se serait probablement inspiré des idées suivantes.

En droit comme en économie politique, le commerce consiste dans la *circulation* des produits, de l'argent, des titres fiduciaires. Le droit commercial est la branche du droit qui gouverne cette circulation.

Rationnellement, tout acte, toute profession qui s'interpose dans ce vaste mouvement est un acte, une profession de commerce, tout autre acte est civil. Il y a là une loi naturelle d'une extrême importance.

Le fait s'éclaire au moyen de constatations variées. Dans toutes les périodes de l'histoire, à partir d'un certain degré de civilisation et sauf des arrêts temporaires, on a vu des groupes d'hommes se constituer intermédiaires pour alimenter les autres groupes de ce qui leur était nécessaire ou utile à la vie.

Ces groupes se sont fondus aujourd'hui dans l'organisation de l'Etat. Mais à certaines époques ils formaient des classes séparées, disposant de prérogatives déterminées. Ils ont même composé, comme ce fût le cas pour l'Italie du moyen-âge, des peuples entiers avec une constitution politique propre, avec un territoire souvent réduit ou stérile, des peuples dont la fonction était de nouer la chaîne entre les producteurs et les consommateurs, entre les contrées d'origine d'un produit et celles où il pouvait trouver son débouché.

Ces hommes ont contribué à répandre le bien-être matériel, ils ont provoqué, par voie de concurrence, des perfectionnements de toute sorte. Ils ont été de puissants agents de progrès. Ils se sont lentement pourvus d'un droit spécial adapté à leurs besoins, plus souple, moins défiant envers le gain que ne l'était le droit civil.

Soit en se déplaçant périodiquement pour aller à la rencontre de leurs acheteurs (foires et marchés), soit en vivant d'une manière permanente au milieu de leur clientèle (comptoirs, colonies de commerce), ils se sont trouvés en présence d'autres éléments sociaux, avec lesquels ils ont été fréquemment en lutte : les propriétaires du sol, chez qui règne l'esprit sédentaire, les fonctionnaires publics, qui eux-mêmes, dans des temps déterminés (organisation féodale), arrivaient à la fonction par la propriété foncière. — L'histoire est remplie des rivalités de ces divers éléments, cherchant à s'assurer les uns contre les autres le pouvoir politique. Il suffira de citer en passant la prévention de la noblesse à l'égard du commerce, profession emportant dérogeance, non sans certains tempéraments, il est vrai.

Le commerce, envisagé d'une manière générale, se propose donc de faire arriver un produit, étape par étape, aux endroits où il sera recherché, soit pour sa mise en œuvre, soit pour sa mise en marché, soit pour sa consommation.

Cela ne peut se faire sans mouvement. Si le *temps*, condition du crédit, est un facteur important du commerce, la *distance* n'est pas un facteur moindre. Quand ce serait dans une même localité, il y a encore mouvement, puisque la marchandise, en passant du magasin de gros au débit de quartier, se rapproche du consommateur. Cette marche est le *trafic*, expression qui dans une acception plus étroite signifie *transport*, c'est-à-dire bien déplacement. L'endroit où se concentre le produit est qualifié *place*, mot qui n'entraîne une pensée de repos ou d'arrêt que d'une manière très relative : pour parvenir à la place, le produit doit commencer par traverser la route.

A chaque point de son voyage, long ou court, la marchandise change de main (voiturier, commissionnaire, manufacturier, négociant), elle acquiert une nouvelle destination, elle devient l'objet d'un contrat qui s'ajoute aux précédents, elle reçoit une plus-value. Elle dépend du droit commercial aussi longtemps que son arrivée au consommateur ne la fera pas retomber sous l'empire du droit civil.

Il serait facile d'appliquer cette notion, au moyen d'exemples appropriés, à tous les produits naturels et fabriqués. On les prendrait à leur lieu géographique de provenance, et on les suivrait à travers les entrepôts jusqu'à leur point d'absorption par le public. Chez le producteur, le produit n'est pas encore dans le commerce. Chez le consommateur, il n'y est plus. Entre ces deux hommes, s'établit toute une filière d'actes. Ces actes constituent le commerce au premier chef, à condition toutefois par l'opérateur de ne pas être un simple préposé d'autrui, mais une personne indépendante.

En somme, le commerce ne se distingue pas, à proprement parler, par une nature d'objet qui lui soit exclusive. Il porte bien sur les meubles, mais le droit civil peut aussi avoir des meubles pour objet. Il ne se distingue même pas par un ordre de contrats qui lui soient propres. La vente, le mandat, etc., se rencontrent en matière de droit civil, comme en matière de commerce. Il porte sur les meubles, pris en un certain état de marche, de transition. Et le but du droit qui régit cette circulation, c'est de l'accélérer au moyen de conventions réitérées et de procurer à l'opérateur le crédit.

5. — Le droit commercial est objectif. Acte de commerce, profession. — Les auteurs du Code de commerce n'ont pas procédé suivant une définition conforme aux idées précédentes. En réalité ils se trouvaient placés devant deux sortes de problèmes ; car la démarcation du droit commercial et du droit civil soulevait une difficulté complexe.

I. *Le droit commercial sera-t-il personnel ou réel?* — Il sera un droit *personnel*, si on l'applique seulement aux personnes exerçant le commerce *par profession*, et cela dans la mesure où l'opérateur fait des actes concernant cette profession. Dans ce système, les actes semblables, accomplis accidentellement par un non-commerçant, ne seront pas régis par le droit commercial. — Telle paraît avoir été, en substance, la règle admise sous l'ancien régime. Le droit commercial était un droit statutaire, les commerçants formant eux-mêmes alors une classe à part des autres, et il est à noter que le nouveau Code de commerce allemand de 1897 est revenu à cette conception, qui avait été abandonnée au cours de ce siècle.

Le droit commercial sera au contraire *réel* ou *objectif*, s'il doit gouverner tous les actes rentrant dans le cercle du commerce, sans égard à une profession ou à un établissement. Même accomplis passagèrement par un non-commerçant, ces actes seront régis par la législation du commerce.

Le Code de commerce a consacré le deuxième système. Le droit commercial s'applique à toute personne commerçante ou non, d'après la seule nature de l'acte (Ex. : un achat pour revendre).

A tort ou à raison, et plutôt à tort, on a pensé, au lendemain de la Révolution française, que l'institution d'un droit professionnel viendrait heurter le nouveau principe d'égalité des citoyens.

C'était perdre de vue peut-être que le principe d'égalité n'aurait été violé que par la création d'un droit de privilège. Or il n'y a plus rien de privilégié dans un droit sous lequel le premier venu peut se placer, en ouvrant librement un établissement de commerce.

Ainsi extension du droit commercial à tout acte de commerce, quelle que soit la qualité de l'opérateur.

Mais le législateur n'a pu suivre complètement la logique de son raisonnement. Tout en acceptant l'acte de commerce à la base du Code, il s'est arrêté à mi-chemin. Il était impossible d'étendre le droit commercial tout entier à ceux qui ne feraient des actes de commerce qu'à titre accidentel. Et de là une organisation un peu embarrassée, se ramenant aux deux règles suivantes :

1° *L'acte de commerce*, par lui-même, produit un effet de droit particulier. Il entraîne *compétence du tribunal de commerce* pour les procès auxquels il donne lieu. Ces procès sont jugés d'après les preuves admises par le droit commercial, et non d'après les preuves du droit civil. (Voir aussi plus bas les règles ayant trait à la liberté du taux de l'intérêt, ainsi qu'au nantissement en matière commerciale.)

Ces règles s'appliquent, indépendamment de toute profession chez l'opérateur.

2° L'acte de commerce, par sa répétition professionnelle, investit l'agent de la qualité personnelle de *commerçant* (art. 1er C. com). La commercialité remonte alors de l'acte à la personne.

Pour savoir si un individu est commerçant, il faut bien rechercher d'abord la nature juridique de ses actes, et se demander s'ils constituent par eux-mêmes des opérations de commerce, suivant la loi. Mais il faut en outre qu'il les fasse *professionnellement*.

Or cette qualité personnelle de commerçant produit des conséquences très importantes. Elles ne s'appliquent pas aux personnes faisant des actes de commerce accidentels. Ces conséquences sont : la *faillite* du débiteur, en cas de cessation de paiements, — l'obligation pour le commerçant de tenir des *livres*, disposant d'une force probante déterminée, — la *publicité du contrat de mariage* des époux dont l'un est commerçant. (Voir encore plus loin les règles sur l'électorat et l'éligibilité aux tribunaux de commerce.)

Le commerçant, bien entendu, est justiciable des tribunaux de commerce, à raison de ceux de ses engagements qu'il a conclus pour son commerce. C'est là le résultat non de sa condition personnelle, mais de la nature commerciale des opérations qu'il fait. Cette disposition de compétence s'explique donc par la première règle posée, et non par la seconde. La seconde règle entraîne les résultats qu'on vient de voir, et qui, à défaut de profession, ne se produiraient point.

En résumé, le système adopté par le Code est assez compliqué. Le droit commercial prend sa source dans l'acte de commerce. Et cet acte de commerce tantôt engendre des effets par lui-même (compétence judiciaire, organisation des preuves) et tantôt, si une deuxième condition se trouve remplie, il concourt à faire de l'agent un commerçant : le commerçant obéit à des règles propres (faillite, tenue des livres, etc.)

Au surplus, ce commerçant de profession sera ou bien un individu, ou bien une société. Les sociétés commerciales se distinguent en *sociétés de personnes*, dites encore sociétés par intérêt, et en *sociétés de capitaux* ou par actions. Ces dernières, moins nombreuses mais bien plus considérables, présentent cette particularité de diviser leur capital en parts négociables. Simple indication sommaire, à développer plus loin.

6. — Enumération limitative des actes de commerce. — II. *Comment la loi déterminera-t-elle l'opération qui doit constituer l'acte de commerce ?*

On vient de voir que l'acte de commerce est à la base de l'organisation légale. La difficulté n'était pas pour autant résolue par le Code. Le point important était de préciser les conditions qu'un acte remplirait, pour devenir acte de commerce.

Placée en face de ce devoir de délimiter les actes de commerce, la loi s'est crue hors d'état d'en fournir une *définition* d'ensemble. Le commerce a tant de manifestations, qu'il a paru impossible aux auteurs du Code de les ramener toutes à une notion uniforme. Cette notion, suivant eux, eût été trop abstraite ou trop vague, pour disposer d'une portée pratique vraiment utile.

Le Code, en conséquence, a préféré s'en tenir à une énumération, d'où toute idée générale semble absente. C'est un procédé empirique qui rassemble dans une même liste, et pêle-mêle en apparence, des opérations qui sont de prime abord fort éloignées les unes des autres. Il appartient du moins à l'interprétation de chercher à établir un lien entre ces opérations, de constituer un corps de doctrine.

L'énumération légale est *limitative*. On n'a pas le droit de l'étendre, par des raisons d'analogie. Cela provient de ce que le droit commercial forme un droit d'exception, à côté du droit civil qui constitue le droit commun. Or les exceptions sont soumises à une interprétation stricte et étroite.

Dès lors la question première qui se pose pour quiconque se demande si tel acte ou si telle personne relève du droit commercial, est celle-ci : l'acte discuté, l'acte sur lequel porte l'entreprise de cette personne rentre-t-il dans l'énumération que donne la loi ? Si oui, on est en matière de commerce. Si non, on est en matière civile.

Cela dit, une élimination s'impose dans ce programme.

Les actes de commerce se répartissent en *actes de commerce terrestre* et en *actes de commerce maritime*. Les premiers sont énumérés dans l'art. 632, les seconds dans l'art. 633. Ces textes apparaissent tout à la fin du Code, sous le livre *De la juridiction commerciale*, à propos de la compétence des tribunaux. Il eût été d'une meilleure méthode de dresser cette nomenclature en tête du Code, après ou avant la définition du commerçant. Il ne sera parlé plus loin que des actes de commerce terrestre.

7. — Actes de commerce principaux et accessoires. — L'art. 632 présente deux groupes d'opérations qu'il ne faut pas confondre. En d'autres termes, il y a deux sortes d'actes de commerce terrestre : 1° les *actes de commerce par leur nature*. Ce sont ceux qui sont dénommés dans l'énumération fournie par le texte.— Ex. : achat de denrées pour les revendre, opération de banque.

Toutes ces opérations d'ailleurs ne sont pas traitées sur le même pied. Pour les unes, la loi se contente d'un acte accidentel. Pour les autres, elle subordonne l'existence de l'acte de commerce au fait d'une *entreprise*, c'est-à-dire d'un établissement durable où les actes s'exercent d'une manière suivie (entreprise de manufacture, de commission, de transport, d'agence d'affaires) : une personne, qui accomplirait un fait de commission à titre non habituel, une seule fois, n'exécuterait pas un acte de commerce.

A cette différence près, tous les actes compris dans ce premier groupe se ressemblent, en ce que leur caractère commercial a été exprimé par la loi. Le texte les mentionne formellement et leur commercialité résulte de l'énonciation qu'il en donne.

2° Les *actes de commerce*, en vertu du principe dit *de l'accessoire*. Les obligations contractées par les *commerçants*, à l'occasion de leur commerce, sont uniformément commerciales. Le développement détaillé de cette règle sera repris ultérieurement sous le chapitre consacré au commerçant (nos 54 et s.). Ces actes ne sont signalés ici que par la nécessité d'établir au début un cadre, où puissent rentrer tous les modes d'opération que le commerce présente.

Le commerçant fait d'abord des actes qui sont commerciaux de leur nature, des actes du premier groupe. Ainsi en est-il du négociant qui achète des étoffes, en vue de les revendre. C'est même par ces actes, entrepris professionnellement, qu'il a commencé par acquérir le titre et la condition de commerçant.

Mais la marche de ce commerce entraîne beaucoup d'opérations secondaires : il a des emprunts à contracter, un outillage à acheter, etc. Accomplis par un autre que lui, ces actes, qui sont étrangers à l'énumération légale, resteraient civils. Ils deviennent commerciaux, parce que c'est un commerçant qui les fait. C'est la théorie de l'accessoire.

Par là s'étend considérablement le nombre des actes de commerce pour un commerçant de profession, et à son égard la commercialité s'attache aux modes d'engagement les plus variés.

Toutefois l'extension du droit commercial aux opérations accessoires n'est vraie que des actes accomplis par le commerçant *dans l'intérêt de son commerce.* Elle n'est pas vraie des actes accomplis dans un but différent, et notamment de ses acquisitions de fournitures de ménage. Ces actes demeurent civils.

Il faut ajouter pour être complet, sauf à revoir ces règles plus en détail (nº 60), que la loi établit une *présomption de commercialité* des actes du commerçant (art. 638, al. 2). En cas de doute sur le point de savoir si l'acte réalisé par le commerçant concerne son commerce ou non, c'est la première situation qui se présume. Au commerçant qui le conteste de prouver que l'opération, pour laquelle il est recherché, est étrangère à son commerce. Faute de quoi, son engagement relève du tribunal de commerce, il n'obtiendra pas son renvoi devant le tribunal de droit commun.

Ainsi caractère commercial, à l'égard d'un commerçant, des actes accessoires à son commerce, — et présomption, jusqu'à preuve du contraire, que les actes qu'il fait sont bien relatifs à ce commerce et par conséquent commerciaux. Tel est en résumé le système légal consacré.

8. — Actes de commerce en vertu de la forme. — Revenons aux actes de commerce par leur nature. L'énumération que la loi en donne va être abordée. Mais il y a lieu au préalable de présenter une observation indispensable, en vue de comprendre l'économie de la loi dans toutes ses parties.

Une énumération n'est jamais assez précise ou assez complète. Il existe une quantité d'entreprises de nature juridique équivoque. Elles sont placées au point où le droit commercial et le droit civil se croisent, sans qu'on sache bien si elles dépendent de l'un ou de l'autre. Il en résultera dans la pratique des chicanes oiseuses. Un débiteur fera plaider l'incompétence, en déclinant la juridiction du tribunal devant lequel son adversaire l'a traduit ; il la fera plaider encore pour se soustraire à la faillite : ces incidents retarderont le cours de la justice.

D'autre part, les progrès accomplis par le commerce et par l'industrie font naître incessamment de nouvelles entreprises, que le Code n'a pu prévoir dans son énumération. Ces entreprises ont cependant besoin des garanties offertes par le droit commercial.

Comment parer à ces imperfections ? En introduisant un correctif : la loi va réputer au fond actes ou entreprises de commerce des opérations ou des établissements qui se présenteront *extérieurement* dans des conditions déterminées. Il sera facile de voir si ces conditions extérieures existent. Le fond peut prêter aux discussions, la forme est visible et démonstrative.

De là, les actes réputés *commerciaux en vertu de la forme.* Celui qui les accomplit en la forme énoncée, cette forme étant usuelle dans le commerce, est présumé avoir pris un engagement commercial par sa nature. Alors même que la cause de l'obligation serait incertaine, ou qu'il serait établi en fait que cet engagement ne rentrait pas dans l'énumération de la loi, il sera traité de la même manière que s'il en faisait partie. La loi trouve ainsi le moyen de couper court aux procès de commercialité pour ces opérations se manifestant au dehors d'une certaine manière.

La loi a fait de cette idée deux applications intéressantes : 1° aux engagements constatés au moyen de *lettres de change*; 2° aux *opérations des sociétés par actions.*

9. — Suite. Lettre de change. — 1° *Lettre de change.* — D'après l'art. 638 *in fine* (modifié par la loi du 7 juin 1894), la loi répute actes de commerce entre toutes personnes les lettres de change.

Cette terminologie est incorrecte : les lettres de change sont des titres, il n'est pas vrai de dire qu'un *titre* soit un *acte* de commerce, il en fait plutôt présumer l'existence.

Toute obligation, contractée au moyen d'une lettre de change, est censée avoir pour cause un acte de commerce. Le créancier, qui demande à son débiteur de s'engager sous cette forme, dispose contre lui de la compétence du tribunal de commerce, comme il disposait avant la loi du 22 juillet 1867 de la contrainte par corps, procédé commun alors à toutes les natures commerciales d'engagement.

La lettre de change est un *effet de commerce*, mais non le seul. Il ne faut pas confondre la lettre de change avec le billet à ordre.

a) La *lettre de change* est un écrit par lequel, sous la forme d'un mandat de paiement, une personne, appelée *tireur*, s'engage envers une autre, appelée *preneur* ou *bénéficiaire*, ou à son ordre, à lui faire payer par une troisième personne, le *tiré*, une certaine somme à une échéance déterminée.

En voici la formule ordinaire :

Paris, 3 novembre 1897. B. P. F. 1,000.

Au 1er février prochain, payez à l'ordre de M. Bernard la somme de mille francs, valeur en marchandises.

A M. Thiébaut, 12, rue du Sentier, à Paris.

THOMAS.

Le preneur Bernard peut, au moyen d'un *endossement*, faire passer l'effet à un nouveau porteur qui est libre de l'endosser à son tour, jusqu'à ce que le titre soit présenté au tiré à l'échéance par le dernier porteur. Le tiré a pu accepter l'effet avant cette date, s'il en a été requis par le porteur. Tous ces signataires sont solidairement tenus du montant de la lettre de change, et, ce qu'il importe de constater pour le moment, ils sont tenus d'engagements commerciaux, à quelque fin que la lettre de change leur ait en réalité servi.

b) Le *billet à ordre* est un écrit par lequel un *souscripteur* s'engage à payer à l'ordre d'un *preneur* ou *bénéficiaire* une certaine somme à une échéance déterminée. Il ne met que deux personnes en jeu, au lieu de trois. Il n'est pas *acceptable*, en revanche il comporte l'endossement comme la lettre de change.

Paris, le 3 novembre 1897. B. P. F. 1.000

Au 1er février prochain, je paierai à l'ordre de M. Bernard la somme de mille francs, valeur en marchandises.

SIMON.

Sur le billet à ordre ainsi que sur une lettre de change, il peut y avoir l'indication d'un *domiciliaire*. C'est une personne chez qui l'effet sera présenté pour en obtenir paiement. On entend par *billet à domicile*, une variété de billet à ordre, dans laquelle le souscripteur promet de payer non pas à son propre domicile, mais à celui d'une autre personne habitant un lieu différent du sien.

La règle introduite pour la lettre de change, concernant le caractère commercial de l'engagement à raison de la forme, n'a pas été étendue au billet à ordre. En principe, et sous certains tempéraments de compétence, la dette ainsi constatée reste une dette civile. Il n'en serait autrement que si le porteur justifiait en fait de la nature commerciale de l'engagement pour lequel le billet a été souscrit ou négocié.

La règle est la même à l'égard du billet à domicile, pour lequel avant 1894 la question était controversée. (Voir plus bas les effets de commerce.)

10. — Suite. Sociétés par actions. — 2° *Opérations des sociétés par actions.* — On sait déjà que le commerce est entrepris tantôt par un individu et tantôt par une collectivité, par une société. On sait encore que les sociétés commerciales se divisent en *sociétés par intérêt* (société en nom collectif, société en commandite simple) et en *sociétés par actions* (société en commandite par actions, société anonyme).

Lorsque l'entreprise est exploitée par un individu ou par une société par intérêt, elle n'est gouvernée par le droit commercial, soit quant à la compétence des tribunaux, soit aux autres points de vue, qu'à la condition ordinaire : il faut que les opérations constituant cette entreprise correspondent à l'énumération que la loi fait des actes de commerce par leur nature. En vain pour une exploitation minière (on verra que c'est là un acte civil) se fonderait-il une société en nom collectif : la société, quoiqu'ayant emprunté à la législation du commerce sa forme extérieure, ne répondrait pas de ses engagements devant le tribunal de commerce, elle n'encourrait point la faillite, etc.

Mais dès que cette entreprise se constitue en *société anonyme* ou en *société en commandite par actions*, elle devient invariablement une entreprise de commerce. Cette disposition est nouvelle : la loi du 1er août 1893 (art. 68 ajouté à la loi du 24 juillet 1867) décide que, « quel que soit leur objet, les sociétés en commandite ou anonymes qui seront constituées dans les formes commerciales seront commerciales et soumises aux lois et usages du commerce ». Toute société par actions est désormais sujette aux mêmes prescriptions qu'un commerçant individu. Qu'elle ait pour objet une exploitation en soi commerciale (manufacture) ou en soi civile (mine), elle subira la faillite en cas de cessation de ses paiements, elle sera assignée pour ses engagements devant le tribunal de commerce (sauf discussion).

La loi de 1893 ne statue que *pour l'avenir*, elle ne gouverne pas les sociétés par actions déjà existantes au moment de sa promulgation ; celles-ci restent en conséquence des sociétés civiles, si l'objet qu'elles poursuivent n'est pas un objet commercial.

Donc, commercialité de toutes les sociétés par actions fondées depuis 1893.

Sur ce chef ainsi que sur le précédent, la forme emporte le fond, non pas la forme donnée à l'engagement comme dans la lettre de change, mais la forme prise par la personne elle-même. On suppose que cette personne, se présentant au public sous le vêtement de la société par actions, a besoin pour assurer sa marche de donner à ses membres et aux tiers les garanties du droit de commerce. Sans plus ample examen de la nature de l'exploitation, ces garanties commerciales se trouvent transportées sur elle.

11. — Si les actes de commerce obéissent à une idée d'ensemble. — Sous le bénéfice de ces observations, l'énumération des actes commerciaux *par leur nature* doit être entreprise, avec l'explication de l'art. 632 du Code de commerce.

On a essayé de rattacher les actes multiples réunis dans cet article à une notion dirigeante. Cette notion serait, suivant nous, la *circulation* des produits et du crédit (voir plus haut n° 4). Quand il serait vrai que le législateur a été exempt de cette pensée et qu'une idée générale quelconque a échappé à sa réglementation, il reste exact, à l'analyse, que tous les actes énoncés dans la loi se plient à la notion de circulation. On va voir aussi que cette notion théorique s'accommode de l'énumération légale et ne la trouve point incomplète.

Il est surtout important de faire une constatation sur la manière dont la jurisprudence a appliqué le texte du Code et a séparé dans la pratique les opérations commerciales des opérations civiles. Les solutions qu'elle a consacrées, les limites où elle s'est enfermée ne peuvent s'expliquer qu'en faisant appel à l'idée de circulation. Cette idée domine ainsi tout le système légal dans son incohérence apparente : la suite de l'exposé tend à le démontrer.

La plupart des auteurs qui ont cherché à généraliser la loi, se sont attachés à une autre idée, dont on trouve aussi la trace dans les motifs d'un assez grand nombre d'arrêts. Ils ont fait consister l'acte de commerce non dans l'acte de circulation, mais dans l'acte de *spéculation*, ou d'*entremise*. Il se rapproche du premier par certains côtés.

Au lieu de caractériser le commerce par son objet, objet circulant et en mouvement, économiquement parlant, ces auteurs ont dégagé son signe distinctif de l'*intention* dont est animé l'opérateur.

La spéculation, en un sens plus large que ce mot n'est compris dans la langue de la Bourse, c'est l'*esprit d'enrichissement* ou de lucre qui dirige une personne sur des valeurs dans lesquelles elle s'entremet. Ces valeurs, on se les procure à un prix et on les rend au public à un autre prix, en retenant le gain de l'intermédiaire. Elles peuvent être des biens matériels, des marchandises, mais elles peuvent aussi consister dans un travail de main-d'œuvre ou dans l'usage d'un matériel.

S'ingérer entre l'offre et la demande d'un produit ou d'un facteur de richesse, serait le fait constitutif du commerce. Chaque fois qu'un acte juridique répondrait à ce *criterium*, on serait en présence d'une opération commerciale.

Cette notion est plus compréhensive que celle qui est basée sur la simple idée de circulation : elle fait rentrer dans le droit du commerce toutes les entreprises d'embauchage de salariés. — Ex. Une exploitation de travaux sur immeubles, effectuée au moyen d'une équipe d'ouvriers ou avec un outillage d'une certaine valeur. — La jurisprudence, dans l'ensemble de ses résultats, ne lui est pas favorable.

Pour celle-ci, en deux mots, — sauf certaines professions où ce signe échappe et qui sont néanmoins rangées par elle dans le commerce, — il n'y a de commerçant, de *marchand*, que celui chez qui passe une *marchandise*. La jurisprudence le décide ainsi par une intuition de nature vague plutôt que par un discernement précis.

Toutes ces divergences de vues témoignent, dans la rédaction de la loi, d'une grande imperfection. Elle n'est pas claire et elle écarte en outre du commerce mainte profession qui devrait en faire partie.

Disons-le pour n'y plus revenir : un mode de définition pratique et aux contours nets eût consisté à poser une règle très générale et à y introduire aussitôt après trois exceptions seulement.

Une règle générale : Toute profession se proposant un gain.

Trois exceptions : — les métiers manuels, — les carrières dites libérales, — la culture de la terre.

Mais il paraît que par là on donnait encore au droit du commerce un champ d'action démesuré ; nous n'en croyons rien d'ailleurs, et si l'on revise jamais cette partie du Code, il faudra la mettre en rapport avec les faits de notre époque [1].

12. — De l'acte de commerce sur marchandises. Achat pour revendre. — Les actes de commerce se réfèrent soit aux produits ou marchandises, soit à l'argent ou aux titres représentatifs de l'argent. De là une répartition du sujet en deux paragraphes.

§ 1. Marchandises

Il y a trois opérations de commerce sur marchandises, dont l'importance prime les autres. Ce sont : l'*achat pour revendre*, la *manufacture*, le *transport*. Le premier de ces actes répond au commerce d'échange ou négoce, le deuxième à l'industrie de transformation, le troisième au commerce de déplacement des produits. A mesure qu'il sera question de chacune de ces opérations, nous signalerons incidemment celles qui s'en rapprochent.

A. Achat de denrées ou marchandises pour les revendre ou pour en louer l'usage

« La loi répute actes de commerce : — tout achat de denrées et marchandises pour les revendre, soit en nature, soit après les avoir travaillées et mises en œuvre, ou même pour en louer simplement l'usage. » (Art. 632, al. 1 et 2.)

Retenons seulement le cas de l'achat en vue de revendre en nature. Si l'acheteur doit façonner avant de revendre, il est commerçant encore,

[1] Voir sur ces questions notre article dans les *Annales de droit commercial*, 1895, et APPERT, *Des actes de commerce terrestre*, 1897.

mais à un double titre, et il sera préférable d'en parler sous le chef de *manufacture.*

Les *denrées* sont les produits alimentaires, les *marchandises* sont les autres meubles. Le marchand s'interpose entre le producteur et le consommateur. Une valeur qui ne vient pas de lui ni de son fonds passe simplement entre ses mains, il ne se propose pas de la conserver pour lui.

L'acte est commercial, fût-il accompli par le plus modeste détaillant, colporteur, camelot, marchand des quatre-saisons. Il est commercial, lorsqu'il a pour objet, au lieu de revendre, de donner en location, ou lorsque l'opérateur prend en louage en vue de relouer. Ex. : propriétaire de bibliothèque, maisons qui louent des bicyclettes, costumiers.

L'acte s'applique d'ordinaire à un produit neuf; mais un objet atteint par l'usure peut, après un certain temps de consommation, rentrer dans le trafic, comme antiquité ou objet d'art par exemple, et retomber ainsi sous le droit commercial (brocanteur.)

Suivant la lettre du texte, l'achat seul serait commercial, non la revente ou le louage. On doit admettre cependant que cette revente forme aussi un acte de commerce. Le caractère de l'opération première s'étend à l'opération suivante qui en consomme l'effet. — C'est à la fois logique et conforme à la disposition de l'art. 638 al. 1er. Cet article déclare acte civil la *vente* qu'un cultivateur fait des denrées provenant de son cru. Il classe, *a contrario*, dans les actes de commerce la *vente* qu'un trafiquant ferait de denrées *achetées* par lui.

Habituellement, dans l'ordre des temps, l'achat précède, la revente suit. Mais les deux termes de l'opération peuvent être intervertis. On commence par vendre *in genere*, livrable à une échéance future, et on achète ultérieurement les marchandises qu'on s'est engagé à fournir (entreprise de *fournitures*, art. 637 al. 4; opération du baissier, qui vend à découvert pour se racheter ensuite.)

13. — Suite. — *A quelles conditions l'achat-revente est-il un acte de commerce?* — Il y en aurait trois, d'après les idées généralement reçues; mais le problème, on va le voir, peut se simplifier. Ces conditions, dit-on, sont les suivantes: 1° il faut que l'opération soit à double face; 2° qu'elle soit conclue dans un but de spéculation ; 3° qu'elle porte sur des meubles, non sur des immeubles.

1° *L'opération doit être à double face.* Autrement dit, la combinaison poursuivie par l'opérateur doit impliquer deux actes qui se correspondent, quoique destinés à se conclure en sens opposé l'un de l'autre, un *achat* et une *vente*.

Remarque incidente.— Pour que l'opération n'induise pas son auteur en perte, il faut que le *prix de revente* couvre au moins le *prix de revient*. Celui-ci d'ailleurs n'est pas représenté par le prix d'achat seulement. Il faut y ajouter la part que prend le produit dans les charges de l'exploitation, réparties sur l'ensemble du chiffre d'affaires : ces charges sont les *frais généraux* (loyer de magasin, patente, assurances, salaires et appointements du personnel, matières de consommation, intérêts des capitaux engagés, etc.) La détermination, aussi exacte que possible, de ses frais généraux est pour le commerçant d'un intérêt capital, plus d'un s'est ruiné pour en avoir mal établi le compte.

Mais, si la revente est le résultat cherché, ce résultat n'est pas indispensable. Il suffit que la combinaison double ait été voulue, alors même qu'en fait elle n'aboutirait point.— Ex. : On a acheté une marchandise, comptant la revendre; la revente n'a point lieu, soit que le produit n'arrive pas à se placer, soit que l'acheteur préfère le conserver pour lui. L'achat n'en a pas moins été un acte de commerce ; pris au moment de sa conclusion, il portait sur une valeur en cours de circulation. Là est le point important.

Inversement, si l'intention de revendre n'existait pas au début, le consommateur venant à se défaire d'un article qui a cessé de lui plaire, ni l'achat primitif, ni la revente subséquente ne deviennent des actes de commerce.— Ex. : Achat, pour garnir un appartement loué, d'appareils de chauffage. On les revend à la fin du bail au nouveau locataire. Le produit était entré en consommation chez celui qui se l'est procuré : le droit commercial ne s'est pas appliqué à cet acquéreur ; un fait ultérieur n'y peut rien changer, les deux actes, faute entre eux d'un lien, sont régis par la législation civile.

14. — Suite. Opérations agricoles et minières. — Constatation plus importante à faire : la vente cesse d'être un acte de commerce, si elle n'a pas besoin d'un achat à titre de première partie. Il y a des personnes qui vendent des produits sans avoir à les acheter. Elles écoulent alors des produits de leur propre fonds. L'opération demeure civile. Ces personnes relèvent de deux grandes catégories de professions :

a) Les *exploitations agricoles*. Le cultivateur, propriétaire ou fermier, qui vend le produit de sa récolte, ne fait pas acte de commerce, il n'est pas commerçant (art. 638, al. 1) ;

b) Les *industries minières*, et d'une manière plus générale les industries extractives. La vente du charbon, du minerai, des pierres de construction par le propriétaire ou par un simple locataire du gisement ou de la carrière n'est point commerciale. L'exploitant ne s'entremet pas dans un produit en cours de circulation, il crée ce produit lui-même en le sortant de son terrain. La loi des mines du 21 avril 1810, dans son art. 32, pose en principe que « l'exploitation des mines n'est pas considérée comme un commerce, et n'est pas sujette à la patente. »

On doit aujourd'hui statuer différemment à l'égard de celles de ces exploitations qui, depuis la mise en vigueur de la loi du 1er août 1893, se sont constituées sous la forme de sociétés par actions. Beaucoup d'entreprises minières affectent cette forme ; l'exploitation des mines a besoin du même crédit et emploie les mêmes procédés d'affaires que les manufactures. De là la réforme de la dernière époque. On sait en effet que toutes les sociétés nouvelles en commandite ou anonymes, quel que soit leur objet, sont considérées par cette loi comme des sociétés commerciales.

15. — Une question délicate se pose à la fois pour ces exploitations agricoles et extractives. Les produits de la culture ou de la mine peuvent être, de la part du producteur, l'objet de *transformations industrielles*, avant d'être par lui vendus. Le viticulteur pressure ou distille, fait du vin ou de l'alcool, le cultivateur moud son grain qui devient farine, le concessionnaire de la mine manipule le minerai dans des hauts-fourneaux ou forge du fer.

Cette industrie complémentaire, au moins lorsqu'elle donne au produit une notable plus-value (ce qui n'arriverait pas par le simple fait d'un travail de pressoir ou de moulin), va-t-elle constituer une entreprise de commerce, au titre de *manufacture*, de manière à rendre même commerciale l'exploitation agricole ou extractive? Celle-ci lui serait alors subordonnée, étant moins importante que la manipulation du produit. L'exploitant, opérant dans les conditions qui viennent d'être indiquées, devient-il un commerçant ?

Les auteurs qui tiennent pour le système de la spéculation, ou qui simplement se laissent guider dans l'art. 632 par le mot *manufacture*, répondent par l'affirmative. Mais, dans la jurisprudence, cette modalité donnée au produit dans des usines adjointes à l'exploitation foncière n'est point commerciale, elle laisse l'entreprise gouvernée par le droit civil dans toutes ses parties (Req. 12 mai 1875, raffinerie de sucre de cannes). Il n'en serait différemment que si l'exploitant, outre qu'il traite ses produits, opérait en quantités appréciables sur des produits bruts d'une autre provenance, en les achetant pour les revendre.

Ces solutions sont absolument d'accord avec la notion de la circulation. Le produit n'a pas encore pénétré dans le trafic au moment de sa manipulation. Le producteur lui donne une forme appropriée, sous laquelle il passera dans le commerce. Mais ce passage ne se produira qu'à partir de son acheteur.

16. — 2° Il faut, à ce que l'on prétend, que l'opérateur soit guidé par le désir de *réaliser un bénéfice* sur la valeur même dont il trafique.

Cette condition est toute naturelle pour ceux qui font reposer le commerce sur la spéculation. Elle nous paraît au moins superflue.

Il est vrai que le commerçant cherche à s'enrichir, autrement sa conduite n'aurait pas de sens. Mais le fait n'est même pas constant, le négociant, dans les périodes de crise, se chargeant de commandes à perte. Il est inutile d'introduire dans la conception de l'acte de commerce un élément intentionnel qui existera la plupart du temps, mais que la loi ne requiert pas, et qui se retrouve dans beaucoup d'autres professions que le commerce.

On dit bien : La loi parle d'achat *pour* revendre, ce qui signifie un achat *pour s'enrichir* par la revente, un achat inspiré par une pensée de gain. C'est attacher à l'emploi d'une conjonction une bien grande importance.

On ajoute : Les sociétés coopératives de consommation sont unanimement considérées comme des sociétés civiles, lorsqu'elles ne revendent qu'à leurs membres. Et cependant elles font l'opération double, l'achat, la revente. Ce caractère ne peut tenir qu'à ce qu'elles revendent sans lucre, au prix coûtant. — La raison de la non-commercialité de ces sociétés doit au contraire être cherchée ailleurs. On l'indiquera, quand le moment sera venu de le faire.

On fait observer encore : Le sculpteur qui achète un bloc de marbre afin d'y tailler sa statue, ne fait pas commerce ; cependant ce bloc est destiné à être revendu. Ne fait pas commerce le vigneron, en achetant des fûts pour vendre ses vins ; le médecin, en débitant des drogues à ses malades. Nous en convenons, mais parce que l'opération principale est civile (exercice d'une carrière libérale ou vente d'un cru), et que les actes cités en exemple sont de simples moyens d'accomplir cette opération civile.

17. — La preuve que la spéculation n'est pas indispensable dans le commerce, dans l'achat pour revendre, nous est fournie par le *contrat d'édition*.

La *propriété littéraire ou artistique* donne lieu à des contrats variés.

L'auteur, comme propriétaire de son œuvre, a seul le droit de l'exploiter en publiant son livre. Ce droit lui confère l'action en contrefaçon contre ceux qui empiètent sur sa propriété.

S'il publie l'œuvre à ses frais, il fait une opération civile. Producteur, il se met directement en rapport avec le public. Les procès que lui intenteraient ses acheteurs, ses fournisseurs de papier, imprimeurs, etc., ne sont pas de la compétence du tribunal de commerce.

Mais voici qu'il traite avec un éditeur, qui publiera le livre à ses propres risques, soit pour le tout soit pour partie de l'œuvre. Ce contrat d'édition est certainement commercial. L'éditeur est commerçant, non parce qu'il spécule, mais parce qu'il a rapproché la distance entre l'écrivain et ses lecteurs, en jouant le rôle d'agent intermédiaire. Il a acheté le droit d'auteur, pour revendre les exemplaires du livre grevé de ce droit [1].

Appliquée à un journal, la thèse est la même. Il subsiste des doutes sur le caractère commercial d'un *journal*. On n'est d'accord pour l'admettre que lorsque les annonces payantes forment dans le journal l'élément principal des recettes. Cette restriction n'est pas exacte. Tout journal, même géré d'une manière désintéressée (alors il n'y a plus de spéculation!), porte au public les articles de ses rédacteurs : ces articles n'iraient point à leur destination si le journal n'était pas l'agent de transmission. Il y a, au sens large, achat pour revendre.

Il n'y a dès lors aucune raison de traiter les produits de la *propriété artistique* autrement que ceux de la propriété littéraire. L'entreprise de *spectacles publics* (ou de cafés-concerts) est, au surplus, déclarée expressément acte de commerce par l'art. 632, al. 4. C'est, dit-on, parce que le directeur spécule sur le personnel de ses artistes. Il établit un tarif de places lui laissant une marge de bénéfice, une fois couverts les appointements de ce personnel. Cela aurait pour conséquence de classer parmi les entreprises civiles un théâtre tel que la Comédie-Française, où les artistes (les sociétaires) sont eux-mêmes les exploitants, les bénéficiaires.

Tel n'est pas notre avis. Le directeur opère comme un éditeur; il traite avec l'auteur dramatique et avec le compositeur, pour se faire céder le droit de représentation ; il fait jouir le public de ce droit, il est intermédiaire entre ces deux extrêmes. Cela est vrai même de la Comédie-Française. Dès l'instant que l'auteur monterait un théâtre et l'exploiterait personnellement pour y jouer ses œuvres (à l'exemple de Molière), la commercialité disparaîtrait.

18.— 3° Il faut enfin que l'achat pour revendre porte sur des *meubles*, « denrées ou marchandises. »

On verra, sous le paragraphe suivant, que cette expression est assez large pour comprendre des meubles incorporels, des valeurs de Bourse par exemple.

[1] Le libraire, qui édite des œuvres tombées dans le domaine public, est commerçant à un titre plus simple : il achète, selon l'élégance de l'édition, du papier qu'il revend sous une autre forme ou des feuilles d'impression sorties de la maison de typographie.

Mais que penser des *immeubles?* Les trafics portant sur immeubles ont reçu depuis 1807 une grande extension. On ne voit plus seulement le marchand de biens en quête de bonnes occasions pour prendre à bas prix la terre du paysan et la revendre. De puissantes sociétés immobilières se sont développées depuis le commencement du second Empire. Elles acquièrent les parcelles expropriées qui, le long des nouvelles avenues, sont rétrocédées par l'administration, et elles trafiquent sur ces parcelles au moyen de la mise par lots. Grâce à ces sociétés, des stations de plaisance se sont fondées en divers endroits.

L'opinion dominante, en jurisprudence comme en doctrine, est que les spéculations sur immeubles sont civiles et ne rentrent pas dans les termes de l'art. 632. Elles ne rendent pas leur auteur commerçant (à moins qu'il ne s'agisse de sociétés constituées par actions depuis la loi du 1er août 1893).

L'avis contraire se fonde sur des considérations, qui ne sont point déterminantes :

a) Les immeubles, objet d'un trafic, prennent, dit-on, un prix courant qui en fait de véritables marchandises ;

b) Et si ce genre d'opérations avait été connu au commencement du siècle, le Code se serait servi d'une expression plus large pour les comprendre parmi les actes de commerce.

Rien n'est moins démontré. Les biens nationaux, à la suite de la Révolution, avaient été l'objet de spéculations ardentes dont les auteurs du Code n'avaient pas perdu le souvenir[1]. Portalis, d'autre part, dans le discours préliminaire du Code civil, oppose les immeubles aux meubles, disant que les premiers sont du ressort de la loi civile. Appliquer l'appellation de marchandises à des immeubles, c'est sortir du vocabulaire usité.

En réalité, les immeubles excluent par leur nature la circulation, et ne peuvent par conséquent donner aliment au commerce. On peut spéculer sur des immeubles, on ne les rapproche pas pour autant de ceux qui les occuperont définitivement.

Aucune des raisons pratiques, militant en faveur du droit commercial, n'existe quant aux immeubles. Le commerce se contente de conventions verbales réglées par les usages : ici on pratiquera les écrits, ne

[1] « Les acquisitions ne restent guère aux acquéreurs. En face l'Abbaye-aux-Bois, les Prémontrés de la Croix-Rouge ont été achetés par un malheureux, tenté par le démon de l'agio. Il espérait revendre avant de payer. Il ne vendit pas, il ne paya pas, il se pendit au cordon de sa sonnette.... Les maisons qui se dressent sur la place du Carrousel sont prises par la spéculation. Ainsi, l'hôtel de Longueville est successivement tout ce qu'un grand bâtiment peut être : bal, encan, mont-de-piété, papeterie, bureau de diligences ». De Goncourt, *Histoire de la Société française pendant le Directoire*, p. 26, 84.

fût-ce que pour établir les origines de propriété. Les transactions foncières déterminent des procès de garantie, de transcription, d'hypothèques, ayant leur source dans l'organisation de la propriété au Code civil. Pour la connaissance de pareils procès, les juges de commerce manqueraient d'aptitude.

L'exclusion des procès immobiliers du ressort des tribunaux de commerce résulte implicitement de l'art. 639 C. com. Ce texte ne détermine pour eux qu'un seul taux de compétence en dernier ressort : le taux de *quinze cents francs* en principal. Ce taux ne peut concerner que des procès en matière mobilière. Dans le cas où la justice statue en matière immobilière, la loi a pour habitude de régler le dernier ressort d'après le revenu de l'immeuble litigieux, et sur la base de *soixante francs* de ce revenu (voir la loi du 11 avril 1838 pour la compétence des tribunaux civils). Le silence gardé sur ce taux par la loi commerciale est significatif : il n'y a pas de procès immobiliers portés devant les tribunaux de commerce.

Les transactions immobilières ne deviendraient pas commerciales, même en se compliquant de la manière suivante. L'opérateur élève des constructions et revendra ou louera le terrain surbâti, ce qui pour les sociétés immobilières est la règle. Mais alors, va-t-on objecter, la spéculation porte moins sur le terrain que sur la valeur des matériaux que la société y incorpore ! L'agent achète ces matériaux pour les revendre, on rentre dans l'énumération de l'art. 632, le droit commercial est applicable !

Il n'importe, les matériaux sont en réalité absorbés par l'opérateur. S'ils continuent à être par lui objet de trafic, c'est sous une forme immobilière et nouvelle, qui s'oppose dorénavant à toute application du droit commercial.

On verra plus loin ce qu'il faut penser de l'entrepreneur de constructions, par le travail duquel les immeubles ont été bâtis. Il se peut que cet entrepreneur ait accompli un acte de commerce, par les devis ou marchés traités avec le propriétaire du terrain. Ce point est réservé. C'est à l'égard du propriétaire que la question se pose pour le moment, et il faut la trancher dans le sens du caractère civil de l'opération, quoique ces terrains doivent être revendus.

19. — Suite. Actes de commerce voisins de l'achat pour revendre. — Appendice. — De l'achat de marchandises pour les revendre se rapprochent d'autres actes : l'art. 632 dira s'ils sont commerciaux ou non. Ces actes sont exercés par des personnes qui jouent par rapport aux négociants le rôle d'auxiliaires. Ce sont : 1° les commissionnaires et les courtiers ; 2° les magasins généraux.

20. — 1° *Commissionnaires et courtiers.* — Le commerçant (ou l'industriel) ne peut pas toujours faire ses achats ou ses ventes en personne. Il recourt à un intermédiaire, chef de maison lui-même. Ce sera tantôt un commissionnaire, tantôt un courtier.

a) La *commission* est le fait, moyennant salaire, d'accomplir pour le compte d'autrui une opération sur un produit circulant [1]. L'agent accomplit un mandat : le plus souvent il l'exécute en son nom propre et non au nom du commettant.

L'entreprise professionnelle de commission, mais non un acte isolé de commission, est commerciale, d'après l'art. 632, al. 3. Le commissionnaire est exposé à la faillite, il est justiciable du tribunal de commerce.

b) Le *courtage* ne suppose pas l'accomplissement d'un mandat. C'est le fait, moyennant salaire également, de chercher à un négociant sa contrepartie, et l'ayant trouvée de la mettre en rapport avec le donneur d'ordre. Celui-ci traite directement.

Malgré cette dernière particularité, le courtier entre en réalité dans la filière du commerce. Il est commerçant. Même une opération isolée de courtage a le caractère d'un acte de commerce (art. 632, al. 5) : c'est avec la commission une différence inexplicable, et, d'ailleurs, sans importance.

c) Ces deux professions ont quelque affinité avec l'*agence* ou *bureau d'affaires*. L'agent d'affaires opère comme mandataire. Il se charge de remplir des procurations, de suivre des procès, de recouvrer des créances, des successions, de rédiger des actes, etc. Il est quelquefois un bureau de placement (décret du 25 mars 1852, exigeant alors un permis d'ouverture de l'autorité municipale), ou de renseignements.

L'agence d'affaires, en théorie, ne devrait pas rentrer dans le commerce. Elle n'a avec le commerce qu'un rapport éloigné. Cependant la loi en fait une profession commerciale (art. 632, al. 4). Cela tient à la défiance qu'elle inspire. L'agent d'affaires opère fréquemment à la manière d'un officier ministériel, avoué ou notaire. Les circonstances mettent entre ses mains des capitaux dont il a le dépôt.

Cependant sa fonction est libre. Il fallait à cette liberté un contrepoids. La possibilité de traduire cet agent devant le tribunal de commerce, comme celle avant 1867 d'user envers lui de la contrainte par corps, rend ses obligations plus rigoureuses et permet au client d'obtenir contre lui plus vite justice.

21. — 2° *Magasins généraux.* — On entend par là des particuliers ou

[1] Nous réservons pour le chapitre de la commission la démonstration de l'exactitude de cette définition. L'opinion la plus répandue veut que la commission soit le mandat tendant à accomplir une opération de commerce pour le mandant.

des sociétés qui reçoivent en dépôt les marchandises des négociants, particulièrement dans les moments de crise où ces marchandises n'arrivent pas à se vendre. Le propriétaire trouvera par là le moyen de les engager commodément, et d'emprunter sur leur valeur.

Il paraît certain que cette profession est commerciale. Elle n'est cependant pas visée directement par l'art. 632, et ce texte est limitatif. S'il ne parle pas des magasins généraux, c'est parce que l'institution a fait son apparition à une date plus récente, en 1848, d'abord, puis après un premier insuccès dix ans plus tard (Loi du 28 mai 1858).

Le texte de l'art. 632 n'est d'ailleurs pas contraire au classement des magasins généraux parmi les professions de commerce. A ces magasins sont adjointes des salles de ventes publiques pour les marchandises en gros; l'arrêté qui autorise leur ouverture délivre à la fois le permis au magasin et à la salle publique. Or les établissements de ventes à l'encan sont compris dans l'énumération des actes de commerce (art. 632, al. 4).

La commercialité, pour le magasin général, tient à ce qu'il s'interpose dans la circulation. Le service qu'il rend n'est pas le même que celui d'une entreprise de commission. Mais tous deux sont qualifiés pour dépendre du droit commercial.

22. — Suite. Manufacture.

B. Entreprise de manufacture (632, al. 3).

La manufacture est la mise à façon d'un produit pendant sa circulation, entre le temps où il quitte le producteur et celui où le consommateur l'acquiert.

Le manufacturier peut acheter la matière première, pour la revendre fabriquée. Alors son opération tombe déjà sous la qualification d'achat pour revendre, et elle est commerciale à ce titre.

Mais le manufacturier peut n'être qu'un façonnier. Il prend une commande de fabrication en marchandises dont la matière lui est fournie par le donneur d'ordre. Il traite alors un louage d'ouvrage, exempt de toute combinaison avec le contrat de vente. Son prix de marché le couvre du travail de son outillage et de ses ouvriers, tandis que la valeur de la matière première, dont il s'abstient de faire l'avance, n'en est pas un élément. Il a généralement une main-d'œuvre sous ses ordres et à ses frais; mais quand il travaillerait lui-même ou lui seul aux pièces, la théorie de la circulation veut encore qu'il fasse acte de commerce. Dans la théorie de la spéculation, la solution pour ce cas particulier serait beaucoup plus discutable.

La manufacture, c'est l'industrie, au sens large que ce dernier mot comporte. On est de prime abord surpris de voir le *commerce* comprendre l'*industrie* dans son champ légal d'application, alors que les économistes opposent plutôt ces deux formes de l'activité des hommes.

Le désaccord entre le droit et l'économie politique n'existe qu'à la surface. L'industriel ou manufacturier a deux rôles. Sa fonction n'est pas la même, lorsqu'on le suppose en rapport soit avec le marché du produit sur lequel son industrie s'exerce, soit avec le personnel de main-d'œuvre qu'il emploie.

Au premier point de vue, il concourt à faire parvenir le produit à sa destination dernière : c'est une fonction de commerce, non seulement parce que la loi le dit, mais parce qu'il est logique de le décider ainsi. Vis-à-vis des ouvriers de son usine, le patron est tenu à certains devoirs et a droit à certains services : de ces rapports intérieurs de maison sort un droit d'un tout autre caractère, concernant la répartition de la richesse, et non plus sa circulation. On a fait de ce droit une branche d'étude spéciale, la *législation industrielle*.

Cette distinction n'est pas établie par les auteurs ou par les arrêts, et peut-être à tort. Il n'est pas démontré que le contrat de travail soit de nature commerciale pour le patron (car, du côté de l'ouvrier, on verra ci-dessous qu'il ne l'est certainement pas). Lors même que ce patron serait commerçant, le principe de l'accessoire, qui rend commerciales les opérations accomplies dans l'intérêt de l'établissement, a-t-il pour conséquence nécessaire de faire un acte de commerce du louage de services avec la main-d'œuvre? C'est au moins douteux.

On doit s'abstenir de pousser trop loin la notion de manufacture. Le mot a un sens assez élastique, pour qu'on puisse à la rigueur y réunir toutes les manipulations ou transformations de nature des objets, quelle que soit la condition de l'agent.

C'est précisément ce qu'il ne faut pas faire : autrement on donnerait au droit commercial une portée tout à fait exagérée. Au nombre des professions commerciales ne figure aucune de celles de ces trois personnes : l'*ouvrier*, l'*artisan*, l'*entrepreneur de travaux*.

23. — *a*) *Ouvrier*. — C'est celui qui s'engage à fournir à un patron un travail suivi, au moyen d'un louage de services. Il reçoit un salaire en échange. Ce salaire est proportionnel au travail accompli, quoiqu'il comporte des distinctions, suivant l'élément qui en détermine le chiffre (salaire à la journée, salaire à la tâche). Il est habituellement fixe, mais il peut être accompagné de participation aux bénéfices, ce qui ne change point la nature du contrat.

L'*ouvrier* n'est pas commerçant, il *ne fait* même *pas acte de commerce*. Son engagement est entièrement civil.

Cependant il s'interpose dans le produit pour le façonner! — L'objection est facile à réfuter. L'exercice de l'acte de commerce implique une certaine indépendance que l'ouvrier n'a point. L'ouvrier est un subalterne dirigé et commandé. Cette condition inférieure exclut l'idée que son contrat soit commercial.

Tous les autres préposés doivent être considérés de la même manière : les *commis* ou *employés*, les directeurs de succursales, chez qui le travail prend un caractère intellectuel et non manuel.

Des agents d'exécution d'une entreprise, qu'on ne peut faire rentrer sous l'acception de commis, le personnel des *artistes d'un théâtre*, accomplissent un acte civil, par le même motif : on a autrefois, par une singulière méprise, traité ces artistes en commerçants, à l'égal de leur directeur.

Le Code de commerce, par l'art. 634, a soumis à la compétence des tribunaux de commerce les procès entre les commerçants et leurs facteurs ou commis. — Cela ne prouve pas que le lien de droit formé entre eux soit commercial du côté de l'employé. Ces tribunaux sont appelés, indépendamment des procès de commerce, à statuer sur un certain nombre de contestations de nature civile. — Pour les contestations entre les commerçants et leurs ouvriers, concernant « la branche d'industrie qu'ils exercent et les conventions dont cette industrie aura été l'objet », la loi a institué une juridiction mixte, les conseils de prud'hommes (Décret du 11 juin 1809, loi du 1er juin 1853). A défaut de prud'hommes, le juge de paix en doit connaître (L. 25 mai 1838, art. 5, 3°).

Le commis ou l'ouvrier peut donner son travail non dans la maison du patron, mais au dehors, soit en procédant par tournées (commis-voyageurs), soit en opérant en sa propre demeure ou dans l'endroit de sa résidence (représentants de commerce fixes, ouvriers de l'industrie des jouets ou autres). Il continue par là à être engagé à une maison déterminée, à l'exclusion de toute autre maison similaire. Restant subalterne, il reste aussi régi par le droit civil.

Cet éloignement de l'employé ou de l'ouvrier par rapport à l'établissement du maître, éloignement rendu nécessaire pour certains services, aura son influence sur le mode de détermination du salaire.

Le cocher de fiacre verse au patron, au commencement de la journée, une somme représentant à forfait le montant des courses qu'il fera et que les voyageurs lui régleront. Le surplus, s'il y en a, lui demeurera comme salaire. La convention ne relève pas du droit commercial. On trouve aussi pour le garçon de café, dans la pratique du pourboire, une organisation analogue.

24. — *b*) *Artisan.* — L'artisan est celui, indépendant de tout patron, qui se charge d'un travail commandé par un *consommateur*. Il confectionne ou il répare un produit déjà parvenu chez celui qui s'en sert ou veut s'en servir. — Ex. : J'achète une pièce de drap, je la livre au tailleur qui m'en fera un habillement. Le tailleur ne fait pas acte de commerce. Il en serait autrement s'il achetait le drap lui-même. — Mêmes observations pour le serrurier, pour le cordonnier, pour le dégraisseur.

Il n'y aurait même pas commerce, d'après la doctrine de la circulation que nous suivons, au cas où ce tailleur ou artisan ferait exécuter le travail par des ouvriers à ses gages, au lieu de l'accomplir lui-même. La thèse de la spéculation conduit évidemment à un résultat contraire.

Au surplus, la conception de l'artisan paraît s'être sensiblement modifiée au cours des temps. Aujourd'hui encore elle défie toute définition précise. La situation dépendra de l'ensemble des faits et circonstances.

25. — Travaux. — c) *Entrepreneur de travaux.* — Rien n'est plus délicat que de déterminer le caractère légal d'une *entreprise de travaux publics ou privés.* L'entrepreneur se charge, moyennant redevance (tant par mètre courant, ou par quantité de matériaux à poser), d'un travail d'ordre immobilier sur la propriété d'autrui. Tel est le constructeur de bâtiment, ou, si le propriétaire traite avec plusieurs personnes pour les éléments divers de sa construction, l'entrepreneur de la maçonnerie, celui de la charpente, de la toiture, etc.

Lorsque cet agent fournit les matériaux et en recouvre l'avance dans le prix de son devis, il paraît impossible de lui refuser la qualité de commerçant. Il manutentionne des fournitures de commerce qui ne perdent leur caractère qu'au moment de leur immobilisation. Au contraire, on a vu précédemment que le propriétaire commandant ces travaux ne faisait point commerce de son côté (n° 18).

Mais dans le cas où le bois, la pierre, etc., seraient fournis par le propriétaire, l'entrepreneur ne donnant plus que le travail de son personnel de main-d'œuvre avec l'usage de ses machines-outils, les considérations précédentes servent à expliquer pourquoi, conformément à la jurisprudence la plus répandue, le contrat d'entreprise doit rester gouverné par le droit civil [1]. Dans la première rédaction de l'art. 632 figurait l'« entreprise de construction ». Sur l'observation d'une cour d'appel, qui prétendait que les constructions de navires devaient seules relever du commerce, ce passage a été supprimé.

[1] En matière de marché de travaux publics, les procès entre l'entrepreneur et l'administration relèvent de la compétence des conseils de préfecture (Loi 28 pluv. an VIII, art. 4). Mais cela laisse entière la question de savoir si l'entrepreneur fait commerce ou non. Il ne faut pas établir une corrélation nécessaire entre l'acte de commerce et la détermination du tribunal qui en doit connaître.

Par là aussi se trouve déterminée la condition d'entreprises de terrassement, d'irrigation, de dessèchement, de percement de canaux ou d'isthmes. La redevance, au lieu de consister dans un prix en argent, aurait-elle pour objet la délivrance d'une concession à l'entrepreneur : l'exploitation demeurerait encore civile dans son ensemble. Voici le mode de rémunération : Le travail étant commandé par l'Etat, celui-ci, dans le cahier des charges, subroge pour une durée déterminée le concessionnaire au droit domanial de prélèvement d'un péage sur le public. Par la perception de ces taxes, l'entrepreneur rentrera avec le temps dans le capital qu'il a engagé.

Cette entreprise reste étrangère à l'application du droit commercial (Paris, 8 mars 1889, Canal interocéanique américain, arrêt peu clairement motivé), — en supposant qu'elle ne se soit pas constituée, depuis la loi du 1er août 1893, sous la forme d'une société par actions.

La remarque ne saurait d'ailleurs convenir à une entreprise de construction de chemin de fer qui obtiendrait en outre par concession l'*exploitation* de la ligne. Cette entreprise serait commerciale, par la raison qui va suivre (n° 26).

26. — Suite. Transport.

C. Entreprise de transports par terre ou par eau (632, al. 3)

Le transport détermine le déplacement de lieu pour les marchandises. Il donne l'image la plus nette du commerce et le résume en quelque sorte dans son ensemble.

L'entreprise de transports (à la différence d'une opération de transport isolée) est commerciale. Elle le devient, qu'elle soit exercée par un particulier ou par une société concessionnaire ou non du domaine public (les six grandes Compagnies de chemins de fer, sans parler des autres). Ces entreprises répondent de leurs engagements devant les tribunaux de commerce, elles ne sont pas à l'abri de la faillite, etc.

La solution va de soi pour celles de ces entreprises qui se trouvent affectées au transport des marchandises. Il en est dans le nombre qui, soit parallèlement à ce transport (chemins de fer), soit même d'une manière exclusive (omnibus, tramways, fiacres) effectuent le transport des voyageurs. D'autres encore transportent des ameublements (entreprises de déménagement).

La généralité des termes de l'art. 632 et l'unanimité de la jurisprudence sur ce point veulent que le droit commercial s'étende à ces exploitations. Cependant la logique du système de la circulation ferait rentrer dans le droit civil le transport des voyageurs et de tout ce qui n'est pas une marchandise. — Il faut ici laisser la logique de côté. La loi ne peut pas développer ses applications avec la rigueur des sciences exactes.

27. — De l'acte de commerce sur argent et crédit.

§ 2. Argent et crédit

Il convient, si l'on veut avoir de l'étendue du droit commercial une idée juste, de se ménager pour l'argent et les titres représentatifs du crédit, le même signe rationnel que pour les marchandises. On y arrive, en s'imposant un effort d'abstraction plus grand.

Les produits ne sont pas seuls à circuler, l'argent circule de même, les valeurs fiduciaires également.

L'*argent*, c'est l'expression monétaire du capital résultant d'une épargne antérieure, c'est du travail accumulé.

Le *crédit*, c'est la confiance obtenue par une personne qui s'engage, le délai que le créancier ou bailleur de fonds lui accorde. Le créancier réclame ordinairement de celui à qui il fait crédit un titre à longue échéance (obligation, action), ou à court terme (effet de commerce), qu'il se réserve de négocier : c'est le *titre fiduciaire*.

L'argent va de celui qui le possède à celui qui doit le mettre en valeur. Ces deux hommes correspondent au producteur et au consommateur, dans le commerce des marchandises. Et de même des titres fiduciaires. Celui qui les souscrit cherche celui qui doit les prendre pour les conserver.

S'ils se rencontrent sans intermédiaire, l'acte par sa nature sera civil. Un emprunteur qui traite directement avec le capitaliste prêteur ne fait pas acte de commerce. L'argent s'est passé de circulation, il a été droit à son but. L'opération pourra être commerciale en vertu de la *théorie de l'accessoire* (emprunt fait par un commerçant pour les besoins de son commerce). Ou bien elle pourra le devenir à raison de la *forme du titre* (souscription d'une lettre de change). Mais l'acte commercial par soi-même ne se rencontrera pas en pareil cas.

Au contraire, dès qu'un intermédiaire formera le lien entre le prêteur et l'emprunteur, entre la société et l'actionnaire ou obligataire, etc., les actes interposés deviendront des actes de commerce, ils le deviendront par la même raison que le négociant fait commerce en achetant des marchandises pour les revendre. Cette remarque va nous découvrir deux sortes d'opérations commerciales importantes : *a*) les *opérations de banque*; — *b*) les *spéculations* ou *actes de courtage en bourse*.

28. — Suite. Banque. — *a*) *Opérations de banque*. Le banquier s'approvisionne d'argent en recevant des *dépôts*. Il met cet argent à la disposition des gens d'entreprise (commerçants ou non). Le procédé le plus usuel de son concours est l'*escompte*.

1) Il consent à prendre, moyennant un intérêt faible, des fonds qui constituent son encaisse et à les restituer *in genere* à la première réquisition du déposant.

2) D'autre part, il emploie ces fonds en avances à trois mois ou en général à court terme, en stipulant un taux d'intérêt plus fort de cette seconde catégorie de clients. Mais, en retour de l'argent qu'il procure, il exige un titre constatant la promesse de paiement. C'est un titre de négociation facile, par exemple un *billet à ordre*. Il fournit la contre-valeur en espèces, sous une retenue d'intérêt pour tout le temps à courir jusqu'au remboursement. Cette retenue est précisément l'*escompte*.

Au besoin, afin de renouveler son encaisse, il ne gardera pas le titre en son portefeuille. Il le négociera auprès d'un autre banquier, mieux pourvu que lui en capitaux disponibles. Il fera réescompter l'effet à son profit à lui-même, sur un taux moins élevé que celui qu'il a pris à son client.

L'argent part ainsi des gens d'épargne, va à la haute banque, et de là aux gens d'affaires. Les effets partent des gens d'affaires, se dirigent sur la haute banque. Double circulation en sens inverse.

Toutes ces opérations intermédiaires sont commerciales et rentrent dans les opérations de banque (art. 632, al. 5). Elles constituent des actes de commerce, même lorsqu'elles sont faites par des *banques publiques*, telles que la Banque de France qui est investie d'un privilège d'émission de billets de banque (même texte, al. 6).

Sur la même ligne que les opérations de banque, on doit citer les *opérations de change* monétaire. Le changeur se munit de monnaies étrangères, il les troque à la demande de la clientèle contre de la monnaie française ou inversement. Il touche un agio représenté par le cours du change. Au sens large, il achète des monnaies pour les revendre. Il est commerçant (art. 632, al. 5).

29. — Suite. Bourse. — *b*). *Spéculation et courtages en bourse.* La Bourse, avec ce qu'on est convenu d'appeler les *valeurs mobilières*, dont elle est le marché, nous fait passer, au sens économique des expressions, du capital *circulant* au capital *fixe* ou d'établissement.

La Bourse est le lieu où se traitent les valeurs représentatives du capital fixe des entreprises.

Un entrepreneur a besoin d'un fonds d'établissement. Il emprunte sous forme ordinaire ou au moyen d'*obligations négociables*. Ou bien il s'adjoint des associés : des *commanditaires*, des *actionnaires*. — C'est un émetteur de valeurs.

S'il opère directement avec les bailleurs de fonds, *omisso medio*, nous répétons que l'acte est civil, du moins d'après sa nature. On prouvera plus loin que le commanditaire ou que le souscripteur d'actions ne font pas acte de commerce, en entrant dans une société commerciale : proposition, il est vrai, contestée.

Mais le souscripteur a pu n'avoir que l'intention de prendre position entre l'offre et la demande de capital. Ce n'est pas lui qui doit fournir définitivement les fonds, ce n'est pas sur lui que la valeur souscrite doit s'arrêter. Entre ses mains, le titre n'est pas encore placé. Il compte rentrer sur d'autres dans son argent, qui devient ainsi une avance de sa part.

Il y parviendra en revendant l'action, l'obligation. Il espère le faire avec une prime, avec un bénéfice. Divers moyens lui sont offerts en vue de ce résultat. Il peut revendre à ses guichets des valeurs qu'il avait prises d'abord à l'émetteur en souscription ferme, comme il peut aussi se charger de placer les valeurs en commission, sans répondre du succès de l'émission. Ce sont là des opérations de banque d'une nature commerciale certaine.

La souscription ou l'achat primitif des titres par le banquier, leur revente subséquente, ou la commission pour les placer, deviendront des actes de commerce (art. 632, al. 2 et al. 5 : le titre est une *marchandise*).

Afin de trouver son acheteur, peut-être l'opérateur recourra-t-il encore au ministère d'un courtier en valeurs. Ce courtier sera l'*agent de change*. Dans cette entremise la commercialité paraît encore. L'opération de courtage de cet agent de change sera un acte de commerce, comme l'était déjà précédemment celle d'un courtier en marchandises (n° 19).

Toutes ces propositions se déduisent les unes des autres, il règne entre elles une rigoureuse concordance.

30. — Suite. Assurances. — Il reste une grosse difficulté à trancher : quelle est la nature, civile ou commerciale, du *contrat d'assurance*, quelle est celle de l'entreprise d'assurances ?

L'assurance est un contrat par lequel un assureur s'engage, moyennant une *prime*, à couvrir un risque (incendie, naufrage, mort prématurée) menaçant un assuré, et à lui régler une *indemnité* en cas de sinistre.

En tant que convention isolée, conclue seulement entre deux personnes, l'assurance ne sera pas un acte de commerce (nous négligeons le droit maritime et l'article 633). Limitée à la prise d'un seul risque par l'assureur, l'assurance demeure un contrat civil, si tant est qu'elle puisse pratiquement se manifester sous cette forme. L'assurance ne figure pas dans l'énumération de l'art. 632, et il n'y a pas de motif raisonnable de la ranger parmi les actes de commerce, si on la prend en elle-même.

Mais l'assurance est-elle exploitée en société, cela modifie la condition du problème. La société d'assurance présente tantôt le caractère d'une société mutuelle, et tantôt celui d'une compagnie d'assurance à primes fixes. La question de savoir si l'entreprise est de nature commerciale ou civile se résout de manière différente dans l'une et dans l'autre de ces deux organisations de l'assurance.

31. — *a) Sociétés mutuelles.* — Ces sociétés se particularisent par ce fait, qu'un certain nombre de personnes, exposées à des risques similaires, mettent ces risques en commun. Elles conviennent que les sinistres éventuels seront réparés au moyen d'une contribution proportionnelle qu'on ouvrira sur tous. Les membres de l'association jouent à la fois le rôle d'assureurs et d'assurés. Le montant de la prime à payer est incertain, il dépendra du chiffre et du montant des sinistres (bien que les perfectionnements de la dernière période aient permis à bon nombre de sociétés mutuelles de parvenir à la fixité de la prime, par suite de ce qui sera dit plus tard).

Si de mille constructions, d'une valeur idéale de 5.000 fr. chacune, comprises dans une même assurance mutuelle, il en périt une durant l'année par le fait d'un incendie, chaque sociétaire paiera 1 0/00 du montant de son propre bien. S'il en périt deux, il paiera 2 0/00 et ainsi de suite.

Une pareille société a le caractère civil. Non pas, ainsi qu'on le dit généralement, parce que l'esprit de lucre ou de spéculation est absent des associés, ceux-ci cherchant seulement à se couvrir contre une perte. La raison donnée n'est pas bonne, ou n'est pas suffisante, si l'on ramène les actes de commerce aux signes que nous avons essayé de retenir.

Cette société manque d'un élément essentiel à la reconnaissance de la commercialité : elle ne participe à aucune circulation de valeur. Les fonds nécessaires aux indemnités, les primes sont réglées directement entre sociétaires. La direction se confond avec les sociétaires eux-mêmes, ce sont eux qui la nomment, et qui en supportent les frais.

32. — *b) Compagnies à primes fixes.* — Dans cette seconde forme organique des assurances, un certain nombre de personnes fondent une société par actions, à laquelle elles apportent un capital déterminé qui jouera le rôle de réserve.

La société traite *à forfait* avec les assurés qui s'adresseront à elle :

les associés ne se connaissent pas entre eux. Elle leur offre de couvrir les risques qui les menacent, moyennant une prime constante de 1 0/00 par exemple. L'assuré doit cette prime à tout événement et ne devra pas davantage. Si l'assurance couvre la valeur intégrale de son bien, il aura droit à une indemnité complète.

La société fait masse de toutes les primes qu'elle encaisse, et elle les applique aux sinistres.

Le montant de ces sinistres reste-t-il inférieur à l'ensemble des primes : l'excédent devient bénéfice pour la compagnie d'assurances.

Le contraire vient-il à se produire : la compagnie fait une perte et prend sur son capital (sur sa réserve) de quoi couvrir la différence.

On est d'accord pour considérer la *société à primes fixes* comme une entreprise commerciale, soumise à la compétence des tribunaux de commerce et sujette à la faillite. Cette opinion était acceptée dès avant la loi du 1er août 1893. Pour les sociétés formées postérieurement à cette loi, la question ne soulève aucune contestation, puisque l'assurance à prime fixe n'est exploitée que par des sociétés anonymes, et que les sociétés de ce genre sont maintenant commerciales, quel que soit leur objet (article 68 de la loi de 1867, en vigueur depuis 1893).

Mais la même règle est admise pour les sociétés plus anciennes. Elle n'est pas aisée à justifier.

On dit bien que ces sociétés, à la différence des sociétés mutuelles, sont pénétrées d'un *esprit de spéculation*, du côté de l'assureur. En supposant que la spéculation soit la raison d'être de la commercialité, — ce qui est au moins contestable, — l'explication pèche par un défaut capital. Elle oublie que l'énumération de l'article 632 est essentiellement limitative, et que ce texte est muet sur les assurances terrestres.

Il vaut mieux rattacher les compagnies d'assurances aux *agences d'affaires*, dont elles ne forment en réalité qu'une variété. Les agents d'affaires sont commerçants (article 632, al. 4). Or que fait la société des actionnaires, sinon offrir au public des assurés de gérer pour eux leur assurance moyennant une commission ferme ? Les primes comprennent à la fois la contribution aux sinistres, les frais généraux et le bénéfice espéré par l'agence.

Dans la société mutuelle, la direction est composée de simples préposés des assurés : dans la société à prime fixe, elle se sépare des assurés et constitue une organisation différente. C'est ce qui permet de la ranger dans les agences d'affaires, sans fausser le caractère appartenant à cette dernière profession.

33. — Conclusion. — Dans ce tableau, toutes les opérations visées par l'article 632 trouvent leur place.

On voit, par son contenu, que la doctrine des actes de commerce n'est pas impossible à faire, et que ces actes peuvent se grouper en une synthèse. La formule de cette synthèse a échappé sans doute au législateur, cependant il en a suivi les données, sans s'en rendre exactement compte lui-même. A moins qu'on ne préfère dire : c'est la jurisprudence qui, placée devant un texte qui ressemble à une carte d'échantillons et appelée à interpréter une loi sans unité, y a mis de l'ordre à la faveur d'une notion directrice. Notion que les arrêts sous-entendent, et que nous avons essayé de mettre en relief.

34. — Actes mixtes de commerce. — Appendice général. — Il se peut que l'un des actes énumérés par l'article 632 présente le caractère d'acte de commerce pour les deux opérateurs. Autrement dit, chacune des deux parties accomplit un rôle d'intermédiaire dans la circulation du produit. — Ex. : Un manufacturier vend à un négociant les tissus qu'il a fabriqués.

Il n'y a aucun doute que les règles du droit commercial ne s'appliquent alors respectivement à chacune des deux parties. L'une et l'autre sont justiciables du tribunal de commerce, en cas de procès engagé par son adversaire. L'une et l'autre encourent la faillite pour cause de cessation de paiements, si d'ailleurs elles ont la *profession* commerciale.

Mais il arrive fréquemment, en revanche, que l'acte soit commercial au regard de l'un des opérateurs et demeure civil au regard de l'autre. Le fait accompli est un fait de production pour la société minière qui vend ses houilles, un fait de circulation pour le marchand qui les achète. Ou bien il y a acte de consommation chez celui qui achète des étoffes pour se vêtir, tandis que son vendeur fait commerce.

Ces actes sont appelés actes de commerce *mixtes* ou unilatéraux (*ab una tantum parte*). On leur appliquera distributivement les règles du droit commercial et celles du droit civil. Cette distribution s'effectuera selon que la personne attaquée en vue de leur exécution sera celle pour qui l'opération se présente dans les termes de l'art. 632, ou que ce sera l'autre partie.

Si c'est *la personne ayant fait acte civil* qui *est assignée* par celle qui fait commerce, le tribunal de droit commun est seul compétent ; le défendeur, en traitant avec un commerçant, n'a renoncé ni à son propre droit ni à ses juges. Le procès s'instruira conformément au régime de preuves établi par le droit civil, et non pas d'après les preuves exceptionnelles autorisées par le droit du commerce.

Si c'est au contraire *la personne qui a fait acte de commerce* qui *est poursuivie,* le demandeur est recevable à l'attaquer devant le tribunal de commerce et à user contre elle des preuves commerciales. De quel droit le défendeur déclinerait-il les juges de sa profession, sous le prétexte que, du côté de son adversaire, l'acte est non-commercial ? De quel droit le ferait-il, si l'acte est bien commercial quant à lui ?

Mais, pour la personne au regard de laquelle l'opération est civile, la jurisprudence ne fait pas de cette poursuite devant le tribunal de commerce une obligation. Elle lui reconnaît l'*option des juridictions*. Le demandeur non-commerçant a la faculté, s'il le préfère, de saisir du procès le tribunal civil, à condition de le faire instruire alors suivant les preuves de droit commun [1].

On peut invoquer en ce sens la tradition, affirmée par l'art. 10 du titre XII de l'Ordonnance de 1673. D'après ce texte, éclairé par les commentaires de Jousse, les personnes vendant le produit de leur cru pouvaient assigner leurs acheteurs marchands, ou devant les juges ordinaires, ou devant les juges et consuls. Il convient que cette disposition continue à être suivie dans le droit nouveau.

La partie qui a fait un acte civil a donc le droit de traduire son adversaire, pour qui l'acte est commercial, devant la juridiction civile ou devant la juridiction commerciale à son choix.

SECTION II

HISTORIQUE DE LA LÉGISLATION DU COMMERCE ET DE SES SOURCES ACTUELLES

35. — Evolutions suivies par le commerce. — Le commerce ne représente pas un état de civilisation première [2]. Les échanges, dans chaque peuplade, commencent par se limiter aux produits du sol et aux articles d'emploi usuel confectionnés par les artisans (troc en nature à l'origine, puis usage d'un instrument monétaire plus ou moins perfectionné). C'est une distribution grossière d'objets entre membres d'une même communauté.

Ce trafic rudimentaire a dû lui-même succéder à un régime de grand

[1] On peut contester cette nécessité de revenir au système des preuves civiles, lorsque le demandeur préfère saisir le tribunal de droit commun du procès, au lieu de le porter devant le tribunal de commerce. Le principe que la nature des preuves est indépendante de la juridiction saisie prévaut notamment en droit criminel. — Mais il faut remarquer ici que, si le demandeur porte l'affaire devant le tribunal civil, c'est qu'il considère l'acte comme civil, et pour être conséquent avec lui-même, il doit le réputer tel, même quant à la détermination des preuves dont il pourra se servir : on n'est plus alors en présence des « lois relatives au commerce. »

[2] Voir nos articles : *De la place du commerce dans l'histoire générale* (Annales de droit commercial, 1892).

domaine : le chef, centralisant la production obtenue sur son territoire par ses subordonnés, esclaves, serfs, etc., la répartissait entre eux suivant leur travail ou leurs besoins.

La rencontre de ces paysans et artisans se fit au marché, lieu périodique de réunion disposant de certaines immunités.

On n'entra dans une phase de commerce véritable que lorsque le marché s'ouvrit aux étrangers ; ce résultat ne se réalisa qu'à la condition de surmonter les préventions originaires contre les gens d'une autre race. Le marché devint alors une trève à l'état d'hostilité chronique entre peuplades.

Et ainsi s'explique notamment, au moyen-âge, l'organisation des foires, avec protection témoignée par une autorité supérieure au trafic qui s'y effectuera (concession de marché, paix des foires, conduit des marchands, fonctionnement pendant la tenue de la foire d'un droit commun à tous ceux qui la fréquentent, pouvoir de police et de juridiction propre).

Ce régime, de périodique qu'il était d'abord, finit à longue par devenir permanent. Le trafic des marchandises s'opéra à demeure, dans des magasins, avec des communications établies d'une manière durable et sûre avec les lieux d'origine des produits. L'importance des anciens marchés s'est affaiblie, leur rôle d'autrefois a passé aux Bourses, non sans de notables différences [1].

Il serait au surplus contraire à la vérité de l'histoire d'assigner au commerce dans tous les temps et dans tous les pays les mêmes conditions de marche. Il y a des peuples, comme les Phéniciens à Carthage, les Italiens en Orient, les Anglais dans les temps modernes, qui se sont ouvert de force des marchés éloignés, et ont fait de ces marchés des colonies placées sous leur autorité, directe ou non. Le problème de l'expansion coloniale pour les Etats de l'Europe ne répond pas aujourd'hui à une autre pensée.

On divise l'histoire du droit commercial en trois périodes : antiquité, moyen-âge, temps modernes.

36. — Première période. — I. ANTIQUITÉ. — Les *Phéniciens* furent par leur navigation les intermédiaires du commerce entre l'Asie et les côtes de la Méditerranée. Ils fondèrent de nombreuses colonies, dont la plus connue est Carthage. Les premiers ils durent faire consacrer en matière de trafic l'usage de règles, acceptées les mêmes, malgré la différence de nationalité des opérateurs.

[1] Toute cette évolution est remarquablement traitée, surtout pour le moyen-âge, avec une documentation très nourrie, dans l'ouvrage de M. HUVELIN, *Essai historique sur le droit des marchés et des foires*, Paris 1897.

Ainsi en est-il de la règle, encore suivie aujourd'hui, pour les avaries communes, comme en témoigne le contenu de la *lex Rhodia de jactu* relatée au *Digeste*, XIV, 2.

La mission commerciale des Phéniciens fut ensuite dévolue aux *Grecs*. Eux aussi créèrent des colonies, en Grande-Grèce, en Asie-Mineure, et les Phocéens fondèrent à leur tour Marseille. On connaît, par un plaidoyer de Démosthène, l'emploi que faisaient les Athéniens du prêt à la grosse.

A *Rome*, la constitution sociale était moins favorable au développement du commerce. La classe patricienne, tenant sa force de la propriété foncière, maîtresse des pouvoirs publics et de l'armée, résista, le plus longtemps qu'elle put, à l'extension des grandes fortunes plébéiennes dont le commerce était l'agent. De là les préventions nourries contre le négoce, surtout contre le petit négoce et la petite industrie de l'artisan, préventions dont témoignent certains passages des auteurs littéraires [1].

L'exercice du commerce était confié aux individus de condition servile ; ce qui, sauvegardant les apparences, laissait aux pères de famille le moyen d'en profiter, sans s'abaisser eux-mêmes à une profession indigne.

L'esclave tenait une boutique, commandait un navire pour son maître. Le préteur, pour sanctionner ses engagements, créa des actions (institoire, exercitoire) données contre le maître, et ces actions ont été le point de départ du commerce par représentation.

Le droit romain n'a pas connu un droit commercial distinct. Mais le *jus gentium*, qui a donné un large essor aux contrats consensuels, suffisait aux besoins du négoce de l'époque. La faillite moderne n'est, avec les perfectionnements qu'elle a reçus au cours des âges, que l'envoi en possession délivré par le magistrat aux créanciers sur les biens d'un débiteur insolvable.

37. — **Deuxième période.** — II. Moyen-Age. — Les invasions barbares ont morcelé l'Empire, replié les hommes en petites souverainetés locales, détruit l'ancienne sécurité que procurait la *pax romana*.

C'est pourtant le moyen-âge qui a donné au droit commercial son impulsion, en l'isolant des autres droits. Nulle part son essor ne fut plus marqué que chez les Italiens.

Le régime municipal prit en Italie un tour nettement commercial. La Ville était une confédération de corporations marchandes : à la même époque nos corps de métiers en France ne formaient guère que des

[1] On cite, par exemple, le passage du traité *De officiis* de Cicéron : *Opifices in sordida arte versantur*.

syndicats de petits artisans. *Gênes*, *Pise*, *Florence*, *Venise*, étaient gouvernées par des négociants, adonnés au grand trafic, cherchant à s'enrichir par la spéculation ou par le transport des marchandises entre deux centres différents de la Méditerranée.

Les Croisades les aidèrent dans leurs plans, le pèlerin se doublant de l'homme de commerce. Ils établirent, par suite de traités de commerce, des comptoirs dans les ports appartenant aux infidèles, et stipulèrent en faveur de leurs résidents une organisation autonome (première origine de ce qu'on a appelé depuis François Ier le régime des *capitulations*).

D'autre part, ils s'introduisirent sur les places de l'Occident, ce qui leur permit de nouer la chaîne entre les centres de production et ceux de consommation. Ils l'établirent, en disposant pour leurs navires des chargements dans les deux sens. Marseille concourut pour sa part à ce mouvement. Tout dans le monde s'inclinait au moyen-âge devant le génie d'affaires des Italiens.

Entre ces négociants s'échangèrent des règles de droit sanctionnées par l'usage : ils s'écartèrent de la législation civile et canonique. Les archives municipales nous livrent des modèles de contrats de l'époque en très grande quantité : il en est qui remontent au XIe siècle. Puis, ces usages une fois rendus stables, on les fixa au moyen de réglements ou statuts émanés soit de la corporation, soit du corps de ville composé de l'union des corporations.

Ces statuts multiples et fréquemment revisés règlent les effets de commerce, les sociétés, la capacité, etc. [1].

Les procès furent tranchés par les consuls élus de la corporation ou par ceux de l'Union des corporations, telle que fut la *Mercanzia* de Florence (officiellement reconnue en 1307). Les *consules mercatorum* (consuls des changeurs ou banquiers, consuls de la mer ou des armateurs, etc.) sont en réalité les précurseurs des tribunaux de commerce modernes. Comme ils jugeaient rapidement en dédaignant les subtilités du droit, et en s'inspirant des volontés du milieu de leurs justiciables [2], les institutions du commerce acquirent de plus en plus de notoriété et de crédit.

[1] A consulter : le livre italien de Lattes, *Il diritto commerciale nella legislazione statutaria delle città italiane*, Milan, 1883, qui, sous une forme facile à lire, donne l'inventaire méthodique des statuts des diverses villes ainsi que de leurs dispositions ; — le très savant ouvrage de Goldschmidt (*Universalgeschichte des Handelsrechts*) qui forme le premier fascicule de la 3e édition de son *Handbuch* ; — et pour ce qui concerne l'organisation judiciaire, Morel, *Les juridictions commerciales au moyen-âge*, Paris 1897.

[2] Ces consuls statuaient primitivement comme arbitres volontaires entre les marchands.

Ce droit ne fut ramené par les auteurs à un corps de doctrine que plus tard, entre le XVIe et le XVIIIe siècle, époque où parurent les livres de *Straccha*, de *Scaccia*, de *Raphaël de Turri*, de *Casaregis* (*Discursus legales de commercio*).

Dès auparavant, il avait agi de proche en proche, de manière à permettre aux institutions des différentes villes de se fondre entre elles. Cette assimilation était chose naturelle. Chaque comptoir reproduisit le droit appliqué dans sa métropole. Par suite de cette loi sociale d'*imitation*, qui a été beaucoup étudiée de nos jours dans ses innombrables applications (M. Tarde), ceux de ces usages passant pour bons dans une ville furent acceptés dans les autres villes de la péninsule, ainsi que sur les places de l'étranger qui les voyaient pratiquer.

C'est surtout en matière de navigation que ces institutions s'unifièrent sur de vastes étendues.

Du moyen-âge datent des collections maritimes, soit coutumiers privés, soit recueils judiciaires, qui jouissaient d'une grande autorité et dont on suivait les dispositions dans les procès où étaient impliqués même des plaideurs de différente nationalité : — les *Rôles d'Oléron*, relatant les usages suivis dans l'Océan, notamment dans les rapports entre la Guyenne et l'Angleterre; — le *Consulat de la mer*, qui nous est parvenu dans des manuscrits en langue romane; recueil beaucoup plus étendu, postérieur au précédent, mais antérieur au XVIe siècle, relevant le droit en cours dans les ports de la Méditerranée, où siégeaient des tribunaux maritimes internationaux, celui d'Amalfi, par exemple (dont nous avons des décisions, tables d'Amalfi); — le *Recueil de Wisby*, contenant les usages pratiqués dans la Baltique et dans la mer du Nord, où la confédération de la Hanse teutonique était maîtresse du trafic et tenait ses congrès à Lubeck et à Hambourg (*Recès de la Hanse*).

38. — Troisième période. — III. TEMPS MODERNES. — L'influence commerciale se transmet maintenant de l'Italie aux Etats de l'Océan (Espagne, Angleterre, Hollande, France). Le commencement de la formation des grandes nationalités dans ces Etats d'abord, puis la découverte du Nouveau-Monde, concourent à ce résultat. Cette découverte, comme dit Bensa, en déplaçant les courants commerciaux, fermait à l'Italie les sources de richesse où, depuis la chute de l'Empire romain, ses républiques avaient puisé leur grandeur, et d'où était dérivé le glorieux patrimoine d'institutions que le commerce du moyen-âge laissait en héritage aux siècles postérieurs.

La *Royauté* s'attacha de bonne heure en France à doter le commerce d'institutions propres à garantir la sécurité des échanges.

a) Par des Ordonnances délivrées entre 1462 et 1464, *Louis XI* établit à Lyon[1] quatre grandes *foires internationales* annuelles, avec exemption de droits d'entrée et de sortie pour les marchands et les marchandises. Ces foires succédaient aux privilèges des foires plus anciennes de Champagne et de Brie : les décisions du tribunal de la Conservation, qui devint ensuite une juridiction commerciale permanente (avec des membres désignés par le Consulat de ville à partir de Louis XIV), avaient force exécutoire dans tout le Royaume.

b) Un Edit de 1563, rendu par *Charles IX* sous l'influence du *chancelier L'Hôpital*, institua à Paris, pour statuer sur les procès entre marchands, *un juge et quatre consuls* que désigneraient à l'élection et renouvelleraient chaque année, suivant un suffrage un peu compliqué, les notables commerçants. Appel au-dessus de 500 livres était porté devant le Parlement de Paris. Une organisation identique fut ensuite appliquée dans d'autres villes. C'est là l'origine immédiate de nos tribunaux de commerce. Mais sous l'ancien régime, les procès de droit maritime relevaient d'une juridiction spéciale, les *Cours d'Amirauté*, dont les juges étaient nommés par le Roi.

Les grandes réformes furent établies sous le règne de *Louis XIV*, et l'honneur en revient à *Colbert*.

Elles consistent dans : 1° L'*Ordonnance du commerce de terre* de 1673, Ordonnance très courte, composée de douze titres, sur laquelle s'est exercée l'influence d'un commerçant de Paris, *Jacques Savary*, connu pour son ouvrage *Du Parfait Négociant*. L'Ordonnance a été commentée par *Jousse*, conseiller au Présidial d'Orléans, et dans certaines de ses parties (change, sociétés) par *Pothier*.

2° L'*Ordonnance*, beaucoup plus étendue, de 1681, *sur le droit maritime*, comprenant cinq livres, et que prirent en haute estime même les étrangers. Œuvre dont les procès-verbaux de commission nous manquent et dont le rédacteur n'est pas connu. Elle eut pour interprètes deux jurisconsultes, attachés l'un à la Cour d'Amirauté de La Rochelle, *Valin*, l'autre au barreau du Parlement d'Aix, *Emérigon*. Ils l'expliquèrent souvent d'une manière différente, à cause de la divergence des usages de l'Océan et de la Méditerranée. *Pothier* s'occupa aussi des assurances.

39. — Suite. — Pendant le cours de la *Révolution*, les Ordonnances subsistèrent ainsi que les juridictions électives, dont la compétence s'augmenta de celle des anciennes Cours d'Amirauté, abolies par la Constituante.

[1] En réalité, cette institution lyonnaise date des lettres patentes du dauphin Charles VII, émises en 1419.

Sous le Consulat, en 1801 (an IX), une commission présenta un projet de *Code de commerce*, avec un rapport de Chaptal. Ce projet fut soumis aux tribunaux, pour être l'objet de leurs observations. Au Conseil d'Etat il n'en fut plus question jusqu'en 1806. A cette date, des faillites retentissantes ramenèrent sur lui l'attention. Il fut repris, considérablement modifié par les sections de Législation et de l'Intérieur, discuté en séance générale, porté au Tribunat et au Corps Législatif, suivant l'ordre établi par la Constitution, voté par lois détachées en 1807. La loi du 15 septembre 1807 les réunit en un seul Code, obligatoire depuis le 1er janvier 1808.

Ce Code a largement puisé dans les Ordonnances de Louis XIV, et par leur intermédiaire dans le droit statutaire italien du moyen-âge. Il se compose de 648 articles répartis en quatre livres d'inégale étendue : *Du commerce en général* (8 titres), *Du commerce maritime* (14 titres), *Des faillites et banqueroutes* (3 titres dont le premier avec 11 chapitres), *De la juridiction commerciale* (4 titres).

40. — Suite. Sources actuelles du droit commercial. — Quelles sont les sources actuelles du droit commercial ?

1° En premier ordre, le *Code de commerce*, ainsi que les lois qui depuis 1807 l'ont complété, refondu ou modifié sur certaines matières. Les principales de ces lois sont celle du 28 mai 1838, sur les faillites (avec la loi du 4 mars 1889, sur la liquidation judiciaire), et celle du 24 juillet 1867, sur les sociétés par actions (modifiée par la loi du 1er août 1893).

41. — 2° Viennent ensuite les *lois antérieures au Code*, mais seulement pour les matières non traitées dans le Code même. La loi du 15 septembre 1807 porte, en son article 2, abrogation de « toutes les anciennes lois touchant les matières commerciales sur lesquelles il est *statué* par ledit Code. »

Statué, c'est-à-dire donné une réglementation d'ensemble et complète.

Si le Code ne fait qu'effleurer une institution, la loi ancienne est toujours applicable, à moins d'avoir été abrogée par un texte déterminé.

Cela est vrai surtout de quelques parties du droit maritime concernant le droit privé (sauvetage) ou le droit public, que ne traite pas le Code de commerce, ou qu'il traite insuffisamment. On a encore l'occasion d'appliquer pour elles l'Ordonnance de 1681.

Cela est vrai aussi, quoique depuis le décret du 7 octobre 1890 sur les agents de change à un moindre degré qu'autrefois, des textes de la législation intermédiaire sur les Bourses de commerce et sur leur personnel (Loi du 28 ventôse an IX, arrêté du 27 prairial an X, etc.)

42. — 3° Le *Code civil*, dont l'application aux matières commerciales est *subsidiaire*. Elle s'exerce à défaut du Code de commerce ou d'une loi spéciale. Le Code civil prime le Code de commerce, mais il y renvoie implicitement, là où il s'abstient de statuer lui-même.

La violation de la loi civile en matière commerciale donne ouverture à cassation, comme en matière civile. Divers articles des Codes civil et de commerce (art. 1873 C. civ., art. 18 C. comm., etc.), posent cette règle d'interprétation pour quelques contrats, la règle est vraie de tous les autres.

Il y a lieu dans les litiges de commerce de faire appel à tout instant aux principes des obligations ayant leur siège dans le Code civil. C'est que ce Code est à la base de la législation privée, et que le Code de commerce ne joue à son égard que le rôle d'un droit d'exception.

43. — Usages. — 4° Les *usages*, qu'on peut définir : la manière tacite dont les parties ont entendu régler leur accord, telle qu'elle résulte d'une pratique démontrée. Cette pratique est tantôt générale et tantôt limitée à une industrie ou à une place particulière.

Les usages disposent d'une très forte autorité en matière commerciale. C'est en réalité de l'usage que tout ce droit est sorti, c'est par lui qu'il se réforme sans cesse. On se plaint que le Code de commerce en France n'ait pas été revisé dans son ensemble, comme les autres Etats ont revisé le leur. Mais il possède dans une large mesure le moyen de s'améliorer par lui-même, sans l'action du législateur, grâce à l'usage et à sa souplesse.

Lorsqu'un plaideur se réclame d'un usage, il peut le faire d'emblée appliquer à sa cause, si cet usage est certain. Lorsqu'il est contesté, il peut, afin de l'établir, verser un *parère* (consultation) d'une chambre de commerce ou de praticiens autorisés.

La loi du 15 septembre 1807 n'abroge pas les usages, comme elle abroge les anciennes lois (à cet égard il y a une différence de rédaction entre cette loi et celle du 30 ventôse an XII, promulguant le Code civil, art. 7, « abrogation des *coutumes* »). Mais, ainsi qu'on va le voir, il ne s'ensuit pas qu'un usage ancien continue à être obligatoire, si un usage différent a pris sa place. Rien ne serait plus faux que de croire qu'un usage suivi il y a cent ans ait nécessairement cours aujourd'hui. Usage et coutume ne sont pas synonymes.

L'usage a force de convention, et non pas, à vrai dire, force de loi. Par là, il se distingue des autres sources de droit commercial précédemment mentionnées. Cela le sépare aussi de la *coutume* : celle-ci forme une règle de tradition tirant son autorité d'une pratique immémoriale, considérée comme loi des ancêtres. L'usage est tout autre chose.

L'usage se ramène à une clause sous-entendue de convention. Son caractère obligatoire se dégage d'une considération fort simple.

Le régime des preuves en matière commerciale admet, quel que soit l'intérêt engagé dans le procès, la preuve au moyen de présomptions de fait, par cela même qu'il admet la preuve testimoniale (comp. art. 109 C. com. avec l'art. 1353 C. civ.)

Or, on doit présumer *en fait* que les parties ont voulu se référer dans leur marché, faute de le détailler, à la manière usuelle de faire, telle qu'elle est pratiquée dans leur partie professionnelle [1].

44. — Deux questions se posent relativement à l'usage dans le droit commercial.

1° *L'usage peut-il, non seulement suppléer à la loi écrite en son absence, mais encore y déroger ?*

Dès l'instant qu'on part de l'idée que l'usage vaut non comme *loi*, mais comme *convention tacite*, la question s'éclaire. Elle revient à se demander s'il est permis par convention de déroger à une loi. Il y a lieu de distinguer.

a) S'agit-il, au bénéfice de l'usage qu'on invoque, de se soustraire à l'application d'une *loi d'ordre public*. — La loi a alors un caractère impératif. Un usage ne peut pas plus qu'une convention expresse, prévaloir contre cette loi, l'usage contraire à la loi est sans valeur (art. 6 C. civ.)

Ainsi la règle, prohibant l'anatocisme ou la stipulation que les intérêts de capitaux dus pour moins d'un an produiront intérêt à leur tour, est une règle d'ordre public (art. 1154). C'est en vain qu'on l'écarterait au moyen d'un usage (on verra, par l'étude du compte-courant, qu'on cherche à s'y soustraire dans ce contrat, au moyen d'une argumentation spécieuse).

[1] Ne peut-on pas, à la faveur de cette considération, résoudre une question embarrassante, née du rapprochement du droit civil et du droit commercial? On a bien le sentiment que l'usage dispose d'une moindre portée en matière civile qu'en matière de commerce, et cependant la preuve par l'usage est recevable même en droit commun (art. 1160 C. civ.).— Au fond il n'y a pas de différence entre les deux droits, mais c'est par son organisation beaucoup plus étroite du système des preuves que le droit civil empêchera le plaideur, dans des cas nombreux, de faire appel à l'usage. Si invoquer un usage, c'est présumer *en fait* qu'on s'y est soumis, ce mode de preuve (ou cette présomption) cesse d'être recevable, sitôt qu'il s'agit d'un procès de 150 fr. ou dès que les parties ont dressé un écrit (art. 1341 C. civ.). Cela dit, en dehors bien entendu des conventions, telles que le louage, pour lesquelles le Code civil renvoie formellement à l'usage. Les parties pouvaient détailler leur convention : que ne l'ont-elles fait? La loi leur refuse la faculté de puiser dans un fait extrinsèque à la convention ellemême et à ses déclarations, la preuve de leurs intentions.

Ce raisonnement n'est pas partagé d'habitude par les auteurs de droit civil. Mais alors le contraste, qu'on relève entre les deux domaines du droit privé et qui répond à un fait exact, cesse vraiment de devenir explicable.

La limitation de la faillite aux débiteurs commerçants est encore une disposition impérative : un débiteur civil ne peut par sa volonté formelle ou tacite se soumettre envers ses créanciers au régime de la faillite.

b) S'agit-il, à l'inverse, d'un usage produit contre une *loi* simplement *interprétative des volontés*. — Cette loi comporte une convention contraire, donc l'usage, qui n'est qu'une convention, y déroge régulièrement. On peut suivre alors l'ancien adage consacré auprès de la Rote de Gênes : *consuetudo* (*usus* vaudrait mieux) *prævalere debet juri communi*.

Ainsi, dans une vente de marchandises, la non conformité parfaite à l'échantillon des produits livrés justifie la résolution (art. 1184 C. civ.). Mais, qu'il intervienne dans le commerce auquel appartiennent les opérateurs un usage, obligeant l'acheteur à conserver la marchandise moyennant réduction du prix, en supposant cette marchandise non impropre au trafic, et cet usage sera appliqué par les juges.

45. — 2° *La violation d'un usage par les juges du fond donne-t-elle ouverture à cassation?*

Il faut répondre négativement.

Interpréter un usage, c'est interpréter non une loi, mais l'intention des parties. Une interprétation inexacte des intentions, reprochée aux auteurs d'un jugement ou d'un arrêt, ne saurait constituer un moyen de pourvoi. Les juges ont statué en fait et non en droit.

Au surplus, il n'est pas dans le rôle de la Cour de cassation d'unifier ou de consolider les usages, comme il est dans sa mission d'assurer l'observation uniforme et stable des lois écrites. L'usage est variable suivant les places et les industries, il n'y a pas à parler de son unité. L'usage est souple et changeant, c'est ce qui fait son mérite. Le consolider, serait l'immobiliser : conséquence des plus fâcheuses.

On verra ultérieurement que les deux solutions précédentes cessent d'être exactes pour certains usages en matière de vente de marchandises, que la loi du 13 juin 1866 a cru devoir convertir en dispositions légales, pour les garantir contre les dénégations des plaideurs ou contre les fluctuations de la pratique.

46. — **Résumé**. — En résumé, le droit commercial a quatre fondements ou quatre éléments concourant à le composer : — le *Code de commerce* avec les lois qui s'y rattachent, — certaines *lois antérieures* à sa promulgation, — le *Code civil* à titre subsidiaire, — et enfin les *usages* qui ont une source toute différente.

Il y aurait lieu, dans un ouvrage plus étendu, de montrer comment ce droit se trouve pourvu de caractères très originaux, et pourquoi l'usage, qui est la volonté constante du commerce de se perfectionner par lui-même, forme la principale cause des particularités qu'il présente.

Il est très *progressif*, grâce à l'usage qui le tient en haleine et qui depuis 1807, sous l'influence du rapprochement des distances, des résultats de la science appliquée, de l'extension des marchés et du crédit, a apporté aux anciens contrats, à leur mode de conclusion, à la terminologie courante des transformations extrêmement graves, comme aussi se sont groupés les capitaux et les établissements suivant des données de concentration inconnues il y a un siècle.

Il est *doué d'une forte expansion*, en ce qu'il réagit sur le droit civil qui, stimulé par l'exemple, finit par s'approprier les institutions commerciales à raison de leur commodité.

Il est *faiblement processif*. Il donne bien lieu à des contestations, d'autant plus nombreuses que les marchés se renouvellent dans le commerce à chaque instant. Mais ces contestations se liquident le plus souvent par voie de transaction, suivant un appel fait à l'équité. Cela s'explique notamment par des besoins mutuels de ménagements, entre gens unis par le lien de la clientèle.

Sur 200,000 affaires portées en moyenne devant les tribunaux de commerce, il en est 35 0/0 qui se terminent à l'amiable en cours d'instance. Et en dehors de ces 200,000 affaires, combien d'autres, que la statistique ne relève point et qui sont arrangées, sans même un commencement de procès! [1]

[1] Les autres Etats européens que la France ont commencé par prendre notre Code de commerce pour modèle de leur propre législation. Mais, comme un certain nombre d'entre eux ont depuis lors procédé à des refontes de leur codification, ils sont assez loin aujourd'hui de ce modèle primitif. Les *Belges*, par une série de lois votées entre 1851 et 1891 et dont la plus importante est celle du 18 mai 1873 sur les sociétés (modifiée par la loi du 22 mai 1886), ont revisé successivement toutes les parties du Code de commerce que nous leur avions laissé en 1814. L'*Italie* a un nouveau Code depuis 1883, l'*Espagne* depuis 1886.

Les plus anciens Codes, après le nôtre, encore en vigueur, sont celui de *Grèce* de 1835 et celui des *Pays-Bas* de 1838 : celui-ci d'ailleurs fait l'objet d'un travail de revision, qui a abouti jusqu'à présent pour les faillites.

Depuis le milieu du siècle, c'est l'*Allemagne* qui exerce dans le centre et le nord de l'Europe l'influence législative la plus forte en matière de droit commercial. Ses deux grands monuments de codification sont : — le Code du change de Leipzig de 1848 — et le Code général de commerce de Nüremberg et de Hambourg de 1857 à 1860, devenu maintenant, par suite de la refonte accomplie après le vote du Code civil de l'Empire allemand, le Code de commerce du 10 mai 1897. Ce Code entrera en vigueur ainsi que le Code civil en l'année 1900. La loi des faillites de l'Empire date de 1877. — L'*Autriche* est encore régie par les Codes de Leipzig et de Nüremberg sus-indiqués (excepté pour le droit maritime). Elle a une loi des faillites particulières (1868).

Le trait propre au régime de la *Suisse* est l'unification du droit commercial et du

47. — Division. — Ce livre se divise en sept parties :

1re Partie. — Des commerçants individus.

2e Partie. — Des sociétés commerciales,

3e Partie. — Des Bourses, spécialement des Bourses de valeurs, comme suite à l'étude des sociétés par actions.

4e Partie. — Des contrats commerciaux sur marchandises (vente, commission, courtage, transport).

5e Partie. — Des contrats commerciaux sur argent et sur crédit (notamment des effets de commerce).

6e Partie. — Des faillites.

7e Partie. — De la juridiction commerciale.

droit civil (Code des obligations et loi de capacité civile de 1881, loi des poursuites pour dettes de 1889).

C'est aussi le système *anglais*. L'Angleterre au surplus n'a pas de Code, mais des lois spéciales aux sociétés (1862), aux effets de commerce (1882), aux faillites (1883), etc.

Quant à la législation commerciale *russe*, elle est répartie entre plusieurs compilations rédigées par les ordres du gouvernement russe. Les lois de l'empire (*Sswod Sakónow*) se divisent en un certain nombre de volumes, se sectionnant à leur tour. Le XIe vol., dans sa deuxième partie, traite, sous six lois différentes, du droit commercial. Les trois premières de ces lois s'occupent de la réglementation du *crédit*, de celle du *change*, de celle du *commerce* (édition de 1893). Mais c'est dans le Xe vol., consacré au droit civil, qu'il faut chercher la réglementation des *sociétés*. Elle y est organisée dans la 6e section du 4e livre (contrats), édition de 1887 complétée en 1895.

PREMIÈRE PARTIE

DES COMMERÇANTS INDIVIDUS

48. — Il convient d'étudier successivement : 1° les conditions de la profession commerciale ; 2° la capacité exigée par la loi ; 3° les obligations auxquelles la profession est assujettie.

CHAPITRE PREMIER

CONDITIONS EXIGÉES POUR ÊTRE COMMERÇANT

49. — **Intérêts de la distinction des commerçants et des non-commerçants.** — On sait déjà qu'il importe beaucoup de distinguer celui qui est commerçant de celui qui ne l'est pas.

Car : — 1° le commerçant est justiciable du *tribunal de commerce, au lieu du tribunal civil*, — au moins pour ses actes commerciaux (art. 631, 1° C. com.).

2° A l'égard du commerçant, fonctionne le *régime commercial des preuves*, régime assez large pour comporter la preuve par témoins ou par présomption, sans limite de somme (article 109 C. com.). — Le *gage commercial* est de formation et de réalisation plus rapides que le gage civil (article 91 à 93 C. com.). — Le *prêt d'argent* en matière de commerce n'est plus soumis à un *taux maximum d'intérêt* depuis la loi du 12 janvier 1886 (autrefois il était de 6 p. 0/0), tandis qu'en matière civile le taux maximum de 5 p. 0/0 est maintenu (Loi du 3 septembre 1807).

3° Avant la loi du 22 juillet 1867, tous les engagements de commerce, ceux du commerçant particulièrement, emportaient pour le cas d'inexécution condamnation à la *contrainte par corps*, à condition pour la dette d'atteindre deux cents francs au moins. Tandis que la contrainte n'était décernée en matière civile que pour des causes de créances légalement déterminées (art. 2059 et s. C. civ.).

4° En matière pénale, le *crime de faux* est puni plus sévèrement s'il est commis en écritures de commerce que s'il l'a été en écritures civiles : travaux forcés à temps au lieu de réclusion (art. 147 et 150 cpr. C. pén.).

5° Le commerçant peut encourir la *faillite* ou la *liquidation judiciaire*, ainsi que les pénalités de la banqueroute (art 437 C. com.); un non-commerçant peut être en déconfiture, jamais en faillite.

6° Seuls les commerçants sont assujettis à la *tenue des livres*, et ce n'est qu'à leur égard que les livres disposent légalement d'une force probante (art. 8 et suiv. C. com).

7° Les commerçants sont astreints à un régime particulier pour la *publicité de leur contrat de mariage* (art. 67 et suiv. C. com.).

8° Il n'y a que les commerçants (à certains égards les commerçants retirés) qui soient *électeurs* et *éligibles* aux *tribunaux de commerce* (l. 8 décembre 1883), comme aux chambres de commerce.

De ces diverses règles, deux sont particulièrement frappantes : celle qui a trait à la *compétence des tribunaux de commerce*, et celle qui concerne la *faillite*. On saisit en outre, d'après ce qui a été dit dans l'introduction, que ces règles se groupent en deux catégories. L'une contient des dispositions applicables à toutes personnes accomplissant des *actes de commerce* (nos 1 à 4); l'autre est spéciale aux *commerçants* (nos 5 à 8).

50. — Liberté du commerce. — Cette importance pratique de la distinction étant relevée, le commerçant s'établit librement en principe. Il n'a point à se pourvoir d'une autorisation soit de la puissance publique, soit de ses confrères en profession.

Le droit moderne a proscrit, quoiqu'avec une tendance maintenant à s'en rapprocher de nouveau, le régime italien de l'affiliation nécessaire à une corporation ; ce régime était aussi celui de nos corps de maîtrise, composés plutôt dans l'ancienne France d'artisans que de commerçants proprement dits.

Donc, pour savoir si un individu maître de ses droits est commerçant, il n'y a pas à rechercher si une *autorisation* lui a été octroyée ou non. Là même où une autorisation serait par exception requise d'après le droit public, à raison notamment du caractère insalubre de son industrie, le fait d'exercer la profession sans l'avoir obtenue laisserait l'intéressé sous le droit commercial. D'ailleurs, il se pourrait que la profession ainsi sujette à autorisation fût étrangère au commerce.

51. — Patente. — Il n'y a pas davantage à faire dépendre la qualité de commerçant de l'inscription à la *patente*.

La patente, créée par l'Assemblée constituante comme rançon de la liberté que l'Etat donnait au commerce et à l'industrie en les affranchissant des corps de maîtrise, est un *impôt direct de quotité*, frappant les diverses professions. Au lieu d'être déterminé d'après les bénéfices ou d'après le chiffre annuel d'affaires, il prend son assiette sur des éléments extérieurs de richesse qui préservent le contribuable contre des perquisitions préjudiciables de l'administration.

Il se compose à la fois : — 1° d'un *droit fixe*, qui est en réalité des plus variables, puisque, suivant que le patenté appartient à une profession classée au tableau A, B ou C, la taxe s'élève à raison de la population de la localité, du nombre d'employés, de la quantité des machines ou des moyens de production ; — et 2° d'un *droit proportionnel*, 1/10, 1/15, etc., calculé sur la valeur locative tant de la maison d'habitation que des locaux servant à l'exercice de la profession (V. la loi du 15 juillet 1880).

Bien qu'il arrive souvent d'employer dans le langage courant les mots *commerçant* et *patenté* l'un pour l'autre, ils ne sont point synonymes.

En réalité, est sujette à la patente toute profession non exceptée. La plupart des exceptions se trouvent sans doute correspondre aux professions civiles (agriculteurs, exploitants de mines).

Mais il y a un certain nombre de professions civiles qui doivent la patente : les carrières libérales, avocats, avoués, notaires, médecins, — et des entreprises ou métiers d'ordre vraiment lucratif, entrepreneurs de travaux, artisans travaillant avec des compagnons, non classés cependant parmi les commerçants.

A l'inverse, il existe des personnes, — les artisans opérant sans compagnons, même sur des matières leur appartenant, — à qui la condition de commerçant ne peut être refusée. Néanmoins elles sont dispensées de la patente.

Il faut noter encore que telle personne, redevable de la patente et qui en fait y échapperait, reste un commerçant. Si la profession qu'elle exerce est du ressort du commerce, elle en subit la loi.

La patente relève de la législation fiscale, la condition du commerçant dépend du droit privé. Ces deux droits n'ont pas nécessairement les mêmes points de rencontre, il ne faut pas essayer de les faire coïncider.

52. — Définition du commerçant. — La définition du commerçant est fournie par l'art. 1er C. com. : sont *commerçants* ceux qui exercent des *actes de commerce* et en font leur *profession habituelle*.

Il faut donc deux conditions pour être commerçant : 1° l'exercice d'actes de commerce ; 2° une profession habituelle ayant ces actes pour objet.

SECTION PREMIÈRE

EXERCICE DES ACTES DE COMMERCE SPÉCIALEMENT DE LA THÉORIE DE L'ACCESSOIRE

(Art. 632, av.-dern. al. C. com.)

53. — Les *actes de commerce par leur nature* ont été analysés dans l'introduction, et rattachés, dans la mesure du possible, à une notion générale (nos 12 et suiv.). Nous ne les reprendrons plus. L'article 632 les énumère pour ce qui concerne le commerce de terre. L'*achat pour revendre*, l'*entreprise de manufacture* et celle de *transport* constituent, dans le trafic des marchandises, les plus importants de ces actes. C'est leur répétition qui fait de leur agent un commerçant.

54. — **Théorie de l'accessoire.** — Mais, comme cela a été dit déjà, le nombre des actes de commerce s'élargit considérablement à l'égard d'un individu, lorsqu'il a été rendu commerçant par les opérations principales de sa profession. Ce ne sont pas seulement ces opérations principales, spécifiées dans l'art. 632, qui pour lui sont commerciales ; la même qualité s'étend à toutes les opérations qui facilitent, qui secondent son commerce, à toutes celles, en un mot, qui ont ce commerce pour objet.

De cette manière, bien des actes juridiques qui, provenant d'un non-commerçant seraient civils, deviennent des actes de commerce lorsque c'est un commerçant qui les accomplit. La commercialité part de l'acte, frappe la personne, puis, en vertu d'un choc en retour, retombe sur les actes afin d'en saisir un plus grand nombre.

C'est la théorie dite de l'*accessoire*. Elle est d'autant plus intéressante à connaître que ces actes secondaires relèveront du droit commercial à divers points de vue : quant à la compétence des tribunaux et quant à la preuve, — le non-paiement de ces obligations justifiera la mise en faillite du débiteur.

La règle est écrite deux fois dans le Code : — d'abord sous l'art. 631, al. 1 : « Les tribunaux de commerce connaîtront : 1° des contestations relatives aux engagements et transactions entre négociants, marchands et banquiers.... », — puis sous l'art. 632, avant-dernier alinéa : « La loi répute actes de commerce... toutes obligations entre négociants, marchands et banquiers. »

Cette rédaction soulève une critique. L'acte ne serait commercial, en prenant les dispositions ci-dessus à la lettre, que s'il intervenait entre *deux commerçants*. Il faudrait donc que le commerçant eût un de ses semblables comme contre-partie. Traitant avec un non-commerçant, il ne ferait plus acte de commerce.

C'est inexact. La condition de la contre-partie est indifférente pour déterminer la nature de l'acte, du côté du commerçant lui-même. Un manufacturier fait ses commandes de houilles tantôt à la mine qui les produit, tantôt à un marchand en gros. N'est-il pas évident que, à son regard, l'opération se présente dans les deux cas de la même manière et a juridiquement pour lui le même caractère? Il serait déraisonnable de considérer sa dette d'acheteur comme commerciale, dans le cas seulement où son vendeur est un commerçant.

55. — Applications. — Dans ces conditions, on voit apparaître, lorsque c'est un commerçant qui en est l'auteur :

1° Des *contrats commerciaux*, autres que ceux que l'art. 632 énumère : — achat ou travaux de réparations de machines, de charbon, de moyens de traction, de fournitures de bureau, de mobilier de magasin, — emprunt et compte-courant avec un correspondant, — ordre de transport de marchandises, — assurance de ses ateliers auprès d'une Compagnie, — achat de fonds de commerce (voir la controverse à la section II, n° 73).

A cette liste on est d'accord pour ajouter les engagements avec la main-d'œuvre et avec les employés. Ces engagements, eux aussi, ont la marche du commerce pour objet.

Nous avons dit dans l'introduction (n° 22) pourquoi cette extension de la commercialité aux rapports du commerçant avec son personnel de maison nous laissait quelque doute. Mais l'opinion générale veut que le louage d'industrie avec les commis et avec les ouvriers du commerçant soit, à l'égard de ce dernier, un acte de commerce d'après la règle de l'accessoire.

2° Des *quasi-contrats commerciaux*. — Un commerçant touche dans un règlement une somme indue. Par exemple, une Compagnie de chemins de fer perçoit une taxe supérieure à celle que les tarifs lui permettent d'exiger. Le commerçant est sujet alors à une répétition d'indû, à une demande en détaxe (art. 1376 C. civ.). Comme ce paiement a eu lieu dans l'exercice du commerce de la personne qui l'a reçu, le quasi-contrat d'où naît l'obligation de restituer forme un acte commercial, et l'action sera portée devant le tribunal de commerce.

3° Des *délits et quasi-délits commerciaux*. — Le commerçant, dans l'exercice de sa profession, cause un dommage à autrui soit par sa faute, soit par celle d'un préposé (art 1382, art. 1384 C. civ.). A peine est-il besoin de faire observer que l'importance prise de nos jours par les grandes maisons expose bien plus souvent le patron à être recherché du fait d'un de ses subalternes que de son fait à lui. La loi le rend civilement responsable des fautes de ceux-ci, sans qu'il puisse prouver à sa décharge qu'il a été dans l'impossibilité de les empêcher. Cela tient-il à une présomption qu'il a mal choisi, mal surveillé son préposé, ou à d'autres raisons plus difficiles à pénétrer? La solution n'en est pas moins certaine.

Les actions nées de ces délits et quasi-délits seront portées devant les juges de commerce.

Car les art. 631 et 632 déclarent commerciaux par accessoire les *engagements*, les ***obligations***, sans les limiter aux obligations contractuelles.

Et d'autre part, il n'y a pas lieu de distinguer le *délit*, dommage volontairement causé, du *quasi-délit*, dommage résultant d'une faute non intentionnelle. On a voulu soutenir que le premier seul relève des tribunaux de commerce, non le second, parce qu'il n'y a de commerce que dans les opérations renfermant en soi une intention, licite ou non, de s'enrichir. Mais ce serait une allégation subtile, ne trouvant aucune base dans la loi.

56. — **Suite. Délits.** — Le plus connu parmi ces délits est la *concurrence déloyale*. On entend par là *le fait de détourner à son profit la clientèle d'un autre*, soit en dépréciant ses produits contrairement à la vérité, soit en faisant passer sa propre marchandise pour un produit de l'autre maison afin d'en assurer la vente au moyen de cette tromperie. Celui qui commet un acte de ce genre tombe sous l'application de l'art. 1382 [1].

La répression de la concurrence déloyale se produira aussi bien dans le milieu des professions non-commerciales que dans les autres. La théorie qui la concerne ne se restreint point au droit commercial. Mais si c'est un commerçant qui s'en rend coupable, l'action en réparation rentrera dans la compétence des tribunaux de commerce. (De même d'un abordage en rivière entre deux bateaux par la faute de l'un d'eux, ou d'une rencontre de deux camions dans la rue.)

57. — S'il s'agit d'un délit ou d'un quasi-délit résultant d'un fait de dommage corporel, d'un *accident causé à une personne* et ayant entraîné

[1] La concurrence déloyale ordinaire n'est un délit qu'au point de vue *civil.* Il n'y est point attaché de pénalités. — Mais il y a des cas d'aggravation qui font de la contravention un délit d'ordre *correctionnel.* C'est ce qui arrive en cas d'*usurpation de nom* par apposition sur les produits du nom d'un concurrent. Une loi du 28 juillet 1824 est alors applicable. Encore supposons-nous que ce nom apposé sur la marchandise ne fait point partie d'une *marque déposée* au greffe du tribunal de commerce par l'ayant-droit. Car alors on se rendrait coupable de contrefaçon (Voir *infrà*, n° 65).

mort ou blessures, la jurisprudence a été pendant longtemps hésitante, elle a contesté que l'action pût être portée devant les tribunaux de commerce. Les questions de dommages aux personnes paraissaient à ses yeux relever plus équitablement de la juridiction des tribunaux civils.

Mais aujourd'hui s'est formé un nouveau courant, favorable à la connaissance par les tribunaux consulaires de ces procès. On admet que le commerçant sera traduit devant ces tribunaux, non seulement à raison d'un accident causé à un tiers, mais même pour un accident survenu dans l'usine à un ouvrier, étant bien entendu que la partie lésée, pour qui l'acte est mixte, a l'option entre les deux juridictions (Civ. rej. 28 octobre 1896). Cette jurisprudence doit être approuvée [1].

58. — Exceptions. — Si large que soit la théorie de l'accessoire, elle comporte des restrictions. Toutes les opérations faites par un commerçant ne le rendent pas justiciable du tribunal de commerce. Il y a trois exceptions au moins à signaler [2].

59. — *a*) Les obligations contractées par le commerçant *dans un but étranger à son commerce* demeurent civiles : conventions matrimoniales, rapports de tutelle, de succession, emprunt pour mettre en valeur un domaine rural, fournitures de ménage, d'habillement.

L'art. 638, al. 1er ne mentionne, il est vrai, comme soustraites à la compétence des tribunaux consulaires, que les actions intentées contre lui « pour paiement de denrées et marchandises achetées pour son usage particulier ». L'expression ne se réfère qu'aux livraisons qui lui seraient faites pour l'entretien de sa personne ou de sa famille. Mais il n'y a aucune raison de limiter ainsi la disposition. On doit au contraire l'étendre à tous les actes juridiques accomplis en vue des intérêts

[1] Si l'on admettait, avec certains auteurs (MM. Sainctelette, Sauzet), que le patron répond des accidents d'usines, non pas en vertu d'un quasi-délit, mais en vertu du contrat de louage d'industrie obligeant le chef à rendre l'ouvrier sain et sauf à lui-même à l'issue de son travail, les procès d'accidents relèveraient de la compétence des conseils de prud'hommes. C'est d'ailleurs ce que personne ne soutient en pratique.

[2] Nous disons : au moins. Car les trois catégories d'actes ci-dessous énoncés ne contiennent pas la totalité des opérations civiles du commerçant, échappant à la règle de l'accessoire. — Ainsi lorsqu'un commerçant a engagé et suivi un procès devant un tribunal civil, la demande que formerait contre lui pour remboursement des frais son officier ministériel serait portée au tribunal où les frais ont été faits, c'est-à-dire en l'espèce devant le tribunal civil, seul compétent pour en connaître (art. 60 C. proc. civ.). — Il y a eu, d'autre part, des jugements décidant que, si le commerçant entre avec d'autres dans une société d'assurance mutuelle, fût-ce dans l'intérêt de son commerce, par exemple pour assurer ses bâtiments ou marchandises, les contestations nées de cette mutualité seraient nécessairement du ressort des tribunaux de droit commun, ce qui est d'ailleurs discutable, etc.

civils de l'individu, du moment qu'ils ont été conçus et exécutés sans égard à son négoce.

60. — Présomption de commercialité. — Toutefois, on le sait déjà, sur l'ensemble de ces actes exclus de la règle de l'accessoire, le droit exerce encore son empreinte. En cas de doute, le but civil ou commercial de l'opération restant inconnu, *c'est le but de commerce qu'on devra présumer* (art. 638, al. 2). Le procès sera donc à bon droit porté devant les juges consulaires, qui retiendront la cause.

La présomption n'est au surplus pas absolue. Elle n'appartient pas à cette classe de présomptions légales, dites *juris et de jure*, sur le fondement desquelles l'art. 1352 C. civ. annule un acte ou refuse l'action en justice, sans admettre aucune preuve contraire contre elles. La présomption cesse, si une cause civile est énoncée dans l'engagement. Elle cessera de même, si l'on parvient à démontrer cette cause civile, quoiqu'elle n'ait pas été énoncée. Mais c'est au commerçant, lorsqu'il veut obtenir son renvoi devant les juges ordinaires, à prouver que l'acte pour lequel il est recherché était étranger aux besoins de son commerce. Les rôles de la preuve sont intervertis.

La présomption, dit l'art. 638, concerne les *billets* souscrits par un commerçant. Ici encore il faut s'abstenir de l'interprétation littérale qui, sans aucun motif plausible, restreindrait la disposition aux engagements constatés sous une forme de titre déterminé, un billet. Quand la dette serait établie au moyen d'un acte autre qu'un billet, fût-elle simplement verbale, le doute sur sa cause doit faire pencher en faveur de la compétence du tribunal de commerce.

61. — Opérations immobilières. — *b*) Les opérations ayant des *immeubles* pour objet ne sont point commerciales, alors même qu'elles seraient faites en vue d'un commerce : achat d'un terrain afin d'y construire une usine, location d'un magasin, etc.

Cette exception n'est pas écrite dans la loi. La pratique n'hésite pas à la reconnaître. Elle se justifie par les mêmes raisons d'utilité qui écartent du commerce les spéculations sur immeubles chez ceux qui achètent des terrains en vue de les revendre : — nécessité dans les procès auxquels ces opérations donnent lieu de trancher des questions de garantie, de transmissions immobilières et autres, qui engagent à fond les principes du droit civil. Et ces raisons sont confirmées par l'absence dans les lois de compétence des tribunaux de commerce (art. 639 C. com.) de l'indication d'un taux particulier de compétence en dernier ressort pour les affaires immobilières (voir ce qui a été dit dans l'introduction à propos de l'achat pour revendre, nº 18).

Mais il ne faudrait plus statuer de la même manière à l'égard des *marchés de travaux* que conclut le commerçant. Il traite avec son entrepreneur afin d'établir un atelier ou d'y faire des réparations. Ces marchés sont commerciaux quant à lui, la créance des travaux contre l'entrepreneur est de nature mobilière, bien que destinée à donner une plus-value à un immeuble [1].

62. — Pour éviter tout malentendu, il convient d'ajouter que les actes exclus de la théorie de l'accessoire, sous le chef actuel, sont ceux qui portent sur un *fonds de terre* et non sur un *fonds de commerce*,

Le fonds de commerce n'est pas un bien immobilier. Si l'on a cru à une certaine époque que l'achat d'un fonds de commerce pour l'exploiter était une opération civile, cela tenait à un motif d'ordre différent qui sera exposé ci-dessous à l'occasion de la profession (n° 73). Ce motif d'ailleurs a été reconnu faux et la jurisprudence s'est modifiée.

63. — *c*) Les actions en propriété ou en *contrefaçon* de *brevets d'invention* (l. 7 juillet 1844, art. 34) ou celles de *marques de fabrique* (l. 27 juin 1857 art. 16), ne peuvent être déférées qu'au tribunal civil, même si le défendeur est commerçant. Cela dit, en dehors des cas où elles seraient jointes à l'action publique et portées avec elle, comme il est permis de le faire, devant le tribunal de police correctionnelle.

64. — **Brevets d'invention**. — Une personne fait une invention d'ordre industriel. Avant que cette invention n'ait reçu une publicité suffisante pour pouvoir être exécutée, l'inventeur dépose au secrétariat de la Préfecture de son département, une demande avec description de sa découverte. Cette demande tend à l'obtention d'un brevet de cinq, dix ou quinze ans, avec paiement d'une taxe annuelle de 100 francs à acquitter avant le commencement de chaque année.

Le brevet est un *arrêté du Ministre du Commerce*, donnant acte au postulant de sa volonté de jouir privativement de son invention, au lieu d'en laisser bénéficier le domaine public. Il constitue l'une des manifestations de ce qu'on appelle la propriété intellectuelle ou industrielle. Mais il est délivré *sans garantie du gouvernement*, sans examen préalable de la réalité ou du mérite de l'invention : ce qui oblige le breveté à prouver à l'encontre de ses adversaires, si son brevet plus tard est contesté, qu'il répond aux conditions de la loi.

L'action en nullité de brevet intentée contre lui (parce que l'invention n'était pas nouvelle, ou à raison d'une description insuffisante, etc.),

[1] Il est bien entendu que nous parlons de constructions commandées par un commerçant ou industriel, et que nous ne nous occupons point de celles que commande une société immobilière, société civile, qui a acquis des terrains nus pour les surbâtir et les revendre (Voir *suprà*, n° 18).

— l'action en déchéance résultant de ce que le brevet, faute d'exploitation pendant deux ans, par exemple, serait tombé dans le domaine public, etc., — ne peuvent être portées que devant les tribunaux civils.

Peu importe que les plaideurs soient ou non commerçants. Peu importe que le brevet soit exploité, ainsi qu'il arrive souvent, par un fabricant qui le tient de l'inventeur en vertu d'une cession (ou d'une licence).

De même l'action en contrefaçon, intentée par le breveté contre un tiers qui porte atteinte à son droit privatif, est du ressort des tribunaux civils, non des tribunaux de commerce (sous réserve de la faculté de saisir le tribunal correctionnel des actions publique et civile en même temps).

65. — Marques. — Un négociant ou fabricant peut protéger son droit à la clientèle contre les usurpations d'un concurrent. Il y arrive au moyen de l'action en concurrence déloyale basée sur l'art. 1382 C. civ. Cette action, avons-nous dit, est commerciale, si les plaideurs sont commerçants.

Mais la loi lui procure un surcroît de protection, lorsqu'il marque ses produits par un signe de son choix rendu adhérent à la marchandise : emblême ou dénomination fantaisiste du produit, ou encore nom du producteur apposé sous une forme distinctive.

Cette marque, une fois déposée au greffe du tribunal de commerce, donne au déposant pendant quinze ans et avec faculté de renouvellement, le pouvoir d'agir contre les imitateurs. Il plaide alors non seulement *en concurrence déloyale*, mais en *contrefaçon*.

C'est une poursuite plus énergique avec saisie préalable des produits revêtus de la marque contrefaite. Cette saisie a lieu en vertu d'une ordonnance du président du tribunal civil, l'action emporte application d'une amende et d'un emprisonnement.

En supposant qu'il s'abstienne d'agir devant le tribunal de police correctionnelle, le propriétaire de la marque ne doit pas porter sa réclamation au tribunal de commerce. Ce tribunal serait incompétent pour en connaître. Cette incompétence subsisterait, quand même il n'y aurait aucun doute sur le caractère commercial du trafic des produits revêtus de la marque litigieuse. Le procès serait du ressort des tribunaux civils [1].

[1] L'institution des marques de fabrique, pas plus que celle des brevets d'invention, ne sont propres au commerce : les industries agricoles et autres peuvent les utiliser de la même manière que les professions commerciales. C'est ce qui explique pourquoi ces matières ne rentrent pas dans le plan de ce livre et restent étrangères à l'enseignement du droit commercial.

66. — Dans les autres parties de la propriété dite intellectuelle (*dessins de fabrique, œuvres artistiques ou littéraires*), l'action en contrefaçon retombe sous l'empire des règles ordinaires. Si elle n'est point portée devant les juges de répression, le tribunal de commerce en connaîtra régulièrement, comme d'une simple action en concurrence déloyale. Mais il n'en connaîtra que sous les mêmes conditions de profession commerciale de la part du défendeur. Les particularités de compétence en fait de brevets et de marques ne doivent pas être généralisées.

SECTION II

PROFESSION HABITUELLE

(Art. 1er C. com.)

67. — La question de savoir si une opération constitue un acte de commerce est une question de droit. Celle de savoir si l'agent exerce la profession est toute de fait, elle nécessite la connaissance d'une certaine manière d'être chez cet agent.

La profession résultera : — de la *prise de qualité* dans un acte : l'individu s'est donné le titre de commerçant dans une convention écrite ; — ou encore de la *chose jugée* : il a été par un jugement reconnu commerçant, avec application d'un effet de droit attaché à la personne du commerçant comme tel.

Mais ce ne sont là que des présomptions de fait susceptibles d'être combattues. Car la qualification qu'une personne s'est attribuée n'est pas une preuve de la réalité du titre dont elle se prévaut. En ce qui touche la chose jugée, elle ne dispose pas de l'autorité légale établie par l'art. 1351 C. civ. En effet la contestation soulevée actuellement sur la profession de l'une des parties s'agite entre d'autres plaideurs ou pour un autre objet, pour une autre cause, que celle qui a été précédemment tranchée par le jugement dont on prétend tirer autorité.

68. — **Profession.** — Il faut donc que l'agent exerce des actes de commerce à titre de *profession* (art. 1er C. com.).

La profession, c'est un état, une *carrière*. Il n'est pas absolument besoin qu'elle soit *notoire* : cet adjectif a été retranché du texte de l'article. On verra peut-être l'intéressé fuir une trop large notoriété qui pourrait nuire à sa considération, au regard de la police ou de chambres de discipline (notaire qui opère de la banque). Cela ne l'empêchera pas d'être commerçant. Mais encore faut-il que cette profession se manifeste envers une certaine clientèle. Notamment l'opérateur à terme à la Bourse qui n'est connu que de son agent de change, malgré la répétition de ses ordres, manque de la condition voulue pour être commerçant[1].

69. — Il n'est pas besoin davantage que la profession commerciale constitue l'état *principal* de l'homme. On peut n'affecter à une entreprise de commerce qu'une portion faible de son actif et avoir la plus grosse partie de son bien engagée dans des exploitations agricoles. Cela ne mettrait point obstacle à ce que la personne fût commerçante. On constatera ultérieurement que, si elle vient à encourir la faillite, tous ses biens, ceux dépendant du commerce et ceux qui y sont étrangers, seront englobés dans un même régime de liquidation, celui que le droit commercial a institué.

70. — En tout cas, la profession exigeant la connaissance par le public ou par un certain public d'un état déterminé, l'*habitude* à elle seule n'en saurait tenir lieu. Elle ne peut y suppléer.

Lorsqu'on fait des actes de commerce par habitude, c'est généralement à raison d'une profession qui entraînait ces actes à sa suite. Alors, semble-t-il, la controverse est sans intérêt. La réunion des deux éléments n'est cependant pas constante. L'exemple ci-dessus de l'opérateur à la Bourse en est la preuve.

On peut imaginer encore qu'un individu se porte successivement sur des opérations commerciales diverses, n'ayant entre elles aucun enchaînement, achat aujourd'hui d'un lot de marchandises pour l'écouler, réception le lendemain d'un capital à un certain taux pour le prêter à un taux plus cher, etc. La profession est absente, la qualité de commerçant fait défaut[2].

71. — **Habitude.** — En renversant la question, on se demande si la profession est une condition suffisante ou s'il faut qu'elle se complète par l'habitude. *Profession habituelle*, porte l'art. 1er. Donc le concours des deux faits paraît s'imposer.

[1] Nous n'estimons pas qu'on puisse considérer comme commerçant celui qui, sans exercer ostensiblement le commerce, le fait faire par un *prête-nom*. Le prête-nom opère au moyen des capitaux et valeurs que lui a remis son donneur d'ordre. — Bien que les résultats de l'exploitation doivent se produire à l'avantage ou au détriment du donneur d'ordre, il ne paraît pas que la profession commerciale lui soit acquise. C'est le prête-nom, et non lui, qui est le commerçant (arg. 593, 3° C. com : l'individu faisant le commerce sous le nom d'autrui est présenté par ce texte comme n'étant point le failli, dans le cas où la maison manque à ses engagements).

[2] Nous écartons à dessein l'exemple de l'homme qui a comme habitude de souscrire des lettres de change pour la commodité de ses intérêts. La lettre de change est un acte de commerce. Cette répétition d'actes de commerce ne suffit pas, dit-on, pour investir le souscripteur du titre de commerçant. Car où est la profession ?

Nous ne savons si cette déduction est exacte. Il ne faut pas perdre de vue que la loi présume commercial le trafic de ceux qui se servent de la lettre de change, qu'elle

On ne le pense pas cependant, dans la doctrine générale. Le qualificatif *habituelle* n'ajoute rien au mot *profession*. Du moment qu'une personne se montre ostensiblement prête à exercer le commerce, la qualité de commerçant doit lui être immédiatement acquise. C'est une conséquence de l'idée moderne que le commerce est à la portée de quiconque veut l'exercer, sans égard au nombre d'opérations déjà faites.

72. — Fonds de commerce. — Naguère encore l'opinion contraire avait des partisans : ce qui, dans la question spéciale de la nature juridique de l'*achat d'un fonds de commerce*, n'était pas sans présenter un assez sérieux intérêt.

L'entrée du commerçant dans les affaires a lieu au moyen de l'acquisition d'un fonds de commerce, lorsqu'il ne crée pas un établissement absolument nouveau.

Le *fonds de commerce* se compose de plusieurs éléments, dont quelques-uns peuvent ne pas se rencontrer. Il comprend les *marchandises* qui se trouvent dans l'établissement au moment de la vente et que le vendeur cède à l'acheteur. Il comprend le *droit au bail* du magasin, si l'établissement est exploité dans la maison d'autrui. Il peut avoir des *immeubles* pour objet [1].

Chacun de ces éléments conserve sa nature respective. Le fonds de commerce n'est pas un tout juridique ayant son économie particulière. Il ne forme pas une universalité soumise à un régime propre. A plus forte raison ne peut-on, même par fiction, le considérer comme une personne distincte de celle de l'exploitant. C'est la convention des parties qui réunit entre eux, pour en faire l'objet de transmissions simultanées, des valeurs de condition différente. Ces valeurs sont rendues seulement solidaires *en fait* par un intérêt d'exploitation.

dispense l'intéressé de l'obligation de prouver qu'à chacun de ces engagements pris en la forme du change corresponde un des actes visés par l'art. 632. La situation est la même que si cette preuve était réellement faite. Peut-être même la vraie formule est-elle celle que donnaient autrefois les auteurs, à savoir que la personne qui fait des lettres de change s'érige en commerçant, sans qu'il soit besoin de démontrer quel commerce au juste elle exploite. En se plaçant à ce point de vue, on doit rejeter l'opinion défendue d'ordinaire sur la question présente.

[1] La propriété de l'usine, celle des magasins. Les machines ou ustensiles servant à l'exploitation sont alors, à moins de conventions contraires, des accessoires de l'immeuble lui-même et en suivent la condition, en tant qu'immeubles par destination (art. 524, C. civ.). Cela a une grande importance, notamment pour expliquer qu'une hypothèque constituée sur cet immeuble s'étend de plein droit à ces machines et ustensiles. — Au contraire le simple locataire d'une manufacture ou d'un magasin ne pourrait pas constituer hypothèque sur le matériel de la maison, même quand ce matériel lui appartient. L'immobilisation n'est possible que de la part du propriétaire de l'immeuble.

Celui de ces éléments que l'on considère de préférence aux autres n'a pas encore été par nous mentionné. C'est la *clientèle* attachée à l'établissement, dont le vendeur fait passer le profit à l'acheteur, en lui permettant d'en jouir et au besoin en le patronnant auprès d'elle.

Il y a des ventes de fonds de commerce qui ne se composent que de cet élément, comme il en est d'autres, sans achalandage susceptible de transmission, qui en sont absolument dénuées.

En tant qu'il a la clientèle pour objet, le fonds de commerce constitue une *valeur incorporelle* qui, comme les brevets, les dessins ou les marques, laisse voir un des aspects de la propriété intellectuelle. L'importance du chiffre d'affaires due à la réputation du commerçant, ou plutôt la possibilité de s'enrichir par ce chiffre d'affaires, forme un droit dont l'intéressé peut trafiquer. A parler exactement, le nom, l'enseigne, la marque, ne sont eux-mêmes que des accessoires du fonds de commerce ainsi entendu, puisqu'ils ont pour but de garantir la possession de cette clientèle contre les empiètements des tiers.

73. — L'achat d'un fonds (d'une clientèle) pour l'exploiter n'est pas un acte de commerce par sa nature, l'énumération de l'art. 632 ne le signale point. Mais est-il pour l'acheteur un acte de commerce d'après la théorie de l'accessoire, comme se rapportant au commerce de cet acheteur [1] ? Le vendeur pourra-t-il l'assigner aux fins d'exécution de la vente devant le tribunal consulaire, pourra-t-il établir cette vente par témoins, etc. ?

On a jadis prétendu que non. Ce n'est qu'après un certain temps d'exercice (on n'en dit pas la durée), par l'acquisition de l'habitude, que la personne entrée dans le fonds comporte la qualification de commerçant. Jusque-là la théorie de l'accessoire lui reste étrangère, l'effet ne pouvant précéder la cause. L'achat du fonds était une opération civile.

On arrivait ainsi à priver des garanties du droit commercial, les débutants, ceux-là mêmes qui en ont le plus besoin. Car, pour être conséquente avec elle, la théorie devait admettre aussi que dans cette première période d'attente, l'acheteur ne pouvait pas être mis en faillite.

Un autre résultat mauvais de cette interprétation était de soustraire aux juges de commerce, quoique mieux à même que tous autres de les

[1] En supposant que ce fonds porte sur une des natures d'opérations qui rentrent dans la nomenclature des actes de commerce. Car la clientèle d'un artisan ou d'un opérateur quelconque ne faisant point commerce se prête à la même transmission, sans que le droit commercial soit applicable. A ce point de vue, il est vrai de dire que la théorie du fonds de commerce, comme celles des brevets, des marques, etc., reste en dehors des limites du droit dont nous nous occupons.

connaître, l'application des usages réglant ces ventes de fonds de commerce.

Mais la jurisprudence s'est peu à peu modifiée; preuve que dans sa pensée, l'habitude n'est pas une condition légale de l'acquisition du titre de commerçant, qui doive se surajouter à la profession elle-même.

74. — On vient de parler du fonds de commerce, et de déterminer les divers sens que cette locution peut avoir. Il convient de joindre quelques explications concernant cet ensemble de valeurs, corporelles ou incorporelles, groupées autour d'une même exploitation. Car on ne peut éclairer la notion du commerçant, sans dire comment le commerçant doit, pour mériter cette appellation, se comporter à l'égard de son fonds de commerce ou d'industrie.

75. — Il n'est pas toujours exact que le *propriétaire d'un fonds de commerce* soit un *commerçant*. Avoir un fonds, ce n'est pas nécessairement avoir la profession, et sans la profession la qualité de commerçant cesse. Pour avoir la profession, on doit *exploiter* soit en personne, soit par représentant; il faut courir le risque du commerce.

Le fonds de commerce peut être donné en location. Il y a des négociants ou industriels qui s'abstiennent à un moment donné de gérer leur établissement : moyennant un prix de loyer, ils remettent le fonds garni et outillé en simple jouissance à un autre négociant ou à une société pour un certain nombre d'années. Le contrat est un *louage*. Après l'expiration de la période convenue, le fonds avec son outillage rentrera dans la possession du bailleur; entre temps le véritable commerçant, qui recueillera les bénéfices ou souffrira des pertes, est le négociant locataire. Ne l'est pas en revanche celui qui a donné à bail; chez lui la profession commerciale est suspendue.

Le fonds de commerce peut de même être l'objet d'une *constitution d'usufruit*. C'est l'usufruitier qui est commerçant, non le nu-propriétaire. Ces notions seront mises à contribution plus loin, lorsqu'il sera question du régime applicable à un fonds de commerce appartenant à un mineur ou à une femme mariée (notamment sous le n° 93) [1].

[1] Le fonds de commerce peut être ainsi, en dehors d'une vente, l'objet de diverses sortes de conventions. Il peut être, par exemple, transmis par suite d'arrangements de famille.

Si le commerçant meurt, laissant plusieurs héritiers, le fonds sera, soit par une opération amiable, soit par licitation publique, attribué moyennant un prix determiné, tantôt à l'un des héritiers (d'habitude à celui que le *de cujus* a préparé de son vivant à succéder à son commerce), tantôt à un étranger : ce sera là une opération de partage. Souvent aussi, le négociant, prenant sa retraite de son vivant, a réparti son avoir par anticipation entre ses héritiers, de manière à mettre le fonds de commerce dans le

76. — L'établissement originaire, pas plus que la vente subséquente d'un fonds de commerce, n'est assujetti à des *formes spéciales*. On s'expliquerait une organisation légale, d'après laquelle une personne abordant les affaires aurait à publier sur un *registre*, tenu au greffe du tribunal consulaire, son intention de faire le commerce avec la mention du nom (*firme*) qu'elle prendra pour l'exercer. Et on comprendrait encore qu'à chaque vente dont le fonds serait l'objet, à chaque désignation de préposé muni de la signature, mention de cet acheteur, de ce préposé fût faite sur ce registre, sous une rubrique qui serait rayée le jour où le fonds changerait de main ou disparaîtrait.

Cette institution, qui fonctionne non sans succès dans les Etats gouvernés par le droit allemand, n'existe point chez nous. Aucune publicité, en dehors des sociétés commerciales et des habilitations d'incapables, n'accompagne la fondation ou la transmission d'un établissement de commerce.

Comme la vente d'un fonds peut dissimuler une fraude entreprise contre les créanciers du vendeur par détournement de leur gage, l'usage des grandes places en France voulait naguère que la vente fût mentionnée dans un journal d'annonces pour produire effet au regard de ces créanciers. L'acheteur, à la teneur dudit usage, devait pour régler son prix attendre à partir de cette publication un certain délai (vingt jours). Ce délai était donné aux créanciers du vendeur afin de former opposition entre ses mains, faute de quoi l'acquéreur s'exposerait à payer deux fois. Mais on a cessé de considérer cet usage comme obligatoire : on s'était mépris sur sa portée en lui attribuant une force impérative (l'usage dans le commerce est purement interprétatif des volontés), et on y déroge aujourd'hui couramment. L'institution par la loi d'un régime de publication obligatoire pour les cessions de fonds de commerce est vivement désirée.

77. — La vente d'un fonds de commerce est passible d'un *droit de mutation* de 2 0/0 sur le prix de l'achalandage, du droit au bail et des marchandises, avec enregistrement obligatoire dans les trois mois de sa

lot de l'un d'eux (partage d'ascendant). Ou plus simplement il a cédé son fonds moyennant un prix fait, à celui de ses héritiers qu'il juge apte à prendre la suite de ses affaires. Le successeur se grève vis-à-vis d'un père ou de frères d'une soulte ou dette d'achat dont il est de pratique dans de nombreuses familles que le capital ne soit pas payé, bien qu'il reste au pouvoir du créancier de le réclamer à tout moment. Cette dette n'a pas d'échéance spécifiée, le négociant en sert les intérêts à un taux convenu. Quelquefois cet arrangement se complète par une adoption de compte-courant avec capitalisation de solde tous les six mois ou tous les ans (voir plus bas le compte-courant). La fréquence de l'inscription sur les livres d'un négociant de ses frères ou sœurs ou de son père, avec un crédit plus ou moins considérable, tient à ces transmissions de fonds de commerce d'une génération à la suivante.

date. Exceptionnellement les marchandises ne seront assujetties qu'à un droit de 0 fr. 50 0/0, s'il est stipulé pour elles un prix particulier (l. 28 février 1872, art. 7 et 8.)

78. — Comme dans la vente ordinaire, le vendeur d'un fonds de commerce s'engage à la *garantie*.

Pour cet objet du fonds qui s'appelle la clientèle, garantir c'est promettre de donner ses soins afin que les clients de la maison passent à l'acheteur et s'obliger à ne point les reprendre pour soi. La garantie, c'est la promesse par le vendeur *de ne pas se rétablir*. Il s'interdit d'ouvrir une maison qui fasse concurrence à la première : la promesse, qui est de la nature de la vente, peut n'être qu'implicite.

Mais la mesure de cette interdiction est généralement réglée par le contrat, afin d'éviter des contestations sur la portée effective d'une pareille obligation dans chaque cas particulier. On fixe, en partant de l'établissement vendu, un périmètre dans le rayon duquel le vendeur ne pourra pas se rétablir.

Au surplus, une clause par laquelle une personne prendrait l'engagement de ne pas pratiquer tel commerce, sans énoncer à cet engagement une limite de temps, ou de distance, serait contraire au principe moderne de la liberté du commerce et de l'industrie. Les juges n'auraient qu'à annuler cette obligation, en tant qu'elle enjoindrait défense de pratiquer le commerce en toute époque et en tous lieux.

79. — Au moment de la vente du fonds de commerce, le vendeur a des affaires pendantes, des recouvrements à opérer, des dettes à payer. Si le fonds était considéré comme une universalité, l'acheteur aurait à encaisser ces créances ou à régler ces engagements, à son profit ou à ses risques, sans que le prix de vente en fût affecté : le fonds serait vendu actif et passif, comme il en est d'une succession (art. 1697 et 1698 C. civ.).

Cette manière de faire, souvent pratiquée en Allemagne, est à peu près inusitée en France. Le commerçant qui prend sa retraite, soit en fermant son fonds, soit en le cédant à un autre, liquide les opérations pendantes à son propre compte et en dehors du prix convenu. C'est ce qui l'amène à conserver ses livres de commerce.

80. — A partir de sa retraite, il cesse d'être commerçant, mais sous deux réserves :

1° Les contestations, auxquelles donneraient lieu des actes conclus antérieurement, continueront à être du ressort du tribunal de commerce, et si, pour mieux écouler ses marchandises anciennes, il avait à en acheter de nouvelles, ses nouveaux contrats seraient encore commerciaux;

2° Si au moment de la retraite, le commerçant était en état de cessation de paiements, la faillite pourrait, même postérieurement, être déclarée contre lui (on verra que, lorsque c'est la mort de l'individu qui met fin à son commerce, la déclaration de faillite reste possible pendant un an, art. 437 C. com.).

81. — Actes de commerce accomplis par l'Etat. — Ici, comme annexe à la profession, et à condition de ne pas suivre un ordre scrupuleux, peut s'examiner le problème de *l'accomplissement d'actes de commerce par l'Etat.* Il répond aux préoccupations économiques et sociales du temps présent.

Le commerce est valablement entrepris par un individu ou par une société. Peut-il également émaner de l'Etat, de la puissance publique, ou d'une personne administrative membre de l'Etat comme l'est une commune? Ce problème se pose : 1° en législation ; 2° par rapport aux services que l'Etat ou la commune a effectivement institués.

1° En législation, on entend soutenir une thèse qui refuse à l'Etat le droit d'exercer les exploitations comprises dans le commerce. En s'y livrant, il contreviendrait à son rôle. L'Etat et le commerce sont en opposition, comme l'intérêt général est en lutte avec l'intérêt privé. Si l'Etat faisait le commerce, ce serait pour l'absorber, pour empêcher les individus de l'exercer à côté de lui. Il dispose, pour couvrir ses pertes, d'un moyen d'action, l'appel à l'impôt, qui rend de la part des autres toute concurrence impossible, là même où il ne s'agirait pas d'un monopole avoué.

Ceux qui poussent l'Etat à s'engager de plus en plus sur le terrain du commerce, mènent en réalité campagne contre le commerce lui-même, ainsi que contre les inégalités qui en résultent. Le commerce est le moyen pour les particuliers de s'enrichir par le trafic. L'État viendrait y faire échec.

Exacte en soi, la thèse ne doit pas être exagérée. La liberté du commerce forme pour l'individu un de ces droits publics que garantit l'ensemble de la Constitution : l'exercice du commerce par l'Etat y porterait atteinte [1]. Mais il est des industries, telles qu'un *chemin de fer* ou *l'entre-*

[1] En conséquence, si le conseil municipal dans une commune venait à prendre une délibération tendant à créer un service commercial sur les fonds du budget communal, il appartiendrait au préfet du département de prononcer par arrêté l'annulation d'une délibération semblable. Le préfet pourrait très certainement refuser son approbation, si le conseil avait pourvu à ce service en votant des contributions extraordinaires supérieures à cinq centimes additionnels au principal des impôts directs (l. 5 avril 1884, art. 142). Mais, quand même le service serait doté au moyen des ressources ordinaires de la commune, il y aurait encore nullité de droit, la délibération portant sur un objet étranger aux délibérations du conseil municipal (même loi, art. 63) : Affaire des pharmacies et des bureaux de consultation de Roubaix de 1893.

prise d'éclairage d'une ville, qui seront exploitées par une compagnie concessionnaire lorsque ce n'est pas l'Etat ou la commune qui s'en charge, par conséquent, dans l'un ou dans l'autre cas, sans que la concurrence en puisse tempérer les abus. Il existe un certain nombre de manufactures ou de services qui seraient commerciaux, pratiqués par d'autres. L'Etat les exerce à des fins diverses : préoccupations fiscales (tabac [1], allumettes chimiques), but esthétique (manufactures de porcelaines ou de tentures), poursuite d'un intérêt d'économie, de sécurité ou de régularité pour le public (postes, chemins de fer d'Etat) [2].

De tout cela il ressort que l'Etat possède en soi, dans une certaine mesure, le pouvoir de faire le commerce. Il l'exercerait sans déroger à sa mission, le jour où dans une industrie déterminée, quelques maisons viendraient à accaparer le trafic, maîtrisant toute concurrence. Il substituerait alors son monopole à celui de ces établissements privés, et servirait ainsi la cause de la collectivité.

2° Etant donné qu'il existe des services de ce genre, quel en est juridiquement le caractère ? Il est un premier point certain : les actes accomplis par l'Etat à leur occasion appartiennent à la classe des *actes de gestion* et non à celle des *actes d'autorité*. L'Etat procède par voie de contrats, ainsi que le ferait un particulier, et non par voie de commandement. Cela offre une réelle importance : il en résulte notamment que l'Etat répond dans ces services des fautes de ses préposés de la même manière qu'un patron répondrait de ses commis (à moins d'une loi spéciale l'exonérant de cette responsabilité).

Quant à savoir si l'Etat, gérant de telles entreprises, fait office de *puissance publique* ou de *personne privée*, la question est moins claire. L'acte serait de la compétence des tribunaux administratifs dans le premier cas, et de celle des tribunaux civils dans le second, en supposant l'absence d'une loi particulière réglant le contentieux. Il faudrait pencher vers l'exercice du rôle de puissance publique, puisque c'est au nom

[1] La personne, titulaire d'un bureau de tabac, est un simple préposé de l'Etat et non un commerçant. Sa rétribution, au lieu de consister dans des appointements fixes, résulte des remises que l'administration lui consent sur le montant des livraisons. Elle opère en vertu d'une commission de la Régie. — Si cette personne, au lieu de tenir elle-même le bureau, le fait exploiter par un gérant, la situation ne change pas. Ce gérant est un sous-préposé. Le prix de location du bureau, ou ce qu'on désigne de ce nom, est un forfait convenu par le gérant avec le titulaire. C'est le bénéfice net supposé du bureau, appointements du gérant déduits. La qualité de commerçant ne serait acquise au gérant que s'il exploitait dans le même local une autre industrie, par exemple un débit de vins.

[2] Nous négligeons à dessein les manufactures nationales, dans lesquelles sont conditionnées les fournitures que doit consommer l'un des services de l'État lui-même : Imprimerie nationale, arsenaux de la guerre, de la marine, etc.

de l'intérêt général que l'Etat a pris en main ces services. Cela toutefois est problématique. Les auteurs de droit administratif ne sont point fixés eux-mêmes sur les juridictions compétentes.

82. — Mais, dans quelle mesure le droit commercial doit-il s'étendre à ces manufactures ou établissements, du moment qu'ils rentrent dans l'énumération de l'art. 632 ?

Suivant l'opinion courante, le propre du commerce étant de *spéculer*, l'Etat (ou la commune) est exempt de spéculation et échappe à l'application du droit commercial. Il poursuit des recettes fiscales afin d'équilibrer les dépenses du budget, et son monopole est une des formes des impôts indirects. Ou bien, à l'inverse, il cherche à abaisser les taxes sans se réserver de bénéfice. La spéculation fait défaut dans les deux cas : les actes pris en eux-mêmes ne sont pas des actes de commerce.

D'ailleurs à quoi bon pour l'Etat le droit commercial ? Les voies d'exécution, telles que la faillite ? Mais les biens de l'Etat sont insaisissables, et sa solvabilité ne peut pas être sérieusement mise en question. La juridiction des tribunaux de commerce ? Mais les règles de la comptabilité publique sur la liquidation et l'ordonnancement des créances viendraient toujours entraver les résultats expéditifs de cette juridiction, et l'Etat, n'ayant point à faire appel au crédit vis-à-vis de ses fournisseurs, n'a pas besoin non plus de se soumettre à des juges à procédure rapide.

Nous n'acceptons pas ce raisonnement ; nous avons rejeté plus haut la spéculation comme *criterium* des actes de commerce (n° 11). Au surplus, la thèse ainsi formulée se heurte à plusieurs objections : *a*) Elle n'explique pas comment, la règle une fois posée, on y déroge à l'égard de l'un de ces services, d'où la spéculation paraît plus absente, s'il est possible, que de tous les autres, à l'égard des chemins de fer ; *b*) Lorsque l'Etat, au lieu d'exploiter lui-même en régie, se substitue un concessionnaire, on admet que ce concessionnaire soit gouverné par le droit commercial. Cependant il est de principe que celui qui exerce la concession ne fait que succéder aux droits qui appartenaient au concédant. C'est avouer que l'Etat puise en soi le pouvoir de se soumettre au droit commercial, ayant délégué ce pouvoir au concessionnaire.

Le motif pour lequel l'Etat échappe, sauf exception, aux règles du commerce dans l'organisation actuelle de ses services, doit être cherché ailleurs.

Il n'y a d'exploitation commerciale qu'avec un compte séparé, par doit et avoir, de ses résultats. A l'égard d'un acte même isolé du commerce, tel que l'achat pour revendre, tous les éléments de cet acte, le prix de revient, le prix de revente, sont rapprochés les uns des autres dans la pensée ou sur les livres de l'opérateur, de manière à conserver à l'opération son enchaînement.

Or c'est ce qui pour l'Etat n'a point lieu : les services de tout ordre de l'Etat se fondent dans l'administration générale, et sont noyés dans la comptabilité publique. Les recettes sont bloquées à part des dépenses, sous des chapitres différents du budget. Le mouvement des fonds affectés à une manufacture est le même que pour les autres services. Les deniers publics ne sauraient dépendre d'un droit différent, suivant qu'ils sont appliqués à l'armée, à la justice, à l'administration proprement dite d'une part, ou à une entreprise d'exploitation d'autre part.

83. — Dès lors qu'il cesse pour une entreprise déterminée d'en être ainsi, la raison d'écarter de l'Etat l'application du droit commercial disparaît en même temps. L'*administration des chemins de fer d'Etat* constitue un service financier séparé. Il dispose, sous forme d'annexe à la loi annuelle des finances, d'un budget propre, se balançant par recettes et dépenses, avec la prévision d'un excédent pour le Trésor. Il est ouvert un compte-courant à cette administration en cours d'exercice pour les sommes qu'elle verserait aux caisses publiques. Dans cette administration, les fonctionnaires de l'Etat sont en service détaché (L. 18 mai 1878 et décrets du 25 mai suivant [1] portant organisation administrative et organisation du service financier des chemins de fer rachetés, ainsi que la modification provenant du décret du 10 décembre 1895).

A raison de ces motifs, l'Etat est justiciable pour les transports effectués sur son réseau et pour les opérations accessoires de ce service (approvisionnement de houilles, etc.) du tribunal de commerce. Les règles du Code de commerce sur les transports lui sont applicables. Il bénéficie des mêmes causes de libération qu'un autre voiturier. Ses livres peuvent être produits en justice et disposent de la même force probante que les livres d'un commerçant. Car ce ne sont pas seulement ses actes qui relèvent du droit commercial, rien ne s'oppose à ce qu'on le considère dans l'exercice de ce service comme un véritable commerçant. Les décrets de 1878 montrent que les règles ordinaires sur l'obligation de

[1] L'un de ces décrets vise dans ses motifs l'art. 22 de la loi sur la police des chemins de fer du 15 juillet 1845 : « Les concessionnaires ou fermiers d'un chemin de fer seront responsables, soit envers l'Etat, soit envers les particuliers, du dommage causé par les administrateurs, directeurs ou employés à un titre quelconque au service de l'exploitation du chemin de fer. — *L'Etat sera soumis à la même responsabilité* envers les particuliers, si le chemin de fer est exploité à ses frais et pour son compte. »

On s'est entendu en 1878, lors du rachat des lignes qui forment aujourd'hui le réseau d'Etat, pour laisser au public les garanties qui résultaient de la législation sous laquelle se trouvaient précédemment placées les compagnies : c'est par des raisons utilitaires que le droit commercial se trouve ainsi étendu aux chemins de fer d'Etat.

faire liquider les dettes et ordonnancer les paiements sont considérablement simplifiées [1].

84. — Lorsque de l'Etat ou de la commune, on passe aux *établissements publics* ou *d'utilité publique*, d'autres difficultés s'opposent à ce qu'ils fassent régulièrement le commerce. Ces établissements ne disposent de la personnalité civile qu'en vue de la mission particulière qui est dévolue à chacun d'eux par les lois et par les règlements. Un *bureau de bienfaisance*, par exemple, n'a pas pour attribution d'exploiter une banque ou une industrie. Un *syndicat professionnel* n'a pas à exercer une entreprise lucrative dans l'intérêt particulier de ses membres, quand ce serait sous la forme de la coopération, puisqu'il ne doit poursuivre que les intérêts généraux de la profession [2].

Cela n'empêcherait pas toutefois un *hôpital* de tenir ouvertes des pharmacies vendant des remèdes même au public, et relevant alors du droit commercial. Cela n'empêcherait pas davantage, dans une *communauté religieuse*, reconnue ou non reconnue, les congréganistes de former entre eux une société commerciale régulière ou de recourir à un prête-nom afin d'exploiter une liqueur dont ils ont le secret de fabrication ; ils le feront, quitte à se mettre en règle avec les statuts canoniques dans lesquels n'a pas à s'immiscer la loi civile.

[1] De ces observations, il ne résulte pas que, dans les rapports de l'Etat avec ses employés de chemin de fer, s'appliquent les règles ordinaires de la législation privée sur le louage des services ; — qu'il convienne de suivre, en cas de congédiement de ces employés, le nouvel art. 1780 C. civ. autorisant l'employé à demander des dommages-intérêts pour renvoi abusif ; — que ces réclamations soient de la compétence des tribunaux et non des juges administratifs, Req. 18 nov. 1895 ; — que les agents de cette exploitation puissent user du droit de coalition ou se constituer en syndicats professionnels, etc.

Il y a lieu de revenir ici à l'idée déjà exprimée par nous, à savoir que le droit commercial ne s'étend pas aux rapports du patron et de ses subordonnés. On entre alors dans la législation industrielle (n° 22). Lorsque le patron est l'Etat, la nature de la protection qu'il exerce et la discipline que lui doivent tous les fonctionnaires veulent que le lien de subordination soit plus strict que dans une organisation privée.

[2] La loi du 5 nov. 1894 sur les sociétés de crédit agricole décide que ces sociétés seront constituées par les membres de syndicats professionnels agricoles, et non par ces syndicats eux-mêmes. Un syndicat peut s'employer à créer une société à ses côtés, mais il ne peut par lui-même accomplir les actes pécuniaires qui sont du ressort de cette société.

CHAPITRE II

CAPACITÉ REQUISE POUR FAIRE LE COMMERCE

(Art. 2 à 7 C. com.)

---

85. — Interdiction de faire le commerce. — Il ne faut pas confondre *l'incapacité* avec *l'interdiction* de faire le commerce, plus exactement avec les *incompatibilités*. Le commerce est incompatible avec certaines professions, avec la plupart des fonctions publiques (non pas bien entendu avec les fonctions parlementaires), offices ministériels et fonctions d'avocat compris [1].

Préposés à la défense de l'intérêt général, les fonctionnaires s'en détourneraient peut-être en se livrant à une entreprise de commerce. Ces personnes ne pourraient même pas faire un acte de commerce particulier. De là cette conséquence, un peu singulière, qu'un avocat ou un officier peut vendre les vins de ses propriétés, mais non exploiter, même par le moyen d'un préposé, une usine ou une banque.

La sanction de ces interdictions consiste tantôt dans des peines, tantôt dans une réprimande disciplinaire, tantôt dans une destitution (art. 87 C. com.). Les actes de commerce accomplis au mépris de la défense sont valables, le tribunal de commerce en pourra connaître, l'opérateur en cas de cessation de paiements encourra la faillite. Une contravention à la loi ne saurait procurer au coupable le droit de s'affranchir de ses engagements.

Dans certains cas exceptionnels, les actes ainsi accomplis pourraient être annulés à la demande de la contre-partie du fonctionnaire, si la loi y voyait le résultat d'une pression d'autorité. (Ex. : opérations conclues par les fonctionnaires civils ou militaires, en matière de trafic de grains ou boissons fait dans leur ressort, opération punissable d'après l'art. 176 C. pén.).

86. — Etrangers. — L'incapable est celui qui ne peut faire d'actes de commerce *réguliers*, et au profit de qui s'ouvre une action en nullité.

[1] Il sera difficile de déterminer chez l'avocat les faits de représentation dans l'ordre judiciaire permis à la profession, et de séparer ces faits de ceux qui seraient propres à l'agent d'affaires, par conséquent commerciaux et interdits à l'avocat (V. l'arrêt de la Ch. des Req. du 11 nov. 1895 sur la demande d'inscription au barreau de la Cour de Montpellier des avocats de Cette).

Parmi les incapables ne figure pas l'*étranger*. L'étranger, résidant ou non en France, a, au contraire, toute capacité pour traiter dans l'ordre commercial soit avec un autre étranger, soit avec un Français. C'est par les relations avec l'étranger que le commerce s'est développé, et l'on s'accorde à rapporter les actes de toute nature qu'embrasse le commerce aux *droits* des gens ou *naturels*. Ces droits, par antithèse aux *droits* purement *civils*, appartiennent en France aux étrangers sans condition de réciprocité (interprétation donnée par la jurisprudence à l'art. 11 du C. civ.).

Un étranger peut donc plaider devant nos tribunaux, il peut demander ou encourir la faillite.

La non-recevabilité en France d'un procès entre deux plaideurs, étrangers l'un et l'autre, est posée sauf atténuation par le droit civil. Mais elle n'existe pas en droit commercial. Il suffit que le contrat de ces deux étrangers se localise en France par la stipulation du lieu de paiement, ou par l'endroit de la formation de la promesse et de la livraison de la marchandise. Et tout aussitôt un tribunal français en peut connaître, quelle que soit la nationalité des parties ou leur domicile (arg. art. 420 C. proc. civ.).

Les restrictions au droit pour un étranger de faire le commerce sur le même pied qu'un Français sont les suivantes :

a) Il n'a pas les *droits politiques*, ne concourt pas aux élections des tribunaux de commerce. La faillite ne lui fait point perdre une capacité civique, qui lui manque.

b) Il doit, sous peine d'amende, exerçant sa profession en France, et à moins d'être admis à domicile, faire à la mairie, dans les huit jours, une *déclaration de résidence* (L. 8 août 1893).

c) Si le commerce, au lieu d'être entrepris par un individu, était exercé par une société, sous la forme de *société anonyme*, cette société supposée étrangère serait soumise à un régime particulier, ayant son principe dans une loi du 30 mai 1857. Elle n'aurait que sous certaines conditions, à voir plus loin, le droit d'opérer ou d'ester en justice en France.

d) Jusqu'à ces derniers temps, une faveur était faite à un étranger, lorsqu'il plaidait comme demandeur en France contre un Français en matière commerciale. Il était dispensé de la caution qu'avait à fournir l'étranger, dans les procès civils, afin de répondre envers le défendeur français des frais et des dommages-intérêts du procès (article 16 C. civ.). — Mais cette faveur lui a été enlevée par la loi du 5 mars 1895. La règle est devenue la même pour les litiges commerciaux et pour les litiges civils. L'étranger non admis à domicile est plus mal traité qu'un Français, en ce que, poursuivant un Français en justice, il doit prêter la *caution judicatum solvi*, à laquelle ne sont point astreints nos nationaux [1].

87. — La suite de ce chapitre se divise en deux sections, concernant les *mineurs* et les *femmes mariées*.

SECTION PREMIÈRE

MINEURS

(Art. 2, 3 et 6 C. com.)

88. — Le mineur de vingt et un ans, de l'un ou de l'autre sexe, peut-il faire le commerce ? Et, en cas d'affirmative, à quelles conditions ?

Si l'on avait suivi le droit commun, on aurait appliqué les règles établies dans le Code civil au sujet de la minorité et de l'émancipation (art. 450 et suiv.). On aurait donc statué ainsi.

Le mineur est-il *en tutelle*? Le tuteur aurait pu entreprendre un commerce en son nom. Mais pour chacun des actes excédant ses pouvoirs ordinaires d'administration (emprunt, aliénation, etc.), il aurait eu à se pourvoir d'une délibération du conseil de famille, homologuée au besoin par le tribunal civil.

Le mineur est-il *émancipé*? C'est lui-même qui aurait fait ces divers actes, assisté de son curateur. Au besoin il se serait assuré les autorisations nécessaires, d'après la nature de l'opération.

Mais, dans aucun des deux cas, l'accomplissement *libre* du commerce par le mineur n'eût été possible : ses actes auraient été annulables ou rescindables à son profit (art. 1305, 1314 C. civ.).

La loi a repoussé ce système. Le commerce met en jeu les qualités personnelles de celui qui en recueille les effets. Il peut s'exercer par représentant conventionnel, car le représenté continue à en inspirer la marche et surveille son agent. Mais il exclut la représentation légale d'incapables, ceux-ci sont hors d'état de contrôler leur mandataire [2]. Le tuteur engagerait le mineur dans des opérations ruineuses.

[1] Nous négligeons les quelques particularités que peut présenter à l'égard des étrangers la législation industrielle, celle des marques de fabrique par exemple, ainsi que les dispositions des traités internationaux qui peuvent affranchir les étrangers appartenant à tels ou tels Etats d'une partie des restrictions énumérées ci-dessus.

[2] De là il ressort que l'*interdit légal* ou *judiciaire* ne peut faire le commerce ni par lui-même ni par l'entremise de son tuteur. — Les jugements d'interdiction sont publiés par extrait dans un registre déposé au greffe du tribunal civil du lieu de naissance de l'interdit (Loi du 16 mars 1893, nouvel art 501 C. civ.). C'est par là qu'on peut être informé de l'état d'interdiction de la personne avec qui on se disposait à contracter.

D'autre part, le commerce ne va pas sans une large indépendance pour accomplir les actes qu'il entraîne à sa suite. Il ne s'accommode pas d'entraves juridiques. L'obligation de faire autoriser les opérations importantes produirait de perpétuels à-coups [1].

Donc, pendant la minorité, — ou bien incapacité radicale du mineur, dont rien ne pourrait le relever, — ou bien son assimilation à un majeur. Il n'y avait pas de moyen terme concevable.

89. — Le législateur a pris parti pour cette dernière solution. Il permet au mineur de faire le commerce avant sa majorité, *avec la même capacité qu'un majeur*. Il a pris en considération ses aptitudes possibles en matière d'affaires : elles justifient en sa faveur une anticipation d'âge.

Telle était la pratique de l'ancien droit. Celui-ci n'admettait pas la restitution du mineur commerçant contre ses engagements. Il ne subordonnait sa capacité à aucune condition autre que le discernement de ses actes (excepté dans les corps de maîtrise où on ne pouvait se faire recevoir avant vingt ans accomplis, Ordonnance de 1673, titre. 1er, art. 3 et 6).

Telle fut la règle maintenue par le Code civil, art. 1308. Le Code de commerce l'a consacrée à son tour, mais *en la réglementant*, pour écarter les abus.

90. — Nous avons à examiner : — 1° les conditions d'habilitation du mineur ; — 2° les effets attachés à ses actes.

§ 1. Conditions d'habilitation du mineur au commerce

(Art. 2 et 3 C. com.)

91. — Ces conditions sont les mêmes, qu'il s'agisse d'entreprendre un commerce professionnel ou d'accomplir un acte isolé de commerce (art. 3). Elles sont mentionnées par l'art. 2 ; on en relève quatre qui sont : — l'*émancipation*, — *l'accomplissement d'un âge de dix-huit ans*, — une *autorisation* expresse et préalable de celui sous la puissance de qui le mineur est placé, — une *publication* donnée à cette autorisation.

1° Le mineur doit être émancipé soit expressément, soit par le fait de son mariage. C'est bien le moins, s'il entend faire le commerce, que le régime de la tutelle ait cessé pour lui, même à l'égard des actes civils qu'il aurait à conclure.

[1] De là vient que le *prodigue* ou la personne pourvue d'un conseil judiciaire ne peut aucunement faire le commerce de profession, puisqu'il lui faudrait pour les actes visés par les art. 499 et 513 C. civ. se faire assister par son conseil. Mais il pourrait, sous réserve de cette assistance, accomplir des actes de commerce isolés. — Sur la publicité des jugements portant nomination d'un conseil judiciaire, voir la note précédente.

2° Il doit avoir dix-huit ans révolus, la loi ne lui croyant pas avant cet âge assez de maturité. Cette condition ne se confond pas avec la première, l'émancipation pouvant dans la plupart des cas avoir lieu dès l'âge de quinze ans. A quinze ans, le commerce ne peut pas encore être abordé.

3° Il lui faut une autorisation *expresse* et *préalable*. Elle est délivrée par écrit (autrement on ne pourrait la publier). Elle provient de la personne qui exerce sur le mineur la puissance paternelle, soit : — le *père*, pendant la durée du mariage ou s'il est le survivant des deux époux; — la *mère*, si le père est mort ou ne peut exercer la puissance paternelle (interdiction, absence, condamnation pénale), ou encore s'il s'agit d'un enfant naturel reconnu par la mère seulement; — à défaut de ses deux parents (ou encore s'ils ont encouru tous deux la déchéance de la puissance paternelle en conformité de la loi du 24 juillet 1889, arg. art. 14 de cette loi), le *conseil de famille*. La délibération de ce conseil, nécessairement prise en la forme authentique, devra être homologuée par le tribunal civil du domicile du mineur..., par le tribunal *civil*, parce qu'il s'agit d'une capacité à octroyer..., du *domicile* du mineur, parce que ce tribunal-là est le mieux en mesure de se renseigner sur les qualités de ce mineur et sur son esprit d'ordre et de conduite.

Il est bien entendu que l'autorisation, lorsqu'elle est délivrée par le père ou par la mère, n'a pas besoin d'être confirmée par la justice.

3° Cette autorisation doit être rendue publique, au moyen d'une *mention sur un registre du greffe* et d'une *affiche* placardée (on ne dit pas pendant quel délai) dans *la salle d'audience* du tribunal de commerce du lieu où le mineur veut exploiter son commerce (système de publicité défectueux).

C'est auprès de ce tribunal que les personnes, avec qui le commerçant va se mettre en relations, recueilleront leurs renseignements sur l'accomplissement des règles de capacité.

En stricte logique, cette quatrième condition ne devrait pas être sanctionnée, comme les trois autres, par la nullité des actes : le défaut de publication n'a pas empêché le mineur d'accomplir des opérations réfléchies. Quoi qu'il en soit, le texte ne fait point de distinction.

92. — Caractères de l'autorisation. — De ces quatre conditions, il en est une qui domine les autres, c'est l'*autorisation*. Outre qu'elle ne peut être donnée après coup, ni régulariser les opérations qui l'auraient précédée, elle dispose de caractères particuliers.

Elle est fournie en une seule fois et forme comme une seconde émancipation superposée à la première. Le mineur, considéré par l'autorisant comme doué d'expérience, sort de son contrôle pour les actes de commerce qu'il viendra à entreprendre. Ce n'est pas, comme dans d'autres dépendances de droit, une approbation donnée à des opérations dont l'autorisant jugerait les résultats. C'est l'*octroi d'un brevet de capacité.*

Il s'ensuit que l'autorisation :

a) Peut être *générale*, de même qu'on pourrait la limiter soit à une opération déterminée, soit à une branche de commerce spécifiée.

b) Qu'elle n'empêche point celui qui l'a donnée de contracter avec le mineur. Il n'y a pas lieu de suivre l'adage *nemo auctor est in rem suam.* Un fils majeur peut traiter régulièrement avec son père, entrer avec lui en société, etc. : un mineur autorisé le peut aussi et pour la même raison.

c) Qu'elle n'est pas *révocable.* On ne saurait faire retomber dans son incapacité première une personne rendue capable. Si toutefois le mineur se livrait à des spéculations déraisonnables, on pourrait saisir le tribunal d'une demande aux fins de retrait d'autorisation. Il y a deux moyens à la portée de l'autorisant. Un moyen indirect : le faire déchoir du bénéfice de son émancipation, à condition de justifier contre lui, dans l'ordre civil, de ces actes réductibles en cas d'excès dont parlent les art. 484 et 485 C. civ. Un moyen direct : lui laisser l'émancipation, mais à charge de prouver, d'après sa conduite dans les affaires, que l'autorisation doit lui être retirée (arg. d'analogie tiré de ces art. 484 et 485).

En tout cas, le retrait ne peut se faire à la seule volonté de l'autorisant.

S'il a été prononcé, il conviendra d'en informer les tiers, au moyen d'une publicité dont la loi ne détermine pas la forme : elle sera donc laissée à l'appréciation des juges. Aussi longtemps que le retrait d'autorisation n'aura pas été publié, le mineur sera présumé demeuré capable au regard des tiers de bonne foi (arg. art. 2005 C. civ.).

93. — Commerce transmis par succession au mineur. — Dans ce qui précède, il n'est question que d'un commerce entrepris par le mineur, et non d'un *commerce* qui lui serait *transmis par succession.* Un négociant ou manufacturier meurt en laissant un fils mineur pour héritier et un établissement en pleine prospérité. La continuation du commerce est-elle impossible ? Il serait regrettable qu'on fût obligé de vendre cet établissement, parce que le mineur n'a pas la capacité de l'exploiter et ne peut l'acquérir d'aucune manière s'il est âgé de moins de dix-huit ans. L'établissement, en tant que clientèle, ne pourra même pas se vendre, si le conseil de famille refuse d'en autoriser l'aliénation (L. 27 fév. 1880 sur l'aliénation des valeurs mobilières et autres *meubles* *incorporels* appartenant aux mineurs). On paraît enfermé dans une impasse.

Des lois étrangères (Belgique, Italie, etc.) permettent en pareil cas au tuteur de continuer l'exploitation jusqu'à la majorité, avec l'autorisation du conseil de famille. Le silence de la loi française s'oppose à ce que pareille voie soit suivie chez nous.

Mais il reste une ressource à laquelle on se résout en pratique sans bien décomposer par raisonnement ce que l'on fait. La loi ne défend pas à un mineur de demeurer propriétaire d'un fonds de commerce. *Cette propriété à elle seule ne le rend pas commerçant*, le commerce résidant dans le risque de l'exploitation (Voir plus haut les observations faites à l'occasion de la profession, n° 75).

De deux choses l'une. Ou bien le mineur, héritier de cet établissement, reste sous la puissance de son père ou de sa mère, qui exercera désormais sur ses biens l'usufruit légal de l'art. 384 C. civ. jusqu'à ce qu'il ait atteint l'âge de dix-huit ans. C'est cet ascendant survivant qui, par le fait de son *usufruit*, prendra l'exploitation à son compte, avec la vocation aux bénéfices ou aux pertes. Ce qui fera dire en pratique que le père ou la mère continue transitoirement le commerce à son propre nom, sauf à partir de dix-huit ans à le remettre au nom du mineur. Pour le mineur lui-même, il n'y a rien à craindre, ni surcharge de passif ni faillite.

Ou bien le bénéficiaire de l'usufruit légal manque. En ce cas le tuteur pourra *donner à bail* à un tiers ou prendre à bail pour lui-même, avec l'autorisation du conseil de famille, le fonds de commerce ou d'industrie, moyennant un prix de loyer convenu (art. 450 C. civ.). Ce bail ne sera conclu que pour la période à courir jusqu'à ce que les dix-huit ans soient révolus. Dans cet intervalle, si le mineur ne doit pas profiter des bonnes affaires, il ne subira pas non plus l'effet des mauvaises.

Par là les principes sont sauvegardés. On n'est plus en présence d'un mineur commerçant.

§ 2. Effets attachés aux actes du mineur commerçant

94. — Ou le mineur a été habilité, ou il a agi sans habilitation.

I. *Il a été habilité* conformément à l'art. 2. Il y a en lui une double personne, celle du commerçant et celle du non-commerçant.

Pour ce qui concerne son commerce, il est pleinement capable, comme un majeur. Il ne saurait arguer de sa minorité pour faire tomber ses actes.

Sont valables, et les opérations constituant des actes de commerce par leur nature, et celles qui sont commerciales par la théorie de l'accessoire, sans qu'il y ait lieu de mettre à part les actes ayant des immeubles pour objet (achat, location). Ainsi en est-il de l'acquisition même du fonds de commerce qu'il se propose d'exploiter. Il a toute capacité à l'effet de souscrire des lettres de change pour les besoins de son commerce (art. 114 C. com.).

Le mineur répond de ses actes devant le tribunal de commerce. Il este librement en justice soit comme demandeur, soit comme défendeur, transige ou consent à un arbitrage. Il encourt la faillite.

A un double point de vue, il est dans une situation moins bonne qu'un majeur : 1° Il ne peut pas être électeur au tribunal de commerce, sa capacité politique ne commençant qu'à partir de vingt et un ans (et de même des fonctions d'agent de change ou de courtier maritime).

2° S'il engage ou hypothèque régulièrement ses immeubles pour les besoins de son négoce, en revanche la vente de ces immeubles en vue du commerce n'est pas permise, d'après l'art. 6 C. com. Du moins ne l'est-elle que sous les conditions réglées par le Code civil (assistance du curateur, délibération du conseil de famille homologuée par justice, vente aux enchères).

C'est là une dérogation à la règle, que le pouvoir d'hypothéquer se mesure sur le pouvoir d'aliéner et inversement (art. 2124 C. civ.). Le mineur ici peut hypothéquer, non aliéner. L'aliénation a paru chose plus grave, elle fait sortir le bien du patrimoine. L'hypothèque le menace seulement pour l'avenir, et il faut espérer que cette menace ne se réalisera point.

Au contraire, *pour ce qui touche ses intérêts civils*, le mineur reste soumis au droit ordinaire de l'émancipation : il n'empruntera, par exemple, que conformément aux art. 457 et 458 C. civ.

95. — Ce dualisme de condition offre des inconvénients. Comment les prêteurs sauront-ils si leur argent est destiné au commerce de l'emprunteur, cas auquel le prêt sera valable, ou s'il a une autre affectation, ce qui rend le prêt annulable ? Ils agiront bien, en se faisant déléguer, pour le versement des fonds, au fournisseur de commerce dont leur argent doit solder la livraison.

En cas de doute sur le but commercial ou civil de l'opération, on se demande s'il convient de suivre la *présomption de commercialité* de l'art. 638, al. 2. L'engagement d'un commerçant, lorsque la cause n'en est pas exprimée, n'est-il pas présumé relatif à son commerce ?

On a fait observer que c'était ainsi donner à la présomption une portée qu'elle n'a pas. Elle se propose seulement de régler un point de compétence : elle donne la préférence au tribunal de commerce sur le tribunal civil, pour un marché régulier de quelque manière qu'on le traite. La validité de l'acte n'est pas en cause. Ici on répute l'acte valable, alors que cependant pour un incapable c'est l'incapacité qui forme la règle et la capacité l'exception. La conséquence est grave.

Néanmoins, en pratique, on étend la présomption de l'ordre de la compétence à celui de la capacité : le doute se tranche donc dans le sens du maintien de l'acte litigieux. A supposer en effet que la présomption n'ait pas *légalement* l'étendue qu'on lui prête, les juges de commerce peuvent toujours motiver leur décision sur une présomption *de fait*. Or, vu le grand nombre d'opérations commerciales que fait un négociant et la rareté de ses actes civils, n'est-il pas vraisemblable que l'obligation dont on ignore la cause a eu le commerce pour objet? On aboutit par cette voie détournée au même résultat.

96. — II. *Le mineur n'a pas été régulièrement habilité*. — Ses actes sont alors, à sa demande, sujets à nullité (art. 1305). L'action durera dix ans à partir de sa majorité, à moins de confirmation avant cette date (art. 1338). Son succès ne sera pas subordonné à la preuve d'une lésion (arg. art. 1314) : tout ce qu'on exige, c'est que le mineur ne s'enrichisse pas au détriment de sa contre-partie.

Quant à cette contre-partie, elle n'est point fondée à exercer la nullité (art. 1125 C. civ.), elle devra donc exécuter l'opération si le mineur trouve de son intérêt de la maintenir.

Il ne paraît pas possible de rejeter l'action en nullité dans un cas d'ailleurs délicat. L'acte, nul comme commercial, répondrait suffisamment, par hypothèse, aux conditions de régularité d'un acte civil de mineur émancipé (achat de marchandises au moyen d'intérêts de capitaux : on l'analyserait en un placement régulier des revenus du mineur). Ce serait dénaturer l'opération, en lui donnant une autre signification que le mineur ne l'avait entendu.

97. — Dernière question. L'autorisation a bien été donnée, mais l'une des conditions premières, l'âge de dix-huit ans, par exemple, manquait. Trompés par les apparences, des tiers ont traité avec le mineur. Le mineur pourra-t-il faire tomber son engagement?

Oui, semble-t-il, puisque toutes les conditions requises par la loi n'étaient point également remplies.

Mais cette opinion jette l'insécurité dans les affaires. Le mineur ne s'est pas contenté de faire une déclaration de majorité contre laquelle il serait effectivement restituable (art. 1307). Il a commis un véritable dol; il s'est donné, au moyen d'une autorisation que les tiers ont dû croire précédée des deux autres conditions, sans avoir à les vérifier, les apparences de la capacité. Or le mineur est tenu de ses délits (art. 1310). Il n'est pas fondé à intenter une action en nullité qui causerait un tort provenant de son dol. L'acte sera maintenu.

SECTION II

FEMMES MARIÉES

(Art. 4, 5, 7 C. com.)

98. — Le législateur n'a pas songé à refuser à la *femme*, à raison de son sexe, le droit de faire le commerce. Cependant elle sort ainsi de la vie privée et aborde un terrain qui paraît mieux approprié aux fonctions de l'homme : jusqu'à Turgot, l'entrée des corps de maîtrise était fermé aux femmes.

Toutefois certains commerces, ceux qui dépendent de la toilette, par exemple, rentrent bien dans les aptitudes des femmes, et à travers des circonstances critiques, comme la mort ou l'interdiction du mari, il n'est pas rare de les voir s'élever, pour le plus grand profit de la famille, aux combinaisons du grand commerce (200,000 femmes commerçantes en France environ).

Mineure, la fille peut être habilitée à partir de dix-huit ans, de la même manière qu'un mineur du sexe masculin.

Majeure, si elle est fille ou veuve, elle exerce le commerce aussi librement que l'homme. Voici les réserves. Elle ne dispose pas de la capacité politique, elle ne peut être désignée à un office ministériel (agent de change, etc.), et elle ne concourt pas au recrutement des tribunaux de commerce (quoiqu'on propose aujourd'hui de lui conférer l'électorat à ces tribunaux, ce qui serait logique et équitable).

Si elle est mariée, cette liberté disparaît. La nécessité de l'*autorisation maritale* vient faire échec à son indépendance. Cette autorisation, dont le fondement reste discuté, résulte de ce que le mariage forme une association : les actes de chacun de ses deux membres réfléchissent nécessairement sur le ménage, c'est-à-dire sur l'autre époux, et c'est au mari, comme chef de l'association, de coordonner les intérêts communs. Son intervention est d'autant plus indispensable que la femme prend au ménage le temps qu'elle consacre au commerce. D'un autre côté, elle expose ses biens dans les affaires, d'une manière plus périlleuse que dans la vie civile.

Cependant, depuis la loi du 6 février 1893, la femme *séparée de corps* n'a plus besoin d'autorisation : règle vraie du commerce comme des autres actes qu'elle entreprendrait.

99. — Si l'on suit les principes de l'autorisation maritale, tels que les posent les art. 215 et suiv. du Code civil, ce n'est pas sans y apporter d'assez graves dérogations. Et les effets du commerce exercé par la femme ne seront pas les mêmes, sous quelque régime que les époux se trouvent placés. Nous allons adopter la même division de matières que pour le mineur.

§ 1. Condition d'habilitation de la femme mariée

100. — Différences avec le droit commun. — On constate ici dans la manière dont est réglée l'autorisation maritale, deux différences capitales avec le droit civil : — 1° L'autorisation est générale et peut n'être que tacite ; — 2° Elle ne peut, sauf exception, être remplacée par l'autorisation judiciaire.

1re Différence. — L'autorisation maritale est d'ordinaire une *autorisation expresse.* La loi la soumet à une forme déterminée, la déclaration par écrit ou le concours du mari à l'opération (art. 217 C. civ.).

En outre, elle est *spéciale* (art. 223), et ne peut être donnée pour un nombre d'actes indéterminé. Autrement le mari, cessant d'exprimer son approbation en connaissance de cause, se dessaisirait en fait de son autorité.

Or, d'après l'art. 4 C. com., la femme ne peut être marchande publique sans le *consentement* de son mari. — Ce mot de « consentement » a sa portée propre. Le consentement étant par définition dénué de formes, il s'ensuit, d'après les traditions de l'ancienne jurisprudence, que l'intervention du mari peut consister dans un simple laisser faire. Il n'est besoin d'une autorisation expresse, ni au commencement du commerce, ni à l'occasion de chacun des actes à accomplir par la femme. Celle-ci, porte l'art. 5 (qui reproduit l'art. 220 C. civ.), peut *sans l'autorisation du mari* (c'est-à-dire sans une approbation formelle de sa part à renouveler pour chaque contrat), s'obliger pour ce qui concerne son négoce.

Pourquoi s'être écarté des prescriptions du Code civil ? — La raison en est simple. Obligée d'en référer au mari pour chacun de ses contrats, la femme eût été entravée dans la marche de ses affaires : le commerce, avons-nous dit, implique le droit d'en faire seul les opérations.

Mais pourquoi n'avoir pas, au début de ce commerce, exigé une autorisation expresse, comme la loi l'a fait pour le mineur, et une autorisation qui eût été rendue publique de la même manière ? — La loi présente à cet égard une lacune, un défaut de symétrie. Tout ce qu'on peut alléguer en sa faveur, c'est que la vie en commun des époux laisse supposer le consentement du mari par cela seul qu'il ne proteste point ; on pouvait dire à la rigueur du père, d'après les circonstances, qu'il ignorait le commerce auquel son fils s'est livré.

Il n'y a d'ailleurs pas similitude de situation entre la femme mariée et le mineur, et le consentement du mari n'opère pas de la même manière que l'autorisation du père. — Le mineur est affranchi du contrôle paternel. — La femme ne peut pas être affranchie du contrôle marital, l'organisation de la famille y met obstacle. Quoique obéissant à ses propres inspirations, dans la conduite du fonds de commerce, la femme relève toujours de son mari. Celui-ci, sans aptitude technique pour diriger ce fonds, a assez de clairvoyance pour en mesurer la réussite. Il peut retirer son consentement sans donner de motifs à l'appui de son changement de volonté, sauf à rendre ce retrait public dans l'intérêt des tiers (arg. 2005 C. civ.). Cela ressort d'ailleurs mieux encore de la deuxième différence, séparant le droit commercial du droit civil, différence à laquelle nous arrivons.

101. — *2e Différence.* — L'autorisation maritale est, en principe, susceptible d'être remplacée par celle du *tribunal civil.* Cela est vrai du cas où le mari *refuse* d'autoriser. Cela est vrai encore de celui où l'interdiction, l'absence, la minorité, ou certaines condamnations du mari le rendent *incapable* d'exprimer son autorisation (art. 218, 221, 222, 224 C. civ.).

Or, pour habiliter la femme à faire le commerce, *l'autorisation du mari ne saurait être suppléée par la justice.* — L'article 4 ne fait aucune référence au droit civil, il présente à lui seul le système légal, il subordonne au consentement du mari (acte absolument personnel à celui-ci) le droit pour la femme d'entreprendre et de suivre le commerce. Contre son refus, la femme n'a aucun recours possible au tribunal.

A cela deux raisons : *a*) La femme aborde la vie publique, une détermination de ce genre peut déplaire au mari comme il lui déplairait qu'elle entrât au théâtre, elle la distrait aussi de ses occupations domestiques. Pour refuser d'autoriser, le mari a ses motifs qu'il peut ne pas dire, le tribunal ne saurait se mettre à son point de vue.

b) Il y a d'ailleurs, si l'on fait abstraction du régime de séparation de biens ou d'un régime dotal qui laisserait aux biens à venir de la femme le caractère paraphernal, une autre raison tirée du contrat de mariage. Elle est d'ordre tout organique. Cette raison s'oppose, au moins en fait, à ce que la justice puisse autoriser à défaut du mari. Voici pourquoi.

Les régimes les plus pratiqués, à commencer par la communauté, mettent aux mains du mari et confient à son administration tous les biens du ménage. Or le commerce de la femme exige par elle une prise de possession de valeurs. Cela n'est possible qu'autant que le mari se dessaisirait bénévolement au profit de la femme, à titre précaire et révocable, des fonds de constitution et de roulement nécessaires à la marche de l'exploitation. On n'est plus alors en présence d'une autorisation, mais bien d'un acte contractuel, prêt ou autres opérations voisines.

Ce qui fait que l'autorisation habituelle couvre ici une situation juridique beaucoup plus complexe.

Si le mari refuse cette livraison de valeurs, la justice ne peut pas y consentir à son défaut. Nulle part il n'est écrit que le tribunal ait pouvoir pour imposer au mari avec sa femme une convention à laquelle il résisterait, une sorte d'expropriation de valeurs.

102. — La réunion de ces deux raisons trace sa limite à la non intervention de la justice. Il y a des circonstances où le tribunal autoriserait régulièrement, à défaut du mari. C'est lorsque la femme a l'administration de ses biens (séparation de biens, paraphernaux). Alors les juges pourront être saisis de la question, mais à une condition toutefois, et non pas invariablement dans toutes les hypothèses. Il faudra ou que le refus du mari semble motivé par la rancune, ou que son impossibilité d'autoriser, vu l'empêchement légal qui le frappe, laisse présumer une approbation de sa part s'il était présent ou capable.

Conséquence : 1° la femme, étant *séparée* judiciairement de biens, pourrait se pourvoir auprès du tribunal contre le refus de faire le commerce que lui opposerait le mari (cela paraît admis aujourd'hui en pratique) ; 2° la femme *séparée* pourrait demander l'autorisation judiciaire, si son mari était absent, mineur, interdit, etc.

Mais sauf cette atténuation, la règle mettant obstacle à l'autorisation de justice est absolue. Partant, lorsque les époux sont mariés *en communauté*, malgré l'absence, l'interdiction ou la minorité du mari, et si intéressante que soit la situation de la famille privée de son chef, avec nécessité de pourvoir à ses ressources, la justice ne saurait autoriser. La femme est atteinte d'une incapacité de commerce dont rien ne la relèvera.

Car, à supposer le mari absent ou interdit, tous les biens du ménage sont administrés par un tuteur ou par un envoyé en possession provisoire, les pouvoirs de ces administrateurs ne vont pas jusqu'à entreprendre un commerce ou à en déléguer l'exercice à la femme.

Le mari étant mineur, il est inadmissible que, sans sa volonté, la justice autorise une prise de possession par la femme de valeurs placées sous sa gestion à lui, mari.

103. — En résumé, d'après cette doctrine, la femme *ne* peut entreprendre ou continuer le commerce en présence du *refus du mari* ; — elle *ne* peut le faire davantage, si son mari est *interdit*, *absent* ou *mineur*, et aucune autorisation de justice ne saurait la rendre capable ; — exceptionnellement, si elle a des *biens en administration propre*, elle *peut* se faire autoriser par le tribunal, soit que le mari refuse, soit qu'il y ait pour lui impossibilité de manifester son consentement.

Combien les Allemands, dans leurs réformes de la dernière époque, n'ont-ils pas simplifié cette organisation ! D'après leurs nouveaux Codes civil et de commerce, la femme mariée n'est plus soumise, pour faire le commerce, à aucune autorisation du mari ou de justice. Seulement ses actes sont inopposables au mari, dès qu'il a manifesté son opposition.

§ 2. Effets des actes de la femme commerçante

104. — Cette étude se dédouble. Il s'agit : 1° de connaître d'abord la *mesure de la capacité* obtenue par la femme, et 2° de rechercher ensuite *à qui vont les bénéfices ou les pertes* de son commerce.

I. A noter, pour commencer, que la théorie de l'art. 4 C. com. ne concerne que le *commerce de profession*. Si la femme accomplissait des actes isolés, un seul achat de marchandises pour les revendre, le droit commun reprendrait son empire. L'autorisation devrait être expresse, le tribunal pourrait subsidiairement l'accorder. C'est une différence avec la situation du mineur, pour lequel, on le sait, commerce professionnel et acte isolé de commerce sont régis par le même principe.

Ou la femme n'a pas été habilitée (hypothèse très rare, si le mari est présent, car il parviendra le plus souvent par son *veto* à empêcher en fait la femme d'entreprendre le commerce) : il y a lieu à nullité des actes à la demande de la femme, du mari ou de leurs héritiers, et cette action dure dix ans à partir de la dissolution du mariage (art. 225 C. civ.).

Ou la femme a le consentement de son mari, ses opérations cessent alors d'être annulables. Elle a capacité pour faire aussi bien les actes de commerce par leur nature que ceux qui se rattacheraient accessoirement à son commerce, pour souscrire des lettres de change (art. 113 C. com.), de même qu'elle peut encourir la faillite.

105. — Sa capacité a-t-elle plus ou moins d'étendue que celle du mineur? Cela dépend.

Elle en a *plus*, en ce qu'elle peut, pour les besoins de son commerce, non seulement hypothéquer, mais même *aliéner ses immeubles propres* (art. 7 C. com.). Cette aliénation serait régulière, même à défaut de l'autorisation expresse du mari.

Mais il faut réserver les règles du régime dotal. Les immeubles dotaux sont inaliénables, insaisissables. La femme, s'étant soumise par contrat de mariage au régime dotal, ne pourrait, en entreprenant le commerce, se soustraire à ses effets : ce serait contraire à l'immutabilité des conventions matrimoniales (article 1395 C. civ.)[1]. Le régime

[1] En réalité, avant 1867 et quand fonctionnait la contrainte par corps, pour dettes commerciales, les époux avaient bien le moyen de tourner l'inaliénabilité

dotal constitue une garantie pour la femme, il la protège contre ses complaisances pour son mari ou contre leurs fantaisies communes. Il doit la protéger contre les mauvaises chances d'un commerce qu'elle exploiterait au cours du mariage.

A d'autres égards, la femme commerçante dispose d'une capacité *moins* large que le mineur. Le mineur peut ester en justice. La femme ne saurait *plaider* pour les besoins de son commerce, tant comme demanderesse que comme défenderesse, que moyennant une autorisation expresse de son mari ou de la justice, à son défaut : on rentre dans le droit commun (art. 215 C. civ.).

La loi obéit à une pensée de retenue peut-être un peu démodée : la femme ne doit pas affronter la publicité d'un procès, sans que le mari l'ait permis; cela serait contraire à la réserve qu'elle doit garder.

Dès lors, si la *femme* est *demanderesse*, et que le mari ne l'autorise pas de son plein gré, elle le citera à comparaître en Chambre du conseil, pour se voir accorder l'autorisation par le tribunal.

Si la femme est *défenderesse*, suivant la règle communément pratiquée, le demandeur assignera les deux époux par copies séparées, la femme comme partie principale, le mari aux fins d'autorisation. Et alors ou le mari répond à l'assignation, sa comparution vaut par là même autorisation. Ou il fait défaut, c'est un refus d'autoriser ; le tribunal pourrait déclarer l'instance contradictoirement non liée, la femme n'ayant point qualité pour plaider seule. En fait, il laisse le procès suivre sa marche et dans le jugement définitif, avant de statuer sur le fond, il commence par déclarer autoriser la femme à défaut du mari : ce qui ramène cette autorisation de plaider à une subtilité de procédure [1].

dotale, en faisant entreprendre un commerce à la femme. Celle-ci devenait pour ses engagements de commerce contraignable par corps. Une fois emprisonnée elle arguait du droit que conférait l'art. 1558 C. civ. de faire vendre l'immeuble dotal avec l'autorisation de justice afin de sortir de prison. — On s'était demandé, lors de la discussion du Code de commerce, s'il n'était pas conséquent, dans ces conditions, d'autoriser préventivement les époux à aliéner le fonds dotal pour les besoins du commerce, sans attendre que les créanciers fissent emploi contre eux de la contrainte. Mais il n'a pas été donné suite à cette pensée.

[1] Il y a d'autres moyens que le procès de dénouer une contestation : la *transaction* et l'*arbitrage*. — La transaction est le fait par la femme de s'arranger avec l'adversaire, moyennant des concessions réciproques. La femme peut transiger pour les besoins de son commerce sans autorisation spéciale, car elle dispose de l'objet sur lequel porte cette transaction, et quiconque a la disposition de cet objet possède la capacité voulue pour la transaction (art. 2045 C. civ.). — L'arbitrage ou compromis, est le fait de déférer l'examen de la contestation à des arbitres volontaires. C'est un mode de règlement de conflit plus dangereux : les arbitres pouvant manquer de clairvoyance ou d'impartialité. Il faudra, pour que la femme commerçante souscrive à un

106. — II. Nous allons nous demander qui, des deux époux, profite des *bénéfices* que réalise le commerce de la femme, ou lequel d'entre eux supporte les *pertes* qui résulteraient de ce commerce. C'est une question dont la solution dépend du *régime matrimonial* sous lequel les époux sont placés. Elle n'avait aucune raison d'être pour le mineur, celui-ci recueille personnellement le profit de son commerce, sans y faire participer nul autre et est aussi personnellement passible des pertes.

107. — *1° Communauté soit légale soit conventionnelle.* — La communauté est le régime de la collaboration par excellence, elle emporte entre les époux solidarité d'intérêts dans un grand nombre de cas.

La femme reçoit du mari un capital de 100,000 francs qui, après un an, a produit 10.000 francs de bénéfices. Même résultat après la deuxième année, etc. Qui profite de ces bénéfices? — Réponse : c'est la communauté.

Les art. 1401 et 1498 C. civ., en effet, font entrer dans l'actif de la communauté les acquêts et bénéfices industriels de l'un des époux. La loi dit : les acquêts faits par les époux ensemble ou *séparément* et provenant de l'industrie *commune*, ce qui ne veut pas dire de l'industrie exercée en commun par tous deux, autrement l'adverbe *séparément* serait un non-sens. — Le mari a la libre disposition de ces bénéfices, sans avoir à en rendre compte. Mais s'ils se retrouvent à la dissolution de la communauté, ils se partageront par moitié.

Au premier aspect, on s'imagine que cette règle tient à une sorte d'accession ou de plus-value. Les bénéfices semblent un accessoire du capital qui les a produits. — Mais rien n'est plus faux. Les bénéfices sont ou le produit d'un travail propre ou la représentation des fruits de la chose. Ils ne forment pas un accessoire du capital qui a servi à les réaliser. Le capital générateur a pu consister dans des biens propres à l'un des époux, à la femme particulièrement (usine à elle appartenant dès avant la célébration du mariage) : ce qui n'empêche pas les bénéfices de tomber en communauté sans aucune récompense. La notion d'accessoire serait donc inexacte.

L'acquisition des bénéfices par la communauté tient à ce que les

arbitrage, que son mari l'y ait *expressément* autorisée. Cela résulte du rapprochement de deux règles. D'une part les causes des femmes non autorisées par leurs maris sont déclarées communicables au ministère public (art. 83 C. proc.). D'autre part, les causes communicables ne sont pas susceptibles de compromis (art. 1003 C. proc.). C'est dire que, en supposant la femme non pourvue d'une autorisation maritale, elle ne pourrait pas consentir à un compromis, ou plus simplement que le compromis est subordonné à cette autorisation expresse du mari. Le tribunal lui-même ne pourrait pas l'autoriser à son défaut (MM. Lyon-Caen et Renault).

époux, par leur contrat de mariage, ont entendu faire masse des gains que chacun d'eux réaliserait. Elle est une société universelle de gains (art. 1838 C. civ.), lorsqu'elle n'est pas une société universelle encore plus étendue [1].

108. — La femme, au contraire, fait de mauvaises affaires. Le capital de 100,000 fr. subit, par suite des pertes de la première année, une réduction de 10,000 fr. ; les pertes finissent par absorber le capital, peut-être même le dépassent-elles. A la charge de qui des deux époux vont-elles retomber? Contre qui les créanciers ont-ils droit de poursuite?

a) Le passif commercial tombe dans la communauté, puisque, d'après l'art. 1409, C. civ., les dettes de la femme autorisée par le mari font partie du passif de cette communauté. Les pertes devront être en définitive soldées sur les valeurs de la communauté, quel que soit le patrimoine qui en a fait l'avance.

Dans toute société universelle de gains, il y a un actif et un passif. La communauté court la chance de recueillir le bénéfice, elle doit aussi courir celle de subir la perte. *Ubi emolumentum, ibi onus.* Autrement, le mari, au lieu de faire le commerce lui-même, s'affranchirait du risque en le faisant faire par sa femme. Les bénéfices à la communauté, les pertes à la femme seule : ce serait une organisation bâtarde.

b) Les créanciers de la femme commerçante *ont action* pour se faire payer : 1° *contre les propres de la femme,* leur débitrice; 2° *contre la communauté, et même* 3° *contre les biens propres du mari* (art. 1419 C. civ.; art. 5, al. 1, C. com.). Si bien que leur gage s'étend à l'ensemble des biens appartenant aux deux époux.

109. — **Rôle du mari sous la communauté**. — Que la communauté soit tenue en même temps que la femme, on le comprend sans peine, puisque c'est sur la communauté que retombent les résultats du commerce. Mais on s'explique moins clairement que le mari lui-même puisse être poursuivi sur ses biens propres, alors qu'il n'a pas concouru à ce commerce, qu'il a seulement autorisé sa femme à le faire, ce qui est tout différent : *qui auctor est non se obligat.*

[1] Actuellement, la règle est la même pour les bénéfices de commerce et pour les salaires, pour les sommes provenant du travail de la femme ouvrière, domestique ou employée. Tous ces gains sont acquêts de communauté. Mais une proposition de réforme tend à reconnaître à l'avenir à la femme le droit de recevoir, sans le concours de son mari, les sommes provenant de son travail et d'en disposer librement. Cette défense, aujourd'hui recommandée, pour le mari de toucher au salaire de sa femme, a ses raisons tirées du milieu social auquel appartiennent les époux. Elle ne s'étendrait point aux bénéfices de commerce.

Deux systèmes ont été proposés, afin de justifier cet état personnel d'engagement du mari.

a) Le premier système peut être appelé celui de *l'autorisation-mandat*. Il en est du mari qui autorise sa femme, tout comme du mari qui donnerait procuration à celle-ci de faire pour lui le commerce (en lui disant en outre de s'engager elle-même, de fournir la garantie de ses propres). Et c'est *du chef du mari*, représenté par sa femme, que la dette tombe ensuite en communauté.

Le mari se trouve ainsi tenu personnellement, par le fait de sa femme, et l'art. 5, al. 1 du C. de com., dit bien que la femme *oblige* son mari, s'il y a communauté entre eux.

Il n'y aurait pas de différence, dans cette opinion, entre le commerce de la femme commune autorisée et un commerce entrepris par les deux époux avec la garantie solidaire de leurs patrimoines, avec la qualité de commerçant acquise par tous deux, avec la menace de la faillite pour l'un et pour l'autre.

Dans ce système, la prise de possession par la femme des valeurs affectées au commerce s'explique bien : la femme ne gère ces valeurs que comme simple mandataire, c'est le mari qui est réputé à la tête de la maison de commerce.

b) La thèse la plus généralement suivie est que le *mari commun ne s'oblige pas* par son autorisation, et à plus forte raison qu'il ne devient pas commerçant.

La femme commerçante agit de *son chef* et met en œuvre ses propres aptitudes, ce qui n'est pas le cas d'un représentant. Si le mari avait entendu s'obliger, il l'aurait dit. Autorisant, il a reconnu seulement que la femme agissait dans l'intérêt de la communauté, il ne s'est point lié lui-même. C'est interpréter à faux la situation que de faire de lui le titulaire d'une entreprise, qu'il surveille sans doute, mais à laquelle il ne coopère point. Il a remis des valeurs à sa femme, mais de la même manière que s'il avait prêté des fonds à un tiers, sans s'ingérer dans l'exploitation.

Le mari cependant est tenu sur ses propres, au moins pendant la durée de la communauté, ce qui semble en contradiction avec l'idée précédente. Cela tient, suivant l'explication courante, à l'économie de la communauté. Vis-à-vis des tiers, tant que dure le régime, les biens communs et les biens propres du mari ne forment qu'une masse d'exécution, à cause des pouvoirs presque identiques dont dispose le mari commun sur les uns et sur les autres. Les créanciers fondés à saisir les biens de l'une de ces masses seraient par là même en droit de saisir les biens de la seconde.

Tel serait le sens de l'art. 1419 C. civ., dont l'art. 5 C. com. fait l'application à la femme commerçante. Les engagements ne vont pas du mari à la communauté, ils s'étendent au contraire de la communauté aux propres maritaux, objectivement, sans affecter la personne du mari : ce dernier donne plutôt ses biens en cautionnement *réel* aux dettes de la femme.

110. — De là les conséquences suivantes :

1° La communauté se dissout avant le règlement des dettes de la femme. La confusion des biens communs et des propres du mari cesse. Les créanciers conservent bien le droit d'agir pour toute la dette contre la femme ou contre ses héritiers [1]. Mais ils ne peuvent poursuivre le mari que comme commun, c'est-à-dire *pour moitié* (arg. art. 1485 C. civ.).

Le premier système conteste ce résultat. Le mari resterait *tenu pour le tout*, comme débiteur solidaire, même *après dissolution*.

2° Seule la femme, en cas de cessation de paiements, encourt la *faillite*, *non le mari* auquel manque d'ailleurs la condition de commerçant (*contrà* dans le premier système). Cette faillite de la femme ne comprendra que ses propres à elle. Elle exclut même celles des valeurs communes employées dans l'exploitation (sur lesquelles d'ailleurs les créanciers commerciaux ne disposent d'aucun droit de préférence à l'encontre des autres créanciers de la communauté). — Les propres de la femme figureront dans l'actif de sa faillite, même quant à l'usufruit que la communauté exerçait sur eux, — autrement la faillite serait illusoire. — Mais ce dernier résultat n'est explicable que parce que le mari, aux fins d'autorisation, a été relié à la procédure de faillite dirigée contre sa femme.

Pour avoir en outre exécution parée sur les biens communs et sur les propres du mari, il faudra, pour les créanciers, attaquer le mari, qui a seul qualité pour représenter judiciairement ces biens. Il faudra procéder contre lui par la voie des saisies (art. 2208 C. civ. : ce texte statue pour l'expropriation forcée, on n'a qu'à en transporter les dispositions à la faillite).

3° Le mari, n'étant tenu sur ses biens que comme caution réelle, doit être traité à l'égal d'une personne qui, sans faire le commerce elle-même, prêterait son cautionnement à l'engagement principal d'un commerçant. Cette caution fait un *acte civil* et ne renonce pas à ses juges naturels (voir ce qui sera dit à propos des tribunaux de commerce). Le créancier ne peut, par poursuite conjointe, l'assigner avec le commerçant, avec le débiteur principal, devant le tribunal consulaire.

Rigoureusement donc, le créancier devra ouvrir deux procès : — l'un

[1] Sauf recours par eux pour moitié contre le mari ou ses représentants.

contre la femme devant la juridiction commerciale, dans lequel il faudra citer le mari aux fins d'autorisation, — et l'autre contre le mari, pour obtenir condamnation contre lui et contre la communauté (Paris, 25 janvier 1895). Solution contre laquelle proteste le premier système.

La conséquence est fâcheuse, en ce qu'elle entraîne double procès et doubles frais. Ne peut-on pas s'y soustraire en tenant le langage suivant? Le mari (ou la communauté) n'est pas une caution ordinaire qui reste étrangère aux résultats de l'engagement principal et opère selon le droit civil. La caution se trouve ici associée aux risques des actes de la femme, puisqu'elle en subira ou en recueillera les effets; et cela permet de conclure à la commercialité de son engagement accessoire. — Par ce moyen, les tiers pourraient assigner mari et femme devant la même juridiction, ainsi que l'admettait autrefois la jurisprudence, et comme cela est à tous égards souhaitable.

111. — *2° Régime sans communauté.* — Ce régime exclut l'existence d'un fonds commun. Le mari a l'administration et la jouissance de tous les biens de la femme, à quelque moment qu'ils viennent à lui échoir, sauf restitution qu'il en doit faire après la dissolution du mariage (art. 1531 C. civ.). Il perçoit les fruits de ces biens, qui lui sont apportés pour soutenir les charges du mariage (art. 1530).

Si la femme entreprend un commerce, à qui vont les bénéfices? les pertes?

a) En acceptant la théorie de l'autorisation-mandat, le mari recueillerait les bénéfices sans avoir à les restituer lors de la liquidation du régime ; ces bénéfices seraient assimilables à des *fruits*, fruits du travail de la femme. Le mari supporterait aussi les pertes, mais cela n'est pas d'accord avec l'art. 5 C. com., d'après lequel le mari n'est obligé par le commerce de sa femme que sous la communauté. Cette attribution des gains au mari, qui n'a rien fait pour les obtenir, ne serait pas non plus très morale.

b) Si l'on suit le deuxième système, c'est à une solution diamétralement opposée qu'on aboutira. Le mari, en arrêtant le commerce de la femme, aura bien la jouissance des bénéfices qu'elle a réalisés, mais à charge de les rendre à la fin du mariage avec les reprises. Les bénéfices ne sont pas des fruits. Les fruits sont les revenus périodiques d'une valeur. Les profits du commerce sont engendrés par le *travail*, non par des biens, ils manquent de périodicité.

Par une juste symétrie, le mari, malgré son autorisation, ne sera pas tenu du passif du commerce de sa femme. Il répondra seulement des intérêts de ces dettes, puisqu'il a l'usufruit sur les bénéfices comme sur le reste.

c) Il serait peut-être plus vrai de consacrer une doctrine intermédiaire.

Dans les bénéfices du commerce, il y aurait *deux parts à faire*: Le mari s'est dessaisi de valeurs qui, normalement gérées par lui, lui auraient procuré un revenu, des fruits. Il ne doit pas perdre ce droit aux fruits pour avoir laissé sa femme employer ces valeurs à un commerce.

Le bénéfice commercial couvre d'abord l'intérêt du capital qui a concouru à le former, il ne devient gain d'industrie que pour le surplus.

Le mari, dans cette opinion, n'aurait à restituer, à la fin du régime, que la portion de bénéfices dépassant un intérêt du capital engagé, dont il appartiendrait aux tribunaux de régler le taux. Il ne supporterait pas plus le passif que d'après le deuxième système [1].

112. — 3° *Séparation de biens.* — Aucune incertitude. Les deux patrimoines sont absolument séparés. La femme fait le commerce à son profit et à ses risques. Elle acquiert les bénéfices pour elle seule, ses dettes ne rejaillissent aucunement sur le mari.

113. — 4° *Régime dotal.* — Ce régime est une combinaison des deux précédents, avec un trait caractéristique : l'inaliénabilité des immeubles dotaux. Les *biens compris dans la dot* sont soumis à la jouissance et à l'administration du mari. Les *biens paraphernaux* restent à la femme, en administration comme en jouissance.

Si la dot comprend les biens présents et les biens à venir, il n'y a plus de paraphernaux. La femme commerçante sera traitée alors comme sous le régime sans communauté. Elle conservera bien les bénéfices, mais avec le droit pour le mari d'en jouir, et (dans notre doctrine) sous réserve à son profit d'un tantième de ces bénéfices, destinés à le dédommager de l'emprunt du capital consacré à l'exploitation.

Si la dot n'a pour objet que les biens présents ou certains d'entre eux, le commerce de la femme lui laisse en propre les bénéfices ou les pertes : les choses se passent comme sous la séparation de biens.

114. — Autres situations. — ANNEXE. — En dehors du cas où la femme fait le commerce avec l'autorisation du mari, trois autres situations sont à examiner :

1° *Le mari fait seul le commerce.* Seul alors il est commerçant et responsable des obligations contractées. Il engagera les biens de la communauté, s'il y en a une.

La femme n'est pas tenue sur ses biens. Le mari a donc un moindre crédit que sa femme, qui engagerait les trois patrimoines à la fois.

[1] Voir notre article dans les *Annales de droit commercial*, 1896, p. 194 : *Si les bénéfices de commerce sont ou ne sont pas des fruits.*

Son crédit est moindre, par suite d'une seconde raison : les immeubles du mari se trouvent grevés au profit de la femme, et pour répondre de ses reprises et autres créances, d'une hypothèque générale qui, par sa priorité de date, nuit aux créanciers. On verra que la loi des faillites s'attache à restreindre la portée de cette hypothèque. A cet égard, l'homme qui est marié offre moins de crédit que celui qui ne l'est pas.

Il peut se faire cependant que la femme intervienne aux contrats du mari commerçant. Celui-ci lui demandera son cautionnement lorsque ses affaires traversent une phase difficile. Ce cautionnement se manifeste usuellement sous la forme d'une *subrogation* consentie par la femme au profit d'un tiers créancier *dans le bénéfice de son hypothèque légale.*

La femme renonce à son hypothèque dans l'intérêt du créancier, en lui donnant le pouvoir de l'exercer pour lui-même. C'est la première partie de l'acte. En outre, elle s'oblige envers ce créancier sur ses biens propres. Cette obligation est tantôt expresse, tantôt tacite. C'est le complément de l'opération.

L'intercession de la femme était proscrite autrefois par le sénatus-consulte Velléien modifié sous Justinien, qui a été en vigueur dans l'ancienne France, jusqu'à ce que Henri IV en eût, en 1606, décidé l'abrogation, précisément afin de servir les intérêts du commerce.

Cette incapacité n'existe plus aujourd'hui et il n'appartient pas aux époux de la faire revivre par contrat de mariage. Tout ce qui est permis à la femme, c'est de se placer sous le régime dotal. Elle rendra par là tout ou partie de ses biens insaisissables pour les dettes qu'elle viendrait à contracter pendant le mariage.

Le régime dotal est pratiqué sur les places de commerce, afin de sauvegarder la dot contre la ruine causée par une faillite éventuelle du mari. Mais aussi ce régime vient-il resserrer le crédit des commerçants.

115. — 2° Le mari fait le commerce, *sa femme l'assiste* en détaillant la marchandise, en tenant ses livres, etc. Situation fréquente dans le petit commerce.

Les époux, pourrait-on dire, concourant à la même entreprise, sont tenus l'un et l'autre, ils s'engagent solidairement ; les bénéfices feront masse commune, même si le régime n'était pas la communauté.

Mais la loi pose une *présomption* contraire (art. 5, al. 2). Le rôle respectif des époux prête au doute. Pour éviter toute chicane, la loi répute commerçant le mari seul, elle estime que la femme n'est que son préposé. Dût-elle faire des actes juridiques, souscrire des effets, traiter des ventes, c'est au nom du mari qu'elle est censée agir, comme elle serait son agent pour l'acquisition des fournitures de ménage (art. 1420 C. civ.). Donc elle n'est pas tenue, n'encourt point la faillite, ne recueille aucune partie des bénéfices. C'est sur la personne du mari que s'exerceront les effets de ce commerce.

La femme ne serait commerçante qu'à condition d'exercer un commerce séparé qui, d'ailleurs, pourrait être de même nature que celui du mari, pourvu qu'il ne se confonde pas avec lui.

On discute le point de savoir si cette présomption comporte la preuve du contraire. Quoique la jurisprudence estime cette preuve possible (Req. 5 mai 1857), il faut répondre négativement. On le doit, sous peine de ranimer, sur les intentions des époux, ces discussions que la loi a voulu tarir dans leur source. La présomption refuse aux tiers action en justice contre la femme, elle est de celles contre lesquelles l'art. 1352 n'admet aucune preuve en sens inverse.

Toutefois la présomption n'est recevable que si l'on est en face d'un *commerce* du mari, où la femme fait le détail des opérations, c'est-à-dire si le mari est manifestement commerçant. Or il peut arriver que le fonds soit exploité au nom de la femme elle-même. C'est elle qui est inscrite à la patente, qui a pris le magasin en location. Ou c'est un établissement qu'elle gérait avant de se marier et qu'elle continue à administrer, avec son mari comme auxiliaire.

La présomption n'a pas été établie pour régler cette situation. Les tribunaux décideront alors que le commerce repose sur la tête de la femme, le mari n'étant qu'un commis. Ils pourront encore décider, selon les circonstances, que les époux ont entendu faire le commerce en commun et s'obliger envers les créanciers l'un et l'autre (Req. 12 juillet 1887).

116. — 3° Les époux ont expressément constitué entre eux une *société commerciale*. Est-elle valable, et quels en seront les effets? C'est une question à examiner dans la seconde partie (n°s 255 et suiv.).

CHAPITRE III

DES OBLIGATIONS AUXQUELLES LA PROFESSION COMMERCIALE EST ASSUJETTIE. — LIVRES DE COMMERCE, PUBLICITÉ DU CONTRAT DE MARIAGE.

(C. com. livre 1er, titre II, art. 8 à 17 (avec les art. 1329 et 1330 C. civ.) et titre IV art. 65 à 70).

117. — Parmi les obligations qui incombent aux commerçants et auxquelles ne sont pas soumis ceux qui exercent une profession différente, il en est deux particulièrement intéressantes; le Code de commerce les règle dans son premier livre. Ce sont l'obligation de *tenir des livres* et une comptabilité régulière, — celle de *publier leur contrat de mariage*.

La première de ces obligations forme une prescription continue de la profession, la deuxième ne doit être remplie qu'une fois. Il convient de les étudier toutes deux et de rechercher la manière dont la loi sanctionne ses dispositions. Nous nous trouverons ainsi appelés à examiner la force probante des livres de commerce.

SECTION PREMIÈRE

DES LIVRES DE COMMERCE

(Art. 1329-30 C. civ., 8-17 C. com.).

118. — Tout commerçant doit tenir des livres. En pratique, on use de tolérance envers les petits marchands, envers ceux notamment qui exercent une profession nomade; mais la loi elle-même, en France, ne fait aucune distinction.

Par les énonciations de ses livres, le commerçant pourra établir ses droits, sous les tempéraments qu'on étudiera; comme aussi les tiers pourront, d'après ses livres, justifier de leurs prétentions contre lui. Rien de pareil ne serait vrai des livres qu'un non-commerçant tiendrait bénévolement (cfr. pourtant l'art. 1331 C. civ.).

Le commerçant peut faire tenir ses livres par un commis et dans une langue quelconque. Il doit les conserver *pendant dix ans* à partir de leur clôture (art. 11 *in fine*). Mais il serait inexact de dire :

1° Que, les dix ans passés, les livres aient épuisé leur force probante; ils continuent au contraire après ce délai à faire preuve pour ou contre celui qui les tient. Seulement, se refusant à les produire parce qu'il soutient ne plus les avoir, il est suspecté si les dix ans courent encore, et il cesse de l'être après ce terme. Cette suspicion crée au profit du tiers avec qui il est en procès un commencement de preuve qui pourra être complété par serment supplétoire (art. 17);

2° Ou que les obligations entre commerçants se prescrivent par un délai de dix ans. Au contraire, la prescription ordinaire, dans le commerce, comme en matière civile, est de trente ans (art. 2262 C. civ.). Mais on verra qu'il est créé pour certaines causes d'obligations commerciales des prescriptions particulières d'une plus courte durée.

119. — **Utilité.** — Les livres, et la comptabilité en général, répondent au besoin qu'a tout négociant de s'orienter dans la marche de ses affaires. Ils mettent sous ses yeux et classent ses opérations. Ils lui ménagent périodiquement un travail synthétique qui lui dira s'il gagne ou s'il perd. Ils lui permettent de rectifier une direction mauvaise, d'aviser à des économies.

Les Romains les ont pratiqués, même en dehors du commerce, avec le *Codex expensi et accepti*, dont les écritures formaient un contrat solennel et de droit strict à l'époque classique. Au moyen-âge, ils prirent beaucoup d'importance. Ils disposaient, d'après certains statuts, de la force exécutoire au même titre que des actes notariés : ce qui s'expliquait par le caractère public dont était investi le commerçant, en qualité de membre d'une corporation. Les livres de raisons, surtout dans le midi de la France, présentent un intérêt de curiosité, à cause de l'habitude prise d'y consigner les éphémérides de famille.

120. — **Sanctions.** — La tenue obligatoire des livres est sanctionnée de deux manières :

1° L'absence de livres, ou l'irrégularité dans leur tenue, peut, en cas de *faillite* du commerçant, à l'appréciation du tribunal, emporter contre lui la peine de la *banqueroute simple* (art. 586, 6° C. com.).

La soustraction des livres dissimulerait un détournement d'actif, ce qui serait un cas de banqueroute frauduleuse (art. 591).

C'est surtout dans l'hypothèse d'une faillite qu'il importe de se référer aux livres. On s'y reportera, afin d'une part d'éclairer le syndic sur les éléments de l'actif et du passif avec la connaissance des créanciers à convoquer, et, d'autre part, de l'instruire sur les précédents de la catastrophe et sur le degré de responsabilité encourue par le débiteur dans sa ruine.

La loi a dû reculer cette sanction pénale jusqu'à la faillite, la rendre par là même problématique. Car elle ne pouvait frapper *in bonis* le commerçant négligent, sans faire acte de perquisition dans sa comptabilité. Tant que l'exploitation se poursuit, les bureaux du négociant sont fermés aux recherches des tiers, comme à celles du fisc et du ministère public. Cela est rigoureusement vrai, en dehors du moins d'une information dirigée contre lui : le secret des affaires le veut ainsi.

2° Cette absence ou cette irrégularité dans les livres fait perdre au commerçant le bénéfice de la *preuve* que des livres bien tenus lui assureraient dans des contestations avec sa clientèle. Elle crée contre lui une présomption défavorable qui, s'il joue le rôle de défendeur, peut sous certaines conditions le faire condamner.

121. — Cette matière se répartira en deux paragraphes, traitant : — de la comptabilité en général avec les énonciations des livres, — puis des livres considérés comme moyen de preuve.

§ 1. Notions de comptabilité, énumération et énonciations des livres

122. — La *comptabilité* est l'ensemble des écritures tenues par un commerçant et reproduisant le mouvement de ses affaires. C'est un art difficile qui demande de longues études : aucune personne appelée à concourir, comme juge, arbitre ou conseil des plaideurs, à la liquidation d'un compte dans l'ordre commercial, n'a le droit de s'en désintéresser.

La loi prescrit la tenue de certains livres, dits *obligatoires*. L'usage en a fait adopter d'autres, qui sont *facultatifs*. On aurait pu, comme le font certains Codes, le Code allemand notamment, ne pas entrer dans l'analyse et se borner à exiger du commerçant, en termes généraux, la tenue de livres révélant d'une manière complète sa situation.

Ces livres sont : — 1° le Livre-Journal, — 2° le Grand-Livre (celui-ci facultatif), — 3° le Livre des Inventaires et des Bilans, — 4° le Copie de lettres, avec la mise en liasse des lettres reçues. Le négociant peut en multiplier indéfiniment le nombre (agenda ou brouillard, livre de caisse, etc.).

123. — 1° *Livre-Journal*. — C'est celui où les opérations sont mentionnées à la suite, jour par jour, dans leur ordre chronologique (art. 8), avec possibilité de grouper en un seul chiffre tous les menus articles de détail de nature semblable, qu'on aura commencé par relever sur un livre d'achats ou de ventes ou sur le brouillard.

Les opérations civiles et commerciales y sont énoncées, celles à terme et au comptant, les opérations gratuites ou à titre onéreux, les souscriptions, acceptations ou négociations d'effets. Ainsi du moins ordonne la loi. Mais les bons connaisseurs en comptabilité font observer très justement que, si la règle était suivie à la lettre, le commerçant englo-berait dans ses écritures des opérations personnelles, héritages, dots, achats d'immeubles, étrangères au mouvement des capitaux de son commerce, ce qui serait un non-sens [1]. Ces articles ne doivent donc figurer en comptabilité qu'autant qu'ils correspondent à des prises ou à des mises de fonds dans l'exploitation commerciale.

Les dépenses de ménage doivent y être relatées en bloc, mois par mois : c'est par leur importance qu'on verra, en cas de faillite, si le négociant a vécu sur un train personnel ou de maison exagéré, et s'il a encouru de ce chef la banqueroute simple (art. 585, 1° C. com.).

124. — 2° *Grand-Livre.* — Ce livre tient dans la pensée du commerçant une place plus grande que le précédent, quoique la loi ne le signale point et dispense par conséquent d'en faire usage.

Les opérations y sont ramassées dans un ordre autre que dans le Journal, de manière à donner la situation du négociant vis-à-vis de chacun de ses fournisseurs et à l'égard de chacune de ses spécialités.

Un compte est ouvert, avec rubrique séparée, à un correspondant déterminé de la maison (sans préjudice, comme on le verra, de comptes intérieurs). Ce compte occupe un folio, c'est-à-dire une page double du Grand-Livre, tout ouvert. La partie de gauche représente le côté *doit*, la partie de droite le côté *avoir* du compte. Si une opération est faite avec ce correspondant, il faut passer écritures au compte qui le concerne : le débiter si ce correspondant a reçu une valeur ; le créditer, au contraire, s'il en a fourni une.

125. — Méthodes de comptabilité. — Ceci nous amène à parler des méthodes de comptabilité. On en distingue deux : — la comptabilité simple ou en partie simple, — et la comptabilité en partie double (*partie* signifiant article d'écritures). C'est-à-dire que, selon la méthode suivie, le même article n'est mentionné qu'une fois ou est écrit en double sur le Grand-Livre. Il affectera dans le second cas deux comptes différents de ce livre, l'un par doit et l'autre par avoir.

La comptabilité en *partie simple* n'est mise en œuvre que lorsque le négociant devient, par le fait d'une opération, créancier ou débiteur d'un tiers ; par exemple, en achetant ou en vendant à crédit à un de ses clients.

Les opérations au comptant sont bien mentionnées au Journal. Mais comme elles ne donnent lieu à aucun engagement, le Grand-Livre n'a pas à les reproduire. Il ne reproduira pas davantage les opérations qui, dans l'intérieur de la maison, font passer une valeur d'une bran-

[1] LÉAUTEY. *Traité des inventaires et des bilans*, 2e éd. p. 212.

che d'exploitation à une autre, des caisses de filés de laine sortant de la filature et entrant au tissage, etc.

Par là se manifestent immédiatement les inconvénients de cette comptabilité. Elle passe à bon droit pour rudimentaire.

a) Il n'y a plus de concordance entre le Livre-Journal et le Grand-livre, ni possibilité, par les additions des sommes, de les contrôler l'un par l'autre;

b) Si le Grand-Livre pouvait contenir chaque article par deux fois en doit et en avoir, il y aurait de ce chef, grâce aux totaux un nouveau moyen de rectification des écritures, en cas d'étourderie. Cette comptabilité ne peut pas le donner;

c) Le négociant ne spécialise point chaque branche de sa maison. Ce qui lui serait utile cependant, afin de savoir le rendement comparatif des unes et des autres.

126. — On remédie à ces imperfections, par la comptabilité en *partie double*, dont la pratique remonte assez loin dans l'Italie du moyen-âge (il existe une Somme Mathématique de 1494, qui déjà l'analyse, et dont l'auteur fut un Franciscain de l'ordre du Saint-Sépulcre, à Venise).

Cette comptabilité qui, suivant l'expression imagée d'un marchand de Bruges du XVIe siècle « fait poivre et gingembre débiteurs comme si c'étaient des hommes » [1] repose sur la personnification en écritures de chaque branche intérieure de l'établissement: telle que la Caisse, le Magasin, etc.

Chacune de ces branches est censée dans la position d'un fournisseur en rapport d'affaires avec le commerçant lui-même : recevant de lui des valeurs dont on la débitera; ou livrant des valeurs dont il faudra alors la créditer.

Ces comptes, personnifiés par fiction, sont les *comptes généraux*, tandis que les comptes des fournisseurs ou correspondants forment les *comptes particuliers*.

Grâce à cette comptabilité :

a) Toute opération détermine un mouvement d'écritures au Grand-Livre, même faite au comptant; car du moment qu'il y a entrée ou sortie de deniers, le compte Caisse sera débité ou crédité;

b) Toute opération est portée doublement au Grand-Livre, une première fois au compte qui reçoit la valeur, et une seconde fois au compte qui la fournit;

c) Chaque branche d'exploitation est isolée des autres.

[1] V. l'étude de M. Léon Say dans les *Mémoires de l'Académie des sciences morales et politiques*, XVIe vol.

127. — Comptes généraux. — Le nombre des comptes généraux n'a rien de limitatif. Le négociant peut les multiplier à son gré, comme il pourrait réunir deux comptes usuels en un seul, grouper les effets à payer et ceux à recevoir sous la rubrique *traites et remises;* ou encore, s'il exploite un tissage, laisser les articles fabriqués et non vendus au compte de ce tissage, avec les produits en manutention, au lieu d'ouvrir au Magasin un folio distinct.

Les comptes généraux les plus connus sont les suivants:

A. *Compte Capital.* — C'est le chef d'entreprise, placé au-dessus de tous les comptes de sa maison ou du dehors, et distribuant entre eux les valeurs engagées dans l'exploitation. Tel, un prêteur qui livrerait au négociant les fonds d'établissement.

Il y aura lieu de le créditer, et l'ensemble des autres comptes en représente la contre-valeur, aussi longtemps que les affaires n'accusent point de perte. Le commerçant sera réputé se prêter ce capital à lui-même, ou pour mieux dire le prêter aux branches de sa maison, qui en deviennent redevables envers lui.

Il n'est passé écritures au compte Capital qu'au commencement de l'entreprise. Selon la manière dont le commerçant comprend sa comptabilité, il y portera ou non, après chaque clôture d'exercice, le relevé des bénéfices et des pertes.

B. Compte Caisse. — La Caisse, dépositaire des sommes qui y sont versées, est *débitée* lorsqu'elle reçoit de l'argent, *créditée* au contraire lorsqu'elle en fournit. Telle, une maison de banque où le commerçant irait déposer ou prendre l'argent provenant de ses recouvrements ou de ses versements.

C. Compte Magasin ou *Marchandises Générales.* — C'est par fiction un entrepôt, au *débit* duquel on passera les entrées de marchandises, puisque le magasin s'engage à représenter les matières qu'on y consigne; on le *créditera* pour les produits qu'on en fera sortir.

Exemple : Au 1er janvier, A... ouvre un établissement de commerce, avec une mise de fonds de 20,000 fr., qu'il possède en argent liquide. Il consacre immédiatement cette somme (le capital), pour moitié à construire et à outiller son magasin, pour l'autre moitié à acheter au comptant des marchandises, des étoffes ou confections, qui entrent aussitôt dans ce magasin.

Cela donne, comme élément des premières écritures, une livraison de 20,000 fr. faite par le Capital au Magasin. Le compte qui reçoit (Magasin) doit au compte qui fournit (Capital). Le Capital se dessaisit, on le *crédite*; le Magasin s'empare, on le *débite*.

« Du 1er janvier. — Magasin *à* Capital, 20,000 fr. », portera le Livre-Journal. Puis au Grand-Livre figurera cette double mention : « Compte Capital 20,000 fr. (à son *avoir*); — compte Magasin 20,000 fr. (à son *débit*) ».

Le lendemain, 2 janvier, se présente Durand, acheteur à crédit d'une partie de ces marchandises à concurrence de 7,000 fr. Il prend livraison, la marchandise vendue est retirée du magasin. Il faudra *créditer* le Magasin à raison de la valeur qu'on lui prend, *débiter* Durand, qui est redevable du prix.

Soit, au Journal : « Du 2 janvier. — Durand *à* Magasin : 7,000 fr. » Et au Grand-Livre : « Compte Magasin, *avoir* 7,000 fr.; compte Durand (compte particulier), *doit*, 7,000 fr. ».

Suspendons l'application de nos exemples et reprenons l'énumération des comptes généraux.

D. Compte Effets à recevoir. — Il représente l'ensemble des effets de commerce, lettres de change ou billets à ordre. Il comprend les effets, non pas ceux que le négociant souscrit et donne, mais ceux qui, au contraire, lui sont donnés en règlement de ce qu'on lui doit. Ces effets sont réunis ou censés réunis dans un portefeuille qui est *débité*, lorsqu'un effet nouveau y entre, *crédité* lorsqu'un effet en sort.

Reprise de l'exemple : Le 3 janvier, Durand, débiteur à terme de 7,000 fr., pour prix de marchandises achetées la veille, règle son vendeur A... au moyen d'une lettre de change à échéance fin janvier. En comptabilité, mais en comptabilité seulement, Durand est libéré : *qui règle paie*. Durand fait une remise à son vendeur. Ce n'est pas de l'argent, c'est un effet. Mais on procédera de même que si c'était de l'argent : il ne doit plus désormais à son vendeur, il doit à sa signature qui circulera peut-être. La dette de son compte doit être balancée; c'est le portefeuille, dépositaire de sa signature, qui prend sa place.

Voici donc la traduction en écritures de l'opération :

Livre-Journal : « Du 3 janvier. — Effets à recevoir *à* Durand 7,000 fr. » ; — Grand-Livre : « Compte Durand, *avoir* 7,000 fr. (le compte est balancé) ; — compte Effets à recevoir, *doit* 7,000 fr. ».

Au 31 janvier, si A... n'a pas eu l'occasion dans l'intervalle de transmettre l'effet de Durand par endossement à un de ses créanciers, il sortira cet effet du portefeuille et le présentera à Durand, qui paiera. La somme sera versée à la caisse. D'où écritures : Livre Journal : « Du 31 janvier. — Caisse *à* Effets à recevoir 7.000 fr. »; — Grand-Livre : « Compte Effets à recevoir, *avoir* 7,000 fr. (compte balancé); — compte Caisse, *doit* 7,000 fr. ».

E. Compte Effets à payer. — C'est le compte inverse du précédent. Le chef de maison ne se contente pas de recevoir des effets. Il en souscrit ou il accepte des lettres de change tirées sur lui. Il joue non plus le rôle de créancier, mais celui de débiteur, non plus le rôle de vendeur, mais celui d'acheteur. Il se doit à sa signature. Cette signature, qui va circuler jusqu'à l'échéance, prend la proportion d'une véritable contre-partie, envers qui il est redevable.

Il faudra donc *créditer* le compte de tous les engagements souscrits par le négociant en forme d'effets, et, lorsqu'il aura payé l'effet à l'échéance, *débiter* le même compte pour faire balance.

F. Compte Profits et Pertes. — C'est un compte d'ordre, maintenant l'équilibre des autres. On le met en œuvre chaque fois qu'il y a lieu de créditer ou de débiter un premier compte, sans qu'on puisse faire l'écriture inverse sur un second. Cette écriture inverse se fera alors par Profits et Pertes.

Ainsi le commerçant règle les appointements d'un employé, 100 fr., c'est donc que 100 francs sont à passer au *crédit* de la caisse. A quel *débit* porter la somme? Il n'y a pas de compte qualifié à cet effet (à moins qu'on n'ouvre un compte Traitement d'employés). On débitera donc de 100 francs Profits et Pertes [1].

Cet exemple, nous l'abandonnons de suite, sans le retenir pour le bilan de fin d'année. Il dit assez qu'une inscription à ce compte ne prouve point l'existence en soi d'une perte ou d'un profit: les gages du personnel peuvent être largement couverts par les bénéfices que révèlera l'inventaire.

Mais il reste vrai que les moins-values de marchandises, subies au cours de l'exercice, donneront lieu, avant la clôture annuelle des comptes, à un article de notre compte répondant à une perte véritable (ou à un bénéfice si c'est une plus-value). Et enfin le solde du compte dira vraiment combien le commerçant a gagné, ou combien il a perdu. La suite le montrera.

Nous n'avons signalé jusqu'ici que deux livres, le Journal et le Grand-Livre, en y rattachant les principes de la comptabilité. Il faut continuer maintenant l'énumération.

3° *Livre des Inventaires et des Bilans* (art. 9). — L'inventaire est un état descriptif et estimatif de toutes les valeurs en immeubles, en matériel ou en marchandises, que le négociant possède dans son exploitation à la fin d'un exercice.

Il est établi par le négociant lui-même, et non, comme les inventaires de succession, par le ministère d'un notaire. Un inventaire de succession détermine la consistance des valeurs dont auront à justifier ceux qui détiendront et administreront cette succession. Un inventaire commercial relève la situation de l'actif du négociant et l'amène à connaître les résultats bons ou mauvais d'une période d'exploitation.

Ces deux pièces répondent à un but différent. Dans la faillite, et si le commerçant est décédé, un seul et même inventaire peut servir aux deux fins (art. 481 C. com.).

128. — Inventaire et bilan. — Le *bilan* est le tableau en deux colonnes, par actif et par passif, de ce que le commerçant possède et de

[1] La somme figurera à la colonne de gauche, sur la page du folio portant le mot *Profits*, tandis que si le commerçant recevait une somme sans fournir de contre-valeur, l'inscription serait portée à droite à la colonne de l'avoir, où le mot *Pertes* apparaît dans le titre. On a fait observer qu'il eût été plus logique dans ces conditions d'intituler le compte *Pertes et profits*.

ce qu'il doit. Les articles qui le composent ne sont pas autre chose que les soldes des comptes du Grand-Livre, symétriquement dressés et se faisant balance.

L'*inventaire* prépare le bilan, il en est le préliminaire nécessaire. La loi impose au commerçant l'obligation de faire l'inventaire (et le bilan) au moins une fois par an (art. 9). En outre, en cas de cessation de paiements, le bilan doit être déposé par lui au tribunal de commerce dans les quinze jours suivants (art. 438 et 439).

Pour liquider ses comptes à la fin de l'exercice, il faut faire la *balance* de chacun d'eux au Grand-Livre et en dégager le solde. Ce solde ressortira au *doit* ou à *l'avoir*, suivant que le compte a plus reçu que fourni pendant l'exercice, ou inversement.

Pour la plupart des comptes, ce travail se fera à la seule inspection des éléments du compte, au moyen d'une soustraction des deux colonnes de capitaux. Si un correspondant a été crédité pendant l'année de 10,000 fr. pour ventes et a été débité de 5,000 fr. pour achats, il est finalement créancier de 5,000 fr., et c'est par cette somme que se chiffrera le solde de son compte, à son *crédit* (toute réserve faite d'un calcul d'intérêts).

Mais il y a certains comptes, les comptes intérieurs dépositaires de valeurs, pour lesquels cette simple opération d'arithmétique sur le papier ne saurait suffire. Les marchandises entreposées dans le magasin ont subi, depuis leur entrée, des fluctuations de cours. De ce que le Magasin au Grand-Livre porte 20,000 fr. à son débit et 7,000 fr. à son avoir, il ne s'ensuit pas qu'en fin d'exercice il soit grevé d'un solde de 13,000 fr. (soit 10,000 fr. en constructions et 3,000 fr. en marchandises). Les marchandises vendues peuvent très bien ne pas correspondre aux 7/10 du stock. Car elles ont été vendues soit en hausse, soit en baisse. Les existants ont, eux aussi, ressenti l'influence des variations dans les prix, les constructions valent certainement moins par suite de l'usure.

Il faudra donc procéder à un inventaire, c'est-à-dire à une récapitulation des marchandises restantes, en les cotant à leur prix actuel.

A l'égard des constructions et du matériel, on ne se livre pas à une estimation d'après les cours, ce qui serait impossible. On reprend le prix d'installation en lui faisant subir une dépréciation à forfait de 3, de 5, de 10 0/0. Cette dépréciation représente la différence du neuf au vieux, et ce qu'on appelle communément l'*amortissement*.

En s'aidant de ces indications, le commerçant fait l'inventaire de son magasin. Il constate que le matériel vaut 9,500 fr. (au lieu de 10,000), et que les marchandises valent 2,500 fr. Le magasin n'a donc à restituer à son propriétaire que 12,000 fr., alors que les livres le débitent de 13,000 fr. Il convient de le dégrever de cette différence de 1,000 fr., due aux circonstances qui ne lui sont point imputables. Avant de clore le compte, on passera un article complémentaire de 1,000 fr. à son crédit, et comme on ne sait par quel autre compte faire balance, ces 1,000 fr. seront passés au débit de Profits et Pertes.

Journal : « Du 31 décembre : Profits et pertes *à* Magasin 1,000 fr. » ; Grand-Livre : « Magasin, *avoir* 1,000 fr. — Profits et pertes, *doit* 1,000 fr. ».

Rien n'empêche alors de clore le compte Magasin, qui se solde par 12,000 fr. En attendant qu'on reporte à nouveau, pour l'exercice qui s'ouvrira le lendemain, ce solde ainsi que tous les autres.

Tous les comptes se trouvant ainsi arrêtés, le bilan est facile à établir. Il suffit de reprendre le solde de chacun d'eux. On le portera à la colonne d'actif, si c'est un solde débiteur, à celle du passif dans le cas contraire.

Dans notre comptabilité tout à fait élémentaire, et en supposant qu'aucune opération autre n'intervienne avant la fin de l'exercice, cela donne les résultats suivants :

Actif.		Passif.	
Magasin.	12,000 fr.	Capital.	20,000 fr.
Caisse.	7,000 fr.		
Profits et pertes.	1,000 fr.		
Total..	20,000 fr.	Total.	20,000 fr.

129. — Règles de l'inventaire. — Il ressort de ce tableau plusieurs constatations intéressantes :

a) La nature active ou passive d'un solde subit une interversion, en passant du Grand-Livre au bilan. En effet, si la Caisse est *débitrice*, les valeurs dont elle est redevable constituent un élément d'*actif* pour la maison, et *vice versa*; de même si Durand est *débiteur*, c'est que l'établissement est son *créancier*.

b) Le *Capital* figure au passif. Nous avons montré déjà comment la maison se trouve redevable, par une fiction de comptabilité, du capital engagé. Les autres comptes doivent concourir à le représenter. Il faut que les fonds mis dans l'établissement se retrouvent dans l'ensemble des valeurs composant les comptes particuliers ou généraux. Autrement, l'écart doit se combler au moyen de *Profits et Pertes*.

c) Selon que *Profits et Pertes* figure à l'actif ou au passif, il y a perte ou bénéfice. Il y a *perte*, s'il figure à l'*actif*, car c'est la preuve que les autres comptes ne suffisent pas à reconstituer le capital. Il y a *bénéfice*, s'il figure au *passif*; cela prouve que tous les comptes réunis dépassent le capital, et donnent un excédent.

d) Pour estimer les marchandises ou les titres de portefeuille à l'inventaire, il ne faut pas leur donner pour valeur le prix d'achat ou de fabrication. Ou plutôt il faut distinguer suivant qu'ils sont en baisse ou en hausse.

S'il y a baisse, on devra porter la valeur *au cours déprécié*.

S'il y a hausse, on *ne* devra *pas* faire état de cette hausse. Car elle peut disparaître avant la vente de la marchandise ou des titres ; elle ne répond pas à un bénéfice acquis : on inscrira à l'inventaire le prix de revient.

Le commerçant, qui contrevient à cette règle par majoration de valeurs, confectionne un inventaire inexact. Cette inexactitude peut avoir pour effet de dégager des bénéfices alors que l'exercice est en perte. La chose n'a pour un commerçant individu d'autre inconvénient que de le tromper sur la marche de son établissement; elle n'est pas en soi punissable, à moins de se compliquer de manœuvres d'escroquerie.

Mais on verra que, dans les sociétés commerciales et surtout dans les sociétés par actions, le fait, suivi d'une distribution de dividendes, acquiert plus de gravité et a mis la loi dans la nécessité d'intervenir.

130. — 4° Le quatrième élément de la comptabilité est le *Copie de lettres*, ainsi que la liasse des lettres reçues, ordinairement classées sous un cartable ou biblorhaptes (art. 8 et 2).

Le négociant écrit une lettre : il doit en garder copie, afin de pouvoir au besoin s'en prévaloir vis-à-vis de sa contre-partie. Il reçoit une lettre, il doit la conserver, pour y puiser en cas de dénégation les éléments de la preuve de son droit.

131. — **Prescriptions de tenue des livres.** — Tous ces livres obéissent à des prescriptions pour leur tenue. Les unes sont *préalables* ou périodiques, les autres ont une portée *continue*.

Prescriptions préalables. — Les livres sont soumis à la *cote*, au *paraphe* et au *visa* d'un juge du tribunal de commerce ou du maire, dans la forme ordinaire et sans frais (art. 11). Chaque folio est ainsi numéroté, avec l'abréviation de la signature du juge, et le dernier folio contient un visa pour l'ensemble.

De plus le *Journal* et le *Livre des Inventaires* sont soumis, une fois par an, au même visa paraphé (art. 10, al. 1er.)

On devine la raison d'être de ces précautions : le négociant pourrait supprimer ou remplacer, à la veille d'une faillite, le folio révélateur d'opérations suspectes. Il pourrait même supprimer un livre tout entier et en recomposer un autre, d'où seraient absents les articles compromettants.

Avant 1837, les livres de commerce devaient être revêtus du timbre de dimension. Le commerçant est affranchi maintenant de ce timbre, moyennant 3 centimes additionnels ajoutés au principal de la patente.

Prescriptions continues. — Les livres doivent être tenus par ordre de dates; sans blancs, lacunes ni transports en marge (art. 10, al. 2). On rectifie une erreur, non en raturant ou en surchargeant, mais au moyen d'un contre-article détruisant l'effet du premier, d'un *extourne*.

132. — Les prescriptions précédentes sont peu suivies en pratique. On se sert, pour reproduire les lettres, de la presse à copier. Les parties imprimées de la correspondance ne se décalquent point sur le livre-copie, qui renferme nécessairement alors des lacunes.

D'autre part, la cote judiciaire est tombée en désuétude. Le commerçant cote lui-même ses livres, sans les porter au tribunal. Le visa annuel permettrait à un juge, qui est souvent un concurrent, de pénétrer le secret de ses opérations.

Une objection se présente en pareil cas. Les livres sont irrégulièrement tenus. Ils exposent donc le commerçant à être banqueroutier s'il fait faillite, et à perdre le bénéfice de la preuve attachée aux livres bien tenus !

C'est une erreur. La banqueroute est facultative, en cas de livres inexistants ou irréguliers. On se dispensera de poursuivre le commerçant, s'il n'y a point d'autres charges relevées contre lui.

D'un autre côté, les livres, quoique ne disposant plus de la preuve légale qui va être étudiée, seront cependant présumés, *en fait*, renfermer des énonciations conformes à la vérité : ainsi en sera-t-il, si rien de suspect ne se présente dans les écritures. On se rappelle que le juge de commerce peut établir sa conviction sur de simples présomptions de fait (art. 1353 C. civ.).

§ 2. Preuve fournie par les livres ; production des livres en justice.

133. — Le commerçant, s'il est en difficulté avec un de ses confrères, à raison d'un marché de commerce, peut user de la *preuve testimoniale*, de même que son confrère peut employer cette preuve contre lui (art. 109 C. com.).

Cette preuve est d'autant plus utile, qu'on n'a pas coutume, dans le commerce, de dresser un acte écrit, un instrument de la convention. Mais elle est en même temps fragile et chanceuse : on n'a que rarement des témoins prêts à déposer. A cette preuve, la loi a dû en ajouter une autre, plus solide, tirée des éléments de la comptabilité.

Les deux contractants habitent deux localités différentes, le marché est conclu par *correspondance*. Celui qui a intérêt à en prouver l'existence, en cas de dénégation, produira la lettre qu'on lui a écrite. Il produira aussi la copie de la lettre qu'il a expédiée lui-même. C'est donc la comptabilité de sa propre maison qui lui fournit la preuve de son droit.

La règle posée est d'ailleurs beaucoup plus large : tous les livres de commerce obligatoires disposent d'une *force probante légale*, soit contre celui qui les tient, soit à son profit, non toutefois sans certains tempéraments.

Que le livre ait force de preuve *contre* celui qui le tient, cela s'explique fort bien : on oppose au commerçant son propre aveu. Mais il peut sembler étrange et anormal de voir le négociant invoquer une mention de son livre *en sa faveur*. On ne peut plus dire alors qu'il y ait engagement écrit de l'adversaire (cf. l'art. 1347 C. civ.), et on déroge à l'adage : *nemo sibi titulum constituit*.

C'est à une nécessité de fait qu'il a fallu céder. Il eût été fâcheux de laisser le commerçant à la merci de sa contre-partie, alors qu'il lui a été à peu près impossible de retirer un engagement écrit. Ses livres contiennent des mentions véridiques. On le supposera du moins, comme on doit supposer le négociant honnête et de bonne foi, si rien dans sa conduite ne paraît équivoque.

134. — Preuve contre le commerçant. — 1° Dans quelle mesure la mention du livre fait-elle foi *contre* celui qui le tient ? — Dans la mesure la plus large. La force de preuve du livre est entière :

a) Quelle que soit la qualité du demandeur, commerçant ou non, ou la nature civile ou commerciale de sa créance ;

b) Alors même que le livre serait irrégulièrement tenu.

Me disant créancier d'un négociant pour une somme de 1.000 francs, je puis le convaincre sur la seule énonciation de son livre (art. 1330 C. civ.).

Rien ici ne déroge au droit commun. Ce que porte le livre est un aveu du débiteur, on l'oppose à celui de qui cet aveu provient. Mais cet aveu est indivisible (art. 1356 al. 3 et 1330 cbn.).

On ne saurait se prévaloir de telle mention du livre, favorable à celui qui l'invoque, et repousser l'autorité de ce même livre dans une autre de ses énonciations, quand cette dernière vient annuler ou diminuer l'effet de la première.

135. — Preuve en sa faveur. — 2° Le livre prouve-t-il *en faveur* de celui qui le tient ? Je me dis créancier d'une autre personne pour 1.000 francs. Puis-je établir mon droit, en produisant un de mes livres mentionnant cette créance ?

Il fallait user ici de fortes restrictions. En vain des légistes ont-ils vu autrefois dans la mention du livre un procès-verbal double dressé du consentement des deux parties, et que le commerçant aurait établi en vertu d'un mandat que l'autre opérateur lui a donné. Simple pétition de principe. La question serait précisément de savoir si ce mandat existe bien en l'espèce, comme l'affirme le propriétaire du livre.

En conséquence, la preuve est limitée comme suit :

a) Il faut que l'*adversaire*, contre qui on prétend fournir la preuve, *soit* lui-même *un commerçant* (art. 12 C. com.). — En ce cas chaque plaideur tient ses livres. La mention débattue a dû être portée en crédit sur l'un, en débit sur l'autre. Ils doivent mutuellement se contrôler. Le défendeur est libre de produire son propre livre.

Et alors de deux choses l'une. Ou bien le deuxième livre confirme le premier, ce qui rendra la prétention alléguée tout à fait certaine.

Ou bien le deuxième livre est muet. Comme il n'y a pas de motif pour le tribunal de pencher en faveur de l'un plutôt qu'en faveur de l'autre, en supposant les deux plaideurs dignes de véracité, les deux livres seront également repoussés. Le demandeur devra recourir à une autre preuve.

C'est ce qui montre que les livres *peuvent*, ainsi qu'il est dit dans l'art. 12, et non pas *doivent* être admis pour faire preuve.

Quand l'adversaire est un non-commerçant, les livres ne sont pas entièrement dénués de foi pour celui qui veut arguer de leur contenu. Ils valent comme commencement de preuve en sa faveur.

On peut compléter ce commencement de preuve au moyen du *serment* (art. 1329 C. civ.).

C'est le serment supplétoire que le juge défère d'office, à la teneur des art. 1366 et 1367. Ce n'est pas le serment décisoire, déféré par l'un des plaideurs à l'autre, comme on l'a dit à tort lors de la discussion, en oubliant que ce second serment est de droit dans tout procès, même à défaut de commencement de preuve.

Si le contenu du livre peut être complété par le *serment*, il ne peut l'être par la *preuve testimoniale*. L'adversaire, non-commerçant, reste régi par les preuves de droit civil. Il n'est passible de la preuve par témoins que si cette preuve s'étaye sur un commencement de preuve par écrit : ce qui ne s'entend, d'après l'art. 1347, que d'un écrit émané du défendeur lui-même. Ici l'écrit, la mention du livre, provient du demandeur et n'a plus de valeur probante.

b) Il faut que le *livre*, d'où l'on veut puiser la preuve du droit, soit *régulièrement tenu* (art. 12 et 13 C. com.).

c) Il faut enfin que l'adversaire, nécessairement commerçant lui-même, avons-nous dit, soit recherché *à raison d'une dette commerciale* quant à lui (art. 12).

Le fournisseur de denrées de ménage ne peut pas par ses livres établir la preuve complète des livraisons qu'il dit avoir faites au commerçant. Car celui-ci n'a consigné sur ses propres livres la mention de ces fournitures qu'en bloc, mois par mois. Il ne peut vérifier les mentions du livre du demandeur par le sien propre. Le contrôle mutuel des livres ne se fait plus. La situation est la même que si le défendeur n'était pas commerçant.

136. — Au total, le commerçant tire pour lui de ses livres une preuve tantôt complète, tantôt partielle.

Cette preuve, ses livres, même facultatifs, la lui donnent. Ils la lui donnent non plus comme preuve légale, mais comme présomption de fait, ce qui comme résultat revient au même. Il est à présumer, dira le tribunal dans les motifs de son jugement, que la mention du livre est conforme à la vérité (art. 1353 C. civ.). De là une conséquence intéressante au point de vue du droit criminel.

Le conception du *faux* en écritures de commerce, puni des travaux forcés, s'élargit. Un commerçant qui attribue, par mention de ses livres, une opération inexistante à une autre personne, se crée un titre par une fabrication écrite de convention. Il encourt la peine du faux, sans avoir imité la signature d'autrui.

Le même fait, accompli par un non-commerçant, n'engendrerait aucune conséquence juridique. Il ne serait ni un faux en écritures de commerce, ni un faux quelconque.

137. — **Production en justice.** — Il s'agit, pour finir, de déterminer les règles de procédure qui président à la *production des livres en justice*.

La production des livres est, en vertu d'un jugement d'instruction, ordonnée ou autorisée par le tribunal saisi du fond du droit. Ce jugement est rendu tantôt sur les conclusions de l'une des parties, et tantôt d'office (art. 15).

Si le plaideur, requis de produire ses livres, refuse de le faire, on ne peut de force le contraindre à les exhiber. Mais nous savons déjà que ce refus crée contre lui une présomption défavorable. Elle entraînera sa condamnation sur le fond, si les juges ont déféré le serment supplétoire à l'autre plaideur et que celui-ci l'ait prêté (art. 17).

Lorsque les livres sont éloignés du lieu où siège le tribunal, celui-ci adressera une commission rogatoire au tribunal du lieu où ils se trouvent ou une délégation au juge de paix pour en prendre connaissance, dresser procès-verbal et l'envoyer au tribunal saisi de l'affaire (art. 16).

Il y a deux modes de production des livres que la loi reconnaît, mais avec une inégale portée d'application : — la communication — et la représentation.

138. — 1° La *communication*, dont le vrai caractère n'est pas encore précisé dans la doctrine, est, d'après nous, *le fait de se dessaisir du livre* *directement ou par la voie du greffe aux mains de l'adversaire*, qui peut ainsi le consulter lui-même et dans toutes ses parties.

Cette mesure est grave. Elle met un concurrent en mesure de s'emparer des secrets d'affaires du commerçant. Aussi la faculté d'exiger la communication est-elle limitée à quatre cas : — *affaires de succession*, chaque héritier, l'administrateur de la succession, etc., peut réclamer des autres la production des livres sous cette forme ; — *affaires de communauté*, dans les rapports de l'époux survivant et des représentants de l'autre ; — *partage de société*, afin d'établir la consistance de l'actif de l'établissement entre les associés ; — *en cas de faillite*, pour permettre de constituer la masse des biens à liquider, et la masse des créanciers (art. 14).

Dans ces quatre situations, dit-on, le commerce est arrêté dans sa marche, et la révélation du contenu des livres présente moins d'inconvénients que si le fonds était encore en activité.

Mais cette explication est un peu superficielle. En réalité, les quatre cas énoncés par la loi ne sont pas tout à fait les seuls dans lesquels la communication soit permise ; la formule qu'elle donne est à la fois trop étroite et trop large.

D'un côté, la communication est autorisée *entre associés* dès avant la liquidation et le partage, et cela pendant le cours même de l'exploitation. Sous réserve de certaines limitations, concernant les droits individuels des actionnaires dans les sociétés par actions. Notamment, dans une société en commandite simple, le commanditaire a qualité pour exiger du gérant qu'il lui permette de consulter les livres. Ce sera pour lui le seul moyen de contrôler les inventaires.

D'autre part, en cas de faillite, le droit, qui appartient certainement au syndic de se faire communiquer les livres et de les garder pendant toute la durée de la liquidation, ne saurait, semble-t-il, s'étendre à un créancier qui voudrait critiquer la gestion du syndic ou y puiser la preuve de sa créance.

Cette application de la communication serait de légalité contestable, comme aussi la communication, à la demande d'un légataire ou d'un créancier de succession bénéficiaire, intéressés à connaître les forces de cette succession. Ce serait alors la seconde forme de production des livres qui serait recevable : la représentation, qui procure au plaideur un droit de recherche dans les livres, indirect et plus limité.

Au total, dans notre doctrine, la communication serait restreinte à ceux qui ont la *copropriété des livres*, avec la *copropriété du fonds* (associés, époux, héritiers entre eux), ou encore à un administrateur chargé de l'administration générale de l'établissement de commerce (syndic de faillite).

139. — 2° La *représentation* est de droit dans tous les procès. Selon l'opinion la plus répandue, ce serait le fait de consulter un livre sur un point et à un folio déterminé, à l'effet d'en extraire ce qui concerne le différend. Il importerait peu que ce fût le juge qui en prît ainsi connaissance, ou un expert désigné par le tribunal, ou même l'adversaire. Ce qui donnerait à ce mode de production son trait propre, ce serait la *spécialisation* des recherches dans le livre à produire.

Malheureusement cette manière de voir ne tient pas devant les nécessités de la pratique judiciaire. Comment tomber du coup sur le folio contenant l'article qu'on recherche, sans d'abord consulter les autres? Comment concilier cette interprétation étroite avec les exigences des procès de comptes qui portent sur un nombre considérable d'opérations? Si un patron intéresse ses employés ou ses ouvriers aux bénéfices de sa maison (ce qui ne les rend pas associés), et qu'après clôture d'exercice les participants contestent les résultats en demandant la production des livres (ce qui paraît légitime), comment faire en sorte que la représentation se localise à un point spécial de la comptabilité? Le contrôle ne doit-il point s'exercer sur l'ensemble? [1]

Les tribunaux admettent la représentation dans ces différents cas. Ils désignent un expert qu'ils chargent en termes généraux, suivant la formule même de l'art. 15, « d'extraire des livres ce qui concerne le différend », c'est-à-dire vraisemblablement de les examiner dans toutes leurs parties.

En résumé, ce qui fait d'après nous que la représentation diffère de la communication, c'est que *le livre est examiné soit par le tribunal ou par un juge commis, soit par un expert nommé par lui*, mais en dehors de la présence de l'adversaire.

La communication, au contraire, comme le mot le dit dans son étymologie, c'est l'inspection et au besoin la garde du livre par le plaideur qui en demande la production [2].

SECTION II

DE LA PUBLICITÉ DU CONTRAT DE MARIAGE DU COMMERÇANT

(Livre Ier, titre IV, art. 65 à 71, C. com.)

140. — Le titre sous lequel cette publicité est réglée porte une rubrique incomplète et même inexacte; il est intitulé *Des séparations*

[1] La Cour de cassation, par son arrêt du 3 janvier 1877, admet la représentation des livres pour établir le montant des bénéfices dus par le fait de la participation, mais sans dire clairement en quoi elle consistera.

[2] Voir un article de M. Crouzel dans le *Recueil de l'Académie de législation de Toulouse* (1889-1890) XXXVIIIe vol., p. 65 et suiv.

de biens. Ce qui vise la séparation judiciaire, demandée et obtenue par la femme contre son mari commerçant, lorsque sa dot est mise en péril.

Or, si cette séparation doit être accompagnée de publicité, afin d'informer les tiers du changement intervenu dans le contrat de mariage, le droit commercial ne présente rien de particulier. L'article 66 renvoie, pour les formes de cette séparation ainsi que pour sa publicité, au Code civil et au Code de procédure.

L'art. 66, qui traite de la séparation de corps, laquelle entraîne accessoirement la séparation de biens, ne fait également que reproduire le droit commun. Il le reproduit, à cette légère différence près que le jugement de séparation doit être lu publiquement à l'audience du tribunal de commerce; ce qui n'est point prescrit pour les époux non-commerçants.

La procédure à suivre pour les deux *séparations* se résume dans les deux mesures ci-après :

Inscription de la demande en séparation de biens dans un *tableau* des salles d'audience des *tribunaux civils et de commerce* et des *chambres d'avoués et de notaires*, avec insertion dans un *journal d'annonces* ; — inscription d'un extrait du *jugement* tant de séparation de corps que de séparation de biens, pendant un an sur les mêmes tableaux. Même lorsqu'aucun des deux époux ne fait le commerce, la loi veut qu'il soit ainsi procédé à des mesures d'information dans l'intérêt des tiers auprès des deux tribunaux. (Pour le cas de divorce, voir la loi du 18 avril 1886.)

141. — La *publication du régime matrimonial* des époux, à laquelle, comme on va le voir, le droit commercial donne plus d'étendue, puisqu'il l'exige même en dehors d'une séparation de biens ou de corps, est imposée pour réaliser un double résultat :

a) De la nature du régime adopté dépend le *gage* que l'un ou l'autre époux procure aux tiers qui leur font crédit. — Sous la communauté, la femme engage les biens communs et ceux du mari en outre des siens propres ; le mari engage les biens communs, dans lesquels entrent certains apports de la femme. Sous un régime sans communauté, chacun des époux n'oblige que ses propres biens.

b) De la nature de ce régime dépend aussi la *capacité de la femme*, si les époux ont accepté le régime dotal. — Car alors la femme ne peut aliéner ou engager ses biens dotaux, soit qu'elle fasse le commerce, soit que son mari commerçant ait intérêt à la faire accéder à ses obligations : aucune autorisation ne la relève de cette incapacité.

Si l'on avait à instituer aujourd'hui, à l'occasion d'une refonte des Codes, un mode de publicité du contrat de mariage, il est probable qu'on s'abstiendrait d'organiser en matière commerciale un système particulier.

La loi du 10 juillet 1850 a imposé, aux époux de toute profession, l'obligation de signaler à l'officier de l'état civil, au moment de se marier, sur interpellation de celui-ci, l'existence du contrat de mariage qu'ils ont pu faire, avec le nom du notaire qui a instrumenté pour eux. Et ce régime de publicité, avec ses sanctions, paraît suffire aux nécessités de crédit du commerce.

Lorsqu'on veut traiter avec un époux commerçant, on n'a qu'à se reporter à l'acte de mariage de cet époux pour savoir s'il a fait un contrat[1]. Dans le cas d'affirmative, on n'a qu'à suspendre la conclusion de la convention projetée, jusqu'à ce que le contrat de mariage ait été produit. Les tiers ne seraient induits en erreur que si les époux avaient déclaré à l'officier de l'état civil, s'être dispensés de dresser un contrat de mariage, lorsqu'ils en ont réellement fait un. Et la loi décide en pareil cas que la *femme* sera réputée à l'égard des tiers *capable de contracter dans les termes du droit commun*. Ce qui signifie qu'elle ne pourra point leur opposer son *incapacité dotale*, et non pas que les époux seront présumés mariés *sous la communauté* (voir un commentaire quelconque de l'art. 1391 C. civ.).

142. — Mais cette publicité n'existait point en 1807. Le Code de commerce, d'après les précédents de l'Ordonnance de 1673, en a organisé une autre. Elle est spéciale aux époux dont l'un serait commerçant, et elle subsiste aujourd'hui, concurremment avec la publicité de la loi de 1850.

Elle consiste dans la remise aux *greffes des tribunaux civil et de commerce*, ainsi qu'aux *chambres de notaires et d'avoués*, d'un *extrait* énonçant seulement le *régime matrimonial* adopté (régime de communauté, séparation de biens, régime dotal), pour cet extrait demeurer exposé au tableau durant un an. — C'est un mode de révélation du contrat de mariage assez imparfait et qui passe pour suranné.

A qui incombe cette publicité? — On distingue deux situations (art. 67 à 69) :

143. — 1° L'époux exerçait le commerce *dès avant son mariage*.

Le *notaire*, par le ministère duquel le contrat est dressé, connaît les qualités des parties, la profession qu'elles exercent. Il fera parvenir dans

[1] Peut-être l'époux se donne-t-il pour célibataire, de manière à dépister toutes investigations. La loi du 17 août 1897 permet aujourd'hui de déjouer cette manœuvre : l'acte de mariage est visé par extrait sur l'acte de naissance. Lorsqu'on est en possession d'une expédition de cette dernière pièce, que toute personne, on le sait, peut se faire délivrer, la filière des renseignements suivra, comme le montre le texte.

le mois, l'extrait exigé par la loi, aux greffes et chambres sus-indiqués, à peine d'une amende, abaissée maintenant à 20 francs.

S'il ne l'a pas fait, le régime matrimonial, quoique resté occulte, sera opposable aux tiers. Car les époux ne sont pas en faute. La femme sera fondée, par exemple, à se prévaloir de son incapacité dotale, bien que les créanciers aient pu croire que le régime était la communauté.

Dans le cas où il y aurait eu collusion entre le notaire et les époux, entente à l'effet de ne pas publier le contrat, le notaire encourt la destitution. Il est civilement responsable du dommage causé aux tiers, ainsi trompés dans leur attente. Nous ne voyons pas pourquoi, dans cette même hypothèse de collusion, afin de maintenir aux tiers les droits sur lesquels ils étaient en droit de compter, les époux ne seraient pas réputés mariés sous la communauté légale.

144. — 2° L'époux est devenu commerçant *au cours de son mariage*.

L'obligation de pourvoir à la publicité est alors dévolue, dans le mois de l'ouverture de son commerce, à *l'époux commerçant* lui-même, et seulement s'il y a séparation de biens ou régime dotal. Le notaire, qui avait autrefois dressé son contrat de mariage, n'a point à veiller à l'accomplissement des formalités prescrites : ce qui est naturel.

La loi n'établit qu'une *sanction*, de nature éventuelle : la condamnation de l'époux négligent, au cas où il tomberait ensuite en faillite, aux peines de la *banqueroute simple*, condamnation toute facultative (art. 69 et 586, 3°, C. com.). Avant 1838, c'était la banqueroute frauduleuse.

Cette sanction étant peu efficace, on se demande s'il n'y en a pas quelque autre, d'ordre pécuniaire, plus énergique. — Il en est une qui se présentera, au cas où la femme est mariée sous le *régime dotal*, et en supposant que c'est elle qui fait le commerce. Elle procède de l'idée que la femme dotale répond sur ses biens dotaux, malgré leur inaliénabilité, de ses *quasi-délits*.

La femme, qui n'accomplit pas une obligation de publicité mise par la loi à sa charge, commet un délit civil. Elle doit réparer, même sur ses biens inaliénables, le tort qu'elle a causé aux tiers. C'est dire que ses biens pourront être saisis par ses créanciers, puisque l'inaliénabilité leur a été cachée.

En d'autres termes, l'*incapacité propre au régime dotal* ne peut pas leur être opposée (Req. 29 mars 1893) : c'est la même sanction que celle qui est établie par la loi du 10 juillet 1850, pour la réticence du contrat de mariage devant l'officier de l'état civil.

Mais on ne saurait aller plus loin. Il ne faut pas dire que les époux sont présumés mariés *en communauté légale*. L'existence d'une pareille sanction ne pourrait être soutenue que si la loi avait imposé la publicité du contrat aux deux époux à la fois; or elle n'est prescrite qu'à l'époux commerçant.

Il est inadmissible de faire souffrir l'époux *innocent* de la négligence de l'autre. C'est pourtant ce qui arriverait, comme on s'en aperçoit à la réflexion.

Le commerce est-il au mari : transformer le régime effectif en une communauté légale, ce serait donner aux tiers le droit de poursuivre les meubles de la femme, faire rejaillir la faute sur elle.

Le commerce est-il à la femme : ce serait alors le mari qu'on rechercherait sur ses biens, conséquence non moins choquante.

Après tout, les tiers ont le moyen de se mettre à l'abri de ces déceptions. S'ils ont des doutes sur la nature du régime qu'on leur tient ignoré, ils n'ont qu'à demander aux deux époux de s'obliger ensemble et solidairement envers eux.

DEUXIÈME PARTIE

DES SOCIÉTÉS

NOTIONS GÉNÉRALES

145. — Sources. — Les règles qui ont pour objet les *sociétés de commerce* ne se trouvent pas groupées dans un seul Code; il est naturel de les chercher d'abord dans le Code civil, qui fixe les conditions d'existence et les effets des différents contrats.

Ainsi en est-il pour la *société civile*, sur laquelle il statue dans le *titre 9 du livre III* (art. 1832 à 1873). Les dispositions de ce titre s'appliquent aux sociétés de commerce dans les points qui n'ont rien de contraire aux lois et aux usages du commerce (art. 1873). Proposition qu'il faut au reste entendre avec mesure, car il existe entre la société civile et les sociétés commerciales des différences organiques qui déterminent un contraste, même dans la détermination de leurs éléments primordiaux.

Puis c'est le Code de commerce, qui consacre aux *sociétés commerciales* le *titre 3 de son livre 1er* (art. 18 à 64). Ce titre a été remanié par la loi du 17 juillet 1856, abolitive de l'*arbitrage forcé* (par abrogation des art. 51 à 63), ainsi que par celle du 6 mai 1863 (nouveaux articles 27 et 28), tendant à modifier les prescriptions sur l'*immixtion du commanditaire*.

Les deux titres du Code civil et du Code de commerce, qui concernent les sociétés, ne représentent pas, à beaucoup près, l'ensemble complet des sources juridiques auxquelles s'alimente le contrat de société dans ses applications commerciales. C'est à peine si la législation du premier Empire touche aux *sociétés par actions* dans un nombre extrêmement réduit de textes, presque tous d'ailleurs abrogés aujourd'hui.

Plusieurs lois importantes, votées depuis l'époque des Codes, ont soumis les sociétés d'actionnaires à une règlementation minutieuse : — une *loi du 17 juillet 1856* (distincte de celle de même date mentionnée plus haut) sur les commandites par actions, — une *loi du 23 mai 1863* sur les sociétés à responsabilité limitée, — enfin la *loi* si connue *du 24 juillet 1867*, dans laquelle se sont absorbées les deux premières.

Cette loi gouverne les sociétés par actions, tant en commandite qu'anonymes, et elle règle en outre des points intéressant aussi les autres formes de sociétés. Elle est célèbre par la proclamation du principe de la liberté des sociétés anonymes, jusque-là soumises à l'autorisation du gouvernement. La *loi du 1er août 1893* y a apporté un certain nombre de remaniements.

146. — Les idées générales, que nous devons développer au sujet des sociétés commerciales, prendront place dans trois paragraphes successifs. Il y sera traité : — 1° de l'association et de la société ; — 2° des sociétés commerciales opposées à la société civile ; et — 3° de la forme ainsi que de l'origine de chacune des espèces de sociétés.

§ 1. Association et Société.

147. — La société, en matière de commerce, est une *personne*, une personne collective qu'on oppose à la personne physique. C'est ainsi que le commerce s'exerce tantôt individuellement, tantôt en société. La nature de cette personnalité sera étudiée un peu plus loin. Mais la société doit être envisagée encore sous un autre aspect, non comme personne, mais comme *contrat*.

Dans la nomenclature des contrats, le droit romain, dont les classifications ont persévéré, faisait apparaître la société à la suite de la vente et du louage.

Ce contrat a pu soulever des récriminations et donner lieu à des tromperies non seulement contre les tiers mais dans les rapports des associés eux-mêmes, notamment en matière de sociétés par actions. Il faut cependant reconnaître qu'il établit entre les contractants un *lien sympathique* de toute autre nature que les conventions ordinaires : c'est un caractère qu'on relève, en disant que la société crée aux parties qui la forment un *intérêt commun* et non pas un *intérêt contraire*.

Dans une vente, par exemple, chacun des opérateurs cherche à s'assurer les meilleures conditions, au moyen de concessions à obtenir de son co-contractant. L'acheteur veut faire baisser le prix, tandis que le vendeur le tient aussi élevé que possible. Et en obtenant ces concessions, il réduit le profit que l'autre partie trouve dans le marché.

La société ne provoque pas cet état d'antagonisme : si les stipulations du contrat doivent produire un résultat avantageux, ce résultat se réalisera non au profit de l'un et aux dépens de l'autre, mais nécessairement pour tous les adhérents. Entre les associés il y a confraternité, disaient déjà les Romains. Tous pour un, un pour tous.

Leur intérêt peut sans doute se trouver en conflit dans le mode de répartition du bénéfice, ou dans certaines clauses de nature accessoire. Mais dans l'ensemble il est vrai de dire que la réussite de la société dépend d'arrangements et d'une marche d'exploitation auxquels les sociétaires visent par une même pensée, sachant que le bien de chacun d'eux est solidaire de celui de tous. Et c'est ce qui fait à notre contrat sa place à part, en face des autres.

148. — La constatation précédente, tout en montrant ce que la société offre de recommandable, ne doit pas cependant faire perdre de vue les périls que peut susciter, dans un état de civilisation déterminé, la forme de société aujourd'hui la plus vigoureuse, la société par actions. Si la société par actions devait acquérir à la longue une trop grande force, en supplantant la concurrence des individus par la supériorité économique dont elle dispose, le danger serait grand.

La nécessité pour les entreprises particulières d'abdiquer devant elle, faute de pouvoir soutenir la lutte, acheminerait l'Etat industriel vers un système de domination et de monopole des grandes Compagnies. Une telle maîtrise donnerait en outre au travail, par rapport au capital, c'est-à-dire à l'argent, un rang subordonné. C'est ce qu'il convient d'éviter.

149. — Cette supériorité économique est attestée par les résultats auxquels le commerce et l'industrie sont arrivés pendant le cours du siècle, grâce à l'emploi de la société par actions par excellence, de la société anonyme. Au point de vue des progrès accomplis dans la richesse, il n'y a qu'à se féliciter du développement de cette société.

Elle a montré dans toutes les branches d'activité (chemins de fer, banques, assurances, mines, manufactures, vente en magasins), quelle prodigieuse impulsion est la sienne. Cela est dû à la manière dont elle sait concentrer les capitaux et les diriger vers un but.

La représentation de la part sociale par l'*action* a déterminé toute une révolution dans la formation des entreprises, ainsi que dans la composition des fortunes.

Dans la formation des entreprises, — en ce que la séduction d'un titre à responsabilité limitée et commode à négocier, a fait affluer aux sociétés anonymes des épargnes très abondantes et a permis à l'esprit d'industrie de s'attaquer à des œuvres qui dépassaient autrefois sa portée. La force de ses œuvres s'est accrue par la longue durée que les sociétés ont pu s'assigner : l'action n'est pas seulement négociable, elle est transmissible aux héritiers, les sociétés anonymes ne sont pas enchaînées à la vie de leurs membres.

Dans la composition des fortunes, — en ce que les valeurs, formant le capital de ces entreprises, usines, terrains, mines, etc., ont passé d'un état de propriété individuelle à un état sociétaire, dans lequel la quote-part de chacun, matière à trafic, a acquis, en droit et en fait, la facilité de circulation des meubles.

La *mobilisation de la propriété foncière et industrielle* par l'effet des sociétés, par actions surtout, n'est pas une simple figure de langage.

Le capital engagé dans les exploitations conserve son assiette fixe et son caractère immobilier, au regard de la société qui le met en œuvre. La propriété foncière n'a, bien entendu, point disparu; elle s'est ramassée, et si l'on ne veut pas parler seulement de la propriété rurale, elle a, par l'effet de l'industrie, considérablement multiplié son rendement.

Mais, vis-à-vis de chaque associé, ce capital fractionné, découpé, revêt un caractère différent. Il devient une part conférant des droits propres, ayant sa nature juridique particulière; si cette part est une action, elle devient une valeur échangeable, une marchandise obéissant à la hausse et à la baisse. On se guide pour la souscrire, pour l'acheter ou pour la vendre, par des calculs semblables à ceux qui inspirent les opérations commerciales. Le goût du trafic se répand dans les classes qui épargnent, quoique n'étant nullement commerçantes par vocation. C'est de ces valeurs-là que s'augmentent incessamment les patrimoines privés, avec le risque inséparable qu'elles portent avec elle, tandis que par un phénomène inverse, la propriété de la terre ou de l'usine tend de plus en plus à sortir des mains individuelles, pour se soumettre à l'organisation sociétaire.

150. — La *société* fait partie d'un groupe plus large. Ce groupe comprend toutes les *associations*. Il y a association, chaque fois que des hommes réunissent leurs efforts ou leurs ressources en vue d'obtenir un but qu'ils désirent communément. D'après cette définition, nécessairement vague dans sa largeur, la société est à l'association comme l'espèce est au genre. Il y a des associations qui constituent des sociétés, celles qui sont déterminées par un sentiment pécuniaire. Mais on en trouve d'autres dénuées de ce sentiment, qui ne sont pas des sociétés.

Toutefois on s'est habitué à mettre plutôt en opposition l'association et la société et à faire une distinction qui ne laisse pas que d'avoir une très grande importance, lorsqu'il s'agit de savoir si tel groupement constitué est licite, s'il a le pouvoir de contracter ou de plaider, à qui appartiennent ses biens, etc.

151. — Association. — L'association est une *réunion se proposant une fin, matérielle ou simplement morale, d'ordre général*, dépassant l'intérêt de ceux qui la fondent et qui l'alimentent de leurs ressources. On dit quelquefois qu'elle poursuit un *but idéal* : la notion qu'elle donne étant assez fuyante, on est obligé de se contenter d'expressions par à peu près, comme aussi reste fuyante la démarcation, mise autrefois en honneur par Savigny, entre l'association ou *corporation* d'une part, et la *fondation* de l'autre, et qu'on tend plutôt à supprimer aujourd'hui.

Les adhérents veulent servir la cause d'une catégorie sociale dont ils ne font pas nécessairement partie. Ou même ils se consacrent à celle de la société tout entière, eu égard aux convictions qui les animent. Ils mettent leur objectif hors d'eux, ils obéissent à une idée que d'autres pourront critiquer, qui ne sera pas toujours dépouillée d'égoïsme, si la réclame ou l'ostentation les pousse, mais qui se présente comme une idée désintéressée.

Une association de charité, d'enseignement libre, de propagation d'une philosophie ou d'une religion, une œuvre d'assistance par le travail, un syndicat professionnel entre ouvriers, une œuvre de protestation contre la licence des rues ou pour le respect du repos du dimanche, une congrégation religieuse, une association d'étudiants, une société d'extension du spiritisme, constituent des associations et non pas des sociétés, quand même elles s'intituleraient de la sorte ou en prendraient la forme.

152. — Société. — La société, au contraire, *se propose un but pécuniaire restreint à ceux qui en font partie*. Elle cherche à améliorer la situation respective de ses membres. Elle déterminera par l'action commune un résultat appréciable en argent, limité aux associés. Ce résultat ne serait pas atteint ou ne le serait plus au même degré, si chacun conservait son indépendance.

Cela s'effectuera d'ordinaire, en réunissant un capital dont on augmente ainsi la force productive. Telles sont les sociétés mettant des terrains en commun pour les soumettre à la grande culture, celles constituant une usine métallurgique ou textile, un service de transport, exploitant un brevet d'invention, une banque, etc.

153. — Malheureusement, en l'état de la loi française, cette définition est encore trop étendue. Car, à la prendre à la lettre, il faudrait classer sous l'épithète de société des groupements intéressés, exempts de tout altruisme, qui, dans la rigueur juridique, ne sont cependant pas des sociétés.

Le trait propre à la société, d'après l'art. 1832 du Code civil, consiste *dans la poursuite d'un bénéfice à partager entre les membres*. On dit alors que la société doit avoir un *but lucratif*. Il faut que les associés cherchent dans le capital qu'ils constituent en commun le moyen d'atteindre un profit pécuniaire *qui se distribuera*, un profit qui ressortira finalement pour chacun d'eux en un accroissement de richesse. Sans poursuite de bénéfice, il n'y a point de société.

On doit en conclure qu'un cercle, considéré comme simple lieu de divertissement des sociétaires, qu'une société de lecture, ne sont pas des sociétés véritables.

N'en sont pas davantage des sociétés se formant entre créanciers d'une même faillite pour arrêter une action combinée et choisir un mandataire commun. Car ils cherchent à réduire la perte que la faillite causerait à chacun d'eux, et non à s'enrichir.

Ne sont pas des sociétés, les associations syndicales que des propriétaires d'une même région forment pour l'exécution de travaux agricoles dans les termes de la loi du 21 juin 1865.

Les sociétés de secours mutuels, ou les sociétés coopératives de consommation ne méritent pas davantage cette appellation.

154. — Mais, pour toutes ces entreprises diverses, à qui fait défaut la recherche de bénéfices, et dont la nature intéressée ne permet pas de les classer davantage parmi les associations, il y a deux observations à présenter.

C'est d'abord qu'un certain nombre d'entre elles peuvent se fonder conformément à des lois spéciales. Ces lois reconnaissent leur caractère licite, leur confèrent une personnalité plus ou moins étendue (coopératives, sociétés de secours mutuels, etc.), et elles se voient appliquer des règles, qui sont en général celles des sociétés proprement dites.

C'est, en deuxième lieu, que ces groupements, là même où ils cessent d'être des sociétés, ne doivent pas être traités comme des associations, à moins de textes particuliers. Ils n'auront pas la personnalité, n'étant pas davantage des sociétés. Mais la défense des associations de plus de vingt personnes, qui est encore à la base de notre droit public, et le retour à l'Etat des biens d'une association après qu'elle est dissoute (dispositions qu'on verra ci-dessous), sont, au moins en principe, des règles inapplicables aux réunions auxquelles il manque seulement, pour être des sociétés, un objet d'exploitation susceptible de produire des bénéfices [1].

[1] Cette proposition n'est pas de vérité absolue. L'administration use du droit de fermer un cercle de plus de vingt membres : le cercle est bien une association « dont le but est de se réunir tous les jours ou à certains jours marqués pour s'occuper d'objets religieux, littéraires, politiques ou autres » (art. 291 C. pén.).

155. — Tableau comparatif. — En négligeant les particularités que comporteraient ces groupements intermédiaires, n'appartenant ni au premier cadre, ni au second, voici le tableau comparatif qu'il y a lieu de tracer de l'association et de la société :

156. — 1° L'association est *interdite*, sauf quelques exceptions (sociétés d'enseignement supérieur, l. 12 juillet 1875, art. 10 ; syndicats professionnels, l. 21 mars 1884).

Pour qu'elle puisse légalement opérer, il lui faut une approbation préfectorale. Cela même ne lui donne pas la personnalité civile. Elle ne peut avoir de biens. Les engagements que prennent ses administrateurs sont dettes personnelles à ceux qui les contractent et atteignent sans limite tous leurs biens.

L'obtention de la personnalité est subordonnée à une condition plus rigoureuse : la délivrance d'un décret reconnaissant l'association comme établissement d'utilité publique.

Composée de plus de vingt personnes, et à défaut d'approbation, elle tombe sous le coup des art. 291 et 292 C. pén., si elle se propose « de réunir les adhérents à certains jours pour s'occuper d'objets religieux, littéraires, politiques, ou autres ». Les chefs et directeurs encourent une poursuite en police correctionnelle et une amende.

Ainsi, l'association, très en faveur au moyen-âge, quand il était pourvu par elle à la majorité des fonctions sociales, porte, au contraire, ombrage à l'Etat actuel. L'Etat prétend, en vertu de la centralisation de ses pouvoirs, se réserver les services d'intérêt général : il les exerce, soit par son administration directe, soit au moyen d'établissements publics placés sous son contrôle et participant alors de sa personnalité. Il gère ces services d'après les idées qu'il s'est faites de son rôle dans le droit moderne. Il n'admet que très exceptionnellement des associations à se livrer au même but que lui, et il ne les reconnaît qu'après s'être assuré que ces associations sont viables, utiles, et ne mettront pas en échec sa propre souveraineté. De là l'énervement des initiatives individuelles, résultat de ce régime peu libéral. La loi sur la liberté des associations est toujours promise et jamais n'arrive en discussion.

157. — Tout à l'opposé de l'association, la société est *libre*, en matière civile et commerciale, sous toutes les formes et dans presque toutes les branches d'exploitation.

La restriction apportée à la fondation des sociétés anonymes a disparu depuis 1867. La personnalité morale est reconnue de plein droit aux sociétés. La loi s'en montre prodigue, et la jurisprudence, on le verra, va plus loin encore que la loi.

La société cherche seulement à enrichir ses membres. Elle n'empiète pas sur les pouvoirs publics. Elle peut même créer un dérivatif à la discussion des intérêts généraux, en tournant la préoccupation de ses membres vers une fortune à conquérir. Il paraît que c'est de là qu'elle tient son droit à l'existence.

158. — 2° Lorsqu'une association se met en liquidation, soit parce qu'elle a été indûment formée, soit parce que l'autorisation dont elle a joui lui est retirée ou qu'elle a prononcé sa propre dissolution, — l'ensemble des ressources dont elle disposait ne revient pas aux sociétaires. Les sociétaires se sont irrévocablement dessaisis de ces valeurs au profit d'une œuvre placée en dehors d'eux. Cette œuvre se réclamait de l'intérêt général. L'intérêt général est représenté par l'Etat.

Les biens seront dévolus à l'Etat, comme biens vacants et sans maître (art. 713 C. civ.). Il ne faut pas prononcer le mot de confiscation. Il y a obligation morale pour l'Etat d'affecter ces biens à une entreprise du même ordre ou à celui de ses services dont se rapprocherait l'association dissoute. (Exceptons le cas où l'association qui disparaît aurait reçu de ses statuts pouvoir à l'effet de désigner elle-même telle autre œuvre encore existante, qui doit recueillir ses ressources.)

Dans la société, au contraire, malgré l'interposition d'une personne fictive qui n'est que le produit d'une fiction, *le capital est la copropriété des associés*. Ils s'en sont dessaisis temporairement, afin de le mettre mieux en valeur, ils comptent bien y rentrer un jour, sans préjudice des bénéfices à recueillir. Après dissolution, il y aura lieu à partage des biens sociaux.

159. — Caractères de la société. — Insistons sur les éléments principaux que présente la société. Ne nous arrêtons pas plus longtemps à la notion de l'association qui lui fait antithèse.

La société, dit l'art. 1832 du C. civ., *est un contrat par lequel deux ou plusieurs personnes conviennent de mettre quelque chose en commun, dans le but de partager le bénéfice qui pourra en résulter*.

De cette définition, la doctrine a dégagé trois caractères fondamentaux que toute société doit réunir, en supposant préalablement établi qu'on soit en face d'une entreprise se proposant une distribution de bénéfices. Ces trois caractères sont :

a) La constitution d'un capital, au moyen d'apports respectivement faits par chaque associé ;

b) Une vocation simultanée de tous les membres aux bénéfices et aux pertes ;

c) Un lien de collaboration active entre les associés.

160. — Apports. — *Premier caractère.* — Il n'en sera question que brièvement pour le moment, ainsi que du deuxième caractère. Il faut une *mise d'apports en commun*, autrement il n'y a point de société. Chacun des associés doit, de son côté, constituer une mise susceptible d'évaluation pécuniaire.

Cette mise, ou apport, n'a pas nécessairement le même objet. Elle peut consister en *argent*, en *autres biens* corporels ou incorporels (usine, brevet, procédé de fabrication, clientèle), et même en *industrie*, c'est-à-dire dans le travail que l'adhérent s'engage à fournir à la société (art. 1833, al. 2).

Les apports forment une masse collective, qui est le *capital* destiné à l'exploitation commune.

161. — Apports en propriété et en jouissance. — Au surplus, l'apport peut affecter l'une de ces deux formes :

1° Il est fait *en propriété*. — En ce cas, l'associé apporteur se dessaisit entièrement de ses droits sur la valeur qu'il met dans le capital social. La société peut disposer de cet apport. Son ancien propriétaire a perdu le droit de l'aliéner séparément.

Le bien passe aux risques de la société ; malgré la perte qu'elle en ferait, la société continuerait son cours et elle devrait maintenir à l'associé, de qui provenait cette mise, sa quote-part convenue dans les bénéfices et dans le fonds social (art. 1867, al. 3).

Après dissolution, l'objet de cet apport, confondu avec les autres biens, sera partagé entre tous, suivant le droit de chacun. Il ne donnera pas matière à prélèvement au profit de l'associé qui l'a fourni.

C'est une situation comparable à une *vente* : l'associé est un vendeur, la société lui achète sa mise, la perte de la chose vendue, après qu'elle a été livrée, ne libère point l'acheteur du prix.

2° L'apport peut n'être fait qu'*en usufruit* ou *en jouissance*. — Un associé met un de ses immeubles en société quant à la jouissance seulement. Il retient alors la nue-propriété par devers lui. La société ne peut aliéner le bien, elle en a la jouissance : après que la société sera dissoute, le bien reviendra, avant tout partage, à l'associé de qui il provient.

Les risques sont pour l'apporteur. Si la chose périt au cours de la société, il n'y a plus lieu de continuer au profit de l'apporteur les avantages que le contrat lui assurait (art. 1851, al. 1). La société se trouve affectée dans sa base, elle est dissoute par anticipation (art. 1867, al. 2).

C'est une situation qui se rapproche de celle formée par un contrat de *louage :* la société a pris le bien à bail, elle en est preneur ou locataire. La destruction de la chose louée met fin aux droits du bailleur.

Cela dit, pour le cas où ce bien n'est pas de nature à se consommer par l'usage. Autrement, et s'il s'agit d'argent par exemple, la clause limitant l'apport à la jouissance ne saurait empêcher la société de recueillir même la propriété, à charge de rendre quantité égale une fois qu'elle aura pris fin. Les principes bien connus du *quasi-usufruit* le veulent ainsi.

Ce que présentera de particulier cette hypothèse, par comparaison avec un apport en jouissance ordinaire, c'est : — 1° que la société pourra *disposer* de la valeur de l'apport, comme dans l'apport de propriété ; — 2° que la faculté de reprise après dissolution s'exerce non sur l'apport en nature, mais sur une *valeur égale*, à titre de créance et non de propriété ; et — 3° que les *risques* sont *à la société*, toujours comme dans un apport en propriété : la perte de la chose survenue après livraison ou versement laissera subsister la société jusqu'au délai convenu pour son expiration, ainsi que la quotité de bénéfices promise à l'apporteur, tout comme si la perte ne s'était point produite (art. 1851, al. 2).

Les mêmes règles de quasi-usufruit sont applicables à un apport de corps certain en jouissance, accompagné d'une estimation portée dans un inventaire : l'estimation vaudra vente, et le prélèvement s'exercera avant partage pour le montant de cette estimation (art. 1851, al. 3).

162. — En résumé, est nécessaire à tout contrat de société, l'existence d'un capital formant masse commune et composé d'apports, tantôt en propriété et tantôt en jouissance, provenant de chaque membre. On verra qu'il existe dans le commerce des combinaisons à profits communs, mais exemptes d'une mise en masse des apports, exemptes même de la nécessité d'un apport de chaque sociétaire (associations en participation). On peut dire immédiatement que ce ne sont pas des sociétés proprement dites.

163. — Risques. — *Deuxième caractère.* — Chaque associé doit courir les *chances sociales*, bonnes et mauvaises. Il faut une *participation de tous aux bénéfices* et une *contribution de tous aux pertes.*

Il n'y a pas de vocation possible au gain, si l'on ne s'expose pas en même temps au risque de perdre. On verra d'ailleurs plus loin que ce risque peut être limité. Une société qui contrevient à cette condition est dite *léonine :* l'art. 1855 prohibe la clause qui donnerait à un membre vocation au bénéfice sans le faire contribuer à la perte, ou inversement.

Gain et perte sont choses indissolubles. Il est interdit à un associé de stipuler des autres qu'en cas de perte du capital, son apport lui sera restitué par ceux-ci franc de toutes dettes. Il lui est interdit de s'exposer à la perte, alors qu'il ne s'assurerait aucune part dans le bénéfice.

164. — Mais, en outre, il faut que ce profit ou cette perte soit *simultané.* Il faut, en d'autres termes, qu'il se produise pour tous les sociétaires en même temps, de manière à les atteindre d'une semblable façon. Il ne suffirait pas qu'il s'exerçât de *manière alternative*, autrement il n'y aurait plus *partage* de bénéfices (arg. art. 1832 *in fine*). Ici reparaît cette conception de la société, trop étroite en législation, et à laquelle il a déjà été fait allusion.

Les *sociétés mutuelles* de secours ou d'assurance sont des groupements ne comportant point le titre de sociétés. D'abord, elles ne mettent pas un capital en valeur, ce qui exclut l'acquisition de bénéfices. Puis, quand même elles en acquerraient (et en réalité les sociétés d'assurance mutuelle en font rendre aux placements de leur réserve), ce bénéfice ne serait point partagé. L'associé, qui subit la perte prévue par le contrat, trouve dans les cotisations payées par les autres ou dans les intérêts du fonds de réserve le moyen de s'indemniser : les fonds qui proviennent des uns servent à dédommager les autres.

Une remarque analogue convient aux *sociétés coopératives de consommation ou de crédit.* Là même où elles partagent des bénéfices à la fin de chaque exercice, au prorata des fournitures faites à chacun des membres, ces bénéfices sont plus apparents que réels (voir ci-dessous). Ils constituent des bonis de restitution, un excédent rendu sur le prix d'abord versé; et chaque membre trouve à la société cet avantage d'avoir acheté ses provisions ou contracté son emprunt moins cher que s'il s'était adressé à une maison différente. C'est un avantage, que chacun d'eux n'acquiert pas simultanément avec les autres, mais que lui procure la série des opérations par lui séparément traitées avec la coopérative.

Il ne faut pas cependant s'exagérer cette résistance du droit de la société à s'étendre aux sociétés mutuelles ou coopératives. Car : — 1° elles sont reconnues par des lois spéciales; — 2° ces lois leur donnent la qualification de « sociétés » (notamment, l. 24 juillet 1867, titre III et art. 66, régl. du 22 janvier 1868); — 3° pour régler l'administration de ces sociétés et les dispositions auxquelles elles sont soumises, il conviendra, en cas de silence des textes qui les concernent, de suivre par analogie le droit des sociétés proprement dites.

165. — Collaboration. — *Troisième caractère.* — La société est inspirée par une *volonté de collaboration active* : c'est une notion plutôt économique que juridique. Elle est envisagée par ses fondateurs comme un agent créateur de richesse. Chacun se dit que, par l'union, il arrivera à faire rapporter davantage à ses biens ou à son travail, qu'en demeurant dans l'isolement. Ces biens et ces forces réunis ensemble augmenteront de rendement, suivant une progression non arithmétique ou simple, mais géométrique.

Dans cette collaboration, on trouve deux sentiments : — l'estime mutuelle des membres, qui se considèrent comme des égaux (c'est ce qu'on appelle l'*affectio societatis*), — et une confiance réciproque très particulière, basée sur les qualités que chacun d'eux croit avoir vérifiées chez les autres, et qui fait attacher plus d'importance qu'ailleurs, au maintien dans le groupe de celui-là même qu'on s'est choisi (c'est ce qu'on désigne sous le nom d'*intuitus personæ*).

166. — Rapprochement avec l'indivision. — Par ce caractère, la société se sépare de la simple *indivision* ou *communauté*. Deux associés ne se trouvent pas dans la même situation que deux frères ou deux cousins, appelés à recueillir ensemble une hérédité de famille.

Au dire de Pothier, la société dérive d'un contrat, tandis que l'indivision résulterait d'un quasi-contrat, tel que l'acceptation d'une succession.

Ce n'est pas toujours exact, la simple indivision pouvant avoir sa base dans un contrat (Ex. : un propriétaire vendant la moitié indivise de son domaine pour se faire de l'argent, et entrant ainsi en communauté avec son acheteur). D'autre part, si la société ne peut pas exister sans un contrat, ce contrat peut n'être que tacite (Ex. : deux co-héritiers se trouvant bien du régime d'indivision, et poursuivant l'exploitation de la succession comme le feraient deux associés).

La véritable différence de ces deux états de droit tient au mobile qui agit sur les intéressés.

La société est un *état cherché*, à raison de sa supériorité productive. L'indivision ordinaire est un *état subi*, tenant au concours accidentel de plusieurs sur une même chose ; un état où les pouvoirs de l'un sont refoulés ou paralysés par ceux des autres communistes, où l'on se maintient parce qu'on n'a pas la force de volonté ou le moyen légal d'en sortir, par inertie. La loi voit la société avec faveur, l'indivision avec prévention et défiance. En effet :

a) L'indivision est un *régime précaire*. Nul n'est tenu d'y demeurer, chacun peut demander le *partage* à tout moment, à moins d'une convention de prorogation, qui ne saurait d'ailleurs dépasser cinq années (art. 815 du C. civ., modifié, pour les habitations à bon marché, par la loi du 30 nov. 1894).

La société, au contraire, peut être contractée pour une *durée* supérieure à cinq ans et même sans aucune limite de temps. Le délai assigné à son existence doit être respecté par chaque associé, sous cette double réserve — que, même dans une société de durée déterminée, un associé peut demander au tribunal la dissolution anticipée s'il existe de justes motifs de cesser la société (art. 1871 C. civ.), — et que, si la société est à durée illimitée, un associé peut, sans produire de motif, notifier aux autres sa volonté que la société soit dissoute, pourvu qu'il ne le fasse pas de mauvaise foi et à contre-temps (art. 1869 et 1870).

b) Dans l'état d'indivision, qu'engendre par exemple une acceptation de succession, la loi n'organise pas un régime de *délibérations* en commun, avec nécessité pour les membres de la minorité de s'incliner devant l'avis général. Une mesure d'exploitation du bien commun, mode de culture, mise à bail, etc., doit être décidée à l'unanimité. L'opposition d'un seul entrave l'opération projetée. C'est le *liberum veto* (pour la copropriété des navires, en matière maritime, il en va autrement, art. 220 C. com., mais aussi cette copropriété est-elle considérée par beaucoup de personnes comme une véritable société).

Dans les sociétés, au contraire, et très certainement s'il s'agit de sociétés par actions, les mesures intéressant l'entreprise peuvent être décidées à la *majorité des suffrages* : la quotité de cette majorité n'est, du reste, pas la même pour toutes les natures de délibérations.

c) La *part* sociale, pour tout un ensemble de sociétés, est *incessible*. En outre, elle ne se transmet pas aux héritiers, ce qui, à la mort d'un associé, détermine la dissolution. Règles qui cessent d'être vraies, d'ailleurs, pour les parts dénommées *actions*. C'est la conséquence de l'*intuitus personæ*.

L'indivision ne connaît point cette disposition. L'état passif se continue après la mort d'un communiste avec ses propres héritiers, et la part indivise peut se céder, sans le concours des autres, sauf à l'efficacité de ces cessions de recevoir échec du fait de certaines institutions (retrait successoral, partage déclaratif).

§ 2. Des sociétés commerciales opposées à la société civile.

167. — Il y a des *sociétés civiles*, assez rares, et des *sociétés de commerce*, extrêmement nombreuses. Une société civile est gouvernée par le droit civil, elle n'encourt point la faillite, elle est justiciable pour ses engagements du tribunal civil. Ses engagements ne sont même pas, en réalité (sauf controverse), les dettes d'une société, mais des dettes conjointes de co-débiteurs, s'obligeant simultanément.

Les sociétés commerciales sont soumises au droit commercial (compétence judiciaire, faillite, etc.). Elles constituent indubitablement des personnes juridiques, elles affectent des formes variées (nom collectif, commandite, anonyme), elles placent les associés sous un régime de responsabilité qui diffère suivant la forme adoptée.

168. — Signe distinctif. — A quel *signe* distinguer le caractère commercial d'une société ?

On penchait à croire autrefois que le signe distinctif devait être recherché dans la *forme* prise. Une société se constituait-elle par application du droit de la commandite, de la société anonyme, etc.? Sans se préoccuper de la *nature des actes* auxquels elle se consacrait, et quand même ces actes seraient des opérations civiles (exploitation de mines, agriculture), la forme de l'entreprise faisait d'elle une société commerciale.

On a dû revenir de cette appréciation. Il en est d'une société comme d'un individu. Ses dehors n'ont pas d'action sur sa nature juridique et sur la catégorie dont elle dépend. Si le commerçant est celui qui exerce professionnellement des actes de commerce (art. 1er C. com.), sans égard aux apparences dont il s'environne, il y a parité de situation pour les sociétés. La société de commerce est celle qui poursuit des *opérations commerciales* dans des conditions semblables. Toute autre société est civile. — C'est donc d'après l'*objet* des actes que se détermine la classe à laquelle appartient une société.

169. — Il est vrai qu'en matière civile, les fondateurs préfèrent souvent monter leur entreprise sur un type commercial, comme la commandite, au lieu de s'en tenir au modèle de la société civile.

Cet emprunt des formes commerciales peut engendrer certains résultats, qu'il y aura lieu d'examiner plus tard. Ces résultats tiennent à l'autonomie de la volonté des contractants.

Mais, même vêtue à la mode du commerce, la société échappe à la *compétence des tribunaux de commerce*, ainsi qu'à *la faillite*, du moment que la nature de ses opérations fait d'elle une société civile. Elle ne devient pas société commerciale.

170. — Une exception notable doit être apportée aujourd'hui à ce principe. La loi du 1er août 1893, en ajoutant un nouvel article 68 à la loi du 24 juillet 1867, déclare que, désormais, toutes nouvelles sociétés qui se constitueront en *la forme de sociétés par actions*, « quel que soit l'objet de leurs opérations », seront considérées comme des *sociétés de commerce*. — Ainsi, toutes les sociétés en commandite par actions ou anonymes créées depuis la promulgation de cette loi sont soumises au même régime, celui du commerce, sans qu'on doive se demander si leurs actes figurent ou non dans l'énumération des art. 632 et 633.

171. — L'économie des sociétés commerciales diffère profondément de la société civile. En les rapprochant de cette dernière, on aperçoit la volonté du législateur de renforcer leur crédit, en sollicitant à elles les associés et les créanciers : — les *associés* qui apportent le capital, — les *créanciers* ou fournisseurs qui, par les délais qu'ils donnent, assurent à la société les moyens de poursuivre son exploitation. Appliquons-nous à une comparaison.

172. — Société civile. — La société civile (art. 1832 à 1873, C. civ.), — au moins d'après la manière dont nous nous la représentons, car une jurisprudence récente s'adapte mal à cette notion, — n'est pas une unité organique distincte des associés eux-mêmes. Elle ne forme pas un corps stable d'associés, assumant d'une manière continue une responsabilité d'ores et déjà fixée. Elle n'a pas davantage un corps de biens obéissant à un régime différent de celui auquel sont soumis les biens personnels des associés.

Le capital, il est vrai, est composé de biens indivis, dont chacun des membres doit respecter l'affectation, telle que l'acte de société l'a déterminée.

Mais, à cela près, la société civile n'a ni vie propre, ni manifestation au regard des tiers. *Elle ne s'extériorise pas*. Elle forme un simple *contrat*, donnant lieu à des rapports de comptes entre ceux qui l'ont conclue (action *pro socio*). Pour le public, elle n'existe point. Le passif contracté pour elle ne vient point se mouler sur une forme d'obligation préalablement établie.

L'administrateur passe-t-il des marchés : on devra envisager chacun de ces marchés en lui-même et suivant sa teneur, afin de savoir sur qui se fixe la dette et quel est le gage qui en répondra. Il pourra résulter de là des engagements, ne grevant pas constamment les mêmes personnes.

Ou bien l'administrateur a agi *en son nom exclusif*, sans mettre en scène ses co-associés, sans signaler leurs noms, sans se prévaloir d'un mandat. — Seul aussi il sera débiteur sur tous ses biens, qu'ils soient engagés ou non dans la société, sauf à se retourner en garantie, en contribution contre les autres.

Ou bien l'administrateur s'engage à la fois *en son nom et au nom de ses co-associés*, ce qui aura lieu lorsqu'il personnifiera la société dans son langage et lorsqu'il déclarera s'obliger pour elle. — L'associé sera tenu alors suivant sa part virile. S'ils sont six, le créancier sera fondé à exiger le sixième de chacun d'eux, sans avoir à se demander s'il y a une société entre eux, et à plus forte raison sans avoir à prendre un contrat de société pour fondement de ses poursuites (art. 1863 C. civ.). Car il tient sa faculté d'exécution du marché qu'il a conclu, il n'a pas à en sortir, et le droit commun lui procure en matière civile, à raison de ce marché, le pouvoir d'exercer une créance conjointe et divisée.

Le seul point par où l'acte de société intéresse le créancier, c'est la partie de son contenu qui délimite le pouvoir pour l'administrateur d'obliger ses co-associés. Car il est clair que si l'administrateur était sorti de ses attributions, il aurait excédé son mandat. L'opération ne pourrait plus alors être opposée, par le créancier, à des personnes qui n'avaient pas donné procuration de les obliger de cette manière. A tous autres égards, on ne saurait trop le répéter, la société n'existe point.

Même lorsqu'il agit sur l'ensemble des mises, sur le capital social, le créancier doit mettre en cause tous les associés. Il pratique ses poursuites sur des valeurs appartenant à tous ses débiteurs réunis. C'est le cas de n'en omettre aucun dans son assignation ou dans ses exploits de procédure. L'administrateur n'a point qualité à l'effet de représenter une société sans existence extérieure, sans vie corporative.

Telle était la physionomie de la société romaine, tout porte à croire que le Code civil l'a reproduite.

173. — Il y a à ce fonctionnement de la société civile, une double infériorité :

1° Le créancier est obligé de *diviser* ses poursuites : il ne peut obtenir de chacun de ses débiteurs qu'une fraction de sa créance, avec les risques d'insolvabilité résultant de la déconfiture de l'un ou de plusieurs d'entre eux ;

2° Chaque associé se trouve fortement exposé : il y a nécessité pour lui de régler le passif social *intégralement* sur tous ses biens. Sans doute il ne doit qu'une fraction virile de ce passif, celle qu'exprime leur nombre à tous, un tiers, un quart, etc. Mais, dans cette limite, il est tenu *in infinitum*, nonobstant toute clause de l'acte social qui restreindrait sa responsabilité à une somme déterminée. Cette clause, valable *inter socios*, reste inopposable aux tiers qui n'ont pas à la connaître (art. 1863 C. civ.).

Même si l'apport a été versé, l'associé demeure tenu du complément du passif qui ne serait point couvert par le capital social. Ce peut être pour lui une menace de ruine entière.

174. — Société commerciale. — C'est en vue d'éviter ces inconvénients que les sociétés commerciales ont été instituées. Elles le sont suivant un tout autre plan, et, disons-le, suivant un plan bien perfectionné.

175. — 1° Elles constituent des *organismes* ouverts sur le public, ou, pour autrement parler, des personnes morales.

Elles ont un patrimoine à elles, et s'engagent sur ce patrimoine par l'intermédiaire de leurs administrateurs ou gérants. Cela procure aux créanciers le moyen de se payer sans fractionnement sur le capital.

Les dispositions insérées dans l'acte de constitution ou dans les statuts forment la charte d'existence de la société, même au regard des étrangers. Les limitations de responsabilité des membres deviennent ainsi, tout comme les pouvoirs des gérants, opposables aux tiers.

Mais, précisément parce qu'il en est ainsi, la société doit *publier* l'acte par lequel elle se forme. Si elle ne le fait pas, les tiers sont fondés à repousser l'application des clauses qui leur feraient grief. Ils peuvent refuser à la société cette *existence externe* dont elle prétendait se prévaloir et qui était subordonnée à une publicité, négligée par hypothèse.

176. — 2° Les sociétés commerciales se constituent d'après des *modèles différents* (il y en a quatre), que le Code propose à l'option des intéressés.

Chacun de ces modèles est élaboré par la loi, de toutes pièces, avec des règles fondamentales qu'il faut adopter. si c'est de ce modèle qu'on a fait choix. A chacun de ces modèles aussi la loi donne un *nom*, une étiquette: *société en nom collectif*, *commandite simple*, *commandite par actions*, *société anonyme*.

Ce nom a par lui seul la vertu d'instruire instantanément le public, sinon du chiffre des garanties fournies, au moins de leur nature ainsi que de la mesure suivant laquelle les associés engagent leur responsabilité.

177. — 3° On a vu déjà que les créanciers pouvaient s'attaquer indivisément au capital social qui est le patrimoine de la société, leur débitrice. Mais à ce capital ne se réduit pas nécessairement leur gage. Il y a des *sociétés*, dites *en nom collectif*, dans lesquelles les créanciers ont, en outre, le droit de poursuivre chaque associé sur sa fortune propre, *indéfiniment et solidairement*. Le régime de la société civile, où prévaut l'obligation conjointe et fractionnée, est remplacé par l'obligation solidaire. Les créanciers s'adresseront au plus solvable et lui réclameront le tout. Par là, le crédit de la société est singulièrement consolidé.

178. — 4° En revanche, cette responsabilité personnelle et sans limite au-delà de l'apport eût été trop pesante, si l'on en avait fait une règle invariable chaque fois qu'une société de commerce viendrait à se constituer. Une pareille disposition, supposée générale, aurait empêché les capitaux timides ou réservés de se placer en parts sociales.

La loi a donc imaginé, à l'opposé de la société en nom collectif, des sociétés où la part sociale s'appelle *commandite* ou *action*. Là, l'associé *limite sa responsabilité* au montant de sa mise : l'apport versé, il n'a plus à craindre pour le complément de son avoir; car il l'a retranché contre l'effet des risques de l'exploitation, contre les poursuites des créanciers sociaux.

Si dans la société en nom collectif le fardeau du passif est plus lourd pour l'associé que dans la société civile, c'est le contraire qui a lieu dans la commandite et dans la société anonyme : l'associé n'est tenu que jusqu'à concurrence de sa mise, au-delà de la mise il n'est plus responsable.

179. — 5° Quoique les sociétés commerciales obéissent, en principe, comme la société civile, à l'*intuitus personæ* qui a pour résultat de rendre la part sociale incessible et d'emporter dissolution par la mort de l'associé, on rencontre à ce principe une importante dérogation.

Cette dérogation à lieu à l'égard des *sociétés par actions*. Il n'y aurait pas eu pour elles moyen d'aborder les affaires à longue échéance, si la durée de l'entreprise avait été liée à la vie d'un actionnaire. L'actionnaire lui-même aurait refusé sa souscription, s'il avait dû, sa vie durant, rester prisonnier de son titre.

En conséquence, *l'action* devient une part sociale *transmissible aux héritiers*, cessible entre vifs, *négociable*; la société continuera d'une génération à l'autre, avec un personnel de membres incessamment renouvelé.

Mais, du même coup, ce caractère de valeur marchande, imprimé à l'action, devait déterminer de graves abus. La faculté d'amorcer les souscripteurs à des titres sur lesquels on leur offre une opération de hausse à tenter, donnait aux fondateurs une prise d'influence extrêmement forte sur le public. Cette influence menaçait de s'exercer en faveur d'entreprises sans consistance et de fondateurs sans scrupules. Il fallait garantir le public contre les pièges, le défendre contre ses entraînements.

Dans ce but, la loi, qui d'ailleurs, selon les époques, a cherché à ce danger des remèdes divers, soumet les sociétés par actions à une *réglementation rigoureuse*. Elle les oblige à se conformer à des dispositions sévères, soit pour se constituer, soit pour fonctionner. Cette réglementation n'a pris un caractère uniforme en France, qu'à partir de 1867 : elle représente aujourd'hui le côté le plus délicat, le plus méticuleux surtout, de l'étude des sociétés.

180. — Tels sont les points les plus frappants qu'on peut dégager d'une comparaison entre la société civile et les sociétés de commerce : ils valaient la peine d'être mis en lumière avant toute analyse du sujet, avant toute application de détail.

Personnalité morale avec le corollaire de la publicité, — variété de types, portés à quatre par la loi, — solidarité dans certaines sociétés, — limitation de responsabilité à la mise dans certaines autres, — réglementation des sociétés par actions, — c'est par ces différents caractères que les sociétés commerciales se détachent de la silhouette, assez banale, que présente la société civile.

§ 3. Tableau sommaire des différentes sortes de sociétés commerciales, avec leur origine respective.

181. — Sociétés de personnes et sociétés de capitaux. — D'après l'art. 19 du Code de commerce, il y aurait trois espèces de sociétés commerciales : la *société en nom collectif*, la *société en commandite*, et la *société anonyme*. En réalité, il y en a quatre : la commandite se dédouble, de manière à constituer tantôt une *commandite simple*, et tantôt une *commandite par actions*.

Ces quatre sociétés se ramènent à deux grandes catégories et veulent être classées deux par deux. Il existe en effet : — 1° des *sociétés de personnes ou sociétés par intérêt* : la société en nom collectif et la société en commandite simple appartiennent à cette première catégorie ; et — 2° des *sociétés de capitaux ou sociétés par actions*, catégorie qui comprend la société en commandite par actions et la société anonyme.

182. — Sociétés de personnes. — I. Dans les *sociétés de personnes*, la part sociale est dénommée *intérêt*. L'intérêt n'est transmissible, ni par acte entre vifs, ni par suite de décès. Il y a lieu à dissolution, quand un associé vient à mourir. L'*intuitus personæ* est absolument respecté.

D'ailleurs, la responsabilité encourue n'est pas de même étendue pour tout associé, dont la part consiste en un intérêt : la part d'associé en nom collectif emporte, à la charge de celui qui en est titulaire, une garantie illimitée du passif social, cette garantie n'existe point pour la part dite *commandite*.

183. — La société en nom collectif. — A. La *société en nom collectif* est une *société entre deux ou plusieurs personnes, dont tous les membres répondent personnellement et solidairement de tout le passif social*, et qui est désignée au moyen d'une *raison sociale* se composant des noms de tous les associés ou de quelques-uns d'entre eux seulement.

Ainsi, — *responsabilité solidaire* de chaque adhérent, — *raison sociale* sous laquelle les engagements de la société sont contractés, et comprenant des noms d'associés ou tous leurs noms : — telles sont les propriétés de cette société.

184. — Elle existe en germe dans la société romaine. Mais, pour devenir société en nom collectif, la société romaine a dû subir une importante transformation. La division des dettes entre les associés a été remplacée, avec le temps, par l'engagement solidaire.

Là n'est pas encore le principal perfectionnement réalisé. Il fallait que la société, de simple rapport de comptes qu'elle était primitivement, devînt une société publique, accomplissant des opérations comme telle dans l'autonomie de son activité. Ce fut l'œuvre du moyen-âge.

Le moyen-âge fit prévaloir la forme corporative dans les sociétés privées, comme ailleurs.

Dans les villes d'Italie, l'administrateur de la société prit l'habitude de déposer au siège du consulat sa signature avec celles de ses associés (raison sociale). Il révélait ainsi au public le groupement qui s'était formé entre eux tous et manifestait la volonté pour ce groupe d'avoir un capital séparé de l'ensemble des biens de chaque sociétaire, un fonctionnement propre, un régime légal indépendant.

D'après les statistiques de 1894, sur 4.834 sociétés commerciales fondées dans l'année, 3.375 se sont constituées en la forme de sociétés en nom collectif.

Cette forme n'est cependant pas engageante. On y court un risque fort grave, celui d'abandonner éventuellement tout son actif personnel afin de solder les dettes de la société. Il faut entre les membres une confiance absolue, pour se porter ainsi garants sans limite des engagements peut-être inconsidérés qu'un co-associé viendrait à prendre. Ce sentiment ne se rencontre guère qu'entre des personnes de même sang (plusieurs frères succédant à un père commerçant), ou ayant déjà travaillé dans la maison à un titre différent (deux anciens employés ou un patron élevant à lui un ouvrier, un commis après l'avoir intéressé) : ce qui leur a permis de se connaître et d'avoir foi l'un dans l'autre. La société en nom collectif procède de l'organisation familiale, et son capital est une forme qui a survécu de l'ancienne copropriété de famille.

La fréquence de cette espèce de société ne peut s'expliquer que par la nécessité, lorsque le capital est faible, ce qui est généralement le cas ici, de suppléer au gage pécuniaire par un autre procédé de crédit. Ce procédé, c'est la promesse de tous les associés de se solidariser sans réserve aux destinées de la société, et de payer de leurs personnes en cas de mauvaises affaires, c'est-à-dire d'engager au remboursement des dettes tous les gains ultérieurs de leur travail. Cette sanction, on doit en convenir, était surtout précieuse avant l'abolition de la contrainte par corps. Aujourd'hui elle consiste surtout dans la mise en faillite de l'associé et dans les conditions qu'on dictera à son concordat personnel.

185. — La société en commandite. — B. La *société en commandite simple ou par intérêt* est une *société renfermant deux catégories différentes d'associés:* — d'une part, un ou plusieurs associés indéfiniment responsables et en nom, qualifiés *commandités*, *complimentaires* et souvent aussi *gérants* ; — et d'autre part, un ou plusieurs associés, *tenus seulement dans la mesure de leur apport*, par conséquent à responsabilité limitée, associés exclus de la gérance, et qu'on nomme *commanditaires* ou *bailleurs de fonds*.

Ainsi, *co-existence de deux mesures de responsabilité* suivant les associés : l'une indéfinie, et l'autre limitée à l'apport ; — *exclusion des commanditaires de la gestion* ; — *raison sociale* ne pouvant comprendre que les noms des commandités, puisque ceux-ci sont les seuls à répondre des engagements de la société sur tous leurs biens ; — c'est à ces traits que se reconnaît la commandite.

186. — Il se fonde, d'après les recensements, un faible nombre de commandites : 865 en 1894. Mais ce chiffre n'est pas très probant : sous la forme d'associations en participation, échappant aux statistiques (voir ci-dessous), il intervient dans le commerce des arrangements de compte à demi, qui tendent à se substituer à la commandite.

La commandite attire le capitaliste qui, sans aptitude commerciale, ou effrayé de courir un risque de commerce trop fort, désire participer de son argent à l'exploitation d'une maison d'affaires et à ses bénéfices.

Elle établit entre les deux associés : celui qui apporte son industrie avec son nom et sa responsabilité pleine, et celui qui apporte son capital, — une hiérarchie, une gradation : le gérant au-dessus, le commanditaire dans une position inférieure. Cette hiérarchie trouve son expression la plus nette dans la *défense d'immixtion du commanditaire*. Ce type de société met en collaboration : le *travail* personnifié par le gérant ou commandité, et le *capital* représenté par le commanditaire. Il donne en même temps au premier de ces deux collaborateurs la place d'honneur, ce qui explique la prédilection que lui ont vouée le moyen-âge et la littérature canonique.

La commandite passe encore aujourd'hui et à juste titre pour la combinaison de production la mieux équilibrée et la plus morale. Elle fournit à l'intelligence industrielle le moyen de sortir du salariat et d'arriver à la fortune avec le concours d'un capital qui lui reste subordonné et qui assume sa part de risques dans l'entreprise. L'emprunt à long terme, avec intérêts fixes, permettrait également au commerçant de se constituer un fonds d'établissement ou d'exploitation. Mais le prêteur ne s'expose pas au risque, il a droit au remboursement, quoique l'établissement vienne à sombrer. L'emprunteur, même ruiné, reste tenu envers son bailleur de fonds. C'est là un péril dont on s'affranchit par la commandite ; celle-ci forme dans l'ensemble un contrat mieux pondéré.

187. — La commandite est sortie de la pratique du contrat de commande au moyen-âge. Les capitalistes y trouvèrent un utile débouché. L'observation est vraie notamment pour ceux qui appartenaient au milieu de la noblesse et qui, par ce motif, ne pouvaient exercer le commerce ouvertement. Ils confiaient une valeur à un marchand qui partait pour trafiquer dans un pays éloigné : une pacotille à un capitaine, une somme d'argent à un commissionnaire qui allait s'établir sur une place étrangère pour y faire l'importation. Ils entraient avec ce marchand en participation, mais en spécifiant qu'ils concourraient aux pertes seulement pour le capital engagé et que ce n'est pas en leur nom que les affaires seraient traitées.

La prohibition du prêt à intérêt par l'Eglise devait être pour les capitaux une raison de plus de se porter vers la commandite, et l'on finit par autoriser dans ce genre de société des clauses de forfait, exclusives du risque, qui aboutissaient à un prêt à intérêt déguisé.

Sauf disposition contraire établie par certains statuts, la commandite, dans l'ancien droit, ne formait point extérieurement une société. Elle constituait le gérant seul débiteur des tiers, ceux-ci n'étaient point avertis de l'existence d'un autre associé derrière lui. A la commandite d'alors répond beaucoup moins celle d'aujourd'hui que notre association en participation.

On a supposé que cette pratique de la *commenda* au moyen-âge se rattachait plus anciennement au prêt maritime à la grosse, dont la multiplicité des applications, dès l'époque byzantine, a fait dire qu'elle contenait en puissance un grand nombre de contrats commerciaux, individualisés depuis lors. Celui qui prête à un capitaine de navire de quoi acheter une cargaison, s'associe déjà à certains égards à la spéculation de son emprunteur, car la perte en mer du chargement lui fera perdre sa créance. Il suffit que, au lieu de stipuler un fort intérêt en cas d'heureuse arrivée, il convienne d'un tantième sur le profit de la spéculation, pour qu'on soit en présence d'une commandite [1].

188. — Sociétés de capitaux. — II. Dans les *sociétés de capitaux*, la part sociale est dénommée *action*. L'action est cessible ; mieux encore, négociable. La société continue, malgré la mort d'un actionnaire. L'*intuitus personæ* cesse. La société doit son crédit non pas aux personnalités qui en font partie, mais à l'importance des capitaux qu'elle met en valeur.

Nous savons qu'il y a deux sortes de sociétés comprises dans ce nouveau groupe : la société en commandite par actions et la société anonyme. Cette dernière est beaucoup plus recherchée que l'autre : tandis qu'il ne se fondait en France que 60 commandites par actions dans l'année 1894, le nombre des sociétés anonymes constituées dans le même temps s'élevait à 403. Le montant du capital engagé annuellement dans ces deux classes réunies s'élève à 459 millions de francs, soit environ 773,000 fr. comme moyenne de chaque société par actions.

189. — La commandite par actions. — A. La *société en commandite par actions* n'est qu'une société en commandite ordinaire, avec cette modalité que la part, dont chaque commanditaire est porteur, forme non une part d'intérêt, mais une action. Le commanditaire peut donc négocier sa part, ce qu'il n'a pas le droit de faire dans la commandite simple, et la société continue de plein droit avec ses héritiers.

Du côté du commandité, rien n'est changé à la commandite ordinaire : ce commandité a pleine vocation à la gérance, il est responsable sur tous ses biens, sa part est un intérêt, son nom entre dans la raison sociale.

La définition de la société en commandite par actions est par là même donnée. C'est *une société composée d'un ou plusieurs associés en nom*, commandités responsables *in infinitum*, et *de commanditaires actionnaires* tenus dans les limites de leur apport.

190. — La société anonyme. — B. La *société anonyme* est une forme qui élimine entièrement l'associé responsable. Elle laisse aux actionnaires la propriété de tout le capital social, avec le gouvernement de la société par l'intermédiaire de leurs mandataires temporaires et révocables.

Si la commandite représente l'alliance du capital et de l'industrie, la société anonyme *associe les capitaux entre eux*, sans les mettre dans l'obligation de transiger avec un facteur différent, le travail. Car tous ceux qui travaillent dans la société sont, au sens large, des employés.

On comprend que la puissance dont disposent les actionnaires par leurs délibérations en assemblées générales ait fait préférer par le capital et par l'épargne ce genre de société à tous les autres, et que toutes les compagnies im-

[1] V. pour l'histoire de la commandite, SALEILLES, dans les *Annales de droit commercial*, 1895 et 1897.

portantes l'aient choisi. Banque de France et établissements de crédit de deuxième ordre, sociétés d'assurances, compagnies de chemins de fer, compagnies de transports maritimes, compagnies de mines dans certaines régions, — sans parler des sociétés des manufactures.

Nous définirons la société anonyme : une *société composée exclusivement d'associés, tenus jusqu'à concurrence de leur apport, dont les parts sont représentées par des actions négociables*, et qui désignent périodiquement des administrateurs non responsables sur leurs biens du passif social, responsables seulement de leurs fautes. Cette société, n'ayant pas d'associé solidairement et indéfiniment tenu, manque de raison sociale.

191. — Les sociétés par actions ont-elles un premier précédent dans le droit romain, et trouvent-elles un précurseur dans ces sociétés de publicains ou de concessionnaires d'impôts, qui émettaient, dit-on, des parts cessibles ?

C'est possible, quoique ces sociétés aient plutôt dépendu du droit public. Mais aussi le sort des sociétés par actions, jusqu'à une date récente, reste lié à l'administration financière des Etats où on les a vues fonctionner.

Ces sociétés se sont propagées à la fin du moyen-âge, par suite de concessions de travaux publics. A cette époque l'Etat n'autorise pas seulement, il concède, il délègue sa souveraineté à une société de capitalistes, qu'il juge mieux en mesure d'accomplir que lui une œuvre déterminée d'intérêt général.

Ainsi s'expliquent les Compagnies de colonisation fondées depuis le XVIIe siècle en Angleterre, en Hollande ou en France, ou de manière éphémère, la Banque de Law, comme plus tard s'expliqueront la Banque de France et les Compagnies de chemins de fer ou de canaux.

En cet état, la société par actions reste soustraite au droit commun. La charte qui l'institue trace ses prérogatives, forme sa loi spéciale.

192. — La transition, qui fait aboutir un groupe déjà constitué de capitaux à la conclusion d'une société anonyme, est bien marquée par les phases qu'a suivies une célèbre banque italienne, disparue seulement après la Révolution française.

La République de Gênes avait commencé par émettre des emprunts en rentes perpétuelles ou viagères, sous forme de titres cessibles, également fractionnés (*loca*), gagés sur des caisses (*montes profani*) alimentées par l'impôt. Faute de pouvoir continuer le service de sa dette, elle entra en composition avec les porteurs de titres, elle leur abandonna, pour se libérer, une nature déterminée de contributions, et leur concéda en outre le privilège d'émission de billets de banque.

Ainsi se forma la Banque de Saint-Georges, au début du XVe siècle, et les rentiers convertirent leurs titres de créanciers (*loca montium*) en titres d'associés (*loca comperarum*). C'est un des premiers exemples de sociétés par actions qui nous soient connus.

193. — En France, après un grand discrédit des actions, au XVIIIe siècle, la législation des sociétés par actions prit une nouvelle direction depuis la Révolution.

Dans le droit intermédiaire, suivant les variations de l'opinion, furent décrétées leur liberté (1791), puis leur interdiction (an II), puis encore leur liberté (an IV).

Le *Code de 1807*, dans son art. 37, consacra une demi-mesure. Il déclara libre la société en commandite, pensant que la présence d'un associé responsable suffirait à la préserver des abus; mais il *soumit*, d'autre part, *la société anonyme* à *l'autorisation préalable du gouvernement*. Cette cote mal taillée a été le régime pratiqué en France pendant soixante ans.

194. — Mais dans cette période de soixante ans, les sociétés par actions ont recélé de nombreux pièges où sont tombés des souscripteurs ou des acheteurs en Bourse trop crédules. Le régime de ces sociétés a donné lieu à des discussions ardentes. On s'est partagé en deux camps: — les uns, les *autoritaires*, tenant ferme pour l'autorisation gouvernementale, voulant l'étendre à la commandite par actions, ou demandant la suppression de cette dernière société, en un mot, traitant les actionnaires comme des mineurs, hors d'état de résister aux sollicitations des prospectus; — les autres, les *libéraux*, jugeant cette autorisation néfaste pour les affaires dont elle enrayait la marche, trouvant étrange que le contrat de société par actions fût autrement traité qu'une vente, demandant à l'épargne de faire sa propre police.

195. — De là, des variations dans la législation de la matière.

a) De 1807 à 1856, fonctionnement simultané de la société en commandite par actions entièrement *libre*, et de la société anonyme *sujette à autorisation.*

Cette période est restée célèbre par la *fièvre des commandites*. Elle concorde en France avec l'éveil des grandes entreprises. Les manœuvres et l'agiotage de la Bourse exercent des ravages, dont le souvenir aujourd'hui n'est pas encore effacé [1].

Les fondateurs adaptent à leur entreprise la forme de la commandite, en faussant ses rouages : gérant révocable, commandité sans surface, émission d'actions d'un taux ridicule (1 fr. et au-dessous). Scandales financiers sous le gouvernement de Juillet, que la littérature du temps a popularisés. Une loi, d'allure modeste, de 1845, sur les sociétés de chemins de fer. Précédemment un projet de loi plus vaste, tout de défiance contre la commandite par actions, qui n'était point arrivé à son terme (1838).

196. — *b*) De 1856 à 1863, par le fait de la *loi du 18 juillet 1856*, organisation pour la commandite par actions du système réglementaire qui s'est généralisé onze ans plus tard, tandis que l'art. 37 C. com. laissait les sociétés anonymes soumises à l'autorisation gouvernementale.

La commandite par actions est bien libre, en ce sens que les pouvoirs publics n'ont ni à autoriser ni à proscrire sa formation. Mais sa liberté est enchaînée à la nécessité d'obéir à certaines prescriptions, soit pour se constituer (souscription intégrale du capital, versement du quart sur chaque action, taux minimum de 500 ou 100 fr. pour les actions, maintien de la forme nominative jusqu'à l'entière libération des titres, vérification et approbation des apports en

[1] A consulter le livre intéressant de M. Lescœur, *Essai historique et pratique sur la législation des sociétés commerciales en France et à l'Etranger*, 1874.

nature ou avantages particuliers), — soit pour fonctionner (assemblées générales annuelles, création d'un conseil de surveillance).

197. — *c)* De 1863 à 1867 apparaît un régime nouveau. Tout en maintenant l'autorisation préalable pour les sociétés anonymes, ce régime admet à se constituer librement, et moyennant des prescriptions analogues à celles de la loi de 1856 pour la commandite, les sociétés dites à *responsabilité limitée*, véritables sociétés anonymes, moins le nom, au capital de 20 millions *au maximum* (*L. 23 mai 1863*).

Il y a donc sous cette période trois formes de sociétés par actions marchant de front : la société en commandite par actions, la société à responsabilité limitée, la société anonyme. Les deux premières sont soumises à une *liberté réglementée*, la troisième à un décret d'*autorisation*.

198. — *d)* Depuis la grande *loi du 24 juillet 1867*, le système est unifié, sinon en la forme prise par la rédaction des textes, au moins dans le fond. C'est le régime de la *liberté réglementée* qui prévaut, par l'abolition du droit qu'avait jusque-là le gouvernement d'autoriser les sociétés anonymes (art. 21). L'essai tenté en 1863 est généralisé, sans égard au chiffre du capital, et la société à responsabilité limitée disparaît, la continuation de ce type transitoire de société n'ayant plus de raison d'être.

Bref, il n'y a plus d'entrave administrative à la création de la société par actions, tant en commandite qu'anonyme. Mais la régularité de sa constitution et de sa marche est subordonnée à certaines formalités préventives, à un taux ou à une condition légale de l'action, à l'adoption de certains rouages : toutes règles présentées comme un faisceau de garanties contre la mise en exploitation de l'épargne par la finance.

199. — Voici la distribution des matières de la loi de 1867 : — Titre premier. *Des sociétés en commandite par actions.* — Titre II. *Des sociétés anonymes.* — Titre III. *Dispositions particulières aux sociétés à capital variable.* — Titre IV. *Dispositions relatives à la publicité des sociétés* (c'est tout le système de publicité antérieur qui est réformé, même à l'égard des sociétés par intérêt). — Titre V. *Des tontines et des sociétés d'assurances* (pour lesquelles on a, sous certaines distinctions, maintenu l'autorisation gouvernementale ou aggravé le régime réglementaire, ce qui a déterminé le réglement d'administration publique du 22 janv. 1868).

200. — Le problème de la meilleure loi des sociétés par actions reste toujours ouvert. La fièvre de spéculation n'est pas tombée; à toute accumulation d'épargne se cherchant de nouveaux placements répond un entraînement irréfléchi du public qu'exploitent les lanceurs d'affaires.

Ce qui est plus problématique, c'est de savoir s'il dépend d'une loi bien faite d'empêcher ou de réprimer ces abus. Ils paraissent tenir plutôt à la faiblesse de la nature humaine et à l'égale cupidité dont témoignent ceux qui fondent une affaire et ceux qui y mettent leur argent. Un projet de refonte de la législation, discuté par le Sénat en novembre 1884, demeure en suspens : à peine en a-t-on sorti quelques dispositions, qui sont devenues la *loi du 1er août 1893*.

CHAPITRE PREMIER

DE LA PERSONNALITÉ DES SOCIÉTÉS DE COMMERCE. DE LA COMPÉTENCE JUDICIAIRE EN MATIÈRE DE SOCIÉTÉ COMMERCIALE.

SECTION PREMIÈRE

DE LA PERSONNALITÉ DES SOCIÉTÉS DE COMMERCE.

(Art. 529 C. civ., et 69, 6° C. proc. civ.)

201. — On a dit des sociétés de commerce qu'elles étaient des organismes. C'était une manière abrégée de traduire l'aptitude des biens sociaux à se mouvoir d'une activité propre, distincte de l'économie respective des biens de chaque associé. Qui dit organisme suppose la vie, la force qui fait qu'on trouve en soi le moyen de croître et d'évoluer.

La société a son régime, les patrimoines des associés ont le leur. Loin de se pénétrer, ces régimes demeurent indépendants. Le régime, c'est la destination des biens, le statut qui détermine les conditions d'administration ou de disposition, pour un ensemble de valeurs, ainsi que la nature d'obligations auxquelles elles doivent répondre.

La formule juridique est un peu différente : *les sociétés commerciales constituent des personnes morales ou civiles*.

C'est une fiction : on imagine que la société, comme telle, ne se confond pas avec les membres qui la composent. Lorsque deux ou plusieurs personnes se sont mises en société, ce ne sont pas elles qui exercent le commerce. Il s'est interposé entre ces associés un être juridique, parfaitement séparable de leurs personnes physiques. Il a un nom : la raison sociale ou la dénomination de l'entreprise. Il est animé d'une impulsion qui lui permet d'occuper la scène du droit, d'acquérir des biens, de s'obliger, de plaider.

202. — Cette personnification évoque à la pensée une autre personnalité, celle dont sont doués, *en droit administratif*, l'Etat, les établissements publics ou d'utilité publique. Des fondations ou des corporations répondant à un besoin général sont érigées, elles aussi, en unités organiques, elles se trouvent munies des attributs juridiques.

Pour ces établissements, il était indispensable de créer un être de raison afin de servir de support à leurs droits : autrement ils n'auraient pas pu accomplir leur but. Il leur était impossible, pour fonctionner, d'emprunter la personnalité d'êtres physiques déterminés : le propre d'une fondation ou d'une corporation est de reposer sur une idée, sur une cause sociale, celle des pauvres, des malades, des faibles, des ignorants, etc., sans s'appuyer sur des individus précis.

Quand même il serait permis de rattacher l'œuvre à des bénéficiaires, ceux-ci ne peuvent être considérés comme les détenteurs en masse des droits et des biens que possède l'établissement. Le fait que les bénéficiaires se modifient à tout instant, et d'âge en âge, que la plupart d'entre eux ignorent l'institution ou n'en profiteront pas, empêche de baser l'entreprise sur des personnes humaines. Il a fallu donner la vie à la pensée dont elle est l'expression.

Pour les sociétés, il en est différemment. La fiction de personnalité obéit à une autre considération, et même *elle n'est pas très logique.* Chaque associé a en soi les attributs de la personne, chacun est apte à exercer des droits et à supporter des engagements. Ce que chacun peut faire de son chef, à part des autres, il semble que tous soient en mesure de l'accomplir ensemble. L'acquisition de droits en commun par plusieurs individus, puisant en soi la vie juridique, n'a rien que de naturel. La nécessité de créer au-dessus des associés un être fictif a, au contraire, de quoi surprendre. Et la surprise augmente, lorsqu'on voit la mort de certains de ces associés dissoudre la société, c'est-à-dire la société rendue solidaire de ces individus, dont elle prétendait cependant ne point dépendre.

203. — Notre personnalité, dans les lois qui la reconnaissent, a été imaginée comme un expédient, comme une scolastique commode, afin d'expliquer la différence d'impulsion qui agit sur le fonds social et sur les biens propres d'associés, ainsi que la séparation des patrimoines opérée de part et d'autre.

Cette séparation se produit *erga omnes.* Elle influence les droits des tiers, en tant qu'ils s'exercent sur la masse des biens de la société ou contre les associés individuellement.

Elle a surtout pour but de fortifier le crédit des entreprises, en affectant aux créanciers de la société son capital, comme gage exclusif. Si la société tombe au-dessous de ses affaires, ses créanciers exerceront leurs poursuites sur ses biens. Ils n'auront pas à souffrir de la concurrence des créanciers personnels d'associés. Car l'apport fait par chaque sociétaire est entièrement sorti des biens du constituant ; il s'est transporté dans un patrimoine nouveau, celui de la société, et, de règle, un créancier est sans droit pour suivre en mains tierces les biens dont son débiteur a disposé.

A défaut de personnalité, les créanciers sociaux subiraient au contraire ce concours, puisque par hypothèse, les biens du capital social appartiendraient par indivis aux associés, et formeraient le gage de leurs créanciers propres, en même temps que leur gage à eux.

204. — Pourquoi ne pas avoir étendu la personnalité à un fonds de commerce individuel ?

Les raisons de la séparation respective des biens compris dans l'exploitation et des biens qui en sont exclus, étaient alors moins fortes.

Le commerçant qui n'a point d'associés dirige avec une entière maîtrise ses diverses natures de biens. Il dépend de lui, pour conserver son crédit, de ne pas se charger, en dehors de son commerce, d'engagements dont finiraient par s'inquiéter ses fournisseurs en affaires.

Dans une société, au contraire, il importait de défendre l'actif social contre un gaspillage que l'associé, à part des autres, ferait de son propre patrimoine. Il fallait assurer la stabilité de la société et lui permettre de poursuivre sa destination. Il convenait de préserver tous les associés et chacun d'eux contre les maladresses ou les faux calculs de l'un quelconque d'entre eux.

Sans doute, on aurait pu atteindre le même résultat par un raisonnement différent. Il était possible de se passer de cette fiction de personnalité morale qui froisse la raison. On le verra plus bas, lorsque se déterminera l'économie d'une société civile (n° 223). La fiction, du moins, est simple, et permet de grouper les solutions pratiques, sans grand effort de dialectique.

205. — **Preuves de la personnalité.** — La *personnalité des sociétés de commerce*, sans être exprimée textuellement par la loi, ressort d'une manière indirecte de deux dispositions qui sont : l'art. 529 C. civ., et l'art. 69, 6° C. proc. civ.

206. — 1° Elle ressort de l'art. 529 C. civ.: « Sont meubles par la détermination de la loi... les actions ou intérêts dans les compagnies de finance, de commerce ou d'industrie, encore que des immeubles dépendant de ces entreprises appartiennent aux compagnies. Ces actions ou intérêts sont réputés meubles à l'égard de chaque associé seulement, tant que dure la société ».

Du *caractère mobilier de la part sociale* induire la personnalité de la société, semble un peu hardi. Les auteurs du Code civil ont surtout été frappés par la gêne de transmission des immeubles, par les frais qui atteignent ces mutations. Pensant de préférence aux actions, c'est-à-dire aux parts négociables (la première rédaction ne visait point les parts d'intérêt), ils ont, par commodité pratique, mobilisé le droit de l'associé dans la société, afin de l'affranchir des entraves que subit la propriété foncière. Il n'y aurait là qu'une solution d'expédient.

Cependant les travaux préparatoires (paroles de Treilhard, et rapport au Tribunat) contiennent des déclarations favorables à la personnalité. Cela est conséquent. — Si le fonds social se compose d'immeubles, il faut bien que quelqu'un ait sur eux le droit de propriété, un droit *immobilier*. Du moment que les associés ne l'ont pas, leur droit étant déclaré *meuble*, on est forcé d'imaginer au-dessus d'eux une personne fictive qui détient les biens comme propriétaire : c'est la société, ce ne peut être qu'elle. Le droit des associés portera sur une part dans les bénéfices, sur la faculté de concourir au partage après dissolution, d'intervenir dans les délibérations sociales : toutes choses qui sont de nature mobilière.

207. — 2° Elle ressort de l'art. 69, 6° C. proc. civ. : « Les sociétés de commerce sont assignées, tant qu'elles existent, en leur maison sociale. » Celui qui les attaque ne fait signifier l'exploit, par copie unique, qu'au siège de l'établissement, en la personne du gérant ou directeur ès-qualités.

C'est donc que dans ce siège social se trouve une personne représentative de tous les intérêts d'associés réunis. S'il n'y avait point de personne morale, la position de défendeurs serait occupée par la pluralité des associés, pris chacun pour sa part. En vertu de l'adage : *nul ne plaide par procureur*, il faudrait donner citation en autant de copies qu'ils sont d'individus, à chaque personne ou à chaque domicile. C'est justement ce que la loi n'exige point.

208. — Ainsi la société, en matière de commerce, n'est pas une réunion d'associés, opérant conjointement, et la définition que donne l'art. 1832 de ce contrat cesse d'être d'une vérité littérale, lorsqu'il y est dit que les associés mettent leurs mises *en commun*. « En commun » : cela voudrait dire que les associés sont copropriétaires par indivis. Par suite de la fiction légale, la propriété du fonds social n'est qu'à une seule personne, il n'y a plus d'indivision.

209. — **Conséquences.** — Voici maintenant les importantes conséquences qu'il faut tirer de la personnalité des sociétés commerciales :

1° *Affectation exclusive des biens de la société aux créanciers sociaux.* Supposons la personne morale absente. *Primus* et *Secundus* se mettent en société et y apportent chacun un immeuble pour une part égale. *Primus*, en effectuant son apport, perd la moitié indivise de son immeuble, mais il acquiert en retour la moitié indivise de l'immeuble de *Secundus*. Que *Primus* ensuite devienne insolvable, par suite d'une mauvaise direction donnée à ses affaires particulières, ses créanciers pourront poursuivre, comme dépendant de leur gage, non-seulement les biens libres de ce *Primus*, mais la moitié indivise qu'il possède dans le capital de la société. Ils pourront saisir les valeurs dont se compose cette moitié indivise (en supposant que le droit commun n'oblige pas à surseoir à une pareille saisie, cf. notamment art. 2205 C. civ.).

En tout cas, le bien social étant transformé en argent par le fait d'une vente ou d'une expropriation dont les créanciers personnels n'auraient pas pris l'initiative, ces créanciers viendraient à distribution sur le prix, en concours avec les créanciers sociaux. Il y aurait lieu de déterminer sur le prix la part revenant à l'associé *Primus*, et, sur cette part, on ferait contribuer créanciers sociaux et créanciers personnels, puisque, par hypothèse, ils ont eu affaire à un même débiteur, quoique pour des causes différentes.

C'est ce résultat qu'empêche la personnalité juridique de la société. Comment, et pour quel motif, on l'a déjà dit plus haut. Il y a vraiment séparation de patrimoines, comme dans l'exemple d'une succession que recueille un héritier insolvable : les créanciers héréditaires demandent que la masse des biens du *de cujus* ne se confonde pas avec ceux de l'héritier. Les créanciers sociaux disposent ici d'un bénéfice analogue.

Les créanciers personnels d'un associé ne peuvent troubler la marche de la société, ils ne peuvent mettre la main sur une valeur dépendant de cette société et se l'appliquer à leurs droits, sans détourner les ressources sociales de leur destination. Ils ne sont pas fondés à le faire, même en justifiant du désir d'être remboursés de ce qui leur est dû.

Cela dit, en supposant que la société commerciale s'est fait publier, comme le veut la loi. On verra la corrélation qui existe entre la notion de personnalité et la publicité (n° 280).

210. — Les *créanciers personnels* d'associés ne sont cependant pas privés de toute action sur les biens de la société :

a) S'il y a lieu à des distributions de bénéfices en cours de société, ils seront recevables à former, au siège social, opposition au versement du dividende revenant à leur débiteur, et ils en obtiendront l'attribution par la procédure de la saisie-arrêt ;

b) Si l'apport immobilier a été grevé par l'associé d'une hypothèque ou d'un privilège, avant la mise en société, le créancier hypothécaire ou privilégié conserve le droit de suite, sauf à la société à effectuer la procédure de la purge ;

c) Une constitution de société, faite en fraude des droits des créanciers d'un associé, pourrait être attaquée par ceux-ci en vertu de l'action paulienne (art. 1167 C. civ. : la législation des faillites organise pour les actes de la période suspecte une action en nullité soumise à des conditions plus simples) ;

d) Hormis le cas où la part sociale est une action, la déconfiture ou faillite personnelle d'un associé entraîne dissolution de la société dont il fait partie (art. 1865, 4° C. civ.). Les créanciers personnels obligeront la société à entrer en liquidation, quoiqu'elle ne soit pas arrivée à son terme statutaire. — Il est vrai que dans cette liquidation ils seront primés par les créanciers sociaux. Mais, du moins, ils viendront à répartition sur l'excédent, les créanciers sociaux une fois désintéressés. Au lieu que, dépourvus de cette ressource, ils seraient forcés d'attendre la fin de la société et de courir le risque d'un revirement dans sa prospérité.

211. — 2° *Représentation contractuelle et judiciaire de la société par l'un quelconque de ses gérants* ou par son conseil d'administration, ou par son directeur.

Le pouvoir social, constitué pour accomplir les actes juridiques de la société (il diffère suivant la nature de celle-ci), traite ou plaide dans les limites des attributions que l'acte de société lui reconnaît. Il agit ès-qualités, il rend la société propriétaire, créancière ou débitrice.

Dans les procès, il introduit l'instance et la suit sans avoir à désigner dans les actes de procédure les noms des associés. Inversement, on l'a déjà dit (n° 207), c'est lui seul qui reçoit, au titre de gérant ou d'administrateur, la signification de la partie adverse, il la reçoit comme représentant de la société défenderesse, seule en cause.

Cette unité de plaideur pour une société qui este en justice, malgré la pluralité des intéressés, a fait admettre quelques solutions de procédure, justement déduites :

a) L'intérêt engagé en principal dans le litige se chiffre, supposons-le, par une somme supérieure à 1,500 francs. C'est le taux à partir duquel les tribunaux civil ou de commerce ne statuent plus qu'en premier ressort. Mais, en fractionnant cet intérêt d'après le nombre des associés, il tomberait à une somme n'excédant 1,500 francs pour aucun d'eux. A défaut de personnalité morale, l'affaire cesserait de comporter appel. C'est la solution qu'il faudrait accepter pour une société dénuée de personnalité.

Mais le fait que le plaideur est une personne unique ayant dans le litige un intérêt indivisible, et un intérêt de plus de 1,500 francs dans l'espèce, impose à l'égard des sociétés de commerce la solution contraire : le jugement comporte l'appel.

b) Le procès dirigé contre la société est porté devant le tribunal civil de première instance (situation rare : procès de nature immobilière, par exemple). Il n'y a point lieu au préliminaire de conciliation devant le juge de paix, s'il existe plus de deux défendeurs (art. 49, 6° C. proc.). Une société de plus de deux membres qui serait dénuée de personnalité se verrait appliquer cette disposition. Une société de commerce, au contraire, devra être citée en conciliation, à moins que la demande, par son objet ou parce qu'elle requiert célérité, ne soit dispensée de ce préliminaire.

212. — 3° *Impossibilité de compenser avec une dette personnelle d'associé une créance de la société*, ou inversement de compenser avec une créance sociale une dette d'associé.

Un tiers *Tertius* a fait crédit personnellement de 1,000 fr. à un associé *Primus*. D'un autre côté, la société formée entre *Primus* et *Secundus* suivant parts égales, a acquis sur ce tiers une créance de 2,000 fr.

Tertius poursuit *Primus* en exécution de sa dette. Celui-ci, qu'il soit gérant de la société ou non, n'a pas pouvoir à l'effet d'opposer à cette demande la portion qui lui revient dans la créance dont *Primus* est redevable envers le siège social, soit 1,000 fr., et de conclure à ce que *Primus* soit débouté.

La personnalité morale de la société y met obstacle. Une compensation n'est recevable qu'autant que le débiteur de l'une des créances se trouve en même temps créancier de l'autre. L'associé *Primus* est bien débiteur du tiers qui l'attaque. Il n'est pas son créancier, la créance appartient à la société dont il est membre. Il versera donc ses 1,000 fr., sauf au gérant de la société à réclamer d'autre part 2,000 fr. à ce *Tertius*.

En renversant la situation, on dira que, si *Tertius* est assigné par la société en paiement de ses 2,000 fr., il ne peut pas reconventionnellement conclure à ce que les 1,000 fr., que lui doit l'un des associés *ex alia causa*, viennent en déduction de la somme dont il est lui-même redevable.

213. — 4° *Aptitude d'une société de commerce à être mise en faillite ou en liquidation judiciaire.*

Si la société, personne morale, vient à cesser ses paiements, elle subira la faillite, comme un individu commerçant. Ou elle obtiendra le bénéfice de la liquidation judiciaire (arg. 438, al. 2 C. com.; l. 4 mars 1889, art. 3).

Cette faillite ou liquidation judiciaire ne portera que sur les valeurs comprises dans le patrimoine social. — Un concordat peut être délivré à une société, ou la faillite d'une société peut se liquider par application des règles de l'union. — En dehors de la faillite, une procédure d'expropriation forcée, une saisie serait aussi valablement dirigée contre la société, personne morale.

Ici se pose une question en sous-ordre.

Les associés eux-mêmes, pris et recherchés sur leurs biens propres, peuvent-ils être mis individuellement en faillite, à raison de la cessation des paiements de la société?

On verra que la question doit se résoudre au moyen d'une distinction.

A. *S'il s'agit d'un associé en nom collectif ou d'un commandité*, comme cet associé est à la fois commerçant, et indéfiniment tenu des dettes sociales, le fait par la société de ne pas tenir ses engagements, motive sa faillite à lui-même. Il y aura lieu de déclarer la faillite de la société commune à tous les associés de cette catégorie.

Il ne s'ensuit pas, du reste, que les biens libres des associés soient confondus dans la faillite sociale. A chacun des associés en nom correspondront autant de faillites parallèles, sans compter la faillite même de la société. Les créanciers sociaux seuls produiront dans celle-ci. Par des raisons à voir plus tard, ils produiront encore et intégralement dans chacune des faillites d'associés, mais à condition d'y subir alors le concours des créanciers personnels.

B. *S'il s'agit, au contraire, d'un commanditaire ou d'un actionnaire*, la faillite de la société ne saurait déterminer celle de cet associé. Car il n'est ni commerçant, ni responsable de tout le passif. Seulement s'il est encore redevable en tout ou partie de sa mise, le syndic de faillite ou représentant de la liquidation l'obligera à la verser (voir plus loin).

Un commanditaire ou actionnaire, propriétaire d'une maison de commerce distincte, serait évidemment passible de la faillite si cette maison suspendait ses paiements. Mais alors ce n'est point la faillite de la société où il est bailleur de fonds qui aura entraîné la sienne. La remarque précédente n'en est pas modifiée.

214. — 5° *Détermination nécessaire pour la société, d'un domicile*, c'est-à-dire du lieu où se trouve son principal établissement (art. 102 C. civ.).

Il importe de dégager ce lieu comme il importe de dégager le domicile d'un individu, mais principalement :

a) Afin de déterminer en quel endroit il faut lui donner copie des actes qu'on doit signifier à domicile, et afin de préciser le tribunal compétent, pour connaître contre elle de ses actes d'exploitation. Mais on va voir (n° 216) que d'autres tribunaux partagent avec celui du domicile de la société le droit de connaître de pareils procès ;

b) Pour préciser la compétence dans les procès entre associés. Ces procès s'engagent, d'après l'art. 59 C. proc., devant le tribunal du lieu où la société est établie : règle vraie, d'ailleurs, de la société civile, comme de la société de commerce ;

c) Afin de déterminer le tribunal qui déclarera la faillite ou la liquidation judiciaire de la société (l'art. 438 C. com. dit pour la faillite : « tribunal dans le ressort duquel se trouve le siège du principal établissement de la société » ; — l'art. 3 de la loi du 4 mars 1889 dit pour la liquidation judiciaire : « tribunal dans le ressort duquel se trouve le siège social » ; — ces expressions sont synonymes, quoiqu'on l'ait contesté) ;

d) En droit international privé, pour connaître si une société est française ou étrangère, et au cas où elle serait reconnue étrangère, pour savoir de quel Etat elle dépend. Car une société doit se constituer conformément aux prescriptions de la loi de sa nationalité, et cette nationalité se règle par son domicile (voir plus bas). En outre, les sociétés de tous les Etats (celles qui sont anonymes tout au moins) ne sont pas admises à opérer en France.

215. — Où donc est établi le domicile d'une société ?

On peut hésiter entre : — *a*) le *lieu du siège d'exploitation* (principale gare d'un réseau de chemin de fer, port d'attache du navire, lieu des usines, ville dans laquelle la concession du service du gaz ou de l'électricité a été obtenue, etc.), — ou : *b*) le *lieu dans lequel fonctionnent les organes de droit de la société*. Là sont délibérés les marchés qui l'intéressent, les mesures concernant l'administration de l'entreprise. Ce dernier lieu s'appelle *siège social*, il doit être déterminé dans l'acte de société (la loi veut en effet qu'il soit porté à la connaissance des tiers par la publicité, conséquemment qu'il soit exprimé dans le contrat).

C'est en faveur du siège social que se prononce la jurisprudence pour déterminer le domicile d'une société. Elle s'abstient, d'ailleurs, de suivre une formule très doctrinale (V. par exemple, Req. 25 février 1895). Ainsi s'explique comment les compagnies de navigation ont leur siège à Paris, et pourquoi sont françaises de nombreuses sociétés qui exploitent des mines, des chemins de fer, des concessions en pays étranger.

Mais il faut que ce siège soit *réel* et non *fictif*. Il ne doit pas être situé dans un lieu auquel la société n'aurait en réalité aucune attache de droit, et où on ne verrait ni résider son directeur, ni se tenir les réunions d'un conseil d'administration ou les assemblées de ses actionnaires [1]. En pareil cas, il pourrait y avoir fraude à la loi. Les intéressés auraient le droit de tenir la mention du contrat de société pour non avenue :

[1] On admettrait que le conseil de direction eût ses réunions au siège social, et que, pour la commodité des actionnaires, les assemblées générales fussent convoquées dans un autre endroit.

ils pourraient signifier leurs actes à la société et la traduire en justice au lieu de son siège véritable[1].

216. — La théorie de la fixation du domicile au siège social comporte un correctif. Ce correctif a pour objet les procès auxquels donneraient lieu les contrats d'exploitation.

D'abord, en vertu d'une règle de compétence qui s'applique à tous les commerçants, même individus, il y a, indépendamment du tribunal du domicile du défendeur, deux autres tribunaux dans l'ordre du commerce qui, au choix du demandeur, peuvent être saisis du procès : — celui dans le ressort duquel le contrat s'est formé, à condition que la marchandise ait été là aussi livrée, — et celui du lieu du paiement (art. 420 C. proc. civ.).

Puis la pratique est allée plus loin. Partout où se trouve un *siège secondaire*, une agence de la société pourvue d'un personnel qualifié pour recevoir les réclamations, sommations et significations des tiers, la société fait tacitement élection de domicile pour les difficultés qui naîtraient des contrats d'exploitation conclus dans le ressort de cette agence.

Si je fais à la gare de Bordeaux une expédition de colis pour Paris, et que je me trouve amené à engager un procès contre la Compagnie d'Orléans pour perte, avarie, ou retard de ce colis, je n'aurai pas seulement pouvoir à l'effet de saisir de ce procès le tribunal de commerce de Bordeaux (ce qui résulte déjà de l'art. 420 C. proc.), mais je pourrai assigner la Compagnie en la personne du chef de gare de Bordeaux, au lieu de la citer en ses bureaux du siège central de Paris.

C'est une application des règles du domicile élu (art. 111 C. civ.). Elle s'étendrait tout aussi bien aux commerçants individus, dans le cas où l'importance de leur maison comporterait des agences secondaires de cette nature.

217. — 6° *Nature mobilière du droit de chaque associé* (art. 529 C. civ.), quand même la société n'aurait que des immeubles (voir n° 206).

Et de là les corollaires suivants :

a) Si la part sociale est l'objet d'une cession (négociation d'action, cession d'une part d'intérêt là où elle serait exceptionnellement per-

[1] Cela est certainement vrai à l'égard des *créanciers :* un siège social fictif leur est inopposable. — Il résulte de certains documents de jurisprudence (Req. 25 fév. 1895 *suprà*) que, dans les rapports des *associés*, et pour les procès qu'ils auraient à intenter contre la société, la mention de l'acte de société, même inexacte et contraire aux faits, vaut comme élection de domicile, comme attribution de juridiction pour les litiges qui viendraient à se produire entre eux. Les associés peuvent donc s'en prévaloir.

mise), le fisc ne perçoit pas le droit d'enregistrement pour transmission immobilière (4 0/0, et en outre les décimes et le droit de transcription). Le droit est sensiblement abaissé, il tombe même au-dessous de la taxe des cessions de créances, il est de 0,50 0/0 avec ou sans décimes, selon les cas : loi du 22 frim. an VII, art. 69 § 2, 6°; loi 23 juin 1857 et suivantes (ce droit devient une taxe annuelle pour les actions au porteur).

b) Lorsqu'un associé de commerce contracte mariage, et qu'il adopte le régime de la communauté légale, la part sociale ne lui demeure pas en propre. Elle devient un élément de cette communauté (art. 1401 C. civ.). Si on avait dû considérer cette part comme immobilière, c'est le contraire qu'il aurait fallu décider. Car les immeubles appartenant aux conjoints avant le mariage ne deviennent pas communs.

Sous un régime excluant de la communauté tous les biens des époux antérieurs au mariage, tel que la communauté réduite aux acquêts, la question serait sans intérêt. Meuble ou immeuble, la part sociale resterait propre.

c) L'associé ne peut pas aliéner les biens de la société ni la quote-part qu'il a dans ces biens. Ce serait une vente de la chose d'autrui.

Cette vente, nulle d'après l'art. 1599 du C. civ., deviendrait-elle valable si plus tard l'immeuble devait être après partage attribué à l'associé? C'est la question de savoir si l'acquisition ultérieure par le vendeur de la chose d'autrui purge la vente de son vice primitif; il n'y a pas à l'examiner ici.

Tout cela n'empêche pas l'associé de vendre sa part sociale, si elle est déclarée cessible. C'est un autre point de vue.

Plus en corrélation avec la nature mobilière de la part sociale est la question d'*hypothèque*. L'associé ne peut pas hypothéquer sa quote-part dans des immeubles de la société. Les immeubles seuls sont susceptibles d'hypothèque (art. 2118 C. civ.): la part d'intérêt ou l'action est un meuble.

La règle est vraie de toutes hypothèques: — légales, judiciaires, conventionnelles. Les hypothèques appartenant — à la femme de l'associé en garantie de sa dot, — à son pupille en garantie d'un compte de tutelle, — à un créancier qui aurait pris un jugement de condamnation contre lui, — ne sauraient grever les biens sociaux. Les immeubles de la société restent affranchis de ces charges, qui troubleraient sa marche et qui dérivent d'un régime autre que le régime social. Les pouvoirs compétents de la société peuvent donc vendre ces immeubles, sans que l'acheteur soit exposé au droit de suite, du chef d'une hypothèque individuelle d'associé.

Il est vrai que la part sociale, comme telle, valeur mobilière, peut être l'objet d'un droit de gage. L'associé peut affecter son action à l'un de ses créanciers personnels, en employant des formes de nantissement qu'on étudiera quand le moment sera venu de le faire (C. com. art. 91). Mais c'est tout autre chose que de donner hypothèque sur les immeubles sociaux, et l'exécution de ce gage n'emportera aucune ingérence dans les affaires de la société.

Donc, si un associé constituait hypothèque sur tout ou partie d'un immeuble de la société, cela ne gênerait en rien le pouvoir de la société de donner hypothèque pour un besoin de la collectivité. Cette hypothèque d'intérêt commun, quoique postérieure en date, primerait l'autre, constituée pour un intérêt particulier.

L'hypothèque individuelle n'aurait même aucune valeur. Elle n'en acquerrait pas davantage par la suite, lorsque l'immeuble serait mis dans le lot de l'associé constituant. Nous admettons que la défense d'hypothéquer des biens à venir, posée par l'art. 2129 al. 2 C. civ., laisse subsister la nullité de l'hypothèque sur immeuble d'autrui, même après qu'on en sera devenu propriétaire (question de droit civil controversée).

218. — Arrivés à ce point de l'examen de la personnalité des sociétés, et après avoir rappelé que cette personnalité a pour effet — d'isoler les biens sociaux en faisant d'eux le gage exclusif des créanciers de la société, — de donner qualité au gérant pour représenter la société notamment dans les procès où elle est engagée, — d'empêcher la compensation entre dettes sociales et créances d'associé, — d'approprier la faillite, comme les autres voies d'exécution, à la société, — de lui reconnaître un domicile, — d'attribuer à la part sociale le caractère de meuble — : deux points d'étude complémentaire doivent retenir notre attention. Ils sont d'inégale importance :

1° *La personnalité de la société lui donne-t-elle capacité à l'effet de recevoir à titre gratuit?*

2° *Les sociétés civiles sont-elles des personnes morales, comme les sociétés de commerce?*

219. — **Dons et legs faits à une société.** — 1° La question de savoir si une société de commerce peut recevoir des dons ou legs doit être affirmativement résolue (motifs de Req. 2 janvier 1894 et 29 octobre 1894).

Les établissements publics et d'utilité publique ne peuvent acquérir de libéralités que moyennant une autorisation résultant d'un décret rendu en Conseil d'Etat (arg. art. 910 C. civ.). La loi, par ce même esprit de défiance hostile aux associations, déjà signalé (n° 156), obéit à une pensée de prudence qu'on peut trouver ici très justifiée. Elle ne veut pas laisser s'accumuler des biens de mainmorte dans des fondations qui détourneraient la propriété de ses fins économiques et se donneraient un trop grand volume d'influence.

Cette considération ne touche point les dons ou legs adressés à une société privée. Une société manque par son but du stimulant moral qui décide aux libéralités. Il n'est pas à craindre que la liberté de ces libéralités mette l'ordre public en péril, car elles seront forcément rares et modestes. L'extension de l'art. 910 aux donations faites aux sociétés doit être repoussée.

Mais quelques personnes soutiennent que les sociétés sont frappées d'une *incapacité absolue* de recevoir des dons ou legs, même si leurs pouvoirs constitués se faisaient habiliter par l'ensemble des associés pour les accepter. Elles s'appuient, pour le dire, sur les effets relatifs de la personnalité civile. Celle-ci, n'étant qu'une fiction, doit se limiter au résultat pour lequel la loi l'a introduite. Déjà, dans le droit public, on s'accorde à reconnaître que la personnalité d'un établissement déterminé ne comprend pas le droit de faire des actes juridiques quelconques, mais seulement ceux qui sont indispensables à l'accomplissement de la fonction qui lui est dévolue. Or, les sociétés n'ont pas pour fonction de recevoir des libéralités, elles doivent chercher les éléments de leur prospérité dans des combinaisons d'affaires.

Ce système entretient une équivoque entre le *but* d'une entreprise et sa *capacité*. Une société qui recueille une donation ne contrevient pas à son but. Elle emploiera le produit de la libéralité — soit à étendre l'exploitation, ce qui rendra la société plus lucrative pour tous, — soit, si telle est la charge affectant la donation, à doter des caisses ouvrières annexes, faisant corps avec la société et qui augmenteront le bien-être de son personnel de main-d'œuvre [1]. Quant à la capacité de recevoir, ce sera au gérant de compléter les pouvoirs ordinaires dont il dispose, en obtenant de ses co-associés l'autorisation d'accepter.

Au surplus, si l'on devait refuser à la société l'aptitude nécessaire pour recevoir des libéralités, on ne saurait contester cette aptitude aux associés, individuellement considérés. Il serait alors facile de tourner la loi. Le constituant adresserait la donation *nominativement* à tous les sociétaires, en mettant comme charge à cette donation que les biens resteront affectés à l'exploitation ou à ses œuvres de patronage.— On répond, il est vrai, que ce dernier procédé resterait impuissant à appeler comme bénéficiaires des personnes, comme des enfants incestueux, qui seraient incapables de recevoir des dons ou legs. Tandis que la donation à la société, dont ces incapables feraient partie, aboutirait

1 Ce point est bien dégagé dans la monographie de M. Lot, *Des libéralités aux sociétés civiles et commerciales*, Paris 1895.

malheureusement au résultat cherché. Mais si, en fait, les parties voilaient des dehors d'une donation à telle société déterminée une libéralité visant de propos délibéré un incapable, cette fraude pourrait toujours être démasquée: il y aurait lieu de suivre les règles concernant les personnes interposées.

220. — Problème de la personnalité pour les sociétés civiles. — 2° Plus grave est la question de l'extension de la personnalité morale aux *sociétés civiles*. Tout ce qui a été dit précédemment nous porte à la trancher par la négative.

Procédons par élimination :

a) Une société civile, qui se trouverait répondre à un intérêt d'ordre général en même temps qu'elle sert la cause de ses membres, a été reconnue établissement d'utilité publique : aucun doute que la personnalité ne lui soit attribuée. On pourrait, à la rigueur, se contenter d'une approbation indirecte de l'autorité, manifestée par le fait que des subventions lui sont allouées sur les fonds de l'Etat.

b) Une société civile se constitue sous la forme d'une société de commerce, par exemple en compagnie par actions, et en publiant alors ses statuts. Il se peut qu'elle acquière la personnalité de droit. Ce point doit être momentanément réservé.

c) Il y a dans l'acte de société une disposition par laquelle les associés, en prévision de procès que les tiers auraient à engager contre eux, renoncent à se prévaloir de la maxime : « Nul ne plaide par procureur. » La jurisprudence donne effet à cette clause. Les parties qui auront à plaider plus tard contre les associés pourront par citation unique les comprendre tous dans l'instance, sans avoir à les dénommer individuellement dans les exploits. — Mais cela ne prouve pas encore que la société soit une personne. On emploie une procédure simplifiée, voilà tout.

Ces situations particulières étant écartées, il convient de refuser toute personnalité à la société civile. Cela provient de son *défaut d'organisme* ou de vie extérieure. La société civile n'existe point pour les tiers, elle est un *simple contrat*. Ce contrat affecte à une destination une masse de biens communs, mais sans qu'il en résulte sur cet ensemble de biens une charge visible au regard du public, une charge leur imprimant un régime légal propre et séparé.

Les associés s'obligent, les uns vis-à-vis des autres, à laisser la société suivre son cours, à coopérer à sa marche, à ne pas faire sur le capital acte d'appropriation individuelle.

Mais ces engagements restent sans valeur vis-à-vis des correspondants de l'entreprise ou des correspondants de chaque associé. Les tiers ont devant eux, comme personnes, des débiteurs tenus conjointement ou autrement, selon les cas. Ils ont, comme gage, des patrimoines de débiteurs, auxquels s'ajoute une masse indivise : masse d'ailleurs passive et inerte à leurs yeux, dépourvue de toute fonction spéciale. Ils procèdent, à l'égard de cette masse, de la manière qu'ils procéderaient envers une succession ou une indivision quelconque, que ne grèverait aucune charge contractuelle.

En réalité, la société civile n'est pas une personne, car *elle n'existe point*. L'élever au rang de la personnalité, ce serait désavouer tout ce qui a été affirmé plus haut sur l'état d'opposition dans lequel se trouvent les sociétés de commerce et la société civile (nº 172).

221. — En faveur de notre opinion, on doit invoquer :

a) Les précédents tant du droit romain que de l'ancien droit qui, sauf en matière de commerce, subordonnaient la personnalité à un octroi de la puissance publique (Ferrière, Loisel, Dumoulin, Pothier).

b) La rédaction des art. 529 C. civ. et 69 6º C. proc. Ils constituent le fondement de toute la théorie de la personnalité, et concernent seulement les sociétés de commerce, le premier en termes un peu fuyants, le deuxième d'une manière catégorique.

c) L'absence de publicité des contrats établissant une société civile. Si les créanciers personnels d'associés perdaient leur gage sur les apports, ce résultat se produirait clandestinement, à leur insu, d'une manière injuste. — L'absence aussi de toute raison sociale, de toute dénomination de la société.

d) La définition du contrat de société dans l'art. 1832 C. civ. Il y a *mise en commun*, partant indivision, partant aussi absence de personne morale. C'est déjà chose grave, que de retoucher la définition pour les sociétés commerciales. Il faudrait l'annuler tout à fait, si la personnalité de la société devenait une loi générale.

e) Toute la série des art. 1832 à 1873 du titre *De la société*. Car ils visent presque exclusivement les rapports *inter socios*, les devoirs mutuels que les associés doivent remplir. Aucun ne se réfère à la manifestation d'un être autonome. Bien mieux, les art. 1862 à 1864, qui sont les seuls à parler des engagements envers les tiers, statuent pour prouver que cet être autonome fait défaut. Dire que les associés qui traitent ensemble s'obligent par portions viriles, nonobstant toute clause sociale contraire (art. 1863), c'est affirmer que la société ne peut être débitrice comme telle. Si elle pouvait être débitrice, elle pourrait aussi, à l'instar d'une société anonyme ou d'un établissement public, limiter sa responsabilité à son capital. Or cet avantage lui est positivement refusé.

222. — La jurisprudence, après avoir, au commencement du siècle, suivi une première phase dans laquelle elle admettait la personnalité de la société civile, avait ensuite consacré la thèse qui vient d'être développée. Mais un revirement s'est produit à la dernière époque, et aujourd'hui la personnalité est de nouveau acceptée (Req. 23 février 1891 et arrêts postérieurs). Ce n'est pas que l'on ait découvert en faveur de ce retour en arrière des raisons nouvelles et bien déterminantes.

a) La terminologie de quelques articles du Code civil a paru probante : les art. 1850, 1852, etc., montrent l'associé créancier ou débiteur de la *société*. — Mais on peut répondre que c'est là une expression elliptique, ne préjugeant pas le fond d'existence de la société, et qui est mise là pour « l'ensemble des associés. »

D'après l'art. 1848, l'associé qui touche une créance personnelle d'un tiers qui devrait en même temps de l'argent à la société, est tenu d'imputer ce paiement, proportionnellement sur sa créance à lui et sur la créance de la société, prise comme un tout indivisible, comme un bloc. — Mais cela ne prouve pas que cette créance de la société appartienne à un être de raison. Cela montre seulement que l'associé doit faire marcher l'intérêt de la collectivité de pair avec le sien propre, et ne pas permettre à celui-ci de primer celui-là. C'est une règle tracée *inter socios*, sans application pour le public.

b) Il y aurait, dans le sens de la personnalité de la société civile, un autre argument à faire valoir, d'une portée plus haute. Il faut insister sur cet argument, d'ailleurs assez compliqué, et ingrat à présenter. Car il repose sur une équivoque grave, concernant la condition des biens formant une société de cette nature.

223. — Supposez, dit-on, la personnalité absente. On arrivera par une autre démonstration à doter la société civile de la plupart des attributs qu'on a fait dépendre plus haut de la personnalité morale. On la dotera du plus appréciable de tous, l'affectation des biens sociaux par préférence aux créanciers de la société.

S'il en est ainsi, pousser le raisonnement jusqu'à ériger la société civile en une personne, comme on l'a fait pour une société commerciale, n'est plus une entreprise bien osée, puisqu'aussi bien elles engendreraient déjà les mêmes effets dans les questions les plus importantes.

Voici le raisonnement :

L'associé a constitué son apport. *Cet apport est affecté d'une charge, d'une servitude*. Il doit servir au but de la société, il doit rester indivis pendant le temps fixé.

L'associé doit respecter cette charge. Ses ayants cause succèdent à son obligation. Ce sont ou son acheteur, ou ses créanciers.

a) *Son acheteur*. Si l'associé vend l'immeuble social pour le tout ou pour sa part, l'acheteur ne peut pas plus toucher à cet immeuble ou en provoquer le partage pendant le cours de la société, que le vendeur n'eût été recevable à le faire. Autrement ce serait contrevenir à l'acte de société. — L'art. 1860 le décide d'ailleurs ainsi : il refuse à l'associé ou administrateur le droit d'aliéner les choses même mobilières qui dépendent de la société. Ce texte aurait d'autant plus d'importance, que Pothier reconnaissait à l'associé le droit d'aliéner *pour sa part*, tandis que le Code civil le lui refuse pour le tout.

b) *Ses créanciers*. Si l'associé laisse en souffrance ses dettes personnelles, ses créanciers ne sont pas recevables à exercer une saisie sur un bien de la société. Ils ne pourraient le faire que du chef de leur débiteur. Or précisément, le débiteur a renoncé à faire tourner à son profit exclusif les choses de la société (art. 1853, 2°). Le droit, dont il est privé, de reprendre une valeur sociale à la société pendant son cours, ses créanciers ne sauraient l'avoir davantage.— L'associé ne saurait pas non plus constituer une hypothèque pour ses besoins propres sur un bien de la société, de manière que cette hypothèque eût un rang meilleur qu'une hypothèque sociale de date postérieure (c'est sur ce conflit et en ce sens que statue l'arrêt de la Chambre des requêtes de 1891, d'où résulte la nouvelle jurisprudence). Car l'art. 1860 dit: l'associé ne peut *engager*.

Alors même que le bien de la société serait déjà liquidé et transformé en argent, à la suite, par exemple, d'une expropriation des créanciers sociaux, les créanciers personnels, chirographaires ou hypothécaires, seraient encore sans droit pour venir à collocation judiciaire sur le montant du prix. Ils ne peuvent disputer cette somme aux créanciers sociaux. Y eût-il un excédent, ils n'y sauraient prétendre. Vouloir le faire, serait détourner une valeur sociale des besoins de la collectivité et l'appliquer aux intérêts exclusifs d'un associé. Ce serait contrevenir au contrat social [1].

De telle sorte que, finalement, — l'associé ne pouvant ni vendre sa quote-part dans les biens sociaux, ni habiliter ses créanciers à se payer sur les biens sociaux, la société échappant à toute espèce de trouble provenant du fait d'un associé, — le plus précieux avantage rapporté d'habitude à la personnalité morale se trouve atteint. On se demande quelle témérité il y aurait, à faire un pas de plus pour reconnaître la personnalité des sociétés civiles et commerciales, tout à la fois. C'est, disons-le aussi, au moyen de ce chemin détourné, que la science allemande, par ceux de ses représentants qui protestent contre la person-

[1] Toute cette argumentation a été habilement conduite par M. MONGIN, *Revue critique de législation et de jurisprudence*, 1890.

nalité morale, arrive à établir la séparation d'organisme entre le patrimoine de la société et les patrimoines d'associés [1].

En raisonnant de cette manière, il faudrait également décider que l'associé, débiteur d'un tiers, n'est pas recevable à opposer en compensation sa part dans une créance, appartenant à la société contre cette même personne. Car, en compensant, il abuserait de la créance sociale, en la faisant servir à ses intérêts propres; ce qui ne lui est pas permis.

Et par toute une série de brèches ouvertes dans les règles que retrace le présent chapitre, on en viendrait logiquement à répudier la personnalité sur toute la ligne. On la rejetterait, en matière commerciale comme en matière civile, plutôt encore que d'en affirmer simultanément l'existence dans les deux cas. L'argument dévie, en effet, de son but. Il tend à proscrire ici et là la présence d'une personne morale. Il ne conclut pas à élargir la portée de la fiction sur laquelle repose la société commerciale. Il la repousse entièrement.

224. — Malheureusement, les déductions précédentes résultent d'un sophisme.

On prétend que les créanciers d'un associé sont exclus, par le fait du contrat social, du droit de se payer sur la fraction des biens de la société correspondant à la part de leur débiteur.

On prétend que l'acheteur, agissant du chef de l'associé, ne peut pas conclure contre la société à ce que la chose vendue lui soit livrée ou soit licitée.

On ne prouve aucune de ces deux assertions. Ou la seule preuve qu'on en fournit est la disposition de l'art. 1860, qui reproduit vraisemblablement la doctrine de Pothier; car rien, dans les travaux préparatoires du Code civil, ne laisse supposer une innovation.

Tout au contraire, la charge, qui pèse sur les biens sociaux et qui doit leur permettre d'accomplir les fins du contrat de société, n'existe qu'à l'état d'engagements *personnels* des associés, les uns vis-à-vis des autres. Ce n'est pas une *servitude* grevant les biens sociaux dans leur substance intrinsèque. Ce n'est pas une charge s'analysant en un droit *réel*, en un démembrement *erga omnes* de la propriété de l'associé au profit de ses co-associés réunis.

Les engagements d'une personne ne s'étendent pas à ses ayants cause autres que ses successeurs à titre universel. Cette nécessité de respecter les biens sociaux n'existe ni pour les créanciers de l'associé, ni pour un acheteur.

Ceux-ci peuvent pratiquer sur la chose indivise de leur débiteur une

[1] V. aussi SALEILLES, *Histoire de la commandite*, dernière partie, *Annales de droit commercial*, 1897.

mainmise, à laquelle le débiteur lui-même serait non-recevable. Ils peuvent pratiquer cette mainmise, pourvu que les dispositions qui, comme l'art. 2205 C. civ., suspendent l'expropriation d'un bien indivis, soient respectées. Ils le peuvent, en s'exposant à voir la propriété de leur auteur résolue par l'effet du partage déclaratif (art. 883 C. civ.).

Et au total, la société civile, quoi qu'on en dise, reste à la merci des fausses spéculations d'un de ses associés. Ses désordres amèneront, de la part de créanciers ou d'acheteurs, une immixtion dans l'entreprise sociale, peut-être pour elle un empêchement de continuer. Et une hypothèque d'associé primerait une hypothèque sociale plus récente, quoique l'arrêt de la Chambre des Requêtes de 1891 ait décidé le contraire [1].

C'est la preuve de l'imperfection de nature de la société civile, de l'absence pour elle de vie propre.

Le Code civil, dans la matière du louage, permet bien à un preneur de se prévaloir de son bail contre un acheteur ou contre les créanciers de son bailleur (art. 1743 C. civ. et 684 C. proc. civ.). Le preneur, cependant, n'a pas non plus un droit *réel* sur l'immeuble loué.

On a voulu étendre cette disposition à la société civile. On a voulu conférer à la société le droit d'invoquer l'affectation du capital social contre les acheteurs ou créanciers d'un associé, comme le locataire invoque son bail contre les acheteurs ou les créanciers de son bailleur. Mais on ne pourrait se réclamer que d'une considération d'analogie, et l'argument reste au moins problématique.

SECTION II

DE LA COMPÉTENCE JUDICIAIRE EN MATIÈRE DE SOCIÉTÉS DE COMMERCE

(C. com., art. 51-63 abrogés par la loi du 17 juillet 1856, nouvel art. 631, 2°, et C. proc. civ., art. 59, al. 5)

225. — Il y a pour une société de commerce deux sortes de procès à envisager : — 1° ceux qu'elle intente ou supporte *avec les tiers* et qui résulteront des contrats ou délits où elle a été partie ; — 2° ceux qui s'engagent *entre les associés* eux-mêmes, ou bien entre la société et les

[1] La loi sur l'hypothèque maritime du 10 juillet 1885, art. 3 *in fine*, fournit un argument en ce sens. Au cas de copropriété de navire, l'hypothèque, que constituerait un des copropriétaires sur sa part, l'emporte sur une hypothèque de date postérieure qui serait constituée par tous les copropriétaires réunis. De là, la restriction mise par cette loi de 1885 à la faculté individuelle d'hypothéquer le bâtiment indivis. Or, on considère généralement la copropriété navale comme une société. La société civile doit avoir la même économie.

associés et qui ont leur raison d'être dans l'acte de société. C'est, d'après la terminologie romaine, l'action *pro socio* : elle a pour objet d'obliger les associés à exécuter le contrat social ou de les autoriser à le rompre dans des cas déterminés.

Il n'est pas question, à cette place, des procès de la première espèce. Ils se règlent d'après les mêmes principes de compétence que pour un commerçant ordinaire. *Ratione materiæ*, ils seront portés devant la juridiction commerciale, si l'opération litigieuse est un acte de commerce à l'égard du défendeur. *Ratione personæ*, ils seront portés devant le tribunal du domicile du défendeur, ou devant les tribunaux mentionnés par les art. 59 et 420 C. proc. civ. ou par l'art. 111 C. civ.

A l'égard des *procès entre associés* (action en versement de mise, action en responsabilité contre le gérant, action en nullité, action en dissolution, etc.), la loi pose une règle particulière. Elle demeure vraie de toutes les sociétés de commerce, qu'elles soient formées par intérêt ou par actions.

226. — *a*) *Ratione materiæ*, le procès est du ressort des *tribunaux de commerce* (art. 631, 2° C. com.).

Avant 1856, il y avait une autre juridiction, l'*arbitrage forcé* (art. 51-63 C. com.). Toute contestation à raison d'une société commerciale devait être jugée par des arbitres, sauf appel, à moins que les parties n'y eussent d'avance renoncé. En cas de refus de l'un des associés de nommer les arbitres, ils devaient être désignés d'office par le tribunal de commerce. Le jugement arbitral était rendu exécutoire par ordonnance du président du tribunal.

Cela répondait à la pensée que, l'acte de société devant, à un plus haut degré encore que les autres contrats, être interprété en équité, des arbitres étaient mieux portés que les juges réguliers à statuer sur la contestation en dehors des subtilités du droit ; — à cette autre pensée, qu'un procès public entre associés eût été de mauvais exemple : l'arbitrage était un mode amical de dénouer le différend.

Cette considération cessa d'être juste, lorsque ce furent les sociétés par actions qui devinrent la cause des plus importantes de ces contestations. D'ailleurs, l'expérience ne réussit guère : ces arbitrages étaient chers, parfois interminables. La ressource de l'appel, dont usait généralement la partie succombante, en rendait l'avantage illusoire.

La compétence, en conséquence, a été transportée par la loi du 17 juillet 1856 (nouvel art. 631, 2° C. com.) aux tribunaux de commerce. Ceux-ci, par leur composition et par l'esprit d'interprétation dont ils sont animés, sont en mesure d'accomplir, mieux que les anciens arbitres, le rôle de conciliateurs ou de juges d'équité entre les associés.

On ne peut pas induire de cette loi que les rapports entre associés dans une société commerciale soient considérés comme des rapports de commerce *par leur nature*. On discute la question de savoir si la souscription d'une commandite ou d'une action, dans une société commerciale, constitue un acte de commerce ou un acte civil. Cette question se retrouvera (nº 242). Elle n'est point préjugée par l'art. 631, 2º. Il y a des hypothèses où des procès de nature civile sont soumis à la juridiction des tribunaux de commerce (procès contre commis, etc.). Il se peut que tel soit le cas ici : réservons la controverse [1].

227. — Lorsque naît une contestation entre les associés, ils conservent, même depuis 1856, tout pouvoir à l'effet de renoncer à la justice régulière. Ils sont libres de confier, d'un commun accord, leur différend à des arbitres volontaires. Car l'usage du compromis est reconnu par le droit commun.

Le jugement arbitral sera alors rendu exécutoire par une ordonnance du président du tribunal civil (art. 1020 C. proc.). A moins de renonciation à l'appel, l'affaire pourra être portée en deuxième instance devant la Cour. Cette renonciation est implicite, lorsque le compromis a donné pouvoir aux arbitres de prononcer comme amiables compositeurs, et, dans ce cas, les arbitres ont reçu comme instructions de statuer en bonne foi, sans être liés par les règles du droit (art. 1019).

228. — **Clause compromissoire.** — Mais ce que les parties n'ont pas pouvoir de faire, c'est d'insérer dans le contrat de société une clause, d'après laquelle leurs différends ultérieurs seraient soumis à des arbitres.

C'est ce qu'on appelle la *clause compromissoire*. Elle est frappée de nullité, par argument — argument peu probant — tiré de l'art 1006 C. proc. civ. : ce texte exige dans le compromis la désignation de l'objet du litige, chose impossible si le litige n'est pas encore formé. Une pareille clause n'est susceptible d'effet que dans le contrat d'assurance maritime (art. 332 C. com.).

Il faut convenir que cette interdiction de se soustraire aux tribunaux, au moment du contrat, constitue une gêne fâcheuse. Les lois des autres Etats ne l'ont pas reproduite. On craint qu'il ne se forme dans les milieux d'affaires des conventions d'usage, violant les commandements

[1] Le fait, qu'on voit quelquefois porter devant le tribunal civil un procès entre associés en matière de commerce, principalement les actions en responsabilité intentés par des actionnaires, ne contredit pas l'affirmation du texte. Il y a alors prorogation de la juridiction des tribunaux de droit commun, acceptée par les deux plaideurs. Ces tribunaux restent compétents, si le défendeur n'a pas opposé l'incompétence *in limine litis*. Le tribunal civil n'est pas incompétent en matière commerciale d'une incompétence absolue : les deux parties peuvent d'un commun accord se faire juger par lui, même au commerce. On reparlera de cette règle dans la dernière partie de ce traité.

de la loi. Ces conventions acquerraient force d'autorité par la complicité d'arbitres qui ne manqueraient pas de leur donner effet.

Ailleurs qu'en France, il s'est constitué, grâce à la clause compromissoire, dans les diverses corporations marchandes, des règles conventionnelles utiles au commerce, qui se développent aujourd'hui à côté du droit des Codes.

229. — *b) Ratione personæ*, les procès entre associés, ou entre société et associés, sont du ressort du tribunal du siège social (art. 59, 6°). Mais les parties peuvent convenir du tribunal d'un autre arrondissement.

CHAPITRE II

DES SOCIÉTÉS PAR INTÉRÊT

SOCIÉTÉ EN NOM COLLECTIF ET SOCIÉTÉ EN COMMANDITE SIMPLE

(C. com., art. 20 à 28, art. 39 à 46, moins les art. 40 et 45; loi 24 juillet 1867, titre IV, *passim*)

DISPOSITIONS D'ENSEMBLE

230. — La *société en nom collectif* est *celle que contractent deux personnes ou un plus grand nombre, et qui a pour objet de faire le commerce sous une raison sociale* (art. 20). Elle n'est composée que d'associés solidairement tenus sur tous leurs biens du passif de la société.

La *société en commandite simple* se contracte *entre un ou plusieurs associés responsables et solidaires, et un ou plusieurs associés, simples bailleurs de fonds*, que l'on nomme *commanditaires* ou *associés en commandite* (art. 23, al. 1). Les commanditaires ne sont tenus que dans la limite de leur apport. Dans les relations des associés responsables, s'il y en a plusieurs, la société forme une véritable société en nom collectif (art. 24).

231. — **Commandite et prêt à intérêt.** — Le commanditaire est un associé *restant effacé* ; la participation de cet associé permet à un négociant d'entreprendre une exploitation qui serait, faute de ressources personnelles, hors de sa portée. Le négociant pourrait, il est vrai, recourir au *prêt à intérêt*. Mais il y a entre le prêt et la commandite une différence fondamentale, se traduisant par les deux règles suivantes :

a) Le prêteur est un *créancier*, son argent lui est dû à tout événement. L'emprunteur ne peut, sous prétexte de mauvaises affaires, se soustraire au remboursement. Les risques de perte de la somme empruntée sont pour l'emprunteur. S'il tombe en faillite, le prêteur produira au marc le franc, en supposant qu'il ne soit que chirographaire ; il produira par préférence, s'il a exigé des sûretés.

Pour le commanditaire, au contraire, l'apport court le risque social. C'est la conséquence de son titre d'*associé*. Lorsque la maison cesse ses paiements, c'est la société en commandite qui sera mise en faillite. Le commanditaire n'aura alors de sacrifice à subir que si sa commandite n'a pas encore été totalement versée. Mais l'eût-il versée, il ne s'inscrira pas pour son montant à la faillite de la société dont il est membre : il n'est pas créancier. Il doit laisser les créanciers de la commandite se payer sur le capital grossi de sa mise. Ce n'est que lorsque satisfaction entière aura été donnée à tous ces créanciers, qu'il pourra prétendre à un excédent, s'il en reste.

b) Le prêteur stipule un *intérêt fixe*, au taux convenu, suivant un forfait. Cet intérêt lui est dû bon an mal an, et rien de plus.

Le commanditaire a droit à son *tantième dans le bénéfice*, 10, 20, 40 0/0, selon ce que décide l'acte de société. Sa chance de gain est illimitée. Son droit, d'ailleurs, ne s'ouvre que s'il y a un bénéfice par l'exploitation de la société. En cas de perte, il n'a droit à rien.

232. — Apport. — Ce court parallèle de la commandite et du prêt achevé, rappelons — que, dans toute société, chaque associé doit constituer un *apport* (art. 1833, al. 2), autrement la société serait nulle ; — que cet apport peut consister en argent, en autres biens ou en industrie ; — que l'apport peut être fait en pleine propriété ou en jouissance, ce qui, pour les valeurs sujettes à consommation par leur emploi, veut dire en quasi-usufruit (n°s 160 et 161).

La société est rendue propriétaire de l'apport, quand c'est un objet déterminé, par le seul fait du contrat (sauf clause contraire) ; et quand c'est une chose fongible, comme l'argent, par le versement qu'en fera l'associé : il suffit de suivre les principes du Code civil sur le transfert de propriété.

233. — L'apport, qui consisterait en un *corps certain*, entraîne obligation de *garantie* à la charge de celui qui le fait. Il importe peu qu'il soit constitué en propriété ou en jouissance. La société suit la même loi que la vente ou que le louage.

Si la société vient à être évincée de l'immeuble qui représentait la mise, elle aura le droit de se retourner en dommages-intérêts contre l'associé de qui elle le tenait (art. 1845, al. 2 C. civ.).

234. — L'apport qui consiste dans une *somme d'argent* met à la charge de l'associé les *intérêts moratoires* au taux légal (6 0/0 dans le commerce), à partir du jour où cette somme aurait dû être payée.

Il n'est pas besoin de citer en justice l'associé, ni même de lui adresser une sommation. C'est une dérogation à la règle de l'art. 1153. Le tribunal peut même avoir égard à l'étendue du préjudice que ce retard a causé à la société : il condamnera en ce cas l'apporteur à de plus amples dommages et intérêts (art. 1846, al. 1 et 3 C. civ.).

235. — Chez l'associé en nom et chez le commandité, *l'apport en industrie* a tendance en pratique à prédominer. Cet associé met son activité, son travail de gestion à la disposition de la société. Il se pourrait qu'il n'apportât aucune autre valeur, situation fréquente pour la commandite. Il stipule un tantième de bénéfices en représentation de sa gestion.

Le risque social consiste alors, pour cet associé, à subir sur ses biens les poursuites des créanciers, et en tout cas à donner son travail sans obtenir de rémunération. Il fait un apport en simple jouissance, puisqu'il retirera son industrie lors de la dissolution de la société.

236. — Quelquefois, au lieu d'apporter son travail, l'associé se contente d'apporter son *crédit*. C'est un apport considéré comme suffisant, à la faveur d'une distinction classique faite entre le crédit commercial et le crédit politique.

Le *crédit commercial*, c'est l'expérience acquise par l'homme dans les affaires, et qui fait qu'une société a intérêt à s'assurer son patronage, sans lui demander ni valeurs ni industrie. Car ce patronage doit attirer les clients à la société.

Quand cet associé figure comme associé en nom, et s'expose ainsi solidairement sur ses biens, il y a, de ce chef, un risque social qui permet de justifier sa vocation aux bénéfices. L'apport ne consiste cependant que dans son nom. S'il cessait, en vertu d'une clause du contrat, de répondre du passif : alors, la société serait irrégulière, non pas faute d'apport, mais parce que l'associé ne concourrait point aux pertes.

Le *crédit politique*, c'est l'ascendant dont dispose une personne auprès de l'administration ou du gouvernement, et qui rend plus probables que pour tout autre les attentions des pouvoirs publics.

Le crédit politique, n'étant pas dans le commerce, ne peut faire l'objet d'un apport. Mais cela n'est pas observé à la lettre. Une concession, c'est-à-dire le droit conféré par l'administration d'ouvrir un chemin de fer ou de se livrer à certains travaux, donne fréquemment lieu à un apport, ne fût-elle accompagnée d'aucune valeur destinée à servir à l'exploitation. On a vu même mettre en société de simples autorisations de voirie [1].

237. — Du côté de l'associé commanditaire, l'apport en industrie est à peu près sans exemple. Cette industrie ne saurait de toute manière consister dans un travail de gérant; une règle propre à la commandite (défense d'immixtion, voir plus bas nos 309 et suiv.) y met obstacle.

Son apport se compose toujours de biens et, dans la grande généralité des cas, d'une somme d'argent.

238. — Caractères communs à l'associé en nom et au commanditaire. — Il y a certainement des caractères communs à l'associé en nom ou commandité d'une part, et au commanditaire de l'autre.

Ils ont tous deux une *part d'intérêt*. A la mort de celui-ci comme de celui-là, la société sera dissoute. Le décès du commanditaire produit le même résultat que le décès du commandité. Chez l'un comme chez l'autre la part est incessible, à moins que l'acquéreur ne soit agréé par tous les associés (art. 1861). Cette substitution d'associé, avec le consentement de tous, entraîne en réalité une nouvelle société.

Il y a cependant une convention permise à un associé sans l'accord nécessaire des autres: c'est la convention dite de *croupier*. L'associé peut faire transport de sa part à un acheteur ou prendre de compte à demi dans sa part une autre personne, sans avoir à obtenir le consentement des co-associés, pourvu que cette convention n'ait d'effet qu'*inter partes*. Au regard de la société elle est inexistante, d'où ces conséquences :

a) Que la durée de la société continuera à se régler sur l'existence physique de l'associé primitif et non sur celle de son cessionnaire, inconnu au siège social ;

b) Que l'associé primitif interviendra seul dans les délibérations, dans les réglements de comptes, etc.

On dit de l'acquéreur ou du participant en sous-ordre : *non est socius, sed socii socius*. Il chevauche en croupe sur la part (art. 1861).

239. — Un autre caractère commun à l'associé en nom et au commanditaire, c'est que tous deux doivent s'abstenir de *faire concurrence*

[1] En réalité, une concession ou une autorisation administrative ne seront pas un apport en société, ouvertement pratiqué. L'apporteur a employé ses soins à faire approuver le transport à la société de la concession, qui lui avait été primitivement accordée à lui-même. Ces soins représentent un travail, une industrie, susceptibles, d'après la loi, d'être mis en société. L'associé, dans une société par actions, se ferait délivrer des actions de jouissance ou des parts de fondateur. Quant à la concession en elle-même, il est difficile d'y voir une valeur marchande, un bien se trouvant dans le commerce.

à la société dans l'exploitation qui forme son objet. Cette obligation, dans la législation allemande, ne pèse que sur l'associé en nom. Le commanditaire pourrait donc ouvrir une maison de même ordre que celle de la société, dans son rayon d'action, et lui disputer ses clients. Le droit français ne le permettrait pas : la raison en est simple.

La société a une clientèle, c'est un élément de son actif, de son capital. Même ceux des associés qui n'ont pas fait l'apport du fonds de commerce doivent respecter cet actif : un associé ne peut se servir des choses de la société, du moment qu'il les emploie contre l'intérêt de celle-ci (art. 1859, 2°). Il y a donc là une obligation de *garantie* très stricte, dont sont tenus tous les associés mutuellement. Il ne faut pas la confondre avec cette autre garantie que l'associé doit fournir de la possession de son apport, et dont l'objet sera tantôt un immeuble, tantôt un brevet ou une valeur quelconque.

240. — **Différences**. — Mais à cela près, nombreuses sont les différences qui séparent les deux catégories d'associés. La condition juridique de l'associé en nom ou commandité d'une part, et du commanditaire de l'autre est plus fertile en contrastes qu'en rapprochements.

241. — 1° L'associé en nom collectif ou le commandité est *personnellement commerçant*. Le Code le dit clairement dans l'art. 20, lorsqu'il montre les associés en nom faisant *ensemble* le commerce. Des textes particuliers disent qu'ils seront mis en faillite à la suite de la société (art. 438, 2°, 458 2°). Il en est ainsi de tous les associés en nom, même lorsqu'ils restent en fait éloignés des affaires ou lorsqu'ils ne figurent pas dans la raison sociale.

Donc, sans parler davantage de la *faillite* qui le menace (n° 213), l'associé en nom doit faire *publier son contrat de mariage*. S'il exerce une profession incompatible avec le commerce (fonctionnaire, militaire, etc.), il ne saurait pas non plus s'associer dans une société commerciale sous cette forme. Il lui faudra la même *capacité* de droit que pour exercer un commerce individuel (mineur, femme mariée). Toutefois il est inutile qu'il tienne des livres autres que ceux de la société.

On comprend, dans ces conditions, que l'associé en nom soit passible de la *patente*, indépendamment de celle qu'acquitte la société elle-même. Mais comme il subit cette charge à cause de la société, il en recouvrera le montant contre elle, et l'impôt sera passé en frais généraux.

La société est inscrite d'abord à la patente au nom de son principal associé : celui-ci est redevable du droit proportionnel calculé comme il a été dit précédemment (n° 51), et, en outre, du droit fixe entier afférent à la profession.

Ce même droit fixe, une seconde fois, est divisé en autant de parts égales qu'il y a d'associés en nom, et chaque associé secondaire est imposé d'une de ces parts (l. 15 juillet 1880, art. 20). Cela dit, sous réserve de certaines exemptions consacrées par la loi fiscale.

242. — Le commanditaire, lui, n'est pas un commerçant (à moins d'exercer en outre un commerce séparé). Il n'encourt pas la faillite, il n'est pas tenu de publier son contrat de mariage.

Mais *son engagement de commanditaire a-t-il* ou non *le caractère d'un engagement de commerce* par sa nature?

Le sentiment général de la doctrine et de la jurisprudence est pour l'affirmative. Le commanditaire s'agrège à une société de commerce; par suite de la règle de l'accessoire, sa souscription devient un acte de commerce. Les opérations de la société sont commerciales, le gérant les accomplit pour l'associé à responsabilité limitée comme pour lui-même. Il n'est pas possible qu'elles changent de caractère, suivant qu'elles atteignent l'un des associés ou l'autre.

Cette thèse ne nous semble pas exacte. Le rapport qui unit le commanditaire à la société demeure civil, à notre avis.

a) Le commanditaire reste caché au public. L'acte de commerce n'a pas pour habitude de se dissimuler. D'autre part, si l'on veut que le commerce se caractérise par l'idée de spéculation, le commanditaire ne spécule qu'à risques limités, ce qui restreint singulièrement son aléa.

b) Aucun texte n'assimile la souscription d'une commandite à un acte de commerce. L'application de la théorie de l'accessoire serait ici abusive; cette théorie se borne à rendre commerciaux les actes secondaires d'exploitation d'un *commerçant*, elle ne communique pas la nature commerciale d'une entreprise à tous ceux qui y participent.

243. — Dans l'application, depuis l'abolition de la contrainte par corps en 1867, le problème n'a qu'un intérêt réduit, la plupart des solutions pratiques étant fournies d'avance par les textes. Ainsi :

a) Le *tribunal de commerce* est certainement compétent dans les procès de la société contre le commanditaire (art. 631, 2°, loi 17 juillet 1856).

b) On ne pourra pas établir, *par témoins*, la preuve de la société contre le commanditaire. Cependant, semble-t-il, si son engagement est commercial, l'enquête doit être recevable même au-dessus de 150 fr. (art. 109 Com.). Il n'en est rien, la preuve d'une société de commerce ne peut pas être établie par ce moyen (nos 261 et suiv.).

L'utilité de prendre parti sur la question de principe n'apparaît qu'aux points de vue suivants :

a) Il y a pour certaines professions des prohibitions de faire le commerce. Vont-elles jusqu'à interdire à celui qui les exerce de placer ses capitaux sous la forme de la commandite? La question est la même pour la souscription des actions. — L'ancien droit, qui voyait dans la commandite un placement régulier pour les classes nobles, nous donne déjà la réponse. Il n'y a aucune interdiction. C'est donc que l'engagement est civil.

b) Le commanditaire doit les intérêts moratoires à raison du retard qu'il met à verser sa mise. Si son engagement est civil, comme nous le pensons, le *taux* de ces intérêts sera de 5 et non de 6 0/0.

c) Les capitaux disponibles d'un mineur ou d'un interdit peuvent être consacrés par le tuteur à un placement en commandite, si l'opération est civile. Ils ne le pourraient pas, en admettant l'autre opinion (art. 3 C. com.) : le mineur devrait personnellement se faire habiliter dans les termes de l'art. 2. Et ici la jurisprudence se déjuge en statuant, comme elle le fait, dans le sens libéral.

La question, répétons-le, se présente de la même manière pour l'action, qui n'est qu'une commandite négociable. La gêne mise à l'emploi des capitaux du pupille serait peu tolérable, s'ils ne pouvaient être affectés à une souscription d'actions. D'ailleurs, en se prononçant pour la commercialité, que proscrirait-on au juste? Est-ce la souscription seulement, est-ce encore l'achat au comptant de l'action après que la société aurait été constituée? On attache ordinairement à cet achat un caractère civil, ce qui est peu conséquent; car le tuteur se trouvera exclu des souscriptions, et obligé de suspendre son ordre de placement pour acquérir ensuite la valeur sur le marché, à des conditions moins favorables.

244. — La loi du 27 février 1880, sur l'aliénation des valeurs mobilières appartenant aux mineurs ou aux interdits, énumère ces valeurs et mentionne les *parts d'intérêt* (commandite) et les actions. C'est donc que le mineur peut être commanditaire, sans aucune condition d'âge.

Cette loi a servi d'argument à un système intermédiaire qui a prévalu devant la Cour de Paris (21 mai 1884). L'emploi des capitaux du pupille, en commandite ou en actions, serait possible, moyennant l'autorisation du conseil de famille, et au-dessus de 1,500 fr., avec l'homologation du tribunal civil.

On l'a décidé ainsi par rapprochement des articles de ladite loi. Les art 1er et 2 commencent par exiger cette autorisation pour aliéner les valeurs du mineur. Plus loin, l'art. 6 prévoit la situation inverse, l'emploi en valeurs de capitaux disponibles: « les règles prescrites par les articles ci-dessus » sont déclarées applicables à cet emploi. On en conclut qu'il faut au mineur pour acquérir une valeur, une action par exemple, les mêmes autorisations que celles qui seraient exigées pour l'aliéner.

Cette interprétation laisse à désirer, elle prouve trop. Si l'on est conséquent, l'autorisation s'imposera même pour un achat d'immeuble, de rentes ou d'obligations: ce serait priver le tuteur de toute attribution effective.

Le passage précédent de la loi de 1880 n'a point le sens qu'on lui donne. Il veut dire seulement que l'emploi en valeurs négociables doit se faire en titres *de forme nominative;* il renvoie principalement à l'art. 6, qui excluait la forme au porteur des valeurs formant le portefeuille du mineur. Il ne doit pas avoir une autre signification.

S'ensuit-il, en rejetant cette interprétation, que l'on doive conférer au tuteur le droit de souscrire en toute liberté une commandite ou une action pour le mineur? Nous ne le pensons pas.

Ce droit ne lui appartient qu'autant que la part sociale est sujette à versement immédiat. Le mineur a les capitaux nécessaires pour libérer cette part et *il la libère.* Autrement, le tuteur le lierait par un engagement de somme, sans qu'on sache s'il aura des fonds libres à l'échéance. C'est un péril comparable à celui d'un emprunt: le mineur est menacé d'une expropriation éventuelle. Et par identité de motifs, il convient de soumettre l'opération aux mêmes conditions qu'un emprunt: autorisation du conseil de famille avec homologation de justice (art. 457 et 458 C. civ.) [1].

245. — 2° Il reste à mentionner entre l'associé en nom (ou commandité) et le commanditaire une *nouvelle différence.* Elle tient au rôle que joue le nom de l'un et dont le nom de l'autre est exclu, dans la composition de la raison sociale. Cela nous amène à présenter les règles de la raison sociale, avant de finir cette introduction.

246. — **Raison sociale.** — La société en nom collectif, tout comme la commandite, a une désignation propre. Cette désignation s'appelle la *raison sociale.* C'est sous cette raison sociale que sont traités les engagements pris par le gérant.

Elle se compose des noms réunis, conjugués, des associés en nom ou des commandités, Jean, Pierre, Paul, noms figurant comme une chaîne fortement soudée. A moins qu'on ne se contente des noms de quelques-uns de ces associés: cas auquel on les fait suivre de la rubrique impersonnelle *et compagnie* (*Jean, Pierre et Cie*).

Cette rubrique voile tantôt des associés responsables dont on tait le nom qui ferait longueur, et tantôt un ou plusieurs commanditaires. Dans la commandite la terminaison *et compagnie* est constante; dans la société en nom collectif, elle cesse si tous les associés sont énumé-

[1] Voir un article de M. Buchère dans les *Annales de droit commercial,* 1888, p. 157.

rés dans la raison sociale. Il est inutile de rechercher si c'est dans la commandite ou dans la société en nom collectif que cette adjonction a été historiquement usitée en premier lieu.

La raison sociale signale aux tiers, du premier coup d'œil, les associés responsables sur tous leurs biens, sans qu'ils aient à se référer à l'acte de société. Elle forme ainsi l'image réduite des garanties personnelles sur lesquelles ils sont en droit de compter.

247. — Il ne faut pas confondre la raison sociale avec la dénomination de la maison, avec son *enseigne*. Les sociétés anonymes n'ont qu'une dénomination (*Banque de France, Chemins de fer du Nord, La Nationale Vie* ou *Incendie*).

La raison sociale est composée de noms d'associés enchaînés les uns dans les autres (*Laffitte et Caillard, A. Boucicaut et Cie*), la dénomination ou enseigne se compose d'un nom d'objet ou d'une formule métaphorique ou de réclame (Au Bon Marché, à la Rôtisserie de la Reine Pédauque).

La raison sociale est en connexion avec un personnel déterminé d'associés et elle doit changer, à chaque modification que subit ce personnel.

La dénomination fait corps avec l'établissement et peut se céder avec lui.

248. — De ce que la raison sociale doit procurer un crédit plus rapide à la société, en donnant qualité au gérant et en manifestant de suite les noms des associés responsables, ressortent deux corollaires.

a) Introduite toute dans l'intérêt de la société, la raison sociale est *facultative*. Une société par intérêt sans raison sociale ne serait point nulle. Le gérant traiterait et signerait par procuration de tous ses co-associés dont il déclinerait les noms : il n'y aurait dans les effets des engagements aucune différence.

Si les associés constataient après coup une utilité à se pourvoir d'une raison sociale, il serait encore temps d'en munir la société. Le désaccord qui se produirait, sur l'ordre dans lequel leurs noms respectifs composeront la raison sociale, serait dénoué par la justice : le tribunal départagerait ces avis divergents.

b) La raison sociale ne peut contenir que *des noms d'associés responsables*, et jamais des noms de personnes étrangères à la société, ni même des noms de commanditaires (art. 21 et 25). Autrement les tiers seraient induits en erreur sur la détermination de ceux qui cautionnent la société sur tous leurs biens.

Quelle est la sanction ? Elle se devine, bien que la loi ne l'exprime pas.

Ou bien le commanditaire ou l'étranger a eu connaissance de l'usage indu fait de son nom. Il n'a pas protesté, il n'a pas fait rayer son nom de la raison sociale. — Il se comporte tacitement comme un associé responsable, et en cas de faillite de la société il subira l'effet de cette position, en laissant les créanciers se payer sur tous ses biens. C'est le seul moyen de réparer le tort qu'il leur a causé.

Ou bien il a ignoré l'abus fait de son nom. — Il ne sera pas tenu, mais les auteurs de l'abus commettent une escroquerie, même un faux criminel, en imputant à l'étranger une responsabilité, c'est-à-dire une obligation qui n'est pas la sienne (art. 147 C. pén.). C'est le même crime que de signer un engagement du nom d'autrui.

Par le même motif, lorsque l'un des associés se retire ou meurt tandis que la société poursuit sa marche, il doit, ou ses héritiers doivent faire effacer son nom de la raison sociale. Sinon il continue à répondre des engagements postérieurs à sa sortie. Il en répondra, quand même les autres mesures de publicité, destinées à avertir les tiers de cette sortie, auraient été observées.

En pratique, il est arrivé à plus d'une société, tout en modifiant son personnel, de conserver son ancienne raison sociale : c'est un moyen plus sûr de conserver l'achalandage. Ou encore, des commerçants, pour liquider, transmettent leur fonds de commerce à d'autres, en permettant à l'acquéreur de se servir de leur nom, afin de rallier la clientèle : le fait a lieu pour tout nom commercial, individuel ou collectif. — Il est admis que le nom du vendeur peut être ainsi gardé par l'acheteur, au moins pendant le temps nécessaire à la transmission des clients, mais à une condition : il faut que le nouveau titulaire inscrive son nom « à titre de successeur » à la suite de celui de la maison primitive. Par là disparaît tout malentendu.

249. — Nous diviserons l'étude des sociétés par intérêt en six sections. Elles auront pour objet : — les conditions de fond, — les conditions de forme, — les conditions de publicité auxquelles ces sociétés sont soumises, — la contribution aux pertes, avec la théorie des bénéfices, — l'administration de la société ainsi que la responsabilité des associés, — la dissolution, suivie de la liquidation et du partage.

SECTION PREMIÈRE

DES CONDITIONS DE FOND

250. — La société, en tant que contrat, et contrat synallagmatique, obéit aux conditions essentielles pour la validité de toutes les conventions. — Ces conditions sont au nombre de quatre (art. 1108 C. civ.).

Ce sont : — le *consentement* des parties exempt de vices, — la *capacité* des contractants, — un *objet certain* — et une *cause licite*.

251. — Des nullités. — Toutes ces conditions sont sanctionnées par la *nullité*. La nullité n'opère pas pour chacune d'elles de la même manière.

L'étude des nullités, déjà dépourvue d'unité pour un contrat ordinaire, tel que la vente, devient particulièrement complexe à l'égard d'une société. — Il y a des nullités *relatives*, celles qui proviennent d'un vice de consentement ou d'un défaut de capacité : elles ne peuvent être invoquées que par l'incapable ou par la personne dont le consentement a été surpris. — Il y a en d'autres (absence de cause ou d'objet) qui sont *absolues* et dont tous les contractants peuvent se prévaloir. Ces différences ne doivent pas plus être négligées lorsqu'il s'agit d'une société que pour une autre convention.

Mais c'est l'*effet rétroactif* de la nullité, à partir du jour où elle est prononcée, qui, dans les sociétés, soulève des difficultés particulières. Tandis que la nullité, pour un autre contrat, anéantit l'acte juridique, même dans le passé, et replace les parties dans le même état que s'il n'avait pas été conclu, cette règle n'est pas toujours vraie lorsqu'on est en face d'une société. Il y a, à cet égard, des distinctions à établir selon la cause de la nullité encourue. On discutera cette question dans son ensemble à propos de la publicité (nos 273 et suiv.)

Il suffira, pour le moment, de s'en tenir à une déclaration approximative. Elle comporte, d'ailleurs, des atténuations et ne doit pas toujours être entendue dans le même sens : à savoir que *la nullité d'une société n'agit que pour l'avenir*. En d'autres termes, la nullité laisse subsister entre les parties, jusqu'au moment de son prononcé, un état de société qu'il faudra liquider : ce sera tantôt une société de fait, qui se réglera d'après le droit commun sans égard aux stipulations particulières de l'acte social, et tantôt la société statutaire, avec les clauses mêmes que les parties avaient introduites dans leur contrat.

C'est qu'aussi la société, quoique irrégulière, place encore les parties dans un état de fait. Elle les soumet à une communauté d'intérêts qu'aucune fiction de droit ne pourra ultérieurement détruire. Il y a eu des affaires négociées pour le compte de plusieurs, il est impossible après coup de faire que ces opérations n'aient pas eu lieu. Il y aura donc matière à un règlement des affaires faites et de leurs résultats.

252. — Détachons, pour n'y plus revenir, la question des apports. On a indiqué leur variété d'objet (nos 160 et 161, 232 et suiv.). Le Code civil s'attarde inutilement à opposer l'*apport universel* à l'*apport particulier* (art. 1835 à 1840).

Il y aurait apport universel, lorsque les associés mettent en commun soit tous leurs biens présents avec leurs gains futurs, soit seulement leurs gains futurs, auxquels s'ajoutent alors les meubles présents (société de gains, celle-ci se présumant en cas de doute).

En dehors du contrat de mariage (régime de communauté) ou des situations provenant de concubinage, ce genre de société n'existe pas. Il était pratiqué dans les agglomérations rurales de l'ancien droit, la Révolution l'a fait entièrement disparaître. En matière de commerce notamment, il n'y a que des apports particuliers.

Analysons les quatre conditions de l'art. 1108 dans leur application à la société.

253. — 1° *Consentement.* Il peut être entaché d'erreur substantielle, de violence. Moins rarement le consentement est surpris par dol. L'un des contractants, afin de décider l'autre à souscrire, a usé de manœuvres, il a produit des pièces mensongères, promettant l'irréalisable dans l'exploitation projetée. Le contrat sera annulable, à la demande de la personne trompée.

254. — 2° *Capacité.* On peut passer vite également sur cette condition. La capacité nécessaire pour être membre d'une société commerciale n'a pas commune mesure pour toutes les sociétés. C'est, avons-nous dit, la capacité d'être *commerçant* de profession qui est requise pour devenir associé en nom ou commandité. Tandis que la capacité ordinaire de droit civil suffit, d'après nous, pour devenir commanditaire (nos 241 et 242).

255. — **Sociétés entre époux.** — Ici se pose une question. Deux époux peuvent-ils ensemble faire une société (civile ou de commerce) ? Leur intérêt à conclure un contrat de cette nature, s'ils veulent collaborer à une même exploitation, est assez faible — mais non pas tout à fait nul — s'ils sont déjà mariés sous la communauté. L'avantage apparaît surtout sous la séparation de biens : la formation d'une société en nom collectif entre eux procurerait aux tiers la garantie solidaire de leurs deux patrimoines.

256. — Une jurisprudence très ferme se prononce contre la validité de ces sociétés. Elle repousse même toute société où les deux époux figureraient comme associés avec d'autres personnes.

Il semblerait que cette jurisprudence dût faire appel au principe de l'*immutabilité des conventions matrimoniales* (art. 1395 C. civ.). Réunir les biens des époux ou certains d'entre eux, alors qu'ils devraient être séparés d'après le régime adopté, ou encore faire peser sur les propres de la femme une responsabilité générale à raison des dettes contractées par le mari, n'est-ce pas déformer les lignes de ce régime et lui imprimer une économie différente, ce qui justement en cours de mariage est interdit ?

Ce n'est pas cependant cette raison qui guide aujourd'hui les arrêts. De fait, on pourrait répondre qu'une convention quelconque entre époux est de nature à altérer l'effet du contrat de mariage : la donation en faisant passer au mari un bien qui normalement serait à la femme; le mandat en faisant administrer un paraphernal par le mari. Cependant donation (art. 1096) et mandat (art. 1577), sont licites entre époux. Il n'y a pas de raison de traiter plus sévèrement la société, qui donne aux biens du ménage une valeur productive plus forte. Le contrat de vente seul est interdit entre époux (art. 1595) : de la vente à la société il n'y a point parité de situation.

L'immutabilité des conventions sera respectée :

a) Si la société conclue entre mari et femme ne comprend pas une partie trop considérable (question à apprécier en fait) des biens qui devaient demeurer séparés, à la teneur du régime adopté ;

b) Si on laisse à chaque époux le droit de demander la cessation de cette société à tout moment, quand même il y aurait un terme convenu pour sa durée.

257. — Le motif militant, d'après la jurisprudence, contre la validité des sociétés entre époux, se tire de la position subordonnée de la femme au mari. Le contrat de société, avec le contrôle qu'il donne à chaque associé, conférerait à la femme *un pouvoir incompatible avec son état de soumission.*

Cela demanderait à être mieux expliqué. On ne distingue pas à première vue, comment la femme, recevable à demander sa séparation en cas de péril couru par sa dot, contreviendrait à son rôle, en demandant compte au mari d'une administration de société. Il est clair que, si le régime était la communauté, et que la société eût pour résultat, soit de confier à la femme la direction de cette communauté, soit de rendre le mari comptable des valeurs qui en font partie, la femme s'assurerait une position qu'elle n'a pas le droit de prendre. Mais c'est qu'alors la société ferait échec au régime, et l'on rentrerait dans l'argument précédent, argument qui pourra porter suivant les circonstances. Il est difficile, en tous cas, de proscrire invariablement toute société entre époux, à cause d'un prétendu affranchissement de la femme qui serait contraire à l'organisation de la famille : cet affranchissement paraît tout simplement imaginaire.

258. — La thèse admise par les arrêts se comprendrait mieux, et elle aurait une signification nettement protectrice pour la femme, si on liquidait toutes ces sociétés déclarées nulles de la manière suivante. Le droit de demander la nullité n'appartiendrait qu'à la femme, elle n'aurait intérêt à s'en prévaloir que si la société venait à péricliter, et elle s'en prévaudrait *même à l'encontre des créanciers de la société*. La femme recouvrerait alors son apport franc et quitte, au lieu qu'elle eût à prendre sa part dans les pertes subies dans l'exploitation. La nullité serait rétroactive à son profit et pourrait être opposée aux tiers. La femme serait frappée d'une incapacité, à elle relative, de former une société avec son mari.

Entendue ainsi, la nullité de la société entre époux prendrait sa place à côté des nombreux moyens de jurisprudence prétorienne, imaginés pour sauvegarder les apports de la femme. Ce serait, comme l'inaliénabilité de la dot mobilière, une thèse colorée d'arguments scolastiques dirigée vers un but économique, la préservation d'une catégorie de ressources pour le ménage.

Mais ce mode de liquidation, sans lequel la thèse devient presque énigmatique, n'a pas été consacré par tous les arrêts. Il a été suivi dans certaines circonstances ; dans d'autres cas, tout en prononçant la nullité, l'on a maintenu la société de fait entre les deux époux pour la phase d'exploitation écoulée. Ce n'est pas très heureux. La seconde manière de procéder enlève à l'opinion de la jurisprudence toute valeur pratique[1].

259. — 3° *Objet et cause réunis.* — Nous ne prenons pas ces mots au sens d'objet ou de cause de l'obligation de chaque partie, qui est leur sens usuel dans le droit général des contrats. Chaque obligation a son objet dans l'apport qu'elle représente, et sa cause juridique dans les apports que font en retour les autres associés : les apports sont déjà étudiés (n°s 160 et 232).

260. — Nous parlons de l'*objet* ou de la *cause* — termes alors synonymes — *que poursuit la société*. La société doit avoir un objet, autrement dit un but d'exploitation licite (art. 1833, cbn. avec l'art. 6 C. civ.).

Seraient illicites : des sociétés se constituant afin d'exploiter une *maison de jeu* ou pour faire la *contrebande*. Il n'y aurait pas à distinguer, ainsi que l'ont fait des arrêts, suivant que la maison de jeu se tiendrait en France ou à l'étranger, sous un régime qui en reconnaîtrait la légalité. Il n'y aurait pas à distinguer, selon que la contrebande

[1] Pour arguer de nullité des sociétés de commerce entre époux, on peut encore invoquer l'art. 5, al. 2 du C. de com. : la femme n'est réputée que le préposé du mari, lorsqu'elle ne fait pas un commerce séparé. — Mais cette présomption, quoique d'ordre public, cède devant un acte formel, comme l'est un acte de société. Car elle a été introduite seulement à raison de l'équivoque déterminée par une simple collaboration des deux époux, sur le vrai rôle qu'a entendu jouer la femme (n° 115). En face d'une société expresse, il n'y a plus d'équivoque.

devrait être pratiquée à l'importation en France ou à l'exportation, c'est-à-dire au détriment de la douane étrangère.

Seraient illicites encore : des sociétés dont l'exploitation est en elle-même autorisée, mais que la loi ne permet pas d'exercer avec des associés, ou avec des associés dépourvus de certains grades.

On discutera, en droit civil, la légalité de sociétés formées entre docteurs pour l'exercice de la médecine, ou entre avocats pour la pratique de la clientèle du Palais.

Ce qui est certain, c'est qu'on doit déclarer nulles les sociétés créées en vue de l'exploitation d'un *office ministériel* (en matière civile, notaires; ou en matière commerciale, courtiers maritimes et agents de change, sous réserve des charges de ces agents, exercées auprès d'une Bourse à parquet, qui sont licites depuis une loi du 2 juillet 1862, nouvel art. 75 C. com.).

Les fonctions publiques, en effet, ne sont pas dans le commerce, malgré le droit reconnu, depuis 1816, au titulaire de présenter son successeur à l'agrément du gouvernement. L'officier a été choisi par l'autorité supérieure, à raison des garanties personnelles qu'il présentait. Sa gestion ne doit pas être influencée par des associés, en qui l'administration n'a point mis sa confiance.

De même, une officine de *pharmacie* ne doit pas seulement être gérée par un pharmacien diplômé. S'il s'adjoint des associés, ils doivent, eux aussi, être pourvus du grade (tout au plus admettrait-on un étranger, s'il était simple commanditaire). Autrement la société serait nulle, là même où ces associés ne s'occuperaient pas des manipulations et de la tenue de l'officine.

Mais l'officier public, comme le pharmacien, pourrait prendre des clercs ou des élèves salariés, tout en les intéressant aux bénéfices de la charge ou du fonds. Ce ne serait alors ni une société, ni même une association en participation (voir ci-dessous), mais une modalité donnée à un contrat de louage de services.

Nous réservons l'examen de l'effet de cette nullité, qui n'opère pas comme la nullité pour incapacité ou pour défaut de consentement, par exemple (V. n° 274).

SECTION II

DES CONDITIONS DE FORME

(Art. 39 et 41, C. com.)

261. — **Ecrit.** — Une société commerciale par intérêt doit se constituer au moyen d'un écrit. Cet écrit est l'acte de société (on l'appelle *statuts* dans les sociétés par actions).

L'acte peut être rédigé au choix des parties, soit en la forme authentique et *notariée*, soit en la forme d'un acte *sous signatures privées*.

En ce dernier cas, il y aura lieu de le dresser en autant de *doubles* qu'il se trouve de parties ayant un intérêt distinct, avec mention du nombre des originaux sur chacun d'eux (art. 39 C. com., art. 1325 C. civ.). Il faut donc autant d'originaux qu'il y a d'associés en nom ou de commandités. On estime, en doctrine, qu'il faut également autant de doubles qu'il y a de commanditaires. — D'après la jurisprudence, un seul original suffirait pour tous les commanditaires ensemble (ce qui est la règle, on le verra, dans la commandite par actions). Cette pratique répond visiblement à la pensée que, dans la société, l'intérêt des associés n'est pas *distinct*, c'est-à-dire opposé, mais plutôt *commun* (nº 147). Il y a pourtant quelque doute à garder sur son exactitude.

262. — L'emploi de la forme authentique, indépendamment des avantages généraux qu'on peut avoir à faire établir un acte par un notaire, était recommandé naguère par les deux raisons suivantes, dont la première seule a subsisté :

a) La société est conclue entre une personne et l'un de ses *successibles*, entre un père et l'un de ses fils. Si la société était établie au moyen d'un acte sous signatures privées, il y aurait présomption que la société contient à l'adresse de ce successible un avantage indirect, peut-être une libéralité déguisée ; et l'héritier serait obligé plus tard de *rapporter à la succession* les profits qu'il en aurait retirés (art. 853 C. civ.).

b) Avant la loi du 1er août 1893, si l'acte de société portait pouvoir au gérant de donner *hypothèque* sur les immeubles sociaux, l'acte devait être authentique pour produire ce résultat. — Car, de même qu'une hypothèque ne peut être constituée que par acte notarié (article 2127), de même, à la teneur des idées admises, le débiteur qui, au lieu de constituer l'hypothèque personnellement, donne procuration à un mandataire afin de la constituer pour lui, doit dresser cette procuration en la forme notariée. Et l'acte de société devient une procuration de cette nature, en tant qu'il habilite le gérant à l'effet d'hypothéquer.

Mais, par suite de l'art. 69 ajouté par la loi du 1er août 1893 à celle du 24 juillet 1867, il pourra être consenti hypothèque, au nom de *toute* société commerciale, en vertu des pouvoirs résultant de son acte de formation même sous seing privé.

263. — Motifs. — La condition d'un écrit est plus rigoureuse encore pour une société commerciale que pour une société civile. Car ce n'est qu'autant que son objet dépasse cent cinquante francs, qu'en matière civile l'écrit est obligatoire (art. 1834 cbn. avec 1341), tandis qu'en matière commerciale il est toujours exigé.

Pourquoi cette sévérité, alors que le droit commercial pour les autres contrats autorise au contraire la preuve testimoniale, sans limite de somme? — Cela s'explique par un double motif :

a) La société doit être *publiée;* cette publication devient impossible à défaut d'écrit. La société, pour laquelle il n'y aurait pas eu d'acte dressé, est donc nulle faute de publicité, plutôt encore que faute d'écrit. On verra l'effet de cette nullité dans la section suivante.

b) Mais il y a quelque chose de plus dans l'organisation à laquelle la loi s'est arrêtée. La société nulle, faute d'écrit, ne pourra pas seulement poursuivre sa marche à partir du jour où l'absence d'acte sera constatée. Mais, en outre, pour établir réciproquement, en vue de la liquidation à intervenir, le contenu de la convention verbale, la consistance des apports, etc., les parties ne pourront pas recourir à la preuve testimoniale (art. 41). Elles n'auront que la ressource de l'aveu ou la délation de serment.

Si la loi avait exigé l'acte écrit uniquement afin de rendre possibles les mesures de publication, pourquoi aurait-elle exclu la preuve par témoins, qui est de règle au commerce, dans le but d'établir les conditions dans lesquelles on devra liquider la société par suite de la nullité?

C'est donc qu'elle a considéré le contrat de société commerciale comme renfermant d'habitude des clauses trop nombreuses pour pouvoir être abandonnées au hasard d'une enquête. N'est-ce pas témoigner envers la preuve par témoins une suspicion exagérée?

Au surplus, la loi ne statue que pour une société définitive. La promesse faite par une personne d'entrer en société avec une autre, pourrait fort bien ne pas se conformer à l'art. 39. Il serait permis, en cas de contestation sur son existence ou sur sa portée, de la prouver par témoins.

264. — La loi n'énonce pas les *mentions* que doit contenir l'acte de société. Cette omission n'est qu'apparente. Elle détaille plus loin, dans la matière de la publicité, les énonciations qu'on doit faire figurer dans l'insertion du journal d'annonces (art. 57 et 58 de la loi du 24 juillet 1867) : à plus forte raison, ces énonciations sont-elles prescrites dans l'acte. Quelques-unes d'entre elles, cependant, peuvent être passées sous silence, parce que la loi pose alors la règle interprétative des volontés des parties, et statue elle-même à leur défaut sur les effets du contrat.

Les mentions sur lesquelles l'acte ne peut rester muet sont, indépendamment des noms des parties et de leurs signatures :

L'*objet* de la société ;

Le *type* dont la société dépend (société en nom collectif ou commandite, et encore présumerait-on la société en nom collectif qui est de droit commun dans le commerce, si l'acte ne s'en était pas expliqué) ;

La *raison sociale*, s'il y en a une ;

Le *siège social* ;

Le *capital social*, avec la part correspondant à l'apport en commandite ;

Les *noms* des associés responsables (et, ce que les extraits de publicité ne signaleront pas, ceux des commanditaires).

Les mentions dont la loi au besoin suppléerait l'absence, sont : la *durée de la société*, les *noms et les pouvoirs* des gérants, la *quote-part de chacun* dans les bénéfices et dans les pertes (disposition qui n'est point sujette à publicité).

265. — **Règles fiscales.** — Il y a pour les sociétés de commerce certaines *dispositions fiscales*, bonnes à connaître, ne fût-ce que d'une manière sommaire.

Au regard de l'*enregistrement*, un apport n'est point une aliénation par l'associé à la société, taxée au droit de mutation immobilière ou mobilière ou au droit d'obligation. Ce droit, on le sait, varierait entre 4 et 1 0/0, d'après la loi de frimaire an VII.

Les apports ont été déclarés sujets à un simple droit *fixe*, dont on a fait, en 1872, un droit *fixe gradué* à raison de 5 fr. par 5,000 fr., et qui est devenu aujourd'hui un droit *proportionnel* très réduit de 0,20 0/0 sur le capital social (l. 28 avril 1893, art. 19).

266. — Mais cette faveur ne s'étend point aux clauses qui « contiendraient obligation, libération ou transmission de biens meubles ou immeubles entre les associés et autres personnes. » Pour les biens sur lesquels porteraient ces dernières stipulations, les parties seraient soumises au tarif proportionnel habituel.

La formule n'est pas très correcte, puisque les apports sont bien transmis en propriété au capital social. A la lettre, tout le capital social serait passible des droits de mutation, et cela n'est point. La loi veut dire que, s'il y a dans l'acte de société des conventions adjointes ayant pour objet de rétribuer, non au moyen d'une part de bénéfices, mais par un *prix à forfait*, une valeur ou un travail acquis à la société, ces conventions seront passibles du droit proportionnel.

Ainsi il y a lieu à l'application de ce dernier droit, et non pas à celui de 0,20 0/0 : — pour un traitement fixe convenu au profit du gérant, — pour la cession d'un immeuble que la société achèterait à un prix déterminé, — pour le montant des charges qui grevaient un apport avant sa constitution et que la société s'engagerait à prendre à son compte, afin d'en libérer l'associé (transmission à la société d'une usine avec son passif : ce passif étant par hypothèse de 50,000 francs, c'est le droit de vente immobilière, l'usine formant un immeuble, qui sera exigible à concurrence de ladite somme).

L'enregistrement d'un acte de société sous seing privé n'est pas imposé, comme celui d'un acte de mutation immobilière, dans un délai de rigueur. Mais il ne pourra pas être longtemps différé. Car la publication de cet acte aura lieu sans retard (voir la 3e section), et cette publication emportera, de la part des greffiers des tribunaux, la rédaction d'un procès-verbal de dépôt. Or, le procès-verbal est un acte authentique, et une convention ne peut être visée dans un acte de cette nature qu'à la condition d'être soumise à l'enregistrement : c'est une règle de droit fiscal bien connue.

267. — **Transcription.** — Outre le droit d'enregistrement, l'acte de société donnera lieu à la perception d'un droit de *transcription*, s'il porte sur des immeubles.

En pareil cas, la société a intérêt à faire transcrire le contrat. Cet intérêt est manifeste depuis la loi du 23 mars 1855. A l'égal d'un acheteur, elle consolide par là la propriété de l'immeuble dont l'apport lui a été fait, et elle met désormais l'associé de qui elle le tient dans l'impossibilité de revendre une seconde fois cet immeuble à son préjudice (art. 3 de ladite loi).

La différence entre le régime fiscal d'une *vente* et celui d'une *société*, en matière de transcription, est celle-ci. Dans une vente, la taxe de transcription (qui est de 1,50 0/0) est perçue par le receveur d'office, cumulativement avec le droit de mutation au moment où l'acte lui est présenté à l'enregistrement, et cela que la vente soit ou non transcrite à cette date. Dans une société, au contraire, il dépend des parties de retarder, à leur gré, la transcription au bureau du conservateur des hypothèques et de n'acquitter le droit qu'à ce moment[1].

[1] On avait essayé de prétendre, en outre, que, les apports n'étant point l'objet d'une *mutation*, au sens fiscal (no 265), le montant du droit de transcription lui-même en était affecté : la taxe de 1,50 0/0 serait ainsi remplacée par un simple droit fixe. Mais cette opinion n'a point prévalu.

SECTION III

DES CONDITIONS DE PUBLICITÉ

(C. com. art. 42 à 46 abrogés ; l. 24 juillet 1867, titre IV, art. 55 à 61).

§ 1. Généralités

268. — Les actes des sociétés commerciales doivent être rendus publics. C'est une règle de bon ordre général. Trois catégories de personnes sont intéressées à cette publicité :

1° Les *associés*, qui font par là connaître aux tiers les conditions d'organisme de la société et lui donnent ainsi plus de crédit ;

2° Les *créanciers sociaux*, et d'une manière plus générale les fournisseurs de la société, par le même motif.

L'acte de société, par lui seul, est un contrat occulte. C'est une sorte de *contre lettre*, non opposable aux tiers (art. 1321 C. civ.). Les tiers l'ignorent : fût-il établi qu'il le connaissaient, cette connaissance de fait n'équivaut pas à la publicité légale (arg. 1071 C. civ.). Si l'on veut que les stipulations de ce contrat règlent les conventions qui seront traitées avec les étrangers et donnent à ces conventions leur mesure et leurs effets, il convient qu'elles soient préalablement portées à la connaissance du public.

On peut dire qu'avant la publicité, les associés n'avaient traité qu'entre eux seuls, mais que maintenant ils se mettent en rapport avec le commerce du dehors. Ils prennent envers les fournisseurs présents et futurs l'engagement de leur appliquer l'acte de société, comme ils demandent à ces fournisseurs de ne les rechercher que dans les limites de ce contrat. De là un lien entre l'idée de personnalité et celle de publicité.

Comment aurait-on jugé, au point de vue économique, un régime, qui aurait tout à la fois rendu la société opposable aux tiers, et mis ces tiers dans la nécessité à chaque marché nouveau de se faire représenter l'acte constitutif afin de connaître l'étendue de leurs droits ?

3° Les *créanciers personnels* de chaque associé. — La mise en société des apports constitués par leur débiteur va priver les créanciers personnels de leur gage sur les valeurs que ces apports ont pour objet. C'est bien le moins qu'on informe ceux qui se mettront individuellement en relations avec l'associé, qu'ils n'aient plus à compter sur des biens entrés dans un actif nouveau. Ici encore, la publicité se rattache à la notion de personnalité, puisque, à défaut de personne morale (voir le chapitre précédent, n° 209) on devrait reconnaître aux créanciers personnels la faculté de poursuivre leur paiement sur le capital social.

§ 2. Formes de la publicité

269. — La publicité n'a plus lieu aujourd'hui suivant les formes établies par le Code de commerce (art. 42 à 46).

On avait adopté en 1807 un système de publication, emprunté à l'Ordonnance de 1673, et auquel s'était ajouté à partir de 1814 un autre mode, considéré comme le plus propre de tous à informer utilement les tiers. Cet autre mode (la publication par la voie des journaux) avait été introduit en vertu d'un décret de l'impératrice régente du 12 février 1814, qui fut plus tard reconnu inconstitutionnel, mais dont une loi du 31 mars 1833 reproduisit la teneur.

D'après ce système, la publicité pivotait autour d'un *extrait* de l'acte de société rédigé par les associés en nom, ou par le notaire, si l'acte était authentique, et contenant les clauses du contrat que les tiers avaient le plus d'intérêt à connaître. Il fallait, à peine de nullité de la société, dans les quinze jours de l'acte constitutif, effectuer la publication de cet extrait, de la triple manière suivante :

a) Par *transcription* sur un registre du *greffe du tribunal de commerce* de l'arrondissement du siège social, et en outre de chaque arrondissement où la société aurait des maisons de commerce, c'est-à-dire des succursales ;

b) Par *affichage* pendant trois mois dans la *salle d'audiences* de ces mêmes tribunaux ;

c) Par *insertion* dans un des journaux chargés des annonces légales dans ces mêmes arrondissements (innovation de 1814 et de 1833).

270. — La loi du 24 juillet 1867, à l'occasion de la réforme de la législation des sociétés par actions, a, dans son titre IV, refondu la forme de la publicité pour toutes les sociétés commerciales.

Cette refonte a porté principalement sur deux points : — tout en maintenant l'extrait destiné au journal d'annonces, on a renoncé à l'affichage au tribunal qui paraissait sans avantage, — et on a remplacé l'enregistrement au greffe d'un simple extrait, par le dépôt à ce greffe d'un double ou d'une expédition de l'acte *en son entier*.

De plus, on a cru devoir imposer la publication auprès de la justice de paix, outre celle qui était prescrite auprès du tribunal de commerce.

Les premiers gérants ou administrateurs de la société ont un délai non plus de quinze jours, mais *d'un mois* pour accomplir la publicité, et ce délai court de la constitution de la société.

Les mesures composant la publication demeurent donc au nombre de deux :

1° *Dépôt d'un double* de l'acte de société, s'il est sous seing privé, ou d'une expédition notariée dans le cas contraire, *aux greffes de la justice de paix et du tribunal de commerce* du lieu où est établie la société, comme aussi de tous les lieux où la société a des maisons de commerce (art. 55 et 59 l. 1867).

Aucun texte ne dit que cet extrait soit mis librement à la disposition du public. Au contraire, le fait d'avoir permis cette communication pour les actes des sociétés par actions (art. 63), prouve que, dans les sociétés par intérêt, elle n'est point admise. Il faut cependant, sous peine de rendre la formalité illusoire, reconnaître à toute personne le droit, en se présentant au greffe, d'exiger verbalement du greffier tel renseignement qu'il lui plaira de lui demander sur le contenu du contrat.

2° *Insertion, dans un journal d'annonces* de ces mêmes arrondissements, d'un *extrait* de l'acte, signé, soit par les associés en nom ou commandités, soit par le notaire, et contenant certaines clauses, à mentionner ci-dessous. Justification de l'insertion est faite au moyen d'un exemplaire du journal, certifié par l'imprimeur, légalisé par le maire et enregistré dans les trois mois (art. 56 et 60).

Le journal d'annonces, à Paris, est désigné chaque année par un arrêté du préfet de la Seine. Pour les sociétés, dix journaux sont présentement affectés à cet objet (*Gazette des Tribunaux* et autres journaux judiciaires quotidiens, *Petites Affiches*, etc.).

Dans les départements, un décret de la délégation du gouvernement de la Défense nationale, en date de Bordeaux et du 28 décembre 1870, a laissé au libre choix des parties le soin de désigner le journal local où l'insertion aurait lieu : régime dont on n'a guère lieu de se féliciter.

271. — Cet extrait, qui est resté en substance tel que le décret de 1814 l'avait organisé, ne contient pas toutes les énonciations de l'acte de société, ni même toutes les plus importantes. Notamment il tait les noms des commanditaires, ainsi que le mode de répartition des bénéfices ou des pertes entre les associés. Il renferme seulement les clauses que les tiers ont intérêt à connaître, c'est-à-dire (art. 57 et 58) :

a) Celles qui concernent la nature et l'étendue des *garanties pécuniaires* données par la société à ses créanciers. Soit : — le type dont elle relève (société en nom collectif ou commandite); — la raison sociale; — les noms des associés solidaires, mais, nous le répétons, non pas *ceux des commanditaires;* — le montant du capital social, en spécifiant dans ce capital la somme représentative des apports en commandite, connus ainsi sous une forme anonyme sans désignation des personnes qui les ont faits (avant 1867, le montant des apports des associés en nom n'était pas publié).

b) Les clauses concernant la *durée de la société*: — l'époque où elle commence (la société commence à l'instant même du contrat, s'il ne désigne une autre époque, art. 1843 C. civ.), — et celle où elle doit finir.

c) Les conditions d'*administration* de la société : — son *objet*, — le *siège social* (pour déterminer le tribunal compétent et le lieu où il faudra signifier les actes), — la désignation des *associés autorisés à gérer ;* — les limitations mises par l'acte de société à leurs attributions.

d) La date du dépôt fait aux greffes de la justice de paix et du tribunal de commerce. Ce dépôt doit ainsi précéder l'insertion.

§ 3. Sanctions

272. — Cette partie, très délicate, du sujet ne peut être saisie qu'à condition de passer rétrospectivement en revue la nature des différentes sortes de nullité dont une société commerciale peut être affectée. La matière manque d'homogénéité.

273. — A. Si la société est nulle pour *vice de consentement* ou pour *incapacité*, il y a lieu à *nullité relative*, à la demande seulement de la partie lésée ou de l'incapable.

Cette nullité dure dix ans à partir de la cessation ou de la découverte du vice ou à partir de la fin de l'incapacité (art. 1304), à moins que l'acte n'ait été confirmé précédemment (art. 1338).

Elle fera rentrer le demandeur dans son apport, libre de toute perte, rétroactivement par conséquent; il n'y a donc pas lieu de liquider la société dans le passé, comme une société de fait ou à plus forte raison comme une société de droit.

La nullité opérera *erga omnes*, même vis-à-vis des créanciers sociaux.

Il faut excepter cependant le cas où la cause de nullité encourue consiste dans un dol exercé par un associé contre l'autre. Car le dol n'est opposable qu'à celui de qui il émane (art. 1116). La mise à néant de l'engagement surpris par dol dans le contrat social laisse subsister cet autre engagement qu'a pris la victime du dol envers le public. Les créanciers sociaux retiendront donc l'engagement de l'associé, commandite ou dette solidaire selon les cas. Ils se paieront sur le capital, et l'action en nullité deviendra une simple action en dommages et intérêts dans les rapports des associés seulement.

Sous cette réserve, la nullité opère *in rem*, de manière à décharger l'associé demandeur du passif de la société. C'est ce qu'il faudrait admettre, selon nous, là même où l'associé qui se prévaut de son incapacité ou d'une violence serait un simple commanditaire. Les tiers, dira-t-on, n'ont pas connu son nom, ils n'ont pas été instruits de la personne de l'associé, à plus forte raison le vice de l'engagement leur a-t-il été tenu ignoré ! Sans doute, mais ils pouvaient se renseigner au greffe du tribunal.

Ainsi, sauf une exception, nullité *relative*, susceptible de *se prescrire*, agissant d'une manière *rétroactive* et *opposable aux tiers*.

274. — B. Si la société est nulle pour *objet illicite* (contrebande, office ministériel, etc.), la nullité est *d'ordre public*, elle ne peut se couvrir. On l'opposera aux créanciers qui pouvaient s'informer de cet objet illicite.

Il y aura, de la part de chaque associé, répétition de sa mise aux mains de celui qui en est détenteur (art. 1376 C. civ.), car cette mise est sans cause. Le pacte social a été, dès le premier jour, dépourvu de toute valeur.

Cependant, malgré un avis contraire de la doctrine, la jurisprudence estime que, la société ayant parcouru une période d'exploitation avec réalisation de bénéfices ou de pertes, on ne peut pas faire abstraction de cet état de fait. Conséquemment elle décide que les associés devront régler ce passé entre eux, de manière que les pertes ou les bénéfices soient partagés.

Seulement ce réglement n'aura pas lieu d'après les stipulations de l'acte de société, puisqu'il est juridiquement sans valeur. On opérera comme dans une société ordinaire, telle que le droit civil l'organise, sur la base de la proportionnalité aux apports des gains ou des pertes. (nº 287).

C'est ce qu'on appelle la liquidation d'une *société de fait*, pour laquelle le tribunal nommera un liquidateur.

Cette jurisprudence est *équitable* (autrement la position de gérant assurerait l'accaparement des bénéfices par un seul ou à l'inverse ferait peser toutes les pertes sur une seule tête). Mais elle est encore *logique*. Car, quoi qu'on fasse, il subsiste une série de marchés qui ont produit des résultats. Ces marchés n'ont pas été annulés, malgré la chute de la société ; ils ont en eux-mêmes, et pris un par un, une cause suffisante pour engendrer une action en réglement entre ceux au compte de qui on les a conclus. Du moment qu'on cesse de faire appel pour ce réglement aux stipulations de l'acte social, et qu'on lui applique une idée de simple communauté d'intérêts, les principes sont respectés.

Ainsi nullité *absolue*, impossible à *couvrir*, *opposable* même *aux créanciers*, anéantissant le pacte de société, mais obligeant les parties à liquider *en fait* les opérations du passé.

Cela nous ramène, par une transition naturelle, à la nullité encourue pour absence d'écrit ou de publicité.

275. — C. Si la société n'a pas été rendue *publique*, elle est frappée de nullité. « Ces formalités, dit l'art. 56, al. 3 de la loi de 1867 qui reproduit la règle du Code de 1807, seront observées, à peine de nullité *à l'égard des intéressés*, mais le défaut d'aucune d'elles ne pourra être opposé *aux tiers* par les associés. »

Cette nullité est variable, protéiforme suivant les personnes au regard desquelles elle opère. En réalité, ce n'est pas une *nullité*. La nullité suppose dans le contrat un vice d'origine. Or la société, dans l'acte qui la forme, est irréprochable : elle est rendue caduque par une omission postérieure à sa fondation. Il est plus vrai de dire que la société non publiée est sujette à *dissolution anticipée* dans les rapports des associés, et qu'elle est inopposable aux tiers.

276. — *a*) *Au regard des créanciers sociaux*, la société, demeurée clandestine par suite du défaut de publication, est sans valeur.

Ils peuvent se prévaloir du contrat de société, s'ils y ont avantage (c'est la situation normale) ; voilà pourquoi la loi dit que le défaut de publication ne peut être opposé *aux tiers* par les associés.

Mais ils sont fondés aussi à soutenir que la société est inexistante. Dans ce dernier cas, leurs créances ne tombent pas, mais les associés qui ont personnellement contracté l'engagement deviennent, à la place de la société, conjointement (et comme on est en matière de commerce, solidairement) tenus de cette obligation. Au lieu d'un passif de société, on est en face d'un ensemble de dettes contractées par plusieurs personnes. Cela, dans une société en nom collectif, n'a qu'une médiocre importance.

S'ensuit-il, si la société non publiée est une *commandite*, que le fait par les créanciers de demander la « nullité » (expression incorrecte), les autorise à poursuivre le paiement de leurs créances, même contre les commanditaires, qui en seraient alors *indéfiniment tenus* ?

Cette conséquence serait bien dure. Car on frapperait un commanditaire auquel l'absence de la publicité n'est point imputable, le soin de la faire incombant au commandité et non à lui. Aussi doit-elle être rejetée. Les obligations contractées par le gérant n'ont pas été prises au nom du commanditaire. Les créanciers, ignorant le nom de celui-ci, n'ont pas traité en considération de sa personne. Ils n'ont d'action, en optant pour la nullité, que contre les associés en nom, les seuls avec qui ils se soient mis en rapport.

Toutefois, les circonstances de fait pourraient faire au commanditaire une condition pire. — Ex. : L'existence d'une communauté d'intérêts entre le commandité et lui est connue sur la place, et les fournisseurs ont contracté sur la foi de cette communauté d'intérêts. Le commanditaire a péché par négligence, comme s'il avait laissé insérer son nom dans la raison sociale (n° 248). Il aurait dû s'assurer si la publication a eu lieu, et y procéder à défaut du gérant pour la sauvegarde de ses droits. La question se résoudra en fait. Autant que possible, la justice usera d'indulgence et préservera le commanditaire de cette responsabilité.

277. — Lorsque la publicité a été accomplie, et que le vice allégué tient à l'absence, dans l'extrait d'annonces, de l'une des mentions requises, la société existera bien au regard des tiers. Mais c'est *la mention omise* qui leur *sera inopposable*. Telle la société s'est présentée à eux, telle les tiers sont fondés à la dire constituée.

Ex. : L'acte de société limite les pouvoirs des gérants, et la clause n'a pas été publiée. Les actes des gérants excédant leurs pouvoirs, mais rentrant encore dans les attributions d'un mandat général, seront obligatoires pour la société. La publication de la clause aurait, au contraire, permis à la société de s'en prévaloir contre les tiers.

278. — Le droit appartenant aux tiers d'opposer le défaut de publication persiste à leur profit, alors même que, avant toute réclamation de leur part, la publicité aurait été tardivement faite. Ils tiennent de leur contrat le droit de se plaindre que la société ne se soit pas légalement révélée. Ce droit acquis ne peut leur être enlevé par une publication subséquente, après les délais établis.

279. — *b*) *Au regard des associés*, et dans leurs rapports mutuels, la société existe : elle a été connue des intéressés, malgré l'omission de la publicité. Mais cet oubli frappe la société d'un certain discrédit, ses débuts sont de mauvais augure, il y a juste cause de *dissolution judiciaire* (arg. art. 1871 C. civ.). Chacun d'eux est recevable à demander aux autres la rupture de la société : sous le nom trompeur d' « action en nullité » on doit lire « action en dissolution ».

Cette dissolution déterminera une liquidation semblable à celle d'une société régulière. On devra régler les opérations faites dans l'exploitation parcourue, les bénéfices et les pertes, les conditions de reprise des apports, il y aura lieu à partage. La liquidation portera donc non plus sur une *société de fait*, comme c'était le cas pour une société illicite, mais sur la société même que les associés avaient constituée, *en conformité du pacte social*.

La seule différence, qui sépare cette société non publiée d'une société publiée, c'est que la première, au lieu de pouvoir accomplir sa durée statutaire, est obligée de se dissoudre prématurément.

Contrairement à ce qui se passe pour la nullité invoquée par les tiers, il est admis que l'action entre associés s'éteindra, si, avant son exercice, le siège social répare le vice et publie l'acte de société, quoique le délai se trouve dépassé.

280. — *c*) *Au regard des créanciers personnels d'associés*, l'absence de publication produit aussi un important résultat.

Un créancier personnel peut d'abord, du chef de l'associé son débiteur, et en vertu de l'art. 1166 du C. civ., agir en nullité contre les autres associés. Mais cela ne lui donne pas grand avantage : il doit s'effacer, aussi longtemps que les créanciers sociaux n'auront pas été remboursés. La société étant insolvable, il n'est pas fondé à produire.

Il a donc fallu se demander si les créanciers personnels n'avaient pas en outre un *droit propre*, leur permettant, grâce à la nullité, de concourir avec les créanciers sociaux sur l'apport de leur débiteur. Et cette question a été résolue par la jurisprudence dans le sens de ce droit propre.

Cela est conséquent, cela du moins était conséquent avant le revirement qui s'est produit depuis 1891 pour reconnaître aux sociétés civiles la personnalité morale.

En effet, la personnalité de la société de commerce était subordonnée à une publication. Le plus important effet de la personnalité serait de soustraire le capital social aux poursuites des créanciers particuliers d'associés. Si la publicité fait défaut, la personne morale s'évanouit, le capital social tombe à l'état de biens indivis, et les créanciers particuliers rentrent dans leur droit de concourir sur ces biens indivis avec les créanciers de la société. Ce pouvoir leur appartient, la nullité qu'ils exerceront de leur chef leur procurera cet avantage [1].

281. — Seulement, il y a sur le maintien de ce droit dans la pratique actuelle et sur l'étendue qu'il faut lui reconnaître, quelques objections à formuler.

D'abord, si la société civile forme vraiment une personne juridique, ainsi que le prétendent les derniers arrêts, le point de départ du raisonnement devient faux. La personnalité ne dépendrait plus d'une publication, puisque la société civile ne doit point être publiée. Ou, soit dit autrement, cette société de commerce, non révélée, vaut, au moins, autant qu'une société civile dans laquelle les créanciers sociaux priment encore les autres. La théorie s'effondre. Depuis 1891, notre jurisprudence ne se comprend plus.

[1] Si, à la requête des créanciers sociaux, la société non publiée était déclarée en faillite, il appartiendrait aux créanciers particuliers de former opposition au jugement déclaratif et de le faire tomber, en motivant leur demande sur le défaut de publicité. Car si la faillite était maintenue, elle serait la consécration judiciaire de cette personnalité contre laquelle ils protestent à bon droit, et qui aurait pour résultat de les exclure.

En deuxième lieu, et sous cette réserve, on admet bien le droit des créanciers particuliers à agir en nullité, quand leur débiteur est un associé en nom ou un commandité. Car les extraits d'annonces les auraient informés du déplacement de la partie de leur gage affecté par leur débiteur à une société.

Mais, étendre l'action en nullité aux créanciers du commanditaire devient assez anormal. Même si le journal d'annonces avait fait connaître la société, le nom de leur débiteur n'y aurait pas été mentionné. La publication ne leur révèle pas la diminution de gage dont ils vont souffrir. En partant de ce raisonnement, la nullité ne peut être utilement exercée par les créanciers d'un commanditaire.

282. — En résumé, la nullité d'une société faute de publication (ou encore faute d'écrit) est une arme à plusieurs tranchants, une voie de droit qui signifie les choses les plus diverses, selon les intéressés en cause : *non opposabilité de la société, dissolution anticipée, absence de personnalité morale*. C'est une théorie enchevêtrée qui gagnerait à être reprise et éclaircie par le législateur de l'avenir [1].

§ 4. Conséquences de la nécessité d'un écrit ou d'une publicité quant aux modifications ultérieures à l'acte de société.

(C. com., art. 46 abr. ; l. 1867, art. 61)

283. — La théorie de la publicité a une répercussion profonde sur les faits qui, au cours de la société, modifieraient les conditions dans lesquelles elle fonctionne.

Les parties, en effet, ne pourront pas changer d'un commun accord l'une des clauses du contrat de société, sans renouveler pour cette délibération les formalités prescrites à l'origine. Autrement les tiers seraient fondés à croire que l'acte primitif continue, sans aucune modification. Cet acte primitif continuerait donc à faire loi pour eux.

La délibération ne devient opposable aux tiers, et même ne lie les associés, que moyennant : *a)* la confection d'un écrit, *b)* une publicité nouvelle. Il faudra déposer aux greffes des tribunaux prémentionnés et insérer, dans le journal d'annonces, un double de cet acte de modifi-

[1] Lorsque la publicité, faite aux greffes et dans les journaux de l'arrondissement du siège principal, a été négligée dans les arrondissements de succursales, la nullité cesse de se produire. L'art. 59 de la loi de 1867, qui exige ce complément de publicité, renvoie bien à l'art. 56, mais seulement pour l'énoncé des formalités à suivre et sans reproduire la sanction de l'al. 3. Les tiers qui auraient traité avec les agents de la succursale seraient seulement recevables à intenter une action en dommages et intérêts contre les auteurs de la négligence, en prouvant qu'ils ont ignoré les clauses de l'acte de société et qu'il en résulte pour eux un préjudice (art. 1382 C. civ.).

cation (l. 1867, art. 61). Bien entendu, l'insertion au journal d'annonces ne sera pas prescrite pour une délibération concernant une clause exempte dès l'origine de cette insertion (proportion respective des associés dans les bénéfices).

284. — Cette règle est d'ailleurs aussi large que possible. Elle comprend les actes qui ont pour objet « la modification des statuts, la continuation de la société au-delà du terme fixé pour sa durée, la dissolution avant le terme et le mode de liquidation, tout changement ou retraite d'associés, et tout changement à la raison sociale. »

Exemple. — La société avait été fondée pour dix ans. A l'expiration de ce terme, elle est prorogée pour dix autres années, en vertu d'une délibération de l'unanimité des membres.— Ou, à l'inverse, avant l'expiration des dix ans, on la déclare dissoute.

A défaut d'un écrit dûment publié, les tiers pourront, dans le premier cas, considérer la prorogation comme inexistante (ils n'y ont guère avantage), et, dans le second cas, soutenir que la société a persévéré : ce qui rendra valables les marchés qu'ils ont conclus depuis la délibération.

Le fait par les associés de s'être dispensés de publier l'acte originaire ne les exempterait pas pour autant de suivre les formalité légales, pour l'acte de prorogation ou de dissolution. Les tiers pourraient, tout à la fois, arguer du contrat non publié de société, qu'ils connaissaient, et repousser, comme occulte, la délibération postérieure.

Une délibération de cette nature, même dans les rapports des associés, est exposée, faute de publication, à ne pas recevoir effet. Particulièrement, une prorogation verbale, tout en procurant à la gérance le moyen de continuer l'exploitation avec des marchés réguliers, laisse chaque associé libre, quand il le voudra, de plaider en nullité, sans tenir compte de la durée nouvelle assignée à la société prorogée.

Autre exemple. — On change d'administrateur. Il faut publier, par les voies légales, la nomination de son remplaçant ; faute de quoi, les tiers contracteraient valablement avec l'administrateur retiré.

285. — **Fixité du capital.** — C'est surtout à l'égard des délibérations modifiant la consistance du capital social, que cette obligation de publicité trouve son application intéressante. On peut appeler les sociétés commerciales ordinaires des *sociétés à capital fixe*, bien que cette expression ne soit point dans la loi. Ce serait par opposition aux *sociétés à capital variable* qui, on le verra, disposent précisément quant à la publicité de faveurs spéciales.

Sans doute il est permis, par un accord nouveau, de modifier le capital primitif. On peut notamment le réduire, en convenant de la retraite d'un associé, commanditaire ou autre. Sa part sera alors remboursée, en la calculant à sa valeur au moment de cette retraite.

Mais il y aura lieu de rendre publique cette reprise d'apport, à peine par le commanditaire d'avoir à rapporter les fonds de sa commandite, si les créanciers en font ultérieurement la demande. Car, au regard de ceux-ci, le capital, gage des dettes, est resté au chiffre que portait l'acte de société [1].

La restitution de l'apport à l'associé, quand même on la publierait, ne produit pas des effets instantanés pour les tiers. Cette restitution équivaut, du côté de l'associé qui se retire, à une liquidation partielle de la société. Or le capital ne peut pas se décharger immédiatement du passif qui le grevait au moment de l'entrée en liquidation. Les créanciers antérieurs à la publication de la retraite d'associé conservent sur son apport, même revenu en ses mains, un droit de poursuite ; la durée de ce droit est portée à cinq années (arg., art. 64 C. com., v. ci-dessous la liquidation, n° 360).

SECTION IV

BÉNÉFICES, DIVIDENDES, PERTES

(C. civ. art. 1853 à 1855 ; l. 1867, art. 10, al. 3 à 5 *a contr.*)

286. — La *théorie des dividendes* ne peut pas être séparée de celle de la publication. Parlant des *bénéfices*, il sera naturel de s'occuper aussi des *pertes*.

Il y a bénéfice annuel, lorsqu'une société, par l'effet de sa bonne marche, s'est enrichie d'un exercice à l'exercice suivant. Cet enrichissement est déterminé dans les livres par le solde du compte *profits et pertes*.

Il y a bénéfice d'ensemble, lorsque la société s'est enrichie dans le cours complet de son existence, toute compensation faite, s'il y a lieu, entre les années bonnes et les années mauvaises.

Nous rappelons que ces bénéfices, dans l'exemple simple du commerce par achat et vente, tiennent à ce que la maison a revendu ses produits plus cher qu'elle ne les a achetés, en comptant dans le prix de revient les frais généraux (frais d'exploitation et intérêt des capitaux engagés).

[1] Si le commanditaire, en se retirant, procurait à la société un autre commanditaire pour le remplacer, — ce qui revient à une cession de part sociale avec le consentement de tous les associés, — on pourrait se dispenser de toute publicité; car le changement d'associé n'a eu sur le capital social aucune influence. L'associé sortant a reçu de son successeur l'équivalent de sa commandite : la société n'a eu, ni à la lui rendre, ni à la recevoir à nouveau de son remplaçant.

287. — Suivant quelle *proportion* les associés participent-ils aux bénéfices? — La réponse est dans les art. 1853 et 1854 du C. civ.

a) *L'acte de société garde le silence.* Les bénéfices alors se partageront entre les associés, non pas en parts égales, comme le voulait le droit romain, mais proportionnellement à la valeur de l'apport de chacun d'eux. L'associé qui a constitué un apport de 75,000 fr. dans un capital de 100,000 fr., aura droit aux 3/4, etc. Lorsque ces apports consistent dans des biens autres que de l'argent, on se verra obligé de les évaluer afin d'établir la fraction, à moins que l'acte de société n'ait procédé lui-même à cette évaluation.

Mais pour l'apport en industrie, la loi a repoussé l'estimation, comme trop chanceuse; elle pose en règle que l'apport sera supposé de la même valeur que l'apport en argent ou en nature le plus faible.

Cela conduirait à dire, dans une commandite ayant un commandité et deux commanditaires, avec un capital-espèces de 100,000 fr. constitué par ces deux derniers suivant une inégale proportion (car le premier a donné 75,000 fr. et le deuxième 25,000 fr.), que la part du commandité dans les bénéfices est calculée sur un apport fictif d'argent de 25,000 fr. Elle doit ainsi, dans le silence de l'acte de société, ressortir à 1/5 des gains [1].

On devine, d'après ces simples chiffres, que les parties s'en rapporteront rarement à la loi. Car il est à craindre, dans des cas nombreux, qu'elle ne statue de manière peu équitable.

b) *L'acte de société s'est expliqué* sur le partage des bénéfices. Le règlement fera la loi, quand même il attribuerait à l'auteur de l'apport le plus faible la part la plus forte dans les bénéfices.

c) L'acte de société a pu encore, au lieu de déterminer les parts, confier à un tiers, ou même à l'un des associés, le soin d'opérer le règlement. Celui-ci ne pourra être attaqué en justice que dans les trois mois, et seulement s'il est manifestement contraire à l'équité.

288. — Les bénéfices mis en distribution prennent le nom de *dividendes*. Le dividende est la part que chacun reçoit sur l'ensemble des gains.

On peut, d'une année à l'autre, reporter les bénéfices et les garder en réserve, jusqu'à la fin de la société, sauf à les inscrire au crédit d'un compte spécial ou au compte de chaque associé respectivement, ou encore à les bloquer au compte du capital. C'était autrefois l'usage général.

Mais il existe aussi des sociétés par intérêt, dans lesquelles les

[1] Si l'apporteur en travail constituait une seconde mise en valeurs ou en argent, il y aurait lieu, pour l'ensemble de son apport, d'en revenir à l'évaluation.

bénéfices sont répartis à la fin de chaque exercice. Cela se pratique universellement ainsi dans les sociétés par actions. Les commanditaires peuvent manifester pour ce mode d'opérer une préférence très légitime : les bénéfices leur servent de revenus de leurs mises.

Cela va nous obliger d'établir entre les dividendes une distinction, suivant qu'ils sont réels ou fictifs.

289. — Dividende réel. — Le *dividende réel* est celui qui représente le résultat véritable des affaires de la société pour l'exercice clos auquel il correspond. Si l'on a mis 10,000 fr. en distribution, c'est que les gains effectifs de la société dans l'année écoulée se chiffrent par cette somme, par une somme au moins égale.

Ce dividende est acquis aux associés, ils le reçoivent sans risques éventuels de restitution. Quand les exercices ultérieurs induiraient la société en perte, quand même elle tomberait en faillite l'année suivante ou plus tard, les associés sont dispensés de rapporter ce dividende, pour reconstituer le capital ou pour payer les créanciers.

Ce point a été mis hors de doute dans la discussion du Code de commerce. La solution s'impose : autrement nul ne consentirait à faire de son argent un apport de société.

Cette acquisition de dividende est d'ailleurs exempte de toute publicité qui en avertirait les tiers. Les bénéfices ne font pas, en effet, partie intégrante du capital. Ils s'en détachent, puisqu'ils viennent en accroissement de son montant. C'est le capital seul qui forme le gage des dettes de la société, les bénéfices sont essentiellement *disponibles*. La société se liquide chaque année afin d'en déterminer le chiffre, le gain est une valeur acquise aux associés, et irrévocablement, si on le leur distribue. Il y a là un usage honnête que les créanciers connaissent et auquel ils ont adhéré [1].

290. — Dividende fictif. — Le *dividende fictif* est tout différent ; il résulte artificiellement d'une majoration d'inventaire. Ou, ce qui est plus rare, il est distribué sans inventaire ou contrairement à ses résultats.

La majoration peut s'accomplir assez aisément, en estimant les mar-

[1] On a supposé dans le texte que les années de bénéfices se présentaient les premières et étaient suivies d'années en pertes. Le contraire peut se présenter. Le capital est entamé par des pertes dans les premières années. Puis viennent les bénéfices. — Il ne pourra être procédé à leur répartition, avant que les pertes anciennes n'aient été réparées. Il faudra donc les appliquer d'abord à refaire le capital statutaire. Les associés s'y sont implicitement engagés vis-à-vis du public. S'ils avaient voulu limiter le capital pour l'avenir au chiffre abaissé auquel le capital est tombé par le fait des pertes, ils n'avaient qu'à prendre une délibération réduisant effectivement le capital à cette somme, et à rendre publique cette délibération.

chandises ou les valeurs de portefeuille à un cours exagéré, en n'amortissant pas les immeubles, etc., (voir ce qui a été dit dans le chap. des livres de commerce, n° 129). Par là, on masque des pertes par un mensonge d'écritures qui fait ressortir des bénéfices. Le gérant se résout à cette manœuvre, afin de maintenir le crédit de la maison ou d'éviter les réclamations que ses associés ne manqueraient pas de lui adresser si l'état véritable des affaires leur était révélé. Au surplus, c'est dans les sociétés par actions surtout qu'on surprend de tels agissements.

Ces dividendes non réellement acquis seront-ils sujets à rapport, à la demande des créanciers, si plus tard la fraude est découverte?

Pour les sociétés par actions, la question est tranchée par l'art. 10, al. 3 et suiv. de la loi de 1867 (et par l'art. 45 *in fine*) dans un sens contraire au rapport. Les dividendes fictifs sont acquis aux actionnaires comme les dividendes réels, à une réserve près : lorsque l'actionnaire a été de mauvaise foi et a connu le caractère illicite du dividende, il en devra la restitution. Hors de là, il en est dispensé.

On voudrait étendre, par analogie, cette disposition aux sociétés par intérêt, à la commandite simple (MM. Lyon-Caen et Renault). On a dit qu'elle était d'ailleurs conforme à la règle de droit civil (art. 549 et 550), qui rend propriétaire des fruits celui qui les recueille de bonne foi sur la chose d'autrui : assimilation téméraire, car ici précisément le dividende, prélevé sur le capital, n'est pas un fruit.

Tel n'est pas le sentiment de la jurisprudence. Elle argumente de l'art. 10 de la loi de 1867, non par analogie, mais *a contrario*, et avec raison, semble-t-il. — Le dividende fictif, n'ayant de bénéfice que le nom, est prélevé en fait sur le capital et sans publicité. Il est logique qu'il soit rapportable à toute époque, en tant que reprise de capital, contraire aux promesses de l'acte de société. Le gage du passif est amoindri et les associés, même de bonne foi, devront la restitution de ces valeurs, si la société ne peut pas plus tard payer ses dettes. En vain les auraient-ils consommés : la nécessité de reconstituer le gage passe avant tout ménagement pour un commanditaire trop confiant. Il répond d'un gérant infidèle, il n'avait qu'à s'assurer de la source régulière de ce dividende. L'intérêt des créanciers prime le sien propre.

Dans les sociétés par actions, la loi a pu user envers l'actionnaire de plus de bienveillance (nécessité d'encourager la formation de ces sociétés, absence pour l'actionnaire de la communication des livres, des moyens de vérifier l'inventaire). Là l'action en répétition que perdent les créanciers, ils la retrouvent sous forme d'action en responsabilité contre les membres d'un conseil de surveillance. Celle-ci est préférable : la première action, fractionnée entre cent et mille actionnaires, eût été d'exercice difficile et souvent illusoire. Aucune de ces raisons n'existe pour une société de personnes.

291. — Il convient de joindre à ce problème des dividendes deux autres questions, plus usuelles à l'égard d'une société par actions, mais dont la solution dépend de la doctrine commune à toutes les sociétés de commerce, ce qui permet de les examiner à cette place.

292. — Réserves. — 1° Il y a *fonds de réserve*, lorsque, au lieu de distribuer le bénéfice dans son intégralité, la société en retient une partie plus ou moins forte, qu'elle laisse alors dans le fonds de roulement de l'exploitation, soit qu'elle l'emploie ou non à un achat de valeurs séparées (immeubles, portefeuille). Si le bénéfice est très élevé, les associés décident que 6 ou 8 0/0 seront servis comme dividende et que l'excédent sera mis en réserve.

Un des avantages de ce fonds de réserve (qui pourrait être encore affecté à un renouvellement d'outillage, à une caisse d'assurance, etc.), est de régulariser le dividende sur tout le cours de la société. La réserve, alimentée par des bénéfices, se sépare du capital et conserve son caractère disponible, même en présence d'un exercice de pertes. Vienne une année sans bénéfice, hors d'état de pourvoir à un dividende : les associés décideront très régulièrement le prélèvement d'une somme sur la réserve et se la distribueront entre eux.

Il n'y a pas dans les sociétés de personnes de réserve *légale*, imposée par la loi.

293. — Intérêts fixes. — 2° La *clause statutaire de répartition d'intérêts fixes* est une stipulation portant que les associés auront droit, même après un exercice en perte, et sans préjudice d'un dividende plus fort, à un intérêt de 3, de 4 0/0 sur le montant de leurs mises. C'est une charge qui est passée en frais généraux.

Cette clause est plus connue dans les sociétés par actions, mais beaucoup de commandites simples l'ont aussi adoptée. Elle s'explique surtout de la part des grandes compagnies qui, ayant de longs travaux à faire avant d'exploiter (chemin de fer, percement d'isthme), laisseraient leurs actions improductives pendant plusieurs années si elles devaient attendre les bénéfices pour les rémunérer; et cela mettrait obstacle à leur constitution.

Sauf ces situations particulières, la clause ne mérite guère d'être encouragée. Est-elle licite ? La jurisprudence a traversé trois périodes distinctes dans sa manière de l'interpréter.

a) On a d'abord jugé cette stipulation *nulle*, sans valeur, contraire à l'essence du contrat de société. Ce contrat veut que l'associé coure le risque, c'est-à-dire subisse les pertes en même temps qu'il prétend au bénéfice. S'assurer un intérêt, un forfait à tout événement, c'est exclure le risque, c'est faire dégénérer la société en un prêt à intérêt, ou mélanger deux contrats qui n'ont rien de commun.

b) On a dit, plus tard, que la clause s'analysait en une *reprise partielle du capital*. Reprise stipulée également par tous, pour le cas où la société solderait ses inventaires en perte. Il y a donc moyen de donner effet à cette reprise, mais à condition de la porter à la connaissance du public, en le mentionnant dans les *extraits d'annonces*.

c) Depuis plus de trente ans, on décide en pratique que la clause est *obligatoire*, même *en l'absence de toute publication*, et n'expose point les associés à rapporter les intérêts touchés. Elle ne fait pas disparaître le risque social ; elle ne confond pas la société avec un prêt. En cas de faillite, le prêteur produirait et pour son capital et pour ses intérêts de l'année courante; tandis que l'associé s'effacera devant les créanciers aussi bien pour l'intérêt non encore touché que pour le capital de sa mise. L'intérêt est le prix que la société paie à ses membres de la jouissance de leur apport. — Ce n'est peut-être pas une thèse juridique irréprochable [1].

294. — **Fisc.** — Les dividendes doivent être envisagés encore sous *l'aspect fiscal*. Ils sont passibles de *l'impôt sur le revenu* créé par la loi du 29 juin 1872. Cet impôt, primitivement au taux de 3, est maintenant de 4 0/0. Un dividende de 100 fr. subit donc un prélèvement de 4 fr. qui sera perçu par l'administration de l'enregistrement.

L'impôt a d'ailleurs beaucoup plus de portée. Il atteint également les intérêts des emprunts contractés par les sociétés (sauf, maintenant, ceux des sociétés en nom collectif), les revenus des obligations ou des fonds publics, la rente exceptée. C'est dans les sociétés par actions qu'il trouve son principal aliment, il procure au Trésor plus de 60 millions.

Cet impôt n'atteint pas les dividendes distribués aux associés en nom ou aux commandités (L. 1er déc. 1875), mais seulement ceux qui sont alloués aux commanditaires (ou aux actionnaires).

La société fait l'avance de l'impôt au Trésor, elle en retient le montant sur le dividende de chaque associé. Les procès-verbaux des délibérations sociales déterminant la somme des bénéfices à distribuer sont communiqués à la Régie, pour déterminer l'assiette de la taxe. Mais, dans une société par intérêts, l'Enregistrement n'a pas, à défaut de cette communication volontaire, le droit de perquisition dans les

[1] Voir notre dissertation dans le *Journal des sociétés civiles et commerciales*, année 1884.

écritures du siège social; il taxera alors la société sur la présomption d'un bénéfice égal à 5 0/0 des mises.

295. — **Pertes.** — Après avoir traité des bénéfices, il faut s'occuper des *pertes*. Il y a perte lorsque le capital se trouve diminué par les mauvaises affaires. La différence entre le chiffre nominal du capital et celui auquel il est tombé, donne la mesure de cette perte. Pour un seul exercice elle est déterminée par le solde du compte *Profits et Pertes*, à l'inventaire. Elle résulte de ce que ce solde figure au passif du bilan.

Il va sans dire que *perte* n'est pas synonyme d'*insolvabilité*. Elle peut y conduire soit graduellement, soit d'un seul coup. Mais l'insolvabilité ne commence que lorsque les pertes ont dépassé le capital. Si le fonds social est de 100,000 fr., la société peut, pendant plusieurs années, subir des déficits réitérés de 10,000 fr., sans que les créanciers soient menacés pour autant d'être incomplètement remboursés.

Le règlement des pertes annuelles ne donne pas lieu à un mouvement de caisse entre le siège social et les associés, aussi longtemps qu'il y a un actif pour les couvrir. On se contente de débiter le compte de chaque associé de la part qui lui incombe dans la perte.

Quelle est cette part? Elle est, à moins de stipulation contraire, la même que dans les gains : elle se fixe donc proportionnellement aux apports, en cas de silence complet de l'acte; et suivant la quotité fixée pour les bénéfices, dans le cas contraire (art. 1853).

296. — **Clauses d'exonération.** — Il est indispensable que chaque associé, commanditaire ou autre, concoure aux pertes sociales. Autrement la société serait *léonine*, et contraire à l'art. 1855 : *la clause affranchissant de toute contribution aux pertes est nulle*. Il vaut mieux dire que la nullité atteint dans son entier la société, qui sera liquidée comme société de fait. Car tout le contrat perd équilibre, du moment que la clause d'exonération doit tomber.

Il est vrai qu'un associé peut limiter sa perte à une somme déterminée. C'est le cas du commanditaire.

On permet aussi à un associé qui fait un apport d'industrie de s'affranchir entièrement des pertes (art. 1855, al. 2 *a contr.* : contribution des *sommes* ou *effets*). Cet affranchissement n'est qu'apparent, car l'associé aura donné son travail sans rétribution, ce qui est une perte suffisante.

Un associé peut même atténuer davantage son risque, puisqu'il a le droit de constituer son apport en jouissance. Alors, avant tout partage, il est fondé à le reprendre par prélèvement.

a) Cet apport est-il un corps certain, un immeuble? — La propriété est hors du gage des créanciers, il est sûr de la reprendre. Du moins ne lui aura-t-elle donné aucun revenu, et les créanciers (si peu pratique que cela semble) pourront faire leur profit de cette jouissance, en la vendant pour le reste du temps statutaire de la société. Là réside le risque.

b) L'apport est-il d'une somme d'argent? — On peut croire au premier abord que l'associé en cas de faillite produira avec les créanciers, comme un quasi-usufruitier peut le faire. — L'économie des sociétés doit lui refuser ce droit. Il s'effacera, aussi longtemps que les créanciers ne seront pas désintéressés. S'il ne reste plus rien, après extinction du passif, dans le fonds social, il a perdu sa mise. Là réside le risque.

297. — Mais une clause d'exonération complète est contraire au droit, du moins dans le système français (*secus* en Allemagne). Il y a eu cependant des arrêts, pour décider que la seule convention illégale était celle qui affranchirait l'apport des poursuites des créanciers, mais que, sitôt l'apport reconnu affecté aux dettes, la loi était sauve : l'un des associés pourrait garantir à l'autre sur ses propres biens le remboursement de l'apport, en supposant cet apport absorbé par des pertes.

C'est une interprétation qui viole l'art. 1855 (nullité de la clause qui affranchit de toute *contribution*). La Cour de cassation ne s'y est pas rangée (Civ. cass. 11 juin 1894).

Mais la même Cour a eu le tort de donner effet à une clause qui aboutit à un semblable résultat.

Le commandité, pour rassurer les inquiétudes du commanditaire, contracte, par exemple, auprès d'une compagnie d'assurances et au profit de ce commanditaire une police, dont il paiera, lui commandité, les primes. Cette police donne droit à une somme de 100,000 fr. (le montant de la commandite) payable à son décès. Il est spécifié que le commanditaire ne la touchera qu'autant que sa mise viendrait à disparaître par les pertes.

On a généralement critiqué l'arrêt qui a déclaré cette combinaison valable (Civ. rej. 9 juin 1890). On a bien fait de le critiquer.

298. — La doctrine a cherché autrefois, pour atténuer les effets de la disposition de l'art. 1855, à se prévaloir de l'ancien droit. Elle a pris texte d'une opinion assez alambiquée, défendue par Pothier (nº 25 et suiv. de son traité *de la société*) et qu'on a appelée quelquefois la *théorie des trois contrats*.

On voyait dans le contrat portant exonération des pertes, une *société* surchargée d'une *assurance* contre le risque, avec *cession* de la fraction de gain que le commanditaire aurait stipulée plus forte sans cet avantage. Le gérant dit à son co-associé : « Votre mise est menacée par les pertes, je vous donne l'assurance qu'elle vous sera remboursée. En échange, vous me servirez une prime. Sans cette clause d'assurance, vous stipuleriez 20 0/0 des bénéfices. Contentez-vous de 10 0/0. L'écart représente la prime, j'en toucherai le montant à ce titre. »

La thèse est devenue un anachronisme. Elle s'expliquait dans l'ancien droit, au temps de la défense canonique du prêt à intérêt ; on tournait alors cette prohibition sous le manteau de la société. Dans le droit moderne, il n'y a que sous la communauté conjugale, qu'on voie un associé (la femme, comparable à un commanditaire) exercer ses reprises, en cas d'insuffisance du fonds commun, sur les biens propres de son co-associé (le mari). C'est un cas d'exonération des pertes tout à fait extraordinaire ; on sait que la communauté déroge au droit commun de la société sous de nombreux aspects. Une pareille disposition ne doit pas être étendue.

299. — Il reste à se prononcer sur un point délicat. Les pertes sociales doivent-elles être non seulement acquittées préalablement sur le capital, mais même imputées sur lui, à titre de contribution définitive?

Ex. : Deux personnes se sont associées par mises égales de 50,000 fr. chacune. Mais *Primus* participe aux bénéfices et concourt aux pertes pour 3/4, *Secundus* pour 1/4 seulement. Egalité d'apports, inégalité de parts.

Si l'on devait imputer les pertes sur le capital, au cas où celles-ci atteindraient les 100,000 fr., il n'y aurait qu'à payer le passif et à liquider le revenant-bon par zéro, sans aucune récompense de l'un des associés à l'autre. — Mais cela serait peu juste, et nullement d'accord avec ce que les parties ont entendu faire. *Secundus* ne devait concourir aux pertes que pour 25,000 fr. Or son apport était double de cette somme. *Primus*, s'il n'est pas commanditaire, lui sera redevable de la différence, de 25,000 francs [1].

SECTION V

ADMINISTRATION DE LA SOCIÉTÉ ET RESPONSABILITÉ DES ASSOCIÉS

(C. civ., art. 1855-1859 ; C. com., art. 22 et art. 27-28, l. 6 mai 1863)

300. — La société a besoin d'une ou de plusieurs personnes pour la diriger. Ces personnes sont désignées du nom d'*administrateurs* ou

[1] Lorsque la perte est seulement partielle (10,000 fr.), l'associé au moment du partage, commencera par précompter sur l'actif, formant reliquat, la différence entre le quart et la moitié de cette perte, soit 2,500 fr. Il se les attribuera à titre de prélèvement. Ces 2,500 fr. seront rapportés en moins-prenant par l'associé qui les doit et viendront accroître les 90,000 fr. pour les opérations de partage. *Secundus* recueille 47,500 fr., *Primus* 42,500 fr.

gérants. Entre elles et l'ensemble des associés se forme un rapport de mandat. Le titre du Code civil *du mandat* (art. 1984 à 2010) est donc applicable.

Pour tout mandat le problème se dédouble et fait agiter deux ordres de questions : — la question de représentation du mandant par le mandataire, — la question de la responsabilité du mandataire envers le mandant pour les fautes qu'il a pu commettre.

301. — **Représentation.** — *a*) Dire que le mandataire représente le mandant, c'est dire aussi que ses conventions sont prises ès-qualités, et rendent directement le mandant (ici la société) créancier ou débiteur de la contre-partie.

Les administrateurs sont donc porte-parole du siège social, de la personne morale. Se servir de la *signature sociale*, c'est exécuter le mandat, engager la société lorsque l'opération est conforme aux pouvoirs donnés aux administrateurs : en France, le contrat excédant les limites du mandat est inopposable à la société.

Ces engagements n'atteignent pas seulement la personne morale, ils rendent aussi débiteurs solidaires et personnels les associés en nom. C'est que ceux-ci jouent le rôle de cautions de la société. Donc, si le gérant, associé en nom, est tenu des engagements qu'il traite, ce n'est pas en tant que mandataire, mais parce qu'il est associé.

302. — **Comptes à rendre.** — *b*) Le mandataire est comptable de sa gestion envers ses mandants. Il est tenu de l'*actio mandati directa* (ici de l'action *pro socio*).

Tout associé peut, dans la mesure de sa part, attaquer le gérant à raison de ses fautes, et lui demander une indemnité proportionnelle. Il ne paraît pas que la fiction de la personnalité sociale autorise, dans les sociétés par intérêt, une action en reddition de comptes intégrale du chef de la collectivité, ni que la majorité des associés puisse donner un *quitus* ou conclure avec le gérant une transaction qui serait obligatoire pour tous. On verra dans les sociétés par actions fonctionner un régime différent.

L'action en responsabilité est de la compétence du tribunal de commerce du siège social, soit qu'on l'analyse en une contestation entre associés en matière de commerce (art. 631, 2° C. com.), soit préférablement parce que c'est une demande contre un préposé de commerçant (art. 634).

303. — **Rétribution.** — Le gérant est responsable de sa faute, même légère, d'autant plus qu'il est toujours rétribué (art. 1992).

Cette *rétribution* peut se composer d'éléments multiples :

1° Il a, s'il est associé, pour sa gérance formant un apport d'industrie, un tantième convenu dans les bénéfices.

2° Il se fait allouer presque invariablement encore un traitement fixe ; celui-ci lui est payé même dans les années de pertes sur les frais généraux. Cette allocation pourra, selon les circonstances, offrir un caractère alimentaire, ce qui la rendrait insaisissable pour les créanciers du gérant. Mais, alors même qu'elle ne dépasserait point 2,000 fr., il n'y aurait pas lieu de lui appliquer la loi du 12 janv. 1895 sur l'insaisissabilité de plein droit au-dessus du dixième des petits salaires.

Dans ce cumul de rétributions, il n'y a ni contradiction, ni violation de la règle qui oblige l'associé à contribuer aux pertes. Le gérant fait de son travail deux parts. Il s'engage par un louage de services, avec un appointement à forfait, à concurrence de son traitement fixe. Mais il estime son industrie à un prix plus élevé, et c'est pour le surplus de son travail qu'il est associé, courant le risque, appelé à recueillir une rétribution variable, peut-être nulle.

304. — Le gérant est habituellement un *associé*. Ce pourrait être un étranger (*non obst.* l. 1867, art. 57 : *associés* autorisés à gérer). L'étranger gérant n'assume aucune responsabilité personnelle à raison des dettes sociales : il n'est que mandataire, partant responsable seulement de ses fautes.

305. — **Faculté de substitution.** — Le gérant peut se *substituer un tiers*, sans même que l'acte de société l'y ait autorisé. C'est ainsi que les patrons ont coutume de se constituer des fondés de pouvoirs dans la personne de leurs principaux employés. Ils font connaître à la clientèle cette délégation de signature.

Le gérant associé n'a pas à faire approuver cette substitution par ses co-associés. Elle est tantôt temporaire, lorsque le gérant est atteint d'un empêchement passager ; tantôt durable, lorsque, à cause du nombre des affaires, il se donne un auxiliaire et non un remplaçant.

Régulièrement, cette nomination doit être rendue *publique* par dépôt aux greffes et par extrait dans les journaux, comme celle du gérant en titre ou du gérant qui viendrait à lui succéder.

Si le fondé de pouvoirs commet des *fautes*, le gérant en répond vis-à-vis de la société. Il ne cesse d'en être responsable qu'autant que la faculté de substitution lui aurait été expressément consentie. Et même, en pareil cas, pourrait-on lui reprocher d'avoir porté son choix sur une personne notoirement incapable ou insolvable (art. 1994) [1].

[1] Nous devons incidemment prémunir le lecteur contre une erreur qui attribuerait à certains employés le caractère de *substitués* du gérant, alors qu'ils ne sont cepen-

306. — Pluralité de gérants. — L'examen du droit de substitution sert de transition à l'étude de la pluralité de gérants.

S'ils sont plusieurs désignés pour exercer la gérance, chacun peut, en principe, faire seul les contrats intéressant la société. Les actes juridiques n'ont pas besoin d'être délibérés ensemble (art. 22 C. com.).

Toutefois, les fautes de l'un peuvent être imputées à tous. Elles sont considérées comme fautes communes, donnant lieu, d'après la jurisprudence, à une action en réparation *in solidum* : les associés lésés pourraient, à leur choix, poursuivre l'un quelconque des gérants pour le tout. Pour dégager sa responsabilité du fait des négligences ou des fautes de ses co-administrateurs, le gérant dissident devra former opposition à l'opération avant qu'elle ne soit conclue. En portant cette opposition à la connaissance des tiers, il rendra le marché inopposable à la société (art. 1857 et 1859, al. 1 *in fine* C. civ.).

Tout cela se déduit de l'idée que chaque gérant, indépendamment de l'investiture que lui a donnée le siège social, reçoit de ses co-gérants une substitution tacite de mandat. Ils se représentent et se remplacent mutuellement dans les marchés, par suite de l'impossibilité où ils sont d'y concourir simultanément. Un acte fait par un seul est censé provenir de tous. Dès lors ils se surveillent les uns les autres, et de même qu'un gérant répond de celui à qui il a délégué la signature, de même il répond d'un collègue en gérance, son substitué.

Il n'y a que deux cas où chaque gérant n'aurait pas la plénitude de l'administration : c'est lorsqu'il serait dit dans le contrat de société —

dant liés à la société que par un rapport de louage de services. Ce qui a notamment pour résultat de ne rendre le gérant responsable envers la société des infidélités ou négligences de ces employés, que dans des circonstances particulières. Il faudrait établir de sa part un manque de surveillance ou une autre faute sans laquelle ces malversations ou incuries de subalternes ne se seraient pas produites. C'est le cas pour le *caissier*. (Il en est de même pour les employés préposés aux ventes.)

Si le mandat consiste, ainsi qu'on le dit communément, dans des actes juridiques à exécuter, il semble que le caissier, qui fait et reçoit des paiements, appartienne à la catégorie des mandataires, les paiements étant des actes de droit. Ce qui le ferait ranger dans le personnel de la gérance.

Rien ne serait moins exact. Le caissier n'a que le maniement matériel des sommes qui entrent ou qui sortent. Il ne délivre pas quittance de ce qu'il reçoit en versement, pas plus que les paiements qu'il fait ne sont quittancés à son nom. Il opère au vu de pièces comptables qui justifieront de son état de caisse : ces pièces sont signées par le gérant (effets de commerce, bons sur la caisse, bordereaux des recouvrements effectués par les garçons de recette). — En résumé, le caissier n'a pas à apprécier s'il convient de faire un paiement ou un encaissement, il obéit machinalement à un ordre qui lui est donné à cet effet. Ces opérations juridiques émanent vraiment de la gérance. On pourrait, d'après ces données, reproduire en matière commerciale la distinction classique, établie par le droit administratif, entre l'ordonnateur et le comptable. Mais le développement de ce point nous entraînerait trop loin.

ou bien qu'ils ne pourront agir que réunis, — ou bien que leurs attributions sont partagées, les achats d'approvisionnements, rentrant, par exemple, dans les fonctions de l'un, et les ventes de marchandises dans celles de l'autre. Mais ces clauses, pour avoir effet vis-à-vis des tiers, devraient être publiées conformément à la loi.

307. — Il existe deux sortes de gérance :

1° La *gérance statutaire*. Le gérant est désigné dans l'acte de société. Il est irrévocable, il ne peut démissionner à son gré. Toute exception faite pour le cas de raisons graves (maladie, actes d'infidélité) qui seront appréciées par le tribunal et pourront déterminer sa destitution ou sa retraite. Si ce fait se réalise, le départ du gérant n'entraînera pas nécessairement dissolution de la société, à moins que l'entreprise ne puisse plus fonctionner sous la direction d'un autre (art. 1856, al. 2).

L'irrévocabilité du gérant statutaire se justifie : sa nomination fait corps avec l'acte de société, elle a déterminé l'adhésion au contrat de tous les associés et de chacun d'eux ; cette clause, comme l'acte social tout entier, fait la loi des parties (art 1134).

308. — 2° La *gérance non statutaire*. L'acte de société ne s'explique pas sur le choix du gérant. Alors chacun des associés en nom exerce l'administration. Mais ce n'est qu'une situation provisoire. Elle cessera lorsque sera prise une délibération conférant la gérance expressément et limitativement à l'un d'eux (ou à un tiers).

Cette délibération ne vaut que comme simple mandat, c'est-à-dire qu'un pareil gérant nommé après coup peut être révoqué *ad nutum* (même art. 1856). Nous pensons que cette révocation devra se faire du consentement non pas d'une simple majorité, mais de tous les associés autres que lui-même, sous réserve de la faculté de révocation judiciaire. Elle ne donne pas ouverture à des dommages-intérêts, à moins qu'on ne lui ait assuré un dédit au moment de l'instituer, ou que sa révocation ne soit accompagnée de manifestations injurieuses ou diffamatoires.

309. — **Défense d'immixtion du commanditaire.** — Les principes précédents sont mis fortement en échec dans la société en commandite. Les art. 27 et 28 du C. de comm. renferment une règle qu'on appelle la *défense d'immixtion du commanditaire.*

Le commanditaire ne peut faire aucun acte de gestion, en vertu d'une désignation, soit temporaire, soit durable des associés en nom, dans l'acte de société ou dans une délibération postérieure. A plus forte raison ne peut-il opérer sans mandat, comme *negotiorum gestor*. Il ne peut pas même exercer la gérance suivant une procuration du gérant en titre, afin d'accomplir un acte accidentel. Il ne doit se servir de la signature sociale en aucune circonstance.

D'où vient cette interdiction ? Si la société peut se choisir un gérant étranger, il semble qu'un associé à responsabilité limitée, qui est intéressé à sa prospérité, doive être jugé plus digne encore d'occuper cet emploi. Plusieurs explications ont été proposées.

310. — Il en est une qu'il faut écarter comme peu probante. A tort, peut-être, prétend-on qu'elle guide la jurisprudence.

On a dit : le commanditaire, s'il pouvait exercer la gérance, ferait croire aux tiers qu'il est, lui, l'associé en nom, et les créanciers traiteraient en considération de toute sa fortune. La survenance d'une faillite leur causerait une déception, en révélant la responsabilité vraie des associés.

Cette justification de la loi n'est pas bonne. Si les tiers se sont imaginé que le commanditaire était un commandité parce qu'il occupait la gérance, ils sont inexcusables de leur méprise. Ils n'avaient qu'à consulter l'acte de société ou l'extrait d'annonces pour y trouver la mention des associés en nom. L'argument proscrirait même l'administration de la société par un tiers.

311. — L'explication de la défense légale doit être cherchée dans le rôle économique de la commandite. — Elle forme un moyen, pour l'homme de travail qui veut monter en condition, de se servir de l'homme d'argent, et non pas de se subordonner à lui. Le capital et le travail sont ici en regard, il est inadmissible qu'ils se cumulent sur une même tête. C'est déjà beaucoup que d'autoriser la gérance par un tiers. La confier à un commanditaire serait un contre-sens ; il réunirait la part de bénéfices attribuée au travail à celle due au capital. Le commandité deviendrait un personnage sans action, sans influence ; ou, comme on l'a vu dans les commandites par actions montées après 1830, un personnage décoratif et pauvre, un homme de paille, donnant les garanties trompeuses de la commandite, tandis que les vrais associés, les commanditaires, s'assureraient la responsabilité limitée, en se lançant dans les affaires les plus téméraires.

Peut-être cependant la loi pousse-t-elle trop loin une règle, bonne en soi. On aurait pu, comme cela résultait en Allemagne de la rédaction de l'ancien Code de commerce, autoriser chez le commanditaire des actes de simple procuration, pourvu qu'il ne fût pas le gérant titulaire.

312. — Si, nonobstant la défense de la loi, le commanditaire fait des actes de gestion, quelle sera la *sanction* ? — Elle résulte de l'art. 28, remanié par la loi du 6 mai 1863.

La sanction ancienne était plus rigoureuse. Avant 1863, le seul fait par le commanditaire d'user de la signature sociale, avec ou sans le gré de ses co-associés, emportait contre lui responsabilité solidaire et indéfinie de tout le passif, sans égard à l'importance ou à la durée de son immixtion. Il ne pouvait plus exciper de la limitation de responsabilité au montant de sa mise.

Aujourd'hui la sanction est adoucie. Il y a lieu de distinguer deux situations :

a) Le commanditaire répondra toujours des dettes provenant des actes conclus par lui.

b) Quant aux autres dettes, il n'en répondra que suivant le *nombre* ou la *gravité* des actes résultant de son immixtion, à l'appréciation du tribunal. Pour qu'il soit tenu de ce passif, il faut, ou que sa gestion se soit prolongée, ou qu'elle ait porté sur des opérations qui ont influé sérieusement sur le sort de la société.

Même, lorsqu'on lui infligera la solution la plus dure, on ne devra pas le traiter comme un commerçant de profession ; car il n'a pas entendu le devenir, et le « commerçant malgré lui » n'est point encore dans les rôles connus. Il n'encourra pas la faillite. — Au surplus, tous ne s'accordent point, pour le décider ainsi. La thèse, d'après laquelle le commanditaire serait alors assimilé absolument à un associé en nom collectif, a trouvé des défenseurs.

313. — Si le commanditaire n'a pas à s'immiscer, il y a cependant des actes qu'il peut faire impunément. Il pourra, par exemple, concourir à la désignation d'un nouveau gérant, et, pour la révocation de ce gérant, il sera ensuite habile à faire nombre.

On pourra même réserver dans l'acte de société la faculté pour les commanditaires de révoquer le gérant statutaire. Quelques auteurs, il est vrai, le contestent, par une raison d'une certaine gravité : le commanditaire prendrait ainsi empire sur le gérant qui, dans l'esprit de ce genre de société, doit conserver son indépendance. — Cela part d'un point de vue judicieux, mais la loi limite sa défense aux « actes de gestion », c'est-à-dire aux opérations à conclure avec les tiers : expression dans laquelle ne rentre pas une délibération prise dans l'intérieur de la société.

En tout cas, deux choses restent permises au commanditaire :

a) Il peut exercer dans la société un *emploi* qui ne nécessite pas la conclusion de marchés ou d'opérations juridiques quelconques (la rédaction de l'ancien art. 27, quoique ambiguë, inclinait plutôt dans le sens opposé). Il peut être commis aux écritures, chimiste, directeur de fabrique. En un mot il est en droit de se lier à la société contre salaire ou appointements en vertu d'un louage de services.

b) Il peut donner des *avis*, des *conseils*, exercer des actes de contrôle (art. 28, *in fine*). S'ils sont nombreux, ils délégueront la surveillance à un comité permanent choisi parmi eux. Ce rouage, obligatoire dans la commandite par actions, est ici facultatif.

En vertu de son droit de contrôle, le commanditaire peut entrer dans les bureaux quand il le veut, se faire communiquer les livres, vérifier la caisse. Il est plus délicat de savoir s'il pourrait déléguer un tiers à sa place dans cette vérification. Mieux vaut répondre négativement, l'intrusion d'un étranger dans les écritures, ou autrement, contrevient à l'*intuitus personæ* (il en serait de même pour le mandataire d'un associé en nom). Cela n'empêcherait pas le commanditaire, au cours d'une contestation en reddition de comptes, de pouvoir demander la désignation d'un expert auquel seront représentés les livres (voir, dans le chap. des livres, la différence entre la communication et la représentation, nos 138 et 139).

314. — Nous avons réservé deux autres questions touchant l'administration des sociétés par intérêt. Il convient maintenant de les aborder :

1° *Par quels actes les gérants obligent-ils la société ?*

2° *A concurrence de quelle somme obligent-ils soit la société, soit les associés eux-mêmes ?*

315. — Diverses natures d'actes. — 1° Pour engager la société, les gérants doivent agir ès-qualités. Ils traitent sous la raison sociale, forme qui, du reste, n'est point sacramentelle. S'ils traitaient par représentation des associés, la société serait encore tenue.

Mais en agissant *proprio nomine*, quoique dans l'intérêt de la société, ils cessent de rendre la société débitrice ou créancière des tiers. Aucun rapport direct ne se formerait entre ces derniers et le siège social : les gérants, ayant engagé leur crédit personnel, seraient eux-mêmes tenus (*non obstant* L. 82, D. *Pro socio*, ou art. 1864 C. civ.).

Le gérant oblige la société soit par des *contrats*, soit par des *délits*.

316. — Contrats. — *Par des contrats.* — En principe, il dispose des pouvoirs d'un mandataire général (art. 1988 C. civ.).

Le mandat général n'embrasse que les actes d'administration. Au sens commercial du terme, l'*administration* comprend tous les actes ordinaires d'exploitation : l'achat des approvisionnements, matières premières ou marchandises, la vente des produits de l'entreprise, la location d'un magasin, la souscription, l'acceptation ou négociation d'effets de commerce pour régler les engagements courants, la réception d'effets que négocient les clients, les contrats tendant à la réparation de l'outillage, à l'embauchage d'ouvriers, les conventions avec commissionnaires pour écouler la marchandise ou en effectuer le transport, la mise de cette marchandise en magasins généraux, ainsi que l'endossement des récépissés ou warrants, etc., etc.

Le gérant pourrait accomplir ces actes avec sa propre maison, en supposant qu'il ait une entreprise distincte (ne faisant pas concurrence à la société). Banquier, il pourrait escompter le papier de la société; propriétaire d'une mine, lui faire des marchés de fournitures de charbon. Il n'y a pas, en effet, dans notre droit, de règle générale interdisant à une personne d'occuper dans un même contrat les deux rôles opposés, et de conclure ès-qualités, au nom d'autrui, une opération avec soi-même (ce que les Allemands appellent *selbstcontrahiren*). Il devient alors créancier, comme tout autre, du chef du contrat qu'il a conclu; et il produira à la faillite de la société, sans être obligé de s'effacer comme il doit le faire au titre d'associé.

317. — Cette possibilité de prendre pour lui les affaires dont le gérant est chargé n'est pas sans danger : aussi, dans la société anonyme, y a-t-on mis une importante restriction (art. 40, l. 1867, voir ci-dessous). Il est à craindre que le gérant ne desserve l'intérêt de la société, afin de faire prévaloir le sien propre. Voici le double correctif que comporte un tel pouvoir :

a) Si l'opération devient préjudiciable à la société pour avoir été conduite avec la maison du gérant, le gérant devra des dommages-intérêts.

b) Le droit pour un gérant de disposer une affaire de la société en une spéculation lui profitant à lui-même, ne doit pas être séparé d'une autre règle. Cette règle est que le mandataire ou le gardien de la chose d'autrui ne peut, sans abus de confiance (art. 408 C. pén.), détourner les valeurs confiées à sa garde et comprises dans son compte de gestion. La conséquence s'impose : ces contrats avec lui-même, il est obligé de les faire ouvertement. Par là est frappée la pratique si fâcheuse des *pots-de-vin*.

Il traite, avec un entrepreneur de travaux, un devis de 10,000 fr. Mais l'entrepreneur lui abandonne 5 0/0, soit 500 fr., sur le montant du prix. — Il y a des gens pour qui ces gratifications de bonne main constituent le plus clair profit de leur direction. — Les 10,000 fr. accusés à la société, comme prix du marché, doivent aller au paiement des travaux. Du moment que ces marchés ne coûtent que 9,500 fr., l'excédent est détourné de son but et approprié par le gérant : l'agissement est tout aussi répréhensible que le fait par un employé d'avoir détourné une somme de la caisse.

Même dans une commandite avec un seul associé en nom, celui-ci encourrait, par le fait de cette prévarication, comme par toutes manœuvres analogues, la police correctionnelle, car l'avoir social n'appartient pas à lui seul, il lui est commun avec les commanditaires.

Pour que l'opération devienne régulière, il faudra que l'associé gérant se soit porté *ostensiblement* concessionnaire du travail à un prix fait. Alors il pourra le repasser, même à moindre prix, à un autre entrepreneur [1].

318. — A l'inverse, le mandat général exclut les actes de *disposition*. Le gérant ne peut les accomplir sans le consentement de tous les associés (à moins que le contrat ne se contente de l'adhésion d'une majorité). — Ex. : Achat de machines, de terrains ou d'une force motrice, acquisition d'une concurrence, vente de tout ou partie de l'établissement, emprunt de sommes, constitution d'hypothèque.

La ligne de séparation entre l'administration et la disposition n'est point toujours facile à tracer. Aussi souvent l'acte de société s'explique-t-il sur l'étendue des pouvoirs du gérant. Alors, de deux choses l'une :

Ou bien les pouvoirs ordinaires sont *étendus* au-delà des attributions légales : c'est le cas le plus fréquent. Le gérant pourra emprunter, hypothéquer, etc. Rappelons que le nouvel art. 69 ajouté par la loi du 1er août 1893 à celle du 24 juillet 1867, autorise aujourd'hui l'exercice de ce pouvoir d'hypothéquer en vertu des énonciations de l'acte de société, même dressé en la forme sous seing privé (n° 262).

Ou bien les pouvoirs du gérant sont *restreints*. — Ex. : Il ne pourra traiter que des opérations au comptant. — Cette clause limitative est valable à l'égard des tiers, à condition d'avoir été dûment publiée. Elle est valable, même dans la commandite (obligation pour le commandité de s'assurer pour les opérations à crédit le consentement préalable des commanditaires). On a cependant vu là un acte irrégulier d'immixtion, frappé indirectement par les art. 27 et 28. Mais approuver, délibérer, n'est pas gérer, et les actes de gestion seuls sont interdits aux commanditaires.

319. — **Délits.** — Le gérant peut obliger aussi la société *par ses délits*. Non pas qu'il ait reçu mandat de l'engager de cette manière. Mais il est préposé du siège social : le commettant répond du fait de son préposé dans l'exercice de ses fonctions (art. 1384 C. civ.), et cela sans être fondé à démontrer qu'il n'a pu empêcher le fait illicite de ce préposé de se produire.

La société répond indéfiniment des délits du gérant, comme elle répond de ses contrats. Le droit terrestre ne connaît pas de règle ana-

[1] Si l'entrepreneur, qui traite avec la société, n'est qu'un prête-nom du gérant, l'affaire se négocie dans des conditions trompeuses pour la société. Le gérant intercepte un bénéfice clandestin, et l'on retombe dans la notion de l'abus de confiance.

logue à une certaine limite de responsabilité consacrée par le droit maritime : le propriétaire du navire s'exonère par l'abandon du bâtiment (art. 216) des suites des contrats ou des délits de son capitaine.

Le délit commis peut être en même temps un délit pénal : il est sanctionné alors par une amende ou par l'emprisonnement. En droit français, l'amende ou la prison est personnelle au délinquant, elle ne s'étend pas, comme les dommages-intérêts, aux personnes civilement responsables. La manière dont est comprise la personnalité morale exclut de la société, comme elle exclurait d'une fondation, cet état de conscience auquel la *pénalité* puisse être imputée. Cela n'est pas très logique. Le gérant puise ses pouvoirs dans la volonté collective des associés. Preuve que des hommes peuvent pourvoir de la responsabilité un établissement de leur création. Aucun doute pour la responsabilité pécuniaire; l'autre seule est repoussée : ce n'est pas conséquent. Quoi qu'il en soit, l'amende ou la prison n'atteint que le gérant, excepté en matière de contraventions fiscales, où l'amende joue au profit du Trésor le rôle de dommages-intérêts.

Le délit du gérant ouvre donc, pour les réparations civiles, une action de la partie lésée contre la société. Les exemples abondent : contrefaçon d'une marque de fabrique ou d'un brevet, contravention aux règles d'exploitation des chemins de fer par fausse déclaration de la nature des colis, dissimulation envers l'Enregistrement, etc.

320. — Abus de raison sociale. — C'est dans la catégorie des délits qu'on fait rentrer l'*abus de la signature sociale*.

On entend par là l'emploi par le gérant du crédit de la société dans son propre intérêt. Il prend au nom de celle-ci des engagements qui, en réalité, le regardent seul. Il emprunte ès-qualités, mais consacre la somme à se monter une usine, à payer ses créanciers, à pourvoir à ses plaisirs.

L'agissement tombera d'abord sous le coup de l'abus de confiance (voir plus haut, nº 317). Accompagné d'un détournement des valeurs qui, à la teneur des marchés faits, devraient être affectés aux besoins de la société, le fait devient punissable. Mais il faudra dire, en outre, que la société répond de ces engagements. Elle en répond du moins au regard des tiers de bonne foi.

En est-elle vraiment tenue *ex delicto?* Le gérant a contracté dans l'ordre de ses attributions statutaires. Ce qui entache l'opération, c'est une restriction mentale. Les tiers n'ont pu, d'aucune manière, en obtenir la découverte.

Tout mandant garantit les actes compris dans la procuration, quoique le mandataire doive les accomplir frauduleusement pour lui-même :

autrement il n'y a plus de trafic possible. La responsabilité du mandant tient donc à une pure notion contractuelle.

321. — On a vu l'abus de nom social se produire quelquefois dans les sociétés sous une forme particulière. Expliquons-nous.

Un négociant veut mettre son établissement en société. Cet établissement vaut au brut 200,000 fr., et est grevé d'un passif de 50,000 fr. Le fondateur entend mettre ce passif à la charge de la société. A cette seule condition, ses créanciers consentent à ne pas exiger leur remboursement immédiat; car autrement que deviendra leur gage?

Régulièrement il devrait stipuler que la société prendra les 50,000 fr. à son compte. L'apport n'entrerait alors dans le capital que pour sa valeur nette, 150,000 fr. Mais il faudrait acquitter les droits de transmission sur 50,000 fr. (voir plus haut, n° 266).

Le négociant préfère alors faire l'apport des 200,000 fr., sans rien spécifier quant au passif. La société constituée, il ouvre sur les livres de celle-ci un compte au profit de ses anciens créanciers. Il fait envers eux novation par changement de débiteur, quitte à se débiter par un autre compte, pour faire balance, de tout ce que la société paiera, du fait de cette novation.

Il opère cette combinaison d'écritures à l'insu de ses associés, et au-delà des pouvoirs de gérant dont il dispose, à la teneur de l'acte de société.

Si les créanciers ont eu des raisons de croire que l'acceptation de dette a eu lieu d'accord avec les associés, il y aura vraiment prise du passif en charge de la société. Ce sera alors le cas d'appliquer la théorie d'après laquelle une société est civilement responsable des délits de son gérant pour abus de signature (Req. 21 février 1860).

322. — II. *A concurrence de quelle somme le gérant oblige-t-il soit la société, soit les associés?*

A. La personne morale, envisagée comme le débiteur le plus important, est tenue sur tout son capital.

B. Les associés en nom ou les commandités sont tenus *solidairement* et *indéfiniment* à côté d'elle. Tous sont obligés, — tant ceux qui font partie de l'administration que ceux qui en sont exclus, — tant ceux dont les noms figurent dans la raison sociale que ceux dont les noms en sont absents.

Celui qui sort de la société, en cours d'existence, cesse de répondre de ceux des engagements formés postérieurement à la publication du fait déterminant sa sortie.

Mais celui qui entre dans la société en cours d'entreprise s'oblige à la fois pour les engagements de formation ultérieure, ce qui va de soi, (*non obstat*, art. 22 : associés indiqués dans l'*acte* de société), et pour ceux de provenance plus ancienne qui sont encore en suspens au moment de son entrée. Pour faire comprendre cette succession au passif déjà formé du nouvel associé vis-à-vis des créanciers, il suffit d'analyser la situation comme suit.

La société, dont il n'était pas, entre en liquidation ; elle vient se fondre dans la société dont il fait partie. Or, lorsqu'une société passe sa liquidation en bloc à une société différente, celle-ci s'engage, avec tous ses membres nouveaux, à solder son arriéré de dettes.

Mais cela n'est vrai qu'au regard des tiers. Entre les associés, le nouveau venu ne concourt aux risques qu'à dater du jour de son admission comme associé.

323. — Au lieu de qualifier la responsabilité des associés en nom, de dette solidaire *avec* la société, il serait plus vrai de dire qu'elle constitue un *cautionnement solidaire* de la société par ses associés.

Vis-à-vis des créanciers, ils sont sur la même ligne d'engagement que la société. Par conséquent l'associé ne dispose pas du *bénéfice de discussion*, afin d'obliger le poursuivant à attaquer préalablement les biens sociaux. Même, quoique cela ait été contesté autrefois, l'associé ne saurait contraindre le créancier à mettre la société en cause dans le procès qui lui est fait à lui-même (Req. 14 mai 1890).

Autre conséquence de la solidarité : les poursuites faites contre la société ou contre l'un de ses membres interrompent la *prescription* au regard de tous les associés (art. 1206 C. civ.).

Mais il n'en est pas moins exact que les conditions, dans lesquelles se traitent les engagements, montrent aux créanciers que les affaires conclues intéressent exclusivement la société, et que ses associés pris personnellement ne sont que ses répondants. C'est là le propre du cautionnement. S'il faut appliquer les règles du cautionnement solidaire, on dira :

a) Que l'associé, obligé de payer la dette, est *subrogé* de plein droit aux actions et aux sûretés appartenant au créancier désintéressé, telle qu'une hypothèque. Il y est subrogé intégralement contre la société personne morale. Il n'a la subrogation que dans la mesure contributoire de sa part sociale contre chacun des autres co-associés. Tout cela provient de ce qu'il était tenu « avec d'autres et pour une autre », art. 1251, 3e C. civ.;

b) Et que si le créancier avait, par son fait, abandonné ou *laissé périr ses sûretés*, l'associé, pour qui la subrogation ne pourrait plus alors utilement s'exercer, serait fondé à opposer l'exception de l'art. 2037, afin de se dire déchargé du cautionnement. — La créance était garantie par une hypothèque inscrite sur un immeuble de la société ; le créancier donne mainlevée de l'inscription : l'associé en nom collectif cesse d'être personnellement tenu.

324. — La solidarité des associés en nom est de l'*essence* de la société en nom collectif: elle ne pourrait être écartée en vertu d'une clause de l'acte de société, même publiée. En vain cette clause disposerait-elle que chaque associé ne sera tenu que de sa part conjointe et virile, ainsi que ce serait le cas dans une société civile. La clause est insolite, les tiers n'ont pas dû la rechercher dans l'extrait du journal d'annonces, la raison sociale sous-entend la solidarité. Celle-ci est véritablement obligatoire.

325. — **Commanditaire, action directe.** — C. En ce qui touche le commanditaire, il semble à première vue que nul rapport de droit ne se soit formé entre les créanciers et lui. Il est personnellement inconnu des tiers, tel était l'état de l'ancien droit.

En acceptant cette idée, le commanditaire devrait seulement *contribuer* aux dettes. Il serait passible des pertes (arg. art. 26) dans la mesure limitée de son apport. Il ne devrait nullement être sujet aux *poursuites* des tiers.

Autrement dit, il est tenu de l'action *pro socio* à l'effet de verser sa commandite. Cette action appartient à la société contre lui. Les créanciers pourront, notamment en cas de faillite ou de liquidation de la société, se subroger à cette action. C'est ce qu'ils feront par l'intermédiaire qualifié d'un syndic ou d'un liquidateur. Mais ils exerceront l'action du chef de la société et en vertu de l'art. 1166 C. civ.

Or cette action indirecte ou oblique, cette action sociale n'est pas d'une efficacité certaine. Le commanditaire peut disposer d'un moyen qui lui permet de la mettre en échec : par exemple, si son consentement a été surpris par dol, ou s'il a acquis d'autre part contre la société une créance susceptible d'être opposée en compensation.

En face de ces éventualités, et afin d'armer plus énergiquement les créanciers, on a dans la pratique judiciaire reconnu l'existence contre le commanditaire d'une *action directe*. Il va sans dire que cette action est également limitée au montant de la commandite et qu'elle cesse sitôt que la commandite a été versée. Voici comment on la justifie et aussi quels sont ses avantages.

Les commanditaires, comme les associés en nom, ont donné mandat au gérant de les obliger par ses actes. Toute la différence est que l'associé en nom a donné un mandat sans restriction de somme, tandis que le commanditaire a limité les effets de ce mandat au chiffre de son apport.

Grâce à cette action directe, les exceptions, appartenant au commanditaire contre le siège social ou contre les autres associés, cesseront d'être opposables aux créanciers : c'est là le but qu'on s'est proposé d'atteindre. Quant à savoir si l'action est de nature commerciale ou civile, la chose a peu d'importance, puisqu'elle doit être certainement portée devant le tribunal de commerce. Nous estimons qu'elle est civile (n° 242).

Cette pratique doit être approuvée. Elle est consacrée par l'usage. Quoiqu'opérant sous forme anonyme, les commanditaires, dont les noms ne sont pas donnés dans l'extrait du journal d'annonces, ont, par l'ensemble des mesures de publicité, établi un lien entre les tiers et eux. Peut-être les créanciers les ont-ils connus par le double du greffe, et quand même la publication n'aurait pas été faite, les créanciers peuvent se comporter de la même manière que si elle avait eu lieu. — Les précédents de l'ancien droit sont peu probants. Car, avant le Code de commerce, la société en commandite n'existait pas pour les tiers : c'est le commandité qui s'engageait, seul et en son propre nom. La situation a bien changé.

326. — Exceptionnellement, le commanditaire est tenu pour le tout, de la même façon qu'un commandité :

1° Si son nom est inséré dans la raison sociale (n° 248) ;

2° S'il s'est immiscé dans la gestion (n° 312);

3° Si la commandite, au moins dans certaines circonstances (n° 276), n'a pas été publiée.

SECTION VI

DISSOLUTION, LIQUIDATION ET PARTAGE

(C. civ. art. 1865 à 1871 ; C. com. art. 64)

327. — Le moment est venu, après avoir examiné les sociétés par intérêt dans leur marche, de rechercher comment elles prennent fin et ce qui se passe pour elles, une fois cet événement survenu. Lorsque nous traiterons des sociétés par actions, ce sujet ne sera plus repris dans son ensemble ; car toutes les sociétés commerciales sont réglées par les mêmes principes, et il nous suffira de dire les modifications que reçoit alors le droit commun, lorsque c'est d'une société d'actionnaires qu'il s'agit.

SOUS-SECTION PREMIÈRE. — Dissolution.

328. — La *dissolution* est la fin, le terme d'achèvement d'une société, l'anéantissement du lien social pour l'avenir. Dès qu'elle est dissoute, la société a cessé de vivre, du moins comme société d'exploitation.

Au surplus pareille notion pourrait aussi bien s'étendre à plusieurs causes de nullité (la nullité faute de publicité par exemple). On sait déjà que ces prétendues nullités, par suite d'une impropriété d'expression, doivent plutôt s'analyser comme des causes de dissolution, puisque la société doit se liquider sur la base de l'acte social dans le passé (nos 275 et 279).

329. — Le terme de la société n'arrive pas toujours de la même manière. — Il y a des causes *normales* de dissolution, prévues dès l'origine : comme la mort d'un associé ou l'expiration du temps convenu. — Il y en a d'autres qui sont anormales et *extraordinaires*, comme le fait d'une délibération prise par les associés ou comme un jugement du tribunal.

330. — On distingue encore les cas de dissolution *opérant de plein droit* et naturellement, de ceux qui se réalisent *par le fait de l'homme ou de la justice*. — Cette distinction, sans se confondre avec la précédente (la faillite d'un associé est un fait anormal, qui agit cependant de plein droit), concorde cependant avec elle dans la plupart de ses applications. Elle a de l'importance, à l'effet de déterminer dans quel cas la dissolution est sujette à publicité : il n'y a pas lieu de publier les causes de dissolution agissant de plein droit, tandis que la publication est exigée pour les autres (voir ci-après, no 347).

331. — Mais la méthode qui convient le mieux au plan général suivi dans cette étude des sociétés est celle qui tend à opposer :

a) Les causes de dissolution opérant à l'égard de toutes les sociétés de commerce et de *toutes les espèces d'associés*, les causes vraies par conséquent, des sociétés par actions comme des sociétés par intérêt ;

b) Aux causes de dissolution provenant de l'*intuitus personæ* et spéciales aux sociétés en nom collectif et aux commandites simples, spéciales aux *associés porteurs d'une part d'intérêt*.

§ 1. Causes générales de dissolution, communes à toutes les sociétés

332. — Ecartons un premier motif de dissolution qui tiendrait à *l'extinction de la chose*, c'est-à-dire du bien servant de fondement à l'exploitation, ou encore à la *consommation de la négociation*, c'est-à-dire à la réalisation complète du but qu'on s'était proposé (art. 1865 2e).

Ce cas est plus théorique que pratique. Le jeu des institutions de prévoyance l'empêchera le plus souvent de se produire, par interprétation probable des volontés. Si l'usine qui forme le capital d'exploitation vient à être incendiée, elle a été vraisemblablement l'objet d'un contrat d'assurance. L'indemnité que paiera la compagnie servira à en construire une autre, et la société ne se dissoudra pas.

On peut cependant supposer qu'une société de mine (société civile) soit mise dans l'impossibilité de continuer, par suite d'épuisement de minerai. On supposera encore qu'une société appelée à spéculer sur des terrains dans un certain périmètre les ait tous revendus. La société cessera par la force même des choses.

Une situation moins anormale est celle où la société exploiterait une concession. Cette concession, en vertu d'une réserve du cahier des charges, vient à lui être retirée (rachat, par l'Etat ou par un département, d'un chemin de fer; rachat, par une ville, d'une exploitation d'éclairage ou encore simple retrait d'une autorisation administrative). La société serait évidemment dissoute [1].

333. — Une fois ces hypothèses éliminées, on distinguera deux situations, dans lesquelles la dissolution ne sera point déterminée par les mêmes causes :

1° Ou bien le contrat assigne à la société une durée définie, de dix ou de vingt ans par exemple;

2° Ou bien la société est contractée sans un délai déterminé.

334. — **Société à durée limitée.** — 1° Si la société est à *durée limitée*, elle finira :

A) Soit par l'*expiration du terme fixé* (art. 1865);

B) Soit par le fait d'une *convention nouvelle*, réunissant les consentements de tous les membres, qui viendrait changer l'époque à laquelle la société doit finir : ce que tous ont décidé, tous peuvent aussi le défaire ou le modifier (arg. art. 1134, al. 2). D'ailleurs cette convention agira, selon les cas, de deux manières opposées.

Tantôt les parties prononcent la *dissolution avant le terme indiqué*, tantôt à l'inverse elles *prorogent* la société pour une nouvelle période. Il résulte déjà des explications que nous avons données plus haut sur la matière de la publicité (n° 284), que ces délibérations doivent être prises en vertu d'un acte écrit dont il faudra effectuer la publication

[1] Nous nous abstenons de rentrer dans l'examen des conséquences résultant de la *perte*, non pas du bien principal ou unique de la société, mais d'*un apport déterminé*. L'un des associés a constitué une mise en immeuble, et cet immeuble périt : cela entraîne-t-il dissolution de la société? — On se rappelle que l'apport en jouissance est autrement réglé que l'apport en propriété. Le risque de la chose apportée en jouissance est pour l'associé, et la société se dissout. Le risque de la chose apportée en propriété est pour la société, si toutefois la perte est postérieure à la réalisation de l'apport, c'est-à-dire au transport de propriété fait à la société, et la société continue (art. 1867). Tout cela a été expliqué sous le n° 161.

(voir aussi art. 1866). Sinon la délibération sera nulle au regard des tiers, nulle même au regard des associés, sous respect des actes d'exploitation accomplis jusqu'au jour du prononcé de cette nullité.

C'est ainsi qu'une simple continuation de fait de la société, après le temps fixé pour son terme, par un accord implicite (sorte de tacite reconduction du contrat), produit un effet précaire. Car elle laisse chaque associé maître, au moment qui lui plaira, d'arrêter cette continuation et de faire mettre la société en liquidation.

335. — Mais à ces deux causes de dissolution atteignant la société à terme fixe, il faut en ajouter une troisième : *l'existence d'un juste motif* de rupture du pacte social, dont l'examen serait déféré par l'un des associés à la justice (art. 1871). La dissolution résulte alors du jugement qui la prononce, le tribunal ayant reconnu déterminant le motif invoqué.

Il y a dans cette règle, avec l'ampleur qui lui est donnée, une importante dérogation au droit commun des conventions, qu'admettait déjà la loi romaine.

Dans un louage d'immeuble par exemple, il n'appartient point à l'une des parties d'arrêter le cours du bail avant sa fin, parce qu'il y aurait, suivant elle, une juste raison de le faire. Le fermier veut se fonder sur une absence de capitaux, le bailleur sur le besoin qu'il a de rentrer dans sa maison. Ces moyens sont irrecevables. Tout autrement en est-il ici. La chaîne que forge la société, en privant ses membres de leur indépendance, a paru trop lourde pour imposer la continuation du contrat si les circonstances devaient changer par cessation d'entente, perte des débouchés ou autrement.

Le juste motif, au surplus, relèvera de deux ordres de faits bien distincts et qu'il convient de séparer.

336. — *a*) Le motif allégué tient à la *faute* d'un associé : on lui reproche de ne pas se conformer aux engagements qu'il a donnés dans le contrat de société. — Ex. : il s'abstient de verser sa mise, il refuse de coopérer aux délibérations.

En tant que la demande en dissolution repose sur une raison de cette nature, le droit commun demeure encore observé. C'est le cas d'appliquer le pacte commissoire, qui est sous-entendu dans tous les contrats synallagmatiques (art. 1184 C. civ.). Les autres associés peuvent contraindre l'associé en défaut à s'exécuter. S'ils le préfèrent, ils peuvent faire prononcer la résolution de la société. Cette résolution s'opérera alors pour tous, la situation étant indivisible.

Résolution : la loi dit « dissolution » et à bon droit. La résolution ordinaire est rétroactive, ici elle n'opère que pour l'avenir, d'après la règle qu'une société qui a fonctionné subsiste dans le passé.

L'associé, en la personne duquel la cause de dissolution est née, ne pourrait lui-même s'en prévaloir contre les autres : *nemo auditur turpitudinem allegans.* La justice pourrait donner un délai de grâce à l'associé, afin de lui laisser le temps de s'exécuter.

337. — *b*) Le motif déduit en justice tient à un *fait qui n'est pas imputable* à un ou plusieurs associés. On n'est plus en face d'un manquement aux engagements du contrat. C'est la maladie d'un membre l'empêchant de concourir aux affaires, une incompatibilité de caractères, une crise économique grave, etc. — Ce juste motif peut alors être invoqué par l'un quelconque des associés, y compris celui du chef duquel il s'est produit.

338. — Société à durée illimitée. — 2° Si la société est créée pour une *durée illimitée,* ou ce qui revient au même pour la durée de la vie des associés (art. 1844), elle finira soit par *l'accord unanime* des membres, comme il a été dit ci-dessus, soit même — et ceci est vraiment insolite — par *l'expression unilatérale de la volonté* d'un seul.

En d'autres termes, lorsque l'un des associés estimera, même contre l'avis des autres, qu'il y ait désavantage à poursuivre l'exploitation, il ne sera pas tenu, comme dans une société à temps limité, de faire un procès . Il n'aura pas à appuyer sa demande sur l'existence d'un juste motif dont on discuterait ensuite la valeur.

Il dépend de lui de signifier à tous ses co-associés sa volonté que la société soit dissoute. Le moyen que la loi lui donne, toujours suivant les traditions romaines, est qualifié par elle de *renonciation* (art. 1869 et 1870).

Mais il faut que cette notification ait lieu : — de bonne foi, sans arrière-pensée de s'approprier un profit prochain qui serait tombé en société, — et qu'elle ne se produise pas à contre-temps, à un moment inopportun pour le règlement des intérêts de tous.

On n'est pas fixé sur la validité d'une disposition qui, dans l'acte de société, écarterait ce motif de dissolution. L'avis général est que cette clause doit être observée : l'associé conserve alors le droit de faire dissoudre la société par le tribunal, en se fondant sur un juste motif. On retombe dans la dissolution judiciaire qui elle, certainement, ne se prête pas à une convention contraire.

En partant de l'idée que la dissolution par volonté d'un associé n'est pas d'ordre public, on en a conclu encore que cette cause disparaissait entièrement *dans les sociétés par actions.* Les actionnaires l'ont tacitement écartée ; l'associé a un moyen plus simple de sortir de la société, c'est de négocier son titre. Nous cessons donc d'être dans la vérité en rangeant cette cause parmi celles qui agissent dans *toutes* les sociétés, mais il nous a paru plus clair d'en parler à cette place.

339. — Il va de soi que, lorsque les autres associés que l'associé *renonçant* sont d'avis que la société doit continuer, leur volonté commune pourra se réaliser. Ils formeront une nouvelle société, à l'exclusion de celui qui veut reprendre sa liberté. Lorsque, dans la liquidation, on vendra l'établissement de la société dissoute, cette société nouvelle cherchera à se porter acquéreur du fonds. Elle recueillera sa clientèle et son outillage, sans que rien, sauf le changement à la raison sociale, ne témoigne de cette substitution de maison. L'associé retiré prendra sa part dans le prix de vente.

Mais cela ne peut se faire qu'à des conditions coûteuses; peut-être l'associé dissident provoquera-t-il une concurrence d'enchères pour faire surmiser les autres, et les droits de mutation grèveront fortement cette société nouvelle.

Aussi, tout en reconnaissant à un associé ou à certains d'entre eux le droit de se retirer de la société à un moment quelconque, l'acte de société peut-il convenir que la société continuera de plein droit entre les autres. Cette clause serait aussi régulièrement insérée dans une société à durée déterminée. Elle aura pour résultat de dédommager l'associé retiré du montant de sa part, au moyen d'une somme d'argent (Voir n° 344, la manière dont il faut analyser la clause). On constatera plus tard qu'elle est de droit dans la société à capital variable.

Mais on ne pourrait convenir que les associés auront, par une délibération commune, la faculté d'exclure l'un d'entre eux, en l'indemnisant de sa part. Cette mesure, assez humiliante pour celui qui en serait l'objet, est permise dans les sociétés à capital variable du moment que les statuts l'ont prévue (art. 52, al. 2, l. 1867) : par cela même, elle est interdite dans les autres. Le législateur, pour en reconnaître l'effet dans certains cas, a dû la repousser dans les sociétés ordinaires.

§ 2. Causes de dissolution spéciales aux sociétés par intérêt, tenant à l' « intuitus personæ ».

340. — Les sociétés par intérêt, on l'a vu, prennent leur source du haut degré de confiance que les membres s'inspirent mutuellement. Leur individualité, leur état civil sont entrés comme facteurs dans le contrat qui les unit. Si l'associé disparaît comme individu ou si sa position juridique vient à changer, ces conditions de confiance se trouvent affectées, au point de nécessiter la cessation de la société. C'est cette personne qu'on a prise en considération, ce ne sont pas ses successeurs éventuels, ou un curateur à ses biens. On a voulu s'associer à un individu solvable, non pas à un failli.

De là des causes de dissolution étrangères aux sociétés par actions, et provenant de ce qu'on pourrait appeler une *capitis minutio*. Elles se produisent, en droit français, même si l'associé en qui le changement s'opère n'est qu'un associé à responsabilité limitée, un commanditaire. Car le commanditaire, comme l'associé en nom, est choisi à raison de ses qualités personnelles.

341. — Les causes de dissolution tenant ainsi à l'*intuitus personæ* sont (art. 1865, 3° et 4°) :

a) La *mort* de l'un des associés. Ses héritiers ne prennent point sa place, la société prend fin de plein droit.

b) L'*interdiction* dont un associé est l'objet, — soit l'interdiction légale provenant d'une condamnation criminelle, — soit l'interdiction judiciaire pour cause d'imbécillité, de démence ou de fureur. Il en serait de même de l'internement dans un asile d'aliénés sans interdiction, mais non pas de la nomination d'un conseil judiciaire pour prodigalité.

L'associé est alors juridiquement remplacé par un tuteur ou par un administrateur, dans lequel les autres associés n'ont pas mis leur confiance. La société ne pourrait plus continuer dans les conditions primitivement convenues.

c) La *déconfiture* de l'un des membres, ou lorsque ce membre est un commerçant (ce qui est le cas pour tout associé en nom collectif), sa *faillite* ou encore sa *mise en liquidation judiciaire* (arg. l. 24 juillet 1867, art. 54; l. 4 mars 1889, art. 24). Il faut répéter, quant au syndic de faillite et quant au liquidateur qui assiste le débiteur, ce qui vient d'être dit du tuteur. En outre, la faillite et la liquidation judiciaire, son dérivé, jettent sur l'homme le discrédit.

342. — Il n'est pas question ici de la *faillite de la société*, mais de celle d'un associé. La société tombant en faillite ne se dissout point par là même.

La dissolution peut intervenir consécutivement à la faillite, mais elle n'en est pas une suite nécessaire. L'administration des biens par un syndic, agent des créanciers, ne rompt pas le pacte social. C'est un régime temporaire qui peut aboutir à un concordat. La société pourvue de son concordat reprendra sa marche conformément au contrat qui l'avait instituée. Si la faillite devait se terminer, au contraire, par la vente des biens, par l'union, ce serait pour la société un cas de dissolution, tenant à l'extinction de la chose.

343. — Continuation de la société malgré décès d'un associé. — Sur ces trois motifs de dissolution, mort, interdiction et faillite d'associé, sur le premier surtout se posent des questions, donnant lieu à d'assez grosses difficultés.

Ces causes n'opèrent que par interprétation de la volonté présumée des associés : le contrat peut les écarter, notamment en prévision de la mort d'un associé. Des conventions dérogatoires de ce genre sont extrêmement fréquentes, et elles se traduisent dans les actes sous l'une des deux formes suivantes (art. 1868) :

344. — 1° Il est convenu qu'à la mort d'un associé, la société continuera entre les survivants *à l'exclusion des héritiers* ou représentants du prédécédé. Il y aura réversion de la part de l'associé défunt aux autres associés. Ceux-ci bénéficieront en quelque sorte d'un droit d'accroissement, à condition de dédommager les héritiers.

La clause, en effet, doit s'analyser en une cession de part sociale. C'est une cession conditionnelle : chacun des associés y consent au profit de tous les autres, au cas où il mourrait avant eux, et pour valoir date à ce décès.

Cette cession est faite à titre de vente : les survivants devront indemniser en argent les héritiers, en évaluant cette part sociale au moment du décès [1]. On a la précaution d'ajouter dans l'acte de société les mentions suivantes : cette évaluation se règlera d'après l'inventaire social qui a précédé la mort; et l'indemnité sera servie aux héritiers au moyen d'annuités à courir sur plusieurs exercices, les héritiers disposeront de six mois, d'un an ou deux ans pour en achever le paiement.

Cette décomposition au point de vue fiscal a pour résultat d'obliger les héritiers à subir la taxe des droits de succession, dont l'échelle varie suivant la parenté, sur l'indemnité dont la société est tenue envers eux; ce n'est pas seulement sur l'actif libre du défunt qu'ils auront à payer 1, 4, 6 0/0, etc., mais encore sur le prix que la société leur versera et qui représente, lui aussi, une valeur héréditaire. D'un autre côté les associés survivants devront eux-mêmes acquitter à l'Enregistrement les droits d'achat de part sociale au tarif de 1/2 0/0 [2].

345. — 2° Il est convenu que, en cas de mort d'un associé, la société continuera, *même avec les héritiers* du prédécédé.

[1] On prétend parfois que la convention doit formellement prévoir cette indemnité en argent, pour que les héritiers soient privés du droit de provoquer la liquidation et la vente des biens. — Mais la volonté qu'ont eue les parties de limiter les droits de la succession à une bonification pécuniaire de la part ne ressort-elle pas suffisamment de la déclaration que la société doit continuer entre les survivants?

[2] On peut rapprocher de cette réversion de part un phénomène semblable, qui se produit dans les associations telles que les congrégations religieuses, où, d'après les

Cette clause n'était pas valable en droit romain. En l'exécutant, les associés survivants auraient dû accepter à l'aveugle des continuateurs de l'un d'eux, inconnus lors du contrat de société et peut-être faiblement en état de le représenter. Aujourd'hui la clause produit effet, du moins pour la première génération. Il n'est pas admissible que l'on puisse, en dehors des sociétés par actions, organiser une *perpetua successio* qui, à la mort des héritiers, mettrait leurs propres héritiers à leur place, et ainsi de suite.

La clause produit effet, parce que la loi nouvelle a compris que, si la société était restée à la merci de la vie d'un de ses membres, on hésiterait à la constituer. La prospérité ne vient qu'au bout d'un certain nombre d'années, chaque associé escompte la durée statutaire du contrat, pour se dédommager des sacrifices des débuts.

Les héritiers entreront dans la société à la place de leur auteur par le seul fait qu'il accepteront la succession : du moment qu'ils ont fait adition, il leur devient impossible de repousser la condition d'associés. Il n'appartiendrait pas non plus aux survivants de les écarter, en leur payant le montant de la part.

Lorsque cette part sociale fait partie d'une communauté entre époux, ce ne sont pas seulement les héritiers qui entreront dans cette part à la mort de l'associé : le conjoint en vie, mari ou femme, en recueillera la moitié ou plutôt continuera à conserver la moitié que lui donne le contrat de mariage sur cette valeur.

346. — Présence d'héritiers mineurs. — La convention n'en devient pas moins d'exécution malaisée, lorsque parmi les héritiers se trouvent un ou plusieurs *mineurs*.

Négligeons le cas où l'associé mort n'était que commanditaire, ses héritiers mineurs pourront devenir commanditaires comme lui. Mais s'il était un associé en nom, on vient se heurter à deux sérieuses objec-

conventions, les droits dans la communauté du membre décédé accroissent aux autres membres. C'est cette clause qui a donné lieu à l'établissement du fameux droit d'accroissement, remplacé par la non moins célèbre taxe d'abonnement.

Sans avoir à nous expliquer ici sur la légitimité de ces mesures fiscales, qui ont déterminé des discussions ardentes de part et d'autre, il nous suffira de faire observer que la situation diffère entre les congrégations et les sociétés commerciales pratiquant cette clause, au point de vue suivant : la part accroît aux survivants dans les sociétés *à titre onéreux*, moyennant paiement d'un prix ; dans les congrégations, elle accroît *à titre gratuit*, sans paiement d'un équivalent à la succession, par suite d'une conception tontinière. De là la perception du droit de vente dans le premier cas, et celle du droit de succession ou de donation, droit beaucoup plus élevé, dans le second cas. Nous n'en concluons pas que ce droit d'accroissement ait été fort équitable. A le supposer juste dans son principe, du moins soulevait-il des critiques méritées dans la manière dont on l'avait organisé.

tions, pour opérer la transmission de la part aux mineurs; car il ne peut être question de convertir d'office cette part en une commandite, rien ne serait plus arbitraire (*Contrà*, Code de commerce allemand de 1897).

a) L'acceptation d'une succession pour un mineur entraîne de plein droit bénéfice d'inventaire, limitation de responsabilité au montant des valeurs de la succession (art. 461, C. civ.). Comment mettre cette prescription en harmonie avec la règle qui obligerait l'héritier à répondre *sur tous ses biens* des engagements sociaux postérieurs au décès?

b) L'associé en nom est un commerçant, or le mineur ne peut devenir commerçant qu'après dix-huit ans, et dans les conditions d'habilitation de l'art. 2 C. com.

On n'a pas ici la ressource de dire, comme nous l'avons fait pour un commerce individuel dévolu au mineur, que le titre et la responsabilité du commerçant passeront à la personne investie de l'usufruit légal, ou qu'on donnera le fonds de commerce en location jusqu'à la majorité (se reporter au n° 93). Car l'attribution de la part sociale en jouissance à un usufruitier ou à un locataire blesse elle-même un principe essentiel, à savoir qu'une part d'intérêt est incessible ou ne devient cessible que dans la mesure où les associés l'ont déclarée telle. Il n'y a point trace dans l'acte de société que la part d'un associé puisse devenir par l'effet de son décès l'objet d'un démembrement, avec ingérence d'un tiers dans les comptes.

Malgré la gravité de ces objections, la Cour de cassation admet aujourd'hui sans réserve (Req. 1er mars 1886) que la clause recevra effet, nonobstant la minorité des héritiers. Il n'est pas besoin que l'acte de société ait donné *in terminis* vocation éventuelle aux mineurs comme aux majeurs.

La jurisprudence part de l'idée que la part sociale, même pour les engagements à conclure postérieurement au décès, continue à prendre sa source dans le contrat de société. Cette part reste donc une valeur de la succession. Pas plus pour l'avenir que pour le passé, elle n'expose l'héritier mineur au-delà des forces de l'hérédité : les principes de l'acceptation bénéficiaire sont par là respectés.

Du même coup, le mineur, détenteur de cette part sociale, ne devient pas non plus un commerçant exposé personnellement à la faillite. On comprend pourquoi. C'est la succession elle-même qui, par fiction, continue la situation du défunt et assume la responsabilité dans les dettes. Les intérêts du mineur se trouvent suffisamment préservés, et il n'est point contrevenu à l'art. 2 C. com.

La Cour de cassation cède visiblement à des considérations d'intérêt commercial. — Je risque mes capitaux dans une affaire à compte commun de longue durée. Si mon associé vient à mourir l'année suivante, et que, sous prétexte de protection pour le mineur héritier, on oblige la société à entrer en liquidation, mes calculs de spéculation sont mis en échec et ma légitime attente est trompée. Il ne faut pas envisager seulement la situation du côté du mineur, et s'inspirer du précepte de droit civil de la prudence. Il convient aussi d'avoir égard à l'esprit d'entreprise qui, sans la solution qui a prévalu, n'aurait pu aborder aucune œuvre solide.

347. — Publicité. — Les causes de dissolution ci-dessus énumérées sont-elles sujettes à *publication* suivant le système, à présent connu, de la loi (nos 270 et suiv.) ?

Oui, s'il s'agit d'un fait provenant de la volonté des associés (délibération ou renonciation) ou d'un jugement.

Non, au contraire, lorsqu'il s'agit d'un fait naturel, comme l'arrivée du terme ou le décès (arg. l. 24 juillet 1867, art. 61 : actes et délibérations). L'opinion, assez répandue dans la pratique, qui exige la publication dans tous les cas, n'est aucunement fondée.

Le nombre des dissolutions publiées en France pour 1894 a été de 2.375 (contre 4.834 constitutions). Dans ce nombre entrent 1.848 sociétés en nom collectif et 288 commandites simples. Le complément s'applique aux sociétés par actions (37 commandites, 199 sociétés anonymes) et aux sociétés à capital variable (23).

SOUS-SECTION II. — Liquidation

348. — Cette matière, pratiquement très importante, est ardue, parce que le Code ne la règle pas, sauf sur un point de détail (prescription de l'art. 64). C'est une grosse lacune qu'on a mainte fois regrettée.

On est donc obligé de construire toute une théorie dans le vide des textes, en conciliant deux idées contradictoires. La société est éteinte, et cependant elle continue de s'administrer à des fins déterminées : à tel point que le public, en n'y regardant pas de trop près, croit toujours la voir en cours d'exploitation.

349. — La *liquidation* est la période, de durée variable, que la société traverse à partir de sa dissolution jusqu'à la distribution du revenant-bon aux associés et à l'apurement définitif des comptes; *période dans laquelle un ou plusieurs liquidateurs termineront les opérations anciennes, en feront au besoin de nouvelles, rembourseront les créanciers et transformeront l'actif social en argent.*

350. — Le liquidateur peut être pris parmi les associés ou en dehors d'eux [1]. Il est généralement rétribué. Si les associés ne sont pas d'accord pour le choisir, et que d'ailleurs l'acte de société ne l'ait point nommé d'avance, il appartient au tribunal de commerce de le désigner. En fait, chaque fois qu'il y a dissolution par ordre de justice, le tribunal nomme en même temps le liquidateur, sans que les parties aient conclu à sa désignation.

Ce *liquidateur judiciaire* ne doit pas être confondu avec un autre agent qualifié de même, que l'on retrouve dans le régime dérivé de la faillite, en vigueur depuis 1889. En toute cette matière, il faut éviter un grave malentendu.

La liquidation est le régime d'une société dissoute. Cette société peut être très solvable. Elle conserve la disponibilité de ses biens. Le liquidateur est le représentant du siège social (quitte à voir plus loin, nº 357, s'il ne lui arrive pas aussi de représenter les créanciers).

Or, la société pourrait être soumise à un état de droit différent qui ressemble cependant à la liquidation, en ce qu'il oblige également à liquider. Elle a manqué à ses engagements. Ses biens alors ont été mis par ordre de justice sous le sequestre des créanciers : la société est en faillite ou en liquidation judiciaire pour cessation de paiements, elle est gérée par un syndic ou par son propre gérant assisté d'un liquidateur judiciaire (art. 437 et suiv., et l. 4 mars 1889).

Disons plus. Il se peut que les deux régimes se présentent concurremment pour une même société : elle est *dissoute* et pourvue d'un liquidateur d'une part, elle est en *faillite* ou en *liquidation judiciaire* pour cessation de paiements, d'autre part. Nous ne supposerons pas qu'il en soit ainsi. C'est seulement de la liquidation après dissolution que nous parlerons à cette place.

351. — Le liquidateur peut être *révoqué* comme un gérant non statutaire, c'est-à-dire par tous les associés d'accord à cet effet. Mais lorsqu'il a été désigné par la justice, le sentiment régnant devant les tribunaux, est qu'à la justice seule appartient aussi le droit de le révoquer.

352. — Le liquidateur est lié par un mandat envers la société et envers les associés. Il engage la responsabilité de la société par ses actes de gestion. Il use de la raison sociale, sans avoir à la faire suivre des mots *en liquidation*. Ses opérations obligent en outre les associés de la même manière que si la société était toujours en vie, dans la mesure de la responsabilité attachée à leur titre : un commanditaire,

[1] Il y avait naguère à Paris des agents s'adonnant spécialement à cette profession et groupés en compagnie auprès du tribunal de commerce.

notamment, cesse au-delà de sa commandite d'être tenu des actes du liquidateur.

Aussitôt nommé, le liquidateur doit faire publier son nom, de la même manière qu'un nouveau gérant devrait en cours d'exploitation publier le sien (arg. art. 57 de la loi de 1867).

353. — La liquidation d'une société ressemble peu à celles pratiquées en droit civil, par exemple pour les successions.

Liquider, dans la langue notariale, c'est faire le compte arithmétique des droits de chacun. La liquidation est le préliminaire du partage. Le partage peut être immédiat sans léser personne. Les biens de succession sont des valeurs de famille destinées à se répartir en nature. Si on les vend à des étrangers c'est au cours même des opérations du partage, par le fait de la licitation. En outre, les patrimoines sont d'habitude grevés d'un faible passif. La division des dettes ne fait pas grand tort aux créanciers. Ils s'adresseront à chaque héritier respectivement et trouveront dans la séparation des patrimoines un moyen d'obvier à ce fractionnement.

Ces considérations sont hors de propos pour une société de commerce dissoute. D'une part, la conversion de l'actif en argent sera de règle; car les immeubles, attirail et marchandises, n'ont pas de valeur de conservation pour les individus. D'un autre côté, les sociétés, même très solvables, sont prises dans un réseau serré d'engagements qu'il faut liquider. Un partage de l'actif brut entraînerait le morcellement du gage et la nécessité pour les créanciers de se faire payer divisément par chaque associé. Ce serait manquer à la probité des affaires. D'où la grande extension donnée à la liquidation et aux opérations que ce terme embrasse dans l'ordre du commerce.

On peut dire que l'acte de société sous-entend une *clause*, en vertu de laquelle *les associés s'engagent* entre eux, et s'obligent aussi envers leurs créanciers futurs, *à continuer les affaires* en cours lorsque viendra la dissolution, de manière à réaliser une loyale liquidation. Il en résulte :

a) Que si la majorité des créanciers voulait faire, aussitôt après dissolution, un partage prématuré sans dépouillement préalable du passif, un seul associé pourrait s'y opposer et faire nommer un liquidateur par justice;

b) Que le même droit d'opposition doit être reconnu à un créancier, protestant contre cette répartition d'actif brut.

354. — Occupons-nous successivement — de la condition de la société pendant la liquidation, — des pouvoirs du liquidateur, — de la situation des créanciers sociaux.

355. — Société. Sa personnalité survit. — I. *Condition de la société.* — Un principe important est unanimement accepté. *La personnalité morale de la société survit* après dissolution et jusqu'à la clôture des comptes. Elle subsiste, et à tous égards pensons-nous, quoique la société ait juridiquement pris fin. Elle subsiste pour les besoins de la liquidation.

C'est, peut-être, à ce moment plus encore que pendant l'exploitation qu'il importe d'assurer aux créanciers sociaux leur droit de préférence sur les biens de la société. Et, si l'art. 529 C. civ. ne reconnaît comme meuble la part sociale que « pendant la durée de la société », cela signifie seulement que le bien mis dans le lot de l'associé, par le fait du partage, recouvre alors la nature mobilière ou immobilière déterminée par son objet. En réalité, dans la terminologie de ce texte, la société dure encore pendant tout le temps qu'exige la liquidation. — De là ces conséquences (déjà vues sous les nos 209 et suiv.) :

a) Les créanciers personnels des associés ne concourent, pas plus que dans une société encore existante, sur les valeurs formant le capital ; aussi longtemps que le passif social est en souffrance, ils s'écartent devant les créanciers sociaux ;

b) Les poursuites judiciaires sont dirigées par ou contre le liquidateur ès-qualités, et la société encourt encore la faillite ;

c) La vente des immeubles pourra se faire à l'amiable, bien qu'il y ait des mineurs intéressés, et sans tenir compte des causes d'hypothèques nées dans la personne des associés.

Il n'est pas indispensable d'insérer une clause, devenue d'ailleurs de style dans les actes de société : prévoyant la mort d'un associé avec des héritiers mineurs, le contrat interdit, sur les valeurs sociales, la mise des scellés ou l'inventaire par le tuteur. — Cette clause est de droit, elle se sous-entend. Entraver la libre marche de la société en arguant de l'incapacité des ayants droit de l'associé, de faits extra-sociaux, par conséquent, ce serait violer cette indépendance que la personnalité morale établit entre le patrimoine de la société et ceux de ses membres. Aussi longtemps que la liquidation n'est point terminée, le tuteur doit respecter la fiction qui veut que les objets de la société ne soient pas encore tombés dans la succession échue à son pupille.

356. — Liquidateur. — II. *Pouvoirs du liquidateur.* — Le *liquidateur* ne doit pas être assimilé à un *gérant*. Le gérant devait exploiter, le liquidateur doit réaliser : ce n'est pas la même fonction. Aussi leurs attributions seront-elles différentes.

Seulement, quand on désire savoir au juste les attributions d'un liquidateur de société et les actes qu'il peut conclure sans l'autorisation des associés (avec leur autorisation il peut tout faire), l'incertitude se produit, faute de textes. Tout au plus (LAURIN, *Cours de droit commercial*), découvre-t-on deux points de comparaison dans la matière de l'acceptation bénéficiaire et dans celle de la faillite. Ici et là l'on trouve également un régime de liquidation inspiré, il est vrai, par d'autres causes, et la loi prend soin de préciser les pouvoirs de l'agent qui liquide, *héritier* ou *syndic d'union*. Pourquoi ne pas s'inspirer de cet exemple et s'abstenir de le suivre?

Et alors, on dira par analogie :

a) Les opérations auxquelles la loi habilite l'un de ces deux agents, sans exiger une autorisation destinée à compléter leurs pouvoirs, sont également dans les libres attributions du liquidateur de société. Lors même que la loi tracerait des formes de procédure spéciales, ces formes, qui sont de droit étroit, ne s'étendront pas au liquidateur de société. — Il pourra donc recouvrer les créances, payer les dettes, vendre les meubles, marchandises ou matériel, et même l'établissement de commerce, lorsqu'aucun immeuble n'en dépend (arg. art. 534 C. com.).

Un gérant ne peut pas procéder à cette dernière opération, véritable contre-sens pour une société en exploitation.

b) Ceux au contraire des actes, auxquels un héritier ou un syndic d'union ne pourraient procéder que moyennant une autorisation complémentaire (assemblée des créanciers, juge-commissaire, tribunal, etc.), ne pourront être entrepris par le liquidateur que sous cette même condition d'autorisation. Seulement l'autorisation émanera invariablement ici de tous les associés, dont le liquidateur est l'agent. Ainsi en sera-t-il — ce qui le différencie d'un gérant — pour la continuation provisoire de l'exploitation (il est souvent sage de poursuivre les approvisionnements afin de mieux écouler les existants, d'entretenir le fonds jusqu'à ce qu'on trouve à le vendre); — ainsi en sera-t-il pour la vente des immeubles, pour les transactions de plus de trois cents francs (arg. art. 532, 535, 572 C. com.).

Il sera prudent pour un liquidateur, à raison du doute qui subsiste sur l'étendue de ses pouvoirs, de se munir d'une autorisation à l'effet de vendre l'établissement ou les valeurs d'outillage qui le composent. Ses attributions, au surplus, seront généralement précisées par la délibération ou par le jugement qui le nomme.

Comme mandataire, le liquidateur devra rendre ses comptes aux associés. Il répondra de ses fautes. Il n'a pas à faire de répartition de bénéfices avant la distribution du produit du capital lui-même Il n'a pas davantage à provoquer la tenue des réunions périodiques qui seraient réglées dans l'acte pour la marche de la société. On peut même prétendre, si le fonds de commerce n'est point continué, qu'il n'est pas obligé de renouveler l'inventaire à chaque année que dure la liquidation. Tous ces faits supposent une entreprise en activité, et ici la société est en phase de clôture.

357. — **Créanciers**. — III. *Situation des créanciers sociaux*. — On a dit jusqu'à présent que le liquidateur représentait la société. Le sentiment de la pratique est qu'*il représente aussi les créanciers*, au moins dans certains cas et sous certaines conditions.

Ce sentiment, qui surprend d'abord, peut se justifier. On va voir un texte abréger la durée de la prescription des actions appartenant aux créanciers contre les associés, du moment que la dissolution leur a été rendue publique. La condition individuelle des créanciers est donc affectée par l'existence de la liquidation. Ils sont mis en demeure de produire leurs réclamations dans un délai relativement court, à peine de déchéance. Bref, la liquidation fait tort aux créanciers, à certains égards.

La réciproque doit être vraie. Il convient que la société en liquidation se préoccupe du remboursement de ses dettes ; et son liquidateur a pour mission de procéder au mieux afin d'obtenir ce résultat. C'est un devoir qui lui incombe envers les créanciers eux-mêmes, directement. L'engagement qui le lie envers la société, tendant au même but, ne rend pas inutile cette obligation directe. Vis-à-vis des créanciers, il est juste qu'il observe l'égalité proportionnelle.

On est donc fondé à sous-entendre une procuration que l'ensemble des créanciers aurait donnée au liquidateur : procuration de pourvoir à leur remboursement, sans user de préférence entre eux en dehors des causes légales de priorité. Toutefois cette procuration dépendra des circonstances et se présumera seulement dans une situation critique. La société doit être dans un état financier qui rende problématique le maintien de son entière solvabilité.

358. — En conséquence, le liquidateur engage sa responsabilité envers chacun des créanciers, pour avoir procédé à un partage prématuré ou pour avoir réalisé par sa faute les valeurs sociales dans des conditions défavorables.

Lorsque le liquidateur demande aux associés d'effectuer le versement de leur mise, afin de rembourser le passif, il agit du chef des créanciers eux-mêmes : ce qui exclut l'emploi par l'associé des exceptions recevables contre la société.

Il arrivera souvent que le liquidateur, au lieu de payer les obligations pendantes à bureau ouvert et au fur et à mesure de leur échéance, soit obligé de procéder autrement. Il dresse un plan de répartition colloquant chacun au *prorata* de ses droits. Telle est la manière de faire d'un syndic. C'est ce qui explique pourquoi les créanciers, même en face d'une cessation de paiements de la société, trouvent dans la liquidation certains des avantages de la faillite [1] et s'abstiennent souvent de la faire prononcer.

Mais cette substitution du réglement par dividendes aux libres paiements exige un concert de tous avec le liquidateur. A tout le moins, faut-il un acte d'avertissement d'un ou plusieurs créanciers à l'effet qu'il soit ainsi procédé.

L'organisation du bénéfice d'inventaire donne ici encore un point de repère. L'héritier est obligé de payer les créanciers suivant une contribution judiciaire, s'il y a des opposants (art. 808 C. civ.).

Dans la liquidation d'une société, l'ouverture d'une contribution devant le juge ne sera pas nécessaire : c'est une forme de procédure dont l'extension d'un cas à un autre serait arbitraire.

Mais, au fond, le liquidateur devra opérer ainsi que le juge le ferait dans une contribution après saisie. Il invitera les créanciers à produire dans le délai qu'il leur indique, après quoi il dressera entre eux un état de répartition et fera les distributions d'espèces. Il ne peut être question d'ailleurs pour lui de réserver entre ses mains des parts pour les créanciers qui n'auraient point répondu à son invitation.

359. — On peut, d'après ces idées, savoir, sans trop de difficulté, *si la liquidation rend* ou non *exigibles les créances à terme* de la société.

En principe il faut répondre par la négative. La règle de l'exigibilité n'est posée par la loi que pour le cas de déconfiture ou de faillite (art. 1188 C. civ., 444 C. com.).

Toutefois, le maintien du terme ne sera pas toujours compatible avec les exigences de la liquidation ou avec les besoins de sécurité du créancier dont le droit n'est pas encore devenu exigible.

C'est à propos des sociétés par actions que la question s'est présentée. Lorsque la société en liquidation a dans son passif des obligations négociables destinées à être remboursées sur un certain nombre d'années à courir, on doit se demander si les obligataires sont fondés à produire dans la liquidation (obligations des chemins de fer des Charentes rachetés par l'Etat, note Lacour sous Civ. cass., 10 mai 1877, *Annales du droit commercial*, 1886-87, *Jur*. p. 157). Plus rarement apparaît le problème dans les sociétés par intérêt. Mais les raisons de décider sont les mêmes, quelle que soit la nature de la créance à terme.

[1] Non pas le dessaisissement, ni les actions de la période suspecte. La société non faillie ne peut davantage obtenir le concordat judiciaire, les poursuites individuelles des créanciers ne sont pas suspendues contre elle (voir l'étude de la faillite).

Et voici ce qu'il faut dire :

a) Le liquidateur peut, en même temps qu'il paie les autres ayants droit, obliger le créancier à recevoir son paiement avant l'exigibilité de la dette. Le fait que le terme aurait été convenu dans l'intérêt du créancier ne lui enlève pas cette faculté. — Si toute société a droit à se dissoudre et à liquider, pourvu qu'elle ne le fasse pas en fraude des créanciers, il est clair que ce droit de liquider ne doit pas être illusoire. Or il le deviendrait, si l'on obligeait la société à entretenir des ressources et un siège social, jusqu'à ce que le dernier terme de ses dettes fût arrivé.

b) A l'inverse, le créancier à terme peut, s'il est procédé à des répartitions, exiger qu'il y soit compris. Autrement, l'actif social, que ne renouvelle plus l'exploitation, s'évanouirait peu à peu, et au jour de l'échéance il ne resterait plus de quoi le payer lui-même. A quelle règle de droit rattacherons-nous ce pouvoir qu'il a de produire ?

Faut-il dire que le bénéfice du terme est perdu par la société, parce qu'elle a « par son fait diminué les sûretés données par le contrat à son créancier » (art. 1188 C. civ.)? C'est contestable, la société n'ayant pas promis au créancier qu'elle s'abstiendrait de liquider. — A tout le moins, le créancier reste fondé à se comporter comme tout créancier à terme qui produirait dans une contribution après saisie. Dans un règlement par contribution, il faudrait consigner son dividende, qu'il toucherait une fois le terme arrivé. Ainsi procédera-t-on dans la liquidation.

Quant à la somme pour laquelle il pourra produire, on l'examinera à propos du régime des obligations dans les sociétés par actions, et à l'occasion du droit de la faillite.

360. — Prescription. — Il n'y a plus, sur la condition des créanciers d'une société en liquidation, qu'un point à étudier : c'est la question de *prescription*, tranchée par l'art. 64.

Aussi longtemps que la société durait, ses créanciers n'étaient sujets qu'à la prescription de droit commun. Cette prescription est ordinairement de trente ans (art. 2262 C. civ.). Après la dissolution, la durée de leurs actions est limitée à un temps plus bref, qui est de *cinq ans*.

Ces cinq ans courent du jour où la dissolution a été rendue publique, si la société s'est dissoute par une cause exigeant cette publicité, et autrement du jour de la dissolution elle-même.

C'est une mesure établie pour la sécurité des capitaux : on a voulu procurer aux associés la stabilité de nouveaux placements. Ils ne doivent pas craindre d'être inquiétés trop longtemps, du fait d'une ancienne entreprise dont ils étaient membres.

361. — Cette prescription est applicable même aux créances ayant donné lieu à condamnation. Elle s'étend aussi à des créanciers dont le droit ne naîtrait que depuis l'ouverture de la liquidation, quitte aux cinq ans alors à ne prendre cours que lorsque la créance deviendra exigible.

Les causes d'interruption de prescription (reconnaissance de dette, jugement) opèrent ici comme d'habitude[1]. Il faut en dire de même des causes de suspension (autres toutefois que la minorité ou l'interdiction, arg. art. 2278 C. civ.).

Il est impossible de savoir pourquoi le fait par la société d'être en même temps *en faillite* rendrait la prescription inapplicable : tel est pourtant le sentiment de la pratique.— Lorsque la prescription est interrompue, elle recommence à courir à nouveau, sans se transformer en une prescription de trente ans.

362. — Toutes les actions appartenant aux créanciers ne s'éteignent point par cinq ans. Il y a d'importantes distinctions à faire.

L'art. 64 laisse entière l'*action contre la société*, prise comme personne morale. Tant qu'il y a des valeurs dépendant du fonds en liquidation, les créanciers peuvent exercer sur elles leurs poursuites. Et de même de l'action en responsabilité contre le liquidateur : elle survit à l'expiration des cinq ans.

La prescription n'atteint donc que les actions *contre les associés*. Elle suppose que ceux-ci sont recherchés sur leurs biens personnels, dans la mesure de la responsabilité attachée à leur titre.

363. — Or, il existe deux sortes d'associés. Les *associés en nom* peuvent incontestablement opposer l'art. 64, lorsqu'ils sont poursuivis à raison de leur responsabilité personnelle, *in infinitum*.

Pour les *commanditaires* (même question pour les actionnaires), les avis sont divergents.

a) On soutient *en doctrine* qu'ils ne sont pas libérés de la dette de leur mise après les cinq ans. La loi n'a voulu venir au secours que des associés solidaires, cela ressort des discussions du Conseil d'État en 1807.

On fait observer de plus que, si l'on déchargeait après cinq années l'associé, qui n'a point réalisé son apport, de l'obligation de le verser, ce résultat ne pourrait se produire qu'à l'égard de l'action directe. Cet apport resterait dû à la société en vertu de l'action *pro socio*. Car, quoique l'art. 64 ne le dise point formellement, le texte est, d'après l'opinion générale, étranger aux créances entre associés. Les créanciers, atteints par la prescription, auraient donc toujours la ressource d'at-

[1] Rappelons que les poursuites dirigées contre le siège social en liquidation, ou bien contre un associé en nom quelconque, interrompraient la prescription contre tous ces associés à la fois (art. 1206 C. civ.).

taquer le commanditaire conformément à l'art. 1166 C. civ. L'avantage qu'on veut ainsi assurer à ce dernier disparaîtrait en fait dans la plupart des cas.

364. — *b*) Aux yeux de la *jurisprudence*, la prescription quinquennale profite même au commanditaire, car la loi est conçue en termes généraux. Elle vise donc l'action en paiement de mise comme l'action solidaire. Elle vise même l'action en restitution des valeurs sociales, qui, par un partage prématuré du liquidateur, auraient été attribuées aux associés.

L'objection tirée du maintien de la dette de l'apport à l'égard de la société est très grave. Elle est cependant susceptible de réfutation. — Si, après l'expiration des cinq ans, la liquidation est encore en cours, il est parfaitement exact que l'action oblique permettra aux créanciers de faire condamner le commanditaire (en admettant qu'il n'y ait pas eu entre associés des arrangements ayant pour objet de le libérer). Mais, presque toujours, le liquidateur aura rendu ses comptes à cette date. Alors la société est bien morte, et on ne voit plus qu'aucune action judiciaire puisse désormais être exercée de son chef (Cfr. WAHL sous Req. 24 janv. 1894, Sirey, 95, 1, 497).

365. — S'il convient de se ranger du côté des arrêts dans la controverse précédente, la jurisprudence est moins heureuse dans sa manière de résoudre une autre question : — L'associé qui reste étranger à la liquidation profite de la prescription de cinq ans. En est-il de même de l'*associé liquidateur ?*

Les arrêts, invoquant la rédaction de l'art. 64, prétendent que non : « Toutes actions contre les associés *non liquidateurs*... » Le liquidateur associé en nom ou commanditaire continue à être responsable. En ce cas, ce n'est pas ce liquidateur seul qui va se trouver frappé : un contre-coup se produira sur les autres associés ; car le liquidateur, par l'action *pro socio,* les fera contribuer à ses déboursés.

Avec une semblable thèse, nul associé ne consentira à assumer le rôle de liquidateur, vraiment trop périlleux. Nul associé ne sera disposé non plus à confier ce rôle à un confrère. C'est la liquidation fatalement attribuée à un étranger.— L'art. 64 n'a pas le sens qu'on lui prête. Il distingue, sans le dire, deux actions auxquelles le liquidateur peut être en butte : 1° l'action contre le siège social ou la personne morale dont il est le représentant qualifié, et 2° l'action solidaire ou en versement de mise, selon qu'il est associé en nom ou commanditaire. La première de ces deux actions seule survit aux cinq ans, aussi longtemps que la liquidation n'a pas pris fin ; la deuxième est bien prescrite. La thèse rigoureuse des arrêts doit être repoussée.

SOUS-SECTION III. — Partage

366. — C'est la *répartition de l'actif net*, habituellement transformé en argent, entre les associés.

Les règles, concernant le partage des successions, la forme de ce partage et les obligations qui en résultent entre les co-héritiers, s'appliquent aux partages entre associés (art. 1872). Comme, dans les sociétés commerciales, la réalisation en espèces des biens du capital aura précédé presque toujours le partage, c'est-à-dire la confection des lots entre associés, et que ces lots consisteront alors en sommes d'argent, on ne s'attardera pas à rechercher: — si le partage lui-même doit être judiciaire en cas de présence de mineurs (voir ce qui a été dit dans la sous-section II, n° 355), — si le partage est déclaratif de propriété (art. 883, théoriquement l'affirmative est certaine), — s'il y a lieu au retrait de la cession qu'aurait faite un associé à un étranger, par analogie du retrait successoral de l'art. 841.

367. — Le droit fiscal de partage, qui était naguère encore un droit fixe gradué, comme le droit dû sur les actes de société, est devenu droit proportionnel réduit de 0 fr. 15 0/0, en vertu de la loi de finances du 28 avril 1893, art. 19 [1].

368. — **A quoi se ramène le partage.** — On se souvient que les apports des associés ont été faits tantôt en *propriété,* tantôt en *jouissance* (n° 161).

Ceux de la seconde espèce donnent lieu à une reprise, avant tout partage du fonds social, au profit de la personne de qui ils proviennent.

Cela ne prouve pas que les apports en propriété excluent l'application du prélèvement en valeur.

Loin de là, on va s'apercevoir que l'apport en propriété est traité de la même manière qu'un apport en quasi-usufruit.

En effet, les associés, à moins qu'il n'en ait été autrement convenu, viennent à partage suivant la proportion de leurs mises. Le règlement établi pour les bénéfices ou les pertes ne s'étend pas au partage du capital. Donc si *Primus* a concouru à ce capital pour 100,000 fr., et *Secundus* pour 50,000 fr., le fonds social se répartira suivant la proportion de deux tiers et d'un tiers.

[1] La valeur comprise dans l'apport de l'un des associés a été, on s'en souvient, dispensée du droit de mutation lors de la constitution de la société. Si cette valeur revient en nature à ce même associé lors du partage, le droit de mutation se trouve définitivement évité. — Mais la jurisprudence fiscale ne décide plus de même, au cas où elle serait mise alors dans le lot d'un autre associé : il y aurait lieu en ce cas à la perception du droit proportionnel habituel; son exigibilité n'a été ainsi que suspendue pendant la durée de la société.

Or, la règle de la fixité du capital veut que celui-ci soit encore représenté par 150,000 fr. lors de la liquidation. Il se peut que les ressources sociales à cette époque se chiffrent par une somme supérieure. Mais, pour la régularité des écritures, c'est à cette somme de 150,000 fr. qu'on les ramènera. L'excédent forme un bénéfice, le manquant constitue une perte. Il est facile de voir alors que le partage du fonds équivaut à un prélèvement de la valeur de sa mise, exercé respectivement par chaque associé.

Cette réflexion rend superflu l'examen si souvent entrepris par les anciens docteurs de savoir si l'apport social est présumé fait en propriété ou en quasi-usufruit. — Elle éclaire encore la manière dont doit s'effectuer le partage, lorsque deux associés sont en présence, apporteurs l'un de valeurs et l'autre de simple industrie : ce qui est le cas fréquent de la commandite. Le commandité reprend son industrie. Il est naturel que le commanditaire retire aussi la valeur de sa mise, et s'attribue, dans l'espèce, le fonds social tout entier. Les parties l'ont vraisemblablement voulu ainsi. Autrement, l'associé en nom, venant à partage sur le capital, absorberait une partie plus ou moins forte de valeurs qui viennent de son co-associé, sans le payer de retour : ce serait injuste.

Lorsqu'on va au fond des choses, on constate ainsi que les apports en société donnent ouverture, après liquidation, non pas à un vrai *partage*, mais à un *prélèvement* du montant de leur valeur.

369. — Quelques mots sur la *garantie* pesant sur les associés, du chef de la vente du fonds de commerce, que représente l'établissement exploité jusque-là par la société. Cette vente a été faite soit à un tiers, soit à l'un des associés par suite d'une licitation.

Les associés contractent envers l'acquéreur l'obligation de lui transmettre la clientèle, ils font la promesse de ne pas se rétablir. Aucun d'eux ne peut remonter un établissement apte à faire concurrence à celui qu'exploitait la société. Il faudra consulter le cahier des charges de l'adjudication, pour voir si l'on a entendu modifier cette obligation qui est de la nature de la vente. En général, le commanditaire, inconnu des tiers, n'est pas censé prendre personnellement à sa charge cette promesse de garantie (il en serait autrement si le fonds était licité à un de ses co-associés).

Il se pourrait que le fonds de commerce, en tant que matière d'achalandage, n'eût point de valeur reconnue. Alors il n'a pas été l'objet d'une transmission soit entre les membres, soit à un acquéreur dans les opérations de liquidation. Chaque associé recouvre donc sa liberté et peut ouvrir à ses risques le même genre d'entreprise, en ressaisissant la clientèle que la société a laissé perdre [1].

APPENDICE AUX SOCIÉTÉS PAR INTÉRÊT

DES ASSOCIATIONS EN PARTICIPATION.

(C. com., art. 47 à 50)

370. — Il vaut mieux parler des associations en participation à la suite des sociétés de personnes qu'en reporter l'étude après les sociétés par actions. Car elles n'ont avec celles-ci aucune ressemblance. Il leur est arrivé en revanche plus d'une fois dans le commerce de prendre la place des sociétés de personnes, particulièrement de la société en commandite. L'association en participation peut, selon les cas, se substituer avantageusement à cette dernière forme.

Une simple lecture des art. 47 à 50 montre que l'association en participation dispose d'une faveur notable, par rapport aux autres sociétés de commerce. Elle peut se fonder *sans écrit ni publicité*, verbalement par conséquent ; elle se prouve, comme un contrat ordinaire de commerce, au moyen des livres, de la correspondance, de la preuve testimoniale (voir les art. 49 et 50).

[1] Il y aurait encore à signaler ce que ces ventes de clientèle par des sociétés en liquidation offrent d'intéressant de la part des sociétés d'assurances. La Compagnie *La Métropole*, ayant un chiffre d'affaires représenté par 2,000 polices d'assurances contre l'incendie ou sur la vie, se met en liquidation. Elle transporte la suite de ses affaires à la Compagnie *La Providence*. La société ne transmet pas seulement sa clientèle à l'autre entreprise, elle lui passe ses risques en cours, constatés par les polices traitées avec ses assurés. Or ces polices, qui font preuve d'un contrat synallagmatique, présentent deux faces différentes. Elles obligent les assurés à payer annuellement leur prime, elles les rendent éventuellement créanciers d'une indemnité en cas de sinistre. L'entreprise cessionnaire est substituée pour l'avenir à la société cédante dans l'exercice des droits et des obligations inhérents aux polices, dans l'encaissement des primes. Il y a *cession de portefeuille*.

Seulement cette opération, faite sans le consentement de l'assuré, ne peut pas lui nuire.

a) Une première hypothèse se présente, elle est de solution facile : avisés de ce changement d'assureur pour la période complémentaire de leur police, les assurés ont donné leur adhésion (c'est ce qui arrive s'ils paient les primes postérieures, en connaissance de cause, au nouvel assureur). Le contrat est nové, l'ancien assureur disparaît.

b) Supposons maintenant que l'assuré n'ait pas fait acte d'adhésion. En cas de sinistre, il aura le droit de s'attaquer au cessionnaire (*La Providence*), mais il n'a pas libéré pour autant le cédant (*La Métropole*). L'assureur primitif n'a pas pu se dégager de son obligation, c'est à lui que l'assuré a fait foi. Du moment que cet assureur disparaît, l'assuré peut plaider en résiliation de la police. Il ne cesse d'en être ainsi que si la société qui liquide continue à entretenir un fonds de réserve, en mesure de répondre des risques encore en cours, et cela jusqu'à ce que le dernier de ces risques ait pris fin.

371. — Signe distinctif. — Mais quel est le *signe* qui permettra de distinguer l'association en participation d'une société véritable ? Quelles conditions doit remplir dans le commerce une communauté d'intérêts, pour rentrer dans le cadre de la participation et jouir de ses faveurs?

Le Code n'est pas explicite sur ce point. Ses auteurs se sont probablement inspirés des précédents de l'ancienne jurisprudence. Or Savary et Pothier, qui ont écrit sur les sociétés au XVIIe et au XVIIIe siècles, signalent, au cours de leurs explications, une convention que le Code de commerce a dû avoir en vue à son tour dans nos articles. Cette convention était dénommée autrefois *compte en participation*, ou encore *commandite, société anonyme*, terme pris aujourd'hui en un autre sens.

L'exemple sur lequel les anciens commentateurs dissertent de préférence est devenu banal : — Un négociant veut spéculer sur une cargaison de marchandises arrivées dans un port, mais il ne veut pas supporter le risque sur la cargaison entière. Celle-ci doit se vendre cependant en bloc et non par lots. Il propose à un confrère d'entrer de compte à demi dans l'opération, et celui-ci accepte.

Mais le promoteur de l'affaire traite seul et en son nom. Il s'abstient de faire connaître au public son participant. Il ne révèle même pas l'existence d'une participation pour l'accomplissement de l'affaire.

Il y aura ensuite à établir entre son associé et lui un compte de bénéfices et de pertes.

Cette convention présente deux particularités à la fois :

a) La société est *momentanée*, elle ne concerne qu'une seule opération, — peut-être plusieurs, mais peu nombreuses.

b) En vertu de la convention, le gérant opère *proprio nomine*, comme si l'affaire n'intéressait que lui : la société est *occulte*.

372. — Or, chacun de ces deux traits répond à une pensée particulière. Exiger aujourd'hui qu'ils se rencontrent tous deux concurremment pour la validité d'une association en participation, ne semble point logique. On comprendrait que, comme en Belgique, comme en Allemagne (ancien Code), la loi française eût écarté les formes ordinaires, à la fois et pour les sociétés momentanées et pour les sociétés occultes.

Elle n'a pas procédé ainsi. Toutes les participations obéissent chez nous à une condition semblable. Mais quelle est cette condition? Quelle est, des deux particularités présentées par les exemples des anciens auteurs, celle qui a été retenue par le Code et qui donne à la participation actuelle sa véritable économie?

373. — Système de la société momentanée. — Il y a, il y a eu plutôt, deux systèmes en présence.

Le premier système, tombé en pleine défaveur, prétend que l'association en participation est une *société momentanée*, une société qui porte sur une ou plusieurs opérations, limitées dans leur nombre (*societas unius negotiationis*). — Ex. : J'achète 500 balles de soie pour moi et pour un autre fabricant qui en prendra la moitié. Je donne l'ordre d'achat soit en mon nom, soit en notre nom commun. Dans le deuxième cas, moitié du prix sera facturée sur mon confrère. Autrement, c'est moi qui en suis l'unique débiteur.

La rédaction de l'art. 48 semble favorable à cette opinion. Si cette société est exempte des formes, c'est, sans doute, parce que le bénéfice espéré sera nécessairement restreint et qu'il ne faut pas l'épuiser d'avance par les frais.

Entre la *participation* et une *société ordinaire*, existerait, d'après cette manière de voir, la même différence qu'entre un *acte isolé* de commerce et le *commerce de profession*.

A cela près, et sauf la dispense des formes, les règles habituelles du droit des sociétés devraient s'appliquer. — Il pourrait y avoir raison sociale, solidarité des membres, engagement de tous en vertu de la représentation du gérant. — Les participants pourraient également introduire une clause de commandite, c'est-à-dire de responsabilité limitée à un chiffre déterminé d'apport. — Toutefois, faute de publicité, la personne morale ne se formerait point : il n'y aurait pas lieu à une mise en faillite de la participation, mais seulement à celle de ses membres, et les créanciers personnels concourraient avec les créanciers sociaux.

374. — Système de l'association occulte. — Un deuxième système, admis en jurisprudence, a fini par évincer le premier.

L'association en participation se distingue des autres sociétés par son caractère *occulte*. Il faut et il suffit que le gérant opère *en son nom*, sans faire connaître aux tiers l'intérêt qui l'unit à son ou à ses participants. Il n'est pas leur mandataire par représentation, mais leur commissionnaire, si la commission (ce qu'on recherchera plus bas) est un mandat *sui generis* dans lequel l'agent masque son donneur d'ordre.

Pour exprimer autrement la nature de la participation, nous dirons qu'elle constitue un retour à la pratique de la *société civile*, telle qu'elle a été plus haut décrite (nº 172), et telle qu'elle subsiste, en dépit de la fausse direction prise par la jurisprudence depuis 1891. Comme la société civile, l'association en participation se réduit à un rapport intérieur de comptes. Elle forme un contrat, non une personne, elle ne prend point jour sur le dehors, elle n'occupe pas la scène, nul ne la voit ni ne doit la voir.

Ex. : J'entreprends une manufacture sous mon nom. Mais les trois quarts du capital ont été constitués par un autre, contre promesse de la moitié des bénéfices. L'exemption des formes habituelles s'explique alors fort bien. Une société ordinaire se publie afin de manifester aux tiers les conditions de son organisme, puisque, aussi bien, ces conditions sont opposables au public. Or, ici l'organisme est inexistant, l'association est pour les tiers *res inter alios acta*. La publication serait un non-sens. Par corrélation, l'exigence d'un acte écrit disparaît également.

Cette manière d'être de l'association en participation a été très clairement précisée par plusieurs arrêts de la Cour de cassation, notamment par celui du 21 mars 1876.

375. — Conséquences. — Des déductions très importantes ressortent de ces prémisses :

1° La participation obéit, en thèse, aux règles de fond d'une société ordinaire. Mais cela est vrai dans les relations seulement des participants et de leur gérant, puisqu'elle ne saurait produire, comme telle, le moindre effet au regard des tiers. Elle est donc empreinte de l'*intuitus personæ*, elle cesse par la mort de l'un de ses membres, elle donne lieu à une action en reddition de comptes, pour laquelle le tribunal de commerce a compétence, mais sans désignation d'un liquidateur après la dissolution.

2° Une association en participation peut être contractée *pour une longue durée de temps*, et avoir toute une exploitation pour objet. Le concessionnaire d'un chemin de fer aura des associés en participation avec lui. Une même personne a le droit de gérer plusieurs participations distinctes à la fois.

Une société d'épargne et de prévoyance, comme la *Fourmi*, s'engagera envers ceux qui lui versent leurs économies par mensualités, à acheter à compte commun des valeurs à lots. Ces valeurs seront réalisées dix ou quinze ans plus tard. Il y aura des séries distinctes, comprenant chacune le même nombre d'adhérents, se liquidant à diverses époques. A chacune de ces séries correspond une association en participation.

3° La règle de la *contribution* nécessaire de tout associé *aux pertes* (art. 1855 C. civ.) est également vraie de l'association en participation. Hésitante jadis à l'admettre, la jurisprudence paraît maintenant tenir ferme pour le respect de ce principe. Il n'y a aucun motif de l'écarter, puisque l'association en participation se comporte comme une société civile.

On a eu l'occasion de frapper dans le milieu de la finance des *syndicats* dits *de garantie*, véritables associations en participation. On les a annulés, faute de s'être conformés à cette condition. Un banquier prend à l'émission un ensemble d'actions ou d'obligations dont il faut assurer le placement. Mais il partage le risque avec d'autres personnes, tout en opérant à lui seul. Il inscrit ces participants sur ses listes, chacun pour un nombre de titres convenu. Si l'opération, par suite de la survenance d'une baisse, donne de la perte, il faut que le participant concoure à cette perte. Il doit y concourir autrement que pour une somme dérisoire : les 0 fr. 50 par titre consacrés aux frais de l'opération, ainsi qu'on l'a vu dans des événements tristement célèbres de notre époque.

Cela n'empêche pas un participant de stipuler un intérêt fixe, dû annuellement, même en cas de pertes. On se souvient que cette clause est, dans toute société, jugée licite (nº 293).

4º La société en participation étant conduite par le seul gérant sans manifestation extérieure de société, celui-ci, seul aussi, devient créancier ou débiteur. Il engage son patrimoine, il encourt personnellement la faillite. Il ne peut être question pour lui d'obliger une société : il n'en existe pas aux yeux du public. A plus forte raison, est-elle dépourvue de toute personnalité, cette association, qui ne doit se révéler par aucune raison sociale.

Les participants ne sont tenus que d'une simple *action en contribution*. Le gérant les obligera d'abord à verser l'apport convenu. Il peut aussi, après consommation de l'opération et si elle a mal tourné, les obliger à payer leur part respective dans la perte. Cette part a pu être limitée à une somme déterminée (clause de commandite), comme aussi elle a pu être convenue sans aucune restriction de somme.

Les créanciers du gérant seront fondés à exercer cette action. Mais ils l'intenteront du chef de leur débiteur, en vertu de l'art. 1166, et subiront les exceptions dont elle serait passible.

Ils n'ont contre les participants ni action solidaire, ni même action directe.

Mais ce résultat, remarquons-le bien, suppose que *le gérant n'a pas démasqué ses co-participants*, et que ceux-ci n'ont point concouru aux opérations par lui faites. Autrement, on serait en présence d'une véritable société en nom collectif. Cette société nulle, faute de publicité, exposerait les participants à la responsabilité illimitée sur l'ensemble de leurs biens. L'essentiel est donc, pour une association de cette nature, de demeurer secrète.

Là aussi est son danger pour ceux qui en font partie. Une indiscrétion du gérant laisse croire aux correspondants qu'ils traitent effectivement avec une société. Si les noms de ces associés ont en fait été portés à leur connaissance, les participants, tolérant cette manière de faire, deviendront personnellement co-débiteurs de toutes les dettes contractées. Comme, dans le commerce, les dettes sont présumées solidaires, chacun d'eux en répondra pour le tout, nonobstant toute clause limitative de responsabilité stipulée entre le gérant et eux.

Les choses se passeront de la même manière que pour une société en commandite non publiée, dans laquelle on constaterait que le commanditaire ne s'est pas suffisamment dissimulé (nº 277). A plus forte raison, le participant ne doit-il pas traiter les actes seuls, à défaut du gérant [1].

On comprend, dans ces conditions, ce qu'il faut penser de ces singulières associations en participation qui divisent leurs parts en titres négociables et les font souscrire par le public, sans se conformer aux règles des sociétés par actions. Ces prétendues participations sont nulles et sans valeur.

376. — Toutefois, si le droit commun des sociétés s'étend à ces associations, il cesse d'en être ainsi pour deux conditions importantes, qui sont bien de l'essence des sociétés. A ces deux conditions, par une pratique établie, contreviennent les associations en participation, sans devenir irrégulières. Nous voulons dire — *l'existence d'un fonds commun*, — ainsi que l'obligation *d'un apport* pour chaque adhérent.

C'est parce que ces deux conditions sont absentes des participations, qu'on cesse de les ranger dans la classe des *sociétés*, et qu'on les traite comme des *associations*.

377. — *a*) *Fonds commun.* — Une société, même civile, a besoin d'un capital appartenant en commun à tous les associés. Cela résulte de la définition du contrat (art. 1832).

Or, la pratique penche à écarter de la participation la nécessité du fonds commun. Celui-ci ne se présume même pas. Le gérant ne met pas en co-propriété les biens sur lesquels il opère dans l'exercice de sa spéculation. Ces biens lui restent propres, jusqu'à ce qu'il en communique le produit à chacun de ses co-intéressés, à titre de réglement de bénéfices.

A quoi bon, en effet, un fonds commun, si ce fonds ne doit pas être affecté comme gage exclusif à des créanciers sociaux ? Les créanciers ont action sur tout le patrimoine du gérant. En détachant de ce patrimoine des valeurs qui seraient déclarées indivises, on ne leur créerait pas une situation meilleure.

378. — *b*) *Apports.* — Il se peut que le gérant opère exclusivement sur ses ressources, sans demander à ses participants un contingent de valeurs. Ce qui lui importe alors, ce n'est pas de se procurer les moyens

[1] Il pourrait cependant agir par procuration de ce gérant sans s'obliger lui-même. Il y a à cet égard une différence entre un commanditaire et lui : la règle de l'art. 27 C. comm. ne lui est pas applicable.

de faire la spéculation (car il les possède), mais de prendre un risque partiel. L'association en participation n'est plus, en pareil cas, cet agent créateur de richesse que représente la société véritable. Elle tend à fractionner la perte de l'affaire traitée à compte commun.

Néanmoins les apports peuvent également se rencontrer. Les participants couvrent alors le gérant au moyen de valeurs convenues. Mais il faut bien se garder d'attribuer à ces apports les mêmes effets que dans une société ordinaire.

1) Consistent-ils *en argent* (le participant remet 50,000 francs au gérant) : le participant a droit, comme créancier, au remboursement de la somme. — Le gérant tombe en faillite. Son associé sera fondé à produire au marc le franc dans cette faillite, avec les autres créanciers. Il ne s'efface pas devant ceux-ci, comme le ferait un associé ordinaire.

Toutefois, on comprend que ce n'est pas uniformément pour 50,000 francs qu'il se portera ainsi créancier. La participation a pu faire de mauvaises affaires, peut-être même la faillite provient-elle de ses résultats. Comme le participant doit contribuer à la perte, il diminuera de sa production la somme par laquelle se chiffre sa contribution; dans ces conditions, il peut lui arriver de n'avoir rien du tout à réclamer.

Mais il peut se faire aussi que la faillite du gérant tienne à de tout autres opérations. La participation laisse même ressortir un bénéfice. Alors le participant s'inscrira non seulement pour son apport, mais pour sa part dans le gain de l'affaire en commun. La faillite de son gérant n'y met pas d'obstacle.

2) L'apport consiste en *corps certains*. Le participant a couvert le gérant en marchandises sorties de ses magasins ou de ses usines. Ces marchandises doivent, d'après les conventions, être vendues à profit commun, probablement avec d'autres marchandises que le gérant fournira de son côté. — Vienne la faillite de ce gérant. Le participant sera traité pour ses marchandises, si elles ne sont pas encore vendues, comme un commettant.

Il est resté propriétaire de ses marchandises qui sont en consignation chez un commissionnaire failli (art. 575 C. com.).

Il les revendiquera par préférence, quitte à régler son compte de pertes, s'il y a lieu.

379. — Lorsque l'usage de la participation se sera propagé davantage dans le commerce, les négociants en connaîtront mieux le mécanisme. Ils constateront alors que cette forme d'association tient commodément l'emploi d'une commandite. Ils s'apercevront qu'elle offre cependant aux tiers de moindres garanties: précisément ce défaut de capital social et cette répétition possible d'apports par les participants en concurrence avec les créanciers, quelquefois même préférablement à eux.

380. — Applications particulières de la participation. — Une dernière observation. On parle souvent de participation, à propos de conventions qui ne sont point des associations en participation.

Dans les sociétés à primes fixes *d'assurances sur la vie*, les associés, quand leurs polices ont cours depuis plusieurs années (trois ans), sont admis à participer aux bénéfices. Leur participation croît, à mesure que les années avancent et que leurs polices s'alimentent.

Je dois, pour un capital de 20,000 fr. servir 600 fr. de prime, mais d'un autre côté, le bilan de la compagnie me donne droit à 100 fr. dans les bénéfices de l'année commerciale écoulée.

Les bénéfices de ces compagnies tiennent à ce que les primes leur ont donné, dans l'exercice clos, plus que les sommes à couvrir pour le règlement des sinistres. La participation de l'assuré équivaut à une restitution de *trop payé* sur sa prime. La clause apparaît donc comme une stipulation faisant corps avec le contrat d'assurance lui-même, et destinée à déterminer le chiffre de prime que l'assuré aura eu finalement à verser. Le boni de répartition vient en déduction de la prime nominale.

381. — Louage de services. — Dans le *louage de services*, les économistes recommandent la pratique de la participation aux bénéfices dans les rapports du patron et de ses employés. Cette pratique ne s'est point généralisée. On lui trouve de sérieux inconvénients, en déterminant l'ingérence des subordonnés dans les comptes de la maison. Elle a trouvé cependant des applications connues (imprimerie Leclerc, papeterie Laroche-Joubert, etc.). Elle est surtout suivie à l'égard de certains employés, qu'on dit *intéressés* dans l'établissement, parce qu'ils reçoivent, indépendamment d'un traitement fixe, un tant pour cent sur les bénéfices.

Ce n'est pas là une *association*. Entre le patron et l'ouvrier ou employé, il y a toujours louage de services, contrat de travail. La clause de participation est une simple modalité affectant le taux du salaire. Celui-ci, au lieu de rester fixe, devient aléatoire, au moins dans l'un de ses éléments.

S'il y avait association, il y aurait *affectio societatis* et parité de rang des associés. Le participant pourrait exiger la communication des livres; il pourrait surtout demander compte au gérant de sa mauvaise gestion, de ses gains manqués, ce qui n'est point. Le commis ou l'ouvrier intéressé reste un subalterne, il est soumis à la discipline de la maison et exposé au renvoi, sous réserve de l'application de l'art. 1780 C. civ.

Le patron n'a aucun compte de gestion à lui rendre; s'il doit se prêter à un contrôle du chiffre des bénéfices, c'est par la voie de la représentation des livres (voir la différence dans le chapitre des livres, n° 138)[1].

CHAPITRE III

DES SOCIÉTÉS PAR ACTIONS.

SOCIÉTÉ EN COMMANDITE PAR ACTIONS ET SOCIÉTÉ ANONYME

(C. com. art. 29 à 38, 40 et 45 ; l. 24 juillet 1867, titres I, II et IV, l. 1er août 1893)

382. — L'étude des sociétés par intérêt nous a permis d'examiner pièce par pièce la structure de la société commerciale. Malgré les très nombreuses particularités que présente la société par actions, surtout à raison de la circulation du titre social, cette structure reste la même que pour les sociétés de personnes.

Cela nous dispensera de revenir sur une quantité de règles communes aux deux sortes de sociétés. Il faudra continuer à les suivre, par cela seul que la législation des compagnies par actions ne renferme pas de dispositions contraires.

[1] La question du véritable rôle occupé par le commis devient très délicate, dans le cas suivant. Le patron s'adjoint une personne qui entre dans sa maison, sous ses ordres, avec des appointements fixes, mais le commis apporte en outre un *capital* pour lequel il convient d'une participation aux bénéfices.

Nous estimons, à raison de cet apport de sommes, que la convention devient alors une *association en participation*. La conséquence en est que l'employé ne pourrait plus en pareille circonstance s'exonérer de toute perte, ni convenir que son apport lui sera restitué à tout événement. Cette exonération serait possible quant à son apport de travail, mais elle cesse d'être licite pour son apport d'argent (art. 1855 C. civ.).

On dit bien que la convention doit s'analyser en un simple prêt, avec un intérêt qui au lieu d'être fixe, se règlera d'après le montant des bénéfices. On ajoute que, depuis la loi du 12 janvier 1886, l'intérêt en matière commerciale cesse d'être soumis à un taux maximum. Qu'importe que, à raison de sa participation, le prêteur touche dans les bonnes années l'équivalent de 10, de 20 0/0 de ses avances ! — Mais cette objection ne porte pas. Au lieu d'y répondre, comme le fait la Cour de cassation, en affirmant sans preuve que le seul intérêt licite est celui qui consiste dans un tantième déterminé *à forfait* sur le capital avancé (Req. 18 mai 1896, D. P. 97, 1, 249), il y a une autre réplique possible, et meilleure semble-t-il. Sitôt que le prêteur stipule une participation dans les bénéfices que fera son emprunteur, il se produit une égalité de rang des deux parties, il n'y a plus entre elles un prêt ordinaire, mais une véritable association en participation. Or, celle-ci est régie par la règle impérative de la contribution nécessaire aux pertes.

383. — Considérations économiques. — Avec les *sociétés par actions*, on aborde un théâtre d'opérations plus vaste.

Cette nature de société ne doit pas être rendue responsable des scandales auxquels donnent lieu un certain nombre d'entre elles.

La forme par actions est indispensable à la création des grandes exploitations, les seules qui mettent le commerce d'un Etat en mesure de soutenir la lutte sur le terrain international.

Tout ce qu'on peut demander à la loi, c'est d'environner ces sociétés, afin de protéger l'épargne, de prescriptions qui ne gênent pas le commerce au point de contrecarrer la formation d'entreprises honnêtes et sérieuses. Tout ce qu'on peut demander au pouvoir judiciaire, c'est de sévir contre les abus, sans faiblesse et sans ménagement envers des personnalités, d'autant plus coupables qu'elles ont profité de leur empire et de leur prestige pour causer plus de maux.

Les sociétés par actions, ou sociétés de capitaux, se distinguent des autres, en ce que la part sociale, au lieu d'être personnelle et intransmissible, devient une *action*, un *titre circulant*. On en peut trafiquer et elle se transmet aux héritiers.

Comme en outre cette action n'entraîne à la charge de l'associé qu'une responsabilité limitée au montant de la mise, l'attrait qu'elle donne à l'épargne est très grand. Un faible risque va se trouver largement compensé par la chance de participer à de gros bénéfices et de revendre la part à la hausse.

Le taux de l'action peut être porté assez bas. C'est donc la petite épargne, la moins instruite, la plus enthousiaste, qui est le plus vivement sollicitée à entrer dans ce genre de société.

On pourrait songer à relever ce taux, mais alors ce serait au détriment de l'institution elle-même. Seule la multiplicité des petites économies permet de songer à constituer les grandes affaires : dans les démocraties, les gains se fractionnent, il faut ramasser ces gains disséminés, les grouper pour qu'ils se retrouvent engagés dans les fortes entreprises.

Deux sortes de personnes vont se trouver en présence. La société par actions se forme et se maintient au moyen de l'appel au public.

Il y a de nombreuses exceptions : beaucoup de ces sociétés se créent entre personnes se connaissant d'avance, et sans que leurs titres soient ensuite portés sur un marché.

Mais, lorsqu'elles doivent avoir un certain retentissement, et si le capital à constituer est considérable, le mode de formation diffère. Le personnel des *souscripteurs* n'existe pas au début, il faut l'attirer par des mesures de publicité. Ceux qui se chargent de placer les titres appartiennent au milieu des *financiers*.

Même lorsque les financiers souscrivent le capital, leur présence dans la société n'est que provisoire. Ils se réservent de repasser les actions à d'autres. Car la finance ne peut pas immobiliser ses ressources dans les entreprises, et ce n'est au surplus point son rôle. Il faut alors organiser des campagnes de Bourse, afin de faciliter le passage des titres en mains diverses, jusqu'à ce que l'épargne ait absorbé toutes ces actions. L'épargne n'aurait pas été en mesure, dès le premier jour, de réaliser un capital de cette importance ; d'ailleurs elle veut voir la société faire ses preuves, pour lui témoigner sa confiance. Elle ne vient à elle que peu à peu et avec le temps.

Plus tard, les actions une fois *classées*, il se pourra que la confiance faiblisse et que les cours baissent, par suite de raisons accidentelles. Il appartient alors à la finance de reprendre position sur ces titres et d'en relever les cours, en montrant que l'épargne cède à une panique injustifiée. Cela suppose le fonctionnement du marché à terme, dont il n'y a pas à parler dans ce chapitre, car la Bourse doit faire l'objet d'une étude séparée.

Dans ce travail d'aspiration de l'*épargne* par la *finance* réside l'économie propre à la formation des sociétés par actions. L'*appel au public* est l'invitation que des fondateurs ou leurs auxiliaires font, par circulaires ou autrement, aux capitalistes, petits et grands, de souscrire les actions d'une société ou, s'ils les ont souscrites eux-mêmes, de les leur acheter.

Nous laissons au roman ou au théâtre le soin de montrer quels genres variés de mystifications peut recéler un pareil appel, — avec les mensonges des prospectus et des réclames de journaux, — avec les fausses nouvelles ou autres manœuvres de Bourse, — avec le concours des parasites, inévitable cortège des lanceurs d'affaires, — avec la vénalité possible de la presse ou des membres du Parlement, — et surtout avec ce mirage dont disposent sur le public les grands hommes, comme aussi les grandes œuvres, qu'il n'a pas l'occasion de voir de près.

Mais nous répétons que vouloir généraliser la conduite des affaires d'après ces tristes exemples manque d'exactitude. Si l'on devait céder à l'obsession de ces abus, pour régler la condition des sociétés par actions, c'est à leur suppression complète qu'il faudrait conclure. Et encore, même supprimées, elles trouveraient le moyen de revivre sous un voile plus ou moins déguisé.

384. — Il y a deux espèces de sociétés par actions : la *société en commandite par actions*, visée au Code de commerce dans un seul et court article, l'article 38 ; et la *société anonyme*.

385. — Société anonyme. — La *société anonyme* est de beaucoup la plus répandue des deux. Elle est *composée uniquement d'actionnaires ou associés à responsabilité limitée, dont les parts sociales, de valeur égale, sont représentées par des certificats négociables*. Ces actionnaires exploitent l'entreprise par l'intermédiaire d'un conseil d'administration, dont les membres sont nommés et renouvelés périodiquement par eux.

386. — Société en commandite par actions. — La *commandite par actions* participe encore par un côté de la nature des sociétés par intérêt. La part du commandité ou des commandités, s'ils sont plusieurs, continue à être un *intérêt*. Il entraîne pour l'associé responsabilité du passif social sur tous ses biens. Il constitue une part sociale obéissant à l'*intuitus personæ* intransmissible.

Ce n'est une société par actions qu'au regard des commanditaires. Elle forme une commandite gouvernée par les mêmes règles qu'une commandite simple (art. 38), à cela près que les parts des commanditaires sont des actions.

On doit donc la définir : une *société composée*, d'un côté *d'un ou de plusieurs commandités*, *associés en nom et gérants*, et de l'autre côté *d'un corps d'actionnaires étrangers à l'administration ainsi qu'à la raison sociale*. La société continue avec les acquéreurs des parts des commanditaires ou avec leurs héritiers. Elle finit par la mort du commandité, qui en outre ne peut céder sa part.

387. — La nature juridique de la commandite par actions serait rendue plus nette, si on voulait fixer son attention sur ce corps d'actionnaires ou commanditaires, en l'isolant pour un instant du gérant ou commandité.

Dans cette forme de société, il y a en réalité deux unités intégrantes seulement : le *commandité*, l'*ensemble des actionnaires*.

Un groupe d'actionnaires, une *compagnie*, se constitue en vue d'une entreprise.

Si cette compagnie est en mesure, par ses administrateurs élus, de mener à bien l'exploitation, c'est la forme de la société anonyme qui prévaudra.

Autrement, si elle a besoin d'un homme déterminé, assez fort pour traiter avec elle d'égal à égal, la compagnie entrera en relations avec cet homme, et on verra s'établir une société entre : 1° cet associé en nom, Paul, et 2° le corps des actionnaires, la compagnie.

D'où, la raison sociale *Paul et Cie*, et la responsabilité assumée par ces deux êtres : l'individu sur tous ses biens, la collectivité sur le capital qu'elle apporte. On est en présence de deux sociétés superposées, l'une conclue entre les actionnaires, société véritablement anonyme, et l'autre entre cette société anonyme et l'associé en nom [1].

388. — Raison sociale. — Les sociétés par actions ont-elles une raison sociale ?

Oui, pour la commandite par actions : la raison sociale comprend exclusivement les noms des commandités.

Non, pour la société anonyme. Celle-ci n'existe point sous un nom social, elle n'est désignée par le nom d'aucun associé, elle est qualifiée par la désignation de l'objet de son entreprise (art. 29 et 30 C. com.). Pour elle, il y aurait contre-sens à se pourvoir d'une raison sociale, qui a pour but de faire connaître les personnes individuellement et solidairement responsables. Aucune personne de ce genre ne se rencontre dans la société anonyme. Si elle se donnait une raison sociale, l'actionnaire ou le tiers dont le nom y figurerait, serait tenu indéfiniment sur tous ses biens (n° 248).

389. — Publicité et réglementation. — Nous avons déjà dit que les sociétés par actions tenaient leur place dans la *vie publique* de l'Etat. Cela s'explique par l'appel qu'elles font à l'épargne pour se

[1] Cette décomposition n'est point faite en France, et c'est fâcheux. Elle rendrait clairs bien des points qui restent dépourvus de précision. — Le commandité peut souscrire des actions et cumuler les deux positions. Pourquoi? C'est parce qu'il fait d'abord partie de la société des commanditaires, et que cette société, dans son unité, s'est ensuite associée à lui. — Une délibération est prise par l'assemblée des actionnaires, afin de modifier les statuts au cours de la société; les majorités légales sont obtenues. Le commandité y fait opposition. Sa résistance rend-elle la délibération sans effet? Toutes réserves faites sur ce que déciderait l'acte de société, nous le pensons. Les mesures modificatives ne peuvent être prises que moyennant le consentement des deux unités qui composent la société, etc., etc.

Si cette manière de voir avait été acceptée avant 1867, on aurait pu soutenir que la commandite par actions était soumise à l'autorisation du gouvernement, comme l'était alors la société anonyme. En effet, la commandite renferme dans ses flancs une société anonyme, qui doit se constituer d'abord suivant la loi édictée pour elle. Cette interprétation, assez hardie, nous l'avouons, n'aurait pas été absolument contredite par l'art. 38 C. com.

En tout cas, on supprimerait de nos lois tous les textes qui parlent de la commandite par actions, sans en excepter un seul, que les principes généraux permettraient de reconstituer ce type de société, par une combinaison de la société anonyme avec la société en nom collectif ou avec la commandite simple. Et ce procédé législatif de prétérition serait encore le meilleur. Un grand nombre de différences de détail existant actuellement entre les deux formes de sociétés par actions disparaîtraient, et ces différences sont à peu près toutes injustifiées. Une société anonyme a la personnalité en soi, le moyen de traiter des marchés, des contrats, des emprunts. Pourquoi ne pourrait-elle pas employer sa personnalité à constituer à son tour une société avec un commerçant?

former. Cet appel ne s'arrête point par le fait de la constitution ; car les actions continuent à s'offrir à la Bourse aux capitaux disponibles pendant tout le temps que la société fonctionne, ce qui emporte l'obligation de tenir le public au courant de leur solidité.

Les sociétés par actions ne sont donc pas seulement publiques, en ce sens qu'elles doivent déposer leurs statuts aux greffes des tribunaux (car c'est le sort commun à toutes les sociétés commerciales). La publicité doit s'entendre pour elles dans une acception beaucoup plus large. Elles s'adressent à l'épargne publique : de là deux ensembles de prescriptions.

390. — 1° D'une part, on a dû instituer pour les sociétés par actions un *régime propre qui les place sous le contrôle de l'opinion* et ne permet pas de les faire profiter du secret d'affaires, aussi complètement qu'un commerçant ou qu'une société par intérêt.

a) D'après la loi du 27 juillet 1881 sur la presse, art. 35, la *diffamation*, exercée contre les directeurs et administrateurs des « entreprises industrielles, commerciales ou financières faisant publiquement appel à l'épargne ou au crédit » (les sociétés par actions seront seules, par le fait, à répondre à cette condition), est assimilée à la diffamation contre les fonctionnaires publics. Cela n'est pas vrai quant à la compétence judiciaire. Mais l'assimilation établie par la loi autorise le diffamateur à prouver l'exactitude des imputations diffamatoires pour obtenir son acquittement. On sait que cette preuve des faits diffamatoires n'est pas admise d'ordinaire contre un particulier.

b) L'Enregistrement a un droit de *libre perquisition* dans la comptabilité des sociétés par actions, pour la recherche et le contrôle de la matière imposable, dividendes, transferts d'actions, etc. (notamment l. 21 juin 1875, art. 7).

c) Les *bilans annuels* sont en fait *publiés* par les journaux financiers. Chose naturelle, puisque la société est dans un état permanent de proposition de ses actions au public. Il y a des lois qui exigent le dépôt du bilan au greffe ou son insertion dans les journaux ; la nôtre ne le décide pas ainsi.

391. — 2° D'un autre côté, comme la fondation d'une société par actions peut cacher un piège ou traduire l'engouement, la loi a dû recourir à des mesures de police préventive et répressive. Il a fallu soustraire ce genre de convention au régime de la *liberté contractuelle ordinaire*. A ce point de vue, deux systèmes de protection ont été pratiqués selon les époques : l'autorisation gouvernementale, la réglementation.

392. — *a*) *Autorisation*. — C'est un système subordonnant la constitution de la société par actions à une approbation des statuts par le gouvernement. On a déjà vu que ce système avait fonctionné en France entre 1807 et 1867, mais pour les sociétés anonymes seulement, et sous un léger tempérament introduit depuis 1863 à l'égard des sociétés à responsabilité limitée. De là, les abus commis sous la forme de la commandite par actions (n° 195).

L'autorisation est aujourd'hui un système condamné. Il a été abandonné à peu près partout (sauf en Autriche, en Hollande, en Russie, etc.). — Il entraînait, pour les sociétés les plus sérieuses, des lenteurs extrêmes : examen successif des statuts par les bureaux, par le ministère du commerce, par des commissions consultatives, par le Conseil d'Etat. — L'administration pronostiquait les chances de succès de la société, ce qui n'est pas sa fonction. Bref, hormis les Compagnies qui, comme celles de chemins de fer ou les grandes banques et entreprises d'assurances, exerçaient un service de concession ou d'intérêt général, l'administration était naturellement portée à répondre par un refus d'autorisation à la demande qu'on lui faisait. La société anonyme, avant 1867, n'était pas, en réalité, à la portée des entreprises particulières.

393. — *b) Réglementation.* — Dans ce nouveau système, la société par actions se fonde sans octroi de l'administration, de la justice ou d'une autorité quelconque. Vis-à-vis des pouvoirs publics, elle est libre.

Mais elle est obligée, pour la régularité de sa constitution, de se soumettre à un certain nombre de *prescriptions*, garantissant ou censées garantir le caractère sérieux, viable et honnête de l'entreprise. Comme aussi elle doit, pour la régularité de son fonctionnement, se pourvoir de rouages permanents, assurant le contrôle des actionnaires.

C'est un mode en quelque sorte automatique de protection. A défaut par les actionnaires de veiller eux-mêmes à leurs intérêts, la loi intervient en leur place, ou elle leur fait tenir un rôle machinal qui doit tourner à leur sécurité.

Le contrat de société devient ainsi un contrat de nature solennelle inaccoutumée. C'est le régime français depuis la *loi du 24 juillet 1867*. Régime tout autre que celui pratiqué en Angleterre, où les sociétés par actions sont libres, à la seule condition de faire enregistrer leurs statuts. La règle de l'autorisation administrative n'a été conservée que pour les sociétés de tontines et d'assurances sur la vie.

394. — Au lieu d'isoler l'une de l'autre la société en commandite par actions et la société anonyme, au lieu de suivre l'exemple de la loi de 1867 qui les réglemente successivement, nous préférons les réunir dans un commentaire commun, sauf à indiquer, chemin faisant, les différences, souvent arbitraires, qui les séparent. L'affinité est en effet plus grande encore qu'entre les deux sociétés par intérêt, que nous avons déjà examinées de front.

Nous nous occuperons en conséquence: — des règles de constitution et de publicité de ces sociétés, — de l'action et de sa circulation, — de l'administration, — de la surveillance, — des assemblées générales, — de la matière des obligations.

SECTION PREMIÈRE

CONSTITUTION. PUBLICITÉ

SOUS-SECTION PREMIÈRE. — Règles constitutives

(L. 1867, art. 1 et 4, 21, 23 à 25 et 30; l. 1893, art. 1er)

395. — Dans une société par intérêt, les associés se connaissent au préalable et signent ensemble l'acte social. Ici la société n'est pas constituée, dès le jour où il se rencontre un homme ou des hommes pour en déterminer l'objet et en arrêter les clauses. Son personnel d'associés n'est pas encore réuni, du moins la plupart du temps.

Un ou plusieurs individus, opérant de leur initiative et sans mandat de personne autre, prennent sur eux d'édifier une société et de lui recruter des souscripteurs. On appelle ces individus *fondateurs*. Ils opèrent en vertu d'un simple projet de statuts.

Dans la commandite par actions, c'est le futur gérant qui prend cette fonction.

Dans la société anonyme, ce sont des personnes quelconques, des industriels, éclaireurs d'affaires, qui se proposent de jouer un rôle dans la société à fonder. Ce sont aussi des financiers, qui recherchent une prime de commission ou de revente selon les cas, par le placement des titres.

396. — Les fondateurs dans la période constitutive. Leurs opérations. — Ce fondateur peut être *unique*. Généralement ils seront à plusieurs, et on pourra les considérer comme formant entre eux une *société civile*, dont l'objet est de constituer une société de commerce par actions. S'ils réussissent, cette société civile se dissoudra de plein droit, laissant à ses membres pour avantages les profits divers que leur donne la société par actions, venue grâce à eux à l'existence. S'ils échouent au contraire, ils supporteront les frais de leur campagne infructueuse.

Au regard du public et de ceux qu'on espère voir souscrire le capital, ces fondateurs sont dans la position d'un auteur d'offre ou de pollicitation. Ils offrent, à ceux qui se laisseront tenter, d'adhérer à un contrat de société qu'ils ont conçu.

Notez que cette entreprise en projet, ils peuvent dès à présent la mettre en œuvre. Peut-être même, quand il s'agit, par exemple, d'une ancienne usine à monter par actions, cette entreprise fonctionnait-elle, dès avant qu'on eût songé à en faire une société anonyme ou en commandite. Il ne peut être question d'en suspendre maintenant la marche, tandis que les pourparlers de constitution suivent leur cours.

Dans la période pendant laquelle ils chercheront à constituer le capital et à rendre cette société définitive, les fondateurs peuvent donc être appelés à contracter des actes nombreux ou importants. Ils obtiendront en leur nom une concession ; ils commanderont des travaux de construction ; ils achèteront même des marchandises.

Tout cela est licite et régulier, du moment qu'ils font ces actes *personnellement*, en s'obligeant eux-mêmes, sans user de la signature d'une société par actions qui n'est pas encore formée. Leur pensée est de repasser toutes ces opérations à la société par actions, une fois constituée. Ils y seront recevables, dans la mesure où les statuts le voudront ainsi, et notamment lorsque ces statuts assigneront à la société, pour commencement d'exercice, une date où la constitution n'était point encore achevée. Car il faut de suite dissiper une équivoque : dire que la société ne peut fonctionner avant sa constitution définitive, cela ne signifie pas qu'il lui soit interdit de prendre son point de départ plus haut dans le passé, en succédant à de premières opérations que ses fondateurs auraient déjà faites en leur propre et privé nom.

397. — Actes légaux à remplir. — Pendant cette période d'attente, le rôle dont la loi devait particulièrement se préoccuper, pour les fondateurs, c'est celui qui touche à l'*élaboration de la société par actions* projetée et à son *achèvement*.

Or, l'arrivée au but peut prendre plus ou moins de temps. Il faut suivre une route marquée par certaines étapes. La loi en détermine *cinq*. Ce sont, dans l'ordre où l'on doit les parcourir :

1° La *souscription intégrale du capital social* ;

2° Le *versement* sur chaque action, tantôt du *quart* et tantôt de la *totalité* de son montant ;

3° La *déclaration par devant notaire* de l'état des souscriptions et des versements, avec le dépôt des statuts ;

4° La *vérification et l'approbation*, en assemblée générale des actionnaires, *des apports en nature et des avantages particuliers* ;

5° La *désignation*, également par un vote d'assemblée générale, *des premiers fonctionnaires de la société*, avec, dans la société anonyme seulement, *vérification de la sincérité des souscriptions et versements* par l'assemblée (l. 24 juillet 1867, art. 1er, 4, 23, 24 et 25; loi 1er août 1893, art. 1er).

En tête de cette énumération, et afin d'en comprendre le sens, il convient de placer la confection des statuts par les fondateurs, sauf à s'expliquer sur les effets du retard qu'on mettrait à les dresser. Ce qui porte à *six* les conditions légales.

§ 1. Confection des statuts

398. — Comment s'adresser au public, sans lui présenter un projet complet de société ? Il faut que les souscriptions puissent trouver une base. Les statuts seront donc composés dans tous leurs articles. Acte en sera dressé, les fondateurs le signeront. Ce n'est encore qu'un projet. Mais les souscripteurs n'auront pas ensuite à signer cet acte à leur tour. Le fait par eux de souscrire emportera *ipso facto* adhésion à ces statuts.

Les statuts peuvent être rédigés par *acte notarié* ou par *acte sous signature privée* (avant 1867, il fallait un acte authentique pour la société anonyme, C. com., art. 40). La forme sous seing privé est aujourd'hui possible, même quand les statuts contiennent pour les administrateurs pouvoir d'hypothéquer les immeubles sociaux (art. 69 ajouté à la loi de 1867 par celle de 1893, cfr. n° 262).

Lorsque l'acte est sous signature privée, il suffit de le rédiger en deux originaux. L'un restera au siège social. L'autre, on le verra, sera déposé en une étude de notaire, après la réussite des souscriptions et après les versements.

399. — Il faut s'expliquer incidemment sur cette *antériorité* nécessaire *de la confection des statuts*, par rapport à l'obtention des souscriptions. Cette nécessité existe en fait, et nullement en droit.

La loi aurait pu exiger que l'acte fût d'abord dressé, et que les souscriptions fussent recueillies ensuite. Elle ne l'a pas fait. Elle ne signale la rédaction d'un acte de société qu'après les souscriptions et les versements.

Elle aurait pu même prescrire, comme on l'a demandé, que l'acte de société fût soumis à une publication intégrale avant toute souscription, afin que les tiers pussent bien s'assurer de son contenu. Il n'y a rien de tel dans la loi.

Il faut en conclure que les fondateurs pourraient recueillir les souscriptions sur un avant-projet non signé, même sur des statuts par à peu près. A la rigueur ils pourraient y procéder sur un exposé verbal des conditions que les statuts renfermeront. Cela leur donne le moyen de se passer de toute rédaction première. Ils ont pouvoir encore pour retoucher leur projet de statuts, de leur propre autorité, même après les souscriptions faites. Ils le peuvent, aussi longtemps que l'acte n'a pas été dressé ou déposé en étude de notaire *ne varietur*, avec la liste des souscriptions et des versements. C'est ce dernier acte seul qui compte, pour faire loi entre les souscripteurs et eux.

En vain, les actionnaires l'argueraient-ils de faux, ou en contesteraient-ils la valeur obligatoire et probante. En vain diraient-ils qu'il ne concorde pas avec le projet, au vu ou au su duquel ils ont souscrit.

Il semble qu'un pareil régime soit fertile en surprises.

Des fondateurs malhonnêtes vont hypocritement dresser, après les souscriptions, des statuts très différents de ceux qu'ils avaient d'abord présentés. Ils engageront les souscripteurs dans une société autre que la société où ceux-ci voulaient entrer. On verra notamment les fondateurs abaisser le capital, d'abord annoncé, à un chiffre réduit, et se contenter de celui que la somme, partiellement obtenue des souscripteurs, leur aura permis d'atteindre.

Ce danger ne doit pas être exagéré. Il se tiendra des assemblées générales après le dépôt des statuts chez le notaire. Les actionnaires, si l'on a abusé de leur franchise ou s'ils refusent de se prêter aux corrections introduites par les fondateurs dans le texte des statuts, auront la ressource de ne pas élire les premiers fonctionnaires sociaux. Ils voteront ainsi contre la constitution définitive de la société. En cas de dol, il y aura lieu à une action en nullité de la société, mais sans qu'on puisse s'en prévaloir contre les tiers, contre les créanciers.

Peut-être était-il sage, au contraire, comme le fait la loi, de laisser les fondateurs retoucher leur projet, après que les observations des souscripteurs leur en ont montré les imperfections de détail.

400. — Les statuts contiennent, entre autres mentions, un article déterminant le *chiffre du capital social*, soit 1 million. Ils contiendront encore la division du capital en actions, ainsi que le nombre de ces actions et le montant nominal de chacune d'elles : 2.000 actions de 500 fr. chacune.

Il y a un *taux* légal minimum, au-dessous duquel ni action ni coupure d'action ne doit tomber. La loi française, à la différence de celle d'autres Etats, comme la Belgique, ne veut pas se prêter à la liberté du chiffre de d'action. Elle se souvient des abus de l'ancienne commandite par actions d'après 1830. Elle obéit au proverbe : « Protégez les gros sous, les louis se défendront toujours. » Mais elle ne pousse pas la rigueur aussi loin que la loi allemande, par exemple, qui a adopté comme règle normale l'action non inférieure à 1.000 marks (1.250 fr.).

Ce taux, d'après la loi de 1867, était de *500 fr.* Par faveur et seulement pour les sociétés d'un capital n'excédant pas 200.000 fr., il pouvait être abaissé à *100 fr.* Ces sociétés n'ont probablement pas un grand rayonnement, le marché de leurs titres est restreint, un taux trop élevé aurait mis obstacle à leur placement.

Par la loi de 1893, le taux minimum de *100 fr.* a été admis pour toutes les sociétés. Exceptionnellement à l'égard des sociétés formées à un capital ne dépassant pas 200.000 fr., il peut tomber jusqu'à *25 fr.*

Il est à présent question de généraliser l'action de 25 fr. et de l'admettre, sans distinction de chiffre du capital (voté à la Chambre en 1893, et proposition Graux). Ce projet vise surtout à supprimer sur le marché français des titres une cause d'inégalité. Elle résulte de ce que des actions étrangères, affranchies de cette obligation d'un taux minimum (actions des sociétés anglaises), circulent librement chez nous en vertu d'arrangements internationaux (voir ci-après). Elles circulent sur le marché libre sans pouvoir donner au public les garanties de l'admission à la cote (voir également ci-dessous). L'épargne, à raison de la modicité de ces coupures, se place de préférence sur elles. Le public éprouve des mécomptes, par suite de l'embarras où il est de reconnaître, au milieu de ces actions, les bonnes des mauvaises. Surtout les sociétés françaises souffrent de cette concurrence.

401. — Actions de numéraire et d'apport. — Les actions dont l'ensemble forme le capital social, à la teneur des statuts, ressortissent ou peuvent ressortir à deux groupes différents. On distingue, en effet :

a) Les actions de numéraire ;

b) Les actions d'apport.

Les *actions de numéraire* sont représentées par une mise à faire en argent. Elles répondent à la part de capital offrant le plus de certitude, puisqu'il n'y a pas de supercherie possible sur la valeur de l'argent. C'est cette part de capital qui seule est mise en souscription, et qui n'a pas encore trouvé preneurs lors de la rédaction du projet des statuts.

Les *actions d'apport* sont émises en représentation de biens en nature, matériels ou immatériels, ou simplement en représentation de travaux que les fondateurs ou leurs auxiliaires apportent à la société, en stipulant en retour une portion de bénéfices. Ces valeurs entrent dans le fonds social et en courent les risques. Les actions correspondantes sont réservées au profit de certaines personnes, mentionnées dans les statuts. — Ex. : Une usine évaluée 100.000 fr. est apportée à la société par son propriétaire, il lui sera délivré 200 actions de 500 fr. Que si le capital entier est de 1 million, les actions de numéraire à faire souscrire seront alors au nombre de 1.800.

Il y a des sociétés qui se fondent exclusivement avec un capital-espèces et sans apports. Il en est d'autres dont le capital ne se compose que d'apports. Enfin on en trouve dans lesquelles les deux éléments coexistent.

Or, la nature du capital de la société influe sur la marche à suivre par les fondateurs. Il y a des prescriptions relatives au capital en numéraire, il y en a d'autres concernant les apports en nature. Les fondateurs doivent recruter les actionnaires du premier groupe. Lorsqu'ils les auront trouvés, ils doivent mettre les actionnaires du second groupe en leur présence, afin qu'ils justifient aux souscripteurs de la valeur de leurs apports. Il y a là un premier chemin à suivre tout droit, puis un tournant de route à prendre où les deux groupes se rejoindront. C'est ce qu'on va voir.

§ 2. Souscription intégrale du capital social

402. — La *souscription* est le *fait par une personne de se constituer preneur d'une ou de plusieurs actions.* — Le capital-espèces est mis en émission par les fondateurs, on demande au public de se porter sur les actions et de les prendre. La souscription est une réponse affirmative.

Les souscriptions sont reçues chez les fondateurs, ou plus souvent chez un ou plusieurs *banquiers* qu'ils désignent, et cela pendant une période déterminée. Le souscripteur signe un *bulletin*, pour reconnaître son engagement de devenir actionnaire. Les fondateurs peuvent lui en délivrer un double, quoique cela ne se fasse point. Aussi longtemps que le souscripteur n'a point eu à opérer un versement et à retirer récépissé, on s'abstient de lui remettre un titre.

Le bulletin de souscription n'est pas exigé par la loi. Mais son utilité ressort du droit général des preuves. L'actionnaire, comme le commanditaire, sera lié par une obligation civile à la société, à plus forte raison ne s'engage-t-il pas commercialement envers les fondateurs (n° 242). S'il conteste sa souscription, on ne pourra recourir contre lui à la preuve testimoniale, lorsque l'intérêt dépasse 150 fr. Il sera donc prudent de se munir d'un titre, et même d'observer le *bon* et *approuvé* de l'art. 1326, au cas où le bulletin ne serait pas écrit de la main du souscripteur. *En fait*, les bulletins ne sont pas établis sur timbre.

Il a été question, dans divers projets de réforme, non seulement de rendre obligatoire la confection de bulletins, mais aussi d'y mentionner les dispositions les plus graves de l'acte de société, le chiffre des apports en nature, etc.

403. — Les émissions ont pu donner l'un des deux résultats suivants: Ou bien *elles n'obtiennent pas un entier succès.* Le capital social ne trouve point preneurs pour toutes les actions. Alors le projet de la société échoue.

Les fondateurs pourraient bien se contenter du capital réduit qu'ils ont obtenu et établir les statuts sur cette base. On a vu que, jusqu'au dépôt notarié des statuts, il n'y avait pas d'acte définitif faisant loi. Mais ils manqueraient ainsi à la bonne foi, et ils s'exposeraient à voir les souscripteurs dans les assemblées générales refuser de constituer la société, trouvant que l'entreprise, bonne avec un capital de 2 millions, cesse de l'être avec un capital de moitié moins fort.

Les fondateurs, s'ils estiment l'affaire possible même avec un capital inférieur, procéderont différemment. Ils rédigeront un second projet, admettant un capital moindre. Sur une nouvelle publicité par prospectus ou autrement, ils recommenceront la mise en souscriptions, sans tenir aucun compte des premières qui avaient échoué.

404. — Ou bien *les souscriptions réussissent* : le capital est entièrement *couvert*. Une concordance exacte entre le nombre d'actions offertes et celui des actions demandées ou souscrites ne pourra pas se produire. Le public aura souscrit plus d'actions qu'il n'y en avait d'émises. Il faut alors réduire les souscriptions. Ce qui se fait au moyen d'une répartition, généralement proportionnelle à la souscription de chacun, et dont le résultat est notifié à tous les intéressés.

En fait, les fondateurs pourront, en cas de surabondance de souscriptions, choisir les souscripteurs pour lesquels ils auraient des préférences. Ce n'est pas qu'ils aient le droit d'agréer ou de repousser les souscriptions qui se présentent à eux. Ils ont offert des actions, des personnes ont déclaré les prendre, *cette acceptation crée un lien*, et le souscripteur a le droit d'être compris dans la répartition, comme a droit à des marchandises en vitrine un passant qui demande à les acheter au prix marqué.

Cela dit, bien entendu, pour les souscriptions publiques et non pour celles qui seraient recherchées au moyen de négociations particulières.

Le souscripteur n'est pas un associé choisi pour ses qualités ou pour son crédit. Il s'impose, s'il est juridiquement en état de s'obliger, et il répond de sa solvabilité par le versement qu'il doit faire.

Mais la promesse des fondateurs de délivrer aux souscripteurs les actions sollicitées est subordonnée à une *condition* : c'est qu'il y aura assez de titres, pour répondre entièrement aux désirs de tous ceux qui en demandent. Dès qu'il y a excès de demandes, force sera ou de les accueillir dans leur ordre chronologique, en considérant comme sans valeur les dernières venues (ce qui est difficile avec des souscriptions simultanément ouvertes auprès de plusieurs maisons), — ou de procéder à une répartition proportionnelle, en donnant la préférence aux unités irréductibles.

Les fondateurs peuvent employer l'une ou l'autre méthode, à moins de s'être engagés, dans les prospectus, à suivre soit la première soit la seconde. Comment le souscripteur, informé du sort qu'a subi sa souscription, saura-t-il s'il n'a pas été écarté par suspicion personnelle ou par faveur pour d'autres ?

405. — Les souscriptions doivent être *complètes*, *loyales et sincères*, *fermes et irrévocables*. Elles doivent, dans les sociétés anonymes, comprendre au moins *sept souscripteurs*.

406. — *Complètes*. — Il appartient aux fondateurs de s'attribuer des actions. Cela est permis aussi au gérant de la commandite par actions, quoiqu'il soit associé en nom, tenu déjà comme tel sur tous ses biens ; à ce premier titre il peut ajouter celui d'actionnaire. Dans la pratique, tout apport pécuniaire ou de valeur, que le commandité fait à la société, autre toutefois que son travail de gérant, revêt la forme d'actions. Cela serait vrai d'une usine ou d'un brevet d'invention. Cela est vrai aussi de la portion des capitaux qu'il met personnellement de son avoir propre dans le fonds social.

Il n'est pas permis de faire souscrire le capital de la société par *fractions successives*. S'il est énoncé au chiffre de 10 millions, les fondateurs ne sauraient le diviser en plusieurs séries, de 2 millions chacune par exemple. Ils ne pourraient se contenter de mettre la première seulement de ces séries en souscription pour le moment. — Le capital statutaire ne serait pas couvert, le public a cru à 10 millions versés ou promis à titre ferme, il lui est fait tort des quatre cinquièmes. — Il faut donc s'en tenir à un premier capital de 2 millions, sauf à donner au conseil d'administration le pouvoir d'augmenter dans l'avenir le capital par de nouvelles émissions.

407. — *Loyales et sincères*. — Il faut des actionnaires de surface et sérieux. La jurisprudence a plus d'une fois annulé des sociétés qui comptaient parmi les souscripteurs des hommes de paille des fondateurs eux-mêmes : simples employés ou acolytes qui manquaient personnellement de ressources, mais recevaient sous main de l'argent des fondateurs pour libérer leurs titres.

Les arrêts ont considéré ces souscriptions comme *fictives*. La situation est la même que si les actions attribuées à ces prête-noms n'avaient pas trouvé du tout de souscripteurs.

408. — *Fermes et irrévocables*. — Le souscripteur qui a donné sa souscription ne saurait la retirer, même avant qu'on ne lui ait communiqué avis du chiffre pour lequel il est admis dans la répartition.

Il est lié envers les fondateurs, quoique sous condition, comme les fondateurs le sont envers lui. Ce serait jeter le trouble dans les comptes de constitution, que de lui permettre de revenir sur son engagement.

Le souscripteur ne peut pas davantage, au moyen d'une clause de son bulletin de souscription, se ménager un dédit et la faculté de résilier sa souscription.

De pareilles clauses se sont rencontrées. L'actionnaire, par exemple, se dégagera de sa promesse, en abandonnant le premier versement, si la société ne donne pas de bénéfices dans les deux premières années. Ou bien la souscription est subordonnée à l'acquisition par l'actionnaire d'un emploi dans l'entreprise, elle tombera si cet emploi n'est pas donné ou maintenu.

Toutes ces stipulations seront sans valeur *à l'égard du siège social* et de ses créanciers. Mais il n'y aura pas lieu de rendre nul le bulletin qui les contient, ce qui annulerait la société, faute de souscription intégrale du capital. La souscription vaudra comme engagement pur et simple.

On ne traitera même pas les réserves comme non écrites, elles seront interprétées de manière à engendrer une promesse valable, sans que la société encoure nullité : c'est le fondateur qui s'est engagé *personnellement* à reprendre les actions au souscripteur, si l'éventualité prévue vient à se produire. La clause produira effet sous forme d'action en dommages-intérêts. C'est ainsi qu'une convention susceptible de deux sens doit être interprétée dans le sens où elle est valable (art. 1157, C. civ.).

409. — Les souscriptions doivent, enfin, mais dans la société anonyme seulement et à peine de nullité, se répartir entre *sept souscripteurs* au moins.

Pour la commandite, dans le silence de la loi, on a dit que le nombre des actionnaires devait être au minimum de *quatre* (trois pour former le conseil de surveillance, dont les membres, on le verra, doivent être actionnaires, et un quatrième au moins pour pouvoir au besoin exercer la responsabilité encourue par le conseil). — Ce n'est pas très sérieux : la loi sous-entend que le conseil aura trois membres, si la commandite contient au moins trois associés; implicitement elle se contente d'un nombre inférieur, s'il n'y a qu'un ou deux souscripteurs. Mais l'analyse de la commandite à laquelle nous nous sommes livrés voudrait que, tout comme la société anonyme, elle renfermât sept souscripteurs au moins : cette analyse n'est pas habituelle (n° 387).

Le nombre de sept associés, prescrit dans la société anonyme (art. 23 de la loi de 1867), est difficile à justifier. Il a été emprunté aux lois anglaises, mais avec une variante qui rompt l'économie du modèle. Les Anglais demandent sept fondateurs. Le système est raisonnable; par là, les souscripteurs ont une action en responsabilité plus efficace si la société est nulle ou entachée de dol. Le nombre de sept a été transporté des fondateurs aux actionnaires. Ce qui est peu logique dans un système acceptant le fondateur unique.

Néanmoins, comme les fondateurs s'habituent de plus en plus à souscrire le capital entre eux, quitte à revendre leurs actions ensuite, la règle est bonne à conserver. Elle revient indirectement à exiger que les fondateurs se mettent à sept pour entreprendre leur campagne : ce qui est bien le trait propre du système anglais.

Le nombre de sept associés, obtenu au début, est exposé à décroître par la suite. Par le fait des négociations dont elles sont l'objet, les actions se ramassent aux mains de six porteurs ou d'un nombre moindre. La société devient alors sujette à dissolution (art 38 de la loi de 1867), ce qui est moins explicable encore. Toutefois la dissolution :

a) N'a pas lieu de plein droit;

b) N'est prononcée par la justice que d'une manière toute facultative, à l'appréciation du tribunal;

c) Ne peut être demandée que lorsque cet abaissement des actionnaires s'est produit et continué depuis plus d'un an. — Il n'y a pas de procès connu qui se soit élevé sur cette singulière question; et lorsque les actions ont été converties en titres au porteur, la preuve de cette réduction dans le nombre des associés est à peu près impossible à administrer.

§ 3. Versement en espèces, tantôt du quart, et tantôt de la totalité du montant de chaque action

410. — Chaque action doit être l'objet d'un versement dans la période préparatoire et avant la constitution définitive de la société. Il faut la libérer d'une partie de son montant et même, pour les petites entreprises, de tout son montant. Ce versement a lieu d'ordinaire au moment de la répartition, à moins qu'on ne l'ait demandé avec la souscription elle-même. Il est constaté par un reçu, par un certificat provisoire d'action.

Il est prescrit pour chaque action *respectivement*. Il ne suffirait pas, le capital étant de 1 million, que le quart de cette somme fût versé, soit 250,000 francs, si les uns avaient libéré la totalité de leurs titres quand d'autres n'auraient libéré aucune partie des leurs.

Le contrat de société par actions devient ainsi un contrat se formant ré, par une remise de valeurs. La règle était autre dans une société par intérêt. Là aucun versement initial du commanditaire n'était prescrit pour le commencement des opérations de la société. Là on pouvait voir l'entreprise arriver au terme de son existence, sans avoir appelé l'apport de commandite, et le commanditaire n'en participait pas moins aux bénéfices.

411. — Le but de la loi est d'écarter les *coureurs de primes*. On entend par là les hommes qui souscriraient des actions sans bourse délier, avec la pensée de faire la hausse sans tarder, et de réaliser en les revendant de forts bénéfices.

C'est au marché à terme qu'elle veut mettre un frein. Elle ne l'interdit pas, du moins à partir du moment où la société sera constituée. Elle veut cependant que le spéculateur ait fait une première mise sur l'action et ait témoigné par là d'une certaine surface.

Au surplus, le souscripteur a pu faire le versement légal au moyen de sommes empruntées par lui. S'il y a eu des décisions pour exiger, à peine de nullité de la société, que les versements vinssent nécessairement de lui, elles n'ont pas fait jurisprudence.

412. — La quotité à verser sur chaque action est du *quart* de son montant nominal. Soit 125 fr. pour une action de 500 fr.; 25 fr. pour une action de 100 fr.

Exiger le tout eût été excessif. La société n'aura pas à mettre immédiatement en valeur tout son capital, et du moment qu'elle doit en placer une partie en réserve, mieux vaut la laisser aux souscripteurs.

Exceptionnellement, depuis la création des actions de 25 fr. pour les sociétés de 200.000 fr. par la loi de 1893, ces actions doivent être libérées *pour le tout*. On a trouvé qu'un versement de 6 fr. 25 constituerait une première mise de fonds trop faible, vraiment dérisoire. Cette mise serait de nature à transformer l'action de société en un simple billet de loterie, particulièrement pour les petites bourses d'artisans.

La loi de 1893 renferme une lacune. La loi parle des actions de 100 fr. et demande pour elles la libération du quart, 25 fr. Elle parle des actions de 25 fr. et demande pour elles le versement de la totalité, 25 fr. Elle ne signale pas le taux du versement à faire pour les *actions d'un chiffre intermédiaire*, émises entre 25 et 100 fr. dans une société d'un capital n'excédant pas 200,000 fr., par exemple pour des actions de 60 fr. Est-ce la totalité qui est alors prescrite (60 fr.) ou doit-on au contraire se contenter du quart (15 fr.)?

Ce second mode aurait pour résultat, assurément choquant, d'exiger pour les toutes petites actions un versement de 25 fr. et de le faire tomber ensuite plus bas pour des actions d'un taux plus élevé (6.50 pour une action de 26 fr.).

Le premier mode de calcul n'est pas non plus le vrai.

Le sens exact de la loi se comprend avec quelque réflexion. Elle s'est décidée à admettre des actions de moins de 100 fr. pour les petites entreprises, avec abaissement des coupures jusqu'à 25 fr. Mais elle a voulu du moins que ces petites actions fussent assujetties à la même mise de fonds que celles du taux ordinaire de 100 fr. La vraie formule est donc celle-ci : « Versement du quart sur chaque action, pourvu que ce versement atteigne invariablement la somme de 25 fr. ». Les actions entre 25 et 100 fr. doivent verser 25 fr., comme celles de 25 fr. et comme celles de 100 fr., qu'elles suivent et qu'elles précèdent dans l'échelle des nombres.

413. — Emploi des versements. — Le versement est fait aux fondateurs ou aux personnes chargées de recueillir pour eux les sommes. Lorsqu'on dit qu'il a lieu *à la société*, c'est une façon de parler inexacte, puisque la société n'existe point. Les fondateurs mettront les sommes à la disposition de la société une fois qu'elle sera constituée.

En attendant, ils en ont le libre usage. Ils les placeront en banque à leur nom propre. Mais cela n'est nullement forcé. Ils pourront les garder dans leur caisse.

La pensée de les contraindre à déposer les sommes à la Caisse des consignations, comme cela a lieu en Italie, a été agitée dans les discussions qui ont précédé le vote du projet sénatorial de 1884, mais il n'y a pas été donné suite.

Les deniers recevront de la part des fondateurs tel emploi qu'ils jugeront utile, et si par malheur ils devaient faire faillite, avant la constitution de la société, les souscripteurs n'auraient pas le droit de reprendre leurs versements à l'endroit où ils auraient été déposés. Ces versements sont confondus avec l'ensemble de l'actif des fondateurs, et c'est par voie de production, au marc le franc, que les souscripteurs se les feront rembourser.

Il suit de là que, lorsque les fondateurs exploitent déjà sous leur nom l'entreprise qui doit devenir l'objet de la société après sa constitution, rien ne les empêche de consacrer présentement les versements aux besoins de cette entreprise. La société au moment de naître les retrouvera sous forme de valeurs engagées.

Il est vrai que les fondateurs auront à justifier de la sincérité des versements dans l'assemblée qui termine la période constitutive. Mais ils n'auront pas à exhiber les espèces à cette assemblée ou aux commissaires qu'elle désignera. Ils n'auront pas à prouver que les sommes existent encore *en nature* à cette date. Elles ont pu, par un achat d'immeubles ou autrement, se transformer en un équivalent. Ce qui importe, en revanche, c'est que les fondateurs, dans l'intervalle, n'aient pas restitué la somme à celui qui l'a versée [1].

414. — Il reste vrai que le versement, au moment où il est fait, doit avoir lieu *en espèces* (la loi de 1893 le dit maintenant en termes exprès) ou en billets de banque. Si le souscripteur remettait un effet de commerce, un chèque, le versement ne serait regardé comme effectué que du jour où cet effet serait réellement encaissé.

a) La remise d'une valeur autre que de l'argent, comme un immeuble, un procédé de fabrication, des travaux d'étude, etc., serait inopérante. Un souscripteur qui voudrait se libérer de cette manière s'est à tort porté actionnaire en espèces. Il devait se faire classer dans les apporteurs en nature, et demander qu'un article des statuts, sujet à la procédure de vérification qu'on verra plus loin, lui attribuât des actions de la seconde espèce.

b) Ainsi l'on dit encore que le souscripteur, redevable d'un versement de 5,000 fr. sur ses actions, ne pourrait pas appliquer à sa libération un crédit résultant de son rapport d'affaires avec les fondateurs pour les besoins de l'entreprise qu'on va mettre en société. Il est, par exemple, devenu créancier de 5,000 fr. par suite de ce rapport d'affaires (livraison de marchandises). Il ne pourrait pas se dispenser d'opérer le versement de ses actions, sous le prétexte que les 5,000 fr. qu'il doit, se compensent avec ceux qui lui sont dus d'autre part. Car la loi veut que ce souscripteur établisse sa solvabilité en versant une somme. — Cette solution est au surplus contestable. Nous ne l'admettrions pas, quant à nous : la compensation, quand elle est sérieuse, vaut versement. Tenir de l'argent aux mains du fondateur, ou laisser à ce dernier

[1] Les graves questions agitées dans ce numéro n'ont pas encore reçu en doctrine de solution précise. Le sentiment qui prévaut dans la pratique des banques n'est pas conforme aux idées que nous défendons. — Les établissements de crédit, qui reçoivent des fonds provenant des versements, les considèrent comme indisponibles pour les fondateurs, aussi longtemps qu'on ne leur rapportera pas la preuve de la constitution définitive de la société. — En tant que règle générale, nous repoussons cette interprétation rigoureuse. Elle ne devrait être acceptée que s'il y avait eu des conventions particulières, en vue de réaliser pareil résultat. Le banquier, par exemple, d'accord avec les fondateurs, a reçu directement les versements des souscripteurs, sous la condition qu'il n'aurait à s'en dessaisir qu'aux premiers administrateurs de la société. En ce cas, nous admettons bien que l'échec du projet de société obligerait le banquier, personnellement, à rendre les fonds au souscripteur de qui ils proviennent. En ce cas aussi, la survenance de la faillite des fondateurs ne réduirait pas les souscripteurs à la nécessité de produire au marc le franc ; car ils disposent d'un crédit propre pour leur remboursement contre le banquier. — Mais tel n'est pas, d'après nous, le droit commun.

l'argent qu'on est autorisé à lui réclamer, cela ne revient-il pas au même?

c) La question des *versements* abrégés *par compensation* a eu l'occasion de se produire dans la situation suivante.

Les fondateurs souscrivent le capital entre eux et s'apprêtent à libérer leurs actions du quart. Ils ont tous un banquier qui fait leur service de caisse, soit qu'ils aient déposé leur argent chez lui, soit que ce banquier leur ait ouvert un crédit à tous.

Les fondateurs décident alors que cet établissement de crédit sera aussi la maison où seront déposés les versements à opérer sur les actions, en attendant l'emploi que la société en pourra faire. Puis, afin de se libérer de leur quart, ils donnent à leur banquier un simple ordre de *virement*. Celui-ci se contentera de les inscrire sur ses livres.

Retirer les sommes à un guichet sur leurs comptes particuliers, pour les faire rentrer à la même caisse par un guichet différent, au compte social, serait une pure comédie. Un article d'écritures par doit et avoir en tiendra lieu.

Mais n'est-il pas à craindre que ces virements ne dissimulent des fraudes? Ne portera-t-elle pas des hommes de finance à constituer des sociétés postiches, sans ressources réelles, avec la complicité d'un prétendu banquier, opérant sur des capitaux dont il n'a pas en caisse la contre-valeur?

Il n'y a aucune solution de principe à donner en pareil cas. Le virement d'écritures n'est pas un mode de versement défendu. Mais les juges apprécieront si le banquier eût été réellement en mesure de faire le mouvement des fonds compris dans cette opération de comptabilité. Alors seulement le versement sera régulier.

415. — Dans les sociétés d'*assurances*, il faut que les premiers versements atteignent une somme de 50.000 fr., destinée à constituer le capital de garantie (Décret du 22 janvier 1868, art. 2).

§ 4. Déclaration des souscriptions et des versements par devant notaire

416. — Le capital a été souscrit, le premier quart versé. Les fondateurs doivent maintenant se présenter chez un *notaire* et faire en son étude *déclaration de l'état* de ces souscriptions et de ces versements. Acte leur est donné de cette déclaration [1].

[1] Cet acte *notarié* est sujet à enregistrement dans les délais de six jours de la loi de frimaire an VII (art. 20). C'est ce qui explique comment l'acte de société, s'il s'agit d'une société par actions, serait passible des droits (20 cent. p. 0/0), même s'il n'était pas présenté au greffe pour la publication (voir le nº 265). Mais ces droits ne sont exigibles qu'à partir de la constitution définitive de la société.

Il y sera annexé la *liste nominative des souscripteurs* contenant les nom, prénoms, qualités, demeure, et le nombre d'actions de chacun d'eux, avec la quotité de leurs versements (l. 1867, art. 1er, al. 3 et 4, et art. 24, cbn. avec l'art. 53, al. 3, sous le titre *de la publicité*).

En outre, il y aura lieu d'annexer à cette déclaration le *double* ou une *expédition* de l'*acte de société*, suivant qu'il a été dressé par les fondateurs en la forme sous seing privé ou en la forme authentique. Nous avons déjà dit que les fondateurs pourraient ne dresser aucun acte de société préalable et attendre la déclaration des souscriptions et des versements, pour faire alors seulement les statuts en l'étude du notaire, ou pour les rédiger sous signature privée et les déposer en l'étude.

417. — Cette formalité marque le moment où la société a son capital et son personnel acquis de souscriptions. Cela ne veut pas dire qu'elle soit définitivement formée. Le dépôt des statuts était nécessaire, afin d'arrêter le texte des statuts. La société ne peut pas se passer d'un acte instrumentaire, et jusque là elle n'en avait pas, à proprement parler.

La liste des souscriptions et des versements empêche la manœuvre suivante : des fondateurs peu scrupuleux auraient, avec des souscriptions partielles ou des versements insuffisants, pourvu cependant à la constitution de la société, en se réservant de compléter leurs cadres plus tard. Ils auraient masqué la fraude par des antidates.

Il est paré à cette manœuvre au moyen de la formalité légale. Le notaire n'a pas cependant à vérifier l'exactitude de la déclaration, il ne fait que l'enregistrer. Mais, si celle-ci contient des indications mensongères, il semble que les fondateurs encourent, indépendamment des peines édictées par la loi de 1867 pour l'inobservation des formes constitutives (voir ci-après, n° 457), les pénalités du faux en écriture publique (art. 147 C. com.).

418. — On ne saurait être trop attentif à la manière dont ces actes notariés seront dressés, et même au choix du notaire qui instrumentera. La prescription est toute de forme ; elle est par là même extrêmement insidieuse : sanctionnée par la nullité de la société, fût-ce pour un vice peu apparent.

On a prétendu annuler des sociétés, parce que la liste nominative ne contenait pas la résidence d'un souscripteur déterminé. — On en a annulé d'autres, parce que le notaire était frappé de l'interdiction d'instrumenter, soit pour être personnellement souscripteur d'actions, soit par suite de sa parenté ou de son alliance, au degré prohibé par l'art. 8 de la loi de ventôse an XI, avec un des fondateurs, ou même avec un simple souscripteur (Civ. cass. 11 déc. 1888, *Rev. des Soc.*, 1889, p. 119).

§ 5. Vérification et approbation en assemblée générale des apports en nature et des avantages particuliers

(Art. 4, 24 et 30 de la loi de 1867)

419. — Cette nouvelle condition nous ramène à parler des apports en nature et des actions d'apport, que nous avions perdus de vue depuis l'ouverture des souscriptions.

420. — Les fondateurs ou leurs auxiliaires ont pu faire « des *apports* d'associés, qui ne consistent pas en numéraire ». C'est-à-dire qu'ils sont les auteurs de mises matérielles ou immatérielles (immeubles, fabrique, brevet, achalandage, marchés par eux conclus) pour lesquels ils s'attribuent des actions ou une quotité de bénéfices.

Ils ont pu aussi « stipuler à leur profit des *avantages particuliers* » — soit à raison des services qu'ils rendent à la société en la constituant, de leurs démarches, de leurs études préliminaires, — soit en représentation du travail de gestion ou autre qu'ils s'engagent à lui donner pour la suite (traitement fixe ou proportionnel, actions dites de fondation ou d'industrie).

Ces émoluments de diverse nature sont mentionnés dans les statuts. La logique rigoureuse voudrait que l'article statutaire qui les règle eût *de plein droit* la même force obligatoire que tous les autres articles. Les statuts ne doivent pas être ratifiés par un vote spécial de souscripteurs. Ils y ont adhéré en souscrivant, ils sont présumés en avoir pris connaissance et en approuver l'entier contenu. Ils semblent donc avoir également donné leur consentement aux dispositions concernant les apports en nature et les avantages particuliers.

La loi cependant ne l'a pas jugé ainsi. Elle s'est rappelé les extraordinaires abus qui s'opéraient dans les commandites par actions avant les lois réglementaires.

Ces abus, qui n'ont d'ailleurs pas disparu, se produisaient au moyen de majorations d'apports et de rétribution de services fictifs. Les fondateurs s'attribuaient des actions en disproportion choquante avec l'objet de leurs mises. Des usines hors d'usage étaient évaluées comme neuves, on apportait comme brevets précieux des inventions inexploitables. Et de même les services rendus à la société étaient souvent fantaisistes. La création d'une société est une occasion de caser des amis, de pourvoir en prébendes des oisifs qui vivront aux dépens de l'entreprise et la feront crouler sous des frais généraux démesurés.

Le souscripteur seul, à distance des fondateurs, ne donne pas à ces évaluations une approbation éclairée, alors même qu'il aurait compétence en la partie. Aussi la loi veut-elle qu'il se tienne une assemblée générale. L'ordre du jour portera délibération sur la valeur de ces apports en nature et avantages.

Les souscripteurs d'actions en numéraire vont donc juger le mérite des actionnaires de l'autre groupe à participer aux résultats de la société, dans la mesure et sous la forme où ceux-ci prétendent être rétribués. La société ne pourra se fonder qu'autant que leur vote sera favorable à ces rétributions.

Il est vrai que ce vote risque de ne pas être non plus très éclairé, il le sera cependant plus que ne l'était la souscription. Car :

a) Les apporteurs auront à s'expliquer ;

b) Les souscripteurs réunis se communiqueront leurs impressions ;

c) Les actionnaires ne pourront pas voter l'approbation dans leur première réunion. On veut qu'ils prennent le temps de réfléchir.

Cette première assemblée aura pour but la désignation de commissaires ; il faut espérer que ces commissaires ne seront pas à la dévotion des fondateurs.

Il y aura lieu à une seconde assemblée, après une nouvelle convocation. La nouvelle assemblée ne pourra statuer qu'après un rapport des commissaires, qui sera imprimé et tenu à la disposition des actionnaires *cinq jours* au moins avant la tenue de la séance.

421. — Recherchons quels sont les *apports* et *avantages sujets à vérification*, — et quelles sont les *règles de forme* à suivre pour la validité de la délibération.

422. — I. La détermination des stipulations statutaires, pour lesquelles la loi réclame la vérification et l'approbation, est difficile. Elle présente une très grande importance, puisque l'omission d'un vote sur une attribution d'avantages, même peu appréciables, qu'il fallait faire approuver, est sanctionnée par la nullité de la société.

Cette procédure, à prendre la loi dans sa lettre, devrait être limitée aux clauses de l'acte de société qui allouent à une personne, figurant ou non d'ailleurs parmi les fondateurs, une part dans les bénéfices, *à titre d'associé*, en représentation d'une valeur ou d'un service. « Lorsqu'*un associé*, dit l'art. 4, fait un apport qui ne consiste pas en numéraire, ou stipule à son profit des avantages particuliers... »

Si un fondateur ou une autre personne cède dans les statuts à la société un immeuble pour une somme fixe, ou s'il est convenu que les fonctions d'administrateur dans la société lui seront rétribuées moyennant un chiffre de traitement déterminé, on ne peut pas dire que le bénéficiaire de ce prix ou de ce traitement fasse une convention d'*associé*.

Il peut sans doute être souscripteur d'actions. Il peut, dans la commandite, être associé en nom collectif. Mais alors il obtiendra en cette qualité d'autres avantages que ceux contenus dans les articles donnés par nous en exemple. Ceux de ses avantages qui lui sont payés moyennant un forfait ne participent pas des conventions sociales : ils pourraient intervenir à l'occasion d'un tout autre contrat qu'une société, ils ne devraient donc pas être soumis à vérification.

Mais il s'en faut de beaucoup que la jurisprudence et la doctrine enferment la procédure de vérification dans ces étroites limites. Elles tendent, notamment, à en prescrire l'emploi pour un très grand nombre de clauses ne répondant pas à la notion précédente. Ainsi en est-il, lorsque ce sont des *avantages particuliers* qu'elles ont pour objet de conférer.

La loi mentionne deux sortes d'attributions :

423. — 1° Celles qui sont faites pour des *apports en nature*. Ici on s'en tient d'habitude au sens propre et technique du mot *apport*. L'apport est rétribué par une part sociale : des actions sont réservées à un industriel en représentation d'une manufacture, d'un brevet, etc. La valeur de ces actions est sujette à vérification. Aucun doute.

Que penser alors d'un immeuble, d'une concession dont une personne ferait transport à la société moyennant un *prix ferme*? Il est assez rare que les statuts contiennent une clause semblable. Néanmoins, la question se présente pratiquement dans les conditions suivantes, et on la voit alors s'étendre à des opérations multiples.

On a constaté plus haut (n° 396) que les fondateurs pouvaient, en leur propre nom et d'une manière anticipée, exercer déjà l'exploitation que la société aura pour objet, une fois sa constitution faite. Si la société doit ne finir de se constituer que le 25 août, cette date, incommode pour un commencement d'exercice, ne sera pas nécessairement celle à partir de laquelle la société par actions courra le risque des affaires. Ces affaires peuvent être commencées par anticipation par les fondateurs dès le 1er juillet, à condition par eux de traiter les marchés sous leur responsabilité personnelle. Il y a, sans doute, danger pour eux à voir la société par actions ne pas se constituer ; en ce cas, tous ces marchés resteront à leur compte. Mais dans le cas contraire, il n'en sera plus ainsi.

Les statuts diront alors que la société prendra rétroactivement en charge toutes les opérations conclues depuis le 1er juillet ; ces opérations, avec les résultats qu'elles donnent, seront passées par les fondateurs à la société par actions, les fondateurs continuant à répondre envers les tiers des marchés qu'ils ont conclus dans cette période. Cette combinaison est très licite.

Mais y a-t-il lieu à la procédure de vérification, du chef de ce transport d'opérations des fondateurs à la société ? Les souscripteurs auront-ils à émettre un vote favorable à ce transport, après justification qui leur sera faite du profit que la société en doit retirer? — Ex. : Les fondateurs ont acheté un immeuble, et c'est à la société maintenant de le reprendre (il aura fallu payer deux fois le droit de mutation), en leur en remboursant le prix d'achat. Ils se sont approvisionnés en marchandises, dont la société une fois constituée, paiera le prix de facture, etc.

Aucune de ces opérations ne rentre dans la qualification d'apports en nature. La régularité de leur transmission à la société s'effectuera d'une autre manière. *Lorsque les premiers administrateurs entreront en fonctions*, c'est à eux de consentir à la prise en charge de ces marchés. Les fondateurs traiteront avec eux, à moins que ces premiers administrateurs ne se confondent avec les fondateurs eux-mêmes. Il y a là des actes d'exploitation rentrant dans les attributions du personnel de direction. Les fondateurs, au lieu de repasser ces opérations au prix coûtant, pourraient convenir d'un bénéfice d'entremise, comme ils pourraient, pour cette première période, s'assurer un traitement (voir cependant ci-dessous ce qui est dit des avantages particuliers).

Que si l'opération dépasse les pouvoirs des administrateurs (achat d'immeuble), il appartient à une assemblée générale de l'approuver. Les choses se passeront comme pour un acte de même nature, qui viendrait à s'accomplir au cours de la société.

Au lieu de convoquer une assemblée générale *ad hoc*, une fois la société constituée, on pourra, dès l'assemblée de vérification d'apports, soumettre le contrat au vote des actionnaires. On ne voit pas pourquoi le vote, régulier après la constitution, cesserait de l'être parce qu'il a été donné par anticipation. Mais alors il faudrait que l'ordre du jour des convocations mentionnât clairement cet objet additionnel de la délibération. L'assemblée ne statuera plus seulement en qualité d'assemblée d'approbation des *apports*. Elle statuera à un titre différent [1].

424. — 2° Les *avantages particuliers* affectent des formes variées. Ils rémunèrent les fondateurs ou leurs auxiliaires, à raison de services déjà rendus ou à rendre postérieurement à la société. Ils peuvent consister en une *allocation proportionnelle* dans les gains de la société : c'est

[1] Par le même motif, nous estimons possible de la part des assemblées constitutives un vote tendant à modifier un article des statuts. Ces assemblées se comporteraient comme une assemblée extraordinaire qui se tiendrait au cours de la société. Elles délibéreraient aux mêmes conditions de *quorum* et de majorité, et sur un ordre du jour visant dans les lettres de convocation cet objet spécial.

Néanmoins il vaut mieux conseiller aux fondateurs de ne pas entrer dans cette voie. Les statuts sont approuvés d'avance par les souscripteurs, on entrerait dans des complications en les soumettant à leur ratification, article par article.

le gérant de la commandite, qui stipule 30 0/0 sur les bénéfices annuels pour sa gestion, — c'est une émission de parts de fondateurs, donnant droit aussi à un tantième de bénéfices et constatées par des titres autres que les actions (voir plus bas). La vérification s'impose.

Ils peuvent consister aussi en des *allocations fixes* : le banquier, par l'entremise duquel les souscriptions ont eu lieu, demande une commission de 1 0/0 sur le montant du capital, le gérant se réserve un traitement, des jetons de présence sont alloués au conseil d'administration, les fondateurs s'adjugent une indemnité ou des honoraires pour le temps qui a précédé la constitution de la société.

425. — La jurisprudence, élargissant les termes de la loi, exige qu'il y ait un vote d'approbation pour ces diverses rétributions. Il en serait ainsi, alors même que les statuts n'auraient point à les mentionner.

Il y a donc des distinctions à établir parmi les actes de la période préparatoire : un achat de marchandises par les fondateurs est exempt de vérification (n° 423), mais non pas les devis d'un ingénieur qui a fait des travaux d'étude, non pas les frais de déplacement ou appointements des fondateurs eux-mêmes. Tout cela manque d'unité, et la procédure de vérification prend une extension très grande.

A tout le moins, y a-t-il dans cette jurisprudence un tempérament nécessaire. L'avantage est reconnu tantôt au profit d'une *personne déterminée* et tantôt au profit d'une *fonction*, quelle que soit la personne appelée à l'exercer. — Ex. : les jetons de présence alloués non pas seulement au premier conseil d'administration statutaire, mais à tout conseil, même dans l'avenir.

On ne peut pas soutenir qu'il y ait, en ce cas, avantages *particuliers*, ce terme signifiant avantage spécial à un tel. Les bénéficiaires seront des personnes futures, peut-être encore étrangères au cercle des actionnaires, et certainement alors étrangères à la constitution de la société. On ne peut les soupçonner d'avoir inspiré la disposition qui a fixé leurs émoluments. Toutefois, par prudence, on fera bien de soumettre cet avantage, comme les avantages *ad hominem*, au vote de l'assemblée.

426. — II. Les règles *de forme* à suivre pour la validité des délibérations sont également compliquées.

Les souscripteurs convoqués aux assemblées y comparaîtront, soit par eux-mêmes, soit par mandataires. Il y aura lieu d'appliquer à cet égard les dispositions des statuts, concernant la tenue des assemblées générales et leurs conditions de régularité.

Toutefois, au moins *dans la société anonyme*, un souscripteur quelconque, ne fût-ce que d'*une* seule action, a droit de venir à ces assemblées. Il y a droit, nonobstant toute clause des statuts qui subordonnerait l'entrée aux assemblées à la possession d'un certain nombre d'actions. Cette clause, valable pour les assemblées tenues après constitution, ne peut produire effet pour celles ayant pour objet la vérification et l'approbation des apports (l. 1867, art. 27). En outre les voix dont dispose chaque actionnaire ne pourront dans ces assemblées, être supérieures à *dix*, malgré toute clause contraire dans les statuts (même texte).

427. — Il y a une condition de *quorum*, mais également pour la seule société anonyme. Les assemblées ne peuvent délibérer que si un nombre d'actionnaires représentant une quotité déterminée du capital social concourent à la réunion, personnellement ou par mandataires.

Cette quotité est de la *moitié* du capital social; la moitié demandée se compose seulement des apports non sujets à vérification. Capital de 1 million, dont 200,000 fr. représentés par des actions d'apport, 800,000 fr. par des actions en numéraire. Il faut que les actionnaires de la deuxième espèce représentent à l'assemblée au moins 400.000 fr. Autrement, il n'y aura qu'une délibération provisoire, et une assemblée subséquente, précédée de mesures de publicité particulières, pourra statuer avec un nombre d'actionnaires ne représentant que le *cinquième* de ce même capital, 160.000 fr. (l. 1867, art. 30).

428. — Les délibérations seront prises à la *majorité* des voix. Si les apports ou avantages étaient repoussés par quelques actionnaires, le vote favorable de la majorité ferait néanmoins la loi pour tous. Mais la loi refuse aux apporteurs ou associés avantagés le droit de participer au vote et de faire nombre dans la majorité. Ils viendront aux assemblées, discuteront la valeur de leurs apports, mais ne voteront pas.

Cela se comprend. Autrement, ils seraient à la fois juges et parties dans leur cause, et leur vote serait suspect (art. 4, al. 5, et art. 24).

Ils ne pourraient même pas voter, du chef des actions en numéraire qu'ils auraient souscrites. Pourquoi les arrêts ne leur refusent-ils pas aussi le droit de vote, lorsqu'ils se présentent comme porteurs de la procuration d'un souscripteur? — Les admettre à faire nombre en pareil cas, ainsi qu'il est reçu, et cela parce qu'ils se présentent au nom d'un autre, apte à voter, est chose bien étrange: leur vote reste intéressé.

Supposons que les apporteurs aient voté, sans avoir le droit de le faire. — En jurisprudence, on a usé de beaucoup de rigueur. Leur seule participation au vote a emporté nullité de la délibération et par suite celle de la société, et cela, quoique, dans l'espèce, en faisant abstraction de leurs voix, la majorité requise se trouvât obtenue (Req.

17 déc. 1894). Il eût été plus équitable à dire : leurs voix ne compteront pas, on les retranchera. Le vote d'ailleurs sera valable.

Il ne suffit pas, pour obtenir une *majorité* régulière, que la moitié plus une des voix des votants statue dans le sens de l'approbation. Il faut qu'une quotité déterminée d'actionnaires participe effectivement au vote. Cette condition ne se confond pas avec le *quorum* de présence. Quand même ce *quorum* serait atteint, si, au moment du vote, un certain nombre de souscripteurs pratiquaient l'abstention, la délibération serait dénuée d'effet. La majorité dans les deux types de sociétés doit comprendre le *quart* des actionnaires et représenter le *quart* du capital social en numéraire (l. 1867, art. 4, al. 4, et art. 24).

429. — Cette condition du quart, rapprochée de la règle qui exclut l'apporteur du vote, même pour les actions de numéraire qu'il aurait souscrites, soulève une difficulté. Il peut arriver que le fondateur, auteur d'un apport sujet à vérification, ait en outre souscrit une forte portion du capital en espèces, plus des trois quarts de ce capital, 650.000 fr. sur 800.000. Le nombre des actionnaires habiles à voter n'arrive à représenter en ce cas que 150.000 fr., c'est-à-dire moins du quart. Si l'on suit à la lettre l'art. 4 de la loi de 1867, il faut dire alors que la majorité requise est dores et déjà irréalisable, à la seule inspection des chiffres.

Ce serait assez étrange : il y aurait des sociétés par actions, impossibles à conduire à leur constitution définitive, par suite de la manière dont les étrangers et les fondateurs, auteurs d'apport, se seraient partagé les actions, mises en souscription. Aussi la jurisprudence a-t-elle émis une solution bienveillante : le quart prescrit par la loi, et qui doit se prononcer en faveur des apports, se calculera non pas sur le capital en numéraire brut et entier, mais bien sur ce capital *défalcation faite des actions en espèces souscrites par les apporteurs*. Soit, dans notre exemple, 37.500 fr. (Civ. rej., 6 nov. 1894).

430. — Voici maintenant les résultats que la délibération peut donner :

1° Les apports sont purement et simplement *approuvés*. — Le contrat est lié, la société est irrévocable, sous réserve de la tenue des dernières assemblées. Les chiffres d'évaluation des apports sont acquis. On ne pourra plus les contester postérieurement, à moins qu'il y ait eu surprise exercée sur l'assemblée au moyen de manœuvres frauduleuses. L'action de dol appartiendra alors à tout actionnaire, lorsque ces manœuvres seront découvertes, en vue d'obtenir la réparation pécuniaire du préjudice (l. 1867, art. 4, al. 7). Une action pour simple lésion n'est point donnée, en dehors de l'action de dol.

431. — 2° Les apports sont *rejetés* à la majorité des voix. La société devient impossible. Ou les fondateurs rédigeront de nouveaux statuts, en abaissant leurs évaluations, ouvriront de nouvelles souscriptions, tiendront de nouvelles assemblées (l. 1867, art. 4, al. 6). Tout sera à refaire.

432. — **Réduction des apports.** — 3° Reste une situation intermédiaire. Les souscripteurs hésitent à donner leur approbation. Les fondateurs font alors un sacrifice. Ils proposent à l'assemblée une *réduction* sur la rétribution de leurs apports. Ils se contenteront de 200 actions, au lieu de 400 : cela diminue d'autant l'ensemble du capital social.

Cette réduction est acceptée. Si elle l'est à l'unanimité, il est certain que le vote est régulier, tout comme si l'on promulguait de nouveaux statuts.

Mais la simple majorité suffit-elle pour donner effet à la réduction? Au premier aspect, on ne voit pas la raison d'hésiter. Réduire les apports, c'est améliorer la position des souscripteurs par rapport aux évaluations premières, puisque les apporteurs prélèveront sur les bénéfices une part moindre; et qui peut voter la somme la plus forte, peut aussi voter la plus faible.

Toutefois ce raisonnement n'est pas concluant. Autre chose est approuver, c'est-à-dire reconnaître l'existence de la cause des souscriptions, et autre chose est réduire, c'est-à-dire reconnaître que cette cause n'existait point. Des actionnaires sont venus aux souscriptions, parce que l'usine à exploiter valait 400.000 francs: ils ne croient plus à l'avenir de l'entreprise, si elle n'en vaut que 200.000. La majorité ne vient-elle pas violenter le droit de *chaque* souscripteur à ce que la société réponde aux conditions dans lesquelles les statuts sont présentés ? C'est là le sentiment exprimé par l'orateur du gouvernement dans la discussion de la loi de 1867.

A nos yeux, la majorité est cependant en droit de voter la réduction. Cela tient à ce que le vote peut être analysé en une délibération modificative des statuts.

On commencerait, supposons-le, par approuver les apports purement et simplement. Puis la société une fois en marche, on s'apercevrait de l'exagération de valeur. Les fondateurs de leur plein gré proposeraient alors d'abandonner une partie de leurs actions et de réduire le capital en conséquence. Une assemblée extraordinaire pourrait prendre une délibération en ce sens, aux conditions de présence et de majorité que l'on retrouvera plus loin. — Pourquoi l'assemblée de vérification des apports ne serait-elle pas maîtresse, dès avant la constitution de la société, et en statuant aux mêmes conditions de majorité, de consacrer un semblable résultat?

§ 6. Nomination en assemblée générale des premiers fonctionnaires sociaux, et, pour la société anonyme, vérification de la sincérité des souscriptions et des versements.

433. — En pratique, et afin de ne pas multiplier inutilement les déplacements d'actionnaires, cette assemblée se confondra avec la deuxième assemblée de vérification d'apports [1].

La société doit, avant de commencer, être pourvue de ses organes de gestion et de contrôle.

En ce qui concerne la *gestion* :

a) Dans la commandite par actions, il n'y a pas à désigner le gérant : c'est le commandité, l'associé en nom, signalé dans les statuts. Il ne tient point ses pouvoirs de l'élection, et est irrévocable.

b) Dans les sociétés anonymes, l'assemblée élira les membres du *premier conseil d'administration*, dont les pouvoirs seront de *six* ans au plus. Exceptionnellement, les premiers administrateurs ont pu être désignés dans les statuts, avec la clause que leur nomination ne serait pas soumise à l'approbation de l'assemblée générale. En ce cas, ils ne peuvent être nommés pour plus de *trois* ans (art. 25 al. 1 à 4).

En ce qui concerne le *contrôle* :

a) Dans la commandite par actions, le *premier conseil de surveillance* (trois actionnaires au moins) est nommé par l'assemblée générale « immédiatement, dit l'art. 5, après la constitution définitive et avant toute opération sociale » ; plus exactement, avant la constitution définitive, car que serait une constitution sans le droit de faire des opérations sociales ? — Ce premier conseil n'est nommé que pour un an. On verra quelle responsabilité grave pèse sur ses membres.

b) Dans la société anonyme, l'assemblée nomme le ou les *commissaires* (actionnaires ou non) pour la première année (art. 25 al. 2).

434. — En outre, dans la société anonyme seulement, l'assemblée générale reçoit la déclaration des souscriptions et des versements que les fondateurs ont faite devant notaire, ainsi que les pièces à l'appui. Soit directement, soit par le moyen d'une commission, elle en vérifiera la sincérité (art. 24). Ce que les fondateurs n'ont pas eu à faire au moment de la déclaration elle-même : justifier de son exactitude par la production des bulletins de souscription et de pièces certifiant la réalité des versements, — ils sont maintenant obligés de l'accomplir en

[1] On a prétendu que c'était la *première* assemblée des souscripteurs, à peine de nullité, qui devait dans la société anonyme vérifier la sincérité des souscriptions ou versements. C'est attacher à la lettre de l'art. 24, al. 2 plus d'importance qu'elle n'en comporte. En parlant de la *première* assemblée, la loi veut seulement une assemblée qui se tienne avant la constitution définitive de la société.

présence des souscripteurs réunis. L'assemblée contrôle ainsi l'observation des règles constitutives.

On verra que ce rôle dans la société en commandite est dévolu au premier conseil de surveillance. C'est entre les deux formes de sociétés une de ces différences dont on chercherait vainement la raison d'être, — si ce n'est que la loi de 1867 a copié pour la commandite la loi de 1856, et pour la société anonyme la loi de 1863 sur les sociétés à responsabilité limitée.

435. — Cela fait, et lorsque les administrateurs et commissaires auront accepté leurs fonctions, de quoi fera foi le procès-verbal, la société se trouvera définitivement constituée, habile à faire des opérations comme telle (art. 5 et 25 *in fine*).

436. — **Société formée entre les fondateurs.** — APPENDICE. — Il n'a été question ci-dessus que de sociétés formant, au moyen de l'*appel au public*, leur personnel de souscripteurs. Ce fait n'est pas constant; il en est dans le nombre, qui reportent l'appel au public au-delà de leur constitution [1].

Les fondateurs se sont mis au nombre de sept pour couvrir à eux seuls le capital social.

Les formalités se simplifient alors. La société peut se constituer instantanément, pourvu que ces fondateurs aient versé le quart des actions (versement qui a bien des chances de se faire au moyen de simples virements d'écritures dans une banque), et qu'ils dressent les statuts en forme notariée. Ces statuts contiendront déclaration des souscriptions et des versements, répartition entre eux de ces souscriptions et versements, désignation des premiers administrateurs et contrôleurs [2].

Après quoi, la société étant constituée, les fondateurs jettent leurs actions sur le marché. Ils les revendent à un cours plus élevé, de manière à gagner pour eux la *prime* provenant de cette hausse. On a vu jadis cette revente se pratiquer sous la forme d'*émissions*, semblables à celles qu'on emploie pour des actions non encore souscrites. — Les acheteurs s'imaginent prendre des actions non encore attribuées. Ils cessent de pratiquer le contrôle organisé par la loi, puisque par hypothèse ce sont les premiers souscripteurs, les fondateurs, qui l'ont exercé déjà eux-mêmes (sur leurs propres agissements !) L'esprit de la loi est manifestement faussé par cette méthode, dont l'emploi n'est cependant pas irrégulier.

[1] Cfr. JACQUAND, *Examen critique du projet de loi sur les sociétés par actions*, Paris, 1886; et notre étude : *De la réforme de la loi sur les sociétés par actions*, 1886, p. 14 et s.

[2] En fait, on continue, en ce cas, à établir une liste nominative distincte des statuts et à dresser procès-verbal de la nomination des administrateurs et commissaires.

437. — Mais, dira-t-on, s'il y a des apports en nature, au moins faudra-t-il que les fondateurs en fassent la vérification et tiennent (entre eux ! c'est peu édifiant) les deux assemblées que la loi requiert. — Non pas.

Il y a en effet, dans ce cas, dispense légale de faire approuver les apports. Voici pourquoi :

a) Ces apports en nature appartiennent-ils *par indivis* à tous les souscripteurs : c'est une usine dont ils sont copropriétaires et qu'ils montent par actions. L'art. 4 renferme un alinéa final, aux termes duquel ses dispositions cessent d'être applicables au cas où la société, à laquelle est fait l'apport, est formée entre ceux seulement qui en étaient propriétaires par indivis. — Et de fait, puisqu'un apporteur ne peut prendre part à la délibération, où serait le personnel des votants ?

b) Si les apports proviennent respectivement de chaque apporteur, sans que ceux-ci en soient copropriétaires, la jurisprudence accepte, au moins pour la société anonyme, la même solution. Elle est fondée sur l'art. 30 de la loi : la portion de capital, correspondant aux apports à vérifier, ne peut concourir à la délibération. Or, le capital est ici tout en apports. — Logiquement, rien n'empêcherait chaque fondateur de s'effacer l'un après l'autre, pour laisser ses collègues voter sur son propre apport. Il y aurait des délibérations successives avec une base de vote variable. Cela est tenu par les arrêts pour superflu.

C'est dans la situation que nous venons de décrire qu'on désirerait voir la loi instituer une vérification *judiciaire* des apports, au moyen d'un rapport d'experts indépendants des fondateurs. Le projet voté par le Sénat en 1884 contenait une réforme de cette nature, mais on sait que ce projet n'a pas abouti. Les praticiens ne paraissent pas partisans de ce genre d'expertise. D'après eux, il serait un moyen indirect de revenir au système d'homologation des sociétés par actions par les pouvoirs publics. Il est d'ailleurs consacré en Allemagne. Ne pourrait-on pas attendre de l'expertise judiciaire des résultats avantageux, tout en permettant aux fondateurs de passer outre à la constitution, là où les conclusions du rapport de l'expert leur seraient défavorables? Du moins, ces conclusions seraient-elles rendues publiques; l'opinion se trouverait avertie.

SOUS-SECTION II. — Sanctions des règles constitutives

(L. 1867, art. 6, 7, 8, 13, 15, 16, 42 et 45 ; l. 1893, art. 3 et 5)

438. — Qu'arrive-t-il au cas où une société par actions aurait été fondée au mépris d'une des règles précédentes ?

Les fondateurs ont contrevenu à leur engagement vis-à-vis du public de constituer une société, dont tout le capital serait souscrit et versé de son premier quart, avec apports dûment vérifiés. Ils ont commis un vice soit de fond (souscriptions partielles), soit de forme (absence du dépôt de la liste nominative chez un notaire, absence du *quorum* aux assemblées, etc.). La société a été à tort déclarée l'objet d'une constitution définitive. Sous sa signature des actes d'exploitation ont été entrepris.

Il y a trois sanctions organisées : — la *nullité de la société* ; — l'*action en responsabilité* contre les personnes à qui la nullité est imputable; — *certaines pénalités*.

§ 1. Nullité de la société

(L. 1867, art. 7 et 41 ; l. 1893, art. 3 et 5)

439. — D'après les articles 7 et 41 de la loi de 1867, la société par actions, constituée contrairement à la loi est *nulle*, « sans toutefois que cette nullité puisse être opposée aux tiers par les associés » (par les actionnaires). C'est ce qu'ajoute le premier de ces textes, dont le second a tacitement accepté la teneur.

Notons, en passant, que la nullité pourrait avoir sa cause non pas dans l'inobservation de la loi de 1867, mais dans le fait d'un *dol* pratiqué dans les souscriptions. De faux rapports sur les probabilités d'exploitation ont été distribués dans le public, visés aux prospectus ou insérés dans les journaux. Ce sera alors une nullité fondée sur le droit commun. Mais on va voir que la nullité, tirée d'une contravention à la loi de 1867, aboutit au même résultat.

440. — La formule, donnée par l'article 7, est identique à celle que contient l'art. 56 al. 3 de la même loi, à propos de l'absence de publicité d'une société commerciale quelconque, soit par intérêt, soit par actions.

La jurisprudence en a conclu que ces deux nullités étaient de même nature et engendraient des effets uniformes. En nous référant à nos explications du chapitre précédent sur la sanction du défaut de publication d'un acte de société, l'action en nullité aboutira moins à un anéantissement du pacte social qu'à une dissolution prématurée, à partir du prononcé du jugement (nos 275 et suiv.).

Cette identité est de valeur fort discutable. Lorsque la société n'a point été publiée, l'omission des administrateurs n'empêche point qu'elle se soit formée régulièrement. Une négligence subséquente à sa création ne lui permet pas de continuer son cours. A cela près, l'application du contrat reste sauve.

Mais ici on relève un vice interne dans les statuts ou dans les actes accompagnant les statuts, un vice contemporain de la constitution.

La nullité, en bonne logique, s'attaquant à l'œuvre vive du contrat, devrait emporter la société jusque dans sa base ; elle devrait rendre les statuts non avenus, quitte à la rigueur à considérer les intéressés comme ayant pratiqué entre eux une société de fait.

C'est par des considérations de symétrie et de simplicité que la jurisprudence a préféré consacrer l'assimilation des deux sortes de nullités. Car, aussi bien, y a-t-il déjà pour les sociétés un assez grand nombre de causes de nullité, disparates dans leurs causes comme dans leurs effets, pour qu'on ne vienne encore, par superfétation, encombrer cette étude d'une cause nouvelle, productive de conséquences spéciales.

441. — Il résulte de là :

1) Que la nullité n'a point lieu *de plein droit*. Il faudra qu'elle soit réclamée par un intéressé, *actionnaire* ou *créancier* ; et elle ne datera que du jugement qui la prononce.

Ce que gagne un actionnaire à la nullité, on le comprend : il arrête la marche de la société. L'intérêt d'un créancier est moins apparent.

La véritable raison, pour laquelle un créancier serait recevable à agir en nullité, est celle-ci : du moment qu'il y a eu violation de la loi, les créanciers comme les actionnaires sont fondés à intenter contre les fondateurs une action en dommages-intérêts (voir le § suivant). Or cette action ne peut produire effet qu'à la condition de faire annuler d'abord la société : la nullité est préjudicielle à l'action en responsabilité.

La demande n'appartient pas seulement au souscripteur primitif, tout porteur actuel de l'action peut l'exercer. Céder l'action, c'est transmettre avec elle les droits qui y sont attachés. Il faut statuer de la même manière que pour l'action en responsabilité née de faits de gestion.

2) Que la demande sera formée contre le *représentant* actuel *du siège social* [1]. Si les fondateurs sont en même temps mis en cause, c'est à l'effet de pouvoir conclure à des dommages-intérêts contre eux.

3) Que le tribunal, en déclarant la société nulle, nommera un *liqui-*

[1] Pourquoi ne pas exiger la mise en cause de *tous* les actionnaires ? La demande tend à rompre le lien social. Tous ceux que ce lien rattache ne doivent-ils pas être assignés ? Peut-on dire que la personne morale société ait qualité pour représenter tous les associés, les uns vis-à-vis des autres, en vue de prononcer son existence ? — A cela on peut répondre qu'il y a impossibilité de fait de relier tous les actionnaires à l'instance. D'ailleurs, en procédure, la demande n'est point irrégulièrement engagée, parce qu'un certain nombre d'intéressés n'y ont pas été appelés. Le tribunal statuera. Mais nous admettrions, pour notre part, une tierce-opposition au jugement, faite par un actionnaire qui n'aurait pas figuré à l'instance. Il n'y a pas chose jugée contre lui.

dateur pour régler le passif, et s'il reste un excédent pour le répartir entre les actionnaires. Cette répartition s'opérera en conformité des statuts.

4) Que, dans la période de son fonctionnement, *la société a pu contracter des engagements valables.* Les créanciers poursuivront le siège social, la personne morale, comme s'il s'agissait d'une société régulière. Ils seront préférés sur le capital social aux créanciers personnels de chaque associé, — en admettant, du moins, que cette société nulle ait reçu la publication légale.

A cet égard, la nullité présente une moindre portée que la nullité faute de publicité. On se souvient que, dans la liquidation d'une société dont l'acte n'a pas été déposé au greffe ou inséré dans les journaux, les créanciers personnels et les créanciers sociaux concouraient ensemble (n° 280).

Les créanciers sociaux pourront provoquer la déclaration de *faillite* de la société. Ils primeront dans cette faillite les actionnaires qui demandent la restitution de leurs mises. Bien mieux, ils obligeront les actionnaires, qui n'auraient versé que le premier quart ou qui n'auraient rien versé du tout, à libérer entièrement leurs titres pour les besoins de l'extinction du passif.

Pourquoi donner ainsi le pas *aux créanciers* sur *les actionnaires*, au point d'exposer en certains cas ces derniers à des versements nouveaux? — C'est que les fondateurs ont formé la société au nom de tous les souscripteurs. Ceux-ci, en se prêtant à la constitution définitive, ont répondu envers les tiers des faits de leurs agents. S'il y a eu des fautes commises, ils doivent en être tenus, comme le commettant est tenu des faits de son préposé. — La conséquence n'en est pas moins dure. En équité, on aurait dû en restreindre l'effet à une seule hypothèse. Nous parlons du cas où, pour cette société nulle, se serait vraiment tenue une assemblée de vérification des souscriptions ou versements. Alors les souscripteurs sont en faute d'avoir mal exercé leur contrôle. Mais si les opérations sociales ont été engagées dès après les souscriptions ou après le dépôt de la liste notariée, est-il juste que les souscripteurs, et leurs cessionnaires aussi, soient recherchés?

442. — Nous passons à une question plus importante. Cette nullité est-elle perpétuelle, non susceptible de se couvrir au moyen de la réparation du vice ou au moyen de la prescription?

Sur ce point, il faut établir un parallèle entre le régime de la loi de 1867 et le régime de la loi de 1893, qui a cessé d'être le même.

443. — *1*) D'après la *loi de 1867*, la nullité était *perpétuelle.* Tout au plus, la jurisprudence avait-elle fini par admettre que l'action était susceptible de se prescrire par trente ans, mais au regard des actionnaires seulement.

Les administrateurs, constatant après coup la contravention faite à la loi, ne pouvaient pas utilement la réparer, à moins de liquider la société et d'en constituer une nouvelle. Ainsi en était-il, quand même le vice découvert n'eût consisté que dans une absence de versement sur une seule action.

Aucune *ratification* n'était possible. On s'était laissé influencer par une idée de vérité très approximative : à savoir que les prescriptions légales se ramènent à des prescriptions de forme. Par suite, le vice de forme, ainsi que dans un autre acte solennel, rend le contrat nul, sans aucune confirmation possible : « nul en la forme, il faut qu'il soit refait dans la forme légale » (art. 1339).

Un pareil régime avait de grands inconvénients. Nulle société, même très honnête, ne pouvait se flatter d'avoir été ponctuellement constituée, suivant la loi. De sorte que la nullité était devenue un moyen de chantage. Certains industriels achetaient des actions sur un coup de baisse, et venaient ensuite menacer cyniquement les administrateurs d'un procès, qu'on n'évitait qu'en les payant grassement. De là la réforme de 1893, la plus considérable de la loi nouvelle.

444. — 2) L'action en nullité se couvre d'abord, à la teneur du nouveau texte, par une prescription de *dix ans* depuis la constitution de la société (art. 3, av. dern. al.). La disposition profite même aux sociétés antérieures à cette loi, mais les dix ans ne courent alors que du jour de sa promulgation (art. 7).

En outre, l'action en nullité n'est plus recevable, lorsque, avant l'introduction de la demande, *la cause de nullité a cessé d'exister*. Les administrateurs ont trouvé souscripteurs aux actions, qui n'en avaient pas au début ou qui n'avaient que des souscripteurs fictifs. Ils ont déposé une nouvelle liste nominative en étude de notaire, etc. L'action en nullité s'éteint par là même, si elle n'était pas encore intentée à cette date.

Quand, pour couvrir la nullité, une assemblée générale doit être convoquée, l'action en nullité ne sera plus recevable, à partir de la date de la convocation régulière de cette assemblée (art. 3).

Plus exactement, l'action en nullité sera suspendue, et ensuite elle cessera lorsque l'assemblée convoquée aura couvert la nullité. — Ex. : Assemblée d'approbation, pour des apports qui n'avaient pas été vérifiés.

La loi française, tout en atténuant ainsi à la dernière époque les effets de la nullité d'une société par actions irrégulièrement formée, n'a pas été aussi loin que certaines lois étrangères (Belgique, Allemagne, avec quelque restriction depuis le Code de 1897). Ces lois repoussent toute nullité de la société, du moment que ses statuts ont été publiés. Elles n'admettent que les actions en dommages-intérêts. Il est vrai que, dans quelques Etats, un tel régime se combine avec une homologation préalable des statuts par la justice. Or, cette homologation est absolument inconnue chez nous.

§ 2. Responsabilité pécuniaire

(L. 1867, art. 8 et 42 ; l. 1893, art. 3 et 5)

445. — La liberté de fondation des sociétés par actions a pour contrepoids la responsabilité. Les fondateurs, qui font mauvais usage du droit que la loi leur a donné et qui contreviennent à ses injonctions, doivent expier leurs fautes, même leurs simples négligences. Moralement, une égale réprobation n'est pas méritée par celui qui constitue, en connaissance de cause, une société non viable, afin d'émettre en représentation d'apports fictifs du papier qu'il vendra ensuite à la hausse en Bourse, et par l'homme d'industrie respectable. Ce dernier monte en actions une usine sérieuse sans la majorer, et commet seulement, dans la confection des actes, une étourderie, préjudiciable ensuite au crédit de la société. Mais au point de vue civil, tous deux doivent réparer leur faute.

Ce sont les sociétés par actions qui donnent l'exemple des responsabilités les plus graves, les plus étendues comme sommes, que des individus puissent encourir. La multiplicité des intérêts lésés dans une entreprise, qui se chiffre d'habitude par plusieurs millions, rend la sanction de la loi très menaçante. Si elle est trop sévère, elle découragera les hommes d'entreprise du goût de fonder des sociétés.

C'est une responsabilité engagée vis-à-vis du public tout entier. Elle est comparable à celle dont serait tenu l'Etat pour une infortune nationale dont ses pouvoirs ou agents seraient la cause, — si l'Etat, en charité bien ordonnée, ne s'empressait de stipuler l'irresponsabilité des mesures venant de lui.

La responsabilité des fondateurs n'est malheureusement pas toujours effective. Elle est éludée par le fait même de son étendue. Un jugement condamnant une personne à dix millions de dommages-intérêts est passible d'un droit d'enregistrement énorme (2 0/0 d'après la loi de frim. an VII, 3 0/0 en matière civile et de commerce d'après celle du 26 janv. 1892) : si le droit est dû sur l'expédition et non sur la minute, le plaideur qui a fait la poursuite sera hors d'état de lever le jugement et de le faire exécuter. De là l'habitude de les condamner par provision, à une somme très inférieure au préjudice, et de renvoyer à un arbitre, pour qu'il fasse état du complet dommage. Le travail de cet arbitre se prolonge, et on finit par n'y plus penser; il n'y a pas de rapport entériné.

La transformation des fortunes en valeurs mobilières, actuellement si facile, met en outre les fondateurs en mesure de dissimuler leur avoir, lorsque la catastrophe qui a fait tomber la société ne les a pas ruinés eux-mêmes. Ils parviennent ainsi à transiger avec les actionnaires, avec le syndic de la faillite ou avec les liquidateurs. Ils le font pour des sommes sensiblement inférieures à celles qui sont mises à leur charge par la condamnation. [1]

446. — La nullité d'une société, fondée en contravention à la loi de 1867, occasionne-t-elle en soi, et par elle-même, un préjudice soit aux *créanciers*, soit aux *actionnaires*? — Non. La société, quoique nulle, a pu faire de bonnes affaires : il n'y aura point lieu alors à des réparations civiles.

Elle peut au contraire tomber, et alors cette chute même ne remontera pas toujours à une cause identique.

a) Tantôt elle a été vraiment déterminée par le vice primitif de constitution : le fait par le premier quart des actions de n'avoir pas été réalisé, a empêché la société de surmonter une crise, et elle a dû déposer son bilan. Il y a *rapport de causalité* entre le vice originaire et l'effondrement de l'entreprise.

b) Mais la société a pu sombrer par un motif différent. Elle est tombée à cause d'une mauvaise administration, qui doit mettre en jeu d'autres responsabilités que celle des fondateurs. Ou sa chute tient à des événements de force majeure (fermeture d'un marché étranger, nouvelles découvertes industrielles, etc.).

Sous le bénéfice de cette observation, qui expliquera un important changement de législation opéré en 1893, nous avons deux points à examiner : — 1° Qui va répondre, soit envers les créanciers, soit envers les actionnaires, des dommages provenant de la nullité (il vaudrait mieux dire des dommages provenant d'une irrégularité de constitution, qui a été suivie de l'annulation de la société) ? — 2° Dans quelle mesure pécuniaire, et pendant quelle durée, les personnes responsables demeurent-elles obligées ?

447. — 1° *Qui est responsable ?* — Dans la commandite par actions, ce sont les *gérants* ou commandités, puisqu'ils ont pris l'initiative de la constitution. Seulement, au regard des créanciers, la question est sans importance, puisque, de toute manière, leur qualité d'associés en nom les rend responsables du passif social intégralement.

[1] On pourra consulter, sur la responsabilité des fondateurs, une thèse de M. PERCEROU, Dijon, 1896.

Dans la société anonyme, ce sont les *fondateurs*.

On se plaint quelquefois que la loi n'ait pas précisé le signe auquel le fondateur se reconnaîtra. Ce titre ne doit-il convenir qu'aux personnes qui ont mis leur signature sur les statuts et fait la déclaration notariée? Convient-il à toutes ces personnes? — Le tribunal appréciera. C'est la mesure de la coopération effective, donnée à l'œuvre de constitution, qui sera déterminante. Là même où le fondateur ne se serait pas ostensiblement produit dans les actes, il sera retenu pour tel.

Par là, l'action en responsabilité pourra, selon les cas, s'exercer contre des banquiers, non signataires des statuts, lorsqu'ils auront procédé aux mesures de publicité afin de placer les titres. Parfois ces banquiers ont commencé par souscrire les titres, et après avoir organisé un syndicat d'émission, ils les revendent en usant de réclame. Ils ont pris d'ailleurs la précaution de ne pas figurer dans les actes de constitution. Quand ils ne viendraient à se révéler au public qu'après la formation de la société, on pourra les rechercher du fait d'une constitution irrégulière. On le pourra, du moins, s'il est établi qu'ils ont concouru sous main à cette constitution et qu'ils ont employé des comparses. Et la règle est la même pour les responsabilités de manœuvres frauduleuses exercées sur les souscriptions (prospectus mensongers, etc.)[1].

448. — Mais à côté de ces personnes, il y en a d'autres que la loi retient encore comme responsables.

Ce sont, d'abord, dans les deux formes de sociétés, les *auteurs d'ap-*

[1] Cette question de la responsabilité des *émetteurs de titres* a tenu une grande place en Allemagne, particulièrement dans la discussion de la loi des sociétés de 1884 et dans celle de la loi des Bourses de 1896. En France, elle est de solution législative moins pressante, à raison de la possibilité pour le tribunal de retenir, comme fondateurs, des personnes qui ostensiblement ne l'ont pas été. Toutefois, cela ne donne pas une réponse satisfaisante pour la répression des abus, quand les titres répandus sur le marché français sont ceux d'une société constituée à l'étranger. Un jour ou l'autre, on en viendra à subordonner le placement des titres sur le marché à la confection d'un *prospectus* circonstancié, et la loi précisera les conditions de responsabilité des signataires de ce prospectus vis-à-vis de la société et vis-à-vis des tiers, sans préjudice de celle des fondateurs, la seule qui soit actuellement réglée.

La responsabilité née d'un prospectus d'émission peut être encore autrement examinée. Quiconque, dans des circulaires, dans un journal, etc., fait une notice de prospectus, document dénué d'ailleurs de formes particulières, et parle de son chef, sans se borner à citer la déclaration d'autrui, sans se retrancher derrière autrui, se porte par là même garant de l'exactitude des allégations produites. Si elles sont reconnues fausses plus tard, et que d'ailleurs l'auteur du prospectus aurait pu s'assurer de leur défaut de vérité, il y a une responsabilité encourue. C'est la garantie des *dicta atque promissa*. (A consulter une dissertation de M. Pic, sous Paris, 12 décembre 1893, D. P. 1896, 2, 481).

ports, même lorsqu'ils ne comporteraient pas le titre de fondateurs. Ils sont tenus seulement lorsque ces apports n'auraient pas été vérifiés et approuvés conformément à la loi (art. 8 et 42 *in fine*).

Ce sont, ensuite, certaines personnes auxquelles la loi confie le soin de contrôler la manière dont les fondateurs ont constitué la société. En laissant fonctionner cette société, au lieu d'en arrêter tout aussitôt la marche, elles ont aussi contribué au dommage dont souffrent les intéressés. Pour la détermination de ces responsabilités adjointes, la commandite n'est pas organisée de la même manière que la société anonyme.

Dans la première de ces deux sociétés, les membres du *premier conseil de surveillance* doivent, immédiatement après leur nomination, vérifier si toutes les dispositions de la loi ont été observées par les fondateurs (art. 6). Faute de quoi ils sont responsables avec eux (art. 8).

Dans la société anonyme, on se souvient que cette vérification est faite par la dernière assemblée générale (nº 434), et que les commissaires de la première année n'ont pas à exercer, en notre matière, le contrôle spécial imposé au conseil de surveillance dans la commandite [1].

Le rôle correspondant à celui du premier conseil de surveillance de la commandite est occupé par « les *administrateurs* de la société anonyme *en fonctions* au moment où la nullité a été encourue » (art. 42), c'est-à-dire par les membres du premier conseil d'administration. Ils doivent, sous leur propre responsabilité, rechercher sans retard si la constitution de la société a eu lieu régulièrement.

La jurisprudence induit de cette phrase équivoque, que le premier conseil, même composé d'autres personnes que les fondateurs, répond avec eux des vices de constitution. Et cette solution est admise, soit que ce premier conseil ait été désigné dans les statuts, soit qu'il ait été élu par l'assemblée générale des souscripteurs [2].

[1] Mais, quoique la loi ne le dise point, il semble juste, lorsque l'assemblée générale a désigné dans son sein une commission, pour examiner la sincérité des souscriptions et des versements, de rendre les membres de cette commission responsables d'une négligence commise dans l'examen des pièces.

[2] Et cependant peut-on dire des administrateurs élus par l'assemblée, qu'ils étaient « en fonctions » quand la nullité a été encourue, du moment que le vice d'où provient la nullité de la société a été commis *avant* leur nomination ? — On a essayé de soutenir, en doctrine, qu'il fallait traiter en lettre morte la partie de l'art. 42 dans laquelle il est question des *premiers administrateurs*. Ce texte a été emprunté à l'art. 25 de la loi de 1863 sur les sociétés à responsabilité limitée, qui réunissait la nullité pour inobservation des formes, et la nullité pour non publicité, dans l'expression de la sanction établie. Cette dernière nullité est certainement imputable aux premiers administrateurs. Leur responsabilité va dès lors de soi. Or, l'art. 42 de la loi de 1867 ne parle plus que de la dernière nullité. Par mégarde il a conservé pour l'énonciation de la sanction la même formule. Erreur ne fait pas compte Cette argumentation n'a pas trouvé faveur auprès de la pratique judiciaire.

449. — La loi s'est attachée ainsi à multiplier le nombre des personnes responsables. Plus elles seront, et plus l'action en responsabilité sera énergique.

La faute alléguée leur étant commune, il y aura prononcé de condamnation pour le tout contre chacune d'elles (art. 42 : *solidairement*), sauf à elles ensuite à concourir ensemble[1]. Entre elles, la contribution s'exercera suivant des parts, que la justice pourra ne point faire égales, s'il en est qui aient pris dans la constitution une responsabilité plus forte.

450. — 2° *Pour quel chiffre, et pendant quelle durée de temps, les personnes responsables seront-elles tenues ?*

Distinguons le régime de la loi de 1867, — puis celui que la loi de 1893 a consacré.

451. — A. La loi de 1867 établissait une différence fondamentale entre la demande faite *par les actionnaires* et celle exercée *par les créanciers*.

a) Les *actionnaires* étaient tenus d'établir le *rapport de cause à effet* entre la nullité encourue et la ruine pécuniaire de la société. Ils n'avaient droit à réparation que dans la mesure où le vice de constitution leur avait fait perdre leurs mises. Si l'actif de la société avait péri par un autre motif, ils étaient sans droit.

L'action, soit qu'on lui donnât pour base un mandat assumé par les fondateurs et mal accompli, soit qu'on la rattachât à l'art. 1382 C. civ., ne leur procurait qu'une indemnité adéquate au tort subi ; ils devaient justifier de ce tort et de son montant (dommage « résultant de l'annulation » : art. 8 ; « sans préjudice des droits des actionnaires » : art. 42).

b) Les *créanciers* disposaient d'une situation meilleure. Dans la commandite par actions, ils étaient munis, sans doute, vis-à-vis du conseil de surveillance et des apporteurs (art. 8), de la même action *en réparation* que les actionnaires (le gérant se trouvant, bien entendu, responsable de tout le passif).

Mais dans la société anonyme, les créanciers bénéficiaient d'un privilège très critiquable. Ils pouvaient, dans tous les cas, poursuivre individuellement les fondateurs et autres personnes assimilées, *pour le passif social tout entier*. Ils le pouvaient, là même où n'existait aucun rapport de causalité, la société ayant manqué à ses engagements par l'effet de la force majeure.

En telle manière, que leur gage d'exécution devenait plus large que si la société avait été régulière : la nullité de celle-ci tournait à leur enrichissement (action de même ordre que les anciennes *actions pénales*).

[1] Malgré le prétendu adage : *Ex delicto actio non oritur*. (Cfr. n° 306).

C'est en ce sens qu'avait été entendu un texte, l'art. 42, auquel la majorité de la doctrine donnait une autre signification. Les fondateurs « sont *solidairement responsables* envers les tiers, sans préjudice des droits des actionnaires. » Solidairement responsables, cela veut dire, dans la terminologie des sociétés : associés tenus au passif sans limite sur leurs biens, associés en nom collectif. — Et de fait, puisque la société est nulle, son passif ne peut plus se fixer sur l'être moral : celui-ci s'évanouit. Il va frapper *personnellement* les fondateurs, qui sont censés avoir traité tous ces engagements sous leur nom propre. Ces fondateurs encourront même personnellement la faillite.

D'ailleurs, comme durée, les actions précédentes ne s'éteignaient toutes que par *trente ans*. On avait bien essayé de dire que les contraventions aux règles constitutives étaient sanctionnées par l'amende (voir ci-dessous nos 456 et suiv.) et prescriptibles suivant le droit criminel par trois ans. Or l'action civile devait s'éteindre avec l'action publique (art. 638 C. inst. crim.). — Mais cet argument n'avait pas trouvé crédit. Car l'action *civile,* rendue solidaire de l'action publique, d'après l'interprétation reçue en droit criminel, est celle que fait naître le délit, et non pas celle qui lui préexistait. Le fondateur avait promis au public de constituer une société : c'est du chef de cette promesse non tenue qu'on le poursuit, et non à raison du délit pénal.

A tous égards, les rigueurs de ce régime étaient excessives : — la responsabilité de tout le passif, sans distinction, constituait une injustice, — la prolongation de la responsabilité durant trente ans était un véritable boulet de galères.

452. — B. La *loi du 1er avril 1893* innove à deux points de vue :

1° Elle assimile la nature de l'action appartenant aux créanciers à celle qui appartient aux actionnaires. Les fondateurs, et autres, sont responsables solidairement envers les tiers et les actionnaires du *dommage résultant de l'annulation* (art. 5). La preuve, requise de la part de l'actionnaire, l'est aussi de la part du créancier. Il succombera, faute d'établir une relation de fait entre le vice relevé et la perte de l'actif. Il n'obtiendra pas une somme plus forte que celle que l'actif social lui eût donnée, dans la supposition que le vice n'aurait pas commis.

Règle qui s'applique, par une des dispositions transitoires de la loi (art. 7, al. 3), même aux sociétés déjà constituées lors de sa promulgation. Une jurisprudence, d'ailleurs fort discutable, a été jusqu'à l'étendre à des actions en responsabilité qui se trouvaient déjà *en cours d'exercice* au moment de cette même promulgation.

453. — 2° La loi de 1893 restreint les actions en responsabilité dans leur durée. Elles cessent d'être recevables, lorsqu'avant l'introduction de la demande, la cause de nullité a cessé d'exister, c'est-à-dire *sitôt le vice couvert* et en tous cas *après dix ans* (voir n° 444).

Exceptionnellement, l'action persévère pendant les *trois* premières années depuis le jour où la nullité a été encourue, c'est-à-dire depuis la fondation de la société. Nonobstant toute couverture du vice dans l'intervalle, cette action triennale est maintenue (art. 3, nouvel art. 8).

454. — Action individuelle ou action sociale. — Il y a un dernier ordre de remarques à consigner.

On qualifie parfois ces actions, en tant qu'elles appartiennent aux actionnaires, d'*actions sociales*, et si l'on dépouille les arrêts de la jurisprudence de la dernière période, on s'apercevra d'une tendance de plus en plus grande à leur imprimer ce caractère. Telle sera effectivement la nature de l'action en responsabilité contre les administrateurs, à raison du tort causé à la société par une gestion coupable (voir plus bas).

De prime d'abord, on éprouve quelque prévention contre cette notion, qui semble peu juridique.

En disant que l'action est *sociale*, on paraît sous-entendre que la société, personne morale, en est véritablement titulaire. Or, rien n'est moins exact. C'est chaque actionnaire qui respectivement puise dans son contrat de souscription le droit de se plaindre que ce contrat n'ait pas été bien exécuté par les fondateurs. L'action est *individuelle*. Elle appartient d'autant moins à la société qu'elle est basée sur l'inexistence de celle-ci. Le fait que la mesure du préjudice est la même pour tous ne les empêche pas d'exercer chacun un droit propre, et non un droit syndiqué.

Cependant la direction prise par les arrêts n'est pas déraisonnable. Pendant la période constitutive, les souscripteurs se sont trouvés groupés, la loi elle-même les a fondus en un corps organisé. Le seul fait d'avoir concouru à des assemblées générales de vérification d'apports et de formation de société, prenant des délibérations à la majorité des voix, témoigne de cette *existence corporative*. Tous ces souscripteurs se sont réunis, pour ratifier ensemble, et sous réserve de la découverte ultérieure d'un vice, le mandat de constitution dont les fondateurs s'étaient chargés; tous se sont réunis, pour leur donner acte des déclarations d'après lesquelles cette constitution aurait eu lieu.

Il est donc vrai de dire qu'il y a eu une *société des souscripteurs*, dès avant que la société par actions véritable n'ait abouti. Comme les actionnaires actuels succèdent respectivement aux souscripteurs primitifs, ils retrouvent entre eux le même lien solidaire pour exercer, s'il y a lieu, les actions en nullité et en responsabilité.

On verra plus bas que ces actions peuvent être engagées en syndicat.

On ne voit pas, dès lors, pourquoi des mandataires, désignés dans une assemblée générale, n'auraient pas qualité pour les intenter au nom de tous, ou pour renoncer à l'action en transigeant avec les fondateurs. Si la société est en faillite ou en liquidation, le syndic ou le liquidateur, agent de la société par actions, est, par là même aussi, l'agent de cette société de souscripteurs : il a donc pleins pouvoirs pour transiger au nom de celle-ci, avec les personnes responsables, à condition de suivre les formes requises pour une autre transaction de son ministère.

Cette action collective une fois exercée *ut universi*, le droit de chaque actionnaire est épuisé. Il faut convenir que les nécessités de la pratique réclament impérieusement l'attribution du pouvoir de transiger au représentant de la liquidation.

Mais, s'il y a des poursuites intentées ou un prix de transaction payé, ce n'est pas dans la caisse sociale que les sommes seront versées; elles seront immédiatement distribuées entre les actionnaires, à proportion du droit de chacun d'eux.

455. — Lorsqu'on s'occupe de l'action des créanciers, il n'y a aucune difficulté. Il est certain que le syndic, ou même le liquidateur, est leur représentant à tous : ce qui lui donne le droit d'exercer *ut universi* les poursuites au compte de la masse et celui de conclure une transaction.

Cette transaction ne se confond pas avec la précédente. Exonérés vis-à-vis de l'une des catégories d'ayants droit, les fondateurs sont encore tenus envers l'autre.

§ 3. Responsabilité pénale

(L. 1867, art. 13, 15, 16 et 45)

456. — L'observation des règles légales sur la constitution des sociétés par actions a pu être méconnue, soit de propos délibéré, soit par négligence.

Le fait de violer la loi sciemment pourra donner lieu aux *pénalités de l'escroquerie* (art. 405 C. pén.). Il faudrait supposer que les fondateurs ont créé un semblant de société, uniquement afin de s'attribuer dolosivement à eux-mêmes des avantages sur un prétendu fonds social, en retour d'apports fictifs. — Mais, hors de là, le fait d'appréhender les capitaux d'autrui non pour son usage personnel, mais pour un usage collectif, cesse de répondre à la définition de l'escroquerie.

Cependant la loi frappe des peines de ce délit — le fait de simuler des souscriptions ou des versements pour en obtenir d'autres, — ou le fait de procéder, dans le même but, à une publication inexacte des personnes attachées à la société (art. 15 et 45, l. 1867)[1].

457. — Le plus souvent, la loi a été violée sans intention coupable. Il est édicté alors une simple *amende* de cinq cents à dix mille francs. Elle est encourue, nonobstant la bonne foi de l'agent (c'est un délit contraventionnel). La peine comporte l'application des circonstances atténuantes (art. 16).

Le délit est attaché non pas à l'omission des règles légales, mais au fait d'avoir délivré des titres d'actions malgré cette omission (art. 13 et 45).

En frappant plus dur qu'elle ne s'est décidée à le faire, la loi aurait découragé l'esprit d'entreprise. — Elle présente une petite lacune. Elle punit, dans la *commandite*, l'oubli de la nomination du premier conseil de surveillance; elle ne parle pas, dans la *société anonyme*, de l'oubli de la désignation du premier commissaire.

SOUS-SECTION III. — Publicité

(C. com. art. 45 abr. ; l. 1867, art. 55 et s., 63 et 64)

458. — Les principes, longuement développés plus haut sur la publicité des sociétés par intérêt, demandent à être également suivis pour les sociétés par actions (n°s 269 et suiv.). La matière de la publicité a été rendue uniforme pour toutes les sociétés commerciales, par le titre IV de la loi de 1867. Précédemment, la commandite par actions était régie comme la commandite simple, et pour la société anonyme les statuts étaient affichés avec le décret d'autorisation (art. 45, C. com.).

Ainsi, d'après le système actuel, dans le mois de la constitution de la société, le gérant ou les premiers administrateurs doivent, *sous la sanction de la nullité* (nullité inopposable aux tiers) :

a) Déposer un *double* ou une *expédition* des statuts aux *greffes du tribunal de commerce* du siège social et des succursales, ainsi que *de la justice de paix* ;

b) Faire insérer dans un *journal d'annonces* du même arrondissement, un *extrait* contenant les clauses de l'acte que nous avons eu l'occasion de déterminer (n° 271). On regrette qu'il n'y ait pas, chez nous, un *bulletin officiel*, centralisant les statuts de toutes les sociétés

[1] Les membres des Chambres législatives ne doivent pas se servir de leur qualité parlementaire dans les prospectus faisant appel à l'épargne publique. C'est une règle établie par le règlement des assemblées, ou tacitement consacrée. Des propositions de lois concernant les incompatibilités parlementaires iraient beaucoup plus loin, en interdisant le cumul des fonctions de député et de sénateur avec celles d'administrateur de sociétés concessionnaires de l'Etat, d'entreprises subventionnées par lui, etc.

par actions qui seraient fondées en France. Les recherches en seraient singulièrement facilitées.

459. — Les particularités suivantes sont les seules à relever :

1) Il faut déposer au greffe, avec les statuts, une *copie* certifiée des *délibérations des assemblées constitutives*, et une *expédition de l'acte notarié* constatant les souscriptions et versements. Pour la société anonyme, il faut en outre le dépôt de la *liste nominative des souscripteurs* (art. 55) : prescription qui n'aurait d'utilité qu'à la condition d'être renouvelée chaque année, ce que notre loi ne demande pas.

2) Si la question est résolue par la doctrine en sens contraire pour les sociétés par intérêt, il est certain ici (art. 63) que les pièces précédentes sont au greffe *à la disposition de toute personne* qui voudra les consulter ou s'en faire délivrer expédition à ses frais. Il est certain également que le siège social doit être en mesure de délivrer à tout requérant copie des statuts, moyennant un versement d'un franc.

A noter encore, avec l'affichage apparent de toutes les pièces dans les bureaux de la société, l'obligation, à peine d'amende, pour tous les documents imprimés ou autographiés de la société, de faire suivre la dénomination sociale des mots « société anonyme » ou « société en commandite par actions », avec indication du montant du capital (article 64).

SECTION II

DE L'ACTION ET DE SA CIRCULATION

(C. com. art. 34 à 36; l. 1867, art. 2 et 3; l. 1893, art. 2 et 7)

460. — On a pu dire de l'action, comme Esope de la langue, beaucoup de bien et beaucoup de mal. Elle a permis de grouper les petites épargnes et les a dirigées sur les grandes entreprises, elle a démocratisé le titre d'associé, en le mettant à la portée des petits. Elle a mobilisé les chemins de fer, les usines, en transportant la copropriété des associés sur des certificats de circulation facile.

Mais en écartant même les faits qui montrent l'actionnaire tombant dans un guet-apens, il y aurait aussi contre ce titre bien des motifs de censure. C'est encore d'Aguesseau, après le système de Law, et personnellement victime des intrigues que lui avait values son courage devant l'agiotage, qui a le mieux dénoncé ses dangers sociaux (*Mémoire sur le commerce des actions*). D'Aguesseau a eu sans doute le tort de généraliser en disant, sans assez de restrictions, que ce commerce engendre de fausses richesses, diminue le nombre des travailleurs, compromet les fortunes privées, pousse au luxe, à l'augmentation des dépenses, engage les consciences des personnes honnêtes, est funeste à la bonne foi.

Ce qu'on peut dire de plus vrai contre l'action, sans se livrer à d'excessives diatribes, c'est que son trafic a fait pénétrer le goût de la spéculation dans des catégories sociales auxquelles le lucre était autrefois inconnu. On se demande s'il n'en est pas résulté plus de déchaînement de convoitises que de satisfactions de bien-être et d'avantages économiques.

461. — L'*action* est opposée à l'*intérêt*, droit fixé à la personne. Elle lui est opposée, en ce qu'elle forme une part sociale *négociable*.

L'actionnaire est un associé dont on ne recherche point les qualités individuelles, mais seulement la mesure de la mise.

Il convient de parcourir les études suivantes : d'abord une *comparaison de l'action soit avec la commandite, soit avec l'obligation ;* puis l'examen des *traits caractéristiques de l'action;* pour terminer par l'*exposé séparé des règles concernant les actions de numéraire, les actions d'apport les parts de fondateurs.*

§ 1. Comparaison de l'action tant avec la commandite qu'avec l'obligation

462. — **Rapprochement avec la commandite.** — I. L'*action* se rapproche de la *commandite*. La part qu'elle représente est, au fond, de même nature qu'une part de commanditaire.

Si le commanditaire, ainsi que nous le pensons, est lié envers la société par un *contrat civil* (n° 242), il faut statuer de la même manière pour l'actionnaire. — D'ailleurs, en ce qui touche la juridiction, le *tribunal de commerce* du siège social est toujours compétent pour connaître des procès entre associés dans une société commerciale (art. 631 2° C. com. depuis 1856, et art. 59 C. proc. civ.). Il a donc *compétence* pour les contestations engagées par ou contre les actionnaires. — Lorsque l'actionnaire a souscrit pour revendre, on est en présence d'un acte de commerce.

Si le commanditaire est tenu d'une *action directe* envers les créanciers ainsi que le décide la jurisprudence (n° 325), il en est de même de l'actionnaire. Cette action directe procure à ceux qui l'intentent (le plus souvent un syndic de faillite) l'avantage d'échapper aux exceptions, que l'actionnaire pourrait opposer à la société elle-même du chef de sa souscription.

463. — De part et d'autre également, on est en présence d'une *responsabilité limitée.* L'actionnaire ne doit que le montant nominal de son action, c'est-à-dire au moins 25 ou 100 fr., si les statuts ont pris le type d'action le plus faible, et généralement une somme plus forte, 500, 1.000 fr. (C. com. art. 33). S'il l'a versé entièrement, il ne doit plus rien. S'il en a versé une partie, il ne doit plus que le complément.

C'est ainsi qu'on dit d'une action qu'elle est *libérée* du quart, de la moitié, qu'elle est intégralement libérée. On sait déjà que la libération du premier quart au moins est prescrite avant la constitution de la société (n° 410).

Le *non-versé* peut être l'objet de ce qu'on désigne un *appel de fonds* dans deux circonstances :

1° La société est *en bonne voie*, elle veut s'agrandir, procéder à de nouveaux travaux suivant ses statuts, achever sa mise en œuvre. Il lui faut le complément des actions ou une partie de ce complément. On appellera un nouveau quart par exemple. C'est à l'assemblée générale ordinaire à décider pareille mesure, — à moins que le conseil d'administration n'ait reçu pareil pouvoir des statuts.

2° La société est au-dessous de ses affaires, *en faillite* ou *en liquidation*. L'appel de fonds servira à couvrir le déficit, à payer les créanciers. On admet en jurisprudence que, s'il y a faillite, le *syndic*, substitué à tous les organes de la société par le dessaisissement de cette dernière, peut de sa propre autorité exiger le complément des actionnaires. Il pourrait, s'il y trouvait avantage, mettre le liquidateur (quand il y en a un) en demeure de l'exercer à sa place [1]. — On admet encore, tant dans la simple liquidation que dans la faillite, une manière d'opérer assez hardie : le liquidateur, ainsi que le syndic, n'a pas à justifier préalablement du déficit, pour contraindre les actionnaires à libérer leurs titres. Cette interprétation de la loi peut avoir pour résultat d'amener plus tard le syndic ou le liquidateur à rendre les versements, si le reste de l'actif suffit à rembourser les créanciers ou si la société obtient un concordat. Cela seul a fait dire que la solution admise était d'une exactitude discutable [2].

464. — Rapprochement avec l'obligation. — II. La commandite est une part sociale très différente du prêt à intérêt. Ceci nous conduit, par transition naturelle, à entreprendre un autre parallèle, celui de l'*action* et de l'*obligation*, quoiqu'une étude plus approfondie de ce dernier titre doive reparaître plus loin (section VI).

Beaucoup de sociétés procèdent, indépendamment de leur capital-actions, à des émissions d'obligations. Les émissions, ayant lieu en vertu du droit que la société a de conclure des actes et d'user de sa signature, ne sont légitimement possibles qu'après sa constitution définitive. On verra, à propos des assemblées générales, sous quelles conditions de délibérations cette opération est possible.

[1] Pic, dans les *Annales de droit commercial*, 1886-1887, p. 137.

[2] Voir nos observations dans l'Examen doctrinal de jurisprudence commerciale de la *Revue critique de législ. et de jurisp.*, 1887, p. 227.

Il serait très fâcheux de confondre l'action et l'obligation. Malgré les ressemblances de forme des titres et une similitude de régime fiscal, les droits nés de l'une et de l'autre diffèrent profondément. C'est la distinction entre la *commandite* et le *prêt à intérêt* (nº 231) qu'il faut reprendre, au moins en substance et en changeant les dénominations.

465. — 1º L'obligation est une *créance*, un *prêt*; — l'action est une part du fonds social, un titre d'*associé*.

L'obligataire fait crédit à la société, à une autre personne que lui. Le capital-obligations ne forme point partie intégrante du capital de la société, de l'actif des associés. Cet actif s'endette du montant des obligations émises. Les ressources s'augmentent bien du chiffre des versements des obligations, ce qui permet à la société d'entreprendre de nouveaux travaux, en lui faisant espérer des bénéfices d'autant plus forts. Mais son passif se trouve, d'autre part, grevé d'un chiffre égal, et par conséquent son capital n'a pas varié.

Placé en dehors du cercle des associés, l'obligataire ne concourt pas aux *délibérations collectives*, il ne participe point aux assemblées générales de la société, pas plus d'ailleurs qu'à son administration.

466. — 2º Le *risque* de placement n'est pas le même pour l'obligataire et pour l'actionnaire. L'obligataire ne court pas les chances de la société, il est exposé seulement à voir péricliter la société, ce qui est le sort de tout créancier. En cas de *faillite* de celle-ci, il sera *colloqué* avec les autres créanciers. A moins d'avoir stipulé des garanties telles qu'une hypothèque, ce qui lui ferait encore une condition meilleure, il produira au marc le franc. Ce n'est qu'autant que le passif dépasse le capital, que l'obligataire, ainsi que tout autre créancier, se trouve atteint.

L'actionnaire, en cas de faillite, *s'efface* en présence des créanciers, obligataires compris, et il les laisse passer devant lui. Il ne peut prétendre qu'au reliquat de la liquidation, une fois tous les créanciers remboursés. Si le passif égale l'actif, il perd sa mise, tandis que l'obligataire, en la même hypothèse, sera rentré dans la sienne.

467. — 3º Comme rendement annuel, l'obligataire a droit à un *intérêt fixe*. Cet intérêt d'ailleurs, depuis la loi du 12 janvier 1886, n'est plus soumis à un taux maximum : dans le commerce il peut dépasser 6 0/0.

L'actionnaire a droit à un *dividende variable*, selon l'état des bénéfices à l'inventaire. Ce dividende est illimité, il peut atteindre 20 0/0, il peut aussi tomber à néant, par absence de gains ou par pertes constatées[1].

[1] Dans un grand nombre de sociétés de chemins de fer (spécialement dans les six grandes compagnies, conventions de 1883), la *garantie d'intérêt*, procurée par l'Etat (ou

La jurisprudence, on le sait, valide une *clause statutaire*, fût-elle non publiée, autorisant les actionnaires à toucher un *coupon fixe* de 4, de 5 0/0, même après un exercice en perte (nº 293).

Il serait sage qu'une loi nouvelle, conforme aux précédents établis à l'étranger (Italie, etc.), vînt limiter l'emploi de cette clause. On ne l'admettrait que dans les sociétés appelées à construire avant d'exploiter (chemins de fer, isthmes, etc.), pour cette période de construction seulement, moyennant publicité de la clause, et à un taux d'intérêt relativement faible (5 0/0 !). Ainsi statuait le projet de loi voté par le Sénat en 1884.

468. — 4º L'obligataire *a droit* à son remboursement. Il est de l'essence d'un prêt d'être remboursable. Les échéances de remboursement seront réglées de manière à ne pas dépasser le temps d'existence de la société. Car c'est le produit de l'exploitation qui la mettra en mesure de se libérer. Lorsque le remboursement a eu lieu, l'obligation est *amortie*.

L'amortissement s'opère d'après des *tirages au sort annuels*. Ils sont échelonnés sur dix, vingt, trente ans ou davantage, par séries tantôt de nombre égal, tantôt d'un nombre de titres croissant avec le temps. On sait d'avance combien d'obligations sortiront par an, et la société peut déterminer la somme qu'elle devra consacrer après chaque tirage au service des titres, coupons d'intérêts et amortissement réunis. Mais nul ne sait parmi les obligataires à quel moment sortira son propre numéro.

Ce remboursement procure quelquefois une *prime* à l'obligataire, cas auquel les porteurs les plus favorisés sont ceux dont les titres sortent au tirage en premier lieu. C'est que l'obligation a pu être émise *au-dessous du pair*, à un chiffre inférieur à son montant nominal. L'obligataire n'a eu que 400 fr. à verser, quoique son titre porte 500 fr. C'est à cette dernière somme qu'il sera remboursé. L'écart entre le capital versé et le capital remboursé, entre le taux d'émission et le taux nominal constitue la prime.

469. — Ces principes ne sauraient être suivis pour les actions, sans de sérieux correctifs. Les actions, en thèse générale, ne sont pas remboursables. Les fonds des actionnaires restent dans la société jusqu'au terme de sa durée. A ce moment, les actionnaires concourront au *partage*,

par le département), assure aux actionnaires un minimum de dividende. A certaines époques, ce dividende minimum est rendu dividende fixe, à cause de l'obligation pour la société d'employer les excédents à rembourser l'Etat de ses avances des précédents exercices, motivées par ladite garantie (conv. de 1883). La notion du dividende variable est alors mise en échec.

ce qui n'est point un remboursement. Ils ont avant cette époque un moyen de rentrer dans leur argent, tout comme les obligataires d'ailleurs : c'est la négociation du titre, nous n'en parlons point pour le moment.

Toutefois, il existe des sociétés qui pratiquent également l'amortissement statutaire de leurs actions, et cet amortissement a lieu graduellement, par tirages annuels, de la même façon que pour les obligations.

Les sociétés, procédant à cette manière de faire, sont généralement celles, comme les chemins de fer, les compagnies de gaz, qui exploitent en vertu d'une concession temporaire sur le domaine public, concession destinée à revenir à jour fixe à l'Etat ou à la commune avec le capital engagé, sans que le concédant ait à en fournir la contre-valeur.

Si l'on n'amortissait pas les actions, il arriverait un jour où les actionnaires verraient subitement s'éclipser le fonds social. Chacun d'eux aurait dû, par mesure de prudence, et de longue date, affecter son dividende annuel à reconstituer peu à peu sa mise, mais aucun ne l'a fait.

Grâce à la pratique énoncée, les actions (comme les obligations) se trouvent toutes remboursées, lorsque la société arrive en fin de concession.

Mais voici à quels points de vue cet amortissement se distinguerait de celui des obligations.

470. — *a*) Il ne donne pas droit à une *prime de remboursement*. Les actions n'ont pas été émises au-dessous de leur taux nominal. Autrement, le capital social annoncé n'a pas été *intégralement* souscrit : ce qui serait un cas de nullité [1].

471. — *b*) Tandis que l'obligataire dont le titre est remboursé n'a plus aucun lien avec le siège social, l'actionnaire après amortissement ne sort pas de la société. Il reçoit, à la place de son ancienne *action*, dite *de capital* ou de propriété, une action nouvelle, dite *action de jouissance*. Cette action offre de moindres avantages que celle dont il était jusque là porteur; ce qui est naturel, puisqu'il a repris sa mise de fonds, tandis que les autres actionnaires ne sont pas rentrés dans les leurs.

1) D'une part, dans la distribution des bénéfices aux inventaires postérieurs, on commencera par prélever une somme suffisante pour servir aux actions de capital 4 ou 5 0/0 de leur montant, premier dividende;

[1] Des banquiers ont pu faire l'émission du capital ou même le couvrir tout entier, en stipulant une commission de 1 ou de 2 0/0 par exemple. La société n'encaisse pour chaque action que 498 fr., au lieu de 500. Le remboursement sera de 500 fr. Il n'y a pas là une prime d'amortissement. La société est censée avoir encaissé la somme entière. Les frais de constitution comprennent 2 0/0 de commission. On est en présence d'avantages particuliers sujets à vérification et à approbation en assemblée générale, ainsi qu'il a été expliqué sous les n°s 419 et suiv.

les actions de jouissance seront sans droit à ce dividende. — Ce n'est que le surplus des bénéfices, qui sera partagé *au prorata* entre *tous* les actionnaires, en capital et en jouissance réunis. Cela se manifeste quelquefois dans les coupons annexés au titre. L'action de propriété a deux coupons : un coupon incorrectement appelé *coupon d'intérêt,* et un *coupon de dividende.* L'action de jouissance n'a que ce deuxième coupon.

2) D'un autre côté, s'il faut liquider la société avant l'amortissement de la totalité des actions, le capital social, préalablement à tout partage, servira à rembourser les actions de capital encore en circulation.

472. — Si l'on devait en croire l'opinion générale, il faudrait encore établir entre l'amortissement des actions et celui des obligations une troisième différence.

Les obligations formant une *dette* de la société, il y a lieu de procéder au tirage des séries exigibles, quand même l'exercice clos n'aurait donné aucuns bénéfices. Le remboursement s'effectue sur le capital lui-même. Celui-ci n'est aucunement affecté. Une portion de l'actif sert bien à l'amortissement, mais la société est libérée d'autre part d'une somme égale : il y a balance.

Pour les actions, cette constance de l'amortissement cesserait d'être exacte : il faudrait le suspendre pendant les mauvaises années. Il ne pourrait légalement s'opérer, dit-on, qu'*au moyen de bénéfices.* La société doit conserver son capital intact : tout remboursement aux associés équivaut à une reprise occulte d'apport, violation du gage promis aux créanciers (voir le n° 285).

Il y a dans cette déclaration quelque chose d'inconséquent. Si l'on procède au remboursement des actions, c'est tout justement parce que l'on s'est aperçu que le capital décroîtra d'année en année et qu'il sera réduit à néant, au terme de la société et de la concession.

Amortir les actions annuellement et vouloir en même temps que le capital conserve sa fixité, c'est faire deux choses contradictoires. Employer à cette opération des bénéfices, est un contre-sens.

Une société, pourvue d'une concession, possède un capital en outillage qui se déprécie graduellement, et dont la valeur s'abaisse à mesure qu'elle approche de sa fin. Dépréciation nullement matérielle, car nous supposons le matériel entretenu en bon état ou son usure comptée à chaque inventaire. Mais dépréciation pécuniaire, toute relative à la société. L'approche du terme de la concession lui fait perdre des parts successives de sa valeur originaire, puisque l'Etat reprendra ce matériel au dernier jour sans bourse délier.

La première année, les travaux, étant encore neufs, valent leur prix d'établissement, par exemple 50 millions. Si la compagnie avait à cette date à rétrocéder son réseau, c'est bien à ce chiffre qu'elle se dessaisirait de sa concession. L'année suivante, les travaux ne valent plus 50 millions. Il ne suffirait même pas de déduire la dépréciation d'usure des bâtiments ou du matériel. La concession étant par supposition de 50 ans, l'évaluation vraie de l'actif engagé est de 49 millions seulement, puisque la société dispose à cette date d'une concession utile, réduite de 1/50 dans sa durée, et ainsi de suite.

Cela étant, la société a le choix entre deux voies différentes :

1) *Elle peut ne pas amortir les actions*, et parer à l'abaissement annuel de son capital, en le reconstituant au fur et à mesure. Elle distraira alors de ses bénéfices une somme égale à ce que l'avance du terme de la concession depuis l'exercice précédent, a fait perdre de valeur à son capital (1 million). Cette somme sera affectée par exemple à l'achat d'un portefeuille. Les actionnaires trouveront, après dissolution, un actif à se partager, un actif égal au montant de leurs titres (50 millions). C'est une méthode employée par certaines compagnies.

2) Ou bien *la société amortit*; mais par là même elle ne reconstitue pas son capital graduellement. Elle prend sur ses bénéfices apparents de quoi pourvoir à l'amortissement. Mais ces bénéfices sont en réalité grossis d'une part du capital (1 million par an), et c'est cette part incorporée qui revient aux actionnaires désignés par le tirage. On aurait tort de s'imaginer qu'il suffit de déduire des recettes brutes les frais d'exploitation pour obtenir les bénéfices *nets*. — D'ailleurs en voici la preuve. Laissez aller les choses sur ces données. A la fin de la société, son actif est anéanti. C'est donc bien qu'après chaque exercice il en est revenu aux actionnaires une fraction.

473. — Cette constatation nous mène, en outre, aux trois résultats suivants :

a) La société qui amortit ses actions doit, à suivre le droit dans sa rigueur, *publier* chaque année, par un dépôt d'acte aux greffes et par une insertion dans un journal, l'amortissement avec les sommes qui y sont consacrées. Ces sommes restent encore pendant un certain temps (cinq ans) sujettes à rapport à la société, à la demande de ses créanciers (n° 285).— Il n'existe rien de semblable pour les obligations.

b) Une fois toutes les actions amorties, il n'y a plus de *capital*. L'actif à partager ne disparaît pas nécessairement, mais alors ce sont des comptes de *réserves*, formés d'anciens bénéfices, qui en procurent l'aliment. Le porteur d'une action de jouissance n'est donc plus partie prenante *dans le capital*.

c) Le porteur d'actions de jouissance ne *concourt pas aux assemblées générales*. Même si les statuts lui donnaient le droit d'y participer, on ne voit pas d'après quel calcul il ferait nombre. Les assemblées générales obéissent, d'après la loi, à des conditions de *quorum* et de majorité. Ces *quorum* et majorité sont fixés suivant une proportion, la moitié, le quart, *du capital social*. Or, les actions de jouissance sont *en dehors du capital*. C'est une situation semblable à celle dans laquelle se trouvent les porteurs de parts de fondateurs (voir plus bas, n° 520)[1].

474. — Il y a une question commune à l'amortissement des actions et à celui des obligations. Elle naît de la *continuation par erreur du service des intérêts ou des dividendes, aux obligations et aux actions sorties au tirage*.

Elle a été résolue par l'art. 70 ajouté à la loi de 1867 par celle de 1893. Mais cette loi l'a tranchée à l'égard de titres émis par des sociétés seulement, et non pour les *obligations d'Etat*, de département, d'établissements publics (chambre de commerce, etc.). — En outre, les principes du droit international, tels qu'ils seront exposés dans le chapitre des *sociétés étrangères*, veulent que la disposition nouvelle reste sans effet sur les titres émis par des compagnies autres que des compagnies françaises. Il faudrait consulter la législation de leur pays d'origine, pour savoir à quel sort obéissent les coupons des titres amortis, et cela même au cas où le service de ces coupons serait effectué en France par des banquiers, représentants de la société de qui les titres proviennent.

La difficulté, aujourd'hui résolue, se rapportait à la situation suivante.

Dans bien des cas, le porteur ignore l'amortissement dont son titre a été l'objet. Il continue à le présenter annuellement pour toucher les intérêts ou les dividendes. Le siège social, de son côté, omet de collationner le titre présenté avec la liste des numéros sortis.

Cette méprise se prolonge pendant dix ans, par exemple. Au taux de 5 % par an, le porteur a touché indûment un montant de coupons atteignant maintenant la moitié du principal de son titre. Lorsqu'il réclame ce principal, la société lui oppose une demande reconventionnelle. Celle-ci est fondée sur la *répétition de l'indû* (art. 1376 C. civ.), qui a été

[1] Il va sans dire qu'il faudrait prendre le contre-pied de ces trois solutions, au cas où, par des motifs assez peu explicables, les statuts auraient expressément décidé que l'amortissement s'effectuerait au moyen des bénéfices seulement. Le fonds social devant se retrouver dans son intégrité, après le tirage de toutes les actions, les prétendues actions de jouissance, délivrées en échange des premiers titres, continuent à donner aux porteurs un droit sur le capital, et aussi à justifier sa participation aux assemblées générales.

La troisième de nos conséquences se trouve en désaccord avec la pratique des six grandes Compagnies de chemins de fer. Leurs statuts reconnaissent aux actions de jouissance le droit de concourir aux assemblées (P.-L.-M., art. 27; Ouest, art. 44, etc.). Cependant l'amortissement s'effectue, en réalité, avec le capital. Il s'agit de sociétés anonymes autorisées, antérieures à 1867. Le droit nouveau rendrait cette manière de faire injustifiable.

payé en coupons pendant dix ans. Elle prétend, jusqu'à parfaite concurrence, déduire cet indû du montant du titre, dans notre espèce n'en rembourser que la moitié.

Cette prétention a été autrefois accueillie en jurisprudence. Elle était doublement injuste :

a) En ce que la société, ayant gardé le montant du titre pendant dix ans en avait par là même profité, et devait raisonnablement en servir toujours l'intérêt ;

b) En ce que, s'il y avait eu faute commise dans ce retard à se prévaloir du tirage, la faute retombait surtout sur le siège social. Il dépendait de lui d'organiser sa comptabilité et son service de bureaux, de manière à retirer de la circulation ce titre qui avait perdu sa valeur légale.

D'après le nouvel art. 70, proposé au Sénat par M. Poirrier, cette jurisprudence est condamnée. La société ne peut plus exercer, ou par voie de demande ou par voie d'exception, la répétition des coupons indûment payés.

Mais, dit-on, cette règle n'est pas d'ordre public. La société ne manquera pas d'introduire dans les certificats d'actions et obligations ou dans les reçus d'encaissement des coupons, une clause lui réservant la faculté de répétition ! — Quoique telle ait été la déclaration du commissaire du gouvernement dans sa réponse à l'auteur de l'amendement, il vaut mieux considérer, en principe, cette clause comme sans effet. Le refus de répétition tient à une faute lourde de la société, et on ne peut pas s'exonérer de sa *faute lourde*.

§ 2. Signes distinctifs de l'action

475. — Lorsqu'on se reporte aux articles du Code de commerce qui parlent des actions (art. 34 à 36), et que l'on relève les traits présentés par ce titre sur le marché, on constate en lui, au moins dans la plupart des cas, la réunion de trois caractères, qui sont : 1° *l'égalité de coupures ;* 2° la *délivrance d'un certificat* ; 3° la *négociabilité du droit*.

476. — **Égalité de valeur**. — 1° Les actions sont *de valeur égale*, dit l'art. 34. Et, deuxième proposition interprétative qui paraît le corollaire de la première : elles donnent aux actionnaires des droits égaux, sur les bénéfices comme sur le fonds social.

Ce principe est considéré comme de la *nature*, non comme de l'*essence* de l'action. On peut y déroger. Il y a des sociétés, peu nombreuses, il est vrai, qui émettent successivement des actions de taux différents : elles commencent par adopter le taux de 25 fr. ; puis, lorsqu'elles viennent à élever leur capital au-dessus de 200.000 fr., elles sont obligées de donner aux actions nouvelles la valeur de 100 fr. Elles pourraient convertir les anciens certificats, elles ne le font point.

Dans certaines sociétés de charbonnages du Nord, on divise le capital en *actions de quotité*. Celles-ci, au lieu d'être chiffrées par une somme d'argent, le montant de l'apport, le sont au moyen d'une fraction, 1/100, 1/50 du capital. Ces fractions n'étant pas les mêmes pour toutes les actions, celles-ci cessent d'être égales.

Plus souvent, on voit pratiquer les *actions de priorité* ou *privilégiées*. Alors les actions, quoique de taux *égal*, ont des droits *inégaux*. — On émet, au cours de l'entreprise, de nouvelles actions, et on leur assure un sort plus avantageux qu'aux premières. Les affaires de la société sont tendues, les émissions ne réussiront qu'à cette condition. Sur les bénéfices à venir, on commencera par colloquer les actions nouvelles, à concurrence d'un chiffre convenu de dividende. Si les bénéfices ne sont pas supérieurs à ce chiffre, les actionnaires anciens n'auront droit à rien. Les actions simples s'écartent donc devant les actions de priorité, aussi longtemps que ces dernières n'ont pas un certain dividende. Le surplus de ce dividende sera réparti également entre toutes les actions, anciennes et nouvelles.

Au surplus, d'autres combinaisons seraient possibles. Par exemple, il peut être entendu que, le dividende réservé aux nouvelles actions une fois servi, l'excédent sera réservé à son tour aux actions anciennes dans les limites d'un certain taux, et que l'égalité ne reprendra entre les deux groupes qu'au delà de ce second taux.

On peut stipuler encore, ainsi que cela se fait dans beaucoup de sociétés anglaises, que si le dividende garanti aux actions privilégiées n'est pas atteint par les bénéfices d'un exercice, il faudra commencer, sur les exercices suivants, par procéder au prélèvement de l'arriéré en déficit. Il y a quelque ressemblance entre l'action privilégiée et l'obligation [1].

477. — Voilà bien des différences. En tout cas, les actions se chiffreront nécessairement soit par des fractions arithmétiques régulières, soit par des sommes rondes. Autrement, elles cesseraient de comporter un cours. Comme toute marchandise, il faut que l'action puisse se prêter à une *unité de mesure* : la *tonne* ou l'*hectolitre* des autres produits devient

[1] L'économie de l'action privilégiée pourrait être pratiquée au rebours de ce qui vient d'être exposé. C'est au porteur des actions d'origine que le privilège d'un dividende réservé serait conféré : *les actions nouvelles ne seraient colloquées qu'après elles*. La société est prospère. Elle a su se doter de riches réserves, provenant d'économies faites sur les dividendes des années antérieures. Il est juste que les nouveaux souscripteurs paient aux anciens cet avantage de la position.

Cependant, on ne voit guère l'action privilégiée fonctionner sous cette forme. Dans l'hypothèse dont nous parlons, les nouvelles actions seront plutôt émises *au-dessus du pair*, à 600 fr. par exemple, leur chiffre nominal étant de 500 fr. La prime sera ici le *titre* de 500 francs. Si les actions ne sont pas invariablement égales, elles obéissent du moins toujours à un facteur premier qui leur est commun.

Par la même raison, l'action est *indivisible*. — On ne peut pas la faire tomber par une mutation partielle, de moitié, du quart, etc., au-dessous du taux fixé par les statuts comme son taux le plus bas de coupure. — Après la mort de l'actionnaire, l'action ne pourra pas se diviser entre les héritiers, il faudra la liciter ou la mettre dans un seul lot à charge de soulte. Pendant la durée de l'indivision, les héritiers s'arrangeront de manière à lui donner un représentant commun, notamment pour la participation aux assemblées générales.

478. — Délivrance de certificats. — 2° Les parts dites actions sont représentées par des *certificats*. L'action est établie sous la forme d'un titre (art. 35 et 36).

Les certificats d'actions sont soumis à un droit de timbre de 0,50 ou de 1 0/0 (suivant que la société doit durer dix ans ou davantage). Ce droit peut être converti à la demande de la société, et est en fait toujours converti par abonnement en une taxe annuelle de 0,05 0/0, plus les décimes (L. 15 juin 1850).

De l'existence de ce titre, des écoles étrangères, inspirées surtout par le droit allemand, ont déduit une nature d'engagement *sui generis*: la dette matérialisée dans le certificat, se dégageant de sa cause concrète, l'*engagement littéral*. Nous ne parlerons pas de ces théories pour le moment. Elles se retrouveront dans les effets de commerce.

Quoi qu'il en soit de la doctrine juridique à suivre, on doit présenter le titre pour justifier de son droit. D'après une expression, également imaginée à l'étranger, l'action est un *titre de présentation*.

L'incorporation du droit dans un instrument de papier intervient, elle aussi, comme une nécessité du trafic dont l'action forme l'objet. Toute marchandise est palpable. Il faut, pour que l'action circule, qu'elle soit susceptible d'être appréhendée sous les dehors d'un titre figuratif.

portée à la réserve; ainsi est-il dit dans plusieurs lois, et notamment en Allemagne. D'ailleurs il ne serait pas défendu non plus de partager cette prime entre les porteurs d'actions anciennes. Et c'est à ce dernier résultat qu'on aboutit indirectement dans le cas pratique de beaucoup le plus fréquent, qui est celui-ci.

Un droit de préférence est réservé aux porteurs d'actions anciennes pour la souscription aux nouvelles. Si les titres sont recherchés, le souscripteur à 500 fr. revendra son action à 600; la société se chargera au besoin de la revendre pour lui, et l'on dira alors que l'actionnaire a renoncé à son droit de préférence, ou l'a revendu à la société pour 100 fr.

479. — Négociabilité. — 3° L'action est *négociable*. C'est là un de ses caractères dominants. Qui dit titre *négociable*, dit plus que titre *cessible*. La négociation, au sens technique, est une cession plus rapide que la cession de créance ordinaire du droit civil (art. 1690 C. civ.).

En droit commun, la cession ne s'opère au regard des tiers, que moyennant une signification du transport par huissier au débiteur cédé (ici ce serait le siège social), ou par l'acceptation que ce débiteur fait du transport en la forme authentique.

La négociation est un mode consacré dans le commerce et plus rapide. Un mode affectant, selon les cas, trois formes différentes. L'une de ces formes relève plutôt de l'étude des effets de commerce. C'est l'*endossement* : on dit alors que le titre est *à ordre*.

Les actions à ordre sont assez rares en France, sauf, peut-être, pour certaines compagnies d'assurances. Nous n'en reparlerons pas : l'action ne peut être mise sous la forme à ordre qu'à partir du moment où elle pourrait être convertie en titre au porteur (voir ci-dessous, n° 498).

Restent deux autres modes, suivant que l'action est *nominative* ou *au porteur*.

480. — I. Action nominative. — L'*action nominative* se transmet au moyen d'un *transfert* (art. 36). Il y a des sociétés (la Banque de France, des compagnies d'assurances, et presque toutes les sociétés qui se fondent sans appel au public), qui n'admettent que la forme nominative. Elle persistera, même après que les titres seront libérés.

Cette forme offre plus de sécurité, car la perte du titre ne compromet pas les avantages du droit ; elle oppose aussi ou semble opposer un frein aux spéculations exagérées.

On ne peut pas l'exclure et imposer la forme au porteur. Dans les sociétés qui admettent le titre au porteur, tout propriétaire d'action, comme d'obligation, a constamment la faculté de convertir son titre au porteur en titre nominatif, et inversement (l. 23 juin 1857, art. 8). Aucune clause contraire ne saurait le priver de ce droit, même après la libération intégrale de l'action.

On entend par titre nominatif : *celui dont le nom du propriétaire est à la fois désigné sur le certificat et relevé au siège social sur un livre de transferts*. La société est tenue au courant des négociations dont le titre est successivement l'objet. La filière des acheteurs lui est connue.

481. — Le transfert suppose une *déclaration*, signée par le vendeur, — une *acceptation*, signée par l'acheteur. Il est le fait, par le siège social, à qui ces deux pièces sont remises avec le certificat lui-même, de passer le nom de l'acquéreur sur ses registres (non sans avoir vérifié la légalité de l'opération, voir la partie *de la Bourse*), et de délivrer un nouveau certificat d'action au nom de cet acquéreur, à la place de l'ancien. A la Bourse, ce transfert s'opère par le ministère des agents de change, certificateurs de l'identité, et, nous le verrons, de la capacité des opérateurs.

Le transfert est soumis à un *droit fiscal* de 0,50 0/0, sans décimes, sur le montant du prix de la négociation. Il est perçu au moment du transfert lui-même, pour le compte du Trésor, par les sociétés. Celles-ci en sont constituées débitrices par le fait de l'opération, avec obligation, à la fin de chaque trimestre, de transmettre à l'Enregistrement le relevé des transferts opérés (l. 23 juin 1857, art. 7 ; l. 16 sept. 1871, art. 11 ; l. 30 mars 1872, art. 1er).

482. — Le droit de transférer l'action peut être l'objet de restrictions, d'après les statuts. Ainsi en sera-t-il, lorsque la société est fondée entre personnes qui se connaissent et cherche à écarter les spéculateurs.

Le transfert alors est *subordonné à l'agrément du gérant* ou du conseil d'administration. Celui-ci se réserve d'apprécier les qualités individuelles ou la solvabilité de l'acheteur proposé.

Cette clause, sans correctif, serait défectueuse. Elle laisserait le siège social libre de refuser tous les acheteurs, ce qui aboutirait à immobiliser le titre aux mains du souscripteur. Le siège social ne fait ordinairement que se réserver la *faculté de préemption*, c'est-à-dire le droit de se substituer à l'acheteur, aux mêmes conditions de prix.

L'opération n'est pas alors sans offrir quelque ressemblance avec celle que le droit civil qualifie de *retrait*. Plus exactement, la société substituera à l'acheteur que le cédant propose, un autre cessionnaire, qu'elle cherchera et trouvera dans sa clientèle. Car, on le verra, une société ne peut pas reprendre ses actions pour elle-même.

Comme il convient de garantir le siège social contre toute exagération de prix dans une déclaration de transfert, l'acte de société énoncera un mode d'évaluation. Ce sera le moyen de déterminer la somme à payer, au cas où le droit de préemption s'exercerait. — Ex. : capitalisation sur le dividende moyen de l'action dans les dernières années ; elle a rapporté 100 fr. par an, en calculant le revenu à 5 0/0, on doit l'estimer à 2,000 fr.

483. — Les *dividendes* des actions nominatives sont servis sur la seule présentation du titre. Celui-ci est considéré, pour les besoins de l'encaissement des dividendes, comme un titre au porteur.

Au service de ces dividendes ne sont pas cependant affectés, comme pour les titres au porteur, des coupons annexés au certificat et destinés à en être détachés chaque année (à moins que le titre ne soit *mixte*). L'action porte une série de cases vides. Le siège social (ou la maison chargée par lui du service des dividendes) les oblitérera au moyen d'un timbre gras, les unes après les autres.

484. — **II. Action au porteur.** — L'*action* est *au porteur*, lorsque, *le nom du titulaire n'étant ni inscrit sur le titre, ni enregistré au siège social, le certificat se négocie au moyen d'une simple tradition manuelle.* Le titre au porteur, titre anonyme, est le véritable aliment de la spéculation. Ce qui explique les censures dirigées contre cette forme, dont la suppression, plus qu'improbable, a été parfois demandée.

Le droit constaté par le certificat est assimilé alors à un *meuble corporel. a*) Le titre se prête au *don manuel. b*) Celui qui l'acquiert de bonne foi du non-propriétaire bénéficie de la règle de l'art. 2277 : *En fait de meubles, possession vaut titre. c*) Il suffit de produire le certificat, pour profiter des avantages de diverse nature qui y sont attachés (entrée aux assemblées générales, encaissement du montant des dividendes et du capital, procès à engager, etc.).

485. — Les dividendes se touchent sur *coupons*. Ces coupons portent d'avance la date imprimée des échéances successives, et on peut les présenter seuls, sans le titre.

Les dividendes sont alors sujets à une *retenue annuelle*, inconnue des titres nominatifs. Elle consiste dans une taxe de 0,20 0/0 sans décimes, calculée sur le prix moyen de l'action dans l'année précédente, et avancée par la société au Trésor par réglements trimestriels. Cette taxe forme l'équivalent du droit de 0,50 0/0 sur les transferts d'actions nominatives, dont, pour un titre au porteur, le caractère clandestin des négociations rendait la perception impossible (l. 23 juin 1857, art. 617 ; l. 16 sept. 1871, art. 11 ; l. 30 mars 1872, art. 1er ; l. 29 juin 1872, art. 3 et 4).

Nous ne parlons pas ici d'une autre retenue fiscale. Les dividendes en sont l'objet, sans distinction cette fois entre les titres nominatifs et au porteur : l'*impôt sur le revenu* (aujourd'hui de 4 0/0). — Il est dû, non sur le montant du principal du titre, mais sur le montant du dividende lui-même. Le dividende du commandité doit le supporter dans les sociétés par actions comme celui des actionnaires, ce qui est une différence avec la commandite simple, où le bénéfice du commandité est affranchi de la taxe (n° 294). Cet impôt relève d'un autre ordre d'idées que le droit sur le transfert, ou que la taxe d'abonnement qui en tient lieu.

486. — **Quel est le vrai signe de l'action?** — La *négociabilité* des actions, opposée à l'*incessibilité* complète des parts d'intérêt dans les sociétés de personnes, a fait naître une question difficile. Et cette question a dû forcer la doctrine à rechercher quelle est, parmi les propriétés multiples que nous venons de reconnaître à l'action, celle qui donne vraiment à ce titre son caractère juridique et son essence.

La loi nous montre, à l'opposé l'une de l'autre, 1° une part *qui n'est aucunement transmissible*, à moins du consentement de tous les associés, et 2° une autre part qui est non seulement cessible, mais *négociable*, avec délivrance de certificats de valeur égale. Or il y a des situations intermédiaires. — Ex. : La part sociale est dénommée intérêt, mais les statuts la déclarent cessible ; cette cession, selon les cas, est subordonnée à l'agrément des administrateurs, ou elle est tout à fait libre. Comment juger ce type hybride ?

487. — Dans une société *à responsabilité limitée* pour tous les associés, le problème est vite résolu. — Il doit être permis de stipuler, dans une société anonyme, que les parts seront incessibles ou cessibles sous certaines conditions. Mais la société n'en restera pas moins une société anonyme, soumise à tous autres égards à la loi de 1867 (assemblées générales, versement préalable du quart, etc.). En d'autres termes, il n'existe pas jusqu'à présent, en législation française, dans le groupe des sociétés par intérêt, de société reconnue sans associé responsable en nom. Si pourtant les parties voulaient fonder une société de ce genre, elles en auraient le droit (qui peut le plus, peut le moins), à condition de lui appliquer la réglementation de 1867. Ce serait une société anonyme, avec des actions cessibles seulement *jure civili*. Un modèle de *société à responsabilité limitée* pour tous les membres, et ne se confondant point avec la société anonyme, a été introduit par la législation allemande de 1892. Nous ne connaissons point cette société chez nous.

Mais que penser d'une *commandite*, dénommée *simple* ou par intérêt, dans laquelle les parts sont déclarées cessibles à la condition de se conformer à l'art. 1690 C. civ. ? Ne dégénère-t-elle pas en commandite par actions, de telle manière :

a) Que l'Enregistrement soit fondé à taxer de l'impôt sur le revenu de 4 0/0, même les bénéfices alloués au commandité ;

b) Que le fait de n'avoir point observé pour elle la loi de 1867 entraînerait nullité d'une pareille société, avec responsabilité des fondateurs ?

Le problème n'est pas tranché. Il a donné lieu en jurisprudence à plusieurs systèmes. Deux d'entre eux doivent être signalés. La Chambre des Requêtes a dit que c'était la *cessibilité* qui faisait l'action (9 février 1887). D'après la Chambre civile (10 août 1887), la société ne serait point une société par actions, quoique les parts aient été rendues cessibles, du moment que des *certificats* n'auraient pas été délivrés et que la cession serait subordonnée au *consentement du gérant*. Dans chacun de ces deux arrêts, les considérations d'espèce ont influencé la solution.

La doctrine est tout aussi divisée, depuis la polémique échangée autrefois entre MM. BEUDANT et BATBIE. Est-ce la *négociabilité* qui constitue l'action (M. BOISTEL)? Est-ce le fait que le titre social serait considéré par les statuts comme *susceptible d'un trafic courant et ordinaire*, fût-ce en vertu de cessions de forme civile (MM. LYON-CAEN et RENAULT)?

L'opinion la plus sûre est encore celle qui traite d'*action* la part sociale, sitôt *qu'elle peut être cédée sans le consentement unanime de tous les associés* (arg. 1861 C. civ.). Ainsi, quand même l'associé, pour transmettre *jure civili* sa part, constatée ou non par un titre séparé, devrait obtenir l'autorisation du gérant seul, le régime des sociétés par actions deviendrait applicable. A plus forte raison, en serait-il de même, si les parts étaient cessibles sans aucune autorisation.

§ 3. Actions de numéraire

(L. 1867, art. 2, 3, 24; L. 1893, art. 2 et 7).

488. — Deux questions se posent :

1) A partir de quel moment l'action peut-elle circuler, revêtir la forme d'un certificat nominatif, ou encore devenir titre au porteur?

2) Lorsqu'une action non libérée est l'objet d'un appel de fonds, quelles sont les personnes tenues de répondre à cet appel?

489. — 1° Quand l'action peut-elle circuler, se négocier sous la forme nominative, sous la forme au porteur ?

Pour voir clair dans cette question enchevêtrée, il faut démarquer les périodes dans lesquelles la société se trouve, depuis les pourparlers engagés pour sa constitution jusqu'à son entier fonctionnement. Il faut aussi, en sous ordre et dans chacune de ces périodes, distinguer suivant les époques législatives; car le droit a, depuis quarante ans, souvent varié sur ce point.

490. — I. *La société n'est pas encore entièrement constituée.* Le capital est souscrit, mais il n'y a pas encore d'actions. Les souscripteurs sont bénéficiaires de *promesses d'actions.*

Défense est adressée aux fondateurs, sous peine d'une amende de cinq cents à dix mille francs (art. 13 et 45 de la loi de 1867), et sous peine de nullité de la société (art. 7 et 41), de délivrer des certificats d'actions proprement dites, avant que la société n'ait été définitivement fondée [1].

[1] La nullité, depuis la loi de 1893, pourrait se couvrir au moyen de la réparation du vice. Donc, pour redresser la faute commise, après la formation de la société, les administrateurs auraient à retirer les certificats prématurément délivrés et à en émettre d'autres. Moyennant quoi la nullité serait couverte.

S'ils en avaient délivré, les négociations dont ces actions viendraient à être l'objet, seraient frappées de la même amende, atteignant les opérateurs et leurs intermédiaires (art. 14). On peut soutenir en outre que ces négociations sont nulles, bien que la loi ne le dise point. L'acheteur pourra répéter le prix, le vendeur pourra se faire restituer les titres.

491. — L'article 2 de la loi de 1867 consacre cette interdiction. Mais ce texte doit être entendu autrement qu'il n'est écrit : « Les actions sont négociables *après le versement du quart* », porte la loi. Cela veut dire, d'après les explications que le rapporteur M. Mathieu, a données à la tribune : « Les actions sont négociables *après la constitution de fait de la société.* »

Ainsi : *a*) Défense de délivrer des actions dans l'intervalle de la constitution qui va du versement du quart aux dernières assemblées.

b) Régularité de cette délivrance après la constitution, quand même la société serait atteinte d'un vice de nullité, fût-ce l'absence même du versement du quart.

Avant l'annulation de la société, les actions imprudemment émises vont devenir maintenant l'objet de négociations plus ou moins nombreuses. *La nullité de la société ne fera pas tomber ces négociations* (procès célèbre de la validité des négociations d'actions de la *Banque de Lyon et de la Loire*, Civ. rej. 3 juin 1885, note de M. LYON-CAEN dans le Sirey, 1884, 2, 49, et notre Examen doctrinal de la *Revue critique* de 1883, p. 319).

Les négociations seront nonobstant maintenues; elles n'étaient pas dépourvues d'objet. La société par actions, quoiqu'annulée, a fonctionné dans le passé à l'égal d'une société valable. Accueillir la demande de remboursement du prix payé par les acheteurs, serait donner une prime à la lâcheté de spéculateurs, qui veulent revenir sur leur parole, maintenant que le sort a prononcé contre eux.

492. — Pour en revenir à la règle, portant défense d'émettre des actions avant la constitution, cette disposition s'explique ainsi :

Les négociations de titres à ce moment dénatureraient; elles perdraient tout caractère sérieux, pour devenir de vulgaires paris sur les chances que peut avoir la société de se former.

De là, des fluctuations très fortes dans les cours, et, si la société ne se forme pas, le droit pour le vendeur de faire exécuter néanmoins le marché ou d'en garder le prix, à raison du caractère aléatoire vraisemblablement donné à l'opération par les parties. J'aurais vendu pour 50 fr. la chance qu'a d'aboutir le projet de constitution. Le projet avorte, les 50 fr. continuent à m'être dus. Le seuil de la société serait encombré d'agioteurs.

Malgré la défense de négociation, les promesses d'actions demeurent *cessibles* dans cette même période de temps, de même qu'elles passeraient aux héritiers du souscripteur.

Ces cessions se conformeront à l'art. 1690 C. civ., elles entraîneront garantie de création de la société au profit de l'acquéreur (art. 1693). Les dangers attachés à la négociation disparaissent, par là même.

493. — Au lieu de vendre les promesses d'actions, les opérateurs à la Bourse, sur le marché de la coulisse, ont pour habitude de vendre l'action elle-même *livrable à l'émission*. Il n'y a pas d'actions actuellement délivrées, mais le vendeur promet de livrer les titres à son acheteur, lorsque viendra, après constitution de la société, le moment de son émission régulière par le siège social. Par conséquent il traite *ad diem incertum*. — De pareilles ventes sont, de toute manière, conditionnelles, et elles tomberont au cas où la société ne peut se former. Mais on a même soutenu qu'elles étaient nulles, par elles-mêmes, comme contrevenant à l'art. 2 de la loi de 1867 (Paris, 2 mars 1883).

494. — Ainsi donc, en résumé, *défense de négocier les actions dans la période de constitution*. Telle est la première règle établie par la loi.

495. — II. *La société a été constituée*. Les actions deviennent aussitôt négociables (et non plus seulement après versement des 2/5, comme le voulaient les lois de 1856 et de 1863 sur les sociétés en commandite et celles en responsabilité limitée).

Dire que l'action est négociable, c'est dire qu'elle peut être, de toute manière, établie sous la forme d'un titre nominatif.

496. — Mais *quand l'action peut-elle être convertie en un titre au porteur?*

D'abord pour que cette conversion soit possible, il faut que les statuts ne proscrivent pas la forme au porteur. Une mention expresse de l'admission de cette forme par la société n'est pas requise, elle se sous-entendra [1]. Mais encore les statuts ne doivent-ils pas décider que les titres (comme c'est le cas pour les actions de la Banque de France) conserveront nécessairement la forme nominative pendant toute la du-

[1] Cela n'est point certain. Il y aura des personnes pour prétendre que les statuts doivent reconnaître la forme au porteur; alors seulement les actions, même entièrement libérées, peuvent adopter cette forme. D'ailleurs, si les statuts ne contiennent point cette disposition, on aura tout pouvoir au cours de la société, pour l'introduire après coup dans l'acte de société : mais ce sera là une modification aux statuts, résultant d'une délibération de l'assemblée générale extraordinaire. — Pour nous, la règle de la loi de 1893 (art. 3 nouveau de la loi de 1867) : *Les actions sont nominatives jusqu'à leur entière libération*, signifie qu'elles peuvent *de plein droit* se faire convertir en titres au porteur, une fois qu'elles ont été libérées.

rée de la société. Car, si cela était, la clause aurait pleine valeur et la conversion ne serait possible à aucun moment.

Sous cette réserve, la disposition actuelle de la loi, touchant le moment à partir duquel la société peut émettre des actions au porteur, est très catégorique, et elle ne se prête plus à aucune atténuation.

L'action reste nominative jusqu'à son entière libération (art. 2, l. 1893, nouvel art. 3 de la loi de 1867). La mise au porteur doit être suspendue, aussi longtemps que l'action n'a pas versé tout son complément.

Il n'est pas indispensable que *toutes* les actions réunies soient libérées, pour pouvoir en convertir *une*. Il suffit que le complément ait été versé respectivement par chacune d'elles ; celle qui est libérée peut se convertir, sans égard aux autres.

Pourquoi ? Le maintien pour l'action de la forme nominative est considéré comme garantissant les appels de fonds à exercer sur elle par la société et par ses créanciers. Supposez l'action mise au porteur, dès après la constitution et le versement du quart. Les actionnaires auront une moyen commode de se soustraire à la responsabilité du complément, en cas de faillite ou de mauvaises affaires de la société. Les souscripteurs recherchés à ce moment par le syndic ou par le liquidateur lui répondront : « Je n'ai plus l'action, adressez-vous au porteur actuel. Où est-il ? Je n'en sais rien, allez le quérir vous-même ». Langage qui s'appuierait sur une novation par changement de débiteur attaché à la revente du titre, novation qu'on va retrouver (n° 500). Bref, le recouvrement du complément du capital deviendrait illusoire.

C'est cette tactique, tendant à s'évader de la dette du non-versé, que la loi condamne, et voilà pourquoi elle subordonne la mise au porteur du titre à une entière libération préalable [1].

497. — Il n'en a pas toujours été ainsi. La législation depuis 1856 a subi des vicissitudes, avec des rédactions de textes très mouvementées.

a) Avant cette date (sauf pour les actions des sociétés de chemins de fer régies par une loi spéciale de 1845), les actions pouvaient être mises au porteur, même non libérées. C'était le temps d'absence de toute réglementation.

b) Les lois de 1856 et de 1863 ont posé au contraire le principe du maintien obligatoire de la forme nominative *jusqu'à la pleine libération du titre*. C'est celui auquel le dernier état du droit est revenu.

[1] La loi raisonne-t-elle juste ? Cette corrélation entre la conservation de la forme nominative et l'efficacité des poursuites nécessitées par un appel de fonds, n'est-elle pas purement arbitraire ? Rien n'empêchait de poser la règle suivante : l'action, même non libérée, sera mise au porteur ; mais alors le souscripteur restera indéfiniment tenu du complément, nonobstant toute négociation du titre dont il prétendrait exciper.

c) La loi de 1867, dans son article 3, avait adopté un moyen terme. — En thèse, la règle de 1856 et de 1863 était conservée : il fallait donc retarder la conversion de l'action en titre au porteur, jusqu'au moment où elle aurait acquitté son entier montant.

Exceptionnellement, la société pouvait réserver à ses actions la possibilité de devenir des titres au porteur avant cette époque, sous cette triple condition (art. 3 al. 1er) :

a) Que la moitié au moins du capital fût versée ;

b) Qu'après ce versement de moitié, une assemblée générale extraordinaire des actionnaires prît une délibération favorable à la conversion des titres, conversion d'ailleurs facultative pour chaque porteur après que l'assemblée l'aurait décidée ;

c) Que les statuts originaires eussent, par une clause formelle (sujette à la publicité), habilité éventuellement cette assemblée générale à voter ladite mesure.

Cet adoucissement au principe de la libération pleine de l'action avant sa mise au porteur, se rapportait, dans l'esprit de la loi de 1867, à une pensée particulière. Elle avait voulu donner aux actionnaires d'une société prospère ou supposée telle, un moyen de s'exonérer de la menace du non-versé. Elle leur offrait ce moyen, en prenant ses dispositions de manière que le siège social n'eût pas à souffrir de cette sorte d'abandon de la seconde moitié. Les faits postérieurs ont montré que c'était pure illusion.

Ainsi, sous l'empire de la loi de 1867, certaines sociétés ne pouvaient convertir que leurs actions *libérées*, — certaines autres avaient le droit d'opérer la conversion après *libération de moitié du capital*.

Et l'intérêt de cette distinction n'a point disparu aujourd'hui. Malgré le vote de la loi de 1893, les sociétés, qui se sont constituées avant sa promulgation sous le régime de la loi de 1867, continuent à être régies par elle. La règle de non-rétroactivité le veut ainsi. Les sociétés formées entre 1867 et 1893, avec la clause de réserve, peuvent donc très légitimement encore appeler leur deuxième quart, puis, en convoquant une assemblée d'actionnaires, procéder à la conversion de leurs titres, de manière à donner à cette conversion les effets qu'elle aurait eus en conformité de la loi qui régissait leurs statuts (art. 7, al. 1er, l. 1893, dispositions transitoires).

498. — Nous le répétons, tel n'est plus le droit des sociétés nouvelles. A leur égard, la prescription est formelle et absolue : *maintien nécessaire de la forme nominative jusqu'à l'entière libération du titre.*

499. — 2° Aussi longtemps que la libération entière de l'action n'a pas eu lieu, quelles personnes doivent répondre des appels de fonds ?

Qui est tenu du non-versé? Telle était la question, également complexe, à discuter en deuxième lieu.

D'abord nulle action n'est *solidaire* des autres actions. On ne saurait demander à un titre que son montant à lui-même. Il n'est pas permis de faire rejaillir sur lui les effets de l'insolvabilité du porteur d'un titre différent. C'est là une différence capitale entre l'actionnaire et l'associé en nom collectif.

Mais une seule et même action a pu, depuis sa souscription, être l'objet de plusieurs *négociations successives*. Si l'action est restée nominative (ainsi que le veut la loi de 1893), le siège social, par le livre des transferts, a connaissance de tous ceux aux mains de qui le titre a passé, et chaque cessionnaire, en signant une acceptation de transfert destinée à être transmise à la société, s'est par là même lié d'un rapport direct envers elle.

Au moment de l'appel de fonds, telle action (l'action 240 par exemple), a été cédée deux fois depuis la souscription, elle a passé de *Primus* à *Secundus*, puis à *Tertius*. Primus est *souscripteur*, Secundus *intermédiaire*, Tertius, *porteur actuel*. Qui parmi eux est tenu du complément?

500. — En théorie, on est porté à dire, comme le faisait la jurisprudence d'avant 1856 (et comme on le déciderait encore maintenant pour des appels sur actions de sociétés remontant à cette époque), que le *porteur actuel* est *seul* débiteur du non-versé. Le souscripteur par un premier transfert, puis les intermédiaires s'en sont affranchis en vertu de la cession qu'ils ont faite du titre.

Le transfert d'action non libérée emporte *novation* par changement du débiteur de la société. L'obligation de verser le complément passe du cédant au cessionnaire, de même que les avantages positifs de l'action. Le vendeur est exonéré.

Sans doute la novation ne se présume point (art. 1273 C. civ.), et ici elle n'a pas été exprimée. La société n'a pas déchargé en termes formels le cédant dans le transfert. Néanmoins, la société, en donnant à la part sociale la forme négociable, a accepté par anticipation l'acheteur futur, comme débiteur du titre, à la place du souscripteur, pour le cas où celui-ci vendrait son action. *Tertius* seul est tenu.

501. — On voit de suite l'inconvénient. Une large porte est ouverte à la fraude. L'actionnaire, pressentant la ruine de la société, va transférer son action à un insolvable, contre qui les poursuites seront illusoires.

Aussi au principe ci-dessus, dont divers auteurs contestaient au surplus l'exactitude, les lois de 1856 et de 1863, la loi de 1867, — celle-ci par prétérition et sous un important correctif, — enfin celle de 1893, ont substitué la règle que voici : *Tous ceux aux mains de qui l'action a passé, depuis et y compris le souscripteur primitif, jusqu'au porteur actuel, sont solidairement tenus* envers la société ou envers les créanciers *du complément de l'action*. Ils peuvent être compris dans une même poursuite et condamnés *solidairement* à la somme due respectivement sur l'action.

Plus l'action circule, et plus elle procure au siège social de débiteurs garants du complément. Le livre de la société, à mesure qu'il se charge de transferts, prend quelque analogie avec une lettre de change qui se recouvre de nouveaux endossements. « Les titulaires, les cessionnaires intermédiaires et les souscripteurs sont tenus solidairement du montant de l'action », porte l'art. 3 al. 5 de la loi de 1867, tel que la loi du 1er avril 1893 l'a modifié et complété.

502. — Cette règle est d'ordre public, on ne peut y déroger.

En vain la société *déchargerait-elle* expressément le vendeur lors du transfert (les lois de 1856 et de 1863 disaient en effet : Les souscripteurs... sont, *nonobstant toute stipulation contraire*, responsables...).

En vain, à plus forte raison, voudrait-on arguer du droit que les statuts auraient conféré aux administrateurs d'agréer ou non le cessionnaire, pour dire que, s'il est agréé, le vendeur est implicitement déchargé. Cela n'est point.

En vain les titres auraient-ils été mis au porteur prématurément et indûment : si néanmoins elle connaît les noms des intermédiaires et du porteur actuel (par exemple par leur participation à des assemblées générales et par la révélation que la feuille de présence donne de leurs personnes), la société pourra les poursuivre solidairement, avec le souscripteur.

503. — Cependant, au point de vue de la durée de l'engagement, d'après la loi contemporaine de 1893, il faut distinguer entre le porteur actuel et les porteurs précédents.

Le porteur ne peut exciper de la prescription. Et, soit dit incidemment, le porteur *actuel*, d'après la jurisprudence, n'est pas celui qui détient le titre au jour où l'assemblée générale prend la délibération d'appel de fonds (Ex. : 1er juillet 1897).— Il n'est pas non plus celui qui se trouve titulaire au moment du procès formé pour défaut de versement (Ex. : le 1er décembre). — Le porteur actuel est celui qui a le titre au moment où la société adresse *sommation* aux actionnaires en retard pour répondre à l'appel des versements (Ex. : le 1er septembre). C'est cette sommation, au dire des arrêts, qui donne à l'appel de fonds sa date fixe et légale. Une négociation postérieure à ce moment est inopérante, pour classer le vendeur dans la catégorie des intermédiaires.

Donc ce *porteur actuel* est toujours tenu du non-versé, sans pouvoir s'en affranchir par aucun moyen. Il reste obligé, même si plus de trente ans se sont écoulés depuis l'émission du titre. Car la dette n'est exigible que depuis l'appel de fonds lui-même, et toute prescription de créance à terme est suspendue jusqu'à l'arrivée de ce terme (art. 2257 C. civ.).

Ses *prédécesseurs* au contraire (souscripteurs ou intermédiaires), bénéficient d'une *prescription de deux ans*. Ces deux ans courent respectivement pour chacun d'eux de la cession qu'il a faite de l'action. Ceux d'entre eux qui se sont dessaisis de l'action depuis plus de deux ans, délai calculé en arrière à partir de l'appel de fonds (entendu comme ci-dessus), c'est-à-dire avant le 1er septembre 1897, dans notre exemple, ne peuvent plus être recherchés. « Tout souscripteur ou actionnaire qui a cédé son titre cesse, deux ans après la cession, d'être responsable des versements non encore appelés (adjonction de la loi de 1893 à la loi de 1867, art. 3, al. 6) ».

504. — Cette prescription de deux ans est une innovation de la loi de 1893. Précédemment, et d'après la première loi réglementaire de 1856, les anciens propriétaires de l'action demeuraient tenus *pendant un temps indéfini*.

C'était un vice du système. Des petits-fils étaient recherchés du chef d'une action dont le grand-père avait fait cession trente-cinq ans auparavant et qu'ils ne soupçonnaient même pas. La règle dans sa rigueur était intolérable, elle menaçait les placements.

La règle nouvelle est bonne. Affranchir le vendeur, instantanément lors du transfert, eût été trop périlleux pour la société, on l'a vu. Différer pendant deux ans son exonération devient une règle modérée; il ne trouve plus dans le transfert le moyen de se soustraire à une faillite imminente, en cédant le titre à un homme de paille[1].

505. — Le bénéfice de cette prescription de deux ans est étendu par la loi de 1893 aux actions nominatives des sociétés fondées avant sa promulgation. Il n'y a pas de distinction établie à cet égard entre des appels de fonds déjà exercés à la date de cette promulgation (août 1893), ou des appels à exercer ultérieurement.

Supposons qu'une société en commandite par actions ait été constituée en 1857 (l. 17 juillet 1856) au moyen d'actions, libérées seulement des 2/5. Aujourd'hui la société appelle les 3/5 formant complément. Soit que l'action ait été cédée avant 1893, soit qu'elle l'ait été depuis 1893, le cédant peut exciper de la prescription des deux ans écoulés depuis son transfert. — Toutefois, d'après les dispositions transitoires de la dernière loi (art 7, al. 2), les deux ans ne pourront courir que

[1] Le transfert, depuis 1893, opère cependant bien novation dans la personne de l'actionnaire, par changement de la personne débitrice du non-versé. Seulement les effets de cette novation sont suspendus pendant deux ans.

du jour de la promulgation de la loi, à l'égard des créanciers antérieurs à sa mise en vigueur [1]. « Sauf application de l'art. 2257 C. civ. pour les créances conditionnelles et à terme et les actions en garantie »: phrase incidente assez énigmatique [2].

506. — Ainsi, à cette atténuation près quant à la durée, *solidarité* entre le souscripteur, les intermédiaires et le porteur. Mais, en fait, les poursuites s'exerceront différemment :

a) La société ne comprendra pas dans une même poursuite tous les porteurs successifs. Elle attaquera seulement le dernier, sauf s'il est insolvable à rechercher les prédécesseurs. Mais elle n'est pas obligée de procéder ainsi, et les prédécesseurs ne sauraient la renvoyer à discuter d'abord le dernier porteur.

En réalité, le porteur actuel est bien le *débiteur définitif* du non-versé : c'est à lui qu'incombe ce non-versé, dans la filière des porteurs. La somme payée à la société par l'un des autres ne serait qu'une avance de sa part, et une *avance recouvrable contre ceux qui le suivent*. Le versement par un porteur qui n'a plus le titre ne serait que provisoire.

En effet, quiconque achète une action la prend à son vendeur dans toutes ses parties, passif et actif. Si elle n'est pas libérée, il s'engage envers ce vendeur à pourvoir au complément, avec ses propres ressources. Que l'action circule en Bourse au pair (soit 500 fr.), il la paie 125 fr., libérée du quart (quoique la cote porte le chiffre de 500 fr., chiffre fictif du moment qu'il retient 375 fr.). Le complément, lorsqu'il faudra le payer, est personnellement à sa charge, d'après l'effet du contrat de vente.

Dès lors, de deux choses l'une.

Ou ce complément est soldé à la société par le dernier porteur. — Il a payé sa dette, il n'a aucun recours, et c'est pour cela qu'il est préférable de voir la société s'attaquer à lui.

Ou bien il a été soldé par un prédécesseur. — Celui-ci a son recours

[1] L'action avait été transférée en 1889. Le cédant ne s'est pas trouvé libéré du non-versé au moment même où la loi était promulguée, mais seulement deux ans après le 5 août 1895 (à Paris), car la loi a été insérée au *Journal officiel* du 3 août 1893, et il faut tenir compte des règles de promulgation du décret du 5 nov. 1870.

[2] Si la société était, en août 1893, tenue d'engagements conditionnels ou à terme (obligations négociables en cours de service), aussi longtemps que tardera l'exigibilité de *tout* ce passif, les vendeurs d'actions ne verront pas les deux ans courir à leur profit! Les deux ans ne partiront que du moment de l'amortissement de la dernière obligation! C'est bien étrange.

S'il s'agissait d'une société nouvelle, le cédant pourrait invoquer la prescription de suite, ou du moins deux ans après son transfert. Il serait libéré, même vis-à-vis des créanciers à terme de la société. Pourquoi cette différence ?

contre son acheteur et contre tous ceux qui le suivent. — *Contre son acheteur*, par l'action de vente. — *Contre les acheteurs subséquents*, quoiqu'il y ait des porteurs interposés ; car il est comparable à une caution. Il est tenu pour d'autres (art. 1251, 3°, C. civ.). Il est donc légalement subrogé à la société elle-même dans la poursuite du non-versé. Cette subrogation lui profite vis-à-vis de tous ceux qui sont venus au titre après lui. Il demandera reconventionnellement leurs noms au siège social qui tient le livre des transferts. — Et c'est ainsi que le porteur actuel devra, en dernière analyse, désintéresser ceux qui le précèdent.

507. — *b*) Souvent la société ne poursuit personne, au moins pour commencer. Elle s'attaque au titre lui-même par la voie moins coûteuse et plus rapide de l'*exécution en Bourse*.

C'est une procédure consistant pour la société à *déclarer déchu l'actionnaire* qui n'a pas répondu à l'appel de fonds ou à la sommation intervenue, puis à annuler le certificat non représenté, à en créer un autre portant l'estampille du nouveau versement demandé, et à faire vendre en Bourse ce nouveau certificat par l'intermédiaire d'un agent de change.

L'acquéreur, que la société se procure par ce moyen, n'est point un acheteur ordinaire. C'est un *souscripteur*, substitué dans l'action à celui qui vient de faire défaut.

L'opération est licite, soit qu'elle ait été prévue aux statuts, soit qu'elle ne l'ait pas été. Car l'usage est en ce sens (voir aussi l'art. 71, 2°, du décret sur les agents de change, du 7 octobre 1890).

Elle s'analyse, en effet, en une résolution du contrat de souscription suivant l'art. 1184 C. civ. Si la résolution s'effectue sans jugement, c'est parce que les parties en sont ainsi convenues, expressément ou tacitement.

Le souscripteur a promis de libérer le titre, quand il en serait requis. La société promet de lui reconnaître ses droits d'actionnaire. Dès que le souscripteur manque à sa promesse, la société se dégage de la sienne. C'est l'effet de la clause commissoire [1].

Cette exécution peut d'ailleurs laisser un découvert non soldé. Si l'action est tombée en Bourse de moitié de sa valeur (250 fr. sur 500 fr.), et que l'appel porte sur les 3/4 (375 fr.), la société ne touche pas un prix de réalisation égal au versement demandé : il y a une différence de 125 fr. L'exécution ayant eu lieu aux risques et périls du porteur

[1] D'après le règlement du 7 octobre 1890, art. 70 et 71 cbn., à défaut de prescriptions autres dans les statuts, la société doit suivre les formes suivantes : désignation d'un agent de change par le tribunal, apposition d'une affiche à la Bourse et dans les bureaux de cet agent, pour annoncer l'exécution vingt-quatre heures d'avance.

défaillant, le siège social poursuivra alors contre celui-ci le paiement de cette différence, et lui fera un procès s'il en est besoin.

508. — Régime spécial aux sociétés fondées avant la loi de 1893. — Toute la théorie précédente sur la solidarité des porteurs successifs du titre, est obligée de laisser en dehors d'elle les actions des sociétés qui se sont constituées entre 1867 et 1893. Elle est étrangère, du moins, aux actions de ces sociétés, pour lesquelles on aurait utilisé la faculté de les convertir en titres au porteur après versement de moitié du capital, dans les termes de l'art. 3 de la loi de 1867. Ce qui jette dans un problème, déjà très ardu par lui-même, une cause de complication de plus.

Soit donc une société anonyme déjà créée en 1893, mais postérieure en date à 1867. Son capital, seulement libéré de moitié, est représenté par des actions au porteur.

On décide aujourd'hui l'appel de fonds de la seconde moitié. Qui est passible de cet appel de fonds, — du souscripteur, des intermédiaires, ou du porteur actuel de chaque action ?

La loi de 1867 n'est pas touchée par les dispositions de la loi nouvelle. C'est l'art. 3 primitif qui reste en vigueur. Mais cet art. 3 est obscur, incomplet, il a donné lieu à des débats énigmatiques. La doctrine et la jurisprudence ont comblé les lacunes de son texte, par des procédés de raisonnements différents, et elles sont en opposition dans leurs résultats. — Voici, en formules brèves et aussi claires que possible, le régime auquel ces actions sont soumises :

1° La société a toujours le droit de s'attaquer au *porteur actuel* (voir le sens de ces mots plus haut, n° 503), à supposer qu'elle le connaisse. — Elle le connaîtra toujours si le titre est nominatif, le porteur ayant jugé préférable de ne pas le convertir. Hors de là, elle ne sera instruite de la possession de ce porteur que par des circonstances extrinsèques, telle que la participation de l'actionnaire à une assemblée.

Il lui faudra prouver, d'après les arrêts, une *possession contemporaine de l'appel de fonds*. Il ne lui suffira pas d'établir que le porteur possédait précédemment à une date indiquée, en lui laissant la charge de prouver qu'il ne possède plus maintenant. C'est au siège social qu'incombe la preuve, qu'il détient encore. C'est une preuve à peu près impossible à fournir en fait.

La société peut d'ailleurs se contenter de l'exécution en Bourse.

La *doctrine* soutient que cette deuxième voie est seule possible, le porteur actuel étant *personnellement* affranchi du complément, aussi bien lorsque le titre est au porteur que lorsqu'il est resté nominatif. Par le vote de conversion de l'assemblée générale, les actionnaires sont libérés, le titre seul demeure tenu. — C'est ce que les arrêts refusent d'admettre. En *jurisprudence*, le porteur actuel est tenu sur tous ses biens.

2° Les *intermédiaires* et les *souscripteurs primitifs* sont *affranchis de l'appel de fonds*. — Accord de la jurisprudence et de la doctrine.

3° Exceptionnellement, si au moment de l'appel de fonds l'on est encore dans les *deux ans* après la délibération de conversion de l'assemblée générale, les *porteurs qui détenaient l'action avant ce vote d'assemblée*, souscripteurs et cessionnaires, — individus mentionnés au siège social sur le livre des transferts, — restent *personnellement* tenus envers la société de répondre à la demande du complément.

Si elles sont obligées d'en faire les fonds, elles auront leur recours. Elles l'exerceront ici, non contre tous les porteurs qui les suivent, mais contre le porteur actuel seulement. Ce recours, basé sur la subrogation aux droits de la société (1251, 3°), et déterminé par une action devenue probablement titre au porteur, risque fort de demeurer inefficace.

Il ne leur restera plus alors que la ressource précaire de l'exécution en Bourse.

509. — On voit combien cette matière de la libération des actions, rapprochée de la conversion des actions nominatives en titres au porteur, est hérissée de difficultés de toute sorte.

Nous nous résumons, ainsi que nous l'avons fait sur les points précédents : *Solidarité des porteurs successifs d'une même action, avec une prescription libératoire pour ceux qui ont cédé l'action depuis plus de deux ans.*

Mais, pour les actions de sociétés fondées de 1867 à 1893 et dont les titres libérés sont valablement mis au porteur, *dette personnelle du dernier porteur seulement*; et, en outre, tant qu'on est dans les deux ans de la délibération, *dette solidaire de tous ceux qui avaient eu le titre avant cette délibération.*

510. — **Rachat par une société de ses actions.** — Nous intercalons à cette place une étude particulière. Elle vise, soit les actions entièrement libérées, soit les autres, les actions nominatives comme les titres au porteur. C'est celle du *rachat* effectué *par une société de ses propres actions.*

Il existe une personne légalement inhabile à se porteur acquéreur des actions. C'est la société elle-même dont ces actions dépendent. Cette société peut cependant avoir pour objet d'opérer sur les valeurs de bourse. Ce peut être une banque de spéculation, comme l'ancien *Crédit mobilier*. Elle n'a pas le droit d'opérer sur ses actions, à elle.

Mais elle espère par là soutenir ses cours qui périclitent, rappeler la hausse sur les titres à la faveur des ordres d'achat qu'elle donne à un agent de change, revendre ensuite la valeur avec un bénéfice ! — C'est, en effet, le plan de plus d'une société. Plan périlleux, si l'on en juge par le précédent de l'*Union générale*. Car avant la revente, et pendant que la spéculation est en suspens, on apprend la cause fictive de cette hausse. Les cours s'effondrent : pour la société c'est la faillite, et pour ses créanciers la perte de l'actif de caisse, transformé en actions avilies.

511. — Le rachat par la société de ses actions n'est pas expressément interdit par la loi. Mais les principes sur la *fixité du capital* suffisent pour le proscrire.

La société qui rachète réduit, en réalité, son capital annoncé et dû aux tiers. Or, une réduction de capital, fût-elle rendue publique, n'opère que sous réserve des droits des créanciers antérieurs, qui peuvent faire rapporter la somme distraite de leur gage (nº 285).

Le capital est de 1 million (2,000 actions de 500 fr.) : il y a dans la caisse 500,000 francs. La société rachète 2,000 de ses actions, elle consacre sa caisse à l'opération. En dernière analyse, il ne reste plus que 1,000 actions. La société ne saurait jouer le rôle d'actionnaire envers elle-même, et le capital est rabaissé, par un acte occulte, à 500,000 francs. Le rachat est donc nul, et le vendeur doit rendre les 500,000 francs qu'il a touchés.

512. — Le rachat toutefois n'est pas invariablement nul.

a) Il se régularise après coup, lorsque la spéculation projetée réussit. *La société revend les actions* à un cours au moins égal au cours d'achat. Le capital est ainsi reconstitué, le motif de la nullité disparaît.

b) Le rachat est également légitime, lorsque la société l'opère non au moyen de son capital, mais avec des *fonds de réserve* provenant de bénéfices accumulés. Et alors, suivant les instructions qu'ils ont reçues, les administrateurs agiront de l'une des deux manières suivantes.

Ou bien ils conserveront ces actions dans le portefeuille de réserve, en les faisant concourir aux répartitions de dividendes ultérieurs, — sans qu'elles puissent d'ailleurs avoir de porteur qualifié pour les représenter aux assemblées générales.

Ou bien ils annuleront ces actions, et le fonds social appartiendra désormais en entier aux porteurs des actions restées en circulation.

c) On pourrait encore, en vertu d'une délibération d'assemblée extraordinaire, procéder au rachat au moyen du *capital*. Ce serait un moyen indirect de *réduire le capital social*. Il faudrait en ce cas observer les mêmes formes que pour une réduction directe (voir ci-dessous la section des assemblées générales).

513. — Cette étude donnerait lieu en outre, si on pouvait l'approfondir, à d'autres remarques. Nous n'en consignerons que deux.

1° Là même où l'opération est nulle, il ne s'ensuit point que la nullité aboutisse à un résultat effectif, — en dehors d'une action en responsabilité contre les administrateurs.

La nullité devrait se traduire en une demande contre le vendeur des actions, tendant à lui faire restituer le prix.

Or le vendeur généralement n'a pas connu sa contre-partie. Il a vendu par l'intermédiaire d'un agent de change, lequel est tenu au *secret professionnel* et cache les deux opérateurs l'un à l'autre. Il est certain qu'en ce cas le vendeur est sans reproche, et échappe à toute réclamation. L'agent de change lui-même peut être sans reproche, s'il a exécuté les ordres d'un homme de paille de la société, qu'il a pu prendre pour un acheteur sérieux.

2° D'un autre côté, nous venons de parler du rachat d'actions, et non d'une opération différente qui est celle-ci : la société fait un *prêt* à un tiers et demande comme garantie un nantissement sur ses propres actions.

Ce nantissement peut présenter une part sérieuse de risques, si la société vient à péricliter. Mais il n'annule pas le prêt, et le gage constitué n'est pas nul davantage, car le capital social n'est point amoindri. (De là, la question de savoir si la société peut reprendre ses actions en Bourse, en vertu d'une opération de *report*. V. le report dans la 3e partie.)

§ 4. Actions d'apport

(L. 1893, art. 2)

514. — Ce sont celles qui ont été émises en représentation des apports en nature, après la vérification et l'approbation dont ils ont été l'objet. Comme pour les actions en numéraire, leurs délivrance et négociation sont interdites, durant la période de constitution de la société. Mais, par la loi de 1893, a été introduite pour elles une règle, plus sévère encore.

« *Les actions d'apport ne peuvent être détachées de la souche et ne sont négociables que deux ans après la constitution définitive de la société.* — Pendant ce temps, elles devront, à la diligence des administrateurs, être frappées d'un timbre indiquant leur nature et la date de cette constitution » (art. 2 de la loi; art. 3 nouveau de la loi de 1867, al. 3 et 4).

On s'explique cette restriction, qui tend à différer de deux années la circulation des actions d'apport. Les fondateurs sont pressés de mettre en monnaie leur usine, et de passer sans retard le risque à d'autres. La loi tempère cet empressement. Elle les oblige à rester associés pendant deux ans encore à l'entreprise dont ils sont les inspirateurs [1].

Mais les actions ont pu être, dès le premier jour, l'objet d'une cession *jure civili*, la négociation seule est temporairement interdite.

515. — Quant à la question de la *libération* des actions d'apport, elle n'est plus de nature à se poser depuis 1893.

On avait vu précédemment des sociétés mettre sur le marché des actions d'apport, partiellement libérées seulement, pour le premier quart de leur montant. On les appelait *actions mixtes,* et la Cour de cassation en avait admis la validité. En regard d'actions de numéraire libérées du quart, on remettait aux apporteurs des actions pour une valeur quadruple de leur apport, le complément étant dû en espèces. De sorte que les appels de fonds éventuels seraient dirigés simultanément contre tous les actionnaires, souscripteurs et apporteurs.

Cela permettait d'égaliser dès le premier jour le taux de libération pour les deux catégories, ainsi que le droit de participer aux bénéfices et de voter aux assemblées.

Aujourd'hui cette pratique n'est plus licite. On ne s'explique pas bien la raison de sa suppression. « Les actions représentant des apports devront toujours être intégralement libérées au moment de la constitution de la société (art. 3 nouveau de la loi de 1867, al. 2). »

516. — Non seulement cette disposition prête à la critique, mais on n'en voit pas l'exacte portée. Les statuts réserveraient des actions à des personnes, ingénieurs, médecin d'établissement, appelées à lui rendre des services par la suite. Ce seraient des *actions de jouissance* ou *d'industrie*, ne donnant point droit au partage du fonds social. Ce seraient des actions d'ailleurs distinctes des parts de fondateurs auxquelles nous allons arriver, des actions dont on ferait vérifier la valeur en assemblée constitutive.

L'émission de ces actions est-elle régulière?

Nous pencherions vers l'affirmative. La loi n'a raisonnablement assujetti l'apport à une libération entière et préalable, que dans le cas où cette libération en bloc dès le début n'est pas rendue impossible par

[1] Mais la règle sera éludée. Les apporteurs *vendront* l'usine à la société pour une somme égale à sa valeur. Ils souscriront, à concurrence, des actions de numéraire, négociables aussitôt après constitution. Ils supprimeront les actions d'apport. — La cherté des droits de mutation, qu'il faudra acquitter alors, et dont les apports seraient exemptés, viendra seule faire échec à cette tactique.

la nature même d'un apport *successif*. Mais ces actions resteraient, comme les actions d'apport ordinaire, adhérentes à la souche pendant deux ans, et elles conserveraient toujours la forme nominative. Est-ce bien la solution de la loi?

§ 5. Parts de fondateur [1]

517. — Cette forme de titres s'est introduite par le fait de l'usage. La loi n'en parle point.

On désigne sous le nom de *parts de fondateurs* ou *parts bénéficiaires*, *des certificats négociables, nominatifs ou au porteur, créés par les statuts au profit des fondateurs*, pour les rétribuer des soins mis à la constitution de la société, et *donnant droit à une quote-part dans les bénéfices annuels, sans pouvoir d'entrée aux assemblées générales, et sans droit dans le capital social.*

Ces parts, par exemple, sont au nombre de 100; 20 0/0 des bénéfices sont distraits pour elles. Chaque part se subdivise à son tour en coupures de 1/10, de 1/100, etc.

Les plus connues de ces parts sont celles qui furent émises par la Compagnie de Suez.

518. — On est, bien entendu, en présence d'avantages particuliers, sujets à vérification dans les termes de l'art. 4 de la loi de 1867.

519. — Mais *quelle est la nature juridique de ce droit?* — D'après la jurisprudence, il ne consiste point dans une *part sociale* comparable à une action. Mais il formerait une *créance* contre la société. Créance *sui generis*, puisque les autres créanciers auraient le pas sur les porteurs de parts.

Et de cette conception, que les porteurs de parts sont des créanciers, les jugements et arrêts ont déduit les conséquences suivantes :

1° Les certificats qui les représentent ne sont pas soumis à la règle de la loi de 1893, qui interdit, dans les deux premières années de la société, la négociation des actions d'apport. La négociation en est permise, *aussitôt la société constituée*, et même pendant la période constitutive.

2° Supposons la société *dissoute* par anticipation, en vertu d'une délibération de l'assemblée générale, à laquelle les porteurs de parts ne

[1] C'est le sujet qui a donné lieu, dans l'ordre des sociétés par actions, au plus grand nombre de monographies de revues françaises à la dernière époque (Wahl, dans la *Revue des sociétés*, 1897, Lecouturier, dans la *Rev. crit. de lég. et de jur.* 1897; v. aussi Percerou, *Des fondateurs de sociétés*, Dijon, 1896). Nous avons été appelé à en parler nous-même, avant que cette pratique ne se fût généralisée (*Rev. crit.* de 1881).

concourent pas, on vient de le voir. Cette dissolution ne s'imposait point. Elle est un coup de Jarnac des actionnaires, pour n'avoir plus à distraire une portion des bénéfices à d'autres. La société dissoute va se reconstituer entre ses membres, sans les porteurs de parts.

Ceux-ci, d'après les arrêts, ont une *action en dommages-intérêts*, parce que les droits que leur donne leur titre de créanciers ont été violés par la société. (Mais il semble que, agissant au titre d'associés, ils puiseraient dans la mauvaise foi des actionnaires ou même dans le simple caractère intempestif de la délibération de dissolution, un égal droit à réparation !)

520. — La jurisprudence proteste qu'il y ait une part sociale, là où le droit au capital, et celui d'entrer aux assemblées générales, sont tout à la fois refusés.

Ce n'est pas notre avis. Quiconque court le risque social est associé. Les porteurs de parts s'y exposent bien, puisque faute de bénéfices, ils auront, sans récompense, déployé leur activité et leur entregent de fondateurs.

Leur exclusion du fonds social et des assemblées, non seulement n'est point choquante, mais elle se déduit de la nature même de leur apport d'industrie. Et, si elle n'était pas spécifiée dans les statuts, elle s'imposerait fatalement. Voici pour quelle raison.

a) Ils ne font point partie *nominalement* du fonds social, parce qu'on s'est habitué à ne compter dans ce fonds que les apports d'argent et de valeurs. Strictement le capital comprend en outre leur travail de fondateurs (arg. art. 1833, al. 2 C. civ.). Mais les sociétés par actions n'ont jamais dans la déclaration de leur capital fait entrer les apports d'industrie. — On dit : société au capital de 1 million. Cela signifie 1 million en espèces. Il y a dans le capital un autre élément inaperçu, le travail des fondateurs. — Rien de plus juste que de voir le capital en espèces réservé aux actionnaires, autrement ils ne le retrouveraient pas en entier lors du partage. Les fondateurs reprendront de leur côté leur liberté. Tout cela est conséquent.

b) Puis on a déjà fait observer que, pour les actions de jouissance, la *participation aux assemblées générales* tenait à une impossibilité juridique. On ne pourrait que reproduire pour les parts de fondateurs les mêmes considérations (nº 471).

521. — La part de fondateur n'est en résumé qu'une action d'apport en jouissance, sujette aux mêmes taxes fiscales, soumise au même régime qu'une action proprement dite. Elle ne devrait pas être négociable, avant l'expiration des deux ans qui suivent la constitution de la société. La jurisprudence du sujet ne peut pas être approuvée.

SECTION III

ADMINISTRATION DES SOCIÉTÉS PAR ACTIONS

(C. com. art. 31 abr. et 32 ; l. 1867, art. 10, al. 3 à 5 ; 15, n° 3 ; 17, 22, 25, 32-36, 39-40)

522. — La *commandite par actions* n'offre rien de particulier. Elle est gérée d'après les mêmes règles qu'une commandite simple (voir plus haut nos 300 et suiv.).

Le *gérant* est irrévocable : c'est l'associé en nom ou l'un d'eux, le commandité. Les statuts peuvent le déclarer révocable, pour cause déterminée ou *ad nutum* (on s'est prononcé précédemment sur la valeur de cette clause, n° 313). Ils peuvent aussi décider qu'à sa mort, la société continuera avec un autre gérant, et que les actionnaires lui éliront un successeur.

On étend d'ordinaire à la commandite par actions la règle de la commandite simple sur la *défense d'immixtion du commanditaire* (arg. art. 38 C. com. cbn. avec 27 et 28) : la gérance déférée à un actionnaire autre que l'associé en nom rendrait cet actionnaire associé en nom lui-même (nos 309 et 312).

Mais cela n'a pas grande portée usuelle. Un commandité gérant n'hésite pas, en pratique, à déléguer la signature, en cas de besoin, à l'un des actionnaires, et celui-ci ne se fait pas scrupule de l'accepter. Si les actions sont au porteur, comment saura-t-on la contravention ? [1]

523. — Dans la *société anonyme* apparaissent des règles originales. Cela est vrai tout à la fois — quant à la *nomination des administrateurs*, — quant à leurs *attributions*, — quant aux *actions en responsabilité* qu'ils encourent.

524. — I. NOMINATION DES ADMINISTRATEURS [2].

1° Ils ont des pouvoirs *temporaires* (l. 1867, art. 22). On ne peut les

[1] Si l'on devait accepter l'analyse que nous avons proposée de la commandite par actions (n° 387), la raison d'écarter de cette société la défense d'immixtion du commanditaire apparaîtrait beaucoup mieux. — Le commanditaire, c'est la société de tous les actionnaires réunis, en face du commandité. Or, évidemment, cette société, comme être abstrait, n'est jamais en mesure de gérer. Les actionnaires qui la composent ne méritent pas légalement la dénomination personnelle et directe de commanditaires. C'est déjà pour ce motif, que nous avons vu l'associé en nom cumuler les rôles de commandité et de porteur d'actions.

[2] Nous laissons de côté les particularités propres à certaines compagnies : le droit pour le gouvernement de nommer le gouverneur et le sous-gouverneur de la Banque de France (et du Crédit foncier), lequel joue vis-à-vis des régents le même rôle qu'un directeur vis-à-vis d'un conseil d'administration. — La qualité de citoyen français n'est pas requise chez un administrateur de société anonyme.

élire que pour *six ans* au plus. Même les premiers administrateurs ne peuvent être nommés pour plus de *trois ans*, s'ils sont désignés par les statuts (avec stipulation *formelle* que leur nomination ne sera pas soumise à l'approbation de l'assemblée)[1].

En fait, les statuts disposent les réélections et le nombre de postes qu'elles auront annuellement pour objet, de manière à soumettre le personnel des administrateurs à un renouvellement partiel. C'est une manière d'agir qu'on étend au conseil de surveillance. Elle donne à la marche des affaires de la société plus d'unité. — Ex. : Si le conseil d'administration a six membres, chaque année on en réélira un.

525. — Les administrateurs ne sont même pas certains d'atteindre le terme de leur mandat. Ils sont *révocables* à toute époque (art. 22). L'assemblée générale, sans motif allégué, peut les destituer.

Toute clause limitant ce droit de l'assemblée est nulle et sans effet. Les administrateurs révoqués ne peuvent demander de dommages-intérêts pour avoir été l'objet d'une mesure injustifiée (excepté si la destitution a lieu en une forme et dans des circonstances injurieuses). Tandis que, d'après le droit commun du mandat, ces clauses dérogatoires, cette promesse éventuelle d'indemnité seraient valables. Le droit de révoquer emporte, par réciprocité, le droit pour l'administrateur de démissionner.

La loi veut par là que les administrateurs soient les instruments d'une politique inspirée par les actionnaires. C'est une utopie, et la règle n'a pas de sanction effective. — L'assemblée générale ne peut révoquer, que si la question de révocation est portée à son ordre du jour. Or, l'initiative de ces convocations et la confection des ordres du jour n'appartiennent qu'au conseil d'administration (ou aux commissaires), et non aux actionnaires. Du moins la révocation, non visée dans l'ordre du jour, est-elle possible dans un cas spécial seulement : si elle est déterminée par des incidents imprévus, survenus au cours de l'assemblée générale elle-même (Civ. rej. 15 juillet 1895).

526. — 2° Les administrateurs doivent être associés, c'est-à-dire *actionnaires* (art. 22 ; en sens cont. l'art. 31 ancien du Code de com.). C'est une différence avec les autres formes de société. Il y a nullité de la société, quand les statuts déclarent les étrangers habiles à faire partie

[1] Pourquoi cette exigence d'une stipulation formelle ? Il est difficile de le savoir. — On devine, de toute manière, en quoi les administrateurs statutaires d'une société anonyme diffèrent des gérants d'une commandite par actions : 1° Ils sont nommés pour trois ans, le commandité a une fonction permanente ; — 2° Ils sont révocables, le gérant ne l'est pas ; — 3° Ils ne s'engagent pas par les marchés qu'ils contractent, envers les créanciers de la société ; le gérant est un associé en nom.

du conseil, ou quand la dernière assemblée constitutive a élu au premier conseil des étrangers (art. 41, l. 1867). La loi attend d'un actionnaire plus de vigilance dans la gestion que n'en montrerait un tiers.

527. — Les statuts doivent même déterminer le *nombre d'actions* que chaque administrateur doit posséder : sinon, il faudrait, au moyen d'une assemblée générale, réparer l'oubli.

Ces actions sont *nominatives*, *inaliénables*, frappées d'un timbre indiquant l'inaliénabilité, et déposées dans la caisse sociale. Elles forment *garantie solidaire* de la gestion de l'un quelconque des administrateurs.

Celui qui, pour n'avoir point participé à une délibération préjudiciable du conseil, dégage sa responsabilité personnelle, ne dégagera pas pour autant ses actions déposées, de la garantie de la gestion de ses collègues. Et, en cours de mandat, un administrateur ne peut, en démissionnant et en obtenant son *quitus* individuel, dégrever ses actions avant la fin du mandat des autres.

Cette garantie est un *nantissement* sur valeurs qui n'obéit point aux formes habituelles du gage commercial (cfr. art. 91 C. com.).

La faute reconnue des administrateurs donne à la société le droit de se payer par préférence sur le produit des actions.

Utopie encore que cette garantie ! Il est à craindre, lorsque cette éventualité se produira, que le cours des actions ne soit avili, parce que la faute commise aura détruit le crédit de la société.

528. — 3° Les administrateurs ne peuvent représenter la société dans les contrats ou marchés, au moyen d'une action individuelle et séparée. A cet égard également, on s'écarte des règles des autres sociétés. Ils prennent leurs *délibérations en commun*, réunis en un *conseil d'administration*, lequel se réunit périodiquement. Les mesures à prendre seront concertées.

Les statuts diront le minimum des membres qui doivent être présents aux séances, et les conditions de la majorité nécessaire pour l'efficacité du vote. S'ils ne disent rien, la moitié plus un statuera régulièrement; mais le tribunal aurait un pouvoir discrétionnaire, pour invalider la délibération, faute d'un nombre raisonnable d'administrateurs présents.

Au surplus, la loi laisse la société libre de se contenter d'un seul administrateur, ce qui est à peu près sans exemple.

529. — Cette organisation a son contre-coup sur la faculté de *substitution* dans le mandat. Sur ce point encore, le droit commun (art. 1994 C. civ.) ne saurait être suivi.

Un administrateur ne peut désigner un tiers, pour le remplacer en conseil d'administration. Chacun d'eux a été désigné par l'assemblée à raison de sa clairvoyance personnelle, et de l'aptitude qu'il a d'éclairer les autres : cette qualité ne se transmet point.

Mais le conseil tout entier dispose d'une certaine faculté de délégation. Elle lui appartiendrait, quand même les statuts n'en diraient rien (art. 22, al. 2). Ne siégeant pas en permanence, il lui faut désigner quelqu'un, pour exécuter les marchés par lui délibérés et prendre les mesures urgentes. Il lui faut quelqu'un, pour répondre aux actions judiciaires ou pour les exercer, pour donner les ordres d'achats ou de ventes suivant le plan général arrêté par le conseil, pour engager le personnel, pour pourvoir au mouvement des fonds. Ce sont encore là des actes juridiques au premier chef.

Cette personne est appelée couramment aujourd'hui l'*administrateur délégué*. Elle doit être choisie dans le conseil.

Exceptionnellement, si les statuts le permettent, elle peut être choisie parmi les étrangers. Dans les deux cas, les administrateurs répondent envers la société des fautes de cet agent, qu'ils peuvent d'ailleurs toujours révoquer[1].

530. — L'article 22 de la loi de 1867 appelle ce délégué un *directeur*. Le terme employé est amphibologique. En général, le directeur est plutôt un agent technique, le premier employé de la maison. Il ne fait ni marchés, ni correspondance d'affaires (directeur d'une société d'éducation, directeur d'usine).

Cet agent technique, plus souvent désigné, d'ailleurs, par les statuts ou par l'assemblée générale que par le conseil d'administration, n'est plus un mandataire. Il est lié à la société par un contrat de louage de services, et conséquemment :

a) Le conseil peut le choisir en dehors des actionnaires ;

b) Le conseil ne répond des fautes du directeur, que s'il est en faute lui-même pour l'avoir mal choisi ou mal surveillé ;

c) La société ne peut rompre avant le terme convenu l'engagement pris envers le directeur que pour cause légitime ; et, même si le contrat ne porte pas une durée déterminée, elle ne pourra prononcer son renvoi que sous réserve du nouvel art. 1780 C. civ.

Parfois ce directeur présente un rôle mal défini, par suite d'un cumul de fonctions où entrent à la fois le louage de services et le mandat :

[1] On voit la différence qui sépare cette délégation, de la substitution de mandat autorisée par l'art. 1994. — D'abord, le conseil ne pourrait transporter à cet agent ses propres attributions, en supprimant ses séances. — Puis, un gérant d'autre société peut, de plein droit, se substituer un non associé; ici non. — Enfin le mandataire ordinaire ne répond de son substitué que si ce droit de substitution ne lui a pas été expressément réservé : ici il répond de lui, même dans le cas contraire.

— Ex. : Les directeurs de compagnies d'assurances, qui contresignent les polices et ont en même temps une administration intérieure.

Alors il faudra lui appliquer distributivement les règles de l'un ou de l'autre contrat : il sera révocable comme administrateur délégué, mais non pas comme directeur proprement dit, etc.

531. — II. Attributions des administrateurs. — Les noms des administrateurs (et de tous ceux qui les remplaceront), les clauses des statuts qui limitent ou qui étendent leur mandat, doivent être publiés (art. 57, l. 1867).

On voit reparaître ici la distinction entre les actes d'*administration* et ceux de *disposition*, — la faculté pour les administrateurs de constituer *hypothèque*, en vertu de statuts dressés sous simple signature privée, de délibérer sur cette hypothèque par procès-verbal également sous seing privé, pourvu que l'acte d'obligation hypothécaire définitif soit fait par devant notaire (nouvel art. 69 ajouté par la loi de 1893 à celle de 1867) ; — la responsabilité encourue par la société du chef des *délits* de ses administrateurs, et notamment par suite d'un abus commis dans la *signature sociale*, etc. (sur tous ces points, voir ce qui a été dit pour les sociétés par intérêt ; n°s 316 et s.).

532. — Mais voici deux questions spéciales. Elles touchent : la première, à la distribution des dividendes fictifs ; la deuxième, à l'intérêt personnel pris par un administrateur dans un marché de la société.

533. — 1° *Dividendes fictifs*. — Les bénéfices annuels, constatés par l'inventaire, sont destinés à être mis en distribution (voir ci-dessous le vote de l'assemblée générale ordinaire). La part de chacun dans la distribution forme le dividende. Ce dividende est réel ou fictif.

534. — A. Le *dividende réel* est irrévocablement acquis à l'actionnaire qui le touche. Il n'est exposé à aucune demande en rapport (se reporter à la théorie des dividendes dans les sociétés par intérêt, n°s 286 et 289).

L'actionnaire a cinq ans pour réclamer son dividende à partir de son exigibilité, après quoi il est prescrit (art. 2277, *in fine*, C. civ.). L'actionnaire qui, au lieu de toucher son dividende, le laisse en compte à la société, devient créancier pour son montant (tradition de brève main), et en cas de faillite il produira pour son montant.

535. — Toutefois, dans la société anonyme, la loi ne permet pas de mettre tout le bénéfice en distribution. Il faut faire un prélèvement d'un vingtième de son chiffre, soit de 5 0/0 (5,000 fr. sur 100,000 fr. de bénéfices constatés) — dans les sociétés d'assurances, le prélèvement est de 1/5, soit de 20 0/0, D. 22 janv. 1868, art. 4, — et affecter ce prélèvement à la *réserve légale* (art. 36) [1]. L'alimentation de ce fonds cesse au surplus d'être obligatoire, lorsque la réserve a atteint le dixième du capital.

Cette réserve est indisponible. Elle est destinée à parer aux pertes extraordinaires; elle forme pour les créanciers un gage annexe au capital lui-même, quoique son chiffre ne soit pas annuellement publié. Les actionnaires ne pourraient pas s'attribuer sur elle un dividende dans les années mauvaises.

Il est fâcheux que la loi n'ait pas imposé une réserve semblable dans la commandite par actions. Des statuts bien faits ne manqueront pas de combler cette lacune. Il y aura alors une *réserve statutaire*, au lieu de la *réserve légale*.

536. — B. Le *dividende* est *fictif*, lorsqu'il provient d'une majoration d'inventaire ou encore, fait plus rare, soit d'une absence de l'inventaire, soit d'une distribution non conforme à ses résultats. — Nous rappelons en quelques mots les règles applicables aux deux sociétés par actions, toutes différentes de ce qu'elles sont dans une société par intérêt, dans une commandite simple (n° 290).

D'après les principes, les dividendes fictifs devraient être rapportables, sans distinction de bonne ou de mauvaise foi chez les actionnaires. Mais les principes sont écartés par les art. 10, al. 3 à 5, et 45 de la loi de 1867; et voici la distinction à établir :

a) *L'actionnaire a été de mauvaise foi* (la loi ne parle que d'absence d'inventaire ou de non-conformité à l'inventaire, mais la disposition doit être généralisée).

L'*action en répétition* est donnée contre lui. Mais elle se prescrit par *cinq ans*, à partir du jour fixé pour la distribution (délai emprunté par analogie à la prescription quinquennale de l'art. 64 C. com., après dissolution de la société). — Cette répétion n'appartient qu'aux créanciers, elle suppose donc pratiquement la mise en faillite ou en liquidation de la société dans cette période de cinq ans. Pratiquement même, on l'a vu (n° 290), cette action est toujours d'efficacité médiocre. Fractionnée et disséminée, elle ne peut s'exercer que sur le relevé de toutes les quittances d'encaissement des dividendes retirées par la société. Elle est dirigée contre ceux qui ont signé ces quittances, en touchant les fonds, actionnaires ou non (généralement des banquiers, qui se sont entremis dans le service des coupons).

[1] On a cru que la loi permettait d'allouer, d'abord sur les bénéfices bruts, une somme suffisante pour servir aux actionnaires 5 0/0 de leur montant (coupon d'intérêt), et n'imposait le prélèvement de réserve que sur la somme formant l'excédent. Mais c'est une erreur. Le prétendu coupon d'intérêt est déjà représentatif de bénéfices, il doit subir la retenue pour la réserve.

b) *L'actionnaire a été de bonne foi.* La loi le place alors dans la position du possesseur qui fait les fruits siens sur la chose d'autrui (arg. 549 C. civ.). Il est à l'abri de toute demande en restitution.

Les créanciers se dédommageront, en attaquant les administrateurs en dommages-intérêts. Le conseil de surveillance et les commissaires pourront être compris dans cette poursuite.

Mais l'action en dommages-intérêts se prescrit par *trois ans*. Car la distribution de dividendes fictifs constitue en outre, pour le gérant et pour les administrateurs, un délit passible des peines de l'escroquerie (art. 15, 3° et 45); et l'action civile se prescrit en même temps que l'action publique (art. 638 C. inst. crim.). Comme aussi l'exercice en est suspendu devant le tribunal de commerce, aussi longtemps qu'il n'a pas été prononcé sur l'action publique, à supposer celle-ci simultanément intentée (art. 3 même C.).

537. — 2° *Intérêt pris dans un marché de la société anonyme.* — Tout marché, entrepris pour le compte de la société, suppose une contre-partie. La société fait escompter son papier chez un banquier, elle assure ses immeubles auprès d'une compagnie d'assurances, elle s'approvisionne de charbons à une mine déterminée, etc.

Dans la maison de cette contre-partie, il se peut qu'un administrateur de la société ait un *intérêt* : — intérêt de propriétaire si cette maison lui appartient à lui seul ; — intérêt d'associé, d'actionnaire, d'administrateur ; — même simple intérêt de créancier, car la prospérité de son débiteur lui importe. Dans ce dernier cas son intérêt est *indirect*.

Or, l'art. 40 de la loi de 1867, édictant une règle inconnue de la commandite par actions, défend à tout administrateur de prendre ou de conserver un intérêt de cette nature dans la maison avec laquelle sont traitées les affaires de la société. D'ailleurs, l'assemblée générale pourrait en connaissance de cause autoriser de tels marchés ou les ratifier après coup, et en ce cas il doit lui être rendu compte annuellement de leur exécution.

Ce qui est défendu, ce sont non plus toutes *opérations* quelconques traitées dans ces conditions, comme disposait la loi de 1863, mais seulement les *entreprises* et *marchés*, c'est-à-dire les contrats susceptibles de se traduire par des prestations répétées.

Le marché fait au mépris de la loi passe pour être nul, au moins dans le cas où l'administrateur y aurait un intérêt direct. Mais encore, si celui-ci n'était que simple actionnaire dans la société formant la contre-partie, serait-il rigoureux de statuer dans le sens de la nullité. Cette contre-partie verrait détruire à ses torts une convention, dont elle n'avait pas soupçonné l'illégalité.

538. — L'intention de la loi est sage : elle veut empêcher l'administrateur de faire prévaloir son intérêt sur celui qui lui a été confié. Mais combien en est-il faiblement tenu compte ! L'histoire des sociétés anonymes est pleine de contraventions à la loi. La pratique des *filiales* en est la démonstration.

La société emploie une part de ses ressources à constituer une autre société anonyme en sous-ordre. Elle a la majorité du capital dans cette compagnie nouvelle. Elle place à sa tête ses propres administrateurs, elle entre en rapport d'affaires avec elle. En réalité ce sont deux maisons, rendues solidaires, et que le public croyait indépendantes. Quand la filiale vient à tomber, la société mère s'effondre aussi. On n'a qu'à se souvenir des péripéties du *Crédit mobilier*, de celles du *Comptoir d'Escompte* et de la *Société des Métaux*, ou des mésaventures plus récentes de la *Banque d'Escompte* et de la *Société des Immeubles de France* !

539. — III. RESPONSABILITÉ DES ADMINISTRATEURS.

Cette responsabilité peut être encourue, soit à l'égard de la société, soit à l'égard de tiers déterminés (art. 44, l. 1867).

540. — *A l'égard de la société.* — Lorsque le Code de commerce, dans son art. 32, dispose que les administrateurs de société anonyme « ne contractent, à raison de leur gestion, aucune obligation personnelle ni solidaire, relativement aux engagements de la société », il dit simplement que, à la différence du gérant de la commandite, ils ne sont pas tenus des dettes sociales qu'ils contractent. Leur office de simples mandataires veut que ces dettes aillent frapper l'actif social, sans les atteindre au passage.

Mais les administrateurs ne sont pas pour cela exempts de responsabilité. Ce serait un non-sens. Le même art. 32 avait commencé par poser en principe qu' « ils sont responsables de l'exécution du mandat qu'ils ont reçu ». Il faut les soumettre à cet égard au traitement des gérants de commandite, et la loi de 1867, dans son art. 44, rend la même pensée en termes moins laconiques : « Les administrateurs sont responsables, conformément aux règles du droit commun, individuellement ou solidairement suivant les cas, envers la société (ou envers les tiers), soit des infractions aux dispositions de la présente loi, soit des fautes qu'ils auraient commises dans leur gestion, notamment en distribuant ou en laissant distribuer sans opposition des dividendes fictifs. »

Ce texte contient une formule dense. Ecartons la responsabilité envers les tiers, dont il sera parlé plus loin. Ecartons l'action née des infractions aux dispositions de la loi : cela vise la responsabilité des *premiers* administrateurs, à raison de la contravention aux règles de constitution, qui leur est imputable comme aux fondateurs eux-mêmes (voir plus haut n° 448).

541. — Ils sont tenus, dit le texte, *conformément au droit commun.*

C'est-à-dire selon les principes du mandat. Ils ont accepté le mandat d'administrer. C'est la société, personne morale, qui le leur a confié.

C'est à la société qu'ils doivent rendre compte de leur gestion et des fautes qu'ils auraient pu commettre (art. 1993). Ils ne sont pas liés individuellement et séparément envers chaque actionnaire. L'action en responsabilité que nous avons vue, dans les sociétés par intérêt, appartenir divisément aux associés (n° 302), s'élargit ici. Les actionnaires sont syndiqués, et par une extension de la personnalité juridique aux rapports intérieurs de l'établissement, il appartient à l'assemblée générale de leur demander raison de leur conduite.

Au surplus, leur responsabilité sera appréciée plus ou moins sévèrement selon qu'ils sont *salariés* ou non, et d'après le chiffre du traitement ou des jetons de présence qui leur sont alloués (art. 1992). Les administrateurs peuvent exercer un mandat gratuit (art. 22 de la loi de 1867, al. 1er), mais ce n'est pas le cas général.

542. — *Individuellement* ou *solidairement*, suivant les cas.

Ceux qui n'ont pu assister aux délibérations incriminées, ceux encore qui ont protesté contre ces délibérations ou démissionné afin de mieux marquer leur opposition, sont exonérés. Il va de soi que le fait par le préjudice de s'être manifesté après leur sortie ne suffit point à les disculper, si ce préjudice naît directement de mesures antérieures, auxquelles ils ont coopéré.

Hors de là, ils sont tenus *in solidum*, en vertu d'une faute commune. Le tribunal peut d'ailleurs graduer entre eux la responsabilité, dans la répartition qu'il en faudra faire. Et des circonstances les plus diverses serviront aux juges à faire état des conditions de cette répartition : expérience plus ou moins éclairée, âge, santé, position sociale, etc.

543. — Chaque année, les administrateurs rendent compte de leur gestion de l'exercice écoulé. L'assemblée générale *ordinaire* a pour but de les remettre en présence des actionnaires et de faire raison de leur administration (art. 27 et 32, l. 1867).

La discussion et le vote sont précédés du dépôt de leur état de gestion, que la loi n'assujettit pas à une forme déterminée. On verra ci-dessous quelles autres pièces sont nécessaires. Il est procédé ensuite au *vote d'approbation des comptes ou du bilan.*

Si le bilan est approuvé, *décharge* est donnée par là même aux administrateurs pour leurs actes de l'exercice clos. Le vote implique reconnaissance qu'ils ont bien géré.

Bien qu'on ait soutenu que ce vote les déchargeait seulement de leurs *fautes*, et non pas du *fait d'avoir outrepassé la loi ou leur mandat*, en accomplissant des marchés en dehors des limites de leurs pouvoirs, ce point de vue ne saurait être admis. Le *quitus* porte même sur les actes de la seconde espèce.

Il est inexact, en effet, de soutenir qu'ils ne pourraient être relevés de leurs excès de pouvoirs, que par une assemblée *extraordinaire*, statuant de la même manière que s'il s'agissait de modifier les statuts. Passer condamnation sur un acte accidentel de violation des statuts, ce n'est pas leur donner le pouvoir de renouveler cet acte à l'avenir, ce n'est pas retoucher les statuts dans leur contenu.

Il n'y a qu'une situation dans laquelle le *quitus* délivré laisserait encore les actionnaires libres de les rechercher plus tard, moyennant l'annulation du vote de décharge antérieur. C'est celle où l'état de situation des administrateurs serait entaché de réticence, et à plus forte raison de déclarations inexactes, sur une nature déterminée d'opérations dont la société a souffert. — Question à résoudre en fait. Un compte reçu ne peut plus être revisé dans son ensemble. Mais il peut être rectifié dans certains de ses éléments « s'il y a erreurs, omissions, faux ou doubles emplois » (art. 541 C. proc. civ.). C'est de ce principe que la justice s'inspirera pour annuler, s'il y a lieu, le *quitus* incriminé, à la demande d'un actionnaire quelconque.

544. — Actions judiciaires. — Si, au contraire, le bilan n'est pas approuvé, l'assemblée générale peut désigner le conseil de surveillance ou une autre personne pour intenter l'*action judiciaire*. Elle pourra être portée devant le tribunal de commerce (action entre associés dans une société de commerce, ou action d'un commerçant contre son préposé, art. 631, 2°, et 634 C. com.).

Lorsque la société tombe en faillite ou même lorsqu'elle est mise simplement en liquidation, le cas est plus simple. Sans tenue d'assemblée ordinaire, et sans vote de rejet des comptes (la faillite du moins, sinon le régime de liquidation, emporte dessaisissement du débiteur et suspend le fonctionnement des organes sociaux), le *syndic* ou le *liquidateur* a qualité pour poursuivre les administrateurs.

Il les attaque au nom de la société *sicut universi*, il demande la réparation de tout le dommage. C'est une *action sociale*, dont le produit sera versé à la caisse de la société. Pour que la condamnation égale le préjudice causé, il faudra que son produit serve, non seulement à rembourser les créanciers, mais aussi à remettre la société en état de reprendre sa marche ou de rendre aux actionnaires leurs mises. Résultat qui, en fait, ne sera jamais atteint.

Sans plaider contre les administrateurs, ou après les avoir fait condamner, le représentant de la société ou le syndic de faillite peut transiger avec eux. On appliquera ce qui a été dit de l'action en responsabilité contre les *fondateurs*. Celle-ci cependant reposait sur une toute autre base et elle se démembrait en deux actions appartenant l'une aux actionnaires et l'autre aux créanciers (n°s 454 et 455) : ce qui cesse d'être vrai de la réclamation provenant de faits d'*administration*.

Ainsi, *action sociale*, à laquelle l'assemblée générale peut renoncer tant que la société est *in bonis*, action sociale que le syndic de faillite exercera dans le cas où la société a déposé son bilan.

545. — Cela paraît exclure tout droit pour l'*actionnaire individuellement* d'intenter cette action, même à ses frais et à ses risques et périls.

Et cependant, lorsqu'un représentant de la collectivité s'abstient de poursuivre, il est admis que tout actionnaire peut exercer l'action sociale *ut singuli*, à condition de conclure à ce que les administrateurs soient condamnés à des dommages-intérêts partiels et proportionnés à sa quote-part dans le fonds social (ce dernier point n'est pas certain).

L'incidente finale d'une disposition de la loi de 1867 (faculté de syndicat) ne permet pas de douter de ce droit individuel de l'actionnaire. « Sans préjudice de l'action que chaque actionnaire peut intenter individuellement en son nom personnel », porte l'art. 17 *in fine*.

En logique, cette poursuite *individuelle*, fondée sur une créance *sociale*, ne s'explique point. Elle est très précaire, car l'assemblée générale peut, même au cours du procès que l'actionnaire aurait formé, délivrer le *quitus* et empêcher la demande d'aboutir. Et, dans un certain nombre de statuts, figure un article qui subordonne l'exercice de l'action à un avis préalable de l'assemblée, ce qui est licite.

La loi aura voulu probablement, en face d'un retard des administrateurs ou gérants à réunir l'assemblée, donner à l'actionnaire un moyen de leur forcer la main. L'action apparaît plutôt comme une intimidation que comme une réalité. L'explication n'est pas suffisante, une fois la faillite déclarée. On admet cependant que, même alors, la dévolution de l'action sociale au syndic ne prive pas l'actionnaire du droit de l'intenter, à défaut du syndic, en son nom propre.

546. — Il existe une situation intermédiaire. Des actionnaires représentant le *vingtième* au moins du capital, peuvent, dans un intérêt commun, charger à leurs frais un ou plusieurs mandataires de soutenir, tant en demandant qu'en défendant, une action contre les gérants ou contre les administrateurs, et de les représenter en justice (art. 17 et 39, l. 1867).

Ce droit de plaider en syndicat n'est pas plus clair que le droit individuel. On ne voit pas en quoi consiste la faveur qu'il prétend consacrer. Si chaque actionnaire est habile à plaider, ils peuvent se grouper à vingt ou à cent pour faire le procès en vertu d'une assignation unique. C'est le droit commun de la procédure.

On a fait observer que, du moins ici, le mandataire *ad litem* n'était pas obligé de dénommer ses mandants dans l'exploit, et que la signification à partie du jugement, si le défendeur obtient gain de cause, sera faite à ce mandataire seul et non pas séparément à chacun de ses mandants, ce qui serait plus coûteux. Bref, la loi déroge à la règle : *nul ne plaide par procureur*. C'était alors se prodiguer en réglementation pour un faible résultat.

La faculté d'agir en syndicat existe non seulement pour l'action en responsabilité contre administrateurs, mais aussi — pour celle résultant des vices de constitution contre fondateurs, — pour les actions en nullité, en dissolution, — et en général pour toutes celles dans lesquelles des actionnaires feraient valoir des droits proportionnellement égaux entre eux tous [1].

[1] Que si, maintenant nous sortons pour un instant du droit existant en France, pour toucher au problème de législation, c'est-à-dire à la meilleure organisation souhaitable, il ne nous en coûtera point de reconnaître que ces règles sur l'attribution de l'action sociale sont entièrement à refondre.

Il y aurait sagesse à reconnaître à un groupe d'actionnaires représentant une quotité déterminée du capital (le dixième, si l'on trouve le vingtième une quotité trop faible) le droit d'intenter l'action sociale. Mais il devrait pouvoir l'exercer pour tout le préjudice éprouvé, et cela *quand même l'assemblée générale aurait approuvé les comptes*.

Faire l'assemblée maîtresse souveraine de l'action, cela est incontestablement logique. On sauvegarderait mieux les intérêts de la société, en déviant un peu d'une logique rigoureuse. La majorité peut se composer de personnes faibles, inexpérimentées en affaires, ou à la dévotion des administrateurs. Les membres de la minorité devraient, à la condition de faire inscrire leur protestation sur le procès-verbal de l'assemblée, pouvoir porter la question du *quitus* et de la responsabilité devant la justice. Leur action serait renfermée dans un certain délai, de trois mois par exemple, à partir de l'assemblée. Les absents n'auraient pas le droit de se joindre à cette poursuite afin de faire nombre pour le calcul de la quotité requise, car on est fondé à leur reprocher leur indifférence.

Le tribunal, appréciant les conditions de la gestion incriminée, aurait ainsi pouvoir à l'effet d'annuler le vote de décharge soit pour fautes caractérisées, soit à plus forte raison pour violation des statuts ou de la loi. On se confirmera dans la pensée d'une réforme pareille, en étudiant la législation allemande contemporaine.

En tout cas, la faculté de syndicat, ainsi comprise, aurait un objectif net et défini : elle permettrait à la minorité de former appel en justice, dans un bref délai, contre la délibération portant approbation du bilan. La délibération ne deviendrait définitive qu'une fois ce délai terminé, sans qu'un procès eût surgi dans l'intervalle. En l'état actuel du droit, l'action judiciaire de l'art. 17 ne peut être rattachée à cette conception, et c'est vraiment regrettable.

547. — *A l'égard des tiers.* — L'art. 44 de la loi de 1867 oppose, dans son texte, cette responsabilité à la première.

Il s'agit maintenant d'une action tout autre que l'*action sociale*. Elle en diffère :

a) En ce qu'il n'appartient pas à l'assemblée d'y renoncer;

b) En ce qu'elle ne peut être exercée en syndicat;

c) En ce que le titulaire de l'action obtiendra une condamnation qui lui profite à lui-même, sans avoir à verser la somme dans la caisse sociale.

Ici, l'action, absolument *individuelle*, est basée sur un préjudice que, dans leurs fonctions, le gérant ou les administrateurs ont causé à des personnes déterminées, et qui ne se confond pas avec un autre préjudice de la société elle-même. Le fait incriminé est un délit réglé par l'art. 1382 C. civ.

Le caractère public de la société par actions, comme la publicité des fonctions de ses agents, permet de rattacher ce délit à une sorte de responsabilité professionnelle. Si une personne du public a été lésée par un acte répréhensible de ces quasi-fonctionnaires, elle pourra lui demander réparation.

Ex. : Les administrateurs ont, dans un rapport à l'assemblée générale, présenté mensongèrement les affaires de la société comme prospères. Il se peut que la société elle-même n'ait pas été induite en préjudice. Mais, sur la foi de ce rapport, les actions ont haussé en Bourse, et des personnes en ont acheté. — Ou encore un banquier a ouvert à la société un crédit que, sans cette déclaration, il n'aurait point consenti. — Si la société vient ensuite à tomber, les acheteurs de titres, le banquier auront leur action individuelle. Mais c'est à condition de justifier chacun séparément, par exemple au moyen de la production des bordereaux d'achat des actions, du préjudice qu'il a ressenti.

SECTION IV

SURVEILLANCE DES SOCIÉTÉS PAR ACTIONS

(L. 1867, art. 5, 6, 7, 10, al. 1 et 2, art. 11, 12, 15 *in fine* ; 32 à 36, et 43)

548. — Le *pouvoir de surveillance* était facultatif dans les sociétés par intérêts. Il devient obligatoire dans les sociétés par actions : la loi de 1856 a été la première à en prescrire l'établissement.

Le gérant et les administrateurs sont trop loin placés des actionnaires, pour subir leur contrôle direct. La loi crée donc une délégation permanente. Celle-ci suivra la gestion, vérifiera les comptes et signalera les périls. Elle pourvoira, s'il le faut, à une convocation d'assemblée.

Ce pouvoir n'est pas homogène dans les deux sociétés : cela encore est injustifiable. En 1867 pour la *commandite*, on a suivi la réglementation de 1856; pour la *société anonyme*, on a reproduit celle de 1863. Or les lois de 1856 et de 1863 avaient organisé le contrôle sans se copier. De là les divergences actuelles.

549. — *a*) Dans la commandite, il y a un *conseil de surveillance*, composé de *trois actionnaires* au moins (une action suffit pour chaque membre si les statuts ne sont pas plus exigeants); — et la durée du mandat est fixée librement par l'acte de société, sauf que le premier conseil, rééligible comme les autres, n'est nommé que pour *un an* (art. 5).

Dans la société anonyme, on rencontre un ou plusieurs *commissaires*, quelquefois qualifiés « censeurs ». L'unité du commissaire est possible, *il peut ne pas être actionnaire*. — Il est nécessairement soumis à réélection *chaque année*. Si l'assemblée a omis de le nommer, le président du tribunal de commerce le désignera par ordonnance, à la requête de la partie la plus diligente (art. 32).

550. — *b*) Le conseil de surveillance de la commandite exerce un contrôle plus continu et plus énergique. D'abord le premier conseil vérifie l'accomplissement des formes constitutives (nº 448), tandis que le premier commissaire n'a pas à le faire.

En écartant ce chef de responsabilité déjà examiné, les membres du conseil peuvent, réunis ou séparément, entrer à tout instant dans les bureaux et dépendances de la société, vérifier les livres, la caisse, le portefeuille, les valeurs (art. 10, al. 1er). — Le conseil, délibérant en séance aux conditions de présence et de majorité voulues par les statuts, peut décider la convocation de l'assemblée générale (art. 11). On peut donc le rendre responsable de faits de gestion survenus au cours de l'exercice, si ces faits eussent pu par son intervention être arrêtés à temps.

Le commissaire, dans la société anonyme, ne peut que se faire délivrer, après le premier semestre, un état sommaire de la situation de la société. Son droit général de communication et d'examen ne s'ouvre que dans les trois mois qui précèdent l'assemblée générale : il peut d'ailleurs toujours la convoquer d'urgence (art. 33 et 34, al. 2).

551. — L'égalité des attributions apparaît dans les deux sortes de sociétés aux approches de l'*assemblée annuelle*.

L'inventaire, le bilan et le compte des profits et pertes sont mis à la disposition de l'un ou de l'autre de ces pouvoirs, préalablement à cette assemblée (quarante jours d'avance, dans la société anonyme). Il dresse un *rapport*.

Quinze jours au moins avant la réunion, ces pièces, rapport compris, sont tenus au siège social à la disposition de tout actionnaire (art. 10, al. 2; 12, 34, al. 3, et 35) : l'actionnaire dispose ainsi d'un droit de consultation des livres, très *limité* à la fois dans sa durée et dans son objet.

Le rapport est présenté à l'assemblée générale : son absence (dans la société anonyme) entraînerait nullité de l'approbation des comptes (art. 32, al. 2). Il doit signaler les irrégularités et inexactitudes reconnues dans les inventaires et constater, s'il y a lieu, les motifs qui s'opposent aux distributions proposées de dividendes (art. 10, al. 2).

Le fait par ce rapport de confirmer le bilan et les comptes de gestion, vaut garantie donnée par le conseil ou par le commissaire aux actionnaires, que les affaires et les écritures sont en ordre.

552. — Malgré cette concordance de fonctions tendant à instruire la délibération des comptes, on n'est point parti des mêmes données dans la commandite et dans la société anonyme.

D'après l'esprit de la loi, les aptitudes à rechercher chez les deux sortes d'agents ne sont pas semblables.

Le conseil de surveillance est censé avoir des connaissances en affaires; il est en mesure de discerner une fausse orientation. Le commissaire est surtout un expert en comptabilité, capable de relever des erreurs ou des fraudes dans les chiffres.

Cette constatation pourrait avoir, en pratique, des conséquences sérieuses pour déterminer les faits constitutifs de leur responsabilité.

553. — La responsabilité est de nature double, comme pour les administrateurs. Ils sont tenus : — 1° de leur mandat de surveillance envers la société; — 2° ils sont tenus aussi *ex delicto* pour tort personnel et direct causé à des tiers par un fait caractérisé, tel qu'un rapport mensonger.

Action *sociale* dans le premier cas (susceptible d'être intentée *ut singuli* par un actionnaire ou par un syndicat d'actionnaires), — action purement *individuelle* dans le deuxième cas.

Au surplus, ils ne reçoivent pas, comme les administrateurs, décharge de leur mandat. Cela permettra de les rechercher après plusieurs exercices du fait d'anciens agissements.

Mais ces agissements sont imputables aux administrateurs, avant de pouvoir leur être reprochés à eux-mêmes, et tous dommages-intérêts par eux réglés doivent pouvoir être répétés contre ces administrateurs. Dès lors, les seuls faits dont on puisse leur demander raison sur un exercice clos, seraient ceux dont l'approbation des comptes n'a pas libéré le personnel de gestion, c'est-à-dire les faits dissimulés ou inexactement présentés. En faisant annuler le *quitus*, les intéressés rentreront dans leurs droits contre les deux pouvoirs à la fois. Au contraire, les opérations sujettes à critique et dont les rapports à l'assemblée auraient suffisamment décrit l'économie, ne sauraient, sitôt le bilan approuvé, motiver de réclamation contre personne.

554. — Les faits de gestion peuvent, comme faits mal contrôlés, engager ainsi la responsabilité du conseil de surveillance ou des commissaires, accessoirement à celle du gérant et dans le même procès. Il se présentera cependant des cas nombreux où le gérant seul sera tenu, mais non plus eux-mêmes :

a) Le personnel de surveillance ne répond que de sa faute grave, on dit en pratique de sa faute lourde (ce qui n'est pas une expression très juste). Il n'est point habituellement rémunéré.

b) Les actes préjudiciables de la gérance ont pu s'accomplir dans des conditions telles que le conseil de surveillance n'était pas en mesure de les entraver. « Les membres du conseil, dit l'art. 9 de la loi de 1867, n'encourent aucune responsabilité en raison des actes de la gestion et de leurs résultats ».

Et plus loin, l'art. 15 *in fine* dispose qu'ils ne sont pas civilement responsables des délits commis par le gérant.

Sous la loi de 1856 s'était formée une jurisprudence sévère. A propos de dividendes fictifs (délit pénal du gérant), elle assimilait les membres du conseil aux maîtres qui sont responsables de leur préposé (art. 1384 C. civ.). Cela permettait de les citer en police correctionnelle à côté du gérant, non pas pour se voir appliquer la peine, mais aux fins de réparation civile.

C'est contre cette interprétation, peu raisonnable, que s'élève l'article 15 : on ne peut désormais les actionner dans l'instance en répression. On leur demandera compte, devant les juges ordinaires, de la négligence qu'ils ont mise à vérifier l'inventaire.

Mais, si cette distribution de dividendes s'est en outre faite avec leur connivence et par suite d'une entente concertée avec eux, les principes de la complicité (art. 59 et 60 C. pén.) suffiraient à motiver leur renvoi, ensemble avec les gérants, devant la police correctionnelle.

SECTION V

DÉLIBÉRATIONS ET ASSEMBLÉES GÉNÉRALES

(L. 1867, art. 4, 10, 18, 19, 25, 27 à 32, 37, 45 à 47 ; l. 1893, art. 4)

555. — L'assemblée générale figure la *compagnie des actionnaires* délibérant sur les questions sociales : il représente le pouvoir législatif, en face de l'exécutif.

Entendue non plus comme agent de volontés, mais comme fait apparent, c'est la *réunion des actionnaires*, *dûment convoqués au préalable.*

On en distingue trois sortes :

556. — *a*) Les *assemblées constitutives.* Elles se tiennent avant la formation définitive de la société et afin de la préparer. On a vu leur mission (vérification et approbation d'apports, vérification de la souscription et des versements pour la société anonyme, nomination du premier personnel social). On a vu leurs conditions de tenue et de majorité (nos 426 et suiv., 433 et suiv.). Nous n'y reviendrons pas.

557. — *b*) Les *assemblées annuelles* ou *ordinaires.* Leur tenue est obligatoire (art. 27).

Elles ont pour but : — de *recevoir les comptes*, et les approuver, s'il y a lieu ; — de déterminer l'emploi des bénéfices en votant un *dividende* (l'assemblée peut réserver une partie de ces bénéfices ; mais elle ne saurait, en face d'une opposition de la minorité, voter l'absence complète de distribution, ce qui serait une violation des engagements implicites des statuts) ; — pour but encore de *renouveler le conseil d'administration* ainsi que le conseil de surveillance ou le commissaire ; — d'habiliter le gérant ou les administrateurs à des *actes dépassant leurs pouvoirs* (emprunts, émission d'obligations), pourvu que ces questions aient été portées d'avance à l'ordre du jour.

558. — A noter que dans l'approbation des comptes, les *gérants* ou administrateurs, d'après la jurisprudence française, *peuvent participer au vote* et faire nombre de leurs actions pour le calcul de la majorité. La disposition de l'art. 4, qui refuse voix délibérative aux apporteurs dans l'approbation de leurs apports, n'est pas étendue au vote annuel des comptes.

Ce n'est pas très raisonnable, du moment que ce vote est absolument partial et connu d'avance. Un tel régime deviendrait même intolérable, puisque la possession de la moitié des actions par le gérant assurerait son *quitus* sans déranger personne. Il serait intolérable, disons-nous, s'il ne trouvait un correctif important : les statuts limitent le nombre de voix des forts actionnaires à un chiffre maximum. Le gérant, même possesseur de la majorité des actions, n'est donc pas certain pour autant d'avoir la majorité des suffrages.

559. — *c*) Les *assemblées extraordinaires* ou *modificatives des statuts*. Elles se réunissent, si les circonstances en motivent la convocation, afin de réaliser dans une ou plusieurs dispositions de l'acte de société des remaniements, corrections ou revisions. Tandis que l'assemblée ordinaire *applique* les statuts, l'assemblée extraordinaire *abroge* leur contenu, et refait les statuts sur un point ou sur un autre.

560. — NOTIONS COMMUNES A TOUTES LES ASSEMBLÉES.

Les règles suivantes ne sont pas toutes prescrites à peine de nullité des délibérations que prendrait l'assemblée. Le tribunal décidera dans sa libre appréciation si l'absence de l'une d'elles doit ou non invalider la délibération. Il est certain que le défaut du *quorum* ou de la majorité requise enlèverait au vote son effet.

L'*action en nullité* appartiendrait alors à tout actionnaire. S'il s'agissait d'une modification apportée aux statuts, l'action en nullité cesserait à partir du jour où le vice serait couvert, c'est-à-dire par la régularisation du premier vote par une assemblée subséquente. Elle cesserait de toute manière par la prescription de dix ans (l. 1er août 1893, art. 3 arg.). — Même ainsi réduite dans sa durée suivant le nouvel état du droit, l'action en nullité est encore donnée pendant trop longtemps. La loi appelle une réforme dans le sens de l'abréviation des délais. N'a-t-on pas vu l'assemblée voter la réduction du capital par remise du non-versé aux actionnaires, puis sa délibération annulée pour défaut de *quorum* six ans plus tard (aff. de la *Banque d'Escompte*) ? Les actionnaires contemporains de cette délibération, et qui avaient converti leurs anciens titres contre des nouveaux, ont été obligés de verser le complément. Car on les a traités comme restés en possession des actions anciennes : ils ont été jugés les *porteurs actuels* ! C'est vraiment abusif.

561. — Les assemblées générales ne peuvent être *convoquées* que par le gérant et les administrateurs, ou par le conseil de surveillance et le commissaire (l. 1867, art. 11 et 33 al. 2).

Un actionnaire, même un groupe d'actionnaires, ne peuvent en prendre l'initiative ni en exiger la tenue du gérant. Les sociétés seraient livrées à la désorganisation, si chaque actionnaire pouvait ainsi se mettre en lutte avec le personnel dirigeant et faire appel à l'assemblée pour le braver.

Toutefois la convocation demandée par des actionnaires correspondant à une fraction déterminée du capital est, à juste titre, reconnue par certaines législations étrangères (Italie, etc. [1]). et il est regrettable que la loi française n'ait pas encore été réformée dans le même sens.

562. — Les *convocations* peuvent être *individuelles* (par lettres) ou *générales* (par avis insérés dans les journaux). Cette dernière forme est la seule possible quand les actions sont au porteur.

L'intervalle à observer entre la convocation et la réunion s'induit, pour les assemblées annuelles, de l'obligation de tenir le bilan quinze jours d'avance à la disposition des actionnaires. Il faut donc que la convocation précède ces quinze jours. Mais pour les assemblées extraordinaires le délai n'est pas fixé.

Tout actionnaire peut venir en personne à l'assemblée ou s'y faire représenter par un *fondé de pouvoirs*. Il signe une procuration, généralement en blanc, qu'il adresse au siège social : les administrateurs se chargent, au moment de la séance, de la remettre à l'une des personnes présentes. La plupart des statuts veulent que le représentant soit *actionnaire* lui-même. Il y a des sociétés qui acceptent les procurations sur papier libre. Légalement, il n'y a pas de franchise de timbre.

Si l'action appartient à un incapable (mineur, femme non séparée), celui-ci aura son mandataire légal pour le représenter. — Si elle est grevée d'un droit d'usufruit ou de gage, départir le droit du nu-propriétaire ou débiteur, et celui de l'usufruitier ou créancier à concourir à l'assemblée n'est pas facile : la solution varierait suivant que celle-ci serait ordinaire ou extraordinaire. Au premier cas seulement, l'usufruitier ou le gagiste a qualité pour représenter l'action.

563. — Lorsque les actions sont au porteur, l'actionnaire ne pourra justifier de son droit qu'en produisant son certificat et en le déposant. De là des abus : des financiers font un coup de Bourse à la veille d'une assemblée, ils achètent les titres pour s'assurer la majorité et les revendent aussitôt après. Plus simplement encore, ils ont acheté au comptant et revendu par la même opération à terme (*report*), ce qui leur procure la propriété intérimaire des titres.

Dans toutes ces situations, le porteur est admis à l'assemblée. C'est fâcheux : la loi devrait imposer le dépôt des actions, au moins une huitaine de jours d'avance.

564. — L'assemblée est présidée par la personne que déterminent les statuts (président du conseil d'administration ou de surveillance, etc.). Il est tenu une feuille de présence certifiée par le bureau, et com-

[1] D'après ces mêmes législations, des actionnaires formant une fraction plus faible, également déterminée, pourraient demander tantôt un rapport spécial du conseil de surveillance, tantôt la désignation par la justice d'un expert de comptabilité.

municable à tout requérant ; comme il est tenu un procès-verbal, faisant foi des délibérations prises (art. 28).

565. — Tout porteur d'actions n'a pas nécessairement accès à l'assemblée. S'il n'est rien dit dans l'acte de société, chaque actionnaire peut y venir et y voter, il aura un nombre de voix proportionnel au chiffre de ses actions (art. 27).

Mais, sauf pour les assemblées constitutives, les statuts peuvent limiter ce droit aux porteurs d'un nombre d'actions déterminé.

Ils limiteront aussi, et très sagement, le nombre de voix dont un seul actionnaire peut disposer : dix ou vingt par exemple (art. 27) [1].

Cette faculté statutaire de subordonner l'entrée de l'assemblée à la possession d'un nombre *minimum* d'actions, paraît reconnue, non seulement dans les assemblées ordinaires, mais aussi dans les assemblées modificatives des statuts (*Contrà*, MM. Lyon-Caen et Renault).

Mais pour les unes comme pour les autres, la loi du 1er avril 1893, dans son art. 4, a consacré une règle favorable aux *petits porteurs*. Si aucun d'eux séparément n'a le nombre statutaire d'actions, nonobstant toute disposition contraire, ils pourront se réunir et parfaire ensemble ce nombre. Ils désigneront ainsi un fondé de pouvoirs, pour les représenter à l'assemblée. Ce mandataire n'aura pas, bien entendu, autant de voix qu'il représente d'actionnaires.

On n'a point appliqué cette disposition dans la pratique, aux sociétés déjà existantes lors de la mise en vigueur de la loi. La volonté probable du législateur de ne pas faire rétroagir le texte nouveau résulterait au besoin de l'impossibilité absolue de le concilier avec certains statuts. Ceux de la Banque de France, par exemple, limitent la participation aux assemblées aux deux cents plus forts actionnaires. Il n'y aurait pas moyen d'établir le chiffre que les petits actionnaires syndiqués devraient atteindre, pour désigner un mandataire commun.

566. — Très délicates sont la question du *quorum* et celle des *majorités* dans les assemblées générales.

567. — Le *quorum* est la quotité d'actions qui doivent être présentes ou représentées à une assemblée générale, pour que celle-ci puisse valablement délibérer : la moitié, le quart du capital.

Ce *quorum* n'est pas indiqué pour la *commandite* : c'est donc qu'il n'y en a point, à moins que les statuts n'en fixent un.

[1] La fraude consistant à se créer une majorité factice en répartissant ses actions entre des compères, afin d'avoir ainsi un plus grand nombre de voix, comme aussi le fait de se présenter comme propriétaire d'actions sans l'être, dans ce même but, sont frappés d'amende et d'emprisonnement (art. 13 et 45 l. 1867).

Dans la *société anonyme*, il faut aux assemblées ordinaires la présence d'actionnaires formant le *quart* au moins du capital. Si cette proportion n'est pas atteinte, une seconde réunion, précédée d'une publicité réglée par la loi, peut délibérer avec le *cinquième* de ce capital (art. 30).

Dans les assemblées extraordinaires, le *quorum* est de la *moitié* du capital, sans pouvoir être abaissé à un chiffre plus faible dans une nouvelle réunion, faute d'avoir été obtenu la première fois (art. 31).

Il n'est pas douteux que les statuts puissent élever le chiffre de ces *quorum*. Ils exigeront par exemple la représentation de la moitié du capital pour les assemblées ordinaires, des trois quarts pour les assemblées extraordinaires. Mais les statuts ne pourraient pas, en revanche, abaisser le *quorum* au-dessous du taux voulu par la loi.

568. — La *majorité*, c'est la proportion de voix qui, parmi ceux participant à un vote, rend ce vote obligatoire. Elle est de la *moitié plus une* des voix exprimées, c'est-à-dire des actions appartenant aux votants, sous réserve d'autres dispositions dans les statuts (art. 29).

Ici encore, les statuts pourraient exiger une majorité plus forte, celle des trois quarts des voix, ou celle de la moitié en nombre d'actionnaires, en outre de la moitié en actions.

569. — Caractère obligatoire des délibérations de l'assemblée générale. — De ces quotités numériques il résulte que les mesures intéressant la société peuvent, *de plein droit*, être prises à la seule majorité, sous le respect du *quorum* légal; même celles qui auraient pour but de remanier les statuts. L'unanimité n'est pas indispensable. Le vote pris par cette majorité est obligatoire pour tous, dans l'indivisibilité de ses effets.

L'assemblée, en effet, n'est pas une pure juxtaposition d'actionnaires. Elle forme un être de raison, l'expression de la personne morale dans le fonctionnement intérieur de la société. Elle statuera à des conditions déterminées et suffisantes, comme statue en droit public un corps électif quelconque.

C'est une sorte de corporation organisée, le *syndicat des actionnaires*. Nous n'avons rien rencontré de pareil dans les sociétés de personnes.

Toutefois, cette proposition, volontiers admise pour les délibérations de l'assemblée ordinaire, a contre elle dans les *assemblées extraordinaires* deux ordres d'adversaires.

570. — *1re opinion*. — La majorité ne fait pas la loi dans les assemblées modificatives des statuts. Tout article des statuts a été accepté par l'unanimité des souscripteurs. L'*unanimité des actionnaires* a seule pouvoir pour le retoucher.

C'est la conséquence de l'idée, qu'un contrat ne peut se rompre que par l'accord de tous ceux qui l'ont fait (art. 1134, al. 2 C. civ.).

Exceptionnellement, une majorité pourrait voter la mesure. C'est au cas où les statuts contiendraient une clause formelle, reconnaissant à la majorité pareil pouvoir. Alors l'unanimité s'est inclinée, par avance, devant les mesures que la majorité croirait devoir prendre: malgré le désaccord qui s'est produit au moment de la modification, il reste vrai que la volonté de rendre la délibération obligatoire réunissait le consentement de tous.

Cependant l'art. 31 dispose que « les assemblées qui ont à délibérer sur des modifications aux statuts..... *ne* sont régulièrement constituées et ne délibèrent valablement *qu*'autant qu'elles sont composées d'un nombre d'actionnaires représentant la moitié au moins du capital social ».

Ce texte, dit-on, n'a pas le sens qui vient de lui être donné dans notre thèse. Il statue dans la pensée que les statuts contiendraient une clause dérogatoire. Cette clause accorde à la majorité le pouvoir de modifier. Et alors la loi craint que la délibération ne soit prise par une faible majorité, à raison de l'absence d'un grand nombre de porteurs. Elle vient exiger que les actionnaires présents atteignent au moins la moitié du capital.

La disposition, en un mot, ne crée pas une faveur. Bien au contraire, elle pose une limite au droit de la majorité, *lorsque la majorité est expressément habilitée par les statuts.*

571. — *2e opinion.* — La jurisprudence, par un arrêt dont la portée de principe est d'ailleurs discutée, semble souscrire aujourd'hui à une interprétation plus libérale (Civ. 30 mai 1892, et les conclusions de M. Desjardins, dans Civ. 29 janv. 1894; notre note dans Dalloz, 93, 1, 103; rapport au Sénat de la loi de 1893)[1].

Même *dans le silence des statuts, l'assemblée extraordinaire*, réunie dans les conditions de l'art. 31, *peut à la majorité des voix modifier ces statuts.*

Cette opinion est certainement meilleure. Car mettez que les rédacteurs des statuts aient omis d'insérer la clause, indispensable à la teneur du système précédent. La société, faute de pouvoir obtenir l'unanimité (surtout si les titres sont au porteur), sera enchaînée au texte originaire, quand les transformations de l'industrie l'obligeraient à le remanier. Un seul actionnaire pourra tout empêcher. C'est le *liberum veto* des diètes polonaises!

[1] V. aussi C. Clément, *Des pouvoirs des Assemblées générales relativement aux modifications du pacte social*, Lille, 1897.

Là même où l'on pourrait espérer l'unanimité, tous les associés, porteurs d'une seule action, devraient être convoqués à l'assemblée. Que devient alors la règle, qu'on peut en limiter l'entrée aux porteurs de plusieurs unités?

L'opinion, qui paraît aujourd'hui en faveur, considère en somme la société comme une personne outillée par ses statuts d'une certaine manière, mais avec la faculté de rectifier cet outillage. Elle est parfaitement apte à modifier juridiquement son économie, sans cesser d'être elle-même : les modifications ne font pas de la société une *société nouvelle*.

572. — Modifications et changements. — Toutefois la jurisprudence n'accepte cette donnée que sous une grave réserve. Elle distingue :

a) Les *modifications simples*, portant sur les dispositions secondaires des statuts, qui rentrent bien en effet dans les pouvoirs de l'assemblée extraordinaire ;

b) Des modifications plus sérieuses, *attaquant les bases essentielles de la société*, véritables changements qui échappent à la portée de l'assemblée, parce qu'elles impliqueraient création d'une autre société. — Ces dernières mesures exigent l'accord unanime, à moins que les statuts, en les énumérant, n'aient donné formellement à l'assemblée le pouvoir de les décider.

Quant à trouver le signe auquel ces changements substantiels se distingueraient des modifications secondaires (on a fait, jusqu'ici, rentrer dans la première catégorie le *changement d'objet* d'exploitation, l'émission d'*actions privilégiées*, la *fusion* avec une société différente), il y faut renoncer en logique, comme à tout travail empirique, inspiré par un simple sentiment de mesure et de conciliation.

Nous allons, en parcourant sommairement les différentes sortes de délibérations modificatives que l'assemblée extraordinaire peut être appelée à prendre, voir la jurisprudence à l'œuvre dans cette interprétation.

573. — I. *Augmentation du capital social* [1]. — Elle a lieu au moyen d'une *émission de nouvelles actions*, et non par une émission d'obligations. Cette dernière laisse le capital intact et rentre dans les pouvoirs de l'assemblée ordinaire.

L'émission de nouvelles actions constitue une *modification simple* : l'assemblée délibérant dans les termes de l'art. 31 de la loi de 1867 peut la voter. Quand même les actions originaires ne seraient pas encore

[1] Wahl, *Annales de droit commercial*, 1893 et 1894.

entièrement libérées, il appartient à cette assemblée de voter l'augmentation du capital (toutes les lois ne sont pas ainsi faites).

Il y a un cas cependant où elle devient un *changement substantiel*, que rendra possible seulement une clause statutaire expresse. C'est lorsque ces *actions nouvelles* doivent être *privilégiées* par rapport aux anciennes: les bénéfices futurs serviront à leur assurer par priorité 5 0/0 de leur montant versé (nº 476).

Cela, dit-on, porte atteinte au principe *essentiel* de l'égalité entre les actions (art. 34 C. com.) : comme si modifier le capital n'était pas aussi de nature à porter atteinte au chiffre *essentiel* des apports d'origine!

La solution est fortement critiquée dans les milieux financiers : il y a des circonstances difficiles, dans lesquelles une société ne devra son salut qu'à une faveur faite aux nouveaux actionnaires. La réussite des souscriptions est subordonnée à cette faveur.

574. — Sans que la loi le dise, l'émission des actions nouvelles obéit aux mêmes prescriptions que celle des actions primitives (souscription intégrale, versement du quart, déclaration notariée, vérification d'apports en nature, s'il en est fait).

Faute de quoi, l'augmentation serait nulle au regard des associés, sans l'être vis-à-vis des créanciers. Les administrateurs contemporains de l'émission seraient passibles d'amende et d'une action en responsabilité.

En outre, l'augmentation sera publiée, et les nouvelles actions, négociables seulement après la fin de cette procédure, resteront nominatives jusqu'à leur entière libération.

L'augmentation en cours d'exercice ne dessaisit point les administrateurs en titre : la société continue.

575. — II. *Réduction du capital.* — Le capital est *réduit* de deux millions à un million.

a) Ou l'on rembourse un actif inutile.

b) Ou, les actions étant libérées de moitié, on décharge les actionnaires du complément, en leur délivrant une action nouvelle contre deux anciennes.

c) Plus fréquemment, la délibération se combine avec une pensée de ramener le chiffre du capital, entamé par des pertes précédentes, à son état de fait actuel. — Ex. : La société sur deux millions, en a perdu un. Elle déclare qu'elle s'en tiendra désormais au dernier chiffre, et les certificats sont convertis en conséquence. Les publications ont lieu.

Une pareille délibération est encore une *modification simple*, pourvu toutefois que l'*égalité* soit respectée entre tous les actionnaires dans ces remboursements ou décharges.

Toutefois, les porteurs de titres ne pourront point, par une mesure pareille, se procurer au regard des *créanciers antérieurs à la publicité du vote* un avantage immédiat. — La part du capital dont ils s'exonèrent ou celle qu'ils se font rendre, demeure encore affectée aux dettes actuelles. Elle reste sujette à rapport, dans un délai qu'on peut fixer à cinq ans (analogie tirée de l'art. 64 C. com.).

Il aurait mieux valu, à l'exemple de plusieurs lois de l'étranger, retarder l'exécution du vote de quelques semaines. Pendant ce délai les créanciers auraient été invités à se présenter au siège social pour former opposition : après quoi, et faute de réclamation, la délibération recevrait effet, même à l'égard de ceux-ci.

576. — III. *Prorogation de la société, ou sa dissolution anticipée.* — Malgré la résistance que l'on semble mettre à classer ces mesures parmi les délibérations du ressort de l'assemblée extraordinaire, c'est bien le parti qu'on doit prendre. L'art. 31 les place sur la même ligne que les modifications aux statuts, pour lesquelles l'assemblée a compétence. — La délibération doit être rendue publique.

On a dit, dans l'étude des sociétés par intérêt, ce qui adviendrait d'une société dépassant tacitement sa durée. Son exploitation continuerait en fait sans protestation après le terme statutaire, sans délibération ni publicité. C'est là une prorogation précaire (cfr. nos 284 et 334).

577. — Mais la question de la *dissolution*, pour les sociétés par actions, nécessite quelques observations incidentes.

Une société anonyme[1] ne peut en somme se dissoudre qu'en vertu de l'une de ces trois causes : *expiration du terme convenu* (même il se pourrait qu'elle fût constituée pour un temps indéfini), — *délibération de l'assemblée* ayant pour objet de dissoudre avant terme, — *existence d'une juste cause* appréciée par le tribunal (art. 1871 C. civ.).

Encore cette dernière cause se confond-elle presque forcément avec la deuxième[2]. En effet, s'il y a, au dire d'un ou de plusieurs actionnaires, une raison grave d'arrêter la société, c'est l'assemblée qu'il convient d'en faire juge, non le tribunal. La question se présentait autrement dans les sociétés de personnes, où manque un pouvoir délibérant organisé, habile à statuer à la majorité des voix. Ici ce pouvoir existe.

[1] Pour une commandite par actions, il faudrait ajouter les causes tenant à un changement survenu dans la personne d'un commandité (mort, etc.) : causes généralement écartées par les statuts. — Nous rappelons en outre que la notification d'un actionnaire ne suffirait pas dans une société par actions, même à temps indéfini, pour emporter dissolution (no 338).

[2] V. notre article aux *Annales de droit commercial*, 1894.

Et alors, de deux choses l'une :

Ou l'assemblée décide la dissolution, et ce vote fait loi comme modification aux statuts.

Ou bien elle prononce le maintien de la société, et il serait inexplicable qu'un actionnaire pût se pourvoir en justice, contre la délibération, en vertu de l'art. 1871, et faire décider par le tribunal la dissolution quand même (Civ. cass. 29 janv. 1894).

Le tribunal n'aurait compétence que si l'assemblée, faute de *quorum*, n'avait pas été en mesure de délibérer, ou si les administrateurs avaient refusé de la réunir. Tel est le champ, fort réduit, laissé à la dissolution judiciaire.

578. — Pour adopter cette interprétation, il suffit de généraliser la règle que donne la loi, à propos d'une juste cause déterminée de dissolution dans la société anonyme (art. 37). Cette cause, c'est la *perte des trois quarts du capital* (du capital *nominal*, s'entend, non du capital *versé* : la première moitié, seule versée, est absorbée ; on appellera le complément).

Les administrateurs sont tenus alors, d'après la loi, de provoquer la réunion de l'assemblée générale de *tous* les actionnaires, à l'effet de statuer sur la question de savoir s'il y a lieu de prononcer la dissolution de la société. — La résolution de l'assemblée est, dans tous les cas, rendue publique. — A défaut, par les administrateurs, de réunir l'assemblée générale, comme dans les cas où cette assemblée n'aurait pu se constituer régulièrement, tout intéressé peut demander la dissolution de la société devant les tribunaux.

Les autres causes de dissolution doivent, ce semble, pour les mêmes motifs, être portées d'abord à l'assemblée générale.

579. — **Liquidation et partage.** — Que la société vienne à se dissoudre naturellement ou par anticipation, la *liquidation* et le *partage* suivent les mêmes principes que dans les sociétés par intérêt (voir plus haut, nos 348 et suiv.). Il y a persistance de la personne morale ; — le liquidateur est nommé par l'assemblée générale ou par le tribunal ; — les créanciers ne peuvent plus inquiéter les actionnaires cinq ans après publication de la dissolution, etc.

Nous estimons que, sitôt la liquidation ouverte, tous les pouvoirs sociaux cessent d'exercer leur action périodique et régulière. Cela est certain pour les administrateurs. Mais, en outre, il n'y a plus de conseil de surveillance, ni d'assemblées annuelles (car la poursuite de bénéfices à répartir cesse aussi d'être le but de la société). Il restera seulement des assemblées, appelées à habiliter le liquidateur pour les opérations graves ou à recevoir ses comptes. C'est à celui-ci qu'il appartient d'en déterminer le nombre et l'époque.

La question est intéressante; l'occasion de l'éclairer ne s'est pas encore produite en jurisprudence.

580.— IV. *Changement d'objet de la société.*— C'est évidemment une modification *substantielle*, exigeant un consentement unanime. Il en résulte la création d'une nouvelle société dans laquelle l'ancienne vient se fondre, ainsi que la confection de nouveaux statuts.

Cependant, il n'en serait plus de même, s'il s'agissait seulement, tout en se maintenant dans le cadre des opérations statutaires, d'en élargir la portée sans le dénaturer, en ajoutant à la fabrication du coton celle de la laine, en étendant l'exploitation minière à d'autres concessions semblables, etc. L'assemblée de l'art. 31 aurait alors compétence : la jurisprudence résiste à l'admettre (Civ. cass. 26 nov. 1894).

581. — V. *Fusion d'une société avec une autre.* — Une société en absorbe une autre. Celle-ci, au lieu de lui céder son actif contre espèces (à titre de vente), reçoit en échange des actions nouvelles de la société plus puissante. Le montant de ces actions lui sera calculé d'après la valeur actuelle de son capital engagé dans l'exploitation, et qui vient, comme apports en nature, s'incorporer au capital de la grande société. La grande société aussi hérite des dettes de l'autre [1]. — Il y a lieu à la vérification des apports, les actions émises resteront adhérentes à la souche pendant deux ans.

Ou bien les deux sociétés liquident ensemble. En réunissant la double masse de leurs capitaux (deux groupes d'apports en nature), elles montent une société nouvelle, dûment publiée, avec des statuts et des administrateurs nouveaux. Faute d'actions en numéraire, la procédure d'approbation des apports sera inapplicable (dans la société anonyme), voir précédemment le n° 437.

Dans ces diverses combinaisons, la jurisprudence voit un *changement substantiel*, nécessitant l'unanimité des voix. Et cependant si on achetait l'établissement d'autrui pour un prix ferme, au lieu de le payer en actions, la mesure rentrerait dans les pouvoirs de l'assemblée, voire d'une assemblée ordinaire. Dans ce dernier cas, le capital de la société qui achète ne serait pas affecté. C'est une tout autre opération.

[1] Ici encore, comme dans l'hypothèse d'une réduction de capital, une législation bien faite devrait suspendre l'effet de la délibération jusqu'après un appel adressé aux créanciers de la société qui disparaît. La société fusionnante devrait diriger la liquidation des dettes de la société fusionnée, et tenir l'actif de celle-ci distinct et séparé du sien propre, aussi longtemps que le passif ne serait pas éteint. Nous aurions, à cet égard, quelques emprunts utiles à faire aux Codes italien et allemand.

582. — VI. *Transformation d'une certaine nature de société par actions en une nature différente.* — La commandite devient société anonyme par la suppression du commandité, ou inversement l'ancienne société anonyme s'adjoint un associé responsable. C'est un *changement substantiel*.

583. — Ces transformations sont fréquentes, au lendemain du vote d'une loi nouvelle sur les sociétés.

Chaque fois qu'il intervient une loi pour simplifier les conditions anciennes imparties aux sociétés par actions, une disposition expresse, de nature transitoire, permet aux sociétés déjà existantes d'adopter le type légal nouveau. Elle les y autorise, moyennant un vote d'assemblée réunissant la moitié du capital.

Ainsi en a-t-il été en 1867, pour une transformation de commandite par actions en société anonyme libre, ou pour celle d'une société à responsabilité limitée en société anonyme (art. 19 et 47).

584. — Toutefois, à l'égard des *sociétés anonymes*, qui se sont fondées *avec l'autorisation du gouvernement*, sous le régime de l'art. 37 C. com., cette faveur a été atténuée. Il ne pouvait être question de leur procurer *souverainement* le droit de se transformer en sociétés anonymes libres. A ces sociétés ont adhéré des actionnaires qui ont eu confiance dans la tutelle du gouvernement. Ils ont compté sur le renouvellement de cette tutelle chaque fois qu'une modification aux statuts serait entreprise. C'était, pour chaque souscripteur, un droit acquis, une situation à considérer.

La loi, dans ces conditions, a bien permis à la société de voter sa transformation en société libre. Elle le pourra par une délibération d'assemblée extraordinaire, mais *à condition de faire approuver cette délibération par le gouvernement* (art. 46). C'est ce qui explique le maintien des attributions du Conseil d'Etat pour instruire aujourd'hui encore, de plus en plus rarement il est vrai, des demandes de cette nature. Une fois le décret de transformation rendu, la société n'aura plus, pour ses délibérations ultérieures, à en référer au gouvernement. Elle est libre, comme une société anonyme fondée depuis 1867.

SECTION VI

DES OBLIGATIONS

585. — La théorie des *obligations* porte plus loin que le cercle d'étude des sociétés. Ce mode d'emprunt est aussi employé par les Etats, par les départements et par les villes. Nous n'en parlerons qu'à l'égard des sociétés ; et uniquement, afin de compléter les notions déjà développées précédemment, dans le parallèle que nous avons dû faire de l'obligation et de l'action (section II)[1].

586. — On peut définir l'obligation : une *fraction d'emprunt à long terme, contracté par la voie de l'appel au public, et procurant à des porteurs de certificats négociables un droit à des intérêts annuels, ainsi qu'au remboursement dont des tirages au sort détermineront l'époque.*

Les capitaux empruntés, au moins en principe, procurent à l'emprunteur des *fonds d'établissement*, qui vont s'incorporer dans une entreprise. Mis en œuvre, ces capitaux seront productifs. Ils donneront à l'emprunteur les moyens graduels de prélever sur ses bénéfices de quoi rembourser sa dette. Par là surtout l'obligation se distingue des *effets de commerce*, titres également négociables, mais qui doivent donner au commerçant des ressources flottantes, son *fonds de roulement.*

L'entreprise pourrait, sans doute, recourir au contrat de société pour obtenir ce fonds *consolidé*. Autrement dit, une société par actions, déjà existante, pourrait augmenter son capital. Mais elle préfère conserver tout le bénéfice pour elle, sans y faire participer de nouveaux venus. Alors elle attire l'argent en lui garantissant un intérêt fixe et le remboursement. Ce genre de bailleurs de capitaux ne courent point l'*aléa* du commerce, ils font un acte certainement civil, ils ne relèvent pas de la juridiction du tribunal de commerce.

587. — Rappelons brièvement des points déjà développés. Malgré la ressemblance extérieure très grande de ce titre avec l'action (négociabilité sous la forme nominative ou au porteur, mêmes taxes fiscales), il existe entre eux des différences de fond considérables. Elles ont fait dire de l'action qu'elle était plutôt un titre de *spéculation* et l'obligation plutôt un titre de *placement.*

1° L'obligataire n'a pas droit à un *dividende*, à une part de bénéfices, mais à un *intérêt* stable ;

2° L'obligataire est *créancier* de la société; il produit à sa faillite pour le remboursement, puisqu'aussi bien ne court-il point le risque social ;

3° L'obligataire n'a pas à participer aux *assemblées générales*, puisqu'il ne fait point partie du personnel de la société (nos 464 et suiv.)

588. — **Précédents.** — La pratique des obligations de sociétés n'est pas fort ancienne. Les finances publiques, en France, où l'Etat procède

[1] Cfr., ainsi que pour l'action, l'ouvrage de M. Wahl, *Traité des titres au porteur*, et l'ouvrage plus spécial, quoiqu'encore très vaste, de M. Lévy-Ullmann, *Des obligations à primes et à lots.*

à l'emprunt par voie de rentes perpétuelles, n'ont concouru que médiocrement (réservons la ville de Paris) à en propager l'emploi, au début du moins.

Les sociétés employaient bien l'emprunt pour se procurer le complément de leurs capitaux d'établissement. Elles se faisaient ouvrir, par des contrats privés, des crédits à longue échéance, avec constitution d'hypothèque ; quelques-unes suppléaient à l'emprunt, à la faveur d'arrangements de familles, par la pratique de dépôts en compte-courant, censément toujours exigibles, mais dont le capital n'était en réalité jamais retiré.

L'obligation *négociable* a remplacé avantageusement ces formes anciennes. La durée du placement, qui en soi peut faire reculer le prêteur, a son correctif dans la faculté de vendre le titre à la Bourse ou en banque. A la réflexion, cette longueur du terme d'échéance a paru plutôt avantageuse. Elle a permis au capitaliste de s'assurer le maintien du taux actuel de l'intérêt pendant un certain nombre d'années.

Un système ingénieux de prime de remboursement a été imaginé pour accroître la valeur du titre avec le temps, et pour dédommager le porteur d'une baisse de l'intérêt lorsque viendrait son remboursement. Attiré par ces avantages, le prêteur n'a plus attaché à la garantie hypothécaire la même importance et il s'en est souvent passé [1].

589. — Les exemples les plus retentissants, par lesquels a commencé la pratique des obligations de sociétés, après 1850, sont :

1° Les émissions des obligations de *chemins de fer*, destinées à la construction du deuxième (puis du troisième) réseau par les six grandes Compagnies. Emissions qui ont dépassé 17 milliards en face d'un capital-actions qui n'atteint pas 2 milliards. — Quoique ces obligations ne mettent en présence du public que la compagnie débitrice, l'Etat, pour celles du nouveau réseau, est comptable envers les Compagnies de leur remboursement, sauf la part contributive prise par ces dernières dans la construction des lignes. L'Etat y procède au moyen d'annuités budgétaires égales au montant des obligations amorties et

[1] Il existe cependant d'assez nombreuses émissions d'obligations avec constitution d'hypothèque (les compagnies de chemin de fer toutefois ne peuvent donner hypothèque sur leur réseau, car il fait partie du domaine public). — La convention d'hypothèque est passée alors par la société avec le banquier émetteur des titres, au nom de tous les souscripteurs futurs. C'est le *nom de ce banquier* qui figurera dans l'*inscription hypothécaire* à prendre au bureau du conservateur, avec domicile élu chez lui pour les notifications de purge ou autres. — Les obligataires feront bien de se pourvoir d'un mandataire pour renouveler cette inscription, avant qu'elle ne soit atteinte par la péremption de dix ans (art. 2148, 2154 C. civ. etc.).

payées au public par les Compagnies chaque année (conventions de 1883);

2° Les obligations foncières (lettres de gage) et les obligations communales du *Crédit foncier* (plus de 5 milliards avec un capital-actions de 170 millions et demi).

Par là, cet établissement de crédit se procure contre papier, sur le marché de l'argent, les fonds qu'il prête ensuite individuellement sur hypothèque ou aux communes. Le montant des amortissements annuels de sa dette en obligations se règle par le montant de ceux de ces prêts qui viennent pour lui à remboursement. — A la différence des obligations de chemins de fer et de la plupart des autres, l'obligation du Crédit foncier répond à des opérations courantes d'exploitation et non à la création d'un fonds d'établissement [1].

590. — Questions de législation. — C'est un thème de législation rebattu, mais toujours actuel, de savoir s'il ne conviendrait pas de réglementer les droits des obligataires.

On prétend qu'ils ne disposent pas, en l'état du droit, d'une protection suffisante. Des sociétés d'un capital trop réduit émettent des obligations en nombre exagéré. Elles transposent les rôles naturels, en faisant de l'obligataire celui qui court le risque, sans la contre-partie du bénéfice.

Ne conviendrait-il pas d'*admettre les obligataires aux assemblées générales* de la société emprunteuse, au moins à titre consultatif (système belge), soit personnellement, soit par un mandataire commun ?

Ne faudrait-il pas établir entre eux un *groupement de défense,* avec représentation permanente ? [2]

Le droit civil, qui fait au créancier une part d'intrusion bien faible, pour ne point dire nulle, dans les affaires du débiteur, ne doit-il pas être approprié aux besoins du crédit public? Le crédit public, en effet, a besoin de tout autres préceptes que le crédit particulier, précisément parce que les parties ne se touchent pas, et vivent loin placées l'une de l'autre.

Que penser d'une réforme, qui *défendrait* à une société d'*emprunter* par voie d'obligations, aussi longtemps que *ses actions ne seraient pas libérées*? — D'une autre réforme, qui interdirait à une société d'émettre des obligations *pour un chiffre supérieur à son capital-actions* (cfr.

[1] MONTAGNON, *Traité sur les Sociétés de Crédit foncier*, Paris, 1886.

[2] V. notre dissertation dans les *Annales de droit commercial*, 1894, d'où résulterait, dès à présent, par le simple jeu des principes, l'existence d'un lien juridique entre eux tous.

loi du 11 juin 1880 qui, pour les sociétés de chemins de fer d'intérêt local, en a déjà disposé ainsi)? Les chiffres, donnés plus haut pour les grandes Compagnies de chemins de fer et pour la société du Crédit foncier, disent assez que certains établissements doivent, de toute manière, échapper à cette proportionnalité, d'ailleurs peu justifiable en soi [1].

591. — Il y a des obligations, remboursables au prix d'émission. Il y en a d'autres qui sont remboursables avec une prime déterminée, et connue dès le moment des émissions. On en trouve d'autres enfin, auxquelles sont attachés des lots (500,000 fr., 100,000 fr., 10,000 fr., etc.) pour les premières obligations qui sortiront à chaque tirage.

Et à chacune de ces trois catégories correspondent des questions délicates.

592. — *Obligations remboursables au prix d'émission* (la même question se présenterait d'ailleurs pour les autres).

Si l'emprunt a été contracté en temps de cherté de l'argent, à un taux d'intérêt élevé qui n'est plus le taux actuel, l'obligataire désire voir différer son remboursement. (La perspective d'une prime ne suffit pas à le lui faire désirer, car il devra ensuite replacer son argent à un faible intérêt).

Inversement, la société a avantage à anticiper ce remboursement. Elle émettra d'autres obligations à un intérêt moins élevé, et en emploiera les fonds à amortir les titres anciens, de service plus onéreux (conversion de dette).

Il a été décidé, par un arrêt, plus d'espèce que de principe, que *la société*, à moins de se l'être réservé au début, *n'avait pas le droit d'avancer ainsi le remboursement de ses obligations* (même en payant au besoin toute la prime convenue). Elle ne peut pas renoncer aux délais, que lui donnait pour les tirages la convention conclue avec l'ensemble de ses obligataires (C. Paris, 28 novembre 1895, aff. des obligataires de la Compagnie de l'Est).

Sans doute, le terme est présumé stipulé en faveur du débiteur. Mais il cesse d'en être ainsi, dès qu'il résulte de la stipulation ou des circonstances qu'il a été convenu également en faveur du créancier (art. 1187 C. civ.).

[1] Tout au plus pourrait-on invoquer, en faveur d'une équation de cette nature, une considération bien répandue : il est dangereux pour une maison de commerce de contracter un passif trop fort, en disproportion avec ses ressources propres. Le service des intérêts pendant une série de mauvaises années peut la mener aux portes de la faillite. — Mais cette règle de prétendue sagesse commerciale est-elle bien vraie? Elle écarterait du commerce les hommes intelligents et actifs, qui n'ont point de fortune et qui ne trouvent pas d'associés, mais des prêteurs.

La solution n'est pas bonne en législation. Elle est surtout mauvaise, quand on la compare à la faculté qu'a l'Etat, dans ses emprunts en rentes, d'effectuer toujours le rachat (ou la conversion), nonobstant toute clause contraire. Un débi-rentier peut suspendre son droit au rachat, mais pour dix ans seulement (art. 1911 C. civ.). — Or, voici que, à la différence de l'Etat, la société est enchaînée aux conditions originaires de son emprunt. Il lui est interdit de convertir sa dette, quand même le marché de l'argent présenterait maintenant des conditions plus favorables, dont bénéficient des entreprises rivales, de date plus récente.

593. — *Obligations à primes.* — Le chiffre nominal de l'obligation est de 500 francs, par exemple. C'est à cette somme qu'elle sera remboursée après tirage.

Mais l'émission a lieu à 400 francs: c'est la somme versée par le prêteur. L'écart est la prime : 100 francs (pour les emprunts de la dernière époque, une prime de cette importance est devenue une rareté).

Cette pratique de la prime est-elle légale? L'emprunteur peut-il s'engager à rembourser, outre les intérêts, plus qu'il n'a reçu? Deux objections ont été faites.

594. — *a*) La prime est une redevance *usuraire*.

Si l'emprunt rapporte déjà 6 0/0 sur le prix d'émission, il est clair que la prime, même pour les obligations qui sortiront les dernières, constitue un prix supplémentaire de louage de l'argent, excédant le taux licite de la loi du 3 septembre 1807.

Mais même s'il rapporte un taux moindre, l'addition d'une prime peut faire encourir à l'opération un reproche d'usure. L'obligataire qui sera remboursé au premier tirage recevra, outre son coupon, 100 fr. de plus que ses 400 francs versés, soit 25 0/0 !

On répondait autrefois à cette objection, en disant : Pour savoir s'il y a usure, il ne faut pas examiner chaque obligation séparément. Il faut voir ce que la société paie chaque année, pour faire le service de tous les titres. Si ce service, coupon et amortissement compris, ne représente pas plus de 6 0/0 sur le chiffre d'émission, l'opération est licite.

Ainsi en est-il la plupart du temps. La société sert un intérêt de moins de 6 0/0. Elle consacre la différence entre ce taux réduit et le taux maximum à constituer les primes des obligations sorties [1].

La *loi du 12 janv. 1886*, en rendant libre le taux de l'intérêt en

[1] Des arrêts ont soutenu même que la prime était licite, lorsque les titres recevaient l'intérêt *maximum*. Cela tiendrait au caractère *aléatoire* du contrat et à l'incertitude de la date d'amortissement pour chaque obligation. Or, la loi d'usure est étrangère aux contrats aléatoires.

matière de commerce, a fait tomber cette controverse. Elle n'a même plus de raison d'être pour les sociétés par actions dont l'objet serait civil (sociétés de mines). Car la loi du 1er août 1895 a rendu ces sociétés commerciales à raison de leur forme, et leur permet, par conséquent, d'emprunter à un taux quelconque.

595. — *b*) La pratique de la prime paraît contrevenir à la *loi des loteries* du 21 mai 1836. Cette loi interdit, sous la menace d'une peine correctionnelle, « toute opération offerte au public pour faire naître l'espérance d'un gain acquis par la voie du sort. »

L'objection ne porte pas plus que l'autre. 1° L'opération est avant tout un *placement*, et le souscripteur est attiré d'abord par le taux de revenu, promis par le coupon. 2° Tous les titres étant d'ailleurs remboursables par la même somme (c'est une condition de régularité stricte), on serait en présence d'une loterie où gagneraient tous les numéros, chose impossible à admettre.

596. — Plus sérieux est le débat auquel donne lieu la prime, *si la société fait faillite*, ou si elle entre en liquidation *avant la fin de l'amortissement des séries*.

La faillite (et peut-être aussi la liquidation, voir précédemment n° 359), rend exigibles les dettes à terme de la société (art. 444 C. com.). — Chaque obligataire subsistant produira donc d'abord pour le montant du versement primitif (400 fr.). Pourra-t-il produire en outre pour la prime (100 fr.)? ou pour une fraction? et quelle sera cette fraction?

1° Ceux qui voient dans la prime un supplément d'intérêt retranché chaque année sur la généralité des coupons venant à échéance, pour le reporter sur les élus du tirage, diront : — La prime forme tout entière revenu de l'obligation amortie, pour l'année seule où le tirage la désigne. Cette année ne s'est pas encore ouverte, au moment où éclate la faillite. Elle ne s'ouvrira plus : les tirages vont cesser pour l'avenir. La prime ne peut donner lieu à *aucune production*, car les intérêts sont arrêtés par le jugement de faillite (art. 445 C. com.).

2° Ceux qui voient dans la prime un accroissement de capital, destiné à dédommager l'obligataire de la nécessité d'un placement nouveau, peut-être moins rémunérateur, diront : — La production est légitime pour *la prime entière*.

597. — 3° La jurisprudence préfère un moyen terme : — production *pour une partie de la prime*. Mais les calculs d'après lesquels les arrêts ont réglé leurs décisions d'espèces sont si variés, qu'il est impossible de les présenter tous dans un tableau succinct.

La prime représente bien, d'après ces systèmes, un complément d'intérêts. Mais ce complément n'est pas afférent à la seule année au terme de laquelle l'obligation est désignée au tirage. Il la dédommage d'un intérêt trop faible, couru depuis la mise en circulation du titre. Il doit donc se répartir par fiction sur tout le temps qui va de l'*émission* au *remboursement*

Soit lors de la faillite ou de la liquidation dix ans déjà courus, sur vingt au bout desquels l'*amortissement normal* aurait eu lieu. Les obligataires produiront pour moitié de la prime, soit pour 50 francs.

Quant à déterminer ce moment futur de l'amortissement normal, cela est très malaisé. On doit se livrer à un calcul de probabilités.

Faut-il considérer comme époque normale de l'amortissement, le jour à venir où, parmi les obligations subsistantes, il y en aurait autant de remboursées que de non remboursées?

Doit-on préférer un système inspiré par la loi belge? — Comme on sait d'avance combien de titres composeront la série de tirage de chaque année, on prendra chaque série une par une; — on totalisera le capital de remboursement qu'elle représente (100 actions de 500 fr. à amortir à chaque tirage, soit 50,000 fr.); — on ramènera, au moyen d'un escompte, chacune de ces séries à sa valeur actuelle (1re série = 50,000 fr., moins 6 0/0; 2e série = 50,000 fr., moins 12 0/0, etc.); — puis on fera l'addition; — et la somme, divisée par le nombre de toutes les obligations, donnera pour quotient le chiffre de production de chacune d'elles, capital d'émission et prime partielle réunis. C'est pour ce chiffre que l'obligataire sera colloqué au marc le franc.

598. — Obligations à lots. — Ici les obligations les moins favorisées seront remboursées au pair, les autres auront des *lots*. La loi de 1838 sur les loteries devient certainement applicable.

Mais elle peut être écartée par une loi spéciale, que des raisons d'intérêt général (canal interocéanique américain ?) décideraient le législateur à voter. — A moins que la société, qui émet ces obligations, ne soit soumise à un régime particulier, admettant un simple décret ou arrêté ministériel pour autoriser l'emprunt à lots (Crédit foncier, décret du 21 décembre 1853, art. 8)[1].

[1] Lorsque le titre est grevé d'un usufruit et vient à sortir au tirage pendant la vie de l'usufruitier, on se demande encore — si le lot ou la prime appartient irrévocablement à celui-ci, — ou si le montant doit en être restitué au *nu-propriétaire* à la fin de l'usufruit avec le capital versé.

On comprend que la solution dépend du point de savoir si prime et lot doivent ou non être considérés comme des compléments d'intérêts. L'affirmative aurait pour résultat de les attribuer à l'*usufruitier*. — Le contraire est plus généralement admis.

599. — Voici des questions se rattachant à la *vente des obligations à lots*.

Les émetteurs de valeurs, banquiers ou autres, faute de trouver à la Bourse un suffisant débouché des titres, ont fait de la propagande au dehors. Au moyen de circulaires ou par des tournées de courtiers, ils ont attiré la petite clientèle. Ils lui ont consenti des ventes à des cours majorés sur ceux de la Bourse, mais avec faculté de régler le prix par acomptes échelonnés (mensualités, etc.). — Ce sont des *ventes à tempérament* [1].

Ces ventes ne sont pas nulles. Mais elles peuvent le devenir, par suite de l'insertion de clauses particulières, qui détachent pour l'une des parties l'espoir du lot du désir du placement lui-même. Ce serait contrevenir à la loi d'autorisation de l'emprunt, que de dénaturer ainsi l'économie du trafic normal, le seul que la loi d'autorisation ait entendu approuver.

Les opérateurs encourront les peines de la loterie.

Ex. : Le *numéro* du titre vendu ne sera *indiqué* à l'acheteur qu'*après* règlement de *plusieurs mensualités* ; que ce titre sorte au tirage dans l'intervalle, c'est le vendeur qui gagnera le lot, quoique ayant déjà trafiqué du titre. — Ou encore, il est stipulé que *si le numéro* vendu *sort au tirage* et sans lot avant le paiement du prix complet, l'acheteur exigera *un autre titre* à la place du premier.

On a même frappé la clause qui autoriserait le vendeur à résoudre de plein droit la vente, aux torts de l'acheteur, faute du paiement d'un acompte à l'échéance convenue. Cette clause constituerait un pacte commissoire illicite, parce que le vendeur détient le titre vendu comme *gage* du prix, et qu'un créancier gagiste n'a pas le droit de s'approprier le gage à l'échéance de la dette, en dehors des formes légales (art. 93 C. com.). — Cette solution pourrait bien résulter d'une confusion faite entre la théorie de la *vente* et celle du *gage*.

Mais alors que penser de l'achat de valeurs à lots par des associations en participation, qui fractionne en réalité en parts minimes une valeur de cinq cents francs? — Que dire de l'achat au comptant d'une de ces valeurs à la veille d'un tirage, simultanément avec revente à terme d'une obligation *in genere* de même nature pour la liquidation de Bourse suivante (sorte de report)? — Ou du procédé de banque plus simple, qui fait qu'on achète la chance du lot sur une obligation déterminée?

Aucun de ces derniers points n'a encore été réglé en jurisprudence.

[1] Il existe une proposition pendante aux Chambres, pour assujettir ces opérations à des formes écrites déterminées.

CHAPITRE IV

DES SOCIÉTÉS D'ASSURANCES

(L. 1867, art. 66 et 67 ; décret du 22 janvier 1868)

600. — Rappelons des principes déjà exposés dans l'introduction (nos 30 à 32).

L'assurance peut être exploitée tantôt en *société mutuelle*, tantôt en *société à prime fixe*.

1° Dans la société mutuelle, les associés mettent en commun des risques identiques qui les menacent. Ils conviennent que, en cas de sinistre éprouvé par l'un d'eux, la perte sera réparée au moyen d'une contribution proportionnelle répartie sur tous. Cette société est *civile*, les sociétaires sont justiciables des tribunaux ordinaires.

2° La compagnie d'assurances à primes fixes, compagnie *commerciale*, est presque toujours une société anonyme. C'est une société d'actionnaires qui consent à prendre *à forfait* des risques d'assurés étrangers à elle. Elle stipule une prime d'un taux déterminé de la valeur assurée, 4 0/00 par exemple. Elle a droit invariablement à cette prime. En retour elle s'engage à payer, au cas de sinistre, la somme assurée entière, même quand le nombre de ces sinistres dépasserait annuellement l'ensemble des primes touchées.

L'acte dressé, pour établir le contrat, s'appelle *police*.

Malgré cette différence, la notion de *mutualité* se retrouve sous les deux formes. De part et d'autre, les sociétaires se distribuent entre eux un risque commun ; ils le rendent inoffensif pour ceux qui en seront atteints, au moyen de l'aide qu'ils se prêtent. Seulement, dans la deuxième combinaison, un tiers s'interpose entre tous ces assurés et les empêche de se voir. Une sorte d'agence d'affaires se charge du service et du réglement des sinistres, moyennant un forfait (n° 32).

601. — La loi de 1867 établit un régime double, suivant l'objet que les sociétés d'assurances peuvent se proposer. Elle distingue entre les sociétés d'assurances sur la vie et les autres sociétés d'assurances.

602. — I. Assurances sur la vie. — Dans son expression la plus usuelle, qui est l'assurance en cas de décès, ou vie entière, l'assurance est un *contrat dans lequel l'assureur s'engage à payer à la mort de l'assuré, soit à ses héritiers, soit à un tiers déterminé* (bénéficiaire), *une somme fixée*, à condition par l'assuré de servir, sa vie durant, une prime annuelle convenue.

Ce genre de contrat est de décomposition juridique difficile. On ne s'est pas encore mis d'accord afin d'en dégager le caractère. Il semble que ce soit un *contrat de capitalisation*, un prêt à intérêt compliqué d'une assurance. L'assureur fait le placement de l'épargne de l'assuré; ce placement, d'après les tables de probabilité rapprochées de l'âge de l'assuré, doit à sa mort produire un capital de tel chiffre (20,000 fr.).

Si la mort frappe l'assuré prématurément et que le produit capitalisé ne soit encore que de 15,000 fr., l'assureur s'engage à lui compléter ce capital, de manière qu'il soit dû intégralement à tout événement[1].

603. — La loi de 1867 (art. 66, al. 1er) laisse ces sociétés d'assurances placées *sous le régime de l'autorisation* et de la surveillance *du gouvernement*. La règle ne s'applique pas seulement aux compagnies à prime fixe, mais aussi aux sociétés mutuelles et aux *tontines* (sociétés faisant fructifier un fonds de mises communes, pour le partager à une date convenue entre les survivants seulement). Voir déjà les avis du Conseil d'Etat du 1er avril et du 15 octobre 1809.

L'autorisation sera délivrée par un décret rendu après examen des statuts en Conseil d'Etat.

Cette sévérité tient à ce que les sociétés d'assurances opèrent à long terme. Elles doivent donc présenter des garanties sérieuses de solidité, de solvabilité, d'honnêteté dans les évaluations des risques.

Le gouvernement exigera le placement du capital et des réserves en immeubles, en fonds publics, en valeurs garanties par l'Etat, en titres de toute confiance. Il exercera par ses agents le contrôle de ces placements.

On ne doit pas considérer comme « assurance sur la vie » une assurance dans laquelle l'assureur s'engage à payer une indemnité pour le cas de mort (ou de blessures) par accident (assurances d'usine, assurances contre les périls d'un voyage déterminé). Ces sociétés ne font pas de capitalisation à long terme, elles n'opèrent pas d'après des moyennes de probabilité calculées sur les chances de durée de la vie humaine. Elles ne sont pas subordonnées à l'autorisation gouvernementale.

604. — II. Assurances ayant un autre objet (contre l'incendie,

[1] Autres formes de l'assurance sur la vie : 1° l'*assurance en cas de vie* (peu usuelle): la somme assurée n'est due que si l'assuré survit à la date convenue; — 2° la *rente viagère* (C. civ. art. 1968 à 1983) : l'assuré stipule une rente jusqu'à son décès, moyennant l'aliénation immédiate par lui d'un capital à fonds perdu; — 3° l'*assurance à terme fixe* : la somme assurée est due de toute manière pour la date convenue, soit à l'assuré, soit à ses héritiers selon qu'il vivra encore ou non à cette date, avec arrêt des primes à partir de son décès; — 4° l'*assurance mixte*, combinaison de l'assurance à terme fixe et de l'assurance vie entière. (V. les ouvrages de MM. Chaufton et Lefort).

contre la grêle, contre la mortalité du bétail, contre les risques de placement, assurances maritimes, etc.).

Ces sociétés peuvent se constituer librement. Si elles sont montées par actions, elles obéissent aux diverses prescriptions de la loi de 1867 et de 1893. Mais ici la réglementation redouble à leur égard.

Le législateur de 1867 (art. 66, al. 2) a délégué au gouvernement le soin d'éditer à leur égard des dispositions complémentaires, et en vertu de cette délégation a été promulgué un règlement d'administration publique en date du 22 janvier 1868 [1].

Ce décret statue séparément sur les compagnies à primes fixes et sur les sociétés mutuelles.

605. — *a) Compagnies à primes fixes.* — Le capital de fondation doit représenter au moins 50,000 fr. de versements dès le début; — le prélèvement sur les bénéfices annuels pour le fonds de réserve est de 20 0/0; — le décret réglemente le mode d'emploi des réserves, etc.

606. — *b) Sociétés mutuelles.* — Ici les polices, qui doivent contenir un certain nombre d'énonciations, établissent entre les signataires un lien d'association. Mais il faut aussi, et préalablement, des statuts dûment publiés.

La mutuelle est pourvue de rouages semblables à ceux qu'on trouve dans les sociétés par actions : conseil d'administration, assemblées générales.

1° Les statuts doivent déterminer un *maximum de garantie*, c'est-à-dire le taux le plus élevé de contribution que les sociétaires soient exposés à verser, dans les années de forts sinistres, d'après la valeur de l'objet que chacun d'eux met en risque; — et d'autre part 2° le *minimum de prime*, le versement annuel ferme que le sociétaire devra toujours faire, en vue de couvrir les frais généraux et d'alimenter la réserve, s'il reste un excédent.

607. — La manière satisfaisante dont un certain nombre de sociétés mutuelles ont pu, avec le temps, doter leurs réserves par l'accumulation des primes, leur permet aujourd'hui d'assurer leur marche, sans recourir à des appels de fonds plus élevés contre les mutuellistes.

Ces sociétés ne se distinguent plus extérieurement des compagnies à

[1] Les sociétés d'assurances *anonymes* autres que sur la vie, fondées avant 1867 sous le régime de l'autorisation gouvernementale, pourraient aujourd'hui se transformer, *sans autorisation du gouvernement*, en sociétés conformes au règlement de 1868, en observant les conditions prescrites pour la modification de leurs statuts (art. 67 de la loi de 1869). C'est une dérogation à la règle de l'art. 46 qui exige, au contraire, cette autorisation pour la transformation des sociétés anonymes de même époque, lorsqu'elles poursuivent un autre but que l'assurance. — La portée de cet art. 67 a, du reste, provoqué des controverses que nous n'examinerons pas ici.

prime fixe. Comme ces dernières, elles font verser par les assurés, au commencement de chaque exercice, une *somme forfaitaire* qui, grâce aux réserves existantes, leur donne la certitude à peu près complète d'un entier règlement de leurs sinistres.

Toutefois, il y a des signes qui permettent encore de les distinguer des sociétés dites à prime fixe, et elles ne deviennent pas des sociétés de commerce : — 1° à leur dissolution, les réserves seront réparties entre les associés, et non pas, comme dans une compagnie, entre les actionnaires ; — 2° il n'y a, dans les mutuelles, ni titres d'actions circulant sur le marché, ni distribution de bénéfices annuels.

CHAPITRE V

DES SOCIÉTÉS DE FORME COMMERCIALE ET D'OBJET CIVIL

(L. 1867, art. 68 ajouté par la loi du 1er août 1893)

608. — Les formes commerciales, celle de la commandite, celle de la société par actions, sont si commodes que, de longue date, beaucoup d'entreprises civiles ont cru bon de les emprunter, au lieu de se constituer sur le type sans consistance de la société civile, tel que le présente le Code civil (art. 1832 et suiv.). Le fait a été surtout notable pour les *sociétés des mines* et pour les *sociétés immobilières* [1].

609. — Cette adoption d'une *forme commerciale* par une société se proposant une *exploitation civile d'après son objet*, soulève une question de principe et des questions très variées d'application.

Ni les unes ni les autres ne peuvent se trancher aujourd'hui de la même manière pour les sociétés antérieures et pour les sociétés postérieures à la mise en vigueur de la loi du 1er août 1893.

610. — I. Sociétés antérieures a 1893. — Un point est certain : la forme commerciale prise par une société civile ne la commercialise

[1] Dans la région des charbonnages du Nord, des traditions anciennes ont donné à quelques-unes de ces sociétés une économie bizarre (Anzin, etc.). Le capital est divisé non en *actions*, mais en *sols*, qui se subdivisent en *deniers*, ou encore en *portions de fosses*. Ce sont des titres de quotité, cessibles par devant notaire. Les membres du conseil d'administration sont nommés à vie, quelques-unes de ces fonctions sont transmissibles aux héritiers. Ou bien les administrateurs survivants désignent eux-mêmes leur nouveau collègue. C'est une organisation très aristocratique.

point. (Voir les généralités au commencement de cette deuxième partie, nos 168 et 169.)

Elle échappe à la faillite, à la compétence des tribunaux de commerce.

Constituée en la forme d'une commandite par actions ou d'une société anonyme, *elle n'a pas à obéir à la loi du 24 juillet 1867,* laquelle ne concerne que les sociétés commerciales, ainsi qu'il a été dit par le représentant du gouvernement, au cours des débats du Corps Législatif (Cass. 28 novembre 1873).

611. — Cependant, l'adoption de la forme commerciale n'est pas dénuée d'effet. Elle a des résultats pratiques.

Mais, dira-t-on, à s'en tenir aux longues explications présentées plus haut, société commerciale et société civile ne sont-elles pas aux antipodes? La forme commerciale donne à une société corps d'existence pour contracter. La société civile n'est qu'un contrat de comptes *inter socios* (nos 172 et 220).

Comment peut-elle prétendre à jouer, comme telle, un rôle extérieur, du moment que la loi ne le veut point?

Sans doute, mais l'objection n'est pas sans réplique. Un ensemble de personnes peuvent, en se présentant au public groupées d'une certaine manière, manifester, par là même, la volonté de s'engager sous une modalité particulière. Et si le droit commun autorise cette nature d'obligation, les parties auront puisé dans leur autonomie la faculté de se rapprocher du droit commercial et d'en assumer la loi. Cela ne prouve point que leur groupement soit légalement investi des prérogatives de la forme corporative.

En d'autres termes, 1° il y a dans le droit commercial des sociétés des *dispositions interprétatives des volontés*, 2° il y en a d'autres *qui relèvent de l'ordre public.*

Les deuxièmes doivent rester strictement enfermées dans les limites où la loi les a établies.

Mais les premières de ces dispositions sont susceptibles, au contraire, d'une extension à d'autres domaines, parce qu'il dépend des contractants de le faire. Quiconque constitue une société civile sur le plan d'une société de commerce, marque, par là même, son intention de se soumettre au régime d'une société commerciale, aussi largement que l'y autorisera la liberté des conventions.

Par là, va nous être donnée la clef des solutions pratiques.

612. — Les dispositions commerciales susceptibles, par application des données précédentes, de s'étendre aux sociétés civiles lorsqu'elles prennent une forme de commerce, sont les suivantes :

1° Si la société est en nom collectif, les associés répondront *solidai-*

rement du passif social, et non plus seulement d'une manière conjointe et divisée. — Le droit commun permet de traiter une obligation quelconque sous la foi de la solidarité.

Il est vrai qu'en matière civile, la solidarité doit être expressément stipulée (art. 1202). Mais est-ce une solidarité tacite que celle qui résulte de la déclaration d'une entreprise en nom collectif, avec une raison sociale ?

2° La *prescription de cinq ans*, dont sont passibles les actions des créanciers après la dissolution (art. 64 C. com.), s'applique même à une société civile de forme commerciale. — Un débiteur peut stipuler, en contractant, qu'il sera libéré par un temps plus court que trente années, par cinq années notamment. Si le créancier accepte cette clause, il devra la respecter, il a renoncé à la prescription de trente ans [1]. C'est ce que font les associés lorsqu'ils constituent une société de ce genre, et les créanciers leur donnent acte de cette stipulation

3° Si la société est par actions, les fondateurs ont pu diviser le capital en *actions nominatives, à ordre ou au porteur*, cessibles sans le consentement des autres associés. — On montrera plus tard, à propos de la lettre de change, que la négociabilité du droit peut être insérée dans tous les titres de créance, civils ou commerciaux. C'est une règle rentrant dans l'autonomie des contractants. De même de celle qui, malgré la mort d'un associé, fait continuer la société avec ses héritiers.

Ces actions ne sont sujettes — ni au versement de leur premier quart, — ni à la disposition suspendant la conversion en titres au porteur jusqu'à leur entière libération. — Délivrées en représentation d'apports, elles n'ont point à être vérifiées en assemblée constitutive. — Tout cela résulte de ce que la loi de 1867 n'est pas applicable.

Elle ne s'appliquerait pas davantage dans ceux de ses articles qui prescrivent : — le renouvellement périodique des administrateurs, — la nomination de commissaires, — la tenue d'assemblées annuelles, — ou lorsqu'elle érige en délit la distribution de dividendes fictifs [2].

613. — Mais de pareilles imperfections doivent trouver un contrepoids. Autrement, l'épargne serait livrée sur le terrain de la société civile à tous les brigandages de la finance; et le public traiterait avec des sociétés de surface, sans la moindre consistance.

[1] Evitons une équivoque. Le *débiteur* ne peut pas renoncer à la prescription, se lier pour soixante ou pour cent ans (art. 2220, C. civ.). Mais le *créancier* y peut renoncer.

[2] Si pourtant les statuts, comme il est arrivé très souvent, déclarent la société fondée d'après la loi de 1867, toutes ces dispositions reprendront empire (sauf celles d'ordre pénal) à cause de la promesse que les fondateurs ont faite aux souscripteurs et au public de s'y conformer : la loi de 1867 aura force de *contrat*, mais non pas *autorité légale*.

Ce contre-poids, la jurisprudence l'a principalement fait résider dans l'engagement nécessaire et personnel de chaque associé au-delà de son apport.

Dans les sociétés civiles à forme commerciale, *la limite de responsabilité, convenue au profit de l'actionnaire ou du commanditaire dans les statuts, est sans effet au regard des tiers.* Il faut espérer que l'épargne, justement effrayée de ce surcroît de responsabilité, refusera de souscrire. En cas de déconfiture et d'insuffisance du fonds social pour payer les créanciers, ceux-ci pourront encore obliger les associés à régler le découvert, — un million, dix millions, cent millions, — quand même la commandite se trouverait versée ou les actions libérées. L'associé ne sera tenu que divisément (on n'est plus en matière commerciale), mais à concurrence de sa part virile [1] il est tenu sur tous ses biens.

Cette sévère prescription cesserait, il est vrai, si l'administrateur, dans chacun de ses marchés, prenait la précaution de stipuler en faveur de ses co-associés la limitation de responsabilité à une mise énoncée (mais c'est là quelque chose d'impossible à réaliser).

Toute cette jurisprudence prend son point d'appui sur l'art. 1863 du C. civ., qui est d'ordre public : « Les associés sont tenus envers le créancier avec lequel ils ont contracté, chacun pour une somme et part égales, encore que la part de l'un d'eux dans la société fût moindre, si l'acte n'a pas spécialement restreint l'obligation de celui-ci sur le pied de cette dernière part. »

Cela revient à dire, comme nous n'avons cessé de l'enseigner (n°s 172, 224), que la société civile n'a pas, et ne peut prendre sous aucun prétexte, organisme corporatif ou vie propre ; — que les associés à tout prix doivent rester des co-débiteurs alignés ; — que la limite pécuniaire, assignée dans leur procuration au gérant quant aux effets de ses actes, vaut seulement entre le gérant et eux, mais non au regard des tiers.

614. — Tout au plus, afin d'atténuer ce que la règle aurait d'excessif, peut-on dire avec un certain nombre d'arrêts :

1° La *publication*, donnée aux statuts par le dépôt aux greffes du tribunal (de commerce) et de la justice de paix, *tient lieu de cette stipu-*

[1] Ainsi, le porteur d'une action prend dans le passif le même contingent que celui qui en aurait cent. Ils sont cent actionnaires : chacun doit prendre à sa charge le centième du passif. Il s'en faut de beaucoup que les arrêts aient toujours suivi ce règlement. — Au surplus, que de difficultés quand les actions sont au porteur, les détenteurs actuels du titre étant inconnus ! Les souscripteurs primitifs sont-ils toujours tenus ? Nous en doutons, le droit commun, — puisque c'est au droit commun qu'on doit se référer, — veut qu'ils soient libérés par novation (n° 500).

lation de responsabilité limitée, que le gérant devrait réitérer à chaque contrat nouveau ;

2° Il en est de même du fait de délivrer au créancier un titre (certificat d'obligation, ou pièce de correspondance) portant comme en-tête ou dans son contenu la mention de « *société anonyme ou en commandite par actions* », avec énonciation du capital. Une pareille mention serait également de nature à instruire les tiers des conditions limitées de responsabilité de l'actionnaire. Elle lui en garantirait le bénéfice.

615. — Toujours, par application de la même idée : la société civile à forme commerciale ne jouit pas de la *personnalité morale*.

Cette personnalité est bien reconnue aux sociétés de mines (l. 21 avril 1810, art. 8 *in fine*); mais la règle est exceptionnelle.

On pourra assigner une société de ce genre en sa maison sociale. Pourquoi ! C'est que les associés ont renoncé à se prévaloir de l'adage : *nul ne plaide par procureur*.

Mais les créanciers personnels concourront, en cas de mauvaises affaires, avec les créanciers sociaux, etc. La jurisprudence actuelle en décide autrement, depuis qu'elle souscrit à cette personnalité morale pour toutes les sociétés civiles (n° 220).

616. — Nous ne prétendons pas donner l'ensemble de ce régime comme satisfaisant.

Du moins, les différentes solutions se tiennent; et sans le revirement d'interprétation de 1891, en ce qui touche la personnification des sociétés civiles, elles ne pècheraient par aucune incohérence.

617. — II. Sociétés postérieures a la loi de 1893. — Le nouvel article 68 est ainsi conçu : « *Quel que soit leur objet*, les sociétés en commandite ou anonymes qui seront constituées dans les formes du Code de commerce ou de la présente loi (loi du 24 juillet 1867) seront *commerciales* et soumises aux lois et usages du commerce. »

On pouvait, en 1893, lors de l'élaboration de la loi, hésiter entre deux partis : 1° déclarer que ces sociétés par actions, à objet civil, seraient soumises à la loi de 1867 sur les sociétés commerciales, tout en demeurant d'ailleurs civiles pour éviter la compétence des tribunaux de commerce et la faillite (système italien); — ou 2° les rendre commerciales à tous égards (système allemand). — C'est ce deuxième parti qui l'a emporté, malgré les observations de M. Bardoux.

Voici, pour ces sociétés nouvelles, les sous-distinctions à faire :

618. — 1° C'est une *société en nom collectif* ou en *commandite simple*. Tout ce qui a été dit ci-dessus d'une société formée avant 1893 reste applicable. La société demeure civile et ne peut assurer au commanditaire la responsabilité limitée.

Il est vrai que les termes de l'article visent la *commandite* d'une manière générale. Mais il paraît plus d'accord avec l'esprit de la loi de 1893, d'en restreindre la disposition à la commandite par actions, car c'est des sociétés par actions seules qu'elle s'occupe par ailleurs (voir toutefois son art. 69).

619. — 2° La société nouvelle, quoique d'objet civil, se monte *par actions*. Appelé, on vient de le dire, à choisir entre le droit allemand, qui la rendait commerciale absolument, et le code italien, qui ne lui appliquait le droit du commerce que sous réserve de la juridiction civile et de la non-recevabilité de la faillite, — notre législateur s'est rallié au premier de ces deux systèmes.

La société devient commerciale : — elle encourt la faillite; — elle relève du tribunal de commerce; — elle doit tenir des livres; — elle a la personnalité morale moyennant publicité des statuts.

D'autre part, l'actionnaire n'engage qu'une responsabilité limitée. La réglementation de la loi de 1867 s'exerce, avec ses sanctions civiles ou pénales (versement du premier quart, vérification des apports, maintien de la forme nominative jusqu'à l'entière libération, assemblées générales, etc.).

620. — Un seul point a paru douteux. Quelle est la *nature juridique des actes* faits par ces sociétés? Demeurent-ils civils (ce qui laisserait la société justiciable des tribunaux ordinaires, pour les procès que lui feraient ses créanciers)?

On a répondu affirmativement (MM. LYON-CAEN et RENAULT) : la société devient bien commerciale comme personne, ses opérations restent des actes civils par leur objet, l'art. 632 ne les visant point.

L'opinion contraire est préférable, selon nous. Le fait par un commerçant de ne pas imprimer à ses actes d'exploitation le caractère commercial, serait une anomalie : la loi édicte en réalité une fiction de commercialité pour tous les actes des sociétés par actions. Ainsi le veut le crédit des affaires, et les travaux préparatoires sont très expressifs pour consacrer cette solution.

Il n'y aurait de difficulté que pour déterminer la nature de ces opérations, lorsqu'elles portent sur des immeubles (sociétés immobilières)[1].

621. — La loi de 1893 ne rétroagit point. Les sociétés par actions *antérieures* à sa promulgation demeurent régies par le droit civil.

Toutefois, en vertu des dispositions transitoires, art. 7 *in fine*, ces sociétés peuvent se transformer en sociétés de commerce sous le ré-

[1] V. à cet égard la dissertation de M. LACOUR, sous Paris, 10 juill. 1894, D. 95, 2, 105, et celle de M. WAHL, au Sirey sous le même arrêt, 1896, 2. 57. Cfr. notre propre article dans les *Annales de droit commercial*, 1894, p. 136 et s.

gime de la loi nouvelle. Elles y arriveront, moyennant une délibération prise aux conditions de présence de la moitié de leur capital et en conformité de leurs statuts (transformation de la *Société des Immeubles de France*).

Cette faculté de transformation est donnée même aux anciennes sociétés civiles constituées *autrement que par actions*. La manière dont la loi est rédigée ferait même croire que ce sont ces dernières seules qui peuvent en profiter. Mais ce qui est dit dans les rapports montre qu'on a voulu établir une règle générale. TOUTES sociétés anciennes, qu'elles aient été constituées comme sociétés civiles, comme sociétés par intérêt ou *comme sociétés par actions*, peuvent se transformer en *sociétés commerciales par actions*.

622. — Une dernière observation : — Il y a des *associations d'intérêt général* (sociétés philanthropiques, hospitalières, etc.,) qui se constituent sous la forme de sociétés par actions : les actionnaires touchent un dividende faible, souvent nul, ils sacrifient le revenu de leur argent à une œuvre de désintéressement.

Ces associations ne peuvent pas, par les dehors qu'elles prennent, éluder la règle de droit public qui refuse à une association la personnalité juridique, à moins d'avoir été reconnue d'utilité publique. Elles n'échappent point à la dissolution administrative, elles ne peuvent recevoir des dons et legs (Cass. req. 29 oct. 1894).

Il y a bien une distinction proposée pour ces associations, suivant qu'elles opèrent au regard des *personnes* de leurs membres ou quant à leurs *biens*. Elle leur ferait produire au deuxième point de vue tous les effets d'une société régulière, (M. DE VAREILLES-SOMMIÈRES). Mais cette distinction, quoique ingénieuse, ne semble pas conforme aux données générales de notre législation [1].

[1] Nous ne voulons pas dire, dans le texte, que toutes les sociétés qui se proposent à la fois un intérêt d'ordre général et le *rendement du capital engagé*, soient nécessairement nulles. La poursuite d'un but pécuniaire et celle d'un but désintéressé peuvent se concilier, au contraire, quoi que présente d'étrange cette alliance de mots. C'est incontestablement pour les sociétés fondées en vue de constituer un *établissement d'enseignement libre*, que la question offre le plus d'importance. Beaucoup d'établissements de ce genre se sont ouverts, notamment par application de la loi du 12 juillet 1875 sur la liberté de l'enseignement supérieur, sans s'être fait déclarer d'utilité publique, suivant l'art. 11 de cette loi. Quelle est la condition légale de ces sociétés ?

Du moment qu'un chef d'établissement peut s'attacher à faire valoir *pécuniairement* ses aptitudes et le capital qu'il engage, une société le peut aussi, qu'elle soit animée d'un esprit laïque ou religieux. L'exploitation est *civile* d'après sa nature, car on ne trouve dans l'énumération des actes de commerce de l'art. 632 aucune mention qui la concerne (nous faisons exception pour les industriels qui font principalement porter leurs bénéfices sur les fournitures et la nourriture des élèves, et que la langue vulgaire qualifie de *marchands de soupe*). Mais, depuis la loi de 1893, ces sociétés, en se montant par

CHAPITRE VI

DES SOCIÉTÉS ÉTRANGÈRES [1]

(L. 30 mai 1857 et nombreux décrets)

—

623. — Ce sujet ne rentre pas, à proprement parler, dans notre programme, il dépend du droit international privé. On devra se borner à en tracer les principales lignes.

624. — Une société, étrangère pour nous Français, est une société qui a son *siège social en pays étranger*. Il importe peu que son exploitation ait lieu en France ou dans un pays différent, dans celui de son siège ou dans un autre pays.

Si, donc, une société se constituait en vue d'opérer son entreprise à l'étranger (concession d'un chemin de fer, d'un service d'éclairage, des travaux d'un port, d'une mine, fabrique de dynamite, culture de domaines, hors de France et des colonies), elle n'en pourrait pas moins rester française. Elle le serait, du moment que c'est dans un lieu de France qu'elle a son siège statutaire, c'est-à-dire tous ses agents ou la plupart de ses agents juridiques d'administration [2].

actions, deviennent *commerciales* et acquièrent la personnalité civile (avec la faculté d'acquérir librement des dons et legs, n° 219). D'après la jurisprudence régnante, elles acquerraient la personnalité, sans adopter la forme par actions, tout en restant civiles: ce que nous n'admettons point (n°s 220 et suiv.).

Ainsi, suivant notre système, une société d'enseignement, fondée par actions, a tous les avantages d'une société commerciale, mais aux conditions suivantes : 1° Il faut que le capital recherche une rémunération *suffisante* (les statuts pourraient d'ailleurs prescrire que le *maximum* de dividende annuel sera de 4 ou de 5 0/0 par exemple, et que le surplus sera porté à la réserve); 2° Il ne faut pas que cette société constitue son personnel d'enseignement ou d'éducation au moyen d'un noyau de congréganistes, appartenant à une communauté non autorisée; car autrement elle ne manquerait pas d'encourir le reproche de donner à cette communauté, sous des apparences trompeuses, le moyen de se procurer une existence juridique.

Tout cela est présenté, non comme un expédient pour éluder les lois, mais comme l'expression véritable du régime actuellement en vigueur.

[1] Bibliog. : — Lyon-Caen, *De la condition légale des sociétés étrangères en France*, 1870; — Pineau, *Des sociétés commerciales en droit international privé*, 1893.

[2] La Compagnie de l'isthme de Suez ne répond pas exactement à cette formule. Elle a son conseil d'administration et tient ses assemblées générales en France. Elle s'est constituée cependant comme société égyptienne (en adoptant, il est vrai, les règles usuelles d'une société anonyme française), avec une simple agence à Alexandrie.

A une société semblable s'appliqueraient toutes les règles des chapitres précédents. — Notamment, elle devrait, à peine de nullité, publier ses statuts dans le ressort de ce siège. — Si elle était constituée sous la forme d'une société par actions, elle devrait obtempérer à tous égards à la loi de 1867 ; *tout* son capital serait soumis au régime fiscal français ; l'admission de ses titres à nos Bourses ne dépendrait pas de l'agrément du gouvernement.

C'est donc par incorrection de langage qu'on dit de l'épargne française qu'elle fonde une entreprise *étrangère*, chaque fois qu'elle a formé le capital d'une société, destinée à mettre en valeur des richesses à l'étranger. En réalité, cette entreprise demeure française, pourvu toutefois que son siège soit établi chez nous.

625. — Faute de pouvoir régler la nationalité d'une société comme celle d'un individu par la filiation (*jus sanguinis*), on a dû la déterminer par son attache au territoire (*jus soli*). Elle aura donc la nationalité, que lui communique l'Etat auquel elle est attachée.

Mais cette attache pourrait se comprendre de diverses manières :

1° *Centre d'exploitation* (MM. LYON-CAEN et RENAULT, WEISS). On vient de dire que ce n'est pas le système accepté. Si l'exploitation s'exerce concurremment dans divers pays, le *criterium* échappe !

2° *Lieu de confection des statuts*. — Mais alors il suffirait pour les fondateurs d'aller dresser leur acte de constitution à Bruxelles, et de revenir le lendemain en France, pour rendre la société belge !

3° *Nationalité des associés*. — Même objection.

4° *Lieu des souscriptions*, c'est-à-dire pays de provenance des fonds composant le capital. — Ce serait raisonnable, car les actionnaires, en souscrivant, se croient protégés par leur propre loi. Mais si les souscriptions sont ouvertes à la fois dans plusieurs Etats, ou si les actions, par le fait du mouvement international des titres, passent des Bourses d'un pays dans celles des autres, le signe devient instable.

626. — On a donc dû prendre comme élément de la nationalité le *domicile* (tel qu'il est entendu plus haut dans le chapitre de la personnalité des sociétés, n° 215). On a fait abstraction de la nationalité ou du domicile personnel des membres. On s'est arrêté au siège social en un mot, à la condition de ne pas être fictif [1].

[1] Nous avons proposé, dans les *Annales de Droit commercial*, 1890, p. 257, que ce siège social fût en outre établi nécessairement *dans un pays où une partie appréciable des souscriptions relatives au capital aurait eu lieu*. — En tout cas, les lois devraient le décider ainsi. Autrement, dans les sociétés par actions, les souscripteurs répondraient en France à des émissions de titres, convaincus qu'elles s'accomplissent en conformité de notre régime légal, tandis que les pouvoirs sociaux résideraient dans un autre pays dont la législation est beaucoup moins protectrice.

Cela est conforme à l'idée que, à défaut du lien du sang, ce domicile constitue pour une personne son principal attribut. La jurisprudence est en ce sens, quoique insuffisamment motivée.

Donc ainsi disposera la loi des sociétés de l'Etat où est fixé le siège social, ainsi sera constituée et fonctionnera cette société. — Si cet Etat exige encore l'autorisation gouvernementale pour les sociétés anonymes (Autriche), la société devra se la faire délivrer dans son pays. — S'il laisse ces sociétés entièrement libres (Angleterre), la société échappe au système réglementaire de notre loi de 1867. — S'il a une réglementation moins sévère que la nôtre (Belgique), c'est cette réglementation adoucie qui prévaudra, etc.

627. — Au surplus, le pays de ce siège social se confondra toujours en fait avec celui de la *confection des statuts*, dans les compagnies par actions.

Du moment que, le siège social étant établi en France, on en induit, — ce qui est en somme toute la thèse, — la nécessité pour la compagnie de se constituer et de s'administrer conformément aux lois des sociétés en vigueur dans le pays de ce siège social, c'est donc en France que les statuts ont dû commencer par être dressés, déposés, etc. Il y a là une condition de forme initiale, d'où dépend la validité de cette société.

628. — On voit mainte société étrangère opérer en France. Elle manifeste son existence sur notre territoire à un double point de vue :

1° Pour faire le *placement de ses titres*, lorsqu'elle est par actions, sur notre marché de Bourse et de banque.

Elle cherche en France ses souscripteurs, ou bien c'est en France que les premiers porteurs écoulent les titres en les vendant. — (Ex. : sociétés anglaises des mines du Transvaal.) L'épargne française est sollicitée par elle.

2° Pour faire en France des *opérations d'exploitation* : ce qui se produira de diverses manières.

Parmi ces sociétés, les unes ont en France un siège secondaire, une succursale. Les autres traitent leurs affaires par des commissionnaires français ou par des agents voyageurs. D'autres enfin contractent par correspondance, depuis le pays où elles ont leur siège et sans déplacement.

De là des contrats conclus avec des Français, des différends entraînant procès.

629. — Les sociétés étrangères ont-elles la faculté d'opérer ainsi en France à ces divers points de vue ? Ont-elles le libre accès du territoire pour leurs agences, avec l'égalité de droits des sociétés françaises? ou plutôt avec l'égalité de droits d'un étranger *individu?*

On se souvient que l'étranger, sans avoir en droit civil la plénitude des droits d'un Français (art. 11 C. civ.), dispose au contraire, en matière commerciale, de tous les avantages appartenant à ce dernier. Il n'est soumis qu'à la menace d'expulsion, et à l'obligation, lorsqu'il attaque en justice un Français, de fournir la *caution judicatum solvi* (l. 5 mars 1895. — Voir précédemment le n° 86).

Faut-il étendre ce régime libéral aux sociétés?

630. — On doit répondre affirmativement pour les *sociétés par intérêt.* Les auteurs y ajoutent, peut-être à tort, les sociétés en commandite par actions.

On suit purement et simplement à leur égard les règles du statut personnel. Il suffira pour elles de s'être fondées suivant la loi de leur pays, et cela quand même leurs associés, pris individuellement, seraient des Français.

Elles disposeront de la personnalité en France pour les conventions qu'elles y feront; elles se prévaudront de leur règlement statutaire afin de déterminer la responsabilité de leurs associés.

631. — A l'égard des *sociétés anonymes*, on a adopté un système différent.

La réglementation de la société anonyme est considérée comme rentrant dans les *lois de police et de sûreté*, qui sont essentiellement territoriales : le respect de ces lois s'impose à tous ceux qui opèrent dans le pays, quelle que soit leur origine.

La loi française ne saurait s'en rapporter purement et simplement à une réglementation légale étrangère, sur laquelle on ne l'a point consultée. Elle peut, à ses yeux, ne donner aucune protection ni à l'épargne, ni aux fournisseurs; ni aux actionnaires, ni aux créanciers.

La conséquence serait que la société anonyme étrangère ne dispose en France d'aucune capacité, — ou qu'elle doit se mettre en règle avec la loi de 1867, chose à peu près impossible dès l'instant qu'elle a dû se conformer à sa loi à elle, probablement inconciliable avec la nôtre.

Toutefois, on a rejeté aussi cette prohibition. Elle n'aurait pas manqué, par mesure de rétorsion, de fermer à nos propres sociétés anonymes les marchés de l'étranger.

Et de là, le régime établi par la *loi du 30 mai 1857*, qui oblige à faire aujourd'hui une distinction entre les sociétés, suivant leur pays d'origine.

632. — 1° *Dépendront-elles d'un Etat au profit duquel le gouvernement français a rendu ou viendrait à rendre un décret général d'habili-*

tation? Il s'agit là d'une décision gouvernementale française applicable à un Etat, « pour ses sociétés anonymes ou autres associations commerciales, industrielles ou financières qui sont soumises à l'autorisation gouvernementale et l'ont obtenue chez elles ».

Le décret général, délivré *in globo* à toutes les sociétés d'un même Etat, vaut témoignage rendu par le gouvernement français, que le système sous lequel elles sont fondées à l'étranger est suffisamment protecteur pour notre épargne et pour notre commerce.

Ce régime n'a pas été aboli par la loi du 24 juillet 1867 : celle-ci supprime seulement l'autorisation administrative pour nos sociétés anonymes indigènes. L'autorisation donnée en vertu de l'ancien art. 37 C. com., *spéciale* à chaque société qui l'obtenait, avec approbation de ses statuts par le Conseil d'Etat, avait un tout autre caractère [1].

Presque tous les Etats de l'Europe (et les Etats-Unis d'Amérique) bénéficient de décrets de cette nature.

La Belgique peut se prévaloir nommément de la loi de 1857 elle-même.

Il n'y a d'exception que pour l'Allemagne et pour l'Angleterre qui, on le verra, disposent pour leurs sociétés du même avantage, en le tirant d'une autre source.

En sorte qu'il est vrai, en fait, de dire aujourd'hui que toutes les sociétés européennes de quelque importance peuvent opérer en France d'après leurs statuts personnels.

633. — Ces sociétés peuvent « exercer tous leurs droits et ester en justice en France, *en se conformant aux lois françaises*. »

Formule malencontreuse. En réalité, ces sociétés relèvent de leur *loi d'origine* pour la validité de leur constitution, et pour l'organisation de leur personnel. Elles n'ont pas à faire publier leurs statuts en France. Elles en sont dispensées, même si elles y entretiennent des succursales : ce qui est une imperfection du système.

Seulement, les marchés qu'elles font en France sont réglés par le *droit français*; — elles ne peuvent pas déroger chez nous aux dispositions d'ordre public, telles que la loi des loteries ; — leurs agences françaises seront passibles de la patente ; — et lorsqu'elles font un procès à un

[1] Mais nous avons soutenu autrefois (*Journ. des soc.* 1881, p. 50, 106 et 312) que la loi de 1857 n'était applicable qu'aux sociétés anonymes étrangères *autorisées* dans leur pays : ce qui, à part l'Angleterre, constituait, en 1857, le droit commun de l'Europe. Le fait par un Etat d'avoir proclamé plus tard, à notre propre exemple, la liberté de ses sociétés anonymes, enlevait par là même à celles-ci le droit d'opérer sous aucun prétexte en France, et leur faisait perdre le bénéfice du décret français. — Nous nous fondions pour le dire sur la rédaction même de cette loi du 30 mai 1857. — Mais cette opinion n'a pas rallié la majorité des opinions.

Français, elles seront assujetties à la *caution judicatum solvi* (à moins d'en être exemptées par un traité diplomatique: convention internationale sur les transports par chemin de fer du 14 oct. 1890, etc.).

634. — La *circulation des titres* émis par ces sociétés est également soumise à des règles spéciales.

Elles font valablement *négocier* leurs actions en France sur le *marché libre* et même elle les y font *souscrire*, à seule condition par ces actions d'être émises ou négociées en conformité de leur loi nationale.

Mais il y a une restriction importante. Elle concerne l'*admission de ces actions à la cote de nos Bourses*, par les chambres syndicales d'agents de change. L'admission n'est possible qu'autant que les Bourses de leur pays l'ont déjà décidée, et seulement lorsque les actions sont d'un taux de 100 francs au moins et libérées du quart; le tout, sous réserve d'un droit d'opposition du ministre des finances (D. 6 février 1880, et 1er décembre 1893).

Une organisation fiscale, très pointilleuse, veut que les titres de ces sociétés, 1° tantôt soient sujets à une *taxe d'abonnement* aux droits de timbre ou de transmission et à l'impôt sur le revenu, établie sur une moyenne de circulation française par rapport au capital social tout entier, avec désignation d'un représentant français responsable des droits; et 2° tantôt qu'ils acquittent, à peine d'amende, un *timbre au comptant* aujourd'hui de 2 0/0, lors du premier usage qui en est fait en France.

635. — La condition des sociétés anonymes d'Angleterre et d'Allemagne en France, et inversement, est déterminée par des *conventions diplomatiques*.

Pour les premières est intervenu un traité du 30 avril 1862, leur accordant les mêmes droits qu'aux sociétés françaises.

Les secondes peuvent valablement opérer chez nous, en vertu du *traité de Francfort*. La clause dite de la *nation la plus favorisée* assure aux *ressortissants* de l'Allemagne en France, sous condition de réciprocité, les avantages qui viendraient à être reconnus aux ressortissants des autres puissances. Notre jurisprudence (arrêt de la Cour de cassation du 14 mai 1895) a fini par étendre cette disposition aux sociétés commerciales [1].

636. — 2° *S'il s'agit* d'autre part *de sociétés anonymes originaires*

[1] Le bien-fondé de cette interprétation, que tous reconnaissent pratiquement sage et conciliante, a soulevé et soulève encore de sérieuses protestations doctrinales. V. la dissertation de M. Lyon-Caen, en note sous l'arrêt dans le Recueil de Sirey, 1896, 1. 161.

d'Etats en faveur desquels n'a point été rendu de décret général, le droit d'agir, de contracter, de plaider en France leur est refusé.

Seulement assignées comme défenderesses, elles ne peuvent se prévaloir devant nos tribunaux de leur irrégularité.

Leurs actions ne sauraient être en France l'objet d'un trafic légal ou d'une admission à la cote de la Bourse.

A part le Japon et la République sud-africaine, quel est aujourd'hui l'Etat industriel aux sociétés duquel manque le décret d'habilitation?

CHAPITRE VII

DES SOCIÉTÉS A CAPITAL VARIABLE

(L. 1867, titre III, art. 48 à 54 et 62; l. 1893, art. 71 remaniant l'art. 50, § 1; l. 5 novembre 1894 sur les sociétés de crédit agricole)

637. — L'observation faite en tête du chapitre précédent peut être renouvelée. Ce sujet se rattache moins au droit commercial qu'à l'économie politique ou à l'étude sociale de la mutualité entre gens de même condition.

Le type de la société à capital variable a été établi afin de servir la cause de la coopération; cependant, ni ce mot n'est reproduit, ni les pensées qu'il évoque ne sont positivement visées dans cette partie de la législation.

Il faut donc commencer par ramener, si possible, la *société coopérative* à une idée générale. On comprendra mieux ensuite le rôle ordinaire que tient la *société à capital variable*.

638. — De la coopération. — A la rigueur, toute société est une *coopération*. Mais on doit prendre ce vocable dans un sens plus étroit.

Le trait propre de la coopération ne tient point à ce que l'apport de travail prévaut dans les sociétés coopératives sur l'apport de capital. Car on est souvent témoin, dans une société ordinaire, du même fait, outre qu'il serait plus vrai de dire que, dans une coopérative, les deux apports se combinent ensemble, suivant une économie particulièrement originale.

« Coopérer » ne signifie point *opérer ensemble*, mais *travailler avec*. La société coopérative est celle qui travaille *avec* ses propres associés.

L'associé y occupe un double rôle. Il est à la fois : 1° membre de la société, dont il court les risques avec un droit dans ses bénéfices; et 2° d'autre part, il est tantôt le client d'affaires et tantôt l'agent de main-d'œuvre de cette même société.

Si la société possède un *achalandage*, elle le doit à ses associés : ceux-ci lui réservent leurs commandes, ou viennent emprunter, faire escompter leur papier auprès d'elle.

Si la société a des ateliers garnis d'ouvriers stables, sans avoir à en embaucher de nouveaux tous les mois, c'est parce que ses associés sont *ses propres ouvriers*.

639. — Ce cumul de rôles tend, selon les cas, à des buts économiques variés. Mais ce qu'il se propose toujours, c'est la *suppression d'un intermédiaire*, afin de procurer ici un rabais de prix, là une hausse de salaires.

Intermédiaire patron dans les ateliers coopératifs.

Intermédiaire négociant ou banquier dans les autres formes.

Justement, ce résultat n'est possible qu'à la condition de lier ensemble, pour la répartition des bénéfices, 1° l'apport de capital, et 2° le service rendu en clientèle ou en main-d'œuvre.

Soit une maison coopérative de produits alimentaires dans laquelle Primus prend une action de 25 francs.

a) Le dividende dû à cette action en fin d'exercice ne sera pas pour Primus le seul bénéfice donné par la société. Autrement il serait un actionnaire quelconque, faisant travailler son argent, cherchant le lucre dans une entreprise : il ne poursuivrait plus le but d'économie attaché à la coopération. Or, il se peut que, d'après les statuts, ce dividende doive rester très faible et même doive entièrement disparaître.

b) Mais voici qu'en sa qualité d'acheteur des fournitures de la société, il possède un compte autre que celui de son action. Ce compte, plus ou moins élevé suivant les années, se chiffre d'après les livraisons qui lui ont été faites. Il a été facturé pour ses fournitures d'après le cours du commerce de détail (c'est la manière générale de faire); donc à s'être adressé à cette maison plutôt qu'à une autre il n'a pas encore trouvé d'avantage.

c) L'avantage paraît après inventaire. 1° Une portion déterminée des bénéfices (50 0/0 par exemple) est attribuée aux associés, en tant qu'*acheteurs de marchandises*, et au prorata des livraisons qui leur ont été faites dans l'année précédente. 2° L'autre portion seulement leur revient au titre d'*apporteurs de fonds* et de copropriétaires du capital social, d'après le nombre de leurs actions. Et encore l'usage tend-il de plus en plus à limiter le tantième alloué à ce capital pour le rétribuer :

les statuts diront qu'il ne peut pas dépasser 4 ou 5 0/0 des parts d'intérêt ou des actions. Ils diront même, comme le veut la loi du 5 novembre 1894, sur les *sociétés de crédit agricole*, que cette part de bénéfices soit mise à la réserve pour n'être distribuée qu'après la dissolution.

Même décomposition dans les ateliers coopératifs. L'ouvrier a son salaire fixe; mais en outre il touche une quote-part des bénéfices annuels, et cette part est calculée moins d'après son apport d'argent que sur le nombre de *journées* qu'il a faites.

Et alors, cette fraction de bénéfices afférente, soit à l'ensemble des achats qu'on a commandés, soit au travail d'ouvrier qu'on a fourni, vient faire, en dernière analyse, que l'ensemble de ces achats a été moins coûteux, que la main-d'œuvre a été mieux rétribuée. Cette fraction forme un *boni de restitution* ou un *supplément* proportionnel *de salaire*, plutôt encore qu'un véritable bénéfice.

640. — Au vu de ces caractères, on peut serrer de plus près la conception juridique de la coopérative. On dira que c'est une société *dont les membres ont vocation pour s'approvisionner, pour acheter ou louer, pour emprunter chez elle, ou encore pour constituer son personnel de main-d'œuvre*, avec une participation de bénéfices, d'après le courant des opérations ou des travaux de chaque adhérent avec la société.

641. — On connaît les trois types classiques [1]. Il en est, dans le nombre, qui ont dû le maintien de leur durée à l'existence, à côté d'elles ou au-dessus d'elles, de banques de patronage, quelquefois sociétés coopératives elles-mêmes, qui leur procurent les capitaux ou le fonds de roulement indispensables.

1° *Sociétés de consommation*. — Elles se fondent entre personnes qui font acheter des articles de ménage au prix du gros, pour les détailler entre les membres selon leurs besoins.

L'exemple, toujours invoqué de préférence, est celui des Equitables Pionniers de Rochdale; il a été suivi, en Angleterre surtout, de *Wholesales*, qu'on ne compte plus.

Dans la même catégorie, rentrent des sociétés rurales. Elles sont constituées sous les auspices des syndicats agricoles, et se proposent l'achat d'engrais destinés à être revendus au détail, ou l'achat de machines agricoles, qu'on louera aux membres.

Les sociétés d'habitations à bon marché répondent encore à la même pensée, lorsqu'elles composent leur personnel d'associés de ceux mêmes

[1] V. pour plus de renseignements, le *Précis d'Economie politique* de M. Cauwès, 1re éd. II, p. 292 et suiv.

qui occuperont ces habitations. Il ne s'agit plus alors d'acheter des objets de consommation, mais un appartement ou de prendre cet appartement à bail. On le louera ou on l'achètera moins cher, en s'assurant en même temps la position de bailleur ou de vendeur comme associé de l'entreprise.

642. — 2° *Sociétés de crédit* ou banques populaires. — Ex. : — Sociétés fondées en Allemagne par Schulze-Delitzsch ou par Raiffeissen. — Sociétés de crédit agricole fondées entre membres de syndicats professionnels, conformément à la loi du 5 novembre 1894, pour prêter, avec ou sans gage, aux agriculteurs sociétaires, l'argent nécessaire à l'achat de leurs approvisionnements, pour répondre de leurs engagements, pour escompter au besoin leur papier, etc.

Elles prennent des fonds en dépôt, attirent les capitaux étrangers au moyen d'un crédit propre. Ce crédit, chacun des coopérateurs ne l'aurait pas, mais il est acquis par la masse des associés (en Allemagne, longtemps ces sociétés n'ont pu s'obliger qu'en nom collectif, ce qui a permis aux caisses Raiffeissen de se former sans fonds social). Elles font ensuite profiter leurs membres à court d'argent du faible intérêt qu'elles paient elles-mêmes, ainsi que de la modicité de leurs frais généraux.

643. — 3° *Sociétés de production* (celles qu'on a vainement encouragées en France, soit par les subventions du gouvernement de 1848, soit par le legs Rampal, ou autrement). — Des ouvriers charpentiers, lunetiers, tisserands, se passent d'un patron; ils veulent s'attribuer à eux-mêmes le profit de l'entrepreneur. Ils constituent le fonds d'exploitation en société, élisent un gérant responsable envers eux, se partagent les bénéfices.

On sait les difficultés que rencontre cette forme de coopération, — présentée par certains publicistes comme le vrai moyen de résoudre le problème du salariat, — et remise en vogue par l'expérience de la mine aux mineurs et de la verrerie d'Albi (capital insuffisant, absence de concours auxiliaire des banques, luttes intestines).

644. — La loi ne s'occupe pas de la coopération d'une manière directe (sauf dans la loi de 1894 sur les sociétés de crédit agricole). Un projet sur les sociétés coopératives, déjà voté par la Chambre, a essuyé en 1896 au Sénat une épreuve qui retardera de longtemps le vote de la loi.

Cependant, en tout temps, et dès avant ce projet, il importait de savoir :

1° Si une société coopérative est ou non une *société de commerce*;

2° Si elle est soumise aux mêmes *contributions fiscales* que les exploitations similaires qui sont dirigées par des individus ou par des sociétés ordinaires.

Ces deux questions ne se tranchent pas de même pour les sociétés de production et pour les deux autres formes.

645. — Aucun doute que les *sociétés de production* ne se livrent à des *actes de commerce :* les ouvriers associés entre eux font exactement ce qu'un patron eût accompli si on avait suivi l'organisation ordinaire. Ils ont une clientèle extérieure d'acheteurs, ils se proposent de vendre plus cher qu'ils n'ont acheté, ils collaborent de leur argent et de leur travail : deux sortes d'apports sociaux combinés ensemble.

Cette société de production se constituera en la forme d'une société en nom collectif, en commandite ou par actions. Elle encourt la faillite. Elle est justiciable du tribunal de commerce.

La société sera inscrite à la patente et en paiera le montant. Elle acquittera le timbre, le droit de transfert de ses actions. Quant à l'impôt sur le revenu, il y a lieu à dispense du droit pour les coopérations qui sont formées exclusivement entre ouvriers et artisans au moyen de leurs cotisations périodiques (Loi 1er décembre 1895).

646. — Les *sociétés de consommation* et *celles de crédit* sont d'une autre nature. *Leur objet est civil.*

Non pas parce que la spéculation leur fait défaut, mais parce qu'elles ne s'entremettent point dans la circulation des marchandises ou de l'argent (n°s 11 et 16). Les coopérateurs achètent ou empruntent ensemble des valeurs qu'ils consommeront eux-mêmes. Ils commencent sans doute par se les répartir, mais c'est en vertu d'une distribution intérieure.

On pourrait même aller jusqu'à refuser à ces entreprises la dénomination de *sociétés véritables*. La société doit, en effet, se proposer un partage de bénéfices (art. 1832) ; or la coopération procède à des bonis de restitution qui ne sont point, à proprement parler, des bénéfices (il est vrai qu'elle rémunère aussi son capital).

La question a peu d'importance, puisque, de toute manière, ce genre d'associations est licite, et qu'on a voulu visiblement leur permettre de se comporter comme des sociétés.

Donc : 1° Elles relèvent du tribunal civil et échappent à la faillite, — à moins de s'être constituées en sociétés par actions, par application de l'art. 68 de la loi du 1er août 1893, — ou encore, à moins d'être des sociétés de crédit agricole, obéissant à la loi du 5 novembre 1894 (art. 4) ;

2° Elles n'ont pas à payer la patente ou les autres contributions frappant un commerce, une industrie, une profession. Cela tient à ce que l'esprit de gain leur fait défaut. L'impôt sur le revenu serait également inapplicable aux *bonis* de restitution (*Sic*, l. 5 novembre 1894, même article).

647. — Une telle faveur a des bornes. Certaines sociétés de consommation pratiquent la *vente aux étrangers*, en même temps que la vente aux associés. On a créé entre l'étranger et l'associé un personnage de nature hybride, l'*adhérent*, une sorte d'associé en expectative.

L'adhérent est un non-sociétaire qui, moyennant un versement faible, d'un franc, par exemple, profite des mêmes avantages que les sociétaires. Il a le droit de faire ses acquisitions à la coopérative, sous cette réserve que ses *bonis annuels* lui sont retenus jusqu'à ce qu'ils atteignent une part sociale ordinaire. Après quoi, l'adhérent devient associé.

C'est en partie pour avoir voulu étendre à ces coopératives avec adhérents les avantages fiscaux des coopératives simples, que le projet du gouvernement a subi un vote contraire au Sénat.

Au reste, un revirement s'est produit dans l'opinion générale. D'après les idées nouvelles, il faudrait faire cesser, pour toute société coopérative ce privilège, consistant dans l'exemption des impôts qui frappent les commerçants; tels que la patente.

Le petit négoce, déjà battu en brèche par les sociétés anonymes, succombera nécessairement si on lui suscite du côté opposé une seconde concurrence: celle du syndicat des consommateurs. Et la disparition du petit commerce, avec celle de la moyenne bourgeoisie, aurait des conséquences sociales très graves, qu'on peut d'avance juger néfastes. A tout le moins convient-il que ce syndicat de consommateurs lutte à armes égales. Il acquittera les mêmes impôts que le commerce, de manière à les faire entrer dans ses prix. C'est raisonnable.

648. — **Des sociétés à capital variable.** — En tout cet exposé, le terme de *société à capital variable* n'a pas été prononcé.

L'élaboration de la loi de 1867 coïncidait avec un réveil de l'esprit corporatif. On consacra un titre de cette loi, le troisième, aux sociétés qui seraient formées dans cet esprit. Mais on renonça à la pensée (reprise à une époque plus récente) de les dénommer expressément. On ne voulut pas même leur faire une faveur ouverte.

Qu'on juge de la faiblesse des raisons invoquées :

1° Les entreprises coopératives ne se prêtent pas à une définition! — Les développements précédents tendent plutôt à établir le contraire. D'ailleurs, à défaut de définition, on pouvait énumérer.

2° Faire une loi d'exception en faveur des ouvriers, c'est rouvrir l'ère des privilèges, close depuis la Révolution! Les ouvriers eux-mêmes ont protesté, à la pensée d'être favorisés! — Ceci se passait en 1867, leurs successeurs, après trente ans ne tiennent plus ce langage. Au surplus, où a-t-on vu qu'une loi sur la coopération fût une loi nécessairement ouvrière? La société coopérative est à la portée de toutes les classes de la population, aux bourgeois, aux paysans comme aux autres.

649. — Cédant à ces motifs, plus spécieux que vrais, la loi de 1867 a masqué la société coopérative sous la « société à capital variable ». Ce type de société peut être mis à la disposition d'une entreprise quelconque, alors même qu'elle serait étrangère à toute pensée de coopération.

Exemples. — *a*) Des propriétaires mettent en commun les produits de leurs fosses de vidanges. Ils conviennent que les extractions seront faites par l'outillage et par les agents de la société et que les matières extraites seront, ou bien façonnées, ou bien vendues au compte proportionnel de tous ces associés. Mais aux premiers associés pourront s'en joindre d'autres, et les premiers pourront se retirer (Union mutuelle des propriétaires lyonnais).

b) Ou encore (car dans ce premier exemple, l'idée coopérative se retrouverait encore, en cherchant bien) : — Un banquier est en mesure de limiter ou d'étendre ses opérations selon ses ressources. Il s'associe des commanditaires. Mais ceux-ci, pouvant avoir besoin de leur argent à tout moment, se réservent la faculté de reprendre leur commandite à une époque quelconque. Et, de son côté, le gérant convient qu'il pourra en ajouter d'autres aux premiers. La société se fonde à capital variable.

650. — Ce type de société n'est même pas un type différent des sociétés déjà examinées dans les chapitres précédents. La variabilité du capital est plutôt une *modalité* donnée à une société, qu'on a commencé par constituer, soit en nom collectif, soit en commandite simple ou par actions, soit en société anonyme.

Supposez que l'entreprise constitue une société civile par son objet, et qu'on ne l'ait pas pourvue des formes commerciales (société de consommation, ou de crédit mutuel). Les fondateurs, comme c'était leur droit, s'en sont tenus au contrat ordinaire de société. Il n'y a plus, en pareil cas, à tirer parti des avantages dont nous parlons. La variabilité du capital serait de droit, car le titre III de la loi de 1867 déroge à des règles que seules connaissent les sociétés commerciales. Alors la faveur faite à ces sociétés civiles se cherche inutilement [1].

[1] Si ce n'est peut-être qu'elles sont reconnues comme personnes morales, étant représentées en justice par leurs administrateurs (art. 53 l. 1867). Mais cette faveur même n'en est plus une, depuis la jurisprudence inaugurée en 1891.

651. — L'avantage accordé à ces sociétés, par comparaison avec les sociétés ordinaires, à capital fixe, a une double portée : — 1° *Dispense de certaines publications* au cours de la société ; — 2° *Abaissement du taux de versement des actions*.

Le premier de ces avantages est vrai des sociétés par intérêt et par actions. Le second, bien entendu, ne concerne que ces dernières.

652. — I. *Dispense de publication*. — Si les statuts portent la clause que le capital pourra *tout à la fois* s'augmenter par nouveaux versements ou par admission de nouveaux membres, et diminuer par une reprise d'apports, le capital devient variable (art. 48, al. 1).

a) Tout associé pourra *se retirer* lorsqu'il le jugera convenable, à moins que les statuts ne limitent cette faculté (art. 52, al. 1). — Il pourra, mais seulement si les statuts en disposent expressément, *être exclu* de la société ; pourtant, il faudra que la délibération soit prise à la majorité fixée pour la modification des statuts, c'est-à-dire dans une société anonyme avec la présence de la moitié du capital (même art., al. 2).

Toutefois cette réduction du capital ne saurait le faire tomber *au-dessous d'un minimum* que portera l'acte de société et qui ne pourra pas être inférieur au dixième du capital primitif (art. 51).

Voilà pour la retraite, ou pour la *diminution* du capital.

b) De nouveaux membres, ou de nouveaux apports pourront être admis avec le consentement des associés existants.

Voilà pour l'accession de nouveaux associés, pour l'*augmentation* du capital.

On comprend que, dans les sociétés ouvrières, il soit nécessaire de ménager aux adhérents le moyen de sortir à toute époque pour aller porter leur travail et leur résidence ailleurs, qu'on leur donne aussi le moyen de fortifier leur groupement en obtenant de nouvelles adhésions.

653. — La faveur réelle de la loi ne réside pas encore dans cette mobilité du personnel ou du fonds social : elle résulte de la particularité suivante.

Dans une société ordinaire, ces retraites ou entrées d'associés, ces reprises ou accroissements de mises devraient être l'objet de publications contemporaires du fait survenu (par dépôt d'actes aux greffes, et par extrait dans les journaux d'annonces ; nos 270 et s.).

Dans une société à capital variable, au contraire, il y a *exemption de publicité* (art. 62).

Pourvu toutefois que les statuts primitifs, avec la clause d'augmentation et de diminution, aient été rendus publics, comme seront publiés aussi les changements d'administrateurs et les autres modifications apportées aux statuts.

L'avantage concédé par la loi est donc entièrement conçu dans un esprit d'économie : la société ne grèvera pas ses frais généraux de la dépense, qui serait causée à d'autres sociétés par les mesures légales de publicité. C'est une faveur modeste.

654. — De l'éventualité d'un changement dans le personnel des membres, la loi a déduit une conséquence naturelle. C'est que la société, fût-elle par intérêt, ne se dissoudrait ni par la *mort*, ni par la *faillite* ou par la *déconfiture*, ni par l'*interdiction* d'un associé, et qu'elle continuerait de plein droit avec les héritiers (art. 54). En cas de retraite ou d'exclusion, elle continue entre les associés restants.

655. — Cette retraite ou exclusion oblige à *liquider la part* de l'associé retiré ou exclu. Sa part lui est payée en argent, d'après la valeur qu'elle a au moment de la sortie.

Mais l'associé demeure encore tenu pendant *cinq ans* de ses engagements sociaux existants au moment de sa retraite. Sa responsabilité subsiste, soit pour le tout s'il était associé en nom, soit dans la mesure de sa mise, s'il était associé à responsabilité limitée. C'est le droit commun (art. 64 C. com.). — Seulement les cinq ans courent du jour de la retraite, au lieu de prendre date du moment de la publicité, puisque, aussi bien, celle-ci cesse d'être exigée.

On a proposé à diverses reprises d'abaisser ce délai, à deux ans, par exemple. Il est clair qu'il ne peut être question de procurer aux associés sortants l'exonération du passif instantanément [1].

656. — Mais toute cette réglementation n'est faite que pour les sociétés d'*un faible capital* : la loi ne veut pas avantager les riches.

Les sociétés à capital variable, habiles à se prévaloir des faveurs de la loi, ne pourront se fonder qu'avec un capital ne dépassant pas 200.000 francs. Mais elles auront la faculté de voter chaque année des augmentations de 200,000 francs chacune (art. 49 : texte qui, d'après sa lettre, semble ne se rapporter qu'aux sociétés par actions, mais qui doit être généralisé).

657. — II. *Abaissement du taux des versements d'actions*. — Le capital annoncé doit être entièrement couvert : c'est le droit commun. Il y avait un avantage tenant au chiffre de l'action. Celle-ci, d'après la loi de 1867, pouvait être de 50 fr. (au lieu de 100) : l'art. 50, al. 1 ayant été abrogé

[1] La loi du 5 nov. 1894 sur les sociétés de crédit agricole suit une autre méthode : les membres qui se retirent ne sont affranchis de leurs engagements, qu'après la liquidation des opérations qui ont été contractées par la société antérieurement à leur sortie. Il n'y a donc point dans ces sociétés de délai libératoire.

dans cette partie de son contenu, l'action peut être aujourd'hui de *25 francs*, ce qui est le taux ordinaire [1].

Mais au lieu du versement complet ou de celui du quart, la loi se contente, au moment de la constitution, du versement d'*un dixième*, soit 2 fr. 50 au maximum (art. 51, al. 3). On voit à quelle mise de fonds faible, presque insignifiante, va tomber l'apport du coopérateur, lorsque c'est de cette forme de société qu'il croira bon de faire usage.

658. — En revanche, les actions, négociables seulement après constitution, doivent toujours demeurer *nominatives*. Les statuts peuvent reconnaître au conseil d'administration, ou à l'assemblée générale, la faculté de s'opposer au transfert (art. 50, al. 3). C'est un pouvoir qui, on l'a vu, pourrait être réservé dans les statuts d'une société ordinaire (nº 482).

Combiné avec le droit que possède l'associé de se retirer de la société à tout moment, moyennant liquidation de sa part en argent, ce pouvoir réservé aboutit à un résultat fatal. L'actionnaire aura toute faculté de contraindre le siège social, lorsqu'il refuse d'agréer le cessionnaire, à racheter lui-même l'action avec les ressources de la société : c'est une sorte de préemption, qui n'est pas volontaire de la part de la société, mais qu'on lui impose, faute par elle d'accepter l'acheteur proposé.

On s'explique mal, dans une société qui serait animée de l'esprit coopératif, l'actionnaire disposant du libre droit de transférer son action à un tiers, étranger à la clientèle ou à la main-d'œuvre de la société. Il faudrait pourtant, à défaut de clause limitative des statuts, reconnaître une pareille vente comme régulière. Qu'on s'étonne, dans ces conditions, de voir l'actionnaire gêné négocier son titre à une personne qui ne fait point partie de la maison ! Cessant d'être associé, il cessera aussi de percevoir son boni annuel de main-d'œuvre dans les bénéfices; l'autre, n'étant pas ouvrier, sera également sans droit pour le toucher. De proche en proche, l'exemple se reproduit, et cette société, coopérative à l'origine, finit par ne plus être composée que de capitalistes. Les anciens souscripteurs retombent à l'état de salariés quelconques. Cela a été malheureusement l'épilogue de plus d'un essai de coopération [2].

[1] On n'a pas prévu ce qui se produirait, au cas où le capital viendrait à dépasser 200,000 fr. par suite des augmentations annuelles. — Il semble conforme à la volonté du législateur d'admettre pour les actions nouvelles le même taux de 25 fr. Mais la loi ne le dit pas, et rigoureusement elles devraient être émises à 100 fr. En ce cas, le régime créé par la loi de 1867 se trouverait empiré, ce qui n'est guère admissible.

[2] Aussi dans les sociétés de crédit agricole (l. 1894), les parts sociales, qui ne sont pas des actions, ne peuvent être transmises qu'avec l'agrément de la société et à des membres du syndicat.

659. — Enfin, la société à capital variable est représentée en justice par ses administrateurs (art. 53). Elle dispose de la personnalité juridique.

660. — Tel est le régime de ces sociétés. Il pèche par équivoque, au moins par réticence.

La loi aurait mieux fait de qualifier la coopération, de dire en quoi elle consiste. Après quoi elle aurait permis de rendre variable le capital des sociétés coopératives, et elle aurait affranchi de tous les frais de timbre, d'enregistrement et de publicité, tant les statuts eux-mêmes que les augmentations ou diminutions du capital : faveur fiscale plus étendue que celle à laquelle, en 1867, on a cru devoir consentir.

Elle aurait exempté encore ces sociétés de l'impôt sur le revenu sur les bénéfices, quand ils représenteraient un simple boni de restitution.

Cela aurait mis la loi à même, par une sorte de compensation, d'exiger chaque année le dépôt aux greffes de justice, de la liste des membres et du chiffre du capital à cette date. Ainsi l'a fait la loi de 1894 sur les sociétés de crédit agricole, art. 5. Rien n'eût été plus utile que cette publication périodique, qui n'aurait rien coûté d'ailleurs à l'entreprise.

TROISIÈME PARTIE

DES BOURSES DE COMMERCE

SPÉCIALEMENT DES BOURSES D'EFFETS OU DE VALEURS

(Comme suite à l'étude des sociétés par actions)

GÉNÉRALITÉS

§ 1. Historique et sources législatives

661. — Le mot de *Bourse* éveille à l'esprit une concentration d'opérateurs, qui viennent trafiquer ensemble à intervalles périodiques sur une même nature de produits ou de valeurs. La Bourse est le lieu où s'effectue cette rencontre, comme aussi le mot s'entend de la réunion de toutes ces personnes, intéressées à contracter ensemble.

Cette institution procède de celle du *marché* [1]. Avant de pratiquer le commerce d'une manière suivie, les marchands ont élu des points de rassemblement, dans lesquels ils se rendaient à certaines époques, avec les produits qu'ils avaient à vendre. Ces époques étaient réglées, de manière à laisser un temps égal s'écouler entre deux réunions successives.

Des préventions de races ont pendant longtemps refusé aux forains le droit de prendre contact avec les indigènes, autrement que sous cette forme. Le marché fut un lieu neutre d'entrepôt et de trafic, à la croisière de plusieurs routes commerciales, aux confins de plusieurs territoires.

Il résultait de cette affluence de trafiquants, pour les industries locales, un très grand bien-être.

L'autorité de qui dépendait le lieu du marché y trouvait, d'ailleurs, des avantages de diverse nature. Elle parvenait mieux à assurer le paiement des taxes, dont le trafic était l'objet : une organisation intermittente était de contrôle plus facile qu'un état de commerce permanent. Cet état permanent était d'ailleurs impossible, car les arrivages de marchandises nécessitaient, sur de très grandes distances, l'établissement d'une police qu'on ne pouvait alors exercer d'une manière constante (conduit des foires).

Aujourd'hui, l'ancien marché a perdu sa signification historique. Le mouvement de la civilisation le chasse devant lui, le poussant vers l'Est (foires de Nijni). Les tribus barbares du Soudan le pratiquent. En Europe, il s'est

[1] Nous conseillons au lecteur de se reporter à l'ouvrage de M. Huvelin déjà signalé en note, p. 36.

limité aux besoins journaliers ou hebdomadaires d'alimentation des villes, par la campagne environnante. Les foires régionales, qui sont un centre de trafic pour les céréales ou le bétail, ne constituent elles-mêmes que des marchés agrandis.

Marchés et foires dépendent du pouvoir réglementaire ou de police, soit du maire, soit du préfet[1]. Il n'y aura pas lieu d'en parler plus longuement dans ce livre. Néanmoins, entre le marché ou la foire d'une part, et la Bourse de l'autre, il n'existe point de différence de nature bien caractérisée. Ce sont là autant de manifestations du commerce, exercé par intervalles dans des lieux de rencontre.

On a bien cherché à distinguer la Bourse des autres marchés publics, mais sans succès. Si le trafic auquel on se livre en Bourse est généralement un trafic en gros, cela n'est pas toujours vrai. Si le simple marché porte d'habitude sur des denrées agricoles, il peut aussi être le siège d'autres produits, et il y a d'ailleurs des Bourses de commerce où se vendent également des denrées, des grains, par exemple.

L'observation la plus juste qu'on puisse faire à cet égard est encore celle-ci : dans les Bourses, la marchandise n'est pas étalée sous les yeux de l'acheteur, tandis que dans les marchés et dans les foires, elle lui est présentée et livrée au moment même du contrat.

662. — On verra plus loin qu'il existe des *bourses de marchandises* et des *bourses de valeurs* ou d'*effets*. Les dernières sont les plus connues. Elles ont fait leur apparition bien après les autres. Cela tient à l'origine récente des titres fiduciaires.

La première Bourse de valeurs proprement dite, instituée en France, fut la Bourse de Paris, créée en 1724, quelques années après la chute du système de Law (arrêts du Conseil du 24 sept. 1724, puis du 7 août 1785). Encore, si l'on fait abstraction des rentes sur l'Hôtel-de-Ville et de quelques effets royaux, le trafic de cette Bourse avait-il principalement pour objet les lettres de change, qui ne sont plus traitées dans nos Bourses contemporaines.

Sous la Convention, les Bourses furent fermées en l'an III. Concurrence faite aux assignats par les autres papiers, étalage d'austérité par les gouvernants de l'époque : la Révolution jugea convenable de les abolir. Elles se rouvrirent peu après (an IV).

Sous le Consulat, un certain nombre de textes furent promulgués à leur intention. Signalons seulement la loi du 28 ventôse an IX et l'arrêté du 27 prairial an X.

A partir du commencement du siècle, le trafic des Bourses de valeurs prit de plus en plus d'élan. Le nombre de valeurs cotées à Paris, qui n'était que de 15 en l'année 1820, s'élevait en 1880 à 853 ; chiffre qui a encore progressé depuis lors [2].

[1] Huvelin, p. 324 et suiv.

[2] Les valeurs mobilières françaises se chiffreraient approximativement par 80 milliards (calculs faits par M. Neymarck et présentés au Congrès de l'*Institut international de statistique*, tenu à St-Pétersbourg en août 1897). Il y aurait en outre dans les portefeuilles français une *vingtaine* de milliards en valeurs étrangères.

Le titre 5 du livre premier du Code de commerce (art. 71 à 90) fut consacré à notre institution. (*Des Bourses de commerce, agents de change et courtiers.*) Le dernier de ces articles laissait au pouvoir exécutif le soin de pourvoir au régime de la Bourse, au moyen de règlements d'administration publique. Ce n'est que par le décret du 7 octobre 1790, décret comprenant 84 articles, que le gouvernement a réellement rempli ce programme. — Entre temps, ont été votées deux lois importantes se rattachant intimement à la Bourse : 1° la loi du 15 juin 1872, sur la perte des titres au porteur, et 2° celle du 28 mars 1885, sur les marchés à terme.

663. — Ainsi, avant le XVIIIe siècle, les Bourses ont été principalement des centres d'opérations pour le trafic des *marchandises*. Sans remonter à l'Agora ou au Forum, et à plus forte raison aux premiers échanges entre peuplades limitrophes, le moyen-âge a pratiqué les marchés internationaux, les foires, avec beaucoup de retentissement et de succès.

Les foires de Champagne étaient fréquentées par des commerçants venus de toute l'Europe occidentale, comme furent fréquentées ultérieurement les foires de Lyon, et après elles, jusque fort avant dans notre siècle, celles de Beaucaire.

Les Flandres servaient aussi de rendez-vous aux marchands italiens, aux Anglais et aux Hanséates. D'après le témoignage de Guichardin, confirmé par les recherches de la dernière époque, faites dans les archives de Bruges[1], cette dernière ville a dû donner à ces réunions le nom qui leur est resté. Des Florentins descendaient à Bruges dans l'hôtellerie des Van der Börse, grande famille de courtiers de cette place, et traitaient leurs marchés par l'intermédiaire de leurs hôtes.

Le mot *foire* était néanmoins plus usité. Un type intermédiaire dans l'histoire nous est offert par les « foires de change ». Les banquiers de différents pays se réunissaient sur la place désignée, avec du papier constatant des engagements entre négociants séparés par la distance. Ce papier était exigible en foire. La rencontre des porteurs et des tirés permettait de liquider les lettres de change par des virements et par des compensations, comme cela arrive aujourd'hui dans un *clearing-house*. Elle donnait le moyen de connaître la valeur comparée des monnaies, alors extrêmement nombreuses, et d'en établir le cours. Elle occasionnait un trafic de lettres de change en retour de la foire sur les autres villes. Ce fut le cas notamment pour Lyon et pour Besançon. Cette manière d'opérer et cette nature de trafic ne sont pas reproduites par les Bourses actuelles.

§ 2. Fonction économique des Bourses

664. — Le rôle que les Bourses exercent dans notre organisation économique a trop d'importance pour être passé sous silence. On doit convenir que peu de personnes, même dans le milieu de la finance, sont en mesure de

[1] EHRENBERG, dans la Revue allemande de Goldschmidt (*Zeitschrift für Handelsrecht*) XXX, p. 403 et suiv.

saisir ce rôle, et qu'il se dit journellement sur le compte des Bourses les choses les plus fantaisistes.

C'est grâce à elles que *les produits trouvent leurs débouchés*; grâce à elles aussi que *se règle journellement leur prix*, d'après les résultats de la concurrence entre vendeurs et acheteurs.

La même remarque convient aux monnaies, aux capitaux disponibles, aux valeurs mobilières de toute espèce. Il faut à tous ces éléments de trafic un marché public. Par là s'assurera leur écoulement. Par là encore, se fera connaître sur chacun d'eux le rapport actuel entre l'offre et la demande, et ce rapport se répercute nécessairement sur le prix courant. C'est ce qu'on va essayer de démontrer, en examinant parallèlement les produits et les titres fiduciaires.

Les Bourses de marchandises et les Bourses de valeurs ne sont pas à tous égards organisées de la même manière. Cependant elles obéissent à certains principes communs, et cela est vrai des services qu'elles rendent, plus encore que de la législation qui leur est applicable.

665. — I. Placement des produits et valeurs. — 1° La Bourse permet à un produit ou à une valeur de *se placer*.

Pour ne parler que des *produits naturels*, les récoltes mettent annuellement à la disposition des hommes des masses d'approvisionnements en grains, en fruits, en matières textiles, etc. Ces stocks sont destinés dans les deux continents à la consommation générale. Il s'agit de les distribuer et de les faire parvenir là où le besoin s'en fera sentir (voir l'introduction, n° 4).

Les récoltes gagnent des lieux d'entrepôt. Certains de ces entrepôts se trouvent à proximité des régions de provenance. Mais le produit traverse aussi de grandes distances et va gagner d'autres entrepôts dans les pays où les récoltes seront demandées.

Ces points de convergence de marchandises semblables sont des *places*. On comprend que les ports de mer, tant à l'exportation qu'à l'importation d'un produit, soient particulièrement voués à ce rôle d'accumulation de stocks : ils ne sont, bien entendu, pas les seuls à l'exercer.

Des nouvelles ininterrompues tiennent constamment le public au courant des entrées de marchandises dans ces entrepôts, de leurs sorties, des prochains arrivages. Sur la place, des intermédiaires de commerce instruisent la clientèle présente ou éloignée de ces quantités variables, et sollicitent d'elle des ordres de traiter.

A côté des entrepôts se tient la Bourse en plein air, ou dans un local clos, à certaines heures du jour. Là se donnent rendez-vous les opérateurs appartenant aux deux camps adverses : ceux qui ont intérêt à se défaire du produit, ceux qui ont intérêt à l'acheter. La rareté de la marchandise, si elle est fortement demandée, permet de la vendre rapidement et à un prix élevé. Son abondance déprime au contraire le cours, faute d'une demande égale à l'offre.

Le cours qui va se coter à la Bourse servira de commune mesure aux transactions multiples dont la marchandise sera l'objet à la même époque et dans le même pays. On sera instruit du juste prix de ce produit, tel que l'opinion compétente l'évalue ; sans ce régulateur donné par la publicité même des transactions, toute base d'estimation sûre disparaîtrait.

Trop abondant sur une place déterminée, le produit peut révéler son insuffisance sur une autre. C'est ce que la comparaison de la cote des différentes Bourses permettra de constater. Lorsque le coton se vendra moins cher à Liverpool qu'au Havre, ce sera la preuve que l'Angleterre a du coton en excédant et qu'il en manque en France. Les acheteurs français adresseront leurs ordres à Liverpool, ou les nouveaux arrivages d'Amérique se dirigeront vers le Havre. Les cours d'un pays à l'autre se nivelleront.

La marchandise se trouvera attirée sur les points où la consommation a besoin d'elle. Elle émigrera, par contre, des points où elle était en excès. C'est ainsi qu'il est pourvu, par la marche automatique des Bourses, à l'alimentation de groupes nombreux, géographiquement très éloignés les uns des autres.

666. — Et de même, des placements de *valeurs fiduciaires*. Un Etat émet un emprunt, une grande société par actions se fonde. Des quantités de titres sont jetés sur le marché. Où sont les capitaux disponibles ? Comment savoir à quel degré ces titres inspirent confiance, si cette confiance doit avec le temps croître ou se réduire, et où est l'épargne assez considérable pour les absorber ? C'est à la Bourse, et toujours par le jeu de l'offre et de la demande, qu'on se renseignera.

L'admission de la valeur a pu être sollicitée et obtenue dans les Bourses de plusieurs Etats (on dit alors que c'est une *valeur internationale*). Le rapprochement des cours qu'elle cote au même moment sur ces différentes places va servir de régulateur. Dans la Bourse où elle se vend bon marché, la demande du titre est faible : il y a pénurie de l'épargne ou indifférence à son endroit. Les émetteurs transmettront donc leurs ordres de vente à la Bourse étrangère, où le titre coté plus haut trouve un meilleur débouché. Des opérateurs achèteront la valeur dans la première de ces Bourses, la feront revendre dans la seconde, réaliseront un gain d'*arbitrage*. Peu à peu l'équilibre s'établira entre tous ces cours, et la valeur se trouvera méthodiquement distribuée sur tous les points où elle est recherchée.

Le trafic se compliquera d'un calcul de bénéfices à faire sur le change de deux monnaies. Les monnaies de deux Etats sont en rapport de valeur variable. Je puis avoir intérêt à acheter des Consolidés anglais au *Stock-Exchange* de Londres, non parce qu'ils y sont en baisse, mais parce que la monnaie anglaise est présentement au-dessous du pair. Elle perd au change avec la nôtre. J'aurai à m'imposer, moi Français, pour constituer le prix d'achat, un sacrifice en argent français d'autant moins fort. Que ces ordres d'achat de Paris sur Londres se renouvellent, et une balance de commerce, primitivement défavorable à l'Angleterre, se rétablira. L'immigration d'une valeur d'un territoire vers un autre sert à redresser entre deux Etats un change qui avait été rompu. (Voir pour plus d'éclaircissements le chapitre du change.)

667. — II. **La Bourse régulatrice des prix.** — 2° Que les Bourses servent à faire connaître le prix d'une marchandise ou d'une valeur à tout moment, c'est ce qui ressort des aperçus précédents. Elles permettent en outre de *régulariser* ce prix dans le temps comme elles le régularisent dans l'espace. Elles lui communiquent une certaine stabilité.

Non une stabilité complète, car c'est l'opinion qui fait les cours, et l'opinion est sujette à se modifier, de même que se modifient chaque jour les stocks et les besoins.

Mais du moins une continuité relative, et, pour la sécurité des affaires, il faut que les négociants puissent tabler sur des cours qui ne soient pas déréglés, sujets à de perpétuelles saccades.

Ce résultat s'obtient surtout par le fonctionnement du *marché à terme*. On verra que ce marché se distingue du marché au comptant, en ce que les opérateurs retardent jusqu'à une échéance convenue, l'exécution double de leur convention, tant pour livrer que pour payer. Ils la reculent d'un mois, de deux mois par exemple.

668. — Le marché à terme prête aux plus vives attaques. Il peut devenir en effet très répréhensible, selon la manière dont il est pratiqué. L'idée qu'il concourt à régulariser le cours n'est pas unanimement acceptée. Loin de là, on prétend volontiers qu'il joue dans le cours un rôle perturbateur. Et cela est bien vrai, lorsqu'il est accompagné d'*accaparement* ou de *manœuvres*. Ces manœuvres, destinées à fausser le juste prix, provoquent par voie de pression sur la Bourse des hausses ou des baisses insolites, coupables et artificielles.

Dans sa pratique ordinaire, le marché à terme produit, au contraire, un résultat bienfaisant. Il est l'instrument naturellement approprié à la *spéculation*.

669. — A. **La spéculation.** — Spéculer, c'est acheter un ensemble de produits ou de valeurs à terme, avec l'intention de les revendre (et cela probablement avant d'en avoir pris livraison), de manière à réaliser un bénéfice par suite de l'écart entre les prix des deux marchés.

Ceux qui voudraient supprimer la spéculation ne savent pas ce qu'ils demandent. Ils ne la supprimeraient point d'ailleurs, en abolissant le marché à terme; car la spéculation se servirait alors du marché au comptant afin d'atteindre le même but, avec plus de gène sans doute, et avec l'emploi nécessaire de plus de capitaux. On ne voit pas ce que les affaires y gagneraient.

Il est bon qu'il y ait des hommes pour se porter acheteurs, à un cours débattu, de fortes quantités de grains, de cafés, ou de sucres, ou de forts paquets d'actions ou de rentes, livrables sur mars prochain ou fin courant. Cela est bon, quand ces opérateurs ne disposeraient pas d'un fonds de roulement égal au capital du marché qu'ils traitent.

Alors même qu'ils n'auraient point la pensée de prendre livraison effective à l'échéance, le ministère de ces hommes est encore utile. Ils comptent revendre avant cette époque, à un meilleur prix, et faire une contre-opération, comme on dit. Ils compenseront ainsi leur achat primitif avec la vente qui suivra, et liquideront au moyen d'une différence, sans opérer une manutention, parfaitement inutile en l'espèce, de marchandises ou de capitaux.

Ils auront ainsi *soutenu le cours* d'un produit ou d'une valeur, de manière à l'empêcher de fléchir entre temps. Ils auront assuré la stabilité du cours.

Tel est le rôle propre à la spéculation : bien augurer du placement d'une valeur, prendre temporairement position sur elle, et donner ainsi à ceux qui n'en ont pas le débouché immédiat le moyen d'agir comme si ce débouché était dès à présent acquis. Deux courts exemples le montreront.

670. — La spéculation sur produits. — *a)* Le blé, que donnent les récoltes des deux hémisphères, ne trouvera son placement que d'une manière graduelle; il y sera pourvu par des séries de commandes industrielles, qui vont s'échelonner sur un an au moins. Les fabrications meunières ou autres qui opèrent sur le blé s'approvisionneront au jour le jour, suivant les ordres qu'elles ont reçus.

Ces approvisionnements seront intermittents. Il y aura des époques où les demandes s'animeront, il y en aura d'autres où elles se ralentiront. Les minoteries qui se couvrent d'avance en grains pour toute la campagne, dès son ouverture, forment l'exception.

Faites abstraction des spéculateurs. Le prix du comptant sera le seul régulateur du cours du blé : ce prix se déterminera d'après les besoins du moment. La demande du moment n'est pas en proportion avec l'étendue d'une offre portant sur un stock annuel.

Le prix offert sera faible, toutes les quantités entreposées ne trouveront pas acheteur. Les producteurs devront garder leur blé en magasin pendant plusieurs mois: ce sera le chômage de leur marchandise, l'impossibilité de rentrer dans leurs déboursés et de faire la nouvelle campagne.

Le cours aussi sera des plus instables : vienne une forte activité dans les ordres de fabrication, le prix se relèvera par un brusque soubresaut, mais pour retomber le lendemain. L'industriel, qui a pris une commande de farines, en évaluant le revient du blé à 22 fr., sera obligé de l'acheter à 25, ce qui l'induit en perte.

En faisant intervenir la spéculation, ces à-coups disparaissent. La récolte est enlevée tout entière par des opérateurs qui la traitent à terme. Ils conviennent d'un délai déterminé pour les livraisons, pour le règlement du prix. Le blé n'en reste pas moins en entrepôt, mais il est trafiqué. Au regard des producteurs, les spéculateurs occupent, par anticipation, la place de tous les consommateurs qui auront à se révéler dans l'année. Ils revendront à d'autres spéculateurs comme eux; ces reventes seront faites à la même échéance que leur premier marché. Leurs acheteurs chercheront à leur tour à revendre, et ainsi de suite : au terme de la filière, apparaîtra celui, meunier ou autre, qui a réellement besoin du blé et qui en prendra livraison.

671. — Résultat final. Par leur marche combinée, le comptant et le terme assureront sur l'ensemble du stock un trafic continu, les fluctuations seront beaucoup plus faibles que si le comptant fonctionnait seul. Entre les producteurs et les consommateurs ou hommes de fabrique, se sont interposés des opérateurs, auxiliaires des uns et des autres. Ces derniers, sans manutentionner le produit, ont exercé en réalité un rôle d'*assureurs du maintien des cours*. Ils ont en outre réglé à la masse des producteurs le montant des stocks, avant que ces derniers n'aient trouvé leur emploi.

672. — Un grand nombre de Bourses de marchandises sont insuffisamment réglementées. Leurs lacunes et imperfections ont servi d'argument à ceux qui attaquent le marché à terme, comme un jeu déguisé. Ainsi, il n'est que trop vrai de dire que, dans quelques-unes de ces Bourses, la marchandise traitée à terme ne peut pas donner lieu à des livraisons en produits utilisables.

Le filateur n'arrive pas à s'approvisionner en cotons effectifs, lorsqu'il achète à terme, en Bourse. Il traite (et c'est tout autre chose), une opération à livrer (ou en disponible), avec un correspondant particulier et en spécifiant le type, le classement qui lui est nécessaire.

Ce classement est précisément absent des règlements d'une certaine partie des Bourses de marchandises (non pas de la Bourse du commerce de Paris, où l'on traite sur les produits de choix, d'une espèce déterminée, où les livraisons s'effectuent sur des quantitées préalablement expertisées). On s'est dispensé de l'établir, faute de pouvoir coter autant de cours à terme qu'il y a de variétés dans la marchandise traitée. L'unité base manque, et c'est fâcheux.

Si le fabricant-acheteur voulait prendre livraison de la marchandise traitée, le vendeur serait en droit de lui offrir un produit de qualité marchande quelconque, à la seule condition de ne pas lui en proposer de l'espèce la plus mauvaise (art. 1246 C. civ.). L'acheteur, pour obtenir le classement qu'il lui faut, devrait alors préciser ce classement et payer un supplément pour le montant duquel il serait à la discrétion du vendeur.

Aussi le règlement par contre-opération ou par différences est-il préféré, et ce cours de Bourse se maintient toujours au-dessous du prix réel de la marchandise véritable.

Ce qui a fait dire encore que la Bourse exerçait contre les producteurs une pression dans le sens de la baisse. Toutefois, même avec ses défauts, la Bourse continue à régler les cours. Elle permet notamment à l'homme de fabrique de s'assurer contre un revirement des prix dans ses achats futurs d'approvisionnements, qu'il se procurera par un marché à livrer ou par un marché en disponible bien différents de l'opération différentielle par lui précédemment faite (voir ce que nous en dirons sous le contrat de vente).

673. — La spéculation sur valeurs. — *b*) Les mêmes idées président à la Bourse des valeurs fiduciaires.

Au jour de l'*émission* d'un emprunt d'Etat ou du capital d'une société anonyme, l'*épargne* qui doit faire les fonds de ce placement n'est pas encore prête à y répondre. Il convient de lui laisser le temps soit de se former, soit de réagir contre l'éloignement instinctif qu'elle éprouve pour toute valeur nouvelle.

Pour clore les souscriptions, on ne peut attendre que ce moment soit venu; particulièrement, les difficultés financières avec lesquelles un Etat est aux prises réclament un prompt remède.

Entre l'Etat ou la société qui offre ses titres, et le public qui ne viendra à eux que timidement, par petites colonnes, il faut un corps de souscripteurs, en quelque sorte intérimaires. Les *spéculateurs* composeront ce corps de souscripteurs ; eux les gens hardis, les allumeurs d'entreprises, que séduit le risque des affaires nouvelles, ils prendront le bloc des titres, en se réservant de l'écouler, d'en opérer la distribution à mesure que la valeur gagnera la confiance du public.

Ils constitueront, d'une part, les sommes des souscriptions. Ils rentreront, d'autre part, dans leurs avances, en revendant successivement les titres aux personnes disposées à en faire l'objet de leurs placements. Cela peut prendre un temps assez long. Jusque-là les titres restent flottants, ils ne sont pas encore *classés*.

Ce travail de distribution, sans secousses. avec un cours régulier, suppose, comme plus haut pour l'écoulement d'un produit, le fonctionnement du marché à terme.

La loi, en effet, ne pouvait pas obliger le spéculateur à se mettre exclusivement en rapport avec des acheteurs au comptant : subordonnée à une condition pareille, la liquidation de sa position aurait pris trop de temps, et subi trop de gêne. Avec un chômage de son argent, avec un risque nécessairement prolongé pendant plusieurs mois ou plusieurs années, il préférera ne pas s'aventurer à souscrire les valeurs proposées.

S'il lui est permis, au contraire, de transporter le risque à d'autres financiers, il cessera d'être prévenu contre un plan de concours actif. 10,000 titres, qu'il a pris lors des émissions, se trouveront divisés, après une campagne de quelques semaines, entre un nombre plus ou moins grand de spéculateurs comme lui. Ceux-ci continuent à tenir entre l'Etat ou les compagnies, d'une part, et les acheteurs définitifs, d'autre part, la place inoccupée. Ils se sont associés avec lui aux chances de succès des émissions.

Et, seul, le marché à terme leur a rendu possible cette *participation aux risques de placement de la valeur*, avec cette *assurance des cours* ; car le marché au comptant aurait exigé d'eux un roulement de capitaux au-dessus de leurs moyens.

674. — B. **Le découvert.** — L'analyse précédente montre la spéculation du côté des haussiers.

Celui qui souscrit ou celui qui achète une valeur, avec l'intention de la revendre ensuite, compte voir monter cette valeur. L'optimisme dirige ses prévisions.

Telle est, d'une façon normale, la marche que doit décrire le cours d'une marchandise ou d'un titre pour se placer. Chaque couche nouvelle d'acheteurs cherche à réaliser sa prime. Ce sera la rémunération du service qu'elle rend, en alimentant le trafic du produit ou de la valeur.

Le calcul de l'opérateur peut être déjoué par les événements. Une plus grande abondance de stocks qu'il ne se l'imaginait, un déclin dans la confiance inspirée par l'établissement émetteur, détermineront la baisse. C'est alors par une perte, non par un gain que se liquidera sa spéculation. En tout cas, la baisse n'aura pas été poursuivie.

Or, il existe à la Bourse un parti opposé à la hausse : le parti du *découvert* ou des *baissiers*. Le baissier vend à terme avant d'avoir acheté, il compte se racheter sur un cours moindre que celui de sa vente primitive. Il liquidera ainsi sa position en bénéfice, non par le fait d'une ascension ou réaction du cours, mais au contraire parce que le cours se sera déprimé dans l'intervalle : et telle aura été sa prévision.

La baisse est, dans l'opinion populaire, plus mal vue encore que la hausse. Ce sentiment de prévention se communique aux gouvernants. Préoccupés de la bonne tenue des fonds d'Etat, ils considèrent les baissiers comme s'adonnant à une fâcheuse besogne. S'ils ne les traitent pas ouvertement en malfaiteurs publics, du moins organisent-ils le droit du marché, de manière à faire échec à leurs combinaisons (voir ci-dessous les conventions d'usage permises à l'acheteur à terme et refusées au vendeur : — prime pour payer, et non prime pour recevoir, c'est-à-dire droit donné à l'achat et refusé à la vente ; — faculté d'escompte ; — nullité, d'après l'ancienne jurisprudence, non pas de l'achat en spéculation, mais de la vente à découvert). Les baissiers seraient de mauvais patriotes, parce qu'ils complotent le discrédit de la rente.

Cette appréciation n'est pas juste. Le *découvert* intervient aussi légitimement que la *spéculation* dans la formation du cours. Il sert de correctif aux exagérations de la hausse. Il modère une confiance excessive dans le placement de la valeur, il redresse une croyance, peut-être fausse, à l'insuffisance des stocks. Il peut ainsi conjurer les crises.

Livrée à elle-même, la hausse par entraînement menace de porter une marchandise à un prix de famine, une valeur à un cours majoré plus qu'il ne convient. Dépourvue de frein, la spéculation déterminera de graves désordres. Le cours s'effondrera, lorsqu'on s'apercevra de l'erreur commise dans les prévisions de hausse. Il y a eu une trop forte inflation pour qu'on puisse maintenant revenir au cours raisonnable, sans catastrophe. C'est fort au-dessous de celui-ci que retombera la valeur, à raison du chiffre des réalisations, accélérées par la panique. La présence du découvert, en donnant un contre-poids à ces excès, tend à équilibrer le marché.

Au nombre croissant d'acheteurs en spéculation convaincus de la hausse, vient correspondre un nombre égal de vendeurs, qui sont d'un sentiment opposé. Ces vendeurs estiment que le parti adverse s'illusionne et qu'il y aura incessamment sur la cote un recul, à la faveur duquel ils parviendront à se couvrir. Il résultera nécessairement de leur entrée en scène une tendance des prix à se pondérer, et la sagesse même le veut ainsi.

Le vendeur ne soutient pas les cours, il les *contient* dans des limites raisonnables, ce qui a également ses avantages. Notamment sur le marché des produits, où le fabricant a intérêt à se procurer la matière première à bon compte, le baissier joue un rôle utile ; sans lui, les industriels seraient livrés à la merci de la spéculation, et obligés d'acheter très cher.

675. — Permanence du marché à terme. — Les remarques ci-dessus expliqueraient encore une autre particularité de la Bourse, qui toutefois ne se justifie point de prime abord.

Le marché à terme reste autorisé sur les valeurs d'une manière permanente. Cependant, semble-t-il, s'il n'avait d'autre but que de favoriser l'absorption des titres (ou des marchandises) par le comptant, le marché à terme ne devrait être permis que pour le temps nécessaire à cette absorption. Ainsi du moins est on porté à raisonner, si l'on ne pousse pas les investigations plus loin.

Lorsqu'un emprunt de l'Etat français 3 0/0 a plusieurs mois d'existence, l'épargne a pris pour elle tous les titres. Les porteurs actuels pourront, par vente au comptant, se dessaisir de leurs certificats. Le marché à terme ne répond plus à aucun besoin économique. — Si pourtant la loi continue à en permettre l'usage, c'est qu'alors elle encourage, entre les citoyens, de simples jeux et paris, dissimulés sous une hypocrite appellation.

Cependant cela n'est pas. Au marché au comptant, la valeur peut recevoir une impulsion de hausse ou de baisse, sous l'empire d'un fait passager, irréfléchi. Des troubles sociaux amènent une réalisation des portefeuilles; l'épargne, qui manque de sang-froid, se laisse impressionner par un péril qu'elle s'exagère, etc. La spéculation vient tempérer ce mouvement, ses ordres d'achat à terme relèveront un cours prêt à décliner. Ils montreront au comptant qu'il aurait tort de s'alarmer.

Comme inversement, à une époque où abonde l'argent, lorsque les capitaux disponibles se précipitent avec fièvre sur un groupe de valeurs données, le découvert viendra, par sa seule intervention, rectifier une direction trop rapide. Le rang des vendeurs s'élargira par l'arrivée de ces nouveaux opérateurs qui n'ont ni titres en leur possession, ni promesse d'en recevoir. La hausse s'arrêtera, et la faveur exagérée du public pour la valeur qu'il recherche sera heureusement enrayée.

Bref, même après qu'un classement de titres est achevé, même après qu'une récolte est placée, le marché à terme continue à exercer une action modératrice sur le cours au comptant.

Cela dit, sans prétendre d'ailleurs que la spéculation et le découvert doivent être pratiqués par des personnes de profession quelconque. Aux mains des désœuvrés ou des gens sans expérience, ils amènent tantôt la ruine et tantôt la formation instantanée de fortunes imméritées, parfois scandaleuses.

Sans prétendre davantage que le législateur doive librement autoriser la spéculation, sans la soumettre à une police rigoureuse; autrement, elle emploierait des procédés de violence et de dol, et frapperait autour d'elle des coups meurtriers. Ce qu'elle fait par malheur trop souvent !

676. — Nous avons, dans la suite de cette introduction, à nous occuper : 1° de l'organisation des Bourses, 2° du personnel des intermédiaires qui les fréquentent, et 3° de l'objet des transactions qui s'y traitent. — Au surplus, c'est des Bourses d'effets que nous parlerons principalement. Les explications, concernant les marchés des autres Bourses, leur mode de liquidation par le moyen des filières ainsi que les courtiers de marchandises, trouveront mieux leur place, lorsque nous traiterons de la vente ou des opérations d'entremise.

§ 3. Organisation des Bourses

677. — L'art. 71 C. de com. énonce le vrai caractère de la Bourse, en disant qu'elle est une *réunion publique*.

Il est ainsi conçu : « La Bourse de commerce est la réunion qui a lieu, sous l'autorité du gouvernement, des commerçants, capitaines de navire, agents de change et courtiers ». Ce texte suggère plusieurs réflexions.

L'expression *Bourse de commerce* avait, en 1807, un sens très large. On y comprenait toutes les Bourses, quel que fût l'objet du trafic qui s'y effectuait. Aujourd'hui on tend à restreindre le vocable aux Bourses de marchandises : les Bourses de valeurs ou de titres restent en dehors de cette appellation.

678. — Il ressort aussi de l'art. 71 que la pratique des Bourses ne se limite point aux *achats* et aux *ventes*. Il y a d'autres contrats dans le commerce dont les conditions doivent être réglées par un prix courant, et c'est la rencontre de l'offre et de la demande sur le marché public qui permettra de l'établir.

Ainsi en est-il des *affrètements*, ou des *assurances maritimes*. Le montant du fret, le taux des primes pour une traversée déterminée, avec les variations auxquelles ils sont exposés, doivent être tenus constamment à la connaissance des négociants qui recourent à la navigation ou qui sont tributaires de ses conditions. Il y aura donc des *Bourses de fret ou d'assurances*, dans lesquelles les capitaines ou les agents des compagnies feront, personnellement ou par le concours de courtiers, leurs propositions de négocier des connaissements ou des polices.

679. — Local. — La loi a raison de faire consister la Bourse dans une réunion et de ne pas la définir d'après le *local* où elle siège. Le local est sans influence sur son organisation : il n'est pas toujours soumis, en tant que propriété, à une même condition.

L'édifice servant de Bourse peut faire partie du domaine public, soit de l'État (l. 28 ventôse an IX), soit de la ville, qui en prête alors l'usage au commerce intéressé : ce dernier régime est celui à Paris de la Bourse des effets (l. 17 juin 1829).

La Bourse du commerce ou des marchandises, dans la capitale, est exploitée par l'entrepreneur qui a obtenu, du marché de concession, la jouissance du Palais pour un certain nombre d'années.

L'édifice pourrait appartenir à la Chambre de commerce, si elle l'avait construit à ses frais (Marseille).

Il pourrait appartenir à un particulier, comme on voit beaucoup de services publics en location dans un bâtiment privé. La Bourse pourrait également se tenir sur une place. Il n'y a dans les conditions de son installation aucune règle générale à poser.

680. — Service d'intérêt public. — Mais toute Bourse est placée sous l'autorité du gouvernement. Cela revient à dire que cette réunion périodique, généralement quotidienne, répond à un *service d'intérêt général*. A côté des nombreux services publics, pour assurer la police, la justice, la rentrée des impôts, pour le fonctionnement de l'armée, l'Etat doit en entretenir un autre. Cet autre service aura pour objet la circulation publique des valeurs ou des produits, avec la détermination de leur véritable cours. S'il ne rentre pas dans son administration immédiate, il faut du moins qu'il soit placé sous son contrôle.

Laisser les intéressés se grouper librement, et organiser entre eux des réunions afin de conclure, au jour le jour, leurs marchés : cela eût été un régime concevable. Avec la faculté, depuis la loi du 21 mars 1884, pour les hommes de profession similaire, de s'associer en vue de la défense de leurs intérêts communs, ce régime libéral aurait abouti au résultat suivant : des financiers, d'une part, des opérateurs sur blés, sur farines, sur alcools, etc., de l'autre, se seraient organisés en syndicats professionnels. Ces syndicats détermineraient par leurs statuts les conditions d'entrée des membres, fixeraient un règlement de marché obligatoire entre les sociétaires : ils s'attacheraient des courtiers ou agents de change, et pourvoiraient à l'entretien du local qui leur est nécessaire. Ils publieraient un bulletin des cours, qui n'aurait d'autre valeur que celle d'un document particulier.

C'est là le trait propre au *Stock-Exchange*, de Londres; et sur un certain nombre de places allemandes, c'est également le système suivi, même depuis qu'une nouvelle loi impériale des Bourses de 1896 est venue renforcer les pouvoirs de l'autorité centrale, par la nécessité de l'homologation administrative des statuts de Bourses, et par l'institution obligatoire d'un commissaire d'Etat auprès d'elles.

681. — Le gouvernement. — En France, la manière dont se traitent extérieurement les affaires dans certaines Bourses de marchandises, et l'action dont disposent à celle de Paris les Chambres syndicales pour le commerce des farines, blés, avoines, sucres, alcools, etc., donneraient à croire à des esprits superficiels que cette organisation autonome est également en vigueur. Mais, en réalité, ce fonctionnement de syndicats voile une réglementation administrative, assez complexe, qui donne aux pouvoirs publics la haute main sur ce service.

L'honnêteté du trafic de Bourse n'intéresse pas seulement ceux qui participent à ce trafic. Tous les groupes de la société sont atteints par les manœuvres qui s'y exercent, par les spéculations outrées auxquelles la Bourse peut servir de refuge. La détermination d'un cours, exempt de fraude ou de pression, importe à la masse des citoyens.

L'*Etat* s'est donc réservé un droit de souveraineté et de police supérieure sur les Bourses. Ce droit se traduit, avant tout, par la faculté d'en *autoriser* ou d'en défendre *l'ouverture*. Une Bourse ne peut être instituée que moyennant un *décret* rendu par le chef de l'Etat, sur la proposition du ministre du commerce, ou, lorsqu'il s'agit d'une Bourse de valeurs pourvue d'un parquet (voir ci-dessous, n° 698), sur la proposition du ministre des finances.

Cela est d'autant plus notable, que les réunions publiques sont actuellement libres (l. 30 juin 1881). Il y a des pays, comme la Belgique (1867), qui, partant de la liberté de réunion, en ont conclu que les Bourses devaient être libres, elles aussi. Telle n'est pas l'organisation française.

L'Etat, par suite de règlements des pouvoirs publics, détermine les prescriptions auxquelles doivent se conformer les intermédiaires, le taux de leurs cautionnements, la nature des négociations permises (art. 90 C. com) : il statue aussi sur les conditions d'accès aux Bourses : toute personne peut y pénétrer, à l'exception des mineurs, des femmes (arg. arr. 27 prairial an X : La Bourse est ouverte aux *citoyens* et étrangers), à l'exception des faillis non réhabilités (article 613 C. com.). En Angleterre, le *Stock-Exchange* est strictement fermé aux personnes étrangères à la corporation qui administre la Bourse.

Mais on va voir que l'Etat s'est dessaisi des autres attributions afférentes au fonctionnement des Bourses, et qu'il les a déléguées soit à la *municipalité*, soit à la *Chambre de commerce*, soit à la *compagnie des agents de change*.

682. — L'autorité municipale. — La police matérielle de la Bourse est départie à l'*autorité municipale*. C'est elle qui veille au bon ordre des réunions. Le maire, le préfet de police à Paris, en fixe les heures d'ouverture et de fermeture (après avis de la Chambre syndicale des agents de change ou du tribunal de commerce, D. 7 octobre 1890, art. 43). Un commissaire spécial pourrait être institué par lui, pour s'opposer aux troubles ou pour les réprimer. L'autorité municipale pourrait également prendre des règlements, afin de rendre effectives, au moyen de justifications d'identité, les interdictions d'entrée établies contre certaines catégories de personnes.

683. — La Chambre de commerce. — Aucune de ces mesures ne concerne l'entretien du local de la Bourse, son administration budgétaire. C'est à la *Chambre de commerce* à y pourvoir : celle-ci est l'établissement public, qui constitue l'organe des intérêts commerciaux de la place et de l'arrondissement.

La Chambre de commerce est chargée d'assurer l'aménagement de la Bourse, et de supporter sur son propre budget les dépenses d'installation et d'entretien, les réparations de bâtiment, locations d'immeubles et autres frais nécessités par elle. Elle est autorisée, en vue de ce service, à faire annuellement recette du montant de 3 centimes additionnels au principal de la patente, sur les catégories des plus fort imposés.

684. — Les intermédiaires. — Enfin, il y a à la Bourse des *intermédiaires* dont les fonctions sont officiellement reconnues, et qui forment entre eux une corporation légale.

Celle-ci n'a avec la Chambre de commerce aucune attache. Elle n'est pas composée non plus de fonctionnaires proprement dits, et si elle se trouve placée sous la discipline des pouvoirs publics, ce n'est que d'une manière assez relâchée. Néanmoins, la loi a cru devoir se démettre aux mains de cette corporation, ainsi que de chacun de ses membres, du véritable rôle actif dans le fonctionnement des Bourses. Ce rôle porte sur le ministère à fournir dans la conclusion des marchés, sur l'abstention dans ces marchés des manœuvres et agiotages, sur la publication sincère du cours auquel ils sont traités.

Aussi longtemps que les médiateurs à la Bourse seront munis d'un office public, par une investiture du gouvernement, après vérification de leur honnêteté et de leurs aptitudes, ce régime pourra être conservé. On le considérera comme offrant à la police de la Bourse des garanties suffisantes.

Mais le jour où la profession d'intermédiaire serait rendue libre ou seulement exclusive de toute nomination par le gouvernement, il cesserait d'en être ainsi. Alors se poserait la question de savoir si l'Etat n'aurait pas à retirer à la compagnie des agents intermédiaires quelques-unes de ses attributions actuelles, notamment le droit si important, et si accessible aux abus, de confectionner la cote. Ce sont là des fonctions que l'Etat aura chance alors de reprendre en exercice direct.

685. — Courtiers. — Les Bourses sont fréquentées par des opérateurs agissant en leur nom propre et pour eux-mêmes. Le fait est particulièrement frappant dans les Bourses de marchandises : les négociants qui s'y rendent traitent des affaires qui les concernent, ou exécutent comme commissionnaires des ordres qui leur sont venus de divers clients. Plusieurs de ces Bourses sont un lieu de réunion où les commerçants et fabricants causent ensemble de leurs affaires. Ils se font des propositions ou achèvent de précédents pourparlers.

Mais il se trouve également aux Bourses des intermédiaires, pour rapprocher deux offres de marché qui ne se rencontrent pas d'elles-mêmes. Ces intermédiaires sont compris sous la dénomination générique de *courtiers*. Ils sont rétribués au moyen d'un courtage sur le prix de l'opération que leur ministère a permis de conclure. — Quoique ne spéculant point, ils font des opérations de commerce (art. 632 C. com.). Comme ils les exercent à titre de profession, ils sont commerçants (art. 1er C. com.).

§ 4. Règles de la profession d'agent de change

686. — Agents de change. — Lorsque le courtage est pratiqué sur les valeurs ou effets, le courtier devient un *agent de change*. L'expression ne répond plus à ses attributions modernes ; car le courtage du change, papier ou monnaie, a été, depuis un temps assez éloigné, abandonné par l'agent de change aux banquiers ou autres trafiquants cambistes.

Les agents de change pourvoient en réalité à l'*exploitation commerciale de la Bourse des effets* : ils touchent sur le chiffre pécuniaire de l'opération qu'ils traitent un droit de courtage, à la charge du client ; et le taux de ce courtage est fixé pour chaque place par la Chambre syndicale, dont il sera reparlé plus loin, dans les limites du taux maximum des règlements, sans qu'un agent puisse le réduire vis-à-vis de sa clientèle.

687. — L'agent de change est un *officier public* ou ministériel, nommé par le gouvernement. Le chef de l'Etat le désigne (art. 74 C. com.), sur la proposition tantôt du ministre des finances et tantôt du ministre du commerce, suivant que la Bourse, auprès de laquelle l'agent est institué, possède ou non un parquet. Ces offices sont en nombre limité, il y en a 60 à Paris, 30 à Lyon, etc.

La charge de l'agent de change, comme celle d'un notaire, est *vénale*, depuis 1816. Celui qui l'occupe peut, en se retirant, présenter, moyennant finance, son successeur à l'agrément du gouvernement. Ces charges se vendent très cher. Le fait à Paris de porter le prix à plus d'un million n'a rien d'exceptionnel. Le gouvernement, à la suite de la Chambre syndicale, contrôle le traité de cession.

Le candidat doit répondre à certaines conditions certifiant son honorabilité, sa solvabilité et sa compétence. Il faut avoir 25 ans, être Français de nationalité, jouir des droits politiques, et avoir satisfait à la loi du recrutement. Il faut justifier d'un stage de quatre ans chez un agent de change ou chez un banquier (D. 7 oct. 1890, art. 1er et 3). La Chambre syndicale doit émettre un avis favorable au candidat proposé.

L'agent de change est assujetti à un *cautionnement*, qui doit répondre de ses faits de charge. Pour Paris, le cautionnement est de 250,000 francs. Le droit fixe, compris dans la patente dont est redevable cette profession, s'élève, toujours en parlant de Paris, à 2,000 francs (plus la taxe de 50 francs par employé au-dessus de 5). L'agent ne peut entrer en fonctions qu'après avoir justifié du versement de ce cautionnement, et après avoir prêté serment devant le tribunal de commerce (D. 1890, art. 5).

688. — Société formée par un agent de change. — La charge est souvent exploitée en *société*[1]. Cela tient au prix considérable qu'il faut y consacrer. L'agent n'a pas une fortune suffisante pour l'acquérir et pour l'exploiter.

Cette mise en société serait interdite en vertu des principes : on a vu qu'un office ministériel n'est point dans le commerce (n° 260). Tel est le cas pour un office de notaire ou de courtier maritime. L'adjonction d'associés a été *exceptionnellement* permise à l'agent de change par la loi du 2 juillet 1862 (nouvel art. 75 C. com.), et seulement auprès des Bourses pourvues d'un parquet.

Cette société, au surplus, ne peut pas se constituer sous une forme quelconque. L'agent nommé par le gouvernement doit exercer personnellement la charge et engager envers les tiers sa responsabilité indéfinie. Les bailleurs de fonds ne seront tenus que jusqu'à concurrence de leurs mises; et ils ne peuvent posséder dans le capital de la charge, ainsi que dans le cautionnement, une fraction supérieure aux trois quarts.

Il y a donc une grande analogie entre eux et des *commanditaires*. Quoique sujette aux mêmes conditions de forme ou de publicité qu'une commandite simple, la société pour l'exploitation d'un office d'agent de change n'est pas ainsi dénommée par la loi.

Cela présente quelque intérêt en ce qui touche l'*immixtion du bailleur de fonds dans la gestion*. Sans doute l'associé d'un agent de change ne peut pas en principe, même en vertu d'une procuration, exercer les actes de la charge, puisque la gestion de cette charge doit rester aux mains de l'agent lui-même, et cela le rapproche du commanditaire ordinaire. Mais la règle comporte exception.

L'agent a en effet le droit de choisir, sous le nom de *commis principaux*, des mandataires spéciaux en nombre déterminé par les règlements de la compa-

[1] Les agents de change ne peuvent cependant former entre eux aucune association particulière pour les opérations de leur ministère (D. 1890, art. 39).

gnie; commis qui, agréés par la Chambre syndicale, restent soumis à sa discipline. Ces mandataires, qui ne peuvent vendre leurs fonctions, seront chargés de prendre part aux négociations dans la limite de leur mandat, et pourront remplacer l'agent à la corbeille et dans la tenue du carnet (D. 7 octobre 1890, art. 35 et suiv.) [1].

Or la situation de commis principal (ou de fondé de pouvoir) pourrait être, sous le contrôle des règlements, conférée au bailleur de fonds, sans qu'il en résultât pour lui obligation à tout le passif de l'agence. S'il s'agissait d'une commandite proprement dite, les art. 27 et 28 C. com. l'exposeraient à cette responsabilité indéfinie.

Les actes, relatifs à l'adjonction de bailleurs de fonds ou aux modifications apportées à leur personnel, sont soumis à l'approbation de la Chambre syndicale et communiqués au ministre des finances (D. 1890, art. 3 et 6).

689. — L'agent est commerçant. — Comme l'agent de change est un *courtier*, et comme le courtage constitue un acte de commerce (art. 632), il en résulte que son ministère le rend justiciable du tribunal de commerce envers sa clientèle. En outre, il faut voir en lui un commerçant de profession, sujet à la faillite s'il vient à manquer à ses engagements (art. 1er C. com).

Cette commercialité de profession était autrefois contestée, mais par des raisons plus spécieuses que fondées. On en va juger.

690. — *a*) L'agent de change, disait-on, exerce une *fonction publique*. Or, entre la fonction publique et le commerce, il y a antagonisme et véritablement contradiction! — On peut admettre que cette affirmation soit vraie dans la grande généralité des cas. Elle ne l'était point en tout cas sous l'ancien régime, à l'époque où florissaient les offices; elle comporte des tempéraments, et la position actuelle de l'agent de change nous en laisse précisément apercevoir un.

b) La loi du 8 décembre 1883, sur les élections des juges consulaires, donne droit d'élire ou d'être élus aux tribunaux de commerce, aux commerçants d'abord, puis, dans la suite de l'énumération que donne le texte, aux agents de change (et aux courtiers de divers ordres) art. 1er et 8. S'il a fallu les mentionner, c'est que les agents de change n'étaient pas déjà compris dans l'appellation de commerçants! — Il suffira de répondre que la loi de 1883, comme celle de 1871 précédemment, n'a point voulu trancher la question de principe que soulève la nature de la profession de l'agent de change. Elle a entendu lui assurer, une fois pour toutes, le droit qui lui avait été contesté (avant ces lois) de concourir aux élections consulaires; car il est convenable et juste qu'il y concoure.

691. — *c*) Si l'agent de change était commerçant, il aurait tout pouvoir à l'effet de conclure des *opérations de commerce pour son compte!* — Or, ce droit lui

[1] L'agent peut aussi, même dans les Bourses sans parquet, constituer pour les actes autres que ceux de la négociation, que les signatures des bordereaux et les certifications de transferts, des *fondés de pouvoirs*, en vertu d'une procuration approuvée, s'il y a lieu, par la Chambre syndicale (même décret, art. 34).

est refusé, avec des sanctions très rigoureuses : en cas de contravention, il encourrait, par jugement rendu en police correctionnelle, une amende de 3,000 francs, ainsi que la destitution, avec impossibilité d'être réintégré; et, venant à faire faillite, par suite de ses spéculations, il serait de plein droit traité comme banqueroutier, avec application aggravée de la peine des travaux forcés à temps, si cette banqueroute est simple, et de celle des travaux forcés à perpétuité, si elle est frauduleuse (art. 85 à 89 C. com., art. 404 C. pén.).

692. — Ainsi l'agent de change ne peut s'intéresser, même sous un nom interposé, dans aucune entreprise commerciale.

Il pourrait, dans notre doctrine, posséder un portefeuille particulier de valeurs et faire en actions industrielles comme en titres de rentes le placement de son avoir, puisque la souscription d'une action est de sa nature un acte d'ordre civil. Mais il lui est interdit d'exploiter une banque, une manufacture, un commerce de marchandises.

Il n'a pas le droit de souscrire une lettre de change, puisque cette nature d'effet laisse présumer une opération de commerce (arr. 27 prairial an X, art. 10). — Il ne saurait pour lui-même trafiquer à la Bourse sur une valeur. — Il ne peut davantage participer à une affaire financière ou à un syndicat, dans lequel il prendrait les titres à la commission ou à un certain cours, afin de les revendre plus cher.

On comprendrait un régime moins sévère : il n'aurait pas le droit, dans une négociation où il a été choisi pour intermédiaire, de prendre un intérêt; ou, pour parler bien brièvement, de faire la *contre-partie de son client*. A cela près, le commerce lui resterait accessible : il pourrait, par exemple, donner pour lui-même des ordres à terme à un confrère.

Notre loi est plus sévère : elle n'admet l'exercice du commerce par l'agent, sous aucune forme ni dans aucun cas.

La raison en est simple : les agents ne peuvent faire respecter la neutralité du marché qu'en s'abstenant de participer à ses opérations. Ce sont eux qui feraient le cours, et avec le cours la cote, s'ils se mêlaient personnellement à la spéculation. Telle position prise par eux sur une valeur leur enlèverait toute impartialité. Ils exerceraient une pression sur le cours et se prêteraient aux manœuvres des boursiers, pour faire réussir les spéculations qu'ils auraient engagées pour eux-mêmes. Dussent-ils pratiquer le commerce en dehors de la Bourse, ils négligeraient la fonction de haute surveillance dont le gouvernement les a honorés dans l'accomplissement de leur charge.

693. — De cette interdiction de faire le commerce, on a conclu un peu légèrement au *caractère civil de leur office*. S'ils ne peuvent pas pratiquer le commerce, c'est donc qu'ils ne sont pas commerçants!

L'objection se ramène à un simple jeu de mots. Le fait de leur médiation est commercial, et en tant qu'ils exercent leur charge, ils sont bien commerçants. Seulement, ce sont des commerçants auxquels la loi refuse le droit de faire le commerce, à côté de leurs fonctions professionnelles. Un négociant, qui ne peut pas joindre à son commerce ordinaire un autre trafic ; c'est une anomalie si l'on veut, ce n'est point une inconséquence.

694. — Ainsi, aucun des arguments qu'on a avancés pour dénier à l'agent de change la condition de commerçant, n'est de nature à ébranler la thèse qui lui reconnaît au contraire cette qualité.

695. — Privilège de l'agent de change. — L'agent de change dispose d'un *privilège* d'entremise dans la négociation des valeurs (art. 76 C. com.). La portée de ce privilège sera examinée ci-après. Il aboutit à obliger toute personne, qui a besoin d'un intermédiaire pour vendre ou pour acheter une valeur, à recourir à un agent de change. On peut traiter directement avec une contre-partie, sans le ministère de personne. Sitôt qu'on emploie un courtier, ce doit être l'officier public et assermenté institué à cet effet. Ce privilège, d'ailleurs, comme on le verra, est constamment violé par les empiètements de la coulisse (nº 706).

A raison de ce rôle de courtier, doublé d'un rôle de commissionnaire par suite d'une autre règle, celle du secret professionnel, l'agent de change traite des marchés de Bourse, pour compte d'autrui. Il aura généralement à les conclure avec un confrère, avec un autre agent de change, qui sera le courtier de la contre-partie.

Ni les conditions, ni l'objet, ni les effets de ces marchés, ne sont déterminés en pleine liberté par les opérateurs ou par leurs agents de change. Des règlements fixent les formes des marchés, leurs échéances, leur mode de liquidation, etc. Une opération de Bourse est une opération conclue selon les règlements de la Bourse, et par référence aux dispositions qu'ils édictent.

D'ailleurs, tous ces règlements n'ont pas le même caractère. On en distingue deux espèces (art. 73 C. com.) :

1º Les *règlements généraux d'administration publique*, comme le décret de 1890, qui statuent par voie impérative, et disposent de l'autorité de la loi, parce qu'ils proviennent d'une délégation donnée par le législateur au pouvoir exécutif;

Et 2º *les règlements particuliers* des diverses compagnies d'agents de change. Ceux-ci sont délibérés par les agents d'une même Bourse, en tant que composant une corporation. Ils ressemblent aux statuts d'une société, ils ont pour objet les dispositions que les agents s'engageront à suivre les uns vis-à-vis des autres, notamment dans les marchés où ils joueront respectivement le rôle d'intermédiaires. Ces règlements doivent être homologués par le ministre des finances ou du commerce (art. 82 du décret de 1890). Ils diffèrent suivant les places. Fait plus frappant : ils ont entre les agents la valeur d'une *convention*, et non pas celle d'un *acte* supérieur de *commandement*. Aussi la teneur de ces règlements ne s'applique-t-elle point vis-à-vis des personnes étrangères à la compagnie elle-même : ils sont sans effet au regard du public et des clients en contestation avec leurs agents [1].

696. — Les ordres de négociation donnés aux agents de change s'exécutent généralement à la Bourse, pendant le temps où elle se tient.

[1] Cependant on y trouve des dispositions concernant les droits et obligations des clients envers la charge. Ex. : le délai de livraison des titres ou des fonds (art. 42 et 43 du règlement *particulier* des agents de Paris, approuvé le 3 déc. 1891, appelé avant 1890 règlement *général*).

A cet égard il faut établir une différence importante entre deux catégories de Bourses de valeurs, qui sont — les *Bourses ordinaires*, — et les *Bourses pourvues d'un parquet*. On va voir que cette différence a son contre-coup sur la condition même de l'agent de change, au milieu de la compagnie professionnelle à laquelle il appartient.

697. — Bourses ordinaires. — Une *Bourse ordinaire* ne sert pas de siège à une criée de valeurs, ni de stationnement aux agents qui seraient séparés de l'ensemble des opérateurs.

Elles n'ont qu'une médiocre importance. Le mouvement des cours n'est pas impressionné par le trafic réalisé dans ces Bourses, elles subissent au contraire la marche que communiquent aux effets les Bourses des autres places. Elles ne publient pas de cote des cours.

Quoique l'art. 74 prétende qu'il y ait des agents de change dans toutes les villes qui ont une Bourse, cela n'est pas absolument exact. Certaines Bourses pourraient n'en pas avoir, comme à l'inverse le gouvernement pourrait instituer des agents sur une place dépourvue de Bourse. Les agents, quoique réunis en compagnie, n'ont pas de Chambre syndicale à leur tête.

698. — Bourses pourvues d'un parquet. — Bien plus perfectionné est le régime des *Bourses pourvues d'un parquet* ou d'une corbeille. Celles-ci se trouvent placées sous la discipline du ministère des finances et non de celui du commerce. Elles nécessitent un surcroît de surveillance, parce que le trafic des valeurs y est bien plus actif, et que les spéculations ou les manœuvres des opérateurs risquent de déterminer des crises graves. Il y a sept Bourses de ce genre en France [1].

Ce qui les distingue, c'est la manière dont s'y effectuent les négociations. Un emplacement appelé *corbeille*, isolé par une balustrade du reste du public, est occupé par les agents pendant la durée de la Bourse : les agents, qui restent d'ailleurs en relations avec leur clientèle durant tout ce temps, et qui reçoivent constamment d'elle des ordres d'opérer, échangent à haute voix leurs propositions de marchés, soit comme ventes, soit comme achats. « J'ai. — Je prends. » Les cours sont ainsi l'objet d'un débat public, et par le fait d'une concurrence mouvementée, ils se règlent suivant le même stimulant que celui qui agirait dans une vente aux enchères proprement dite.

A Paris, il existe une corbeille pour le comptant, il en existe deux pour le terme, la rente sur l'Etat formant une corbeille spéciale à raison de l'importance de son trafic. Les cours ne sont pas abandonnés au hasard du moment; ils se rectifient par un système d'offres concurrentes qui rappelle soit les enchères, soit les soumissions au rabais. Nous l'expliquons en note [2].

[1] Paris, Lyon, Marseille, Bordeaux, Toulouse, Lille et Nantes. En 1845, il n'existait encore que le parquet de Paris. — Il ne peut être créé de parquet nouveau qu'en vertu d'un décret rendu sur la proposition des ministres des finances et du commerce, et après avis des agents de change, du conseil municipal, du tribunal, ainsi que de la Chambre du commerce et du préfet (D. 1890, art. 15).

[2] Les prix offerts et demandés sont, pour le comptant, préalablement inscrits sur un registre spécial, qui se couvre d'inscriptions pendant la durée de la Bourse et qui

699. — Chambre syndicale. — Dans les Bourses à parquet, la compagnie des agents élit, chaque année, une *Chambre syndicale*, composée d'un syndic et d'un chiffre d'adjoints qui varie suivant le nombre complet des agents.

Cette Chambre syndicale prend ses délibérations à la majorité de ses membres, et en tient registre (D. 1890. art. 17 à 20). Elle constitue l'organe de la corporation, qui forme elle-même une *personne morale*.

Depuis que la loi du 21 mars 1884 a investi les syndicats personnels de la personnalité juridique, il paraît, en effet, impossible de refuser au groupe des agents de change le même caractère. Et cette thèse est confirmée par les dispositions du décret du 8 octobre 1890, en ce qu'il donne pouvoir à la Chambre de « représenter collectivement tous les membres de la compagnie pour faire valoir leurs droits et intérêts communs, et d'administrer la caisse commune » (art. 21) ; pouvoir au syndic à l'effet de « représenter la compagnie en justice e dans les actes de la vie civile » (art. 27). Cela a pour conséquence d'habiliter la compagnie à acquérir des biens, même des immeubles (au moins dans les limites où un syndicat professionnel pourrait le faire).

De là aussi il résulte que la compagnie peut s'engager, notamment par ses délits (on verra ci-après une application intéressante de cette aptitude à s'obliger). Mais les dettes de la compagnie ne donnent, bien entendu, comme gage à ses créanciers que l'avoir qui lui appartient, et non l'actif de chaque agent : une corporation n'engage point les patrimoines propres à ses membres.

700. — Il y a lieu de signaler les principales attributions de la Chambre syndicale, — en laissant de côté la conciliation qu'elle exerce en cas de besoin entre les agents ou avec des tiers, et en écartant aussi pour l'instant le rôle de la Chambre syndicale de Paris, touchant la publication des titres perdus ou volés.

701. — 1° Elle exerce sur le personnel de la compagnie un *pouvoir disciplinaire* (mandement à tout agent de comparaître devant elle et de produire

forme, en réalité, la minute de la cote. — Soit un agent de change chargé d'*acheter* pour un client des actions du Nord au cours de 1983. Il inscrit sa *demande* à la cote : Nord, 1983. Par là il fait opposition à toute demande pour un prix inférieur, qui, pour les vendeurs, serait moins bonne que la sienne. Mais il provoque en revanche une demande plus forte. S'il s'en présente une : Nord, 1984, cette nouvelle inscription annule la sienne.

En cet état, il peut se traiter des cours quelconques à la corbeille, à 1984 ou *au-dessus*, mais aucun *au-dessous*.

En regard de ces *demandes*, il se posera des *offres*, des propositions de *vendeurs*, également inscrites : Nord, 1985 ; puis des offres en rabais, 1984, annulant les premières (mais non pas des offres plus chères). Si l'on finit par obtenir la concordance entre les offres et les demandes, tous les agents chargés d'acheter ou de vendre « au cours » seront obligés de s'y conformer (ici, 1984). S'il subsiste un écart, la marge laisse place à toutes négociations qui se traiteraient en corbeille à un cours intermédiaire.

Le tout, aussi longtemps qu'il y aura moyen, avec les ordres de la clientèle, d'alimenter le cours coté. Après cela, on reprendra les négociations, sur la base de nouveaux cours proposés à la cote.

Les opérations traitées *au mieux* échappent à cette réglementation. L'agent peut passer l'ordre au prix qu'il trouve, sans l'avoir fait coter.

sa comptabilité; blâme, censure, interdiction temporaire de la Bourse pour un mois; demande au gouvernement de suspendre ou de révoquer l'agent coupable, ou avis exprimé à cet égard si elle est consultée) D. 1890, art. 21 à 26.

702. — 2° La Chambre syndicale administre une *caisse commune* de la compagnie. Cette caisse est alimentée au moyen de prélèvements opérés sur les courtages, de versements exigés des agents au moment de leur entrée en charge, et d'autres éléments de recettes (carnets, etc.) qu'il appartient à chaque règlement particulier d'instituer (voir l'art. 26 du décret de 1890, et l'art. 1er du règlement particulier de Paris).

Cette caisse a principalement pour destination de placer les agents dans un état d'assurance mutuelle contre les risques d'inexécution des marchés, par défaillance de la clientèle. Si, au moment d'une liquidation, l'un des agents se trouve être débiteur pour compte de ses confrères, cela le met dans la nécessité de constituer les titres ou les sommes que représente son solde. Mais, lorsque ses clients se sont dérobés et ne lui ont pas remis à lui-même les valeurs du marché, le mouvement intérieur de la liquidation risquerait d'être entravé, si la caisse commune ne venait, en avançant l'argent à l'agent débiteur, le tirer de cette passe critique.

La caisse commune, dans des circonstances graves comme celles qui se sont produites sur le marché de Lyon, en 1882, peut tenir un rôle plus important : elle servira à gager de grands emprunts contractés par la compagnie, cette dernière prenant à sa charge le passif de plusieurs agences (ou, comme ce fut le cas alors, de toutes les agences), tombées en déconfiture.

703. — 3° La Chambre syndicale s'interpose dans la *liquidation des marchés à terme*. Grâce à elle, il s'établit tous les mois ou tous les quinze jours une compensation générale entre les comptes de tous les agents. C'est ce que l'on comprendra mieux plus loin.

704. — 4° Le *bulletin de la cote* est déjà visé par les art. 72 et 73 C. com., lorsque ces textes mentionnent la nécessité dans les Bourses de faire connaître le résultat des négociations afin de déterminer le cours, et lorsqu'ils chargent les agents de change (et courtiers) du soin de le constater. Ce bulletin est arrêté, à l'issue de chaque Bourse, par les agents de change réunis à cet effet; puis le syndic le signe. Il indique, pour chaque valeur traitée, le premier et le dernier cours, ainsi que le plus haut et le plus bas des cours auxquels les marchés ont été conclus. Il est affiché, publié et transmis par copie au ministre et au préfet, par les soins de la Chambre syndicale (art. 77 à 79, D. 1890).

Le bulletin fait foi du cours sur lequel se sont négociées les diverses valeurs, et sert, par conséquent, à déterminer leur prix courant.

Ce document est divisé en deux parties. La première, partie *permanente*, comprend les valeurs qui ont été préalablement reconnues par la Chambre donner lieu à un nombre suffisant de transactions. A la seconde partie, figurent les autres valeurs, dont la désignation disparaît les jours où ces valeurs ne seraient pas effectivement traitées, et qu'il ne faut surtout point confondre avec les valeurs non admises à la cote (art. 80).

705. — Admission à la cote. — 5° La Chambre syndicale détermine, par ses délibérations, les valeurs qui seront admises aux négociations publiques de la corbeille, et par là même à la cote officielle.

L'*admission à la cote* est une mesure que sollicitent les administrateurs-fondateurs d'une société par actions ou les agents financiers des villes ou des gouvernements, en vue de réaliser le placement des titres de la compagnie, de la Ville, ou de l'Etat intéressés. Il y a des valeurs dont on a demandé l'admission à telle Bourse, de Paris ou de province, sans la rechercher dans les autres. Les fonds de l'Etat français sont cotés de plein droit.

La Chambre syndicale de la Bourse statue souverainement sur cette demande. S'il est reçu dans la pratique que sa délibération est transmise au ministre des finances et devient exécutoire seulement à défaut d'opposition de sa part, le gouvernement n'a cependant point à intervenir : le pouvoir d'interdire les négociations ne lui est reconnu par les règlements que pour les valeurs étrangères.

La Chambre syndicale doit vérifier d'abord si la valeur proposée pour les négociations de la cote a été émise en conformité des lois et des règlements (par exemple si les actions ont été libérées du quart, si la liste des souscriptions et des versements a été déposée, etc.); et, cette première question étant favorablement résolue, si la valeur peut être l'objet de négociations assez nombreuses. Le refus d'admission ou le retrait de la cote, après l'avoir accordée, ne sont pas, en général du moins, de nature à déterminer une action en responsabilité contre la Chambre syndicale, de la part des sociétés ou établissements intéressés à cette admission.

Mais la Chambre s'exposerait, par l'admission imprudente d'une valeur ne répondant pas aux conditions légales, à des poursuites en réparation des personnes lésées : sur la foi du bulletin de cote, le public s'est porté sur les actions admises, qui ont ensuite périclité à la nouvelle d'une constitution irrégulière de la société. La Chambre syndicale sera responsable, s'il est établi *en fait* que, en se livrant à une enquête attentive, les vices de ces valeurs lui auraient été dénoncés. Il y aura donc des procès de nullité de sociétés, dans lesquels la compagnie des agents de change pourra être assignée, conjointement avec les fondateurs, et condamnée à des dommages-intérêts, en vertu de l'art. 1382 C. civ., sur la justification d'un préjudice propre au demandeur qui l'actionne (Civ. req. 4 déc. 1877, aff. *Transcontinental Memphis Pacific*).

Mais la Chambre syndicale ne saurait être rendue responsable de la seule dépréciation que la valeur a pu subir depuis son admission, car elle ne se porte point garante de l'avenir de la valeur ou de la solvabilité de l'émetteur.

706. — La coulisse. — Il vient d'être question de l'organisation de la profession d'agent de change. Cette profession rencontre, dans le fonctionnement de la *coulisse*, une forte concurrence [1].

La coulisse est composée d'intermédiaires libres qui, sans investiture ni reconnaissance officielle, font également le courtage des valeurs. Ils exercent ce courtage soit sur des valeurs admises à la cote par la Chambre syndicale

[1] Consulter Léon, *Etude sur la coulisse et ses opérations*, Paris, 1896.

de la Bourse auprès de laquelle ils opèrent, soit sur d'autres valeurs non admises à cette cote.

On verra que leur immixtion dans le courtage des titres ne doit pas, pour ces deux classes, être jugée de la même manière.

En tout cas, le trafic auquel ils se livrent serait irréprochable, s'ils ne faisaient que des *marchés directs*, en tenant le rôle de contre-partie d'acheteur ou de vendeur envers le client : car, dans un marché direct, on peut se passer de tout intermédiaire.

On verra également ci-dessous comment est frappé, d'après le droit criminel, l'empiètement de la coulisse sur le privilège des agents de change (L. 28 ventôse an IX, art. 8). A cette sanction pénale vient s'ajouter une sanction civile, tenant à l'irrégularité des marchés conclus par leur intermédiaire; ce point encore est réservé pour le moment.

A Paris, la coulisse opère, dans l'édifice de la Bourse, pendant ses heures de tenue : elle avait organisé, à différentes époques, des Bourses du soir, soit sur les boulevards, soit dans le local d'un grand établissement de crédit (*Winkelbörsen*, diraient les Allemands); mais la police a interdit ces rassemblements.

Tous les éléments de la coulisse ne sont pas uniformément groupés. Il existe une association de coulissiers, dits *coulissiers à la feuille*, qui a modelé ses règlements sur ceux du parquet, avec un tarif de courtages, un pouvoir disciplinaire, et des liquidations centrales. D'après les derniers remaniements établis dans cette association, il faut être citoyen français pour en faire partie.

Mais il existe aussi un grand nombre de coulissiers absolument indépendants, pratiquant la négociation des valeurs sous les formes les plus variées (vente à terme au lendemain, opérations d'option ou *stellage*, donnant à l'opérateur le droit à l'échéance de se constituer, sur la valeur par lui traitée, acheteur ou vendeur à son choix). Ceux-ci liquident leurs marchés à terme de l'un à l'autre séparément en usant, s'il y a lieu, de délégations pour simplifier le mouvement des titres et des sommes (voir ci-après). Certains établissements de crédit pratiquent ainsi le courtage, sans recourir aux agents de change, et, par la manière dont ils exécutent les ordres de Bourse de leurs clients, ils tiennent dans le personnel de la coulisse une place importante.

707. — La coulisse vit sous un régime de *tolérance*. Le marché des valeurs est par elle si vivement disputé au parquet, que son chiffre d'affaires l'emporte de beaucoup sur celui des agents de change : une grande partie de la Bourse à terme se trouve entre ses mains.

Sur la plainte du parquet, il a été dirigé, dans une circonstance déjà ancienne (1860), des poursuites retentissantes, en police correctionnelle, contre quelques-uns d'entre eux. Cet exemple de répression n'avait pas été renouvelé jusqu'à ces derniers temps. Mais qui peut dire ce que la situation, aujourd'hui si tendue, conseillera au parquet de faire?

L'opinion contemporaine a manifesté contre la coulisse de plus en plus d'animosité. On lui a reproché de servir la cause de la finance internationale et de concourir à des manœuvres de baisse sur les valeurs françaises. La nationalité étrangère d'un grand nombre de ses membres a contribué à lui faire cette mauvaise réputation. Lors de la discussion, en 1893, de l'impôt sur les opérations de Bourse, la coulisse a été, dans les débats des Chambres, très durement traitée.

708. — A la dernière époque, on a éprouvé le besoin de mettre fin à cette situation équivoque. La coexistence de deux sortes de négociateurs, dont l'une est en lutte ouverte avec les lois, manque vraiment de dignité. Les réclamations des agents de change sont devenues particulièrement pressantes. Ils prétendent n'être plus en état de supporter la concurrence avec des rivaux qui ont l'avantage de la position.

Cet avantage est incontestable :

a) Point de cautionnement à verser, point de prix d'achat de la charge : l'exploitation d'une maison de coulisse n'est point grevée de frais d'établissement.

b) Toute liberté pour le coulissier de faire le commerce à son compte propre, ce qui lui procure des éléments de recette refusés aux agents de change. Le coulissier prendra en spéculation un stock d'actions à écouler, ou sera commissionnaire à l'émission ; puis il les écoulera lui-même. Il supprimera ainsi le premier intermédiaire : ce qui, indépendamment de la raison précédente, lui permettra d'abaisser le taux de son courtage et de procurer au public ses services moins cher.

c) Suppression, dans la pratique de la coulisse, des liquidations du mi-courant [1] qui obligent le client, lorsqu'il se fait reporter au parquet, de subir deux courtages par mois au lieu d'un seul ; — droit pour la coulisse d'opérer sur des actions étrangères, même lorsqu'elles sont inférieures au taux des actions françaises, etc.

709. — Toutes ces constatations rendent la solution du problème très épineuse. On ne peut pas songer à établir la *liberté complète de la profession d'intermédiaire*, bien que ce soit le cas en Angleterre (*brokers*, par opposition aux *dealers* qui opèrent pour leur compte), en Belgique ou en Allemagne (commissionnaires de Bourse, sous réserve pour l'administration d'approuver l'institution des *courtiers du cours*, sur les carnets desquels s'établit la cote officielle).

Le marché serait livré à toutes les entreprises de l'agiotage, avec le ministère d'agents n'offrant comme moralité ou comme ressources aucune garantie.

En outre, cette réforme nécessiterait le *rachat* général par l'Etat de toutes les charges actuelles d'agents de change : opération financière des plus dispendieuses, car elle exigerait des centaines de millions.

D'un autre côté, la suppression pure et simple de la coulisse, si tant est qu'on y puisse parvenir, n'est pas non plus souhaitable. Les agents libres rendent des services, ils donnent au trafic plus d'amplitude et, par le nombre des valeurs qu'ils traitent, ainsi que par la souplesse des combinaisons qu'ils proposent, ils réalisent l'esprit du commerce moderne. L'obtention du bon marché est un résultat vers lequel tend le négoce dans toutes ses parties, et la coulisse vient en outre faire échec à la vénalité des charges, c'est-à-dire à cette mise de la souveraineté dans le commerce, qui est une tache du droit public français.

[1] Il est vrai que le parquet a librement institué ces liquidations, et qu'il pourrait les supprimer de même.

710. — De là vient qu'on a cru possible de recommander une réforme, qui aurait pour effet de fondre le parquet et les éléments respectables de la coulisse dans une association commune. Tel est le caractère du projet de loi déposé par M. TRARIEUX, au Sénat, le 15 juin 1897.

Le nombre des agents auprès de la Bourse serait indéfini. Ils resteraient groupés en corporation professionnelle, avec une Chambre syndicale disposant d'une action disciplinaire. Les charges cesseraient d'être des offices ministériels occupés par des titulaires que désigne le gouvernement. Mais la qualité de citoyen français continuerait à être requise (pourquoi ne pas admettre à exercer la fonction les femmes ou les sociétés anonymes françaises représentées par leurs administrateurs ?). La Chambre syndicale statuerait sur l'admission dans la corporation, sauf appel auprès du tribunal de commerce. La nécessité d'un cautionnement subsisterait.

Les charges actuelles seraient remboursées au moyen d'un emprunt à émettre par les soins de la Chambre syndicale au compte de la corporation. Le service de cet emprunt, comme intérêts et comme amortissement, serait garanti par une taxe annuelle, à répartir entre les agents au prorata de leur chiffre d'affaires.

Le projet TRARIEUX fait disparaître l'interdiction pour les agents de change de faire le commerce : il leur serait seulement interdit de s'intéresser dans une affaire traitée par leurs soins à titre de mandataires. Ils ne pourraient point tenir eux-mêmes le rôle de contre-partie. C'est peut-être là le côté le plus discutable de la réforme. Le maintien à cette nouvelle Chambre syndicale, sans la coopération d'un fonctionnaire, du droit d'établir la cote, maintien qui résulte implicitement du projet, ne laissera pas non plus de provoquer des critiques sérieuses.

§ 5. Objet des négociations de Bourse, Valeurs mobilières

711. — Comme nous avons conduit de front les Bourses de marchandises et les Bourses d'effets, dans cette partie générale, il faut, mais pour simple mémoire, rappeler d'abord sur quels objets porte le trafic dans les premières de ces Bourses.

Ce sont les *produits* ou *marchandises*. En réalité, l'objet de ces marchés est des plus variables : laines, cotons, fers, sucres, grains, farines, alcools. On en reparlera incidemment dans d'autres parties de ce Traité. On se souvient aussi que le *fret* ou les *primes d'assurances* peuvent être l'objet d'un trafic et d'une cote dans des Bourses de nos ports.

712. — Pour se limiter aux Bourses d'effets, — et en ne reprenant pas ce qui a été dit déjà de l'abandon par les Bourses d'aujourd'hui, du moins en France, du trafic sur le change et les *effets de commerce*, — ces Bourses sont le lieu où se traitent les *titres* ou *valeurs* : la loi, dans l'art. 76, se sert de l'expression « *effets publics* ou *autres* susceptibles d'être cotés ».

Convient-il de réserver l'appellation d'*effets publics* aux fonds d'Etat et aux obligations communales ? Faut-il l'étendre aux valeurs, garanties ou non, de sociétés autorisées par l'Etat, ou les désigner du nom d'effets *semi-publics?* Cette question n'a aucune importance. Le mieux serait encore de s'abstenir de ce mot *effets*, afin d'empêcher une confusion avec les effets de commerce, et de le remplacer par celui de *valeurs*.

713. — Il y a trois sortes de valeurs : 1° les *actions* de sociétés, 2° les *obligations* de sociétés ou celles émises par des Etats, par des départements ou par des villes, par des chambres de commerce, 3° enfin les *rentes sur l'Etat*, qui méritaient d'être désignées en premier ordre, puisqu'aussi bien est-ce de la tenue de la rente que dépend généralement celle du marché tout entier, trouvant dans les fonds d'Etat une sorte d'étalon ou de régulateur.

Après tout ce qui a été rapporté, dans l'étude des sociétés, sur l'action et sur l'obligation, sur leur nature ainsi que sur la forme des certificats (nos **462** et suiv.), il serait véritablement oiseux de répéter en quoi consistent ces titres et quels avantages s'y trouvent attachés. Il ne reste à parler que de la rente, et en quelques mots seulement [1].

714. — La rente. — La rente est le mode normal suivant lequel l'Etat, en France, recourt au crédit public. (Etablissement du Grand-Livre, décret-loi du 15-24 août 1793.) La tradition s'en est formée sous l'influence des anciennes rentes de l'Hôtel-de-Ville, quoique Cambon, en « républicanisant la dette », ait présenté le Grand-Livre comme « le tombeau des anciens contrats ». Les départements et les communes n'ont pas suivi cette manière d'opérer.

Au surplus, on ne doit pas considérer comme des rentes véritables les emprunts amortissables qui représentent, depuis 1878, une faible partie de la dette consolidée de l'Etat français. Bien qu'on leur ait donné ce nom (*rente amortissable*), il manque d'exactitude; le propre de la rente étant, on va le voir, de ne pas comporter d'amortissement, au sens technique de ce terme. Ces emprunts ont porté sur de véritables obligations.

La rente constitue un *titre émis par l'Etat contre des fonds qu'il emprunte, et donnant au crédi-rentier, ou porteur, le droit de toucher des arrérages perpétuels, mais jamais celui de réclamer le capital lui-même.*

La différence capitale qui la sépare de l'obligation, c'est que, malgré l'incertitude des résultats de chaque tirage pour déterminer ceux qui en profiteront, l'obligation n'en sera pas moins sujette, dans le délai convenu, à un remboursement obligatoire pour l'émetteur. Le porteur peut contraindre l'établissement débiteur à procéder aux opérations au moyen desquelles le capital des titres sera graduellement restitué.

Dans l'émission de la rente au contraire, le débi-rentier n'est jamais tenu

[1] L'étude détaillée de la rente sur l'Etat ne dépend pas du droit commercial, mais de la législation financière. Nous n'examinerons point les questions graves concernant l'*immunité fiscale* de la rente française (elle échappe aux impôts du revenu, de timbre et de transmission, sauf les transmissions pour cause de mort ou à titre gratuit) : questions auxquelles un débat animé à la Chambre des députés a récemment encore donné un regain d'actualité. — Nous n'examinerons pas davantage la règle de l'*insaisissabilité* de la rente, peut-être incorrectement désignée ainsi ; mais, dans l'étude des faillites, nous aurons à y faire une importante allusion.

de faire le remboursement, aussi longtemps qu'il continue le service des coupons. Le revenu annuel ne s'appelle plus *intérêts*, mais *arrérages*.

715. — A certains égards, émettre de la rente, c'est *vendre* de la rente au public. Du moins, si cette expression, au reste fausse, est peu usitée lorsqu'on parle du fait par l'Etat de contracter un nouvel emprunt, l'expression de *rachat* qui répond à l'acte inverse est-elle entrée depuis longtemps dans la langue du droit et dans la langue financière.

Pour parler différemment, si le débi-rentier, à moins de manquer à ses engagements, n'est jamais tenu de rembourser le capital, il est, en revanche, libre de l'imposer à son créancier à tout moment, il s'affranchira ainsi pour l'avenir du service de sa dette. C'est là un droit de l'*essence* de la rente perpétuelle : le débiteur ne saurait y renoncer que pour un délai qui ne doit pas excéder dix ans (art. 1911 C. civ.). Le rachat, quand le débiteur le décide, devra s'effectuer au pair, et non pas sur le cours d'émission de la rente si ce cours est resté inférieur au pair. Une rente 3 0/0, émise à 80 fr. par exemple, ne peut être rachetée qu'à 100 fr.

Nous avons plusieurs fonds de rente : le 3 et le 3 1/2, donnant par unité de titre des arrérages de 3 fr. et de 3 fr. 50, d'après un taux de revenu par conséquent différent. Ils sont théoriquement rachetables par la même somme de 100 fr. Le 3, qui donne un moindre rendement, se cote en Bourse à un cours moins élevé que le 3 1/2 : à 103 fr. au lieu de 107 fr. Mais il reste proportionnellement plus cher que l'autre type, à cause de la menace de conversion qui est dirigée contre celui-ci à un moindre degré que contre le type inférieur.

716. — Conversion. — La *conversion* est une forme complexe du rachat, et la seule forme que prenne aujourd'hui le rachat dans la pratique financière.

C'est une *combinaison à option, par laquelle l'Etat offre bien au rentier de lui reprendre son titre contre 100 fr., mais en laissant le rentier libre de préférer à ce rachat l'échange de son ancien titre contre un nouveau qui rapportera des arrérages moindres.*

Ce second terme de l'option ne peut, en aucun cas, être *imposé* par l'Etat. Ou, s'il y avait une loi pour l'imposer, elle serait inique. L'opération ne tend pas à produire un mouvement en capitaux égal au capital de la rente : une crise grave en résulterait. Elle vise seulement à dégrever l'Etat d'une partie de sa dette annuelle d'arrérages, et par voie de conséquence, soit à décharger les impôts, soit à affecter à un service nouveau le produit de l'économie obtenue.

La combinaison réussira, et le public préfèrera la réduction du revenu au remboursement du capital, si la décroissance de l'intérêt sur le marché doit le mettre dans l'impossibilité de trouver, en fonds publics, un placement plus avantageux que celui que l'Etat lui offre. C'est ainsi qu'on s'expliquerait une conversion pure et simple en 3 0/0 de la rente 3 1/2, qui a été elle-même le produit de deux conversions successives, après avoir originairement représenté une rente 5 0/0.

717. — La rente, comme les autres valeurs de Bourse, est traitée par les négociateurs avec *coupon annexé*, et c'est en cet état que son cours est relevé par le bulletin de cote. Si j'achète de la rente au 15 février, il est entendu que le vendeur doit me livrer un certificat portant le coupon courant. Le titre est ainsi négocié, valeur à la dernière échéance passée d'arrérages, d'intérêts ou de dividendes.

L'effet, à ne s'en tenir qu'à cette unique cause de fluctuation, suit donc un mouvement de hausse à mesure qu'il se rapproche d'une échéance de coupon, pour voir ensuite son cours tomber tout à coup du montant de ce coupon, sitôt qu'il est échu.

Les règlements de la Bourse déterminent d'ailleurs le jour du détachement du coupon : ce jour est en général celui de la mise en paiement, ou le dernier jour de la liquidation (règl. part. de Paris, art. 29 à 31). Si le vendeur, après ce moment, livrait un titre avec le coupon, du moment qu'il n'y était pas obligé, l'acheteur devrait, indépendamment du cours convenu, lui bonifier le montant de ce coupon.

La manière dont sont établis les usages ci-dessus doit être connue. Car il y a des Bourses étrangères, en Allemagne par exemple, où le titre est, au contraire, négocié et coté *valeur au jour de la vente*. Cela oblige l'acheteur à ajouter à son prix le produit du coupon en cours, à proportion du temps écoulé depuis la dernière échéance. Dans les négociations d'arbitrage, où il s'agit simultanément, pour l'opérateur, de vendre la même valeur dans la Bourse d'un pays et de l'acheter dans la Bourse d'un autre, ces calculs comparés de coupons tiennent une grande place.

718. — Ensemble des valeurs mobilières [1]. — Toutes les valeurs rappelées ou décrites ci-dessus, rentes, actions, obligations, dépendent d'un groupe semblable de biens formant dans le droit une classe à part. On les appelle valeurs *mobilières* (le caractère mobilier des actions provient de la personnalité des sociétés, n° 217 [2], le caractère mobilier des rentes et des obligations tient à la nature de la prestation promise).

Ces valeurs méritent d'être examinées pour la détermination des *conventions* dont elles peuvent être l'objet (vente, nantissement, et non pas hypothèque), et des *taxes* auxquelles ces conventions sont soumises. On peut s'en occuper à l'occasion du *droit d'exécution* des créanciers, et afin de préciser les saisies dont elles seraient susceptibles.

Très intéressant encore est le point de savoir quelle *capacité* est requise pour aliéner ces valeurs : mineurs et interdits (L. 27 fév. 1880), femme commune possédant des valeurs en propre (1428 C. civ.), femme séparée de biens (1449), femme dotale (inaliénabilité de la dot mobilière), héritier bénéficiaire, syndic de faillite. Sauf pour ce dernier agent, la question est du ressort du droit civil, et elle ne sera pas traitée dans ce livre.

719. — Leur négociabilité. — Voici cependant un trait que présentent toutes ces valeurs et qui, suivant beaucoup d'auteurs, est de nature à influer profondément sur leur condition juridique.

[1] Bibliog. — Buchère, *Traité des valeurs mobilières*, 2e éd., avec le *Traité des opérations de Bourse*, 3e éd., 1892, du même auteur.

[2] Les actions de la Banque de France peuvent être *immobilisées* par déclaration du propriétaire (D. 16 janv. 1808, art. 7).

Elles sont incontestablement des créances (ou des parts de société), mais ces créances ne sont pas identiques à celles que nous offre le droit commun.

La *négociabilité*, avec ses trois formes alternatives du titre nominatif, au porteur ou à ordre, vient d'abord s'écarter visiblement du droit de céder une créance ordinaire (art. 1690 C. civ.) — (V. les nos 479 et suiv.).

Une importante remarque à faire au passage. D'après le règlement des agents de change de 1890, art. 47, les agents de change ne se livrent entre eux que des *valeurs au porteur*, sauf en ce qui concerne les valeurs qui ne peuvent, d'après la loi ou d'après les statuts de l'établissement émetteur, affecter d'autre forme que la forme nominative. Cela a pour conséquence, en dehors de ces cas exceptionnels, d'obliger le titulaire d'une inscription nominative, qui veut la négocier par l'intermédiaire d'un agent, à faire au préalable convertir son certificat en un titre au porteur. Conversion pour laquelle il se pourra qu'il ait besoin déjà de l'agent de change à titre de certificateur de sa signature (voir plus bas).

720. — Théorie de l'incorporation du droit dans le titre. — Mais n'envisager que la faculté de négociation et les effets qu'elle entraîne, c'est prendre un seul côté de la législation applicable aux valeurs mobilières. Ce qu'elles laissent voir au premier aspect, c'est l'*incorporation* du droit dans un certificat.

On ne peut exercer le droit sans produire le titre. Celui-là est réputé titulaire, qui présente le certificat ou dont le nom est inscrit sur le certificat; dans le titre nominatif, celui-là est l'ayant droit, dont le nom, reproduit sur le certificat, est immatriculé au siège de l'établissement émetteur. — C'est ce dont on s'est aperçu déjà dans l'étude des sociétés, et ce qui apparaîtra d'une manière plus saisissante encore dans celle des effets de commerce.

De cette constatation, certaines personnes sont parties pour attribuer aux valeurs mobilières (et à quelques titres assimilés à elles) une *nature substantielle* formant contraste avec celle qui appartient aux autres créances. L'économie de la créance enfermée dans un titre fiduciaire serait bien différente de celle d'une créance issue d'une vente, d'un prêt, etc. Nous serions loin, en un mot, de la créance dont, à la suite des évolutions du droit romain, le Code civil trace les éléments dans le titre si important *des contrats et des obligations conventionnelles en général*, ainsi que dans tous les titres procédant du contenu de celui-ci.

L'obligation ordinaire, en effet, résulte du consentement échangé entre un créancier et un débiteur. Ce consentement exige parfois, comme condition adjointe, une livraison de valeurs (prêt) ou la confection d'un acte authentique (contrat de mariage, donation). Mais, même alors, le titre ne *crée* pas l'engagement, il le *constate* seulement.

Dans l'accord des volontés, l'obligation prend sa source : elle résulte entre personnes capables d'un consentement sans vices, qui a été délivré en vue d'une cause déterminée et licite.

Or, dans le titre fiduciaire, il n'en serait plus de même. Le titre deviendrait le véritable *générateur* de l'obligation; c'est de son contenu que procéderait l'engagement, sans référence aucune aux circonstances dans lesquelles ce titre a été souscrit ou transféré. Ce que porte le titre est réputé l'expression de la vérité juridique ; là où est le titre, là se trouve le véritable ayant droit. Par là, satisfaction se trouve donnée aux exigences du crédit qui veut que l'effet fiduciaire, comme toute autre marchandise, porte en soi et à sa seule inspection le contrôle de sa valeur.

Sur cette donnée de philosophie un peu vague, des systèmes juridiques aux nuances variées peuvent être et ont été effectivement proposés. On les ramène à deux principaux :

Le système de l'*obligation littérale*, qui dit que la dette vaut, parce qu'elle a été consignée sur un titre, dans la mesure où s'exprime la formule du titre. Elle vaut, quand même la convention qui a motivé la circulation du titre serait irrégulière aux termes du droit civil, cette convention devenant un élément tout à fait extrinsèque. (On désigne aussi la dette du nom d'*obligation abstraite*, parce que la réalité d'une cause effective de l'engagement cesse d'être exigée) ;

Et le système, très voisin, de l'*incorporation de la dette dans le titre*, d'après lequel l'engagement cesse de résider dans un accord de volontés, pour prendre son assise sur le certificat : celui-ci devient le vrai porteur du droit, au point que le droit se formerait sitôt le titre confectionné, et avant même qu'il n'ait trouvé preneur. Je confectionne le titre ; il n'a pas encore de preneur ; n'importe, la dette existe, car le certificat la porte tout aussitôt sur lui ; le titre est détourné ; en réservant les remèdes que je puis avoir pour le reprendre, je suis lié envers celui qui me le présentera.

Ce sont les écoles allemandes qui ont pris l'initiative de ces constructions. Elles tendent, on le voit, à introduire dans le droit privé deux natures d'engagements se faisant contraste, comme les Romains opposaient la stipulation, avec les autres contrats de droit strict, aux contrats de bonne foi.

Cette direction, proposée d'abord pour les effets de commerce seulement, et afin d'expliquer leurs particularités, a été généralisée. Elle est suivie maintenant par la science italienne, qui lui donne plus de portée encore que les Allemands [1].

Des efforts ont été faits en vue d'acclimater en France ces doctrines [2]. La jurisprudence, jusqu'ici, paraît peu disposée à se laisser emporter dans le mouvement.

721. — A nos yeux, il n'est pas besoin, pour rendre compte des singularités que présente le droit des valeurs fiduciaires, de les montrer comme ouvrant une brèche dans le droit ordinaire des obligations. C'est une complication inutile que d'imaginer une source nouvelle d'engagement dont le Code civil ne parle point. Un fondement de dette, qui cesserait d'être la convention, ou la convention classique avec ses quatre conditions traditionnelles : il ne faudrait le reconnaître qu'au cas où il serait vraiment indispensable de recourir à cette

[1] Surtout sous la plume du professeur VIVANTE, de Bologne (*Traité de droit commercial théorique et pratique*, en italien, 2e vol.).

[2] DEBRAY, *De la clause à ordre*.— Voir plus de détails dans le *Traité des titres au porteur* de M. WAHL, et dans l'*Essai d'une théorie générale de l'obligation* (*projet de Code civil allemand*) de M. SALEILLES.

construction hardie. Il y a moyen, selon nous, de s'en passer. C'est surtout imposer à l'esprit du juge, qui s'inspire journellement des faits, un effort de métaphysique auquel il est mal préparé.

Evidemment, le certificat tient une place plus grande dans le titre fiduciaire que dans l'engagement ordinaire. La nécessité, pour la dette, d'être consignée sur un titre, et la nécessité de présenter ce titre, permettent de faire cette concession : à savoir que la confection du certificat devient un élément solennel de la dette, comme sa conservation une condition du maintien du droit. Et même pour le titre au porteur, la dérogation au droit commun est plus sensible encore, puisque ce titre est à certains égards assimilé à un meuble corporel.

Mais il ne s'ensuit pas que l'obligation révélée par le titre soit d'une autre essence que l'obligation née d'une vente, ou d'un prêt. Il ne s'ensuit pas qu'elle ait autre chose qu'un contrat à sa base, ou que ce contrat puisse se passer des éléments indispensables à la validité de tout autre contrat. Le siège de cette importante étude se trouvant dans les effets de commerce, c'est dans la partie du livre consacrée à ces effets que la thèse sera approfondie.

722. — Dessaisissement involontaire du titre. — En ce moment, il suffira de parler des circonstances qui entraînent pour le porteur du titre dessaisissement involontaire du certificat, et d'indiquer les moyens donnés à la personne dépossédée pour rentrer dans l'exercice du droit.

Ces circonstances sont la *perte* ou le *vol* : on supposera que l'individu, qui a pris possession du titre, en a ensuite abusé, en le vendant à un tiers.

Accessoirement, on parlera aussi de la négociation du titre par un *incapable* (mineur, femme non autorisée, époux sous le régime dotal en présence d'une clause de remploi qui n'a pas été observée), et des moyens de restitution appartenant à cet incapable.

Dans ces diverses situations, on voit les partisans de l'engagement littéral ou abstrait proposer des explications auxquelles la pratique refuse de souscrire. Dans tous ces cas aussi, il y a lieu d'indiquer des règles qui tiennent intimement au régime de la Bourse, et qui mettent en jeu le ministère et la responsabilité des agents de change.

Distinguons les titres nominatifs des titres au porteur.

723. — I. Titre nominatif. — Le certificat est perdu par l'ayant droit. Il obtiendra du siège émetteur un titre nouveau en remplacement de celui qu'il a perdu, à condition de justifier de son identité et de son droit. Ce que la mention de son nom sur le registre des transferts rendra relativement aisé [1].

Mais le titre perdu ou volé a pu être, à la faveur d'un faux, l'objet d'une négociation. Le voleur a dû se faire passer pour le propriétaire du titre, et imiter sa signature dans les pièces du transfert. Trompé par ces apparences, le siège

[1] Il n'y aurait de difficultés que pour le service des dividendes, arrérages et intérêts. Le certificat égaré vaut titre au porteur pour le paiement périodique des revenus. Le siège émetteur court par là un risque, en délivrant au requérant un nouveau titre muni des mêmes avantages. Le fait de déclarer annulé le certificat perdu ne suffirait pas à le couvrir contre le danger éventuel d'être obligé de faire en double le service du titre. Le siège pourra donc exiger des garanties.

émetteur a exécuté le transfert demandé et il a inscrit sur ses livres le nom de l'acheteur, qui a pu être de bonne foi.

724. — **Transfert sur fausse identité.** — Quel est le vrai rôle joué par le siège dans cette opération, et de quelle efficacité dispose un transfert ainsi accompli ?

On a pu soutenir autrefois que le transfert s'opérait aux risques et périls du cessionnaire, que l'établissement émetteur ne se portait point garant de sa régularité. Il exerce une fonction purement passive, et se borne à agir à la manière d'un organe enregistreur.

La survenance ultérieure du titulaire dépossédé aura donc pour effet de rétablir son inscription, à tort annulée, et d'annuler au contraire celle du cessionnaire : ce dernier recherchera son vendeur et se retournera en garantie contre lui.

Cette manière de voir n'est pas conforme à l'impression générale de la pratique financière.

Il est vrai que, en rattachant le titre fiduciaire aux autres créances et en apparentant le transfert à la cession civile, on paraît devoir aboutir à pareil résultat : nullité d'un transfert résultant d'un faux.

En effet, qu'est-ce que le transfert ? — L'équivalent de l'acceptation, par l'établissement, du cessionnaire à la place du cédant (art. 1690 C. civ.). Or, en droit civil, nul ne soutient que cette acceptation aurait la vertu de créer un droit, de vivifier sur la tête du cessionnaire une créance qui n'existerait point chez son cédant. — Pierre a une créance sur Paul : Jean la cède à Louis à la faveur de fausses pièces d'identité, et Paul accepte cette cession. Cette cession reste nulle, même au regard du cédé. Son acceptation n'a eu d'autre but que d'exempter Louis de l'obligation de lui faire une signification par voie d'huissier : le cédé tient cette signification pour faite. Mais la créance a passé au cessionnaire avec ses vices, ou, comme c'est le cas dans l'espèce, ne lui a point passé du tout. C'est à l'acheteur à vérifier si les conditions dans lesquelles il traite lui assurent ou non la transmission efficace d'un droit.

Cependant, on fait observer que dans le transfert il en est différemment ; ce qui doit écarter, dit-on, la pensée d'une cession, et donner crédit à la thèse qui fait naître l'engagement de l'émetteur de l'inscription même établie sur ses livres. Qu'on en juge par les solutions reçues.

La société ou l'*émetteur se porte garant envers le cessionnaire de la validité de l'opération* ; il répond, du moins, de l'identité de son vendeur. La survenance du titulaire dépouillé n'emportera pas anéantissement de la nouvelle inscription. La personne dépossédée aura seulement contre le siège social une action en responsabilité fondée sur l'art. 1382 C. civ. On peut admettre, en général du moins, qu'elle ait le droit d'exiger son rétablissement, mais sans que doive disparaître l'inscription substituée à tort à la sienne.

725. — Cela serait certain pour un transfert de *rente sur l'Etat*, si l'opération se passait ainsi sans le concours d'un agent certificateur.

La loi veut que la certification des signatures des parties soit faite par un *agent de change* (arrêté du 27 prairial an X, art. 15 et 16, et arr. du 8 oct.

1890, art. 76). Cette certification couvre alors le Trésor, et reporte sur l'agent de change la responsabilité du faux; de toute manière, l'inscription de l'acheteur sera maintenue.

Tout cela signifie que le législateur a pris le point de départ de raisonnement suivant : dans l'administration de la dette publique, le bureau requis par les parties d'opérer le transfert, et y donnant suite sur sa propre vérification, se rendrait responsable des irrégularités de la cession et notamment du défaut d'identité du vendeur. Cette responsabilité ne cessera pour le Trésor lui-même, que parce que les lois et règlements lui ont substitué l'agent de change dans le contrôle de la vérité des signatures.

726. — La même opinion prévaut aujourd'hui à l'égard du transfert des *autres valeurs*. L'émetteur est responsable de l'identité des parties. Il pourra exiger que leurs signatures soient légalisées. Notamment, les statuts de sociétés subordonneront le transfert des actions à la certification d'un agent de change. Celui-ci n'intervient plus alors comme courtier de Bourse, mais comme un garant d'identité.

Si la valeur a été l'objet d'un détournement, la partie lésée pourra faire rétablir son inscription, la société ne sera pas recevable à rayer celle qu'elle a donnée au cessionnaire, elle se retournera contre l'agent de change certificateur (art. 1382) [1].

Ce n'est pas un texte de loi qui organise un tel régime. Il n'est nullement imposé, il provient des *clauses* des statuts de sociétés ou simplement de l'*usage* qui en tient lieu. On s'expliquerait à la rigueur une pratique d'affaires dirigée dans le sens diamétralement contraire; cette pratique aurait tenu ferme pour le principe que l'acceptation d'un transfert n'emporte point reconnaissance de sa validité. — L'art. 76 du décret de 1890 dit (art. 76, al. 3) que les agents peuvent délivrer toute certification que comporteraient, d'après les statuts des établissements qui les ont émises, les opérations diverses relatives aux valeurs mobilières. C'est bien sous-entendre une responsabilité du transfert, résultant de la manière dont le cercle des affaires juge le devoir de celui qui tient le registre.

727. — Ces déductions prouvent-elles que la valeur de Bourse soit un titre à engagement littéral et à cause abstraite, ou qu'il y ait lieu de motiver cette responsabilité par des raisonnements juridiques auxquels le droit commun serait impropre ? [2] Nous ne le pensons pas.

[1] C'est une différence à signaler avec le régime de la rente sur l'Etat. — Pour cette dernière valeur, le Trésor est irresponsable, du moment que l'agent certificateur est intervenu. La personne dépouillée s'attaquera directement à cet agent. — A l'égard des autres titres, le siège demeure tenu envers le titulaire dépossédé, mais le siège agira à son tour en garantie contre l'agent.

[2] V. les dissertations dans l'article de M. Lévy-Ullmann, aux *Annales de droit commercial*, 1897, et dans la thèse de M. Minard sur *Le titre nominatif (nature et fonctionnement)*, Paris, 1897. Ces deux auteurs montrent bien que le transfert moderne dérive de l'ancienne procédure de la *reconstitution*, pratiquée depuis 1747 pour les rentes de l'Hôtel-de-Ville. (Le rentier vendeur portait au Trésor son contrat de

L'acceptation de cession faite par l'établissement renferme en soi quelque chose de plus qu'une acceptation conforme à l'art. 1690 C. civ. Mais pourquoi? Tout simplement parce que les intéressés l'ont ainsi voulu et que leur volonté est souveraine. Le cédé n'enregistre pas seulement la cession, *il se porte garant* de sa régularité, de l'existence chez le cédant du droit transmis : ainsi l'entend l'usage. Une convention de cette nature insérée dans une acceptation civile serait certainement obligatoire, car elle n'offense en rien l'ordre public. Donc elle produit effet.

Mais alors, dit-on, la négociation n'est plus une cession avec passage de valeur d'un patrimoine dans un autre! Du transfert sort un droit autonome, par le fait d'une convention nouvelle et d'un engagement propre de l'émetteur! Plus de mutation, puisque le titre, en apparence seulement négocié, reste sur la tête de son vrai propriétaire! — Nous n'en disconvenons point. Le transfert est bien une cession habituellement. Au cas exceptionnel et insolite où le cédant n'était pas le vrai titulaire, le transfert cesse d'être une cession. Mais il devient une *promesse de garantie*, il crée à la charge de l'établissement, comme tout autre transfert, l'obligation de le respecter, et c'est là ce qu'il importe de retenir.

728. — Transfert par un incapable. — Au lieu d'une vente de valeurs par un autre que le titulaire, on peut supposer que le titre nominatif a été aliéné par un *incapable*. Cet incapable ou son représentant veut ensuite se faire restituer, en exerçant l'action en nullité des articles 1304 et suivants.

Il faut suivre les mêmes principes que ci-dessus et dire :

1° L'établissement qui passe transfert se porte garant vis-à-vis de chacune des parties de la capacité de l'autre, car tel paraît l'usage;

2° L'incapable peut faire rétablir son inscription; l'acheteur garde la sienne.

3° L'intervention d'un agent de change comme certificateur rendrait cet agent responsable (Paris 21 fév. 1896). Non pas vis-à-vis de l'acheteur, lequel gardera son inscription; mais envers le siège, obligé ainsi de maintenir en circulation deux titres pour une même valeur. Et encore, s'il s'agit de la rente sur l'Etat, le Trésor n'étant point responsable, c'est l'agent de change directement que l'incapable assignerait.

Ainsi, soit une inscription nominative établie au nom d'une femme sur le registre des actions de la Compagnie des chemins de fer du Nord. Cette femme est mariée, et elle fait une déclaration de transfert sans avoir l'autorisation

rente; l'acquéreur y apportait le prix, l'officier du Trésor remboursait avec ce prix le cédant, l'ancien contrat disparaissait, on dressait au cessionnaire un nouveau contrat de constitution). — Mais cette origine ne paraît pas devoir exercer une influence sensible sur la décomposition de l'opération.

Nous admettons bien que ce qui fait foi du transfert, c'est l'inscription au Grand-Livre (D. 15-23 août 1793, art. 6), l'inscription au registre de la société, et non pas le certificat circulant. Mais il ne s'ensuit pas qu'à chaque transfert s'éteigne un droit, et en naisse un autre; ni, à plus forte raison, que le transfert, par rédaction magique, possède une force efficiente d'obligation *littérale*. — Le transfert est bien plutôt la reconnaissance par l'établissement que *transmission* de la créance a été faite. (V. ci-dessous).

maritale. L'agent de change qui a certifié ce transfert est responsable, soit que le certificat et l'inscription portent la mention du mariage, soit qu'ils ne portent rien, et la partie lésée qui recourra contre lui sera non pas la femme, mais la Compagnie du Nord, qui a dû rétablir l'inscription. Et de même, si cette femme était mariée en régime dotal, l'agent de change répondrait de la même manière du fait par les deux époux d'avoir négligé le remploi du prix que le contrat de mariage leur imposait.

Le principe, d'après lequel l'agent de change répond non seulement de l'identité des opérateurs en Bourse, mais aussi de leur capacité, n'est d'ailleurs pas unanimement accepté. L'arrêté de prairial an X (art. 16) ne parle que de *l'identité*. Mais le mot de *capacité* doit être sous-entendu. Autrement le marché des titres manquerait de sécurité, ou la préservation des portefeuilles d'incapables se trouverait journellement compromise.

729. — II. Titres au porteur. — La question de la perte et du vol se pose, pour un titre au porteur, dans des termes tout autres que pour le titre nominatif.

Un pareil événement offre bien plus de gravité, en exposant la victime à la perte effective de son droit : un court exposé le démontrera.

730. — Perte ou vol. — Le titre au porteur est soumis au même régime qu'un meuble corporel. L'acquéreur de la valeur n'a point à exiger de son vendeur la preuve d'une origine de propriété. Il suffit que son acquisition soit de bonne foi et accompagnée d'un juste titre. Il dispose alors de l'adage : *En fait de meubles, possession vaut titre*, pour échapper au danger d'éviction. La personne dépouillée est donc menacée de perdre le bénéfice du titre, sitôt qu'il est tombé aux mains d'un porteur de bonne foi. Elle ne peut, en principe, poursuivre que le voleur ou le possesseur qui connaissait le vice du titre.

Il y a une atténuation, plus nominale qu'effective : pendant les *trois ans* qui suivent la dépossession, la revendication du titre est conservée même vis-à-vis d'un porteur de bonne foi, sauf à celui ci à se retourner s'il y a lieu contre son vendeur (art. 2279, al. 2 C. civ.).

Mais ce moyen est précaire, d'abord parce qu'on n'est jamais sûr de retrouver le possesseur dans les trois ans, et, en outre, pour deux autres raisons :

a) Lorsque le titre a été acheté *en Bourse* ou *chez un marchand vendant des choses pareilles* (dans une boutique de changeur, par exemple) [1], — et c'est le cas habituel, — le succès de la revendication est subordonné à une condition très onéreuse pour le poursuivant, si onéreuse que le profit de la poursuite pourra entièrement disparaître. Il faudra, pour retirer le titre des mains du possesseur actuel, lui rembourser préalablement le prix que ce dernier a dû payer pour l'avoir. S'il a acheté la valeur à un cours de Bourse qui n'a point varié depuis lors, cela revient à dire que la revendication est elle-même infructueuse (art. 2280).

[1] Et non pas *par* le changeur, achetant dans sa boutique un titre qu'un tiers viendrait lui offrir. Si ce titre a été volé, le changeur, actionné dans les trois ans, devra le restituer sans pouvoir prétendre à une indemnité.

b) Quand la dépossession résulte non de perte ou de vol, mais d'escroquerie ou d'abus de confiance (portefeuille de valeurs détourné par un employé de banque, etc.), la revendication n'est plus aucunement donnée, même pendant trois ans, contre un porteur de bonne foi. La négociation constitutive du détournement prive instantanément la victime de tout recours contre l'acheteur.

Tel était le régime provenant pour les titres au porteur de l'application du droit commun.

Et quant à obtenir du siège émetteur le paiement des intérêts ou celui du capital sur ce titre non représenté, la victime de la perte n'y pouvait pas davantage prétendre. Ce titre a pu tomber en la possession d'un porteur légitime, ainsi qu'on vient de le voir. En conséquence, le siège s'exposerait à payer deux fois, en déférant à la demande du requérant. Le droit commun ne procurait qu'une ressource, une sorte d'avantage différé. Le requérant pouvait exiger la consignation des sommes à mesure de leur exigibilité, avec l'espoir éventuel de se les faire attribuer après cinq ans ou après trente ans, selon les cas.

731. — La situation du propriétaire de titres au porteur était donc des plus précaires, sous le régime du Code civil. De là vient qu'on a cherché par une *loi du 15 juin 1872* (avec règlement d'administration publique du 10 avril 1873) à remédier à son sort, afin de donner à la possession de valeurs de cette nature plus de stabilité.

La loi est inapplicable aux *rentes* et aux autres titres au porteur émis par l'Etat, de même qu'aux *billets de banque* (art. 16). Mais elle gouverne les titres émis par les départements et par les communes, ainsi que ceux provenant de sociétés, actions et obligations.

Cette loi a été déterminée par les circonstances politiques. Sous la Commune de Paris, il s'était produit d'assez nombreuses disparitions de titres, soit par le fait de détournements, soit par destruction dans les incendies, sans qu'on pût établir le fait de cette destruction [1].

Bien qu'elle apparaisse comme une loi de haute protection de la propriété des particuliers, sa teneur n'a pas été bien accueillie à l'étranger. Non seulement les autres Etats (Allemagne, Belgique) ont refusé d'introduire dans leur législation un remède analogue au nôtre ; mais la loi de 1872 a jeté le discrédit sur nos valeurs auprès de leurs Bourses, au point d'empêcher le trafic d'un grand nombre d'entre elles sur ces marchés. En France même, le fonctionnement de la loi jette l'insécurité sur l'achat des titres. On ne le comprendra qu'après avoir pris théoriquement connaissance du système, en son entier.

732. — Le système de protection consacré dépend de l'emploi par l'intéressé de *deux procédures parallèles*. Chacune de ces deux procédures a à sa base une *signification* par exploit d'huissier, à la requête du propriétaire dé-

[1] Déjà une loi du 12 mai 1871 avait déclaré inaliénables les propriétés, même mobilières, qui auraient été saisies ou soustraites à Paris pendant la durée du gouvernement du 18 mars. La législation de 1872 est venue organiser pour les victimes de ces vols le moyen pratique soit de retrouver les possesseurs, soit de rentrer dans la jouissance de leurs valeurs.

pouillé. Elle énonce le fait de la perte et du vol avec les circonstances de temps, de lieu, et autres qui l'ont accompagné, et surtout le nombre, la nature, la valeur et les numéros des titres perdus.

La première de ces significations (celle que la loi mentionne en deuxième lieu, mais qui est la plus urgente des deux) est faite au *Syndicat des agents de change de Paris* et vaut *opposition à la négociation des titres* sur le marché; — l'autre est notifiée à l'*établissement émetteur* et vaut *opposition au service des titres*, en revenu comme en capital, par ledit établissement.

733. — I. **Première opposition**. — La loi procure au propriétaire de titres au porteur, surpris par un vol ou par une perte de ses titres (ou même par une escroquerie), le moyen de prévenir les ventes ultérieures dont ses certificats seraient l'objet. Il empêchera ces certificats de tomber aux mains d'un *possesseur de bonne foi*. Par là il perpétuera sa propre revendication. Si long que soit le temps qui s'écoulera jusqu'à la connaissance du nom de ce possesseur, il aura du moins la certitude de l'évincer, et cela sans avoir à lui rembourser un prix d'acquisition quelconque.

A cet effet, il signifie une *opposition* à la *Chambre syndicale des agents de change de Paris*, avec réquisition de faire publier les numéros des titres dans le *Bulletin quotidien*, édité par la compagnie et organisé par cette loi ainsi que par le règlement de 1873 [1]. Cette publication sera faite par les soins du syndicat, et sous sa responsabilité, un jour franc au plus tard (art. 11 de la loi).

L'effet de cette insertion est le suivant. *Toute négociation* en Bourse ou ailleurs des titres frappés d'opposition, si elle est *postérieure* en date au jour où le Bulletin est parvenu ou aurait pu parvenir par la poste dans le lieu où elle a été faite, *demeure sans effet vis-à-vis de l'opposant*. L'acquéreur, en vertu de cette négociation, est présumé de mauvaise foi : il connaissait le vice du titre, ou devait le connaître. S'il est exempt de dol, il a du moins commis une faute lourde.

Il ne pourra donc pas, lorsque l'opposant le retrouvera, exciper de l'adage : *En fait de meubles, possession vaut titre*. Il devra restituer le certificat perdu ou volé, sauf à se retourner, d'après les principes de garantie attachés à la vente, contre son vendeur (ou contre l'agent de change qui en tient la place).

La loi part de l'idée que quiconque achète une valeur mobilière doit s'assurer, ou se faire assurer par son intermédiaire, de l'absence d'opposition sur le certificat offert en livraison : ce qui lui est possible, en consultant le *Bulletin des oppositions* (art. 12).

734. — Mais, pour que ce résultat s'obtienne, encore faut-il que le titre, au moment où agit la publication de l'art. 11, ne soit pas précédemment tombé aux mains d'un possesseur de bonne foi, déjà fondé, d'après les art. 2279 et 2280, à invoquer la maxime : *en fait de meubles*. — Ex. : Mon mandataire a détourné un titre de mon portefeuille à mon insu, et l'acquéreur l'a cru propriétaire. Point d'éviction possible. — Ou encore : le voleur du titre a eu le

[1] Prix d'insertion : 50 centimes par numéro et par an, avec un tarif d'abonnement pour assurer la continuité de la publication, jusqu'à mainlevée de l'opposition. Distribution méthodique des valeurs, pour le besoin des recherches.

temps de l'aliéner en Bourse à un acheteur de bonne foi. La revendication ne peut réussir qu'en restituant à l'acheteur son prix. Alors seulement est publiée l'opposition : elle est tardive et ne peut agir utilement.

A l'égard des négociations et transmissions de titres antérieures à la publication de l'opposition, en effet, il n'est pas dérogé aux art. 2279 et 2280 C. civ. (art. 14).

Cette publication ne peut que conserver la revendication de la victime, en l'état où elle existait avant son accomplissement. Il serait au moins bizarre, si le porteur contemporain de l'apparition du *Bulletin* se trouvait, dores et déjà, à l'abri de l'éviction ou ne devait la subir qu'à charge d'être indemnisé, que la procédure employée eût pour résultat de rendre sa possession vicieuse. Cela ne saurait être. Dès lors aussi, l'immunité dont il dispose, il pourra la transporter à un autre acquéreur. Seulement, en fait, il ne parviendra à vendre qu'après avoir obtenu la mainlevée de l'opposition (voir ci-dessous).

735. — La jurisprudence donne à la publication de l'opposition une portée très large.

D'abord elle admet que les titres au porteur *étrangers* sont gouvernés par la loi, de la même manière que les titres français (bien que l'emploi de la seconde partie de la procédure, qu'on retrouvera ci-après, soit irréalisable pour ces valeurs étrangères; mais aussi, quoi qu'en pense la pratique, les deux procédures sont indépendantes, et l'une d'elles produit son résultat, quand même il ne pourrait être question de retirer avantage de l'autre).

Puis la jurisprudence prétend appliquer un même régime aux titres perdus et négociés en France et aux titres détournés *à l'étranger*. Un Français viendrait à égarer dans un voyage en Allemagne des obligations de la Ville de Paris. Celles-ci seraient négociées sur le marché de Berlin. Dans le conflit qui surgira plus tard entre l'acheteur allemand et le propriétaire dépossédé, c'est à ce dernier que restera l'avantage, si du moins le numéro du *Bulletin* de Paris portant son opposition est parvenu à Berlin avant la négociation.

On a fait remarquer que nos juges, en réglant ainsi la responsabilité des intermédiaires aux Bourses étrangères, et en oubliant tout à fait l'idée que la validité d'une cession se détermine d'après la loi du lieu où elle est faite, commettaient un empiètement de souveraineté sur le territoire de l'étranger.

736. — A cette conséquence importante, qui est l'*indisponibilité* du titre frappé d'opposition, vient s'ajouter un corollaire. La négociation ultérieure du titre a eu lieu probablement avec le concours d'un intermédiaire. Cet intermédiaire est un agent de change ou une autre personne : coulissier, changeur, etc.

a) L'agent de change engage sa *responsabilité*, s'il prête son ministère à la négociation d'une valeur, que le *Bulletin* du Syndicat lui signale comme frappée d'opposition. Il sera tenu à des dommages et intérêts envers l'acheteur évincé, envers celui qu'on dénomme *tiers porteur*, l'adversaire désigné de l'*opposant*.

Lorsque le titre est remis à l'agent avec ordre de le vendre en Bourse, il n'est pas obligé d'avertir l'opposant avec lequel il n'entretient aucune relation, pas plus que de retenir le titre, si son donneur d'ordre veut le lui reprendre. Mais il doit s'abstenir de donner suite à la négociation.

C'est ici qu'apparaît le côté le plus délicat du système établi. Quel est l'acte valant *négociation* au sens de la loi, et au jour duquel il faut se placer pour rechercher si le *Bulletin* renfermait déjà ou ne renfermait pas encore les numéros frappés d'opposition ?

L'ordre de vente est donné le 12 octobre à l'agent A. avec remise des titres. Il est exécuté le 13 à la corbeille. Plusieurs jours se passent, pendant lesquels l'agent garde son stock de titres pour en faire les applications aux achats de confrères ou aux marchés de clients : le règlement à Paris donne un délai de cinq Bourses à cet effet (art. 42). C'est le 14 que le *Bulletin* donne les numéros. Ou encore il les donne le 16, tandis que les titres ont été remis à l'agent acheteur et avant qu'ils n'aient été délivrés au client.

L'un des agents fait la vérification. Voilà une valeur frappée d'opposition. Il ne peut pas sérieusement songer à la livrer. Son cas est des plus embarrassants. Obligé d'aller prendre à la Chambre syndicale le nom et l'adresse de l'opposant, de parlementer avec lui, de lui faire un procès, tandis que l'acheteur demande des titres exempts de tout vice !

La jurisprudence n'est même pas très formelle, pour déclarer, en pareil cas, ou dans les espèces de même ordre, que la publication soit *tardive*. Elle pourrait décider que la *négociation* n'est pas entière, aussi longtemps que l'acheteur n'a pas été mis en possession (Cfr. Trib. civ. Seine, 4 déc. 1895). La perte serait alors pour l'agent, s'il ne retrouve pas son donneur d'ordre. Pour un grand marché de valeurs, ces doutes sont énervants.

En dehors du cas d'insertion des numéros perdus au *Bulletin*, un agent de change ne serait responsable d'avoir prêté son entremise dans la négociation que :

1° S'il était de mauvaise foi ;

2° Si l'opposition lui avait été signifiée personnellement à lui-même.

b) Un intermédiaire *autre* qu'un agent de change serait soumis aux mêmes causes de responsabilité. — Mais on admet, en jurisprudence, que des poursuites seraient recevables contre cet agent libre, même en dehors de ces cas déterminés. Notamment un changeur donnerait suite à un ordre de vente de valeurs provenant d'une personne inconnue, sans s'assurer de son identité, de son domicile, de sa profession. Il exposerait sa responsabilité vis-à-vis de la victime de la perte de ces valeurs (arg. L. 19 brumaire an VI, art. 74). C'est la théorie de la réparation des fautes, telle qu'elle résulte de l'art. 1382.

737. — II. Deuxième opposition. — Le système qui vient d'être décrit n'offre à la personne dépossédée qu'un *moyen préventif*. Il ne la met pas sur la trace du titre et de son possesseur. Il ne lui procure point le service effectif de la valeur auprès du siège émetteur.

Aussi a-t-il fallu compléter la première *opposition* par une seconde. Le propriétaire fera défense à l'établissement de payer tant le capital que les intérêts ou dividendes échus ou à échoir sur le titre (art. 2).

On va voir que la procédure, après l'expiration d'un an, se complique d'une *autorisation* pour l'opposant de toucher lui-même ce capital et ces intérêts, autorisation qu'il devra obtenir sur requête du président du tribunal *civil* du lieu *de son domicile* (et non du lieu du siège de cet établissement).

738. — Voici les effets attachés à ce deuxième moyen de protection :

a) L'opposition constitue pour l'avenir l'établissement de mauvaise foi en ce qui concerne le service des sommes sur les titres dénoncés. Jusque là le porteur irrégulier, le voleur lui-même pouvait toucher, sur la seule présentation du certificat, le dividende ou le capital du titre amorti. Ce paiement eût été libératoire pour l'établissement, d'après la règle de la validité des paiements faits de bonne foi à celui qui est en possession de la créance (art. 1240 C. civ.). A partir de l'opposition au contraire, *un pareil paiement serait sans valeur au regard de l'opposant.*

Il est maintenant du devoir du siège émetteur de suspendre le service des coupons ou du titre. Il le doit, quand même le certificat lui arrive par une filière de banquiers dont le premier en date aurait réglé le dividende ou le capital au porteur, avant toute opposition survenue à l'établissement débiteur.

739. — *b*) Le siège ne doit pas seulement s'abstenir de payer le titre. Il lui est enjoint en outre de retenir provisoirement, contre récépissé, les certificats frappés d'opposition et d'*avertir l'opposant* par lettre chargée, en lui faisant connaître le nom et l'adresse du tiers-porteur [1].

Par là, est ménagé à l'opposant le moyen de rentrer dans son titre. Les deux adversaires sont mis en présence.

Ou c'est l'opposant qui prend l'initiative du procès. Il agit par voie de *revendication.*

Ou c'est le tiers porteur qui engage l'instance, il demande la *mainlevée de l'opposition.*

La compétence se déterminera d'après les règles habituelles : ce pourra être, quoique rarement, le tribunal de commerce. Le tribunal statuera, et la chose jugée rendra au titre sa libre circulation.

Si le procès est gagné par le tiers porteur, il demeurera en possession du certificat, il y a chose jugée que l'opposant était sans droit (le titre n'avait pas été volé, c'est avec son consentement qu'il était sorti de ses mains, ou l'opposition est intervenue d'une manière tardive). Mais peut-être cet opposant a-t-il entre temps touché des sommes sur le titre, à la faveur d'une autorisation judiciaire avec caution (voir ci-dessous). Ces paiements sont libératoires pour le siège émetteur (art. 19).

Le tiers porteur ne pourra que s'en faire restituer le montant par l'opposant condamné.

Il aura aussi le droit d'agir contre la caution que cet opposant a dû fournir;

[1] Les Allemands, tout en proscrivant l'opposition à la vente du titre sur le marché, admettent bien la faculté de former opposition au service du titre auprès du siège débiteur. Ils ont institué une procédure dite d'*amortisation.* — Le titre est publié au moyen de notifications publiques, par les soins de l'établissement. S'il n'est pas représenté dans un délai déterminé, il sera déclaré frappé de déchéance. Alors la victime de la perte obtiendra satisfaction par délivrance d'un autre titre ou par paiement, soit des coupons, soit du capital. — Seulement, si entre temps s'était présenté le porteur, à moins d'être de mauvaise foi, il l'emporterait toujours dans le système allemand contre l'opposant. En Allemagne, le principe de notre art. 2279 est accepté plus strictement encore que chez nous.

et c'est justice, car l'opposant qui a encaissé les sommes et qui doit les rendre, est peut-être au-dessous de ses affaires. Mais ce recours contre la caution n'est donné seulement au tiers porteur que pendant *deux ans* ou *dix ans*, depuis l'autorisation judiciaire, suivant que ce paiement aura porté sur des dividendes ou sur le capital lui-même. Passé ces délais, le tiers porteur souffrirait de l'insolvabilité de l'opposant.

740. — *c*) L'opposition faite au siège débiteur aura aussi pour résultat d'habiliter l'opposant à *toucher les sommes* qui sont venues ou qui viendront à échéance sur le titre. Toutefois il n'y peut pas prétendre immédiatement.

Il faut qu'*un an* se soit écoulé depuis l'opposition, sans qu'elle ait été contredite, et que dans cet intervalle deux termes au moins d'intérêts ou de dividendes aient été mis en distribution. L'expiration de ce temps, sans que le titre ait été représenté, donne plus de créance à la prétention de l'opposant qui le dit, soit perdu, soit aux mains d'une personne sans droit.

Alors l'opposant pourra se pourvoir, moyennant requête, auprès du *président du tribunal*, afin d'obtenir l'*autorisation* de toucher les intérêts et dividendes échus ou à échoir, au fur et à mesure de leur exigibilité, et même le capital des titres frappés d'opposition (art. 3). — Le président statue dans le ressort de la juridiction gracieuse : il accordera l'autorisation, s'il y a apparence pour lui que l'opposition soit fondée. Mais sa décision ne vaudra pas chose jugée contre le tiers porteur. Celui-ci conservera, en se présentant plus tard, tous moyens de droit, à l'effet d'établir que le titre lui est légitimement parvenu. — En cas de refus d'autorisation par le président, l'opposant pourra saisir le tribunal civil, qui statuera, le ministère public entendu (art. 7).

Cette autorisation d'obtenir personnellement le service du titre, malgré sa disparition, est subordonnée à la prestation d'une garantie. Car peut-être le porteur absent est-il le porteur légitime, et s'il est fait des paiements à l'opposant avant que l'absent ne se révèle, il est juste d'assurer à ce dernier, au moyen d'un répondant, la rentrée dans ces sommes, qui lui étaient dues à lui-même.

La garantie exigée est une *caution* dont la solvabilité devra s'apprécier de la même manière que pour toute autre caution judiciaire fournie en matière commerciale, c'est-à-dire sans référence exclusive à une possession de propriétés foncières (art. 6 de la loi et art. 2019 C. civ.). Son engagement s'étendra au montant des annuités exigibles, et de plus à une valeur double de la dernière annuité échue : il s'étendra au capital, si c'est ce capital que l'opposant réclame par suite de l'amortissement du titre (art. 4 et 6). — On a dit plus haut dans quel délai la caution était tenue, et comment les paiements dorénavant faits à l'opposant libéreraient le siège émetteur.

La caution peut être remplacée par un *nantissement* en titres de rentes sur l'Etat, ou autrement (art 6).

A défaut de l'une de ces garanties, l'opposant pourra seulement, au vu de l'autorisation, exiger de l'établissement le *dépôt*, tant des dividendes, que du capital, à la Caisse des dépôts et consignations. Il aura la faculté de les en retirer pour lui, après deux ans ou dix ans, depuis l'autorisation, suivant les cas (art. 4 et 5).

S'il s'agit de *coupons au porteur* détachés du titre, prétendus perdus, l'opposant pourra, trois ans après son opposition, en réclamer le montant de l'établissement débiteur, sans être tenu de se pourvoir d'une autorisation judiciaire (art. 8).

741. — *d*) Enfin, la loi permet à la victime de la dépossession de remédier à la perte, après l'expiration d'un certain temps, par l'*obtention d'un nouveau certificat*.

Lorsqu'il se sera écoulé *dix ans* depuis l'autorisation délivrée par le président, et que l'opposition aura été publiée dans l'intervalle sans solution de continuité, l'opposant pourra exiger de l'établissement, à ses propres frais, et en s'engageant à poursuivre la publicité pendant dix ans encore, un titre en duplicata, titre négociable et conférant les mêmes droits que le titre ancien. La victime à qui ce nouveau certificat va être délivré, sera maître de le vendre, de le placer sur le marché.

Le titre ancien sera frappé de déchéance : le tiers porteur, qui le représenterait ensuite, n'aurait qu'une action personnelle contre l'opposant, en justifiant que l'opposition a eu lieu sans droit (art. 15).

742. — **Négociation de titre au porteur par un incapable.** — La loi de 1872 ne parle pas du cas où le titre aurait été non point détourné, mais aliéné par le propriétaire incapable. — Ex. : Un mineur, ayant un titre au porteur qui n'a pas été converti en nominatif, comme le voulait cependant la loi du 27 février 1880, vend ce titre sans le concours de son tuteur, et à plus forte raison en dehors de toute autorisation du conseil de famille.

Cet incapable voudrait se faire restituer contre la négociation irrégulière qu'il a consentie de son titre. Il paraît logique, par identité de motifs, de lui permettre à lui ou à son représentant, d'utiliser la procédure de la loi. Seulement, le titre étant vraisemblablement tombé aux mains d'un tiers porteur de bonne foi, le remède cherché sera le plus souvent inefficace.

743. — Toute cette procédure pourrait être employée encore, au cas où le certificat a été non pas seulement perdu ou volé, mais *détruit par accident*. Mais, s'il était possible à la victime d'établir par preuves directes cette destruction, elle obtiendrait immédiatement, et sans avoir à rapporter une autorisation présidentielle ou une caution, le remplacement du titre et le paiement des sommes exigibles sur le certificat détruit. Il suffira alors d'appliquer les règles du droit commun (art. 1348, 4°, C. civ.).

744. — Comment juger le mérite de cette loi de 1872 ?

Il est fait de très nombreux usages de la double procédure qu'elle a établie. L'autorisation judiciaire après un an, afin d'obtenir les coupons, ou dix ans plus tard un duplicata, n'est peut-être pas très recherchée. Mais les oppositions, peu coûteuses, sont journellement pratiquées. Lorsqu'on dépouille un numéro du *Bulletin*, on y trouve, pour certaines émissions de valeurs répandues dans le public, un chiffre de titres publiés allant jusqu'à 1,600 (obligations P.-L.-M. fusion ancienne et nouvelle), ou jusqu'à 1,400 ou 1,500 (Ville de Paris 1871 ou Foncières 1879). Et il ne se passe pas de jour, sans que ce *Bulletin* soit amené à faire des remaniements dans sa composition (mainlevées, oppositions nouvelles).

En fait, la plupart de ces oppositions sont exposées à rester infructueuses. Où se trouvent, en effet, les titres au moment de la publication dans le *Bulletin*? Avec la précipitation que mettra le voleur à négocier, les titres ont toute chance d'avoir déjà passé par la Bourse; l'opposant, sur la constatation des circonstances, n'aura qu'à donner mainlevée.

Quand même il n'en serait pas ainsi, rien ne prouve que cette procédure soit bienfaisante. *a*) Les titres sont-ils dans la caisse de l'agent pour une négociation encore en suspens, au moment où la publication intervient? On a vu (n° 736) quelles grosses difficultés suscite à l'agent cette indisponibilité du titre, vis-à-vis de sa clientèle ou du parquet.

b) Les titres ont-ils été remis à l'acheteur, sans que l'agent ait fait au préalable la vérification qui lui aurait signalé l'existence d'une opposition? — C'est le cas habituel; car les agents se disent hors d'état de faire un pareil relevé pour chaque titre qui passe entre leurs mains. — L'acheteur, qui trouve au siège émetteur opposition sur les coupons, peut se retourner contre son agent, qui tient le rôle de vendeur et qui lui doit la garantie (d'éviction ou des vices rédhibitoires). L'agent lui remplacèra-t-il immédiatement ses titres? C'est douteux. Le tiers porteur va donc être forcé de faire un procès à l'opposant, un procès où il appellera son agent Il y faut du temps et des frais. L'acquisition de valeurs en Bourse devient ainsi périlleuse. Il paraissait de la nature même du titre au porteur de connaître les seuls vices visibles à son examen.

Le voleur va négocier les valeurs dans une Bourse étrangère. Nous avons déjà dit qu'il était peu conforme au droit, ainsi qu'aux convenances internationales, de déclarer cette négociation irrégulière, du moment qu'elle a eu lieu sous l'empire d'une loi qui la considère au contraire comme inattaquable. En sorte que, dans la grande majorité des cas, c'est le tiers porteur qui soutient la cause équitable, et non pas l'opposant, coupable souvent d'imprudence ou de désordre dans la tenue de son portefeuille [1].

Au lieu de frapper d'indisponibilité les titres volés, n'eût-il pas mieux valu imposer à tout agent de change l'obligation de ne prendre des ordres que de clients connus, et, sur réquisition de l'intéressé, de produire le nom du donneur d'ordre de qui provenait le titre litigieux? De recherche en recherche, l'opposant trouverait finalement qui poursuivre.

[1] Une autre considération vient encore à l'appui de ces critiques. De plus en plus, l'épargne française, faute de trouver de nouvelles affaires chez nous, recherche les valeurs étrangères. La jurisprudence prétend que, même pour le vol de ces valeurs, la loi est applicable; et le *Bulletin* en contient un grand nombre.

Mais il y a là une réparation toute platonique, à moins qu'un singulier hasard ne permette à l'opposant de faire main basse sur le titre en France. C'est à l'étranger que l'opposant devra plaider : les juges se garderont bien de le faire bénéficier du système de protection de notre loi. Le tiers porteur aura sur lui l'avantage. — Ainsi s'explique-t-on que les valeurs étrangères, dont l'émission a été faite chez nous par les soins d'un banquier français, chargé d'effectuer le service des titres, les Saragosse, les Lombards, les Emprunts russes (par les Rothschild et autres), ne sont guère, au cas de vol, susceptibles en fait de restitution. L'opposition faite en France au domicile de ce banquier ne suffit pas à rendre français le titre et à le placer sous le régime de nos lois.

CHAPITRE PREMIER

DES OPÉRATIONS DE BOURSE

Il y a deux sortes d'opérations conclues à la Bourse : des *opérations au comptant* et des *opérations à terme.*

745. — I. Marchés au comptant. — Les marchés au comptant passent pour être d'habitude des *opérations de placement.* Le client fait un acte civil.

Cela n'est pas toujours vrai. L'opérateur au comptant peut avoir l'intention de revendre les titres. La spéculation trouve encore sur cette espèce de marché le moyen de s'exercer ; le client fera alors acte de commerce.

La solution qu'il faut donner a de l'importance au point de vue de la compétence des tribunaux. Si l'agent doit engager un procès contre son client, il l'assignera devant le tribunal civil, au cas où celui-ci a été exempt de spéculation. Mais le client pourra toujours assigner l'agent devant le tribunal de commerce (avec option pour lui des juridictions, nº 34). — S'il s'agissait, au contraire, d'un marché de spéculation (d'un marché à terme notamment), la juridiction commerciale serait compétente de part et d'autre.

746. — Les marchés au comptant sont l'objet d'une exécution immédiate tant de la part du vendeur que de la part de l'acheteur. Le premier *livre* les titres ; le second se les fait livrer ou les *lève.*

L'agent de change pris pour intermédiaire du marché a, en conséquence, le droit d'exiger que les effets ou les fonds lui soient remis par avance. Il est alors *couvert* (D. 1890, art. 58). S'il avait eu l'imprudence de ne pas exiger cette remise avant la négociation, il pourrait encore mettre le client en demeure, par simple lettre recommandée, puis trois jours après, l'*exécuter en Bourse* sans autre formalité, art. 59 (voir ci-dessous l'exécution en Bourse, à propos des marchés à terme ; ici elle est soumise à une procédure un peu plus compliquée).

Dans le délai réglementaire après la Bourse où l'opération a été traitée, l'agent de change doit être en mesure de livrer à l'acheteur les titres qui ont fait l'objet de la négociation, ou au vendeur les sommes qui en proviennent (lendemain, surlendemain, délai de cinq Bourses, suivant les cas, règl. partic. de Paris, art. 42 et s.).

Il n'y a d'exception que pour les valeurs qui ne peuvent circuler que sous la forme *nominative*. On verra, dans le chapitre suivant, comment ces valeurs, par suite du secret professionnel, doivent être l'objet d'un *transfert* d'ordre *provisoire*, au nom de l'agent intermédiaire. De là, un retard nécessaire au transfert définitif et à l'exécution du marché par l'agent vis-à-vis de son client: le délai donné à cet effet est de dix jours (D. 1890, art. 49).

747. — Les négociations sont effectuées moyennant un *courtage*. C'est la Chambre syndicale qui en détermine le taux dans les limites d'un maximum que doit fixer un règlement d'administration publique. Le maximum est de 1/4 0/0 (0.25), le taux habituellement pratiqué pour les principales valeurs est de 1/8 (0.125). Ce taux est obligatoire pour tous les agents de change du même parquet. Il est prélevé sur le montant de l'opération, tant au regard du vendeur qu'au regard de l'acheteur.

Pour les titres non libérés, il est d'usage de taxer l'opération non pas sur le prix effectif, mais sur ce prix augmenté du non-versé. Une action de 500 fr. libérée de son premier quart, et vendue au pair, à 125 fr. par conséquent, acquittera le courtage sur 500 fr., qui est le cours relevé pour elle sur le bulletin de cote. C'est un calcul de correction au moins douteuse et qu'on n'essayera pas ici de justifier

748.— On peut donner l'ordre d'achat ou de vente, avec des instructions différentes suivant les cas : l'agent opérera, soit *au cours*, soit *à un cours déterminé*, soit *au mieux*, soit au cours *moyen*.

L'ordre d'opérer *au mieux* ne donne pas toute garantie au client que son agent lui accusera le prix réel qu'il a traité. L'agent a pu à la corbeille acheter très bas, à un cours non coté, et ensuite porter dans son avis d'opéré le cours le plus haut de la même Bourse; ce qui a pour effet de lui appliquer, en outre de son courtage, une partie du prix comme bénéfice clandestin. La présence de l'opérateur à la Bourse, tandis que son agent opère pour lui, sera un moyen de remédier à cet abus. Encore est-ce parfois douteux.

L'opération *au cours moyen* ne peut résulter que d'ordres donnés avant l'ouverture de la Bourse. Celui qui traite sous cette forme ne connaît pas le prix auquel son marché se négociera. Ce cours ressortira, après la clôture de la Bourse, d'une moyenne prise entre tous les cours qui se sont traités pendant la tenue de la Bourse elle-même. Avant l'ouverture, les agents se réunissent dans le cabinet du syndic; ils exécutent de l'un à l'autre les ordres, qu'ils ont reçus respectivement de leur clientèle, d'opérer à ce cours moyen.

749. — **II. Marchés à terme.** — Les marchés à terme sont ceux où les deux parties, en s'accordant sur un prix, conviennent de reculer à une époque déterminée, qu'on appelle *liquidation*, l'exécution double de l'opération. Les titres ne seront livrés, et les sommes ne seront payées qu'à cette époque convenue.

Il ne faut pas les confondre avec les *ventes à crédit*, dans lesquelles le vendeur livre de suite et donne un délai à l'acheteur pour le versement du prix. S'il y a ici, peut-on dire, un acte de crédit, chacune des parties fait crédit à l'autre : l'expression « vente à terme » est la seule vraie.

Dans la Bourse des marchandises, ces opérations sont qualifiées *marchés à livrer*. C'est l'expression dont se sert la loi du 28 mars 1885, art. 1er. On retrouvera ces marchés dans la partie du livre consacrée à la vente.

Dans le langage des commerçants, la dénomination de « marchés à livrer » est détournée de son sens légal, ou, pour mieux dire, beaucoup plus spécialisée. En pratique, les marchés de spéculation sur les produits, alcools, blés, coton, etc., sont encore appelés *marchés à terme*.

Les marchés à livrer sont, en effet, ceux qu'on traite en dehors des règlements d'une Bourse, par suite de conventions particulières, avec un correspondant ou un fournisseur connu, sur l'indication précise d'un type de marchandise. Ce sont ces derniers marchés qui alimentent l'industrie ; le terme conduit plus fréquemment à une liquidation par différences.

750. — Dans le marché à terme, les deux parties font *acte de commerce*. L'acheteur se propose de revendre ; le vendeur ne fait que revendre après avoir précédemment acheté, ou, s'il opère à découvert, il compte acheter ensuite ce que par sa vente il vient de s'engager à livrer.

751. — Ces opérations sont, d'après les règlements, sujettes à d'importantes restrictions. Cela est vrai : — 1° quant aux *quantités traitées* ; — 2° quant à la *fixation de l'échéance du marché*.

1° Le but véritable de la spéculation étant de distribuer des stocks considérables de titres (comme de produits), celle-ci exclut le concours du commerce de détail. Avant d'être détaillés, ces titres en suspension doivent se répartir entre de gros négociateurs.

A la Bourse des valeurs, l'intervention au terme des petits opérateurs aurait, en outre, des dangers sociaux fort graves : déjà très meurtrier par lui-même, ce marché exercerait ses ravages sur les plus petites épargnes. Il fallait une barrière contre l'entrée au marché à terme des fortunes modestes.

Les règlements ne permettent donc pas d'opérer sur des unités trop réduites. Le *minimum* autorisé est de 1,500 fr. (en arrérages) de rente 3 0/0 (soit au pair 50,000 fr. de capital engagé), avec un courtage de

20 fr. pour ce minimum ; il est de 25 actions pour les titres d'une société (1/8 0/0 de courtage).

2° Il y a des dates fixes, prises comme échéance des marchés. Cette identité d'échéance servira à simplifier la liquidation des opérations, en permettant de faire masse de tous les marchés de même nature conclus à la corbeille. Les agents balanceront leurs opérations et les régleront entre eux par les soins de la Chambre syndicale, au moyen de compensations (voir ci-après).

Les règlements veulent, de plus, que cette échéance ne soit pas trop retardée. Si l'on pouvait acheter *livrable dans un an*, on s'exposerait à un risque exagéré, par suite de l'écart du cours à douze mois d'intervalle. Quelles oscillations la valeur ne va-t-elle pas subir en une aussi longue période ?

On peut indirectement aboutir à ce résultat, en scandant le marché de mois en mois, par l'effet de reports successifs (voir ci-dessous). Mais alors il faut une série de conventions nouvelles, que l'intéressé est libre de ne pas conclure.

Donc le marché à terme ne peut être traité que pour la fin du mois (*fin courant*), ou à la rigueur pour la fin du mois suivant (*fin prochain*).

Exceptionnellement, pour certaines valeurs autres que la rente et titres assimilés, le règlement de quelques Bourses, de celle de Paris notamment, a établi des liquidations de quinzaine (*mi-courant, mi-prochain*).

752. — Nous savons le rôle exercé soit par l'acheteur, soit par le vendeur à terme. L'acheteur, haussier (en anglais *bull*, le taureau), espère *revendre* à un cours plus fort. Le vendeur, baissier (en anglais *bear*, l'ours), s'attend à une dépression du cours, et à la faveur de cette dépression il *se rachètera* ensuite sur la même échéance d'une quantité égale de titres. Cela dit, pour le cas où il aurait vendu à découvert. Autrement, c'est un haussier, déjà opérateur en achat par un premier marché, qui se borne à liquider sa position.

C'est le haussier ou le baissier qui gagnera, suivant que la valeur viendra à monter ou à descendre. Ces fluctuations tiendront à des causes économiques ou autres, que nous n'avons pas à examiner ; elles sont d'ailleurs des plus diverses :

1° Evénements politiques : une révolution, une guerre, un conflit diplomatique resserrent la confiance générale ; le découvert voit alors ses prévisions s'accomplir ;

2° Situation de place : il y a eu de très gros engagements à la hausse, par suite d'un effort de spéculateurs à faire monter un groupe de valeurs, en payant d'exemple, afin de gagner sur elles un bénéfice élevé. Mais la valeur résiste, les spéculateurs donnent ordre de revente avant que la baisse ne se soit accentuée ; ces réalisations activent la chute du cours, c'est encore le découvert qui l'emporte. — Ou inversement, les actions conservent la faveur générale, malgré les ordres de vente des baissiers ; ceux-ci se découragent et rachètent à perte.

Bref, si le 3 0/0 traité à terme 102,90, s'élève à 103,20, c'est le vendeur à découvert qui perd 0,30 ; s'il tombe à 102,60, c'est l'acheteur qui subit cette perte. Il se pourrait qu'une valeur suivît un cours graduel de hausse, sans être jamais attaquée par le découvert. Chaque acheteur successif gagnerait un bénéfice égal à la différence entre le prix de son premier marché et celui du second marché où il devient vendeur à son tour. Ce marché peut ne faire aucun perdant.

753.— Le cours à terme est généralement plus élevé que le cours au comptant, à une même Bourse : c'est ce que l'examen du bulletin officiel permet de constater. On dit alors que le terme est en *report* sur le comptant.

Cela s'explique : 1° par le sentiment, plutôt favorable, en temps ordinaire, à la montée des prix ; 2° parce que la valeur, à moins de détachement d'un coupon dans l'intervalle, se sera augmentée de l'intérêt à courir entre temps.

Lorsque le phénomène contraire se produit, le terme est en *déport*. L'obligation pour les baissiers de liquider une position trop chargée, et de se racheter aussitôt livrable, au moment de l'exigibilité de leurs marchés, peut relever subitement le comptant sans que le terme en soit affecté. Ce sont là des particularités sur lesquelles nous sommes obligés de passer vite dans un ouvrage élémentaire, et qui ne touchent au droit qu'indirectement.

754. — Liquidation du marché. — Comment se liquide un marché à terme ?

L'opérateur a le choix entre plusieurs partis. Nous écartons le cas où il s'abstiendrait de liquider de son plein gré, ce qui déterminerait contre lui l'exécution en Bourse (voir le chapitre suivant).

Il peut : 1° exécuter en nature ; 2° donner un ordre de contre-opérer ; 3° se faire reporter. Réservons le troisième parti pour le moment.

1° Il attend l'époque de la liquidation ; il apporte alors à son agent les titres s'il est vendeur, les fonds s'il est acheteur. Il livre ou lève. C'est une hypothèse assez rare.

2° L'opérateur fait un second marché en sens opposé du premier, et ce second marché doit tomber sur la même échéance que le marché primitif. Ayant commencé par acheter, il revend. D'abord vendeur, il achète (ou se rachète). Tantôt il attend la liquidation pour faire cette opération inverse, qui s'exécute alors sur le comptant. Tantôt ce nouvel ordre est donné quelques jours après le premier avant l'échéance, par conséquent toujours à terme.

a) Lorsqu'il accomplit cette nouvelle opération par le ministère de la même agence, les deux marchés contraires se liquideront par le jeu de la *compensation légale*. En effet, ils portent l'un et l'autre sur des quantités ou sur des sommes *in genere*, choses fongibles. L'opérateur se trouve créancier et débiteur d'un même nombre de titres, créancier et débiteur des mêmes sommes (à concurrence de la plus faible). Cette réciprocité de rapports existe entre les mêmes personnes. On appliquera les art. 1289 à 1291 C. civ.

De cette double compensation ressortira une différence d'argent en gain ou en perte, selon que le second prix sera plus ou moins avantageux que le premier. Le mouvement effectif est inutile pour les titres ; pour l'argent il se limite à la différence. — Ex. : J'ai acheté de la rente à 102.90, je la revends 103 fr. Différence en bénéfice, 0.10.

b) Lorsque l'ordre du deuxième marché est donné à un agent de change autre que le premier, l'opérateur peut arriver au même résultat au moyen d'une *délégation*. Il déléguera l'agent vendeur à l'agent acheteur, pour la livraison des titres et pour la réception des sommes, et ces deux agents mis en face l'un de l'autre compenseront.

755. — Variétés de marchés. — On distingue plusieurs variétés de marchés à terme : le *marché ferme*, le *marché à prime*, le *report*.

756. — Marché ferme. — *a*) Le *marché ferme* est celui qui ne comporte point de clause de résiliation. J'achète de la rente *fin courant*, sans me réserver une faculté de dédit.

Le droit commun des obligations reconnaît la validité de ce marché : on verra dans le chapitre III si des causes particulières s'opposent ou se sont opposées à sa reconnaissance. On a voulu, il y a bien longtemps, le déclarer nul, sous le prétexte qu'il constituerait une *vente de la chose d'autrui*. Le vendeur n'a pas les titres au moment où il les vend. Cette vente est frappée par l'art. 1599 C. civ.

L'objection n'était pas sérieuse : la théorie de la vente de la chose d'autrui ne concerne pas les ventes de choses fongibles. Aucun commerce ne serait possible, si on en venait à proscrire les ventes à livrer ; et c'est pourtant bien à ce résultat qu'il faudrait conclure, en donnant à un texte du Code civil une signification qu'il n'a certainement point[1].

[1] On cite l'exemple très imagé, que donnait à Napoléon le syndic des agents de change de Paris, pour expliquer que la vente à terme de quantités qu'on n'a pas encore ne constitue pas un stellionat (au reste, le stellionat, c'est-à-dire la vente d'une chose dont on sait ne pas être propriétaire, n'existait, avant la suppression de la contrainte par corps, que pour les immeubles : art. 2059 C. civ.).

Chacune des parties, dans le marché ferme, assume un risque illimité ; si fort que soit l'écart dans les cours, elle devra en subir l'effet. Le seul moyen de limiter le risque, c'est de donner l'ordre de contre-opérer ; le second marché fait, toute nouvelle direction des cours devient, à l'opérateur, indifférente. A partir de ce moment, il est fixé sur la manière dont se liquide son terme.

757. — Escompte. — Dans le marché à terme, l'acheteur dispose d'une importante prérogative. Il n'a pas besoin de la stipuler, elle existe implicitement. Mais elle ne s'étend pas au vendeur. C'est la *faculté d'escompte* (D. 1890, art. 63).

On entend par là le droit de se faire livrer *par anticipation* les valeurs négociées, en offrant en même temps le prix convenu. Il peut choisir avant l'échéance le moment qui lui plaît pour escompter son vendeur : le vendeur sera tenu alors de livrer immédiatement, et par conséquent s'il est à découvert, de se racheter sans tarder.

Il peut y avoir dans l'exercice de l'escompte un coup de Bourse des plus rudes à l'adresse de la baisse. C'est en réalité contre la baisse que cet usage de Bourse s'est introduit. Autrement, l'escompte serait donné également au vendeur, ce qui n'est point. Le baissier n'a pas le droit d'avancer le terme du contrat à sa convenance.

La faculté d'escompte, proscrite en général dans les Bourses étrangères, ne peut aucunement se défendre. Elle revient à dire que le terme, dans la vente, est stipulé dans l'intérêt de l'acheteur seul : celui-ci se réserve un délai pour se procurer la somme, et sitôt qu'il l'aura trouvée, il mettra la contre-partie en demeure de s'exécuter ; le vendeur, lui, a les titres ou doit les avoir dès le premier jour. Lorsque le vendeur est un haussier qui s'était couvert d'avance, l'escompte exercé sur lui est inoffensif, puisqu'il répercutera cet escompte sur son propre vendeur.

Rien n'est plus contraire à la vérité des faits, et au mouvement pondérateur de la hausse et de la baisse, que cette organisation empreinte de partialité.

Pourquoi frapper le vendeur, parce qu'il a opéré à découvert? Parce qu'il est baissier ! A certaines époques, au dernier siècle, et dans celui-ci, on a considéré comme nulle la convention de vendre des effets qui ne seraient pas prouvés par le vendeur avoir existé à sa disposition au temps du marché ; tandis qu'on respectait la convention d'acheter, quoique l'acheteur n'eût pas les sommes à ce moment. C'est toujours la même tendance, économiquement fausse, et injuste.

758. — Marché à prime. — *b*) Le marché *libre* ou à *prime* est un marché à terme dans lequel l'acheteur se réserve, *moyennant une prime* *convenue*, le droit de ne pas exécuter le marché à l'échéance. On traite la rente dont 1, dont 0.50, dont 0.25 : l'acheteur promet de payer 1 fr., 0.50, 0.25 par unité de titre, s'il se décide à résilier l'opération.

La convention n'est pas, comme on l'a dit, affectée d'une condition purement potestative, qui entraînerait sa nullité (art. 1174 Civ.). La résiliation n'est possible, en effet, que moyennant un sacrifice de sa part.

C'est une clause pénale convenue ; ou plutôt c'est l'application de l'art. 1590 C. civ. : si la promesse de vente a été faite avec des *arrhes*, chacun des contractants est maître de s'en départir en perdant les arrhes. — Toutefois, dans les arrhes ordinaires, la faculté est réciproque. Tandis que, dans l'organisation des Bourses françaises, le droit de résilier n'appartient qu'à l'acheteur. Pour le vendeur, le contrat est nécessairement ferme (point de *prime pour recevoir*, d'après les règlements du parquet). Encore une différence de régime, toute de partialité en faveur de la hausse.

Se prévaloir du dédit convenu, c'est *abandonner* la prime ; exécuter le marché, c'est *lever* les titres (ou *lever* la prime). La liquidation est précédée d'une période dans laquelle l'acheteur fait connaître à l'agent de change ses intentions (*réponse des primes*).

Il abandonnera la prime, si la baisse survenue en dépasse le montant ; il lèvera dans le cas contraire. A plus forte raison lorsque la hausse s'est déclarée, optera-t-il pour l'exécution.

La prime, en un mot, est un moyen de limiter le risque de baisse à un écart déterminé. Il ne se peut pas que l'acheteur perde une différence plus élevée que le montant de la prime elle-même.

759. — Il y a deux lois économiques qui règlent nécessairement le cours du marché à prime.

a) Le cours à prime est plus élevé que le cours ferme : quand la rente se vendra à terme 102.90, elle se traitera à prime 103 fr. 15. Car le vendeur, limitant son bénéfice à 0.25, obligé de se couvrir à tout événement, menacé de garder les titres pour compte, doit trouver aussi dans un prix plus fort son dédommagement.

b) Le cours s'élève à mesure que la prime est plus faible. On vend plus cher dont 0.25 que dont 1, puisque la prime de 0.25 resserre pour le vendeur la chance de bénéfice plus que celle de 1. [1]

[1] Nous écartons les combinaisons si complexes, telles que : — la *prime contre ferme*, ou inversement ; — les *options* qui permettent à l'opérateur de se déclarer à la liquidation vendeur ou acheteur à son choix, et qui se décomposent en achats et en ventes juxtaposés, avec une alternative de résiliation, — ou encore les *facultés*, c'est-à-dire la possibilité de se faire livrer le double ou le triple des quantités traitées ; — toutes combinaisons exclues des règlements du parquet, parfois pratiquées en coulisse, sans valeur aux yeux de la loi, et d'un ordre absolument louche.

760.— **Report.**— *c*) Le *report* se négocie à la suite d'un marché à terme préexistant, et dans le but d'en proroger l'effet lors de l'échéance. Il se traite au moment d'une liquidation. Deux situations sont à considérer.

761. — 1° Celui qui se fait reporter était un acheteur à terme. *Primus* avait pris position à la hausse sur la rente, il avait acheté fin courant à 102.90. Arrive la liquidation. A ce moment, la rente, au comptant, est à 102.80.

Il pourrait, ou prendre livraison en remettant le prix, ou donner à son agent l'ordre de le revendre. Ce serait un arrêt définitif de l'opération avec, en l'espèce, une perte de 0.10.

Il ne l'entend pas ainsi. Son désir est de conserver pour un mois encore sa position sur la rente. Mais le vendeur offre les titres et demande son prix : 102.90. C'est un droit qu'on ne saurait lui refuser.

Primus n'a pas le capital nécessaire. Il faut qu'un tiers, *Tertius*, intervienne pour le lui procurer. Ce tiers apporte les fonds.

Primus, l'acheteur, se fera reporter sur *Tertius*, lequel occupera, vis-à-vis de lui, pour une nouvelle période de Bourse, la situation du vendeur originaire. Voici comment.

762. — A. *En la forme*, il va y avoir entre *Primus* et *Tertius* une vente avec rachat.

Primus, l'acheteur primitif, *vend* au comptant, à ce nouveau venu, la rente que le vendeur originaire tient à sa disposition. Il la lui vend à 102.80 (*cours de compensation*). Il reçoit de lui cette somme, qui est immédiatement appliquée à rembourser son vendeur (*Primus* ajoutera du sien 0.10 : la différence que la variation du cours lui a fait perdre).

Mais, en même temps, *Primus* déclare *racheter* à *Tertius* cette même rente pour la liquidation suivante à 103 fr. Il est le *reporté*, *Tertius* est le *reporteur*.

Tertius prend livraison des titres. Ils garantissent la promesse à terme de *Primus*, le reporté. Celui-ci peut continuer sa campagne à la hausse, il la continue sur le reporteur.

Vienne la seconde liquidation. Le reporté paiera 103 fr. et dégagera les titres, que le reporteur lui rendra. Il restituera 0,20 de plus que ce qu'il avait touché à la liquidation précédente. Cela ne l'empêche pas de gagner aussi, lorsque la rente a monté davantage. Elle cote 103.20. L'acheteur, qui doit régler le report sur 103, revend et réalise encore avec 0.20 de bénéfice.

S'il est hors d'état de le payer, le reporteur l'exécutera : il tient les titres de rente pour répondre de l'engagement. Si (chose improbable), la rente est toujours à 103 fr., il obtiendra tout ce que *Primus* lui a promis. Il est ainsi rendu indemne.

763. — On le voit, le report est une *opération* double et liée, *dans laquelle une même personne*, lorsqu'arrive une liquidation, *vend une valeur au comptant* à un prix convenu, *et la rachète à terme* livrable pour la liquidation suivante à un prix différent. C'est une des formes de la *vente à réméré*.

Celui qui conclut l'opération (*reporté*) en traite les deux éléments vis-à-vis d'une seule et même contre-partie (*reporteur*).

764. — Achetant une valeur au comptant, le reporteur en devient plein propriétaire. Ce qu'il a revendu à terme, c'est une valeur de même espèce. Il pourra donc restituer, le mois suivant, des titres autres que ceux qui lui ont été remis. Il a pu entre temps :

1° *Disposer librement* de ces derniers;

2° Conserver le montant du *coupon* échu dans l'intervalle;

3° Si l'opération porte sur des actions de société, il a pu concourir, comme propriétaire, à une *assemblée générale* tenue pendant cette période;

4° Si elle porte sur des obligations à prime ou même à lots, le tirage qui fait sortir l'obligation donnée en report lui attribue la *prime* ou le *lot*, sans qu'il ait à en tenir compte au reporté.

765. — B. A s'en tenir aux *intentions déposées dans la convention*, le report serait plutôt une opération de crédit, une avance de fonds, un *prêt à intérêt*.

Le reporteur apporte ses capitaux à un boursier, qui n'était pas en fonds pour régler son marché. Le boursier se croit en mesure de les lui rendre un mois plus tard. Il y a une date prise pour le remboursement. L'écart entre les deux cours de l'opération constitue l'intérêt du prêt. Le prêteur dispose entre temps des titres qui lui sont remis, comme d'un gage.

Ce n'est pas la seule circonstance où l'on voie le prêt sur nantissement se couvrir de la forme de deux ventes soudées l'une à l'autre ou de la vente à réméré. En Angleterre, le *mortgage*, le prêt sur gage ordinaire, se conclut encore de cette manière.

766. — Rien de plus simple, en se plaçant sous ce second aspect, que de comprendre l'*action économique* exercée par le report, et les raisons qui en font osciller le cours.

Le report aide considérablement la spéculation dans le fonctionnement du marché à terme. Il permet à des haussiers de maintenir leur position par des prorogations mensuelles ou de quinzaine, pendant des mois et des années, à charge seulement sur chaque liquidation de régler la différence de la période déjà parcourue.

Le reporteur, lui, n'est pas un spéculateur, puisqu'il est détenteur du capital consacré à l'opération ; il n'aventure que ce capital, avec le seul risque, si les valeurs prises en report viennent à baisser, de ne pas rentrer entièrement dans son avance. Car l'avance a lieu sur la pleine valeur de cours du titre, valeur grossie peut-être par une forte inflation, et qui ne laisse pas la moindre marge en cas de dépréciation éventuelle. — En outre, le reporteur limite son bénéfice dès le premier jour; il le connaît par l'inspection comparée des deux cours de son contrat.

Tandis que l'opérateur à terme est exposé à subir une exécution si son calcul échoue ; il pourra être poursuivi sur tous ses biens (le marché étant regardé comme régulier); il poursuit un bénéfice illimité.

C'est ce qui explique pourquoi bon nombre de personnes se feraient scrupule d'acheter à terme, sans hésiter d'autre part à placer leurs capitaux en report à la Bourse. Il n'y aurait pas, d'après elles, dans les deux sortes d'opérations, le même degré de moralité.

767. — L'assistance prêtée à la spéculation par les reports est très positive : si la spéculation ne pouvait traiter qu'entre ses membres ou avec le comptant, la valeur traverserait des phases de fortes dépressions. Que le trafic de la valeur se ralentisse un instant, et les haussiers trop chargés seraient forcés de vendre à un bas prix, qui en amènerait d'autres plus bas encore.

Les *capitaux disponibles*, ceux qui sont déposés dans les banques, viennent à point nommé sortir les haussiers d'embarras. Dans l'attente d'un placement définitif, ces capitaux s'offriront volontiers, à titre d'avances, aux haussiers à très court terme, pour quinze jours ou pour un mois ; avances consenties non à découvert, mais sur la valeur elle-même. Cela leur procurera un rendement temporaire, cela les empêchera de chômer.

Le taux de l'intérêt ou de l'escompte sur le marché de l'argent va régler le cours de ces reports, comme aussi le degré de risque du placement en déterminera les conditions.

a) L'*argent* est *abondant :* — les reports se traiteront bon marché, le reporteur se contentera d'un revenu modeste.

Au contraire, l'argent *se raréfie*, ou il est sollicité dans des pays étrangers. Une banque étrangère élève le taux de son escompte, ce qui est un signe de besoin de numéraire dans ce pays ainsi qu'un appel aux capitaux du dehors. En France même, l'argent prétendra à une rémunération plus forte, — le taux des reports s'élèvera. Il peut s'élever si haut, que les spéculateurs préféreront réaliser. Ce sera un signal de baisse.

Les compagnies des chemins de fer font travailler, sous forme de reports en Bourse, les recettes de leurs réseaux. Lorsqu'au moment du service de leurs coupons, elles retirent leurs capitaux de la Bourse, un relèvement du taux des reports suit immédiatement, le fait à la Bourse est bien connu.

b) La valeur proposée en report a déjà parcouru une hausse très forte. Partie de 500 fr., le pair, elle atteint maintenant 2,000 francs. A ce moment le report sera très dispendieux, parce que la marge d'une plus-value est très problématique, et que, en revanche, le risque d'un effondrement est grand. C'est dans ces périodes de *spéculation surchauffée*, qu'on a vu les reporteurs retirer 50 et 80 0/0 de leur argent.

768. — **Caractère juridique du report.** — Quel est donc le *caractère juridique du report?*

On hésite entre la théorie du *prêt sur gage*, et celle de la *double vente au comptant et à terme.*

Le problème n'avait vraiment intérêt qu'avant la loi du 12 janv. 1886. Alors le taux d'intérêt en matière commerciale ne pouvait dépasser 6 0/0. En analysant le report comme un prêt, on annulait l'opération, lorsque le rapprochement entre les deux cours de la convention-liée traduisait pour le reporteur une perception usuraire. Ce qui, avec la théorie de la double vente, contrat libre, n'avait point lieu.

Aujourd'hui, même en voyant dans le reporteur un prêteur, il prêterait à une personne qui fait acte de commerce : le prêt serait commercial et affranchi par conséquent de la loi de 1807 et de tout taux maximum.

769. — La jurisprudence s'est décidée à consacrer l'opinion qui décompose le report en une *double vente*. Elle a rejeté la doctrine du prêt sur gage. Les principales raisons qui l'ont guidée sont les deux suivantes :

1) Il est admis que le report confère au reporteur la pleine propriété de la valeur, avec tous les attributs attachés à cette propriété (voir plus haut, n° 764). Il n'aura à rendre qu'une valeur *ejusdem generis.*

Or, un créancier gagiste n'acquiert pas la propriété du nantissement. Toute clause qui la lui attribuerait serait un pacte commissoire prohibé (art. 93 *in fine* C. com.).

2) Il est vrai de dire que le reporteur cherche un placement de son argent et opère sous la même impulsion qu'un prêteur de capitaux.

Mais, d'abord, cela n'est pas toujours exact. Il y a des personnes qui prennent des actions en report, pour participer à une prochaine assemblée générale de la société dont ces actions dépendent, et afin d'y faire la majorité dans un vote important. Il y en a d'autres, qui prennent des obligations à lots en report, afin de profiter d'un tirage imminent. L'intention de faire un prêt est absolument absente de ces combinaisons.

Il y a mieux encore à observer. Envisageons le reporté. A-t-il voulu emprunter ? Aucunement. Il court comme spéculateur la chance de hausse d'une valeur. Il poursuit cette chance dans une seconde phase de Bourse, comme il l'avait poursuivie dans une première.

L'interposition d'un agent de change, avec le secret professionnel, ne lui laisse même point voir sa contre-partie. Peut-être est-ce son vendeur primitif qui lie report avec lui, en consentant à une prorogation du marché, sous de nouvelles conditions, pour une seconde quinzaine. S'il en est ainsi, il n'y a point de prêt d'argent, point de capitaux entrés à la Bourse. Et, parce que le reporteur est un tiers (à l'insu du reporté), il n'est pas admissible que l'opération change de nature[1].

Une dernière remarque nous confirmera dans cette appréciation. On voit quelquefois le report fonctionner différemment. Il n'y a plus alors de marché à terme en suspens, avec nécessité de le proroger. C'est un banquier qui a un portefeuille de titres, et qui manque de fonds.

Au lieu de réaliser purement et simplement son portefeuille, il vend au comptant et, par la même opération, il rachète à terme.

Ici l'*intention d'emprunter* est apparente. Si elle existe aussi du côté du reporteur, les tribunaux reconnaîtront que le contrat constitue un prêt sur gage et à intérêt. Et ils auront raison. Ce qui prouve que toutes les espèces de report ne doivent point être analysées de la même manière.

770. — 2° Le report ne sert pas seulement à des acheteurs qui veulent proroger leur position. La situation inverse peut se présenter. C'est le vendeur baissier qui se fait reporter.

Secundus a vendu fin courant de la rente à 102.90. En liquidation, la rente cote 103 fr. Il ne veut pas ou ne peut pas livrer, il ne veut pas se racheter. Mais l'acheteur demande les titres et offre le prix. *Secundus* fait appel aux portefeuilles détenteurs de ce genre de titres. Ces portefeuilles consentiront à se dessaisir pour un mois, moyennant une rétribution à fixer, et à condition qu'on leur dépose une somme d'argent en garantie de la restitution des titres.

Secundus accepte, et trouve ainsi le moyen de continuer sa campagne de baisse sur *Tertius*, qui se substitue à son acheteur primitif.

Il achète, lui reporté, au comptant et à 103 fr., de la rente au reporteur en titres et sur capitaux *Tertius*. *Tertius* reçoit 103 fr. (prix versé par le premier vendeur); il livre les titres qui vont aussitôt servir à régler la vente en suspens. — Le reporté, par le même contrat, revend

[1] J'avais essayé une autre construction dans les *Annales de droit commercial*, 1893. Le système que je proposais a paru trop compliqué. Il a été critiqué par M. Buchère (*ib.*), et par l'auteur d'une thèse étrangère (Müller, *Das Report-Geschäft*, Zurich, 1896).

à terme la même quantité de titres à 102.80. A la liquidation suivante, il rendra les titres à *Tertius*, *Tertius* rendra les 103 fr., en retenant 0.20: son gain, le loyer de ses titres dans l'intervalle.

Le report consiste alors dans un *achat au comptant*, accompagné d'une *vente à terme*. Il permet d'enrayer la défaite de la baisse, en mettant celle-ci en état de se livrer, sans réalisation.

771. — Comme dans le cas précédent, on verra la doctrine se partager en deux camps.

Prêt fongible *de titres*, effectué par le reporteur, diront les uns, avec un intérêt convenu, et un gage ou cautionnement en argent.

Double vente, diront les autres. Cette seconde opinion a prévalu.

CHAPITRE II

DU RÔLE DE L'AGENT DE CHANGE DANS LES MARCHÉS. DE SA RESPONSABILITÉ.

---

772. — Secret professionnel. — Si l'agent de change était un courtier ordinaire, assimilable à un courtier en marchandises, il se bornerait à rapprocher les deux parties dont les offres concordent. Ces parties, mises l'une en face de l'autre, traiteraient ensuite directement, sans interposition.

La loi a établi une règle différente : elle veut que l'intermédiaire masque réciproquement les opérateurs. L'agent de change est lié par le *secret professionnel* ; les parties ne doivent pas être nommées, « à moins qu'elles ne consentent à l'être ou que la nature de l'opération ne l'exige [1] (arr. Conseil de 1724, art 36 ; arr. 27 prairial an X, art. 19 ; D. 7 octobre 1890, art. 40).

[1] La *nature de l'opération* exigerait la levée du secret professionnel, lorsque du contrat où l'agent a été intermédiaire résultait un principe d'action de l'un des opérateurs contre l'autre.

Ex. : Une société a converti *indûment* en titres au porteur des actions libérées ncomplètement. L'action au porteur est négociée à la Bourse. La société appelle le complément, elle le demande au vendeur, le dernier détenteur que le livre des transferts lui permette de connaître (n'oublions pas que, depuis la loi de 1893, les porteurs successifs restent solidairement responsables du non-versé). Le vendeur veut se retourner en garantie contre son acheteur. Il ne le connaît pas. Il peut obliger l'agent de change à lui révéler son nom. (Voir, à propos d'espèces formées sous l'empire de l'ancien art. 3 de la loi de 1867, notre dissertation dans la *Revue critique*, 1883, p. 333).

Le motif de cette prescription reste assez problématique. On pouvait fort bien rendre l'agent responsable de l'exécution par chaque client envers l'autre (voir ci-dessous), sans établir pour cela le secret professionnel. Peut-être, avec les rivalités de groupes, la connaissance de la contre-partie aurait-elle détourné l'autre opérateur de l'intention de traiter, ou eût-elle donné à une campagne de Bourse plus d'âpreté. Ainsi s'expliquerait la volonté de la loi [1].

773. — Cette condition du secret réagit nécessairement sur le rôle de l'agent de change dans la négociation :

1° Il devient véritablement un commissionnaire ;

2° Il devient un commissionnaire ducroire ;

3° Il peut se faire couvrir par son client du montant du marché dont ordre lui est donné.

774. — I. **L'agent commissionnaire.** — 1° D'abord l'agent devient un commissionnaire de son client.

Il fait l'opération lui-même pour compte d'autrui, ce qui est le propre du *mandat.* Mais dans ce mandat, il ne découvre point son donneur d'ordre; il n'agit point par représentation, car ce serait violer le secret. Il agit *en son nom propre*.

S'il a reçu ordre de vente, c'est lui qui sera vendeur vis-à-vis de l'acheteur : si c'est un ordre d'achat, il sera l'acheteur au regard du vendeur. — L'action tendant à contraindre la contre-partie, soit à livrer les titres, soit à payer la somme lui appartient à lui-même, sauf à rendre compte à son client.

Or, on verra que le mandat qui masque le commettant est sinon la règle invariable, au moins la règle usuelle du contrat de *commission.*

Cet ordre de Bourse, l'agent peut l'exécuter de deux manières différentes. On oppose les marchés de clients aux marchés de corbeille.

775. — *Marchés de clients.* — On les appelle aussi *marchés par application.*

[1] En Allemagne, le secret professionnel des courtiers est entendu autrement que chez nous, et d'une manière moins sévère. C'est le devoir imposé à l'intermédiaire de ne pas révéler l'opération faite et le nom des parties *aux autres personnes de sa clientèle.* L'agent peut-il faire en sorte que le vendeur connaisse son acheteur, et inversement ? Ce serait une tout autre question ; elle dépendrait des instructions spéciales qui lui ont été données.

Il faut convenir que, dans le système français du secret professionnel, le client ne pourra jamais se faire rendre un compte exact des conditions dans lesquelles son ordre a été exécuté. Il sera obligé de s'en rapporter à la déclaration de son agent (à moins d'admettre le droit de *représentation* de ses livres, par un expert qui en extraira ce qui concerne le différend, par un expert vis-à-vis de qui, par conséquent, le secret professionnel sera levé ; C. com. art. 15 ; voir le n° 139).

L'agent a reçu du client A. un ordre d'achat de valeurs. Dans sa propre clientèle se trouve un autre client B., qui lui donne un ordre en sens opposé, avec des conditions semblables à celles du premier. Il peut, sans sortir de son cabinet, boucler ces deux ordres l'un dans l'autre. C'est ce qu'il fera, en prélevant deux courtages.

L'opération est facile à décomposer.

Action de mandat de A. contre l'agent, pour le contraindre à livrer les titres. Action de mandat de B. contre le même agent, pour obtenir la somme. Les actions nées de la vente elle-même se neutralisent.

776. — *Marchés de corbeille.* — Cette contre-partie cherchée ne se trouve point dans la clientèle de l'agent. Alors il porte à la Bourse du jour l'ordre qui lui a été donné, et il l'exécute à la corbeille. Il traite pour compte, lui agent X., avec un de ses confrères du parquet, l'agent Y.

Deux agents s'interposent entre les deux clients.

Les titres vendus iront du client B. à son agent Y., de celui-ci à l'agent X., qui les remettra au client A. Et de même pour les sommes, en sens opposé. Entre les deux agents, commissionnaires l'un et l'autre, il y a les actions *empti* et *venditi*. Entre chaque agent et son client respectif, il y a les actions de *mandat*.

777. — Cette exécution en corbeille appelle quelques observations brèves. Il en est dans le nombre, qui sont vraies également des marchés de clients.

778. — *a*) L'agent de change est tenu de délivrer un *reçu* des fonds ou des valeurs qui lui sont remis (D. 1890, art. 42).

779. — *b*) Toute opération conclue par un agent (ou par un de ses commis principaux) est portée, au moment où elle est faite, sur un *carnet* dont le modèle est déterminé par la Chambre syndicale.

Ce carnet, quoique tenu en forme de brouillard, est un véritable livre de commerce. Il s'ajoute à ceux qui sont exigés pour les autres commerçants, notamment au livre-journal, et il dispose de la même force probante (arr. prair. an X, art. 11 ; D. 1890, art. 41).

780. — **Bordereau.** — *c*) Indépendamment de l'*avis d'opéré* que l'agent a l'habitude d'adresser après la négociation à son client, il doit confectionner un *bordereau* et le remettre à l'opérateur (pièce mentionnée par l'art. 109 C. com., mais qui, par suite du secret professionnel, ne pourra être signée que par l'agent et non point « par les parties », comme le dit ce texte).

Ce bordereau fera foi de la négociation et de ses conditions.

Si l'opération donne lieu à une livraison de titres à un acheteur, le bordereau devra mentionner les numéros livrés : ceux-ci seront également inscrits sur les livres de l'agent. Conservé par l'acheteur, le bordereau lui permettra, si ses titres viennent à lui être dérobés plus tard, à en relever l'identité : cela facilitera la procédure des oppositions. Ou encore, si le titre était frappé déjà d'opposition lors de l'achat, l'acheteur aura ainsi une preuve contre son agent responsable (L. 15 juin 1872, art. 13).

Le bordereau est soumis par la *loi du 28 avril 1893*, art. 28, à un *droit de timbre* de 5 centimes 0/00 sur le montant de l'opération (réduit de moitié sur les reports [1], et réduit aussi des 3/4 par la loi du 28 décembre 1895, sur les opérations ayant pour objet la rente sur l'Etat). Ce timbre, qui frappe les marchés au comptant comme les marchés à terme (sur valeurs), paraît avoir été inspiré, au moins en partie, par un sentiment de prévention contre la spéculation. On en a chaudement discuté la légitimité, et aujourd'hui encore l'impôt rencontre de sérieux adversaires.

Afin de frapper la coulisse d'un impôt égal, la loi de 1893 a édicté à toute personne « faisant habituellement commerce de recueillir des offres et des demandes de valeurs de Bourse », l'obligation de se déclarer à l'Enregistrement, et de tenir, à peine d'amende, à la communication de la Régie, pour la perception des droits, un répertoire où sera portée chaque opération faite par l'intermédiaire.

Cet impôt a produit au début plus de 10 millions par an. Son rendement a déterminé ensuite certains mécomptes (5 millions en 1896). Il a contribué à ralentir, sur le marché français, le mouvement des titres.

781. — *d*) Il ne peut point y avoir, au moment de la liquidation du marché, rapprochement du vendeur et de l'acheteur. L'agent reçoit les titres et les sommes, puis il les passe à son client. D'après l'ancien art. 84, al. 2, il ne pouvait ni recevoir ni payer pour le compte de ses commettants. Ce texte, inconciliable avec le secret professionnel, a été abrogé par la loi du 28 mars 1885.

782. — *e*) Lorsque les titres négociés sont nominatifs (ce qui est l'exception, voir ci-dessus n° 715), le transfert ne peut pas s'effectuer directement du vendeur à l'acheteur : ce serait un moyen pour eux de se connaître, et la loi s'y oppose.

Il y a donc lieu au *transfert d'ordre* (D. 1890, art. 49). Il demeure exempt du droit de transmission, pourvu que l'agent ne tarde pas plus de dix jours à le transformer en un transfert définitif [2]. Le transfert est

[1] C'est-à-dire perçu une seule fois, pour la double opération liée du comptant et du terme : Instr. de l'Enreg. du 30 mars 1893.

[2] L'agent, par son retard, s'exposerait en outre à être traité comme acquéreur des titres en son nom propre ; et, s'il s'agit d'une action non libérée, la société, pratiquant ensuite l'appel de fonds, pourrait s'attaquer personnellement à lui.

passé d'abord au nom de l'agent, soit vendeur, soit acheteur, et cet agent en fait opérer un second au nom de l'acheteur [1].

783. — Liquidation centrale. — *f*) Dans le marché à terme, on se souvient que les opérations sont appelées à se solder à une échéance future, dite *liquidation*. Cette échéance est la même pour tous les marchés.

La *liquidation centrale* entre agents s'opère par les soins de la Chambre syndicale. Elle prend plusieurs jours et est marquée par certaines étapes : la *réponse des primes* et la fixation du *cours de compensation* (D. 1890, art. 67), qui sert de base aux reports, en détermine le commencement. « Par l'effet de cette liquidation, toutes les opérations entre agents de change sont compensées, de façon à faire ressortir le solde en deniers ou en titres à la charge de chacun d'eux : les différents soldes débiteurs ou créditeurs sont réglés par l'intermédiaire de la Chambre syndicale ».

C'est une sorte de *clearing-house*, analogue à celui qu'on retrouvera en matière d'effets de commerce et de chèques. Si l'agent X. a vendu de la rente à son confrère Y. et en a acheté à l'agent Z., au lieu de liquider séparément vis-à-vis de chacun d'eux, il fera masse de toutes ses opérations de corbeille. Il considérera tous ses confrères réunis comme n'en formant qu'un seul. Il établira le solde qui lui est dû ou qu'il doit en capitaux, fera pour chaque nature de valeurs le même calcul, et se bornera à livrer ou à retirer à la Chambre syndicale un reliquat en argent ou en titres. Il sera parlé plus longuement de ce mécanisme de compensation perfectionné, à propos des chèques.

Cette abréviation dans le procédé syndical de liquidation ne supprime point, d'ailleurs, pour l'agent la nécessité de liquider séparément vis-à-vis de chacun de ses clients respectifs.

784. — II. L'agent ducroire. — 2° L'agent de change est en outre un commissionnaire *ducroire*. On entend, par là, la *garantie personnelle de l'accomplissement du marché, que doit l'intermédiaire à son donneur d'ordre*. Ordinairement, un mandataire ne supporte pas la force majeure, et si le tiers avec lequel il a traité pour compte fait faillite, ce qui n'est point sa faute, la perte est pour le mandant, non pas pour lui-

[1] Il y a des titres nominatifs, qui circulent en Bourse, de main en main, à la faveur de *transferts en blanc*. La déclaration du vendeur ne porte pas de nom d'acheteur. L'acheteur transmet cette déclaration à son propre acheteur, et ainsi de suite. C'est une pratique qu'on doit blâmer. On en a abusé notamment dans la campagne engagée en 1881 sur les titres de l'*Union Générale*. Elle fait en réalité du titre nominatif un titre au porteur.

même. Il ne doit pas indemniser son donneur d'ordre. Ici, pour l'agent de change, il en est autrement. C'est ce qu'on appelle le *ducroire.*

L'agent s'interpose entre un vendeur et un acheteur : le vendeur est son commettant, l'acheteur est la contre-partie (ou inversement). Il devient responsable envers l'un et l'autre de l'exécution de la convention. *a*) Il ne peut pas se prévaloir de l'insolvabilité de la contre-partie pour s'abstenir de régler son commettant, — c'est le ducroire ; *b*) l'insolvabilité de son commettant ne le dégage pas envers la contre-partie, puisqu'il a traité en son nom propre, — c'est autre chose que le ducroire.

Pour un marché de clients, la disposition s'explique, l'agent ayant dû préalablement se couvrir envers tous deux (voir ci-après).

Pour un marché de corbeille, elle aboutit à dire :

1° L'agent répond de *son client* envers son confrère (c'est naturel) ; l'ancien art. 86 C. com., d'après lequel l'agent ne peut se rendre garant de l'exécution des marchés dans lesquels il s'entremet, était inexplicable, et a été abrogé par la loi du 28 mars 1885 ;

2° L'agent répond envers le client *de son confrère* (cela était controversé autrefois ; le décret de 1890, art. 54, étend la garantie à cette situation ; mais comme l'agent n'a pu exiger de sûreté de son confrère, la convention contraire reste permise) [1].

785. — III. **La couverture.** — 3° Enfin l'agent de change, par cela même qu'il doit se porter garant des marchés conclus par son intermédiaire, doit aussi pouvoir *se couvrir* contre le risque d'insolvabilité de son client. C'est d'autant plus nécessaire que, en sa qualité d'officier public, il n'a pas le droit de refuser son ministère aux personnes qui en requièrent l'exercice.

[1] Le règlement de 1890, prévoyant le cas où un membre du parquet cesserait de remplir ses engagements envers ses confrères, détermine les bases sur lesquelles s'effectuera la liquidation des marchés en suspens (art. 56).

Notre texte parle d'un agent appelé à régler son compte avec ses clients et resté solvable. Le contraire peut arriver. La contre-partie est restée solvable, mais l'agent a fait faillite. On se demandera alors comment les intérêts des clients sont préservés. — 1° Un client vendeur, par exemple, demande, nonobstant la faillite de son agent, que le nom de son acheteur lui soit donné. Il prétend se faire payer le prix par cet acheteur, resté, lui, au-dessus de ses affaires. Il entend échapper au dividende par ce règlement direct (arg. 575 al. 2 Com.). Le peut-il ? Le secret professionnel met-il obstacle à cette prétention ? La comptabilité de l'agence permet-elle de rattacher tel acheteur à tel vendeur ? Nous ne nous prononçons point. — 2° Le client, en outre, veut rendre la compagnie des agents de change responsable des engagements de l'agent en faillite : cette solidarité n'existe pas aujourd'hui. La proposition Trarieux a pour objet de l'établir pour les négociations au comptant. Dès à présent, cependant, d'après le décret de 1890, art. 55, le donneur d'ordre notifie à la Chambre syndicale la mise en demeure qu'il a adressée sans résultat à son agent, et la Chambre prend, à l'égard de l'agent de

Dans le marché au comptant, l'agent exige l'exécution préalable de l'opération, au moyen de la remise entre ses mains soit des titres, soit des fonds.

Dans le marché à terme, l'ancien art. 13 de l'arrêté de prairial an X semblait conférer le même droit à l'intermédiaire : « Chaque agent de change devant avoir reçu de ses clients les effets qu'il vend ou les sommes nécessaires pour payer ceux qu'il achète... » Phrase incidente qu'a fait disparaître la loi du 28 mars 1885, art. 3; car il était impossible de la mettre en harmonie avec l'idée que l'opérateur à terme, vendeur ou acheteur, n'a encore en sa possession ni les titres ni les capitaux.

L'agent peut du moins exiger le dépôt d'une *couverture*. Il est maître d'en déterminer le montant, dans les limites du prix du marché confié à ses ordres (D. 1890, art. 61). C'est par là qu'il est en mesure d'exercer une prise sur la spéculation ou sur le découvert, et d'en modérer les écarts. Car d'après l'importance de la couverture réclamée, il arrivera à réfréner les abus d'une campagne à la hausse ou à la baisse. C'est peut-être ce dont les membres d'un parquet ne s'aperçoivent pas suffisamment.

La couverture est une *remise que fait l'opérateur aux mains de son agent, et consistant en argent ou en valeurs de réalisation facile*, soit au porteur, soit nominatives, avec, en ce dernier cas, une déclaration de transfert toute préparée.

Elle doit garantir l'agent contre un revirement qui se produirait dans le cours avant la liquidation.

L'agent en a déterminé et accepté le montant : il ne lui appartient plus de demander ensuite un supplément de couverture, le marché étant encore pendant. S'il survenait dans le cours un écart supérieur au chiffre de la couverture acceptée, l'agent ne pourrait pas exiger ce qui, dans le langage de certaines Bourses étrangères, est appelé une *marge*, et exécuter son client *hic et nunc* au cas où la marge ne lui serait point fournie.

change, les mesures propres à assurer l'exécution du marché. Elle l'exécute même au besoin, et ne peut s'y refuser qu'en dénonçant la situation, dans les quinze jours, au président du tribunal de commerce. — 3° L'agent a déposé un cautionnement. Le client peut-il se payer par préférence sur ce cautionnement? Oui, si sa réclamation est née à raison de *faits de charge*, c'est-à-dire d'une créance résultant directement d'un acte de l'agent compris dans ses attributions légales (privilège sur cautionnement de l'art. 2102 C. civ.). Si le client, au lieu de demander l'exécution du marché à son échéance, a laissé aux mains de son agent le produit de l'opération, moyennant inscription à un compte-courant, la créance primitive s'est novée, et le privilège est perdu, parce qu'il y a eu une convention nouvelle et libre. — Ces questions, et d'autres encore, ont été discutées par nous dans notre livre : *De la faillite des agents de change*, 1882.

786. — La jurisprudence estime que la couverture a pu être considérée dans les rapports du client et de son agent, comme un *paiement anticipé* du montant de l'opération. Du moins, cette interprétation des volontés est-elle admissible, et c'est à elle qu'on s'arrête d'ordinaire, si la couverture consiste en argent. On verra l'importance de cette décomposition dans la théorie de l'exception de jeu.

Le décret de 1890 a confirmé ce point de vue, en ce qui concerne la détermination des formes moyennant lesquelles la couverture peut être réalisée.

On aurait pu dire : la valeur formant couverture constitue un *gage* ou *nantissement*, qui répond de l'accomplissement par le client à l'agent de sa promesse de régler la convention. La couverture n'aurait pu être réalisée en ce cas que dans les mêmes formes qu'un gage commercial, par vente publique, huit jours après signification (art 93 C. com.).

Or ces formes ne sont point requises. Lorsque la couverture consiste en valeurs, l'agent de change a le droit de les aliéner sans préliminaire, et de s'en appliquer le prix, faute de livraison ou de paiement à l'échéance par le donneur d'ordre (D. 1890, art. 61 al. 2).

787. — **Exécution en Bourse.** — Cela nous conduit à rechercher comment, à l'exigibilité de la convention, l'agent exerce contrainte sur son client, lorsque ce dernier fait défaut et s'abstient d'exécuter spontanément son engagement.

Lorsque le donneur d'ordre n'a point, le premier jour de la liquidation des diverses valeurs et avant la Bourse, remis à l'agent de change soit les titres, soit les fonds, avec au besoin déclaration ou acceptation de transfert, selon qu'il est vendeur ou acheteur, l'agent de change peut, sans mise en demeure préalable, procéder, aux risques et périls de ce client, à l'achat de valeurs semblables ou à la vente des valeurs acquises (D. 1890, art. 69).

C'est l'*exécution en Bourse* : autrement dit, la *faculté* reconnue à l'agent, *sans titre exécutoire et sans sommation, d'exécuter de force, aux risques du donneur d'ordre, l'opération que celui-ci s'abstient d'accomplir de son plein gré.*

1° Le client était-il un acheteur surpris par la baisse ? — L'intermédiaire revendra sur le marché du comptant les titres remis par le vendeur et il se procurera ainsi le prix nécessaire pour acquitter l'achat.

2° Le client était-il un vendeur qu'atteint la hausse ? — L'agent achètera avec les fonds de l'acheteur les titres exigibles et les remettra à cet acheteur.

Nous avons déjà rencontré l'exécution en Bourse, à propos des appels de fonds exercés par une société sur ses actions (n° 507). Les formes à suivre sont ici plus simples. Le fond de la théorie est le même. L'agent, tenu par un contrat synallagmatique de mandat envers son client, se délie, du moment que le client fait défaut. Cela rend disponibles entre ses mains les titres ou les fonds provenant de l'autre partie. Il y a résolution, dans les termes de l'art. 1184 C. civ., avec dispense d'un jugement, parce qu'ainsi le permet l'usage.

Au produit de cette réalisation, vient s'ajouter pour lui le montant de la couverture, s'il a pris la précaution d'en requérir une. L'agent, même à la faveur de ce second élément de recouvrement, peut encore être induit en perte. C'est ce qui arrivera, si le cours a subi une forte perturbation.

Le déficit reste au compte du client. L'agent pourra plaider contre lui pour en exiger le règlement, à moins que le client ne dispose de certains moyens de défense, qui vont faire l'objet du chapitre suivant.

788. — Voici, pour finir, certains *cas spéciaux de responsabilité* de l'agent de change :

1° Responsabilité à raison de la négociation de *titres* au porteur *perdus* ou *volés*, s'ils ont été frappés d'une opposition insérée au Bulletin du syndicat des agents de change de Paris, ou si l'agent était de mauvaise foi (l. 15 juin 1872, ci-dessus n° 736, et D. 1890, art. 48).

2° Responsabilité de l'*identité* et même de la *capacité des opérateurs* qui avaient signé une déclaration ou une acceptation de transfert, par lui certifiée (ci-dessus n°s 724 et 728).

3° Responsabilité du fait d'avoir livré dans une négociation un *titre irrégulier* ou déjà *amorti* (D. 1890, art. 48). L'acheteur peut exiger de l'agent de change un nouveau titre, en remplacement de celui, sorti au tirage, qui lui avait été remis par erreur [1].

[1] Mais le vendeur qui, ignorant le tirage à 500 fr. de son numéro de certificat, le vendrait ensuite à 450 fr. (cours de Bourse) par un agent de change, pourrait-il poursuivre ce dernier en responsabilité et lui demander l'écart des deux sommes, en lui reprochant de n'avoir point vérifié la liste des tirages ? Cette prétention a été repoussée (Trib. com. Seine, 15 oct. 1887, *Ann. dr. comm.* 1888, *Jur.* p. 40).

CHAPITRE III

EXCEPTIONS OPPOSABLES A L'EXÉCUTION D'UN MARCHÉ DE BOURSE (EXCEPTION DE JEU, EXCEPTION DE COULISSE)

789. — Les marchés de Bourse, du moment qu'ils répondent aux conditions exigées pour la validité d'un contrat, semblent devoir être obligatoires, soit entre deux opérateurs traitant directement ensemble, soit entre un intermédiaire et son client.

La loi pénale frappe bien les agissements répréhensibles de Bourse, l'*agiotage*, qui se manifestent particulièrement de deux manières :

1° *Manœuvres frauduleuses*, telles que fausses nouvelles, faits calomnieux semés à dessein dans le public, pour opérer la hausse ou la baisse du prix soit des « denrées ou marchandises », soit des « papiers et effets publics », contrairement à la loi de la concurrence naturelle;

2° *Réunion* ou *coalition* entre les principaux détenteurs d'une « même marchandise ou denrée », tendant à ne pas la vendre ou à ne la vendre qu'à un certain prix : ce qu'on désigne vulgairement du nom d'*accaparement*.

Ces deux natures d'agissement sont punies par l'art. 419 C. pén. d'un mois à un an d'emprisonnement et d'une amende.

Encore pourrait-on se demander si le premier de ces délits est encouru lorsque les manœuvres s'exercent sur le cours d'une valeur autre que la rente (le texte dit : *effets publics*). Suivant la jurisprudence, le texte, frappant les manœuvres qui ont amené la hausse ou la baisse des *denrées* ou *marchandises*, ou des *papiers* et *effets publics*, ne s'applique point aux actions ou obligations des sociétés particulières (Cass. crim. 30 juillet 1885).

Et le délit de coalition n'existe certainement point, lorsqu'il s'agit d'un concert portant sur l'achat ou sur la vente de valeurs fiduciaires (dans la partie du texte qui le concerne, il n'est question que des détenteurs d'une : *marchandise* ou *denrée*). De sorte qu'un syndicat d'émission d'actions ou de titres quelconques ne peut jamais être argué d'accaparement.

Mais le marché de Bourse, en dehors de toute manœuvre, paraît devoir lier les contractants comme une convention quelconque. Il y a cependant des cas où l'opérateur peut refuser légitimement d'exécuter le marché. Ces cas sont au nombre de deux.

C'est celui où l'opération est viciée de jeu ou de pari.

C'est aussi celui où l'intermédiaire n'était pas un agent de change.

§ 1. Exception de jeu

(Anciens arrêts du Conseil du Roi, C. civ. art. 1965 et 1967; l. 28 mars 1885)

790. — Ce moyen ne peut concerner que le marché à terme. Le marché à terme est-il licite?

Rappelons d'abord la théorie ordinaire du jeu et du pari, qui tient une place de première importance dans les débats du sujet. Elle est contenue dans deux importants principes :

791. — 1° La loi n'accorde *aucune action* pour une dette de jeu ou pour le paiement d'un pari (art. 1965 C. civ.). Le gagnant ne peut contraindre le perdant à s'exécuter. Le perdant a le droit de manquer de parole.

Le gain de jeu n'a pas son fondement dans le travail; la loi n'a pas à le sanctionner. — Le perdant a cédé à l'entraînement et a engagé peut-être une partie considérable de son patrimoine; la loi n'a pas à se prêter à des poursuites, qui pourraient consommer la ruine non seulement d'un homme, mais d'une famille.

792. — 2° Mais, dans aucun cas, le *perdant ne peut répéter* ce qu'il a volontairement payé (art. 1967). Sitôt qu'il a réglé sa perte en connaissance de cause, le paiement qu'il a fait est irrévocable.

La contestation entre joueurs est écartée du prétoire, de quelque côté que parte la réclamation. D'ailleurs le règlement fait par le perdant a eu lieu probablement de sang-froid, la passion du jeu lui-même déjà calmée. Il a pu opter entre deux partis : ne pas s'exécuter et encourir le blâme de l'opinion; ou payer, s'appauvrir et conserver sa réputation. Il a pris la seconde alternative, il l'a fait librement. Il ne saurait revenir maintenant sur sa résolution.

793. — Que l'on ait vu dans tous les pays discuter l'application de ces règles aux marchés à terme, cela n'a rien que de naturel. Le désir de spéculer, c'est-à-dire de réaliser des différences par le marché à terme, a été rattaché à une pensée de cupidité de même nature que celle qu'on rencontre dans le jeu. A la Bourse ont sombré des fortunes par suite de différences, dues à l'effet du sort, que l'écart des cours mettait au compte des opérateurs malheureux. Il s'en est formé d'autres du jour au lendemain, cyniquement scandaleuses : le marché à terme a été une prime à l'oisiveté, à l'inconduite.

La jurisprudence civile des Cours est soucieuse de la conservation des patrimoines, et peu tentée d'autre part de reconnaître ceux qui sont le résultat d'un coup de hasard. De là, encore une fois, une disposition très compréhensible à adapter aux marchés à terme les notions du jeu.

794. — La jurisprudence française a, en réalité, parcouru plusieurs phases, qui, prises dans leur ordre chronologique, se résument ainsi :

1° Nullité de tous les marchés à terme ;

2° Leur validité, sous réserve de l'application des règles des articles 1965 et 1967, ci-dessus rappelées, à ceux qui déguiseraient un simple jeu ou pari ;

3° Validité de tous les marchés à terme, et refus de l'exception de jeu à qui prétendrait se soustraire à leur exécution.

795. — **Première phase.** — 1° *Nullité du marché à terme.* — Cette thèse a été accueillie dans la première partie du siècle. Elle se basait sur l'arrêt du Conseil du Roi du 24 sept. 1724, art. 29 : « Les particuliers, qui voudront acheter ou vendre des papiers commerçables et autres effets, remettront l'argent ou les effets aux agents de change avant l'heure de la Bourse, ... le tout à peine, contre les agents de change, de destitution et d'amende » ; — et sur l'arrêt du Conseil du 7 août 1785, art. 5 : « Sont nuls les marchés et compromis d'effets royaux et autres quelconques, qui se feraient à terme et sans livraison desdits effets ou sans le dépôt réel d'iceux, dûment constaté ».

Cela revenait à proscrire non pas tout marché à terme, mais celui qui serait fait *sans dépôt* ou sans justification de propriété *préalable des titres* pour le vendeur, sans preuve de possession *des capitaux* pour l'acheteur. — Avec une pareille distinction, la spéculation ne peut aucunement accomplir son œuvre.

796. — **Deuxième phase.** — 2° *Reconnaissance du marché à terme, mais application possible du droit du jeu et du pari.*

C'est la jurisprudence qui a eu cours entre 1840 environ et 1885.

On constate alors que les anciens arrêts du Conseil ont cessé d'être en vigueur, dans leurs dispositions précédemment rappelées. Une nouvelle législation des Bourses s'est introduite dans le droit intermédiaire de la Révolution ; elle a abrogé l'ancienne.

Aucun texte nouveau ne frappe en soi le marché à terme. Deux dispositions le visent et le reconnaissent, au contraire, en principe.

Arr. 27 prairial an X, art. 13 : « Chaque agent de change devant avoir reçu de ses clients les effets qu'il vend ou les sommes nécessaires pour payer ceux qu'il achète, est responsable... »

C'est une phrase incidente, qui prépare seulement la suivante. La responsabilité de l'agent s'explique par la possibilité qui lui est donnée d'exiger une couverture, et même, s'il le croit bon, une couverture égale au montant complet du marché. Cela ne prouve pas que le marché soit nul, lorsqu'il exécute l'ordre à découvert.

Art. 421 et 422 C. pén. : « Les paris qui auront été faits sur la hausse ou la baisse des effets publics, seront punis des peines portées par l'art. 419. — Sera réputé pari de ce genre toute convention de vendre ou de livrer des *effets publics*, qui ne seront pas prouvés par le vendeur avoir existé à sa disposition au temps de la convention, ou avoir dû s'y trouver au temps de la livraison ».

C'est ce dernier texte, avec sa phrase finale, qui a mis la jurisprudence sur la direction du système adopté par elle.

Les Cours d'appel, non sans se heurter à une vive résistance des Tribunaux de commerce, firent prévaloir l'opinion suivante : Le droit pénal voit un délit dans le fait d'un baissier qui opère à découvert sur la rente, avec l'intention de ne pas livrer, de ne pas se procurer les titres pour l'échéance. Il qualifie ce délit un *pari*. C'est une opération différentielle, tendant à poursuivre un gain sur un écart de cours. Si elle est frappée d'une peine, à plus forte raison ne donne-t-elle point action au gagnant.

Il est logique d'étendre cette notion de pari (moins la peine) à toutes les opérations de même caractère, sur une valeur ou sur une autre, tant du côté de l'acheteur que du vendeur.

De là une distinction à établir entre :

a) Les *marchés sérieux*, qui dans la pensée des opérateurs doivent s'exécuter en nature : ils sont valables.

Et *b*) les *marchés fictifs* ou *différentiels*, destinés dans l'intention des parties à se résoudre par le paiement d'une simple différence : ils sont infectés de jeu ou de pari, et laissent le perdant maître de se soustraire à leur exécution.

797. — Cette opposition entre les marchés sérieux et les marchés fictifs prêtait à de vives critiques, et elle devait dans la pratique se traduire par les décisions d'espèces les plus arbitraires.

798. — *a*) La thèse était tout empreinte de scolastique. La formule admise accusait une ignorance absolue de ce qui se passe à la Bourse et du véritable rôle de la spéculation. Prétendre distinguer un marché réel d'un marché fictif est impossible.

Tous les marchés à terme sont sérieux, en ce que tous sont assujettis à des règlements de Bourse qui dégagent le gain ou la perte de l'effet d'une contre-opération. Pourquoi celui qui a acheté hier ne pourrait-il pas revendre aujourd'hui ? La compensation est un moyen de liquidation aussi légitime qu'une livraison ou qu'un paiement.

Tous ou presque tous, pourrait-on dire inversement, sont fictifs ou différentiels; car le spéculateur, dès le premier jour, a précisément en vue cette contre-opération. Les marchés qui se traduisent par une livraison réelle, par une prise effective de livraison de la valeur traitée, forment la minorité [1].

L'opérateur le plus honnête se soucie peu de prendre possession de la marchandise ou du titre, de l'appréhender. Il assume un risque sur l'écart possible des cours et il les soutient. C'est très avouable. L'opération tient de l'assurance et non pas du jeu. Va-t-on dire de deux personnes qui traitent une convention d'assurance contre l'incendie, qu'elles jouent ou qu'elles parient ensemble? « La maison brûlera, elle ne brûlera pas ». D'où vient donc que, si le risque est pris sur un cours, au lieu de l'être sur un édifice, le contrat ne réponde plus à la même notion?

799. — *b*) Ces remarques disent assez que la jurisprudence manquait de *signes apparents* pour distinguer l'opération fictive de l'opération réelle. Elle accueillait, par exemple, l'exception de jeu, en cas de *disproportion* trop forte entre le capital du marché et la fortune de l'opérateur; ou encore lorsque le client avait l'habitude de faire *reporter* sa position sur un certain nombre de liquidations. Ce n'était pas sérieux.

Plus souvent elle se préoccupait de la *profession de l'opérateur*. S'il n'appartient pas au milieu des affaires, disait-elle, il y a présomption de jeu. Ici, la jurisprudence utilisait une conception sociale plus heureuse, qu'on retrouvera plus loin et qui est celle-ci :

Le marché à terme doit se limiter au cercle des personnes qui ont métier de s'y livrer. Hors de là, il est pratiqué par des écervelés, dont l'irruption à la Bourse, aux grands moments d'emballement, fausse les cours. Ce sont les victimes désignées des spéculateurs de sang-froid. De l'extrême crédulité de cette catégorie d' « hôtes de la Bourse » proviennent en réalité toutes les crises. Le parti de la baisse commence par produire aux yeux de ces égarés un effet de mirage; et une fois qu'ils sont engagés à fond, ce parti les étrangle. C'est l'histoire de tous les *krachs*.

[1] Il est arrivé plus d'une fois, sans doute, qu'on ait justifié le marché à terme, au moyen d'exemples aboutissant à des livraisons effectives. M. Rouvier, ministre des finances, disait à la tribune, que la Caisse des Consignations, obligée d'employer en rentes les fonds des caisses d'épargne, n'en trouvait pas assez sur le comptant, et portait le surplus de ses ordres sur le terme.

L'exemple n'est pas heureux, vu le caractère insolite de cette nécessité.

Pas plus qu'on ne saurait partager l'opinion de ceux qui, à la Bourse du commerce, défendent le marché à terme par le besoin pour les industriels d'aller y puiser leurs approvisionnements. En réalité les achats à livrer se traitent ailleurs qu'en Bourse.

Il y a un second point de vue, qui n'est pas non plus dépourvu de vérité. Ces inconscients pourraient se ruiner eux-mêmes au nom du droit de tout faire, même les pires excentricités; mais ils n'ont pas le droit de sacrifier le patrimoine de leurs femmes et de leurs enfants.

800. — *c*) L'organisation de la Bourse avait, avec cette jurisprudence, le résultat inique de permettre à l'opérateur de mauvaise foi, de gagner sans aucune chance de perte.

Presque tous les marchés, en effet, se lient entre le client et un intermédiaire. L'agent, sans doute, ne pourra pas se voir opposer l'exception de jeu, à moins d'avoir su ou dû savoir d'après les circonstances que son client était un simple joueur : du moins l'ayant su, il sera débouté. C'est sur l'agent que retombera la perte, puisqu'il est ducroire envers l'autre partie.

Mais si le client gagne au lieu de perdre, l'agent va-t-il pouvoir se prévaloir de l'exception de jeu, afin d'échapper au paiement qui lui est demandé, et, en retournant les rôles, tenir le même langage?

Théoriquement oui. En fait, jamais, car ce refus par l'agent de régler l'opération aurait à jamais discrédité sa charge dans le public. Puis, comment un agent parviendrait-il à établir la preuve que la clientèle voyait dans sa charge un tripot, une maison de jeu? Car c'est bien à cette étrange démonstration que l'ensemble de la thèse jurisprudentielle l'aurait astreint, pour lui permettre de se dégager.

Voilà donc un agent obligé de régler les différences des gagnants, sans recours contre les perdants, et une charge exposée à sombrer (crise de 1882). Alourdie par des engagements excessifs, soit à la hausse, soit à la baisse, il lui sera impossible de résister au retournement du cours.

801. — *d*) Autre reproche mérité par cette interprétation du marché à terme : si le client paie volontairement ses différences, il ne peut plus les répéter. Le vice du marché se trouve couvert. — Mais quels sont au juste les faits qui consolideront ainsi le marché? On ne pouvait les déterminer nettement.

1) *La remise d'une couverture*? — Le client a déposé aux mains de son agent une somme de 5 fr., en garantie d'une opération représentant 100 fr. en capital. Peut-il, en invoquant son intention de jeu, se faire restituer cette couverture, soit pendant que le marché dont il a donné l'ordre est en cours, soit après son échéance? Cela dépendait du sens qu'il avait donné à ce dépôt de couverture.

Etait-ce un gage, un nantissement? Le fait par un joueur d'avoir constitué un gage, pour répondre de sa dette, ne le prive pas du droit de le reprendre.

Mais était-ce un paiement anticipé (interprétation plus fréquemment admise)? La répétition devenait impossible. Ainsi en était-il du cas d'une couverture en argent. Si elle consistait en titres, le droit de la reprendre persévérerait aussi longtemps que l'agent ne l'avait pas réalisée en argent. Jusqu'au jour de cette réalisation, le client était maître de révoquer le mandat, de vendre les valeurs déposées, et de les ramener à lui.

Bref, l'agent est protégé contre l'exception de jeu dans la mesure de la couverture qui lui a été remise.

2) *Une inscription,* convenue de part et d'autre, *du montant des différences au débit du client*, lorsqu'il opère en compte-courant avec son agent? — Le compte-courant emporte novation : une novation ordinaire ne purge pas une opération du vice de jeu. Il faut que le perdant se dessaisisse d'une valeur. En vain substituerait-il à la première dette une dette différente. Il n'a point exécuté, le moyen tiré du jeu lui reste.

Ici on a admis que l'engagement du client devenait irrévocable, à partir du moment de cette inscription. On n'a pas expliqué pourquoi.

3) *Un règlement des différences au moyen d'un effet de commerce négocié par le client à son agent?*

En soi, ce règlement n'emporte pas fin de non-recevoir pour le client d'opposer l'art. 1965. Si l'effet reste à l'agent, le boursier lui opposera l'exception de jeu et n'aura point à le payer.

Mais l'effet a pu passer à un autre *porteur* qui est *de bonne foi.* Le client se doit à sa signature. Les principes propres au droit du change, qu'on étudiera plus tard, s'opposent à ce que le souscripteur invoque le moyen tiré du jeu. Du moins après avoir payé, comme il ne l'a pas fait volontairement, recourra-t-il contre le gagnant, ou contre l'agent de change qui tient sa place.

802. — Il était bon d'insister sur cette jurisprudence; car, en dépit de la teneur de la loi, on va le voir, elle n'a point disparu.

803. — III. **Troisième phase.** — 3° *Validité de tous les marchés à terme.* — La *loi du 28 mars 1885*, votée à la suite du grand *krach* de 1882, vint essayer de mettre fin à cet état de choses.

Elle partit de l'idée que le meilleur frein à l'envahissement du marché à terme par les désœuvrés, était la conscience pour eux d'avoir à payer leurs différences sans moyen légal d'y échapper : idée d'ailleurs des plus contestables.

L'art. 1er de cette loi est ainsi conçu : « Tous marchés à terme sur effets publics et autres ; tous marchés à livrer sur denrées et marchandises sont reconnus légaux. — Nul ne peut, pour se soustraire aux obligations qui en résultent, se prévaloir de l'art. 1965 du Code civil, *lors même qu'ils se résoudraient par le paiement d'une simple différence.* »

Cet article est suivi de plusieurs autres, qui abrogent les anciens règlements du Conseil, ainsi les art. 421 et 422 C. pén., et qui modifient le texte, un peu amphibologique, de l'art. 13 de l'arrêté du 27 prairial an X.

Dans les années qui ont suivi la promulgation de la loi, on était presque unanimement convaincu que le législateur avait entendu absolument refuser à tout opérateur à terme le droit d'opposer l'exception de jeu.

La loi aurait créé une présomption, d'après laquelle l'opération qualifiée vente est bien une vente, non un pari déguisé, et *cette présomption ne comporterait aucune preuve contraire.*

Des rapports du projet (M. Naquet), ressortait un seul tempérament : si les parties avaient décidé expressément, par convention écrite, que le règlement se ferait par simples différences (convention bien étrange, soit dit en passant), alors, mais alors seulement, l'exception de jeu serait recevable.

804. — Retour de la jurisprudence à l'exception de jeu. — Mais à la dernière époque, il s'est formé au sein des Cours d'appel un mouvement très énergique, attesté maintenant par de nombreuses décisions, mouvement que les tribunaux de commerce ont dû suivre, et tendant au rétablissement de la jurisprudence qui était en vigueur avant 1885 [1]. Les Chambres auraient légiféré pour ne rien dire, ou pour confirmer la pratique existante.

On dit bien que ce nouveau courant fait à l'exception de jeu une place moindre qu'autrefois. Pour sa recevabilité, il faudrait que le client fût poursuivi par une autre personne qu'un agent de change. L'officier public échapperait à l'exception, même sachant d'avance l'intention qu'a eue son client de régler au moyen de différences. Mais rien n'est moins démontré que cette limitation de portée du système qui vient d'être remis en honneur.

805. — Pour expliquer ce revirement, on a épilogué sur la rédaction de l'art. 1er.

Le texte promulgué n'est pas celui que la Chambre des députés avait d'abord voté. Il disait primitivement : « lors même que les marchés *devraient* se résoudre par le paiement d'une différence. » Cela répondait bien à la pensée d'un marché obligatoire dans tous les cas, en dépit d'une intention de jeu des opérateurs.

[1] Wahl, dissertation sous *Sirey*, 1895, 2, 257. V. pour ne citer que des arrêts récents de moins d'un an : Paris, 15 déc. 1896 (1re Ch.), 19 déc. 1896 (2e Ch.), 13 févr. 1897 (3e Ch.), et tous ceux que donnent encore les *Bulletins judiciaires* des *Ann. dr. comm.*, 1896, p. 19 et 278; 1897, p. 19 et 255.

Le Sénat a fait passer une autre rédaction : « lors même qu'ils *se résoudraient...* » La particularité que le règlement s'opère *en fait* par différences ne suffit pas à vicier le marché ; mais les intentions premières des opérateurs sont réservées, et s'il est établi que c'est bien ce mode de règlement qu'ils voulaient faire, le jeu infecte le marché, le droit du jeu est applicable.

Par malheur, il a été dit au Parlement que ce changement de rédaction n'avait, sur la signification de la réforme, aucune influence : ce qui fait tomber l'argument et ne permet pas qu'on s'y arrête.

806. — La seule raison de ce retour en arrière tient à ce que la magistrature est entraînée par un mouvement supérieur à la teneur d'une loi positive, c'est-à-dire par la force même des choses. Il y a des patrimoines de tout repos, qu'il faut garantir contre l'appât de la spéculation. Quand la loi ne les protège point, une jurisprudence prétorienne s'en chargera.

Cela permet de dire dans quel ordre de considérations il faudrait se placer pour conjurer l'effet dissolvant du marché à terme sur les fortunes individuelles.

Dans leur importante loi des Bourses de 1896, les Allemands, tout en proscrivant d'une manière complète le *marché à terme sur les blés* et sur leurs dérivés (réforme retentissante qui n'est pas du ressort de la Bourse de valeurs), ont édicté pour le marché à terme des autres produits et des titres, des règles de capacité nouvelles.

Celui-là seul sera habile à concourir à ce marché, *qui aura fait inscrire son nom sur un registre public* et payé la taxe afférente à cette inscription. Le marché à terme conclu par tout autre est dénué d'action, sans qu'il y ait à rechercher le fond des intentions ; il donne droit à la répétition de la couverture : c'est l'exécution volontaire seule qui purgera l'opération de son vice.

Peut-être arriverions-nous à tirer profit de cette innovation, comme aussi de celle qui, en Allemagne, édicte une peine contre le fait, par l'intermédiaire, d'avoir exploité l'inexpérience ou la légèreté de ses clients, en les attirant aux opérations de Bourse.

Seuls les banquiers, financiers ou autres trafiquants, appelés à concourir au mouvement des valeurs ou des marchandises, auraient qualité pour pratiquer le terme ; *aux autres professions, il serait interdit.* Si l'on entrait dans cette voie, ce sont tous les marchés à terme, *y compris les reports*, qu'il faudrait interdire anx *non-professionnels.* Il y aurait pure subtilité à distinguer les opérations à terme ordinaires, actes de spéculation, des reports, actes de placement, pour autoriser toute personne du public à conclure les seconds. Le reporteur, qui apporte ses capitaux à la Bourse, a l'habitude de les y laisser de mois en mois soit sur les mêmes valeurs, soit sur valeurs diverses. Il finit par se mêler au monde des spéculateurs et par se pénétrer de leur esprit. Par conséquent, la casuistique qui, dans le for intérieur, blâme l'opération à terme et excuse le report, est une de ces règles de conduite qui relèvent des censures des *Provinciales*.

Mais aussi cette restriction mise en législation à tous les marchés à terme serait-elle une source de difficultés fort graves. Les Allemands s'en aperçoivent, en appliquant leur loi. Il ne peut être question d'empêcher les capitaux disponibles d'assister la spéculation. Le jour où les reports seraient interdits, l'ingéniosité des hommes ne manquerait pas de les remplacer par d'autres modes d'avances, reconnus licites.

Ainsi, d'après ce programme, le marché à terme se trouverait fermé à quiconque ne justifierait pas d'une profession vouée à faire la spéculation. Le public sera avec les banques en comptes de dépôts. Les banques opèreront à terme ou en reports. Leurs clients ne seront pas associés à ces opérations.

§ 2. Exception tirée du défaut de qualité de l'intermédiaire (exception de coulisse)

(C. com. art. 76)

807. — Cette exception pourrait à la rigueur se produire à l'occasion d'un marché au comptant; mais c'est dans le marché à terme qu'elle se rencontre habituellement.

On désigne par là le *moyen* que le client oppose à l'intermédiaire pour ne pas exécuter le marché, et *résultant de ce que l'opération est illégale, faute d'avoir été faite par le ministère d'un agent de change.*

808. — Les deux parties peuvent, si elles se connaissent, traiter *directement* sans recourir à l'intermédiaire d'un tiers. Le contrat est régulier : ne prend courtier qui ne veut (Edit de 1672).

Il est vrai que, au cas où la nature nominative des titres exigerait un transfert, il y aura lieu à certification des signatures auprès de l'établissement; et cette certification, on devra la demander à un agent de change pour la rente sur l'Etat et pour d'autres valeurs encore, si les statuts de compagnies le veulent ainsi. Mais ce rôle est bien différent de celui d'un courtier : il ne donne pas ouverture au tarif de courtage, et les négociateurs ont valablement traité, en contractant directement, sans confier à une autre personne l'ordre d'opérer pour eux (voir n° 695).

Au contraire, dès l'instant que l'on emploie un intermédiaire, il faut que ce soit un agent de change. Cet officier public dispose d'un privilège pour le courtage ou la négociation des valeurs. « Les agents de change ont seuls le droit de faire les négociations des *effets publics et autres susceptibles d'être cotés* », porte l'art. 76 C. com. [1]

Cependant il existe soit à la Bourse de Paris, soit dans certaines Bourses de province, des intermédiaires libres qui opèrent aussi sur les valeurs, et dont l'ensemble forme la *coulisse* (terme provenant de la place qu'ils occupaient à une certaine époque contre le couloir de passage pour se rendre à la corbeille). Nous avons déjà dit que des groupes s'étaient constitués dans cette coulisse, avec organisation corporative, tarifs, liquidations centrales, règles disciplinaires, etc. Ce personnel n'est pas reconnu par la loi (nº 706).

Nous avons à rechercher : — 1° à quelle occasion les intermédiaires libres commettraient des empiètements sur les attributions légales des agents de change; et — 2° quelle est la sanction de ces empiètements, comment la loi s'emploie à les réprimer.

809. — I. Ce qui est permis ou défendu à l'agent libre. — 1° Il existe un grand nombre de négociations, que le coulissier et agent libre peut faire, sans qu'il y ait de sa part une immixtion dans le privilège des agents de change.

D'abord les *négociations directes*. Le coulissier fait lui-même la *contrepartie* du client.

Le changeur tient commerce de titres, et les achète dans ses bureaux ou à la Bourse à un certain cours, pour les revendre à son propre compte à un cours différent. Il peut opérer ainsi soit au comptant, soit à terme. La négociation, portant sur la rente, sur des actions de Compagnies, sur des valeurs quelconques, est tout à fait licite.

Il y a bien eu un arrêt de jurisprudence, pour décider que, si l'intermédiaire de l'agent de change n'est pas obligatoire pour les négociations comportant livraison de titres, il en est autrement quand il s'agi d'opérations de Bourse qui viendraient à se solder par des différences. Mais cette doctrine, qui ne peut s'appuyer sur aucun texte et qui n'est même pas clairement rendue, a été généralement critiquée (Lyon-Caen, dissertation sous Cass. 21 mars 1893, *Sirey*, 1893, 1, 241).

[1] Ce privilège ne porte que sur les négociations, il est étranger aux ventes publiques de valeurs auxquelles il est procédé après ouverture de successions vacantes ou bénéficiaires. Ces ventes, qui s'opèrent véritablement aux criées, peuvent avoir lieu par le ministère d'un notaire. — L'agent de change a d'ailleurs qualité pour faire vendre les valeurs mobilières, même non inscrites à la cote, en cas de réalisation forcée de gage, saisie ou faillite, mais en dehors de la corbeille et aux enchères après affiche, ainsi qu'en dispose, pour l'une au moins de ces hypothèses d'exécution, l'art. 71 du décret de 1890.

Quant à savoir si c'est bien en contre-partie directe que l'agent libre s'est comporté, il y aura lieu de consulter la correspondance, l'*avis d'opéré*, et surtout le décompte du prix. Si l'agent avait écrit qu'il a acheté, « par l'ordre du client », ou s'il a prélevé un courtage, il est clair que c'est un rôle d'intermédiaire qu'il a tenu. Cette intervention serait frappée par la loi, comme contraire à ses injonctions.

810. — En deuxième lieu, prendre un ordre de Bourse, quand on est coulissier ou établissement de crédit, n'est pas illégal, si *cet intermédiaire se substitue un agent de change* pour l'accomplissement de cet ordre. Seulement le client paiera deux courtages. L'impôt sur opérations de Bourse de la loi du 28 avril 1893 ne frapperait pas alors en double la négociation, quoique portée sur le répertoire de l'intermédiaire. Car l'assujetti est en mesure de produire à la Régie un bordereau timbré d'agent de change qui a déjà acquitté le droit (art. 29).

Au moment du règlement de l'opération, il peut y avoir doute sur le point de savoir si l'intermédiaire libre a transmis effectivement l'ordre à un agent de change, ainsi qu'il devait le faire, ou s'il ne l'a pas plutôt exécuté lui-même. La régularité de la convention dépend de la solution de fait qui sera donnée à cette question. La production par le coulissier d'un bordereau dressé par un agent sera le moyen le plus simple de mettre fin à cette incertitude. A défaut de cette production, *que faut-il présumer?*

On a dit que c'était au client d'établir que l'intervention d'un agent de change n'avait pas eu lieu : en réponse à la demande du coulissier en règlement du mandat qui lui a été donné, le client oppose une exception, et par suite il doit prouver que cette exception est bien fondée (MM. Lyon-Caen et Renault).

La jurisprudence est contraire. Le coulissier doit rendre ses comptes, prouver qu'il a accompli son mandat conformément à la loi (art. 1993 C. civ.), produire un bordereau d'agent de change ou une pièce équivalente (Cass. 29 mai 1883).

811. — Enfin, il y a tout un ensemble de valeurs qui restent en dehors du privilège des agents de change : la négociation en est absolument libre par l'intermédiaire d'un coulissier ou d'un banquier. Ce sont les *valeurs non admises à la cote*, les valeurs à l'égard desquelles la Chambre syndicale des agents de change de la Bourse n'a pas pris de délibération pour les admettre aux négociations publiques de la corbeille[1].

[1] Il suit de là que, suivant les Bourses, la même valeur peut rentrer ou ne pas rentrer dans le privilège des agents de change : chaque Chambre syndicale n'en prononce admission que pour la Bourse auprès de laquelle elle est instituée.

La formule de l'art. 76 est cependant des plus générales : le privilège des agents porte sur la négociation « des effets publics et autres susceptibles d'être cotés ». Cela paraît bien embrasser toutes les valeurs, car si les unes sont déjà cotées, les autres sont susceptibles de l'être, de le devenir un jour.

Cette interprétation a été repoussée. Comme les agents de change déclinaient les ordres de traiter les valeurs non admises à la cote (sauf sur certaines places, telles que Lyon, où ils remplissent à la fois par leurs associés l'office de la coulisse), il fallait bien se décider à reconnaître la régularité de ces négociations lorsqu'elles seraient faites par le ministère d'autres personnes qu'eux [1].

Avec un certain effort grammatical, on a plié la rédaction de l'art. 76 à ce sens libéral, sans pouvoir affirmer d'ailleurs que les rédacteurs du Code de commerce eussent jamais eu pareille pensée. « Effets susceptibles d'être cotés, » cela veut dire : « effets admis à la cote ». Tant que l'admission n'a pas été délibérée par la Chambre syndicale, l'effet ne comporte aucune cote. Son admission ne le fera pas coter d'emblée, il faut attendre pour cela qu'il donne lieu effectivement à des négociations.

La pratique de la seconde partie de la cote vient donner quelque vraisemblance à ce mode de langage : là figurent un certain nombre de titres qui ne sont cotés que par intermittence, les jours où la valeur es en réalité traitée à la Bourse. Les autres jours, le Bulletin ne les mentionne même pas. Il y a donc des valeurs qui sont admises à la cote et qui présentement n'y sont pas désignées.

La jurisprudence, qui a fait prévaloir cette opinion, a été constituée par un arrêt de la Cour de cassation du 1er juillet 1885.

812. — En résumé, il n'y a d'empiètement par l'agent libre sur les fonctions réservées à l'agent de change, qu'autant qu'il s'agit de valeurs cotées. Et même alors, le coulissier peut : 1° ou se charger de l'ordre de Bourse pour le transmettre à un agent, 2° ou faire lui-même la contrepartie du client, sans l'intervention d'un membre du parquet. Tel est l'état du droit en la matière.

813. — **II. Sanctions établies pour immixtion dans le privilège des agents de change.** — 2° Que si le coulissier prête son concours de courtier à la négociation d'une valeur, au mépris des défenses de la

[1] A condition par l'opération, traitée en coulisse, de se modeler sur les règlements du parquet, au point de vue des quantités négociées et des termes de liquidation. Un agent libre ne pourrait pas passer valablement un ordre pour un nombre de titres inférieur au *minimum* autorisé sur le marché officiel ; — ni prêter son ministère à une opération faite au delà de *fin prochain*.

loi, à la négociation de la rente sur l'Etat, par exemple, quel est le mode de répression organisé?

814. — Il y a d'abord une *sanction pénale* : il est défendu, sous peine d'une *amende*, qui sera au plus du sixième du cautionnement des agents de change de la place, et au moins du douzième, à tous individus autres que ceux nommés par le gouvernement, d'exercer les fonctions d'agent de change (l. 28 ventôse an IX, art. 8).

Le délit, n'étant pas mentionné par le Code pénal, exclut l'application possible des circonstances atténuantes.

Le taux du cautionnement des charges s'est sensiblement augmenté depuis l'an IX. On pouvait soutenir, et on l'a fait, que l'amende variant entre 1/12 et 1/6 devait aujourd'hui encore se calculer sur le chiffre auquel les cautionnements étaient fixés sous le Consulat. Mais le contraire a été décidé : à mesure que les cautionnements s'élèvent, la peine s'élève avec eux (Cass. crim. 19 janvier 1860) [1].

815. — Mais il existe une autre sanction, de *nature civile*, et en réalité plus efficace, suivant la manière dont les tribunaux l'appliqueront. Les *négociations* faites par la coulisse sont *nulles* (art. 27 prairial an X, art. 7). A la rigueur, les principes ordinaires, concernant la cause licite dans les contrats, suffiraient pour faire dire que ces opérations sont sans valeur (art. 1131 C. civ.).

Le coulissier n'a donc pas d'action, pour contraindre le client au règlement de l'ordre qui lui avait été donné. Il ne peut pas recouvrer contre lui le montant de ses avances. Le client dispose de l'exception tirée du défaut de qualité de l'intermédiaire. — Le coulissier, de son côté, actionné par son client, pourrait, en invoquant le même moyen, se soustraire à l'exécution. Comme pour ce qui concerne l'emploi de l'exception de jeu par un agent de change, des raisons professionnelles l'empêchent de le faire (n° 800).

816. — La *nature de cette nullité* a fait doute pendant longtemps. Elle n'est pas encore bien éclaircie.

On avait cru autrefois que la nullité était *absolue* et *perpétuelle*, sans comporter de *ratification*. Le client aurait pu se faire restituer contre l'opération, même après un règlement volontaire et définitif, pendant

[1] C'est l'arrêt par lequel s'est terminée la poursuite dirigée contre les principaux membres de la coulisse de Paris sur la plainte du parquet.— Dans cette affaire, les coulissiers développaient ce singulier moyen, que les opérations à terme étaient interdites aux agents de change, et qu'en s'y livrant, le courtier libre n'empiétait pas sur leurs attributions. Pour un peu, ils auraient dit : les opérations sont illégales, à raison de leur caractère différentiel, on ne s'immisce pas dans les fonctions d'un officier public, en accomplissant des opérations illégales !

trente ans. Il aurait disposé de la répétition de l'indû (art. 1376)[1]. C'eût été un encouragement fourni à la lâcheté de ceux qui ne veulent spéculer ou jouer qu'à bénéfice assuré. La valeur, bonne au moment de l'opération, devient mauvaise : le client se décide à faire annuler son marché et à se remettre en l'état où il se trouvait avant de l'avoir conclu; il revient sur sa parole.

Comprenant ce que ce résultat aurait d'immoral, la Cour de cassation, par ses deux arrêts du 22 avril et du 29 juin 1885 (au rapport de M. le conseiller Crépon), a consacré une thèse, d'après laquelle le règlement de l'opération, fait en connaissance de cause entre le client et le coulissier, couvre dorénavant le vice dont le marché était infecté. Le coulissier n'a pas d'action, tant que le marché n'est pas liquidé par un arrêté de compte. Mais, après cet arrêté de compte, le client n'a pas d'action non plus contre son agent. *Ni action, ni répétition* : c'est à peu près le même état de choses que celui que donne le moyen tiré du jeu.

817.— Comment justifier cette jurisprudence, à la teneur des textes? Pendant un certain temps, la Cour de cassation s'est appuyée sur une disposition de l'ancien régime, parfaitement oubliée avant 1885, et qu'elle a exhumée pour la circonstance.

L'*art. 18 de l'arrêt du Conseil de 1724* (article, dit-on, qui ne serait pas compris dans les abrogations de la loi du 28 mars 1885), après avoir disposé que toutes négociations faites sans ministère d'agent de change seraient nulles, ajoute : « Défense est faite à tous huissiers et sergents de donner aucune assignation sur icelles, et à tous juges de prononcer aucun jugement ». Aucune assignation, aucun jugement, soit pour exécuter l'opération, soit si elle est réglée pour se faire restituer contre elle.

Mais, dans l'abondance des arrêts rendus depuis douze ans sur les procès de coulisse, on constate que la jurisprudence modifie incessamment ses points de vue et rattache le refus de répétition à des motifs parfois autres que l'arrêté de 1724. Ce texte n'est même plus visé dans les arrêts de la dernière époque, dont la plupart cessent d'être motivés. (Req. 8 février, 10 mars, 31 mars 1897).

Tantôt la magistrature se fonde sur l'idée, très contestable, que toute opération de coulisse serait viciée par une présomption absolue et irréfutable de *jeu* (on appliquerait alors les art. 1965 et 1967). (Req. 9 déc. 1895.)

Tantôt elle invoque la *turpis causa*, pour laquelle aucune action ni aucune répétition ne serait donnée (conception fort contestable encore). (Req. 17 février 1897).

[1] Bailly, dans les *Annales de droit commercial*, 1886-87.

Tantôt elle paraît, sans le dire ouvertement, vouloir mettre à contribution une règle établie par l'*art. 541 C. proc.* : en dehors d'erreurs, d'omissions ou de faux, il ne sera procédé à la revision d'aucun compte [1].

818. — Tout cela laisse planer des doutes sur la détermination des faits qui servent à régulariser après coup ces négociations, nulles dans leur principe.

Un simple *arrêté de compte*, sans versement immédiat du produit de la liquidation, emporte-t-il forclusion pour le client?

Quid du fait par l'opérateur d'avoir donné l'ordre au coulissier de le débiter en *compte-courant* de ce qu'il reconnaît lui devoir?

Surtout comment faut-il traiter la *couverture*?

Si l'on applique le droit du jeu et la théorie qui voit dans la couverture un paiement anticipé, là du moins où les parties lui ont assigné ce caractère, cette remise de couverture deviendra aux mains du coulissier une garantie irrévocable; le client ne saurait la reprendre, même pendant que le marché est en cours. Quelques arrêts le décident ainsi (Cass., 22 mai 1889, etc.), d'autres disent le contraire (Cass., 22 mai 1895).

Il nous semble que, si la jurisprudence voulait énergiquement frapper la coulisse, c'est surtout sur ce terrain qu'elle devait se placer. Donner la répétition de la couverture à l'opérateur, serait un moyen de détruire toute sécurité pour l'agent; contre un revirement de volonté du client il serait sans force. — Maître au contraire de la garder, il ne court plus qu'un risque réduit. A moins d'une brusque volte-face des cours, il est certain de rentrer dans ses déboursés. Il se retranche contre la mauvaise foi ou contre la rétractation du client presque avec la même sécurité qu'un agent de change. Et la sanction de la nullité des actes faits par son intermédiaire devient véritablement illusoire!

[1] Voir, sur ces variétés d'explications, le curieux article de MM. GEOUFFRE DE LAPRADELLE et LÉVY-ULLMANN, dans les *Annales de droit commercial* de 1896, et le *Bulletin judiciaire* publié par ces *Annales*, 1896, p. 17, et 1897, p. 126 et 256.

QUATRIÈME PARTIE

DES CONTRATS SUR MARCHANDISES

(VENTE, GAGE, COURTAGE, COMMISSION, TRANSPORT)

CHAPITRE PREMIER

PRINCIPES GÉNÉRAUX DES OBLIGATIONS DANS LE DROIT COMMERCIAL. LEUR APPLICATION A LA VENTE DE MARCHANDISES.

(C. civ. III, 4 et 6, art. 1101 à 1369 et 1582 à 1701 ; C. com. art. 100, 109 ; loi 13 juin 1866.)

---

819. — Une réglementation d'ensemble des contrats n'est pas faite par le Code de commerce.

Cette réglementation manque également pour le plus important des contrats commerciaux, c'est-à-dire pour le contrat de vente.

Il y a bien un titre (le 7e du 1er livre), consacré aux *achats et ventes*. Mais ce titre ne contient qu'un seul article (109). Il n'y est question que des preuves admises dans le commerce ; et non pas seulement pour la vente, car l'énoncé du titre est trop étroit, les contrats autres que la vente y sont implicitement visés. De toute manière, cet article 109 ne donne aucune indication touchant le classement des conventions, les conditions de leur validité ou les conséquences qui en découlent.

Le droit commun restant applicable aux matières commerciales à moins qu'il n'y ait été dérogé par le Code de commerce, c'est au Code civil qu'il faut se reporter pour connaître les règles sur la nature, les conditions d'existence et les effets des contrats. Ainsi consulté au second plan, faute par le législateur du commerce de s'être prononcé, le Code civil a la même autorité que s'il s'agissait d'une question proprement civile. Il doit être observé par les juges, sous peine de cassation.

820. — Le premier des titres du Code civil, dont l'extension s'opère ainsi aux relations commerciales, est le titre *Des contrats ou des obligations conventionnelles en général* (III, 3), art. 1101 à 1369. Et immédiatement après, suivant l'ordre d'importance, le titre *de la Vente* (III, 6), art. 1582 à 1701. La nécessité pour quiconque s'occupe de droit commercial d'avoir à puiser ses éléments de connaissance dans le droit civil, dans le droit des contrats pécuniaires, est des plus manifestes.

La méthode à suivre en Allemagne est maintenant la même : aussi longtemps que les Allemands avaient un Code de commerce sans être pourvus d'un Code civil, ce Code de commerce contenait un nombre élevé de dispositions d'ensemble sur les opérations de commerce et sur la vente. Ces dispositions se suffisaient à elles-mêmes. Beaucoup d'entre elles ont passé aujourd'hui dans le Code civil ; ce qui a permis, en revisant le Code de commerce, de ne plus en retenir dans la nouvelle rédaction qu'un nombre relativement faible.

Il y a cependant, pour une étude de commerce, des éliminations à faire sur l'ensemble des dispositions que notre législateur civil de 1804 a réunies dans ces deux titres :

a) Il faut retrancher d'abord toute la partie des *preuves*, en tant qu'elle exclut la preuve testimoniale au-dessus de cent cinquante francs (notamment l'art. 1341).

b) Puis les règles concernant les *transactions immobilières* sont étrangères au droit commercial, du moment qu'on a commencé par poser en principe que ces transactions relèvent du droit civil dans tous les cas (nos 18 et 61). La remarque trouve surtout sa portée à l'égard des conditions de mutation de la propriété foncière dans la vente (contrat, tradition ou transcription) et à l'égard de la *garantie pour cause d'éviction*.

Nous ne parlerons pas plus loin de cette garantie. C'est qu'elle a rarement l'occasion de se manifester en droit commercial. La vente porte sur des objets mobiliers ; l'acheteur est protégé par le dicton : *En fait de meubles*, etc., dès qu'il est entré de bonne foi en possession ; aucun recours en garantie, puisque l'éviction n'est pas à craindre. Il faudrait supposer des circonstances anormales dans une opération sur marchandises, pour que l'acheteur ait à faire appel à cette garantie : par exemple, l'objet vendu avait été perdu ou volé ; ou l'acquéreur, pouvant invoquer l'art. 2279, y a renoncé, et après s'être laissé évincer, a exercé l'action récursoire (à supposer qu'il le pût en pareil cas). Ce sont des hypothèses rendues négligeables par leur singularité même.

821. — Usages. — *c*) Il se trouve encore dans le Code civil d'autres règles dont l'application aux matières de commerce souffre un très sérieux tempérament : ce sont celles qui, au lieu d'être obligatoires par une pensée d'ordre public, sont seulement *déclaratives de volonté*. — Ex. : l'art. 1153, qui ne fait courir les intérêts moratoires d'une dette d'argent que du jour de la demande en justice, etc. De pareilles dispositions, en soi, ne sont pas étrangères au droit commercial ; mais elles ne doivent y être observées que sous réserve d'un usage contraire.

On a déjà montré la place fort importante que tiennent les *usages* dans les relations du commerce. Ils ont la signification de clauses ou conventions tacites; à l'égal des clauses expresses, ils dérogent à toutes les lois qui ne commandent ou ne prohibent pas, à celles qui statuent simplement pour suppléer à une expression absente de volontés. Donc les parties se sont référées à l'usage au moment de contracter, et s'il est établi que l'usage contrevient à la loi, c'est lui qui réglera la convention (nos 43 à 45).

822. — A l'occasion des usages commerciaux, il importe de classer à part un certain nombre d'entre eux, concernant la vente des marchandises.

On a dit au début de ce livre (no 45) que la violation d'un usage par les magistrats n'encourait point cassation : c'est que la décision, qui a écarté, peut-être à tort, l'usage allégué, prononçait sur le fait, et non pas sur le droit, et que la Cour de cassation doit redresser seulement les fausses applications de la loi par les juges du fond.

Nous aurions pu alors ajouter que, si un usage est invoqué par l'un des plaideurs, l'autre plaideur est en droit de le faire écarter. Il lui suffira d'établir que c'est un usage ancien qui a été abandonné à une date plus récente, ou encore qu'il n'a jamais eu cours dans la partie professionnelle dont les deux opérateurs dépendent.

Or, aucune de ces deux propositions n'est vraie des usages commerciaux en matière de vente, qui sont consignés dans un tableau annexé à une *loi du 13 juin 1866*.

On a pris le parti, à cette époque, de convertir en loi écrite certains usages. C'était un moyen d'étouffer des causes incessantes de procès sur les conditions, tares et autres modalités tacites affectant les marchés de commerce. L'un des contractants protestait que le contenant, caisse, fût, etc., eût été compté dans le poids total de la marchandise ; le vendeur se défendait en invoquant l'usage, dont la preuve était lente ; cela faisait durer l'instance, ou lui donnait même l'occasion de naître.

Le gouvernement a fait relever certains usages d'une certitude incontestable. Quelques-uns d'entre eux seront signalés ci-dessous. La loi de 1866, qui en a dressé la nomenclature, les a fait participer de la valeur légale :

a) Leur violation par les juges donne ouverture à cassation ;

b) Ils sont applicables sur toute l'étendue du territoire « à défaut de convention contraire (art. 1er) », c'est-à-dire à moins que les parties n'aient *formellement* déclaré vouloir y déroger. On aurait enlevé à la mesure législative toute son autorité, en permettant au plaideur d'invoquer un contre-usage pour se soustraire à celui que la loi reconnaît.

Cette loi tient dans un tableau qui lui fait suite. Le dit tableau est divisé en deux parties, dont la première se compose de *neuf* règles générales. La seconde partie détaille diverses natures de produits, énumérés dans un ordre alphabétique : pour chacun de ces produits, sont spécifiées les conditions de vente établies par l'usage, particulièrement le point de savoir si la marchandise est traitée au poids brut, et dans le cas de l'affirmative, le montant de la tare. Malgré la quantité d'articles compris dans cette énumération, le nombre d'usages, bénéficiant aujourd'hui de cette force de loi véritable, est encore fort limité.

823. — Nous allons essayer de faire l'application des règles ordinaires des contrats à la vente commerciale des marchandises; par là se dégageront naturellement celles de ces règles qui gouvernent tous les contrats, même lorsque ce ne sont point des ventes. Chemin faisant, nous aurons à dire quels sont les usages les plus frappants qui viennent faire échec à la loi écrite. Mais il va de soi, si l'on excepte ceux que mentionne la loi de 1866, que tels usages, vrais aujourd'hui, peuvent ne plus l'être demain, et qu'il est impossible de les présenter comme en vigueur certaine, sur toutes les places et dans tous les genres d'industrie.

824. — Le contrat commercial est nécessairement *à titre onéreux*. On rencontre dans le commerce des contrats *commutatifs*, et par opposition des contrats *aléatoires*.

Le contrat aléatoire par excellence est l'*assurance*: c'est celui par lequel on se prémunit contre un risque menaçant un de nos biens, il procure une indemnité en cas de sinistre. Il y a un autre contrat aléatoire, le *jeu* ou le *pari*, contrat d'enrichissement, que la loi ne munit point d'une action (art. 1965).

Il arrive à plus d'un contrat de vente ou autre, ayant par lui-même le caractère commutatif, de renfermer une clause particulière qui le fait passer dans la catégorie des contrats aléatoires. C'est qu'alors vient se combiner avec lui une assurance, sans que les parties aient cru devoir le dire.

Ex. : Je vends une cargaison en mer. Peut-être a-t-elle péri par le fait d'un naufrage au moment où je l'aliène. Il est entendu que la vente tiendra à tout événement, même si nous devons apprendre ensuite que le chargement avait été englouti déjà dans les flots antérieurement à la vente. — Une vente ordinaire n'est valable qu'à la condition d'avoir un objet existant lors du contrat (art. 1601 C. civ.). Ici l'objet fait défaut; cependant la convention s'exécutera, car ainsi l'ont voulu les parties. C'est que la vente se complique d'une assurance. — Le vendeur, en même temps qu'il transmettait la propriété de sa chose, supposée non périe, se couvrait contre le risque de la perdre, même pour le cas où ce risque à son insu se serait déjà réalisé. — C'est une assurance sur bonnes et sur mauvaises nouvelles (art. 365 à 367 C. com.).

L'intérêt qu'il y a à analyser la convention en un contrat nommé (la vente en l'espèce) et en une assurance accessoire et inapparente, se dégage dans le cas suivant : la partie, qui transporte ainsi un risque de sinistre à l'autre, s'est abstenue de lui faire connaître sincèrement l'opinion qu'elle a de la mesure et des éléments de ce risque ; la *réticence* qu'elle a gardée vicie la convention, à l'égal d'un dol, car la réticence est une cause de nullité de l'assurance (voir n° 828, art. 348 C. com.).

825. — Les contrats commerciaux, vente comprise, représentent en général des *contrats consensuels*. Ils sont dépouillés de formes.

En droit civil, un contrat consensuel reste assujetti à la confection d'un *écrit*, lorsque l'intérêt excède 150 francs. Faute de quoi la convention, sans être d'ailleurs nulle, ne saurait être établie par témoins. Cette restriction, on le sait, disparaît en matière commerciale, où la *preuve testimoniale* peut être admise par les juges sans limite de somme (art. 109 C. com.). La nécessité d'un écrit ne reparaît que pour les contrats maritimes : affrètement, assurance, etc.

Cela dit, il existe dans le droit commercial, comme dans le droit civil, des contrats *réels*, dont la formation est subordonnée à la remise d'une chose : le prêt, par exemple.

Il en existe d'autres, en faible nombre il est vrai, qui ont le caractère *solennel*. Le contrat doit revêtir une forme déterminée, en l'absence de laquelle il est entaché de nullité ; c'est le cas pour la *société de commerce*, qui doit se constituer par écrit. C'est le cas aussi pour la convention sur laquelle repose la *lettre de change*, et dont on recherchera plus tard à déterminer la nature.

826. — Les conventions commerciales, tout comme les conventions civiles, obéissent aux quatre conditions exigées par l'art. 1108 (*capacité, consentement, objet, cause licite*) ; et les sanctions sont les mêmes.

Le consentement des parties doit être exempt de *violence*, d'*erreur* substantielle ou de *dol*. Pour différents faits frauduleux que commet le vendeur en vue de tromper son acheteur, l'action en nullité ne forme qu'un seul des remèdes ou des moyens de répression établis : ces faits sont érigés en outre en délits correctionnels (Ex. : art. 423 C. pén.). La législation de la dernière époque a même forcé la note de la protection en la poussant au protectionnisme, et institué des peines contre le trafic de certains produits fabriqués qui rivalisent avec des produits naturels (margarine, vins de raisins secs), lorsque des mentions énonciatives de la nature de la marchandise n'auraient pas prémuni l'acheteur contre une confusion (L. 14 mars 1887 ; 14 août 1889, loi Griffe). C'est un élargissement de la notion du dol.

827. — Au surplus, si le contractant, au commerce, doit s'abstenir de manœuvres déloyales, il ne lui est point défendu d'user d'une certaine ruse. De tradition, le commerce repose sur l'adresse et sur le savoir-faire. La faculté pour les parties de se circonvenir « *invicem se circumscribere*, L. 22 § 2, D. *loc. conducti* », à condition de ne point commettre de fraude, a toujours été reconnue.

La démarcation de la fraude et de la ruse tolérée, ou dol de bon aloi, comme disaient les Romains, sera difficile à faire, mais il serait puéril de la nier. Suivant la manière dont on interprétera la formule, il n'est pas inexact de transposer certaine maxime de droit coutumier, et de dire : En fait de commerce, trompe qui peut.

Si l'on devait rescinder toutes les conventions dans lesquelles l'une des parties s'en est laissé accroire, c'est l'effort pour parvenir qu'on paralyserait. La concurrence des forces individuelles veut que les plus habiles reçoivent la prime de leur persuasion, et ce genre d' « exploitation de l'homme par l'homme » trempe les activités. Le principe du respect du contrat, avec sa note anti-socialiste, n'est qu'un hommage rendu à la personne humaine qui doit savoir se défendre contre les tendances astucieuses de la contre-partie.

L'organisation du commerce tend, au moins dans les grands magasins, à réaliser une plus grande moralité : la pratique, qui se généralise, du prix fixe marqué sur la marchandise, constitue un progrès : le commerçant se prive de la faculté de surfaire sa marchandise aux clients crédules ou trop faibles pour oser marchander.

828. — La notion du dol reçoit une extension dans les contrats aléatoires, et à cause de l'assurance expresse ou implicite qui s'y trouve enfermée. La partie qui se fait assurer ne doit pas seulement s'abstenir de pratiquer des manœuvres frauduleuses, en vue de surprendre le consentement de l'autre : elle doit être exempte de *réticence*.

La condition de bonne foi est plus rigoureuse que dans un contrat commutatif. Toutes les circonstances constitutives du risque qui lui sont connues à elle-même doivent être de sa part l'objet d'une révélation sincère au contractant qui joue le rôle d'assureur (art. 348 C. com.) : faute de quoi la convention est entachée de nullité.

829. — L'existence d'un *objet certain* n'est pas moins indispensable dans un contrat commercial que dans un contrat civil.

Le chiffre du salaire ou de la commission peut ne pas être exprimé dans le mandat ; même le montant du prix ne l'a pas toujours été dans la vente. Les opérateurs ont entendu s'en rapporter au tarif d'usage, au prix courant, et cela suffira pour valider la convention.

Dans la vente commerciale, non seulement on traite exclusivement sur *meubles*, mais l'opération dans la grande majorité des cas porte sur des *choses fongibles*. L'acheteur stipule une certaine quantité de marchandises déterminées seulement par leur poids, leur nombre, ou leur mesure : dix balles de cotons de 200 kilos, vingt hectolitres de vins.

La qualité du produit du marché résulte d'une référence des parties à un certain type, déposé parfois au secrétariat d'une chambre de commerce ou d'une chambre syndicale de fabricants ou de courtiers (coton *low-middling*, sucre blanc nº 3, farines douze marques, café Haïti Saint-Marc), ou encore d'une remise préalable d'échantillon avec lequel la livraison devra ensuite concorder.

Dans ces ventes fongibles, le vendeur peut lors du contrat n'avoir point la propriété des choses qui serviront à l'exécution de son obligation : l'art. 1599 C. civ. sur la nullité de la vente de la chose d'autrui est inapplicable aux choses fongibles.

830. — Transport de la propriété et des risques. — De ce qui vient d'être dit, il suit que les règles, concernant en droit commercial le *transport de propriété*, doivent être habituellement celles que le Code civil établit non pas pour les *corps certains*, mais pour les *choses fongibles*.

Si l'on achetait une marchandise parfaitement *déterminée*, telle pièce ou tel coupon d'étoffe, tel ballot ficelé, on en deviendrait propriétaire instantanément à partir de la convention, en vertu du principe de l'art. 1138 du Code civil.

Il ne serait pas besoin pour l'acheteur de se faire mettre en possession. Cela présente un intérêt au cas où le vendeur ferait faillite avant livraison : l'acheteur aurait le droit de *revendiquer* l'objet de son achat sans concourir avec les créanciers.

Dans ce même ordre d'opérations, la *perte* de la marchandise, sans la faute du vendeur, postérieurement au contrat, est *aux risques de l'acheteur*. Est-ce la convention, est-ce le transport de propriété qui a entraîné ce résultat dans la transmission du risque? On continue à discuter en droit civil cette question théorique. Toujours est-il que l'acheteur perd la chose et continue cependant à être redevable du prix.

831. — Mais, cette situation exceptée, le transport de propriété ne saurait résulter de la seule convention. Il ne se produira qu'à partir du moment où la marchandise sera *spécialisée*, c'est-à-dire quand le vendeur, avec l'assentiment de son acheteur, aura pris sur la masse générique du produit indiqué de quoi constituer la quantité promise. Alors seulement, de chose fongible, l'objet passe à l'état de corps certain.

Comme les masses ne sont pas exposées à disparaître (*genera non pereunt*), les *risques* restent au vendeur, aussi longtemps que cette spécialisation n'a pas été faite : la marchandise que le vendeur se disposait à faire servir à sa libération vient-elle à périr, il doit la remplacer par une autre, et cependant le prix ne lui sera dû qu'une fois.

832. — Quant au fait qui spécialise ainsi l'objet du contrat, il n'implique point nécessairement remise de la marchandise au créancier. Il suffit que les parties se mettent d'accord sur un produit dûment individualisé. Il pourrait demeurer ensuite aux mains du vendeur, la propriété n'en a pas moins été acquise à l'acheteur.

Cette hypothèse est peu commune. Dans la plupart des cas, le fait de spécialisation se confond avec le fait de la *livraison*. La tradition de la chose due emporte transmission de propriété au créancier, à l'acheteur.

Cette tradition prend les formes les plus variées.

On distingue la *tradition physique* ou *matérielle*, qui consiste dans la livraison effective de la chose en la possession du créancier. Elle passe de la garde et de la détention du vendeur à celles de l'acheteur. Cela peut s'opérer entre parties présentes, au moment où la marchandise est mise en la main de celui qui l'acquiert. Cela arrive également à distance, soit entre deux magasins d'une même ville, soit entre deux localités proches ou éloignées ; mais alors, comme il faudra des agents intermédiaires, se posera la question de savoir si c'est à la sortie du magasin du vendeur que le transport de propriété se réalise, ou seulement à l'arrivée chez l'acheteur (voir ci-dessous, nos 839 et suiv.).

833. — Une autre espèce de tradition, qualifiée parfois de *symbolique*, et qu'il vaut mieux, semble-t-il, appeler *conventionnelle* ou *juridique*, occupe dans les relations du commerce une place fort importante. C'est celle où l'acheteur n'a pas à prendre la détention effective de la marchandise, mais où le vendeur lui remet un titre, sur la présentation duquel cet acheteur pourra la retirer des mains d'un *tiers détenteur pour compte*.

On dit en ce cas du document délivré qu'il est un « titre représentatif » de la marchandise elle-même.

Il peut donner lieu à un certain nombre de transmissions ou négociations, sans que la marchandise change physiquement de main.

Celle-ci demeure au repos, ou si elle est présentement en cours de voyage, elle reste à bord, elle reste sur voiture, sans avoir à subir une appréhension de fait, qui serait parfois impossible à raison de la distance et toujours encombrante.

Et à chacune de ces négociations du titre, en droit la chose vendue change aussi de possesseur et de propriétaire : celui qui a le titre a la marchandise, car lui seul est désormais qualifié pour la retirer.

834. — Que le commerce se soit attaché à multiplier les moyens de tradition sans prise actuelle de détention, on le comprend sans peine. Ces procédés servent à accélérer la circulation, ils donnent au trafic plus d'intensité, sans obliger les intermédiaires à faire acte de mainmise sur le produit trafiqué. La marchandise se décharge de sa substance comme d'un poids mort, elle s'allège en se transfigurant.

835. — Les raisonnements de la science du droit ont permis à la propriété de se porter ainsi de la chose sur le certificat constatant la détention par un tiers. Les Romains, dans leur analyse doctrinale de la possession, avaient d'avance frayé la route.

La possession est la maîtrise qu'on exerce sur un bien. Elle implique deux éléments : 1° le pouvoir effectif de disposer du bien à volonté (*corpus*) ; 2° l'intention de se comporter comme propriétaire (*animus*).

Pour être placé en cet état de possesseur, il faut recevoir une tradition, une livraison. Mais il n'est pas besoin d'acquérir la détention individuellement ; si un tiers se constitue détenteur pour moi, c'est comme si je devenais détenteur moi-même. Le *corpus alienum* équivaut au *corpus proprium*.

L'intermédiaire, qui a reçu la marchandise pour être entreposée chez lui ou dans un autre but, a souscrit un titre emportant promesse de restitution. Il s'est engagé à rendre la marchandise à celui qui lui représentera le titre. Le preneur originaire de ce document est manifestement en possession du produit qu'un autre détient. La pièce qui lui a été délivrée en fait foi.

Mais cette possession n'est pas strictement attachée à sa personne. Négocier le titre, c'est pour un vendeur mettre son acheteur en mesure de réclamer à son tour l'objet spécifié, c'est aussi se priver instantanément du moyen de le réclamer soi-même. L'acheteur est rendu possesseur, donc propriétaire, aussi régulièrement que s'il était matériellement détenteur.

836. — Voici les applications principales faites de cette intéressante conception :

1° *Remise de la marchandise en douane ou en dépôt public.* — La marchandise est entreposée, elle vient de l'étranger, elle n'a pas encore pénétré sur le marché intérieur. Un importateur du Havre, de Bordeaux, etc., l'a fait inscrire à son nom sur le registre de la douane qui la détient en magasin.

Il a vendu cette marchandise, il veut la livrer. C'est ce qu'il fait en donnant à la douane l'ordre d'immatriculer l'acheteur à sa place. Cette immatriculation vaut transport de possession, l'acheteur est rendu propriétaire. La douane détient maintenant pour lui.

Dans ces ventes en entrepôt, l'acheteur doit, en dehors du prix convenu, supporter la taxe d'entrée. La *faculté d'entrepôt* [1], d'après notre régime fiscal, est le droit pour une marchandise venant de l'étranger d'être admise en entrepôt dans le port de débarquement ou dans un magasin de l'intérieur, sans avoir à acquitter le tarif de douane. Elle ne sera passible des droits que si elle sort ensuite de l'entrepôt à destination de l'intérieur, pour la consommation.

Ces droits incombent à l'acheteur, en nous plaçant dans l'hypothèse ci-dessus. Au contraire, ils seraient à la charge du vendeur s'il avait traité la marchandise *à l'acquitté*, prenant ainsi l'obligation de la faire sortir de l'entrepôt, livrable à la consommation, franche de douane. Les droits se trouveraient alors compris dans le prix convenu, tandis que dans l'autre cas, ils sont en dehors de ce prix.

La question a son importance, lorsque, dans l'intervalle du marché et de son exécution, le taux des droits vient à être modifié [2].

837. — 2° *Négociation d'un récépissé de magasin général.* — Le précédent exemple excluait la délivrance d'un titre détaché, mais voici que ce titre apparaît.

L'ayant droit a emmagasiné sa marchandise dans des docks. Un certificat de dépôt lui a été remis. Ce certificat est double, mais on est autorisé à en négliger en ce moment la deuxième partie, le *warrant*, pour ne retenir que la première, le *récépissé*. La pièce est négociable, rédigée à ordre.

Le déposant vend sa marchandise à un tiers, il veut en faire livraison. Il lui suffit de négocier le récépissé à son acheteur. A partir de cet instant, l'acheteur est rendu tout à la fois possesseur et propriétaire.

838. — 3° *Négociation d'un connaissement ou d'une lettre de voiture.* — Soit un négociant au compte duquel la marchandise a été chargée sur un navire à destination d'un autre pays. Celle-ci est présentement en mer, faisant la traversée.

[1] Avec la distinction de l'*entrepôt réel* pour les bâtiments de la douane, et de l'*entrepôt fictif* (possible seulement dans les ports) pour les entrepôts particuliers, bénéficiaires d'une fiction qui les fait regarder comme édifices de la douane.

[2] Eventualité qui a chance de se présenter plus souvent dans l'avenir qu'à présent, si l'on doit adopter le projet du *cadenas*, c'est-à-dire de la mise par provision des droits sur le produit, dès que la taxe douanière est proposée. — On traite parfois *à l'acquitté, faculté d'entrepôt*. Le vendeur supporte les droits, mais l'acheteur est maître d'exiger la livraison dans l'entrepôt lui-même, et de déduire alors de son prix le montant de la taxe. Cette déduction porte-t-elle sur le chiffre de l'impôt tel qu'il existait lors de la vente, ou suivant sa quotité au moment de l'exécution? Il faudra consulter l'intention des parties. L'usage varie selon les places (Bordeaux, Marseille).

Le chargeur s'est fait souscrire par le capitaine un *connaissement* à ordre. La cargaison sera délivrée lors du déchargement au porteur de ce connaissement. L'ayant droit primitif à la marchandise en transportera la propriété par la négociation du connaissement.

C'est ce qu'il pourra faire en endossant le titre au destinataire, si c'est pour cause de vente que le chargement lui est expédié. Le destinataire lui-même, recevant le connaissement par paquebot, pourra, avant l'arrivée du navire sur lequel se trouve la cargaison, négocier ce titre à un sous-acheteur, et ainsi de suite [1].

839. — Transport de propriété dans la vente à distance. — En dehors de la circulation d'un titre représentatif des marchandises transportées par terre ou par eau, la question du transfert de propriété dans les ventes de commerce soulève quelque difficulté.

[1] Les mêmes principes paraissaient devoir être suivis pour le *transport par terre*. L'agent de transport délivre à l'expéditeur le double d'une *lettre de voiture*. Dans le trafic des chemins de fer, l'usage du *récépissé* s'est substitué aux lettres de voiture d'autrefois.

Négocier le récépissé, si l'on partait de ce qui vient d'être dit pour le connaissement, cela entraînerait transport de possession et de propriété du colis au nouveau porteur du titre.

La question offre plus d'intérêt, on le comprendra ultérieurement, pour le nantissement que pour la vente. La formation du privilège du gage est absolument subordonnée à la mise du créancier ou d'un tiers convenu en possession de la chose donnée en gage.

Or, est-ce engager une marchandise qu'endosser dès avant son arrivée le récépissé du chemin de fer qui la constate? Nanti du document de transport, le porteur l'est-il par là même aussi du chargement? Des textes du gage et de la commission, qu'on retrouvera dans d'autres chapitres (art. 93, 95 C. com.), semblent favorables à l'affirmative : la lettre de voiture est assimilée au connaissement comme instrument de possession (Voir aussi l'art. 576).

Toutefois, malgré quelques dissidences, cette solution n'est admise que si le document est *à ordre*, transmissible par endossement (ou encore *au porteur*). Or la forme à ordre, courante et usuelle pour le connaissement, devient exceptionnelle dans la lettre de voiture. Les chemins de fer l'excluent même absolument de leurs récépissés.

Le transporteur détient non plus pour le porteur quelconque du titre, mais pour l'expéditeur en tant que *personne dénommée*. La production du récépissé n'est pas exigée pour retirer le chargement à l'arrivée. Celui à qui l'expéditeur ou le destinataire remet le titre n'est pas par cela même habilité à la délivrance de la marchandise. Le chemin de fer continuera à s'en dessaisir aux mains du destinataire désigné.

Les conditions de l'acquisition de la possession juridique cessent donc d'être réalisées par le porteur. A tout le moins faudrait-il qu'il usât de la signification de la cession, notifiée au chemin de fer, comme le veut l'article 1690 C. civ. pour les transports de créance.

C'est ce dont une partie du commerce se plaint. Il demande qu'on donne, par la mise à ordre des récépissés, plus d'agilité au trafic des produits pendant leur manutention par les chemins de fer. Ce vœu n'a pas encore été accueilli.

Lorsque les deux correspondants entre lesquels la vente se traite résident dans *deux localités différentes*, notamment lorsque la mer les sépare, la marchandise est-elle acquise en propriété à l'acheteur *au moment où le vendeur s'en dessaisit*, ou seulement *au moment où elle parvient chez l'acheteur?*

Un négociant du Havre fait une commande de cafés à un producteur de la Martinique. Celui-ci charge les sacs à bord d'un navire en partance pour la France. Le point de savoir si le connaissement délivré par le capitaine a été négocié et transmis par le chargeur à son acheteur du Havre n'est pas indifférent au problème de la translation de propriété, on vient de le voir. Mais il y a encore d'autres considérations juridiques à mettre en jeu.

Pour tout simplifier, il se peut que le connaissement soit à personne dénommée, et que le capitaine doive livrer à celui qui lui est donné comme destinataire, et à nul autre. Va-t-on en conclure que la cargaison est restée propriété du vendeur et le restera pendant toute la durée de la traversée?

Certainement non. On devra scruter l'intention que les parties ont eue en contractant, et se demander la signification par elles donnée à la remise qui serait faite des marchandises à bord.

De là deux hypothèses à distinguer :

840. — *a) Première hypothèse.* — La facture de vente porte que la marchandise est livrable *chez le vendeur lui-même.*

C'est la présomption à laquelle on s'arrêtera en cas de silence gardé dans le contrat. Car, d'après la loi (art. 1247, al. 2 C. civ.), l'exécution d'une obligation doit se faire au domicile du débiteur : celui-ci remet par conséquent la marchandise au lieu où il habite, il n'a pas à la transporter à l'endroit où réside le créancier. La clause *franco à bord* traduirait la même intention.

Il est vrai que le vendeur, en même temps qu'une commande en achat de son correspondant du Havre, a reçu de lui mandat d'affréter un navire et de soigner l'expédition de la marchandise. Mais c'est là le résultat d'une seconde convention. En tant que vendeur, la remise à bord le libère.

Le capitaine (ou le voiturier s'il s'agit d'un transport par terre) a été convenu par les parties pour représenter l'acheteur à la réception. Il joue ce rôle à son insu, ne sachant pas les clauses qui font loi de la vente, ignorant même si c'est une vente que les parties ont conclue. Mais il n'est pas nécessaire qu'il exerce sciemment cet emploi. La marchandise a été spécialisée entre ses mains, comme si l'acheteur était présent, et la délivrance du connaissement vaut reconnaissance que la vente a été exécutée, comme elle procure la preuve d'un affrètement contracté.

841. — *b) Seconde hypothèse.* — Il a été entendu, au contraire, que la marchandise serait livrable au déchargement. Elle est traitée *franco au port de destination.*

Vendue à un négociant de Paris et non plus du Havre, elle sera fréquemment livrable *franco wagon*, ce qui laisse au vendeur la propriété non pas seulement jusqu'au débarcadère, mais jusqu'au transbordement sur chemin de fer constaté par un commissionnaire de l'acheteur, porteur de son connaissement.

842. — Il y a beaucoup d'intérêts pratiques attachés à la solution de cette question.

1) A partir du moment où l'acheteur peut se prévaloir du droit de propriété, il n'a plus à craindre que la faillite du vendeur vienne limiter à un dividende l'exercice de son droit. En cas de livraison à bord, l'acheteur est donc maître de la *revendiquer* à l'encontre des créanciers de son vendeur.

Il ne faut pas cependant assimiler cette situation avec celle où il serait nanti d'un connaissement. La marchandise a été spécialisée, sans doute, mais elle reste aux ordres de l'expéditeur. Celui-ci pourrait en disposer, la reprendre des mains du capitaine. L'agent de transport ne s'est pas constitué détenteur pour le compte du destinataire, il n'y a pas eu acquisition de *possession* par ce dernier.

843. — 2) Un texte mal à propos inséré dans le titre du gage et des commissionnaires, car il relève du droit de la vente, l'art. 100, dispose que « la marchandise sortie du magasin du vendeur ou de l'expéditeur, voyage, s'il n'y a convention contraire, aux *risques et périls* de celui à qui elle appartient. » La loi fait application d'un principe, d'ailleurs discuté en droit civil : *Res perit domino.*

Donc de deux choses l'une. Ou la marchandise est livrable au départ. Elle périt ensuite en mer. Le vendeur n'en est pas moins fondé à réclamer de l'acheteur le prix de la facture. Les évènements survenus après le transport de la propriété du chargement ne sauraient atteindre sa créance. Le risque est pour l'acheteur.

Ou la marchandise est livrable au débarquement. Le naufrage en mer empêche le transport de propriété de s'effectuer, ou il fait arriver à destination une cargaison avariée, atteinte d'un vice redhibitoire, que peut refuser l'acheteur. Corrélativement à cette perte de marchandise, le prix périt également. Le vendeur est privé du droit d'en exercer le recouvrement.

Il est vrai que, dans les deux cas, chacune des deux parties aurait le moyen de remédier à la perte que lui cause l'événement de mer (ou la destruction sur terre, pour un transport par voie ferrée).

Lorsque la perte a été déterminée par une *faute du capitaine* (ou de la Compagnie), celle des deux sur qui retombe le risque aura une action en dommages-intérêts contre l'agent du transport (c'est ce que décide l'art. 100 *in fine*).

Mais il se peut que cette action soit rendue inefficace, par suite de l'insolvabilité du voiturier. Il se peut encore que le voiturier n'ait accepté le transport qu'en stipulant son irresponsabilité, ou, plus simplement, que la perte tienne à des circonstances de *force majeure* exclusives de toute poursuite.

Même dans ces dernières hypothèses, le propriétaire du chargement a la possibilité de ce couvrir contre le risque. Il n'a qu'à faire *assurer* la marchandise. L'expéditeur traitera l'assurance *pour son compte propre*, si le transport de propriété à la teneur du marché de vente est retardé jusqu'au débarquement. Il la traitera *pour son acheteur*, dans le cas contraire. Souvent, dans l'ordre d'expédition qui lui a été adressé, est impliqué le mandat de faire assurer la cargaison « pour compte de qui il appartiendra », et en s'abstenant d'assurer il engagera sa responsabilité.

Mais cela ne prouve pas encore que cette assurance donne à l'intéressé une pleine indemnité. Notamment, pour le cas de règlement d'avaries, les assureurs stipulent dans les polices certaines *franchises*, 10, 20 0/0, qui leur feront déduire une fraction du montant du sinistre. En sorte que l'acheteur, obligé par sa factnre de payer le prix d'achat intégral pour une marchandise qui lui arrive avariée, se contentera d'une indemnité moindre comme règlement de l'assurance.

On voit que le moment, depuis qu'il a été investi de la propriété, est aussi celui à partir duquel il court un danger de perdre soit la chose elle-même, soit le profit des actions en indemnité qui y sont attachées.

844. — 3) Si la marchandise voyage aux risques de son propriétaire, elle voyage aussi *à ses frais*. Autrement dit, dans une vente maritime ou par chemin de fer, le prix de transport n'incombe pas toujours à la même personne.

C'est le vendeur qui le supporte, lorsqu'il y a livraison à l'arrivée; puisqu'il s'est obligé à remettre la marchandise au port de débarquement, franche de toute dépense de route.

C'est l'acheteur qui le supporte, quand la propriété lui est acquise au départ : il doit le subir en dehors et en outre du prix principal du marché (comme aussi il subirait en pareil cas la prime d'assurance). C'est dire indirectement qu'on vend moins cher, lorsqu'on traite livrable à bord, que lorsqu'on déclare le transport de propriété suspendu jusqu'à l'arrivée, car au premier cas on laisse à la charge de l'acquéreur une dépense qu'on lui évite dans le second.

Le principe subit d'ailleurs, par le fait de la convention, des dérogations fréquentes. La vente est modifiée dans ses résultats par la clause *coût, fret, assurance* (clause *caf.*).

On entend sous cette appellation un marché dans lequel le vendeur, moyennant un prix global, déclare défrayer son acheteur du fret et de la prime d'assurance.

On est tenté d'interpréter alors la convention comme une vente où la cargaison est livrable à destination. C'est pourtant le contraire qui est admis. Le vendeur se décharge des risques de route sur son acheteur, et veut à tout événement pouvoir rentrer dans son prix. C'est donc qu'il a livré à bord.

Le fait par lui de porter en décompte sur facture le fret et l'assurance montre bien que telle a été son intention ; ce sont des opérations accessoires qu'il a traitées pour compte, autrement il n'en aurait rien dit. Seulement il fait ce décompte *pour simple mémoire*, il considère ces avances de transport et de prime comme contenues dans le prix même qu'il demande de sa marchandise. L'acheteur a la même somme à débourser que si la propriété lui était acquise à l'arrivée, mais il souffre du risque de mer, car elle lui a été en réalité transmise au départ.

On retrouvera quelques indications plus bas sur les ventes maritimes, quand il sera question des ventes par navire désigné, sujettes à une interprétation très particulière.

845. — *4*) Il y a aussi dans la détermination du lieu et du moment où la marchandise est livrée, au sens juridique du mot, un intérêt de *compétence judiciaire*.

En cas de contestation sur le marché, le tribunal de l'arrondissement où la marchandise est livrée, est compétent pour en connaître (art. 420 C. proc. civ.). Il est compétent, du moins, si c'est dans le même arrondissement que la promesse a été faite, que le contrat a été conclu. Il arrivera donc que tantôt un tribunal de la Martinique et tantôt le tribunal du Havre pourra être saisi de la connaissance du procès. Mais cela commande également la détermination du lieu où la vente s'est formée : ce qui, on le verra, n'est pas sans occasionner, dans les marchés par correspondance, des difficultés sérieuses.

846. — Dispositions spéciales à la vente. — Bien que certains des problèmes agités jusqu'ici n'aient pu trouver leur application pratique que dans le contrat de vente, c'est à l'occasion des principes généraux, gouvernant tous les contrats de commerce sur marchandises, qu'ils ont été présentés. Nous avons parlé du transfert de possession et de propriété mobilière dans les relations commerciales, et nous avons pu constater que, si le commerce avait su imaginer des procédés commodes de tradition, et si les principes du droit civil demandaient à être rapprochés des intentions manifestées par les parties, les principes ordinaires n'en recevaient pas moins leur entière portée juridique. Théoriquement, le droit commercial ne présente, en ces matières, aucune dérogation aux notions ordinaires.

Nous allons maintenant nous enfermer plus spécialement dans la vente, et rechercher en quoi les règles usitées dans le commerce pour ce contrat disposent d'une certaine originalité.

On peut distinguer deux natures de ventes qu'on caractérisera en les appelant, les premières *ventes de spéculation*, et les secondes *ventes de consommation*.

Ce dernier terme n'est pas d'une parfaite justesse. On l'emploie faute d'en trouver un autre mieux approprié. La vente de consommation n'est pas une vente faite à un consommateur, mais une vente portant sur un produit que l'acheteur manutentionnera pour le mettre à façon ou pour le faire servir à l'approvisionnement d'une clientèle[1].

847. — 1° *Ventes de spéculation.* — Elles prennent généralement la forme de marchés à terme. Dans leur pratique courante, elles se traitent auprès des Bourses de marchandises, dites aussi Bourses du commerce.

Celui qui achète à terme sur mars, sur avril, en un type adopté par les règlements de la Bourse, prend une position à la *hausse* et court le risque de voir la marchandise baisser dans l'intervalle. Il ne cherchera pas d'habitude à prendre réception de cette marchandise, car c'est seulement au maintien du cours de sa valeur qu'il prête ses moyens de crédit. Le vendeur fait un calcul inverse du sien.

On se référera à la partie du livre touchant la fonction des Bourses, et l'économie du marché à terme, lorsqu'il a pour objet des titres fiduciaires, afin de compléter ce qui n'est dit à cette place que par simple renvoi à un exposé déjà fait (nos 669 et suiv.).

Depuis la loi du 28 mars 1885, art. 1er, ces ventes sont régulières, sans que l'on puisse invoquer l'*exception de jeu* pour se soustraire à leur

[1] Pour éclairer les matières qui vont suivre, on trouvera un bon guide dans le livre de M. Senn, *Liquidation des marchés à terme en marchandises*, 1888, utile à raison des renseignements copieux qu'il donne sur les usages d'un certain nombre de places. V. aussi Hayem, *Opérations à terme sur marchandises*, 1894, et C. Jannet, *Le capital, la spéculation et la finance au XIXe siècle*, passim.

exécution. On n'y est point recevable, lors même que l'intention des parties aurait été de régler par simple différences. Mais on se rappelle que la jurisprudence des derniers temps a remis l'exception de jeu en vigueur malgré la loi (n° 804). Elle est devenue de nouveau opposable à l'opérateur qui veut se prévaloir du marché, lorsqu'il a su ou dû savoir que la contre-partie faisait une simple opération différentielle[1].

848. — Les ventes en Bourse se trouvent soumises par l'usage du lieu à des conditions qui sont les mêmes pour tous les contrats semblables. Des modèles imprimés, prévoyant les difficultés possibles, contribuent sur un grand nombre de points à assurer leur uniformité. Quelquefois ces conditions ont été arrêtées par une caisse de liquidation, société dont le rôle apparaîtra mieux plus loin et à laquelle l'opérateur doit être affilié.

Celui qui traite le marché le négocie tantôt pour lui-même, tantôt pour une personne étrangère à la Bourse, dont il devient alors le *commissionnaire*, de la même manière qu'un agent de change fait acte de commission pour son donneur d'ordre. On doit faire abstraction dans le présent chapitre de ce rôle de commissionnaire, ainsi que du ministère que des *courtiers* de la place peuvent également prêter à la conclusion de telles affaires. Le droit de la commission et celui du courtage seront étudiés un peu plus tard.

Le marché public du terme se tient à certaines heures du jour : dans les Bourses de coton du Havre, comme dans celles d'Amérique ou d'Angleterre, il se fait un appel (*call*) des offres de vente et d'achat, avec désignation du nom des mois du plus proche au plus éloigné, une offre plus avantageuse annulant les offres précédentes.

Il se traite des marchés à prime, à option ou sur facultés, comme on voit à la Bourse des effets des marchés libres et autres, par antithèse aux marchés fermes.

[1] Une proposition déposée à la Chambre (propos. Rose), demande que ces marchés soient régis par l'art. 1965 C. civ. lorsqu'ils sont fictifs. Dès à présent c'est le sentiment des tribunaux, bien qu'il soit impossible, aussi longtemps que la Cour de cassation n'aura point statué, de présenter cette jurisprudence comme établie.

Cette proposition prétend se réclamer des intérêts de l'agriculture : on dit que les importateurs de blé font la baisse en se portant vendeurs de très fortes quantités, bien que le fait par eux d'être couverts d'une partie de la marchandise semble plutôt leur conseiller la position de haussiers.

Ils amèneraient les acheteurs à capituler, avec la force que leur donnent leurs disponibles qui sont prêts à servir à des livraisons s'ils étaient requis de commencer l'exécution de leurs ventes. Cela intimide le parti de la hausse, qui préfère réaliser. Et de là la chute des cours cherchée contre les cultivateurs indigènes : à la faveur de cette dépression les importateurs se procurent la suite de leurs approvisionnements à bon compte, et gagnent beaucoup plus qu'ils n'avaient perdu sur le disponible. Calculs machiavéliques qui doivent tenir de la légende plus que de la réalité !

Il y a une forte *quotité*, spécifiée par kilogrammes, par boisseaux ou autrement, au-dessous de laquelle la négociation ne peut tomber.

Généralement, la *qualité* de la marchandise traitée n'est déterminée que par à peu près. Le type choisi au Havre pour les cotons est le *low middling*, mais on pourra livrer les qualités intermédiaires entre ce classement et le *good ordinary*, en faisant arbitrer par courtier lors de la livraison, pour régler, d'après l'expertise du lot présenté, la modification à apporter au chiffre du prix.

849. — Dans certaines Bourses, fonctionne une organisation de nature plus précise. C'est le cas auprès de la Bourse de Paris (de la rue du Louvre). Cette Bourse est administrée par un certain nombre d'associations syndicales comprenant les spéculateurs (ou les commissionnaires en spéculation) sur des produits variés : farines douze marques, blé, seigle et avoine, graines, farines et huiles, sucres, alcools, fécules.

Ces associations sont fondées conformément à la loi du 21 mars 1884 sur les syndicats professionnels. Elles sont réunies entre elles par un syndicat général, ainsi que le permet ladite loi.

Chacune de ces chambres a promulgué non seulement des statuts, mais un règlement de marché sur lequel toutes les opérations traitées par les sociétaires à la Bourse doivent se modeler.

A certaines heures du jour se tient le marché pour chaque catégorie de produits. Ne sont admis à y concourir que les membres du syndicat intéressé. L'accès de la salle, si l'on excepte les journalistes, n'est pas donné aux non-associés à moins d'autorisation, ce qui paraît peu d'accord avec la règle que les Bourses sont ouvertes à tous (arr. 27 prairial an X, art. 1er).

Les courtiers eux-mêmes demeurent étrangers à ces négociations : leur chambre syndicale relève seulement la cote, sans pouvoir en fait la contrôler, et lui imprime le caractère officiel. Ceux d'entre eux qui sont assermentés procèdent lors des échéances aux reventes et rachats forcés contre les négociateurs défaillants, aux enchères publiques, dans la rotonde centrale de la Bourse, enceinte accessible à tout venant.

Les courtiers aussi, et sans distinction cette fois entre ceux qui sont assermentés et les autres, peuvent remettre à un commissionnaire ou à un membre de la Bourse les ordres qu'un client leur aurait fait parvenir, et cela moyennant un courtage.

Toujours est-il que les personnes coopérant au marché sont celles-là seules qui font partie de la chambre syndicale intéressée. La chambre élit une *commission du marché* pour interpréter et appliquer le règlement. Cette commission organise elle-même une *commission d'expertise* :

il y a tout un personnel d'agents auxiliaires, notamment des *liquidateurs* dont la fonction apparaîtra plus loin.

Les seuls produits, reconnus aptes à faire l'objet des livraisons, doivent être entreposés dans des magasins généraux agréés par la commission, et suivant des conditions déterminées d'emballage et de poids. Le dépôt dans ces magasins, avec l'estampille de la commission, n'est possible que moyennant une expertise préalable. Le produit présenté est soumis à des épreuves, à des prélèvements d'échantillons, à des examens de laboratoire. Il doit répondre au type qui sert de base au marché, et il faut qu'il puisse justifier de certaines provenances.

850. — On doit s'expliquer sur la manière dont s'exécutent ces marchés de Bourse, lorsque survient l'échéance. Parmi les modes multiples usités sur les différentes places, il est bon d'en signaler deux, qui sont : le *règlement par filières*, et le règlement par une *caisse de liquidation.*

851. — **I. Les filières.** — Dans le *règlement par filières*, d'ailleurs très diversement pratiqué au Havre, à Marseille ou à Paris, et aussi suivant la nature de produit traitée sur une même place, l'association des opérateurs, entre lesquels s'échangent les marchés, ne se charge pas de centraliser les livraisons et les paiements, ainsi que le fait la chambre syndicale des agents de change dans ses liquidations mensuelles ou de quinzaine.

Il appartient à chaque spéculateur de liquider son propre marché envers sa contre-partie. Mais, comme il a vraisemblablement réalisé avec un autre membre de la Bourse la seconde opération, destinée à compléter la première, c'est-à-dire comme il a revendu après avoir acheté la même quotité, ou *vice versa*, le spéculateur ne va pas séparément régler chacun de ces deux marchés en sens contraire.

Il s'attachera à mettre en rapport son vendeur avec son acheteur, qui lui-même le renverra à son propre acheteur; et finalement, par dessus la tête d'un certain nombre d'intermédiaires, le vendeur primitif et l'acheteur de la fin régleront directement l'un avec l'autre.

Pour tous ceux qui se trouveront entre les deux extrêmes, la liquidation se produira au moyen de versement ou de réception de simples différences, sans qu'ils aient à faire de livraison; et pour les deux extrêmes la livraison consistera en un virement de parties sur un registre d'entrepôt plus souvent qu'en une tradition matérielle et effective.

852. — On entend par *filière*, une *pièce émise par le vendeur à terme, lorsqu'arrive l'échéance du marché*, en mars par exemple, *et portant proposition de livrer une quantité déterminée de produits égale à celle* *qu'il a vendue*, avec la reconnaissance de la marchandise par la commission d'expertise et le timbre de l'entrepositaire[1].

Présentée à l'acheteur, cette pièce vaut offre d'exécuter la livraison, et par conséquent demande du prix en retour. Un liquidateur est chargé par le vendeur, en qualité de mandataire et moyennant une rétribution (1 fr. par 100 sacs par exemple), de porter ce document à domicile, sauf le dernier jour du mois, où la présentation se fait à certaines heures au siège même de la commission.

Car il est à noter que, contrairement à la règle admise à la Bourse des valeurs où la liquidation tombe sur des jours fixes, le vendeur sur un mois déterminé a le droit de livrer du premier au dernier jour de ce mois, et de choisir dans cette étendue de temps le moment où il créera sa filière.

Il ne la créera vraisemblablement que s'il tient la tête d'une opération, et non pas s'il a commencé par acheter. Autrement, lançant une filière, il s'exposerait à ce qu'on lui en présentât une autre, ce qui compliquerait inutilement la liquidation, et l'obligerait à un emploi de filières tournantes ou à une soudure à faire entre ces deux filières en cours de marche.

853. — L'acheteur, à qui la filière est présentée, peut l'*arrêter* sur lui. C'est ce qu'il ne fera pas, s'il a revendu. Il donnera alors immédiatement un *endossement*, et inscrira sur le titre le nom de celui à qui il a repassé le marché. Il rédigera en même temps, sur l'acheteur désigné par l'endos, la *facture acquittée* du prix qui lui est dû pour cette seconde opération, et il remettra cette facture au liquidateur avec la filière elle-même.

Si le prix dépasse celui qu'il doit au créateur de la filière, le liquidateur lui paie la différence, agissant ainsi au compte du vendeur originaire et à titre d'avances. Dans le cas contraire, l'acheteur versera l'écart des prix à l'agent du règlement. La filière va donc circuler.

Atteint à son tour par elle, le second acheteur opérera comme le premier. S'il endosse, il retirera des mains du liquidateur la facture établie sur lui, et lui délivrera en échange une facture contre son cessionnaire; et ainsi de suite, jusqu'à ce que le liquidateur, intermédiaire de tous ces règlements, porteur de la pièce revêtue d'endos successifs et d'une facture finale, arrive à un dernier opérateur qui n'a plus d'acheteur derrière lui. La filière sera alors définitivement arrêtée, par une déclaration écrite de ce dernier tenant de la chaîne.

[1] Nous prenons pour exemple ce qui se passe à Paris, sans ignorer que la filière dans les ports ou sur les marchés de l'étranger présente avec ce modèle de notables différences.

Il est donné à l'*arrêteur* un délai de vingt-quatre ou de quarante-huit heures pour payer son prix : ainsi, c'est le *créateur* qui en recouvre le montant. Au moment où on le paie, il doit remettre la marchandise au magasin, ou délivrer au moins un bon de livraison.

Les deux prestations doivent s'exécuter simultanément ; l'acheteur a toutefois le droit d'exiger au préalable une expertise de conservation, afin de vérifier si la marchandise ne s'est pas détériorée en entrepôt, et de suspendre le versement de son prix jusqu'à ce que les experts aient statué.

854. — Ces règlements par filières ont donné lieu à des controverses très délicates, tendant à déterminer la position juridique dans laquelle ils placent les parties les unes au regard des autres. Ce qui a compliqué ces controverses, ce sont la divergence des usages de places, et la rédaction assurément verbeuse, mais flottante, des règlements à l'endroit des filières. Voici deux points notamment sur lesquels ont porté les débats :

855. — 1° Le créateur, une fois la filière arrêtée sur un dernier acheteur, a-t-il contre lui une *action directe*? — On la lui reconnaît, mais non pas du seul fait de l'arrêt de la filière : il faut qu'il y ait eu réception volontaire de la marchandise par l'arrêteur.

Le livreur, en effet, avait le droit d'exiger paiement avant de se dessaisir. Il consent cependant à livrer : il est naturel d'admettre qu'il se soit réservé de réclamer paiement du réceptionnaire, et que celui-ci s'y soit implicitement engagé, dans la mesure non pas du prix primitif, mais de celui qu'il doit à son cédant immédiat.

Il y a eu entre ces deux hommes une prise de contact qui suffit à engendrer un lien d'obligation. Cela a de l'importance : si l'arrêteur commettait l'imprudence de payer à son vendeur direct, il serait forcé de renouveler le paiement au livreur.

Mais le réceptionnaire n'aurait pas, à raison du simple arrêt de la filière, le droit de réclamer la livraison au créateur, à moins d'agir par action oblique, du chef du premier acheteur, dont il est généralement séparé par toute une chaîne d'endosseurs.

856. — 2° Le créateur est exposé, malgré l'arrêt volontaire de la filière par le dernier acheteur, à voir l'arrêteur ne pas prendre livraison, partant ne pas lui régler le prix.

Une procédure d'exécution est instituée par les règlements. Cette procédure rappelle l'exécution en Bourse pratiquée auprès des Bourses de valeurs, à la requête des agents de change (n° 787).

Lorsque le destinataire refuse de prendre livraison, il sera *mis en demeure* par courtier assermenté, avec déclaration que, faute d'exécution, il sera procédé à la Bourse du lendemain, à ses risques et périls et par le ministère de courtier, après affiche au siège de la commission et à la Bourse, à la *revente aux enchères* de la marchandise. Si cette vente laisse un déficit, « l'attestation de ce déficit sera présentée dans un autre délai de vingt-quatre heures, au destinataire directement responsable et tenu au paiement immédiat; et à défaut de paiement par ce dernier, aux cédants successifs, également obligés dans l'ordre ascensionnel des endossements et comme tels tenus, à défaut par le cessionnaire, de le faire à présentation » (passage extrait du règlement du marché des douze marques, de celui des sucres, etc., de la place de Paris).

857. — Il résulte, incidemment, de cette procédure que la résolution de la vente n'exige pas, comme le voudrait le principe général de l'article 1184 C. civ., le prononcé d'un *jugement*.

Mais le droit civil lui-même admet une résolution plus rapide, lorsque l'inexécution consiste dans le *défaut de retirement* de la chose par l'acheteur à l'échéance convenue. L'art. 1657 prononce alors la résolution de plein droit, sans même aucune sommation. Cette disposition est-elle applicable en droit commercial?

Après en avoir douté, par suite d'une déclaration restrictive empruntée aux travaux préparatoires, on répond aujourd'hui par l'affirmative (Req. 11 juillet 1882; Douai, 6 novembre 1895). Et avec raison, car c'est surtout dans les rapports de commerce qu'il importe de donner au vendeur un moyen rapide de réaliser, pour se couvrir contre une progression de la baisse. Ici du moins, l'exécution et la mise au compte du défaillant de la différence des cours sont subordonnés à certaines formalités qui viennent d'être exposées [1].

858. — Voici dès lors la question qui se pose. Le créateur, non intégralement payé de son prix par la vente de la marchandise, a-t-il droit d'*action* pour le découvert, soit contre son *acheteur primitif*, soit

[1] Nous supposons, au texte, que l'acheteur refuse de prendre livraison. Dans les ventes de Bourse, il se peut au contraire que ce soit le vendeur qui se mette en défaut. Si celui-ci laisse passer le dernier jour du mois sans proposer la livraison, l'acheteur peut, après ou sans mise en demeure, suivant que le décideront les usages et les règlements, considérer la vente comme *résolue* à son profit sur le cours du jour accordé comme délai de grâce. Il peut encore, s'il le préfère, faire *racheter*, après affiche à la Bourse, la quantité non livrée, par courtier assermenté, aux frais et risques de son vendeur. C'est ce qu'on appelle le *remplacement*. D'après le droit civil, il faudrait une résolution judiciaire (art. 1184) : la procédure de droit commun est donc simplifiée.

Lorsque ce défaut de livraison proviendra du créateur de la filière, dûment arrêtée chez le destinataire, les règlements de Paris disposent que le procès-verbal du courtier chargé du rachat sera présenté par le liquidateur, au nom de l'arrêteur non livré, au créateur responsable, puis, s'il s'abstient de solder la différence, aux endosseurs successifs, pris dans l'ordre descendant, et comme tels tenus de payer, faute par leurs vendeurs de l'avoir fait. La marche à suivre est inverse de celle qu'il faudrait adopter en cas de défaut de l'acheteur.

contre les *acheteurs suivants* ? Ceux-ci se sont-ils portés garants du paiement par le réceptionnaire ?

Ou bien chaque nouvel endos de la filière a-t-il *nové* la dette de l'endosseur, qui, en transmettant sa facture sur celui qui le suit, a obtenu sa libération immédiate envers le vendeur qui le précède ?

Dans l'exemple d'après lequel nous dissertons, les règlements de Bourse donnent la réponse. Le recours est conservé au profit du vendeur contre tous les endosseurs, et à plus forte raison contre sa contre-partie immédiate, chacun étant tenu d'après le prix de son propre marché. Toutefois le recours doit s'exercer par le bas. Le créateur a le droit d'agir contre son acheteur direct, mais seulement après discussion des cessionnaires successifs, en remontant la filière, à partir du dernier endosseur.

Le problème est moins clair, lorsque les règlements s'abstiennent de statuer. On peut hésiter alors entre deux modes de décomposition des résultats qui seraient produits par la circulation de la filière.

a) Le premier acheteur B. a donné en paiement à A. sa propre créance sur le suivant C., et a reçu quittance de sa dette (une cession de créance n'emporte pas en général garantie de solvabilité du cédé, art. 1694 C. civ.). C. a cédé le prix que lui devait D. et a été également libéré. Il y a eu *novation* au moment de l'échange de chaque facture. Le réceptionnaire seul est tenu (Paris, 23 juin 1885 et 2 juin 1886 : arrêts qui, d'une manière inconséquente, admettent cependant l'engagement du dernier endosseur, avec celui du réceptionnaire).

b) D'après la Cour de cassation (arrêt de la Chambre civile du 25 juillet 1887), le premier acheteur reste obligé envers le vendeur primitif à lui payer le prix convenu. Si le créateur a reçu la facture de celui-ci sur un second acheteur, et s'il lui a remis en échange sa propre facture acquittée, il n'en résulte pas de novation. La novation ne doit point se présumer, et cette remise de facture ne vaut que comme l'*indication d'un tiers chargé de payer* ; l'*acquit* donné sur la facture livrée n'opère qu'une *libération conditionnelle*, subordonnée à l'exécution finale du contrat.

Le réceptionnaire lui-même n'est pas obligé envers le premier vendeur : le lien d'obligation que nous avons reconnu entre ces deux hommes (n° 855 ci-dessus) ne se serait formé que par une prise de livraison volontaire, et cette livraison, par hypothèse, n'a pas eu lieu [1].

[1] Il semble découler de cette interprétation que le vendeur originaire n'a pas d'action contre les acheteurs qui viennent après le sien. Toutefois il aurait intérêt à les poursuivre.

Ex. : Il a vendu pour 1,000 à B.; B. a revendu à C. pour 1,050; C. à D. pour 1,100; le liquidateur a versé, comme avances, afin de recevoir les factures contre C. et contre

859. — II. Caisses de liquidation. — Le règlement des marchés à terme au moyen d'une *caisse de liquidation* repose sur la pensée que les opérateurs à la Bourse ou les agents, commissionnaires ou courtiers, qui les représentent, transportent les marchés à liquider à un être central, véritable personnalité juridique, à laquelle les opérateurs sont adhérents et qui se met en leurs lieu et place.

Lorsque deux spéculateurs se sont mis d'accord, ils remettent à la caisse leurs deux déclarations d'achat et de vente. Ils déposent auprès d'elle une couverture (*original deposit*), calculée sur les chances de fluctuation du cours. Moyennant quoi, la caisse délivre deux bulletins indépendants, par lesquels elle se constitue acheteur pour le vendeur et vendeur pour l'acheteur.

La vente se scinde en deux contrats différents. Tout lien cesse entre les opérateurs, le premier contrat est véritablement nové.

Chacune des parties liquidera directement avec la caisse. Celle-ci qui se trouve couverte par la contre-opération inhérente en quelque sorte à l'opération elle-même, ainsi que par le dépôt de couverture ou de marge. A. n'a plus vendu directement à B., il a vendu à la caisse, qui a revendu au même cours à B.

Lorsque le cours subit un mouvement supérieur à la marge, la caisse est fondée à réclamer, pour cette menace inattendue de découvert, un *deposit* supplémentaire, et à exécuter l'opérateur s'il refuse de le verser (Sur ce point d'ailleurs les règlements des caisses ne sont pas uniformes).

Après que l'opérateur a balancé son premier marché par un marché en sens opposé, il passe de nouveau celui-ci à la caisse, ce qui détermine une compensation et la faculté pour lui de retirer son *deposit*.

La concentration de tous ces marchés, quand vient leur échéance, à la caisse de liquidation, permet de les fondre ensemble et d'en établir

D., 50+100 fr. Il serait peu équitable que ceux qui ont reçu ces avances fussent autorisés à les garder; et c'est maintenant dans une somme non plus de 1,000 fr., mais de 1,150 fr. qu'il s'agit de rentrer. Le vendeur, qui a employé le liquidateur comme mandataire, doit lui rembourser ses avances. Si la marchandise se vend au cours de 900, il se trouve à découvert de 250 francs.

Mettons qu'il soit fondé à réclamer à B. la différence entre 900 et 1,000, soit 100 fr. et en outre les 50 fr. que le liquidateur a avancés à ce même B., c'est encore de 100 fr. qu'il lui est fait tort, et à coup sûr son acheteur immédiat ne lui en est point redevable.

En vertu de quel principe exigera-t-il la restitution de ces 100 fr. de C. qui les a cependant encaissés sans cause, à titre d'acompte sur D. maintenant insolvable? C'est ce que l'on ne saisit pas bien, du moment que l'échange des factures n'a pas, d'après la Cour de cassation, fait acquérir successivement au créateur de la filière les créances que ces factures représentent, sous garantie de leur exécution. Il y a là une situation fort complexe dont le caractère n'est pas entièrement éclairci.

le règlement final sans le secours d'une filière (bien qu'on s'explique la circulation de filières dans lesquelles la caisse serait elle-même créateur, endosseur, ou arrêteur).

Cela rappelle la liquidation centralisée de la chambre syndicale des agents de change, mais avec cette importante différence que la chambre syndicale ne prend pas à son compte les marchés de la corbeille au moment où ils sont négociés, et qu'elle se contente une fois par mois ou par quinzaine de prêter son ministère en fait aux agents, sans s'être substituée à eux.

Ces caisses de liquidation se sont beaucoup développées : on en trouve au Havre, à Roubaix, à Paris et dans quelques autres villes. Elles se constituent de préférence sous la forme de sociétés par actions. Leurs bénéfices consistent dans un droit de courtage (ou dans le versement que leur font d'une partie de leur courtage les courtiers intermédiaires des opérations). Lorsque les actionnaires de la caisse sont les opérateurs eux-mêmes, l'organisation établie répond à une idée de coopération, et rien n'empêchera les statuts de décider que les bénéfices seront distribués à ces opérateurs, à raison du chiffre de marchés qu'ils ont fait inscrire à la caisse pendant l'année.

860. — 2° *Ventes de consommation.* — (On a dit ce que cette expression offrait d'incorrect).

Ces ventes se présentent dans des conditions tellement variées, qu'il est impossible d'en figurer une expression commune à tous les besoins qu'elles se proposent de desservir.

Le négociant importateur à Marseille s'approvisionne en marchandises qu'il commande à Alger, ou à Alexandrie, ou à Bombay, à des correspondants connus. Il recevra ces marchandises dans ses magasins ou dans un entrepôt public, en attendant qu'il lui vienne une proposition d'achat d'un manufacturier ou d'un commerçant, soit en gros, soit en demi-gros.

L'industriel achète une matière première à façonner dans ses usines.

Le grand commerçant vend au marchand tenant magasin; celui-ci vend au client consommateur (lequel alors ne fait pas commerce).

D'après le sens que nous avons donné aux expressions de ce traité, aucune des opérations qui viennent d'être passées en revue ne constitue une opération de « spéculation ».

Toutes ces ventes supposent une offre ou pollicitation du côté de l'une des parties, une acceptation de la part de l'autre, si court que soit l'intervalle de temps entre les deux actes.

Il paraît raisonnable de considérer tout *prix affiché* dans un magasin sur un article de vente, comme emportant pour une personne quelconque, qui manifestera volonté de s'en prévaloir, le droit d'acheter comptant la marchandise au prix indiqué.

861. — Moment de la formation du contrat dans les ventes par correspondance. — Dans les ventes échangées à distance, la question est de rechercher à quel moment et dans quel lieu se forme le contrat. L'offre et l'acceptation cessant d'être concomitantes, on se préoccupe du fait précis qui rend le marché définitif [1].

Un négociant du Havre, qui a reçu des arrivages de café Santos, écrit à Paris pour proposer à une maison de produits alimentaires de lui céder à un prix déterminé une partie de son lot, 1,000 kilos.

Cette *offre* commence par créer, au moment où elle parvient à Paris, une première *obligation* à la charge de son auteur, sans nécessité de réponse. La réponse se sous-entend : ce serait un donné acte de l'offre proposée, un accusé de réception, un fait allant de soi.

Le pollicitant ne peut pas rétracter son offre. Il doit la maintenir, soit pendant le délai qu'il a fixé lui-même par la lettre d'envoi (deux jours, par exemple), soit dans un délai moral suffisant pour laisser à son correspondant le temps de prendre parti. Autrement, il n'en serait pas moins lié par l'ordre de commande parvenant chez lui conforme à l'offre, et, s'il ne l'exécutait pas, devrait payer des dommages-intérêts.

862. — Maintenant l'offre est acceptée dans les délais impartis. Une lettre renfermant cette acceptation part de Paris à destination du Havre.

Le contrat de vente se formera à Paris, si l'on fait dater la conclusion du contrat du moment où l'acheteur a déclaré adhérer à la proposition de marché; car à partir de ce moment il y a deux volontés d'accord pour traiter l'affaire (système de la déclaration).

Il ne se formera qu'au Havre, si l'on retarde l'effet de cette acceptation jusqu'à ce que le vendeur en ait connaissance (système de l'information).

La jurisprudence tend à préférer la première solution. Cela n'est pas très raisonnable; car pour que deux personnes soient prises dans le lien d'un contrat, il convient qu'elles se sachent mutuellement consentantes.

L'acheteur aurait envoyé au Havre un représentant (*nuntius*) pour communiquer au vendeur son adhésion : le contrat ne se serait certainement formé qu'après l'entretien donné au Havre à cet agent. La lettre (*epistola*) était considérée par la tradition comme opérant de la

[1] Cfr. GIRAULT, *Traité des contrats par correspondance*, 1890, et VALÉRY, *Des contrats par correspondance*, 1895.

même manière. La poste est un messager qui, au lieu de s'exprimer de vive voix, apporte le consentement écrit et sous enveloppe close. Ce n'est qu'au moment de la remise de la missive que l'auteur est censé parler à celui qui la reçoit.

Le pouvoir que les règlements administratifs donnent à l'expéditeur d'une lettre de la retirer du bureau d'envoi, moyennant certaines justifications il est vrai rigoureuses, viendrait, s'il en était besoin, justifier cette interprétation.

863. — L'intérêt de la question est engagé aux points de vue suivants :

a) Si le contrat ne se forme qu'à l'arrivée de la lettre, l'expéditeur peut *se rétracter* et transmettre, par un télégramme qui devancera sa correspondance, l'intention de ne pas donner suite au marché. L'opinion généralement admise ne lui donnerait pas cette faculté.

b) En fixant le marché soit au Havre, soit à Paris, on prend en même temps parti sur la *compétence du tribunal* qui connaîtra de la contestation (en dehors du tribunal du domicile du défendeur, lequel est toujours compétent). D'après l'art. 420 C. proc. civ., le procès est du ressort du tribunal de commerce du lieu de la promesse, si ce lieu se confond en l'espèce avec celui de la livraison [1].

864. — La vente à distance peut être conclue non par lettre missive, mais par le ministère d'un correspondant, *commis-voyageur* ou *placier*. Alors encore surgit la question de savoir où et quand le marché est formé.

Lorsque le représentant avait pleins pouvoirs pour accepter les ordres du client, la convention est immédiatement conclue dans les bureaux de ce client.

[1] Cette même controverse se présente naturellement, avec un intérêt moindre, dans les ventes par télégramme ou par téléphone. (Valéry, dans les *Ann. dr. comm.* 1890, p. 95.)

L'emploi du télégraphe peut donner lieu à d'autres sources de procès. Nous parlons du cas d'une erreur commise dans la transmission de la dépêche, qui donnerait par exemple au vendeur avis d'une commande de « dix mille » sacs, quand l'acheteur n'en veut que « mille » : ce dont il peut justifier par la minute de son télégramme conservée au bureau de départ.

En partant de l'idée, peut-être contestable, que l'Administration des télégraphes est le préposé de l'expéditeur de la dépêche, et que tout commettant répond de son préposé (art. 1384 C. civ.), on en conclut que le risque de pareilles erreurs retombe sur l'envoyeur.

Il est toujours prudent, lorsqu'on reçoit un télégramme portant un ordre anormal, d'en demander la confirmation par une seconde dépêche ; d'autant que ce télégramme ne fait pas foi de l'identité du signataire et peut être l'œuvre d'un mystificateur.

Mais il arrive que l'agent intermédiaire n'a le droit de prendre note de la commande qu'à charge d'en référer au patron. Celui-ci peut donc refuser sa confirmation. Si le marché est accepté, s'ensuit-il qu'il se forme à la demeure du patron et au moment où il ratifie ?

Les décisions de la dernière époque ne l'entendent pas ainsi ; même alors, le contrat s'est conclu chez le client. Le représentant a fait acte de gérant d'affaires : la ratification du chef rétroagit au jour où l'ordre a été reçu, la situation est la même que si le commis avait eu dès le premier jour mandat d'engager la maison qu'il représente (Trib. comm. Saint-Etienne, 8 avril 1897).

Il ressort indirectement de là que le client, après avoir donné sa commande, ne serait pas autorisé à changer de volonté, même avant que le patron eût approuvé l'opération. Mais il y a des jugements en sens contraire (Trib. comm. Marseille, 27 octobre 1896).

865. — Nous appellerons *ventes de place*, les ventes d'approvisionnement en gros pratiquées soit directement, soit par un agent, dans la ville où le produit se concentre, dans la ville qui sert de place à ce produit. On achète tantôt en disponible, tantôt à livrer.

866. — **Vente en disponible.** — La *vente en disponible* est une vente entraînant livraison immédiate par le vendeur. Le produit se trouve en entrepôt ou ailleurs, peut-être en cours de déchargement d'un navire ; il est sur les lieux.

L'usage a consacré une faculté au profit de l'acheteur : celle d'*agréer* la marchandise, c'est-à-dire de l'examiner dans un délai de deux ou trois jours, et d'accepter ensuite ou de refuser purement et simplement l'exécution du marché, sans produire aucun motif. A Marseille, ce droit est sous-entendu ; ailleurs, il résulte de la clause *gré* ou *vue dessus*.

Cet usage ne s'est pas étendu aux ventes à livrer ou à terme, dans lesquelles il tournerait à l'abus, car l'acheteur y trouverait un moyen de se dégager du contrat, par suite de la baisse survenue dans les cours.

La faculté d'agréer est un moyen de conjurer les réclamations qui viendraient à se produire plus tard sur la qualité de la marchandise. L'acheteur qui a visité la marchandise ou est présumé l'avoir fait, qui a prélevé un échantillon sur les balles, ne peut plus soutenir après livraison que le produit n'est pas conforme au classement qu'il se proposait d'acheter.

Cette espèce de vente ressemble aux *ventes à l'essai* ou à la *dégustation* (art. 1587 et 1588 civ.), elle est traitée sous condition suspensive. Il va sans dire que si la vente porte non pas sur un lot spécial en son entier, mais sur une quantité au *poids*, au *compte* ou à la *mesure*, la chose vendue ne passe au risque de l'acheteur qu'à partir du moment où l'opération de pesée ou de mesurage aura été faite (art. 1585 C. civ.)[1].

867. — Ventes à livrer. — Par opposition à la vente en disponible, on pratique la *vente à livrer*. Le vendeur devra exécuter à une date ou sur un mois à venir désigné par les parties.

L'échéance est retardée comme dans les ventes à terme, mais le contrat ne se règle plus aux conditions d'une Bourse ni d'après le type uniforme de marchandise qu'ont pu arrêter les statuts ou les usages de cette Bourse.

Si le marché spécifie la qualité et la provenance de la marchandise, le vendeur n'a pas le droit de livrer un produit d'une autre qualité ou origine. L'acheteur pourrait obtenir la résiliation.

Ce pouvoir de résilier reçoit cependant des correctifs. Si le lot livré, sans être absolument de la qualité promise, ne tombe pas jusqu'à la qualité inférieure, désignée sur la place d'un nom différent, et appartenant dès lors à un autre classement, il y aura lieu seulement à une bonification dans le prix. Il se peut même, si les parties ont traité *qualité telle quelle*, que la bonification soit le seul mode de réclamation permis, quand même le vendeur aurait livré un autre classement, en supposant toutefois que le produit reste de nature loyale et marchande.

On ne saurait poser en ces matières de formule absolue. Car, au cas où la vente aurait lieu, qualité *conforme à un échantillon* livré, la tendance des tribunaux est d'accorder la résiliation par cela seul qu'il n'y aurait pas conformité.

Il y a aussi certaines manières de faire, usitées à l'occasion d'*avaries* ou de *différences de contenance*, qui ne reproduiront point le droit écrit; car celui-ci donnerait à l'acheteur le droit de refuser la livraison ou de restituer la marchandise en ne payant pas son prix.

Dans les affaires, la faculté de réduire le prix est souvent la seule que l'usage consacre, la marchandise étant démontrée marchande et de recette. Si l'avarie passe un taux déterminé, 5 ou 6 0/0, le produit est censé n'être plus de qualité marchande. Lorsque le poids livré excède le poids du marché, au lieu de lui rester inférieur, l'acheteur doit non pas diminuer, mais élever son prix en proportion : on a traité sous la clause *environ*.

[1] Pour certains produits, comme la soie, il faut en outre l'expertise du bureau de condition, qui passe les ballots vendus à l'épreuve des fours, afin de voir quel est le poids au sec. C'est ce poids que paiera l'acheteur, avec 11 0/0 d'augmentation sur le prix, porte le tableau annexé à la loi des usages du 13 juin 1886, de manière à ramener le poids de dessication au poids normal de la soie à l'air libre.

De tout cela ressort une particularité de l'*action pour vices cachés* ou rédhibitoires, qui, par suite des détériorations de route, a si fréquemment dans le commerce l'occasion de se produire (art. 1641 et suiv. C. civ.). Cette action, qui doit être exercée dans un bref délai à apprécier par les juges (art. 1647), se limite à une réfaction sur le prix et ne donne pas à l'acheteur, au moins en général, le droit d'obliger son vendeur à reprendre la marchandise.

L'existence de corps étrangers dans le ballot, dans le fût, etc., déterminera une réfaction de ce genre, à moins de convention contraire : il n'est accordé ni dons, ni surdons, ni tolérance, sauf les exceptions portées au tableau de la loi de 1866 (règle huitième, annexée à ladite loi [1]).

868. — Ventes par navire désigné. — Il existe une forme de vente employée dans les ports pour les produits exotiques qui viennent d'un autre continent. — Ce n'est pas une vente à livrer, car le vendeur a pu, dans ce genre de marché, rendre l'acheteur propriétaire dès le moment du contrat ou dans les quelques jours qui suivront. Mais ce transport a lieu à distance, par chargement sur un bâtiment, et l'acheteur ne retirera cette cargaison que lorsqu'elle parviendra à destination, c'est-à-dire dans quelques semaines ou dans quelques mois seulement. Par

[1] Il n'est pas nécessaire que la vérification des avaries ou vices rédhibitoires ait lieu, à peine de déchéance, à l'instant même où l'acheteur est rendu propriétaire de la marchandise, par la tradition qui lui en est faite. C'est ainsi que j'achète des cotons d'Amérique livrables à bord ; je puis encore, en constatant des défauts dans la chose achetée depuis son arrivée et son déchargement, exercer une réclamation utile contre mon vendeur ; je le puis, en prouvant que ces défauts ne proviennent pas du fait du transport, lequel est à mes risques.

Il y a des ports où les modèles de marchés disposent qu'après enlèvement de la marchandise il n'y a plus lieu à aucune réclamation : ce qui ne doit s'entendre que des réclamations autres que celles fondées sur l'absence de qualité, sur une fraude ou même sur un vice absolument inapparent. Ces dernières subsistent dans un délai, qui doit être assez bref pour qu'on ne puisse pas supposer une acceptation définitive. — Nous n'avons pas, en droit français, de délai fixe pour régler ces réclamations d'acheteur à vendeur, comme il existe dans le contrat de transport un délai fixe pour réclamer contre le voiturier (art. 105 C. com.). Le droit allemand, qui statue expressément sur tous ces points, ne détermine pas non plus la durée du délai, tout en voulant qu'il soit très court.

Il n'est pas admissible, la *marchandise* une fois *enlevée*, que la réclamation porte sur une *différence de poids*. Le pesage a eu lieu à la réception, contradictoirement entre les parties ou leurs représentants : au besoin le bulletin d'un peseur juré en fait foi. Dans l'hypothèse « livrable à bord sur navire », le poids constaté par le connaissement du capitaine au départ prouve en faveur du vendeur la conformité de sa livraison à la facture. Lorsque ce poids ne se retrouve plus à l'arrivée, l'action que l'acheteur aura à exercer n'est pas celle de la vente, mais l'action de transport contre le capitaine, en admettant qu'elle soit recevable d'après le contrat d'affrètement.

là ce marché se rapproche des marchés à livrer et se sépare en tout cas des opérations en disponible. — On appelle la vente à laquelle nous venons de faire allusion, *vente maritime*, plus exactement *vente par navire désigné*.

Un importateur (maison de Marseille qui a une agence dans le pays de production) pourrait agréer la proposition de pourvoir un fabricant français de mille balles de coton des Indes, qualité spécifiée, sur mars prochain, livrable franco wagon.

Ce serait une vente fongible ordinaire. L'importateur se couvrirait et ferait sa commande de balles à Bombay, de manière à les recevoir à temps à Marseille pour se livrer. Mais il aurait à supporter le fret et l'assurance.

De plus, si le coton se perd en mer ou s'il arrive en retard, le vendeur ne pourrait pas se prévaloir de la force majeure ni refuser d'exécuter. Il a vendu ferme, et par conséquent, alors même qu'une police d'assurance lui donnerait une indemnité pour cette perte ou pour ce retard, il est exposé à subir dans le règlement d'avarie la déduction des franchises; il faut qu'il se remplace pour exécuter son marché, peut-être à un cours plus élevé, si dans l'intervalle les cotons ont haussé.

Il préfère se soustraire à ces dangers, en vendant *sous la condition de l'heureuse arrivée* d'un navire, qu'il désigne comme étant le bâtiment chargeur de la marchandise.

Le navire est désigné soit par le contrat lui-même, soit par une déclaration postérieure, si le vendeur s'est réservé un délai pour l'indiquer.

La détermination du bâtiment est importante, ainsi que celle de sa situation, de son capitaine, de son itinéraire, de son état de charge, afin de mettre l'acheteur en mesure de calculer ses chances de voir arriver la cargaison à l'époque où il en aura besoin. — D'ailleurs, en ne donnant pas le nom du bâtiment, le vendeur se ferait adresser plus de coton qu'il n'en a vendu; et au cas où l'un des chargements viendrait à périr, il ne manquerait pas, au moyen d'une déclaration subséquente, d'appliquer ce chargement perdu à l'acheteur, ce qui mettrait celui-ci à sa discrétion.

869. — En réalité cette vente est faite sous condition suspensive, (*si navis Massiliam venerit*), et elle entraîne à la charge du vendeur la communication de renseignements loyaux ainsi qu'une obligation d'embarquement à l'époque promise. Ce qui doit nous faire dire :

a) Que la perte de la cargaison dégage bien le vendeur de son engagement de livrer, mais le prive aussi de la faculté de réclamer le prix, les risques étant pour le débiteur en cas de condition suspensive (art. 1182 C. civ.); le vendeur a donc intérêt à assurer le chargement;

b) Que le retard dans l'arrivée du navire est un risque pris par l'acheteur, le vendeur ne s'étant pas porté garant que le bâtiment dût parvenir à destination dans les délais ordinaires ;

c) Que, en cas de déclaration mensongère du vendeur sur l'état du navire, ou faute de l'avoir désigné dans le temps d'usage ou encore faute d'un embarquement à l'époque promise, l'acheteur peut ou bien résilier, ou bien considérer la vente comme ferme, et en ce cas contraindre le vendeur à livrer à tout évènement sur le mois qui aurait correspondu avec celui de l'arrivée. C'est d'après la production du connaissement, confirmé par le visa de la douane du lieu d'embarquement, que s'établissent la date et le montant du chargement.

La clause « coût fret » accompagnera généralement cette espèce de vente et laissera le prix du transport maritime au compte du vendeur.

En résumé, la vente par navire désigné est une *vente conditionnelle, subordonnée à l'arrivée exacte ou tardive du chargement, avec énonciation du navire et de l'époque de la prise en charge*[1].

870. — Terminons le présent chapitre, en exposant quelques-unes des obligations qui incombent tant au vendeur qu'à l'acheteur.

871. — **Obligations du vendeur.** — Le vendeur doit livrer la quantité qu'il a promise (sous les tempéraments dont nous avons déjà parlé).

[1] Lorsque l'acheteur est lui-même un négociant qui se propose de placer cette marchandise en fabrique sans trouver immédiatement preneur, il lui arrive quelquefois de combiner avec son opération maritime un marché à terme de quantités égales, à traiter en Bourse même sur un type qui n'est pas strictement conforme à son acquisition.

Le coton a gagné 5 points au moment où l'importateur s'approvisionne. Celui-ci craint qu'il ne les reperde avant le placement de son achat. Il va donc se couvrir sur mars ou sur avril, de manière à s'assurer le bénéfice du cours actuel. C'est ce qu'il fera au moyen d'un *marché différentiel.*

Il vendra à 54 francs, prix que cote le coton présentement, et sur la base duquel il a fait sa commande d'Amérique.

Si le cours tombe plus tard à 49 francs, l'importateur se rachètera en Bourse, et il réalisera de ce chef un bénéfice de 5 francs. Il reperdra sans doute ces 5 francs dans le placement de sa marchandise, mais sa situation sera ainsi balancée.

Si au contraire le cours s'élève, son rachat en Bourse le laisse en perte. Mais vendant aussi sa cargaison plus cher, à 57 francs par exemple, il se trouvera finalement l'avoir placée sur le cours de 54 francs auquel il avait négocié sa commande américaine. Il aurait pu, n'agissant pas de la sorte, profiter de la hausse; or précisément cet homme a voulu s'abstenir de toute spéculation sur une fluctuation de cote.

On voit de plus en plus les manufacturiers de l'intérieur se protéger, au moyen de la même combinaison, contre la mobilité du cours.— J'ai pris des ordres de pièces de tissus à confectionner dans mon usine et à livrer dans six mois. Naturellement j'ai établi mon revient sur le cours actuel du coton, qui est sujet à revirement. Je ne me couvre

Ici intervient la loi des usages de 1866, pour dissiper certains doutes et pour mettre la volonté tacite des contractants hors de controverse.

1° Tout article, se vendant au poids et non mentionné au tableau, est censé vendu au *poids net* (règle II, la règle I ayant défini le poids brut, le poids net et la tare). Le prix n'est payé que sur la quantité effective de marchandise livrée, sans égard au poids du contenant (toile, fût, barrique, caisse, etc.). — Si j'ai acheté 100 kilos et que ce poids soit bien reconnu en tenant compte de l'enveloppe, c'est-à-dire de la tare, mais tombe à 97, si l'on en fait abstraction, c'est bien sur 97 kilos que se règlera le prix.

2° Il est fait exception à cette règle, seulement pour l'*emballage intérieur* d'une marchandise qui comporte deux emballages superposés d'après l'usage (règle VI), et aussi pour les produits vendus expressément au *poids brut*, ou encore mentionnés dans la suite du tableau comme vendus d'usage de cette manière.

Mais, dans ce dernier cas, la *tare* ne peut pas excéder le maximum toléré sur la place ou énoncé dans le tableau de la loi de 1866 pour chaque sorte de marchandises (règle IV). — Ex. Crins d'Amérique, en balles de toile : 4 0/0, cercles en fer déduits.

De plus, l'acheteur est toujours autorisé à *renoncer à la tare* conventionnelle ou d'usage, et à réclamer le poids net, même en cours de livraison (règle III). Il lui est dû, suivant facture, 100 kilos. Il a droit à

pas en matière première immédiatement. Mais, en regard de mon marché de fabriqués, je fais en Bourse l'opération contraire : j'achète une quantité égale, soit de cotons, soit de filés, à six mois de date. — Plus tard, je me procure le coton à manutentionner dans ma fabrique. Et je liquide alors mon achat en Bourse par une revente, ce qui dégage une différence. — Différence en gain qui compense ma perte sur les cotons manutentionnés, ou différence en perte annihilant alors le profit complémentaire qu'aurait pu me procurer la hausse.

On appelle cette manière de faire un *arbitrage* sur marchandise. L'importateur ou le fabricant *arbitre* son marché maritime ou industriel par une opération de Bourse en sens contraire qui, dans sa pensée, a un caractère nettement différentiel. (On sait que le mot d' « arbitrage » est employé pour qualifier un achat et une vente accomplis simultanément par l'opérateur, soit sur une même valeur prise dans deux Bourses distinctes, soit sur deux valeurs différentes, la rente française et les fonds espagnols par exemple, qui sont l'une en hausse et l'autre en baisse au même moment. L'extension du vocable à un acte destiné à balancer par un marché différentiel une opération sur marchandises contemporaine, n'a dès lors rien que de naturel).

Tout cela est fort bien expliqué dans l'ouvrage de M. Senn (cité plus haut). Et tout cela prouve encore que ce marché à terme, tant décrié, sert à des opérateurs prudents appartenant au monde des affaires sérieuses, non pas pour courir un risque mais bien pour se préserver contre lui. C'est un côté du marché de Bourse qui méritait d'être placé dans son jour.

Maintenant on reste bien un peu perplexe pour conjecturer ce que deviennent en

96 kilos rectifiés à la pesée, toile déduite, et paiera naturellement pour 100 kilos.

3° La marchandise doit être, d'ailleurs, dans tous les cas livrée en état d'emballage, et cet emballage reste la propriété de l'acheteur (règle V).

4° Lorsque le marché est traité par énonciation de *tonnes*, cela s'entend de la tonne métrique de 1,000 kilos, sauf pourtant si les parties ont procédé par tonneaux de mer (par exemple sur marchandises à bord constatées par connaissement). Le tonneau d'affrètement est alors applicable (règle VII), avec la valeur que lui reconnaît le droit maritime et qui varie suivant l'objet de la cargaison (loi du 3 juillet 1861).

872. — A ces dispositions empruntées à la loi de 1866, on peut ajouter encore quelques considérations d'une autre nature.

a) Le vendeur, ayant promis des choses fongibles, subit, ainsi qu'il a été dit plus haut, les risques et pertes antérieures à la livraison et au transfert de propriété. Or il existe un risque particulier, qu'on est tenté de rapporter à un cas de *force majeure*, ce qui déchargerait le vendeur de l'obligation de livrer, lorsque le fait en question serait dûment établi.

C'est le cas d'une vente de fabriqués, à la suite de laquelle une *grève* générale des ouvriers d'usine rendrait impossible pour le vendeur l'exécution en manufacture dans les délais du contrat des articles vendus.

réalité ces marchandises, appliquées par règlement de filière ou autrement à des opérations qui, disons-nous, se liquident par différences. S'il y a un arrêteur, il faut bien qu'il prenne livraison, et quoique ces produits, qu'une organisation défectueuse de la Bourse laisse dépourvus d'un classement précis, soient ou passent pour être de rebut, il faut bien néanmoins que le réceptionnaire en fasse usage et qu'ils entrent dans la consommation.

A cela il y a deux réponses :

1° Il dépend du comité ou des chambres syndicales qui gèrent la Bourse de n'admettre aux livraisons que des produits expertisés et rattachés à un type déterminé, ainsi que cela se fait à la Bourse du commerce de Paris; et alors rien n'empêchera les industriels eux-mêmes de s'approvisionner par le moyen direct des marchés à terme;

2° Le produit, quelque grossier qu'il soit, arbitré par experts avec rabais du prix, trouvera son débouché comme produit de second choix. Cet emploi sera peut-être retardé. L'arrêteur, s'il a spéculé, empruntera en banque contre nantissement de la marchandise, en négociant le bon de livraison à son prêteur de fonds. Il revendra plus tard à terme, lorsque le cours se sera relevé. Il agira de même façon qu'un acheteur qui se fait reporter à la Bourse des effets. Jusqu'à ce que finalement le produit emmagasiné ait son écoulement pour remédier sur la place aux insuffisances temporaires des existants.

Le nombre des opérations à terme dépasse en certains lieux vingt fois la quantité des marchandises réelles. Ce n'est pas du tout la preuve que ces opérations multipliées représentent des jeux ou des paris.

Il ne paraît cependant pas qu'un pareil événement procure au vendeur sa libération. La vente sera résiliée à ses torts ; car l'acheteur n'entre pas dans le détail de savoir si cette marchandise existait déjà en stock lors de la vente, ou comment le vendeur s'y prendra pour se la procurer.

Une pareille justification donne à cette règle rigoureuse son correctif. Lorsque le vendeur est le fabricant lui-même, qui doit livrer des produits à conditionner dans sa propre usine, le marché, d'après la loi, n'est plus une vente ordinaire, mais un *louage d'ouvrage* (art. 1710). Il y a louage, même lorsque la matière doit être fournie par l'auteur du travail (art. 1787 et 1788 ; voir pourtant l'art. 1711).

Or n'est-il pas logique d'admettre que, si le contractant s'est engagé à conditionner dans ses usines les produits indiqués et s'il se trouve hors d'état d'exécuter cet « engagement de faire », à raison d'une désertion de ses ouvriers qui ne lui est pas imputable, il se trouve par là même relevé de l'obligation de livrer? C'est alors l'application de l'idée qu' « il n'y a lieu à aucuns dommages et intérêts, lorsque, par suite d'une force majeure, le débiteur a été empêché de faire ce à quoi il s'est obligé[1] ».

873.— *b*) Une règle d'usage, importante à connaître, c'est que dans le commerce la mise en demeure, qui donne ouverture à des dommages et intérêts, n'a pas besoin de se produire par voie de *sommation d'huissier* (art. 1139 C. civ.). Une *lettre missive* en tiendrait lieu, s'il apparaissait que l'intention de celui qui l'a écrite était d'exiger immédiatement l'exécution. Il pourrait même se faire que la seule *échéance* du terme emportât mise en demeure (*dies interpellat pro homine*), si les parties avaient entendu y attacher pareil effet. — On se rappelle que, dans les marchés à terme en Bourse, l'expiration du mois de livraison produit effectivement ce résultat.

874. — Syndicats de défense des prix. — *c*) Le vendeur a droit au prix stipulé. Mais la détermination des procédés licites, en vue de maintenir ce prix aussi haut que possible, a donné lieu à des débats nourris, qui mettent en jeu les principes fondamentaux de notre organisation économique.

[1] Le point de savoir dans quelle mesure on a le droit d'exciper d'un fait de grève pour ne pas exécuter son engagement, s'est présenté en jurisprudence, tout particulièrement en matière de chargement ou de déchargement de navires. Les ouvriers du port cessent leur service et refusent de se prêter aux ordres des chargeurs ou des consignataires de la cargaison : le capitaine peut-il demander aux intéressés au chargement des dommages et intérêts, à cause du retard à appareiller ou à débarrasser le bâtiment? — A notre connaissance la question n'a pas été résolue par des considérations de principe.

L'art. 419 C. pén. punit, comme contraire à la libre concurrence, l'entente concertée des détenteurs d'une même marchandise, afin de ne pas la vendre ou de ne la vendre qu'à un certain prix. Cette disposition, qui atteint l'accaparement et les *corners* ou *trusts* de Bourse conclus par un syndicat de haussiers, sur produits naturels ou fabriqués, n'a pu, par des circonstances de fait, être appliquée à l'agissement le plus scandaleux dont la génération contemporaine ait été témoin en cet ordre de pression sur les cours (campagne des cuivres poursuivie par la *Société des métaux*, 1888).

Plusieurs de ces *syndicats*, exempts de toute pensée de spéculation, se proposent un but moral, en ce qu'ils s'efforcent de lutter contre la chute des prix, qui proviendrait d'une concurrence sans frein, d'une surproduction et de l'avilissement de la marchandise. Par simple convention, des hommes exerçant des industries similaires, s'engagent à ne pas vendre au-dessous d'un tarif minimum ou au-delà d'une certaine quantité; ils limitent respectivement leur production. C'est ce qu'on appelle les *kartells* en Allemagne.

Les tribunaux comprennent que l'art. 419 C. pén., dans la généralité de son texte, blesserait au vif des intérêts respectables. Ils ont une tendance à ne pas l'appliquer à un concert exempt de toute fraude, du moment que les parties veulent non pas créer une hausse factice, mais atténuer les excès de la concurrence. Toutefois, la légalité en droit privé de pareils engagements est pour le moins fort discutable, et il dépend de chaque adhérent de s'y conformer ou non, sans s'exposer à aucune sanction.

Le seul procédé régulier pour les syndicataires serait de former entre eux une véritable *société commerciale*, à laquelle ils promettraient de livrer leur fabrication, sous des conditions à régler périodiquement par un conseil d'administration. Cette société tiendrait d'autre part les prix vis-à-vis du public.

Mais alors chaque maison, sans perdre positivement son individualité, y porterait une certaine atteinte. Car les bénéfices espérés proviendraient du fait de cette société qui centralise les produits de tous, et c'est sous la forme de dividendes que les toucherait l'industriel, devenu associé [1].

[1] Cfr. Cl. Jannet, *Le capital, la spéculation et la finance*, déjà cité; Babled, *Des syndicats de producteurs;* Brouilhet, *Des ententes entre producteurs;* Percerou, article dans les *Annales de droit commercial*, 1897, p. 271. — Ces deux derniers auteurs signalent une pratique reçue en Amérique. Les organisateurs du syndicat, destiné à réunir plusieurs grandes sociétés anonymes, s'abstiennent d'acheter le nombre d'actions qui leur donnerait la majorité dans chacune d'elles, et qui leur permettrait ainsi par des conseils d'administration de connivence d'arrêter des tarifs communs. Mais ils

875. — Obligations de l'acheteur. Dette du prix. — Cette digression terminée sur les conséquences d'un syndicat formé pour le soutien des cours, il faut signaler les obligations de l'acheteur dans la vente de marchandises. La principale de ces obligations consiste à *payer le prix*.

1° S'ils sont plusieurs acheteurs, le vendeur peut réclamer la totalité du prix à l'un d'entre eux, à sa convenance. Autrement dit, la *solidarité*, qui en droit civil doit être expressément stipulée (art. 1202 C. civ.), se présume au contraire en matière commerciale. L'usage est en ce sens.

Il régit tous les contrats, et notamment le cautionnement : la caution commerciale est solidaire, elle a renoncé aux bénéfices de discussion ou de division. C'est l'extension du principe qui gouverne les associés en nom collectif.

Cet usage s'est introduit depuis longtemps par une considération de crédit : la confiance témoignée par le créancier est motivée par la garantie que lui procurent les poursuites solidaires.

2° Les *intérêts moratoires* (au taux de 6 0/0) sont dus par l'acheteur, non pas à partir de la demande en justice (art. 1153 C. civ.), non pas même depuis la sommation de payer son prix (art. 1652), mais du jour de l'envoi d'une lettre recommandée, peut-être d'une lettre ordinaire, peut-être du *jour* même *du terme*. L'usage de la place sera déterminant (voir, plus haut, des usages de même nature pour régler la mise en demeure du vendeur, n° 874).

3° L'acheteur (à moins d'être consommateur) ne traite pas d'ordinaire au comptant. Il a acheté à *crédit*. Excepté dans les marchés de spéculation où les deux prestations sont contemporaines et liées l'une à l'autre, le vendeur fait foi à l'acheteur pour le prix. Il n'est pas recevable à user du *droit de rétention* de l'art. 1612 C. civ. Si, postérieurement à la livraison, l'acheteur tombe au-dessous de ses affaires, le vendeur est-il régi par la *loi du concours* et vient-il au marc le franc ? Oui. C'est ce qu'on verra dans l'étude des faillites.

La durée de ce crédit, donné par le contrat ou par l'usage à l'acheteur, varie selon les places ou les industries. Il est ordinairement de *quatre-vingt-dix* ou *cent-vingt jours* depuis la livraison, délai dans lequel il a la chance de revendre à son tour et de trouver les fonds.

arrivent au même résultat par la voie suivante : on détache du profit pécuniaire de l'action qui reste à l'actionnaire, le droit de vote. Ce droit est acheté par les organisateurs; ceux-ci peuplent par là les assemblées générales et mènent de front la direction combinée de toutes ces sociétés. En France, il n'est pas permis de démembrer une action, de manière à déléguer à un tiers, par une opération ferme et irrévocable, le droit d'administration sans lui transmettre le titre lui-même.

La *lettre de change* intervient comme le mode normal de rentrée dans la somme due. Le vendeur fait *traite* sur son acheteur et l'échéance de cette traite concorde avec celle de la dette du prix (voir la quatrième partie).

Toutes ces propositions se tiennent. Le paiement est dû, non plus comme en droit civil, au lieu de la livraison (art. 1651), mais au *domicile de l'acheteur* lui-même, à moins qu'il n'en ait été autrement convenu. Le prix est quérable chez le débiteur, il n'est pas portable (art. 1247 al. 2).

Cependant la facture stipule parfois que la somme sera payable chez le créancier. Cela a de l'importance, quand les deux parties habitent deux Etats ayant un système monétaire différent; car du lieu de paiement dépend la nature de la monnaie que recevra le créancier. Le moyen de règlement le plus usuel réside dans l'envoi d'une lettre de change ou *remise* par l'acheteur au vendeur, payable sur la place de ce dernier.

En tous cas, le lieu du paiement est attributif de juridiction au tribunal de commerce de l'arrondissement pour les procès auxquels la vente donnerait lieu (art. 420 C. proc. civ.).

Lorsque les parties ont adopté un lieu de paiement autre que le domicile de l'acheteur, le fait par le vendeur impayé d'émettre une lettre de change sur ce domicile constitue pour lui une ressource subsidiaire. Il n'implique pas de sa part renonciation au bénéfice de la clause de la facture. Si la lettre de change est ensuite protestée, le vendeur conservera le droit d'exiger le paiement au domicile du contrat et de saisir du procès le tribunal de ce domicile.

4° L'observation du délai conventionnel ou d'usage, donné pour le paiement, n'est pas obligatoire pour l'acheteur. Celui-ci (en dehors d'une acceptation donnée sur lettre de change) peut *devancer le terme* du règlement, convertir même ce terme en comptant.

A cette faculté s'en ajoute une autre : le droit de déduire alors du montant du prix un *escompte* pour prompt paiement. Le vendeur doit lui bonifier l'intérêt de la somme pour le temps dont l'acheteur anticipe. Il n'est pas possible d'établir uniformément le montant de cette retenue pour toutes les sortes de commerce et pour toute la France. Le chiffre de l'escompte change d'après la durée du délai total et d'après le taux de l'intérêt de l'argent. On s'est mis cependant d'accord en 1866 afin d'en déterminer la quotité pour les ventes de produits non manufacturés dans les ports maritimes : elle est de 2 0/0, au comptant, et lorsque le vendeur consent à convertir tout ou partie de l'escompte en terme, l'escompte se règle à raison de 0.50 0/0 par mois (règle IX).

876. — Preuve de la vente. Facture. — Quels sont les modes de preuve de la vente ?

Ce contrat, comme les autres contrats de commerce, peut s'établir par les livres, par la correspondance, ainsi que par la preuve testimoniale. Il donne lieu le plus souvent à la confection d'une pièce en forme de bordereau, dénommée *facture*. La « facture acceptée » sert, d'après l'art. 109, à justifier des conditions de la vente. Adressée autrefois par le vendeur, en double original, elle était approuvée sur l'un des doubles par l'acheteur qui le renvoyait à son correspondant. Le deuxième double a disparu, l'acheteur accepte par cela même qu'il s'abstient de protester, et le copie de lettre du vendeur témoigne de l'expédition de la pièce ainsi que de sa teneur.

La facture énonce les diverses clauses du marché, notamment la qualité et le quantum de la marchandise, le mode d'envoi, le lieu et le temps de la livraison, les conditions concernant le règlement du prix.

Le titre pourrait être à ordre ou au porteur, mais il n'affecte que très exceptionnellement cette forme (1).

CHAPITRE II

DU GAGE COMMERCIAL

(C. civ. III, 17, art. 2071 à 2084 ; C. com. I, 6, art. 91 à 93, l. 23 mai 1863)

—

877. — Le *gage* ou *nantissement* est un *acte* accessoire à une opération de crédit (généralement à un prêt d'argent), *par lequel le créancier*

[1] Il y a beaucoup de questions, se rapportant aux ventes de marchandises, que nous sommes obligés de passer sous silence. Plusieurs d'entre elles sont étrangères aux obligations que la vente engendre entre les parties contractantes, et dépendent de l'étude de la *concurrence déloyale*. — Ainsi, peut-on vendre des marchandises en les proposant à un rabais simulé, sous prétexte qu'on se les est procurés d'une maison en liquidation, ou qu'on est en liquidation soi-même, quand il n'en est rien? (Il y a des Etats, comme l'Autriche, qui ont établi des lois pour prévenir de telles manœuvres). — Ou bien, en envisageant les droits d'un acheteur, celui-ci peut-il mettre en vente à son tour l'objet de son acquisition, en le proposant au public au-dessous de son prix de revient, et cela pour amorcer la clientèle sur un article bon marché? — L'acheteur peut-il encore agir par ordre d'une maison concurrente du vendeur, et commander un article de mode en fabrique avant l'ouverture d'une saison, afin que le concurrent possède le modèle et le copie, de manière à placer sur le marché le même article? — Si ces divers agissements sont contraires à la loi (et l'on sait que l'industrie des confections de Paris se plaint notamment de l'emploi du dernier), ce sont les concurrents lésés qui exerceront l'action née de l'art. 1382 C. civ. contre l'auteur de l'indélicatesse ; mais entre vendeur et acheteur, la vente reste obligatoire.

reçoit du débiteur ou d'un tiers un effet mobilier, qui répondra envers lui de l'exécution de l'engagement principal[1].

Si le créancier consent à suivre la foi du débiteur, il ne prend aucune sûreté et accepte la condition de créancier chirographaire. Autrement, il stipule à son profit une garantie réelle, et cette garantie est une *hypothèque* (plus rarement une antichrèse) lorsqu'elle porte sur un immeuble, elle devient un *gage* lorsqu'elle porte sur un meuble.

878. — Le gage forme un *contrat* (synallagmatique imparfait), en ce qu'il est la source d'obligations à la charge du créancier qui le reçoit. Il s'oblige à administrer le gage, à le conserver, à n'en pas abuser, à le restituer après l'échéance s'il est remboursé à cette date, ou à rendre l'excédant du prix de réalisation sur le montant de sa créance s'il a été amené à le vendre.

Mais le gage est surtout productif d'un *droit réel* au profit du titulaire, droit dans lequel il est permis de voir un démembrement de la propriété mobilière.

Ce droit est subordonné, on le verra, à une prise de possession par le créancier. Jusqu'à la prise de possession, le créancier n'est pas armé de sa garantie; il n'y a eu encore en réalité qu'une promesse de gage, conférant au créancier le droit d'exiger que la garantie soit constituée, c'est-à-dire qu'il soit mis en possession. C'est ce qui fait dire que le gage proprement dit se forme *re*, par la livraison de la chose.

Le droit réel acquis au créancier est même de nature double. Il consiste d'une part dans une *faculté de rétention*, d'autre part dans un *privilège*.

879. — *Droit de rétention* (art. 2082, al. 1, C. civ.). Le créancier est fondé à conserver la chose par devers lui, aussi longtemps que sa créance ne lui est point payée. C'est une position toute défensive, opposable d'ailleurs aux ayants-cause du constituant (créanciers ou acheteurs) comme au constituant lui-même, mais qui à elle seule ne lui conférerait pas le pouvoir de vendre et de s'attribuer le prix.

Même, ce droit de rétention couvre implicitement toute nouvelle dette qui serait contractée par le même débiteur postérieurement à la mise en gage et qui viendrait à échéance avant le paiement de la première (art. 2082, al. 2).

Cette faculté de rétention, comme aussi du reste le privilège, a un

[1] L'art. 411 C. pén. punit d'amende et d'emprisonnement l'ouverture sans autorisation légale d'une maison de prêts sur gage. Sur l'étendue d'application de ce texte, qui, d'après une doctrine, laisserait libres les établissements de prêts sur nantissement faisant des avances aux commerçants sérieux, cfr. Crim. 2 janv. 1890 (solution très dure de cet arrêt).

caractère indivisible : *est totum in toto et totum in qualibet parte.* Quand même il aurait été versé des acomptes sur la dette, le gage tout entier répond du paiement du solde.

Si le créancier se dessaisit bénévolement du gage, il perd sa garantie. Lorsqu'il en est dépouillé contre sa volonté, il dispose pour le reprendre d'une action réelle, comparable à la revendication, contre le détenteur sans droit. Cette action toutefois ne serait pas recevable contre un détenteur de bonne foi, sauf au cas de perte ou de vol, et alors pendant trois ans seulement (arg. art. 2279 et 2280).

880. — *Privilège* (art. 2102, 2°). Le créancier, non payé à l'échéance, a en outre le droit de provoquer la vente aux enchères de l'objet engagé et de s'appliquer le prix par préférence aux autres créanciers du constituant. A la différence des autres privilèges, qualifiés *légaux*, parce qu'ils dérivent exclusivement de causes déterminées de créances, (louage, transport, etc.), le privilège ici est dit *conventionnel*, parce qu'il peut être attaché par les parties à une créance d'origine quelconque, tout en étant le plus communément constitué à l'occasion d'un prêt.

881. — **Gage civil et commercial.** — Le gage est tantôt civil, tantôt commercial ; sa nature à cet égard dépend non de l'objet sur lequel il porte, mais de la nature de l'obligation principale elle-même (art. 91, al. 1 *init.* C. com.).

Lorsque l'*obligation forme un acte de commerce* du côté du débiteur, le *gage* a le caractère *commercial*. Il continue d'en être ainsi, là même où le nantissement serait constitué par une personne ne faisant point commerce, en supposant que le principal obligé soit tenu commercialement. — Ex. : Un négociant, qui se fait ouvrir un crédit en banque, obtient d'un ami qu'il réponde de sa dette en engageant des titres ou d'autres meubles, même usagés.

Au contraire, lorsque *le débiteur s'oblige civilement*, le *gage* accessoire à cette dette est également *civil* : peu importe que le créancier bénéficiaire du gage soit ou non commerçant (banquier).

La distinction du gage commercial et du gage civil n'était point faite par les Codes civil et de commerce de 1804 et de 1807. Elle date de la loi du 23 mai 1863, pour laquelle on a ouvert une place aux art. 91 à 93 du Code de commerce, en introduisant une première section *du gage* dans l'ancien titre sixième *des commissionnaires*, et en ramassant dans les articles suivants le contenu des articles 91 à 93 primitifs.

882. — Cette unité de la théorie du gage imposait avant 1863 dans les matières commerciales l'observation des règles édictées pour le nantissement civil. Elle offrait aux négociants des inconvénients considérables.

Ces inconvénients se produisaient, tant pour constituer le gage que pour le réaliser.

A. *Pour constituer le gage.* En effet, le privilège issu du gage ne pouvait s'établir, lorsque la créance excédait cent cinquante francs, que moyennant la rédaction d'un *acte* public ou sous seing privé, dûment *enregistré*, constatant la somme due ainsi que l'espèce et la nature des choses mises en gage (art. 2074 C. civ.). Sans préjudice de la condition de la *mise en possession.* — Si le nantissement portait sur une créance, il fallait en outre que l'acte de nantissement fût *signifié* au débiteur de cette créance donnée en gage (art. 2075).

On avait bien essayé de prétendre que la règle commerciale de l'article 109, qui déclare recevable la preuve par témoins, même au-dessus de cent cinquante francs (voir aussi l'article 1341, al. 2 C. civ.), devait affranchir le gage en matière de commerce de la formalité d'un écrit, telle qu'elle est édictée par l'article 2074.

Mais cette opinion n'avait point prévalu. L'acte écrit n'était pas exigé seulement *ad probationem* pour la constatation du privilège, il ne pouvait être remplacé par l'aveu ou par le serment. La prescription était d'ordre substantiel, et ne dérivait pas de l'exclusion de la preuve testimoniale voulue par l'art. 1341. La solennité instituée pour le gage devait donc, faute d'un texte dérogatoire, s'étendre du droit commun au droit commercial, et c'est bien ce que décidait indirectement un renvoi aux dispositions du Code civil, fait en matière de nantissement par certain texte de l'époque, qui était relatif au privilège du commissionnaire (ancien art. 95).

Or les négociants, lorsque leurs affaires sont en souffrance, doivent pouvoir affecter des marchandises ou des valeurs de portefeuille à des engagements qui leur procureront les capitaux d'assistance. Ils doivent pouvoir le faire, sans être liés par des formalités gênantes ou dispendieuses. Ils se plaignaient de cette assimilation des deux espèces de gage, qui rendait pour eux l'emploi du nantissement trop compliqué[1].

B. Inconvénients aussi *pour réaliser le gage.* Le créancier, faute de paiement à l'échéance, ne pouvait obtenir la liquidation du nantissement que moyennant une autorisation du tribunal. Toute clause lui permettant de s'approprier le gage ou de simplifier les formalités prescrites était un pacte commissoire, prohibé et sans effet.

Le créancier pouvait d'ailleurs demander à la justice soit que le gage lui demeurât en paiement à due concurrence, soit qu'il fût vendu aux enchères (art. 2078 C. civ.).

[1] Cependant une loi du 8 sept. 1830 avait abaissé au droit fixe de deux francs les enregistrements des actes de prêts sur dépôt ou consignation de marchandises ou valeurs, dans le cas de l'art. 95 C. com.

Ce préliminaire d'un jugement, exigé là même où le gage avait été constitué par acte notarié, causait une gêne particulièrement sensible sur un marché, où les cours ont de rapides revirements et où la crainte d'une baisse impose aux gens soucieux de se couvrir une réalisation immédiate.

883. — Les réclamations des commerçants contre le maintien de ce régime tenaient encore à un autre motif.

Le Code civil ne parlait que du gage sur *effets corporels*, d'une part (art. 2074), et du gage sur *créances civiles* cessibles par voie de notification, de l'autre (art. 2075).

Or il y a des valeurs intermédiaires : tous les *titres négociables*, au porteur, nominatifs ou à ordre, pour lesquels les formes de nantissement restaient problématiques. Ce sont ces valeurs, surtout les rentes, actions ou obligations, que leur facilité de circulation et leur cote en Bourse rendent, semble-t-il, le mieux aptes à la mise en gage ; et on ne savait pas cependant comment cette mise en gage devait s'opérer.

D'où, l'habitude prise en pratique de colorer le nantissement des dehors d'une négociation en toute propriété (par transfert ordinaire), avec contre-lettres contenant promesse du créancier de rendre le titre à l'échéance contre remboursement. Cette négociation était passible des droits de mutation. Elle laissait en outre le débiteur désarmé en face d'un abus de confiance, d'une vente amiable du titre par le créancier, présumé propriétaire au regard des tiers.

884. — C'est à raison de ces différentes imperfections qu'a été votée la *loi du 23 mai 1863*. Cette loi a dérogé, dans un esprit de faveur, aux règles civiles pour le gage commercial ; elle a généralisé un système que déjà précédemment la loi du 28 mai 1858, à étudier dans notre quatrième partie, avait appliqué au nantissement de marchandises déposées dans les magasins généraux.

Notre sujet se distribue naturellement en deux parties : 1° règles de constitution ; 2° règles de réalisation du gage commercial.

§ 1. Règles de constitution

885. — Les prescriptions touchant la création du gage se décomposent en *prescriptions de forme* — rendues par la loi de 1863 plus simples qu'autrefois — et en une *mise en possession* qui est bien une prescription substantielle et de fond. Il faut les examiner successivement.

886. — I. **Prescriptions de forme.** — En tant que formes à suivre pour donner régulièrement naissance à un nantissement, la loi nouvelle s'est pénétrée de la pensée suivante : « Il faut et il suffit que les prescriptions du gage commercial concordent avec celles établies pour la vente commerciale ».

Telles sont les facilités offertes pour prouver la cession de choses mobilières dans le commerce, telles seront aussi, ni plus ni moins, celles qui seront données pour justifier d'un gage de ces mêmes objets. Ni plus ni moins, toute réserve faite en ce qui touche le transport de possession, qui continuera à tenir dans le gage une place qu'il n'a pas au même degré dans la vente.

Cette symétrie cherchée entre la *vente* et le *gage* devait procurer au nantissement commercial la possibilité de s'établir par tous moyens, de se démontrer par toutes preuves. Le droit du commerce laisse, en effet, pleine latitude aux parties pour user de la preuve testimoniale ou des présomptions de fait.

Mais encore cela n'est-il vrai que pour le gage portant sur les meubles corporels : il était impossible, pour les autres meubles, de se débarrasser des formes auxquelles leur cession en propriété elle-même se trouve assujettie. Ces formes se retrouveront donc nécessairement dans le nantissement.

L'art. 91 signale quatre natures d'objets mobiliers : les *meubles corporels*, visés par la règle générale du commencement du texte ; les *valeurs à ordre* ; les *valeurs nominatives* sujettes à transfert ; les *créances* cessibles *jure civili*. Nous classerons ces dernières aussitôt après les meubles corporels[1].

887. — 1° *Meubles corporels* (marchandises ou meubles meublants). — Dans le gage commercial, la confection d'un acte à enregistrer devient superflue, même au-dessus de cent cinquante francs. Le gage s'établira par correspondance ou *verbalement*. S'il vient à être contesté, le créancier pourra en prouver la formation par témoins (article 91, al. 1er).

Le fait que le titulaire est, qu'il doit être en possession, lui donne déjà une certaine force, en laissant présumer la légitimité de cette possession jusqu'à ce que l'adversaire, un créancier chirographaire par exemple, établisse contre lui que sa détention est précaire ou sans droit. A supposer la possession équivoque, le créancier en fera tomber le caractère suspect, moyennant une enquête judiciaire établissant que

[1] L'unité du sujet nous oblige ici à faire marcher de front toutes les valeurs mobilières, corporelles ou incorporelles, bien qu'une méthode stricte nous eût plutôt forcés de limiter ce chapitre au gage en marchandises. Cfr. pour les questions qui vont suivre : CERBAN, *Etude critique sur les conditions de constitution en gage des choses incorporelles*, Paris, 1897.

c'est bien à titre de gage qu'il a reçu la chose. Autrefois il fallait un acte enregistré (art. 2074). L'acte enregistré n'est plus requis que pour le nantissement civil [1].

On a fait remarquer que ce mode de preuve, reposant sur des dépositions de témoins ou sur des pièces de correspondance qui sont dépourvues de date certaine, offrait des tentations de fraude. Les nantissements sont fréquents à la veille d'une faillite. Or, ils ne peuvent plus être à cette époque tous reconnus valables : ceux extorqués par des créanciers qui voient venir le dépôt du bilan ne méritent pas d'être maintenus. C'est pourquoi la loi des faillites ouvre une période suspecte et permet sous certaines conditions d'attaquer les actes du failli conclus dans cette période (art. 446, 447 C. com.). — N'est-il pas à craindre que des complaisances de témoins ou des lettres antidatées fassent remonter ainsi un gage de la dernière heure à une époque plus ancienne, où il prend alors d'une manière factice date régulière? N'est-il pas à craindre, d'autre part, que, faute d'identification certaine du gage, les parties ne substituent au dernier moment un objet de nantissement plus précieux à l'ancien, de manière à commettre un détournement aux dépens de la masse chirographaire?

Avant 1863 ces manœuvres n'étaient point praticables; l'acte de nantissement était enregistré et devait inventorier les objets donnés en gage. Actuellement, au contraire, elles ont assez peu de chance d'être démasquées.

La mise en gage de marchandises n'a guère lieu dans le commerce que pour les produits en cours de voyage ou en entrepôt, par consé-

[1] C'est le créancier qui, dans la doctrine de cet art. 2074, se fait délivrer l'acte constitutif du gage; il est signé en conséquence par le constituant ou débiteur. Si le débiteur veut avoir de son côté un titre pour pouvoir retirer le gage après l'échéance, il fera souscrire au créancier un autre acte écrit qui n'est plus exigé, lui, *ad solennitatem*, mais pour les besoins éventuels de la preuve, et qu'on pourrait suppléer par l'aveu ou par le serment. Ces observations n'ont plus rien à voir aujourd'hui avec le droit commercial. — D'ailleurs cette question des pièces respectives, dont chaque partie doit se munir envers l'autre, est vis-à-vis d'un débiteur civil plus compliquée qu'il n'y paraît. Le créancier a fait un prêt, et il lui faut un titre de nature à établir son droit au remboursement. Le document en question pourra se confondre avec le titre constitutif du gage, il portera alors engagement de l'emprunteur de rembourser à la date convenue. Il semble bien que cet acte, selon le régime des preuves de droit commun, doive porter le *bon* ou *approuvé* du débiteur, lorsqu'il n'était pas écrit de sa main (art. 1326). — La Cour de cassation ne l'entend pas ainsi. D'après elle, l'avance sur gage constitue une sorte de contrat synallagmatique parfait, donnant naissance à deux obligations distinctes et principales : celle de l'emprunteur de rendre la somme prêtée, et celle du prêteur de restituer le nantissement. Cet acte, en dehors des applications commerciales, doit bien être rédigé en deux doubles (art. 1325), mais sans être assujetti à la formalité du *bon* ou *approuvé* (Civ. cass. 8 mars 1887, et note de M. Lyon-Caen, sous *Sirey*, 1890, 1, 257).

quent sous la forme de la négociation du titre de route ou sous celle du warrantage. Autrement l'encombrement, que cause pour le créancier une prise de possession directe, le détourne du nantissement.

888. — 2° *Créances cessibles « jure civili ».* — Pour transmettre une créance non négociable, il y a une formalité qui continue dans le commerce à être imposée : c'est la notification de la cession au débiteur cédé (art. 1690). La loi la demande pour rendre la cession parfaite au regard des tiers. C'est une règle de publicité. Le droit commercial ne pouvait s'en affranchir : il fallait bien informer le débiteur de la créance cédée que le cédant n'avait plus pouvoir d'en toucher le montant.

Partant, il en va de même dans le gage : le nantissement d'une créance dans le commerce est sans doute exempté de la rédaction d'un acte enregistré; mais il doit, à peine d'inexistence du privilège, être l'objet d'une *signification* au débiteur de la dite créance (art. 91, al. 4). A partir de ce moment, la créance impignorée est rendue indisponible, il n'appartient plus à celui qui en est redevable de se libérer entre les mains de son créancier, au détriment des droits du gagiste. Aussi longtemps que la signification est retardée, la créance engagée n'est pas sous la main du gagiste [1].

Le gagiste n'a du reste pas la faculté de toucher de son autorité le capital de cette créance qui est affectée à son droit. Il faut qu'il y soit habilité par un jugement. Il en serait différemment si le gage consistait dans un effet de commerce (art. 91, al. 5, voir plus bas). — Au contraire, le gagiste pourrait, sans formalité et sans autorisation, toucher les intérêts de la créance impignorée, et imputer ces intérêts sur ceux qui peuvent lui être dus, ou à défaut sur le capital même de la dette (art. 2081 C. civ.).

889. — 3° *Valeurs à ordre, négociables par endossement* (effets de commerce). — De même que ces créances se transmettent au moyen d'une énonciation du nouveau porteur au dos du titre, sans signification au cédé, de même elles se constitueront en gage par la vertu d'un *endossement*. Cet endossement renfermera la mention que le titre est acquis à un créancier gagiste, valeur *en nantissement*, par exemple. Le porteur n'a pas qualité pour négocier l'effet à l'amiable, mais il a le droit d'en recevoir le paiement.

[1] On se demande, en droit civil, si la signification du gage par huissier au débiteur de la créance engagée comporte, ou non, un équivalent dans l'acceptation en forme authentique du gage par ce même débiteur. Cette assimilation n'est pas faite par la lettre de l'art. 2075, mais elle est rendue vraisemblable par le rapprochement de la cession et du gage : or l'acceptation authentique d'une cession est productive des mêmes effets que la signification (art. 1690).

Ces endossements de garantie sont extrêmement rares : lorsqu'on veut affecter une lettre de change au remboursement d'une obligation, on l'endosse en toute propriété, par voie de dation en paiement; c'est une manière d'agir plus simple et consacrée par les habitudes.

890. — 4° *Valeurs nominatives, négociables par transfert* (actions, obligations, rentes sur l'Etat). — Une forme nouvelle de mise en gage de ces valeurs est instituée : le *transfert à titre de garantie*[1].

La loi, dans l'organisation symétrique de la cession et du gage, continue à suivre une rigoureuse méthode. Ces valeurs se négocient par un « transfert de propriété » transcrit sur les registres de la société ou de l'établissement émetteur. Donc elles pourront être engagées au moyen d'un « transfert de nantissement », spécifiant que le créancier ne sera fondé à vendre qu'à l'échéance et suivant les formes requises (voir précédemment s'il peut concourir aux assemblées générales, n° 562) (art. 91, al. 3).

Ce sont, warrants exceptés, les avances sur titres de cette nature (plus souvent au porteur que nominatifs, il est vrai) qui représentent l'emploi le plus fréquent du gage sur le marché des capitaux. Elles constituent pour les grands établissements de crédit un facteur important de leur chiffre d'affaires. Au 30 septembre 1897, la Banque de France avait à son bilan pour 356 millions d'avances sur gage, en face de 828 millions d'effets en portefeuille provenant de l'escompte. Et à la même date, l'actif des quatre banques les plus importantes au-dessous d'elle, le Crédit foncier, le Crédit lyonnais, la Société générale et le Comptoir d'escompte, comprenait 267 millions d'avances garanties et 1 milliard 61 millions d'effets en portefeuille. Les avances sont faites généralement à quatre-vingt-dix jours, sauf renouvellement. Elles ne le sont pas sur la pleine valeur du titre. Il est intervenu pour quelques-uns de ces établissements (Banque de France, Comptoir d'escompte) des décrets ou ordonnances simplifiant la forme habituelle du gage ainsi que les conditions de la vente (V. aussi L. 25 juillet 1891 ayant pour objet les avances des monts-de-piété sur titres au porteur).

891. — Il importe de montrer à présent les difficultés que la loi de 1863 laisse non résolues. La jurisprudence, il faut le dire de suite, les a tranchées suivant une interprétation littérale qu'on retrouvera dans la matière de la prise de possession, et qui n'est pas plus recommandable dans l'un de ces ordres d'étude que dans l'autre.

[1] Il était cependant pratiqué dès avant 1863, puisque le règlement du 17 juillet 1857, pour l'exécution de la loi du 23 juin de la même année sur le droit de transmission des actions et obligations, signale ce genre de transfert dans son art. 4 et le déclare exempt du droit proportionnel.

892. — Titres au porteur. — *a*) Il n'est rien dit dans l'art. 91 des *titres au porteur*, dont la mise en gage est bien plus fréquente que pour toutes les autres valeurs. Il n'en est pas question davantage dans les art. 2074 et 2075 du C. civ.

La thèse des arrêts (Cass. 30 nov. 1864), non sans des divergences, veut que ces titres, quoique assimilés aux choses corporelles, n'en constituent pas moins, quant au fond, des créances mobilières, pour la mise en gage desquelles une *signification à l'établissement émetteur* est indispensable.

C'est une solution invraisemblable, fortement combattue en doctrine, et qui viole le principe de l'identité des formes à suivre pour la vente et pour le nantissement du même objet. A quoi bon aviser de l'impignoration le souscripteur du titre, du moment qu'on se trouve dispensé de l'aviser d'une négociation dont ce même titre serait l'objet? La tradition manuelle du certificat suffit à toutes les exigences de publicité de ce gage, et le souscripteur n'est pas exposé à faire au constituant, dans l'ignorance du nantissement, le service de la valeur, puisque c'est au porteur seul qu'il a pouvoir de payer. Le débiteur cesse d'être le porteur, dès l'instant qu'il n'a plus le titre en main. Que faut-il de plus?

Il faut d'ailleurs convenir que ce n'est qu'en matière civile que règne cette jurisprudence critiquable.

Pour un gage commercial, la solution, au point de vue du texte de l'art. 91, ne laisse planer aucun doute : le principe est posé par l'alinéa premier, c'est l'absence de formes. Il n'y est fait exception que pour les créances « dont le cessionnaire ne peut être saisi que par signification du transport. » Le transport d'un titre au porteur ne doit pas être signifié, le gage ne le sera pas davantage. L'exposé des motifs de la loi de 1863 est ici très formel pour assimiler les titres au porteur aux meubles ordinaires dans les conditions de formation du gage[1].

893. — Titres nominatifs. Simple remise du titre. — *b*) La question de la mise en gage des *valeurs nominatives* ou *à ordre* a également provoqué des interprétations d'exactitude fort contestable.

D'abord, on a soutenu que le transfert et l'endossement de garantie ne constituaient point pour le nantissement de ces effets l'unique forme praticable. Il y aurait d'autres moyens, ou plus compliqués ou plus simples, d'affecter ces valeurs au créancier, au cas où les parties croiraient devoir les préférer. Cette latitude, laissée à leur appréciation,

[1] Il est bien compris que, si l'emprunteur ne fait pas acte de commerce, il faudra, dans toutes les opinions, établir l'acte enregistré dont parle l'art. 2074 C. civ. Mais, dans le commerce, le nantissement du titre au porteur s'opère verbalement, avec remise du titre au créancier, sans aucun écrit.

proviendrait de l'emploi de deux malheureux adverbes : *aussi*, *également*, qui se sont glissés dans l'article, et d'où il résulterait que le gage des effets de commerce, que celui des actions ou obligations pourrait se constituer de diverses façons. Mais quels sont bien ces autres modes de constitution ?

Pour la jurisprudence (Cass. 12 mars 1879), ce serait la simple convention verbale (accompagnée de la remise du certificat) : aucun transfert, aucun endossement, aucune signification ne seraient nécessaires. On s'appuie sur le texte : le gage commercial se constate par tous modes de preuve, il peut « aussi », il peut « également » se constater par un transfert, par un endossement. Donc les parties sont libres de s'en passer. On se prévaut de certains passages des travaux préparatoires (exposé des motifs, rapport) qui se prononcent dans le même sens.

Ce serait bien extraordinaire. De quelle publicité disposerait ce gage, qui ne se révélerait que par la détention d'un certificat sur lequel aucune mention ne serait portée ? Que deviendrait la symétrie cherchée entre les modes de cession et de nantissement du droit ? Car ni les actions nominatives ni les lettres de change ne se transmettent de la main à la main. Comment le souscripteur saurait-il à qui il doit payer ?

894. — Suite. Vente simulée. — Cette dernière considération a suscité à certains auteurs une explication différente de nos deux adverbes, qu'il vaudrait mieux, à notre appréciation, tenir pour non avenus [1].

Avant 1863, on engageait ces valeurs, en dissimulant le gage sous une vente à réméré.

Cette pratique est maintenue, dit-on, la loi entend la consacrer. Le créancier sera ostensiblement rendu cessionnaire par un endossement ou par un transfert régulier ; il s'oblige à rétrocéder le titre s'il est remboursé à l'échéance. C'est d'ailleurs une forme que, sur le marché des valeurs nominatives, les parties se soucieront peu de suivre en fait, afin de n'avoir pas à payer le droit de transfert.

Il ne paraît pas que cette nouvelle version mérite d'être acceptée. Il est vrai que le gage, aux époques primitives, a pris les dehors d'une vente avec fiducie, que c'est toujours le trait propre au *mortgage* anglais, et que mainte convention usuraire, aujourd'hui encore, se déguise sous cette forme. Elle n'en est pas moins répréhensible.

En effet, ce réméré, s'il résulte d'une contre-lettre, laisse le créancier

[1] Après tout, les mots *aussi*, *également* peuvent n'être que des particules conjonctives des divers alinéas du texte.

maître de disposer du gage à volonté. — De plus, lorsque, comme il arrive souvent, la chose censée vendue est par une clause spéciale laissée au débiteur à titre de dépôt ou de location, on élude la règle de publicité qui veut que le gage se déplace et soit mis aux mains du créancier. — Avec un prix de location, qui excède 5 0/0 du principal de l'opération, on parvient en outre, lorsque le débiteur accomplit un emprunt civil, à lui faire payer indirectement un taux d'intérêt supérieur au maximum permis par la loi du 3 septembre 1807.

On tombe alors dans ces combinaisons qualifiées autrefois de *contrat pignoratif* ou de *mohatra* et qui ont été justement dénoncées comme irrégulières. On ne voit pas qu'elles soient plus licites, lorsque l'objet de l'opération est une valeur négociable, que lorsqu'il repose sur une marchandise ou sur un meuble meublant. Une des raisons qui empêchent de considérer le report de Bourse comme un prêt sur gage (n° 769), c'est justement que ce prêt revêtirait les dehors d'un réméré obligatoire, ce qui n'est pas admissible. Les formes du gage moderne sont ce qu'elles sont : il n'appartient pas aux parties de les tourner.

895. — Suite. Le transfert de garantie en droit civil. — Une seconde cause de controverse naît du point de savoir si le transfert ou l'endossement de garantie sont des formes de nantissement licites, même pour un gage de nature civile. — Ex. : Un agriculteur engage auprès d'un établissement de crédit une action nominative de société, une rente sur l'Etat, qui lui appartient. De quelle manière ce gage doit-il être constitué ?

Si l'on admet que l'art. 91 n'a innové que pour les matières commerciales, il faut en conclure que le gage civil de ces valeurs ne peut s'effectuer que suivant l'art. 2075 C. civ. Le créancier devra donc signifier la constitution du gage à l'établissement émetteur, au Trésor, s'il s'agit de rentes sur l'Etat.

La lettre de la loi voudrait qu'il en fût ainsi ; elle ne statue que pour le gage de commerce. Un amendement de la commission du Corps législatif, d'après lequel le gage en fonds publics ou en valeurs de compagnies aurait pu « entre toutes personnes » se constater par transfert, a été repoussé par le Conseil d'Etat comme faisant sortir le projet du Code de commerce.

Des auteurs, partant de là, soutiennent que, même pour le gage de commerce, on serait libre, au lieu d'effectuer un transfert de garantie, de signifier la cession au siège émetteur, tout comme si la créance se cédait *jure civili*. Ce serait une nouvelle manière de justifier l'adverbe *aussi*, auquel il fallait trouver absolument un sens.

Toutes ces solutions doivent être rejetées. Il y a des cas où des nécessités de comptabilité régulière doivent primer même les déclarations des travaux préparatoires.

Quelle serait la sécurité des établissements de crédit qui prêtent sur titres indistinctement à des commerçants ou à des non commerçants, s'il leur fallait, d'après la profession de l'emprunteur, tantôt recourir au transfert de garantie et tantôt à la signification par huissier? Les sociétés elles-mêmes dont les titres sont mis en gage auraient à tenir parallèlement deux sortes d'écritures : le registre des transferts où seraient consignés certains nantissements, et un livre des significations pour les gages qui observeraient l'art. 2075. Avant de payer les coupons ou le principal du titre, il faudrait consulter ces deux répertoires.

Lorsqu'il s'agit de la rente sur l'Etat, la situation se complique; car si l'on peut admettre et si le Trésor reconnaît la légalité du nantissement de la rente par voie de transfert de garantie (encore est-elle contestée par une partie de la doctrine), certainement la signification à l'Etat d'un gage sur la rente est irrégulière. Car cette signification équivaut à une opposition au service de la rente faite auprès du Trésor ; et une loi fameuse, celle d'où résulterait, pour certaines personnes, l'insaisissabilité de la rente, la loi du 8 nivôse an VI, proscrit l'opposition, précisément afin de ne pas troubler la marche de la comptabilité publique.

Par toutes ces raisons, l'opinion la plus judicieuse est celle qui exclut pour le gage des valeurs nominatives la signification de l'art. 2075 C. civ., et qui de plus étend aussi le transfert de garantie au gage de ces valeurs, fût-il de nature civile.— Il est vrai que ce transfert n'a pas la date certaine dont dispose une signification enregistrée. Mais il y a lieu de compter sur la probité des agents de transfert dans les administrations et les compagnies : ils ne se prêteront point à des manœuvres d'antidate [1].

896. — II. **Mise en possession.** — Une seconde condition est impérieusement prescrite pour le gage civil et pour le gage commercial tout à la fois : le dessaisissement du constituant quant à l'objet du gage, le *déplacement de possession du nantissement* au profit du créancier.

La loi de 1863 n'a fait que reproduire dans l'art. 92, al. 1, avec la même terminologie, la prescription exigée par l'art. 2076 C. civ. : « Dans tous les cas, le privilège ne subsiste sur le gage qu'autant que

[1] Il va de soi que, si le débiteur emprunte civilement sur gage en titres nominatifs, il faudra l'acte enregistré de l'article 2074 au-dessus de 150 francs. — Il va de soi encore que ce gage, dans la même hypothèse, ne pourra se vendre qu'après autorisation judiciaire et conformément à l'art. 2078. — Mais, encore une fois, le gage commercial échappe à ces prescriptions.

le gage a été mis et est resté en la possession du créancier ou d'un tiers convenu entre les parties. »

Seulement, elle fait suivre ce principe d'un alinéa, où le tiers convenu pour détenir le gage est présenté, au choix des contractants, comme un entrepositaire, l'administration de la douane, par exemple, ou comme un agent de transport qui a délivré un document à ordre. Le fait par le constituant d'immatriculer le créancier sur les livres de l'entrepôt (par un transfert en douane) ou de lui négocier le connaissement ou la lettre de voiture, vaut transport de possession au créancier gagiste lui-même, bien qu'il n'ait point la marchandise entre les mains. Cela découle de la notion de la possession, et l'on peut reprendre à cette place ce qui a été dit dans la vente sur la tradition juridique et non matérielle de la chose à l'acheteur (nos 833 à 838).

Les exemples les plus usuels de ce genre de transport de possession sont : 1° la négociation du *warrant* détaché du récépissé de magasin général (la matière des warrants sera exposée après les effets de commerce) ; 2° l'endossement d'un *connaissement*, particulièrement afin d'affecter la marchandise chargée à bord au paiement d'une lettre de change qu'on met en circulation sur le destinataire de cette marchandise (*traite documentaire*, voir les effets de commerce) [1].

Ces endossements peuvent avoir lieu sans réserve, ou être énoncés « valeur en garantie ». Dans les deux cas ils habilitent le créancier à recevoir l'objet du gage, à l'exclusion de tout autre, et c'est là le seul point à considérer pour la régularité du déplacement de possession.

897.— Lorsque l'objet se trouvait déjà aux mains d'un détenteur à titre précaire, tel qu'un dépositaire du débiteur, ou un usufruitier (ce qui arrive fréquemment pour des titres dépendant d'une succession grevée de la jouissance de l'époux survivant), il ne suffit pas, pour la validité du gage, que ce détenteur précaire continue depuis le nantissement à posséder pour compte d'autrui. Il faut, de plus, au dire de quelques arrêts (Cass. 3 août 1896) que le créancier obtienne de ce dernier la reconnaissance qu'il consent désormais à détenir pour lui. — Mais, d'après

[1] Le connaissement étant délivré par le capitaine en plusieurs exemplaires, il est arrivé au porteur de ces doubles de les employer séparément à engager la même marchandise à des prêteurs de fonds distincts, en endossant chaque exemplaire à part des autres.— Cela a donné lieu à un conflit entre ces différents porteurs, prétendant tous être payés sur la cargaison. Il a fallu déterminer leur ordre de classement, soit en supposant que le capitaine n'eût pas encore fait la délivrance à destination, soit après qu'il se serait dessaisi au profit de l'un des porteurs qui, par hypothèse, n'est pas le premier en date. Ces difficultés relèvent plutôt du droit maritime, et nous ne les examinerons point.

nous, une simple signification de l'acte de nantissement entraînerait le même résultat.

Une convention, par laquelle le constituant doit conserver en fait le gage entre ses mains *à un titre différent,* comme dépositaire ou comme mandataire, serait inopérante. Le gage ne se formerait point[1].

898. — Ce déplacement de possession, condition à laquelle l'hypothèque sur meuble venait dans l'ancienne jurisprudence faire échec, est affaire de probité dans les relations du commerce. Le gage lèse l'ensemble des créanciers du constituant, par cela même qu'il profite à un seul d'entre eux. Dans la mesure de la créance garantie, le gage n'est plus dans le patrimoine chirographaire, il est affecté à un ayant droit privilégié.

Cette *affectation* doit être rendue *publique*. Si la valeur restait aux mains du débiteur, aucun signe extérieur ne révélerait aux tiers que la chose est sortie du gage commun. On continuerait à traiter avec lui, à lui donner des délais, au vu de cette valeur, en apparence libre de toute charge, et on s'apercevrait trop tard qu'on s'était trompé, qu'on a été trompé. La mise en possession du créancier évite ces surprises.

Il est vrai que le transport de *propriété* ne nécessite point pareil déplacement de possession : dès que la chose est spécialisée, elle devient propriété de l'acheteur, et par conséquent les créanciers du vendeur ne l'ont plus dans leur gage de poursuites. Mais la *vente* met, aux lieu et place de la marchandise ou de la chose, une créance du prix dans les biens du vendeur, et une créance qui ne sera probablement exigible qu'après la livraison. Ce qui donne aux créanciers le moyen de réparer la perte de la chose, par la découverte d'une contre-valeur. Tandis que les sommes versées au débiteur au moment où il a constitué le *gage* ont pleine chance, du moment qu'il devient insolvable, d'avoir été absorbées par de mauvaises affaires.

899. — Toute cette organisation est justement déduite, lorsqu'il s'agit de meubles dénués d'une assiette fixe, tels que des marchandises. En dehors de la prise de possession, on cherche vainement un mode pratique de publicité du gage. C'est pour cela — soit dit en passant — qu'il faut se défier d'un système, demandé par des propositions de lois, et qui tendrait à permettre aux agriculteurs d'emprunter, sur warrants de récoltes qui resteraient entreposées dans leurs propres greniers ou hangars (prop. Delaunay et projet du gouvernement en 1897).

[1] Quant aux conséquences qu'emporterait pour le maintien du privilège une restitution temporaire du gage par le créancier au constituant, avec pouvoir à lui donné de vendre à l'amiable sauf à faire compte du prix, c'est un point que nous ne saurions aborder, faute de place.

L'inscription sur un registre public d'arrondissement, comme cela a lieu pour l'hypothèque, ne réaliserait pas son but d'informations, puisqu'il dépendrait du débiteur de faire voyager le meuble et de le porter dans un arrondissement différent, où il le présenterait alors comme libre.

Mais il y a certains meubles qui disposent de cette *assiette fixe* : — le matériel de culture avec le bétail, — le matériel industriel (nous parlons du cas où le propriétaire de ce matériel n'aurait pas la propriété de la terre ou de la fabrique, autrement l'hypothèque sur le fonds s'étendrait à l'outillage en tant qu'immeuble par destination), — le fonds de commerce lui-même, comme valeur de clientèle.

Une réforme est souhaitable : des lois nouvelles, qui suivraient l'exemple donné par les lois d'hypothèque maritime du 10 décembre 1874 et du 10 juillet 1885, viendraient instituer un *registre* pour ces diverses valeurs. Sur ce registre le créancier aurait à mentionner le gage acquis par lui, tout en laissant le bien entre les mains du débiteur, intéressé à le mettre en valeur pour se libérer de sa dette (en ce sens déjà, proposition MILLERAND sur la mise en gage d'un fonds de commerce).

900. — Dès à présent, la jurisprudence croit pouvoir donner satisfaction au besoin qu'on éprouve dans les affaires d'affecter certaines des valeurs précédentes à un créancier, sans en dessaisir le débiteur. Mais la jurisprudence s'est égarée dans une voie de scolastique pure, en donnant aux mots : « mise en possession du créancier » un sens large qu'ils ne comportent pas. Cela demande à être expliqué.

901. — Question de la remise du titre de créance. — Les tribunaux ont commencé par se demander, au cas où le gage porte non sur un meuble corporel, mais sur une créance, s'il fallait pour la validité du nantissement que le *titre* de créance fût *remis* au créancier et demeurât entre ses mains (en dehors des autres conditions exigées).

Naturellement, pour les titres au porteur, il y a là une exigence stricte, tout comme pour les marchandises, auxquelles ces titres sont assimilés. Mais le problème était moins clair pour les autres créances.

On a décidé que cette remise du titre était indispensable, en premier lieu, pour les effets à ordre ou les valeurs nominatives, puis aussi pour les créances cessibles d'après l'art. 1690. En effet, les seules choses susceptibles de gage sont celles dont le constituant est en mesure de se dessaisir, et le dessaisissement pour une créance ne peut résulter que de la délivrance du titre qui la constate.

Pothier avait accepté le nantissement sous cette forme, après avoir soutenu une première opinion, qui était fermement contraire à la mise en gage des créances, faute par elles d'être susceptibles de tradition réelle (Traités *du nantissement*, n° 6, et *de l'hypothèque*, n° 211). Les art. 2076 C. civ. et 92 C. com. réclament la mise en possession « dans tous les cas », ce qui est caractéristique.

Il résulterait encore de là qu'une créance, qui n'a pas été constatée par écrit, ne saurait être l'objet d'un nantissement.

L'opinion de Pothier est trop contraire à la notion raisonnable de la possession, pour mériter qu'on la suive. Il faut repousser cette jurisprudence (M. Colmet de Santerre).

La possession, en effet, c'est une maîtrise de fait sur une chose ou sur un droit. En quoi la détention du certificat par le créancier équivaut-elle à l'exercice du droit et implique-t-elle remise du gage? En quoi cette particularité fortuite vient-elle informer les tiers que la créance a été donnée en nantissement?

Le mode de publicité institué, c'est la signification au débiteur de la créance. On est parti de l'idée que les intéressés iraient s'informer auprès du débiteur si la créance est disponible ou non : celui-ci devient un agent de renseignements pour la masse chirographaire, comme pour celui qui se proposerait d'acheter cette créance.

Exiger en outre une tradition du titre est chose puérile, surtout si, le titre étant notarié, on se contente de la remise d'une expédition au lieu de celle de la grosse, ainsi que le décident les arrêts (Cass. 20 janvier 1886).

902. — Nantissement de fonds de commerce. — Telles sont les données, inexactes selon nous, d'où est partie la jurisprudence pour autoriser la mise en gage de *brevets d'invention*, par simple remise du brevet au créancier gagiste, et surtout celle des *fonds de commerce*.

Lorsque le propriétaire d'un établissement pourvu d'une clientèle veut affecter cette clientèle en garantie exclusive à l'un de ses créanciers, il a pouvoir de le faire, d'après la Cour de cassation (13 mars 1888), à la seule condition de remettre à ce créancier le titre d'acquisition de ce fonds, et tout en continuant à l'exploiter lui-même.

Ce gage donnerait au créancier le droit de faire vendre non seulement l'achalandage du fonds, mais encore les marchandises qui s'y trouveront au moment des poursuites. Il lui donnerait en outre le profit du bail du magasin, à condition par le créancier dans ce dernier cas de s'être fait remettre aussi le bail, et d'avoir signifié le nantissement au propriétaire bailleur.

La jurisprudence estime que la clientèle est une chose incorporelle, ce qui est vrai; — que la possession de cette clientèle résulte de la possession du titre, ce que nous contestons; — et enfin que les marchandises et le droit au bail sont de simples accessoires de cette clientèle et en suivent la condition, le fonds de commerce constituant une *universalité juridique* dans tous ses éléments.

Si la profession du propriétaire du fonds était civile, il faudrait rédiger un acte conforme à l'art. 2074 C. civ. Lorsqu'elle est commerciale, le nantissement peut se conclure verbalement. L'objet du gage n'est pas une créance; donc la seule formalité requise est la remise du titre de propriété.

Contre l'analyse du fonds de commerce en une universalité juridique, nous avons d'avance protesté (n° 72)[1]. Pour être conséquents, les arrêts devraient reconnaître que le droit de préférence du créancier s'étend *ipso facto* à tous les éléments qui concourent à la prospérité du fonds : procédés de fabrication, brevets exploités, et même à la propriété des magasins ou des usines, au cas où l'exploitant n'est pas en location; car tous ces éléments doivent être compris dans la prétendue universalité juridique.

Cela aboutirait aux abus les plus criants, tels que la possibilité de donner hypothèque sans publicité. Arbitrairement limitée comme elle l'est, les abus de cette pratique sont déjà sensibles, et on ne s'étonne pas de la résistance opposée par les tribunaux de commerce à ce genre, positivement clandestin, de nantissement.

Le seul transport de possession, à même de révéler extérieurement le gage, en attendant la création d'un registre public par une loi, serait le fait de se dessaisir au profit du créancier de la gestion effective de l'établissement. C'est à quoi répugnent naturellement les nécessités d'affaires, et ce qui rend, dans l'état actuel du droit, la mise en gage d'un fonds de commerce irrégulière[2] (En ce sens, Wahl, sous *Sirey*, 1897, 2, 89).

§ 2. Règles de réalisation du gage

903. — Par suite de la réforme introduite en 1863, le gage commercial se réalise sans autorisation de justice, au moyen d'une procédure rapide[3]. Cette procédure se ramène aux formes suivantes :

[1] Il n'y a pas de reconnaissance de cette personnalité juridique, dans le fait que les notaires, seuls qualifiés pour procéder aux ventes publiques de fonds de commerce, peuvent, sans empiéter sur le privilège des commissaires-priseurs, présider à la vente des marchandises avec celle du fonds lui-même, si ces marchandises ne sont que l'accessoire (Req. 25 juin 1895). Cette solution tient à la nécessité pratique de vendre tous les éléments du fonds à la fois.

[2] Loyseau, critiquant autrefois la manière dont on procédait à la mise en gage d'un office par simple remise au créancier de la procuration en blanc pour résigner l'office, se servait de cette expression imagée : « Tandis que le créancier garde la clef de l'office, l'officier en garde la serrure. » (*Traité des offices*, IV, 6, nos 36 et s.). Le créancier en a-t-il même seulement la clef ?

[3] Lorsque le créancier gagiste désire se faire attribuer le gage à dire d'experts pour se couvrir de sa créance, il semble qu'il ait conservé le droit d'employer pareil mode de liquidation, en se faisant alors autoriser par justice, comme le veut l'article 2078 C. civ.

a) *Signification* faite au débiteur et au tiers bailleur du gage, s'il y en a un, à défaut de paiement à l'échéance : cette signification a lieu par un exploit d'huissier;

b) *Vente publique* des objets donnés en gage, *huit jours* (calculés en délai franc, art. 1033 C. proc. civ.) après ladite signification (art. 93, al. 1)[1].

A moins qu'il ne s'agisse de valeurs de Bourse, l'officier compétent pour procéder à la vente, c'est le *courtier* inscrit ou assermenté (voir le chapitre suivant). Les attributions du courtier sont élargies, en ce que d'habitude son privilège ne porte que sur les ventes de marchandises, et seulement sur les ventes en gros, les seules habituellement permises comme ventes publiques. Le courtier préside à la vente du gage commercial, soit lorsqu'il s'agit de meubles autres que des marchandises, soit pour des marchandises au détail. Les parties peuvent cependant faire requête au président du tribunal de commerce pour qu'il désigne une autre classe d'officiers publics, assujettie alors aux tarifs des courtiers (art. 93, al. 2 et 3).

Pour les valeurs de Bourse, cotées ou non, l'officier compétent est l'agent de change, la vente a lieu aux enchères suivant les formes énoncées par les art. 70 et 71 du décret du 7 octobre 1890.

904. — La *clause commissoire*, qui autoriserait le créancier à s'approprier le gage ou à en disposer sans les formalités ci-dessus, est nulle et de nul effet (art. 92, al. 4).

Le débiteur, privé de son entière liberté, ne peut valablement souscrire à une convention de cette nature, ni au moment de la constitution du gage, ni au cours de son engagement, ni même sa dette une fois échue.

Mais s'il était tombé en faillite, il appartiendrait au syndic, pour diminuer les frais, d'autoriser le créancier à vendre à l'amiable : ce qui se rencontre assez souvent.

905. — En résumé, le titulaire du gage commercial peut exécuter *sans titre exécutoire*. C'est un pouvoir exorbitant que la loi lui a ainsi conféré ; car pour tous les autres privilèges reposant sur une pensée de gage tacite, excepté celui du commissionnaire : — pour le privilège du bailleur (art. 819 C. proc. civ.), — pour celui de l'agent de transport (art. 106 C. comm.), — pour celui de l'aubergiste (l. 31 mars 1896), — la vente des objets est subordonnée au moins à une ordonnance judiciaire préalable.

[1] La Banque de France est autorisée à faire vendre les titres déposés chez elle à raison de prêts sur gage, le lendemain de l'échéance et sans mise en demeure (Ordonn. 15 juin 1834).

Si l'on songe d'autre part que la créance, à moins d'être constatée par un effet de commerce, sera souvent litigieuse et non liquide, on se dira que peut-être la loi de 1863 a poussé la simplification des anciennes formes plus loin qu'il n'aurait fallu.

CHAPITRE III

DU COURTAGE ET DE LA COMMISSION

906. — Les *courtiers*, ainsi que les *commissionnaires*, prêtent aux commerçants leur entremise dans les affaires. Mais, cette entremise ne s'exerçant point sous la même forme pour les deux classes d'opérateurs, le sujet demande à être scindé et étudié dans deux paragraphes distincts.

SECTION PREMIÈRE

DU COURTAGE

(C. com. 1, 5, art. 74 à 90 passim ; L. 18 juillet 1866)

907. — Le rôle du *courtier* est devenu modeste, avec le temps. Le courtier a tenu dans le commerce du moyen-âge et dans le commencement de l'époque moderne une place, qui n'est plus à beaucoup près celle occupée par lui aujourd'hui. Longtemps on a vu dans ce personnage un citoyen d'une place, prêtant son patronage et même son hospitalité aux marchands forains dans leurs négociations avec ses compatriotes. Le courtier devenait moralement au moins le porte fort des engagements de ces marchands, délivrait des certificats des opérations conclues, ainsi que du poids de la marchandise au moment des livraisons. — Toutes ces considérations ont concouru à investir cet agent du caractère d'officier public, qu'on a peine à comprendre si l'on s'en tient à la nature de médiation qu'il fournit de nos jours.

La proclamation en 1866 de la liberté de courtage des marchandises a multiplié le nombre de ces intermédiaires, sans qu'il soit toujours facile de les distinguer en fait des représentants de commerce ni même des commissionnaires. Beaucoup de ces agents se contentent de cette position, après en avoir connu en temps prospère de plus brillantes.

Une fonction de simples médiateurs entre les deux parties, qui négocieraient ensuite directement le marché : telle semblait la fonction naturelle et exclusive des courtiers, d'après le Code de commerce. Elle s'est modifiée, depuis qu'un grand nombre d'entre eux se sont mis à traiter le marché eux-mêmes au nom du donneur d'ordre, et à faire office de mandat au lieu de simple louage d'ouvrage.

Par suite de toutes ces raisons, il convient de ne consacrer au courtage que de faibles développements; d'autant plus que, parlant précédemment des Bourses, nous avons placé déjà les courtiers dans leur milieu habituel (nos 685 et s.).

908. — Courtage d'ordre maritime. — Il faut éliminer les parties du sujet qui relèvent du droit maritime. La loi a établi :

1° Des *courtiers* dits *maritimes* ou *interprètes* et *conducteurs de navires* (art. 81 C. com. et Ordonn. de 1681, I, 8, art. 2 à 6); faisant le courtage des affrètements (mise en rapport des capitaines et des chargeurs, rédaction du bordereau ou du connaissement), constatant le cours officiel des frets, procédant à la conduite du capitaine [1];

2° Des *courtiers d'assurances maritimes* (art. 79), faisant le courtage de l'assurance, rédigeant les polices concurremment avec les notaires, certifiant le cours des primes;

3° Des *courtiers de transport par terre ou par eau* (art. 82), qui eux ne dépendaient pas du droit maritime, et devaient principalement servir les intérêts de la navigation fluviale : profession qui n'a guère existé que dans le cerveau du législateur.

909. — Ces trois catégories de courtiers, ou plutôt les deux premières, les seules existantes, fonctionnent sous la loi du privilège. Il en est des courtiers d'ordre maritime comme des agents de change. Ils sont institués en nombre limité par le gouvernement : ils exercent un office public, vénal et cessible en réalité; ils ne doivent pas faire de commerce pour leur propre compte. Ils peuvent interdire à toute autre personne de s'immiscer dans leurs attributions, avec la sanction de l'amende proportionnelle à leur cautionnement qui est établie par la loi du 28 ventôse an IX, art. 8.

Les bordereaux qu'ils délivrent ou les contrats qu'ils rédigent disposent de la force probante des actes authentiques (arg. art. 1317 C. civ.); non pas de la force exécutoire, laquelle est réservée aux actes notariés. Mais ces bordereaux devront être signés par les parties (art. 109, al. 4, C. com.).

La faveur, accordée aux agents de change par la loi du 2 juillet 1862,

[1] Cette conduite a de l'importance pour les capitaines étrangers, qui ont besoin d'un traducteur en cas de contestations portées devant nos tribunaux, ou d'un truchement pour le dépôt du manifeste à la douane ; l'assistance du courtier est requise, et le capitaine ne peut charger de sa conduite un commis de son armateur qui se trouverait dans le port.

de s'adjoindre des associés dans les Bourses pourvues d'un parquet, n'a pas été étendue à ces courtiers.

910. — **Courtage en marchandises.** — Le courtage dans le commerce terrestre se limite aux *achats* ou *ventes de marchandises*. Car le personnage, dénommé courtier dans les assurances terrestres et sur la vie, qui use de sollicitations auprès de la clientèle d'une place pour l'inviter à conclure ou à renouveler des polices, est plus fréquemment l'agent subalterne d'une compagnie déterminée qu'un courtier proprement dit. C'est seulement de ces courtiers en marchandises qu'il sera question par la suite.

911. — On appelle *courtage* (voir déjà le nº 20), la *médiation par laquelle une personne, requise de chercher*, sur des bases déterminées, *un vendeur à un acheteur ou réciproquement, s'attache à découvrir cette contre-partie* et la signale à son donneur d'ordre, qui se met alors en rapport avec celle-ci.

Il perçoit un tarif de *courtage* de chaque côté, et confectionne le *bordereau* de l'opération si les parties lui en confient la rédaction. Le fait que les deux opérateurs se trouvent grâce au courtier en relations directes, exclut toute idée de secret professionnel, toute idée aussi de garantie d'exécution et de couverture et par conséquent toute nécessité pour cette profession d'un fonds de roulement (à moins que l'usage de la place ou que les conventions n'aient assigné à l'agent la fonction, sensiblement différente, de commissionnaire).

Il donne son concours à toute personne, sans dépendre d'aucun patron. Il a la qualité de *commerçant*, qu'il soit officier public ou non (art. 632 et art. 1er C. com. cbn.).

912. — La législation du courtage en marchandises a été transformée par la *loi du 18 juillet 1866*.

Précédemment, ce courtage était, comme les autres, érigé en office ministériel, avec titulaires en nombre limité. Ils disposaient d'un privilège. L'extension graduelle des affaires les avait obligés sur les différentes places à se spécialiser. Cela créait une grande gêne au commerce.

Les commerçants, résidant ailleurs que sur la place qui forme marché de leurs produits, ont besoin d'y élire un agent. Ils cessaient d'en avoir le choix, du moment que les courtiers s'étaient réparti les diverses branches d'affaires. Le commerce recourut alors au ministère des *représentants*. Il accrédita dans ces places des agents libres. Ces agents recevaient les propositions des maisons de fabrique, les transmettaient à la clientèle, et en référaient aux commettants, lorsque les clients demandaient à les modifier. Les courtiers poursuivirent ces nouveaux venus du chef d'exercice illégal du courtage ou de marronnage, et ils les firent condamner.

Le commerce protesta. Il fallut lui donner satisfaction et établir la liberté du courtage, en décidant le rachat des anciennes charges, ainsi que le remboursement des cautionnements. Ce fut l'objet de la loi de 1866.

Actuellement, il y a deux espèces de courtiers en marchandises.

913. — Courtiers libres. — 1° La grande généralité d'entre eux sont des courtiers libres : toute personne a le droit d'exercer cette carrière, comme celle de banquier ou de fabricant (art. 1er de la loi). Plus de monopole, plus de limitation aux seuls citoyens français de cette profession, plus de Chambre syndicale entre les courtiers libres, à moins qu'ils n'usent bénévolement de la loi du 21 mars 1884. Plus d'attributions pour dresser la cote officielle.

Si le courtier s'est borné dans un marché à rapprocher les deux opérateurs, on ne voit guère quelle nature de responsabilité il assumerait quant à la qualité de la marchandise, ou quant à la solvabilité de l'acheteur. La livraison s'est faite en dehors de lui, le vendeur a agréé la contrepartie après s'être informé de l'état de son crédit. Le courtier ne peut être recherché, sauf au cas où son rôle se compliquerait d'autres éléments.

914. — Courtiers inscrits. — 2° La loi de 1866, tout en supprimant les courtiers privilégiés, s'arrête à un moyen terme et établit, à côté des courtiers libres, des agents revêtus d'un certain caractère officiel. Ces agents sont désignés du nom de courtiers *inscrits* ou *assermentés*.

Il est dressé par le tribunal de commerce une liste des courtiers de marchandises qui auront demandé à y être inscrits, et que le tribunal aura jugés dignes d'en faire partie. Ces courtiers sont en nombre indéfini; leurs charges ne donnent pas lieu à trafic (en dehors de la clientèle habituelle attachée à un fonds de commerce); il faut verser un droit d'inscription, lequel ne saurait excéder 3,000 francs [1].

Seuls peuvent être inscrits sur la liste : les citoyens français n'étant pas sous le coup des déchéances d'une faillite (la réhabilitation les relève de cette incapacité), justifiant de leur moralité et d'aptitudes professionnelles par une attestation de commerçants (art. 2).

Si cette deuxième catégorie de courtiers ne dispose pas du droit ex-

[1] C'est cette ressource budgétaire qui a gagé, en quelque sorte, le remboursement par l'Etat du prix et du cautionnement des anciennes charges. Avec la proposition Trarieux, le problème se présenterait pour le rachat des charges d'agents de change sous un aspect qui n'est pas sensiblement différent (n° 710).

clusif de faire le courtage, du moins certaines attributions leur sont réservées.

Mais, notons d'abord que, s'ils peuvent faire le commerce pour eux-mêmes, à tout le moins doivent-ils s'abstenir de prendre un intérêt dans les opérations dont ils sont chargés pour compte; plus exactement, que si cet intérêt existe, ils doivent en prévenir les parties : le tout à peine d'amende et de radiation (art. 7). Sauf en ce qui touche cette dernière sanction, la règle paraît concerner aussi bien les courtiers libres.

Voici les prérogatives des courtiers inscrits :

915. — *a*) Réunis en Chambre syndicale, placés sous la discipline de cette Chambre, ils se réunissent avec des négociants ou des courtiers libres, s'il y a lieu, pour *constater* périodiquement *le cours des marchandises* (art. 2 *in fine*, 3 et 9, et loi du 22 mars 1893). — On a dit précédemment (nº 849) que la plupart du temps ce cours était établi en fait par les conditions des marchés traités à la Bourse du commerce, auxquels les courtiers ne prêtent pas leur concours : ils se contentent de lui imprimer le cachet officiel.

916. — *b*) L'*estimation* d'une *marchandise déposée dans un magasin général*, à défaut d'experts désignés d'accord, ne saurait être confiée qu'à des courtiers inscrits (art. 5).

L'acheteur, lors de la livraison, demande l'examen de la marchandise entreposée. Ou bien un warrant proposé à un banquier n'est agréé que sous condition de vérification du gage qu'il constate : à moins d'experts nommés à l'amiable, un courtier inscrit seul peut exercer ce rôle.

Le courtier requis de procéder à une telle estimation ne peut pas, sous la sanction de la radiation, se porter ultérieurement acquéreur de la marchandise (art. 6). La loi déjoue le calcul qui lui ferait déprécier la marchandise, pour se la procurer ensuite au rabais.

917. — **Ventes publiques.** — *c*) Enfin le seul officier public compétent pour présider à une *vente publique volontaire en gros* est le courtier inscrit (art. 4).

La législation des ventes publiques de marchandises est compliquée. Elle a reçu des modifications nombreuses. Autrefois, ces opérations étaient vues de mauvais œil, à cause du préjudice qu'elles occasionnaient au commerce de magasin particulier. Elles détournaient, en effet, sa clientèle sur une annonce d'enchères.

Plus tard, d'après l'exemple du commerce anglais, on revint de cette prévention. La meilleure manière de développer le trafic d'entrepôt était d'autoriser des adjudications aux criées dans des salles attenantes au magasin général. Mais on a cherché à ménager aussi les intérêts du négoce de détail, et on s'est arrêté à un système transactionnel dont la formule a plusieurs fois varié.

La vente volontaire n'a été rendue licite que pour les marchandises traitées par lots de 500 fr. d'abord et ensuite de 100 fr. Pour certains articles, cette vente est subordonnée à une autorisation du tribunal de commerce. Il n'y peut être procédé que par des courtiers inscrits (L. 25 juin 1841; 28 mai 1858; 3 juillet 1861; D. 30 mai et 6 juin 1863).

La *vente au détail* reste exceptionnellement permise dans certains cas, tels que la cessation du fonds de commerce : elle n'a point lieu par l'entremise du courtier, mais par celle du *commissaire-priseur* [1].

La *vente forcée* de marchandises (saisie, faillite, réalisation de gage ou de warrant) est évidemment autorisée, même au détail. La question de savoir si c'est alors au courtier, ou à une autre classe d'officiers publics (commissaires-priseurs) qu'il appartient d'y procéder, dépend de la teneur de la loi. Généralement le courtier a qualité pour instrumenter (art. 93, 486 C. com.). Mais les textes reconnaissent, soit au président du tribunal de commerce, soit à un juge-commissaire, la faculté de désigner un autre officier public (V. note WAHL, sous Paris, 9 mai 1894, *Sirey*, 95, 2, 442).

918. — Doit-on confier à un courtier inscrit une vente forcée de marchandise, que poursuivrait un vendeur aux risques de son acheteur, faute de retirement ou de paiement du prix par ce dernier? Il n'y aurait nécessité de le faire que si un règlement de Bourse ou un usage qualifiait cet officier à l'exclusion des autres.

SECTION II

DE LA COMMISSION DE VENTE OU D'ACHAT

(C. com., art. 94 et 95, art. 575)

§ 1. Règles communes

919. — La commission a été, elle aussi, pratiquée au moyen-âge dans des proportions dont n'approche plus son emploi moderne. Elle est née des nécessités du commerce à distance, en un temps où on ne traitait pas volontiers avec un commerçant d'une autre place, faute de renseignements sur son compte

[1] Si le fonds de commerce se vend avec les marchandises alors traitées en gros, le notaire ou le courtier est compétent. suivant que le fonds représente la plus grande valeur ou que les marchandises constituent l'élément principal.

Une maison d'exportation se dédoublait, elle fondait un comptoir dans une ville où elle espérait trouver le débouché de ses produits. Ce comptoir, tenu par un associé ou par un employé, prenait un corps d'existence séparé, et gagnait la confiance des négociants de l'endroit, tout en entretenant avec la maison principale un courant suivi de trafic, par réception et même par envoi de marchandises. Les affaires de la succursale se liquidaient au compte de l'établissement qui l'avait fondé. L'histoire de la commission se lie intimement alors avec celle de la société en commandite [1].

920.— Définition.— On n'est point fixé sur l'exacte portée juridique du contrat de commission. Un point est hors de controverse : c'est que la commission forme un *mandat salarié*. Le salaire est proportionnel au *quantum* de l'opération (droit de commission) ; il est fréquemment sous-entendu, ou réglé par référence aux circulaires du commissionnaire [2].

Mais on a quelque peine à déterminer les conditions particulières que doit remplir le mandat pour devenir une commission.

Deux opinions sont défendues.

921.— I. Mandat exercé en nom propre. — D'après une première théorie, la commission est le mandat, l'accomplissement rétribué d'une opération pour autrui, par une personne *qui agit en son nom propre et personnel*. C'est le mandat sans représentation, comme les Romains le pratiquèrent longtemps.

Le commissionnaire doit user de son crédit, devenir créancier ou débiteur par le fait du marché qu'il traite pour compte : autrement on retombe dans le mandat ordinaire. Le commissionnaire masque le commettant, les tiers ne voient point ce dernier, mais seulement l'intermédiaire avec qui ils ont contracté. Ils ont pu penser que l'acte était fait au compte même de cet intermédiaire. C'est le trait que nous avons relevé dans l'*association en participation* (nº 374).

La pratique est favorable à ce système. Ramener tout mandat commercial à une commission, serait jeter pêle-mêle ensemble la représentation, l'agence d'affaires, la commission au sens étroit du mot, c'est-à-dire des services commerciaux qui ne se confondent pas.

Pour la pratique, c'est justement la particularité du service rendu par la commission, qui doit en démarquer la nature juridique.

[1] Le meilleur ouvrage sur la commission est le livre du professeur GRÜNHUT, de Vienne : *Das Recht des Commissions handels*, 1879. Le livre de MM. DELAMARRE et LE POITVIN, publié d'abord sous le titre « du contrat de commission », puis sous celui de *Traité de droit commercial*, 1861, a beaucoup vieilli.

[2] Les tribunaux s'attribuent, en matière civile et commerciale, le droit de réduire la rétribution stipulée dans le mandat, lorsqu'ils la jugent excessive. Mais ce n'est guère que vis-à-vis des agents d'affaires qu'ils usent en fait de ce pouvoir, de légalité contestable.

922. — La commission, en effet, n'est pas seulement le fait de donner son concours à autrui pour lui procurer un placement de marchandises ou un achat d'approvisionnements. Elle fournit surtout au négociant ou à l'industriel le moyen de vendre ou d'acheter au loin à des tiers, qui ne le connaissent point et qui ne veulent traiter qu'avec une personne de leurs relations. Il faut que le commissionnaire prête à ses donneurs d'ordre sa réputation de solvabilité, son crédit, son nom. Ainsi l'entend à présent la loi allemande.

Ex. : *a*) Il y a des maisons d'Espagne qui s'approvisionnent d'articles de Paris. Si elles se présentaient elles-mêmes pour traiter à Paris, on ne leur ferait pas crédit. Elles achètent alors par l'entremise de commissionnaires avec qui elles sont en relations et qui ont une situation connue sur la place parisienne. Ces commissionnaires achèteront pour Madrid, mais en prenant les marchés sous leur nom. Telle est la *commission d'achat.*

b) Nos fabricants de soieries ont intérêt à se servir du débouché que leur donne une place étrangère, celle de Londres par exemple. Mais l'Anglais ne veut acheter qu'à des établissements de lui connus pour la ponctualité de leurs livraisons ou pour le mérite de leurs marchandises. Les fabricants passeront par le ministère de ces établissements, ayant leur siège à Londres par hypothèse. Ils les inviteront à chercher le placement de leurs soieries et à vendre *proprio nomine*, sans les découvrir, comme si le produit sortait directement de la maison de ces intermédiaires. La vente se conclura bien en vertu d'un mandat, mais d'un mandat sans représentation. Telle est la *commission de vente*, qui fait en outre profiter le donneur d'ordre de certains avantages accessoires, exposés ci-dessous.

923. — Ce système, malgré sa valeur pratique d'observation, ne paraît pas être celui de la loi française. Il en sera tenu compte dans ce chapitre, car nous discuterons plus loin les applications de la commission, comme si elle possédait en effet ce champ réduit : aussi bien les difficultés de droit du sujet ne se présentent guère qu'en pareille hypothèse.

Mais les textes ne permettent pas de limiter ainsi la portée de notre contrat. L'article 94 groupe sous la même épithète : le commissionnaire qui « agit en son propre nom ou sous un nom social pour le compte d'un commettant (al. 1er) » et celui qui « agit au nom du commettant » conformément aux règles du Code civil, au titre du *Mandat*, III, 13, par représentation (al. 2).

924.— **II. Mandat d'accomplir un acte de commerce.**— La commission, d'après l'opinion soutenue dans la doctrine, est le mandat salarié par lequel l'*intermédiaire se charge d'un acte, qui est* au regard du mandant ou commettant *une opération commerciale.*

Il convient de souscrire à cette manière de voir, mais avec une variante. Ce n'est pas nécessairement le fait par le commettant de poursuivre par l'intermédiaire de son mandataire un acte de commerce (achat de marchandises destinées à une revente, etc.) qui constitue la commission. Sa nature de commission et non de simple mandat tient à *l'objet* de la valeur, dont l'intermédiaire va trafiquer pour compte. Du moment que cet objet forme un *produit* ou un *titre circulant*, notre contrat existe.

Cela revient à dire qu'il y a commission, chaque fois qu'on traite sur une chose marchande par un agent salarié et non par un préposé. Car de ce que cette chose marchande emprunte le ministère d'un intermédiaire et cesse d'aller tout droit du producteur au consommateur, il n'en faut pas plus pour lui imprimer la qualité de produit circulant. Et, de cette manière, nous nous conformons à la notion dirigeante qui a été dégagée dans notre introduction, en vue de déterminer le cercle d'action du commerce, de fixer le ressort du droit commercial (n°s 4 et 11).

Il résulte de là que le fait par un *agriculteur* d'employer le ministère d'un agent pour la *vente de ses grains* constitue un ordre de commission; cependant, vendre les produits de son cru est un acte civil.

Il résulte encore de cette interprétation que l'entremise prêtée par un banquier ou par un changeur à la vente de *titres de Bourse*, ce qui est le propre de l'agent de change ou de coulisse, forme également une commission. Mais, en revanche, n'en est pas une, le mandat de vendre ou d'acheter un *fonds de commerce*, ce fonds étant étranger, selon nous, aux valeurs comprises dans le mouvement de la circulation, tel qu'il est régi par le droit commercial.

La question doctrinale n'a du reste qu'un médiocre intérêt dans la pratique. La profession rétribuée d'intermédiaire rentrera dans la donnée de l'agence d'affaires, si elle ne dépend point de la commission: ce qui a toujours pour effet de soumettre l'agent à la compétence des tribunaux de commerce ainsi qu'à la faillite (art. 632, al. 4).

Seule, paraît engagée dans le débat la portée du privilège du commissionnaire établi par l'art. 95: il faut le refuser à un simple agent d'affaires.

De ce que la commission est une espèce de mandat, ressortent plusieurs conséquences que nous allons parcourir.

925. — Conséquences. Différence avec la représentation. — 1) Théoriquement, le *commissionnaire* et le *représentant de commerce* sont deux personnes très différentes.

Le représentant appartient à la classe des *préposés*. Il n'est pas maître d'établissement, il se doit à la maison dont il a pris la représentation, sans pouvoir vis-à-vis des clients mettre d'autres maisons similaires en concurrence avec elle.

C'est un préposé, qui n'opère point dans les bureaux et sous le regard du patron et auquel peuvent demeurer les frais de son installation. Au lieu d'être rétribué moyennant des appointements fixes, il stipule un tantième, qualifié aussi commission, sur le chiffre des marchés conclus par son intermédiaire [1].

Mais cela ne l'empêche pas d'occuper une fonction subalterne, inconciliable avec le rôle de commissionnaire. Le contrat qui lie le représentant au chef est un *louage de services*.

Cet agent ne dispose donc point, à la teneur de l'art. 95, d'un privilège sur les marchandises qui seraient déposées entre ses mains. Tout au plus lui reconnaîtrait-on alors la faculté d'exercer sur ces marchandises un droit de rétention jusqu'au paiement de ses commissions et au remboursement de ses avances. On statuerait de la sorte, si, comme le pense une opinion, le droit de rétention appartient à toute personne qui en vertu d'un même contrat est à la fois, envers une autre, créancière et redevable d'une chose (thèse du *debitum cum re junctum*) [2].

Le véritable privilège dont dispose le représentant de commerce, en cas de faillite du patron, c'est le privilège général sur les meubles de ce dernier, organisé pour les commis par l'art 549 C. com. Une loi du 6 février 1895 a consacré cette extension au profit des « commis attachés à une ou plusieurs maisons de commerce, sédentaires ou voyageurs » : ils sont colloqués par préférence, s'il y a lieu, pour six mois d'arriéré en appointements fixes, et pour les commissions proportionnelles acquises depuis le troisième mois avant la faillite, même à raison de marchés de date plus ancienne négociés par leur intermédiaire.

Cette loi de 1895 ne permet plus de douter de l'assimilation juridique du représentant de commerce et du commis. Ainsi est motivée la compétence du tribunal de commerce, pour connaître des procès entre son

[1] Les conventions ou l'usage diront si les commissions lui sont dues sur les marchés, par le fait seul de leur conclusion, ou seulement sur les sommes effectivement payées par l'acheteur à la maison principale. Dans ce second cas, la faillite de l'acheteur, en même temps qu'elle empêche le recouvrement du prix, prive le représentant de sa commission espérée. Lorsque les services du représentant cessent avant l'époque de ce paiement, on se demandera si celui-ci pourra faire entrer ce recouvrement, postérieur à son départ, dans le compte de ses commissions, du moment qu'elles ne lui sont définitivement acquises que par le règlement des acheteurs.

[2] Bien qu'on n'ait pas pour habitude de consigner ses marchandises chez son représentant de commerce, on lui constitue parfois un magasin de dépôt, afin de pourvoir aux demandes urgentes de la clientèle, qui se trouverait subitement à court d'un article de vente courante.

patron et lui, non par la nature commerciale de l'opération, mais par la règle de l'art. 634, al. 1er.

Toutefois, pratiquement, la profession de commissionnaire et celle de représentant se sont pénétrées, au point qu'il est parfois difficile de savoir quelle est celle des deux qu'exerce l'opérateur. Il y a des agents pour qui l'on se demande si c'est la commission qu'ils pratiquent, ou bien la représentation, et la réponse reste douteuse.

926. — Suite. Formation et fin du mandat. — *2*) Le mandat que suppose la commission est donné ou accepté sans aucune forme particulière ; il peut l'être tacitement. La convention a le caractère consensuel.

L'ordre transmis à un commissionnaire par son client habituel doit être ou exécuté ou refusé par un prochain courrier. Car on doit une réponse à son correspondant, et le fait de ne pas lui répondre emporte consentement.

Ce refus, d'autre part, lorsqu'il s'agit d'une opération, qui ne nécessite point une avance ou un risque du commissionnaire, est parfois irrecevable. Tel est le cas vis-à-vis d'un donneur d'ordre avec qui l'agent est en relations suivies : ces relations veulent la continuation du mandat, aussi longtemps qu'on n'y a pas renoncé, et la renonciation elle-même ne doit point porter préjudice au mandant en se produisant d'une manière inopportune (art. 2007 C. civ.).

L'initiative de l'opération peut provenir du commissionnaire. Il avise de l'affaire à conclure le commettant, lequel, par hypothèse, ne répond pas. Le commissionnaire induit le consentement de ce dernier de son silence. — La commission est bien formée. C'est à tort qu'on a prétendu, d'après l'art. 1372 C. civ., que le mandat devait être exprès et qu'il y avait en pareil cas gestion d'affaires.

Les causes qui mettent un terme à la commission avant son exécution sont les mêmes que celles qui agissent sur le mandat : mort ou déconfiture (faillite) de l'une des deux parties (art. 2003 C. civ.).

927. — Suite. Capacité. — *3*) Quant à la capacité que doit avoir le commissionnaire, elle est celle-là même que la loi exige pour faire le commerce de profession : autorisation donnée au mineur âgé de plus de dix-huit ans, consentement du mari (art. 2 et 4 C. com.).

L'art. 1990 C. civ. accorde bien le droit d'être mandataires à la femme mariée non autorisée et au mineur. Toutefois ce texte a une signification limitée. Il reconnaît valables entre le mandant et le tiers les opérations faites par ces incapables; cela tient à la représentation juridique qu'une incapacité d'intermédiaire n'empêche pas de s'être produite.

Mais cette disposition ne va pas jusqu'à mettre à la charge de l'incapable une obligation de rendre compte, puisque toute dette contractée par lui est annulable. Comme dans la commission, telle qu'on la pratique communément, il n'y a point de représentation, et que l'agent traite en son nom propre, il s'ensuit que la commission entreprise par le mineur ou par la femme, en dehors des habilitations prescrites, ne saurait engendrer ni mandat obligatoire envers le donneur d'ordre, ni même vis-à-vis des tiers de marché régulier.

Examinons successivement la commission de vente et la commission d'achat.

§ 2. Commission de vente

928. — C'est celle par laquelle le commissionnaire prend *l'ordre d'un commettant de vendre sa marchandise* et exécute cet ordre. Le commettant trouve à s'être adressé au commissionnaire divers avantages autres que le placement de sa marchandise, qui a été son but principal : — avantage de déposer le stock de ses produits dans le magasin d'un autre, — avantage aussi de se faire avancer de l'argent sur ce dépôt, en attendant que la vente ait lieu.

929. — Consignation. — *a*) Le commissionnaire se fait expédier la marchandise dont il va rechercher la vente. Il la conservera sous sa garde, il l'empêchera de se détériorer. Il ne demande pour ce *dépôt* aucune rétribution spéciale: le droit de commission, qui ne lui sera acquis que par le fait de la vente, doit le couvrir de tous ses frais.

Comme il agit à titre intéressé, il ne sera pas seulement responsable de son dol ou de sa faute *in concreto* dans la conservation du dépôt (art. 1928 C. civ.). Mais lorsque la marchandise se perd sans sa faute, le commissionnaire n'en est point responsable.

L'usage dira s'il est tenu d'assurer contre l'incendie le contenu de ses magasins, et si, ne l'ayant pas fait, il devra indemniser le commettant. A-t-il fait un contrat de cette nature: ce sera aux tribunaux d'interpréter le sens du contrat d'assurance qu'il aura conclu. — Ou bien il a signé la police pour le compte du commettant: la convention donne ouverture à l'action en règlement du sinistre au profit de ce dernier, dans tous les cas, même lorsque l'incendie proviendra de force majeure [1]. — Ou bien il a voulu s'assurer lui seul pour le risque professionnel auquel il est exposé: l'indemnité sera due seulement au cas où l'incendie proviendrait de son imprudence, et l'as-

[1] Il se peut que le commissionnaire alors ait contre le commettant un recours afin de se faire rembourser la prime dont il a opéré l'avance : sur ce point encore les conventions exprimées ou sous-entendues feront la loi.

sureur devra uniquement le garantir contre la réclamation que le commettant élèverait contre lui. L'incendie causé par cas fortuit ne donne au propriétaire de la marchandise aucun recours.

Ce dépôt d'une marchandise, destinée à être vendue par le commissionnaire lorsque se présentera une occasion favorable, est désignée du nom de *consignation*.

930. — **Prêt.** — *b*) Le commissionnaire a un roulement de capitaux, comme un banquier. Le chômage de la marchandise laisse le commettant à court d'argent, pour continuer ses approvisionnements et pour payer sa main-d'œuvre. Il va solliciter des *avances* de son commissionnaire, soit en touchant les fonds directement à sa caisse, soit en tirant sur lui des lettres de change que le commissionnaire acceptera, puis paiera à leur échéance. C'est un prêt, qui se compliquera souvent d'une convention de compte-courant.

Ces avances seront consenties au commettant à un taux d'intérêt déterminé, et le commissionnaire en obtiendra le remboursement sur le prix de vente de la marchandise. Il est couvert au moyen de la consignation qui, on le verra plus loin, forme l'objet d'un privilège en sa faveur.

Les stipulations échangées diront quel est le maximum d'avances que le commissionnaire devra tenir à la disposition du commettant. Ce maximum se mesure naturellement à l'estimation de la consignation : il restera généralement d'un dixième ou d'un cinquième au-dessous de sa pleine valeur, afin de laisser au commissionnaire une marge en cas de baisse.

Ces diverses conventions prennent corps avec la commission elle-même et accompagnent le mandat de vendre dont elles forment des clauses, sans doute importantes, mais accessoires, subordonnées qu'elles sont à un contrat principal qui englobe toutes les stipulations faites à son occasion.

931. — Il y a lieu de déterminer les obligations que l'acceptation de la commission et son exécution mettent à la charge tant du commissionnaire que du commettant.

932. — I. *Obligations du commissionnaire.* — On supposera que le commissionnaire a accompli « en son nom » l'ordre qui lui avait été donné, et qu'il n'a pas agi au titre de représentant. Cela crée pour lui une position double, un rôle différent et même contraire, selon qu'on le fait regarder le tiers acheteur avec lequel il a traité, ou le commettant dont il a exécuté l'ordre.

a) Pour le tiers, il est *maître du marché* opéré, il est investi de la créance du prix, débiteur de la marchandise et responsable de ses défauts.

b) Pour le commettant, il est pris dans les liens d'un *mandat*, il est obligé de justifier de l'exécution fidèle et soignée de l'ordre, et aussi de faire raison de tout ce qu'il aura reçu de l'acheteur par suite de cette exécution. Cela permet de déterminer les prestations qui lui incombent, et dont il sera tenu sur l'action de mandat envers son donneur d'ordre.

En tout cas, ce qui s'aperçoit au premier coup d'œil, c'est la profonde différence de situation d'un commissionnaire et d'un acheteur qui revend ensuite la marchandise. L'acheteur a accepté le risque de ne pas trouver le placement de son achat ou celui de perdre sur le prix de la revente. Le commissionnaire ne spécule pas sur une différence de cours. Les produits sur lesquels s'exerce son industrie ne peuvent ni lui rester pour compte ni se déprécier à son propre détriment. Quelles sont donc ses obligations?

933. — 1° Le commissionnaire devra *restituer la marchandise* au commettant, s'il ne parvient pas à la réaliser ou si l'ordre de la vendre lui est retiré. Le commettant est demeuré propriétaire de cette marchandise. Quoique le commissionnaire soit tombé en faillite, le propriétaire exercera la revendication sur le bien qui lui appartient toujours, et il le distraira de l'actif du failli : il ne viendra pas en concours avec les autres créanciers (art. 575, al. 1er).

Il est clair cependant que cette revendication cesserait, *1*) soit dans le cas où le dépositaire aurait aliéné et livré la marchandise, sans avoir été chargé du pouvoir de la vendre, car le tiers usera de l'art. 2279 C. civ., *2*) soit encore dans l'hypothèse où le commissionnaire aurait encore la marchandise dans ses magasins après l'avoir vendue régulièrement, car la vente par lui conclue a rendu l'acheteur propriétaire, et elle n'appartient plus au commettant.

934. — 2° Le commissionnaire devra *rendre compte* des conditions dans lesquelles il a exécuté l'ordre de vendre, ainsi que des résultats de l'opération (art. 1993 C. civ.).

Il ne saurait, au moins en principe, porter dans ce compte un *prix inférieur* à celui sur lequel il a reçu mandat de traiter. Cependant lorsque, le cours ayant fléchi, il a cru bien faire en traitant à ce prix plus faible parce que la baisse doit s'accentuer (vente à 98 fr. quand l'ordre portait 100), il sera fondé à inscrire ce prix à son commettant et ne devra pas une somme plus forte : son mandat s'est transformé, en effet, en un acte de gestion d'affaires (question controversée déjà chez les Romains entre les écoles sabinienne et proculienne).

Lorsque, tout au contraire, il a trouvé un acheteur à des *conditions meilleures* (vente à 102), il doit compte au commettant du prix réel, sans pouvoir garder pour lui la différence. Le commettant, sans doute, ne s'attendait pas à ce supplément ; mais le mandataire ne peut intercepter aucune partie de l'affaire conclue pour autrui. Il doit « faire raison au mandant de tout ce qu'il a reçu en vertu de sa procuration » (art. 1993 C. civ.) ; il y est tenu quand même sa propre situation lui aura valu des conditions plus avantageuses que celles auxquelles il avait reçu ordre de traiter. Son bénéfice est dans la commission, et non dans un écart entre les cours de deux marchés [1].

On reviendra dans un instant sur la manière dont il lui faut justifier de l'accomplissement de son mandat.

935. — 3° Le commissionnaire ne peut pas se constituer lui-même *le propre acheteur de la marchandise de son commettant.* Pour qu'il soit fondé à faire la contre-partie, il faut qu'il achète ouvertement, à un autre titre que celui de commissionnaire.

Cela ne semble pas, au premier abord, très logique ; on admet dans d'autres parties du droit qu'une même personne puisse dans une seule convention jouer les deux rôles opposés : la remarque en a été faite dans l'étude des sociétés, à propos des pouvoirs dont disposent les gérants de faire sous la signature sociale des affaires avec leur propre maison (n° 316). Pourquoi un commissionnaire ne pourrait-il pas, au lieu de vendre à un tiers, se vendre à lui-même, et passer cette vente au compte du mandant avec sa commission ordinaire, ainsi que le permet notamment sous le nom de *Selbsteintritt* la loi allemande ?

A cela, deux réponses sont possibles :

a) Est-il juste que le commissionnaire perçoive sa rétribution de mandataire dans une opération pour laquelle il n'a pas eu de peine à chercher la contre-partie, puisqu'il l'est devenu lui-même ?

b) D'autre part, le commissionnaire, même en renonçant à sa commission, et en offrant de régler le montant complet du prix, cesse d'être dans son droit. Il ne doit pas pouvoir contraindre le commettant à exécuter l'opération, du moment qu'il s'est, à l'insu de celui-ci, appliqué la marchandise. Car l'intermédiaire a dû faire prévaloir son intérêt propre sur celui de son donneur d'ordre : il est probable qu'en cherchant un acheteur sur le marché il aurait traité à des conditions meilleures. Les abus ne manquent pas de se produire dans une législation qui autorise le commissionnaire à faire de la spéculation d'une manière secrète : le commettant croit s'être adressé à une maison qui écartait de ses affaires le risque du commerce, ce qui à ses yeux ga-

[1] Mêmes questions, lorsqu'on parle de la commission pour acheter : le rabais sur le prix obtenu par le commissionnaire doit profiter au commettant.

rantissait sa solidité ; et il se trouve, par suite des fausses combinaisons de son correspondant, victime de sa faillite.

Aussi le Code civil défend-il au mandataire chargé spécialement de vendre de se porter acheteur des biens sur lesquels porte son mandat (art. 1596). Règle impérative qui doit s'étendre aux matières de commerce. D'ailleurs, le commettant est seul fondé à se prévaloir de la nullité du marché fait contrairement à la défense légale. Ce qui lui donne le moyen d'exercer une pression sur son commissionnaire en faute, et par conséquent de subordonner son abandon de poursuites à une augmentation du prix auquel l'intermédiaire s'est attribué la propriété du mandant[1].

En fait, les difficultés que rencontre le commettant, pour obtenir du commissionnaire la connaissance de la contre-partie, assurent la plupart du temps l'impunité à cette pratique irrégulière.

Cependant, dans l'application que reçoit la commission aux marchés de Bourse, on a vu des opérateurs employer ce moyen avec succès. Des coulissiers acceptent des ordres d'achat ou de vente de valeurs : le client refuse de s'exécuter au moment de la reddition des comptes, en excipant de l'absence d'une contre-partie réelle. C'est le coulissier, dit-il, qui, tout en déclarant avoir opéré pour compte, aurait pris le marché pour lui. Non seulement le client refuse de lui payer le courtage, il argue le marché de nullité, l'intermédiaire ayant mis ses intérêts en opposition directe avec ceux de son commettant (V. notamment Trib. comm. Seine, 22 mai 1897). On montrera dans un instant que la ques-

[1] Lorsque nous arriverons à la commission d'achat, nous nous dispenserons de reprendre l'examen des mêmes questions. Il importe cependant de savoir si le commissionnaire acheteur est, lui aussi, incapable de vendre au commettant sa propre marchandise en vertu du mandat qui lui a été donné. — Nous le pensons, et pour les mêmes raisons qui ont fait introduire la défense du cumul pour le mandat de vendre. Cependant il n'y a point de texte, qui interdise au mandataire chargé d'acheter d'exécuter l'ordre au moyen de sa marchandise. La règle doit s'induire, par analogie, de l'art. 1596 : — Ce texte vise, *in terminis*, les adjudications publiques, et défend à une personne chargée de soutenir les enchères pour autrui d'y concourir pour elle-même. Ce sont les interprètes qui par *a fortiori* ont étendu ce texte aux ventes amiables. Cela étant, on s'explique fort bien que l'art. 1596 n'ait pas eu à s'occuper du mandataire chargé d'acheter. Car il est clair que, les biens d'une personne se trouvant portés en vente publique, son nom est rendu public, et que les enchérisseurs se garderont bien de donner pouvoir de miser à ce propriétaire de biens, intéressé, comme il l'est, à pousser les enchères aussi haut que possible. Du silence de l'art. 1596 sur l'hypothèse transposée, on ne peut donc pas déduire l'inexactitude de la solution par nous recommandée. — Cela n'affecte pas non plus la théorie générale, d'après laquelle un même individu peut occuper les deux rôles d'un contrat : cette théorie souffre seulement des exceptions, et la législation de la commission nous en offre une très notable, comme aussi la législation du courtage (L. 18 juillet 1866, art. 6 et 7).

tion se complique d'une clause de ducroire, et aussi de l'observation d'un prétendu secret professionnel[1].

936. — 4° Si la vente a été suivie du paiement du prix par l'acheteur au commissionnaire, celui-ci est *redevable de ce prix* au commettant, avec les intérêts à partir du jour où il l'a touché (art. 1996 C. com.). — Il est permis de déterminer le cours de ces intérêts au moyen d'un forfait. — Ex.: la valeur du prix doit être reportée dans les comptes des deux parties à l'expiration d'un délai, de trente jours par exemple, après qu'avis aura été donné au commettant de la conclusion de la vente ; peu importe l'époque où l'acheteur s'est engagé à payer.

Ce règlement du prix s'effectue, sous déduction de la rétribution stipulée par le commissionnaire, c'est-à-dire de la *commission*, dont le montant sera de 1 ou 2 0/0 par exemple.

Mais si le tiers acheteur n'a pas fait son paiement et est tombé au-dessous de ses affaires, le commissionnaire est irresponsable. Le mandataire ne répond pas, en effet, des événements de force majeure.

Ce n'est que dans le cas où il aurait traité avec un acheteur notoirement insolvable, que le commettant lui reprocherait à bon droit de n'avoir point pris ses informations avant de conclure le marché, et qu'il lui demanderait compte du prix non encaissé.

937. — **Ducroire.** — A cet état de relations vient déroger une clause fort importante, tantôt exprimée et tantôt même seulement tacite, et qu'on appelle la clause de *ducroire* (étymol. *del credere*, de la confiance). C'est une *convention par laquelle le commissionnaire se porte garant envers le commettant du paiement du prix par l'acheteur*, avec la promesse de le lui remettre à tout événement, même à défaut de pouvoir le recouvrer contre l'acquéreur qui le doit.

Cette convention s'analyse en une *assurance de solvabilité*, jointe au contrat de commission. Le commissionnaire se charge du risque que courrait autrement le donneur d'ordre de voir l'acquéreur manquer à ses engagements et de perdre ainsi la somme. Il devra régler le prix à ses frais en tant qu'indemnité, comme un assureur règle un sinistre en cas d'incendie. Cette assurance adjointe lui donne droit à une prime.

Aussi convient-il alors d'un supplément de commission : au lieu de stipuler 2 0/0, il en exige le double, et ce surcroît de rétribution, qui

[1] Le secret professionnel n'est établi par l'arrêté du 27 prairial an X que pour les agents de change. Il n'est pas étendu, soit à un agent de coulisse, soit à un commissionnaire en marchandises.

revêt un caractère particulier de prime d'assurance, est également appelé *ducroire*[1].

938. — Justifications. — C'est surtout dans le cas où le commissionnaire s'est porté ducroire, qu'on le voit opposer une résistance catégorique au désir, exprimé par le commettant, d'avoir la *justification* des comptes de vente. Lorsqu'il dépose des pièces, c'est pour la forme, car il se contente de produire à l'appui de sa demande de décharge le double de factures fictives et anonymes.

Il soutient que cette justification ne peut pas lui être réclamée, même dans les circonstances ordinaires, car elle aboutirait à la révélation du nom de l'acheteur. A plus forte raison lorsqu'il s'est porté ducroire, doit-il en être de même! Le donneur d'ordre ne manquerait pas dorénavant de se passer de son concours, une fois que ce nom lui serait connu. Il a ordonné de vendre à tel prix. Que peut-il exiger de plus, dès l'instant que l'intermédiaire s'est constitué garant de la somme et s'offre maintenant à la verser?

Ces arguments ne sont point probants. Le commettant a de justes raisons de se renseigner sur les conditions auxquelles l'acheteur a consenti à traiter, et de vérifier la conformité de ces conditions avec le compte que le commissionnaire lui rend. Or la stipulation d'un ducroire ne l'éclaire point sur la fidélité de l'agent.

Quant au danger que le commettant n'abuse de la connaissance du nom de l'acheteur, il est facile d'y remédier au moyen de la désignation d'un expert à qui seront représentés les livres (art. 15) et dont le serment garantira la discrétion. C'est par erreur que l'on induit de là

[1] On a dit quelquefois que le ducroire constituait un cautionnement : le commissionnaire deviendrait caution de l'acheteur envers le commettant. — Ce n'est pas exact, car il n'y a de cautionnement possible que par rapport à une dette principale ; or il manque au commettant d'être créancier direct de l'acheteur, par suite de l'interposition du commissionnaire entre eux.

On est tenté, d'autre part, de ramener la commission de vente avec ducroire à un « achat à condition ». Le commissionnaire serait l'acheteur de la marchandise et devrait le prix *ex vendito*, non *ex mandato*. Seulement son achat serait affecté d'une condition suspensive (le fait de trouver un sous-acheteur) et le prix, incertain au début, se déterminerait d'après celui que lui devrait ensuite le sous-acheteur, avec un rabais de 4 0/0. — Cette analyse n'est pas plus vraie que la précédente. Dans la commission, même avec clause de ducroire, l'intermédiaire promet de donner ses soins au placement de la marchandise au mieux des intérêts du commettant. C'est un acte de mandat qu'il accomplit et qui l'oblige à donner à son mandant la fidèle relation de la manière dont s'est exécuté le marché. Tandis qu'avec la théorie de l'achat à condition, il ne s'obligerait à faire aucune démarche, ne répondrait pas de son inaction, et en outre il ne devrait que le prix auquel l'auteur de la consignation a coté son produit, quand même il aurait, lui intermédiaire, obtenu d'un second acheteur une somme plus forte.

nécessité d'un secret d'affaires (ou d'un secret professionnel, au moins conjectural en l'espèce), l'impossibilité d'obtenir une production judiciaire des écritures (n° 139) [1].

939. — Appendice. — *Faillite du commissionnaire.* — L'action en reddition des comptes, qui vient d'être examinée, a un caractère *chirographaire*. Que le commissionnaire tombe au-dessous de ses affaires, avant le règlement des opérations par lui négociées, la perte sera pour le commettant; celui-ci viendra par simple contribution dans sa faillite, alors qu'il aurait pu revendiquer la marchandise et la reprendre par préférence aux créanciers, si le commissionnaire ne l'avait pas encore vendue (art. 575, al. 1er) [2].

Toutefois la loi s'est attachée à donner à ce commettant une sorte de privilège sur le prix de la marchandise, à défaut de la marchandise elle-même.

Ce privilège ne survit pas à la liquidation de la vente de cette marchandise entre les deux opérateurs. L'acheteur a-t-il déjà versé son prix avant la faillite aux mains du commissionnaire? La somme s'est confondue dans la caisse de ce dernier. Le commettant ne peut prétendre à aucun rang de préférence, il concourra nécessairement au marc le franc.

940. — Revendication du prix. — Mais quand l'acheteur est encore débiteur de son prix envers le commissionnaire, il y avait moyen d'appliquer ce prix exclusivement à la créance du commettant. C'est ce que la loi a fait. A-t-elle eu raison?

En *pure logique*, non. Par la vente qu'il a conclue en son propre nom (nous exceptons le cas d'une vente par représentation, car alors la solution que consacre la loi va de soi), le commissionnaire est devenu titulaire du prix pour lui-même, sauf à faire compte au commettant. Ce prix devient donc le gage général de ses créanciers. Il tombe en faillite; le syndic le recouvrera au profit de la masse et

[1] Si l'on pouvait se livrer dans un ouvrage élémentaire à des considérations de droit comparé, il y aurait à signaler les longues discussions agitées en Allemagne à propos de la loi des Bourses de 1896, et les minutieuses réglementations prises pour garantir, dans la mesure du possible, l'exacte reproduction par le commissionnaire du cours auquel il a dû traiter sans pouvoir faire une taille (*Schnitt*) dans ce cours.

[2] Cette revendication par le commettant, pour se couvrir de ses droits, de la marchandise non encore vendue au moment de l'ouverture de la faillite, constitue une différence frappante entre le régime de notre contrat et celui de la vente. Si le commettant avait purement et simplement vendu la marchandise au commissionnaire pour un prix déterminé, et qu'après réception l'acheteur eût fait faillite, le vendeur en serait réduit à produire pour son prix au marc le franc, sans reprise possible de la marchandise (art. 550, 576 et suiv.).

en fera la distribution proportionnelle. Telle est la déduction rigoureuse des principes.

En équité, cette solution n'aurait guère pu se défendre. Ce prix, c'est la marchandise du commettant qui en donne l'élément et la matière. Non encore vendue, la marchandise serait distraite et revendiquée par son propriétaire. Et parce qu'elle est vendue, les créanciers qui n'ont pas mis cette marchandise dans les biens du failli, seront fondés à se payer sur sa valeur !

Le droit romain, dans le mandat sans représentation qui longtemps fut seul pratiqué, avait fini par permettre au mandant de s'attribuer, nonobstant la faillite du mandataire, le profit des actions de celui-ci contre les tiers : on présumait qu'avant de déposer son bilan le mandataire en avait opéré le transport exprès à son mandant.

Telle est l'idée qu'exploite à son tour le droit commercial moderne. Il institue, au profit du commettant, sous un nom incorrect de *revendication du prix*, une distraction de l'action du commissionnaire contre le tiers acheteur, lorsque cette action est encore pendante au moment de l'ouverture de la faillite. Seulement le commettant n'exercera ladite action que du chef du commissionnaire, qui a été la vraie contrepartie du tiers : il n'aura donc pas plus de droits contre l'acheteur que n'en aurait le commissionnaire lui-même, en le supposant toujours *in bonis*.

Pour que cette revendication soit recevable, il faut que le prix n'ait été encore à cette date « ni payé, ni réglé en valeurs, ni compensé en compte-courant entre le failli et l'acheteur (art. 575, al. 2) ».

941. — *Ni payé.* — Le tiers acheteur a versé son prix au commissionnaire alors solvable, comme il avait qualité pour le faire. Il est nécessairement libéré.

942. — *Ni réglé en valeurs.* — Le tiers a souscrit au commissionnaire un *effet de commerce* en règlement du prix. Sans qu'il y ait à rechercher où se trouve l'effet au moment de la faillite, le commettant est privé du droit de le revendiquer à la place du prix.

Tantôt le commissionnaire a passé cet effet à l'ordre d'un nouveau porteur. Il n'existe plus dans le portefeuille du failli. Le tiers se doit à sa signature, qui circule. Il ne peut être obligé de faire au commissionnaire un second paiement. La revendication est perdue pour le commettant.

Tantôt l'effet a été conservé par le commissionnaire. Même alors la revendication est refusée, — soit parce que la souscription de l'effet a emporté *novation* de la dette du prix, qui serait ainsi juridiquement éteinte (voir dans l'étude des effets de commerce ce qu'il faut penser de cette explication), — soit plus simplement parce que, les règlements en espèces et en effets s'employant indifféremment les uns pour les autres, il serait peu raisonnable de leur attribuer des résultats différents.

943. — *Ni compensé en « compte-courant » entre le failli et l'acheteur.* — On suppose qu'une convention générale était intervenue entre le commissionnaire et le tiers, d'après laquelle toutes les opérations qu'ils feraient en crédit et en débit devaient perdre leur individualité et se fondre dans le solde périodique d'un compte où se balancerait le doit avec l'avoir.

Le solde du compte, clôturé au moment de l'ouverture de la faillite du commissionnaire, peut se présenter de l'une des deux manières suivantes :

a) Ce solde ne ressort pas à l'*avoir* du commissionnaire sur le tiers pour une somme égale au prix des marchandises du commettant. Peut-être ressort-il même à son *débit*, le tiers ayant, par hypothèse, fait plus d'envois au commissionnaire qu'il n'en a reçu. — Ex. : Prix de la marchandise du commettant, 100 fr. ; total des envois faits par le commissionnaire, ladite marchandise comprise, 200 ; total des envois en sens inverse, 300 ; solde final au profit du tiers, 100.

Le prix de la marchandise du commettant est entré dans le compte comme un élément de compensation. Le tiers profite de cette compensation. Car, si l'on sortait le prix du compte-courant pour l'appliquer au commettant, le solde en crédit de l'acheteur devrait se relever de 100 à 200 fr. : ce qui l'obligerait à s'inscrire par voie de dividende pour une somme double et à souffrir dans cette mesure de l'insolvabilité du commissionnaire. Le commettant ne saurait priver le tiers du droit acquis qu'il puise dans le compte-courant : il se contentera donc de produire à la faillite.

b) Du compte-courant se dégage un solde à l'*avoir* du failli pour une somme au moins égale au prix des marchandises. Strictement la revendication devrait encore être refusée. Car le compte-courant emporte certainement novation des créances qui y sont portées. — Mais, par mesure de faveur, la loi permet au commettant de se couvrir par préférence sur ce solde à concurrence du prix. Cela résulte de la substitution, lors de la revision de la loi des faillites en 1838, des mots « *compensé* en compte-courant » aux mots « *passé* en compte-courant » qui figuraient dans la rédaction de 1807.

Ainsi, le compte-courant n'éteint la revendication que lorsque le commettant n'arrive pas à se remplir du prix, sur un solde au crédit du failli.

C'est une manière d'encourager l'industrie de la commission. Le commerce recourra plus volontiers à ses services, s'il se sait mieux prémuni contre les suites d'une faillite de l'intermédiaire.

944. — II. *Obligations du commettant.* — Le commettant doit *donner décharge* au commissionnaire de sa gestion.

Si la vente de sa marchandise faite par ce dernier doit le constituer créancier des sommes encaissées pour son compte, il peut arriver au contraire que cette marchandise soit demeurée en souffrance, et qu'il se trouve lui-même débiteur. Il faut supposer pour cela qu'il a reçu des *avances* du commissionnaire.

Son devoir est de les rembourser, avec les intérêts stipulés ou avec les intérêts moratoires (art. 1999 et 2001 C. civ.). S'ils ont été plusieurs à donner l'ordre de commission et à toucher ces avances, ils sont tenus solidairement (règle admise même en droit civil, art. 2002). Mais la commission proportionnelle n'est due qu'autant que la marchandise a été réellement vendue : hors de là, un usage, dont on fera bien de vérifier, dans chaque cas, la réalité, paraît refuser au commissionnaire le droit de passer en compte les frais ordinaires d'entretien ou les démarches que lui a occasionnés la consignation (les auteurs se prononçaient jadis dans un sens différent.)

945. — Appendice. — *Faillite du commettant.* — Ici s'agite une question de même ordre que celle qui se présentait plus haut (nº 938) : elle concerne la sauvegarde de la créance de l'intéressé. Le commissionnaire, en faisant des prêts ou avances à son donneur d'ordre, est-il exposé à subir la loi du concours, si ce donneur d'ordre tombe au-dessous de ses affaires ?

Précédemment on disait : le commettant est couvert, au moins dans une certaine mesure, contre la faillite du commissionnaire. Le commissionnaire est-il également couvert contre la faillite du commettant ?

946. — Privilège du commissionnaire. — On doit répondre par l'affirmative. Le commissionnaire dispose d'un *privilège* spécial sur les marchandises du commettant qui lui ont été remises soit en simple *dépôt* soit en *consignation* (art. 95).

Ce privilège découle d'une pensée de *gage*. La loi sous-entend entre les parties une convention de nantissement sur les marchandises qui ont été adressées par le commettant à son commissionnaire, soit d'une autre place, soit de la même place (avant la loi de 1863, cela n'était pas vrai des dernières, faute de documents de route susceptibles de donner date certaine à l'envoi)[1].

[1] Pour que le commissionnaire eût privilège sur marchandises provenant de la même place, il fallait alors que ces marchandises lui eussent été engagées par un nantissement exprès, avec observation de l'art. 2074 C. civ.

C'est un contrat de gage implicite : règle absolument conforme aujourd'hui à l'admissibilité de tout mode de preuve, en matière de nantissement commercial (nouvel art. 91).

En d'autres termes, le commissionnaire n'a pas avancé son argent à découvert. Il a voulu que la marchandise répondît de sa créance, à partir du moment où il en serait saisi soit par une prise réelle de possession, soit par la négociation du titre de transport. Et ce privilège garantit non seulement le principal de sa créance, mais les intérêts et aussi le droit de commission (controverse sur ce point avant 1863), lorsqu'il aurait à faire entrer dans son compte des marchandises déjà vendues ou à arguer de démarches extraordinaires.

947. — De plus il a été implicitement entendu entre les deux parties que la marchandise couvrirait non seulement les *avances* à faire *postérieurement* sur elle, mais aussi les *avances déjà faites* au moment de son envoi. Sur ce point encore le privilège a été élargi en 1863; car, suivant le Code de commerce, les prêts devaient être faits sur marchandises déjà déposées lors des avances de fonds, tandis qu'aujourd'hui les avances sont garanties, qu'elles aient eu lieu « soit avant la réception des marchandises, soit pendant le temps qu'elles sont en la possession du commissionnaire ».

On comprend que le régime nouveau stimule le commissionnaire mieux que l'ancien à assister le commettant de son argent, puisque le gage sur lequel il compte, quoique absent aujourd'hui, peut lui advenir demain[1].

De ce que le privilège de l'art. 95 est fondé sur une notion de gage, résultent deux conséquences, entre autres.

948. — 1) Ce privilège est subordonné à une *prise* et à *un maintien de possession*. On ne reviendra plus sur le moyen de posséder par la détention du connaissement ou du récépissé (n°s 837 et 838).

949. — Cette condition de possession est délicate à analyser, lorsque le dépôt a pour objet des *valeurs* de Bourse sans ordre de les vendre.

Un banquier a fait des avances contre remise de titres de cette nature et il n'y a pas eu de convention expresse de gage. On lui refuse en pratique le privilège de l'art. 95, et à juste raison.

[1] Les gages donnés pour *dettes déjà existantes* dans la période immédiatement antérieure à la faillite du constituant, sont annulés à la demande de la masse, comme on le verra sous l'art. 446. Dès à présent, on devine que les consignations, faites dans cette période et destinées à couvrir le commissionnaire pour *avances antérieures* sont exposées, si le commettant tombe peu de temps après en faillite, à la même cause de nullité. C'est la conséquence naturelle de l'idée que la consignation n'est pas autre chose qu'un gage.

Le texte n'est pas fait pour régler une semblable situation. A tout le moins faudrait-il, pour rentrer dans la teneur de l'article, que ce banquier eût reçu un mandat de vendre ; autrement l'acte de commission dont il se charge cesse d'apparaître, et c'est ce que décide la jurisprudence (Civ. rej. 13 janv. 1868, affaire jugée sous l'empire des anciens articles 2074 et 2075 C. civ.).

Il est vrai que, depuis 1863, on peut prêter à un commerçant sur gage verbal, à la seule condition de prendre les titres en sa possession. Mais le dépôt des valeurs ne prouve pas qu'on ait l'intention de les affecter à l'emprunt. — Il se peut en outre que les titres soient émis sous la forme nominative. Or, la simple détention d'un certificat nominatif, sans aucun transfert à l'appui, n'équivaut pas à une possession régulière de la chose engagée. Nous l'avons dit dans le chapitre précédent, mais nous avons dit aussi que la jurisprudence professait à cet égard un tout autre sentiment (n° 893).

950. — 2) Lorsque la marchandise a été transformée en argent, le privilège du commissionnaire se transporte naturellement sur le prix.

Mais ici se manifeste entre le gage ordinaire et le gage né de la consignation une importante différence, avec traitement de faveur du commissionnaire. Celui-ci n'a pas à vendre la marchandise en vente publique (art. 93). Il lui suffit d'exécuter l'ordre de vente amiable qu'il a reçu, après quoi il se paiera par préférence sur la somme (art. 95, al. 3). La défense du pacte commissoire ne le concerne pas.

On n'en reviendrait aux formes ordinaires de liquidation du gage, que si l'ordre de vendre était révoqué, ou encore lorsque éclaterait la faillite du commettant avant son exécution: on sait, en effet, que la faillite fait cesser *ipso facto* la commission ainsi que tout le mandat.

§ 3. Commission d'achat

951. — Le commissionnaire a reçu de son mandant ordre non de vendre, mais d'acheter.

Il achète d'un tiers « en son nom propre » (nous parlons toujours *de eo quod plerumque fit*). Le tiers qui exige la prise de livraison et le paiement du prix ne peut pas agir par action directe contre le commettant [1].

En sorte que la survenance de la faillite du commissionnaire réduirait le vendeur à s'inscrire dans la faillite de celui-ci pour un dividende, sans préjudice du droit qu'il peut avoir de retenir sa marchandise.

[1] Le droit romain de la dernière époque admettait l'action quasi-institoire du tiers contre le mandant. Elle n'est pas consacrée par notre législation actuelle.

952. — Mais comment régler l'action du commissionnaire contre le commettant en remboursement du prix d'achat de cette marchandise? Tenu de ce prix envers le vendeur[1], l'intermédiaire a naturellement son recours contre le donneur d'ordre. Celui-ci étant insolvable, va-t-il subir le sort d'un chirographaire?

On propose de lui étendre le *privilège de l'art. 95*, à cause de la généralité du texte. Il serait couvert par la marchandise dont il a fait l'achat pour compte.

C'est fort contestable. L'art. 95 parle bien de « *tout* commissionnaire ». Mais il semble que la commission de vente soit la seule prévue par la disposition légale. Le privilège porte sur les dépôts et consignations, c'est-à-dire vraisemblablement sur les marchandises venues au commissionnaire de chez le commettant lui-même. « Tout commissionnaire » doit signifier dans la pensée des rédacteurs de la loi de 1863: celui qui reçoit la marchandise de la même place, comme celui qui la reçoit d'un autre lieu. Ils n'ont pas eu la pensée de régler la commission d'achat, qui suppose un mouvement de marchandise d'une autre nature.

953. — Ce n'est pas à dire que la marchandise achetée cesse de répondre envers le commissionnaire de la créance du prix, dès qu'il a eu la précaution de la conserver en sa possession. Seulement, il faut faire appel à d'autres principes pour protéger sa créance en remboursement.

Le commissionnaire a dû désintéresser le vendeur. Mais il était tenu pour un autre, qui est le commettant. Il bénéficie de la subrogation légale (art. 1251, 3° C. civ.). Substitué au vendeur lui-même, il pourra exercer le *droit de rétention* (art. 1612, 1613 C. civ., 577 C. com.) et refuser de livrer, du moment que le commettant n'est pas en état de payer[2].

[1] Peut-être le commissionnaire pour le règlement de ce prix a-t-il négocié à l'ordre du vendeur une traite sur son commettant, ce qui l'a dispensé de faire l'avance de la somme. Mais peut-être aussi cette traite lui revient-elle impayée, et en sa qualité de signataire de l'effet, il faut qu'il débourse la somme au compte du commettant insolvable. La question du texte en pareille hypothèse continue à se poser.

[2] Même s'il avait expédié ladite marchandise au commettant, et que cette marchandise ne fût pas encore entrée dans le magasin de ce dernier au jour du prononcé de sa faillite, le commissionnaire serait recevable à exercer la *revendication des effets mobiliers* en cours de route (art. 576 C. com. : voir ci-dessous l'étude de la faillite). C'est la conséquence naturelle de la théorie défendue dans le texte.

Nous ne voyons même pas qu'il lui soit interdit de liquider la marchandise afin de se couvrir de l'avance du prix, par voie de résolution. Ainsi procèdent les agents de

954. — Le commissionnaire, en dehors de faute établie, ne serait pas garant de la bonne qualité de la marchandise. Bien entendu, toute convention de ducroire doit être réservée.

Le vendeur seul, c'est-à-dire le tiers, serait tenu de l'action pour vices rédhibitoires et des actions de même ordre, et il paraît logique de procurer l'exercice de ces actions au commettant lui-même, *omisso medio*. Puisque le commettant peut poursuivre un tiers acheteur en quelque sorte par dessus la tête du commissionnaire (art. 575), on ne voit pas pourquoi, en transposant les situations, il lui serait défendu de poursuivre un tiers vendeur (du chef d'avaries, p. ex.).

955. — Ce qu'est devenue la commission. — Un mot sur l'évolution qui s'est produite à la dernière époque dans le commerce de commission.

Il va déclinant de plus en plus. Les commissionnaires se transforment en opérateurs pour compte, en acheteurs ou vendeurs directs. L'industrie emploie préférablement les représentants de commerce dont le concours est moins coûteux. On a compris que la lutte commerciale et que la loi du bon marché exigeaient la réduction des intermédiaires.

Les commissionnaires vendeurs, s'étant constitués pourvoyeurs en argent de leurs commettants, avaient dénaturé leur ministère. L'affaire de commission était devenue affaire de capitaux, ce qui les faisait délaisser le débouché de la marchandise. C'est une des raisons qui ont poussé les producteurs à les abandonner : ceux-ci souffraient du chômage de leurs stocks et se grevaient d'intérêts onéreux.

La commission n'a conservé toute sa portée ancienne que dans deux milieux d'opérations : 1° à la Bourse, où le donneur d'ordre, inconnu du cercle des spéculateurs, est obligé d'employer un intermédiaire disposé à traiter en son nom propre, et 2° dans le commerce de boutique, notamment dans la bijouterie et dans les articles de luxe, où le commerçant n'a pas assez de fonds pour acheter ferme les objets de fabrique étalés dans la devanture ou en magasin, et prend ces articles à condition, se réservant de les rendre s'il n'en trouve point le placement (encore n'est-ce plus là une vraie commission, voir la note sous le n° 935, p. 533).

change et autres commissionnaires de bourse, en fait de valeurs comme en fait de marchandises. Ils n'observent pas les formes de réalisation du gage, le donneur d'ordre fût-il insolvable. Ils l'exécutent sur le cours du jour où ce donneur d'ordre aurait dû verser la somme et s'est abstenu de le faire (voir notamment n° 787).

C'est qu'aussi, substitués aux droits du vendeur, ils font résoudre le marché (art. 1184), et que cette résolution, d'après l'usage, s'opère sans jugement.

CHAPITRE IV

DU TRANSPORT ET DE LA COMMISSION DE TRANSPORT

C. civ. III, 8, ch. III, section II, art. 1782 à 1786;
C. com. I, 6, sections III et IV, art. 96 à 108 (avec la loi du 11 avril 1888);
l. 15 juillet 1845 ; ordonn. 15 nov. 1846; cahiers des charges et tarifs;
convention de Berne du 14 oct. 1890.

SECTION PREMIÈRE

DE LA NATURE DU CONTRAT DE TRANSPORT, PRINCIPALEMENT EN MATIÈRE DE CHEMIN DE FER

956. — Le *contrat de transport* est trop connu de tout le monde pour nécessiter une définition détaillée : c'est la *convention par laquelle un voiturier promet*, en échange d'un prix appelé brièvement *port* (ou *tarif de place, de passage*, etc.), *de faire parcourir à une chose ou à une personne une certaine distance, d'après un système de traction déterminé.*

L'objet à transporter se nomme *colis*, ou, quand il accompagne une personne, *bagage* ; si c'est une personne, *voyageur*. Celui qui remet le colis au départ est l'*expéditeur*, et la remise qu'il fait constitue un *chargement*, une *prise en charge* du côté du voiturier. Celui qui doit prendre « réception » à l'arrivée est le *destinataire*; c'est entre ses mains que le voiturier effectuera la *livraison*.

Le transport donne lieu à de nombreuses contestations. Le commerçant use volontiers d'accommodement avec l'un de ses semblables, grâce aux ménagements que commande la clientèle ; mais il tient en général une attitude moins conciliante vis-à-vis de l'agent de transport. Le fait est à noter, du moins lorsque cet agent est le chemin de fer : à tort ou à raison, il voit en lui un tiers armé d'un monopole, et n'entrant pas dans le service de ses intérêts aussi complètement qu'il le voudrait.

957. — Le voiturier est d'ailleurs un *commerçant* d'après la loi (art. 1er et 632 C. com.). Le transport constitue un *acte de commerce*, lorsque l'agent qui s'en charge l'exerce à titre d'entreprise et non pas seulement d'une manière accidentelle.

Le voiturier est donc justiciable du tribunal de commerce (excepté lorsqu'il s'agit de réclamations concernant un bagage, pour lesquelles la loi du 25 mai 1838, art. 2, donne compétence au juge de paix). — Il encourt la faillite, lorsqu'il vient à manquer à ses engagements.

On a montré dans l'introduction que cette commercialité s'étendait à l'Etat pour l'exploitation de son réseau, et à plus forte raison aux Compagnies concessionnaires (nos 26 et 83).

Du côté de l'expéditeur ou du destinataire, le contrat ne sera commercial qu'à la condition de se rapporter à son commerce, et cela en vertu de la règle de l'accessoire (art 632, av. dern. al.). Autrement, et lorsqu'il s'agit, par exemple, du transport d'un voyageur ordinaire, ou du déménagement d'un particulier, la convention est de nature civile : le voiturier ne pourra assigner sa contre-partie que devant les tribunaux de droit commun, — et si c'est le voiturier qui est défendeur, l'autre plaideur pourra à son choix le traduire devant le tribunal civil ou devant le tribunal de commerce (no 34).

Cependant, quelle que soit la juridiction saisie, les dispositions du Code de commerce ou des autres lois ou règlements de la matière, sur la responsabilité du voiturier, sur les fins de non recevoir (art. 105, 108, C. com.), etc., recevront leur application. Elles doivent être suivies sans aucun égard à la qualité de la contre-partie; car ces dispositions ont été introduites pour régler la profession du voiturier, vis-à-vis de toutes les personnes du public recourant à son ministère.

958. — Le transport, si l'on écarte la navigation maritime, peut être exercé par trois sortes d'agents. Cela dépend de la nature de la voie que la marchandise ou que le voyageur est appelé à parcourir. Ce sont : — *le voiturier libre*, opérant le plus habituellement à traction de chevaux : fiacres, omnibus, et dans une région plus ou moins large autour des centres de commerce ou de population, entrepreneurs de roulage ; — l'*entrepreneur de batellerie*, opérant sur les rivières ou sur les canaux [1] ; — le *chemin de fer* dont l'apparition est plus récente et qu'on peut faire dater environ de 1832 [2].

La voie empruntée par le premier de ces agents de transport consiste dans les routes ou chemins vicinaux : sur cette partie du domaine public dont l'usage est gratuit, il fait circuler ses voitures, fourgons ou diligences. C'était au commencement du siècle le cas général. Quelques-uns de ces voituriers disposaient de subventions pour porter les dépêches, et entretenaient des services périodiques. Ils effectuaient leurs relais par le concours de maîtres de poste, pourvus d'un brevet,

[1] Nous n'avons pas comme les Allemands (1895) une législation spéciale sur les transports effectués au moyen de la navigation intérieure : ils sont réglés chez nous non pas par le droit maritime, mais par les principes du transport par terre.

[2] Epoque de la substitution de la locomotive à la traction par chevaux sur la ligne de Saint-Etienne à Lyon. Les premières discussions importantes aux Chambres sur le régime des chemins de fer ont eu lieu à la suite du dépôt des projets de 1837.

qui mettaient des attelages de rechange à la disposition des particuliers.

Pour la batellerie, la voie d'eau échappe également à tout péage. La suppression des droits de navigation, autrefois perçus par l'Etat sur les transports par eau à l'intérieur, a donné un élan favorable à cette navigation qui fait aujourd'hui aux chemins de fer, dans certaines régions, une sérieuse concurrence. Seuls étaient sujets à une taxe de péage les transports sur canaux, lorsque ceux-ci étaient aux mains de Compagnies concessionnaires. Ces Compagnies, substituées à l'Etat dans la construction et dans l'entretien du canal, étaient obligées de rentrer par ce système de redevances dans leur capital d'établissement et dans leurs frais d'exploitation. Mais le rachat du canal du Midi fait disparaître maintenant les dernières traces de cette organisation.

959. — Chemins de fer. Solidarité des règles de la domanialité et de celles du transport. — A l'égard des chemins de fer, la voie parcourue, c'est la voie ferrée. La voie et le matériel, absolument indépendants l'un de l'autre dans les deux modes précédents de transport, sont intimement liés ici ; et c'est celui-là même, à qui est confiée la garde de la voie publique, qui se trouve procéder au transport des marchandises ou des voyageurs empruntant cette voie.

Pouvait-on songer à établir une séparation entre la garde de la grande voirie, d'une part (tous les chemins de fer, même ceux qui forment des lignes départementales d'intérêt local, rentrent dans cette classification), et l'exercice du trafic de transport, de l'autre? Pouvait-on faire en sorte que l'Etat, le département ou une Compagnie concessionnaire, laissât passer sur son réseau de rails le matériel et la traction de tout entrepreneur disposé à employer cette voie publique ?

Cela revenait à assimiler le régime des chemins de fer à celui des routes. Assimilation qui comportait une réserve : la gratuité de la route n'aurait pu être entièrement maintenue, à cause des frais coûteux d'établissement des voies ferrées, et dont il convenait de faire prendre leur charge à ceux qui utilisent les lignes. Bref, avec une telle organisation, l'Etat (ou son substitué) aurait perçu un droit de péage. Mais le transport aurait été abandonné à la concurrence des entreprises particulières, proposant librement leurs conditions au public. Le tout, sous la tutelle de cette grande loi de la voirie moderne, que l'Etat aurait admis au parcours les voitures et moteurs du premier venu, à égalité de conditions et sans faveur.

Cette combinaison avait été examinée lors de l'apparition des chemins de fer. Il a fallu vite y renoncer.

Non seulement la pluralité des outillages et du personnel aurait exigé de tous ces entrepreneurs de transports, à l'état de rivalité, une mise inutile de capitaux concourant, en définitive, à un même emploi. Mais la police de cette voie ferrée, qu'allaient sillonner maintenant des instruments de traction rapide sur une même rangée de rails, le règlement des horaires, les mesures préventives contre les accidents ne permirent pas de consacrer cette manière de faire.

Le gardien de la voie publique dut réunir à sa première fonction celle de transporteur. Propriétaire du matériel, préposant de tout un personnel d'employés, agent de trafic, il devint tout cela : la taxe de péage et la taxe de transport durent se fondre dans une rétribution d'ensemble, révélant à l'analyse le double titre auquel opère le chemin de fer. Ce cumul de fonctions, imposé par la mécanique et par les sciences appliquées, rend immédiatement compte de la transformation du contrat de transport qui, libre à l'origine, a dû se plier aux exigences réglementaires de l'organisation du domaine public.

Entre les deux rôles qu'occupe le chemin de fer, il y a, du reste, une simple solidarité *de fait*, et non pas une communauté de régime *légal*. L'Etat ou la compagnie, en tant qu'il effectue le transport, exerce un service industriel et ne fait pas acte de domanialité. Autrement, la réclamation de la taxe relèverait du contentieux des contributions indirectes, ce qui n'est pas; et les dommages résultant de l'accomplissement du transport seraient rangés parmi les dommages résultant de l'exécution des travaux publics [1] et jugés par les conseils de préfecture (L. 28 pluviôse an VIII, art. 4), ce qui est également inexact.

960. — Sources du droit du transport. — Il était indispensable de présenter cet aperçu, comme avant-propos à l'énonciation des sources légales ou administratives du contrat de transport. Limitons-nous pour le moment aux chemins de fer. Les règles que nous avons à parcourir regardent l'*exploitation* seulement; ce qui exclut la construction des lignes, leur entretien, leurs règles de police, ainsi que les rapports financiers de l'Etat et des compagnies résultant de la garantie d'intérêt, ou de l'avance faite par celles-ci des capitaux d'établissement [2].

[1] Nous forçons ici le sens habituellement donné aux mots « dommages de travaux publics », afin de rendre l'antithèse plus frappante. — La plupart des concessions sur voirie, celles d'un service de gaz dans une ville, comporteraient une analyse de même ordre.

[2] Six grandes compagnies, sociétés anonymes dont les statuts, à la suite de diverses fusions, ont été approuvés par une série de décrets de 1852 et des années postérieures. — Dates d'expiration de leurs concessions : entre 1950 et 1955, à moins d'un rachat par l'Etat avant cette époque. — Longueur de leurs réseaux : plus de 32,500 kilomètres (sur 40,500 représentant environ tout le réseau français). — Régime financier établi en dernier lieu par les lois du 20 nov. 1883 approuvant les conventions, sur la base de la garantie d'intérêt, sommes remboursables à l'Etat sur les excédants

Les chemins de fer relèvent du ministère des travaux publics pour leur exploitation et pour l'homologation des tarifs, comme pour les autres questions qui les concernent ; il eût été plus conséquent de les placer, au premier point de vue, sous le département ministériel du commerce. Cette exploitation obéit à un ensemble de règles, qui déterminent les droits et les obligations des chemins de fer envers les expéditeurs et les voyageurs, et qui forment la législation du contrat de transport en droit privé. Ces règles ont une double origine, elles ne se sont point constituées à la même époque ni sous l'influence d'une pensée restée pareille.

961. — **Liberté.** — 1° Les premières sources en date du contrat de transport moderne sont les prescriptions contenues dans les Codes civil et de commerce. Ces prescriptions s'adressent à un voiturier quelconque ; aujourd'hui, elles sont les seules à former la loi d'un entrepreneur de transport autre que le chemin de fer.

Contemporaines d'un régime de concurrence en matière de transports, elles sont pénétrées du droit commun à tous les contrats ; c'est-à-dire de la *liberté des stipulations*. La loi règle la responsabilité, mais sous réserve de toutes clauses contraires, qui sont licites à moins d'offenser l'ordre public. Elle ne s'occupe ni des conditions pécuniaires afférant au transport, ni de la durée que mettra le contrat à s'exécuter, circonstances de nature toute contingente et qu'il appartiendra aux parties de préciser suivant leur volonté dans chaque cas particulier.

Dans le Code civil le transport ne figure même pas comme un contrat propre. Le législateur s'en occupe à propos du *louage d'ouvrage* (III, 8, chap. 3, sect. 2, art. 1782 à 1786) : le transport est rapproché par lui du *dépôt*, en ce qui touche la responsabilité du voiturier pour la garde et la conservation des choses qui lui sont confiées ou qui n'ont été encore que remises dans ses bâtiments ou dépendances ; c'est la responsabilité du dépôt nécessaire, auquel est également sujet l'aubergiste (art. 1952, 1953, C. civ.).

Dans le Code de commerce, deux sections du titre *Du gage et des commissionnaires*, les sections III et IV (art. 96 à 108) [1] sont consacrées au transport. C'est à l'occasion du contrat de commission qu'il est

ultérieurs de revenus, et de la construction des lignes du troisième réseau par les compagnies qui font l'avance des dépenses d'établissement (voir ci-dessus, n° 589). — Point de droit de propriété sur les lignes, qui dépendent du domaine public inaliénable et imprescriptible. — En outre des six grandes compagnies, un réseau d'État (2,800 kilomètres), un certain nombre de compagnies d'intérêt général, et des lignes d'intérêt local concédées par les conseils généraux pour le compte des départements intéressés (pour ces derniers chemins de fer : L. 11 juin 1880).

[1] Avant 1863, les sections II et III.

statué sur le transport. Le commissionnaire de transport et le voiturier servent successivement de texte aux dispositions de la loi. On considère la majorité des transports comme appelés à s'effectuer par l'intermédiaire de commissionnaires, ce qui ne répond plus à l'état actuel des relations économiques.

962. — Réglementation. — 2° A ces documents généraux, remontant au premier Empire, sont venus se joindre, à partir du gouvernement de Juillet, tout un ensemble de textes exclusivement applicables à l'exploitation des chemins de fer.

Si l'on avait purement et simplement étendu à ceux-ci le droit commun des conventions et du transport, l'inégalité de position des contractants aurait provoqué des abus criants.

Muni d'un *monopole de fait* que la navigation elle-même ne peut entamer que dans certaines régions et pour certaines natures de produits, le chemin de fer aurait dicté ses conditions au public. Il lui eût été possible soit de refuser les marchandises de tel commerçant déterminé, soit de consentir à tel autre des arrangements de faveur en s'associant à des spéculations individuelles, soit d'établir aux dépens des expéditeurs des prix de transport, des délais ou des clauses de non-responsabilité trop avantageux pour lui-même.

Ces prétentions, que l'on aurait fait découler de la liberté des contrats pour le plus grand dommage du commerce, étaient d'ailleurs en désaccord avec les principes du droit public. En excluant du trafic certaines personnes, ou en n'admettant pas tout le monde à en profiter de la même manière, le chemin de fer violait la grande règle de voirie, que les routes de la nation appartiennent en libre usage et sans distinction à chacun. Le public n'avait pas le moyen de redresser cette tendance naturelle du plus fort à imposer sa volonté ; faute de pouvoir lui résister en utilisant un autre mode de traction, il se trouvait entièrement à sa merci.

L'équilibre des parties dans la convention, rompu par l'entrée en scène de ce transporteur « nécessaire », devait donc se rétablir au moyen de dispositions légales ou réglementaires, conçues dans un esprit de *protection* pour le commerce et pour les voyageurs. Conséquence : des prescriptions nouvelles entreront désormais dans le contrat de transport avec le *caractère impératif*.

Il eût été de sage méthode de grouper ces prescriptions dans un instrument complet et bien coordonné. On eût ajouté cet instrument au titre du Code de commerce sur les commissionnaires, pour y faire l'objet d'une section cinquième et complémentaire sur le transport par chemin de fer.

963. — Cette méthode n'a pas été suivie. Les textes de la matière sont disséminés dans des lois, règlements ou arrêtés assez nombreux, dont le but principal est de régler la concession, la police du chemin de fer ou encore ses rapports avec le public, c'est-à-dire des questions d'ordres très variés.

En écartant ce qui a été fait dans le sens du groupement des textes, et bien mieux qu'en France, par les législations étrangères pour le trafic intérieur des divers Etats, — il faut dire que la codification des règles du transport par voie ferrée n'a été réalisée à la dernière époque que sur le terrain du droit international : telle a été l'œuvre de la *convention de Berne du 14 octobre 1890*, qui a réuni les chemins de fer de presque tous les Etats de l'Europe continentale en une union diplomatique.

Une législation commune, contenue dans les soixante articles de cette convention, sans parler des règlements qui l'accompagnent, s'applique aux transports directs de marchandises effectués depuis une gare de chemin de fer de l'un de ces Etats à destination d'une gare de l'un des autres Etats signataires. Ce transport direct ne peut être refusé et il s'accomplit sur le modèle d'une lettre de voiture uniforme.

L'instrument international, conçu dans la note du droit allemand, fait la loi d'un transport de France à un pays différent, ou inversement, par préférence aux règles intérieures du droit français du transport. On suppose bien que ces règles intérieures, incomplètes, peu précises et qui n'ont jamais été soumises à un travail d'ensemble, laissent fortement à désirer. Voici de quels éléments elles se composent.

964. — *a*) La *loi du 15 juillet 1845*, sur le chemin de fer de Paris à la frontière belge, décide, entre autres dispositions, qu'aucun chemin de fer n'a le droit de consentir des *arrangements individuels et de faveur* à d'autres entreprises de transport. Elle charge le gouvernement de prescrire, au moyen d'un règlement d'administration publique, « les mesures nécessaires pour assurer la plus complète égalité entre les diverses entreprises de transport. »

Une deuxième loi, de la même date, plus particulièrement relative à la police des chemins de fer, édicte une amende de 16 à 3,000 fr. pour toute contravention aux ordonnances qui porteraient règlement d'administration publique sur la police, la sûreté et l'*exploitation* du chemin de fer et aux arrêtés que prendraient les préfets en la matière, sous l'approbation du ministre des travaux publics. Est-ce de ce texte qu'on a déduit l'attribution, au moins indirecte, à ce ministre du pouvoir réglementaire dans les questions se rapportant aux chemins de fer, pouvoir réglementaire que par ailleurs les ministres ne sauraient exercer? On ne le voit pas très bien.

965. — *b*) En exécution de ces lois, l'*ordonnance royale du 15 novembre 1846* a promulgué un certain nombre de dispositions relatives à l'exploitation des voies ferrées : — défense aux compagnies de percevoir *aucune taxe sans homologation ministérielle*, ces taxes devant se maintenir dans les limites d'un maximum qu'autoriserait le cahier des charges ; — ordre d'exécuter les transports *sans tour de faveur* et de délivrer à l'expéditeur un *récépissé* s'il le demande, sans préjudice de la lettre de voiture; — obligation pour les compagnies de soumettre à l'approbation du ministre des travaux publics « leurs règlements relatifs au service et à l'exploitation. »

Ainsi, les chemins de fer se trouvent placés sous le contrôle du ministre des travaux publics. Le ministre exerce ce contrôle, ainsi qu'on va le voir, par ses arrêtés réglementaires, par les clauses qu'il fait insérer dans le cahier des charges de la concession, ainsi qu'en homologuant des tarifs dont il lui appartient de provoquer au besoin l'amélioration, en agissant sur les compagnies par voie de conseil et de persuasion.

Les dispositions de l'ordonnance, ainsi que celles des arrêtés ministériels ayant trait aux relations du public et du chemin de fer, peuvent être appliquées, malgré le principe de la séparation des pouvoirs, par la justice ordinaire. Notamment les tribunaux de commerce en connaîtront, à l'occasion, par exemple, d'un procès concernant un transport déterminé. Tel est, en effet, le pouvoir reconnu aux tribunaux de l'ordre judiciaire en matière de règlements administratifs, c'est-à-dire de textes, décrets ou arrêtés généraux (arg. art. 471, 15° C. pén.).

966. — *c*) Le ministre des travaux publics a exercé à diverses reprises ses attributions réglementaires, en prenant, entre autres dispositions, des *arrêtés* fixant les délais des transports pour la grande et pour la petite vitesse.

967. — *d*) Les *cahiers des charges*, délivrés par l'Etat aux Compagnies, déterminent principalement les conditions de la concession dans sa durée, dans ses causes de déchéance et autrement. Mais il s'y trouve aussi un certain nombre de prescriptions d'exploitation, destinées à préserver le public contre les dangers du monopole de fait du chemin de fer.

S'il fallait voir dans ces prescriptions la partie intégrante d'un marché de travaux publics, c'est la justice administrative seule, représentée par le Conseil de préfecture, qui en devrait connaître. On les analyse plutôt comme des actes réglementaires dont le contentieux peut ressortir aux tribunaux ordinaires, par la raison qui a été rappelée ci-dessus (n° 964).

Les cahiers des charges, pour les lignes d'intérêt général, variaient à l'origine dans leur rédaction. Mais on a fini par les unifier, grâce au dépôt depuis 1857, au ministère des travaux publics, d'un cahier modèle, dont à chaque concession nouvelle on se borne à reproduire la formule.

Voici quelques-unes de ces clauses : — perception des taxes à raison de la *distance kilométrique* parcourue ; — division des marchandises en *quatre classes* : pour chacune d'elles est déterminé un tarif maximum (péage et transport) par tonne et par kilomètre ; — nécessité de recevoir tous les chargements, sous condition d'un poids ne dépassant pas 5,000 kilogr. ; — obligation pour un chemin de fer, lorsqu'il a abaissé ses taxes, de ne pas les relever avant trois mois ou avant un an, suivant qu'il s'agit de voyageurs ou de marchandises ; — interdiction d'accorder à des expéditeurs une réduction sur les tarifs qui ne serait pas consentie à tous impersonnellement ; — admissibilité, moyennant l'autorisation du ministre, de *tarifs réduits* pour les expéditeurs qui consentiraient à une prolongation des délais, etc.

968. — Tarifs. — *e) Les tarifs*, selon l'idée la plus exacte qu'on s'en peut faire, sont les conditions proposées par le chemin de fer aux particuliers pour régler les transports qui lui seront confiés. On a déjà vu que l'ordonnance de 1846 obligeait les Compagnies à ne mettre aucun règlement en service et à ne percevoir aucune taxe sans s'être assuré l'approbation préalable du ministre des travaux publics. *Tout tarif est sujet à homologation ministérielle.*

Dans le langage usuel, tarif est synonyme de *taxe* ; c'est là le sens banal du terme : « on relève, on abaisse le tarif ». Cette acception est trop étroite, quoiqu'elle puisse convenir à la rigueur au *tarif général*. Voici, en effet, la séparation qu'il y a lieu d'établir entre les deux catégories de tarifs.

1) Le *tarif général* est applicable de plein droit, à moins que l'expéditeur n'ait demandé l'application d'un autre. La Compagnie offre, par ce tarif, de souscrire au transport tel que le règle le droit commun, avec la responsabilité d'un débiteur ordinaire, les délais fixés par les arrêtés ministériels, l'emploi du plus court trajet, et la taxe la plus chère.

Comme tous les éléments du transport, hormis le montant du port, se trouvent déjà déterminés par le Code de commerce et par les lois et règlements, il est permis de confondre le tarif et la taxe, quoique cela soit le résultat d'une vue superficielle.

2) Le fonctionnement des tarifs *spéciaux*, dits aussi *conditionnels* ou *à prix réduits*, montre que le tarif a beaucoup plus de portée. Le chemin de fer offre à l'expéditeur, au choix de celui-ci, et par dérogation au tarif général, des conditions de transport moins coûteuses, mais à condition alors par cet expéditeur de renoncer à l'un ou à plusieurs des avantages que lui donnerait le droit commun : par exemple, — il consent à un parcours détourné, à une durée de transport plus longue; — il reconnaît au profit du chemin de fer une *atténuation* et même une *exonération de responsabilité* (à supposer ces dernières clauses licites et consacrées, d'après le Code civil, par la liberté des conventions).

969. — Suite. Leur caractère. — Comment, dès lors, déterminera-t-on la nature de ces tarifs, dûment homologués et réclamés par les expéditeurs en vertu d'une option qui aurait pu leur faire préférer le tarif général, plus cher mais aussi plus sûr ? Ils ont la valeur de véritables *conventions*.

Ces conventions restent à l'état d'une simple offre, aussi longtemps que nul ne les réclame. Elles prennent corps d'existence et se renouvellent sous des conditions constantes, à mesure que des particuliers demandent que le tarif leur soit appliqué. Se placer sous le régime d'un tarif, c'est pour un expéditeur consentir à un type de transport que la Compagnie lui propose (situation de même ordre dans les conditions générales d'une police d'assurance).

Engager une contestation sur le sens ou l'application d'un tarif, c'est discuter la manière suivant laquelle, en l'espèce, le contrat de transport a dû être exécuté, conformément à la volonté des deux parties : les tribunaux ordinaires connaissent de ces contrats comme de tous les autres.

La jurisprudence caractérise le tarif différemment : elle lui reconnaît *force légale*, ce qui n'est pas très rationnel. Si elle lui imprime la valeur d'une loi, c'est afin d'expliquer pourquoi la violation des tarifs doit donner ouverture à cassation (ex. : un tarif concernant le transport des vins est réclamé par analogie pour la bière, ou pour d'autres spiritueux : la question ne rentre pas dans l'appréciation souveraine des juges du fond). Cette conséquence mérite, au surplus, d'être approuvée; peut-être se justifie-t-elle, sans qu'il soit besoin de mettre le tarif au rang des lois[1].

970. — Il y a d'innombrables tarifs spéciaux. Leur application se rattache à des questions économiques graves, qui n'ont pas leur place

[1] Il est de l'intérêt général qu'un tarif soit interprété de la même manière par tous les tribunaux du pays, car ce n'est qu'à ce prix que la lutte industrielle s'exercera dans des conditions d'égalité entre ceux qui y prennent part. Que la Cour de cassation assure l'application concordante des tarifs, et affirme son droit d'en déterminer le sens, comme de redresser les erreurs d'interprétation des tribunaux ou des cours, cela est tout à fait en harmonie avec le rôle supérieur d'unification judiciaire dont elle est investie.

dans cet enseignement : *tarifs différentiels* dérogeant à la règle de la distance kilométrique proportionnelle, et donnant à des industries éloignées le moyen d'élargir leurs débouchés au détriment d'industries plus rapprochées; tarifs limités à certains produits; *tarifs de gare à gare*, etc.

971. — **Situation du destinataire.** — Terminons cette partie de l'étude des transports, en déterminant le rôle respectif des parties dans le contrat.

Il n'y a aucune difficulté pour ce qui concerne le *voiturier*, qui s'engage à effectuer le transport. Il n'y en a pas davantage pour l'*expéditeur*, bénéficiaire de cette promesse, qui s'oblige à fournir le montant du port, s'il ne le débourse pas d'avance au départ.

Mais la situation est moins nette à l'égard du *destinataire*. Il n'est pas intervenu au transport au moment de sa conclusion. Par conséquent, il semble que ce transport soit dépourvu d'effet pour ou contre lui, et qu'il ne puisse exercer les actions du contrat que *du chef de l'expéditeur* (art. 1166 C. civ.). Il s'exposerait en ce cas à subir les exceptions, telles qu'une compensation, nées au profit du voiturier contre cet expéditeur dont, en procédure, si l'on raisonnait ainsi, il tiendrait la place[1].

972. — Quant à reconnaître à ce destinataire une action de son propre chef, il serait impossible de la faire dépendre de son *droit de propriété* sur la marchandise en cours de voyage. On songe au système suivant : le destinataire est propriétaire du colis, c'est à ce titre qu'il peut arguer du contrat de transport personnellement. Ce serait une erreur.

D'abord une pareille propriété ne lui appartient pas dans tous les cas : peut-être n'est-il qu'un simple commissionnaire de l'expéditeur, ou ne doit-il, d'après les termes de la commande, être rendu propriétaire qu'au moment de l'arrivée (nos 839 et suiv.).

Même en supposant que le colis lui soit transmis dès l'époque du chargement, il n'en résulte pas que la créance du transport se forme

[1] Voici une situation qui se présente assez fréquemment, et dont il serait facile de montrer le lien avec celle discutée dans le texte. L'expéditeur apparent n'est pas l'expéditeur réel. Un envoi est fait par les soins d'un employé pour le compte d'un patron. L'action naît au profit de celui-ci, lorsqu'il est mentionné sur la déclaration d'expédition. Mais, s'il s'agit de bagages, il n'y a pas de déclaration de ce genre. — Des jugements décident que l'action n'en appartient pas moins au patron, là du moins où la forme des colis (boîte d'échantillons) donne à supposer que le voyageur est le représentant d'une maison (Trib. com. Seine, 9 oct. 1896). Il nous paraîtrait plus conforme au droit de donner l'action du transport au représentant lui-même : le patron ne les exercera que du chef de son commis, ce qui, la plupart du temps, équivaudra au même résultat que de les lui donner de son propre chef.

à son nom. Loin de là : le voiturier ignore la nature du rapport de droit existant entre celui qui lui a remis la marchandise et celui aux mains duquel elle doit être rendue, et c'est toujours la même personne qui lui donne l'ordre de transport en se servant d'une formule identique. L'expéditeur paraît donc le seul titulaire de la créance et aussi le seul débiteur du port, des frais ou autres avances.

973. — La jurisprudence admet un autre système.

D'abord (et sur ce premier point pas de difficulté) le fait de délivrer la marchandise à l'arrivée engendre entre le transporteur et le destinataire un lien de droit. Ils ont pris contact l'un avec l'autre ; dorénavant le destinataire peut agir de son chef à raison d'avaries, par exemple, de même qu'il s'est tacitement obligé à payer le port. Il est entré dans les droits et dans les obligations de l'expéditeur. Il suffit même qu'il ait réclamé la marchandise, pour que le voiturier soit fondé à voir dans cette attitude la preuve de son accession au contrat de transport.

Plus simplement encore, et quand même le destinataire ne se serait pas encore rapproché du voiturier, les arrêts font intervenir la théorie des promesses pour autrui accessoires à un contrat fait pour soi-même (art. 1121 C. civ.). L'expéditeur, en même temps qu'il stipule pour lui et dans son intérêt l'exécution du transport, fait encore cette *stipulation pour le destinataire* ; de telle sorte que celui-ci, bénéficiaire d'une offre qui lui est adressée à distance, est maître de l'accepter. Cela lui procurera le pouvoir d'attaquer alors le transporteur comme s'il avait traité dès l'origine avec ce dernier[1].

974. — Faculté de disposer de la marchandise. — La question, plus connue à l'étranger et en droit international qu'en droit français, de la *disposition de la marchandise en cours de route,* se lie dans une certaine mesure à cette détermination du rôle occupé par le destinataire dans le contrat.

L'*expéditeur* qui a donné un ordre de transport au voiturier peut ensuite le modifier, en dirigeant le colis vers une destination différente

[1] Il y a une raison pratique décisive, qui milite en faveur de cette action directe, bien qu'elle n'ait jamais été produite, à notre connaissance. — S'il n'y a d'autre action que celle qui est née en la personne de l'expéditeur, le profit de cette action se mesure nécessairement à l'intérêt que possède ledit expéditeur au bon accomplissement du transport. Or, quand il s'agit d'une marchandise vendue et livrable au départ, cet intérêt fait entièrement défaut : les risques ayant passé au destinataire, l'expéditeur recevra de lui le prix de la marchandise en tout état de cause. — Il fallait bien instituer une action qui permît au destinataire de se plaindre du grief que la mauvaise exécution du transport lui occasionnerait à lui-même. On n'arriverait pas à lui procurer une réparation, en le subrogeant purement et simplement aux droits de son expéditeur.

ou en le faisant revenir à lui. Aussi longtemps que le destinataire n'a pas accédé de son côté au transport, cette faculté de l'expéditeur demeure certainement entière : elle n'est point subordonnée à une adhésion du destinataire. On ne s'explique même pas que l'expéditeur doive, pour user de cette faculté de disposition, produire le récépissé que le voiturier lui avait délivré lors de la prise en charge, bien que certains arrêts imposent pareille condition.

Il faut, semble-t-il, aller plus loin : une manifestation *par le destinataire* de la volonté d'avoir le colis pour lui ou d'en changer l'itinéraire, ne saurait paralyser ni même gêner le libre droit de l'expéditeur d'en disposer comme il l'entend. Car ce droit, appartenant au principal contractant, n'est pas absorbé par l'entrée du destinataire dans le contrat. Il convient que le pouvoir de l'expéditeur prime toute prétention rivale sur le colis émanant de la personne désignée pour le recevoir.

En d'autres termes, jusqu'à la livraison, le transporteur doit déférer à l'ordre d'arrêter la marchandise ou d'en modifier la direction, si c'est du côté de l'expéditeur que pareil ordre lui vient. Il ne doit pas y donner de suite, lorsque c'est le destinataire qui lui fait ces injonctions (celui-ci fût-il porteur du récépissé, qu'il représente en même temps; en sens contr. Req. 15 nov. 1893).

Quant à savoir si cette défense de l'expéditeur a été faite à bon droit, et si elle contrevient ou non aux conventions échangées entre les deux commerçants, cela ne regarde pas le voiturier. Le destinataire pourra obtenir de la justice mainlevée de la défense, en démontrant par exemple que la marchandise, d'après la facture d'envoi, était bien à lui. Il obtiendra même des dommages-intérêts contre son correspondant, l'auteur de la contravention. Le voiturier en tout cas a pu et dû surseoir à la livraison, la seule chose qu'il y ait lieu de constater au point de vue du droit du transport.

On verra que l'état de faillite du destinataire justifie au profit de l'expéditeur la revendication de cette marchandise en cours de voyage, de quelque manière que statue la facture : la revendication constitue, dans cette éventualité, un moyen pour le vendeur non payé de son prix de ne pas venir en concours avec les créanciers de son acheteur (article 576 C. com.). Mais c'est là encore une règle étrangère aux effets engendrés par le transport.

D'après la convention de Berne (art. 15 et 26), le droit de disposer du colis est reconnu à l'expéditeur, pourvu qu'il soit en mesure de rapporter le double de la lettre de voiture, ou à son défaut l'autorisation du destinataire. Cette faculté est perdue pour lui et passe alors au destinataire, lorsque le chemin de fer a remis à celui-ci, à la suite de l'arrivée du colis, la lettre de voiture faisant feuille de route[1].

SECTION II

FORMATION DU CONTRAT DE TRANSPORT

975. — On s'est demandé si le transport avait besoin pour se former de la remise de la chose au voiturier. La question n'a pas beaucoup d'intérêt.

Lorsque le voiturier a pris l'engagement d'aller charger le colis chez l'expéditeur et contrevient ensuite à sa promesse, il est certainement responsable, en vertu soit du transport soit d'une autre convention innommée. Dans l'organisation des chemins de fer, ceux-ci ne sont tenus ni de faire fonctionner un service de camionnage au départ, ni même de tenir à jour fixe, à la disposition des expéditeurs qui leur en adresseraient la demande, des wagons vides prêts à être chargés (Cass. 30 juin 1896).

Nous supposerons, pour plus de simplicité, que le contrat de transport ne se forme que par la *prise en charge* du colis, c'est-à-dire par sa remise au voiturier.

976. — Cette prise en charge est immédiatement constatée au moyen d'un *enregistrement* (la seule écriture que l'on tienne pour les bagages accompagnant un voyageur, taxe 0 fr. 10) : l'entrepreneur de transports doit tenir registre des objets dont il se charge (art. 1785 C. civ. et 96 C. com.), c'est en quelque sorte son livre journal.

Au surplus, la responsabilité, que le transporteur expose pour les détournements dont le colis serait l'objet, ne commence pas seulement au moment où la marchandise est enregistrée : des expéditeurs ont été victimes du vol de leurs caisses ou ballots après leur entrée dans la cour ou dans la gare du chemin de fer. Ils ont obtenu à raison de cette soustraction une réparation de la Compagnie, quoiqu'au moment de la perte aucune pièce attestant le chargement n'eût été encore constituée.

[1] Il ne faut pas confondre avec cette question du droit de disposition sur la marchandise, celle de la *saisie-arrêt* pratiquée sur le colis, aux mains du transporteur, par les *créanciers*, *soit de l'expéditeur*, *soit du destinataire*. De quelque côté que vienne pareille opposition, le transporteur est tenu de suspendre l'accomplissement du transport. Il ne saurait se constituer juge du mérite de cette saisie-arrêt. Elle réussira, lorsque les créanciers opposants prouveront que leur débiteur, au moment de la saisie, était le propriétaire de la marchandise, et que celle-ci fait par conséquent partie de leur gage d'exécution. — Ce problème n'est plus connexe à celui de la fixation de la créance du transport, mais bien à une détermination de propriété.

977. — Indépendamment de l'enregistrement, on dresse un écrit, la *lettre de voiture*, désignée aujourd'hui *récépissé* dans le trafic des chemins de fer.

C'est avant tout une condition imposée par la régularité du service et aussi fort utile pour la preuve. Seulement comme le transport est un contrat consensuel (ou réel), mais un contrat dépourvu de toute solennité, l'absence de cet écrit ou son insuffisance de rédaction n'enlèverait rien à la portée de la convention : elle pourrait même être établie par témoins (art. 109 C. com. *Non obst.* art. 101 : la lettre de voiture *forme* un contrat).

La lettre de voiture, à l'origine, était un instrument unilatéral rédigé par l'expéditeur. Celui-ci la remettait au voiturier avec le colis, en parlant dans le corps de la rédaction au destinataire et en s'exprimant à la deuxième personne en un style que l'usage avait rendu prolixe.

Sous forme de lettre découverte confiée au voiturier, l'expéditeur donnait par là à son correspondant de l'autre place des instructions tendant à recevoir dans un certain délai une marchandise par lui identifiée et au besoin à en régler le port.

Les divers éléments de la convention se trouvaient ainsi retranscrits dans le titre. Ce titre devenait *feuille de route*, et il arrivait au voiturier de s'y référer aux diverses stations de son voyage, afin de savoir à quel moment et à quelle adresse il devait en opérer la délivrance.

On s'était accoutumé d'ailleurs à dresser en trois exemplaires cette lettre de voiture, qui devait être copiée en outre sur un registre spécial du voiturier (art. 102 *in fine* C. com.) : l'original restait au bureau de départ, le transporteur en tirait un double qu'il remettait à l'expéditeur en le signant, et une seconde copie devait accompagner le colis dans le portefeuille du conducteur ou chef de convoi.

978. — Cette organisation se retrouve, avec un simple changement de mots, pour le service des chemins de fer. Dans le trafic intérieur, la lettre de voiture est tombée en désuétude, elle est remplacée par le récépissé. L'expéditeur rédige un bordereau ou *déclaration d'expédition*, document qui exclut toute phraséologie et dont il lui suffit de remplir les blancs. Les énonciations de cette pièce sont reproduites par le chemin de fer sur un cahier à souche, auquel adhère pour chaque feuillet une double reconnaissance de la marchandise.

L'un de ces doubles est remis à l'expéditeur et sert de preuve en sa faveur. L'autre constituera la feuille de route et sera présenté au destinataire avec la marchandise. Telles sont les deux expressions du *récépissé*, dont l'envoi d'un colis détermine la création. Les règlements obligent les compagnies à délivrer pour chaque expédition une pièce de cette nature, si elles en sont requises; en fait elles la délivrent toujours.

979. — L'usage du récépissé se rattachait dans le principe au désir du commerce d'éluder le *droit de timbre* dont la lettre de voiture était passible. On s'imaginait que, du moment que la pièce avait la forme d'un reçu, la franchise fiscale, admise à cette époque pour les quittances, devait naturellement s'étendre à ce nouvel instrument. Ce fut une tolérance de trop longue durée.

Aujourd'hui, à part l'abaissement de taxe pour le récépissé délivré en grande vitesse, et qui ne doit qu'un timbre de 0 fr. 35, le droit est le même pour une lettre de voiture et pour un récépissé et il s'élève à 0 fr. 70 (décompte : papier timbré 0 fr. 60, quittance de la marchandise par émargement du destinataire à l'arrivée, 0 fr. 10). Il est question maintenant de convertir ce timbre fixe en un timbre proportionnel, qui s'élèverait avec le chiffre du port lui-même.

980. — L'ancienne lettre de voiture, le récépissé ou la déclaration d'expédition, renferment les énonciations suivantes, que mentionne l'art. 102.

... *La nature et le poids ou la contenance des objets à transporter*. La taxe de port est perçue, dans l'organisation des chemins de fer, d'après la nature et d'après le poids du colis.

D'après sa nature. — Les marchandises sont réparties par le cahier des charges en *quatre classes* dont les règlements et les tarifs ont fait *six séries*. A chacune d'elles répond une unité de taxe, plus élevée pour les premières séries que pour les autres. Car ces premières séries contiennent les articles qui font courir à la compagnie un risque plus fort ou qui sont pour elle d'une manutention plus compliquée.

La *fausse déclaration de nature de la marchandise* par l'expéditeur a pour but de la faire taxer d'un port plus faible que celui des règlements. Ce fait, vis-à-vis d'un transporteur ordinaire, n'a pas de sanction pénale. L'expéditeur est seulement exposé, en cas de perte ou d'avarie, à ne toucher qu'une indemnité calculée sur la valeur d'une marchandise de l'espèce déclarée, alors que la sienne a probablement plus de prix. En outre, si le mensonge vient à être découvert, il devra payer le supplément de port qu'il avait cherché à dissimuler. — A l'égard d'un chemin de fer, l'inexactitude dans la déclaration est frappée plus sévèrement ; il y a eu contravention aux règles d'exploitation des chemins de fer, et, par conséquent, l'amende établie par l'article 21 de la loi de 1845 est encourue. Toutefois le fait ne tombe pas sous la qualification de l'escroquerie (art. 405 C. pén.) : il n'y a pas eu de manœuvres frauduleuses, mais un simple mensonge, que la Compagnie, d'ailleurs, au moment de la prise en charge, pouvait à la rigueur constater, en opérant l'ouverture du colis.

D'après le poids du colis. — La marchandise est pesée à l'expédition et paie proportionnellement à son poids, non à son volume. L'unité du cahier des charges est la tonne métrique, mais elle se fractionne par dix kilos en petite vitesse (nous négligeons les particularités de la grande vitesse ou des colis postaux).

Exceptionnellement, pour certains articles-finances : — bijoux, titres, dentelles, il y a une taxe établie *ad valorem*, sur la déclaration de la valeur. Cette déclaration, dans une expédition ordinaire, n'a d'autre effet que de fournir une base d'évaluation pour le cas où le colis viendrait à se perdre ou à se détériorer. A cela près, elle ne lie pas l'expéditeur, qui peut réclamer une indemnité plus forte, si la valeur du colis la justifie. Mais à l'égard des articles compris dans cette exception, l'évaluation est nécessaire pour l'assiette du port et elle limite le chiffre éventuel de la réparation.

981. — ... *Le délai dans lequel le transport doit être effectué* (la lettre de voiture doit être, en outre, datée, ce qui permet de calculer ce délai, s'il comprend un certain nombre de jours à courir). Dans le service des chemins de fer, le délai diffère en sa durée, suivant que l'expédition a lieu en *grande* ou en *petite vitesse*.

Au premier cas, le colis prend le fourgon du premier train de voyageurs de toute classe, avec trois heures de tolérance depuis la remise pour le départ, et la livraison à destination dans les deux heures de l'arrivée.

En petite vitesse, l'expédition est faite dans le jour qui suit celui de la remise, et la marchandise est mise à la disposition du destinataire dans le jour qui suit celui de l'arrivée ; il est donné pour la durée du transport, qui s'effectue alors par train de marchandises, un jour par 125 kilomètres de la distance à franchir [1].

Cela n'est vrai que du tarif général ; les tarifs spéciaux ont d'autres délais.

982. — ... *Le nom et le domicile du commissionnaire par l'entremise duquel le transport s'opère, s'il y en a un.* Lisez le *nom de l'expéditeur*, la loi suppose que c'est un commissionnaire qui remet le colis au voiturier pour l'expédition, agissant ainsi pour le compte d'un autre (voir la commission de transport dans la dernière section de ce chapitre).

983. — ... *Le nom de celui à qui la marchandise est adressée.* C'est le destinataire ; quant à lui surtout importe l'indication du domicile,

[1] Ces délais ne sont obligatoires que dans leur indivisibilité. Le chemin de fer, qui se serait mis en retard pour expédier le colis, peut rattraper ce retard pendant la route et livrer avant l'expiration du délai total. — Inversement, l'arrivée avant la fin du délai permet à la Compagnie de l'épuiser jusqu'à son entier accomplissement.

et aussi celui du lieu où le colis sera livré. A cet égard, les règlements des chemins de fer donnent aux expéditeurs le choix entre l'envoi *livrable en gare* et l'envoi *livrable à domicile*.

Dans ce deuxième mode d'expédition, la compagnie doit, en percevant, bien entendu, une taxe supplémentaire de camionnage, transporter par ses soins le colis jusque dans la maison ou dans la résidence du destinataire. Pour toute gare desservant dans un certain rayon une population agglomérée de 5,000 habitants, elle est tenue d'organiser à cet effet un service de factage.

Lorsque l'envoi est fait en gare, c'est le destinataire qui doit aller prendre la marchandise au bureau du chemin de fer et la faire camionner chez lui par ses propres moyens, s'il y a lieu.

Mais, instruit de l'arrivée du colis par une *lettre d'avis*, il peut aussi, en retournant cette lettre signée, demander à la compagnie qu'elle lui rende la marchandise camionnée à son propre domicile. Faute de retirer le colis ou de donner ses instructions dans les quarante-huit heures, depuis la mise à la poste de la lettre d'avis, il supporte un droit de magasinage perçu par chaque jour de retard ; cette taxe compensera pour la compagnie les frais et les risques de conservation de la marchandise. Après certaines divergences de jurisprudence, on a fini par admettre que l'envoi de la lettre d'avis n'était pas obligatoire pour le chemin de fer ; il est du devoir du destinataire de s'informer par lui-même du moment de l'arrivée en gare du colis.

On eût compris que cette pièce fût exigée à la fois et dans l'intérêt de la compagnie, afin de lui permettre de débarrasser son matériel et ses gares, et dans l'intérêt du destinataire, pour le renseigner sur l'arrivée de la marchandise. Si cette interprétation avait prévalu, l'omission de la lettre d'avis aurait entraîné, à la charge de la compagnie, des dommages-intérêts dans le cas où le destinataire en a souffert.

Mais une pareille solution est repoussée par les arrêts. Le chemin de fer peut arguer contre un destinataire du silence que celui-ci a gardé après la lettre d'avis; mais le destinataire, lui, ne saurait faire reproche à la compagnie de s'être abstenue de l'aviser. C'est un régime assez peu équitable.

984. — ... *Le nom et le domicile du voiturier*.

985. — ... *Le prix de la voiture*, c'est le *port*. Il est proportionnel à la distance parcourue, sauf les dérogations résultant du fonctionnement des tarifs spéciaux. La taxe à base kilométrique décroissante, où il est compté, par exemple, pour les transports excédant 50 ou 100 kilomètres, une unité base plus faible, a été parfois recommandée : la compagnie supporte pour les transports à longue distance des frais généraux moindres, si on les répartit sur tout le parcours, et elle pourrait taxer ces transports à un prix plus réduit.

La demande par l'expéditeur du *tarif le plus réduit*, demande qui n'est subordonnée d'ailleurs à l'emploi d'aucune formule sacramentelle, oblige la Compagnie à appliquer au colis la plus faible taxe mise par elle en service. Lorsque le colis doit emprunter plusieurs réseaux successifs, et qu'il existe entre les Compagnies un tarif commun dont l'expéditeur ait intérêt en pareil cas à profiter, c'est ce tarif commun que le chemin de fer chargeur doit appliquer, par suite de la réquisition du tarif le plus réduit (C. civ. 16 déc. 1895). Mais il y a plus de doute, lorsque chaque Compagnie de son côté a promulgué des tarifs à bon marché. On pense généralement que le chemin de fer qui prend le colis au départ n'est pas tenu d'effectuer la *soudure* des deux tarifs spéciaux, et qu'il doit seulement déférer à la demande par l'expéditeur de la taxe du port réduit, pour la partie du parcours qui s'effectuera sur son propre réseau (Civ. 4 déc. 1895 et 25 mai 1897).

L'expédition a lieu tantôt en *port payé* (franco), tantôt en *port dû*. Le port dû sera réglé à l'arrivée par le destinataire.

Tout chemin de fer doit accepter un chargement sous cette clause, du moment que la valeur du colis est suffisante pour répondre du paiement du port.

Il doit même accepter une *marchandise grevée de débours*, du fait d'un transporteur antérieur à lui et qui lui remet le colis pour en suivre le parcours : le second agent de transport devra en pareil cas recouvrer à l'arrivée la fraction de port qui lui revient à lui-même et aussi celle qui revient au premier agent, envers qui il se trouve ainsi comptable de l'encaissement. On verra ci-dessous comment est garantie cette créance du port et des accessoires.

986. — ...*Le remboursement à faire suivre* (ceci n'est point signalé dans l'art. 102, et n'apparaît dans la lettre de voiture ou dans le récépissé qu'à titre exceptionnel). Il faut supposer que la marchandise a été vendue par l'expéditeur au destinataire, avec la clause que le prix sera payable comptant à l'arrivée. L'expéditeur donne mandat au voiturier d'encaisser le prix à sa place et de lui retourner les fonds moyennant une taxe réglementaire. C'est l'*envoi contre remboursement*.

Les chemins de fer ne sont pas obligés, dans le service intérieur, de se charger de colis grevés d'une pareille charge, quoique, en fait, ils les acceptent constamment. D'après la Convention de Berne, art. 13, au contraire, ils y sont tenus en service international.

La responsabilité du transporteur est alors aggravée. Substitué au vendeur, il doit user du droit de rétention (art. 1612 C. civ.), du moment que le destinataire ne se montre pas disposé lors de la réception à payer la somme. En livrant sans se faire remettre les fonds, il serait comptable envers l'expéditeur du prix de la marchandise : l'acheteur venant ensuite à faire faillite, la perte serait pour le chemin de fer.

987. — ...*L'indemnité en cas de retard.* Du temps des anciennes lettres de voiture, l'usage avait fait introduire une clause pénale obligeant le voiturier à payer ou à déduire le tiers du port pour dommages-intérêts, si le transport devait subir un retard.

C'est en vain que le commerce prétendit obliger les chemins de fer à reproduire cette clause dans les récépissés. Elle ne leur est pas imposée par les cahiers des charges ou par les règlements. Mais rien n'empêche une Compagnie de mettre en service, à côté du tarif général, un tarif spécial à option, préalablement homologué, contenant un pareil forfait d'indemnité : la réclamation de l'expéditeur par suite du retard ne saurait en ce cas dépasser le montant du forfait convenu.

988. — ... *Elle est signée par l'expéditeur ou le commissionnaire* (c'est pour le chemin de fer, la déclaration d'expédition qui porte cette signature).

Elle présente en marge les marques et numéros des objets à transporter.

La lettre de voiture ou le récépissé pourraient à la rigueur être constitués *à ordre* ou *au porteur*. Ce qui ferait du certificat un titre représentatif de la marchandise, rendrait sa transmission ou sa mise en gage possible en cours de route, et obligerait le voiturier à ne se dessaisir à l'arrivée que contre production du document [1]. Mais, autant cet usage est fréquent pour le connaissement en matière de chargement maritime, autant jusqu'à présent la pratique des chemins de fer en France lui est défavorable, la remarque en a été faite précédemment (nº 838, p. 471 note).

989. — Le voiturier se fait aussi remettre par l'expéditeur une *déclaration de douane* si le colis doit être rendu au-delà de la frontière, de même qu'un *titre de mouvement* délivré par la Régie, si la circulation de la marchandise est sujette à une taxe de contributions indirectes.

Les formalités de douane et d'octroi doivent être faites par le chemin de fer en cours de route, avec l'assistance d'un mandataire de l'intéressé, si celui-ci le demande (art. 10 de la Conv. de Berne); mais il n'a pas à faire l'avance des droits et il pourra par conséquent exiger au départ que l'expéditeur le couvre au moyen d'une consignation.

[1] Les Allemands opposent à la lettre de voiture ordinaire (*Frachtbrief*) cet instrument négociable, qu'ils désignent du nom de certificat ou bulletin de chargement (*Ladeschein*).

L'*amende*, encourue en cas de fausse déclaration, peut être poursuivie par l'administration contre le transporteur, quoiqu'il n'ait pas vérifié l'exactitude des papiers; toutefois, il y a à cette responsabilité une atténuation. En cas de contravention aux contributions indirectes, le voiturier obtient son immunité en mettant l'administration, par une désignation exacte et régulière, en mesure de poursuivre l'auteur de l'infraction (l. 21 juin 1873, art. 13, jugée applicable aux contraventions d'octroi: Chambres réunies, 4 mars 1895). En matière de contravention de douane, il faut que le voiturier donne au fisc le moyen de poursuivre *efficacement* l'auteur de la fraude, ce qui n'a pas lieu lorsque l'expéditeur désigné est domicilié à l'étranger (Crim. rej., 21 avril 1883; cfr. aussi l. 6-22 août 1791, art. 29).

990. — Mesures conservatoires ou d'exécution en faveur du voiturier. — La créance du voiturier, tendant au paiement du port et des diverses taxes ou dépenses accessoires, est garantie à son profit par la possession du colis.

Lorsque le colis est présenté après l'arrivée au destinataire, il se peut que celui-ci refuse d'en prendre livraison. Son refus peut tenir, d'ailleurs, à des causes diverses, il n'est pas nécessairement déterminé par une résistance à payer le port, parce que l'expéditeur aurait dû en faire l'avance.

Le voiturier doit avoir un moyen de se décharger d'un colis encombrant. Il n'est pas obligé, il n'a pas le pouvoir de retourner d'office le colis à l'expéditeur, à moins d'ordre formel de sa part. La jurisprudence ne le force même pas à donner à celui-ci avis du refus de réception et de l'état de souffrance où est la marchandise (Civ. cass., 4 mars 1896).

Le procédé mis à sa portée par la loi est l'emmagasinage en *entrepôt public*, aux risques et aux frais de l'expéditeur (art. 106 C. com.). Cette mesure est prise en vertu d'une ordonnance du président du tribunal de commerce ou du juge de paix.

Comme il arrive souvent que le refus du destinataire est motivé par une prétendue détérioration du colis, le voiturier a intérêt, pour la sauvegarde de sa responsabilité, à faire établir l'état de la marchandise. Aussi l'ordonnance rendue à sa requête désignera-t-elle préalablement un expert qui vérifiera le colis et en dressera procès-verbal : la convocation à cette expertise de la partie intéressée n'est pas exigée par nos lois.

991. — Le droit que le voiturier exerce sur la marchandise pour se couvrir du port et des frais est un *privilège* (art. 2102, 6°). Il pourra faire vendre le colis et se payer par préférence sur le prix. Son action tendant au paiement du port ou autres frais se prescrit par un délai de cinq ans, à partir du jour de la remise ou de l'offre du colis au destinataire (art. 108, al. 2 et 3, modifié en 1888).

Ce privilège est, d'après l'opinion commune, rattaché à une pensée de *gage* [1]. Il est de même ordre que celui dont dispose l'aubergiste sur les effets du voyageur apportés dans son hôtellerie (art. 2102, 5°). Le privilège cesse donc par la livraison volontaire faite au destinataire (c'est aussi la règle de la Convention de Berne, art. 21). Il n'en est pas du droit terrestre comme du droit maritime, où le capitaine conserve son privilège pour le fret quinze jours encore après l'arrivée (art. 307). Il va de soi que le privilège subsiste pendant tout le temps que la marchandise reste entreposée : le destinataire ne l'a pas encore en sa possession.

Si l'on suivait en notre matière les notions du gage commercial, telles qu'elles résultent de l'art. 93 voté en 1863, le voiturier pourrait réaliser la marchandise sans autorisation de justice, par vente publique, huit jours après signification au débiteur. Cette procédure n'est pas celle que la loi consacre dans le transport. Il est dérogé à la règle générale du gage pour ce privilège particulier. L'exécution de la marchandise a lieu en *vente publique*, sur l'*ordre du président* du tribunal de commerce ou du juge de paix (art. 106) [2].

En fait le chemin de fer opère plus simplement. Les formes légales sont lentes, le voiturier préfère *vendre de gré à gré* et profiter d'un cours de marché avant que la baisse ne survienne. Il n'agit plus alors comme gagiste, mais comme gérant d'affaires. En évitant à l'expéditeur absent les frais d'exécution judiciaire, il sert les intérêts de ce dernier.

Mais cela suppose une valeur destinée à être vendue, et réalisée dans de bonnes conditions. Autrement, le voiturier aurait manqué à la vigilance qu'il doit témoigner dans la gestion de la marchandise. Aussi ce mode expéditif d'exécution, en faveur duquel ont été rendus un certain nombre d'arrêts de la Cour de cassation (Ch. réun. 18 mai 1886; Civ. cass. 25 février 1896), ne peut-il être uniformément recommandé.

[1] On a parfois proposé de le faire reposer sur une notion de *plus-value*. Par le fait du voiturier, la marchandise a acquis un supplément de valeur en arrivant au lieu de destination. C'est une conception économique juste, mais elle aurait le défaut de prolonger l'exercice du privilège au-delà de la livraison, et pour un temps indéterminé.

[2] Cet ordre ne se confond pas avec celui de déposer la marchandise en entrepôt, lequel a dû intervenir précédemment. — Pour les colis non réclamés dans les six mois, il existe une procédure spéciale établie par décret du 13 août 1810.

SECTION III

DE LA RESPONSABILITÉ DE L'AGENT DE TRANSPORT ET DES CAUSES QUI L'EN EXONÈRENT.

992. — L'agent de transport se soumet à deux ordres d'obligations : Il doit veiller à la conservation de la chose qui lui est confiée, l'empêcher de se détériorer, et à plus forte raison de se détruire ou de se perdre ; — il doit procéder au transport par l'itinéraire convenu et dans les délais voulus.

Cela revient à dire que sa responsabilité est engagée pour les trois causes suivantes : — 1° *Perte complète ou partielle* de la marchandise (la perte partielle s'appelle *manquant*) ; — 2° *Avarie*, ou détérioration matérielle du colis (le mot *avarie* en droit maritime a un sens plus large et comprend même les frais extraordinaires occasionnés par le chargement) ; — 3° *Retard* dans la livraison (art. 103 et 104, rapprochés des art. 97 et 98).

Lorsqu'un de ces trois faits vient à se produire, une action en dommages-intérêts est donnée contre le voiturier. Cette action se règle par la théorie de la *responsabilité contractuelle*, telle que l'exposent les art. 1147 à 1151 du Code civil ; elle ne procède point de la *responsabilité des délits* qui a son siège dans l'art 1382.

En effet, l'agent de transport a donné la promesse de manutentionner le colis et de lui fournir ses soins, à la manière dont opère un dépositaire. Il s'est engagé en outre à le faire parvenir dans le lieu convenu avant l'expiration d'un certain temps. C'est du chef de cette promesse que l'assignera l'expéditeur (ou le destinataire) la disant non exécutée.

993. — **Présomption de faute.** — La conséquence qui ressort de cette vérité, c'est que le demandeur, pour obtenir réparation du voiturier, n'a pas besoin d'établir la faute de celui-ci.

La prise en charge résulte de la production du récépissé[1] ; ce document fait foi de la nature de la marchandise à transporter, et du délai

[1] Suffit-il d'être porteur de cette pièce pour avoir qualité à l'effet d'engager le procès ou de réclamer le règlement des dommages ? La négative résulte de ce que le document de transport, à moins d'être à ordre au porteur, sert uniquement à établir la preuve du contrat et de ses conditions. Il ne rend pas le porteur titulaire du droit. Lorsque la réclamation est faite par un autre que l'expéditeur ou par le destinataire, ce tiers devra justifier des pouvoirs que le véritable intéressé lui aura donnés. En revanche, et pour le même motif, la réclamation de celui en qui sont nées les actions du transport n'est point subordonnée à la production du titre. — Ces notions ne sont pas toujours exactement suivies en pratique.

dans lequel le colis devait parvenir à destination. Il laisse supposer que le colis avait été remis au départ en bon état, par cela même qu'il ne contient aucune réserve et que le transporteur pouvait, s'il avait des doutes, le faire ouvrir.

Du moment que le colis n'arrive point, ou arrive endommagé, ou arrive tardivement, la responsabilité est encourue sans autre justification des faits qui la motiveraient. *La force majeure ne se présume point.* La présomption penche contre le voiturier : c'est à lui, s'il veut obtenir son renvoi des poursuites, à justifier d'un fait qui l'exonère parce qu'il ne lui serait point imputable. Aussi longtemps qu'il s'abstient d'articuler ce fait d'exonération et d'en établir la réalité, il est considéré comme un débiteur en faute, ce qui déterminera sa condamnation. C'est le droit commun des contrats (art. 1147, 1302, al. 3, 1315, al. 2 C. civ.).

Ainsi pour résoudre cette question : y a-t-il eu faute ou non ? *la charge de la preuve incombe au voiturier.* Il est responsable, à moins de démontrer la force majeure (art. 1784 C. civ., 103 C. com.).

Il se peut que sa faute ait été seulement légère : cela est indifférent. Cet agent, suivant le droit commun de l'art. 1137 C. civ., répond *in abstracto* des soins qu'on peut attendre d'un débiteur diligent.

994. — Suite. Transport de voyageurs. — Toutefois ces idées ne sont pas acceptées pour le *transport des voyageurs*. La généralité des arrêts décident que la présomption de faute des art. 1784 C. civ. et 103 C. com. ne saurait s'étendre au cas où c'est une personne qui forme l'objet du transport, notamment pour régler un accident qui surviendrait à cette personne (Cass. 10 nov. 1884). Il y a cependant quelques dissidences (Paris, 7e Ch. 23 juillet 1894).

Les textes précités ne parlent que de « choses confiées », d' « objets à transporter ». Pour le transport des voyageurs, dit la jurisprudence, l'action en dommages-intérêts ne résulte plus d'un contrat, mais des principes de droit commun en matière de responsabilité fixés par l'art. 1382, et l'application de ces principes soumet le demandeur à l'*obligation de prouver l'existence d'une faute imputable à la compagnie.*

Le point de départ de cette jurisprudence n'échappe pas aux critiques. Il est vrai que dans la question des accidents survenus à un ouvrier dans une usine, question qui offre une analogie incontestable avec celle des accidents de transport, il reste douteux que l'obligation pour le patron de prémunir son ouvrier contre l'action offensive de son outillage procède du contrat de travail. Mais lorsqu'il s'agit d'un transport, la responsabilité trouve bien sa source dans une *convention*. La rattacher aux *délits*, constitue une méprise ; le voiturier s'est engagé à transporter le voyageur sain et sauf et à le faire parvenir à sa destination dans le délai stipulé.

Les arrêts ont cependant raison d'écarter la présomption de faute du voiturier, compagnie de chemin de fer ou autre. Sur le colis, matière passive et sans résistance, le transporteur exerce une maîtrise; s'il périt, il est à présumer que c'est pour avoir été l'objet d'une absence de garde ou d'une manutention défectueuse. Le voyageur, au contraire, en sa qualité d'être responsable, a pu contrarier l'action du voiturier par sa propre imprudence ou par sa propre volonté. Dans le doute, il n'y a pas plus de raison de réputer en faute celui-ci plutôt que celui-là ; en conséquence la condamnation est subordonnée à la preuve d'un fait précis de responsabilité, que doit administrer le voyageur ou son ayant-droit.

Notons toutefois que le problème ne peut pas ainsi être résolu au moyen d'une formule tranchante et de rigueur. Il est indispensable de s'occuper des circonstances par lesquelles est intervenu l'accident.

Ce fait précis de responsabilité proviendra souvent d'un défaut dans le service du transporteur ou dans le fonctionnement de l'outillage. — Ex. : Retard à l'arrivée, le voyageur a manqué un rendez-vous d'affaires. Ou encore un échauffement d'essieu met le feu au wagon en marche, à moins que ce ne soit une rencontre de trains qui a déterminé le sinistre. — Le retard ou la catastrophe établie, la victime aura droit à indemnité sans qu'il y ait à en rechercher la cause : c'est la conséquence d'une idée qu'on retrouvera plus loin sur la responsabilité du voiturier engendrée par son risque professionnel.

Mais supposons le voyageur trouvé mort sur la voie sans qu'on sache s'il y avait eu défaut de fermeture de la portière, ou au contraire ouverture imprudente du compartiment pendant la marche du train, le doute s'interprétera en faveur du voiturier. On constate, avec un peu de réflexion, qu'il lui arrivera pour un faible nombre d'accidents de profiter de cette présomption de non-responsabilité. Si en principe le transporteur n'est tenu que de sa faute démontrée, la nature de l'accident fera présumer la plupart du temps cette faute ou celle de choses et de personnes dont il répond.

995. — Réparation intégrale du dommage. — Pour en revenir au transport de choses, l'application de la théorie sur la faute contractuelle entraîne un second corollaire. Affranchi de l'obligation de démontrer une faute du voiturier, le demandeur est du moins tenu de prouver le montant du dommage que lui cause l'inexécution. Il y est tenu, soit qu'il se plaigne d'un retard, soit qu'il invoque une perte totale ou partielle. Il peut d'ailleurs faire entrer dans son compte de réparation le double élément connu sous les mots de *damnum emergens* et de *lucrum cessans*, c'est-à-dire à la fois le préjudice dont il souffre et le gain dont il est frustré (art. 1149).

Son droit n'est pas limité à la réclamation de la valeur intrinsèque de la chose transportée. Il s'étend à tout le *quod interest*. Une caisse d'échantillons, qui s'est égarée en route, ne représente qu'une valeur insignifiante. Mais comme la perte de cette caisse a fait manquer au destinataire, qui est un représentant de commerce, de sérieuses commandes pour son patron, il peut résulter de ce chef un dommage, partant une indemnité de plusieurs milliers de francs.

On devine à quel point ce système suscite et perpétue les réclamations. Tout particulièrement, en fait de retard, le destinataire exagère, souvent de bonne foi, sa prétention ; s'il est négociant, il soutiendra que l'arrivée tardive du colis va jusqu'à le priver définitivement de la vente de l'article, parce que telle fête est passée, et il sera difficile de le ramener à plus de modération. C'est l'inconvénient d'un mode de réparation qui s'oppose à ce que le chiffre de l'indemnité soit liquide au moment de la demande.

996. — A cet égard le régime français des chemins de fer, d'après le tarif général qui reproduit le droit commun de la responsabilité, diffère sensiblement de celui qui a prévalu dans beaucoup d'autres États (Allemagne, Belgique, Suisse, etc.) et qui a trouvé place dans la Convention de Berne.

A la teneur de ce dernier instrument, dans un transport international, l'indemnité pour perte ou avarie est calculée d'après le prix courant ou la *valeur ordinaire de la marchandise* au lieu et à l'époque où elle a été acceptée au transport (art. 34). Le droit allemand va même plus loin dans le sens de l'atténuation de la responsabilité ; car cette valeur commerciale du colis ne sera servie que jusqu'à concurrence d'un maximum de 75 fr. par 50 kilogr., que la Convention ne reproduit point.

Et s'il s'agit d'un retard, l'indemnité de droit commun est ramenée par la Convention à une simple *réduction* du port, moyennant un forfait qui varie entre 1/10 et 5/10 du prix de transport d'après la durée de ce retard. Ce dernier forfait a, sous un rapport, l'avantage sur le système français du tarif général ; car l'intéressé y a droit par une application toute automatique du règlement, et cela sans avoir à justifier d'un dommage. Enfin l'indemnité pourra être plus élevée et elle ira jusqu'à comprendre une remise du port tout entier, mais à condition alors par le réclamant de prouver le chiffre du préjudice.

Ce n'est pas à dire que l'expéditeur, en droit allemand ou dans le régime de la Convention, soit mal fondé à demander une *réparation égale à toute la perte*, ainsi que cela se passe en droit français. Il peut demander toute cette réparation, tant à cause d'un retard que d'une perte. Seulement, pour qu'il ait pareil pouvoir, il faut qu'il se le soit réservé au moment du contrat : il a dû prendre soin de faire dans la lettre de voiture une *déclaration d'intérêt*, en déterminant la somme à laquelle il évalue le dommage dont il est menacé ; et il paiera un port supplémentaire calculé sur cette somme : supplément qu'on a l'habitude de décomposer en une prime d'assurance du risque de voyage.

Par le fait d'une déclaration d'intérêt, l'expéditeur se trouve placé dans l'état où le met *ipso jure* le droit commun du transport en France, dans la supposition que l'intérêt déclaré est assez élevé pour le couvrir de toutes les mauvaises chances de route.

997. — On peut discuter la valeur comparative de l'un ou de l'autre système. Le nôtre protège mieux le commerce, sauf dans le cas de retard où le forfait d'indemnité permet une liquidation du dommage plus rapide et, tout compte fait, plus avantageuse.

Le système français a cependant le défaut de concourir à la cherté du tarif général. Le commerce qui demande le bon marché des transports, obtient bien la promulgation de tarifs spéciaux. Ceux-ci sont plus économiques, mais si nombreux, si embrouillés, que les expéditeurs cessent de s'y reconnaître, reprennent le décompte des frais une fois payés, et adressent aux Compagnies d'incessantes réclamations en détaxe.

On se demande s'il est de sage politique de faire porter sur le chemin de fer tout le poids de la pleine responsabilité, cette notion qui domine le libre contrat. Car il s'agit d'un débiteur obligé de recevoir tous les colis qu'on lui présente, et en quantités considérables pendant les grands mouvements d'affaires.

Un régime transactionnel, partageant les effets du préjudice entre les expéditeurs et le chemin de fer, arrive ainsi à se défendre, par une mesure de protection pour un service général, qu'on ne doit pas écraser sous de trop fortes indemnités. La déclaration d'intérêt permet d'ailleurs toujours aux gens prudents de se couvrir pour le plein du risque. C'est une considération qui montre que le système de la Convention n'a rien d'oppressif pour le public.

998. — On vient de dire que le demandeur à l'indemnité n'avait pas à prouver la faute de sa contre-partie, mais qu'il devait en revanche établir le montant de son préjudice et de son manque à gagner. Il y a lieu de compléter la théorie de la responsabilité au moyen d'un certain nombre de propositions, pour en saisir les principales applications.

1re proposition. — Le voiturier, à moins de dol de sa part, ne répond que des dommages-intérêts qui ont été prévus ou qu'on a pu prévoir lors du contrat (art. 1150).

C'est vraisemblablement sur cette notion que reposent, là-même où ils s'abstiennent de le dire, les arrêts rendus à l'occasion de la soustraction de *bagages* que les voyageurs conservent *à la main* dans les compartiments. Ces bagages n'ont pas été enregistrés, la compagnie les a simplement tolérés. Faute d'une déclaration préalable de l'expéditeur, il peut être vrai de soutenir qu'en ce qui les concerne, aucun contrat de transport ne s'est formé. — En tout cas, le transporteur n'a pas été informé de la quantité de ces objets ou de leur valeur, il n'a pas pu estimer le risque qu'ils lui ont fait courir. Par là est exclue l'indemnité, à moins que le voyageur ne démontre un fait précis de faute, notamment le détournement par un agent même de la Compagnie [1].

Par identité de motif, il semble équitable, même pour un bagage enregistré (ou encore pour des valises et sacoches laissées en dépôt à la consigne), de limiter la réparation à la valeur présumée et approximative des objets qu'on a coutume d'enfermer dans des malles ou sacs de voyage. L'enregistrement a lieu sans distinction de nature d'objet. Il serait d'autant plus étrange d'admettre en compte d'indemnité des bijoux, des titres au porteur, des dentelles de prix contenus dans certains bagages, que ces articles sont taxés, lorsqu'ils voyagent comme marchandises séparées, à un tarif *ad valorem*.

Peut-être convient-il de subordonner la solution de la question, ainsi que le font parfois les tribunaux, à la forme extérieure du colis. Lorsqu'il dénonce à son seul examen la nature de l'objet qu'il renferme (boîte d'échantillons commerciaux), l'indemnité pourra égaler le préjudice intégral, sans contrevenir au principe que les dommages-intérêts prévus sont les seuls auxquels l'expéditeur doive prétendre (Dans un sens bien plus rigoureux pour le chemin de fer, Req. 26 oct. 1896).

999. — *2e proposition.* — Les dommages et intérêts ne sont, même en cas de dol, que de la perte qui est une *suite immédiate et directe* de l'inexécution de la convention (art. 1151).

[1] La Cour de cassation a suivi la même interprétation, à l'effet de déterminer la responsabilité de la Compagnie des wagons-lits, qui conclut avec les Compagnies de chemins de fer des conventions afin d'obtenir pour la circulation de ses voitures de luxe la mise à sa disposition de leurs lignes et de leurs tractions, et qui est liée avec les voyageurs non pas par un contrat d'hôtellerie, mais par un véritable contrat de transport. Cette compagnie ne serait tenue que de la perte des bagages enregistrés et non de ceux qui ont été gardés dans les compartiments (Civ. rej. 3 fév. 1896). — L'exactitude de la solution laisse subsister un doute : la compagnie des wagons-lits n'est pas soumise aux règlements administratifs des chemins de fer ; elle ne peut pas se prévaloir des cahiers des charges, ordonnances ou arrêtés, qui, en mentionnant l'enregistrement des bagages, donnent à entendre que le chemin de fer ne répond pas des objets non enregistrés. Toutefois la décision paraît juste en définitive, lorsqu'on la rapproche des art. 1783 à 1785 C. civ. Mais il eût fallu pour les arrêts nettement l'expliquer.

Il faut renoncer à dégager un signe permettant de reconnaître ce qui forme un préjudice direct. Lorsqu'un industriel, faute de recevoir à temps des balles de laine qui lui sont indispensables pour conditionner des filés promis à un tiers, en vertu d'un marché à livrer, voit résilier ce marché à ses torts et doit pour cette cause payer une forte indemnité à son acheteur, cette indemnité, ainsi que son manque à gagner sur le marché à livrer, pourra être réclamée au transporteur. Le préjudice provient bien d'une manière immédiate de ce que la matière première à façonner n'est point arrivée dans les délais du contrat.

Mais si, par hypothèse, cet évènement venait créer à l'industriel un embarras d'affaires et, en lui faisant la réputation d'un manufacturier négligent, diminuait sa clientèle, il est inadmissible que les juges taxent en indemnité due par la compagnie les profits et pertes de ses bilans présents ou futurs. Ce serait tout à fait abusif.

1000. — *3e proposition.* — Les dommages-intérêts, en vertu de distinctions classiques faites par le droit civil, seront de nature *compensatoire*, s'il s'agit de pertes ou d'avaries, et de nature *moratoire*, au cas de retard. Le transport nous présente cependant une dérogation au droit commun, au point de vue suivant.

Le débiteur n'est ordinairement en demeure que lorsqu'il a été touché par une sommation (art. 1146 cbn. avec 1139). On sait déjà, d'après ce qui a été dit au sujet de la vente, que l'usage commercial attache les sanctions du retard à des faits autres qu'un exploit d'huissier. Ici on doit tenir ferme pour la maxime : *dies interpellat*. Par cela seul que le délai est outrepassé, les dommages-intérêts sont encourus. Des livres d'étrennes étaient attendus pour le 31 décembre; leur remise n'a lieu que le lendemain avant toute protestation du destinataire : il est fondé à se plaindre, car il a manqué une vente profitable.

1001. — *4e proposition.* — L'indemnité étant proportionnelle au dommage, il s'ensuit qu'elle doit avoir lieu en *argent*. Si la marchandise est détériorée, on déduit de sa valeur saine sa valeur à l'état avarié, et c'est la différence qui fera l'objet de la réclamation. De même pour le retard : le destinataire exigera ce dont le fait souffrir l'arrivée tardive, par comparaison à l'avantage qu'il aurait recueilli en recevant le colis dans les délais.

Toutefois la pratique française est favorable au *laissé pour compte*. C'est le droit, qui appartient à l'intéressé, de préférer à une indemnité pécuniaire l'abandon complet au transporteur de la marchandise, en exigeant alors toute sa valeur comme si elle était effectivement perdue. Une telle faculté ne lui est d'ailleurs reconnue que lorsque le colis cesse de répondre au but auquel l'intéressé entendait l'employer (avarie privant l'objet de sa qualité marchande, d'après le genre de clientèle du destinataire; retard diminuant considérablement les chances de vente, ou rendant l'acquisition superflue parce qu'il a fallu la remplacer d'urgence).

Les tribunaux sont assez accommodants pour accueillir le laissé pour compte, que ni les lois civiles ou commerciales (en dehors du délaissement dans l'assurance maritime), ni les textes régissant les chemins de fer ne signalent comme forme possible de réparation. Il a un sérieux inconvénient; c'est d'obliger le voiturier à entretenir un service de ventes pour les marchandises que les destinataires refusent de recevoir, et à sortir ainsi de son rôle. Toutefois on peut le fonder sur l'usage, qui équivaut dans le commerce à une convention formelle.

Le laissé pour compte, exclu du trafic international par la Convention de Berne, ne doit pas se confondre avec le remboursement de la valeur du colis et des autres dommages, pour un *colis égaré*, sans que la perte en soit absolument démontrée. On ne peut pas tenir la réclamation indéfiniment suspendue, sous le prétexte que la marchandise après de longues recherches a chance d'être retrouvée; il faut donc, comme dans la théorie de l'absence des personnes, la réputer perdue.

D'après la Convention de Berne, c'est trente jours après l'expiration du délai que cette présomption a lieu. Le destinataire, en recevant son indemnité, peut encore formuler une réserve, dans la quittance qu'il délivre au chemin de fer. Alors, si le colis doit se retrouver dans les quatre mois calculés depuis la fin du délai de livraison, le chemin de fer devra l'en informer, et dans les trente jours suivants il sera loisible au destinataire de reprendre la marchandise en restituant l'indemnité (art. 33 et 36). Il est fâcheux que le droit français garde le silence sur toutes ces questions.

1002. — Causes excluant la responsabilité. — La responsabilité du transporteur dont on vient de retracer les règles cesse, sauf controverse, dans deux ordres de circonstances; 1° en cas d'absence de faute; 2° en cas de stipulation de non-responsabilité.

1003. — 1° Absence de faute. — Trois natures de faits, suivant les situations, viennent exonérer le voiturier, en le disculpant de tout reproche de négligence, d'incurie et à plus forte raison de mauvaise foi. Mais c'est à lui d'en établir l'existence, s'il veut que ces faits militent à sa décharge.

1004. — A. *Force majeure* (art. 1784 C. civ., 97 et 98, 103 et 104 C. com.). Il s'agit d'un événement extérieur, comme le feu, l'inondation, etc., que le voiturier, d'après les moyens ordinaires dont il dispose, ne pouvait conjurer.

Il ne suffira pas de démontrer que le fait qui a occasionné l'accident procède ainsi d'une cause étrangère à lui, s'il ne justifie pas en même temps de la tenue de son service dans des conditions de surveillance et de conservation normales. — Parce que le feu a pris dans un hangar où les colis se trouvaient entreposés, ce n'est pas une raison en soi péremptoire, de conclure à la non-responsabilité. Car le feu peut provenir et même est présumé provenir d'un manque de soins : la doctrine en vigueur pour déterminer la responsabilité des locataires en cas d'incendie (art. 1733 et 1734 C. civ.) en est la preuve, et cette doctrine exprime les principes ordinaires du droit. — Parce qu'un talus s'est éboulé et, en interrompant plusieurs jours la circulation, a causé un retard au transport, ce n'est pas une raison non plus d'en tirer une conséquence favorable au chemin de fer : car il est possible que le remblai ait été mal construit, mal défendu contre les eaux, ou que la Compagnie fût en mesure de faire prendre à la marchandise un autre parcours.

1005. — B. *Vice propre de la chose* (art. 103 C. com.). On entend par là une prédisposition du colis à se détériorer, eu égard à sa nature ou à la saison pendant laquelle on le transporte (congélation en hiver, putréfaction en été).

Il serait faux de croire que le transporteur n'a d'autre devoir que de laisser le colis suivre cette prédisposition, pourvu qu'il s'abstienne d'en accentuer l'effet par la manière dont il le manutentionne ou le place dans sa voiture. Lorsque, par exemple, une fissure se produit dans une futaille en cours de route par la trépidation naturelle du train, le chemin de fer, à supposer que le mode de chargement le mette en état de s'en apercevoir, ne doit pas continuer le transport tel quel; il doit aviser au moyen de faire la réparation nécessaire, quitte à réclamer à l'arrivée le remboursement de la dépense. Il n'en serait exempté que si le travail à faire dépassait la mesure des soins généraux et ordinaires compatibles avec les nécessités du service réglementaire (Civ. cass., 7 août 1895).

1006. — C. *Fait ou faute de l'expéditeur (ou du destinataire).*

De ce que une avarie est constatée à l'arrivée, il n'y a pas lieu d'en inférer absolument qu'elle s'est produite en cours de route : elle peut avoir précédé la prise en charge. Il eût été prudent pour la Compagnie de s'en assurer avant la délivrance du récépissé, et de faire insérer dans la pièce une réserve, quant au risque provenant des conditions de l'emballage ou de la détérioration constatée dans l'intérieur du colis.

La clause de non-garantie introduite en pareil cas dans la convention est certainement régulière, quoi qu'on doive penser de la clause de non-responsabilité dont il sera parlé plus bas.— Or, cette constatation n'est pas toujours praticable au moment du chargement. Le transporteur n'en a pas moins le droit de se dégager après l'arrivée, mais en démontrant (preuve généralement difficile) que la *détérioration préexistait au départ* ; alors elle a sa cause dans un fait de l'expéditeur lui-même.

Il y a des *marchandises* qui voyagent, *accompagnées* d'un agent de l'expéditeur : les bestiaux par exemple. Cet agent se substituant à la Compagnie pour les soins à donner au chargement, l'expéditeur n'aurait qu'à se reprocher à lui-même les maladresses ou négligences que son préposé aurait commises et qui détermineraient une issue du transport préjudiciable à ses intérêts.

L'*expéditeur* a voulu éviter les frais accessoires de chargement, perçus et taxés à part du port par la Compagnie. Il *a fait charger les wagons* par sa propre main d'œuvre (même situation pour le destinataire au déchargement). Le transporteur ne répond pas des accidents causés par cette manutention, de même qu'il ne saurait répondre de ces autres risques inhérents au mode de transport choisi par l'expéditeur : *wagons découverts, wagons non bâchés.* L'intéressé a dû savoir les dangers particuliers qu'entraînait pour lui ce genre plus économique d'envoi, et il s'y est soumis de son plein gré.

1007. — Dissertation sur le cas fortuit. — Nous avons fait abstraction dans cet exposé du *cas fortuit.* On le confond généralement avec la *force majeure*, et les deux faits sont même assimilés par l'article 1784 C. civ., de manière à procurer tous deux au voiturier le renvoi des poursuites (voir aussi l'art. 1148). C'est un vice de méthode et une rédaction impropre.

Ou le cas fortuit correspond à des faits d'autre origine que la force majeure, et en ce cas le cumul de vocables est inutile. Ou bien il se réfère à des actes d'une source différente, et alors on élargit les faits d'irresponsabilité plus qu'il ne convient, on décharge le voiturier de faits qui doivent cependant être à ses risques.

D'après l'art. 1147, qui pose le principe fondamental en matière de responsabilité, le débiteur n'est disculpé que d'une inexécution « provenant d'une cause *étrangère* qui ne peut lui être imputée ». Dans l'organisation de toute profession, traitant avec le public afin de lui procurer un service déterminé, on ne peut s'expliquer la survenance d'un accident, d'un inaccomplissement de ce service, que par suite de l'une des deux raisons suivantes :

a) Un agent naturel ou humain, supérieur à l'exploitation et à ses moyens de résistance ou de coopération selon le cas, a fait en quelque sorte irruption du dehors pour empêcher cette exploitation d'accomplir normalement son œuvre (feu du ciel, débordement de rivière, ordre de l'autorité, incursion d'ennemis, abondance inusitée de récoltes avec un encombrement de nature à ralentir le service). C'est un fait qualifié proprement de « force majeure » et dont le transporteur ne saurait répondre.

b) C'est des conditions de l'exploitation elle-même (voie ferrée entretenue par l'exploitant, matériel, personnel d'employés, même personnel étranger reçu dans le service et sujet par conséquent à une surveillance de service, etc.) que procède l'événement à raison duquel la prestation promise n'a pas été faite ou a été faite incomplètement. Il est probable que c'est à ces causes que les partisans des classifications classiques entendent réserver la désignation de *cas fortuits*, et c'est en cela qu'ils ont tort s'ils veulent poser en règle que le débiteur, que le voiturier n'en est pas responsable. Le contraire est bien plus vrai.

On répond, en effet, d'après l'art. 1384 C. civ., des choses que l'on a sous sa garde, comme on répond du fait des préposés qu'on emploie. Lorsqu'on monte une entreprise, on se porte garant de la valeur de l'outillage dont on fera usage et de l'appropriation de ses divers éléments au genre de résultat qu'ils doivent accomplir : on répond de ses agents, on répond que le contact des autres personnes que le trafic amènera dans l'entreprise demeurera inoffensif. Cette responsabilité persévèrera en cas d'accident ou de retard, quand même il serait établi que l'exploitant a procédé à un contrôle suffisant sur cet outillage, sur ces agents, sur ces tierces personnes, et que l'un de ces facteurs s'est dérobé à son rôle sans une faute des directeurs de l'entreprise. — L'exonération n'est point impossible. Mais elle nécessiterait la preuve que c'est par suite de la pénétration d'une cause externe dans le milieu professionnel que les instruments du débiteur ont manqué à l'accomplissement de l'engagement ; on retomberait alors dans la force majeure.

C'est pour ce motif qu'un arrêt de convoi par défaut de traction de la machine est imputable à la Compagnie, qu'une rencontre de deux trains, un déraillement, un affaissement de terrain ou une rupture de pont le serait aussi, sans qu'il y eût à se préoccuper si ces faits adventices ont leur origine dans une négligence ou dans une absence de précautions.

Sauf plus ample informé, de tels évènements tiennent à un accident de service. Il n'en faut pas davantage pour que le débiteur en réponde, étant donné que la ligne tout entière est sous sa garde. S'ils se rapportent à une cause plus lointaine prise dans la nature physique ou dans une force qui a dominé et refoulé en quelque sorte celle du débiteur (violence d'un orage, action des malfaiteurs, fait de l'expéditeur ou de la marchandise elle-même, etc.), le débiteur en justifiera et obtiendra son exonération.

Le rapprochement suivant fortifie cette manière de voir : le propriétaire d'un animal est responsable du dommage que l'animal a causé (art. 1385). Un cheval qui tire un chargement vient à s'emballer, ce qui occasionne la perte de la marchandise, la mort d'un voyageur. Le voiturier est tenu. Pourquoi cesserait-il de l'être depuis que le moteur mécanique s'est substitué à la force animale, et dans le cas où ce moteur échapperait à la direction de ceux qui le conduisent[1] ?

1008. — 2° Stipulation de non responsabilité. — Le voiturier déclare formellement dans la lettre de voiture se décharger des faits de perte, d'avarie ou de retard.

Il est certain d'abord qu'une pareille convention, dans l'organisation des chemins de fer, et à raison du monopole de fait qu'ils exercent, n'est possible que par le jeu des tarifs spéciaux. Les expéditeurs auront toujours pleine liberté pour faire voyager la marchandise aux conditions du tarif général qui garantit la responsabilité pleine et entière du droit commun ; et c'est bien ce tarif général qui s'appliquera, du moment qu'il n'en a pas été demandé d'autre. Le tarif de non-responsabilité, avec les risques qui en découlent, est le résultat d'un choix. Les commerçants qui en demandent l'application le font en toute connaissance de cause : ils paient un prix de transport moindre, mais ils sont aussi plus menacés. Ce tarif est sujet à homologation ministérielle, comme un tarif quelconque. Tout cela ressort de l'économie propre au trafic par les voies ferrées. — Aujourd'hui il se produit un certain mouvement de défaveur contre le tarif de non-responsabilité, même en tant que simple tarif à option. Diverses propositions de loi en suspens témoignent de cette réaction d'opinion, qui ne paraît pas au surplus des mieux fondées.

[1] Les idées précédentes ont concouru à former les opinions sur la responsabilité qu'ont produites, presque en même temps, dans deux monographies indépendantes, M. Saleilles (*Les accidents de travail et la responsabilité civile*) et M. Josserand (*De la responsabilité du fait des choses inanimées*), Paris, 1897. Ces deux auteurs appliquent leurs idées aux rapports entre patron et ouvriers résultant des accidents d'atelier ; ils se rencontrent pour approuver la solution donnée en cette matière par la Cour de cassation, le 16 juin 1896, arrêt que des décisions postérieures, notamment celle du 30 mars 1897, semblent plutôt avoir perdue de vue. — C'est une thèse qui trouve dans le contrat de transport autant d'applications usuelles que dans le contrat de travail. En Angleterre, il est de tradition que le voiturier ne peut obtenir son exonération qu'en démontrant un événement résultant « du fait de Dieu ou des ennemis de la reine » : il est donc responsable des cas fortuits, non de la force majeure, ce que nous croyons être la vérité.

1009. — Sous le bénéfice de cette observation relative aux conditions de légalité de la clause, lorsque c'est un chemin de fer qui l'applique dans son service à la demande expresse des expéditeurs, un problème d'ordre plus large se pose. *La stipulation qui restreint ou qui supprime la responsabilité d'un débiteur, et particulièrement du transporteur, est-elle licite*? A-t-on le droit de s'affranchir des conséquences de sa faute contractuelle? Peu de questions théoriques ont été aussi chaudement débattues.

Les textes ne s'expliquent pas clairement sur la solution qu'il faut donner. La clause est reconnue valable pour le commissionnaire de transport (art. 98). Mais ce que la loi veut dire, c'est que ce commissionnaire, qui est en principe responsable du fait du voiturier auquel il livre le colis (voir la 5e section), est autorisé à s'affranchir de cette responsabilité des fautes d'autrui. Il n'est pas question dans la disposition du texte d'une convention par laquelle le débiteur s'affranchirait de sa propre faute.

La clause de non-garantie, valable dans la vente (art. 1627 à 1629 C. civ.), ne vise pas davantage une « faute » dont le vendeur s'affranchirait. Le vendeur se soustrait aux conséquences d'une éviction de l'acheteur, et cette éviction peut tenir à des causes qui ne lui sont pas imputables à lui-même. Il s'exonère si peu de sa faute, que lorsque l'éviction provient de son fait personnel, la stipulation cesse de produire effet.

D'après les traditions du droit romain (L. *contractus*, 23, D. *de regulis juris*, 50, 17), le contrat, à la seule condition de ne pas exonérer le débiteur de son dol, peut écarter de lui les conséquences de sa faute. Mais il n'est pas établi que les lois modernes aient entendu sanctionner avec autant de largeur que le droit romain l'idée, restée vraie en soi, de la liberté des conventions.

1010. — Deux opinions extrêmes ont été soutenues :

1° *La clause est sans valeur*, elle porte atteinte à l'ordre public. Il y a contradiction à s'engager et à se procurer en même temps le moyen de ne pas exécuter ou de mal exécuter sa promesse : on est en face d'un contrat dépourvu de sanction. La jurisprudence des Cours a pendant longtemps suivi cette interprétation.

1011. — 2° *La clause est obligatoire*, elle n'offense point l'intérêt général. L'expéditeur, à qui on voudrait l'imposer, a toujours la ressource de changer de transporteur, ou, s'il s'agit du chemin de fer, de s'en tenir au tarif général.

D'ailleurs, décomposons la clause : on y trouve une *assurance de responsabilité* greffée sur un transport.

a) Le transporteur pourrait traiter avec l'expéditeur aux conditions du droit commun. Exposé à répondre de ses fautes ou de celles de ses préposés, et ne voulant pas courir ce risque, il pourrait ensuite, lui transporteur, le passer à une compagnie d'assurances, et lui verser une prime qui réduirait d'autant son bénéfice sur le prix de transport. En cas de perte, avaries, etc., il exigera de l'assureur, aux termes de sa police, qu'il prenne fait et cause pour lui vis-à-vis de l'expéditeur réclamant son indemnité.

b) Or, c'est justement ce qui se passe dans la clause de non responsabilité. Le transporteur choisit l'expéditeur lui-même pour être son assureur, et l'expéditeur accepte ce rôle. Il s'ensuit que celui-ci touche une prime qui vient en déduction du port et qui le rend moins lourd. Il s'ensuit encore que, l'accident survenu, le transporteur renvoie l'expéditeur à l'effet de se réclamer l'indemnité à lui-même, puisqu'aussi bien, dans ce déplacement des risques, est-ce lui qui doit en subir le règlement [1].

Cette assimilation de la clause de non responsabilité à une assurance n'est pas absolument décisive [2]. On ne peut faire d'une personne un assureur que lorsqu'elle a vraiment conscience d'en tenir l'emploi. Or il est au moins douteux que les expéditeurs, qui souscrivent à une pareille stipulation, cherchent à assurer leur contre-partie. Ce serait en tout cas une assurance contraire à la technique moderne de ce contrat. Il doit sa fonction normale à l'existence d'un fonds des primes, ou en d'autres termes à la multiplicité de risques semblables souscrits par un même assureur. L'assurance doit distribuer un risque, sans priver la victime du pouvoir de se faire indemniser : ici c'est bien à une privation d'indemnité qu'on aboutirait.

1012. — La jurisprudence consacre depuis une vingtaine d'années une *thèse intermédiaire*. Très ferme dans l'esprit de la Cour suprême, cette thèse, à en juger par le nombre d'arrêts journellement cassés, n'a pas encore pris entièrement racine dans la pratique des cours d'appel et des tribunaux.

La clause est détournée de sa signification apparente, et voici la portée restreinte qu'on lui donne. — *Les rôles de la preuve se trouvent intervertis*. Tandis que, de droit commun, l'expéditeur n'a pas à rapporter la preuve de la faute de l'agent de transport (car cette faute se présume), ici c'est le contraire qui a lieu. La force majeure se présume,

[1] Voir avec des variantes, au sujet de cette explication recommandée par M. Lyon-Caen principalement : E. Boutaud, *Des clauses de non-responsabilité et de l'assurance de la responsabilité des fautes*, Paris, 1896.

[2] Cfr. notre rapport des prix de la Faculté de Paris, 1895.

c'est à l'expéditeur de justifier d'un fait précis et déterminé, d'où se dégage la manifestation *d'une faute* réelle du transporteur ou de ses agents.

Dans quelles conditions ce fait doit-il s'offrir pour militer ainsi contre le voiturier? Cela demeure assez vague. Notamment, on ne voit pas bien si la dénonciation d'un vice d'outillage, tel que l'inflammation d'un wagon par échauffement des roues, vaut à elle seule preuve de la faute, ou s'il faut en outre que l'intéressé démontre que c'est par suite d'une négligence avérée que l'accident est survenu.

Aussi, cette incertitude dans l'application du système a-t-elle dans la pratique pour résultat de rendre le plus souvent la réclamation de l'expéditeur inefficace. On aboutit alors au même résultat qu'en admettant la clause valable sans réserve.

De toute manière, si l'on ne veut pas que les intéressés soient à la merci de la compagnie, il paraît raisonnable d'exiger de cette dernière qu'elle fournisse au réclamant une relation des circonstances dans lesquelles s'est produit le fait motivant la réclamation. Il est nécessaire qu'elle lui fasse savoir où et quand le colis s'est égaré, à partir de quel moment on s'est aperçu de l'avarie. Le transporteur, en un mot, doit mettre les informations intérieures de son service à la disposition de celui qui lui a confié un chargement, et il faut que ce service soit organisé de manière à rendre de pareilles informations possibles[1].

1013. — La pensée qui semble guider cette jurisprudence, assez raisonnable en somme, sinon très claire dans ses applications, est bien celle-ci : — Il est d'ordre public qu'on réponde de ses fautes. Mais il n'est pas d'ordre public que le débiteur soit présumé coupable. On peut convenir que c'est la force majeure qui se présumera. L'exercice du droit pour la victime de se faire indemniser est rendu plus difficile, mais il n'est pas perdu. Le demandeur est placé dans la même situation quant à la preuve, que s'il agissait *ex delicto*.

De ce que la clause ne comporte pas une interprétation littérale, ce n'est pas un motif pour la traiter de nulle et de non avenue. On lui fera produire le *maximum* des résultats compatibles avec la loi. « Lorsqu'une clause est susceptible de deux sens, on doit plutôt l'entendre dans

[1] De même qu'en droit maritime, le capitaine doit mettre à la disposition des chargeurs les éléments de preuve qui ressortiront du rapport de mer qu'il fait à l'arrivée (art. 242 et suiv.). — Par application des mêmes idées, la Convention de Berne (art. 34) veut, en cas de perte ou d'avaries, que le chemin de fer fasse immédiatement des recherches et en constate le résultat pour le communiquer aux intéressés sur leur demande.

celui avec lequel elle peut avoir quelque effet, que dans le sens avec lequel elle n'en pourrait produire aucun (art. 1157 C. civ.) »[1].

1014. — Il existe dans l'exploitation des chemins de fer d'autres *tarifs* à prix réduits *qui limitent l'indemnité* à une certaine somme (à l'exemple de la règle ordinaire de la Convention de Berne). On ne fait plus en jurisprudence de sérieuse difficulté à appliquer ces tarifs. C'est à bon droit, puisque les expéditeurs les ont choisis préférablement au tarif général.

Mais il règne une équivoque sur la manière dont il convient de les appliquer. Cette indemnité limitée constitue une *clause pénale*. L'expéditeur ne peut pas sans doute renoncer à la clause pénale et demander l'exécution principale, à la teneur de l'art. 1228; car les parties ont voulu, en cas d'inexécution du transport, nover la créance en un forfait d'indemnité, et elles ont pu le faire (COLMET DE SANTERRE, V, p. 291).

Du moins, l'avantage de toute clause pénale est-elle de dispenser le demandeur d'établir le montant du dommage ou son chiffre (art. 1229) : peut-être obtiendra-t-il plus, peut-être moins que le préjudice dont il souffre.

Or les arrêts forcent l'expéditeur à justifier de son dommage. Si ce dommage reste au-dessous de l'indemnité convenue, ils ne lui allouent que le chiffre faible. S'il la dépasse, ils taxent la réparation et l'arrêtent au chiffre du tarif. C'est dénaturer la clause pénale, transformer un forfait en un *maximum*. Notre droit ne paraît pas considérer cette convention comme régulière, si on doit ainsi l'entendre.

[1] En droit maritime, la jurisprudence admet que, dans le connaissement, l'armateur peut se décharger des fautes du capitaine, quoiqu'elle lui défende de s'exonérer de ses propres fautes. Cela n'est pas en contradiction avec les règles de responsabilité qui ont cours dans le transport terrestre et qui sont examinées dans le texte. — Au premier aspect on est cependant tenté de dire : sur terre comme sur mer, le transporteur se décharge de la faute de ses préposés bien plus encore que de ses fautes à lui, puisqu'aujourd'hui le transport est effectué par des compagnies qui exploitent par le concours de leurs employés, et non directement. Or pour déterminer la portée de l'irresponsabilité convenue, il faudrait dans les deux droits une commune mesure. — Il n'en est rien. Le capitaine, qui opère en mer, loin de l'armateur, et que celui-ci a dû choisir dans une catégorie brevetée, n'est pas un préposé comme un autre, et l'on s'explique fort bien que le transporteur puisse s'affranchir absolument de sa baraterie; alors que la compagnie de chemins de fer qui tient mieux ses employés, n'a pas le droit de se soustraire aux conséquences de leurs fautes, ou ne peut du moins le faire que moyennant un renversement dans la charge de la preuve.

SECTION IV

DURÉE ET CAUSES D'EXTINCTION DES ACTIONS CONTRE LE VOITURIER

1015. — On a vu que le voiturier exposait, à raison des pertes, avaries ou retards, une responsabilité qui ne disparaît que par la preuve à sa charge d'un fait de force majeure, ou par une stipulation de non garantie.

Cette responsabilité dure peu, elle est soumise à des causes d'extinction particulières. On ne pouvait songer à la prolonger pendant trente ans, soit que la multiplicité des transports commande dans l'intérêt de la profession de voiturier une libération beaucoup plus rapide, soit que, un certain temps une fois écoulé, la preuve du dommage et de son origine ne puisse plus être établie. La livraison à l'arrivée vient exercer sur la durée des actions une influence très grande.

1016. — Il se passe quelque chose d'analogue aux réclamations qu'un acheteur de marchandises dirigerait contre son vendeur pour cause de *vices rédhibitoires*. L'action née de ces vices doit être formée dans un bref délai (art. 1648 C. civ.). Du moins dans la vente, la délivrance de la chose n'emporte-t-elle pas forclusion du droit d'agir; car il est bien plutôt dans la pensée de la loi que le délai moral donné pour faire le procès parte du moment même de cette délivrance.

Dans le transport, on s'expliquerait que la législation fût encore plus favorable à l'extinction des actions : un système qui, dès la réception à l'arrivée, si elle n'est pas accompagnée d'une protestation immédiate de la part du destinataire, libérerait le voiturier de toutes poursuites, ne serait pas, malgré sa dureté, tout à fait irrationnel. On va voir que tel a été, au moins en substance et avec quelques atténuations, le régime consacré en France jusqu'en 1888.

1017. — C'est qu'aussi le vendeur ne s'engage pas seulement à livrer la chose; il se porte en outre garant des qualités de l'objet vendu. Dès lors, il était indispensable de laisser à l'acheteur un certain délai pour vérifier l'absence de défauts cachés. — L'acheteur, d'un autre côté, n'a pas de raison de supposer, au moment où la chose lui est remise, qu'elle soit dans un état avarié. Car les conditions généralement simples de manutention qui ont précédé sa prise de livraison ne sont pas de nature à lui suggérer des soupçons sur l'état sauf et intact de la marchandise. Les circonstances, par conséquent, ne l'invitent point à procéder à une vérification immédiate.

Tout à l'inverse, en matière de transport, le voiturier d'une part ne garantit nullement au destinataire que la marchandise renferme les qualités en vue desquelles il se l'est fait adresser; il se présente seulement à lui comme un agent de circulation qui a pris en charge un colis avec ses qualités ou ses défauts. Ce qu'il prétend, c'est que le transport s'est effectué par ses soins ainsi qu'il devait l'être. Comme, d'autre part, le trajet que vient de faire la marchandise, avec ses risques et ses passages en mains diverses, laisse craindre soit des détériorations, soit quelque manquement au contrat, il est du devoir du destinataire de s'en assurer de suite, avant qu'il ait pris réception et donné décharge sur les livres du voiturier.

1018. — Conséquemment, la prudence conseille à tout destinataire au moment d'une livraison, soit en gare, soit à domicile, de constater l'état externe et interne du colis, de le peser, d'ouvrir au besoin la caisse, la balle, le récipient. Bien que la loi ne le dise pas, et quand il s'agirait d'une législation qui n'attache pas à la réception un effet libératoire pour le voiturier, il a le droit de vérifier ainsi la marchandise séance tenante, ou de requérir à cet effet une expertise contradictoire avec le voiturier : expertise qui n'a pas besoin des formes judiciaires de l'art. 106, car elle est amiable.

Le grand avantage de cette vérification, toute contemporaine de la livraison, consiste en ceci : des avaries ou des manquants constatés à cet instant sont supposés s'être produits pendant le voyage, puisque la marchandise est censée avoir été remise au départ en bon état. Donc le voiturier en répondra, à moins de justifier d'une force majeure. Si le transporteur ne veut pas prendre acte de la protestation, le destinataire refusera purement et simplement le colis, et il gardera naturellement son recours.

Tandis qu'une constatation de l'avarie, faite depuis le moment de la prise de livraison par le destinataire, a bien des chances de ne point sauvegarder les intérêts de celui-ci. Cela dit, même dans une législation qui admettrait la réclamation tardive. Car la présomption est retournée ; maintenant ce qu'il faut croire jusqu'à preuve du contraire, c'est que le fait qui donne lieu à la réclamation, l'avarie par exemple, s'est produit depuis la réception, chez le destinataire lui-même, par conséquent sans que le voiturier puisse en être rendu responsable. Le droit pour le destinataire d'obtenir réparation devient ainsi problématique. La preuve contraire sera-t-elle toujours possible à administrer de sa part ?

1019. — Tous ces motifs concourent à expliquer la place très importante que tient la livraison à l'arrivée soit pour consommer, soit au moins pour préparer l'extinction des actions en responsabilité. Le Code de 1807, dans ses *art. 105* et *108*, posait en principe que toutes les actions, sauf celles résultant d'une perte totale, s'éteignaient par la réception du destinataire, lorsque cette réception était accompagnée du paiement du port et qu'il n'avait formulé aucune protestation. Le concours de ces deux faits à l'arrivée : *remise du colis, règlement du prix de transport*, érigeait en présomption légale que le transport s'était régulièrement accompli : le voiturier avait implicitement rendu ses comptes, le destinataire les avait reçus et donné *quitus*.

Dans les cas exceptionnels où l'action en responsabilité survivait à la livraison ou bien avait sa cause dans la non arrivée ou perte du colis, les intéressés pouvaient encore agir. Le délai était tantôt de *six mois* et tantôt d'*un an*, suivant qu'il s'agissait de transport intérieur ou de transport international. Cette *prescription*, par suite de la rédaction défectueuse de l'art. 108, ne s'appliquait pas à la réclamation pour cause de retard, qui se trouvait durer ainsi trente ans : résultat bizarre, la réclamation à raison d'un dommage faible survivant à celle qui serait motivée par un dommage d'ordre plus grave.

1020. — Au total cette organisation, bonne et sage en principe, était pour le commerce d'une rigueur un peu excessive. On s'est attaché à en adoucir l'effet et ce fut le but de la *loi du 11 avril 1888* qui a revisé les art. 105 et 108.

Il existe deux causes de libération pour le voiturier : la réception de la marchandise sans protestation du destinataire (art. 105) ; — la prescription d'un an (art. 108).

1021. — 1° Réception de la marchandise. — L'ancien art. 105 attachait à la prise de livraison une forclusion instantanée.

En vain le destinataire s'apercevait-il de l'irrégularité commise par le transporteur, quelques minutes après avoir reçu le colis et émargé sur la feuille. Il était trop tard pour exercer une réclamation utile. Cela était vrai des réclamations de tout ordre : perte partielle ou manquant, avaries visibles à l'extérieur du colis ou se révélant au dedans, retard; voire, sous certaines distinctions extrêmement subtiles, les actions en détaxe, lorsqu'il lui arrivait de payer un port supérieur à celui qui était applicable à son transport.

Nous rappelons que cette cause de libération n'existait que pour les envois en port dû, et en supposant le prix payé par le destinataire au moment où il recevait la marchandise : d'où l'habitude prise par les commerçants avisés de se faire adresser leurs expéditions en port payé, afin de conserver le recours nonobstant la réception.

Aujourd'hui la réception n'emporte plus libération de l'agent de transport que sous la double condition suivante :

1022. — *a) Il faut que le fait de responsabilité soit une avarie* (interne ou externe) *ou une perte partielle*. L'idée d'une réception exclut, cela va sans dire, l'application de la règle aux réclamations pour *perte intégrale*, et il en a toujours été ainsi.

Mais la responsabilité pour *retard*, comprise dans la fin de non-recevoir avant 1888, subsiste maintenant malgré la réception ; elle ne s'éteindra que par la deuxième cause libératoire, par la prescription. C'est qu'aussi la date et la provenance d'une avarie sont difficiles à établir, une fois la réception accomplie. Tandis que pour justifier du retard, l'intéressé a toujours la preuve donnée par son récépissé et par la consultation de la comptabilité du voiturier.

A plus forte raison l'*action en détaxe* survit-elle à la réception, on verra même qu'elle survit à la prescription d'un an.

1023. — *b) Il faut que la réclamation soit formée dans un délai de rigueur*. Mais (et c'est en cela que la réforme a de l'importance) il n'est plus besoin qu'elle soit *immédiate*.

La forclusion n'est plus attachée à la seule réception du colis sans que le destinataire ait protesté. *Trois jours francs* depuis cette réception lui sont encore donnés, non compris les jours fériés, pour exercer la réclamation : c'est l'expiration de ces trois jours qui éteint les actions ci-dessus mentionnées. Le destinataire doit signifier soit au moyen d'un acte extrajudiciaire (exploit d'huissier), soit au moyen d'une lettre recommandée, une *protestation motivée* au transporteur.

1024. — Dans la pratique, ces formes ne sont pas toujours observées.

Ecartons le cas où le destinataire se contenterait de faire suivre son émargement d'une mention banale « *sous toutes réserves* ». Outre que l'objet de sa réclamation ne ressort point de cette formule, à laquelle il manque ainsi d'être « motivée », une pareille mention finirait par devenir de style, et la plupart des destinataires s'en contenteraient pour n'exercer leur réclamation effective que quelques mois plus tard. Cette manière de faire est certainement repoussée par la loi (Cass. civ. 23 mars 1897).

Mais il est arrivé à plus d'un destinataire de consigner sur la feuille une protestation motivée, parce qu'il s'est aperçu de l'avarie au moment de la remise, ou encore de formuler sa plainte dans le délai voulu, mais verbalement ou par une simple lettre dont le transporteur reconnaissait d'ailleurs la date.

La désignation par la compagnie d'un arbitre amiable chargé d'aller visiter le colis au domicile de l'intéressé viendra souvent témoigner de ce fait de diligence. Car si un agent de la compagnie s'est rendu chez le destinataire, c'est bien que celui-ci avait avisé le transporteur de sa réclamation et que le transporteur lui en a donné acte. Même après l'expiration des trois jours francs, la démarche accueillie paraît régulière, car il appartient au voiturier de renoncer à la fin de non-recevoir que lui procure la loi.

Or la Cour de cassation rejette la possibilité de tous équivalents (Cass. civ. 8 nov. 1893 et 25 février 1896). Son interprétation concorde très certainement avec la rédaction textuelle de l'art. 106.

L'emploi nécessaire d'un mode sacramentel de réclamation n'en a pas moins quelque chose de choquant. La loi a dû vouloir seulement que l'acte de protestation présentât des garanties de date certaine. Le transporteur est fondé à refuser pareil caractère à des titres ordinaires de correspondance ou à une déclaration verbale. Mais dès l'instant qu'il avoue les démarches du destinataire et reconnaît qu'elles ont eu lieu dans le délai légal, elles ne devraient plus être jugées irrecevables. La jurisprudence incline trop vers le respect des formes.

Il reste acquis que la vérification faite au moment de la réception présente un avantage absent d'une protestation subséquente. Dans ce dernier cas il faudra établir que la marchandise est restée telle qu'elle a été livrée, c'est-à-dire que le destinataire doit démontrer alors l'antériorité de l'avarie à la réception elle-même (Req. 13 avril 1897, nº 1018).

1025. — *Faut-il*, pour que le voiturier soit libéré dans les termes du nouvel art. 105, *que le port ait été réglé à l'arrivée par le destinataire* ? Dans les expéditions franco ou en port payé, la déchéance cesse-t-elle d'être applicable? Une protestation, quoique postérieure aux trois jours, peut-elle alors produire effet?

Avant 1888, on n'hésitait point à répondre dans le sens de la conservation des actions : — La décharge sous-entendue dans l'acte de réception devait être appuyée par le versement du prix de transport; la reconnaissance de la bonne exécution du transport résultait de ce que le destinataire avait consenti à sortir une somme de sa caisse.

Le nouveau texte mentionne, comme l'ancien, le paiement du prix de la voiture à côté de la réception des objets transportés. L'ancienne formule n'est même pas modifiée sous ce rapport : donc ce paiement est demeuré l'un des deux éléments de la libération du voiturier.

Il est étrange que les arrêts rendus après la promulgation de la loi aient prétendu le contraire. La solution la plus favorable au voiturier a passé pendant plusieurs années comme certaine. La fin de non recevoir a été appliquée uniformément à toutes les expéditions, que le port eût été perçu d'avance ou non, à la seule condition que le transporteur l'eût encaissé. Il commence à présent à se produire une réaction contre cette interprétation. Des jugements décident, et à bon droit, sélon nous, que la règle est étrangère aux expéditions *franco* (Trib. com. Seine, 23 mai 1896)[1].

1026. — La nécessité pour le destinataire d'exercer sa réclamation dans les trois jours n'est pas seulement vraie en ce qui touche la conservation des actions contre le voiturier. Une négligence de sa part peut avoir pour résultat d'engager sa propre *responsabilité*, à lui destinataire, *envers l'expéditeur*.

La nature variable de la convention qui est intervenue entre ces deux personnes, que le voiturier n'a d'ailleurs pas à connaître, imposera pour devoir au destinataire de protester dans l'intérêt de son expéditeur, s'il n'a pas à le faire pour lui-même. Son abstention donnera alors ouverture à une action en indemnité dirigée par un commerçant d'une place contre son correspondant d'une place différente, et basée sur un lien de droit qui n'est plus le transport, qui sera la vente ou la commission.

Ex. : Le destinataire est un commissionnaire chargé de chercher le placement de la marchandise. Il entre dans les obligations d'un mandataire de pourvoir à la conservation des droits de son mandant quant à la chose confiée à sa garde.

Le commissionnaire, au lieu de protester suivant l'art. 105 en constatant l'existence d'avaries de route, s'abstient de toutes démarches : il cause à son commettant un tort égal à la dépréciation subie par la marchandise, dépréciation maintenant irrévocable, puisque le voiturier

[1] Sont nulles, sauf en service international, d'après l'art. 105, al. 2, toutes stipulations qui attacheraient à la réception de la marchandise une libération du voiturier, soit plus rapide, soit moins rapide que ne le décide la loi, par conséquent toutes conventions qui refuseraient au destinataire les trois jours de grâce pour protester. Il y aurait beaucoup à redire contre cette prétendue prescription d'ordre public. — Le service international est organisé par la Convention de Berne, conformément aux règles suivantes : 1° avaries apparentes, déchéance immédiate par la réception de la marchandise avec paiement du port; 2° avaries non apparentes, réclamation dans les sept jours à partir de la réception; 3° retard, également sept jours (art. 44 et 45). — Autre problème soulevé par une expédition mi-partie maritime, mi-partie terrestre, lorsque cette expédition est effectuée en vertu d'un transport unique, employant successivement la coopération de deux voituriers, l'un de terre, l'autre de mer (voir la 5e section sur la décomposition à faire dans ces transports). Tant que le transport n'est pas entièrement fini dans toutes ses parties, il ne peut être question de donner à l'un quelconque des voituriers, fût-ce le premier en date, le droit de faire courir à son profit le délai tiré des fins de non recevoir établies par la loi. Mais quel est ce délai? Le droit terrestre le fixe à trois jours dans l'art. 105; le droit maritime, dans les art. 435 et 436, le limite à 24 heures depuis la réception. C'est d'après la Cour de cassation (Civ. cass. 2 décembre 1896, critiqué par M. Lyon-Caen dans S. 97, 1, 209), le droit propre à celui des transports après lequel est immédiatement constatée l'avarie, terrestre ou maritime selon les cas, qui sera applicable.

cesse d'en devoir compte. Il est redevable envers ce commettant de dommages et intérêts en vertu du *droit du mandat.* — On pourrait, en modifiant l'hypothèse, montrer que le destinataire peut être appelé à réparer sa faute en vertu du *droit de la vente.* Ce serait toujours le même raisonnement.

1027. — 2° PRESCRIPTION D'UN AN. — Les actions en responsabilité nées du transport peuvent survivre soit au défaut de réception, soit à la réception et à l'expiration des trois jours suivants. Ainsi en sera-t-il *a*) des actions pour perte totale ou pour retard, d'une part, et *b*) de celles pour avaries ou pertes partielles, lorsqu'elles auront été conservées en protestant en temps utile, d'autre part.

La loi veut pourtant que ces diverses actions soient exercées dans un délai relativement court. Il s'agit d'un délai de *prescription*.

Cette prescription qui, on le sait, était autrefois soit de six mois, soit d'un an, a été uniformément portée à *un an* par le nouvel art. 108 [1]. Elle court pour la perte totale du jour où la remise aurait dû s'effectuer, et dans les autres cas du jour de la remise ou de l'offre du colis au destinataire [2]. Les cas de fraude ou d'infidélité sont d'ailleurs exceptés : si, par exemple, le voiturier avait sciemment livré un colis pour un autre ou dissimulé les traces de l'avarie avant de le remettre à destination, l'action durerait au-delà d'un an [3].

1028. — Aucune autre action que celles « pour avaries, perte ou retard » n'est régie par cette prescription. Toutes les demandes résul-

[1] Ainsi en est-il également du trafic international, d'après la Convention de Berne.

[2] Pour les transports faits au compte de l'Etat, la prescription ne commence à courir que du jour de la notification de la décision ministérielle emportant liquidation ou ordonnancement définitifs (art. 108, al. 5). — Ce passage n'est pas bien clair. La liquidation et l'ordonnancement se réfèrent à des situations où l'Etat est débiteur et non pas créancier. Or le transporteur étant redevable d'avaries envers l'Etat, on ne voit pas ce qui empêche l'Etat de le poursuivre et de faire valoir ses réclamations devant la juridiction compétente, administrative ou autre, immédiatement après la terminaison du transport litigieux. — La pensée de la loi de 1888 a dû être de viser dans cet alinéa l'action en paiement du port, qui se prescrit par cinq ans, action dont l'Etat alors est tenu, et à laquelle le même article 108 nouveau se réfère dans une autre partie de son texte. La prescription de la créance du port ne courra pas contre le transporteur de l'Etat, aussi longtemps que cette créance ne sera pas liquidée et ordonnancée. Ainsi s'expliquerait la disposition de la loi.

[3] En outre, il est conforme aux principes du droit de reconnaître l'effet d'une revendication de la marchandise par le destinataire, même après que le délai annal serait expiré. Le colis, qu'on croyait égaré, se retrouve parmi les autres objets du voiturier. Comme il appartient au destinataire, il n'y a aucun motif juridique de lui refuser le pouvoir de le prendre pour lui : on ne saurait lui opposer la prescription d'un an. V. d'ailleurs dans l'art. 108 le passage ; « Toutes les autres actions auxquelles le contrat peut donner lieu... »

tant du transport et qui ne se rapporteraient pas à l'un de ces trois cas de responsabilité, se prescrivent par cinq ans.

Ainsi en est-il d'abord des actions des intéressés contre le voiturier, telles que l'action en détaxe ou répétition d'indû pour paiement de port excessif. Ainsi en est-il ensuite des actions en sens inverse appartenant au voiturier contre les intéressés, comme l'action en paiement de supplément de taxe, lorsque le transporteur a touché moins que le tarif[1].

1029. — Cette différence de durée dans les prescriptions de la matière donne lieu à une difficulté spéciale. Le voiturier agit, par hypothèse, après l'expiration d'un an et avant cinq ans, pour réclamer le paiement du port. Peut-il être débouté au moyen d'une exception de l'intéressé, tirée du fait d'une avarie ou d'un retard dans le transport qui est l'objet du procès? L'exception, avec l'effet limité qu'elle aurait alors de soustraire le défendeur au paiement du port, dure-t-elle plus longtemps que l'action elle-même, laquelle est dûment éteinte après un an?

On admet en général le défendeur à se prévaloir de cette exception, quoique l'action soit perdue : *Quæ temporalia ad agendum, perpetua sunt ad excipiendum*.

Le brocard sur lequel on se fonde pour statuer de la sorte n'a qu'une autorité conjecturale. Vrai peut-être au temps du droit romain classique, il a subi dans l'ancien droit français divers assauts (Ordonn. de Villers-Cotterets de 1539, art. 134 par exemple) et il est impossible d'en trouver la justification dans les codes modernes.

Il serait bien plus sage de transporter dans le trafic intérieur la disposition de la Convention de Berne (art. 46), qui assigne à l'exception et à l'action une égale durée. Dire que l'exception est recevable encore après un an, c'est aussi l'accueillir du chef d'avaries, quoiqu'on se soit abstenu de protester dans les trois jours de l'art. 105. Or, qu'on soit défendeur ou demandeur au procès, une cause d'avarie n'a plus chance d'être établie d'une manière précise, lorsqu'elle remonte à plus d'un an.

SECTION V

DE LA COMMISSION DE TRANSPORT ET DE LA PLURALITÉ DES VOITURIERS

1030. — Le *commissionnaire de transport* est *un mandataire qui se charge de conclure un transport avec un voiturier pour le compte d'un*

[1] Il est bien compris que ces actions en détaxe ou en surtaxe sont recevables, en matière de trafic par chemin de fer, même dans le cas où on aurait dérogé aux tarifs volontairement. Cette dérogation volontaire est contraire à l'ordre public et demeure sans effet, à raison de la grande règle de l'égalité nécessaire des expéditeurs devant les tarifs.

commettant expéditeur. C'est la commission de transport, dans la suite des dispositions du Code, qui forme transition entre le droit des commissionnaires ordinaires et celui des voituriers. Cette profession est libre, l'établissement des chemins de fer ne l'a pas fait disparaître, il lui a donné plutôt une nouvelle raison d'être.

On ramène à deux les principaux avantages de la commission de transport.

1031. — 1° Elle réalise pour les expéditeurs une *économie sur les taxes* de chemin de fer. Il vaut mieux s'adresser à un commissionnaire que traiter directement avec la Compagnie.

Le fait, étrange au premier aspect, s'explique par la manière dont sont gradués les tarifs. La taxe est perçue par unités indivisibles de 10 kilos. Dix expéditeurs de Paris ont simultanément à adresser à Marseille chacun un colis de 11 kilos. S'ils opéraient isolément, les marchandises seraient taxées sur 200 kilos, bien qu'elles n'en pèsent que 110. Mais voici qu'elles emploient un commissionnaire. L'intermédiaire commun auquel elles recourront groupera ces colis, les réunira sous une même enveloppe et adressera le *group* à son correspondant de Marseille. La taxe appliquée sera celle de 110 kilos : soit une économie sur 90 kilos dont le commissionnaire fera profiter ses dix clients, tout en y trouvant son propre bénéfice.

Le commissionnaire, en outre, a ses bureaux dans des quartiers que ne desservent pas les bureaux de ville des Compagnies ; il fait le factage et le camionnage au départ.

1032. — 2° La commission de transport peut chez une même personne se cumuler avec un transport propre, au moins pour une partie de la route. Le commissionnaire a les moyens d'exécuter le commencement du voyage sans être en mesure d'atteindre le point de destination. Il se substituera pour la continuation du parcours un ou plusieurs voituriers subséquents, et c'est alors au titre de commissionnaire qu'il agira.

Soit une expédition par chemin de fer de Nancy à Perpignan, empruntant le réseau de l'Est jusqu'à Is-sur-Tille, celui de Paris-Lyon jusqu'à Cette, et celui du Midi au-delà.

On pourrait procéder par *trois transports indépendants*. Il y aurait successivement trois récépissés distincts. L'expéditeur se choisirait à Is-sur-Tille un agent transitaire qui, en recevant le colis des mains de la compagnie de l'Est, jouerait le rôle de destinataire, avec l'obligation de protester s'il y a lieu dans les trois jours de la livraison au point de transit. Après quoi, cet agent expédierait sur Cette, par la Compagnie Paris-Lyon, à un autre agent de cette place, et ainsi de suite.

Mais on peut aussi raccorder tous ces tronçons au moyen d'un *transport unique*, sans rupture de charge, avec une même lettre de voiture passant de main en main aux points de transmission, et en ce cas la seule réception faisant courir les délais des art. 105 et 108 au profit d'un des voituriers quelconques de la filière sera la réception à Perpignan.

Ce mode de transport indivisible est imposé aux Compagnies de chemins de fer les unes vis-à-vis des autres, et il est également organisé en droit international entre les administrations européennes de chemins de fer relevant de la Convention de Berne. Aucun agent particulier de l'expéditeur n'est nécessaire aux lieux d'échange des colis. Le premier voiturier devient commissionnaire, pour négocier la continuation du voyage auprès des suivants, le deuxième devient un commissionnaire substitué, etc.

1033. — Comment s'exercera en pareil cas l'*action en responsabilité* du fait d'une perte, d'une avarie ou d'un retard ?

1re proposition. — Le *commissionnaire originaire* ne répond pas seulement de ses fautes. Il est encore garant des voituriers qui le suivent, à moins de clause contraire. Il est de plein droit *ducroire* (art. 97 à 99) : ce qui n'est pas d'accord avec la règle en vigueur dans les autres commissions, où le ducroire ne se présume pas.

Cette particularité ne repose point sur une pensée de faute *in eligendo* : il n'est pas vrai de dire que le commissionnaire ait fait un mauvais choix de voiturier. Une considération d'utilité pratique est intervenue : l'expéditeur doit pouvoir toujours s'attaquer à la personne avec qui il a traité, du moment que le transport s'est effectué d'une manière irrégulière; il n'aura pas à rechercher à qui au juste l'irrégularité est imputable.

Aussi la disposition de la loi doit-elle être interprétée restrictivement : le ducroire ne s'étend pas à un commissionnaire intermédiaire, du fait de voituriers qui viendraient après lui.

1034. — *2e proposition.* — Le voiturier, avec qui le commissionnaire a contracté pour compte, est tenu même envers l'expéditeur. L'expéditeur peut agir contre un voiturier dont le commissionnaire le sépare, ce dernier eût-il traité de son chef et rédigé la lettre de voiture à son propre nom. Il y est recevable soit à la teneur de l'art. 1166 C. civ., soit par analogie de la règle de la commission de vente établie par l'art. 575 C. com. : car là où un commettant vendeur a l'action du prix contre le tiers-acheteur, là aussi un commettant expéditeur a action contre le voiturier ou contre le commissionnaire substitué (arg. art. 1994, al. 2, C. civ., 101 C. com.).

Mais ici, à la différence de ce qui a été dit pour le premier commissionnaire, l'*expéditeur devra prouver la faute propre du voiturier qu'il assigne.* Dès l'instant que ce défendeur n'a commis aucune faute sur son parcours, il sera absous.

Par quels voies et moyens administrer pareille preuve? Pour le comprendre, il faut savoir au préalable que, à chaque transmission du colis sur un point d'intersection des réseaux, la marchandise n'est pas et ne peut pas être l'objet d'une vérification *interne* entre le voiturier livreur et le voiturier réceptionnaire, mais qu'on procède cependant à une reconnaissance de poids, d'emballage et de délais. Le nouveau voiturier donne à son prédécesseur un reçu du colis, mais s'il s'aperçoit d'une avarie externe ou d'un retard dans les délais que ce prédécesseur devait observer, il lui demande pour se couvrir un bulletin de constatation et ne délivre son propre reçu que sous réserves motivées.

1035. — Cela étant, l'expéditeur s'adresse-t-il au premier commissionnaire : le ducroire prive celui-ci du droit de demander sa mise hors de cause, il répond toujours du dommage, à quelque personne qu'il y ait lieu de l'imputer.

S'adresse-t-il à un voiturier suivant : il prouve par le reçu que ce voiturier a donné de la marchandise qu'elle est entrée en sa possession. La condamnation du défendeur s'en suivra.

Le voiturier défendeur soutient-il reconventionnellement qu'il a exécuté sa fraction de transport sans faute : à lui de justifier d'un cas fortuit ou de la remise du colis à l'agent de transport qui vient après lui. Il doit avoir une pièce qui en porte la preuve. Alors seulement il sera absous. Si cette pièce contient des réserves, il est par là même convaincu de faute, partant condamné.

Et ainsi du deuxième au troisième jusqu'à ce que l'état de la comptabilité produite dénonce le vrai coupable, celui qui sera retenu par la justice pour tel.

1036. — Telle est encore la manière de s'éclairer dans le *recours des agents de transport* les uns vis-à-vis des autres.

Le commissionnaire occupant la tête de ligne peut assigner en garantie le voiturier qui le suit, ce voiturier peut assigner le troisième, etc. Le recours s'exercera au choix de son auteur : 1° par demande incidente en garantie devant le tribunal et dans l'instance où il est cité lui-même (art. 175 et suiv. C. proc. civ.); 2° par ouverture d'un procès séparé.

Chaque garanti, agissant contre son garant, établira la faute de celui-ci au moyen du système de comptabilité qui vient d'être indiqué, et pourra ainsi se faire relever par ce garant de la condamnation principale prononcée contre lui-même.

On n'était pas d'accord avant 1888 pour déterminer le délai dans lequel cette action récursoire devait s'exercer. Aujourd'hui (nouvel art. 108) il est *d'un mois* à courir du jour où celui qui a droit à garantie est assigné lui-même, et cela quand même le poursuivant préférerait à la garantie incidente une instance nouvelle. Autrement dit, le commissionnaire, assigné au principal le dernier jour de l'année, a encore un mois devant lui, dût-il ainsi empiéter sur le commencement de la seconde année, pour recourir contre le voiturier.

1037. — Qu'il s'agisse de l'action principale de l'expéditeur ou de l'action récursoire entre voituriers, le genre de preuve que nous venons de décrire n'est pas susceptible de s'approprier aux *avaries internes*. Pour une réclamation ayant une pareille cause, la condamnation de la partie défenderesse est strictement subordonnée à la preuve du demandeur que la faute provient d'elle, ce qui en fait est généralement impraticable. On doit excepter, bien entendu, le premier commissionnaire ducroire, qui est tenu de ces avaries envers l'expéditeur.

1038. — Afin d'éviter les complications résultant de ce mode récursoire de liquidation entre voituriers concourant à un même transport, un règlement de 1886 a été signé entre les six grandes compagnies françaises et l'administration des chemins de fer de l'Etat.

A s'en tenir à la marche et aux effets ordinaires de la procédure suivie, chacune de ces administrations met bien en cause la suivante, celle-ci appelle en garantie la troisième, etc. Cela permet à ces garants réunis de produire leurs défenses et de justifier, s'il est possible, d'un fait libératoire qui doit les absoudre tous.

Mais, d'après le *règlement* intervenu en 1886, s'il y a lieu à servir une indemnité à un expéditeur, cette indemnité doit se partager au marc le franc entre les chemins de fer participant ou ayant dû participer au même transport, d'après le parcours kilométrique du colis sur chacun de leurs réseaux. Cette répartition s'effectue, sans aucun égard à la faute commise dans le cas particulier, par l'une ou par l'autre de ces compagnies ou administrations[1].

[1] D'après la convention de Berne, l'action des intéressés ne peut être intentée que *a*) contre le premier chemin de fer, *b*) ou contre celui qui a reçu en dernier lieu la marchandise avec la lettre de voiture, *c*) ou encore contre celui sur le réseau duquel le dommage a été occasionné (compétence nécessaire d'un tribunal de l'Etat du chemin de fer défendeur). — Ce chemin de fer a son recours contre le chemin de fer en faute, sauf répartition proportionnelle si l'auteur de la faute reste inconnu (le recours s'exercera contre tous les chemins de fer qui y sont sujets, en vertu d'une seule instance et devant le tribunal de l'un d'eux, toute réserve faite quant à l'appel incident, toujours possible), art. 47 à 51.

CINQUIÈME PARTIE

DES CONTRATS SUR ARGENT ET SUR CRÉDIT

(EFFETS DE COMMERCE, AVEC LES CHÈQUES, LES WARRANTS ET LES COMPTES-COURANTS)

INTRODUCTION

DU RÔLE DU CHANGE

1039. — L'expression d'*effets de commerce*, si l'on excepte les lois fiscales, n'est employée par le Code que dans les art. 446 et 574, au livre des faillites, par conséquent en dehors de la partie de ce Code qui leur est spécialement consacrée.

On entend par là des *titres ayant pour objet une somme d'argent liquide payable à une époque généralement prochaine*, et auxquels une circulation facile permet de tenir la place de la monnaie.

Ces titres sont habituellement *négociables*, et pour plusieurs d'entre eux la négociabilité forme une condition essentielle à leur régularité : c'est-à-dire que la cession en a lieu suivant une forme plus simple que la forme ordinaire de droit civil. Mais il s'en faut que tout titre présentant le caractère négociable doive être rangé au nombre des effets de commerce.

Car d'une part, il y a des titres négociables qui donnent droit à recevoir une *marchandise* ; or, précisément pour ce motif, parce que ce n'est pas sur de l'argent qu'ils portent, ils ne sauraient, sous peine de manquer à toute méthode, être placés dans la même catégorie que les lettres de change par exemple. Tel est le cas pour le connaissement, pour le récépissé de marchandises en magasin général ; ces titres mobilisent les matières commerciales d'échange, mais ils n'activent point le crédit et ne jouent pas le rôle de l'argent.

D'un autre côté, lorsque le titre, fût-il négociable, correspond à un *placement* et donne droit à un *revenu*, il cesse également de dépendre des effets de commerce. Nous faisons allusion aux actions de compagnies, aux obligations de sociétés ou d'établissements publics, aux rentes sur l'Etat. Ce sont des valeurs de rapport, les effets de commerce ne présentent point ce caractère.

1040. — Il convient de consigner au sujet des effets de commerce une autre réflexion préliminaire. Bien que l'on ne se soit pas mis d'accord pour déterminer d'une manière limitative les titres qui doivent rentrer dans l'ensemble de nos effets, et que notamment les billets *au porteur* dont la loi ne parle pas, les chèques surtout doivent pour quelques personnes être placés en dehors du cadre, un point demeure certain.

C'est que l'expression usitée pour désigner ces titres n'est pas d'une parfaite exactitude grammaticale. Les effets de commerce ne sont ni à la seule portée des personnes qui font le *commerce*, ni nécessairement tous des effets *commerciaux*. Il y a bien un effet d'où naissent, par la volonté de la loi, des obligations toujours commerciales, c'est la lettre de change. Mais la commercialité nécessaire de la lettre de change ne s'étend pas au billet à ordre.

La seule chose exacte à retenir, c'est que les affaires de commerce sont celles qui donnent le plus souvent lieu à la souscription et à la circulation de ces effets : encore pour le billet à ordre cela est-il contestable.

1041. — Sous le titre VIII de son premier livre (art. 110 à 189), titre inspiré par l'Ordonnance de 1673 et qui passe pour fort vieilli, le Code de commerce ne réglemente que deux de ces effets : la *lettre de change* et le *billet à ordre*.

Leur définition à tous deux a été fournie déjà, avec des formules à l'appui (nº 9). Il suffit de les rappeler.

1042. — I. **Lettre de change.** — La *lettre de change* est un *écrit par lequel un tireur donne mandat à un tiré* (habitant ou non une autre place) *de payer à l'ordre d'une troisième personne*, preneur ou bénéficiaire, *une certaine somme à une échéance précise.*

Paris, 3 novembre 1897. B. P. F. 1.000

Au 1er février prochain, payez à l'ordre de M. *Bernard* (bénéficiaire) la somme de mille francs, valeur en marchandises.

A M. *Thiébaut* (tiré), 12, rue du Sentier, à Paris
ou 5, cours de l'Intendance, à Bordeaux.

Thomas (tireur).

Lorsque la lettre aura été présentée par le porteur au tiré, et que celui-ci l'aura revêtue de sa propre signature, en face de celle du tireur, on dira de la lettre de change qu'elle est *acceptée*, et du tiré qu'il est *accepteur*.

Si, comme il arrive souvent, le tiré fait faire par un banquier son service de caisse, il est naturel que ce soit chez ce banquier que la présentation ait lieu à l'échéance. Une mention spéciale de la lettre de change, au-dessous de l'adresse du tiré, instruira le porteur de ce lieu de paiement : « payable chez *David*, rue Sainte-Catherine, 6, à Bordeaux ». — Le banquier indiqué (ou plus généralement la personne quelconque désignée ainsi pour recevoir la réquisition du porteur de payer au nom du tiré) est qualifié *domiciliataire*.

Bernard peut faire transport du titre. La clause à ordre lui donne le moyen de l'endosser, par une mention au dos de la lettre de change. Il devient alors *endosseur*.

Le nouveau porteur, *Emile*, est maître de l'endosser à son tour, et ainsi de suite, jusqu'à ce que vienne l'échéance. A ce moment, le *dernier porteur*, *Paul*, présentera l'effet chez le tiré (ou chez le domiciliataire) afin d'en recevoir paiement.

1043. — II. Billet à ordre. — Le *billet à ordre*, instrument de nature plus simple, est un *titre par lequel un souscripteur s'engage lui-même à payer, à l'ordre d'un bénéficiaire ou preneur, une somme déterminée à une échéance précise.*

Paris, le 3 novembre 1897. B. P. F. 1.000

Au 1er février prochain, je paierai à l'ordre de M. *Bernard* la somme de mille francs, valeur en marchandises.

Simon.

Ce billet exclut par définition même toute formalité d'*acceptation* subséquente. Il circulera lui aussi par la voie de l'*endossement* et pourra passer en un nombre de mains indéfini. On voit qu'il suppose, au moment de sa création, deux personnes au lieu de trois.

Lorsque le souscripteur a désigné un tiers, *David*, chez qui l'effet sera présenté, le billet devient *billet à domicile.* L'expression de billet à domicile est habituellement réservée au cas où le domiciliataire est indiqué sur une place autre que celle du souscripteur, autre que celle de l'émission du titre par conséquent. On verra que ce domiciliataire n'équivaut pas à un tiré, et que le billet à domicile ne se confond pas avec la lettre de change.

1044. — Double service des effets de commerce. — On rapporte à deux ordres distincts de services économiques les fonctions que ces deux effets sont appelés à remplir, tantôt alternativement et tantôt à la fois. Toutefois, le simple billet à ordre n'est pas en mesure d'exercer la première de ces fonctions, et il ne s'acquitte de l'autre qu'assez imparfaitement.

1045. — 1° Transport d'argent. — Ils opèrent un *transport d'argent* d'une place sur une autre, sans qu'il y ait nécessité à un voyage effectif des fonds.

Du même coup, lorsque les deux places obéissent à un système monétaire différent, ils opèrent *conversion* de la *monnaie* d'un des Etats en une monnaie de l'autre.

Les conditions dans lesquelles l'effet se négocie entraînent pour celui qui émet le titre ou pour celui qui l'endosse, le bénéfice d'un change monétaire avec l'exonération d'un transport de fonds ; c'est ce qu'il faudra expliquer plus longuement.

1046. — 2° Instrument de crédit. — Les effets de commerce donnent à une personne, qui est présentement sans argent, le moyen de traiter *à crédit* et de régler des engagements ou encore le moyen de se procurer des espèces avec du papier, tout comme si ce papier était de l'argent.

1047. — Ainsi, deux offices, tantôt l'un, tantôt l'autre, ou encore deux offices rendus d'une manière simultanée :

a) Un office de transport de numéraire avec change de monnaie, s'il y a lieu ;

b) Un office de crédit à court terme.

Dans le premier cas, on a de l'argent à faire passer dans un autre lieu, mais on veut le soustraire aux risques et aux frais de transport; le titre prendra la place de cet argent et voyagera pour lui, en le laissant au repos.

Dans le deuxième cas, les espèces manquent temporairement à la personne qui en a besoin. Elle compte, pour se les procurer, sur une rentrée prochaine. Elle les remplace par l'effet de commerce, au paiement duquel servira ensuite cette rentrée. Jusque là l'effet se maintiendra sur le marché avec la qualité circulatoire de l'argent.

1048. — Instrument de paiement. — A ces deux utilités de l'effet de commerce, on en ajoute quelquefois une troisième. Il agit comme *moyen de paiement et de compensation* (cette seconde expression est à double sens). Cela revient à dire que, grâce à lui, on s'évite l'emploi du numéraire dans les règlements : la monnaie de papier se substitue à la monnaie de métal et remédie aux insuffisances de celle-ci. Les commerçants ne se bornent pas à créer un instrument substitué à l'argent pour les nécessités du parcours entre deux places; ils ne se contentent pas non plus d'employer un instrument qui devance l'argent en l'utilisant d'une manière préventive, trois mois avant qu'il ne soit disponible. Ils se passent tout à fait de son ministère.

Le vendeur de marchandises touche, en effet, son prix sous la forme d'un effet, au lieu de recevoir les fonds en nature. Le banquier qui encaisse l'effet à son échéance chez un autre banquier, son correspondant, touche la somme sous forme d'une inscription de compte, ce qui est encore une dispense de numéraire.

Cet avantage de l'effet de commerce n'est pas contestable : la pratique de l'endossement, en multipliant les règlements en valeurs de dettes d'argent, la rend tout à fait manifeste. Comme on a coutume de rapporter plutôt au chèque ce rôle d'agent économiseur de numéraire, nous ne parlerons pas autrement dans la partie actuelle du programme de l'effet de commerce envisagé sous ce troisième aspect.

Si le chiffre de la circulation des effets de commerce dans un Etat varie suivant l'activité des affaires, et peut être pris à certains égards comme un signe d'étiage de cette activité, il convient cependant d'user de ce procédé de contrôle avec réserve. Une seule lettre de change a pu servir à régler beaucoup d'engagements, comme à l'inverse il y a des lettres de change tirées sur un banquier ou sur un commissionnaire, qui ne répondent pas à une affaire de marchandises déjà conclue. Les effets de commerce étant sujets à un droit de timbre proportionnel au montant de la somme (voir ci-dessous), on arrive aisément à faire le relevé en capitaux de la circulation annuelle. Partie de 6 milliards 800 millions en 1835, elle atteint 31 milliards 400 millions en 1895, chiffre qui est retombé l'année suivante à 27 milliards 900 millions.

§ 1. De l'effet de commerce en tant qu'instrument de transport d'argent. — Monnaie métallique. — Change manuel. — Change tiré.

1049. — Où la lettre de change a dans l'histoire accompli sa principale fonction, c'est en matière de commerce international. Elle sert depuis longtemps à effectuer la *balance des comptes d'importation* et *d'exportation.* La lettre de change aboutit alors, par le jeu d'une opération complexe, à convertir une monnaie contre une autre, en même temps qu'à compenser des engagements réciproques de places et de pays.

Tout traité sur le change doit donc, en bonne méthode, commencer par une étude, si abrégée qu'on la fasse, de la monnaie prise en elle-même. Inutile d'ailleurs de pénétrer jusqu'aux premiers éléments d'où celle-ci procède. Il suffira de rappeler ce qui est entré dans le courant des connaissances usuelles.

1050. — De la monnaie. — La *monnaie* est *cet instrument des échanges qui consiste en pièces de métal d'un poids et d'un titre certifiés par l'autorité*, et qui forme la commune mesure de la valeur de toutes choses.

Les métaux employés comme instrument monétaire sont l'or et l'argent. Entre ces deux métaux, il ne peut y avoir de rapport immuable de valeur. La volonté par un législateur d'établir de l'un à l'autre une relation fixe est impuissante à se réaliser. La monnaie est une marchandise, et à ce titre elle obéit à la loi de l'offre et de la demande,

Soit un rapport de valeur de 15 1/2, comme c'était le cas au commencement du siècle : à égalité de poids, un stock d'argent vaut quinze fois et demi moins qu'un stock d'or, quatre pièces de cinq francs devront peser quinze fois et demi plus qu'une pièce de vingt francs.

Mais c'est là une relation instable : les circonstances la modifieront soit en faveur de l'argent si celui-ci devient plus rare et plus recherché, soit en faveur de l'or dans le cas contraire. On verra tantôt la distance des deux métaux se rapprocher, l'or valant seulement 12 fois plus que l'argent, et tantôt cette distance s'élargir, l'or valant 18 fois l'autre métal et même bien davantage.

C'est dans cette deuxième situation qu'on est placé aujourd'hui. Les efforts des partisans du métal blanc tendant à le réhabiliter, paraissent condamnés à l'insuccès : tout au plus les hommes enrayeront-ils une baisse qui s'est accélérée depuis vingt ans. De grands Etats, comme l'Allemagne, ont commencé par démonétiser l'argent et refoulé des stocks en circulation ; d'autres puissances, comme la Russie ou le Japon, ont abordé récemment une politique monétaire favorable à l'or ; les productions minières en argent l'ont emporté sur les extractions d'or, malgré le nombre des gîtes aurifères mis en valeur dans des contrées nouvelles, ou en dépit des procédés perfectionnés pour rendre aliment aux anciens filons abandonnés.

Toutes ces circonstances, en excluant l'argent de ses anciens emplois et en en multipliant d'autre part les quantités, ont déterminé une dépréciation énorme du métal blanc.

La prime que l'or acquiert commercialement sur l'argent s'appelle *agio* ou *change*, et cette prime a atteint et dépassé même 50 0/0, c'est-à-dire qu'une personne qui offre 100 francs d'or reçoit en retour 150 francs d'argent pris à sa valeur nominale.

1051. — Bimétallisme. — En France, le régime monétaire en vigueur est le *bimétallisme*. L'or et l'argent circulent concurremment (l. 17 germinal an XI). Un débiteur peut se libérer au moyen de l'une ou de l'autre monnaie, à son choix.

Il y a même une troisième monnaie, le *billet de la Banque de France*. Ce billet, qui à certaines époques de crise (1848, 1870) a été muni du cours forcé (dispense pour la Banque de le rembourser à présentation), est investi du cours légal depuis la loi de finances du 3 août 1875, art. 28, qui a abrogé le cours forcé. La Banque rembourse ses billets en espèces à bureau ouvert, mais ni les particuliers ni les caisses publiques ne peuvent refuser de les recevoir en paiement.

Cette parité de condition de l'or et de l'argent comme instrument monétaire a cependant ses limites : elles résultent de ce qui va être expliqué.

1052. — *a*) La seule monnaie réelle d'argent est la pièce de cinq francs, frappée au titre de 900 millièmes. Les monnaies divisionnaires de deux francs et au-dessous sont au titre de 835 millièmes.

L'Etat s'en est réservé la frappe en 1865, elles ne circulent que comme monnaie d'appoint. On ne peut les imposer dans un paiement que pour un maximum de 50 fr. (comme la monnaie de bronze n'est admise que pour l'appoint de 5 fr.). En d'autres termes, cette monnaie a une valeur conventionnelle supérieure à sa valeur intrinsèque.

1053. — *b*) La frappe de la pièce de 5 fr. est suspendue à l'hôtel de la Monnaie. Un particulier qui y présente un lingot d'argent ne peut plus demander qu'on le monétise. Par là a été enrayée sur le marché français la baisse de l'argent. Les sorties d'or ont été évitées par la balance des achats et des ventes avec l'étranger et par les circonstances variées qui nous rendent annuellement créanciers des autres Etats. Le stock d'argent a cessé de s'accroître par suite de la suspension de la frappe.

La manière dont se proportionne l'emploi de chacune des deux monnaies dans les règlements courants, à raison des avantages de l'une et de l'autre, a permis de les maintenir au pair. On a échappé à la crise de la dépréciation pour les affaires de l'intérieur. C'est un résultat tout empirique.

L'encaisse de la Banque de France donne 2 milliards d'or contre 1 milliard 200 millions d'argent. C'est sur l'or que s'établissent les prix, on considère l'argent comme lui donnant un concours auxiliaire. En réalité, la France est devenue monométalliste or.

1054. — Choix d'une monnaie dans la convention. — *c*) Il est permis de stipuler dans un acte que le paiement s'effectuera en une monnaie (or), à l'exclusion de l'autre (argent). Cette clause est déclarée licite pour la lettre de change (art. 143, C. com.). Elle doit l'être par identité de motif dans tous les contrats [1]. Si la loi statue sur la question à propos des effets de com-

[1] Sous le régime du cours forcé, la validité de la clause obligeant le débiteur à payer en espèces et non en billets de banque est de solution plus délicate. On peut soutenir alors que c'est contrevenir à la loi du cours forcé, que d'exclure les billets, et en précipiter la baisse par la défaveur qu'on leur témoigne ainsi. On s'abstiendra de discuter le problème, faute par lui d'offrir en France un intérêt d'actualité.

merce, c'est parce que ce choix de monnaie est surtout fréquent dans les marchés internationaux : on préfère la monnaie d'un Etat à celle d'un autre ; or la lettre de change est l'instrument le plus apte à régler les conventions de cette nature.

Une opinion voudrait limiter l'effet de la clause au cas où le conflit existe entre les systèmes monétaires de deux Etats différents ; il ne serait pas permis d'exclure sur le marché intérieur une monnaie nationale au profit de l'autre, l'argent au profit de l'or. Mais cette distinction n'est point faite par l'art. 143.

Toutefois, dans l'un et dans l'autre cas, la convention, quoique obligatoire pour celui qui l'a souscrite, peut n'être exécutée que par voie d'*équivalent*. Le débiteur, qui a promis de payer en or, se libérera valablement encore au moyen de l'argent. C'est la conséquence d'une règle, d'après laquelle nul ne peut refuser une monnaie ayant cours légal dans le pays (art. 475, 11° C. Pén.). Le débiteur, en ce cas, payant en argent, comptera à son créancier l'agio, le supplément déterminé par le cours du change : il ne pourra pas s'en tenir au rapport du 15 1/2 de la loi de germinal. (Dans le sens de l'application littérale de la clause, dont le créancier devrait subir l'effet en nature, Req. 18 nov. 1895, réglant il est vrai une situation particulière, le change de taxes de chemins de fer à une gare frontière).

1055. — Monométallisme. — Un régime monétaire différent du nôtre fonctionne dans les autres Etats.

Négligeons les puissances (Suisse, Italie, Belgique, Grèce) qui sont réunies avec la France en Union latine pour l'échange réciproque de leurs monnaies.

Les autres Etats se répartissent en *monométallistes or* (Angleterre, Angleterre, ou à l'époque la plus récente, Japon et Russie), et en *monométallistes argent* (Espagne, Indes, Mexique).

Il y en a dans le nombre qui pratiquent le *cours forcé* (Italie, Amérique du Sud) ; dans ces pays, la Trésorerie, une banque d'Etat ou une banque concessionnaire entretient les besoins de la circulation au moyen de son papier, généralement déprécié, et dont l'acceptation dans les paiements est obligatoire.

1056. — Fluctuations du change. — Ces différences de régime entraînent de graves perturbations dans les relations du commerce extérieur et enlèvent aux prix toute stabilité sur le marché international.

Les monnaies s'échangent les unes contre les autres à des conditions changeantes, et ces fluctuations causent des pertes ou déterminent des gains qui tiennent exclusivement à un écart dans les cours du change.

C'est une source d'inquiétudes que l'absence de stabilité de la monnaie. Des stocks destinés à la vente s'avilissent ou enchérissent ; des créanciers, remboursés de leurs prêts en quantité numérique égale à ce qu'ils ont commencé par décaisser, reçoivent en réalité une valeur moindre ou plus forte que leurs avances. Et cela, non par le fait de la production ou de la consommation des marchandises, mais par une raison tirée de la monnaie elle-même, devenant ainsi un étalon précaire des prix. Oscillations contre lesquelles on ne peut sans doute se prémunir avec une monnaie unique, mais qui s'accentueront par le rapprochement de plusieurs monnaies, du moment qu'on est appelé à les prendre alternativement pour base des marchés.

Notamment, dans le trafic international, les conditions naturelles de sortie ou d'entrée des marchandises pour un Etat déterminé peuvent subir par-là de très sérieuses altérations.

1057. — Le change des monnaies (change manuel) s'effectue par le ministère des *changeurs* ou des *banquiers*. Il est nécessité par des relations qui s'établissent tantôt par un fait de circulation de marchandises ou de migration de capitaux, tantôt à raison d'un déplacement de voyageurs, entre personnes dépendant de souverainetés différentes.

Ex. *Thomas*, de Paris, a vendu des confections françaises à *Thiébaut*, de Madrid, payables à destination, pour une somme de 1,000 piastres ou 5,000 *pesetas* (la *peseta* chiffre au pair, eu égard à la quantité de métal que cette unité représente, 1 franc d'argent français), soit pour 5,000 francs comptés en métal blanc.

Le vendeur charge un sien correspondant de Madrid de toucher pour lui cette somme de 5,000 *pesetas*. Mettons qu'il lui donne en outre l'ordre de lui expédier ces espèces en un sac ficelé, à Paris.

Recevant cet argent espagnol, *Thomas* n'en aura que faire, puisqu'il ne circule pas en France ; il n'a pas même la ressource de le porter à la Monnaie pour le faire frapper en pièces françaises.

Il offrira donc d'échanger cet argent espagnol contre de l'argent ou de l'or français (ces deux dernières monnaies circulant à égalité de valeur par suite de ce qui a été démontré).

Cette offre sera d'autant mieux accueillie, qu'il se trouvera à Paris plus de personnes ayant un intérêt diamétralement contraire au sien.

Supposons pour un instant que Paris ait acheté à Madrid autant qu'il lui a vendu. *Thomas* trouvera en face de lui des personnes ayant sur la place encaissé de l'argent pour le compte de Madrid (vente de vins d'Espagne à la France) et intéressées à convertir ces recouvrements en monnaie espagnole avant de les faire parvenir au pays importateur. Tel sera par exemple le banquier *Bernard* qui doit compte à *Paul*, de Madrid, du prix des produits espagnols qu'il vient d'encaisser à Paris.

Si l'offre et la demande concordent et atteignent le même niveau, il n'y a aucun motif de baisse pour la monnaie d'Espagne par rapport à la monnaie de France : les 1,000 piastres ou 5,000 *pesetas* s'échangeront contre 5,000 francs, le vendeur français n'aura rien perdu au change.

Mais voici qu'à Paris, les achats à l'Espagne cessent d'égaler les ventes à l'Espagne. A l'offre de monnaie espagnole ne correspondent plus une demande de cette monnaie et une offre de monnaie française.

L'argent espagnol très offert, peu demandé, subit une baisse. Le maximum de cette baisse sera l'écart de la valeur commerciale entre l'or et l'argent. La perte peut atteindre 30 0/0 ; pour 5,000 *pesetas*, Thomas n'obtiendra, au lieu de 5,000 francs, le pair, que 3,300 francs par exemple.

1058. — Les conséquences de cette situation, qui est un change défavorable pour l'Espagne, se dégagent d'elles-mêmes avec un peu d'attention.

1059. — *a*) Par suite de la dépression de la monnaie espagnole, qui sera la monnaie du paiement, le vendeur français sera amené à *relever le prix* du marché de tout l'écart que la baisse du change lui fait perdre. Au lieu d'établir ce prix sur l'or, ainsi qu'il le fait sur le marché intérieur, il l'établira sur l'argent, sur une monnaie dépréciée. Il vendra plus cher; il ne stipulera plus 5,000 *pesetas*, mais 7,500 *pesetas*.

Ou encore il exigera que le paiement lui soit fait à Madrid en or français, ce qui finalement nécessitera toujours de la part de l'acheteur un déboursé de 7,500 *pesetas*.

Des Etats à métal blanc ou régis par le papier monnaie, qui ont eu à placer leurs emprunts sur le marché français, se sont vus forcés ainsi de promettre qu'ils effectueraient en or le service de leurs titres (Russie, Extérieure espagnole, etc.).

1060. — *b*) Mais cette progression des prix va ralentir les commandes faites par l'Espagne à la France.

A Madrid on sera peu disposé à acheter nos produits, puisqu'il faut les payer moitié plus cher qu'en se les procurant d'une maison même d'Espagne. D'ailleurs, sur le marché espagnol de l'intérieur, les prix sont restés stables, sans aucune modification pour la monnaie territoriale de son pouvoir d'achat [1].

La France voit ses débouchés vers l'Espagne se réduire. A ce phénomène, fâcheux pour l'Etat qui a la bonne monnaie, va en correspondre un second, en sens contraire, tout aussi regrettable.

Les importations d'Espagne en France vont s'accroître. Les négociants d'un Etat dont la monnaie est dépréciée auront tout profit à vendre à un pays qui se libère en or. Dès l'instant que le marchand de Madrid obtiendra, avec 5,000 fr. qu'on lui paierait à Paris, non plus 5,000, mais 7,500 *pesetas*, rien ne l'empêche de consentir à un rabais d'un tiers sur son prix et de se contenter de 3,300 francs : aussi bien convertira-t-il cette dernière somme, il en obtiendra 5,000 *pesetas* d'Espagne, prix auquel il cote effectivement sa marchandise pour qu'elle lui donne une rémunération.

Ainsi se trouve neutralisée l'action des taxes douanières qui s'attachent à grever les produits à l'entrée de droits compensateurs, tenant compte des conditions d'infériorité de la production indigène. L'introducteur de la marchandise a pu prendre à son compte l'impôt sans renchérir son prix, et en outre il a pu réduire ce prix dans des proportions notables à cause de l'espèce de monnaie en laquelle on le paiera.

La barrière de la douane tombe : les produits intérieurs cessent d'être protégés contre la concurrence étrangère [2].

[1] Il semble même que ce drainage au dehors de la monnaie territoriale doive en la raréfiant lui donner plus de valeur dans les limites du territoire où elle a cours légal : donc affaiblissement du prix de toutes choses réglées d'après un pareil étalon sur ce territoire, et moyen avec une même somme d'obtenir plus de marchandises : c'est un régime intérieur de bon marché.

[2] C'est au moyen de cet argument, on se le rappelle, qu'on a expliqué la baisse des céréales venant des pays à monnaie d'argent, et la difficulté pour l'agriculture française, quoique protégée par le droit de 7 fr. aux 100 kilos, de supporter la concurrence de ces blés étrangers. Il n'est pas sûr que ce facteur tienne dans la question des blés la place qu'on s'est plu à lui donner.

Après avoir assisté à un arrêt des *exportations* pour le pays à monnaie d'or, voici qu'il devient l'objet d'un afflux d'*importations* menaçantes pour ses propres industries.

1061. — *c*) Le temps aidant, le mal trouve peut-être en lui-même son remède. A mesure que le courant s'activera dans le sens des achats et se ralentira dans le sens des ventes, on se rapprochera de la balance. Un moment viendra où l'égalité s'obtiendra entre les entrées et les sorties.

Plus faiblira l'écart, et plus haussera le cours de la monnaie mauvaise, jusqu'à ce qu'il soit remonté au pair. La perte au change de la piastre espagnole (fin de 1897) est encore très forte, les 500 *pesetas* cotent 375 francs au lieu de 500 qui seraient la représentation du pair.

1062. — Change tiré. — Ces exemples étant posés sur le conflit possible de deux monnaies ainsi que sur leur valeur relative et changeante, le rôle de la lettre de change (*change tiré*) va se comprendre assez rapidement.

On a supposé que *Thomas* faisait revenir de Madrid à Paris des pièces espagnoles, touchées chez *Thiébaut*, sauf à les convertir ensuite chez lui-même en argent français.

On a supposé d'autre part que *Bernard*, aussi de Paris, avait touché, pour *Paul*, de Madrid, des pièces françaises avec l'ordre de les convertir en monnaie espagnole et d'expédier en Espagne le produit de cette conversion.

En résumé, des piastres voyageant de Madrid à Paris, retournant ensuite de Paris à Madrid [1].

Pourquoi ces deux transports de la même quantité et de la même nature de fonds dans les deux sens opposés? Ils sont inutiles, coûteux et exposent l'argent à se perdre en route. Ne va-t-on pas découvrir un moyen de se dispenser de ce double voyage, d'en compenser mutuellement les deux parties? L'affirmative se devine, et ce moyen, c'est la lettre de change qui le fournira.

1063. — Mettons que *Thomas*, à qui Madrid est redevable, soit aussi le négociant de Paris qui doit à Madrid, exportateur et importateur à la fois. Il déléguera *Thiébaut* à *Paul*, il transmettra à *Paul* un document le qualifiant pour toucher chez *Thiébaut* à sa place. — Par là il fait bien revenir sa rentrée d'Espagne, puisqu'il l'applique au remboursement de ce qu'il doit payer là-bas pour une autre cause.

Ce rôle symétrique et contraire de débiteur de Madrid, de ce que ce n'est plus *Thomas* lui-même, mais un sien compatriote, *Bernard*, également de Paris, qui l'exerce, il ne résulte pas que le mécanisme d'une pareille délégation soit irréalisable. Il va se compliquer seulement.

Thomas crée son titre de recouvrement de 5,000 *pesetas*, il est tireur. Il rencontre *Bernard* : celui-ci doit faire passer à Madrid une valeur égale, il cherche quelqu'un pour tenir les fonds à sa disposition à Madrid. Ce quelqu'un sera *Thomas*. Les désirs de ces deux négociants se croisent et vont se pénétrer.

[1] A moins que la conversion ne se fasse à Madrid. La situation ne sera pas modifiée par loi ; c'est de l'argent français qui fera alors le voyage dans les deux sens.

Thomas fait le titre sur *Thiébaut* au nom de *Bernard*. *Bernard*, preneur, se substitue ensuite son créancier *Paul*, il lui envoie le titre à Madrid. *Paul* l'encaissera chez *Thiébaut*.

Conséquences : 1° Pour acquérir l'effet, *Bernard* a versé à *Thomas* 3,750 fr. (valeur de la lettre de change) : donc un mouvement de fonds ne sortant point de Paris. *Thomas* est désintéressé de sa créance qu'il avait sur l'Espagne, il est rempli de ses droits et il a en outre de la monnaie française, ce qu'il cherchait.

2° *Paul*, à Madrid, a touché sur place, et en argent espagnol (5,000 *pesetas*), ce que lui devait Paris. Second mouvement de fonds, également localisé, seconde conversion de monnaie, inverse de la première, également désirée.

3° Nulle sortie, nul voyage d'espèces espagnoles vers la France.

4° Aucune sortie de monnaie française en Espagne.

Par ainsi s'éclairent le rôle exercé par le tireur, et celui qu'occupe le preneur.

1064. — Traite. — *a*) Emettre une lettre de change payable en un autre lieu, prendre le rôle de tireur, c'est, dans la langue de la pratique, *faire une traite* : le souscripteur « tire » de l'argent que lui doit une place différente, il rappelle cet argent à lui. Le preneur s'engage à aller quérir cet argent, à le charger (dirait-on en termes de transport) au lieu où il se trouve, et à le rapporter dans le lieu de la création du titre.

S'il verse la valeur immédiatement au tireur, cette valeur représente pour celui-ci une marchandise-argent qui lui vient d'ailleurs et qu'on lui livre à destination, marchandise convertie s'il y a lieu en monnaie du pays où la négociation se passe, du pays d'arrivée.

Si le preneur prend la lettre de change en compte sans en fournir de suite l'équivalent, c'est encore la même opération, à cette différence près que les fonds ne seront délivrés au tireur destinataire que lorsqu'avis sera parvenu au preneur qu'ils ont été réellement payés sur l'autre place. Le preneur est voiturier, le tireur est bénéficiaire d'un transport d'argent, qui s'effectuera par voyage de retour en quelque sorte (d'Espagne en France).

1065. — Remise. — *b*) A l'inverse, prendre une lettre de change, fournir en espèces la valeur d'acquisition de la lettre de change, c'est, toujours dans le langage des affaires, *faire une remise*. Le preneur, ayant non plus à recevoir de l'argent d'ailleurs, mais tout au contraire à en expédier (puisqu'il est débiteur et non créancier de l'autre place), dépose l'argent à transporter aux mains de celui qui lui délivre l'effet. Il stipule de sa contre-partie qui est le tireur, que cet argent lui sera rendu dans la place convenue, à sa disposition à lui-même ou à celle de son correspondant.

La lettre de change est le titre qui le qualifie pour recevoir au point de destination cet argent transporté, ou pour le faire recevoir par son correspondant. Cette lettre sera transmise par la poste à celui qui doit toucher les fonds à l'arrivée, tout comme se transmet un connaissement, un document de transport.

La fonction des deux parties sous ce second aspect est donc diamétralement opposée à celle qu'elles occupaient il y a un instant. Le tireur s'oblige à effectuer le transport, ce transport est promis au preneur qui a déposé les fonds à expédier (d'où le nom de *remise*, comme on dit remise d'un colis au départ)[1]. Il y a lieu à un transport d'aller (de France en Espagne), transport dans lequel celui qui était voiturier dans le transport de retour devient expéditeur et *vice-versâ*. Il y a cumul et transposition de rôles tout à la fois.

1066. — Or ces deux voyages, au retour et à l'aller, se neutralisent naturellement et maintiennent l'argent au repos. Telles deux forces égales, agissant sur un même corps de deux côtés opposés, se détruisent l'une l'autre.

Le prix d'acquisition de la lettre de change devient à la fois le colis argent qui part et le colis argent qui revient : le caractère fongible des espèces rend superflu le double transport. Ce transport n'a plus qu'un caractère fictif.

Mais cela n'empêche pas la construction juridique de demeurer exacte aussi longtemps qu'on limite l'emploi de la lettre de change à cette balance de dettes entre deux endroits. Pothier, à la suite de l'école italienne que représentait notamment Raphael de Turri, voyait dans le contrat de change un contrat de transport. Il eût été tout à fait dans la vérité, en disant que c'est un *contrat de transport double*, un transport dont l'exécution matérielle est évitée précisément parce qu'il est double et que déplacer un colis, appelé à voyager dans les deux sens constituerait un acte déraisonnable. On verra ci-dessous pourquoi cette analyse du change, devenue trop étroite, ne peut plus être proposée aujourd'hui[2].

A cette pratique du change de place, on doit rattacher les observations suivantes :

1067. — *1*) Le cours du change, à l'égal d'une marchandise quelconque, est sujet à de continuelles fluctuations, et ces fluctuations peuvent tenir à la hausse ou à la baisse des monnaies de deux Etats, comme elles peuvent avoir leur cause dans un écart d'achats et de ventes, entre deux Etats ou entre deux places desservies par la même monnaie.

[1] Ces mots : « faire une remise » sont employés dans le commerce en un sens plus large et, il faut en convenir, un peu flottant. Bernard opère une remise *à son créancier* de Madrid, en ce qu'il lui envoie un effet payable dans la ville de ce dernier. La remise, d'après cette manière de parler, est faite du preneur de l'effet *au porteur suivant*. Mais c'est une extension du sens primitif de l'expression. Le preneur fait la remise *au tireur*. La remise est la valeur de la traite que le tireur prend en charge et s'oblige à transporter ailleurs. Autrement le mot de « remise » serait peu compréhensible.

[2] Cette double fonction de la traite et de la remise est exercée par l'administration des postes d'une manière qui n'est pas sensiblement différente, soit dans le service intérieur, soit avec l'étranger, en vue de permettre aux particuliers d'envoyer de l'argent à distance ou d'en recevoir d'un autre lieu. C'est toujours une opération de change. *a*) La poste qui délivre un *mandat* sur un bureau différent agit comme un tireur de lettre de change qui recevrait du preneur la remise de l'argent à expédier. *b*) La poste qui se charge de *recouvrer des quittances*, factures, etc. dans autre bureau, fait de même qu'un preneur de lettre de change : celui qui crée le titre désire que la poste lui ramène son argent qui est au loin.

Seulement il est clair que si les deux places ont une même monnaie, l'écart de change restera toujours faible, tandis que si elles ont un étalon monétaire différent, il peut atteindre, par le fait de la rupture de la balance, des proportions énormes.

Autrefois la négociation du change s'effectuait par le ministère des *agents de change*. D'après l'art. 76 C. com., ces officiers publics ont pour exercer ce trafic un privilège d'intermédiaires.

En fait, ils ne s'occupent plus du papier de commerce. Les banquiers cambistes s'entremettent librement dans le courtage des effets, ils dressent le cours du change, qu'ils communiquent au syndicat des agents de change pour être joint au bulletin quotidien des valeurs de bourse.

1068. — Cours du change. — Dans la cote du change, telle qu'elle est dressée en France, on dit que l'étranger donne le *certain*, et que nous donnons l'*incertain*. Le marché des monnaies et du papier est établi de telle sorte, que la monnaie étrangère forme la marchandise, toujours la même, et que la somme française qu'on en donne représente le prix, nécessairement variable. Combien à Paris, faut-il débourser pour acheter 100 florins de Hollande, d'Autriche, 100 marks allemands, 100 piastres (500 pesetas), 100 roubles russes, une livre sterling ?

La cote donnera **207** Amsterdam ou Vienne, **122** Berlin, **369** Espagne, **266** Pétersbourg, **25 20** Londres.

A l'égard des Etats ayant même monnaie que nous, la manière de coter diffère. On part de l'idée que le cours est au pair (P.), c'est-à-dire que pour se procurer une remise de 100 francs sur Bruxelles, par exemple, c'est 100 francs à Paris qu'il faut verser.

Si Bruxelles a le change favorable, par suite d'un excédent de ventes à la France, la monnaie belge fera prime. On sera obligé de verser en argent français plus de 100 francs : 100 fr. 25. Le bulletin portera alors 1/4 pr. ou boni (b.).

Si Bruxelles a le change contraire, parce que la Belgique nous doit plus d'argent qu'elle n'en doit recevoir, et qu'à Paris nous proposons plus de traites qu'il n'en est demandé, le cours tombe, par suite de l'affluence des offres, et l'effet sur Bruxelles, de 100 francs, se vendra au-dessous du pair 1/4 ou 1/8 p[te] : 99 75 ou 99 82 1/2. L'écart du change a une limite qui est le *gold point*, le point d'or. Cette limite est déterminée par les frais du transport effectif des fonds, d'une ville à l'autre, si l'on était obligé d'en faire l'expédition. Dans le cas où les porteurs de traites demanderaient un prix trop élevé, les débiteurs auraient plus d'intérêt à faire transporter de Paris sur Bruxelles les fonds à solder dans cette dernière place et ils renonceraient à acheter du papier.

Ce n'est que dans un cas que, entre ces deux Etats servis par une même monnaie, le change pourrait fournir un écart considérable. Nous parlons du cas où l'un des pays aurait donné à ses billets de banque ou d'Etat cours forcé, car alors la cote sera nécessairement influencée par le discrédit de ces billets ; la situation sera alors la même que si les deux monnaies en présence étaient réglées sur un étalon différent. Ainsi les valeurs de 100 lires sur l'Italie perdent $4\ ^3/_4$ 0/0, donc ne se négocient à Paris que contre 95 fr. 25 [1].

1069. — Sur le bulletin du cours des changes, les valeurs sont réparties en deux groupes.

L'unité base de monnaie étrangère (100 florins, une livre sterling, etc.) est pour certains Etats (Hollande, Allemagne, Autriche, Espagne, Russie) chiffrée par un *effet à trois mois*. Si l'effet vendu est bien à cette échéance, l'acheteur paiera le cours, ni plus ni moins. Mais s'il est à échéance moins éloignée, si c'est un effet à vue, l'acheteur reçoit une valeur meilleure que ne le comportait le type coté, car il entrera plus tôt en jouissance de cette valeur. Il doit alors bonifier l'escompte de cet effet, qui s'ajoutera au principal du prix. Le taux de l'escompte est mentionné à côté de la valeur et de son cours, sous cette forme : et *4 0/0* (c'est l'escompte du marché français).

Pour les autres Etats (Londres, Belgique, Suisse, Italie, etc.), l'unité base est un *effet* se négociant *à vue*. Si la valeur livrée est à plus longue échéance, le vendeur devra déduire l'escompte du prix porté à la cote, à raison du nombre de jours à courir jusqu'à cette échéance : ce que désigne le bulletin par les mots : *moins 3*, *moins 4 0/0* (c'est l'escompte du marché étranger) [2].

1 Pour les pays de l'Amérique du sud, le change, par le fait du cours forcé, subit une dépréciation notablement plus forte. A Buenos-Ayres, la prime sur l'or est de 179.

2 Au surplus, pour chaque valeur il y a deux cours cotés dans deux colonnes différentes ; l'un se règle sur le *papier court*, l'autre sur le *papier long*.

Cela ne contredit pas les indications précédentes : un effet pris à échéance-type de trois mois peut fort bien se négocier plus ou moins cher, selon qu'il sera, en fait, payable à bref délai ou seulement à un terme éloigné, et cela même abstraction faite de l'escompte.

Une raison qui pourra porter l'acheteur à préférer du *papier à vue*, c'est le rendement élevé de l'argent dans le pays où sera touchée la traite. Si le taux de l'intérêt est de 4 0/0 en France et de 6 0/0 en Russie, des capitaux disponibles à Paris ont tout avantage à s'employer en effets courts sur Pétersbourg dont les roubles, payés quelques jours après, se placeront en Russie sur un revenu plus fort que ne l'est le rapport de l'argent en France. C'est par des achats de traites que les capitaux circulent constamment pour se rendre dans les Etats qui les rémunèrent le mieux et le plus vite. L'effet à trois mois ne réaliserait cet avantage qu'avec un retard ou il n'y parviendrait qu'au moyen d'un escompte dans le pays de destination : escompte onéreux, puisqu'il s'opérerait par hypothèse à 6 0/0, sur ce taux élevé d'intérêt de l'argent à l'étranger. (Dans le change sur Londres ou les autres places cotées à vue, la préférence pour ce motif d'une traite courte ou longue n'existe pas, car si on achète du papier long, on déduit du prix d'achat non pas l'escompte au taux français, mais l'escompte au taux anglais, et l'opération financière est la même que d'avoir du papier court, à mettre tout aussitôt en valeur sur ce taux d'escompte ou d'intérêt pratiqué en Angleterre).

La recherche du *papier long* peut s'expliquer d'ailleurs par des circonstances particulières. Il lui arrive alors d'être mieux coté que le papier court. Des banquiers croient à Paris à un développement prochain de la demande de remises sur Pétersbourg, par suite de fortes commandes à la Russie (prochains achats de blé). Cela relèvera le cours de la monnaie russe. En prévision de cet évènement, ils achètent de

1070. — Arbitrage. — 2) Un moyen bien connu de corriger l'écart du change est le *change indirect* ou *arbitrage*. C'est le fait d'acheter dans une troisième place des lettres de change contre le lieu étranger auquel on a une remise à faire, et de les revendre dans sa place à soi.

Les traites sur Londres manquent à Paris et sont recherchées, partant chères. Mais Paris a le change favorable sur Bruxelles qui est chargé d'achats envers nous et, d'autre part, Bruxelles a, au regard de l'Angleterre, un change favorable, ce qui lui donne contre Londres un excédent de traites disponibles.

Le banquier français donne ordre à Bruxelles qu'on lui achète des effets payables à Londres, il les acquiert à bon marché, il les revend à Paris à la hausse. Il couvre ensuite Bruxelles à qui il doit le prix de ces effets, au moyen de remises de Paris sur cette place que, par hypothèse, l'état de notre balance avec la Belgique lui permet d'acquérir économiquement [1].

fortes quantités de traites à échéance éloignée sur la Russie, ils espèrent les revendre à un meilleur prix après ces importations.

Il est possible qu'on opère alors à terme, comme sur la rente. Les traites ne sont pas livrées et le prix n'en est pas réglé au moment du marché. Il est convenu qu'elles ne seront livrées et payées que dans trois mois. Dans l'intervalle, l'opérateur revendra une égale quantité de traites : les deux marchés se liquideront au moyen d'une différence, c'est une spéculation sur le change.

Une opération à terme de cette nature peut être entreprise par un négociant en marchandises. Ce négociant importera prochainement des blés ou des fourrures de la Russie, et devra faire passer à ce pays les fonds qui représenteront la valeur de ses achats: il aura donc à se procurer des remises. Les remises se vendent actuellement à bon compte, car il y a en abondance du papier sur la Russie. Le négociant, quoique n'ayant encore aucun règlement à effectuer, veut se couvrir contre un enchérissement du change. Il achètera du papier à terme sur Pétersbourg. Si, à l'époque fixée pour l'exécution, il n'a pas importé ses blés, il revendra son papier, avec un bénéfice, en supposant que la hausse qu'il prévoyait se soit réalisée. Au contraire, ayant donné suite à ses acquisitions, il prendra livraison du papier pour régler ses vendeurs.

[1] Autres moyens de redresser un change contraire :

1° Le pays qui a un excédant d'achats, c'est-à-dire d'importations annuelles par rapport aux ventes ou exportations, peut avoir des causes de rentrées d'argent sur l'étranger qui ne tiennent pas au trafic de marchandises. Ses nationaux ont à l'étranger des *placements* en fonds d'Etat ou en valeurs de compagnies. Le service des coupons constitue annuellement ces nationaux créanciers de l'étranger, comme s'ils lui avaient vendu des marchandises. De là des causes supplémentaires de traites qui peuvent maintenir le cours du change à parité, ou même le rendre favorable. C'est ce qui explique la fermeté de la monnaie française, bien que depuis quinze ans (et l'Angleterre depuis bien plus longtemps), nos importations dépassent nos exportations d'un chiffre d'ailleurs variable et qui tend à décroître maintenant: 325 millions en 1897.

2° A l'inverse, il se peut qu'en pleine crise de change, l'Etat qui a la balance mauvaise fasse *souscrire* à l'étranger des *titres d'emprunt*. L'étranger a à faire passer en France le montant de ses souscriptions, il nous doit des capitaux comme s'il avait acheté des marchandises. La valeur de la monnaie française se redressera. Cette cause a influé sur le maintien de notre monnaie lors du règlement de notre indemnité de

1071. — Historique de la lettre de change. — 3) La lettre de change, ainsi entendue, implique nécessairement une *remise de place*, un lieu de paiement différent du lieu d'émission (*distancia loci*).

Elle est livrée contre espèces. La valeur fournie consiste dans de l'argent : c'est tout à la fois le numéraire qu'on expédie sur l'autre place, et le numéraire qu'on en rapporte. Pendant des siècles la lettre de change n'a été comprise que pourvue de ce rôle.

Quant à l'époque de son apparition, on continue à la discuter. Il faut en tout cas traiter de légende l'hypothèse qu'elle aurait été imaginée par les Juifs, cherchant, lors d'une de leurs expulsions, à se prémunir contre les confiscations. Il y a eu des manifestations de change, bien antérieures aux mesures prises contre les Juifs par les rois de France.

Tout porte à croire que le change, sinon la lettre de change, était connu des Romains et même des Grecs. Lorsque Cicéron parle de faire passer de

guerre de 5 milliards à l'Allemagne en 1871, nos emprunts de libération ayant trouvé de nombreux souscripteurs hors de France.

3° Les dépenses faites sur le territoire par les *étrangers en voyage* et *en résidence* contribuent encore au même résultat. Ou ces voyageurs en France touchent de l'argent au moyen des lettres de crédit que leur ont délivrées les banquiers et leur pays, et les banques qui remettent les fonds se créditent de leurs avances sur l'étranger : ou bien ils laissent leur monnaie chez nous, et cette monnaie doit être rapatriée dans leur pays, qui nous en doit alors la contre-valeur, en d'autres termes qui doit nous la racheter.

4° Un Etat peut rendre aux autres des services, sous forme de *transports* de leurs marchandises, par les chargements et par les déchargements opérés par ses capitaines dans les ports étrangers. C'est encore un élément de créances (*fret à recouvrer*) qui peut équilibrer le change. — Situation malheureusement inconnue de la France, qui est dans le cas inverse.

5° Telle année peut accidentellement, pour insuffisance de récoltes intérieures par exemple, déprécier la monnaie d'un Etat : les banquiers se feront *ouvrir des crédits* par leurs confrères des autres pays, crédits à rembourser plus tard, lorsque cette cause de malaise aura passé. De là des traites en vue d'utiliser ces crédits. Ou bien on achète à l'étranger un stock métallique qu'on fait transporter dans l'Etat où le change est défavorable (opération négociée par la Banque d'Angleterre envers la Banque de France après la chute de la maison Baring).

6° A défaut de marchandises, l'Etat, ayant le change contraire, peut vendre aux étrangers des titres qui sont dans les portefeuilles de ses résidents. Des ordres d'*achat de ces titres* arriveront de Londres, de Berlin, etc., à la Bourse de Paris, surtout si ces valeurs sont cotées sur les divers marchés d'Europe. Les acheteurs les paieront en une monnaie dépréciée, ils les revendront chez eux en leur monnaie, partant plus cher (arbitrage sur valeurs) : encore une cause d'équilibre dont la France s'est servie en 1871 (Cfr. rapport de M. Léon Say, sur le paiement de l'indemnité de guerre, à la suite de la traduction par cet auteur de la *Théorie des changes étrangers* de Goschen, 3e édition, Paris, 1892).

7° L'émigration de l'argent, résultant de l'excédent des dettes sur les créances, est enrayée par une *élévation du taux de l'escompte*, que décide la Banque supérieure d'Etat. Cela attire les capitaux disponibles de l'étranger, qui seront mieux rétribués que chez eux. De là dans le pays un retour du numéraire qui en était sorti, ou la création pour le faire venir à lui de traites qui rétabliront la balance.

Rome à Athènes les fonds nécessaires à l'éducation de son fils, ou de diriger sur l'Italie les contributions qu'il a touchées comme gouverneur en Cilicie, c'est à une opération de change (*permutatio*, dit-il), qu'il fait allusion.

La forme juridique que prenait cette opération est, dans le silence des textes, des plus incertaines. Le change de l'antiquité était-il pratiqué de la manière dont les marchands de la Méditerranée l'employaient au XIIe siècle dans leurs rapports avec le Levant (charte la plus reculée : lettre délivrée en l'étude d'un notaire de Gênes en 1156, bien antérieure à celle de 1381 relatée par le jurisconsulte de Bologne BALDE)?

C'est alors du prêt à la grosse aventure que le change aurait procédé. Car les documents du commencement du moyen âge signalent la même circulation d'argent sous deux types de contrats très voisins.

On remet des fonds à un capitaine au port de charge, en convenant qu'il les rendra au port de destination, c'est le *change maritime*.

a) Tantôt cette restitution est subordonnée à l'heureux voyage du navire (c'est le prêt à la grosse ordinaire, une convention qui tenait de l'assurance).

b) Tantôt l'engagement pris de rendre ailleurs les fonds est ferme et non conditionnel.

Peut-être les armateurs réunissaient-ils à leurs fonctions nautiques celles de banquiers ; ils profitaient de leurs nombreux points de stationnement, en vue de compenser pour les besoins du commerce des envois d'argent en sens contraire (voir déjà à Athènes l'exemple du discours d'Isocrate, le *Trapézitique*).

Il ne peut être dans nos plans de suivre la lettre de change dans sa marche historique. Cette étude a été presque absolument délaissée en France. En revanche, les Allemands l'ont remarquablement approfondie (en dernier lieu, cfr. GOLDSCHMIDT *Universalgeschichte* dans son *Handbuch des Handelsrechts*, I, édit. de 1891).

L'emprunteur, en recevant les fonds à charge de les rendre sur une autre place, dressait une promesse authentique auprès d'un officier de corporation. Il s'obligeait à rembourser par un sien agent, au prêteur ou à celui que le prêteur désignerait (sorte de billet à domicile).

Le créancier faisait connaître ensuite la personne appelée à toucher la somme pour lui (le *présentant*) sur la place convenue. Sur cette désignation, l'emprunteur rédigeait au nom de ce présentant et pour lui être confiée, une lettre-missive, invitant son agent à y faire honneur, et cette lettre-missive a fini avec le temps par prendre le pas sur le titre originaire, par se substituer même à lui comme titre d'engagement et de garantie : c'est la lettre de change (d'ailleurs il se pratiquait une autre lettre d'avis, expédiée par le tireur à son agent, pièce de correspondance qui n'a point disparu).

Le document mentionnait la valeur versée au départ et la somme à payer à l'arrivée : c'étaient en général deux monnaies de souverainetés différentes, converties ainsi l'une contre l'autre. De là la pensée émise par certains jurisconsultes (ENDEMANN, d'après SCACCIA), que les docteurs du moyen-âge, obligés par l'Eglise de proscrire le prêt à intérêt, faisaient consister le change de papier en un change nécessaire de deux monnaies différentes.

1072. — Suite. — La multiplicité des monnaies au moyen-âge a été certainement pour beaucoup dans la faveur de la lettre de change : le marchand qui avait besoin de son argent sur un autre territoire s'assurait ainsi un cours de conversion, il se couvrait contre un risque de fluctuation des cours dans l'intervalle de temps qu'il lui fallait pour aller rejoindre cet autre marché. Mais bien d'autres causes ont contribué au succès du change à cette époque: — absence de sécurité des voyages pour les négociants, — nécessité pour les familles de faire passer des fonds à leurs fils étudiants (l'enseignement de Bologne nous a laissé des modèles de remises motivées par ce fait), — trésorerie de la papauté, — obligation de tourner la prohibition mercantile de faire sortir le numéraire d'un Etat, etc.

Les *foires* ont aussi concouru à l'expansion du change de même qu'à son unification: on a déjà parlé de celles de Lyon (n°s 38 et 663). Les effets, au lieu d'être émis sur le domicile du débiteur, se tiraient sur la foire, payables la prochaine fois qu'elle se tiendrait, sans terme fixe d'échéance par conséquent (il était essentiel pour le titre de ne traduire extérieurement aucun délai, aucun crédit, aucune retenue usuraire).

Créancier et débiteur avaient un agent en foire ; là, les lettres se compensaient presque sans usage de numéraire, toutes rapportées qu'elles étaient à un écu ou marc de convention. Les foires étaient ainsi des places de paiements. Le solde des traites non compensé au moyen de ces règlements donnait lieu à des lettres de change de retour [1].

Les banquiers, qui centralisaient le papier, cotaient entre eux le cours de chaque monnaie régionale d'après le chiffre respectif d'affaires du pays où la dite monnaie était employée, et ce cours faisait foi jusqu'à la foire suivante pour les transactions échangées dans un rayon d'une grande étendue. Les lettres de change, émises « en droiture » sans passer par ces lieux de foires, étaient qualifiées de « sèches » et traitées d'usuraires.

§ 2. De l'effet de commerce en tant qu'instrument de crédit à court terme.— Prêt.— Escompte.— Règlement par effet.

1073. — Un négociant aura des rentrées de fonds à faire, notamment sur des acheteurs. Mais ces rentrées ne sont pas immédiates, il a donné des délais à ses débiteurs, quatre-vingt-dix jours.

Entre temps, il continue ses approvisionnements, il entretient une main-d'œuvre. Il a besoin de régler ses achats, de payer ses ouvriers. La lettre de change le mettra en mesure de se procurer de l'argent, ou de faire comme s'il en avait, en affectant ses rentrées prochaines à celui qui lui fournit l'argent, à celui qui l'approvisionne en marchandises.

C'est dans cette opération de crédit que réside le deuxième rôle de l'effet de commerce.

1074. — Prêt. — Le négociant pourrait, il est vrai, conclure un emprunt pur et simple, sans garantie. Il s'engagerait envers son bailleur de fonds à

[1] Huvelin, *Essai historique sur le droit des marchés et des foires*, p. 563 et s.

rembourser dans trois mois la somme avec l'intérêt convenu. A cet égard, on distingue le prêt civil et le prêt commercial.

Le *prêt civil* est soumis à la limitation de taux de la loi du 3 septembre 1807. L'intérêt ne peut pas dépasser 5 0/0. D'après la loi du 19 décembre 1850, l'habitude de prêter à un taux plus fort constitue le délit d'usure.

Le *prêt commercial* obéissait, suivant la loi de 1807, au taux maximum de 6 0/0. Cette surélévation de chiffre, par rapport au taux civil, était motivée par le risque plus fort que court l'argent, du moment que l'emprunteur doit l'engager dans le commerce. — La loi du 12 janvier 1886 a aboli en matière commerciale toute espèce de taux conventionnel : les parties sont libres de le fixer à leur gré, c'est un succès remporté par les économistes [1].

1075. — Nature commerciale d'un prêt. — Quelle est la circonstance qui rend le prêt commercial ?

C'est la nature de l'opération *au regard de l'emprunteur* qui est déterminante : la qualité du prêteur importe peu. Par conséquent, celui qui avance de l'argent destiné de la part de l'emprunteur à une affaire de commerce peut traiter à un taux quelconque : les fonds sont plus exposés que si l'on devait leur donner une destination civile. Il est indifférent que le prêteur réalise, quant à lui, un acte de commerce : fût-il simple capitaliste sans profession, il pourrait faire rapporter à son argent le taux commercial libre, en en opérant l'avance à une personne accomplissant commerce.

Depuis la loi du 1er août 1893, il suffit que l'emprunteur soit une société par actions, quel que soit l'objet de l'entreprise, pour que l'on puisse ainsi librement convenir de l'intérêt. Sous cette condition de forme, une compagnie de mines peut emprunter au-dessus de 6 0/0 : la forme prise par la société fait d'elle alors une personne commerçante, et nous avons conclu à la commercialité de ses actes (n° 620).

1076. — Suite. — La jurisprudence, qui accepte cette solution, ajoute cependant au problème un élément discutable. On serait encore, d'après elle, « en matière commerciale » dans un deuxième cas. Chaque fois que le prêteur est un commerçant de profession, l'intérêt devient libre : la qualité de la contre-partie serait indifférente. Il se peut que le prêt ait été fait pour subvenir aux dépenses personnelles de l'emprunteur (prêt à la consommation) ; sa commercialité résulte cependant de ce que les avances proviennent d'un commerçant, d'un banquier par exemple.

Cette jurisprudence était très ferme avant 1886 ; il était couramment admis alors que les prêts faits par un commerçant à une personne quelconque comportaient le taux de 6 et non pas seulement celui de 5.

Aujourd'hui il semble qu'un revirement se dessine ; la condition du prêteur ne devrait plus entrer en considération, ce n'est que pour leurs prêts à des personnes faisant commerce que les banquiers seraient affranchis de la limite légale (Crim. rej. 23 juin 1893 ; Paris corr. 14 mars 1896).

[1] Cette distinction entre le taux de 5 et celui de 6 0/0 est maintenu pour l'intérêt légal ou moratoire. Il est question d'abaisser cet intérêt légal à 3 0/0 en matière civile, à 4 0/0 en matière de commerce (proposition récente).

Mieux vaut cette dernière thèse que celle qui était autrefois dominante. On dit bien que la personne, pouvant par profession faire travailler son argent au taux du commerce, doit conserver le bénéfice de ce taux lorsqu'elle consent à le prêter à un client civil : *plus valet pecunia mercatoris quam non mercatoris.* C'est ne point voir qu'elle s'affranchit aussi en pareil cas du risque commercial, qui seul justifiait l'exhaussement de taux. Tous les usuriers s'improviseraient banquiers, si ce titre devait leur procurer l'impunité, nonobstant la qualité de leur contre-partie. En fait la protection de la loi de 1807 disparaîtrait. Il n'est pas admissible qu'on puisse la tourner de la sorte.

1077. — Escompte. — Cette opération du prêt, pratiquée ostensiblement à brève échéance, est rare. Le commerce recourt plutôt à l'*escompte.*

L'escompte consiste pour un banquier à se faire négocier par son client une lettre de change (ou un autre effet de commerce) non échue, et à en fournir la contre-valeur en espèces moyennant déduction de l'*interusurium.*

Thomas dispose d'une lettre de change à quatre-vingt-dix jours sur *Thiébaut,* son acheteur, et il la crée à l'ordre de *Bernard,* banquier. Celui-ci lui en remet le montant, soit 1,000 francs en argent, moins l'intérêt à courir pendant trois mois.

Si cet intérêt, dénommé de préférence *escompte,* est calculé à 4 0/0, la retenue ainsi faite est de 10 francs. Le montant net de l'opération ressort à 990 fr. à condition de faire abstraction des frais de commission et en outre, si l'effet est payable en un autre pays, des frais de change.

1078. — Suite. — On a beaucoup agité la nature de l'escompte avant la loi de 1886.

Certains y voyaient un *prêt à intérêt,* d'autres une *cession de créance.* Le prélèvement à effectuer par l'escompteur est limité par la loi de 1807, disaient les premiers ; il est libre, disaient les seconds.

Il y avait de sérieuses raisons de préférer le premier système. L'escompte est motivé par un besoin d'argent chez celui qui en profite.

Il s'adresse à son banquier pour se procurer de l'argent : c'est un emprunt qu'il contracte.

Seulement le prêteur ne veut pas agir à découvert. Il demande, à titre de sûreté, que le client lui fasse transport d'une de ses rentrées, et ce n'est qu'à concurrence du chiffre de cette rentrée qu'il lui consentira une avance. La créance représentée par la lettre de change lui est ainsi donnée en paiement, au moment même de l'escompte. Trois mois plus tard, le banquier recouvre son avance chez le tiré, qui paie l'effet à la décharge de l'emprunteur, son tireur. Si le tiré laisse l'effet en souffrance, c'est l'emprunteur lui-même, sur l'action récursoire, qui paiera les fonds.

Les éléments du remboursement d'un prêt se retrouvent donc dans cette opération, malgré les apparences. On y retrouve également le supplément au principal qui constitue l'intérêt, puisque l'escompteur est remboursé du montant nominal de l'effet, alors qu'il n'avait versé qu'une somme plus faible : l'écart des deux valeurs figure bien l'intérêt.

Donc l'escompte devait obéir à la loi limitative du taux de l'intérêt (et aujourd'hui encore, il ne saurait régulièrement excéder 5 0/0 s'il venait à être consenti à une personne ne faisant pas commerce).

La loi du 9 juin 1857, art. 8, confirmait cette interprétation : ce texte avait autorisé la Banque de France à élever au-dessus de 6 0/0 le taux de ses escomptes et l'intérêt de ses avances. C'était dire clairement que l'escompte est sujet pour une personne ordinaire à la même réglementation que le prêt, et que seule la Banque de France y peut échapper.

Si dans l'ancien droit on penchait vers l'interprétation contraire, c'est qu'alors le prêt à intérêt tombait impitoyablement sous les censures canoniques : il fallait à tout prix trouver le moyen de sauver l'escompte des proscriptions de l'Eglise.

C'était d'ailleurs déplacer la difficulté sans la résoudre, que de mettre une cession de créance à la base de l'escompte. D'après le droit civil, le vendeur d'une créance peut bien répondre personnellement du paiement par le cédé, et l'escompté, en sa qualité de tireur, contracte une semblable garantie, sans avoir eu même à l'exprimer. Mais la loi limite le recours au prix de cession que le vendeur a touché (art. 1694). Or, dans l'escompte on voit le recours se chiffrer par une somme plus élevée : le prétendu cessionnaire dispose contre le cédant d'une action subsidiaire qui lui procurera le capital de l'effet, plus élevé que l'argent versé lors de la négociation. — En donnant à l'escompte pour siège la théorie de la cession de créance au lieu de celle du prêt, on croyait améliorer la position du banquier. Or c'est à un résultat inverse qu'on devait aboutir, après avoir pris connaissance des textes de la matière : il fallait lui refuser toute perception supérieure à ses avances, au cas où la lettre de change reviendrait protestée et serait présentée à l'escompté.

1079. — Suite. — Cependant, on avait accepté en pratique, aux temps de cherté de l'argent, des procédés de calcul de l'escompte, qui tendaient à porter ces perceptions à plus de 5 ou de 6 0/0.

a) L'escompte comportait le taux commercial de 6 0/0, par cela seul qu'il était consenti *par un banquier*, fût-ce à une personne étrangère au commerce (voir ci-dessus, n° 1076).

b) Outre l'escompte, le banquier percevait et perçoit encore une *commission*. Cette commission était comptée sur le montant de l'effet, quel que fût le temps de l'échéance, rapproché ou lointain ; mais, dans les effets à long terme, il se calculait généralement à un taux plus élevé. Le total de l'escompte et de la commission réunis dépassait 6 0/0.

La jurisprudence reconnaissait cette perception pour licite. Le banquier, disait-elle, donne ses soins et fait des démarches en vue de se procurer les capitaux qu'il met à la disposition de ses clients : de ce chef, il stipule, outre l'intérêt, une rémunération légitime. Les juges la réduiront d'ailleurs s'ils la trouvent exagérée.

Simple sophisme, devait-on répondre ; car ces peines prises par le banquier pour constituer son encaisse, c'est précisément l'intérêt qui doit l'en dédommager.— Mais sophisme qui trouvait son excuse dans les nécessités d'affaires, lorsque la Banque de France, usant de la prérogative que lui donnait la loi de 1857, portait son escompte au-dessus du taux légal. Les autres banquiers, forcés de faire payer leur argent plus cher que la Banque, ne pouvaient sortir de l'impasse qu'en stipulant une commission qui fût de nature à les empêcher de travailler à perte.

La pratique de la commission a persévéré depuis la loi du 12 janvier 1886. Mais la légalité de la redevance n'est plus en jeu, à moins d'être en face d'un escompté ne faisant pas acte de commerce. Intérêt supplémentaire ou taxe distincte, la perception en matière commerciale est devenue libre.

c) L'escompte se calcule *en dehors*, c'est-à-dire sur le montant nominal de l'effet, et non pas suivant une détermination *rationnelle*. En outre, il est compté d'après une *année fictive de 360 jours*. Il encourait par là avant 1886 une double objection usuraire.

L'opération arithmétique en est d'ailleurs simplifiée. Au taux de 5 0/0, si 100 fr. rapportent 5 fr. en 360 jours, 1 fr. rapportera 100 fois moins, et en un jour 360 fois moins encore; un effet de *n* fr. devra rapporter au banquier *n* fois plus (multiplié par le nombre de jours à courir jusqu'à l'échéance).

Ce qui détermine cette équation. Escompte : $\dfrac{5 \times \text{somme de l'effet} \times \text{jours}}{36000}$

ou : $\dfrac{\text{somme} \times \text{jours}}{7200}$

Il suffit de multiplier le principal de l'effet par l'intervalle de jours, et de diviser le produit par 7.200. 72 devient le dénominateur de l'escompte, au taux de 5, si l'on a commencé par couper au produit, les dizaines et les unités.

Au taux de 4, ce dénominateur est 90; à 3, il tombe à 120, etc.

Le calcul n'en était pas moins inexact sous les lois usuraires :

— En ce que le banquier s'attribuait le plein de l'intérêt en 360 jours, cinq jours avant l'année révolue, plus tôt qu'il n'était permis de le faire;

— Parce qu'il n'est pas vrai de dire qu'un effet de 100 fr. justifie un prélèvement de 5 fr., le décaissement réel du banquier étant alors de 95 fr. seulement. On forçait ainsi de 5 fr. le capital servant de base à la perception la plus élevée qu'autorisât alors la loi.

1080. — Réescompte. — La pratique de l'escompte appelle comme corollaire le réescompte. C'est le fait par le banquier, qui a escompté l'effet moyennant un certain taux, de le négocier à son tour à un autre banquier valeur en espèces, sur un taux moins élevé.

Dans un pays déterminé, les banques sont disposées en échelle, se superposant les unes aux autres. Et par la manière dont les banques, de haut en bas, combinent leur action, s'exerce la distribution de l'argent, partant de certains centres, rayonnant partout.

1081. — *A*) Le petit banquier escompte à un taux coûteux (4 0/0 p. ex.) un effet muni d'une seule signature, celle de son client.

Le risque de perdre ses fonds est très grand, l'effet n'ayant qu'une personne pour répondre de son paiement.

Ses ressources de caisse n'ont pas grande consistance, composées comme elles le sont de quelques dépôts à vue de ses clients auxquels il sert 1 ou 1/2 0/0. Ces déposants sont rares. L'encaisse provient plutôt de recouvrements qu'il a opérés pour clients n'ayant pas besoin provisoirement de leur argent: de là des fonds disponibles, servant à alimenter l'escompte pour les autres clients dont la provision est épuisée. Il y a dans la clientèle des personnes en avance de comptes : ces avances forment les dépôts au moyen desquels s'escomptera le papier des négociants dont le compte est à découvert.

Négligeons le cas où c'est avec ses ressources personnelles que le banquier constituerait son numéraire.

1082. — *B*) Pour renouveler son encaisse qui s'épuise à mesure, ce banquier passe les effets à l'ordre d'un établissement de crédit mieux pourvu, et qui n'escompte qu'à deux signatures. Il lui négocie les lettres de change valeur en espèces, tout comme son client avait commencé par les lui négocier à lui-même. Escompteur la veille, il devient escompté le lendemain.

Son accession à l'effet rend plus probable au profit du nouveau porteur le paiement quand viendra l'échéance ; il devient garant du montant du titre, avec le tireur, vis-à-vis du banquier réescompteur; le nouvel escompte se traite à 3 0/0, la différence entre le taux de la première opération et celui de la seconde forme le bénéfice d'intermédiaire du premier agent.

1083. — Banque de France. — *C*) Au sommet il y a la *Banque de France*, qui en théorie devrait être le point aboutissant de la grande majorité des effets circulant dans le pays. Elle escompte à trois signatures les effets provenant des « commerçants, des syndicats agricoles ou autres ou de toutes autres personnes notoirement solvables », pourvu que l'effet soit à échéance n'excédant pas trois mois et payable dans une localité où se trouve une succursale de la Banque (effet banquable). Le taux actuel est de 2 0/0.

Elle dispose dans ses caves d'une encaisse qui ne lui coûte aucun intérêt de dépôt.

Sa faculté d'escompte n'est pas limitée à cette provision d'or et d'argent. La Banque a le privilège d'*émettre des billets de banque*, c'est-à-dire des billets à la fois au porteur et à vue, dont le remboursement peut être demandé à ses guichets à tout moment (sauf dans les périodes de cours forcé). Le chiffre de ses émissions peut être porté à 5 milliards.

Les billets, à raison de leur commodité, se substituent dans la circulation au numéraire, lequel s'accumule à la Banque. Au besoin les billets pourraient dépasser ce numéraire: ce qui répond de leur remboursement en dehors de l'encaisse (lequel est théoriquement plutôt le gage des déposants), ce sont les effets reçus à l'escompte et à échéance prochaine, c'est le portefeuille [1].

Le privilège d'émission date de la loi du 24 germinal an XI; successivement renouvelé en 1806, en 1840 et 1857, il vient d'être l'objet d'une dernière prorogation de vingt-trois ans; il prendra fin le 31 décembre 1920, à moins de s'éteindre en 1912 (loi 17 novembre 1897).

1084. — Le drainage par la Banque de France de la plus grande quantité des effets n'est plus dans la réalité des choses. Son office d'escompte a beau-

[1] Au 28 octobre 1897, 3,726 millions de billets contre 3,166 millions d'encaisse. Le portefeuille était de 844 millions.

coup décru. La plupart des lettres de change s'arrêtent aux grandes banques par actions, qui ont un mouvement de capitaux les dispensant d'employer le réescompte [1].

La Banque de France devient un agent d'encaissement d'effets pour les établissements de crédit de deuxième ordre ; le papier ne lui arrive que peu de temps avant l'échéance.

Gardienne de notre réserve de numéraire et se chargeant aussi des stocks d'or ou d'argent que les maisons particulières ne pourraient détenir chez elles, elle facilite par ses ouvertures de comptes les règlements entre les autres banquiers par voie de virements.

Lorsqu'une de ces autres banques périclite, et que la situation occupée par elle fait qu'une généralité d'intérêts se sentent atteints, l'assistance de la Banque provoquée par le gouvernement pour continuer le service de caisse de cette société, et, si le crédit de celle-ci est perdu, l'initiative qu'elle prend à la formation de la compagnie qui doit lui succéder, impriment à la Banque de France un caractère spécial : elle est un organe supérieur de crédit, destiné à sauver éventuellement les positions financières compromises.

Dans les moments de grosses souscriptions, les autres banques sont obligées de puiser plus fort dans son encaisse et de lui repasser leur papier ; c'est encore une fonction éventuelle et intermittente.

La manière dont les délibérations de son conseil des régents fixe et modifie le taux de ses escomptes sert de régulateur au marché de l'argent, au moins pour le commun des banquiers.

Enfin, la Banque soutient l'Etat de ses capitaux, ainsi que de ses divers moyens d'action, par les avances sans intérêt qu'elle lui consent (180 millions de francs maintenant), par l'escompte des bons du Trésor, et par sa coopération gratuite au mouvement des fonds des Trésoreries générales d'un point à un autre du territoire.

1085. — Effet de commerce, mode de règlement. — Toutes ces indications se rapportent à la lettre de change prise comme instrument d'escompte. Mais l'effet de commerce, par un dernier progrès, arrive à pourvoir au crédit, sans qu'un escompte ait nécessairement lieu.

Le créateur ou le porteur de la lettre de change propose à son fournisseur, à son vendeur de lui négocier directement l'effet, et celui-ci y consent ; le nombre et la valeur des signatures font apprécier ce titre fiduciaire à l'égal de la monnaie.

Alors s'aperçoit la *lettre de change règlement*. C'est le dernier terme de l'évolution. Il apparaît d'ailleurs toujours en corrélation avec la fonction d'escompte des banques ; car c'est parce que le preneur du titre se sait en mesure de le faire escompter avant échéance par une banque, s'il en est besoin, qu'il veut bien être réglé de cette manière.

[1] Portefeuille de la Banque de France au 18 octobre 1897 : 844 millions. Situation au 31 octobre du portefeuille des établissements suivants : Comptoir d'Escompte, 237 millions, Société générale, 168 millions, Crédit lyonnais (bilan du 30 septembre), 617 millions.

1086. — De l'ensemble de ces vues, très différentes de celles qu'il fallait émettre précédemment sur le change de place, ressortent des conséquences de tout autre nature que celles que nous avons produites dans la première partie de cette introduction.

1087. — Caractères de l'effet de commerce d'après sa seconde fonction. — *1*) L'effet de commerce est une monnaie fiduciaire qui doit tout son prix au crédit du signataire.

Elle pourra être négociée (ou endossée) un nombre de fois indéfini, et si la loi fait de chaque endosseur un garant solidaire du paiement, son crédit se renforcera à mesure qu'elle circulera. Billet à ordre comme lettre de change réaliseront cet office, malgré la supériorité de la lettre de change à s'en acquitter.

L'effet ne sera plus invariablement émis contre argent, ce qui est le propre du change de place. La valeur en espèces ne disparaîtra pas sans doute, puisque bien des effets sont créés afin d'être présentés à l'escompte. Mais on pratiquera la valeur en marchandises (et la valeur en compte) : c'est alors un vendeur de marchandises (ou un correspondant d'affaires) qui reçoit de ses débiteurs l'effet comme un mode de paiement.

Au point de vue de la détermination des professions qui se servent de la lettre de change, la position occupée par le banquier dans l'effet n'est plus la même que dans le change de place. D'abord, on peut se dispenser du ministère de tout banquier, et ainsi en sera-t-il dans la lettre de change règlement. Puis, si l'effet passe par la banque, les rôles professionnels se trouvent intervertis. En effet, lorsqu'on veut se procurer une lettre de change sur un autre lieu, c'est au banquier qu'on s'adresse ; la banque est le centre de marché du change, le tireur est un banquier (dans la doctrine historique de l'institution le fait est constant), *on achète l'effet à un banquier* ; le preneur, lui, est un commerçant quelconque, peut-être un autre banquier lui-même.

On constate, en passant à la deuxième fonction de l'effet de commerce, un fait tout opposé : *on vend l'effet à un banquier*, c'est le commerçant non banquier qui tire sur un client et c'est le banquier qui escompte la traite, qui joue le rôle de preneur ou bénéficiaire. L'expression de « traite » cesse même d'être juste dans cette nouvelle application. Le tireur ne cherche pas à ramener de l'argent à lui, il veut régler ou faire escompter, c'est une créance qu'il affecte en garantie à un créancier ou à un bailleur de fonds [1]. La langue des affaires a trouvé le terme approprié : le tirage de l'effet est une *disposition*. On verra plus loin, dans l'étude jurisprudentielle de la propriété de la provision, combien en France cette qualification est juste.

Il suit aussi de là que le *lieu de paiement* de la lettre de change doit être indifférent. Il pourra se confondre avec le lieu d'émission. Le porteur ne té-

[1] Il va sans dire que le tireur peut poursuivre les deux buts à la fois. Lorsque le montant de l'effet est payable à distance, l'émission de l'effet procure ce double avantage : 1° de rappeler les fonds du lieu éloigné où il faut les toucher, et 2° si l'effet n'est exigible qu'à une date future, de permettre au tireur de s'en servir dès à présent pour les besoins de son établissement.

moignera pas plus de défaveur à l'effet parce qu'il est payable sur sa propre place. Bien au contraire, il le prendra plus volontiers que s'il devait se donner la peine de chercher son paiement ailleurs.

Il est visible en outre que l'effet de commerce, instrument de crédit, est un *effet à terme*, à paiement différé, tandis que la lettre de change, qui sert à transporter l'argent et à concourir à la balance du commerce, est plus naturellement un effet à vue (autrefois on disait un effet en foire, aujourd'hui on dirait un chèque).

1088. — Suite. Histoire. — Or, tous ces résultats attachés à la nouvelle fonction du change, la science du droit ne les a pas consacrés d'un seul coup. Elle a commencé par accueillir certaines des conséquences qui viennent d'être indiquées, et elle a longtemps encore repoussé les autres.

L'Ordonnance de Louis XIV de 1673 nous montre l'évolution accomplie dans son ensemble. Elle dispose que la valeur de la lettre de change peut consister en marchandises aussi bien qu'en deniers ou en d'autres effets; elle permet de régler le temps du paiement, c'est-à-dire de la rendre payable à terme; elle en autorise l'endossement et le renouvellement de cet endossement sans limite.

C'est à l'Ordonnance qu'on fait l'honneur d'avoir mis hors de doute ce droit d'endosser plusieurs fois une même lettre de change.

Même avant le XVIIe siècle, les lettres de change ne paraissent à aucun égard avoir comporté l'endossement [1] : d'après le modèle de change sur lequel dissertait la science italienne, l'effet mentionnait dès l'origine le nom de la personne qui le présenterait à l'échéance, et il contenait quatre personnes : tireur, tiré, donneur de valeur [2], présentant (SCACCIA).

Quand la pratique de l'endossement s'établit, ce fut à la condition pour le preneur de n'endosser qu'une fois. La force de la clause à ordre s'épuisait par le premier emploi que le porteur était appelé à en faire. Au lieu de déclarer son agent d'encaissement de suite, le preneur se réservait de le désigner plus tard, et cela par une mention qu'il insérerait au titre. Tel était le sens de la clause. Une fois cette mention faite, tout endossement subséquent était irrecevable.

Or c'est contre cette limitation de l'endossement qu'a réagi l'Ordonnance. Elle l'a fait pour le grand bien du commerce, qui se trouvait ainsi affranchi pour ses règlements de comptes de la nécessité de passer par le ministère des banquiers.

[1] La place nous manque pour expliquer en quel sens cette proposition peut être contestée, la clause à ordre et la clause au porteur ayant été au contraire dans la généralité des actes usitée pendant le cours du moyen-âge (travaux de BRUNNER), et aussi comment, dans les années qui suivent 1700, on trouve dans le midi de l'Italie des lettres de change comportant un endossement unique.

[2] Notre preneur ou bénéficiaire, tel qu'il est actuellement compris, ne figurait pas sur l'effet comme un premier porteur, mais seulement comme la personne qui avait fourni au tireur l'équivalent de la lettre de change. C'est à cette personne que le présentant retournerait l'effet impayé, et c'est elle qui avait l'action en garantie contre le tireur.

Malgré ces importantes réformes, il subsistait dans l'Ordonnance et dans la doctrine de ceux qui, comme Pothier, l'ont interprétée, une double incohérence. Cette incohérence a persévéré en France avec le droit des Codes : la loi du 7 juin 1894 a fait cesser l'une, mais en laissant subsister l'autre.

1089. — D'une part l'Ordonnance de 1673 et le Code de commerce de 1807 ont maintenu pour la validité de la lettre de change l'obligation de contenir *remise de place* : ce contre-sens a été réparé en 1894, alors que les autres Etats l'y avaient déjà fait disparaître à une époque plus ancienne (les Allemands en 1848, les Belges en 1872).

1090. — D'un autre côté, c'est au XVIIe siècle précisément qu'on s'est décidé à donner pour assise théorique à la lettre de change un *contrat de transport* fictif d'argent. Cette décomposition rationnelle du change s'est vulgarisée, au moment même où l'effet de commerce, se dotant d'un emploi plus large, demandait à être rattaché à une autre nature de convention. Je tire à votre ordre sur mon acheteur qui habite la même rue que moi. Où voit-on dans cette opération les éléments d'un transport d'argent?

Actuellement, nous vivons toujours sur cette conception démodée. La science française n'a fait aucun effort pour substituer une base juridique raisonnable et moderne au vieux contrat de change de Pothier, « portant obligation de faire toucher une somme dans un certain lieu ». Cette indifférence est la principale cause de l'extension d'influence qu'a prise en Europe, depuis 1848, l'école allemande aux dépens de la nôtre, en matière d'effets de commerce.

1091. — Doctrine du change. — 2) Pour aborder de plus près l'analyse de l'opération de droit renfermée dans un effet de commerce, avec la multiplicité de ses fonctions nouvelles, il convient de mettre en regard la *théorie allemande* et ce qui semble être la *théorie française* de nos jours. Car, quant à la *théorie traditionnelle* du change de place, on doit depuis 1894 au moins la considérer comme définitivement défunte.

On essayera de démontrer que la pratique judiciaire du change laisse apercevoir chez nous une conception de l'effet de commerce qui était le transport d'argent autrefois, qui est nécessairement quelque chose de différent aujourd'hui. Cette conception se ramène, en cherchant bien, à une formule systématique. En tout cas, ce n'est pas la formule allemande, c'en est tout le contraire. Il faut dégager l'opposition qui règne entre ces deux manières de comprendre l'institution.

1092. — Suite. Particularités du droit du change. — Et d'abord, si l'on cherche à grouper les particularités que présente l'effet de commerce et les conséquences qu'il engendre, en le comparant à une promesse ordinaire, voici ce qui frappe la première personne venue.

L'effet de commerce lie bien plus *énergiquement* le signataire ou les signataires qu'une obligation née d'une simple vente, d'un emprunt.

S'il s'agit d'une lettre de change, il est toujours justiciable du *tribunal de commerce* qui le condamnera sans retard, sans pouvoir lui donner de *délais de grâce*; avant 1867, il était contraignable par corps [1].

Lettre de change ou simple billet à ordre sont réglementés, de manière à sacrifier l'esprit d'humanité témoigné par le droit commun aux débiteurs, et à faire prévaloir la cause, considérée comme supérieure, du prompt paiement de la dette et de la sécurité du crédit.

Si l'effet n'est pas payé dès l'échéance, le signataire subit le *protêt*, avec ses frais et la déconsidération qui en résulte.

Par le mécanisme de l'*endossement*, il doit s'exécuter envers le nouveau porteur, quand même l'*engagement* aurait été *surpris* à sa légèreté ou à sa bonne foi, ou serait *dénué de cause*. Il doit s'exécuter, si ces vices n'apparaissent pas à la lecture du titre.

Ces résultats ont une telle dureté, qu'on en est venu à se demander en législation si l'emploi des effets de commerce en dehors du négoce ne devrait pas être proscrit, si ces effets souscrits par des non-commerçants ne devraient pas être analysés comme des conventions ordinaires. Il semble qu'aujourd'hui se manifeste, particulièrement en Allemagne, un état d'opinion d'après lequel la faculté de s'obliger selon la rigueur du change devrait être limitée et devenir la prérogative des commerçants.

Toute l'institution est organisée *dans l'intérêt du créancier* : — possession d'un *titre* dans lequel *s'incorpore le droit*, et qui lui communique la nature d'une marchandise, — possibilité d'*endosser* ce titre, de le transporter à un autre sans les formes de la cession civile, — droit de considérer tous les *signataires* de l'effet comme *solidairement responsables* du paiement, à condition cependant de la part du créancier de recourir contre certains d'entre eux, dans une courte période (quinze jours) et d'assigner les autres dans un délai de *prescription de cinq ans* (sous une réserve pour le billet à ordre), — droit du porteur de réclamer le paiement en produisant le titre et sans avoir à justifier de son *identité* et de sa *capacité*, ce qui entraîne aussi par voie de conséquence la libération de celui qui paie l'effet de bonne foi, même à un porteur illégitime ou incapable.

Bref, on est témoin en cette matière d'un ensemble de dérogations aux règles en vigueur pour les autres contrats. Ces dérogations font du droit de poursuite basé sur un effet de commerce un appareil d'exécution extrêmement énergique, que dans la grande généralité des cas le caractère liquide de la dette ne permet pas d'écarter.

1093. — Doctrine allemande. — De là les diverses constructions auxquelles on s'est livré en Allemagne.

L'effet de commerce tire toute sa force des énonciations du titre. L'obligation se détache de sa cause contingente, on n'aura pas à chercher quelle convention le signataire a conclue, et si cette convention a été régulière par elle-même.

[1] Le tribunal de commerce est compétent à l'effet de connaître d'un billet à ordre pourvu qu'il y ait un seul signataire qui se soit obligé pour cause de commerce, ou encore si l'incompétence n'a pas été opposée *in limine litis* (C. com. art. 636 et 637). De plus les juges doivent toujours refuser les délais de grâce en matière de billet à ordre.

On se doit à sa signature, par cela seul qu'on a déposé dans le titre, en observant la forme requise, la volonté de s'engager.

Peut-être la dette naît-elle avant même que le titre n'ait un bénéficiaire, sans contre-partie créancière. Ainsi, chez les Romains, une énonciation de dette inscrite sur un livre engendrait une obligation, sans égard à la régularité du fond de l'engagement (obligation littérale).

On en revient par là à la notion de la *dette abstraite*, dont il a été déjà parlé plus haut (nº 720).

Si la lettre de change (qui dans cette doctrine n'aura pas une nature différente du billet à ordre) est devenue une marchandise, une *monnaie fiduciaire*, il faut que cette monnaie ou marchandise porte en soi des éléments de contrôle, des signes certifiant sa validité. Un Etat ou une banque privilégiée, qui émet du papier monnaie, s'engage envers le public à convertir ce papier en numéraire; c'est une promesse engendrée par le certificat. Le souscripteur renonce à se prévaloir à sa décharge des vices occultes de l'engagement, à supposer de tels vices infectant l'opération primitive qui a été échangée avec le premier porteur; car le public ignore cette opération première et n'a pas à s'en enquérir.

Le papier monnaie d'un particulier participera de la même nature, c'est le seul moyen d'en faire un papier de confiance, un effet fiduciaire.

Assimilation proposée avant 1848 par un jurisconsulte saxon, EINERT, et qui a formé le point de départ de la réglementation de la conférence de Leipzig, ainsi que d'innombrables systèmes d'école, dont la liste n'est pas encore close (doctrines de l'obligation littérale *sine causa debendi*, de l'émission, de la création, de la personnification, etc.)[1].

D'après ces idées et au point de vue de sa réglementation juridique :

a) La lettre de change sera dispensée de la *remise de place*.

b) Plusieurs de ses formes historiques seront simplifiées et elle circulera presque avec la même facilité que la monnaie (en toute logique, les Allemands auraient dû admettre la lettre de change avec la clause au porteur).

c) Toute personne capable en droit civil pourra s'assujettir au droit du change (opinion qui commence à être discutée et contre laquelle certains esprits protestent).

d) Mais, pour avoir un document de change valable, il faudra dire, par une mention expresse du titre (*Wechsel*), qu'on entend s'obliger par la voie du change. Le débiteur devra formellement déclarer qu'il accepte ce surcroît

[1] La science allemande ayant depuis un demi-siècle fait de la lettre de change sa chose, il est impossible de donner les noms de tous les professeurs qui ont mis sur cette institution la marque de leurs personnalités, LIEBE, KUNTZE, STOBBE, BRUNNER, GOLDSCHMIDT, VOLKMAR, LÖWY et les autres. Le dernier venu de ces ouvrages est le livre de GRÜNHUT, *Wechselrecht*, 1897, 2 vol. — En France, nous ne pouvons opposer à cette abondance de publications d'Outre-Rhin, que le livre de M. NOUGUIER, *Des lettres de change et des effets de commerce*, 4ᵉ éd., 1875, 2 vol., qui d'ailleurs s'abstient soigneusement de prendre parti sur la nature du change, transport, vente, cession, échange, et autre chose encore d'après lui (V. cependant les ouvrages de MM. WAHL et SALEILLES déjà signalés, ainsi que celui de M. DEBRAY, nº 720).

de sanctions qui fait de la dette d'effet de commerce une dette autrement rigoureuse que l'obligation habituelle à cause concrète[1].

Telles sont les opinions accueillies non seulement en Allemagne, mais dans tous les Etats où a pénétré le droit allemand du change. Ces Etats sont nombreux, ils comprennent le centre, l'est et le nord de l'Europe; l'Italie a accepté ce droit presque en même temps que la Suisse (1881-82).

1094. — Doctrine française. — Aucune des idées précédentes n'a pénétré dans la pratique française. On n'a pas réparti chez nous les obligations en deux espèces se faisant contraste : la dette abstraite, dépouillée de sa cause, n'est point en faveur.

Depuis que le contrat de transport d'argent a perdu tout appui dans les textes et qu'il a cessé de pouvoir embrasser toutes les manifestations du change, voici comment on parvient à expliquer la lettre de change, tout en restant fidèle aux principes généraux des obligations.

Ecartons néanmoins les conséquences résultant de l'endossement. Si extraordinaires que semblent ces conséquences, il y a encore moyen de les raccorder aux notions dominantes du droit des contrats. Mais il serait prématuré de toucher dès à présent ce côté de la question.

La lettre de change est « la cession d'une créance d'argent, négociable et commerciale, cession contractée sous une forme solennelle écrite, emportant garantie implicite de la part de tous les cédants successifs, et productive de conséquences juridiques sévères, ainsi que de déchéances et d'une prescription spéciale contre le titulaire du droit, s'il est négligent ».

On verra plus bas que la lettre de change repose sur une cession (transport de provision). Une créance ordinaire peut être cédée pour des causes variées : on l'achète pour spéculer en proposant un prix, de même un preneur acquiert moyennant une somme une lettre de change sur une autre place ; — on donne une créance en paiement à un précédent créancier, de même on règle une dette avec une lettre de change; — on cède une créance pour se faire de l'argent immédiatement, de même de la lettre de change dans l'escompte.

De ces variétés d'applications, on n'a jamais conclu que la cession de créance fût dépourvue de cause contingente : la lettre de change n'en sera pas dépourvue davantage. Mais il arrivera, par le jeu de l'endossement, que l'on ne pourra pas toujours se prévaloir de l'absence de cause.

De ce que cette dette constatée par la lettre de change soit écrite, solennelle, incorporée dans le certificat, s'ensuit-il qu'elle soit d'autre essence que les dettes habituelles ? Non, il existe d'autres engagements solennels, bien connus. L'exercice du droit est attaché à la détention de ce certificat, cela peut être le résultat d'une convention quelconque.

De ce que la loi ait cru devoir réputer l'engagement acte de commerce, faut-il en inférer que la lettre de change résiste à être classée parmi les con-

[1] C'est ainsi que la rigueur du change se rattache historiquement à l'exécution des dettes contractées en foire, et que, d'après les pièces d'archives, bien des débiteurs ailleurs que dans les foires, se soumettaient, par une clause formelle de l'obligation, à ce même mode d'exécution (*rigor nundinarum*).

ventions pratiquées ailleurs ? Non : la loi suppose un engagement commercial à la base de la lettre, cela ne donne pas à l'obligation un caractère absolument insolite.

De ce que les délais de grâce soient refusés, ou de ce qu'une prescription de durée spéciale soit instituée, il ne ressort pas davantage que l'obligation de change appartienne à une famille d'engagements différents des engagements ordinaires.

C'est une dette affectée sans doute de certaines modalités : elle reste cependant la congénère des autres, et en France elle n'apparaît pas douée d'un droit d'exécution *sui generis*. En fait, la condamnation sera plus rapide quand le créancier sera porteur d'un effet que lorsqu'il aura un titre d'une autre nature (cela tient à la nature liquide de la dette constatée sous cette forme), mais il n'existe pas en réalité de procédure judiciaire spéciale pour le change.

Le fait que certains articles (112, 636) opposent la lettre de change aux « simples promesses » ne prouve pas encore qu'il y ait, entre ces simples promesses et elle, une différence fondamentale d'organisme.

Apparemment, la forme donnée au titre réagit sur le fond. Constatée par la lettre de change, la dette est renforcée, pourvue d'attributs qui lui manquaient, détournée même de certains de ses résultats habituels. Il serait puéril de le nier.

L'écrit, à cet égard, agit autrement que dans une promesse sous seing privé, et ce fait n'a pas d'autre exemple dans le droit des contrats (même dans les valeurs mobilières il ne se retrouve point au même degré). Mais ce sont là des qualités adjointes, des avantages complémentaires, transmis par le titre à une obligation qui n'a point en lui sa source.

Dire que l'obligation est *créée* par le titre, n'est pas dans la note française. Détacher la cause de la lettre de change de la cause de la convention qui en détermine la négociation, voilà ce que les Français ne font pas. C'est à cette cause extrinsèque, antérieure au titre, qu'il faudra se reporter pour savoir si l'obligation de change est régulière et dans quelle mesure elle peut sortir effet (sous réserve de ce que nous aurons à dire de l'endossement).

Les Allemands se sont livrés à un travail de haute abstraction, ils ont idéalisé l'obligation en la faisant sortir du domaine des phénomènes sensibles. Ceux qui commandent en France la marche du droit n'ont pas le goût de constructions aussi raffinées. Il faut renoncer à faire voir à nos hommes d'affaires un type d'obligation, s'affranchissant des deux tenants humains de l'obligation : une *dette* représentée par le papier, dépositaire des signataires, une *créance* représentée par le papier, passeport de circulation du droit. C'est pourtant à des conceptions de cette portée synthétique qu'aboutit la science d'Allemagne, ainsi qu'en témoigne la bibliographie de ce pays.

Il faut donc décider qu'en France la lettre de change, sauf d'importantes particularités, obéit au même système de raisonnement que les obligations issues d'un prêt ou d'un achat par exemple. Le billet à ordre, sans doute, ne peut être rattaché à la conception d'une cession de créance, et néanmoins la plus grande partie des règles du change s'étendent aussi à lui. On ne le fait cependant pas sortir du cadre classique des opérations juridiques, en disant qu'il est « une promesse négociable d'argent, soumise à une forme écrite et engendrant avec la garantie des signataires des effets plus amples qu'un titre ordinaire ».

1095. — Le règlement de change emporte-t-il novation? — Toutes ces généralités se termineront par la question suivante : *Lorsque l'effet de commerce intervient en règlement d'une dette préexistante, emporte-t-il* NOVATION *de cette dette?*

On estime généralement que non. La novation ne se présume pas (art. 1273). Quand même le créancier aurait délivré purement et simplement quittance en recevant l'effet, cette quittance dans sa pensée n'est que conditionnelle, elle ne deviendra définitive que si l'effet de commerce est payé à son échéance. Du moment qu'il ne l'est pas, la créance originaire pourra encore être exercée, concurremment avec les droits nouveaux tenant à la possession de l'effet de commerce.

Le problème a son importance. A la dette primitive pouvaient être attachées certaines garanties, une *hypothèque* par exemple. Il est bon de constater que ces garanties n'ont pas disparu par le règlement au moyen d'un effet.

Il faut adhérer à cette solution. Mais la formule dont on se sert pour la justifier n'est pas bonne. En réalité il y a bien eu novation; la lettre de change est une cession de créance donnée en paiement; or la *datio in solutum*, d'après la tradition historique [1], éteint la dette réglée de cette manière [2].

Seulement, voici la particularité. Le cédant de cette créance (tireur ou endosseur) se porte garant du paiement. Le fait par la lettre de change de demeurer en souffrance emporte inexécution de la promesse contractée. C'est pour que cette promesse soit tenue, que le créancier lors du règlement donne quittance. La quittance a donc été délivrée sous condition résolutoire. En vertu de la clause tacite contenue dans toutes les conventions synallagmatiques (art. 1184 C. civ.), le créancier non payé de l'effet peut maintenant faire résoudre la novation à laquelle il avait consenti naguère, et c'est ainsi qu'il rentrera dans ses garanties anciennes. Il y avait bien renoncé, mais elles lui sont rétroactivement rendues.

[1] DEMANGEAT, *Cours élémentaire de droit romain*, 2e éd., p. 421; GIRARD, *Manuel élémentaire*, 2e éd., p. 672. Les avis des jurisconsultes romains étaient au surplus partagés sur la nature de la dation en paiement.

[2] Et qu'on ne dise pas qu'il y a ici contradiction avec l'opinion émise plus haut, d'après laquelle l'effet de commerce n'a pas en France sa cause en lui-même, mais qu'il continue à se rattacher à la dette concrète à l'occasion de laquelle il est négocié. Cette déclaration, va-t-on nous objecter, exclut toute possibilité de novation, puisqu'il n'y a jamais eu qu'une même dette. — La réponse à donner, c'est que la lettre de change, sans assigner au droit une cause nouvelle, l'investit cependant d'un ensemble d'attributs que la créance n'avait pas d'abord. Or il n'y a rien d'irrationnel à imputer aux parties la volonté de convertir leur créance primitive en une créance de cause identique, mais dépourvue de ses accessoires originaires, créance douée au contraire des avantages que l'effet de commerce lui a procurés.

Concluons-en que le porteur de cet effet n'en est pas moins tenu de poursuivre son endosseur dans les délais rapides du droit du change et de toute façon dans les cinq ans de l'art. 189 : faute de quoi il serait mal fondé à l'assigner postérieurement du chef de la créance ancienne. Bien que cette créance se prescrive par trente ans, il ne pourra plus l'exercer. Il a lui-même contrevenu à l'engagement de remplir l'office d'un porteur diligent de lettre de change. Ce n'est que s'il pouvait se dire sans reproche, qu'il renaîtrait dans sa créance première, par le moyen d'une action résolutoire. En l'espèce, il s'est mis dans son tort, il n'a pas observé les obligations du change ; s'il s'y était conformé, ses poursuites exemptes de retard lui auraient peut-être procuré son paiement.

Notons encore que, novation ou non, tout le monde s'accordera sur la solution suivante, car le droit civil la consacre expressément et ne permet pas qu'on la discute. La dette originaire était garantie par une *caution* personnelle. Le débiteur offre un effet en règlement à son créancier qui l'accepte. La caution est irrévocablement déchargée, et cette décharge tiendra, quoique l'effet demeure ensuite impayé (art. 2038 C. civ.).

CHAPITRE PREMIER

CONDITIONS DE FORME ET DE CAPACITÉ DE LA LETTRE DE CHANGE

SECTION PREMIÈRE

CONDITIONS DE FORME

(C. Com. art. 110 à 112, 129 à 134, 636 et 637; l. 7 juin 1894).

1096. — La lettre de change n'est que très rarement dressée par devant notaire. Elle forme communément un *acte sous seing privé*, portant l'engagement unilatéral du tireur. Le titre est indispensable, il est imposé comme un élément de solennité du droit ; la créance doit s'incorporer dans un instrument rédigé d'une certaine manière. Faute de cet instrument, il pourra y avoir et il y aura généralement une créance, mais cette créance ne sera pas pourvue des attributs particuliers attachés au droit du change.

1097. — Ce titre est sujet, comme le billet à ordre et comme tous les effets de commerce (autres que le chèque), à une taxe de *timbre*. Au lieu d'être déterminé par la dimension de la feuille de papier, ce qui est le cas pour le timbre de la généralité des actes, le timbre des effets est *proportionnel* au montant de la somme, et il est régi par les lois du 5 juin 1850, du 22 décembre 1878 et du 29 juillet 1881.

Le taux de cet impôt, qui a été temporairement surélevé après 1870, est aujourd'hui de 0.50 ‰, avec fractionnement possible jusqu'à 100 fr. pour les petits effets : ce qui en fait tomber le chiffre à 0.05 pour un effet de 100 fr. et au-dessous. Sont redevables du timbre non seulement les effets de l'intérieur, mais aussi ceux de l'étranger sur la France ou inversement, ou encore ceux de l'étranger sur l'étranger qui viendraient à être l'objet d'une négociation en France.

On peut, au lieu d'établir la lettre de change sur une feuille de papier timbré à la Régie, user du timbre mobile que doit appliquer alors sur l'effet, en l'oblitérant, la première personne appelée à s'en servir en France.

1098. — La sanction de la loi, en tant qu'elle assujettit l'effet de commerce à cet impôt, a un caractère double :

a) La contravention à l'emploi du timbre n'emporte pas, comme pour le timbre de dimension, une amende fixe de 50 francs. L'*amende* est proportionnelle au montant de l'effet ou de la partie de l'effet pour laquelle le timbre aurait été omis.

Le taux est de *6 0/0* calculés sur ladite somme, et l'amende est due cumulativement et solidairement par le tireur, l'accepteur, le bénéficiaire ou premier endosseur français. Une autre amende de même somme étant encourue par celui qui encaisse ou par celui qui fait encaisser un effet non pourvu de timbre ou insuffisamment timbré, il en résulte que le Trésor peut dans certains cas avoir à recouvrer cinq fois l'amende, ce qui lui procure 30 0/0 de l'effet assujetti (l. 1850, art. 4, 6 et 7).

b) Le porteur d'une traite non timbrée n'a pas le droit d'attaquer tous les signataires de l'effet. La seule action qui lui soit donnée est celle contre le tiré accepteur ainsi que contre le tireur qui n'aurait pas fait provision. Le tireur est toujours tenu, d'ailleurs, si l'effet n'est pas accepté. Mais, faute de timbre, il n'y a pas lieu de poursuivre les *endosseurs*. Toute stipulation contraire est nulle. La clause « retour sans frais » insérée dans cette lettre de change serait nulle et dénuée d'effet (loi 1850, art. 5 et 8).

1099. — Les droits d'*enregistrement* nous montrent dans les effets de commerce d'autres exceptions aux règles ordinairement suivies. Le tarif fiscal de ces droits n'est pas la taxe de 1 0/0, qui atteint les obligations de sommes d'après la loi de frimaire an VII, mais un droit réduit de *0.50 0/0* (l. 28 février 1872, art. 10). En outre, ce droit n'est dû qu'une seule fois, quel que soit le nombre des engagements, endossements, acceptation, aval, etc., que porte l'effet, alors que le droit commun exigerait autant de taxes distinctes et encore une taxe spéciale afférente à l'acquit.

Il ne s'agit pas d'un droit de mutation, exigible dans un délai de rigueur, mais d'un droit d'acte, d'après la terminologie consacrée. En suivant les principes ordinaires concernant le droit d'acte, l'enregistrement d'un effet de commerce ne serait imposé qu'à partir du moment où il est fait usage de cet effet dans un acte public ou en justice. En réalité, l'effet ne doit être présenté à l'enregistrement qu'avec le protêt ; en l'absence de protêt, il n'y a pas lieu d'y procéder [1].

1100. — En sa qualité d'acte sous seing privé, la lettre de change doit contenir la signature du tireur. La loi s'abstient de le dire, tant la prescription est évidente.

1101. — **Bon et approuvé.** — On se demande si aux conditions de forme requises par les art. 110 et 111 pour la validité d'une lettre de change et dont il va être parlé, il faut ajouter les conditions prescrites au Code civil pour tous les actes sous signature privée, d'après les articles 1322 et s.

Notamment, d'après l'art. 1326, tout acte portant promesse de payer une somme d'argent doit, s'il n'est écrit en entier par le signataire, avoir la signature précédée de l'énonciation de la somme ainsi que du *bon et approuvé*, écrits en toutes lettres de la main du souscripteur.

On est généralement d'accord pour écarter de la lettre de change cette prescription. Cela va de soi s'il s'agit d'une signature de commerçant, car l'art. 1326 excepte les dettes de marchands de son énonciation.

On suit la même doctrine pour les lettres de change signées par des non commerçants.

La jurisprudence, pour le décider ainsi, se fonde sur ce que la lettre de change commercialise l'engagement : or l'art. 1326 est, d'après l'opinion commune, étranger à toutes les dettes de commerce, même à celles conclues par un non commerçant. La conséquence en est que le simple billet à ordre, à moins d'être signé par un commerçant ou à l'occasion d'une dette de commerce, n'échappe pas à la nécessité de la mention manuscrite de la somme. Car la présomption de commercialité

[1] Telle est la disposition de l'art. 10 de la loi de 1872. Antérieurement à cette loi, les parties pouvaient d'abord lever protêt, et ne présenter l'effet à l'enregistrement qu'avec l'assignation en justice. C'était une faveur dont bénéficiait la seule lettre de change (l. 28 avril 1816, art. 50). La manière dont est rédigée la loi de 1872 veut aujourd'hui, s'il s'ouvre un procès basé sur un effet de commerce, et que ce procès n'ait pas eu besoin d'un protêt comme préliminaire des poursuites, que les parties soient dispensées de l'enregistrement du titre, même au moment de l'assignation. Les effets de commerce se trouvent à cet égard dans une situation plus avantageuse que tous les autres actes (Civ. rej. 22 juillet 1896).

du premier titre ne s'étend point à lui. Divers arrêts (Civ. cass. 6 mai 1878, Req. 20 déc. 1892) ont effectivement établi à cet égard une différence de condition entre les deux effets.

Il paraît plus vrai de dire, sans distinguer entre la lettre de change et le billet à ordre, que l'art. 1326 C. civ. ne les gouverne ni l'un ni l'autre. Les formalités auxquelles les deux effets sont soumis se trouvent entièrement indiquées dans le titre VIII du premier livre du Code de commerce. Il n'y a pas d'emprunt à faire au Code civil pour compléter la théorie.

Cela dit, comme expression du droit en vigueur. En législation, ce régime favorise les blancs-seings que l'art. 1326 a eu justement en vue de conjurer. Une personne indélicate commence par s'assurer la signature d'un être faible. Si elle faisait de ce titre une promesse ordinaire, cela ne lui procurerait aucun avantage, faute du bon ou approuvé ; mais elle le convertit en une lettre de change. Le prétendu souscripteur n'avait reçu aucune valeur et la volonté de s'engager lui manquait. Néanmoins, le titre ayant passé aux mains d'un porteur de bonne foi, le signataire, par suite de motifs à développer plus loin, devra faire honneur à l'effet. Cela tient non pas à un engagement contractuel de sa part, lequel, on vient de le remarquer, fait défaut, mais à une idée de faute et de quasi-délit.

En effet, la délivrance d'un blanc-seing est un acte d'imprudence, c'est un acte qui a suggéré aux tiers la croyance à une dette régulière. Le souscripteur doit donc ne pas faire de tort à ceux qu'il a trompés; il lui faudra se comporter de la même manière que si on lui produisait une lettre de change régulière.

Au total, toute exception faite quant aux signatures de commerçants de profession, il serait bon que la loi vînt assujettir une personne souscrivant une lettre de change ou un billet à ordre pour cause d'émission, d'acceptation, d'aval, ou autrement, à l'observation de l'art. 1326 C. civil. Mais ce n'est pas la règle présentement applicable.

1102. — A la rigueur même, la souscription manuscrite pourrait être remplacée par la *griffe* du souscripteur. Il n'est point demandé par le droit français que la signature soit faite à la main : un procédé mécanique en tiendrait lieu.

Mais, comme il n'est pas dans les habitudes du commerce de substituer une griffe à la signature sur les effets, au moins sur ceux de quelque importance, on devra toujours user de réserve envers une lettre de change qui se présenterait de cette manière. Peut-être l'effet a-t-il été fabriqué par un faussaire, avec usurpation du timbre de celui à qui on l'impute. La victime du faux ne sera pas obligée de faire honneur à cette lettre de change, alors même qu'on se trouverait dans un cas où une imprudence de sa part aurait concouru à produire la bonne foi des porteurs. Cela ne l'empêcherait pas, ainsi qu'on le verra plus tard, d'arguer du faux commis à ses dépens ; car le porteur aurait dû avoir quelque soupçon envers une traite dont la signature a été appliquée et non pas écrite, ce qui se laisse voir assez facilement.

1103. — Pluralité d'exemplaires. — La lettre de change peut être dressée en *plusieurs exemplaires*, tout en ne représentant qu'une seule affaire, une seule créance, un seul paiement à effectuer. Le cas est prévu par le dernier alinéa de l'art. 110 : « Si elle est par 1re, 2e, 3e, 4e, etc., elle l'exprime. » Voici la formule suivant laquelle est rédigé alors chaque exemplaire : « *Payez par cette première de change, les deuxième et troisième ne l'étant...* » — « *Payez par cette deuxième de change, les première et troisième ne l'étant...* »

Il faut que chacun des doubles mentionne le nombre complet des originaux; autrement le porteur serait fondé à réclamer autant de paiements séparés, comme s'il y avait eu des opérations de change distinctes. Mais la régularité de cette lettre de change à pluralité d'exemplaires est soumise encore à une énonciation dont on cherche inutilement la raison d'être. « Le paiement de cette lettre fait sur une seconde, etc., est valable, lorsque la seconde, etc., porte que ce paiement annule l'effet des autres (art. 147) » ; autrement dit, il faut que chaque double exprime que tous les originaux présents et absents perdront leur effet par le paiement fait sur le seul original présenté.

L'utilité de cette pluralité de doubles résulte :

a) Soit de ce que *la lettre est exposée à se perdre* lorsqu'elle est transmise d'une place à une autre, surtout dans un voyage de mer; et alors si l'on envoie les deux originaux par deux voies de transport différentes, l'un d'eux au moins arrivera à destination. Ce qui permettra au porteur d'en soigner le paiement, sans avoir à obtenir l'autorisation judiciaire qui est exigée d'habitude en cas de perte de lettre de change (art. 150).

b) Soit de ce qu'il est toujours avantageux, pendant qu'on envoie l'effet au tiré en vue d'en *obtenir l'acceptation*, d'en conserver un double par devers soi, afin de ne pas manquer une occasion de négocier le titre.

Le premier exemplaire ne circulera pas, ne se couvrira pas d'endossements. Une fois accepté, on le déposera volontiers chez un tiers dont le nom et l'adresse seront reportés sur le second exemplaire. Celui-ci passera de main en main, avec des endos successifs. Mais le seul double, sur la présentation duquel on puisse alors requérir le paiement, est le double revêtu de l'acceptation; il absorbe à cet égard la vertu de tous les autres (art. 148), et celui qui en détient un différent commencera par retirer l'exemplaire accepté de l'endroit où il est déposé[1].

1104. — **Copie.** — Quelquefois la lettre de change est tirée en *copie*. Elle n'a été émise qu'en un original unique. Le porteur retranscrit sur une autre feuille de papier cet original, avec les diverses mentions qu'il renferme. Cela fait, il termine sa relation par les mots : *Jusqu'ici copie*. Puis il endosse cette seconde pièce qui se couvre à partir de ce moment de mentions originales. Elle pourra circuler.

Seulement en aucun cas le paiement de cette lettre de change ne pourra être obtenu que moyennant la réunion de l'original et de la copie, qui se complèteront ainsi l'un l'autre.

1105. — Voyons de plus près les mentions que contient la lettre de change, ainsi que les sanctions attachées à ces mentions. Il y a lieu de parcourir deux paragraphes. Dans le premier de ces paragraphes, relatif aux énonciations de l'effet, on pourrait s'attacher à faire ressortir celles des énonciations qui ont pour objet les personnes engagées dans l'opération, par opposition aux mentions concernant les choses. Mais nous préférons suivre un ordre différent.

§ 1. Mentions essentielles ou facultatives

(C. com. art. 110 et 111)

1106. — De la définition que nous avons donnée de la lettre de change peuvent se déduire toutes les conditions de forme auxquelles celle-ci doit répondre. Nous avons dit que la lettre de change était, au moins, en la forme, *un mandat donné par un tireur à un tiré de payer soit dans le même lieu, soit dans un lieu différent, chez lui tiré ou chez un tiers, à l'ordre d'un preneur qui en fournit la valeur, une somme précise à une échéance déterminée*. Reprenons cette définition dans ses éléments successifs.

1107. — *C'est un mandat.* — En réalité la lettre de change n'est pas un mandat, elle n'en a que l'apparence. Le tireur adresse bien ses instructions au tiré, en lui parlant à la deuxième personne. Mais, comme ce tiré est habituellement son débiteur, un mandat conféré à une personne qui nous doit de l'argent et tendant à nous payer ce qu'elle nous doit, n'aurait guère de sens.

[1] Il n'y a lieu qu'à un seul droit de timbre pour tous les exemplaires réunis, quand ils sont appelés à circuler ensemble. Mais si le premier duplicata, revêtu du timbre et destiné à l'acceptation, n'est pas joint à l'autre, un second timbre devra toujours être apposé sur le double mis en circulation (l. 5 juin 1850, art. 10).

Il vaudrait mieux dire que le mandat est donné au preneur à l'effet de recevoir. La lettre ressemble à une procuration ainsi conçue : « Par les présentes je donne pouvoir de toucher chez Thiébaut. Thomas. »

Toutefois ce nouveau point de vue n'est pas non plus exact. L'opération entre tireur et preneur est ferme. Un mandat serait révocable, l'engagement pris par le souscripteur ne l'est pas. Le preneur a acquis la lettre à titre onéreux, et il recouvrera l'effet à son profit sans avoir de comptes à rendre.

En résumé, le tireur contracte une promesse *sui generis*, consistant à procurer au preneur du chef d'un tiers une certaine somme. La lettre de change repose sur une dette du tireur, il est le principal et même le seul débiteur pour commencer, il restera débiteur jusqu'à l'échéance et au-delà, aussi longtemps que la lettre ne sera point payée, sauf les exceptions tenant à la prescription ou à la négligence du porteur.

1108. — ... *Mandat donné par un tireur*. — Le *tireur*, c'est celui qui souscrit la lettre de change, qui l'émet. L'objet de l'engagement qu'il contracte en prenant ce rôle est double : 1° *il garantit l'acceptation* de l'effet par le tiré, l'apposition par le tiré de sa propre signature à côté de la sienne, lorsqu'il en sera requis par le porteur ; 2° *il garantit le paiement* de l'effet par ce même tiré quand viendra l'échéance. La non exécution de l'une de ces deux obligations entraînera une action récursoire contre lui.

Le tireur n'opère pas toujours pour lui-même. Deux hypothèses particulières peuvent se présenter : *a*) La personne qui souscrit la lettre de change la signe *par procuration* au nom d'un autre. C'est le cas d'un représentant de société, ou d'un commis à qui son patron aurait donné l'emploi de la signature de la maison. Le signataire n'est pas alors personnellement tenu. Le seul et le vrai tireur c'est le chef de la maison, c'est la société (toutes réserves faites quant à la qualité d'associé en nom collectif ou de commanditaire coupable d'immixtion).

1109. — Tireur pour compte. — *b*) Le tireur signe bien en son nom propre et personnel, mais il agit pour le compte d'une autre personne qu'il dissimule et qui est le tireur invisible, tandis qu'il n'a, lui, que le rôle d'un tireur apparent (art. 111, al. 2).

C'est une situation que l'on qualifie du nom de traite ou *lettre de change pour compte* : le tireur ostensible s'appelle *tireur pour compte*, celui dont il exécute les instructions et qui reste caché s'appelle *donneur d'ordre*. L'opération s'accomplit en conformité des règles du contrat de commission. Faire une lettre de change dans l'intérêt d'un autre, tout en agissant *proprio nomine*, c'est agir en commissionnaire.

Il peut y avoir diverses circonstances, dans lesquelles une personne est appelée ainsi à mettre en circulation sous son nom une traite qui ne la regarde pas elle-même; mais qui intéresse une autre personne.

Cette situation peut se présenter dans l'*arbitrage de place*. Je me propose de négocier à Bruxelles, où le change sur l'Espagne est élevé, une traite sur mon débiteur de Madrid. Un banquier belge recevra de moi l'ordre de créer cette traite comme s'il en était le titulaire. Je lui communique le nom de mon débiteur, et il disposera sur lui comme s'il était son créancier. Bien entendu il me faudra donner avis d'autre part à mon correspondant espagnol de la présentation qui lui sera faite d'une lettre de change partie de Bruxelles, et destinée à me couvrir de la créance qui m'appartient contre lui. Sans doute le Parisien pourrait tout aussi bien émettre l'effet à l'ordre du banquier belge, qui l'endosserait ensuite sur le marché de Bruxelles. Il peut avoir ses raisons (exemption du timbre français, désir du Parisien de ménager son crédit en vue d'autres traites) de donner Bruxelles pour point de départ à cette circulation.

On peut supposer encore, en prenant directement un exemple dans le commerce de la *commission*, qu'un négociant ayant sous son nom acheté pour autrui des marchandises dont il doit régler le prix, tire un effet non pas sur le commettant (car le commettant désire garder le secret), mais sur un débiteur de ce commettant que ce dernier a commencé par lui désigner et qui n'appartient pas à sa clientèle à lui-même. Au lieu d'émettre en règlement de son achat pour compte une lettre de change sur son donneur d'ordre, après quoi le donneur d'ordre en émettrait une seconde sur un acheteur quelconque de ses relations, c'est sur cet acheteur que le commissionnaire va disposer directement : il use pour le faire d'un pouvoir que son commettant lui a donné et que l'effet ne révèle point extérieurement.

1110. — **Suite**. — Comment se déterminent les obligations de change dans une traite pour compte? Il y a lieu de distinguer selon la nature des prétentions auxquelles la lettre de change donnera naissance :

a) Au regard des porteurs successifs de l'effet, jusques et y compris le dernier. le seul tireur, responsable de l'acceptation comme du paiement, c'est le *tireur apparent*, celui dont le nom figure sur l'effet. Le donneur d'ordre n'a contracté aucun engagement ouvert, pour le public il est ignoré. Ce n'est que du chef du tireur pour compte qu'il pourrait être recherché, et cela en vertu d'une action oblique seulement.

b) Vis-à-vis du tiré, lequel se trouve au courant de la réalité des choses, la lettre est émise pour le compte du *commettant*. S'il fait honneur à la traite, c'est pour en débiter le donneur d'ordre qui est son correspondant, et aux instructions de qui il obéit. S'il paie sans provision, c'est contre ce donneur d'ordre qu'il aura le droit de recourir.

L'ancienne rédaction de l'art. 115, qui détermine la personne obligée de faire la provision, prêtait à l'équivoque : il semblait résulter de sa rédaction que le tireur pour compte devait, concurremment avec le donneur d'ordre, constituer la provision au tiré. Mais une addition faite à cet article par la loi du 19 mars 1817 a mis un terme à cette interprétation qui n'était point raisonnable.

De même, le tireur pour compte, contraint par le retour de l'effet à y faire honneur, aurait, bien entendu, le droit d'agir en remboursement contre le commettant.

1111. — ... *Mandat donné à un tiré.* — Le *tiré*, c'est celui sur qui l'effet est créé, sur qui le tireur dispose. Il représente la personne appelée à payer la lettre de change. Aucune créance du porteur n'existe d'ailleurs contre lui, du moins du chef de la traite, à l'origine.

L'effet dans la communauté des cas lui sera présenté deux fois ; d'abord avant l'échéance afin qu'il accepte la lettre de change — cette démarche étant toute facultative pour le porteur, — et une seconde fois à l'échéance afin qu'il paie l'effet, soit qu'il l'ait accepté avant cette date, soit que cette acceptation n'ait pas eu lieu.

Quant à la nature des relations qui existent entre le tireur et le tiré et qui déterminent la création de l'effet du premier contre le second, c'est une question à éclaircir plus loin, dans un chapitre qui sera consacré à la provision.

1112. — Il se rencontre quelquefois un tiré subsidiaire, dont le nom est donné en sous-ordre sur la traite, après celui du tiré principal. Il est désigné par le tireur pour le cas où le premier tiré ne ferait pas honneur à la lettre de change, soit en ce qui concerne l'acceptation, soit pour le paiement. On appelle ce personnage *recommandataire* ou *besoin* : il est visé par l'art. 173 à propos du protêt[1]; il paiera au

[1] Ce texte a donné lieu à une difficulté au cas où le besoin aurait été désigné non pas par le tireur et dans le corps même de la lettre, mais par un endosseur au cours de la circulation de la traite. L'art. 173 pris à la lettre déciderait que, faute d'acceptation ou de paiement par le tiré, le recours de change suppose bien protêt, mais non pas signification de ce protêt au domicile du besoin, lorsque c'est dans un endossement qu'il est mentionné. Le texte limite en effet la notification du protêt aux personnes « indiquées *par la lettre de change* pour la payer au besoin ». — Cependant il paraît plus sage d'établir une distinction. Pour exercer le recours contre les signataires qui précèdent l'endossement faisant mention du besoin, il n'y a pas lieu de signifier le protêt à ce dernier. Mais cette signification est exigée s'il agit de recourir contre l'endosseur de qui la désignation provient, ainsi que contre les endosseurs subséquents.

besoin la traite au cas où le principal tiré ne le ferait point, ce qui met le porteur dans l'obligation de présenter l'effet successivement à deux personnes avant de se retourner contre les garants.

On fait usage du besoin, lorsqu'on craint que le tiré ne conteste le montant de la dette et afin de s'épargner non pas un protêt, car le besoin ne l'empêche pas, mais les ennuis d'un recours sur protêt. On prend alors comme tiré subsidiaire son banquier sur la place du paiement, en sachant bien que celui-ci ne laissera pas protester l'effet d'un correspondant.

1113. — ... *Mandat de payer, soit dans le même lieu, soit dans un lieu différent.*

Jusqu'à la loi du 7 juin 1894, en France, la lettre de change était obligatoirement *tirée d'un lieu sur un autre* (art. 110, al. 1er), et comme conséquence la date de la lettre devait mentionner, indépendamment de l'*époque* d'émission, le *lieu* où elle était faite, ne fût-ce qu'afin de montrer que ce lieu était différent de celui du paiement (cette indication de localité dans la date s'est maintenue depuis la réforme de 1894, quoique une lettre de change soit régulière aujourd'hui sans cela).

On n'était pas très sévère en pratique sur l'observation de cette *remise nécessaire de lieu* : depuis longtemps les négociants avaient cessé d'y attacher la moindre importance.

En effet : *a*) Il suffisait depuis le Code de commerce que les deux localités fussent deux communes géographiquement distinctes, non point distantes, mais contiguës, à la différence de l'ancien droit qui demandait une remise de place, c'est-à-dire deux centres d'affaires proprement dits ;

b) On ne se gênait pas de faire une supposition de lieu, lorsque manquait la condition de remise : on datait la lettre de Marseille au lieu de la dater de Paris. Ainsi qu'on le verra, ce mensonge permettait à l'effet d'être une lettre de change régulière, vis-à-vis des porteurs de bonne foi ;

c) Les banques ne se faisaient pas faute de recevoir à l'escompte les lettres de change tirées sur la même place, elles prenaient seulement la précaution d'exiger qu'elles fussent déjà revêtues de l'acceptation.

C'est qu'aussi ces lettres de change irrégulières pouvaient s'analyser en billets à ordre, dans lesquels le tiré accepteur jouait le rôle de souscripteur, et où le tireur faisait office de premier endosseur ; or on verra que le billet à ordre participe dans une très large mesure des effets de la lettre de change, et que le porteur du premier effet dispose de presque toutes les garanties attachées au second.

La nécessité pour les lettres de change d'accomplir une remise de place ou de lieu était devenue une anomalie. Cette anomalie a disparu avec la *loi du 7 juin 1894* qui a supprimé le premier alinéa de l'article 110 et qui, dans l'énumération des actes de commerce faite par l'art. 632, a effacé de l'alinéa final de cet article les mots « ou remises d'argent faites de place en place » qui accompagnaient la mention des lettres de change. Tous les autres Etats de l'Europe, hormis les Pays-Bas et la Grèce, nous avaient précédés pour opérer cette réforme. On a dit plus haut comment la loi allemande du change de 1848 l'avait réalisée par des considérations rationnelles plutôt encore que pratiques.

C'est de l'ancienne tradition du change que résultait la restriction aujourd'hui abolie. Le Code de 1807, ainsi que l'Ordonnance, n'avait voulu voir que la première fonction de la lettre de change, celle qui consiste à effectuer un transport d'argent. En tant qu'instrument de crédit (et c'est surtout dans ce but que la lettre de change est maintenant employée), la remise de place était devenue un véritable non-sens.

1114. — ... *Mandat de payer chez le tiré ou chez un tiers.* — Il y a des traites pourvues de la désignation d'un *domiciliataire* (art. 111, al. 1er). Celui-ci est une personne chez qui l'effet sera présenté pour qu'il en soit obtenu paiement; les formalités de l'acceptation continuent à avoir lieu au domicile du tiré lui-même. La mention du domiciliataire n'intéresse que les démarches tendant au paiement (réception de la somme ou protêt).

Le nom du domiciliataire est écrit au-dessous de celui du tiré. Généralement il est mentionné dès l'origine de la traite. Mais il se peut que le tireur ignore, en créant la valeur, quelles dispositions prendra le tiré pour s'assurer les fonds à l'échéance et entre les mains de qui sera son service de caisse. Alors, soit formellement, soit d'une manière tacite, il lui laisse le pouvoir, au moment où l'effet lui sera présenté pour l'acceptation, de désigner un tiers au domicile de qui se fera le paiement : l'art. 123 fait allusion à cette insertion d'un domiciliataire par le tiré, en même temps qu'il acceptera.

On admet que, quand il n'y aurait eu aucune réserve faite dans la lettre de change, le tiré a la faculté de choisir ainsi un tiers à la caisse duquel le porteur devra présenter l'effet une fois échu. Il a pareille faculté à condition de désigner ce tiers dans sa propre localité. Autrement il causerait un préjudice au porteur, en l'obligeant à un déplacement dont la formule de la traite ne parlait point.

1115. — *Le domiciliataire n'est pas un tiré*, il s'ajoute au tiré, il ne pourrait pas le remplacer. Le tiré joue le rôle éventuel d'un débiteur qui, par son acceptation, entrera dans l'obligation du tireur. La position du domiciliataire est toute passive, il n'a et n'aura aucune signature à donner, il fournit en quelque sorte son bureau ou sa maison pour que les démarches contemporaines du paiement y soient faites.

L'habitude s'est introduite pour le négociant de domicilier ainsi ses effets chez son banquier; car c'est ce dernier qui tient sa caisse. Il est plus simple pour le porteur d'aller directement trouver ce banquier, que d'obliger le tiré le matin ou la veille de l'échéance à retirer la somme à son compte et à la conserver sous sa garde jusqu'à ce que l'effet lui soit présenté.— On arrive par un autre moyen au même résultat: l'effet n'est pas domicilié; mais le tiré, au lieu de régler avec de l'argent la traite échue et présentée, fait à ce moment un chèque sur son banquier et le négocie au porteur de la lettre de change. Le porteur échange ainsi son premier titre contre un second qui forme un effet à vue et qui est tiré sur un banquier.

Il résulte de ce que nous venons de dire que l'effet émis par un établissement de commerce sur une de ses propres *succursales* ne serait pas une lettre de change. Cette mention de succursale ne peut valoir que comme désignation d'un domicile. On ne trouve alors aucun tiré se détachant de la personne du tireur. Ce titre, en tant que billet à domicile, dispose d'un certain nombre des règles inhérentes au change; mais les particularités concernant la lettre de change, et notamment la commercialité constante des engagements, ne s'appliqueraient point à un pareil effet.

1116. — La mention rendant l'effet payable en un certain lieu, est *attributive de juridiction* au tribunal de commerce de l'arrondissement pour les procès qu'engendrerait cette lettre de change : parmi les trois tribunaux compétents en matière commerciale d'après l'art. 420 C. proc. au gré du demandeur, figure le tribunal du lieu de paiement. Mais le tiers désigné n'est pas une personne chez qui l'on ait fait élection de domicile, au sens que prennent ces mots en procédure et dans l'art. 111 C. civ. La résidence du tiers a été choisie uniquement pour la formalité du paiement, et non point pour les poursuites ultérieures auxquelles l'effet donnerait lieu : ce n'est pas en ce domicile que l'assignation sera donnée aux différents débiteurs du titre.

Soit qu'il y ait un domiciliataire, soit qu'il n'y en ait point, il faut que le *lieu* où le paiement doit se faire ressorte de la rédaction de la traite (art. 110, al. 6). On ne peut pas émettre un effet sur Paris, sans désigner la rue et le numéro où la lettre sera présentée, à moins que la notoriété du tiré ne rende cette énonciation superflue.

1117. — ... *De payer à l'ordre.* — La lettre de change doit contenir la *clause à ordre* (art. 110, av. dern. al.). Elle habilite la personne à endosser l'effet, et chaque nouveau porteur à l'endosser à son tour indéfiniment. Par là la lettre de change devient plus commodément cessible que ne l'est une créance en droit civil. La clause à ordre ne peut pas être sous-entendue. La clause ainsi conçue : « Payez à Bernard » ne serait pas une lettre de change régulière. On s'expliquerait que la loi suppléât à la clause à ordre et permît l'endossement, même au cas où l'effet ne serait pas expressément à ordre (Allemagne) : mais le Code en a autrement décidé.

La lettre de change ne peut être établie ni *à personne dénommée* ni *au porteur*. Sous la première de ces deux formes, elle se transmettrait conformément à l'art. 1690 du Code civil, avec signification du transport au tireur et au tiré. Sous la deuxième forme (usitée en Angleterre), elle se céderait par la simple remise du certificat de main en main, sans aucune énonciation sur son verso. — La loi française a repoussé le premier de ces modes de transport parce qu'il serait trop lent, et le second parce qu'il exposerait la lettre de change à se perdre.

On a trouvé dans l'endossement un moyen-terme commode et l'on s'y est tenu : la garantie de paiement assumée par l'endosseur a été un motif de plus de le préférer aux autres formes. On verra cependant qu'il est possible indirectement de créer une lettre de change au porteur. Il suffit de rédiger l'effet à l'ordre du tireur, qui se contentera alors de faire un endossement en blanc et de remettre le titre à une personne quelconque. Cette personne pourra opérer ensuite tradition de l'effet à son ayant cause, et ainsi de suite. C'est ce qu'on saisira mieux lorsqu'on aura l'occasion de traiter de l'endossement.

1118. — ... *A l'ordre d'un preneur*. — Le *preneur* (ou *bénéficiaire*) est le titulaire de la créance représentée par la lettre de change.

Il n'y a pas, semble-t-il, de lettre de change concevable sans un preneur, pas plus qu'on n'imagine une dette sans créancier. Cependant, d'après l'art. 110, av. dern. al., la lettre « est à l'ordre d'un tiers ou à l'ordre du tireur lui-même ».

Quelle peut être la signification d'une *lettre de change à l'ordre du tireur*, le bénéficiaire et le tireur se confondant alors l'un avec l'autre ?

Il arrive parfois que l'on crée une traite sans avoir l'occasion de la négocier immédiatement. On se dit qu'on la passera plus aisément à l'ordre d'un vendeur ou d'un banquier si elle est déjà pourvue de l'acceptation du tiré. On l'adresse donc à celui-ci pour qu'il y mette sa propre signature ; après quoi on trouvera pour elle preneur.

Rien n'empêcherait qu'on rédigeât en pareil cas la traite en laissant en blanc le nom du preneur. Mais l'effet pourrait être soustrait, et le voleur s'approprierait aisément le titre, en inscrivant son nom dans le blanc.

Il est plus sage dans ces conditions de marquer le tireur comme bénéficiaire. L'effet une fois de retour et accepté sera l'objet d'un premier endossement du tireur au profit de celui qui sera disposé à le prendre.

Bien que la loi assimile ce genre d'effet à une lettre à l'ordre d'un tiers, il est plus logique de dire qu'il ne devient une lettre de change régulière qu'à partir du premier endossement. La formule de cet endossement devra contenir la mention de valeur fournie, indispensable à la rédaction de toute lettre de change : car la mention banale « valeur en moi-même » ou autre, dont un pareil effet a été revêtu dans le corps de sa composition première, ne peut équivaloir à une désignation de valeur véritable. De même, avant 1894, il fallait que ce premier endossement eût lieu dans un autre endroit que celui déterminé pour le paiement.

Au cas où cette lettre, acceptée par le tiré et retournée au tireur, demeurerait aux mains de celui-ci jusqu'à l'échéance, parce que les circonstances n'auraient pas été favorables à sa négociation, elle ne serait pas un titre dénué de valeur. L'acceptation lie le tiré et vaut promesse de payer envers le tireur. Cet effet s'analyse en un billet à ordre délivré par un débiteur à son créancier. Il ne sera pas nécessairement commercial : ce ne sera point une lettre de change.

1119. — ... *D'un preneur qui en fournit la valeur.* — La *valeur fournie*, c'est l'équivalent de la traite que remet le preneur au tireur. Pour parler le langage technique du droit, c'est la cause de l'engagement du tireur. S'il souscrit une traite à l'ordre du bénéficiaire, c'est parce que ce bénéficiaire lui donne valeur égale.

Non seulement cette valeur doit exister, mais la loi française (une des dernières en Europe à formuler cette exigence) veut qu'énonciation en soit faite dans le corps de l'effet. L'article 110, al. 7, demande que la nature de cette valeur soit spécifiée : en espèces, en marchandises, en compte, ou de toute autre manière.

En espèces, lorsque la traite est vendue comptant sur le marché du change ou présentée à l'escompte d'un banquier ;

En marchandises, lorsqu'elle est négociée en règlement du prix d'une vente commerciale ;

En compte, lorsque le preneur délivre un article de compte au crédit de celui qui lui envoie la traite, sans lui en remettre présentement les fonds.

L'exactitude de la nature de valeur indiquée n'est pas indispensable. Les mots *valeur entendue*, *convenue*, seraient insuffisants.

Cette valeur fournie ne doit pas être confondue avec celle que le tireur a remise au tiré et qui détermine la création sur celui-ci de la lettre de change. La traite sert, par exemple, à un vendeur de moyen de rentrer dans son prix. On est tenté de dire qu'elle repose sur une valeur en marchandises. Il y a là une équivoque. La cause qu'il faut mentionner dans l'effet n'est pas celle du contrat intervenu entre tireur et tiré, mais celle du contrat échangé entre tireur et preneur. Il va de soi que, dans ces deux conventions, la valeur que les parties ont prise en considération a pu être de nature très différente.

1120. — L'opportunité qu'il y a en législation à conserver la nécessité de la mention de la valeur fournie est très contestée. De droit commun, un acte écrit a pleine force de preuve, quoique la cause de l'engagement ne soit pas énoncée (art. 1132 C. civ.). On propose de supprimer comme inutile cette prescription dans la lettre de change.

La justification que Pothier essayait d'en donner est depuis longtemps reconnue fausse : un commerçant dont le crédit est compromis, disait cet auteur, se ferait délivrer des lettres de change sans en fournir la valeur et trouverait le temps de négocier ces lettres avant de faire faillite, de manière que les tireurs seraient frustrés.

Il est aisé de répondre que l'on aboutira au même résultat en mentionnant une valeur simulée, dans une législation comme la nôtre. La mention de cause ne protège pas les intérêts, du moment qu'elle peut être mensongère. L'absence effective de cause est-elle un moyen d'annuler l'engagement vis-à-vis d'un porteur quelconque du titre? C'est là une question différente qu'on reverra à propos de l'endossement. Ici il s'agit de savoir quel intérêt il y a à maintenir la prescription de forme, à vouloir qu'une lettre de change énonce une valeur fournie, réelle ou non.

Cet intérêt n'est pas impossible à découvrir. La lettre de change n'est pas une simple promesse, elle engendre des effets de droit particulièrement énergiques. Encore faut-il que quelque mention dans l'effet montre l'intention du souscripteur de se placer sous ce droit de rigueur.

Cela est utile pour le simple billet à ordre, mais cela l'est davantage encore pour la lettre de change.

Dans sa traduction littérale, en effet, ce dernier titre ne serait qu'une procuration délivrée au preneur pour toucher la somme chez le tiré et pour en rendre compte ensuite au tireur. La mention de valeur fournie établit que le preneur n'est pas seulement un mandataire révocable, mais un ayant cause qui a traité ferme et qui a droit à garantie.

Les Allemands, en supprimant la mention de la valeur fournie (incompatible avec la doctrine d'ensemble qu'ils acceptaient sur le change), ont compris cependant cette nécessité de marquer dans l'effet la soumission du souscripteur au droit spécial de la matière : de là l'énonciation nécessaire du mot *change* dans le titre, énonciation qui, chez nous, n'est pas requise. En France, la mention de valeur fournie a pratiquement le même résultat. Elle établit la volonté de contracter, non une dette régie par le droit commun, mais l'obligation extraordinaire qu'engendre la lettre de change (ou le billet à ordre). Nous ne serions point d'avis, dès lors, d'abolir la nécessité de cette mention.

1121. — ... *Une somme précise.* On a l'habitude de l'inscrire deux fois sur l'effet, *en chiffres* d'abord dans l'angle supérieur de droite, puis *en lettres* dans le corps du titre. Cette répétition de la somme n'est, du reste, pas exigée. En cas de divergence entre les deux mentions, c'est l'énonciation du corps de l'effet qui prévaudrait (à moins qu'on ne préfère dire que c'est la plus faible des deux sommes).

L'objet de la lettre de change ne peut être qu'une somme d'argent due en une seule fois, et non point par acomptes successifs. Mais, en outre, il est indispensable que le montant de cette somme soit liquide et apparaisse à la lecture immédiate du titre. Ne serait pas une lettre de change l'écrit par lequel on disposerait « sur le prix dû entre les parties en vertu d'une facture d'achat de telle date », ou « sur le solde de tel compte ». L'effet perdrait tout aussitôt sa portée d'instrument monétaire, à raison de l'incertitude de la somme à recouvrer.

1122. — De même, le principal de l'effet ne peut être accompagné d'une *clause d'intérêts* : « A trois mois de vue payez mille francs, plus les intérêts à 5 0/0. »

La raison d'exclure cette stipulation ressort de la pensée suivante. Il serait impossible, pour certaines lettres de change, de faire alors, à la lecture du titre, le calcul des intérêts qui viendraient s'ajouter au capital de l'effet. Ainsi en sera-t-il à l'égard des lettres à vue, puisqu'on ne sait pas si le titre sera présenté et payé tout aussitôt après l'émission ou seulement au bout de trois mois par exemple.

Pour les effets à échéance fixe, ce compte d'intérêts ne serait pas irréalisable, mais il nécessiterait une certaine réflexion, et cela seul nuirait à la rapide circulation du titre. Il ne faut pas dire de cette clause d'intérêts qu'elle est non écrite (Allemagne), mais seulement qu'elle empêche l'effet de valoir comme lettre de change.

1123. — Un autre motif s'oppose à la légalité d'une pareille insertion d'intérêts. L'effet de commerce n'est pas un titre de rapport ou une valeur de placement. On rencontre dans la pratique des banques des *bons de caisse* à ordre, généralement à échéance lointaine (trois ans par exemple), que délivre un établissement de crédit contre dépôt d'argent de ses clients, et à ces bons sont annexés des coupons d'intérêts. De pareils titres se rapprochent bien plutôt des obligations négociables de sociétés que des effets de commerce. Ils n'ont pas le caractère de ces derniers.

La question importe notamment au point de vue fiscal : le timbre applicable n'est pas le timbre des effets de 50 centimes 0/00, mais le timbre de 50 centimes 0/0, convertible en une taxe annuelle d'abonnement de 5 centimes 0/0, plus les décimes.

1124. — ... *à une échéance déterminée.* — L'époque du paiement doit être mentionnée, même lorsque l'effet est à vue, et cette époque ne doit être affectée d'aucune condition, d'aucun terme incertain. Autrement l'effet, tombant à une valeur instable, ne pourrait plus faire fonction de monnaie.

C'est par exception que le droit maritime classe le *billet à la grosse*, à l'égal d'un billet à ordre (ou d'une lettre de change), parmi les effets de commerce (art. 313) : ce billet renferme une créance conditionnelle, l'emprunt n'étant remboursable qu'en cas d'heureuse arrivée. Cette disposition ne saurait être généralisée ou étendue hors de ses termes.

1125. — L'échéance de l'effet peut être libellée de trois manières différentes (si l'on excepte la lettre payable en foire de l'art. 129 *in fine* qui tenait une grande place dans la pratique du xve siècle et des siècles suivants, mais qui est maintenant tombée en désuétude) : c'est ce qu'indique le § *de l'échéance* (art. 129-135).

1126. — *a*) La lettre de change peut être *à vue*, elle est alors payable à présentation (art. 129 et 130). Il n'y aura point lieu à l'acceptation comme pour les autres effets. La première fois que l'effet sera présenté au tiré, c'est pour qu'il le paie, non pour qu'il l'accepte. Cette présentation doit, à peine de négligence du porteur, être faite dans les trois mois de la date de l'effet (art. 160).

Il ressort de là que la lettre de change à vue doit être *datée*, c'est-à-dire porter l'indication du jour de l'émission. Le même motif explique l'exigence de la date pour les lettres de change à un certain délai de date (voir *infrà*); car c'est d'après l'examen de la date que l'on saura le jour où l'effet devient exigible. Notre loi pousse les choses plus loin : elle requiert sans distinction l'énoncé de la date pour toutes les lettres de change (art. 110, al. 2). Cependant pour les lettres à échéance fixe, cette date est sans utilité, à moins qu'on n'y trouve un contrôle (bien faible) de l'époque où un tireur, maintenant en faillite et incapable, aurait mis la traite en circulation. Il convient de se souvenir d'autre part que, pour un acte sous seing privé ordinaire, la mention de la date n'est pas imposée.

La forme d'effet à vue est rare pour la lettre de change. En pratique, et depuis 1865, la lettre de change à vue deviendra un chèque, c'est-à-dire un instrument moins fortement taxé au point de vue du timbre (droit fixe de 0.10 ou 0.20 au lieu du droit proportionnel). Le chèque obéit d'ailleurs à des conditions particulières, on le verra ultérieurement. On fera une lettre de change à vue au lieu d'un chèque pour les effets de 400 fr. ou au-dessous, parce qu'alors le timbre des effets sera, ou pourra être selon le cas, moins élevé que le timbre fixe des chèques.

1127. — *b*) La lettre de change peut être *à échéance fixe :* au 1er, au 15 mai, fin mai (le dernier jour de ce mois), etc. (art. 129). Elle doit être présentée le jour même de l'échéance et protestée le lendemain, à peine pour le porteur de perdre ses recours contre les endosseurs et contre le tireur qui n'aurait pas fait provision. Si le jour de l'échéance est un dimanche ou un jour férié, la lettre doit être présentée la veille (art. 134), afin que le protêt puisse encore être dressé le lendemain du jour marqué pour l'exigibilité du titre. Si au contraire l'échéance tombe sur un jour ouvrable, qui soit la veille d'un jour férié, la présentation se fera bien entendu au jour énoncé, mais on ne confectionnera le protêt que le surlendemain (art. 162, al. 2).

1128. — *c*) Enfin l'échéance de la lettre de change peut être libellée à l'expiration d'un certain *délai* conçu en *jours*, en *mois*, ou en *usances* (art. 129). Le mois se règle d'après le calendrier, le mois de février comptant pour 28 ou 29 jours, tandis que mars comptera pour 31. L'usance est un mois fictif et constant de trente jours (art. 132).

Suivant une interprétation connue, le jour formant point de départ du délai (*dies a quo*) n'est pas compté, mais on y compte en revanche le jour qui le termine (*dies ad quem*), et c'est sur ce jour même que l'échéance tombera, non sur le jour suivant.

1129. — Le délai est réglé tantôt en *délai de date* et tantôt en *délai de vue*.

Il part dans le premier cas du jour de l'émission de l'effet. Une lettre de change, souscrite le 15 avril et à 60 jours de date, tombe à échéance le 14 juin.

Il part dans le deuxième cas d'un moment non encore déterminé au jour de l'émission, et qui sera (art. 131) celui de l'acceptation de l'effet par le tiré ou au moins de son visa daté donné sur le titre (du protêt faute d'acceptation, en cas de refus). Cette présentation pour l'acceptation ou le visa doit avoir lieu elle-même dans les trois mois de la souscription de la traite, à peine de perte des recours légaux (art. 160). En telle sorte que l'intervalle entre l'émission de l'effet et son échéance sera du délai inscrit sur le titre, délai augmenté d'un maximum de trois mois, plus ou moins suivant que le porteur se sera hâté de faire accepter la traite, ou y aura mis le temps.

C'est dans les relations de commerce utilisant la navigation au long cours que cette dernière forme d'effet est la plus pratiquée. Une maison du Japon vendant et expédiant des soies à Marseille propose comme mode de règlement du prix le tirage à un délai de vue : car le terme de 60, de 90 jours, donné à l'acheteur pour se libérer, courra du moment où l'effet sera présenté à Marseille, délai qui concordera plus ou moins exactement avec l'arrivée des soies dans le port et avec la réception qui en sera faite par le destinataire. A moins d'une sérieuse différence de marche entre le paquebot qui fait le service de la poste et des effets et le navire de commerce à bord duquel est la cargaison, traite et marchandise arriveront à peu près en même temps. Sans poser de règle absolue, on peut dire que l'acheteur se trouvera ainsi bénéficier d'un crédit de même durée que s'il avait acheté des marchandises sur place, en s'engageant à les payer sous un délai de date.

1130. — Tel est l'ensemble des mentions que contient une lettre de change. L'indication d'un besoin, ou celle d'un domiciliataire est toute facultative. On doit en dire de même de la situation d'un tireur pour compte. Sans revenir à nouveau sur la question de savoir si la désignation d'un preneur distinct du tireur est ou non indispensable, il convient de résumer cette partie d'étude, en disant que la lettre de change exige — la signature du tireur, — le nom d'un tiré, — le lieu du paiement, — la date d'émission, — la somme, — l'échéance, — la clause à ordre, — la mention de la valeur fournie.

§ 2. Sanctions des règles de forme

(C. com. art. 112)

1131. — Dans la confection d'une lettre de change, on peut soit contrevenir ouvertement à la loi, soit employer un déguisement qui laisse croire que la loi est observée, tandis qu'en réalité elle ne l'a pas été. On dit qu'il y a *omission* des règles prescrites dans le premier cas, et *supposition* dans le second.

1132. — **Omission.** — S'il y a omission, la lettre de change manquant d'une manière ostensible de l'une des formalités exigées par la loi, il n'y a aucun doute à garder sur la nature d'un pareil effet.

On transportera à cette situation (et sans avoir à y introduire certain tempérament que réclame le texte, on le verra, pour le cas où il dispose) la formule que donne l'art. 112 pour l'hypothèse de supposition : l'effet ne vaudra plus que comme « simple promesse », c'est un instrument dégénéré

Faute de s'être conformée aux prescriptions de la matière, la traite cesse de pouvoir produire les conséquences extraordinaires attachées au droit du change. Elle n'aura que le caractère d'un *acte sous seing privé ordinaire*, d'un acte, dirait-on si l'on acceptait la doctrine allemande sur le change, qui constate seulement une dette, mais qui n'engendre pas une obligation propre.

Il faudra que l'acte se conforme aux art. 1322 et suiv. — Non souscrit par un commerçant ou à l'occasion d'un acte de commerce, il devra être rédigé en entier de la main du signataire ou contenir la somme avec le bon ou approuvé : autrement il perdra sa valeur probante. — La présomption de commercialité inhérente aux dettes de change cesse d'être vraie de ces effets irréguliers en la forme, ce qui a de l'importance pour la compétence, pour la durée de la prescription, etc. — Le titre n'emportant d'autres obligations que celles qui y sont expressément relatées, il s'ensuit que le tireur ne sera pas responsable du défaut d'acceptation. — Si le titre, malgré son vice, renferme la clause à ordre, cette clause continue à produire effet. On verra que les parties peuvent par leur volonté rendre un titre de créance quelconque apte à l'endossement. Mais cet endossement ne produira pas avec la même ampleur toutes les conséquences qu'il aurait dans une lettre de change (voir ci-dessous).

1133. — *L'omission de la valeur fournie* aurait un résultat plus grave : les juges seraient fondés à conclure de la teneur du titre, dès l'instant qu'il affecte la forme d'un mandat, que le porteur a reçu une simple procuration dont il doit compte.

L'écrit ne pourrait donc servir de base à un recours contre le tireur faute de paiement. Si le porteur prétend avoir droit à garantie, il faudra qu'il produise d'autres moyens justificatifs de sa demande.

Il existe un titre assez généralement dépourvu de la mention de valeur fournie, et auquel le droit du change ne s'appliquera pas : c'est la *lettre de crédit*, émise par un établissement de banque sur divers correspondants et destinée à être utilisée par les voyageurs. Elle est d'habitude faite à personne dénommée, et elle renferme l'indication d'un *maximum* de somme. Le porteur ne touche en la présentant qu'un versement inférieur, dont il détermine lui-même le montant. Cette lettre n'est pas émise contre un seul établissement. Il est dans sa fonction d'être présentée successivement dans plusieurs villes que le porteur se propose de visiter, et chez des banquiers distincts. Pour toutes ces raisons, il ne peut être question de traiter la lettre de crédit à l'égal d'une lettre de change.

1134. — **Supposition.** — La supposition, avons-nous dit, est la simulation qui consiste à faire une lettre de change valable en apparence, mais avec des énonciations mensongères (art. 112).

La supposition la plus souvent pratiquée avant 1894 était celle de remise de place (ou de domicile). On datait de Bordeaux une traite confectionnée à Paris sur Paris. Il fallait décider que la lettre dégénérait alors en simple promesse, ce qui d'ailleurs la laissait encore en mesure de produire les effets d'un billet à ordre, c'est-à-dire d'un titre auquel (sauf la commercialité nécessaire, le droit d'exiger l'acceptation et une ou deux autres particularités) aucune des règles spécifiques de la lettre de change ne faisait défaut.

D'ailleurs il y avait lieu de distinguer suivant la bonne ou la mauvaise foi du porteur. D'après l'interprétation consacrée (et basée sans doute sur ce que les contre-lettres ne peuvent nuire aux tiers, art. 1321 C. civ.), l'effet demeurait une lettre de change régulière au regard de ceux qui n'avaient pas eu connaissance du mensonge accompli.

L'intérêt qu'il y avait à commettre ce genre de fraude à la loi a disparu. On a remanié l'art. 112, et les cas de supposition emportant pour la lettre de change transformation en simple promesse ont été ramenés à deux : supposition de nom et de qualité. Il eût mieux valu profiter de l'occasion pour abroger l'article tout entier. Car les deux cas retenus concernent en réalité des situations dans lesquelles la lettre de change n'engendrera même aucune créance régulière. Le texte, d'après la manière dont il dispose, maintient entre les parties un lien d'obligation gouverné par le droit commun. Or ce lien d'obligation est vraiment injustifiable, ainsi qu'on va le voir.

Supposition de nom. — La lettre de change est l'œuvre d'un souscripteur qui prend un nom de fantaisie ou le nom d'un tiers. Dans ce deuxième cas, tout au moins, elle est un faux. Elle ne peut rendre débiteur, à la teneur d'un contrat, ni celui dont on a imité la signature, ni même l'auteur du faux, lequel n'a pas voulu s'engager.

Supposition de qualité. — Le souscripteur s'attribue une qualité qu'il n'a pas. Il s'intitule banquier, négociant, sans l'être. Peut-être faut-il dire que dans ce cas la créance vaudra comme créance ordinaire, non comme créance de change ; n'insistons pas.

Le plus ordinairement, ce tireur simule, par l'émission même de la lettre de change, un rapport d'affaires entre le tiré et lui ; ce rapport n'existe pas, c'est la qualité fausse de correspondant du tiré qu'il se donne. On retrouvera cette situation dans le chapitre de la provision, à propos des effets de complaisance. Or elle aboutit à frapper l'obligation elle-même de nullité.

On peut concevoir d'autres cas de supposition que ceux de l'art. 112, notamment la *supposition de date.* La traite est datée du 1er mai, tandis qu'elle a été confectionnée le 1er juin. En soi cette inexactitude, même intentionnelle, est sans conséqueuce sur la légitimité et sur les effets de la lettre de change. La simulation de date peut cependant avoir pour résultat de reporter la traite à un moment où le tireur eût été capable, tandis qu'il a cessé de l'être (par l'ouverture de sa faillite notamment), au moment de la souscription effective de l'effet. En pareil cas, l'engagement est nul, même au regard d'un porteur de bonne foi. Nous reviendrons sur ce point en nous occupant de l'endossement, et nous nous demanderons alors si une pareille antidate est frappée des peines du faux.

SECTION II

CONDITIONS DE CAPACITÉ

(C. com. art. 113 et 114)

1135. — La loi du change pouvait partir de l'idée que la capacité de s'obliger appartient à tous, sauf les catégories habituellement exceptées. Cela aurait eu pour résultat de rendre *aptes* à souscrire ou à accepter des lettres de change *toutes les personnes majeures* de l'un ou de l'autre sexe, et même les mineurs émancipés ou les tuteurs agissant dans la limite de leurs pouvoirs d'administration (système allemand).

La législation pouvait être conçue dans un esprit tout opposé. La lettre de change, aurait-on dit, a principalement son utilité dans le commerce : ce sont les commerçants surtout qui entretiennent des rapports à distance et qui ont des remises d'argent à se faire, ce sont eux principalement qui recourent au crédit que donne le papier. D'autre part, l'obligation par voie de change est rigoureuse. Il n'est pas bon qu'un débiteur faible se place, par la simple forme de sa promesse, sous un statut de poursuites qui le privera, après l'échéance, d'un certain nombre de moyens d'équité opposables aux autres modes d'engagement. Il est probable qu'il subit ce surcroît de rigueurs, cet état de servitude vis-à-vis de sa dette, sans se douter de la dureté de la condition d'un souscripteur d'effet : il n'agit pas en connaissance de cause.

En conséquence, la faculté de se placer sous le droit du change, y compris la souscription d'un billet à ordre, n'appartiendrait qu'aux *commerçants de profession*, hommes ou femmes. Il ne suffirait pas d'accomplir un acte de commerce accidentel, pour être régi par ce droit. La lettre de change (ou le billet à ordre) d'un non-commerçant ne produirait que les résultats ordinaires d'une simple promesse.

1136. — Le Code de commerce n'a pas pris absolument parti entre ces deux systèmes; il a incliné tantôt vers le premier, tantôt vers le second.

a) A l'égard des *majeurs du sexe masculin*, il s'est rallié à la première conception, il a admis la capacité la plus large, sans la subordonner à l'exercice avéré de la profession de commerçant ou d'une profession quelconque.

Ce n'est pas à dire cependant que, dans l'esprit de la loi, la souscription d'une lettre de change ait été séparée de la pensée d'un commerce : le fait par les signataires de ce titre de relever toujours de la juridiction des tribunaux consulaires établit le contraire.

Ce qui paraît vrai, c'est que, pour un débiteur mâle de plus de vingt et un ans, la loi présume commercial l'engagement lorsqu'il a la forme d'une lettre de change, et même commerciale la profession à laquelle se livre ce débiteur, la négociation de la lettre de change étant d'après le langage employé par Jousse, par Pothier et par d'autres anciens auteurs « une espèce de commerce et de trafic ». Souscrire une lettre de change, c'est se poser en commerçant : c'est aussi ce que tout homme majeur a le droit de faire. L'effet produira la plénitude de ses résultats pour une personne quelconque du sexe masculin, sortie de minorité et non interdite, quand même elle ne serait pas pourvue d'un établissement de commerce, quand même elle se tiendrait à l'écart de toute affaire lucrative.

1137. — *b*) A l'égard des *femmes* mariées ou non, ainsi que des *mineurs*, la loi procède différemment. Ici l'emploi de la lettre de change a été solidarisé avec la tenue réelle d'un établissement de commerce. La validité de l'engagement de change suppose prouvé que le ou la signataire est commerçant et a traité à l'occasion de son commerce : l'exercice du droit de souscrire des effets devient l'accessoire de l'exploitation d'un fonds, et ce fonds doit se proposer l'accomplissement des actes spécifiés dans les art. 632 et 633 C. com. A défaut d'un fonds de cette nature, l'engagement ne vaut que comme promesse ordinaire. C'est ce dont on va se convaincre, en examinant successivement la situation des femmes et celle des mineurs.

§ 1. Femmes et filles

(C. com. art. 113)

1138. — On est ici en présence d'une restriction apportée à la capacité de la femme en droit privé à raison de son sexe : il est probable qu'on n'en saurait plus découvrir aucune autre dans notre législation moderne. « La signature des femmes et des filles non négociantes ou marchandes publiques sur lettres de change ne vaut, à leur égard, que comme simple promesse (art. 113) ». Mais quelle est la portée de cette incapacité ?

1139. — Il y a des personnes qui tiennent cette *disposition* pour virtuellement *abrogée* (M. Boistel, etc.). Elle aurait disparu avec la loi du

22 juillet 1867, qui a aboli la contrainte par corps en matière civile et commerciale. L'unique but de l'art. 113 aurait été de soustraire à la contrainte par corps la femme qui, sans être commerçante de profession, commettrait l'imprudence de signer des effets de change. A tous autres égards, disent ces auteurs, la lettre de change d'une femme produit les mêmes conséquences que celle d'un homme, notamment la commercialité nécessaire de la dette. Aussi bien l'art. 636, qui renvoie au tribunal civil les procès sur lettres de change réputées simples promesses pour vice de forme aux termes de l'art. 112, ne dispose point de même pour celles qui seraient simples promesses aux termes de l'art. 113, parce qu'elles proviendraient d'une femme non marchande.

Nous ne saurions adhérer à cette thèse, que la généralité de l'art. 113 suffit à faire écarter. Si l'art. 636 s'est abstenu de contenir une référence à cet art. 113 comme il se réfère à l'art. 112, ce doit être à raison d'un simple oubli involontaire.

1140. — Mais il n'en subsiste pas moins un certain doute au sujet de l'étendue de l'incapacité des filles ou des femmes non marchandes en matière de lettres de change, et du véritable sens qu'il convient de reconnaître à l'art. 113.

Deux opinions se trouvent aux prises.

1141. — I. La lettre de change d'une femme autre que les femmes commerçantes ne vaut que comme *promesse*, diront les uns; mais encore convient-il de lui faire produire les *résultats habituels d'un billet à ordre*. Car l'incapacité dont la femme a été frappée par les textes de la lettre de change n'est pas reproduite plus loin dans les dispositions concernant le second des deux effets, dans les art. 187 et 188.

Cela revient à dire : 1° que la femme pourra demander que le procès soit renvoyé devant le tribunal civil, à moins qu'il ne soit démontré qu'elle s'est engagée à l'occasion d'une affaire de commerce, et que, sauf cette preuve, elle est tenue pendant trente ans et non pas dans les cinq ans de l'art. 189 (solution plutôt défavorable à la femme); 2° que, si elle occupe la situation de tireur, elle n'est pas censée avoir fait la promesse de fournir l'*acceptation du tiré*, car cette garantie est inhérente à la lettre de change et ne se transporte pas à un titre même voisin.

En revanche, si l'on se range à cette opinion, on dira : 1° que la femme qui s'est engagée par voie d'effet sera condamnée à l'échéance sans pouvoir obtenir de *délais de grâce*, et 2° que l'*endossement* dont la traite viendrait à être l'objet après qu'elle l'a souscrite ou acceptée, *purge l'effet des vices* dont la femme aurait pu exciper si elle avait eu devant elle sa propre contre-partie. Car ces résultats sont attachés à un billet à ordre comme à une lettre de change, et on suppose précisément dans ce système que la femme n'est pas incapable de souscrire un billet à ordre.

1142. — Il y a un point d'application que, dans l'opinion sus énoncée, il devient plus délicat de préciser. Est-il indispensable, pour que l'effet de change de la femme non marchande forme preuve contre elle, qu'elle l'ait rédigé en entier de sa main ou au moins qu'elle ait fait précéder sa signature du *bon et approuvé* avec énoncé de la somme ?

Un certain nombre d'arrêts l'ont exigé. Ils sont conséquents avec une doctrine mentionnée plus haut, et qui veut que l'art. 1326 C. civ. (texte prescrivant ce bon ou approuvé) s'applique au billet à ordre, tout en demeurant étranger à la lettre de change du non commerçant (nº 1101).

Pour nous, qui avons exclu, quoique à regret, cette disposition de l'un des deux effets comme de l'autre, nous devons aboutir à une conséquence différente, toujours dans la supposition que ce système dans l'ensemble est bien celui de la loi. La femme non commerçante, mettant sa signature d'acceptation au bas de l'effet, sans la faire précéder de l'énonciation du montant de la dette, s'obligerait donc régulièrement, à notre avis. D'après la jurisprudence, elle n'est pas tenue en pareil cas, elle ne peut du moins être condamnée au moyen de cette pièce.

1143. — II. On a donné à entendre un peu plus haut, que l'art. 113 pouvait comporter une interprétation plus compréhensive, dans le sens de l'incapacité des femmes à signer des effets de change. Il est permis de risquer une opinion, d'après laquelle *les femmes non marchandes sont aussi inhabiles à faire des billets à ordre que des lettres de change proprement dites* [1].

Cela donnerait toute certitude à la solution accueillie en pratique, qui vient d'être rappelée, et d'après laquelle la seule signature, non accompagnée d'un aveu manuscrit de la somme, ne saurait lier la femme : évidemment, la femme ne s'obligerait point, par son blanc seing ou dans un titre rédigé par une autre main que la sienne.

Mais surtout cette manière d'envisager le problème aurait l'avantage de préserver les femmes qui ne sont point dans le commerce des surprises auxquelles la souscription d'effets les expose journellement.

Exemple : Un fournisseur décide une femme à lui prendre sa marchandise et à lui en promettre le prix, mais il a usé dans ce but de

[1] Peut-être cette thèse semblera-t-elle trop hardie, comme expression du droit en vigueur. Il est de fait qu'elle revient à suppléer dans les textes régissant les billets à ordre une incapacité qui n'y est pas mentionnée. Alors on présentera simplement cette opinion comme un programme de législation, qu'il serait souhaitable de voir aboutir.

manœuvres et de supercheries. Du moment qu'il a eu l'adresse de se faire remettre des lettres de change, des acceptations d'effets par sa débitrice, ces effets ne vaudront sans doute que comme simples promesses. Mais, répétons-le, dans l'opinion précédente, cela ne les empêcherait pas de valoir comme billets à ordre. En d'autres termes, l'effet venant à changer de main et à passer à un porteur de bonne foi, la femme se trouvera déchue du droit d'invoquer l'exception de dol qui lui permettrait de ne point payer la dette à l'échéance. Quoi qu'elle fasse, elle se doit à sa signature (voir le chapitre de l'endossement).

Bien au contraire, pour qui consentirait à dire que le billet à ordre lui-même est compris dans les actes interdits aux femmes non commerçantes par l'art. 113, la femme pourrait se dégager en pareil cas de son obligation entachée de fraude. Car dans une obligation ordinaire, le débiteur reste fondé à opposer à un cessionnaire les moyens qu'il avait de rescinder sa promesse contre le créancier originaire. C'est au surplus ce qu'on montrera plus clairement, lorsqu'on sera parvenu à l'étude de l'endossement.

1144. — Femme mariée. — Le fait par une femme d'être en puissance de mari influe bien entendu sur les conditions que doit remplir sa promesse écrite. En disant que son engagement vaut comme une dette ordinaire, nous réservions l'application des règles sur l'autorisation maritale, ou nous la supposions non mariée.

Si elle est mariée, le caractère obligatoire de son engagement dépend du point de savoir si elle est commerçante ou non.

Lorsqu'elle gère une maison de commerce, avec le consentement général du mari, dans les termes de l'article 4, elle a par là même, capacité à l'effet de souscrire des effets sans autorisation spéciale.

Si elle n'est point commerçante, on rentre dans les prescriptions du droit civil : celui-ci exige que le mari concoure à l'acte de la femme ou l'autorise par écrit (arg. art. 216 C. civ.). Il faut en conclure que les billets que souscrirait la femme, par exemple, au profit d'un créancier de son mari (et qui ne valent que comme simples promesses), doivent porter également la signature du mari, soit qu'il s'engage lui-même envers le porteur, soit qu'il signe pour habiliter seulement sa femme. Au surplus la signature du mari, avec pouvoir donné à la femme de s'engager, pourrait être délivrée sur une pièce distincte. Mais, à défaut de cette approbation écrite, la dette de la femme est annulable.

Nous estimons toutefois que les promesses ou billets délivrés par une femme qui détaille les marchandises du magasin de son mari sont réguliers. Ils le sont, sans avoir à porter le contre-seing de ce dernier et en dehors de toute autorisation particulière. — Cela tient à la situation légale de commis ou préposé dans laquelle cette femme se trouve placée (art. 5, al. 2). Elle ne signe pas alors de son chef, elle ne s'oblige pas, la dette est de même nature que si le mari l'avait directement conclue. Prise en la forme de la lettre de change, la promesse sera commerciale, il ne sera plus question d'exiger le *bon* ou *approuvé*, etc.

§ 2. Mineurs

(C. com. art. 114)

1145. — Il y a lieu de renouveler pour le mineur la distinction que nous avons dû faire pour la femme.

Si le mineur, âgé de dix-huit ans et muni de l'autorisation de l'article 2, fait le commerce, il a par là même toute capacité à l'effet de signer des lettres de change à l'égal d'un majeur.

Dans le cas contraire, il ne peut pas s'engager sous cette forme. Ressort-il de là que son obligation soit nulle, comme le donne à entendre l'art. 114? Cela dépend des circonstances.

1146. — 1° Le mineur a fait un acte que le droit commun de la minorité ne lui permettait point d'accomplir ; en dehors de son tuteur et de son curateur il a contracté un emprunt. Aucun doute que son engagement ne soit annulable à sa demande, pendant les dix ans qui suivront sa majorité. Ce n'est pas la forme de lettre de change ou de billet à ordre donnée à sa promesse qui peut lui imprimer une valeur légale. *Le mineur pourra se dégager*, à la seule condition de ne pas s'enrichir à l'encontre de sa contre-partie.

L'exception d'incapacité sera proposée par lui contre tout porteur postérieur de lettre de change, même contre celui qui ignorait la condition de mineur de ce signataire : en acquérant une lettre de change, on doit se faire certifier que les engagements dont le titre se trouve revêtu proviennent bien de personnes capables. Cela est peut-être dur, mais il n'y avait pas d'autre moyen de sauvegarder les intérêts des faibles.

Au reste, cette nullité de la dette, pour incapacité du signataire, laissera subsister les autres engagements qui seraient constatés par la même lettre de change et qui émaneraient de signataires capables (arg. art. 2012, al. 2 C. civ.)

1147. — 2° Le mineur a fait emploi de la lettre de change à propos d'une opération qui en elle-même n'excédait pas sa capacité. Il a été émancipé, il peut désormais disposer de ses revenus (art. 481 C. civ.). Il tire par exemple sur ses fermiers ou locataires en règlement des termes échus de loyer, et il négocie la traite à un banquier. Ce n'est pas une lettre de change régulière ; mais l'engagement est valable, il est censé résulter d'une *simple promesse*.

1148. — Malgré ce que ces distinctions paraissent présenter d'équitable, il n'est pas sans exemple que l'incapacité du signataire de l'effet vienne surprendre la bonne foi d'un porteur subséquent ou même d'un porteur originaire et causer à celui-ci un préjudice regrettable. Ce n'est pas à dire qu'on puisse alors sacrifier l'incapable aux intérêts de l'autre partie, ainsi qu'on va le voir.

1149. — **Incapable étranger.** — D'abord l'incapable appartient à une nationalité étrangère dont sa résidence continuée en France depuis un certain nombre d'années n'instruit pas les personnes avec qui il se met en relations. La loi de son pays d'origine ne fixe pas la majorité de la même manière que la loi française. Le signataire a plus de vingt et un ans, mais il en faut vingt-cinq pour être majeur d'après sa loi personnelle.

Il est vrai que la tendance de toutes les législations est maintenant de porter uniformément à vingt et un ans l'âge de la majorité. Mais alors la difficulté en matière internationale ne fait que se déplacer. En le supposant majeur et étranger, le signataire a subi dans son Etat d'origine un jugement (interdiction, nomination d'un conseil judiciaire) qui l'a fait retomber en état d'incapacité, et ce jugement n'a reçu en France aucune publicité de droit ou de fait.

Il faut décider que le souscripteur d'effet de commerce, tout comme le signataire d'une promesse ordinaire, est recevable à *se prévaloir de son incapacité* et à se délier vis-à-vis d'un porteur quelconque. C'est la conséquence de l'idée que le statut personnel suit l'individu en quelque pays qu'il se rende ou qu'il contracte.

Il n'y a pas à distinguer selon que le lieu de l'engagement serait une localité placée dans les limites de l'Etat étranger auquel ressortit le débiteur, ou que la promesse aurait été faite en France même par un étranger de passage, par un étranger même possédant chez nous une maison de commerce. Dans tous les cas, la dette est annulable.

Un tempérament d'équité serait souhaitable, et c'est en matière d'effets de commerce qu'il serait particulièrement désirable de l'introduire : l'engagement, du moment qu'il a été conclu en France, devrait être obligatoire, en supposant l'étranger capable d'après la loi française (système allemand). A tout le moins serait-il à souhaiter que l'engagement fût régulier, si c'est un Français qui s'en prévaut, et dans la supposition que ce Français n'a commis aucune imprudence, ayant pris sur sa contre-partie des renseignements ordinaires (Cass. 11 janv. 1861, aff. Lizardi rapportée par Weiss, *Traité de droit intern. privé*, 3e vol. 1898, p. 148).

Mais en l'état actuel du droit, il ne paraît pas possible d'invoquer en faveur de cette atténuation au principe une considération déterminante.

1150. — Postdate. — D'autre part, les personnes qui circonviennent les mineurs pour leur avancer des fonds et pour donner couleur de légalité aux engagements que ceux-ci leur signeraient, usent d'un procédé qu'on devine. Elles font souscrire ou accepter par l'emprunteur des *effets en blanc*, et se réservent de remplir le blanc une fois la majorité arrivée, de mettre alors en circulation des traites portant une date en apparence régulière. Ou bien elles font rédiger au client incapable la lettre de change en due forme, et le prient d'y inscrire une date à venir, prise au-delà de la majorité du signataire (*postdate*, aff. Lebaudy, Paris, 17 juillet 1894, D. 94. 2. 25 et notre note).

L'ex-mineur demeurera recevable à plaider son incapacité, lorsque l'effet lui sera présenté, et il pourra se dégager même envers un porteur de bonne foi, c'est-à-dire envers un tiers à qui le capitaliste primitif aurait endossé la traite et qui en aurait fourni les fonds.

Il est vrai que le souscripteur a fait, au moins dans le dernier exemple, une déclaration mensongère de majorité ; mais cela n'équivaut pas à un délit ou à un dol dont il serait responsable (art. 1310 C. civ.). C'est plutôt par faiblesse vis-à-vis de son créancier qu'il a consenti à postdater l'effet. La loi l'autorise à se restituer contre une déclaration de majorité (art. 1307). Que serait la tutelle des incapables, si elle ne les y autorisait point?

CHAPITRE II

DE LA PROVISION

(C. com. art. 115 à 117 ; 149 *arg.* ; 170 et 171)

1151. — D'une manière générale, il convient de désigner du nom de *provision* la *créance d'argent appartenant au tireur contre le tiré et pour le recouvrement de laquelle est émise la lettre de change.* C'est la définition qu'en donne l'article 116, qui veut que cette créance, par sa date d'échéance ainsi que par son montant pécuniaire, concorde avec la date et le montant de la lettre de change elle-même.

Ex. : J'ai vendu pour 3,000 fr. de marchandises à Thiébaut, le prix est payable dans trois mois. Je fais une lettre de change sur mon acheteur à quatre-vingt-dix jours de date : la provision consiste non pas dans les marchandises, ainsi qu'on le dit parfois bien à tort, mais dans le prix qui m'en est dû.

1152. — L'existence d'une provision égale à la lettre de change augmente la chance pour elle d'être acceptée d'abord, puis payée à son échéance.

Si le tiré n'est redevable d'aucune somme au regard du tireur, à moins qu'il n'ait pris envers lui l'engagement formel de payer à découvert son papier, il est peu probable qu'il soit fait honneur à la lettre de change.

Dans le cas contraire, tout porte à croire que le tiré ne laissera pas l'effet en souffrance, puisqu'il constitue pour lui un moyen de se libérer de sa propre dette. Le tireur a *pourvu* à ce que les fonds destinés à acquitter la traite fussent déposés chez le tiré : il n'est que juste que le tiré les affecte au but auquel le tireur les destine. Pour cela il acceptera l'effet lorsqu'on le lui présentera ; il le paiera, une fois l'échéance arrivée. Ce n'est guère que si la créance manque du caractère liquide, les parties n'étant pas d'accord sur la somme à payer, que le tiré aura quelque raison de ne pas faire honneur à l'effet.

A cet égard il règne en jurisprudence une règle d'usage très bien venue, à savoir que, *entre commerçants et pour dettes commerciales, un créancier peut de plein droit rentrer dans son argent par la voie de la lettre de change.*

Il y est recevable, quoique son débiteur ne lui ait pas conféré le pouvoir exprès de disposer sur lui sous cette forme. Cependant, il est incontestable que le fait d'accepter une lettre de change, et d'entrer ainsi dans une obligation de change, aggrave la condition du débiteur et le soumet à un statut d'exécution plus rigoureux que celui qui résultait pour lui de sa dette primitive. Dans le commerce, cette aggravation doit être supportée, même à défaut d'une convention des parties pour autoriser ce moyen de recouvrement. Faute par le débiteur d'honorer la lettre de change, en ne l'acceptant ou en ne la payant pas, il s'exposerait à des dommages-intérêts envers son tireur.

1153. — Qui dit provision ne suppose pas nécessairement existence de la créance du tireur sur le tiré au moment de l'émission de la traite et de sa mise en circulation.

Il suffit que cette provision existe et soit exigible *quand la traite viendra elle-même à échéance*. C'est ce qui ressort encore de l'art. 116.

Donc, en supposant que la provision soit une condition essentielle à la validité d'une lettre de change, rien n'empêche un tireur de disposer sur un tiré qui ne lui doit rien actuellement. Il le fera avec la pensée de devenir après coup son créancier. Rien n'est plus légitime, pourvu toutefois qu'il ait de sérieuses raisons de croire à un marché prochain avec ce tiré, qui fera de ce dernier son débiteur pour le chiffre et à l'échéance de la lettre de change.

A plus forte raison, est-il permis de faire une lettre de change dont la provision n'a pas le caractère *liquide* : peut-être le tiré contestera-t-il la validité de la dette ou sera-t-il en désaccord avec le tireur sur la somme qu'il doit; c'est ce qui motivera son refus d'accepter ou de payer. La traite n'en a pas moins été régulièrement émise. On verra plus tard dans le chèque des prescriptions plus sévères : car pour cet effet la provision doit être *préalable* et *disponible*, ce qui n'est point exigé pour une lettre de change.

1154. — La loi du change ne s'occupe de la provision qu'à deux points de vue :

a) *Dans les rapports du tireur et du tiré*, si celui-ci paie l'effet tout en ayant provision, il n'a pas de recours contre le tireur, puisque celui-ci lui a remis d'avance la valeur de l'effet. A défaut de provision, au contraire, ce recours lui est assuré, de la même manière qu'un recours appartient à une caution qui aurait payé à la décharge du débiteur principal, sans avoir les mains garnies.

Cette distinction, basée sur ce que la provision existe ou est absente, n'est même pas faite textuellement par le Code. Elle est plutôt sous-entendue.

Mais ce que dit la loi, c'est que « l'acceptation suppose la provision » (art. 117, al. 1er). Autrement dit, lorsque le tiré accepte l'effet ou encore lorsqu'il le paie, même sans acceptation préalable, il crée contre lui une *présomption*, d'après laquelle *provision a été faite entre ses mains*. Si cette présomption est contraire à la réalité des faits, et s'il est fondé, comme il le prétend, à demander au tireur qu'il l'indemnise, c'est à lui tiré de le prouver, de justifier qu'il a accepté ou payé l'effet à découvert. En un mot, l'absence de provision se présume, si le tiré s'abstient d'accepter ou de payer. On suppose son existence dans le cas contraire.

1155. — b) *Dans les rapports du tireur et du porteur*, l'existence d'une provision a également son importance; car de cette question dépend la *durée de l'action en garantie* donnée *contre le tireur*, par suite du non paiement de l'effet.

Il est bon de savoir dès à présent que le porteur a son recours contre le tireur comme contre les autres signataires de l'effet, du moment que le tiré a refusé d'acquitter la traite. Mais le tireur n'est pas tenu pour le même temps, lorsque l'effet est pourvu d'une provision, ou lorsqu'il en manque.

En cas de provision constituée et non reprise par lui, le tireur n'est obligé à garantie que si *le porteur a été diligent* et l'a recherché *dans les quinze jours* après l'échéance : cette période écoulée sans poursuites, il est libéré.

Lorsque la provision est absente, le tireur est tenu pendant *cinq ans*, sans pouvoir puiser une fin de non recevoir dans la *négligence du porteur* (art. 170 et 171).

Mais, disons-le aussi, la présomption signalée plus haut est absolument étrangère à ce nouvel ordre de rapports. Le tiré aurait accepté la lettre de change : cela ne ferait point présumer un dépôt de provision entre ses mains.

Même alors, le porteur est fondé à agir en garantie contre le tireur, quand le délai de quinze jours serait expiré. C'est au tireur, dans tous les cas, à démontrer contre le porteur qui l'attaque que la provision existait à l'échéance (art. 117, al. 3).

1156. — Il existe, indépendamment de ces points tranchés par le Code, d'autres difficultés graves ayant trait à la provision et sur lesquelles la loi garde le silence. Recherchons : en quelles valeurs peut résider la provision ; — dans quelle mesure l'existence d'une provision est nécessaire pour la légitimité d'une lettre de change ; — et à qui appartient la provision pendant la circulation de la traite.

§ 1. En quelles valeurs peut résider une provision ?

1157. — Il semble que la question soit préjugée par ce que nous avons dit plus haut, de même que par la disposition de l'art. 116. La provision consistant dans une créance dont l'objet concorde avec la lettre de change, il en résulte qu'elle réside dans de l'argent.

Or il s'en faut que les choses se présentent uniformément de cette manière. On a l'habitude d'opposer à la provision en argent la provision en marchandises ou celle en valeurs.

1158. — *Provision en argent.* — Inutile de revenir sur le premier cas, après l'exemple que nous avons tiré de la vente commerciale et du besoin pour le vendeur de rentrer dans son prix de facture.

Toutefois la provision en argent appelle une remarque incidente. La cause pour laquelle le tireur se trouve créancier du tiré à raison d'une somme d'argent sera très variable. La provision proviendra le plus communément d'un contrat de *vente*, peut-être d'un contrat de *louage* ou de *prêt*. Il n'est pas impossible qu'elle découle d'une *ouverture de crédit*.

Ex. : Un banquier s'est engagé envers un négociant à solder les lettres de change que ce client souscrirait contre lui, et cela à concurrence de 50,000 fr., chiffre du crédit arrêté entre eux.

Ce que présente de particulier ce genre de provision (toujours conforme à la définition de l'art. 116), c'est que le tiré, à la différence des autres cas, et à moins d'avoir pris des sûretés spéciales, n'est pas *couvert*. Venant par hypothèse à payer la lettre de change, il a son recours contre le tireur, tout comme si la provision faisait défaut. Cela est naturel, puisque la contre-valeur de la traite n'avait pas été consignée entre ses mains.

Les propositions formulées plus haut en vue de régler les rapports de tireur à tiré, lorsque la provision existe (nº 1154), cessent donc d'être vraies de cette provision sous forme de crédit.

Et, de même, un porteur négligent ne serait pas déchu de la faculté d'exercer son recours contre le tireur, lorsque la provision affecte cette particularité d'être une ouverture de crédit. Car seul peut se prévaloir de la négligence du porteur, un tireur qui a mis la contre-valeur de l'effet chez le tiré, et s'est imposé un sacrifice égal à la traite. Ce qui n'est nullement le cas ici.

Au total, les art. 117, 170 et 171 deviennent inapplicables (ce qui montre, soit dit en passant, que le même mot peut prendre un sens plus ou moins large suivant l'ordre de questions où on l'emploie).

Cela n'empêche pas la provision par ouverture de crédit de constituer une provision suffisante et de mériter de prendre rang à côté de la provision consistant dans un prix de vente de marchandises.

A la provision en argent, on oppose, avons-nous dit, la provision en marchandises ou en valeurs.

1159. — *Provision en marchandises.* — Elle résulte d'un contrat de *commission*. Le tiré est consignataire du tireur, la marchandise de celui-ci est dans ses magasins, en attendant qu'il se présente pour elle une occasion de vente (nº 929). Le tireur a besoin de fonds pour continuer ses affaires courantes : il fait une lettre de change sur le consignataire, jusqu'à concurrence de la valeur de la marchandise entreposée (ou des trois quarts de cette valeur).

Cependant le consignataire ne doit point d'argent présentement au tireur. Va-t-on dire que la provision repose sur la marchandise consignée, ce qui contreviendrait à la qualification que donne de la provision l'art. 116 ?

On peut répondre que la provision, même alors, réside dans une créance d'argent. Cette créance d'argent, c'est une ouverture de crédit consentie par le commissionnaire au commettant, avec gage sur la marchandise. Le tiré s'est engagé en effet à fournir des avances à son tireur sur la marchandise que la loi affecte en privilège à son remboursement : art. 95 C. com. (nos 930 et 946). Il est donc possible d'établir une concordance de cette nature de provision avec la définition de l'art. 116, et d'en conclure que la lettre de change tirée sur une maison de consignation a une base solide et honnête.

1160. — *Provision en valeur.* — Il faut supposer que le tireur adresse au tiré pour le couvrir un autre effet à recevoir, en même temps qu'il dispose sur lui un effet à payer.

Thiébaut est le banquier de Thomas : ce banquier fait pour son client le service des recouvrements comme celui des paiements. Mais il n'opère de versements à Thomas qu'autant que la balance du compte de celui-ci est en avoir sur ses livres. Le client commencera par faire à son banquier une remise, en lui adressant sur un débiteur une lettre de change qu'il lui endosse et que le banquier encaissera. Cette remise est immédiatement portée à l'avoir de l'envoyeur. Thomas émet alors une traite sur Thiébaut, sachant que celui-ci qui est couvert y fera honneur.

A cela on objectera : Pourquoi le tireur n'a-t-il pas immédiatement négocié le premier effet, celui qu'il avait en portefeuille, au fournisseur qu'il avait à régler? Pourquoi ces deux traites, l'une couvrant l'autre, avec des frais de commission en banque, souvent une perte d'intérêts et des dépenses de timbre?— La réponse est que la première traite, par son échéance, par le lieu de paiement ou pour d'autres raisons, peut ne pas être à la convenance du négociant à qui on la propose : il veut être réglé en papier banquable, ce qui nécessite la création d'une traite nouvelle qu'on lui négociera sur un établissement de crédit de sa place, sur Thiébaut.

Le même genre de décomposition, tenté plus haut pour la provision en marchandises, convient à la provision en effets. Ne peut-on pas dire que le tiré s'est fait donner en nantissement l'effet qui lui a été expédié et qui est destiné à lui servir de couverture, moyennant quoi il s'est engagé à ouvrir un crédit égal? Par cette voie, on retombe dans la provision en argent, la seule autorisée en apparence d'après l'article 116.

§ 2. Une provision est-elle nécessaire, et quelle est la sanction des règles qui la réclament?

1161. — Il paraît conforme à la volonté de la loi, que toute lettre de change soit munie d'une provision.

Encore une fois, il n'est pas indispensable que cette provision soit contemporaine de la mise en circulation de l'effet; pourvu qu'elle soit, à ce moment, dans les éventualités vraisemblables et prochaines, de manière que la créance espérée contre le tiré tombe à échéance en même temps que l'effet de commerce. Il n'est pas indispensable non plus que cette provision résulte d'une sortie de valeur de chez le tireur à destination du tiré; car une ouverture de crédit, si elle est sincère, peut en tenir lieu.

Mais sous ces réserves, la provision apparaît dans le Code de commerce comme une condition *sine qua non* de régularité de la lettre de change. On en a pour preuve — soit la place consacrée dans le titre VIII à la provision, institution réglée presque au début de la matière, apparaissant ainsi comme le fondement de la lettre de change et comme la justification de l'acceptation et du paiement, — soit encore la formule de l'art. 115 : « La provision *doit* être faite par le tireur (ou par le donneur d'ordre dans la traite pour compte) ». Le législateur ne met pas en question qu'une provision *doive* être faite ; à ses yeux cette nécessité est évidente ; tout ce dont il se préoccupe, c'est de déterminer la personne qui aura à la constituer.

1162. — Effets de complaisance. — On peut partir de là pour réprouver le trafic des *effets de complaisance*. Cette dénomination concerne les lettres de change dans lesquelles le tiré n'existe que pour la forme, car il ne doit rien au tireur. Il ne veut pas lui ouvrir de crédit ; il a permis qu'on usât de lui uniquement afin de rendre service, et sous la promesse qu'à l'échéance le tireur lui fera passer les fonds nécessaires à payer la traite.

1163. — Suite. — Renouvellement. — Cela ne peut se concevoir qu'à la condition de partir de l'usage, consistant à faire des *renouvellements d'effets*. Il existe un grand nombre d'établissements de banque qui ne consentent à escompter que des effets à courte échéance, des effets à quatre-vingt-dix jours (Banque de France, etc.). D'autre part, il arrive fréquemment qu'un débiteur ne se croie pas en mesure de rembourser son créancier dans un délai aussi rapide.

Ex. : Le cultivateur, qui achète des semences ou des engrais au printemps, ne pourra en régler le prix qu'au-delà de la récolte ; et encore cela n'est-il pas sûr, la récolte pouvant être détruite avant sa maturité, cas auquel il faudra que son créancier lui donne terme pour une année encore (c'est cette incertitude dans le rendement du sol, qui forme le plus sérieux obstacle à l'emploi du papier dans l'agriculture et aux rapprochements des producteurs fonciers avec la banque). — Ou encore, un industriel achète une machine, tout en sachant que les économies de production qu'elle lui procurera ne lui permettront pas dans un délai de trois mois de se libérer du prix de sa commande.

Néanmoins, le vendeur désire être réglé au moyen d'une lettre de change qu'il tirera sur son acheteur aux échéances habituelles de la banque, afin de pouvoir faire escompter ce papier ou de le négocier à ses propres fournisseurs.

Il est entendu entre l'acheteur et lui que l'effet sera accepté par le tiré, et qu'à l'échéance il sera renouvelé, ce qui dispensera le tiré d'en constituer les fonds de ses propres deniers. Lorsque viendra le terme d'exigibilité de la lettre de change, le tireur émettra une seconde lettre sur son acheteur, d'un montant égal à la première, et destinée à échoir trois mois plus tard. Il fera escompter cette nouvelle traite par un banquier et expédiera le produit de l'opération au tiré, de manière que celui-ci puisse couvrir sa première échéance et rembourser le premier effet. Trois mois plus tard, on recommencera la combinaison, jusqu'à ce que le tiré trouve le moyen de solder sa dette au moyen de ses ressources personnelles.

Bref, les parties auront poursuivi une affaire à long terme, en la scandant par des lettres de change périodiques, assez rapprochées les unes des autres pour être mobilisées en banque.

Il y a peu de chose à dire en droit sur ces renouvellements, — sinon qu'il faut faire à nouveau les frais de timbre chaque fois qu'un effet prend la place de celui qu'on retire de la circulation, — et aussi que les garanties attachées à la première traite, telles qu'une acceptation, une hypothèque ou un gage, continuent à appartenir au créancier, sous réserve des dispositions concernant la diligence du porteur, l'effet nouveau n'emportant pas novation.

1164. — Suite. — Dans les circonstances ci-dessus décrites, le renouvellement d'effet n'a rien de répréhensible. Il y a à la base de la lettre de change une créance du tireur contre le tiré. La provision n'est pas absente. Il est vrai qu'elle ne répond pas rigoureusement à la formule de l'art. 116. La créance de provision est à échéance plus lointaine que la lettre de change elle-même. Mais il n'en résulte pas que les signatures apposées sur la traite soient inefficaces, dénuées au profit du porteur de force juridique.

Tout au plus conseillera-t-on aux commerçants ou aux producteurs de se tenir en garde contre le péril de ce genre de circulation. Le succès de l'opération dépend du consentement que mettra la banque à escompter le papier tous les trois mois. Qu'elle vienne à refuser un jour l'escompte, le porteur de la lettre de change qui arrive à échéance réclamera son remboursement immédiat. Nous avons supposé que l'acheteur n'était pas en état de déférer à cette demande. Le vendeur, qui joue le rôle de tireur et sur qui s'effectuera le retour de l'effet, éprouvera la même gêne à solder la traite. Cela peut induire l'une de ces personnes ou toutes deux en danger de faillite.

1165. — Suite. — Le renouvellement d'effet prend un caractère plus grave, lorsqu'il est concerté d'avance entre deux personnes établissant une circulation purement fictive, sans que le mouvement réel de leurs affaires justifie la création de papier de l'une sur l'autre. C'est alors qu'apparaît l'effet de complaisance, c'est-à-dire *l'effet émis sur un compère du tireur qui, par son acceptation, se suppose le débiteur de celui-ci sans l'être et sans vouloir le devenir*[1].

[1] Sur cette question, voir notre note sous Lyon, 30 mars 1897, D. 97, 2, 385.

Ex. : Deux négociants, dont les affaires sont embarrassées, s'entendent pour que le premier fasse des lettres de change sur le second et que le second en fasse réciproquement sur le premier. Il n'y a entre eux aucune relation commerciale. Chacune de ces traites sera passée à l'ordre d'un créancier du tireur respectif, et chacune sera revêtue de l'acceptation du tiré ; ce qui donnera à l'effet la double signature permettant d'en obtenir l'escompte. A l'échéance, on renouvellera.

Ou bien, un négociant, ayant intérêt à appuyer un correspondant qui menace de tomber et qui lui doit un fort arriéré, conseille à ce correspondant de tirer sur lui et de continuer par là le règlement de ses affaires courantes. Mais ce n'est pas un crédit sincère qu'il lui ouvre. Le correspondant, au terme d'échéance, confectionnera une seconde traite, la réalisera au moyen de l'escompte et lui expédiera d'urgence les fonds pour faire face au règlement.

Ou encore, dans la clientèle du négociant aux abois sont des naïfs, auxquels il est dû des dettes criardes et qui ne comprennent pas le fonctionnement du papier. Le commerçant tire sur eux, prend leur acceptation, et leur fait croire que ces écritures sont indispensables pour préparer auprès d'eux son compte de remboursement. Il fait escompter ces traites, emploie, s'il est habile, une partie des fonds à constituer des acomptes de paiement à ces fournisseurs impatients de toucher quelque chose, ce qui calme leurs appréhensions sur l'anomalie du procédé suivi. Puis, trois mois plus tard, il couvre les tirés au moyen de renouvellements.

1166. — Suite. — Le trait commun à toutes ces situations, c'est l'absence de toute créance sincère du tireur sur le tiré, soit qu'on parle d'une créance actuelle, soit qu'on doive se contenter d'une créance probable et prochaine.

Les lettres de change, n'ayant plus une opération sérieuse à leur base, risquent, soit après la première circulation, soit après les circulations suivantes, de demeurer en souffrance. Car ce qui garantit la solvabilité d'une maison, c'est le fait d'entretenir un courant d'affaires qui la rend effectivement créancière d'autres maisons ; condition qui fait ici défaut.

Le procédé suivi par les parties est décevant :

Tantôt il a pour but de tromper le banquier à qui on présentera l'effet à l'escompte : ce banquier croira à une provision réelle, et l'agissement répondra à la qualification de l'escroquerie (art. 405 C. pén.).

Tantôt, le banquier escompteur est lui-même de concert avec les opérateurs, s'il n'a pas été le premier à les conseiller. Il cherche du papier afin de le revendre ou de mettre en valeur ses capitaux. Il se dit que la mauvaise chance serait forte, si les deux signataires devaient déposer leur bilan l'un et l'autre et si l'effet devenait pour lui irrecouvrable. En ce cas, ce sont des personnes différentes qu'on cherche à tromper; soit un autre banquier par qui l'on doit faire réescompter la traite, soit l'ensemble des fournisseurs de commerce du négociant qui se fait assister par ce moyen indélicat. Ceux-ci, voyant circuler le papier de leur débiteur, croient à sa solvabilité et traitent à crédit avec lui : ils seront surpris par une faillite prochaine. Si cet évènement se produit, la découverte de la circulation fictive déterminera contre le commerçant failli une poursuite correctionnelle pour banqueroute simple (art. 585, nº 3 C. com.).

1167. — **Suite.** — Il est admis en jurisprudence que les traites infectées de complaisance ne sauraient engendrer de *poursuites régulières contre les signataires*. La distinction connue entre les porteurs de bonne et de mauvaise foi doit au surplus être reproduite.

Un banquier, à qui la nature de l'agissement intervenu est demeurée ignorée, est fondé à poursuivre le tireur, le tiré, les endosseurs, comme si l'effet était sincère.

Mais le banquier complice de cette circulation est sans action contre les signataires, et le tiré accepteur qui s'est vu dans l'obligation de payer l'effet n'a pas davantage qualité pour se retourner contre le tireur et pour demander son remboursement. Il n'a pas pouvoir pour le faire, même en renversant la présomption de l'art. 117, même en établissant que la provision n'existait point.

1168. — Pour expliquer ce résultat, il ne suffit pas de dire que la lettre de change manque en l'espèce d'une condition substantielle, qui est la provision. Le fait en soi n'est pas inexact, mais il ne paraît pas que la force obligatoire des engagements constatés par une lettre de change dépende de la réalité d'une provision. Celle-ci faisant défaut, il ne s'ensuit pas que la lettre soit nulle : pareille sanction n'est édictée par aucun texte. Il ne serait même pas inconséquent d'attacher une pénalité à ce genre de manœuvres, tout en reconnaissant que les signatures lient ceux qui les ont données.

Pour enlever toute force à ces signatures, il faut frapper la convention, comme contraire à la loyauté des affaires, c'est-à-dire à l'ordre public et aux bonnes mœurs (arg. art. 6 C. civ.). Les engagements sont de nullité absolue, ils ne valent même pas à titre de simples promesses.

1169. — Il convient de faire observer encore que cette question des traites de complaisance n'est pas en corrélation nécessaire avec la matière de la provision.

L'assistance fournie au négociant gêné par un complice, décidé à ne pas payer de son argent à l'échéance de la traite, peut se caractériser par des faits lui donnant une autre position que celle de tiré. Il y aura circulation de complaisance, sitôt que les deux conditions suivantes se trouveront en fait réunies : *a*) supposition dans le corps de l'effet ou dans un endossement d'une affaire motivant la circulation de la traite et un règlement, si cette affaire n'existe point ; *b*) volonté d'être couvert au moyen de renouvellements pour faire face aux échéances.

Un négociant, qui se fait délivrer à son ordre, des traites par un ami, alors qu'il n'a rien livré à ce tireur, dissimule ainsi un aval sous les dehors d'une traite avec valeur fournie. Il s'expose, en mettant ensuite cette lettre de change en circulation, à tomber sous le reproche d'émission de complaisance. C'est du moins ce qui arrivera, si le tireur a le ferme propos de ne pas ouvrir un crédit au principal intéressé, lequel dans cette combinaison prend le rôle de premier endosseur [1].

§ 3. A qui appartient la provision ?

1170. — Il faut préciser la signification de la question ainsi posée. Il existe au profit du tireur contre le tiré une créance au moins égale à la lettre de change. Cette créance préexiste à la traite. A la rigueur il se pourrait qu'elle prît naissance après la mise en circulation de celle-ci. Le tireur, en émettant la traite, a-t-il implicitement fait *cession de cette créance* au bénéficiaire ? Le bénéficiaire la cédera-t-il à son tour en endossant l'effet ? De sorte que la créance qui a déterminé la lettre de change viendrait en quelque manière s'incorporer à elle et former une garantie de son paiement.

1171. — L'hypothèse pratique, dans laquelle l'intérêt du problème apparaît de la manière la plus frappante, est celle d'une *mise en faillite*

[1] Nous en dirions autant de l'hypothèse suivante :

Le créancier tire sur son débiteur, en recouvrement de ce qui lui est dû. Thiébaut est bien redevable envers Thomas. Aucune tromperie sur le rôle des deux parties. Seulement, le créancier ne profitera pas de la mise en circulation de l'effet, il ne sera pas réglé en réalité : c'est à l'instigation du débiteur lui-même que le tirage a lieu. Le débiteur (tiré) fait en sorte que la traite lui soit remise, elle est rédigée sous sa dictée par un tireur inconscient. L'effet est libellé à l'ordre du tireur, puis endossé en blanc, toujours d'après les instructions du débiteur. Celui-ci, qui a conservé l'effet, en obtient l'escompte en banque, en vertu de la règle, que l'effet en blanc est un titre au porteur, dont le bénéfice peut être exercé par tout détenteur.

Au lieu de justifier au tireur des fonds qu'il a ainsi touchés et de le faire profiter de cet escompte, le débiteur qui a machiné toute cette combinaison conserve l'argent pour lui. Trois mois après il renouvellera. Si le banquier est de connivence avec lui, il sera dénué d'action.

Cet exemple compliqué, emprunté aux faits de la vie pratique, montre que la notion de l'effet de complaisance ne se ramène pas toujours à une doctrine uniforme, ni même à une doctrine absolument rigoureuse.

du tireur avant que le tiré n'ait accepté la lettre de change. Cette déclaration de faillite va établir un conflit entre deux personnes qui chercheront, par des raisonnements différents, à s'assurer le bénéfice de la provision déposée chez le tiré.

Ces deux personnes seront : 1° le *syndic de la faillite du tireur*, qui s'attachera à défendre la cause de tous les créanciers de celui-ci, la cause de la masse, c'est-à-dire celle du plus fort dividende à obtenir ; et 2° le *porteur* de la lettre de change, qui voudra se soustraire à la loi du concours et se payer exclusivement sur la provision de l'effet.

a. Le syndic déclarera au tiré vouloir reprendre la provision, et il fera par là même opposition au paiement de la lettre de change. Si ce tiré est un acheteur de marchandises, redevable de son prix, il l'invitera à régler la somme directement à la caisse de la faillite, sans égard à la traite émise sur lui, ni aux protestations du porteur de cette traite. Versée à la caisse de la masse, cette somme sera comprise dans la distribution chirographaire et relèvera le dividende. Le porteur ne pourra arguer que du droit que lui donne la signature du tireur : il sera prié de s'inscrire à la faillite avec les autres créanciers, il produira au marc le franc.

b. Mais le porteur l'entend tout autrement. Il fait défense au tiré de se dessaisir de la provision, il prétend exclure la masse. De même qu'un créancier, qui, avant faillite de son débiteur, s'est fait céder par lui sans fraude une créance sur un tiers, est fondé à dire que cette créance est entrée dans son patrimoine, de même raisonnera le bénéficiaire de la lettre de change à l'égard de la provision qui accompagne l'effet. Il soutient que cette provision est affectée de plein droit à son remboursement. Elle est sortie des biens du tireur, c'est en vain que le syndic prétendrait l'y réintégrer.

Auquel de ces intérêts opposés donner la préférence ? C'est ici que deux opinions se trouvent aux prises ; mais l'une des deux thèses ne mérite plus guère d'être mentionnée que pour mémoire. Quand elle présenterait au point de vue de la doctrine la supériorité logique, elle a cessé depuis longtemps d'exercer la moindre action sur le milieu judiciaire.

1172. — I. Système de la doctrine. — *La propriété de la provision reste au tireur.* C'est là la thèse qui est défendue dans les livres, mais qui ne dispose d'aucune autorité au Palais. Elle donne raison au syndic de faillite contre le porteur de la traite.

Comment, en effet, analyser en une cession l'opération faite par le tireur, au moment de la souscription de la lettre de change ? C'est assurément dépasser sa pensée. Il s'est engagé à procurer une somme d'argent de la part d'un tiers : c'est une obligation de faire, elle se résout en cas de faillite par des dommages et intérêts, elle n'investit pas le créancier d'une sûreté adjointe, elle n'emporte pas cession.

Dans la formule de la lettre de change il y a un ordre de paiement donné à un tiré, on peut y voir aussi un ordre de recevoir donné à un porteur. L'acte intervenu, si difficile qu'il soit de le caractériser, relève de la notion du mandat, ou de la délégation qui est encore un mandat. Or le *mandat* est révoqué par la faillite du mandant (art. 2003 C. civ.), tout comme il le serait par un changement de volonté de sa part. Supposons le tireur demeuré *in bonis* : il signifie au tiré, avant que celui-ci n'ait accepté l'effet, son intention de reprendre sa provision ; il sera déféré à cette intention, la traite en circulation n'y met pas obstacle. Pourquoi la survenance de la faillite n'aurait-elle pas le même résultat ?

S'il y avait transport-cession, il faudrait que cette cession fût l'objet d'une *signification* conforme à l'article 1690 C. civ. Cette signification devrait être faite au cédé, c'est-à-dire au tiré de la lettre de change, et dès avant le jugement déclaratif de la faillite du tireur.— La masse des créanciers du cédant constitue en effet un *tiers* par rapport aux deux parties qui négocient la cession ; et une cession non signifiée n'a aucune valeur au regard des tiers. — Or, dans la pratique, on n'assujettit le porteur à aucune prescription de cette nature. De sorte que le syndic, à qui le porteur oppose une prétendue cession, aurait toujours la ressource de répondre que cette cession devait être complétée au moyen d'une formalité qui n'a pas eu lieu.

D'un autre côté, que devient la théorie du transport-cession, lorsque la provision consiste dans des marchandises consignées, dans des effets donnés en couverture ? Va-t-on dire du porteur qu'il est subrogé au tireur dans la propriété de sa consignation ou des remises d'effets, ce qui aboutirait à lui conférer des biens en nature pour le remplir de ses droits, tandis qu'il lui est dû une somme d'argent ? — Résultat bien étrange, assurément !

1173. — II. Système de la jurisprudence.— La jurisprudence adhère fermement au *transport de propriété de la provision*. Celle-ci se trouve ainsi acquise *au preneur*, et après lui à tous les porteurs successifs de l'effet.

Par là, la lettre de change inspire plus de confiance : un banquier la prendra à l'escompte, même à unité de signature, préférablement à un billet à ordre, parce que l'effet, à moins d'énonciations trompeuses, est muni d'une provision, ce qui équivaut pour lui, escompteur, à une garantie. Cette provision ne laisse pas seulement présager l'acceptation, elle en tient lieu dans une certaine mesure. Survienne la faillite du tireur : l'escompteur pratiquera mainmise sur la valeur affectée au paiement de la lettre de change. Cette valeur aura pour lui tous les avantages d'un nantissement.

Le texte, que la jurisprudence n'a cessé d'invoquer pour faire prévaloir cette interprétation, est l'article 149 C. com. Il n'est admis d'opposition à la lettre de change, d'après cet article, que dans deux cas. L'un d'eux concerne la faillite du porteur.

Mais la faillite du tireur n'est pas visée : ce n'est pas là une hypothèse justifiant l'opposition au paiement de la traite chez le tiré.

Or que fait le syndic, lorsqu'il prétend reprendre la provision, sinon s'opposer au paiement de la lettre de change ? Il résulte de l'argument *a contrario* qu'il est mal fondé à le faire.

1174. — Peut-être y avait-il possibilité de fortifier la thèse au moyen de considérations juridiques plus solides.

La reprise de provision par le syndic de faillite, si on l'avait accueillie, eût-elle vraiment constitué une opposition au paiement de l'effet ? C'est discutable.

L'art. 149 signale les cas dans lesquels le paiement de la lettre de change par le tiré serait nul, et où il s'agit d'informer le tiré de la cause légale qui met obstacle à ce paiement. Lorsque le tireur fait faillite, sa dette envers le porteur de l'effet n'en subsiste pas moins. Le tiré paiera la lettre de change s'il tient à le faire : il opèrera bien par là un versement à la décharge du tireur, et se retournera contre lui. Seulement, il souffrira de son insolvabilité. A raison même de ce que cette situation présente de particulier, à côté des deux cas prévus par la loi, et qui ont un tout autre caractère, il ne paraît pas que les rédacteurs de l'art. 149 aient prévu l'hypothèse présente : la formule limitative dont ils se sont servis ne fournit qu'un argument précaire.

Il n'en est pas de même des arguments fournis par l'histoire ou même par le Code de commerce, en quelque autre de ses dispositions.

1175. — 1° La construction théorique du change chez nos anciens auteurs était sans doute assez imprécise. Mais si l'on néglige l'opinion qui rattachait le change au *prêt*, opinion qui doit être très vraie pour les origines de l'institution (voir l'Introduction, n° 1071), mais qui répugna nécessairement au droit canonique ; — si l'on néglige encore la thèse du *transport d'argent*, devenue classique depuis Pothier et dont le droit de la lettre de change continue toujours en France à porter la trace, — un point semble acquis.

On retrouve depuis les docteurs de l'école de Bologne jusqu'aux jurisconsultes du XVIIIe siècle une pensée doctrinale qui se transmet au cours des générations, non sans des modifications de forme et d'expression. Cette pensée, c'est que le change est une *vente*.

On n'a pas dit à toute époque que ce fût une vente de la créance du tireur sur le tiré. Un grand nombre d'auteurs, Scaccia particulièrement, défendent une opinion plus simple : ils l'empruntent au change des monnaies, dont autrefois nulle opération de change tiré ne pouvait s'affranchir. Le tireur, contre l'argent que le bénéficiaire lui donne, échange ou troque l'argent qu'il y aura lieu de toucher sur l'autre place : c'est un argent absent qui se cède en retour d'un argent présent (*permutatio pecuniæ absentis cum præsenti*).

On s'explique tout naturellement qu'avec le temps cette notion de cession se soit transportée de l'argent absent, pris dans sa matérialité, sur la créance donnant au tireur le droit d'obtenir le même argent absent.

Quiconque émet une lettre de change sur un tiers qui lui doit de l'argent, fait passer au bénéficiaire de la lettre l'action dont il dispose contre ce tiers pour le contraindre à verser la somme, et cette transmission n'a pas besoin d'être exprimée. Telle est, au XVIIe et au XVIIIe siècle, la manière de voir qui paraît acceptée par la plupart des auteurs : Jousse, qui dit au début de son commentaire : « Une lettre de change est une cession ou transport d'une somme d'argent que le tireur de la lettre fait à celui au profit duquel il la tire. » — Dupuis de la Serra (*Art des lettres de change*) : « Il y a lieu de ne pas disconvenir que le change ne soit un achat. » — Pothier (*Traité du contrat de change*) : « C'est un contrat de vente selon quelques auteurs, ou selon d'autres dont l'opinion est plus plausible, un contrat d'échange (passage légèrement équivoque). »

Tout porte à croire, dans ces conditions, que les rédacteurs du Code de commerce ont pris à leur compte une opinion remontant haut dans le passé, et à laquelle il n'avait manqué pour être clairement exposée que la plume d'un théoricien, décidé à raccorder rigoureusement le change aux institutions générales.

1176. — 2° L'adage « *l'acceptation suppose la provision* », consacré par l'art. 117, al. 1er, vient encore appuyer la thèse accueillie en pratique sur le transport de propriété de la provision au porteur.

On a donné de cette maxime plus d'une interprétation. Il a été dit plus haut que la règle de l'art. 117 avait notamment pour résultat de faire peser sur le tiré une présomption simple d'existence de provision, au cas où il accepterait, avec refus pour lui du droit d'en réclamer alors la constitution au tireur (n° 1154).

C'est un des sens de la disposition, mais ce n'est pas celui qui s'offre le premier à l'esprit.

Voici vraisemblablement ce que le législateur a entendu dire. — Il y a dans le change deux éléments d'étude connexes : la provision, l'acceptation. La loi statue successivement sur l'un et sur l'autre de ces éléments, elle voit entre eux un lien intime. Le tiré a reçu provision du tireur. Un moment vient où il met son acceptation sur l'effet. Cette acceptation fait entrer le tiré dans l'obligation de change, qui pesait seulement jusque-là sur le tireur.

Quelle est juridiquement la raison d'être de cette obligation du tiré? L'art. 117 répond : Il est tenu en vertu d'un aveu de provision (LOCRÉ, *Esprit du Code de com.*, sous cet article). Il est dans une position comparable à celle d'un cédé qui accepterait la cession faite sur lui par son créancier. Si l'acceptation lie le tiré, c'est sur un fondement de provision. La provision crée donc déjà par elle-même une obligation à la charge de celui qui la détient, non pas seulement vis-à-vis du tireur, mais envers le porteur de la lettre de change.

Seulement, la réalité de la provision, malgré les apparences, n'est pas certaine, et partant cette obligation n'acquiert de solidité qu'à partir du moment où le tiré aura donné sa signature.

Au total, l'acceptation du tiré dispense le porteur de prouver l'existence de la provision. C'est donc que cette provision engendre un droit, et un droit qui ne saurait être à la merci de la faillite.

Par un raisonnement détourné, on arrive ainsi à établir que l'émission de la traite renferme en soi un transport tacite de provision.

1177. — Dès l'instant que le sentiment du Code de commerce a été favorable à l'acquisition de la provision par le porteur, les objections de la thèse adverse, concernant les défauts de technique du système, perdent leur importance.

Il est vrai que, s'il s'agissait d'une cession de créance semblable à celle que règle le Code civil dans l'art. 1690, il faudrait, pour rendre cette cession opposable aux créanciers du cédant, une *signification* au tiré, et que cette signification devrait précéder le jugement de faillite du tireur.

Mais la loi commerciale a institué ici une cession *sui generis*, qui se parfait au regard des tiers sans aucune formalité. Comme il s'agit de créances à recouvrement prochain qu'on a l'habitude d'incorporer dans des effets et de mettre en banque, les créanciers du tireur ont dû s'attendre à ce que leur débiteur en eût fait l'objet de lettres de change, et cette présomption tient lieu de tout autre moyen de publicité.

Au surplus, cette cession ne s'opère que dans la mesure où l'usage et la volonté des parties l'auront voulue. C'est le prononcé de la faillite du tireur qui immobilise la provision et qui en empêche le retrait. Le tireur *in bonis* pourrait la reprendre et se réserver d'en constituer une autre avant que la lettre de change ne vienne à échéance. Alors même que, au moment de cette reprise de provision, le tiré aurait reçu avis de la lettre de change émise sur lui, il ne peut pas s'y opposer (à moins d'avoir été touché à cette date par une signification du porteur : protêt faute d'acceptation, par exemple). Bref, à une institution d'ordre exceptionnel, il n'y a pas lieu d'accommoder les raisonnements de droit commun.

1178. — Nous écarterons, par suite de la même considération, l'objection tenant à ce que le porteur ne peut être rendu propriétaire de la provision, lorsqu'elle consiste en marchandises consignées ou en remises d'effets. Car autrement, dit-on, on le paierait avec des produits ou avec des traites. Il lui est dû de l'argent. Entre l'objet de la créance de change et l'objet de la prétendue cession, il n'y a plus symétrie.

Ne pourrait-on pas répliquer que ce qui a été cédé au porteur en pareil cas, c'est non pas la marchandise ou la traite, mais le crédit que le tiré avait consenti à son tireur sur ces valeurs (n°s 1159 et 1160) ?

Il est vrai qu'une ouverture de crédit est révoquée de plein droit par la survenance de la faillite de l'une des deux parties ; d'où il résulterait que le porteur serait débouté du droit d'agir personnellement contre le tiré, du moment que le cédant est tombé au-dessous de ses affaires. Mais si le bénéficiaire du crédit, avant de déposer son bilan, en a cédé la jouissance à un tiers (et ici, répétons-le, c'est une cession qui opère *erga omnes*), il paraît bien que le créditeur doive respecter la convention et l'exécuter envers ce cessionnaire.

Encore ici, à moins d'acceptation, et par suite d'un usage établi, ce donneur de crédit ne sera-t-il pas forcé d'ouvrir sa caisse et de fournir les fonds à l'échéance de la lettre de change. Il devra seulement laisser le porteur de l'effet se payer sur la consignation ou sur les remises.

Le porteur se subrogera donc aux sûretés que le tiré a entre ses mains et qu'il n'aurait pas manqué d'exercer s'il avait dû effectivement solder la lettre de change. Il y a lieu à l'exercice de l'action oblique, conformément à l'art. 1166 C. civ. La vente de la marchandise ou l'encaissement de la remise s'effectuera par les soins de ce porteur, et il se paiera sur les sommes jusqu'à concurrence de la lettre de change en souffrance [1].

[1] On peut supposer que c'est le tiré (et non pas le tireur) qui tombe en faillite, alors que la provision consiste en marchandises de consignation ou en remises d'effets. La tendance de la pratique est de conférer alors au porteur de la traite un *droit de préférence* sur la provision, par rapport aux autres créanciers de ce tiré failli. — D'après la manière dont nous raisonnons dans le corps du texte, il serait difficile de justifier ce droit de préférence. Au surplus, la question n'a d'intérêt que si le tireur est tombé lui-même en faillite. En supposant qu'il soit demeuré *in bonis*, le porteur ne manquera pas de lui retourner l'effet et de lui en demander le remboursement, au lieu de procéder à des mesures d'exécution contre le tiré.

Il y a sans doute dans une pareille décomposition quelque chose de compliqué, mais rien à tout prendre qui froisse le jeu d'ensemble des institutions juridiques.

1179. — Voici maintenant un certain nombre de remarques, destinées à compléter la compréhension du système suivi en jurisprudence.

1180. — **Effet accepté.** — *1*) La controverse précédente disparaît au cas où, avant la faillite du tireur, le tiré aurait déjà revêtu la lettre de change de son *acceptation*. En ce cas il est certain que la provision ne peut plus être retirée de ses mains : ni le tireur, ni le syndic de sa faillite n'est fondé à exercer pareille reprise.

Le maintien de la provision est devenu alors une des conditions sous lesquelles le tiré a accepté. Le tireur s'est lié à lui par un contrat synallagmatique qu'il ne lui appartient plus de rompre. La provision garantit le tiré pour le service de la lettre de change qu'il s'est engagé à payer. Le retrait de la valeur déposée chez lui lui causerait un préjudice illégitime : son acceptation est irrévocable (art. 121). Restituant les fonds, il n'en devrait pas moins l'effet, puis devrait se retourner contre la faillite du tireur pour être remboursé en monnaie de dividende. Cependant il n'avait accepté la lettre de change que dans la pensée d'imputer le paiement sur les sommes dont il était couvert. De là pour lui un droit acquis.

1181. — **De la provision dans la période suspecte.** — *2*) La question du transport de la provision au porteur devient particulièrement complexe pour les effets dont disposerait un tireur, dans le temps qui précède immédiatement sa faillite. La loi organise une *période suspecte*, qui comprend le temps écoulé entre la cessation de paiements du négociant et le jugement prononçant sa faillite; pour certains actes elle s'augmente des dix jours antérieurs à cette cessation de paiements.

Les opérations faites dans cette période, règlements en effets, etc., sont annulables (art. 447 C. com.), lorsqu'elles ont eu lieu avec une personne qui connaissait la cessation de paiements du débiteur.

Mais les opérations accomplies dans cette période sont atteintes encore d'une autre nullité qu'on appelle nullité de droit, même envers un tiers de bonne foi (art. 446 C. com.). Sont nuls notamment les paiements pour dettes non échues ou encore les paiements par voie de transport : en revanche sont valables les paiements faits en effets de commerce.

Ainsi, que le négociant souscrive ou endosse, en période suspecte, des *lettres de change* pour régler une de ses dettes, cela ne tombe point sous les rigueurs de la loi. Mais faut-il statuer plus sévèrement à l'égard de la *provision* qui garantit chez le tiré le paiement de ces lettres de change? Doit-on dire : le tireur a détaché de ses biens une valeur qu'il a affectée à des traites par lui souscrites, il a opéré un transport au profit d'un de ses créanciers; ou bien, en faisant passer les fonds chez le tiré, il a payé une dette non échue, ce que l'art. 446 ne lui permet pas de faire? En conséquence, l'émission de l'effet demeurera régulière, mais la provision tombera par application du droit spécial à la faillite. Elle tombera surtout, si la provision a été constituée depuis la mise en circulation de l'effet remis en règlement.

Cela aurait pour conséquence de limiter considérablement les circonstances dans lesquelles la provision resterait acquise au porteur nonobstant faillite déclarée du tireur.

Il ne paraît pas que l'art. 446 impose ce singulier résultat. Mais la manière assez trouble dont les arrêts ont statué sur la question ne permet pas de savoir si notre jurisprudence est disposée ou non à la consacrer (Civ. rej. 20 juin 1854; 1er février 1888, etc.).

Du moment, dirons-nous, que la loi admet que le paiement en effet est valable, elle couvre de sa protection la négociation de l'effet dans toutes ses parties, y compris le transport de provision qui en constitue l'un des éléments. Ce transport est régulier, soit que la provision fût antérieure à la traite, soit qu'elle dût se former plus tard. Car séparer de la traite la provision qui l'accompagne, ne peut se réclamer d'aucune bonne raison, aux yeux des négociants qui ne conçoivent pas l'une sans l'autre.

1182. — Traites avec affectation spéciale de provision. — *3)* Il y a deux cas dans lesquels le porteur disposera d'une provision plus ferme que dans les situations ordinaires. L'un de ces cas concerne les *traites avec affectation spéciale.*

On dit qu'il y a affectation spéciale de provision, lorsqu'une créance déterminée du tireur sur le tiré, par exemple le prix de telle facture de blés, a été formellement déclarée devoir couvrir la lettre de change et lui servir de provision. Mention de cette affectation peut être faite dans la rédaction de l'effet, mais cela n'est pas indispensable. Elle peut ne ressortir que de la correspondance échangée entre tireur et tiré, et information en est donnée au porteur de la traite.

Ce qu'offre de particulier ce genre de provision, c'est l'impossibilité pour le tireur d'en exercer le retrait, même quand il demeurerait au-dessus de ses affaires.

Il y a lieu d'y recourir, le plus communément, lorsque entre le tireur et le tiré fonctionne un *compte-courant*, par suite de la multiplicité et du croisement de leurs opérations. Un envoi en compte-courant, ainsi qu'on le verra, perd son individualité et se fond dans le compte : si la contre-partie qui reçoit cette valeur a fait des envois de son côté et dispose d'une balance à son avoir, elle trouve dans la remise qui lui parvient le moyen de solder son compte et de se couvrir.

Cela étant, le fait de tirer sur son correspondant, alors même qu'on lui expédierait l'équivalent de la traite, laisserait le porteur dépourvu de toute provision efficace; car l'envoi s'absorbe dans un compte qui le compense peut-être avec d'autres articles en sens contraire, si bien que tous ces éléments se balancent, et que le solde ne ressort plus à l'actif du tireur. Comment ce solde nul pourrait-il être au profit du preneur de la traite l'objet d'une cession efficace ?

C'est pour empêcher ce résultat qu'on tient la créance constitutive de la provision en dehors du compte-courant : telle est bien la portée de la convention qui l'affecte spécialement à la lettre de change. Le porteur n'a plus à craindre que la provision mentionnée serve à compenser un découvert au profit du tiré, et ne lui donne à lui-même aucun avantage. Elle détermine l'ouverture d'un compte distinct, sur lequel le porteur se paiera par voie dérivée et sans subir le concours de nul autre.

1183. — Traites documentaires. — 4) La deuxième hypothèse de provision privilégiée se rapporte aux *traites documentaires*.

Ce sont des *lettres de change garanties par un nantissement sur des marchandises chargées à bord d'un navire, et représentées par un connaissement* (document) *qui est alors annexé aux traites et circule avec elles*.

Ex. : Thiébaut, de Marseille, commande un chargement de soies à Thomas, de Shang-Haï, en le priant de les lui expédier sur un bâtiment qu'il affrétera pour le compte de l'acheteur. Le vendeur agit d'après les instructions qu'il a reçues. Il retire des mains du capitaine un connaissement qui est une pièce à ordre. En même temps, il veut rentrer dans son prix et établit une lettre de change sur Thiébaut, de Marseille. Il présente cette traite à l'escompte chez un banquier de sa propre place.

Mais comme l'effet n'a qu'une signature et comme l'acceptation que doit donner Thiébaut à Marseille est incertaine, le banquier ne consent à faire les fonds de la traite qu'à la condition de prendre gage sur la cargaison. Ce qui sera rendu possible au moyen de l'endossement du connaissement : cette pièce lui sera négociée valeur en recouvrement et sera épinglée à la lettre de change (nº 896).

L'effet par la voie des banques arrivera à Marseille. S'il demeure en souffrance, le porteur, en retirant la marchandise au débarquement sur production du connaissement, la fera vendre aux enchères et se fera colloquer par préférence sur le prix au titre de gagiste (art. 93, nº 903).

Si au contraire la traite est payée par le tiré, le porteur lui remettra le connaissement avec l'effet : ce qui donnera à l'acheteur le moyen de retirer une cargaison qui lui est bien destinée à lui-même.

Dans la pratique, et par suite d'une mention abrégée inscrite sur le titre, c'est dès le moment de l'acceptation que le porteur devra se dessaisir du connaissement et le négocier au tiré. On comprend un tel usage : le gage sur marchandise devait provisoirement tenir lieu au profit du preneur de la seconde signature ; sitôt cette signature fournie, la cargaison redevient disponible au profit de l'acheteur.

Dans le cas qui vient d'être étudié, la marchandise est l'objet d'un nantissement commercial, qui obéit rigoureusement aux prescriptions des art. 91 à 93 C. com.[1].

1184. — Il y a des législations qui se dispensent, à propos de la lettre de change, de régler la matière de la provision. Ainsi en est-il du droit allemand. Ce droit isole absolument les signatures de change des conventions intervenues et fait résider dans la solennité de l'écriture le principe même de l'obligation. Il aurait commis une inconséquence, en subordonnant la validité de l'effet à l'existence d'une provision.

Il n'en est pas moins vrai que les Allemands sont appelés à se prononcer comme nous sur le point de savoir à qui appartient la créance à l'occasion de laquelle la lettre a été mise en circulation ; comme nous,

[1] On se représente également une lettre de change garantie au moyen d'une hypothèque. Le fait de constituer tout exprès une hypothèque en garantie d'une traite déterminée est à peu près sans exemple. Ce qui est plus fréquent, c'est l'*ouverture de crédit avec hypothèque* pour répondre de son remboursement, et avec négociation de traites par le crédité au créditeur pour couvrir celui-ci, au fur et à mesure que les avances se réalisent.

L'hypothèque attachée à l'ouverture de crédit se porte alors de plein droit sur les traites afin de répondre de leur exécution. — Si ces traites sont multiples, et que les fonds soient insuffisants dans la collocation hypothécaire pour les couvrir toutes, les porteurs concourront entre eux sans égard à la priorité de date des lettres de change les unes par rapport aux autres. — Il en serait différemment, si de ces traites multiples à lui négociées, le banquier ou créditeur en avait repassé quelques-unes à des tiers et gardé en portefeuille les autres. Le concours entre lui et les porteurs des autres traites dans un ordre judiciaire ouvert sur le crédité ne pourrait se terminer qu'à l'avantage de ces autres porteurs. Il serait obligé de s'effacer devant eux. (Cela tient à la garantie qu'il a assumée vis-à-vis de ces personnes, qui sont devenues ses ayants-cause. Il leur a endossé les effets et a répondu de leur paiement. Il n'est pas recevable, en conséquence, à venir faire nombre dans un ordre et à tenter de réduire le bénéfice de la collocation que ceux-ci sont en droit de demander. Qui doit garantie ne peut évincer.)

ils ont à rechercher encore si l'effet de complaisance contrevient ou non aux lois. Seulement c'est dans le droit général des obligations qu'ils chercheront la réponse à ces questions. On peut se demander dans ces conditions si la séparation qu'ils prétendent maintenir entre le droit propre au titre et les conventions de fond, simplement occasionnelles et étrangères à la législation du change, n'est pas plus dans les mots que dans les choses.

CHAPITRE III

DE L'ACCEPTATION, DU DÉFAUT D'ACCEPTATION ET DE L'AVAL

SECTION PREMIÈRE

DE L'ACCEPTATION SIMPLE OU PAR INTERVENTION

(C. com. art. 118 à 128)

1185. — L'acceptation est l'*engagement que prend le tiré, à la requête du porteur, de payer la lettre de change à son échéance*; engagement qui résulte de sa signature mise sur la traite, à côté de celle du tireur.

Par l'acceptation, le tiré devient débiteur de change et débiteur principal de l'effet, ce qu'il n'était point jusque-là. La détention d'une provision avait pu sans doute établir déjà une obligation à sa charge vis-à-vis du porteur, d'après le système français précédemment exposé. Mais le tiré n'était pas tenu *d'après le titre,* et là résidait le défaut de sécurité. Outre l'incertitude de cette provision, il n'était possible de rechercher le tiré que du chef du tireur, par action dérivée, et cette action n'était pas pourvue des avantages attachés aux effets de commerce (commercialité nécessaire, etc.).

Au contraire, le fait de donner son acceptation au porteur rend la dette du tiré définitive et le place sous le statut du change. La provision est dorénavant supposée (art. 117) : mais quand même elle serait absente, l'acceptation lie le tiré irrévocablement. Il ne serait même pas fondé à se faire restituer contre son engagement, en arguant de la faillite du tireur dont il n'avait pas eu connaissance (art. 121).

Il se peut qu'il ait accepté à découvert, comptant sur la solvabilité de son tireur pour le rembourser, et qu'à ce même moment le tireur ait déjà cessé d'être *in bonis*. N'est-ce pas un cas d'*erreur substantielle,* justifiant l'annulation de l'engagement? Le Code de commerce ne l'a pas voulu. S'il avait permis d'annuler l'acceptation, il aurait dû, pour la même raison, l'autoriser dans le cas où la faillite du tireur aurait éclaté depuis l'acceptation. Même alors, le tiré se serait dit recevable à prétendre que, s'il a accepté, c'est en considération d'un recours qu'il croyait efficace et qui a cessé de l'être.

Ainsi se serait affaiblie la confiance que le public doit avoir dans l'acceptation ainsi que la sécurité qu'elle procure au porteur de la traite. D'ailleurs, le tiré n'a pas à dire au porteur qu'il avait accepté à découvert : il est présumé avoir eu provision, et dans ces conditions la faillite du tireur ne peut être alléguée par lui comme la cause d'un préjudice.

Mais si l'ignorance par le tiré de la faillite du tireur, lors de l'acceptation, se complique de manœuvres exercées sur lui par le porteur en vue de prolonger sa bonne foi, il n'en sera plus de même. Il usera de l'exception de *dol* pour se dégager. Il le pourra, non vis-à-vis d'un porteur quelconque, mais envers l'auteur des manœuvres s'il est encore détenteur du titre à l'échéance. — Ex. : Le porteur a intercepté les documents qui auraient instruit de la faillite du tireur le tiré, et c'est ce qui a induit celui-ci à accepter. Les moyens de restitution nés du dol sont toujours recevables contre celui qui en est l'auteur, de la part de sa victime.

Au total, l'acceptation d'une lettre de change rappelle une institution de même ordre : l'acceptation du transport que fait le débiteur au cessionnaire (en forme authentique) dans la théorie de l'art. 1690, afin de le dispenser de lui signifier la cession par exploit d'huissier. Notre acceptation a un effet plus énergique que celle qui intervient dans une cession ordinaire de créance ; elle vaut reconnaissance d'une dette envers le tireur, promesse ferme de la payer au porteur quand même elle n'existerait pas, enfin soumission du débiteur au droit du change, qui ne gouvernait point la dette jusque-là.

A moins d'entrer dans les idées allemandes, il est impossible de s'occuper de l'acceptation sans avoir à la pensée la notion de provision. Car c'est la provision qui forme la raison déterminante de l'engagement donné par le tiré sur l'effet. Ceux qui ont des rentrées à opérer peuvent se constituer de l'argent ou assurer la marche de leur établissement, en donnant ces rentrées en garantie. Tel est le cas de la traite, négociée par le tireur. Mais, comme cela est juste et opportun, les personnes que le titre délivré représente comme débitrices de ces rentrées viendront témoigner de la réalité de leurs obligations ; elles se déclareront bien et dûment liées à leurs tireurs. Et alors deux maisons en rapport d'affaires se trouveront répondre du même engagement, et elles traduiront la confiance qu'elles ont l'une dans l'autre en solidarisant leurs signatures : toute l'économie du change est dans cette conception.

1186. — Toutes les lettres de change sont sujettes à acceptation, hormis deux d'entre elles ;

1° Ne sont point acceptables les lettres de change *à vue* (ou les chèques) : la première fois qu'on les présente, c'est pour qu'elles soient payées.

2° Il en est de même pour les traites mentionnant l'interdiction pour le porteur de les présenter à l'acceptation : la clause *non acceptable* est valable en droit français. Une opinion très répandue dans le milieu des commerçants veut que ce refus du droit de requérir l'acceptation, résulte tacitement du nom de « mandat » donné à l'effet et inséré dans son contenu, au lieu de celui de « change ».

Mais il n'est pas sûr qu'on puisse exclure, par ce simple changement de qualification du titre, le droit ordinaire qu'a le porteur de demander l'acceptation. On rend souvent non acceptables les effets d'un chiffre minime ou d'une échéance très rapprochée : cela s'explique par des raisons de convenance pratique.

1187. — Sous ces réserves, le porteur est toujours fondé à provoquer l'acceptation. Il a le droit de la réclamer, même s'il a connaissance que le tiré avait formellement autorisé son tireur à disposer sur lui, et quand une pièce de correspondance, par exemple, jointe à l'effet, viendrait témoigner de cet engagement pris.

La lettre missive, par laquelle le tiré s'est obligé à faire honneur aux traites de son correspondant, engendre bien une promesse, mais envers le seul tireur. Ce n'est pas vis-à-vis du porteur quelconque de la traite, présent ou futur, que le tiré s'est lié. Or il est invité maintenant à prendre un engagement de cette nature.

1188. — Les démarches tendant à obtenir l'acceptation du tiré sont tout à fait *facultatives* pour le porteur. Il n'encourt, en s'abstenant de les faire, aucune déchéance.

Cependant il existe une exception. Elle concerne les lettres de change à un certain *délai de vue*. Il faut les présenter à l'acceptation dans les trois mois de la date d'émission (art. 160). Il est plus exact de dire qu'on doit les présenter dans cet intervalle au *visa* du tiré. La préoccupation de la loi n'est point que le tiré s'oblige à payer l'effet, mais plutôt qu'il fasse courir le délai d'échéance, afin qu'on sache quel jour la lettre sera exigible.

A cet effet, l'acceptation ou le visa devra être *daté*, ce qui n'est point exigé pour une acceptation ordinaire (art. 122, al. 3). Faute de date, on serait empêché de déterminer le moment où la traite sera présentée pour le paiement. La sanction est rigoureuse. L'oubli de la date transforme, par la volonté de la loi, le délai de vue en un délai de date. Le terme d'échéance courra du jour où la traite est émise (art. 122, al. 4).

Si le porteur s'aperçoit d'un pareil oubli alors qu'on est encore dans les trois mois de la présentation de l'art. 160, il pourra réparer l'omission en présentant l'effet une seconde fois, sans tenir compte de la première, et faute par lui d'obtenir un visa daté, il confectionnera un protêt qui lui donnera date certaine. Mais le mal serait irréparable, si ce temps de trois mois était écoulé, et que d'autre part le délai inscrit dans l'effet fût lui-même dépassé à cet instant (60 jours par exemple) en le calculant depuis la création de la traite ; puisque aussi bien devient-il délai de date, de délai de vue que portait la lettre de change. Il appert donc que l'échéance est d'ores et déjà passée et que l'effet n'a été ni présenté ni protesté au moment où il aurait fallu le faire.

1189. — L'étude de l'acceptation comprend deux parties : 1° l'acceptation ; 2° le refus d'acceptation.

§ 1. De l'acceptation

1190. — L'acceptation n'est rendue possible que par une *remise temporaire* de la lettre de change *au tiré*. Le porteur s'en dessaisit, il la dépose chez le tiré, il la lui envoie par la poste.

Le tiré a le pouvoir de la conserver pendant vingt-quatre heures. Après ce délai, elle doit être rendue, acceptée ou non. Faute de quoi, le tiré encourt envers le porteur des dommages-intérêts (art. 125).

On a voulu déduire de ce délai la faculté pour le tiré de revenir sur son acceptation déjà donnée, de la rayer et d'en détruire l'effet, s'il est encore dans les vingt-quatre heures, ainsi que le refus pour lui de cette faculté au-delà du terme susdit. Les vingt-quatre heures de réflexion que donne la loi seraient aussi vingt-quatre heures assurées pour se rétracter.

Il vaut mieux dire, dans notre droit français, que le tiré peut revenir sur l'expression de sa volonté et raturer sa signature, aussi longtemps qu'il n'aura pas restitué le titre au porteur ou au moins notifié à celui-ci qu'il a accepté la lettre de change et qu'il la tient à sa disposition. Tant qu'il n'a pas été donné connaissance au porteur de sa promesse de payer la lettre de change, il n'est en réalité point tenu : l'échange des consentements n'a pas eu lieu. Cela peut le rendre recevable à rayer son nom, même après vingt-quatre heures.

1191. — L'acceptation est soumise aux conditions de forme suivantes :

1) Elle doit être donnée *par écrit* sur la lettre de change [1]. Si elle

[1] Dans la pratique des anciennes lettres de foire, telle qu'elle fonctionnait notamment à Lyon, l'acceptation était verbale. Les porteurs de traites se rendaient dans la loge des Florentins et criaient les noms des tirés, ceux-ci déclaraient accepter ou refuser, et les carnets des parties mentionnaient la réponse. Il est à noter que cette opé-

est donnée verbalement ou par un acte séparé (lettre-missive), elle crée sans doute un engagement, mais au regard du porteur actuel seulement, et sans que cet engagement soit sanctionné par le droit du change. Le porteur peut déclarer ce genre d'acceptation insuffisant, et exercer le recours contre les garants qu'on verra ci-dessous.

La jurisprudence, tout en admettant l'insuffisance de l'acceptation écrite donnée hors de la traite, a une tendance en France à étendre à cette acceptation les effets juridiques de celle qui est fournie sur la traite elle-même (commercialité nécessaire, refus des délais de grâce, etc.).

On verra que tel est certainement le cas pour une signature d'aval (art. 142). La loi ne dit pas formellement que l'acceptation donnée par acte séparé ait une valeur de change : mais la rédaction de l'art. 122 est assez ambiguë, pour qu'on puisse le soutenir. Suivant ce texte, l'acceptation doit être signée; il n'est pas ajouté qu'elle doive l'être *sur le titre*.

1192. — *2*) L'acceptation n'a besoin que de la *signature*, précédée du mot *accepté* ou d'un terme équivalent (art. 122, al. 1 et 2).

On peut même se contenter de signer, sans accompagnement d'aucune autre mention. Cette signature ne peut être interprétée que comme un engagement. On a vu que la formalité du bon et approuvé, avec indication de la somme, était étrangère à la lettre de change (n° 1101). On a vu encore que la date n'était exigée que pour la lettre à un délai de vue (n° 1187).

Dans ces dernières traites, il conviendrait que la signature et la date fussent accompagnées d'une énonciation d'engagement. Autrement il y aurait équivoque sur la portée de l'acte que le tiré a voulu faire : on l'interpréterait comme un simple visa destiné à faire courir le délai de date, sans promesse de payer l'effet. Une simple signature s'entend, au cas de doute, dans le sens le moins onéreux pour celui qui l'a donnée.

1193. — *3*) L'acceptation ne peut renfermer aucune *modalité restrictive*.

Elle ne saurait être subordonnée à une *condition* (art. 124, al. 1) ou fournie *à tel porteur dénommé* ; car il est de son essence d'être pro-

ration intervenait pour des lettres de change qui n'étaient pas à échéance fixe, et en foire, c'est-à-dire au moment même où il y avait lieu d'en réclamer le paiement. Aussi, l'acceptation avait-elle la valeur d'un paiement, le débiteur était censé avoir versé la somme, son insolvabilité éclatant ensuite ne pouvait plus donner lieu à un recours contre l'auteur de la traite (Huvelin, *op. cit.*, p. 565). — Quoique l'Ordonnance de 1673 (V, 2) eût abrogé l'usage d'accepter les lettres de change verbalement, elle n'a pas entendu innover au règlement lyonnais de la place des changes (V, 7).

curée impersonnellement à la traite et à tous ceux aux mains de qui elle passera.

Partant de là, il faudrait dire que l'acceptation ne peut être *partielle*, limitée à la moitié, aux deux tiers du montant de la lettre de change par exemple. C'est une prestation promise par le tireur et qui devait être exécutée dans son indivisibilité (art. 1244 C. civ.). Une acceptation partielle serait semblable à un refus complet d'acceptation, le porteur pourrait la tenir pour non avenue et exercer son recours pour la totalité du titre.

C'est cependant le contraire que décide la loi. Afin d'alléger le sort des garants, tireur et endosseurs, l'art. 124 oblige le porteur à prendre acte de l'acceptation partielle. Elle vaut à concurrence de la somme pour laquelle elle est donnée, le créancier ne pourra exercer son action en garantie que pour le surplus.

§ 2. Du refus d'acceptation

1194. — Le refus d'acceptation par le tiré donne ouverture à un *recours* contre le tireur et aussi contre les endosseurs, si l'effet a eu le temps de circuler avant que ce fait ne fût constaté. Tous les signataires de la lettre de change à cette date répondent solidairement de l'accession du tiré à la lettre de change (art. 118).

Le porteur peut s'attaquer à eux collectivement et choisir celui qu'il entend poursuivre. Lorsqu'il poursuit le tireur, ce dernier ne pourra se retourner contre d'autres (sauf l'action contre le tiré, s'il s'était engagé à faire honneur à la traite ou s'il avait provision). Lorsqu'il poursuit un endosseur, celui-ci sera fondé à rechercher ceux qui le précèdent, et ainsi de suite jusqu'au tireur.

1195. — L'assignation est précédée de la confection d'un *protêt faute d'acceptation* (art. 119). On ne doit pas le confondre avec le protêt faute de paiement. L'étude d'ensemble des protêts sera présentée plus loin. C'est un procès-verbal de constat établi chez le tiré par un officier public qui est généralement un huissier.

Il ressort de cette pièce, pourvue de la force authentique, que le tiré requis d'accepter la lettre de change a refusé de le faire : c'est sur la notification de ce protêt que les endosseurs et le tireur doivent donner satisfaction au porteur.

Ce protêt n'est pas obligatoire à jour fixe, et on pourra le signifier à un moment quelconque avant l'échéance, fût-ce après un certain intervalle depuis qu'il a été dressé.

1196. — Que va-t-on demander au garant? Quel est l'objet de la poursuite ? Le porteur réclame l'équivalent de ce que l'acceptation amiable lui aurait procuré, c'est-à-dire une autre signature, à la place de celle de l'accepteur qui fait défaut. Le garant devra donc fournir une *caution*, pour assurer le paiement de la lettre de change à son échéance.

La durée de l'engagement de cette caution se déterminera par la durée de celui, tireur ou endosseur, qui a dû la fournir.

Sa solvabilité s'appréciera comme en matière commerciale, et non pas seulement eu égard à ses propriétés foncières (art. 2019 C. civ.). Bien que, d'après le droit commun, celui qui ne peut pas trouver une caution soit reçu à donner à la place un nantissement suffisant (art. 2041 C. civ.), il ne paraît pas que cette faculté appartienne ici au garant : tout dans la matière du change est de droit étroit.

Faute de donner une caution, le garant peut user d'un pouvoir que lui reconnaît la loi. Il peut *payer immédiatement la lettre de change*, mais sans effectuer aucune retenue ou escompte à raison de cette anticipation. En général, on ne peut contraindre le porteur d'un effet à recevoir son paiement avant l'échéance (art. 146) : il est apporté ici un tempérament à cette règle.

Au principal de l'effet le garant ajoutera les *frais de rechange*. Ainsi en sera-t-il du moins, lorsqu'il paiera dans une autre place que celle où la lettre de change était exigible, et en supposant que les traites payables sur la place primitivement convenue, se vendent en ce lieu au-dessus du pair. Pour s'en procurer une autre, destinée à remplacer celle qui reste en souffrance, le porteur devra supporter un agio, il est juste que le garant l'en indemnise.

En outre, le garant devra toujours rembourser au porteur les frais de protêt (art. 120).

1197. — Acceptation par intervention. — L'examen du protêt faute d'acceptation sert de transition naturelle à l'étude de l'*acceptation par intervention*.

Au moment où le protêt se confectionne, il peut se présenter un tiers, qui vient déclarer spontanément faire honneur à la lettre de change à défaut du tiré, lequel a refusé. C'est ce qu'on appelle l'acceptation par intervention.

L'intervenant est un *negotiorum gestor* qui accepte en signant soit sur la lettre, soit sur le protêt. Cette dernière pièce constate l'opération et mentionne celui des signataires, tireur ou endosseur, pour lequel le tiers intervient (art. 126).

L'intervenant devient répondant ou caution, pour le garant dont il donne le nom. Il s'ensuit qu'après qu'il aura payé l'effet, il disposera contre ce garant : *a*) soit de l'*action de gestion d'affaires*; *b*) soit même de la *subrogation* aux droits du porteur de la lettre de change, puisqu'il sera tenu pour un autre (art. 1251, 3°, C. civ.). L'action que la subrogation lui procure est de nature commerciale, elle sera donnée non seulement contre le géré, mais, si ce géré est un endosseur, contre tous les autres signataires qui le précèdent sur la lettre de change.

L'intervenant doit notifier sans délai son intervention à celui pour qui il est intervenu (art. 127).

1198. — S'il se présente plusieurs personnes pour accepter le même effet, l'huissier leur donnera acte à toutes de leur intervention. On verra que pour le paiement par intervention une autre règle doit être suivie.

Le *tiré* lui-même peut, après avoir laissé dresser protêt sur lui, se déclarer accepteur pour le compte, soit d'un endosseur, soit du tireur. S'il avait fait une acceptation pure et simple, il aurait subi l'effet de la présomption « acceptation suppose provision », ce qui le mettait dans la nécessité de prouver, pour exercer son recours, qu'il avait payé à découvert. Du moment qu'il agit par intervention, cette présomption cesse de lui être opposée.

1199. — La présence d'un tiers intervenant ne prive point le porteur du recours faute d'acceptation, tel que la loi l'organise pour un refus pur et simple du tiré (art. 128).

La solution est juste, car rien ne prouve que l'intervenant soit une personne solvable.

Cela ne signifie pas que l'intervention soit stérile ou demeure sans utilité pour les garants. Lorsque le tiers qui s'est présenté à la décharge du tireur ou d'un endosseur est réputé digne de crédit, le garant recherché ne manquera pas de le fournir ou plutôt de le confirmer comme caution pour répondre de la lettre de change. Ce qui revient à dire que ce garant obtiendra sa mise hors de cause, sans avoir à se chercher une caution différente.

1200. — Cette procédure du refus d'acceptation constaté par protêt et du recours judiciaire, est peu suivie en pratique. Ce n'est guère que dans le cas de désignation d'un recommandataire dans la traite qu'on dresse le protêt faute d'acceptation; car alors on ne peut présenter l'effet à ce recommandataire que si le tiré principal a opposé le refus constaté par huissier (n° 1112).

Ce recommandataire ou besoin, on peut le noter en passant dans le système français, n'est pas du tout un accepteur intervenant, et dès l'instant qu'il a signé, tout recours contre les garants est éteint.

En dehors de cette hypothèse, lorsque le porteur se heurte à un refus d'accepter par le tiré, il s'abstient, en fait, de lever un protêt. Il préfère s'abstenir de faire des frais et retourne simplement l'effet en souffrance à son cédant. Le cédant remboursera à l'amiable la dette à l'occasion de laquelle il avait négocié la traite, ou il expédiera à son cessionnaire une autre traite afin de remplacer la première.

Cette manière d'agir s'explique pour ceux qui refusent à l'émission ou à l'endossement d'une lettre de change un caractère novatoire (n° 1095). Avant de recevoir l'effet de ce cédant, le porteur était son créancier, pour vente de marchandises par exemple. L'action qui lui appartenait n'a pas disparu par la négociation de lettre de change qui lui a été faite. Il se remet à l'exercer maintenant que cette lettre n'est pas acceptée, et il importe peu, pour la réussite de son recours, que le refus d'acceptation soit établi par un protêt ou autrement.

Seulement il va de soi que le recours, envisagé sous cet aspect, se limitera au cédant immédiat. Si ce cédant est d'une solvabilité douteuse, le seul moyen de sauvegarder l'action en garantie contre des endosseurs ou contre un tireur plus ancien, sera de lever le protêt et d'intenter l'action judiciaire, telle que l'organise la loi du change.

SECTION II

DE L'AVAL

(C. com. art. 141 et 142)

1201. — L'aval constitue une autre garantie personnelle du paiement de la lettre de change que l'acceptation (art. 141). C'est le *cautionnement* fourni par un tiers, appelé *donneur d'aval.*

Il a lieu par apposition de signature, soit *sur l'effet*, soit *sur un acte séparé.* Dans les deux cas il oblige le signataire *commercialement,* selon le droit du change (fût-il ami de la personne cautionnée, et étranger aux affaires), et *solidairement* avec celui pour qui le donneur intervient ainsi qu'avec ses prédécesseurs. La caution ne dispose pas, ici comme en droit civil, du bénéfice de discussion. Le tout, à moins de convention contraire (art. 142).

Le donneur d'aval aura son recours contre celui dont il a garanti la signature et contre ceux qui, sur la traite, venaient avant cette personne. Mais il ne pourrait se retourner contre les signataires suivants.

1202. — Les négociants n'aiment point pratiquer l'aval ouvert et démasqué. Celui qui ne peut faire escompter son papier sans qu'une seconde personne réponde pour lui, se souciera peu de traduire dans la disposition de l'effet et des signatures la faiblesse de son crédit. Il conseillera à son donneur d'aval de rédiger l'effet comme s'il en était tireur et de le passer à son propre ordre, sous une mention inexacte de valeur fournie.

Et c'est cette lettre de change que l'intéressé va négocier, en figurant sur elle comme preneur et premier endosseur.

Les parties ont commis une supposition de qualité, et très certainement, la lettre étant retournée au preneur, celui-ci serait sans pouvoir pour se faire garantir par le tireur qui est en réalité sa caution. Mais cela n'empêche pas la lettre de change vis-à-vis des porteurs de bonne foi de produire les mêmes résultats que si elle était régulière (nº 1134). Il se pourrait, en revanche, qu'au regard des porteurs qui connaissent la situation respective des signataires, le titre dégénérât en effet de complaisance. Si le prétendu tireur (donneur d'aval) a voulu être couvert par des renouvellements, il paraît difficile d'échapper à un pareil résultat (nº 1168).

CHAPITRE IV

DE L'ENDOSSEMENT

(C. com. art. 136 à 139)

1203. — L'endossement est la *transmission de la lettre de change à un nouveau porteur au moyen d'une mention écrite au dos du titre* (article 136)[1]. L'auteur de la transmission ou cédant s'appelle *endosseur* : l'expression d'*endossataire*, malgré sa commodité, est peu usitée pour qualifier l'acquéreur, le *nouveau porteur*.

1204. — Cette transmission s'opère pour l'une des trois causes suivantes :

a) *A titre de propriété.* — L'endossement est une *cession*, qui fait acquérir au nouveau porteur le profit de la lettre de change. Le cessionnaire en a fourni la contre-valeur, soit en espèces, parce qu'il a escompté la traite, soit en marchandises, s'il a reçu la traite en règlement, soit autrement.

b) *A titre de mandat ou de procuration.* — Le nouveau porteur a reçu qualité par l'endossement à l'effet de soigner le recouvrement de l'effet au nom et au compte de l'endosseur. Il n'a pas fourni la valeur de la traite au moment où elle lui a été livrée; devant toucher la somme à l'échéance, il la restituera à son mandant (sous réserve de ce qui sera exposé plus loin).

[1] Au cas où le verso est déjà tout couvert d'endossements, on peut faire les suivants sur une *rallonge* rendue adhérente au titre.

c) *A titre de nantissement.* — La lettre de change est négociée à l'ordre d'un créancier de celui qui l'endosse. Elle doit procurer à ce créancier un gage de remboursement de ses avances, elle ne le rend pas propriétaire de l'effet. Il ne sera plus question ici de cette variété d'endossement : la forme à laquelle elle est soumise et ses effets ont déjà été examinés (n° 889).

SECTION PREMIÈRE. — Endossement régulier ou de propriété

1205. — Après avoir pris connaissance dans la loi (art. 137) des énonciations que doit contenir un endossement régulier, on voit pourquoi en pratique il est rédigé comme suit :

> Payez à l'ordre d'*Emile*, valeur en marchandises (ou en espèces, ou en compte).
> 15 janvier 1898. *Bernard.*

L'endossement peut se dispenser de reproduire un certain nombre de mentions : — le capital de l'effet, — l'échéance, — le nom du tiré, — le domicile du paiement, — qui figurent dans le corps de l'effet et dont une énonciation nouvelle serait tout à fait inutile. En revanche, il doit contenir :

a) La *signature* de l'endosseur;

b) La *date*, c'est-à-dire l'indication du jour de l'opération, sans qu'il soit besoin d'y ajouter le lieu. Même avant 1894, lorsque la lettre de change devait emporter remise de place, cette condition était étrangère à l'endossement, lequel pouvait avoir lieu au lieu même du paiement : ce qui rendait inutile l'énonciation de l'endroit où il était opéré;

c) La mention de la *valeur fournie* (critiquée en législation par ceux qui trouvent déjà cette mention sans avantage dans le corps de l'effet). A la rigueur un endossement pourrait avoir une donation pour cause. Faite ostensiblement, cette donation nécessiterait la confection d'un acte notarié. Mais on peut dissimuler la libéralité sous une mention de valeur en compte par exemple, et passer ainsi sous signature privée ordre de l'effet. Cela tient à la jurisprudence en vigueur sur la validité des donations déguisées sous la forme d'un contrat à titre onéreux.

d) Le *nom du nouveau porteur*, avec la clause à ordre[1].

1206. — Nature de l'endossement: cession, novation, stipulation pour autrui, etc. — L'endossement, avons-nous dit, transmet à un cessionnaire la créance renfermée dans la lettre de change. C'est un mode de *négociation*, que l'on met parfois sur le même rang que le

[1] La mention *non à ordre* introduite dans l'endossement ferait donc dégénérer la négociation en un endos irrégulier.

transfert pour les titres nominatifs ou que la *tradition manuelle* du certificat pour les titres au porteur.

On a l'habitude de rapprocher l'endossement de la *cession civile* de créance, telle qu'elle est réglée dans les art. 1689 et s. C. civ. Ce rapprochement se traduit par certaines différences dans les effets de l'un et de l'autre. Si l'on est d'accord sur la plupart de ces différences, la question de principe n'en est pas moins difficile. La détermination du vrai caractère de l'endossement demeure conjecturale, et quelques personnes refusent de le rattacher à la cession. Il procéderait, suivant elles, d'une tout autre notion.

1207. — Suite. — Cette thèse s'inspire surtout d'un résultat très particulier à l'endossement et qui ne saurait s'expliquer, dit-on, au moyen d'une cession.

La *cession*, c'est la transmission d'un droit à un acquéreur par voie dérivée. Or, suivant l'opinion commune basée sur la tradition, le porteur saisi au moyen d'un endossement n'exerce pas les droits de son cédant : il agit, au contraire, en vertu d'un droit propre, comme si un lien direct s'était établi entre le tiré (ou les autres signataires) et lui-même. On prétend que ce droit propre exclut toute pensée de cession.

On fait alors appel à d'autres explications, dont les plus importantes sont la théorie de la *novation* ou celle de la *stipulation pour autrui* (en négligeant celles qui, à l'imitation du droit allemand, donneraient pour source à la dette le titre lui-même, sans égard à la cause concrète des engagements qui y sont consignés).

Il y a novation pour ceux qui disent : — Le souscripteur, par la clause à ordre, s'est obligé à reconnaître pour nouveau créancier quiconque arriverait au titre en vertu d'un endossement, en telle sorte que la première dette est remplacée par une autre, et ainsi de suite. Théorie difficile à concilier avec cet autre résultat : l'ancien porteur, qui aurait cessé d'être créancier des signataires, une fois l'effet endossé par lui, est cependant recevable à les poursuivre derechef, si l'effet impayé doit lui être retourné. Comment cela peut-il se faire, si sa créance a été novée ?

Il y a stipulation pour autrui, pour ceux qui décomposent ainsi l'opération : — Le preneur stipule le bénéfice du droit non seulement pour lui-même, mais pour tous ceux aux mains de qui arrivera plus tard la traite. Ceux-ci, en laissant passer l'effet à leur ordre, acceptent la stipulation accessoire qui a été faite pour eux à l'origine dans les termes de l'art. 1121 C. civ.

1208. — Suite. — Il paraît préférable, en droit français, de rester fidèle à l'opinion qui voit dans l'endossement une variété de la cession.

C'était bien la doctrine de l'Ordonnance, ainsi qu'en témoigne la manière dont elle statuait : « Les lettres de change endossées appartiendront à celui du nom duquel l'ordre sera rempli, *sans qu'il soit besoin de transport ni de signification* (V, 24) ». En d'autres termes, l'ordre « opère la même chose qu'un transport signifié » (JOUSSE). L'endossement est envisagé comme une cession, exemptée de la signification que demandait pour un transport ordinaire de créance la coutume de Paris, art. 108.

Le Code de commerce adopte le même point de vue, lorsqu'il parle d'une « transmission » de la propriété de la lettre de change par le fait de l'endossement.

1209. — **Suite.** — Seulement le cessionnaire se trouve investi d'un *droit propre*, indépendamment du droit dérivé que lui procure la négociation.

Il n'y a point de contradiction à lui conférer ce droit propre. Le signataire s'oblige envers sa contre-partie, et il prend en outre l'engagement de faire honneur à la traite envers tout porteur futur. C'est un engagement vis-à-vis de personnes inconnues : engagement peu en harmonie avec les principes généraux, mais que consacre la législation du change. Lorsqu'a lieu l'endossement de la lettre, la situation est la même que si le *souscripteur* était présent et *reconnaissait expressément au regard du cessionnaire la dette comme bonne et régulière*.

Cela ressemble à une cession de créance civile, que le cédé accepterait par acte authentique (art. 1690 C. civ.). Cela y ressemble, dans la supposition, ajoutons-le de suite, que le cédé ne se contenterait pas de donner acte d'un transport de la créance telle quelle, bonne ou mauvaise, acquise aux risques du cessionnaire (ainsi qu'on interprèterait une acceptation de transport pure et simple). C'est une *acceptation* dans laquelle le cédé se porterait *garant* expressément envers le cessionnaire de l'existence du droit et de l'absence en lui de tous vices.

Alors, de deux choses l'une : — Ou la créance constatée par la lettre était chez le cédant une créance valable, à l'abri de tout moyen de nullité ou d'extinction. Cette même créance passera au nouveau porteur par suite d'un transport, sans que ce dernier ait intérêt à se prévaloir d'un autre droit que celui qu'il tient de la cession.

Ou bien la créance était paralysée dans son exercice, aussi longtemps qu'elle appartenait au cédant. Dans ce cas, et moyennant certaines distinctions, le nouveau porteur n'invoquera pas la cession. Car elle est insuffisante pour lui procurer un émolument. Il invoquera ce droit propre, cette promesse par le souscripteur de l'efficacité de la créance, promesse à lui donnée dans l'endossement.

De ce que, dans certaines éventualités, en somme assez rares, l'acquéreur se fonde sur une clause tacite de la lettre de change ayant une portée plus large qu'une cession, ce n'est pas un motif pour repousser cette notion dans les cas, de beaucoup les plus nombreux, où elle suffit à justifier l'exercice par le porteur des droits de la traite.

1210. — **Triple différence avec la cession.** — Cela dit, on a l'habitude de ramener à trois les différences qui séparent l'endossement de la lettre de change et la cession civile. Ces différences concernent : 1° la *forme* de l'opération ; — 2° la *garantie* assumée par le cédant ; — 3° la *purge des moyens de nullité ou d'extinction* de la dette par le fait de la négociation.

1211. — 1° *Forme.* — La formule de l'endos au revers du titre opère cession de la lettre de change *erga omnes*, il n'y a pas besoin pour l'acquéreur de se mettre autrement en rapport avec les débiteurs du titre, avec le tiré par exemple. Il est saisi envers eux de la créance *ipso facto*.

Ce n'est point ainsi que se passaient les choses pour une cession civile. L'accord des volontés du cédant et du cessionnaire n'opérait transport qu'*inter partes*. Le transport ne devenait définitif au regard des tiers (cédé, second cessionnaire, créanciers du cédant) que moyennant une *signification* de la cession au cédé par exploit d'huissier, à moins d'une *acceptation* authentique du transport faite par ce cédé, de sa propre initiative (art. 1690 C. civ.).

1212. — La dérogation apportée par l'endossement aux principes ordinaires s'explique de soi. La *signification* de l'art. 1690 est un *mode de publicité* destiné à instruire le débiteur des mutations dont la créance viendrait à être l'objet, et à l'informer de n'avoir plus à payer à son créancier originaire.

Or ce mode de publicité devient superflu en cas d'*endossement.* La traite dénonce, au seul examen de son verso, la personne qualifiée pour toucher. La lettre de change est un titre de présentation, la production du certificat est indispensable à l'exercice du droit. Le fait que le tiré ignore entre temps ceux entre les mains de qui passera l'effet, n'offre aucun inconvénient, s'il doit être renseigné sur le vrai et dernier créancier au moment où on lui réclamera les fonds. Alors, il examinera la chaîne des ordres et verra si la personne désignée dans l'endos final est bien celle qui se présente à lui. Il n'a pas à craindre de payer par erreur un cédant qui se serait à son insu débarrassé du titre.

D'autre part, il n'est pas à craindre non plus que le preneur, après avoir négocié l'effet à une première personne, le négocie à une deuxième personne de bonne foi : celle-ci, avant de consentir à cette négociation et d'en fournir la valeur, se fera produire l'effet, et demandera qu'on le revête d'un endos à son propre ordre, ce que la mention déjà apposée sur l'effet au profit du premier cessionnaire rendra impraticable.

Bref, cessionnaire et cédé sont assez protégés par ce fait que la lettre de change porte à son revers, à titre de signalement, la filière de ses porteurs successifs, y compris le porteur actuel.

1213. — Il restait, il est vrai, une fraude possible. Le porteur de l'effet, pour le détourner du gage de ses créanciers, va l'endosser à un compère : quoique failli, ou à la veille de l'être, il masquera cette manœuvre au moyen d'une antidate. Les apparences feront croire que l'endossement est de plusieurs semaines plus ancien.

S'il s'agissait d'une cession civile, l'exigence d'un acte d'huissier ou de notaire (art. 1690), ou plus simplement la date certaine subordonnée à l'enregistrement des actes (art. 1328 C. civ.), ferait échec à la réussite de ce calcul. Exiger l'enregistrement de chaque endossement d'effet, il n'y fallait point songer.

La loi commerciale a compris le péril. « *Il est défendu d'antidater les ordres*, dit l'art. 139, *à peine de faux* ». La lettre de change étant toujours un instrument commercial, c'est la peine du faux en écriture de commerce qui serait applicable : travaux forcés à temps (art. 147 C. pén.). « Cette défense, disait Jousse sous l'Ordonnance (V. 26), est établie pour prévenir les tromperies qui pourraient se faire dans le commerce en cas de faillite, où ceux qui ont des lettres de change pourraient antidater des ordres longtemps avant leur faillite, pour recevoir le montant de ces lettres sous le nom de quelque personne interposée ou pour les donner à quelqu'un de leurs créanciers en paiement, au préjudice des autres, sans que ces derniers pussent en demander le rapport à la masse ».

1214. — La sanction attachée à l'antidate a donc pour résultat de donner date certaine à l'endossement, comme s'il avait été présenté à l'enregistrement. On s'est demandé incidemment si cette disposition pénale devait s'étendre à l'*antidate commise dans le corps même de la lettre de change*, au moment de son émission.

On incline d'abord vers la négative. C'est qu'on part de l'idée que les peines sont de droit étroit, et que simuler entre opérateurs d'accord une date de leur convention autre que la date réelle, n'est pas en soi un faux. Le faux, c'est l'imputation à un tiers d'un acte auquel ce tiers était demeuré étranger.

Cependant l'autre opinion doit prévaloir, à cause de la jurisprudence reçue sur le transport de propriété de la provision. Dès l'instant que la toute première négociation dont la lettre de change est l'objet a déjà pour résultat de transporter au bénéficiaire la créance sur le tiré qui appartenait au tireur, et cela sans ministère d'huissier, et sans enregistrement de la lettre, — les mêmes dangers, auxquels veut obvier l'art. 139 pour les endossements subséquents, existent au semblable degré pour la mise en circulation primitive de la traite. Il y a égale raison de sévir dans les deux cas. Le texte parle d'antidate des « ordres » : expression assez large pour comprendre même l'émission de la lettre.

Le problème n'a qu'un intérêt limité. Car si c'est une faillite du porteur qui détermine cette antidate, l'auteur de l'agissement tombera de toute manière sous l'inculpation de banqueroute frauduleuse : crime également puni des travaux forcés à temps.

1215. — La disposition, concernant le résultat de l'endossement pour investir envers tous le nouveau porteur, a son contre-coup sur les *voies d'exécution* dont une lettre de change peut être l'objet.

Les créanciers du porteur de la traite, à un moment donné de sa circulation, peuvent, s'ils ne sont pas payés de ce qui leur est dû, considérer cette traite appartenant à leur débiteur comme comprise dans leur gage général de poursuites (art. 2092 C. civ.). La lettre de change n'est point insaisissable. Ils ont donc qualité pour frapper par exemple cette traite d'une saisie-exécution

Mais si ces créanciers, pour mettre la traite sous la main de justice, devaient employer la procédure de la *saisie-arrêt*, et signifier au tiré défense de payer l'effet au porteur au mépris de leurs droits, cette saisie-arrêt serait inopérante.

L'art. 149, en effet, n'admet l'opposition au paiement de la lettre de change chez le tiré que dans deux cas, au nombre desquels ne rentre pas la défense des créanciers du porteur. Ce n'est que si le porteur insolvable était un commerçant et se trouvait mis en faillite, que cette faillite, avec le dessaisissement qu'elle entraîne, justifierait une opposition à paiement. Mais nous écartons cette hypothèse.

La nullité d'une saisie-arrêt en matière de lettre de change s'explique fort bien par les notions précédentes. Si la saisie avait été reconnue valable par la loi au regard du tiré — ce qu'à la rigueur on eût compris, — il ne pouvait être question de lui donner effet vis-à-vis d'un acquéreur subséquent de la lettre de change. Le porteur insolvable du titre l'endossant à un tiers en fraude de ses créanciers, ce tiers primerait nécessairement les créanciers saisissants. Car le titre ne porte aucune mention d'indisponibilité, et on doit pouvoir acheter la lettre en toute sécurité si rien à sa lecture ne révèle sa mise hors du commerce.

Donc le saisi arriverait constamment à rendre la saisie illusoire, en négociant l'effet. Il était plus simple, dès lors, de déclarer dans tous les cas la saisie-arrêt sans valeur; ce que le législateur a fait, du moins par une décision *a contrario.*

1216. — 2° *Garantie de l'acceptation et du paiement.* — D'après les règles du droit civil (art. 1693 à 1695), le cédant n'assume de plein droit que la *garantie d'existence* de la créance, il se porte fort de la réalité du droit cédé, de la possibilité juridique de l'exercer. — Pour que le cédant réponde de la solvabilité du cédé, il faut qu'il s'y soit expressément engagé; une clause de cette nature ne s'entendrait que de la garantie de la solvabilité actuelle, contemporaine de la cession. — Le cédant ne serait garant de la solvabilité future qu'à la condition de le dire formellement. — Même alors, l'effet du recours en garantie serait limité au prix de la cession reçu par le cédant : le cessionnaire ne pourrait pas réclamer une somme plus forte, sous prétexte qu'elle ne dépasse pas le montant nominal de la créance.

C'est que la cession civile est vue d'un œil défavorable : la loi la suspecte comme un acte de spéculation sur capitaux servant les plans des usuriers.

Il en est différemment dans l'endossement : tous ceux qui ont signé, accepté ou endossé une lettre de change sont tenus à la *garantie solidaire* envers le porteur (art. 140). Cette garantie porte à la fois sur l'acceptation et sur le paiement. L'endosseur répond donc même de la solvabilité future du tiré, et il est tenu de rembourser la valeur pleine de l'effet. Cela n'est pas excessif, puisqu'il avait touché d'abord cette valeur pleine, diminuée de l'escompte, c'est-à-dire de l'intérêt.

1217. — Quelquefois on endosse un effet de banque, en insérant la clause *sans garantie.* Si la traite reste impayée, le risque demeure au nouveau porteur (banquier escompteur), il ne pourra pas se faire rembourser par le cédant l'argent qu'il lui a versé.

L'endosseur a trouvé dans l'opération le bénéfice d'une assurance contre l'insolvabilité d'un débiteur. Il avait une traite de 50,000 francs en portefeuille à trois mois de date. Le tiré pouvait faire faillite dans l'intervalle. Il s'est couvert par un escompte, en convenant qu'il n'aurait pas à restituer les fonds. Le banquier alors perçoit une prime d'assurance, en sus de l'escompte ordinaire.

En cas de réticence de l'escompté qui n'aurait pas renseigné sa contre-partie sur les éléments du risque, l'assurance est annulable, la clause sans garantie peut être attaquée (arg. art. 348 C. com.).

Par l'effet de cette clause, l'endossement est ramené quant à la garantie à une cession civile. L'endosseur ne répond plus que de l'existence de la créance ; même il cesserait d'en répondre s'il en était expressément convenu.

La clause susdite peut être insérée aussi dans le corps de la traite, au profit du tireur. Mais celui-ci ne saurait s'affranchir de la garantie d'existence de la provision sur le tiré.

1218. — 3° *Purge des moyens de nullité ou d'extinction de la dette par le fait de l'endossement.* — De tous les effets produits par l'endossement régulier, c'est ici qu'apparaît le plus notable.

Dans une cession civile, la créance passe telle quelle à l'acquéreur, avec ses vices comme avec ses qualités. Le cessionnaire est mis au lieu du cédant, il échouera contre les causes d'exonération ou de décharge auxquelles se serait heurté le cédant lui-même.

Si la créance est annulable ou éteinte, la cession ne lui rend pas la vie. Son irrégularité, visible ou latente, n'est pas couverte par la transmission du droit. Que le débiteur ait un moyen tiré de son incapacité, d'un vice de consentement, d'un fait d'usure exercé à son détriment, d'un paiement, d'une résolution, d'une compensation, etc., et que ce moyen soit né vis-à-vis de son créancier avant que la cession de la créance ait été rendue parfaite : il continuera à invoquer ce moyen contre le cessionnaire et avec un entier succès. *Nemo plus juris ad alium transferre potest quam ipse habet.*

1219. — C'est la règle contraire qui prévaut, sauf certaines réserves, pour l'endossement de la lettre de change. *Exceptio quæ obstabat giranti* (cédant) *non obstat giratario* (cessionnaire). C'est ce qu'exprime Jousse pour l'ancien droit français[1] : « Dans le billet à ordre, celui qui en est le porteur, n'a pas à craindre que le débiteur puisse lui opposer aucune exception du chef de son cédant, le porteur quel qu'il soit, en étant le véritable propriétaire, ainsi que s'il avait été originairement consenti en sa faveur.»

La règle n'est exprimée par aucun article du Code de commerce. Elle repose sur une tradition ferme. L'endossement purifie en quelque sorte le titre des vices dont il était infecté, et ranime une créance qui était sans vie pour le précédent porteur.

1220. — Deux raisons peuvent être données de cette particularité :

1° Sans une pareille prérogative, la circulation de la lettre de change serait pleine de risque : pour celui qui reçoit le titre en règlement,

[1] A l'occasion d'un texte équivoque de l'Ordonnance (V, 30) sur les billets de change ou billets par lesquels on s'engageait à fournir une lettre de change à une autre personne: le texte disait que ces billets ne seraient pas réputés « appartenir à un autre » que le particulier y dénommé, encore qu'il y eût transport signifié. « Appartenir à un autre », c'est-à-dire conférer à un acquéreur plus de droits que n'en avait le créancier primitif. De là part l'auteur du commentaire, pour montrer le contraste existant entre la créance ordinaire et le titre à ordre.

il faut que l'apparence de la validité des engagements antérieurs à celui de son endosseur puisse tenir lieu de la réalité.

2° En doctrine, on doit en revenir à la notion exposée au début de ce chapitre, et que signale Jousse dans le passage ci-dessus reproduit.

En d'autres termes, le signataire du titre à ordre ne s'oblige pas seulement envers sa contre-partie. Il contracte une dette envers les porteurs quelconques du titre.

La première de ces deux dettes, celle envers la contre-partie, est-elle nulle ou éteinte, cela ne prouve pas que l'autre, celle envers le porteur, le soit aussi. Le signataire, tireur ou tiré, a, par le fait de la clause à ordre, reconnu d'avance la dette envers le porteur futur et incertain. C'est disions-nous, comme si, après la cession faite, il avait accepté cette cession en se portant garant de son existence (n° 1208).

Or, là où une convention de garantie de l'ordre que nous indiquons serait productive de résultat à la charge d'un cédé, et l'empêcherait de se prévaloir d'une exception qui jusque-là paralysait l'exercice de la créance chez le cédant, — là aussi la clause à ordre liera le tiré envers le nouveau porteur, quoiqu'il ne fût point tenu envers le porteur originaire. C'est conséquent et d'incontestable vérité, semble-t-il.

1221. — Mais la règle a aussi ses limites. Du moment que cette obligation directe repose sur une *acceptation anticipée* du cessionnaire, avec promesse de garantie, il est indispensable qu'elle soit exempte du vice atteignant le premier engagement, la dette envers la contre-partie. Autrement, quelque base qu'on lui donne, l'obligation pèchera par le même défaut. On va se trouver, dans ces conditions, en présence de certains moyens de nullité, mettant obstacle à la validité de l'engagement tant envers le dernier porteur qu'envers le premier.

Toutefois, il ne faudrait pas non plus conclure précipitamment à l'absence de toute responsabilité du signataire envers le porteur actuel lorsque sera invoqué ce moyen de nullité que ne saurait couvrir l'endossement : il peut résulter des circonstances que le signataire a commis une faute, une imprudence. C'est lui qui est cause de l'erreur où sont tombés ceux qui, voyant le titre circuler, ont cru à un engagement régulier de sa part. Il ne sera pas tenu en vertu d'une convention, mais conformément à la règle des délits (art. 1382 C. civ.).

1222. — Pour montrer comment cet important principe doit fonctionner dans l'application courante des faits, on a pour habitude de ranger les exceptions ou moyens de défense opposables à une dette, en trois catégories :

a) Exceptions qui, contrairement à l'idée dominante du système, ne peuvent être purgées par l'endossement et qui continuent par conséquent à être recevables contre un porteur quelconque, fût-il de bonne foi;

b) Exceptions qui sont couvertes par un endossement régulier, sans distinction entre la bonne ou mauvaise foi du nouveau porteur, et quand même il était instruit du vice du titre;

c) Exceptions exclues vis-à-vis d'un porteur de bonne foi, mais subsistant, en revanche, contre celui qui, au moment de se faire négocier le titre, savait la dette nulle ou éteinte.

Il est préférable de simplifier ces classements, en réunissant les deux dernières catégories en une seule. Distinguer suivant la *bonne* ou la *mauvaise* foi du porteur ne paraît pas juste [1].

Ce qu'il faudra rechercher, c'est si la personne venue au titre en a ou non fourni la valeur à son cédant. — Dans le premier cas, elle a avancé l'équivalent de la traite, elle a témoigné de la volonté d'être énergiquement armée pour son paiement contre tous les signataires du titre. Le fait qu'elle sait l'engagement nul chez son cédant ne doit pas la rendre irrecevable à s'en prévaloir à son tour. — Dans le deuxième cas, si le nouveau porteur n'a pas fait les fonds de la traite, l'endossement n'est translatif qu'en la forme : c'est un endos de procuration déguisé. Ne pouvant utilement exercer lui-même les droits de la traite, le porteur use d'un subterfuge et il choisit un compère, un acquéreur fictif. Or on verra que la purge des exceptions ne peut être invoquée par un porteur simple mandataire. Il appartiendra au tiré de prouver que celui qui l'attaque n'est pas un acquéreur, mais un homme de paille de l'endosseur. Cet homme de paille sera habile sans doute à exercer les droits de son donneur d'ordre, mais ces droits seulement.

Ramenons donc à deux groupes les exceptions tendant à se dégager du paiement d'une dette. L'étude exige une grande attention.

1223. — A. MOYENS DE DÉFENSE OPPOSABLES A UN PORTEUR QUELCONQUE DE L'EFFET. — De ce nombre sont les exceptions de vice de forme, d'incapacité, de faux ou de violence.

1224. — *a*) *Vice de forme.* — La lettre n'est pas datée, elle ne mentionne pas la valeur fournie, etc. Elle devient simple promesse (art. 112).

Ce résultat se produit même au regard des porteurs futurs, non parce qu'ils sont de mauvaise foi, voyant la rédaction du titre incomplète, mais parce que l'engagement du tireur envers le tiers porteur pèche par le même vice de forme que sa dette envers le preneur.

Si la lettre avait été délivrée en *blanc-seing*, et que le preneur eût

[1] Sous réserve de situations particulières dans lesquelles l'engagement du signataire, dénué de toute valeur contractuelle, se rattacherait à un délit (voir ci-dessous).

ensuite rempli le blanc de manière à confectionner une traite d'apparence régulière, cela ne donnerait point naissance à une lettre de change valable.

Même au regard d'un porteur de bonne foi, le signataire n'est pas obligé par l'effet d'une convention. Lorsque la loi veut une forme, c'est pour qu'elle soit observée au moment même de l'émission.

Toutefois, le tireur serait alors tenu *ex delicto*. Il a eu tort de mettre sa signature en circulation, de manière à surprendre la crédulité d'un porteur futur qui a peut-être fait les fonds de cette traite. Il devra réparer le tort causé (n° 1101). Evidemment cette réparation n'est due qu'à un porteur de bonne foi [1].

On dit en pareil cas : Soit, le signataire est responsable, mais il ne sera plus passible alors de l'action de change, le tribunal civil devra être saisi de la demande (à moins que le souscripteur ne soit commerçant, etc.). — Ce n'est pas notre avis. La réparation du tort ne sera vraiment complète que si le porteur est exactement placé, soit quant à compétence, soit autrement, dans la même position qu'avec une lettre de change régulière. A l'exception de renvoi devant le tribunal civil qu'invoquerait le signataire, le porteur répliquera par le moyen tiré de la faute de ce signataire. C'est lui faire tort à lui-même que de l'obliger à plaider devant un autre tribunal que celui qu'il croyait compétent. Or, précisément, ce tort ne doit pas lui être causé.

1225. — *b*) *Incapacité.* — Le signataire est une femme non autorisée, un mineur, un interdit, un failli. Alors même que cette irrégularité serait masquée par une antidate ou par une postdate selon es cas, l'exception demeure recevable contre tout porteur.

En faisant appel à la pensée d'un engagement accessoire que le souscripteur aurait contracté directement envers le tiers porteur, il est impossible que cet engagement soit valable : l'incapacité le vicie tout comme l'autre. La bonne foi du porteur n'y changerait rien.

Nous avons déjà dit que les négociations auxquelles l'effet donnerait lieu de la part de signataires précédents ou suivants produisent un entier effet (n° 1146). Cela s'explique, en partant de l'idée que tout souscripteur d'effet est garant de la réalité des engagements constatés sur le titre : or on peut se porter caution d'une obligation annulable par suite d'une exception purement personnelle au débiteur, par exemple

[1] Même solution, si la lettre, sans être à l'origine un blanc seing, péchait par des omissions qui ont été réparées après coup, par imitation de la même écriture. Même solution encore, pour une lettre de change toute rédigée par le tireur au nom d'un de ses correspodants et qu'il aurait laissée s'égarer, de manière à rendre possible la soustraction dont cet effet viendrait à être l'objet.

au cas de minorité (art. 2012 C. civ.). L'endosseur est tenu, bien que le tireur ne le soit pas [1].

1226. — c) *Faux.* — Un faussaire imite la signature d'autrui et en revêt une lettre de change en qualité de tireur. Le tiers dont la signature est usurpée n'est pas tenu. L'auteur du faux, s'étant abstenu de révéler son nom, ne s'est pas obligé davantage. On ne saurait parler d'un engagement contracté soit envers la contre-partie, soit envers le tiers porteur. Nul ne peut être tenu sans son fait.

La jurisprudence va plus loin. Elle soutient que cette lettre, fausse à l'origine, ne peut servir de fondement à des engagements subséquents résultant de signatures vraies.

Ex. — La traite est *acceptée* par le tiré, qui croit à un ordre donné par son correspondant, dont la signature est imitée. Cette acceptation sera à bon droit rétractée, elle est intervenue sous l'empire d'une erreur substantielle. Le paiement de l'accepteur serait sujet à répétition contre le porteur qui l'aurait reçu. Il importerait peu que le bénéficiaire de cette acceptation ou de ce paiement n'eût point trempé dans le faux primitif et eût acheté l'effet de ses propres deniers.

Cette traite se couvre d'*endossements* véridiques. Aucun des endosseurs ne sera tenu à garantie. Celui qui est surpris par le défaut de paiement ne pourra pas agir solidairement contre les endosseurs. Il aura seulement à exercer son ancienne créance, que la lettre de change devait régler, contre son cédant immédiat. Il ne le fera point d'après le droit du change. Le cédant agira contre son propre cédant, à la teneur du contrat qui le liait à lui, et ainsi de suite.

Par application des mêmes idées, lorsque l'effet, provenant d'un tireur vrai, vient ensuite à être détourné, et que l'auteur de la soustraction en abuse au moyen d'un faux endossement, tous les endos

[1] La question de l'incapacité du signataire et de la mesure dans laquelle cette incapacité est opposable au tiers-porteur, se présentera en outre en matière de société. Un administrateur de société peut en thèse générale, et en vertu des pouvoirs généraux dont il dispose, user de la signature sociale en négociant des effets. Mais il se pourrait aussi que cette négociation fût un moyen de masquer sous des dehors de légalité une opération dépassant les attributions d'un administrateur : un crédit ouvert en banque, par exemple. — Il nous paraît équitable de déclarer la société régulièrement obligée en pareil cas vis-à-vis des tiers-porteurs de bonne foi; cela ne contredit pas ce que nous disons dans le texte sur l'effet absolu du moyen tiré de l'incapacité d'un mineur ou d'une femme. Le tiers-porteur n'était pas pratiquement en mesure de s'informer de la contravention aux statuts commise par l'administrateur. Il y aurait lieu de répéter ce qui a été dit dans une autre partie de ce traité sur l'*abus de raison sociale*, et sur l'obligation pour la société d'en répondre (n° 320).

postérieurs sont nuls et de nul effet, ils n'engendrent point d'obligation à la charge de ceux qui les ont signés [1].

1227. — Il ne semble pas, au surplus, que ces résultats admis en pratique soient dignes d'être approuvés. Il vaudrait mieux décider que la lettre de change, quoique fausse à l'origine ou viciée par un faux au cours de sa circulation, engendre les effets d'une traite régulière pour tous les signataires sincères [2].

Chacun de ceux-ci, en même temps qu'il déclarait vouloir prendre un engagement de somme, n'a-t-il pas garanti la vérité des signatures déjà apposées sur le titre, suivant la manière et dans les délais que comporte le droit du change ? Pourquoi cette garantie serait-elle dénuée de force ?

D'autre part, comment prétendre, sans contrevenir à l'art. 121, qu'il y a certaines acceptations d'effets contre lesquelles l'accepteur peut se faire restituer ?

1228. — Il y a un cas de faux qui demande à être signalé spécialement : c'est le *faux dans le chiffre de la dette*, autrement dit la majoration dans le montant de l'effet, effectuée après sa mise en circulation.

La lettre de change était de *trois cents francs*, elle a été acceptée au vu de cette somme. Un porteur élève cette somme à *deux mille trois cents* francs : il y parvient en ajoutant un 2 à la tête des chiffres, et en intercalant les mots « deux mille » dans le corps de l'effet.

Il est admis que les débiteurs, tireur, tiré, etc., sont fondés à exciper du faux, pour n'avoir à payer que la somme à laquelle ils s'étaient obligés. Ils ont ce moyen à leur service, même à l'égard d'un porteur de bonne foi. Réservons le cas d'une imprudence de leur part, telle qu'un intervalle mal à propos laissé dans l'effet à l'endroit où le faussaire l'a surchargé. Sans cette imprudence, la fraude n'aurait pas été possible. Celui qui l'a commise en doit répondre comme d'un quasi-délit (en sens contr. Civ. rej. 17 déc. 1884).

1229. — *d) Violence.* — Une signature de change est extorquée par contrainte : menace à la vie, à la réputation de celui qui paraît sur l'effet comme tireur ou comme accepteur.

1 Mais, bien entendu, l'accepteur de cet effet dérobé reste tenu, puisqu'il a obéi à un mandat de vrai tireur. On verra que, payant au voleur ou à un autre porteur ayant acquis la traite du voleur, il ferait un paiement libératoire (art. 145).

2 A l'égard d'une lettre revêtue d'un faux endos, cela revient à dire : la chaîne des endossements se divise en deux tronçons. *a)* Au regard de la personne victime de la soustraction de la traite, porteur qui retrouve plus tard l'effet, tous les signataires antérieurs à lui demeurent tenus (vérité admise dans tous les systèmes). *b)* Au regard du porteur à qui la lettre de change est advenue depuis le détournement, les endos qui suivent l'endossement faux disposent d'une force égale à celle que possède une lettre de change véridique.

La doctrine admet en France que le moyen tiré de la violence (art. 1111 et suiv. C. civ.) est recevable contre un porteur quelconque de l'effet. Il l'est même contre celui qui serait venu au titre postérieurement et de bonne foi et qui n'aurait point participé à la violence.

Cela est conséquent. Mais, dira-t-on, le souscripteur s'est engagé envers le porteur à venir, qui le recherchera du chef de cet engagement, et non pas à raison de la promesse faite à l'auteur de la contrainte. — Qu'importe, du moment que cette obligation directe provient d'une personne dont le consentement n'était pas libre? Le même vice s'étend d'un engagement à l'autre : la violence annule la dette, même lorsqu'elle émane d'un autre que le créancier ou le porteur d'effet à qui on l'oppose.

1230. — B. MOYENS DE NULLITÉ OU D'EXTINCTION DE LA DETTE, PURGÉS PAR L'ENDOSSEMENT AU PROFIT D'UN ACQUÉREUR DE L'EFFET. — C'est ici que s'applique la règle originale qui sépare l'endossement d'une cession.

L'obligation déposée dans la lettre de change a pu manquer d'une condition substantielle exigée par la loi pour la validité d'une convention.

Ou bien l'obligation s'est régulièrement formée, mais un fait subséquent a anéanti la dette.

Or, il se trouve que la dette, *nulle* vis-à-vis de la contre-partie immédiate du signataire, ou *éteinte* à l'égard du porteur cause de la libération invoquée, va naître ou renaître par rapport à ceux qui viendront postérieurement au titre et qui en fourniront la valeur. Examinons les moyens de nullité d'abord, puis les moyens de libération.

1231. — **I. Moyens de nullité.** — *a) Dol.* — Des manœuvres frauduleuses ont été exercées par le preneur sur le tireur, ou sur le tiré, et ainsi a été signée la lettre de change.

L'exception de dol n'opère pas comme celle de violence, elle n'a pas la même étendue. Le dol est un moyen de rescision, lorsque les manœuvres ont été pratiquées par la contre-partie elle-même (art. 1116). Lorsqu'elles ont un tiers pour auteur, le débiteur victime du dol ne peut pas s'exonérer.

Si donc la clause à ordre doit être entendue comme une garantie de la réalité de la dette vis-à-vis du porteur futur, le dol, sous l'empire duquel cette garantie a été promise, n'émane pas de ce porteur : le signataire reste tenu envers lui à tout évènement.

1232. — *b) Cause illicite.* — Il y a absence de cause régulière, lorsque la lettre de change a été souscrite ou endossée à l'occasion d'une opération illégale. Deux hypothèses rentreront plus particulièrement dans cette situation.

1233. — *1*) L'effet de commerce a été souscrit (ou accepté) en règlement d'une *dette de jeu*. La créance née du jeu n'est pas munie d'une action en justice (art. 1965).

Si le gagnant conserve l'effet en portefeuille et le présente lui-même à l'échéance, il sera débouté par l'exception de jeu (ce qui prouve bien que la lettre de change en droit français ne se dépouille pas de la cause concrète de l'opération qui en a déterminé le tirage).

Mais si l'effet est passé à l'ordre d'un nouvel acquéreur qui en a fourni la valeur, le souscripteur ne pourra se dérober à l'obligation de payer.

Il est vrai que, d'autre part, ce paiement étant contraint et non pas libre, le perdant se retournera contre le bénéficiaire du billet, contre son gagnant, afin d'obtenir la restitution des fonds (*non obst.* art. 1967); mais il est exposé au risque d'insolvabilité de ce gagnant, l'avance de la somme au tiers-porteur lui est imposée.

On dit habituellement que ce droit pour le porteur d'exiger le paiement doit être restreint au cas de *bonne foi* de sa part. L'effet a dû être causé « valeur en compte » par exemple, et non pas ostensiblement « valeur en dette de jeu ».

Nous ne croyons pas juste cette limitation d'application du principe. Ou bien on vit ici sur une équivoque. Avoir fait soi-même les fonds de la traite, c'est être nécessairement de bonne foi : chaque fois qu'on se prévaut d'un endos de propriété, on doit aussi pouvoir arguer du droit propre résultant de la clause à ordre.

Le signataire aura seulement la faculté de s'exonérer, en montrant que cet endos de propriété n'est qu'un endos de procuration déguisé.

1234. — Comment la dette du souscripteur envers le porteur peut-elle s'accommoder de cette absence de cause? C'est ce qu'il est difficile d'expliquer. Cependant on y arrive avec quelque effort.

Lorsqu'une personne vient accéder à une cession de créance et se porter fort de l'existence de la créance cédée, *cette garantie renferme sa cause en elle-même*. A l'égal d'un cautionnement, elle est valable. Il n'y a pas à rechercher les liens préexistants entre le garant et celui pour lequel il intercède. Il importe peu qu'entre ces deux hommes ait été conclue une convention illicite ou non. J'ai voulu répondre de la dette d'autrui : il n'en faut pas davantage, je suis tenu.

Or ainsi en est-il de la position du souscripteur envers le tiers-porteur. La convention qui transporte la lettre de change à ce tiers porteur sera licite : il fournira régulièrement, lui, la valeur de la traite.

Telle personne lui garantit l'existence de la créance qu'on lui cède ; cela suffit, cette garantie est valable sans autre examen. Ce n'est pas une raison de lui refuser effet, parce qu'elle provient du débiteur lui-même, et parce qu'elle a été donnée par anticipation, au moment de la souscription du titre.

1235. — 2) Un capitaliste fait une avance de fonds à un emprunteur. Celui-ci souscrit un effet de change, mais en augmentant la somme de manière à rendre l'*opération usuraire*. Le prêt est de 10,000 francs, la traite en porte 20,000.

On doit, bien entendu, écarter, depuis la loi du 12 janvier 1886, le cas où l'emprunt serait fait en vue d'une affectation de commerce. Hors de là, du sentiment de plusieurs auteurs, la commercialité nécessaire de la lettre de change écarterait l'usure dans tous les cas. Le fait de procéder à cette majoration, qui revient à prélever un intérêt supérieur à 5 %, constituerait un acte licite (MM. Lyon-Caen, *Journ. du Pal.* 1887, p. 816, et Bailly, *Ann. Droit comm.* 1887, p. 406).

Mais alors il suffirait, pour tourner la loi d'usure, de rédiger le titre d'engagement en forme de lettre de change ! C'est peu raisonnable.

Aussi vaut-il mieux laisser les juges maîtres de rendre à l'opération son caractère civil en dépit des apparences, et de la frapper en conséquence : la créance n'a pu être transfusée dans la traite que pour le montant que justifiait sa cause primitive. Or cette cause primitive n'avait rien de commercial (Crim. cass. 14 mai 1886, et déclaration de M. Labiche au Sénat dans les débats de la loi de 1886) [1].

Bien entendu, il y a toujours la même distinction à faire, suivant que la traite est restée aux mains du capitaliste primitif ou qu'elle a passé à un autre porteur. Dans ce dernier cas l'exception d'usure n'est plus recevable.

1236. — **II. Moyens de libération ou d'extinction de la dette.** — *a) Résolution.* — La lettre a été négociée « valeur en paiement d'un prix de vente ». La chose vendue était atteinte de vices rédhibitoires motivant la résolution. Si c'est le vendeur qui présente l'effet à l'échéance, il sera débouté en vertu des règles de la garantie (art. 1641 et s. C. civ.). Si c'est un porteur subséquent, le souscripteur se devra à sa signature.

1237. — *b) Compensation.* — Le créancier porteur de l'effet devient de son côté débiteur du signataire pour une somme égale.

[1] Rappelons que la législation romaine mettait le demandeur, malgré la production du titre d'emprunt, dans l'obligation de prouver qu'il avait effectué le versement des sommes (*exceptio non numeratæ pecuniæ*).

Nul doute que la compensation ne lui soit opposable, si la lettre à l'échéance est toujours en ses mains.

Nul doute, par contre, que ce moyen ne soit irrecevable, s'il vient à être invoqué contre un tiers porteur. Il est naturel d'admettre que le débiteur a renoncé à se prévaloir du bénéfice d'une compensation même déjà acquise, au cas où il serait recherché à l'échéance par un autre que le porteur qui se trouverait être en même temps son débiteur (arg. art. 1295 C. civ.).

1238. — c) *Confusion.* — C'est la réunion sur la même tête des qualités de souscripteur et de porteur de l'effet. Le tiré accepteur reçoit en règlement d'un sien correspondant la lettre de change qui était en circulation sur lui.

S'il conserve cette traite en portefeuille, comme il ne peut être à la fois débiteur et créancier, il n'aura à l'échéance à agir ni contre lui-même ni contre les endosseurs ou tireur auxquels il doit garantie par sa position même d'accepteur. La lettre de change perd donc toute force.

Mais qu'il remette le titre en circulation : il semble que toutes ces signatures reprennent leur valeur et que le nouveau porteur récupère le droit de s'en prévaloir.

La jurisprudence n'admet pas, dans tous les cas, cette cessation des effets de la confusion une fois opérée. Elle la repousse, lorsque c'est l'accepteur qui est devenu acquéreur de la traite. Elle l'admet au contraire, lorsque c'est un endosseur qui, devenu temporairement porteur de l'effet, le négocie derechef à un porteur subséquent.

Il n'y a pas de raison juridique de distinguer entre ces deux situations. Dans la première situation comme dans la seconde, le porteur peut agir contre tous les signataires.

1239. — d) *Paiement.* — Il ne faut pas aller jusqu'à dire que le débiteur qui aurait payé une première fois la lettre de change serait mal fondé à opposer son paiement à une nouvelle personne qui lui représenterait l'effet.

Le cas est anormal : il suppose que le tiré par imprudence n'a pas retiré de la circulation la lettre de change avec le « pour acquit », au moment de la payer. Le porteur désintéressé a alors abusé de la traite, il l'a passée à l'ordre d'un nouveau venu.

Il n'a certes pas été dans la pensée du souscripteur d'avoir à payer plusieurs fois la même lettre de change. Seulement il a commis un quasi-délit (art. 1382), il devra réparer le tort occasionné au nouveau porteur par le maintien dans la circulation d'un effet déjà soldé. C'est encore un cas dans lequel la bonne foi du détenteur du titre peut justifier un lien d'obligation qui n'est plus fondé sur le contrat.

1240. — A ces différentes exceptions, déjà très nombreuses, il faut en ajouter une dernière : l'*exception d'incompétence* opposée du chef d'un *étranger*.

Il est reconnu que deux étrangers n'ont pas, en principe, la faculté de plaider l'un contre l'autre devant nos tribunaux, sauf certaines exceptions, inutiles à relever ici. En vain le créancier cèderait-il la créance à un Français : celui-ci, par voie dérivée, n'a pas plus que son auteur le droit d'actionner le débiteur en France.

Lorsqu'on s'occupe d'une lettre de change, la solution diffère. Tireur et bénéficiaire étaient étrangers : en l'état, la justice française est incompétente. Mais l'effet est transmis à un Français : ce Français peut alors saisir à bon droit un de nos tribunaux contre le souscripteur, malgré l'extranéité de celui-ci (art. 14 C. civ.).

C'est absolument conforme à la décomposition de la clause à ordre qui a été développée plus haut.

1241. — Il y a lieu de compléter cette théorie au moyen de deux observations, dont la seconde doit nous entraîner assez loin.

1242. — **I. Endossement après échéance.** — La règle de la purge des exceptions par l'endossement doit recevoir un tempérament pour le cas où l'*effet* serait *négocié postérieurement à l'échéance*. Expliquons-nous.

Cet endossement tardif ne doit pas valoir plus qu'une cession. On ne peut pas, en se dispensant de présenter l'effet à l'échéance et en le négociant ensuite, priver le débiteur des moyens de défense qui lui appartenaient ce jour-là. Ces moyens seront donc alors opposables au tiers porteur[1].

1243. — **II. Appendice. De la clause à ordre (ou au porteur) en dehors des effets de commerce.** — La clause à ordre a reçu une grande extension en dehors des effets de commerce, c'est-à-dire en dehors de

[1] Cette situation se complique au surplus d'une autre difficulté. Le porteur qui avait l'effet au jour de l'échéance ne l'a point présenté, il s'est abstenu aussi de dresser protêt le lendemain. La lettre est frappée de déchéance (sauf vis-à-vis de l'accepteur ou du tireur qui n'aurait pas fait provision).

Le porteur négligent venant à négocier cette traite échue, ainsi que le suppose le texte, on s'est demandé s'il n'assumait pas vis-à-vis de son cessionnaire une garantie de paiement de l'effet, quoique ses propres endosseurs par hypothèse se trouvent déchargés. Dans le cas de l'affirmative, à quelles conditions serait subordonné l'exercice de cette garantie et pour combien de temps vaudrait-elle? — On a parlé de considérer cet effet comme devenu, entre l'avant-dernier porteur et le dernier, une lettre de change à vue, à présenter au tiré et à faire protester, s'il y a lieu, dans les trois mois de l'art. 160. — Ces endossements après échéance tiennent une place sérieuse dans la législation allemande du change : leur rareté permet de ne pas trop s'y appesantir.

la lettre de change ou du billet à ordre. On l'insère aujourd'hui dans de nombreux titres civils ou commerciaux d'obligations et même dans des actes notariés.

Le débiteur s'engage envers sa contre-partie ou *à son ordre*, et confère par là au créancier la faculté d'endossement. Il le fait à l'occasion de contrats pour lesquels la loi n'a pas autorisé expressément l'emploi de cette forme. Cet usage est notamment très répandu pour les polices d'assurance maritime ou sur la vie. L'assuré négocie la police en transmettant la marchandise, ou bien il l'endosse à un banquier pour se procurer de l'argent.

De là, la question grave de savoir si l'endossement peut ainsi être pratiqué en dehors des cas prévus par le Code, et quelle étendue de résultats il est alors susceptible de produire.

1244. — Suite. — Le problème a même plus de largeur, car il existe une autre clause dont l'usage est également fréquent sans que la loi l'ait consacrée en termes généraux : la *clause au porteur*.

On l'a vue se développer dans l'histoire concurremment à la clause à ordre [1], et les motifs de décider pour ou contre la première sont nécessairement les mêmes pour la seconde.

La seule différence, c'est que, en vertu de la clause au porteur, la créance doit se transmettre par la seule tradition matérielle du certificat, tandis qu'il faut en outre mentionner le nom de l'acquéreur sur le titre, lorsqu'on use de la clause à ordre [2].

Il y a, du reste, deux groupes d'applications de cette clause au porteur. — Elle est usitée en matière d'*actions* de sociétés ou d'*obligations* de sociétés, d'Etats, de départements, c'est-à-dire dans des titres de rapport et à longue échéance.— On la voit encore employée, quoique avec moins de fréquence, en matière de *simples billets*, afin de régler soit sur la même place, soit sur une place différente un engagement à court

[1] Voir surtout ici les importants travaux du prof. BRUNNER, de Berlin, dans la Revue de Goldschmidt, vol. 22 et 23, et sa monographie sur les titres au porteur français au moyen-âge (1879).

[2] Autres conséquences à signaler : — 1° Le titre au porteur acquis de bonne foi rend son détenteur recevable à exercer le droit et à en conserver le bénéfice, sous réserve en cas de perte ou de vol de la revendication du propriétaire pendant trois ans (art. 2279 et 2280) : tandis que, dans le système français, le fait d'acquérir un titre à ordre dérobé à un précédent porteur ne saurait conférer au possesseur de bonne foi un droit de propriété; — 2° Celui qui se présente avec un titre au porteur est en possession de la créance, à la teneur de l'art. 1240, et le paiement qui lui serait fait de bonne foi par le débiteur serait libératoire. S'il s'agissait d'un titre à ordre, on ne pourrait consacrer la même solution qu'à condition d'étendre à tous les titres de cette nature la règle présentée pour la lettre de change sous l'art. 145 et dont il sera parlé dans le chapitre suivant.

terme. Ces billets, véritables effets de commerce, au point de vue fiscal, sont assujettis comme eux au timbre proportionnel (l. 5 juin 1850, art. 1 : billets à ordre ou *au porteur*)[1]. Les billets de la Banque de France sont des titres de cette nature, à la fois au porteur et à vue.

1245. — Suite. — La validité de ces différents titres est reconnue. Il ne peut plus être question aujourd'hui de refuser aux parties le droit de donner à leur contrat la forme d'un titre à ordre ou au porteur.

S'il y a eu sous l'ancien régime des arrêts ou règlements du Parlement de Paris de 1711 et 1724, ou une déclaration royale de 1721 pour prohiber les billets en blanc ou les billets au porteur (cfr. plus longuement M. Boistel, nos 853 et s.), il ne manque pas de textes du droit nouveau qui en reconnaissent au moins indirectement la légalité : — l'art. 35 C. com. et les lois sur les sociétés par actions, pour ce qui concerne les titres d'actions ; — la loi du timbre citée ci-dessus et beaucoup de lois fiscales postérieures à 1870, — la loi sur la perte des titres au porteur du 15 juin 1872, etc.

Or, du moment que la clause au porteur est licite, il est logique d'admettre que la clause à ordre l'est aussi. C'est en ce sens qu'est établie la jurisprudence de la Cour de cassation depuis l'arrêt de la Chambre civile du 8 mai 1878.

1246. — Suite. — Toutefois, l'une et l'autre de ces clauses dérogent à l'art. 1690 C. civ., texte d'après lequel un transport de créance ne devient définitif au regard des tiers que par la signification faite au cédé. Par l'endossement ou par la tradition manuelle du titre, au contraire, la cession s'opère envers tous sans autre formalité. Est-ce permis ?

On explique cette dérogation par le caractère de l'*art. 1690*, dont *les dispositions ne seraient point d'ordre public* (arrêt de 1878 *supra*).

Mais une assertion pareille est certainement inexacte ou tout au moins ambiguë. Car la loi civile veut que les intéressés soient instruits des déplacements dont la créance viendrait à être l'objet. Elle l'exige notamment pour que le débiteur se libère au véritable ayant-droit. Et il n'appartiendrait certainement pas au débiteur de dispenser purement et simplement son créancier de lui notifier les cessions futures de la créance, dont il aurait à s'enquérir ainsi lui-même et sous sa propre responsabilité. Ce qui prouve bien que les formes de l'art. 1690 sont motivées par une pensée d'ordre public.

[1] La loi du 19 février 1874, art. 4, soumet, en outre, à ce même timbre les billets, obligations, délégations et tous mandats *non négociables*, quelle que soit d'ailleurs leur forme ou leur dénomination, servant à procurer une remise de fonds de place en place.

1247. — Suite. — La jurisprudence, ayant accueilli, un peu à la légère il faut le dire, la portée tout énonciative de l'art. 1690, en a conclu que les parties dérogent à cette disposition, lorsqu'elles conviennent que le titre pourra être endossé. Le débiteur s'oblige alors à payer à l'ordre du créancier : donc il accepte à l'avance pour seul propriétaire de la créance celui qui sera porteur de l'ordre. Cela revient à interpréter la clause à ordre de la même manière dans la lettre de change et dans les titres où les contractants l'ont insérée à leur convenance, et à faire produire ici et là les mêmes résultats juridiques à la clause. (En ce sens MM. BEUDANT, LYON-CAEN, etc.).

1248. — Suite. — Telle n'est pas, suivant nous, la vraie doctrine. En réglant l'endossement dans les titres de change, le législateur a entendu attacher à cet endossement des *conséquences exorbitantes du droit commun.* Ces conséquences sont de telle nature, que l'endossement d'un autre titre à ordre (ainsi que la tradition d'un titre au porteur) serait impuissant à les réaliser.

Le droit de change, il ne faut pas l'oublier, fait échec à la législation ordinaire sur plus d'un point. Il va à l'encontre d'elle dans la manière dont il détermine l'économie de l'endossement.

En une formule brève, on dira ici que *l'endossement du titre*[1] *peut suppléer à une signification de cession de créance dont il a les avantages de publicité, mais non pas à une acceptation que le cédé aurait faite du transport au cessionnaire.*

De cette thèse doctrinale, il résultera : 1° que l'endossement opère *erga omnes* transmission de la créance constatée par le titre à ordre; mais 2° que cet endossement ne purge pas la créance des vices dont elle était atteinte aux mains du cédant.

1249. — 1° Du moment que la volonté des parties a enfermé la dette dans un certificat et a subordonné l'exercice du droit à la présentation de ce certificat[2], la même publicité, que produit dans une créance ordinaire la signification de la cession, se trouvera résulter de la mention de l'acquéreur au dos du titre. On pourra donc, nonobstant

[1] En la forme, il n'est pas nécessaire que cet endossement contienne toutes les mentions prescrites par l'art. 137 à l'égard de la lettre de change, pour emporter cession de la créance à l'acquéreur. Même rédigé avec des énonciations plus brèves, cet endossement pourrait être translatif de propriété. Les règles touchant la rédaction de l'effet de commerce ne sont pas susceptibles d'extension (point controversé).

[2] La procédure instituée en matière de lettre de change pour remédier à la perte du titre (autorisation du juge en donnant caution, voir ci-dessous, art. 150 et s. C. com.) devra être, par analogie, transportée à tous les autres titres à ordre. Pour les titres au porteur, cfr. L. 15 juin 1872.

l'art. 1690; considérer cette signification comme superflue puisque l'endossement en tient lieu.

a) Le débiteur est inexcusable de payer, sans se faire exhiber le titre. En se le faisant exhiber, il saura qui est le créancier actuel : *le paiement* qu'il accomplirait, lui ou son héritier, sans cette précaution, au créancier primitif, *ne serait point libératoire* (Civ. cass. 8 mai 1878 ci-dessus)[1].

b). L'endossement empêche également le créancier de céder à nouveau le droit, lorsqu'il a déjà négocié le titre. Quiconque se porte acquéreur d'une créance commence par demander la justification de son existence. Il apprend alors si elle résulte d'un titre à personne dénommée ou d'un titre à ordre.

Dans ce deuxième cas, le vendeur est hors d'état de produire le titre, l'ayant par hypothèse déjà livré à un précédent cessionnaire (titre au porteur), — ou il ne peut le produire que revêtu du nom de ce cessionnaire antérieur (titre à ordre). Il est ainsi donné ample satisfaction au besoin d'information des tiers. Le nouveau venu, même au moyen d'une signification conforme à l'art. 1690, ne primerait point le bénéficiaire de l'endossement.

Entre deux personnes prétendant à la même créance à ordre du chef d'un cédant commun, *la préférence appartient à celle qui la première a été mentionnée au dos du titre*[2].

c) L'endossement est opposable de la part de l'acquéreur de la créance à ordre aux créanciers de l'endosseur. A partir du moment où il a eu lieu, ces créanciers cessent de pouvoir former une saisie-arrêt utile sur le titre à ordre de leur débiteur[3]. Ils n'ont pas dû faire fond sur leur saisie, la créance étant peut-être déjà aliénée à cette date, ainsi qu'ils doivent le soupçonner.

D'autre part, la déclaration de faillite de l'endosseur ne donne pas davantage à la masse de ses créanciers pouvoir de comprendre dans l'actif de leur gage une créance à ordre que ce débiteur aurait précédemment fait sortir de ses biens en l'endossant.

[1] Si le créancier ne se présente pas à l'échéance, le débiteur pourra consigner la somme dans les trois jours, tout comme s'il s'agissait de lettre de change (voir ci-dessous, nº 1282). La loi du 6 thermidor an III, qui organise ce mode de consignation, déclare introduire un avantage au profit de tout porteur d'« effet négociable ».

[2] Et de même de la mise en gage d'un titre à ordre. Il n'est pas besoin que le créancier gagiste fasse signification du nantissement, du moment qu'il est saisi par un endos de garantie (en ce sens, art. 91 C. com. modifié par la loi du 23 mai 1863 : le gage, *à l'égard des valeurs négociables...*)

[3] Mais aussi longtemps que l'endossement n'a pas eu lieu, la saisie-arrêt est recevable. La disposition du change, excluant la saisie-arrêt, l'opposition aux mains du débiteur par les créanciers du porteur (arg. art. 149 C. com., nº 1214), ne doit pas s'étendre aux autres titres à ordre.

Dans un *conflit entre les créanciers du cédant et le cessionnaire* saisi sur simple endossement, l'avantage revient à celui-ci, si la négociation dont il se prévaut est antérieure en date à la mainmise judiciaire des créanciers (Civ. cass. 7 mai 1879)[1].

1250. — 2° Mais, quant à procéder pour cet endossement, pratiqué en dehors de la lettre de change, à la même décomposition que pour l'endossement de l'effet de commerce, ce serait un défaut de méthode. Et cela ferait induire l'interprète en erreur, particulièrement sur la *non-recevabilité des exceptions nées du chef de précédents porteurs.*

Du moment, en effet, qu'elle n'est pas un titre de change, la créance à ordre se transmet avec ses vices, tout comme une créance ordinaire, et le cessionnaire succède purement et simplement à la position du cédant. Il n'a qu'un *droit dérivé*, il ne peut pas se réclamer d'un *droit propre.* Les moyens tirés du dol, de l'absence de cause de l'engagement, etc., par lesquels eût été repoussé son auteur, lui sont également opposables à lui-même.

La raison de crédit et de rapide circulation qui a fait prévaloir une règle contraire dans les effets de commerce ne se retrouve plus lorsqu'il s'agit d'un titre dépourvu du rôle monétaire. C'est à la rigueur du droit de change qu'appartient le principe de l'intransmissibilité des exceptions. Les autres titres, même à ordre ou au porteur, n'ont pas à participer de cette rigueur spéciale du change.

1251. — **Suite.** — D'ailleurs, il n'est pas vrai de dire pour ces autres titres que le signataire ait accepté d'avance le cessionnaire et se soit lié envers lui.

[1] En d'autres termes, même à l'égard de personnes ne faisant point commerce, on écartera ici l'application de l'art. 1328 C. civ. D'après ce texte, il faudrait que le cessionnaire donnât *date certaine* à l'acte de transmission qui l'investit, pour primer les créanciers saisissants ou la masse de la faillite. Ce qui aboutirait à exiger l'*enregistrement* de chaque endossement (ou celui de toute tradition manuelle d'un titre au porteur) : chose irréalisable (et pour le titre au porteur incompréhensible). D'où vient qu'on puisse ainsi contrevenir à la théorie de la date certaine? — C'est un fait (*res facti*) qui consomme la négociation d'un titre à ordre ou au porteur : ce fait consiste dans la tradition d'un certificat, dans l'incorporation d'une mention écrite sur ce certificat. Or il ne paraît pas dans les exigences de la loi civile, pour que la date d'un fait de ce genre soit établie au regard des tiers, de vouloir que cette date soit rendue certaine au moyen d'un enregistrement ou d'un des autres actes qui en sont l'équivalent. Il appartiendra aux parties d'établir, d'après les circonstances, la date de la négociation ou la sincérité de cette date si elle est contestée. — Il faut convenir toutefois que cette organisation laisse place à de fréquents dangers d'antidates, alors surtout qu'il paraît impossible de généraliser la règle de l'art. 139, frappant l'antidate des peines du faux. Cet article ne dispose que pour la lettre de change ou pour le billet à ordre, et non pas pour des titres différents, fussent-ils négociables.

Cette analyse est très juste dans l'effet de commerce. Mais elle n'a réussi qu'à cause de la nature exorbitante du droit de change, et en contrevenant à une règle fondamentale de la législation, à savoir qu'on ne peut contracter un engagement valable envers une *personne incertaine*.

Hors du change, il faut renoncer à cette explication : l'endossement vaut signification de la cession, mais non pas acceptation (d'autant plus que l'art. 1690 exigerait que cette acceptation eût lieu par acte authentique, ce qui n'est point le cas dans des titres d'obligation sous seing privé). Il ne saurait, par conséquent, imprimer à l'obligation plus de force qu'elle n'en avait chez le cédant. Ce qu'on peut traduire encore sous la forme suivante : l'endossement n'opère alors que comme une cession, le cessionnaire est mis aux lieu et place de son auteur.

1252. — **Suite.** — La jurisprudence, sur ce côté de la question, reste indécise ; ses décisions manquent d'unité.

Tandis que la Chambre civile de la Cour de cassation, par arrêt du 31 juillet 1893, autorise après sinistre l'assureur, dans une police d'assurance maritime à ordre, à opposer au porteur même de bonne foi la *fraude* concertée par l'assuré avec le capitaine pour déterminer la perte du navire (ce qui est la vraie doctrine), — cette même Chambre, par décision du 9 novembre 1896, dit que le porteur de bonne foi d'un titre d'obligation au porteur, dispose d'un droit propre et ne peut se voir opposer une exception tirée de l'*absence de versement des fonds* à l'emprunteur (extension critiquable de la règle du change) [1].

1253. — Enfin, il n'y a pas lieu davantage de généraliser les autres règles établies pour la lettre de change, telles que : — la garantie de l'endosseur, le caractère libératoire des paiements faits à l'échéance au porteur apparent du titre, — ou, à plus forte raison, la commercialité nécessaire de l'engagement, l'obligation du protêt, la prescription de cinq ans, etc. Aucune de ces dispositions ne saurait convenir à un titre à ordre étranger au groupe des effets de commerce réglés dans le titre VIII du livre premier du Code de commerce.

Telle est, dans l'ensemble, la manière dont nous comprendrions la condition des titres à ordre.

SECTION II. — Endossement irrégulier ou de procuration

1254. — L'endossement de la lettre de change est dit *irrégulier, lorsqu'il ne contient pas toutes les énonciations prescrites par l'art. 137.*

Ex. : Il ne contient pas la mention de la valeur fournie ou celle de la date. Plus hardiment, l'endosseur se contente de faire un *endossement*

[1] Cfr. CHAMPCOMMUNAL, dans les *Annales de droit commercial*, 1897, p. 156.

en blanc : il met seulement sa signature à la suite des endos précédents, sans la faire précéder d'aucune énonciation.

1255. — Cet *endossement en blanc* est très pratiqué. On s'en sert, ainsi qu'il sera expliqué plus loin, même pour transporter la lettre de change à un acquéreur qui en fournit la valeur. Cela donne au titre les avantages d'un titre au porteur.

L'effet circulera de main en main, sans qu'aucun signe extérieur ne révèle ces transmissions. Les cédants successifs, cessant de se faire connaître, n'exposeront aucune garantie d'acceptation ou de paiement.

Un dernier porteur remplira alors la signature à son nom, comme s'il tenait directement la lettre du signataire en blanc. Il est cependant séparé de lui par des intermédiaires plus ou moins nombreux, mais restés secrets.

Il se peut même que ce dernier porteur ne remplisse point l'endos. Ou il le remplira en forme de « pour acquit » et présentera l'effet pour le paiement au tiré. Il est en effet qualifié pour le toucher : tout porteur d'une facture acquittée a reçu le pouvoir d'en encaisser le montant.

1256. — La loi considère l'endossement irrégulier, quelles que soient les mentions absentes, comme valant *procuration* au profit du porteur (art. 138). Celui-ci est réputé non pas avoir acheté la lettre de change, mais avoir reçu mandat de l'endosseur pour en soigner le recouvrement et pour lui rendre compte des sommes perçues.

1257. — Au surplus, il y a un autre mode d'endos de procuration. C'est celui où le mandat est formellement énoncé dans son contenu : « Payez valeur en procuration ». On dit alors qu'il y a endossement de *procuration expresse*.

1258. — La plupart des effets sont aujourd'hui présentés à leur échéance par des porteurs, agissant ainsi pour compte d'autrui en vertu d'un mandat.

Les *établissements de crédit*, la Banque de France et au-dessous d'elle les grandes banques par actions, telles que le Crédit lyonnais, avec les facilités que leur donne leur personnel de recettes, centralisent les lettres de change dans les quelques jours qui précèdent les échéances et en opèrent le recouvrement moyennant commission.

Ce mandat est exercé encore par l'*administration des postes*. La loi du 5 avril 1879 et des lois suivantes ont fait entrer les encaissements d'effets ou autres factures (de 2.000 fr. au maximum) dans le service de la poste. L'intéressé adresse au bureau de recouvrement les effets à toucher, sous enveloppe fermée affranchie au tarif de recommandation (0.25) : les frais d'encaissement sont de 0.10 par 20 fr., dont le profit se répartit entre le receveur et le facteur, et le retour des fonds au bureau expéditeur est soumis à la taxe d'un mandat de 0.50 0/0. Sur les 27 milliards d'effets dont l'encaissement a lieu chaque année (nº 1048), 285 millions sont ainsi touchés par les soins de la poste.

1259. — Pour déterminer avec précision les conséquences de cet endossement, il faut distinguer suivant le but que l'endosseur a entendu poursuivre en négociant la lettre de change moyennant une forme apparente de procuration.

a) Les parties ont entendu réellement conclure un mandat.

b) Ou bien elles ont voulu attribuer au nouveau porteur la propriété de l'effet, tout comme si l'endos était régulier.

1260. — *Première hypothèse. — L'endosseur a eu véritablement pour intention de charger le porteur du recouvrement de l'effet.*

C'est ce qui arrivera nécessairement pour l'endos de procuration expresse. C'est ce qu'on devra présumer d'autre part en cas d'endos irrégulier ou incomplet (en blanc, non daté, non causé, etc.).

1261. — Il faut alors appliquer dans les rapports de l'endosseur et du porteur le droit habituel au *mandat* (art. 138). Conséquemment :

a) Le porteur s'est engagé à *présenter l'effet* et à *rendre compte* de la somme à son mandant après l'avoir touchée. Si le tiré oppose un refus de paiement, le mandataire doit agir en porteur diligent. Il faut qu'il fasse lever le protêt pour compte et qu'il conserve le recours de l'endosseur contre les garants.

Il serait qualifié pour intenter l'action récursoire contre les signataires précédents, et il l'exercerait du chef de ce mandant.

Toute faute par lui commise dans ce recouvrement met en jeu sa responsabilité. Des banquiers introduisent, dans les circulaires adressées à leur clientèle, une clause, d'après laquelle ils s'exonèrent de toute garantie pour le cas où ils feraient un protêt tardif : cette clause a été jugée valable (Civ. cass. 26 déc. 1895), bien qu'elle revienne pour un débiteur au fait de s'affranchir de sa faute[1].

1262. — *b*) Le *mandat* donné par l'endosseur peut être *révoqué*. Il cesse de plein droit par la survenance de la faillite de l'une des deux parties, notamment de celle du porteur (art. 2003 C. civ.).

Si l'effet est encore à ce moment dans le portefeuille du failli, l'en-

[1] Quant à l'administration des postes, en cas de perte (mais non de retard) de la lettre recommandée contenant les valeurs à recouvrer, ou de ces valeurs elles-mêmes, la responsabilité pécuniaire de l'administration ne pourra dépasser cinquante francs. — En cas de perte des sommes encaissées par les facteurs, l'administration sera tenue au remboursement intégral des sommes perdues (L. 5 avril 1879, al. 7).

dosseur en exercera la *revendication* contre la masse, il ne subira pas la loi du concours. C'est qu'il est resté propriétaire de la lettre de change, ce qui assure son droit de préférence. Cette revendication est consacrée par un article du livre des faillites, par l'art. 574[1].

1263. — *c*) Si le porteur intente les actions de change contre les signataires, ce ne peut être que du chef de son commettant.

Par suite, il sera passible de toutes les exceptions, de tous les moyens de défense, que le tiré ou que les endosseurs auraient à faire valoir contre ce commettant qu'il représente. Ainsi la règle fondamentale de l'endossement translatif : *Exceptio quæ obstabat giranti*, est irrecevable en matière d'endossement de procuration.

1264. — *d*) On admet aujourd'hui, en France, contrairement au sentiment que défendait Pothier, que *le porteur* chargé du mandat de recouvrer l'effet peut, au lieu d'attendre l'échéance pour en soigner l'encaissement à cette date, *négocier la lettre de change* à titre onéreux et rendre compte à l'endosseur du prix de la négociation.

Il est vrai que vendre c'est disposer, et qu'un mandataire ayant un pouvoir général d'administration doit s'abstenir des actes de disposition (art. 1988 C. civ.). On pourrait ajouter que cette négociation fait courir à l'endosseur un risque d'insolvabilité du porteur : la traite, demeurée dans le portefeuille de celui-ci, serait restée la propriété du mandant jusqu'à l'échéance : ce qui, pour le cas de faillite, on l'a vu, a bien son importance.

Mais l'usage s'est prononcé en faveur du droit pour le mandataire de négocier la traite, et l'usage a force de loi quand l'ordre public n'est pas en jeu. Lorsque l'effet est recouvrable à distance, ne vaut-il pas mieux le vendre, surtout si le cours du change est favorable ?

[1] Ce texte donne la revendication dans deux cas que la rédaction de l'article aurait pu dégager d'une façon plus explicite. — *1*) L'endosseur n'est pas en compte-courant avec le porteur de l'effet : l'endossement irrégulier fait présumer la procuration, « les remises ont été faites par le propriétaire, avec le simple mandat d'en faire le recouvrement et d'en garder la valeur à sa disposition » : l'endosseur reprendra l'effet par préférence. Il va sans dire que si l'effet avait été recouvré dès avant l'ouverture de la faillite, l'endosseur, pour obtenir le compte de remboursement, devrait produire au marc le franc, comme créancier chirographaire. — *2*) Les parties opéraient en compte-courant. On verra, au chapitre du compte-courant, que l'inscription du montant de la remise par celui qui la reçoit à l'avoir de l'endosseur, met obstacle à la revendication de la traite, quand même l'endos serait irrégulier en la forme. Mais les parties ont pu aussi déclarer tenir cette remise en dehors du compte-courant, en l'affectant à un paiement déterminé que le porteur se charge de faire au compte de son endosseur. En ce cas, si la traite existe encore en nature lors de la faillite du porteur, l'endosseur pourra la revendiquer. C'est ce que veulent dire les derniers mots du texte de l'art. 574.

1265. — Cette solution entraîne incidemment une difficulté. Pour un porteur saisi en vertu d'un endos de procuration expresse, la faculté de négocier l'effet se traduira au moyen d'un nouvel endos. Ce dernier, de nature translative, sera mis par le mandataire au-dessous de celui qui l'habilite, et il portera sa propre signature.

Dans ces conditions, si la lettre doit demeurer en souffrance, on s'est demandé qui sera tenu à garantie vis-à-vis du dernier porteur : de l'auteur de l'endos irrégulier qui précède, ou du mandataire auteur de l'endos translatif qui vient après.

Le plus sage est de s'en tenir à la disposition de l'art. 140, d'après lequel tous ceux qui signent la lettre de change sont tenus à la garantir. Le procureur pourra donc être recherché par le porteur, quitte à se retourner contre son donneur d'ordre, son endosseur.

1266. — *Deuxième hypothèse.* — Les circonstances établissent, contrairement à la présomption légale, que *les parties ont entendu, sous le couvert d'un endos irrégulier, réaliser un véritable endossement de propriété de l'effet.* Ce qui démontre cette intention, c'est le fait par le porteur, en recevant l'effet, d'en avoir fourni à son endosseur l'équivalent (par vente de marchandises, escompte ou autrement). Les circonstances de l'espèce révèleront la volonté des contractants.

La question est en ce cas de savoir *si le porteur peut prouver contre la présomption de l'art. 138*, et, sa preuve faite, se comporter de la même manière que si la lettre de change lui avait été endossée en toute propriété (conservation pour lui du montant du paiement, refus de restituer la traite qu'on revendiquerait contre lui du chef de son endosseur, exercice des actions en garantie, même contre son cédant immédiat, par suite de la protestation de la traite).

1267. — Autrefois la jurisprudence considérait la présomption comme absolue (*juris et de jure*) : elle ne comportait aucune preuve du contraire.

La loi est catégorique, disait-on, pour refuser à l'endos irrégulier, sous quelque prétexte que ce soit, les avantages d'un endos de propriété : « Si l'endossement n'est pas conforme aux dispositions précédentes, il n'opère pas de transport. » Le texte de l'Ordonnance (V, 25) était encore plus expressif : « Les lettres seront réputées appartenir à celui qui les aura endossées, et pourront être saisies par ses créanciers. »

C'était aboutir à un résultat d'une iniquité choquante : l'endosseur, qui avait reçu déjà une première fois du porteur la valeur de l'effet, lors de la négociation, la réclamait de nouveau, ou l'effet restant impayé, refusait de la rendre : c'était une spoliation.

1268. — Aujourd'hui, on s'est départi de cette doctrine peu équitable.

On s'est dit que la loi posait moins une présomption proprement dite, qu'une règle interprétative de la volonté des parties.

Par la manière extérieure dont il est rédigé, l'endos paraît conférer au porteur un simple mandat (ce qui est fort raisonnable, en cas d'absence de valeur fournie).

Il se peut que la volonté interne de l'acte ne soit pas d'accord avec les apparences. On est alors en présence d'une *contre-lettre*. Or si la preuve d'une contre-lettre ne peut nuire aux tiers (art. 1321), rien n'empêche les parties de l'établir dans leurs propres rapports. De là la distinction suivante à faire.

1269. — *a*) Lorsque la contestation est limitée *entre l'endosseur et le porteur*, celui-ci a toute qualité pour démontrer l'existence d'une valeur par lui fournie.

L'endossement les représente comme ayant fait entre eux un mandat. Mais c'est là un acte ostensible que dément le fond de leurs intentions, et c'est le fond qui doit régler leur droit, non la forme.

Le porteur n'aura à restituer ni la traite, si elle lui est réclamée avant l'échéance, ni la somme provenant de son recouvrement. Il prendra même l'offensive et agira en garantie contre l'endosseur, si l'effet n'est point payé par le tiré.

1270. — Il se pourrait que l'intention de l'endosseur fût de faire une *libéralité* au porteur. Il n'a pas reçu la contre-valeur, mais il a bien voulu investir son ayant cause de la propriété de la traite, *animo donandi*.

Sous la forme d'un endossement irrégulier, cette libéralité ne saurait produire effet. Une donation ne peut valoir, à défaut d'acte authentique, qu'à la condition de se déguiser sous un contrat à titre onéreux. Or le déguisement fait de l'opération un mandat, c'est-à-dire un contrat qui oblige le porteur à rendre compte de la traite, et qui ne lui permet point d'en garder le montant pour lui.

Il faut dire, pour la même raison, que la remise de la main à la main d'un effet de commerce déjà revêtu d'un endossement en blanc ne peut consommer un don manuel. Le don manuel est applicable à un titre au porteur, dont le détenteur est présumé propriétaire. Ici, celui qui acquiert le titre est réputé pourvu d'une simple procuration d'encaissement : il est substitué au mandataire primitif pour recouvrer l'effet et pour rendre compte. Il n'y a pas possibilité de rendre l'opération ferme, en lui donnant une donation pour base : la libéralité est nulle sous cette forme.

1271. — *b*) *Vis-à-vis des tiers*, en revanche, l'endossement irrégulier conserve le sens que la loi lui donne, et cela en dépit de toute preuve contraire. La contre-lettre est inopposable aux tiers. L'opération intervenue est, à tout évènement, réputée un mandat.

Partant, le *porteur*, dans sa réclamation contre les signataires, *se verra opposer les exceptions* (dol, absence de cause, compensation, etc.), *recevables contre son endosseur* : à n'envisager que le résultat, c'est le droit civil de la cession de créance qu'on appliquera [1].

1272. — Il reste un point délicat, concernant la délimitation que cette théorie oblige à faire entre les tiers et les parties elles-mêmes.

L'endosseur fait faillite. La *masse de ses créanciers* peut-elle s'en tenir à la présomption légale et, comme le décidait l'Ordonnance dans des termes impératifs, revendiquer l'effet contre le porteur, l'obliger à rembourser les fonds après paiement? Est-elle fondée à user d'un pareil droit, en refusant au porteur la preuve contraire?

Oui, semble-t-il, si, comme on le dit généralement, la masse de la faillite est un *tiers*.

La jurisprudence repousse actuellement cette déduction, et à bon droit. La preuve contraire est recevable contre le syndic comme elle l'eût été contre l'endosseur *in bonis*. En réalité, le porteur ne contestera pas qu'il ait joué le rôle de mandataire, mais il établira qu'il a avancé la somme au mandant avant de l'avoir touchée, et que cela seul suffit à rendre son mandat irrévocable. Ainsi est-il donné satisfaction à l'équité.

1273. — On a demandé maintes fois que la loi simplifiât l'endossement. L'endos en blanc devrait, dit-on, emporter transport de propriété de la traite, et il faudrait abroger l'art. 138.

Ce serait statuer comme le fait le droit allemand. La loi de 1865 a consacré déjà cette innovation pour les chèques (voir plus bas).

Nous n'adhérons pas à ces critiques. Telle qu'elle est posée, et avec les tempéraments équitables admis par les arrêts, la règle du Code de commerce sur la lettre du change semble raisonnable. A défaut de mention de valeur fournie, et dans le doute sur ce que les parties ont voulu faire, on penche dans le sens d'un simple mandat conféré au porteur. Rien n'est plus sensé. Cela ne prive pas ce dernier du droit de prouver que la lettre est bien à lui, s'il l'a acquise de son argent. L'organisation qui vient d'être décrite est des plus sages.

[1] Renversons l'hypothèse. C'est par un endossement régulier que l'effet a été passé à l'ordre du porteur : celui-ci n'avait pas fourni la valeur. Le porteur, dans la pensée des parties, n'est qu'un mandataire. — En ce cas, les tiers, comme l'endosseur, pourront invoquer la contre-lettre envers le porteur (arg. art. 1321 *a contr.*). Les signataires, notamment, invoqueront les exceptions nées du chef du précédent titulaire, tout comme si l'endossement était irrégulier ou s'il renfermait la formule d'une procuration.

CHAPITRE V

DU PAIEMENT

(C. com. art. 135, 143 à 157)

—

1274. — Le paiement d'une lettre de change ne peut être réclamé en thèse générale que moyennant la présentation du titre lui-même. Le titre n'est pas exigé seulement comme un *moyen de preuve* du droit, au cas où la créance serait contestée. C'est cette dernière fonction seule que remplit l'acte instrumentaire ordinaire : convaincre en cas de dénégation le débiteur de l'existence de la créance ainsi que de son montant. Dans les effets de commerce, le titre joue un autre rôle. Il devient un *facteur* indispensable *de l'exercice du droit* et du paiement. Ce n'est que dans des cas extraordinaires que la loi permet de suppléer à son absence, en exigeant alors des garanties.

Le débiteur demande à celui qui veut être payé la production de la traite, afin que ce dernier justifie ainsi de sa qualité de créancier actuel : les énonciations de l'effet, complétées par la chaîne des endos, instruiront à cet égard le tiré ou les autres signataires.

Cela enlève en même temps à la créance née d'une lettre de change la possibilité d'être une créance *portable*. Le droit commun oppose aux obligations payables chez le débiteur celles qui sont payables chez le créancier : ce qui impose au débiteur à partir de l'échéance l'initiative des démarches pour régler la dette. Cette deuxième éventualité n'est pas possible dans une lettre de change : cela tient à l'ignorance où est le tiré de la personne qui est porteur de l'effet à l'échéance. La dette est forcément *quérable*, soit qu'il y ait à présenter la lettre de change chez le tiré, soit que le porteur doive la faire toucher chez un domiciliataire [1].

1275. — Cependant la lettre de change a pu être perdue ou volée. Un tel accident fera-t-il périr le droit lui-même ? La loi ne l'a pas voulu.

[1] On peut indirectement rendre la dette portable, en désignant comme domiciliataire le bénéficiaire même de la lettre de change. Celui-ci, lors de l'échéance, n'aura pas à présenter l'effet ailleurs que chez lui, c'est au tiré à lui passer les fonds pour cette date, s'il veut être en règle avec la traite. Faute de quoi, le porteur dressera protêt le lendemain à son propre domicile, parlant à lui-même. — Mais cela suppose une lettre de change restant dans les mains de son preneur originaire et ne circulant pas : si le preneur passe la lettre à l'ordre d'un nouveau porteur, celui-ci se présentera au domicile indiqué, quand ce serait le domicile de son cédant.

Elle organise en conséquence en faveur de la victime une procédure spéciale, qui la met en mesure de réparer cette perte ou ce vol et de rentrer dans le montant de la lettre de change.

De là deux sections d'étude : — du paiement simple; — du paiement requis en cas de vol ou de perte du titre.

SECTION PREMIÈRE

DU PAIEMENT SIMPLE

(C. com. art. 135, 143, 146, 156, 157)

1276. — Nous supposons la lettre de change payée par le tiré, que celui-ci ait ou non accepté au préalable la lettre de change.

Mais les dispositions qui vont suivre s'appliqueraient également au paiement que ferait un autre signataire de l'effet, tireur ou endosseur, sur le recours que le porteur exerce contre eux parce que le tiré a refusé de payer, ou même avant échéance pour retirer l'effet de la circulation. Les règles du droit du change, particulières à la matière du paiement, ont une portée très large. Elles sont indépendantes de la détermination de la personne de qui ce paiement provient.

1277. — On rencontre ici des *dérogations* importantes à la théorie du paiement, telle que l'établit le droit commun (C. civ., art. 1235 et s.). La plus considérable de ces dérogations est la *validité du paiement fait de bonne foi à un porteur illégitime ou incapable*. Elle se retrouvera dans la section deuxième, lorsqu'il sera parlé de la perte et du vol.

A cela près, les règles particulières au paiement de la lettre de change, lorsqu'on les rapproche des règles ordinaires du Code civil, concernent : — la divisibilité du paiement; — la restriction au paiement avant terme; — le devoir de ne pas outrepasser l'échéance; — la simplification des règles de la consignation.

1278. — *a) Divisibilité du paiement.* — D'après le droit commun, le créancier peut refuser un *paiement partiel* de l'obligation dont il réclame l'exécution (art. 1244 C. civ.). Cette disposition cesse d'être suivie dans la matière du change. Lorsque le signataire propose au porteur non pas la somme entière inscrite sur la traite, mais une somme inférieure, cette offre s'impose au porteur, qui ne peut pas la repousser. C'est pour le surplus seulement que celui-ci protestera l'effet et exercera son recours contre les garants : ainsi est-il pourvu au désir naturel qu'a eu la loi de ne pas rendre l'action en garantie trop onéreuse pour ceux qui la subissent.

Il n'y a point de texte reconnaissant très clairement la validité de ce paiement partiel (excepté la loi du 5 avril 1879, art. 2, qui déclare *a contrario* ne pas admettre de paiement partiel pour les effets dont le recouvrement est confié à l'administration des postes). Mais la solution découle d'une considération d'analogie avec la théorie de l'acceptation.

En effet, le porteur doit avoir égard à une acceptation partielle et ne protester que pour le surplus, art. 124 (nº 1192). Les motifs de statuer sont les mêmes pour l'acceptation et pour le paiement.

C'est surtout dans le cas où l'effet n'aurait pas été présenté pour l'acceptation, que la règle ne paraît pas de nature à faire doute. Le tiré, en même temps qu'il paie, déclare accepter, les deux actes se confondant alors dans une même opération. Du moment que la loi l'autorise à n'accepter que pour partie, c'est qu'elle lui permet par là même de ne payer que partiellement aussi, s'il croit avoir ses raisons pour n'acquitter point la traite dans sa totalité (*Adde* : art. 156, d'après lequel les paiements faits à compte sur la lettre de change sont à la décharge des tireur et endosseurs. Ce texte serait bien inutile, s'il se proposait de dire que les acomptes volontairement acceptés par le porteur viennent en diminution de la créance, car personne n'aurait mis ce résultat en doute).

1279. — *b*) *Restriction au paiement avant terme.* — Alors même que le débiteur de l'effet aurait connaissance du porteur actuel, il est sans droit pour obliger ce porteur à recevoir le montant de la lettre de change *aussi longtemps qu'elle n'est pas échue.* Il n'a pas pouvoir pour l'y contraindre, même en s'offrant à lui fournir la traite intégralement, *sans aucune retenue* pour prompt paiement (art. 146).

Cependant, l'art. 1187 C. civ., posant la règle de droit commun, veut que *le terme* soit *présumé* stipulé *en faveur du débiteur*, qui est maître d'y renoncer. Comment le porteur peut-il arguer d'un préjudice, par l'offre d'un paiement sans déduction aucune, six semaines par exemple avant que la lettre ne soit exigible ? N'est-ce pas bien plutôt pour lui un don de fortune ?

La loi, pour statuer ainsi qu'elle l'a fait, a eu en vue la remise de place opérée par le secours de la lettre de change. Avoir une traite en portefeuille, c'est disposer d'un mode de règlement plus commode que de l'argent, car l'effet est facile à faire voyager ; en outre, l'effet est une valeur qui, suivant le cours du change, peut se vendre avec un agio. Aussi longtemps que l'échéance n'est pas arrivée, il doit demeurer au pouvoir du porteur de conserver un titre qu'une somme en numéraire ne remplace pas nécessairement pour lui.

C'est à titre de faveur particulière que la loi a admis le garant, sur le recours faute d'acceptation dont il est l'objet, à rembourser l'effet s'il ne trouve pas de caution pour répondre de son paiement (art. 120).

L'exception ne saurait être étendue. — On trouvera cependant un autre tempérament à la règle dans la matière des magasins généraux : le warrant, qui n'est qu'une forme de billet à ordre, peut être remboursé par anticipation ; le billet à ordre simple ne peut pas l'être, car il suit la condition de la lettre de change. Cette extension d'un effet de commerce à l'autre de la défense légale d'avancer le paiement n'est peut-être pas très justifiée ; c'est dans la lettre de change qu'elle est surtout fondée.

1280. — La règle laisse place de toute manière à deux situations parfaitement licites.

D'une part, la *faculté* pour le tiré d'escompter la traite a pu être *réservée* dans le corps de la traite, et on ne fait pas difficulté en droit français pour reconnaître la validité de cette clause.

D'autre part, le paiement avant terme peut résulter d'un *libre accord* entre le porteur et le tiré ; la loi n'a pas la prétention d'interdire à un porteur de lettre de change de recevoir de gré à gré, et à des conditions débattues, les fonds que le signataire propose de lui payer par anticipation. Seulement on verra que les faveurs, que témoigne la loi du change au paiement à l'échéance afin de le rendre libératoire malgré certains vices tenant à la personne du porteur, n'ont pas été étendues au paiement avant terme. A ce dernier point de vue, le règlement anticipé de l'effet présente pour le signataire un risque qui n'existe point pour un règlement suspendu jusqu'à l'échéance.

1281. — *c) Devoir de ne pas outrepasser l'échéance.* — Cette proposition s'entend de deux façons très différentes, suivant qu'on vise l'obligation pour le créancier de réclamer son paiement, ou bien l'obligation pour le débiteur de se libérer. La législation du change prescrit à l'une et à l'autre de ces personnes de ne pas contrevenir aux préceptes de la diligence qu'impose la ponctualité dans les affaires.

1° D'abord le *porteur* ne doit pas tarder à présenter l'effet au paiement. Il faut qu'il le réclame dès le jour de l'échéance, et, si le paiement lui est refusé, qu'il fasse établir un protêt dès le lendemain, protêt à signifier ensuite aux garants dans un court délai. Ces questions se retrouveront dans le chapitre suivant.

Le porteur qui ne se conforme pas à ces obligations est traité comme *porteur négligent* et il subit les déchéances résultant de ces retard ou omission. L'Ordonnance de 1673 laissait au porteur pour faire ses diligences dix jours ou trois mois selon les cas (V. 31). Mais tous délais de grâce, de faveur, d'usage ou d'habitude locale sont abrogés par le Code pour le paiement des lettres de change (art. 135).

2° Puis, si l'on se place du côté des signataires de la lettre de change, l'échéance prend envers eux un caractère particulièrement rigoureux. La loi, dérogeant à l'art. 1244 C. civ., refuse aux juges le pouvoir d'accorder un *délai de grâce* aux *tirés* ou autres débiteurs de change (art. 157). Le signataire doit être prêt à faire les fonds sitôt l'échéance arrivée. La dureté de l'obligation issue de l'effet de commerce est par cette disposition rendue des plus manifestes : le tribunal n'aura pas à céder à une commisération que justifierait peut-être la cause honorable d'un embarras temporaire chez le débiteur. Dans le commerce, on compte sur des rentrées à jour fixe, pour régler ses propres fournisseurs : un retard même peu considérable est de nature à mettre celui qui le subit dans la gêne.

Dans la pratique, le délai de grâce en matière d'effet de commerce est néanmoins pratiqué. Ce n'est pas que les tribunaux de commerce tiennent la loi pour non avenue. En effet, lorsque l'affaire dès la sortie du rôle est appelée à l'audience, le demandeur ou son représentant a le droit d'exiger, du moment que la dette est liquide, que la condamnation soit immédiatement prononcée. Mais il est dans les habitudes d'accorder des ménagements à l'adversaire ; il consent à un terme de *vingt-cinq jours* (pratique parisienne), et le tribunal lui donne acte de cet octroi de délai.

Le jugement est rendu d'accord entre les deux plaideurs, et le tiré s'engage à payer outre le principal les intérêts de l'effet, à raison de ce dont son règlement est retardé.

Cet usage tient à l'attitude que ne manquerait pas de prendre le tiré si le délai lui était refusé. Il ferait défaut soit faute de comparaître, soit faute de conclure, l'opposition qu'il formerait ensuite suspendrait l'exécution du jugement obtenu contre lui par le porteur, et il gagnerait ainsi vingt-cinq jours au moins jusqu'à la décision contradictoire. Le porteur a donc tout intérêt à lui accorder ce délai bénévolement.

1282. — *d) Simplification des règles de la consignation.* — D'après la législation ordinaire, tout débiteur peut se libérer malgré le refus du créancier. Il dispose de la procédure des *offres réelles* suivies de *consignation* (art. 1257 et s. C. civ.). Le créancier est mis en demeure de recevoir ce qui lui est dû, et les valeurs comprises dans les offres passent à ses risques.

Ici les offres réelles sont rendues impraticables, dans la plupart des cas du moins, par ce fait que le débiteur ignore le nom de son créancier à l'échéance. Il ne le connaît que si ce créancier se présente de son plein gré, ce qui par hypothèse n'a pas eu lieu.

Il fallait cependant donner au débiteur un moyen de se libérer, malgré la mauvaise volonté ou l'indifférence du porteur. La loi du

6 therm. an III autorise tout débiteur de change, si le porteur ne s'est pas présenté dans les trois jours après celui de l'échéance, à déposer *de plano* la somme portée au billet chez le receveur de l'enregistrement (aujourd'hui à la trésorerie générale, représentant la caisse des consignations). Il lui sera délivré un acte de dépôt qu'il remettra ensuite, en échange du billet, au porteur lorsque celui-ci se décidera à le présenter. Les fonds auront cessé d'être aux risques du débiteur, à partir de la consignation qu'il en a faite.

SECTION II

DU PAIEMENT EN CAS DE VOL OU DE PERTE

(C. com. art. 144, 145, 147 à 155)

1283. — Causes de perte ou de vol. — Une lettre de change, souscrite d'ailleurs par un vrai tireur, vient à être égarée par le porteur. Il la perd ou on la lui a volée. Le nouveau porteur abuse du titre qui est tombé en son pouvoir.

C'est à la *poste* que la lettre de change est l'objet d'un détournement de la part d'un employé, qui a ouvert l'enveloppe sous laquelle elle voyageait[1]. Ou bien la lettre a glissé du portefeuille d'un garçon de recettes pendant ses tournées de recouvrements, et un tiers s'en est emparé.

L'hypothèse a plus de chances de se présenter pour des effets parvenus déjà à leur échéance ou pour des traites d'exigibilité très prochaine : autrement le vol sera signalé au tiré assez à temps pour qu'on puisse former opposition au paiement. C'est ce qui explique la fréquence de ces questions pour les chèques, qui sont des effets à vue.

1284. — Moyens d'abuser de l'effet. — A la suite de ce vol ou de cette perte, l'auteur du détournement cherchera à se procurer le paiement de la lettre de change. Pour y parvenir, il aura généralement à commettre un *faux*. C'est un grattage qu'il fera dans le corps du dernier endossement, afin d'y insérer son nom à la place de celui qui y figurait d'abord, ou c'est un endos nouveau que le faussaire signera du nom de la personne rendue porteur par l'endos précédent.

Quelquefois l'auteur de la fraude réussira dans sa tentative sans avoir à se rendre coupable de faux. Ainsi en sera-t-il si l'effet perdu ou volé était endossé en blanc. Celui qui s'en empare se présente pour le

[1] Pothier, *Traité du change*, nº 168, suppose que le courrier de la poste a été attaqué en chemin par des voleurs et dévalisé, puis que l'un des voleurs, avant qu'on n'ait pu donner avis de l'accident à l'accepteur, se présente avec la lettre sous le faux nom de celui à l'ordre de qui elle est passée, et en reçoit le paiement de l'accepteur.

paiement, comme s'il était le mandataire chargé de recevoir, ou encore en remplissant le blanc-seing à son nom, ce qui n'est pas un faux, tout en constituant un délit correctionnel.

1285. — La traite aux mains d'un porteur de bonne ou de mauvaise foi. — Au lieu d'imaginer que l'auteur du détournement fait lui-même les démarches ayant le paiement pour but, on peut supposer qu'il passe l'effet à l'ordre d'un nouveau venu contre livraison de valeur, et que c'est ce porteur qui présente l'effet à l'échéance chez la personne désignée sur le titre pour le payer.

Un point est certain, dans la doctrine française du change : *le détenteur de bonne foi d'un effet à ordre n'est pas légalement dans la situation d'un acquéreur de titre au porteur.*

Le titre au porteur est traité comme un meuble corporel. Sa possession est régie par les art. 2279 et 2280. La revendication n'est donnée à la victime de la perte que dans des cas limités, et sous réserve d'indemniser le nouveau porteur lorsqu'il a acquis la valeur en bourse ou chez un marchand.

Rien de tout cela n'est vrai d'une lettre de change. Même si le détournement s'était produit après un endos en blanc, cette nature d'endossement n'a pas pour résultat d'assimiler l'effet à un titre au porteur (n° 1270). Dans tous les cas la personne dépouillée sera fondée à réclamer la lettre ou son montant à celui, de bonne ou mauvaise foi, qui s'en trouverait détenteur (*Contrà* en Allemagne).

1286. — Envisageons les conséquences de ce vol ou de cette perte vis-à-vis du débiteur de l'effet et particulièrement vis-à-vis du tiré.

Deux éventualités différentes peuvent se présenter :

a) La lettre de change est-elle régulièrement payable au porteur qui a commis le faux ou l'abus de blanc-seing, ou encore au successeur de ce porteur, tantôt son complice et tantôt un porteur de bonne foi? Quelle est la validité du paiement accompli par le tiré à ce porteur illégitime?

b) La personne qui s'est trouvée dessaisie du titre contre sa volonté peut-elle prétendre au paiement de la lettre de change, quoique privée du document, et en cas d'affirmative, sous quelles conditions?

§ 1. Paiement fait au porteur illégitime

1287. — Il est bien entendu que ce paiement est reçu par une personne sans droit pour l'exiger, et que le tiré peut et doit refuser d'acquitter le montant de la traite lorsqu'il sait que le requérant est un imposteur ou a acquis l'effet *a non domino*.

Il est entendu encore que si cette personne sans droit encaisse l'effet, elle en demeure redevable vis-à-vis de celui au détriment de qui la lettre de change a été soustraite, et cela sans distinguer suivant que le bénéficiaire de l'encaissement était de bonne ou de mauvaise foi.

Mais le tiré (ou un autre débiteur de change) se libère-t-il de l'obligation née de la lettre de change, en faisant le paiement au porteur illégitime ?

1288. — Caractère libératoire du paiement. — En droit commun, un débiteur ne paie valablement sa dette qu'au créancier véridique ou au mandataire qui a reçu réellement pouvoir de toucher pour lui (art. 1239 C. civ.). Faute de quoi, il s'expose à payer une seconde fois quand même il a été dupe d'une manœuvre ou d'une supercherie, et si habilement qu'on ait pu la jouer pour surprendre sa crédulité.

La législation du change ne pouvait sanctionner une règle aussi exigeante. Il n'y a pas de moyen pratique pour le tiré de vérifier la sincérité de toutes les signatures apposées sur le titre. Il ne lui est même pas possible de contrôler l'identité du dernier porteur qui vient le trouver à ses guichets. Peut-être n'a-t-il encore échangé avec ce dernier porteur aucune espèce de rapports : il ne le connaît point, il ne peut pas lui demander des pièces d'identité (ces pièces probantes, de valeur généralement médiocre, requises par les règlements pour le recouvrement des mandats de poste et qui rendent le paiement des mandats en question si compliqué). Si le porteur se dit Paul et acquitte de ce nom l'effet, le tiré n'a rien à se reprocher en le payant sur la foi des apparences. Il fait ce qu'il doit, du moment que le dernier endos mentionnait Paul comme la personne qualifiée pour toucher la traite.

Une règle qui eût mis la validité du paiement aux risques du tiré aurait eu pour résultat de l'empêcher de faire honneur à la traite, en cas de doute sur l'authenticité du porteur : c'est le crédit des effets de commerce qui en aurait souffert, avec la réputation qu'ils doivent conserver d'être des titres de recouvrement rapide. La règle de droit civil aurait tourné contre l'intérêt bien entendu du porteur.

De là, la teneur de l'art. 145 : « Celui qui paie une lettre de change à son échéance et sans opposition est présumé valablement libéré. »

Ainsi, prendre une lettre de change à l'endossement, c'est s'exposer à devoir la restituer à qui de droit, si cette lettre avait été volée ou détournée. Mais, *payer une lettre de change*, qui a les apparences d'une circulation régulière, en fournir les fonds à celui qui paraît qualifié par les endossements pour la toucher, *ce n'est pas s'exposer au péril d'avoir à la payer une seconde fois*. Le tiré s'appliquera la provision que le tireur avait constituée chez lui. Ou, s'il a payé à découvert, il se retournera contre le tireur. La lettre de change est éteinte.

La personne dépossédée n'a plus pouvoir d'agir soit contre l'accepteur, soit contre un garant quelconque. Elle sera seulement fondée à poursuivre *ex delicto* le voleur ou celui qui a indûment encaissé l'effet.

1289. — En quoi la règle déroge au droit commun. — La dérogation apportée par cette règle au droit commun ne se produit vraiment que s'il a fallu commettre un *faux* soit dans la chaîne des endossements, soit au moment du paiement surpris à la bonne foi du tiré.

Or, on a dit précédemment que le porteur sans droit se contentait parfois de présenter après le vol un effet endossé en blanc, et qu'il faisait de l'endossement une formule de quittance, sans y insérer son nom ou un nom quelconque. C'est le cas pour toutes les lettres de change présentées par les agents d'encaissement des maisons de banque : l'établissement a quittancé l'effet ou y a mis sa signature au dos, avant de le confier à un garçon de recettes. Raisonnons sur cette hypothèse.

Il est unanimement admis que tout porteur d'un acquit du créancier a qualité de plein droit pour toucher la créance. Ce n'est pas là une disposition spéciale au droit du change. Le porteur de la quittance n'a point à justifier de son aptitude personnelle à recouvrer la somme : il a le titre, cela suffit. Alors s'applique le principe ordinaire, que le paiement fait de bonne foi à celui qui est en possession de la créance est valable et libératoire (art. 1240). Le droit des effets de commerce concorde avec la règle générale.

1290. — Tempéraments. — Mais la prescription de l'art. 145, qui tantôt fait brèche au droit commun et tantôt se borne à le reproduire, n'est pas d'une application constante. Elle n'a d'autre but que de protéger la *bonne foi* du tiré, lorsque cette bonne foi est rendue excusable par les circonstances. Elle cesse, dans le cas où on peut alléguer contre lui quelque imprudence.

a) Il faut qu'il ait attendu l'*échéance* pour payer la lettre de change. Un paiement anticipé serait à ses risques. S'il verse les fonds à un faux porteur avant que le terme ne soit venu, il devra les verser à nouveau au porteur légitime. Celui qui paie une lettre de change avant l'échéance est responsable de la validité du paiement (art. 144).

b) Il faut que le débiteur n'ait été touché par aucune *opposition* au paiement, de la part de la victime de la dépossession. L'opposition est consacrée par l'art. 149 pour le cas de perte de la lettre de change, et il faut, bien entendu, y assimiler le cas de vol. Le texte ajoute le cas de la faillite du porteur, dont on reparlera dans un instant.

La défense ainsi intimée au tiré de payer l'effet n'a pas lieu nécessairement par le moyen d'une signification d'huissier : la loi ne lui impose aucune forme déterminée, une lettre missive suffirait au besoin.

Toute opposition constitue celui qui la reçoit *de mauvaise foi*, et c'est ce résultat seul qui importe. A moins d'être sûr que l'opposition est mal fondée et motivée par la malice, le tiré doit y déférer. Il refusera de payer la lettre de change, aussi longtemps que mainlevée de cette opposition ne lui aura pas été rapportée.

c) Il faut que le tiré exige la *signature d'acquit* du porteur, à moins que l'effet ne lui soit présenté tout acquitté d'avance.

Il doit *retirer l'effet* ainsi acquitté et ne pas le laisser au porteur désintéressé.

Il est également dans l'usage de demander l'*adresse* du signataire, ce qui n'est pas très probant, car celui-ci ne manquera pas de donner une adresse inexacte s'il est un faussaire.

Il convient encore, avant de payer, de *vérifier la chaîne des endossements* afin de voir si elle n'est pas interrompue en quelque endroit. Dans le cas où un endos suivant ne serait pas signé par la personne figurant comme preneur dans le précédent endos, le tiré devrait s'abstenir de déférer à la demande de paiement, car la brisure d'anneau dénoncerait alors la soustraction dont le titre a été l'objet.

En fait, cette vérification des endos est rendue impraticable par les *signatures illisibles* et données en simple paraphe dont se couvre le verso d'une lettre de change. Ces signatures de commis de banque, agissant par procuration de la société à qui la traite a été négociée, sont assez peu démonstratives par elles-mêmes. Car ni le porteur ni le tiré, en supposant le nom déchiffrable, ne seraient en mesure de savoir si ce commis avait ou non reçu pouvoir d'endosser la traite.

Une garantie moins précaire de la sincérité des signatures résulte alors de l'apposition du *timbre* de la maison de qui l'endossement procède : ce timbre n'est pas requis, mais il est d'usage d'en mettre l'empreinte à côté ou au-dessus de l'endos. L'opération apparaît bien alors comme faite dans les bureaux de l'établissement dénommé sur le timbre. S'il y a eu abus de confiance d'un de ses employés, les conséquences en doivent retomber sur l'établissement de qui l'employé dépend (art. 1384 C. civ.) : l'endossemeut sera obligatoire de la même manière que s'il avait été fait dans la limite des pouvoirs du signataire.

d) Lorsque la lettre contient la clause *suivant avis*, il est du devoir du tiré de ne la payer qu'après avoir reçu de son tireur un avertissement séparé d'avoir à y faire honneur. Cela n'a pas précisément pour but de conjurer un détournement dans la circulation de l'effet. Mais le tireur conserve mieux par cette mention le moyen de signaler au tiré les exceptions recevables contre le porteur de l'effet. Il peut ainsi l'empêcher soit d'accepter la lettre de change, soit de la payer, aussi longtemps qu'il ne lui aura pas donné confirmation de la traite.

1291. — Les précédents développements se rapportent à un paiement fait à un porteur illégitime, et par suite d'un faux qui ne remonterait pas à l'origine de la lettre de change. On songe naturellement à deux autres éventualités.

1292. — **Porteur incapable.** — 1° Le paiement est requis par un porteur à qui appartient la lettre de change, mais qui est frappé d'*incapacité* pour en toucher le montant. — Ex. : il a été mis en faillite, or le failli est atteint de dessaisissement (art. 443) ; il est placé en état d'interdiction, etc.

La faveur témoignée par la loi au paiement de bonne foi fait à un non-propriétaire se communique même au paiement au porteur incapable. C'est une nouvelle exception au droit civil, qui dit dans l'art. 1241 que le paiement fait au créancier n'est point valable, s'il était incapable de le recevoir. Ici, au contraire, le paiement est valable, lorsqu'il a eu lieu de bonne foi (art. 145).

Le failli qui se présente à l'échéance porteur de la traite et qui l'encaisse, commettant ainsi un détournement contre la masse, libère donc le signataire. Celui-ci n'avait pas à s'enquérir de la capacité du créancier. Le syndic pourrait d'ailleurs empêcher ce paiement en formant opposition, ce qui constituerait le porteur de mauvaise foi. Le deuxième cas d'opposition, en effet, que consacre la loi au paiement d'une lettre de change est celui de la *faillite du porteur* (art. 149).

On est généralement d'accord pour admettre, par identité de motifs, cette opposition en cas de minorité ou d'interdiction, de la part du tuteur du porteur[1].

[1] Il y a plus de difficulté pour se prononcer sur le point suivant : c'est avant de tomber en faillite que le porteur reçoit le paiement, la lettre de change n'étant pas encore échue. Lorsqu'arrive l'échéance normale de l'effet, le porteur est en état de faillite déclarée. Si l'on avait attendu que la traite fût exigible pour la payer, le paiement eût été nul, grâce à l'opposition du syndic. Faut-il statuer contre la validité du paiement, du moment qu'il a eu lieu par anticipation ? — D'après les principes du change, nous ne le pensons pas. En vain se prévaudrait-on en sens contraire de l'article 144 : celui qui paie la lettre de change avant son échéance est responsable de la validité du paiement. Ce texte n'est pas applicable, car si l'on se place au jour du paiement, celui qui le reçoit est encore capable : la situation était tout autre quand le porteur, recevant ce paiement anticipé, était un faux porteur. — Mais, pour raisonner ainsi, il faut faire abstraction de certaines autres règles ayant leur siège dans le droit de la faillite. Le porteur, non encore en faillite ouverte, peut être en état de cessation de paiements au moment où il touche l'effet. Les principes de la période suspecte auront pour résultat de faire annuler ce paiement, si le tiré connaissait cette cessation générale des paiements de son créancier qui est le porteur de l'effet, et s'il lui a néanmoins versé les fonds. C'est ce dont on se rendra compte, en étudiant l'art. 447 du Code de commerce.

1293. — Lettre de change fausse. Sur qui retombe le risque du paiement. — 2° Nous avons dit, d'autre part, que cette théorie sur la validité du paiement fait à un faux porteur demeurait étrangère aux lettres de change provenant d'un *faux tireur*. La jurisprudence admet que l'acceptation et le paiement de ces dernières lettres sont dénués de toute valeur légale (n° 1225)[1].

Par conséquent, le tiré ne saurait arguer de sa bonne foi, ni de la parfaite imitation de la signature de son correspondant qu'il croyait tireur, pour imputer le paiement sur la provision qu'il aurait en main ou pour se faire rembourser par ce tireur apparent. Il n'aura qu'à répéter son paiement contre le porteur. En soi, le paiement a été nul.

L'article 145 ne s'applique point, car il concerne le paiement d'une *véritable* lettre de change, ce qui n'est point le cas.

Cette situation est assez fréquente en matière de *chèques*.

Il est arrivé cependant plus d'une fois aux tribunaux, saisis d'un procès de cette nature, de condamner celui dont la signature a été contrefaite (client d'un banquier ayant fait chez celui-ci un dépôt de fonds) à indemniser le tiré (banquier) auteur du paiement du chèque. Ils ont dû faire appel à d'autres principes. La condamnation reposait sur un quasi délit de ce faux tireur et se justifiait par application de l'art. 1382 C. civ.

C'est qu'en effet les chèques sont préparés sur des formules numérotées et adhérentes à un *carnet à souche*, que le banquier remet à son client au moment du dépôt des fonds : il se fait délivrer un reçu de ce carnet et par une clause d'usage insérée dans ce reçu, le banquier se déclare irresponsable des conséquences de la perte ou de la soustraction d'un de ces chèques.

Dès l'instant qu'une de ces formules a été dérobée au déposant, et

[1] Voici une situation, dont le classement est un peu difficile. La lettre de change a été dérobée dans le trajet de son expédition de chez le tireur à destination du premier bénéficiaire, et le tiré la paie de bonne foi au voleur. Nous estimons qu'il faut suivre l'art. 145 : le paiement est libératoire et sera mis au compte du tireur, qui devra créditer le tiré de son montant. Cette traite n'a pas eu cependant de véritable *preneur*. Il n'importe, du moment que la signature du *tireur* est véridique. Le cas est très différent de celui où cette signature aurait été contrefaite. — Mais il est bien entendu que, dans une pareille éventualité, la personne à qui l'effet avait été expédié et qui devait en être le preneur, n'a rien reçu, par suite de l'événement qui a intercepté la remise. Dans ces conditions, si cette personne avait une créance à prétendre contre le tireur, créance que l'effet avait justement pour but de régler, ladite créance subsisterait pleine et entière à son profit. Le règlement n'en a pas eu lieu par le moyen de l'effet. Il en serait tout autrement, lorsque la soustraction viendrait à se produire *après* la réception de la lettre de change par le preneur : celui-ci, en recevant un effet de son débiteur, serait dans la même position que s'il avait reçu de lui de l'argent : *qui règle paie*.

que le voleur l'a remplie en imitant avec adresse la signature du client, le banquier qui l'a ensuite payée de bonne foi sera fondé à se couvrir sur la provision : 1° parce que la soustraction provient d'une négligence du propriétaire, qui aurait dû tenir son carnet en lieu sûr ; 2° parce que cette soustraction est vraisemblablement imputable à un employé du client, des infidélités duquel son patron doit répondre ; 3° à raison de la clause d'irresponsabilité contenue dans le reçu dont le banquier s'est assuré d'avance, et dont il n'y aurait lieu de repousser la légalité qu'en cas de faute lourde de sa part[1].

On pourrait rencontrer pour la lettre de change elle-même des situations voisines, dans lesquelles la nécessité de mettre la perte au compte non pas du tiré, mais du faux tireur, s'expliquerait par des raisons analogues.

1294. — Afin de diminuer ces chances de présentation aux guichets du banquier d'un chèque faux (ou d'un chèque vrai revêtu de faux endos), la pratique anglaise a imaginé le *barrement* ou croisement de l'effet. Deux barres parallèles coupant le chèque par son milieu laissent place à l'insertion du nom d'un banquier déterminé, ou simplement à celle des mots *and* C°.

Cela veut dire que le tiré ne pourra se libérer du chèque qu'aux mains soit d'un banquier désigné dans le premier cas, soit d'un banquier quelconque dans le second. Le voleur éprouvera sans doute quelque difficulté à s'assurer le concours d'un établissement de crédit afin d'obtenir le paiement de l'effet. On espère qu'il n'y parviendra pas. Rien n'empêcherait d'étendre cette pratique même à la lettre de change.

§ 2. Paiement à faire à la personne dépossédée de son titre

1295. — Des explications précédentes, il ressort que la personne qui a perdu une lettre de change est exposée à voir l'effet présenté au tiré par le faux porteur et dûment payé par ce tiré : elles établissent aussi qu'on peut conjurer ce résultat en formant opposition au paiement de la traite. C'est là un moyen simplement préventif qui d'ailleurs n'est pas infaillible, l'opposition pouvant être tardive.

La loi a compris que la perte ne devait pas être irrémédiable, et qu'il fallait donner à la victime un moyen de restitution. Grâce à ce moyen, sous certaines conditions, la victime touchera l'effet, quoique le titre ait été égaré par elle ou qu'on le lui ait dérobé.

Trois hypothèses doivent être successivement envisagées.

[1] V. notre dissertation sous Civ. Seine, 21 décembre 1895, D. 96, 2, 401 et suiv. ; Cfr. aussi Paris, 4 juin 1897, D. 97, 2, 263.

1296. — *1re hypothèse.* — La traite avait été établie en plusieurs exemplaires, *un seul de ces exemplaires est perdu, et ce n'est pas celui qu'avait accepté le tiré.* — Le porteur obtiendra son paiement sur l'exemplaire qui lui reste, accepté ou non. Ce paiement n'est subordonné à aucune formalité spéciale (voir déjà notre n° 1103).

Bien entendu la prudence conseillera au porteur de former opposition, de crainte que le détenteur illégitime de l'exemplaire perdu ne le devance auprès du tiré. Ce tiers plus diligent éteindrait alors à ses propres dépens les droits nés de la traite conformément à l'article 145.

Si les parties ont rédigé la lettre de change en plusieurs doubles, c'est justement dans la prévision d'un évènement de cette nature, et afin que le porteur n'eût pas à souffrir de la perte d'un des exemplaires (art. 147 et 150).

1297. — *2e hypothèse.* — De plusieurs exemplaires émis, *l'un a été perdu*, mais, à la différence du cas précédent, *c'est celui que le tiré avait revêtu de son acceptation.*

La victime ne pourra pas poursuivre son paiement *de plano* sur le double qu'il tient en main. Le double accepté est le seul qui emporte obligation de payer. Le tiré se doit à sa signature, et, aussi longtemps qu'on s'abstient de la lui représenter, il n'obtient pas sa libération régulière (art. 148).

La loi subordonne alors le recouvrement de l'effet à la procédure suivante (art. 150). L'intéressé requerra du président du tribunal de commerce une *ordonnance*, aux fins de l'autoriser à toucher la lettre de change sur le double qui lui reste. Cette autorisation ne lui sera donnée que s'il fournit une *caution solvable* : la caution ne pourrait pas être remplacée par un nantissement. Le juge n'aura pas à examiner si le requérant est le vrai titulaire du droit, il se préoccupera seulement de la solvabilité de la caution offerte et de l'existence, aux mains de l'intéressé, de l'original dont il se prétend resté porteur.

Au vu de cette ordonnance, le tiré paiera l'effet ou refusera de l'acquitter. Dans ce dernier cas, le porteur dressera un acte de protestation, de la même manière et à la même date qu'il eût fait protêt s'il avait pu produire le double accepté. C'est cet acte de protestation qui servira de base à son recours contre les garants (art. 153).

1298. — Dans le cas contraire, c'est-à-dire si le tiré paie l'effet, une difficulté grave se pose. *Ce paiement libère-t-il le tiré ?* En supposant que l'autre porteur en ce moment absent, le porteur de l'exemplaire accepté, survienne ensuite et prouve son droit, pourra-t-il exiger du tiré un second paiement ? — Deux opinions ont été défendues.

a) D'après le système le plus généralement accueilli dans l'ancien droit (Pothier et Jousse), le tiré continue à se devoir à sa signature. Il paiera une seconde fois, et se fera relever d'autre part par le bénéficiaire du premier paiement, à présent reconnu non fondé, ainsi que par sa caution. C'est afin d'assurer ce recours éventuel de l'accepteur qu'on avait exigé du requérant qu'il donnât caution. Personnellement il pourrait devenir insolvable, voilà pourquoi il a dû fournir un répondant.

La loi déclare la caution déchargée après trois ans (art. 155). D'autre part, l'obligation pour l'accepteur de payer l'effet ne s'éteint que par une prescription de cinq ans (art. 189).

Il n'y a point concordance dans les délais. Pendant deux ans encore après que la caution cessera d'être tenue, le tiré demeurera exposé à indemniser le porteur de son acceptation, avec le risque d'insolvabilité du bénéficiaire du premier paiement.

b) Le sentiment qui domine dans la pratique fait au tiré une condition moins rigoureuse. On estime, dans cette seconde doctrine, que le premier paiement a été libératoire et a éteint la lettre de change, comme un paiement fait à celui qui était en possession de la lettre de change (arg. art. 1240 C. civ.). L'*accepteur* était même dans une situation meilleure qu'un possesseur de créance, il avait agi sur une ordonnance de justice. Et si, sur cette ordonnance, le porteur, au lieu d'être payé de gré à gré, avait dû intenter un procès au tiré et le faire condamner, il paraîtrait bien difficile de refuser au règlement de la traite l'effet libératoire.

Dès lors, le porteur retardataire de l'exemplaire accepté ne peut s'adresser qu'à la personne qui a touché l'effet à son détriment et à la caution qu'elle a dû fournir : celle-ci pendant trois ans, celle-là durant cinq ans.

Quant au tiré, il ne saurait être mis dans l'obligation de faire à nouveau les fonds de la lettre de change.

Peut-être, malgré la différence d'époque des législations, y a-t-il lieu de déduire en faveur de cette deuxième thèse un argument de la loi du 15 juin 1872 sur la perte des titres au porteur: loi qui s'est inspirée des remèdes institués par le Code de commerce pour obvier à la perte d'une lettre de change. L'art. 9 de la loi de 1872 décide que les paiements faits à l'opposant sur l'ordonnance du juge libèrent l'établissement débiteur envers tout porteur qui se présenterait ultérieurement, sauf recours du tiers-porteur contre l'opposant qui aurait formé son opposition sans cause et contre la caution de cet opposant. C'est aussi ce que nous proposons d'admettre pour la lettre de change.

1299. — *3e hypothèse.* — *Tous les exemplaires sont perdus*, ou il n'y en avait eu qu'un seul d'émis. — Il y aura à recourir à la même procédure que ci-dessus : ordonnance judiciaire avec caution. Le requérant en pareil cas aura à fournir une certaine preuve, dont il était dispensé dans les cas précédents.

Il devra, auprès du juge, justifier de la propriété de la lettre égarée, et ne pourra, à supposer qu'il soit commerçant, établir cette propriété qu'au moyen de ses livres (art. 152). Il est bien certain que la décision présidentielle ne vaudra point chose jugée à l'encontre du tiers-porteur qui se présenterait plus tard.

A cela près, mêmes conséquences que dans la deuxième hypothèse. Le tiré refusant de payer, le bénéficiaire de l'ordonnance fera sur lui un acte de protestation. Payant, au contraire, le tiré est libéré (système de la pratique), sauf au porteur absent à s'attaquer à l'*accipiens* et à sa caution.

1300. — Le porteur dépouillé dispose d'ailleurs d'un autre moyen de restitution. Ici encore il y a une analogie à établir entre le Code de commerce et le système de la loi du 15 juin 1872 sur la perte des titres au porteur. On pourra s'en convaincre, en examinant la partie de cette loi concernant la possibilité après un certain temps de se faire délivrer un autre titre à la place du premier.

Ce que désire la victime du vol ou de la perte, lorsqu'elle est encore éloignée de l'échéance, c'est un *duplicata* de change destiné à remplacer l'exemplaire égaré. Elle veut être placée dans la même position que si l'effet lui avait été délivré en pluralité de doubles dès l'origine, et qu'elle eût en main l'un de ces doubles.

C'est ce que lui permet d'obtenir une procédure créée par un arrêt de règlement du Parlement de Paris du 30 août 1714, reproduite par l'art. 154. Le réclamant s'adresse à son endosseur immédiat. Il lui demande ses soins pour agir auprès de l'endosseur antérieur, et ainsi de suite en remontant jusqu'au tireur. Le tireur établit une nouvelle lettre, en *duplicata* de la première, la passe au preneur qui la revêt de son endos, et en descendant la filière on reconstitue la traite.

Cette procédure n'est pas commode. Quelle valeur au surplus prend alors l'exemplaire perdu ? S'il était accepté, le porteur sera-t-il recevable à exiger une acceptation nouvelle du duplicata ? Avec ou sans ordonnance judiciaire ? Et de manière à annuler l'engagement du tiré résultant de sa première signature ? Autant de questions demeurées douteuses, prêtant à des interprétations divergentes.

CHAPITRE VI

DES PROTÊTS, DES RECOURS, DE LA PRESCRIPTION

(C. com. art. 158 à 186 et 189)

1301. — Le porteur d'une lettre de change qui a subi un refus de paiement peut attaquer tous ceux qui ont mis leur signature sur l'effet. Il a le droit de les poursuivre solidairement ou individuellement. Se retournant contre ceux, endosseurs ou tireur, qui le précèdent, c'est une action récursoire qu'il exerce.

Dans ces poursuites déterminées par le défaut de règlement de la lettre de change, le *tiré* joue le rôle de *débiteur principal*. Cela est vrai, du moins si ce tiré est accepteur. L'acceptation fait présumer une provision entre ses mains (art. 117). C'est lui qui doit subir en dernier lieu la dépense correspondant au montant de l'effet en souffrance. Payant la somme de gré ou de force, il ne pourra la recouvrer contre personne. Tout autre qui la paierait aurait au contraire la faculté de se retourner contre lui.

Le *tireur* et les *endosseurs* (ainsi que les cautions qu'ils ont pu être appelés à fournir) constituent des *débiteurs accessoires*. Ils sont comparables à des cautions, tenues de garantir la dette d'un autre, et ayant le droit de se faire rembourser par ce dernier. La particularité que présente la législation du change consiste dans les restrictions mises au pouvoir du porteur d'attaquer ces débiteurs accessoires.

1302. — **Négligence du porteur.** — En droit civil, un créancier peut toujours surseoir aux poursuites à diriger contre ses débiteurs, accessoires ou principaux. Il peut différer la réclamation de son paiement, sans pour autant compromettre sa créance. La loi du change trace au contraire au porteur d'un effet de commerce l'obligation rigoureuse d'exiger le paiement et, en cas de refus, d'agir en garantie sans aucun retard. Elle lui ordonne de se comporter en *créancier diligent*. Faute de ce faire, et par suite de la *négligence* dont il s'est rendu coupable, le *porteur sera déchu* de son action, non pas sans doute vis-à-vis de tous les signataires, mais vis-à-vis d'un certain nombre d'entre eux. Voici à cet égard la distinction faite par la loi :

a) Les *endosseurs* dans tous les cas, et en outre le *tireur qui aurait fait provision* et ne l'aurait point reprise, peuvent se prévaloir de la négligence du porteur, ainsi qu'il vient d'être dit, et le considérer comme déchu d'agir contre eux.

b) Le *tiré accepteur* et le *tireur qui n'aurait point fait provision* restent à tout événement tenus pendant cinq ans à partir de l'échéance, et malgré le retard mis par le porteur à exercer ses poursuites (absence de protêt, etc.). Ces personnes ne sont pas de celles que la loi autorise à user, en faveur de leur libération, de l'exception du porteur négligent.

Nous rappelons qu'en cas de doute sur le point de savoir si la provision a été constituée ou non, c'est au tireur à prouver au porteur qu'il l'avait faite (nº 1155). Moyennant quoi, il sera relaxé des poursuites du porteur, si celui-ci a manqué aux règles de diligence qui lui étaient imposées (art. 117, al. 3, et 170).

Le tiré prouvé détenteur de la provision, accepteur ou non, se trouve même dans une situation plus rigoureuse. Il est recherché par le porteur du chef de cette *provision* dont le tireur l'avait institué dépositaire (doctrine admise en jurisprudence sur la cession de la provision). Subrogé aux droits du tireur, le porteur peut exercer l'action pendant la même durée de temps que le tireur aurait été qualifié pour le faire s'il n'avait pas créé la lettre de change. Cette action, très distincte de celle née de la traite, survivra à la prescription de cinq ans des actions de change; il est du moins possible, eu égard aux circonstances, qu'elle lui survive.

1303. — Cette différence entre deux groupes de signataires inégalement traités a sa raison d'être.

Les débiteurs que nous appelons principaux *détiennent* ou sont présumés détenir *l'équivalent de la lettre de change.* Le non-paiement de celle-ci leur donne en l'état un bénéfice sans cause : c'est, par exemple, pour un tireur, s'enrichir aux dépens d'autrui que de mettre en circulation et de faire escompter une traite sur une personne qui ne doit rien ou qui a cessé d'être redevable à ce tireur. Il est donc équitable que ces personnes restent tenues pendant cinq ans, même envers un porteur qui n'aurait pas usé de diligence.

Mais les autres signataires, les débiteurs accessoires, ont commencé par acheter la traite avant de la vendre, si ce sont des endosseurs. Lorsqu'il s'agit du tireur, le souscripteur a commencé par sortir de ses biens la contre-partie de l'effet qui est chez le tiré afin de la transporter au porteur. En sorte que, pour un débiteur de ce groupe, le fait par la lettre de change de demeurer impayée ne consacre pas une appropriation illégitime de valeur.

Il est juste que ces personnes répondent de l'effet, mais il convient aussi qu'elles disposent d'une libération rapide : autrement le grand nombre d'effets sur lesquels les commerçants sont appelés à mettre leur signature rendrait intolérable cette condition de garants.

Il convient surtout que le porteur ne puisse se faire une arme contre elles de l'incurie dont il aurait témoigné lors de l'échéance de la lettre. S'il s'était présenté le jour où l'effet devenait exigible, peut-être aurait-il été payé : de ce que, quinze jours plus tard, l'argent ne se trouve plus chez le tiré, ce n'est pas un motif pour le porteur de faire retomber sur d'autres les suites de son abstention.

1304. — Les prescriptions imposées ainsi au porteur sont au nombre de trois :

1° *Présentation de l'effet le jour même de l'échéance* (art. 161), ou la veille si ce jour est férié (art. 134). S'il s'agit d'une lettre de change à vue, il doit être présenté dans les trois mois de sa date, sauf augmentation du délai, qui varie alors entre quatre mois et un an (et même deux ans dans le cas de guerre maritime) pour les lettres tirées des pays étrangers sur la France ou inversement (art. 160)[1].

2° *Confection d'un protêt faute de paiement le lendemain de l'échéance*, ou, si l'échéance tombe sur un jour férié légal, le surlendemain (article 162).

3° *Notification du protêt et citation en justice*, données individuellement ou solidairement aux signataires de la traite *dans les quinze jours* qui suivent la date légale du protêt (art. 166), — avec augmentation au-delà de 5 myriamètres d'un jour par 2 myriamètres 1/2, entre le lieu de

[1] La loi résout ici et d'une manière peu satisfaisante un problème de droit international privé. Les lettres de change donnent lieu à de nombreux conflits de lois. Dans ce traité élémentaire il n'a pas été possible de les examiner; sous réserve de certaines questions concernant la capacité (n° 1149). Voir Chrétien, *Etude sur la lettre de change*; Champcommunal, dans les *Annales de dr. comm.*, 1894; Surville et Arthuys, *Cours de droit international privé*, 2e éd. Les principales difficultés, auxquelles donne lieu la condition d'une lettre de change tirée d'un Etat sur un autre, sont :

1° Des difficultés de forme, lorsque les deux lois ne subordonnent pas la validité de la lettre de change aux mêmes mentions. On observera la règle *locus regit actum*, chaque endossement se réglant d'après la loi respective du pays où il a eu lieu;

2° Des difficultés sur les effets de l'engagement de chaque signataire et la durée de temps pendant laquelle on pourra le rechercher. Il paraît sur ce point encore conforme aux principes généraux de régler la portée de chaque engagement de signataire d'après la loi du lieu où il s'est engagé : tantôt le lieu de l'émission, tantôt celui d'un endossement, tantôt celui de l'acceptation.

Partant de là, l'art. 160 a eu raison de fixer un délai pour régler le recours sur un tireur ou des endosseurs *français* de lettres de change qui seraient payables à *l'étranger*, puisque c'est bien en France, d'après le droit français, que le signataire a promis garantie. Mais elle a outrepassé ses droits, en réglant l'hypothèse inverse, c'est-à-dire le recours contre des tireurs ou endosseurs *étrangers* pour une lettre de change tirée de l'étranger *sur nous*. Elle a ainsi empiété sur les attributions de la loi étrangère elle-même; celle-ci est souveraine pour déterminer le temps pendant lequel resteront tenus de leur engagement de change les signataires qui ont traité sous son couvert, *sur territoire étranger*.

paiement de l'effet et le domicile du garant assigné, et des délais plus longs variant entre un mois et huit mois pour les retours en France de traites payables en pays étranger (art. 165 et 166).

1305. — De ces trois prescriptions la première, la *présentation de l'effet au jour de l'échéance*, ne donne pas lieu à des observations particulières. A dire vrai, elle n'est pas sanctionnée par la perte du recours, pourvu que le protêt soit bien établi le lendemain.

D'un côté, le porteur n'est déclaré par l'art. 168 déchu de tous droits contre les endosseurs, que s'il a outrepassé les délais donnés pour présenter les lettres à vue, pour dresser protêt et pour agir en garantie : ce texte ne statue pas pour le cas où l'on se serait abstenu de présenter la traite le jour où elle est exigible.

D'un autre côté, au point de vue du système des preuves, la condition de présentation à l'échéance se confond avec celle de la confection du protêt le lendemain. Le seul moyen de convaincre le porteur de négligence, c'est d'alléguer l'absence d'un protêt le jour où il aurait fallu le faire. Sitôt que le porteur produit un protêt fait à bonne date, toute raison de le frapper de déchéance doit tomber. Il est donc possible que la journée tout entière prise comme terme de l'effet s'écoule sans que le porteur demande son paiement, et que ce soit le lendemain matin seulement qu'il se présente chez le tiré. S'il trouve le temps de faire le protêt dans la seconde partie de cette journée, il échappe en réalité à tout reproche de négligence.

1306. — Nous traiterons successivement dans ce chapitre : — du protêt, — des recours, — et de la prescription.

§ 1. Du protêt

1307. — Le *protêt* est un *acte authentique*, un exploit dressé par un officier public, huissier ou plus rarement notaire (on devait ajouter, avant le décret du 23 mars 1848 : accompagné de deux témoins ou records), *ayant pour but d'établir la preuve du refus par le tiré de payer la lettre de change le lendemain de son échéance*.

Cet acte est signifié au lieu où l'effet était payable ; par conséquent tantôt chez le tiré, tantôt chez un domiciliataire ; mais toujours au domicile de l'un ou de l'autre, non à la personne rencontrée en un autre endroit, et cela aux heures ouvrables signalées par l'art. 1037 C. proc. civ.

L'exploit mentionne l'invitation faite à cette personne de payer la lettre de change, exigible depuis la veille, la constatation de son refus avec l'énonciation du motif, la protestation de l'officier public[1]. Il importe peu que l'effet ait été précédemment accepté ou non, qu'il ait été protesté faute d'acceptation, que le tiré soit mort ou en faillite (art. 163).

Le protêt est précédé de la transcription littérale de la lettre de change avec ses endos, etc. Copie en est laissée, dit la loi, à la personne ainsi requise de payer.

Le porteur doit renouveler le protêt au domicile du recommandataire, ainsi qu'à celui de l'accepteur par intervention, le tout sur un seul original.

Si le domicile indiqué est inexact, l'huissier fera à la Bourse ou ailleurs un protêt de perquisition. Au cas où l'on ne trouverait personne au domicile mentionné, copie sera remise au voisin, ou autrement au maire de la commune (arg. art. 68 C. proc. civ.).

1308. — Le protêt dans la pratique. — Tel est le résumé des dispositions qu'on peut lire dans les art. 173 à 176. Mais il s'en faut que la pratique suive fidèlement ces prescriptions, ainsi qu'on s'en rendra compte dans un instant.

1309. — Caractère du protêt. — Le protêt appartient à ce groupe d'actes extra-judiciaires qualifiés du nom de *sommations*. Il engendre une mise en demeure, faisant immédiatement courir les intérêts de la traite, d'après l'art. 184, au taux commercial de 6 0/0 (alors que, en droit commun, C. civ. art. 1153, il faut une demande en justice pour donner cours aux intérêts moratoires). Il forme le préliminaire d'une action judiciaire à intenter dans un court délai, ce qui exposera le tiré ou les garants à des frais considérables[2].

Le protêt laisse en outre une impression de malaise à celui qui le subit, il se sent atteint dans son crédit. Le protêt est un *signe de gêne*,

[1] L'huissier est ainsi qualifié pour recevoir les fonds de l'effet sur la menace de protêt. Il ne rentre pas dans ses fonctions de se charger à l'amiable du recouvrement des effets au jour même de leur échéance, comme le ferait un banquier ou la poste. Des circulaires de la Chancellerie autorisent cependant, par tolérance, les huissiers à faire moyennant redevance l'encaissement des effets protestables dans les petites localités.

[2] Les frais du protêt seul sont assez modérés : 5 fr. 30 (Décompte : Timbre 1.20, enregistrement 1.25, transcription 0.75, timbre et registre 0.50, émoluments 1.60). Mais l'enregistrement de l'effet lui-même doit avoir lieu avec celui du protêt, soit 0.50 0/0, ou 5 francs pour un effet de 1.000 francs. D'après les évaluations qui ont précédé la réforme des frais de justice en 1892, les dépens de l'instance qui s'ouvre sur notification du protêt, en tenant compte du droit proportionnel de jugement de 1.25 0/0, ressortiront encore aujourd'hui à 58 fr. pour une lettre de change de ce même montant, tandis qu'ils se seraient élevés à 70 fr. sous le régime précédent (soit pour un effet de 100 fr. à 45 fr. au lieu de 68).

c'est de la production de protêts que résulte le plus communément la preuve de la cessation des paiements, cause de la faillite d'un commerçant.

Bref, il agit surtout par voie d'intimidation. On fait son possible pour l'éviter, et la ponctualité mise à payer de nombreuses lettres de change tient à la crainte qu'éprouve le signataire de diminuer sa réputation.

1310. — Son histoire. — L'usage du protêt est fort ancien. On en possède des exemplaires d'archives italiennes remontant à la première moitié du XIVe siècle[1]. Les raisons qui l'ont fait établir, puis se généraliser dans le commerce, paraissent avoir été multiples.

a) Les informations étant difficiles à fournir à distance, il fallait que l'autorité d'un Etat certifiât à celle d'un autre Etat, sur lequel la traite faisait retour, l'insuccès des tentatives pour en obtenir paiement. Mais cette raison n'explique pas l'exigence d'un protêt à jour fixe.

b) Il se peut que les sévérités du droit canonique à l'égard de la mise en valeur de l'argent ait eu quelque influence sur la pratique du protêt. L'intérêt conventionnel était défendu, mais l'intérêt moratoire ne l'était pas. Celui-ci pour prendre cours supposait une sommation préalable. En conséquence, on donnait la forme de lettres de change à des engagements de complaisance que les tirés se savaient d'avance hors d'état de payer, avec des protêts et des renouvellements pour un temps souvent très long. Mais la ponctualité du protêt n'est pas non plus expliquée par ce fait.

c) On a dû en venir à assujettir le porteur à un prompt protêt, par la raison suivante : on voulut alléger en l'accélérant le recours contre les garants, et rendre, sous une sanction menaçante, le tiré attentif à tenir les fonds prêts pour le jour même où on les lui réclamerait.

1311. — Son fonctionnement actuel. — De nos jours la pratique des lettres de change a fait du protêt un usage qui semble peu d'accord avec les dispositions légales. Il y a de curieuses particularités à

[1] Le plus reculé que cite GOLDSCHMIDT (*Universalgesch.*, p. 457) serait de 1335 : cet auteur montre que le protêt se composait de trois actes, la présentation de la lettre, la réquisition de paiement et la protestation. Certains statuts se contentaient de la signature du tiré avec les motifs du refus, et nous avons une traite de 1392, refusée sous cette forme (aujourd'hui encore, il y a des législations, celles de Belgique et d'Italie, qui permettent de remplacer le protêt au moyen d'une déclaration écrite par le tiré, constatant son refus de payer, et enregistrée à bref délai). La Bibliothèque de l'Ecole des Chartes a publié en 1851 le manuscrit d'une lettre de change de Ceuta sur Gênes à trente jours de vue, datée de l'année 1384, trouvée dans les pièces d'un notaire de Gênes, avec le protêt de cet effet qui avait été dressé par le même notaire en présence de deux témoins.

signaler dans la manière dont fonctionne le protêt, et même dans celle dont on arrive à se passer de lui.

1312. — Suite. Clause retour sans frais. — 1° Le protêt paraît à première vue d'ordre public. La loi dit que « nul acte ne peut le suppléer (art. 175) » ou que « le porteur n'est dispensé de le faire, ni par le protêt faute d'acceptation, ni par la mort ou faillite de celui sur qui la lettre de change est tirée (art. 163) ».

A défaut par un officier public d'avoir dressé exploit pour établir la présentation sans retard de l'effet ainsi que le refus de paiement, la preuve de ces deux faits demeurerait précaire, sujette à dénégation : les procès concernant le paiement d'une lettre de change traîneraient en longueur. Il faut un document péremptoire, disposant d'une force probante jusqu'à inscription de faux, pour justifier de la diligence du porteur et du non-acquit de la traite.

Cela donnerait à croire que le protêt ne peut être remplacé par des équivalents. Or on admet, tout au contraire, l'insertion dans l'effet de la *clause sans frais* ou *retour sans frais*.

Le porteur est par là dispensé de faire protêt, comme aussi d'assigner les garants dans la quinzaine. Il lui suffit de présenter l'effet chez le tiré avec la même ponctualité que si la clause n'y était pas insérée, et d'être en mesure d'en justifier *en fait*, comme d'adresser sa réclamation *à l'amiable* contre les garants dans les quinze jours suivants.

Insérée dans le corps de l'effet, la clause est réputée reproduite dans les endossements, et le porteur peut en arguer vis-à-vis de tous les signataires.

Introduite dans un endossement, elle ne saurait être opposée qu'à l'endosseur de qui elle provient, ainsi qu'aux signataires suivants, mais non pas aux signataires antérieurs pour qui elle est non avenue.

C'est à tort qu'on a voulu lire dans la loi du timbre du 5 juin 1850 la preuve de la légalité de cette clause. Il est vrai que l'art. 8 de cette loi déclare nulle dans les effets non timbrés la mention sans frais (afin de mettre la Régie de l'enregistrement, par l'obligation inéluctable du protêt, sur la trace de l'absence de timbre et du délit). Mais on ne doit pas en induire *a contrario* que la clause soit valable dans les effets timbrés. Au contraire, il a été dit dans la discussion que le principe demeurait réservé : à supposer la mention régulière dans les effets ordinaires (mais c'est un point qu'on n'a pas voulu trancher), elle ne vaudra rien dans les effets non timbrés.

1313. — Suite. — En pratique, la clause est approuvée et ne rencontre aucune résistance : elle est utile dans les petits effets, où les frais sont incompatibles avec le faible montant du titre, elle forme en outre un moyen prudent de ménager la susceptibilité de certains tirés. Le porteur, qui malgré les instructions de la lettre de change persisterait à la faire protester, ne pourrait pas en recouvrer les frais contre les garants, les frais resteraient personnellement à sa charge.

1314. — Suite. — 2° Dans les grandes villes, par suite de la masse d'effets se concentrant aux mains des huissiers à des dates qui reviennent toujours les mêmes (de préférence les 1er et 15 de chaque mois), bien des protêts ne sont signifiés ni par huissier, ni à jour fixe, ni par remise de copies.

L'accumulation des effets en souffrance se produit le lendemain des échéances chez les huissiers qui ont la clientèle des principaux établissements de crédit[1].

Ces établissements, chargés, on le sait, d'encaisser la majorité des lettres de change, avaient commencé par laisser la veille chez les tirés une fiche afin de les aviser de venir avec les fonds jusqu'au lendemain à midi. Les traites n'affluent donc chez l'huissier que dans l'après-midi du lendemain de l'échéance, et en supposant que les tirés ne les aient pas dégagées dans la matinée.

L'huissier les classe, reçoit encore la visite de tirés retardataires qui viennent retirer leurs signatures contre paiement, et il n'a pas dans le reste de la journée jusqu'à l'heure de fermeture des bureaux, heure difficile à dépasser par suite des convenances d'affaires, le temps matériel de mettre en forme les 500 ou 1,000 protêts dont il est chargé.

Dans ces conditions : *a*) L'huissier se fait remplacer par des *clercs* ou par des employés. Si ceux-ci instrumentaient à proprement parler, au lieu de se borner à faire les tournées dont il va être parlé, il y aurait de leur part usurpation de fonctions publiques, délit frappé par l'art. 258 C. pén.;

b) L'huissier, au jour indiqué pour le protêt, se contente d'aller trouver les tirés et de faire chez eux une courte apparition. Il n'a pas le temps de dresser *l'original*. A plus forte raison s'abstient-il de laisser *copie* (quoique l'art. 176 prononce la destitution contre l'huissier qui commettrait cet oubli). Les négociants ont été les premiers à conseiller

[1] Il arrive également aux huissiers les effets en souffrance qui avaient été confiés au recouvrement de l'administration des postes : la loi du 17 juillet 1880 dégage l'administration de toute responsabilité, au cas où la présentation à domicile ou la remise de l'effet à l'officier ministériel n'auraient pas eu lieu en temps utile. Un décret du 15 février 1881 rendu en exécution de cette loi autorise les huissiers, dans chaque circonscription, à se déclarer prêts à dresser protêt sans consignation préalable des frais. Ce sont ces officiers-là, à l'exclusion de tous autres, qui reçoivent de la poste mandat d'instrumenter, suivant une répartition réglée par le ministre. Le recouvrement des frais est opéré par l'huissier dans une forme que ce décret détermine.

la suppression de la copie, qui pourrait tomber dans leurs bureaux en des mains indiscrètes et leur faire tort. Au surplus, le timbre de la copie se retrouve en timbre mobile sur l'original qu'on va dresser quelques jours après, et le Trésor n'y perd rien, sur ce point spécial tout au moins;

c) On trouve le moyen de différer le protêt de *quatre jours*. Cela ne devrait pas être. Un retard ne peut relever le porteur de la déchéance que si un cas de force majeure est établi (arg. avis du conseil d'Etat du 2 janv. 1814 et du 12 nov. 1840), ou lorsqu'il est intervenu une loi particulière suspendant pour une période de temps plus ou moins longue l'échéance des effets de commerce par des considérations de guerre ou de révolution, ainsi qu'on l'a vu en 1870 et 1871.

Quoi qu'il en soit, les huissiers, avec la tolérance de l'enregistrement, pratiquent l'antidate en matière de protêts. Il suffit, d'après la loi du 22 frimaire an VII, art. 20, que les actes d'huissiers soient présentés à l'enregistrement dans les quatre jours : l'officier public attendra le dernier jour pour établir le protêt qui n'avait été jusque-là que verbalement signifié, et il le fera remonter, par inscription inexacte de date, au lendemain de l'échéance[1].

Dès lors, on verra des porteurs saisir l'huissier de la confection du protêt après deux ou trois jours et obtenir de la complaisance de celui-ci que l'irrégularité commise soit masquée. De même un tiré priera l'huissier de lui laisser quatre jours pour trouver l'argent avec les intérêts comptés du lendemain de l'échéance, et l'officier public déférera à son désir en percevant non pas les frais d'un protêt, évité ainsi par hypothèse, mais une simple vacation, ou indemnité de déplacement. Comme en revanche certains tirés, moins en faveur, verront leur signature impitoyablement protestée sur l'heure.

1315. — **Suite.** — On a proposé d'introduire dans le régime actuel du protêt un certain nombre de modifications, afin de remédier à ce que ce laisser-faire peut avoir d'abusif. On a demandé de reporter la confection du protêt au *surlendemain* ou au lundi suivant; — de donner à des *clercs assermentés* la faculté d'instrumenter pour leur patron; —

[1] Il est vrai que les protêts doivent être, sous les mêmes sanctions que la remise de copie, transcrits en entier, jour par jour, dans un registre coté et tenu dans la forme des répertoires (art. 176). Il est vrai encore que ce répertoire, sujet à tout moment aux vérifications de l'enregistrement, a été à certaines époques l'objet d'un contrôle des agents du fisc rendant les antidates impossibles (système des visas datés). Mais les réclamations du commerce ont fait abandonner cette pratique fiscale qui voulait imposer le respect du lendemain de l'échéance pour le protêt, sans aucun répit. En fait, le Trésor se trouve ainsi frustré des frais de nombreux protêts qui auraient dû être rigoureusement établis et enregistrés.

de remplacer l'exploit par un *acte à formule* préparée où il suffirait de remplir quelques blancs, acte adhérent à un registre à souche d'où l'on détacherait un bulletin d'avis à remettre au tiré (sans que l'effet lui-même doive y être retranscrit) ; — de déposséder les huissiers de la confection des protêts pour en investir les agents de l'*administration des postes*, déjà chargés depuis 1879 de soigner le recouvrement des effets ; — d'obliger le dernier porteur à aviser le tireur dans les deux jours du protêt, au moyen d'une lettre recommandée, du non-paiement de la traite, afin que ce tireur puisse suspendre sur cette nouvelle ses envois au tiré (c'est dans cette lettre d'avis au cédant immédiat que le droit allemand fait consister après protêt la diligence du porteur), etc.

1316. — Appendice sur le paiement par intervention. — La loi s'occupe d'un fait qui peut se produire au moment de la confection du protêt : nous parlons de la survenance d'un tiers qui offre spontanément de payer la lettre de change en souffrance à l'acquit de l'un des garants.

Ce tiers est appelé *intervenant*, et l'opération est *le paiement par intervention*. L'intervention et le paiement sont constatés dans le protêt (art. 158 et 159).

L'habitude prise de laisser plusieurs jours de suite la lettre de change en dépôt chez l'huissier avant le protêt multiplie pour ce paiement les occasions de se manifester. Si le protêt est fait à date fixe, l'intervenant arrive généralement trop tard pour payer à la décharge du garant, de manière que l'acte de protêt, ainsi que le veut la loi, ne peut plus mentionner son intervention. Au contraire, avec la manière d'opérer de nos jours, il n'est pas impossible que le tiré amène chez un huissier un banquier ou un capitaliste de ses relations qui verse volontiers la somme, avec la pensée d'être subrogé aux droits à la traite et de voir son avance porter intérêt pour lui : le protêt dressé dans ces conditions perd son effet déshonorant soit pour le tiré, soit pour les tireur ou endosseurs.

1317. — Les règles auxquelles obéit ce paiement seront vite expliquées :

a) L'intervenant est un *gérant d'affaires*. Il a son recours ordinaire contre celui, tireur ou endosseur, en l'honneur de qui il s'est présenté. Comme son paiement est volontaire, et qu'il n'était pas tenu au règlement de la lettre de change, il ne devrait pas être subrogé légalement aux droits de celle-ci (cpr. art. 1251 C. civ.). Cette *subrogation* lui est cependant reconnue par l'art. 159 à titre de faveur. Il aura donc contre le signataire par lui honoré, ainsi que contre ceux qui sont plus anciens sur l'effet (mais non contre de plus récents) les droits de poursuite résultant de la lettre de change elle-même (commercialité, intérêts à 6 0/0, point de délais de grâce). Il est vraisemblable que la bonne nature de ses relations avec le signataire par lui déchargé le fera temporiser envers ce dernier pour avoir son remboursement.

1318. — *b*) A la rigueur, le *tiré* lui-même peut, après avoir laissé protester l'effet sur lui, se déclarer prêt à payer par intervention pour le tireur ou pour un endosseur, et réaliser le paiement sous cette forme. Il le peut, à condition de ne pas avoir précédemment accepté la lettre de change purement et simplement; car un débiteur ne doit pas capricieusement changer le titre de son engagement.

Des raisons pour un tiré de se comporter ainsi ont déjà été exposées plus haut, à propos de l'acceptation par intervention (nº 1197) : il se ménage par exemple le moyen de se faire rembourser par un endosseur, dont un paiement pur et simple le priverait.

1319. — *c*) Au cas de *concours de plusieurs personnes* voulant payer par intervention le même effet, celui-là est préféré qui opère le plus de libérations; donc, c'est le tiers intervenant pour le tireur ou pour l'endosseur le plus ancien qui aura l'avantage. A condition égale, le tiré serait préféré à tous autres (art. 159 *in fine*).

§ 2. Des recours

1320.— Le porteur, après avoir dressé le protêt, doit le *notifier aux garants dans les quinze jours* suivants (sauf augmentation par suite des distances) et *assigner* ces garants en justice dans le même délai.

Ces deux faits résultent en général d'un seul acte; ce qui n'est pas conforme à l'art. 165. Ce texte décompose l'opération en exigeant la dénonciation du protêt, puis « à défaut de remboursement » la citation en jugement.

Le délai légal court du jour qui suit la date du protêt, c'est-à-dire du surlendemain de l'échéance.

On assistera ainsi à une série de recours répercutés, s'exerçant en remontant l'effet, depuis les signataires les plus récents jusqu'au plus ancien d'entre eux.

1321. — 1º Le *porteur* peut assigner, soit son cédant immédiat individuellement (art. 165), soit un endosseur intermédiaire, soit le tireur, soit toutes ces personnes conjointement (art. 167). Elles sont toutes en effet *solidairement tenues* (art. 140). Il préférera ce dernier parti, il pourra bien entendu comprendre l'accepteur dans ses poursuites.

Le fait d'assigner l'un des signataires n'équivaut pas à une assignation donnée à tous, pour la conservation de son recours contre l'ensemble de ses co-débiteurs. On déroge ici à la règle de l'article 1206 C. civ., d'après lequel les poursuites faites contre l'un des débiteurs solidaires interrompraient la prescription à l'égard de tous. La *solidarité* est qualifiée *imparfaite* : ceux qui n'ont pas été compris par le porteur dans l'exploit d'ajournement pendant le bref délai donné pour les poursuivre se trouvent libérés envers lui (arg. art. 167 : le porteur jouit *à l'égard de chacun d'eux* du délai déterminé par la loi).

Cette assignation cesse bien entendu d'être nécessaire, si le garant paie de son plein gré la traite avec les accessoires. On admet qu'une convention par laquelle il se reconnaîtrait débiteur du recours et créditerait le porteur sur ses livres produit les mêmes résultats qu'un paiement, et qu'elle conserve par conséquent les droits du porteur.

1322. — Le procès est de nature *commerciale*, le tribunal consulaire a compétence pour le juger. La poursuite, avant la loi du 22 juillet 1867, était sanctionnée par la contrainte par corps.

Pour déterminer le tribunal d'arrondissement dans le ressort duquel rentre l'affaire, il faudra appliquer l'art. 420 du C. de proc. Le porteur pourra saisir à son choix le tribunal du lieu du domicile de l'un quelconque des garants assignés, ainsi que celui du lieu où le paiement devait être effectué [1].

Il n'y a pas au surplus, en droit français, de *procédure particulière* établie pour les réclamations basées sur les effets de commerce. C'est la procédure commerciale habituelle.

En fait, devant nos plus importants tribunaux, cette procédure est bien simplifiée. La dette étant liquide, il y aura prononcé de jugement immédiat au premier appel de la cause, sans renvoi à un arbitre rapporteur ou à un juge-commissaire, sans mise en délibéré. Les demandes en paiement de billets ou de traites acceptées ne sont jamais remises devant le tribunal de commerce de la Seine ; il paraît même que l'exception de garantie ne peut pas être invoquée par le défendeur assigné en paiement d'un effet de commerce sur lequel figure sa signature, quand même il voudrait faire venir au procès pour le couvrir un endosseur précédent ou l'accepteur [2]. Mais cela n'exclurait pas le droit

[1] On discute le point de savoir si la lettre de change peut être considérée comme une *marchandise*, au sens de ce texte. En cas d'affirmative, le tribunal où s'est effectuée l'une des négociations dont la lettre de change a été l'objet serait aussi justement saisi du différend, quand même ce lieu de négociation ne se confondrait pas avec un domicile de signataire. L'art 420, en effet, donne compétence au tribunal dans l'arrondissement duquel la *promesse a été faite* et *la marchandise livrée.*

[2] Houyvet, *Les tribunaux de commerce*, n° 172.

pour lui d'opposer le faux ou le dol et de faire plaider l'un de ces deux moyens.

1323. — Dès avant toute assignation, il est permis au porteur d'une lettre de change protestée d'exercer, moyennant la permission du juge, une *saisie conservatoire* sur les effets mobiliers du tireur, accepteur ou endosseur (art. 172), et cela sans avoir à fournir la caution, que dans les autres saisies conservatoires commerciales l'art. 417 autorise le président du tribunal à imposer au saisissant.

1324. — 2° Le *garant assigné* peut à son tour remonter la filière, jusques et y compris le tireur, et attaquer en justice l'un de ces signataires venant avant lui, ou encore tous ensemble à son gré. Comme il doit garantie aux signataires suivants, il serait mal fondé à les rechercher.

Le garant dispose également à peine de déchéance d'un délai de quinze jours pour intenter cette action récursoire : les quinze jours courent du lendemain du jour où il a été assigné lui-même (art. 167 *in fine* et 169).

Il est admis toutefois qu'il n'a pas besoin d'agir avec diligence, lorsque ce signataire antérieur a déjà été compris dans les poursuites du dernier porteur. La subrogation légale, dont profite quiconque était tenu pour d'autres (art. 1251, 3° C. civ.), l'autorise à prendre les lieu et place de ce porteur dans les poursuites commencées et dans la condamnation prononcée au profit de celui-ci : ni ces poursuites ni cette condamnation ne se périment par quinze jours.

1325. — 3° Enfin chacune de ces personnes à son tour peut s'attaquer au tiré-accepteur qui est le débiteur principal, appelé par là même à décharger tous autres des condamnations rendues contre eux. Ce débiteur principal ne sera libéré que par la prescription de cinq ans (art. 170, al. 2) [1].

1326. — **Retours d'effets.** — Ces réclamations s'exercent plus souvent par la voie officieuse des *retours d'effets* que par le moyen d'un procès. Le procès dans la pratique est suivi contre l'accepteur, dont l'attitude est assez caractérisée pour nécessiter une contrainte judiciaire. Mais il n'est pas suivi contre les autres signataires.

[1] Ainsi s'explique le sens de l'art. 117, al. 2, qu'on a eu tort de considérer comme un texte dénué de portée : « l'acceptation établit la preuve de la provision à l'égard des *endosseurs* ». L'endosseur qui a payé la lettre de change a tout intérêt de recourir contre le tiré ; il ne peut le faire qu'autant que celui-ci avait la provision, or l'acceptation la fait présumer.

La lettre de change, dût-elle porter au dos la formule « pour acquit », cesse d'être présumée payée, du moment qu'un protêt l'accompagne. Ces deux pièces sont retournées au garant que le porteur entend rechercher. Ce porteur argue de l'acquit mis sur la traite par la personne à ce qualifiée, comme d'une procuration pour exercer le recours. On a dit plus haut que quiconque se présente muni d'une quittance du créancier a, par là même, pouvoir de l'encaisser (nº 1255).

Le devoir du garant est alors de rembourser au porteur l'effet, avec les intérêts courus depuis le protêt, et les frais du protêt eux-mêmes, si la réclamation lui est faite dans le délai légal. Muni maintenant de cette traite avec l'acquit dont elle est revêtue, il pourra à son tour présenter l'effet ainsi que le protêt à un de ses prédécesseurs et en faire liquider les intérêts jusqu'au moment où il sera personnellement remboursé[1].

1327. — Rechange. — La loi expose un système de recouvrement de la créance contre les garants qui prend le nom de rechange (art. 177 à 186). Le *rechange*, c'est *le fait par le porteur non payé de disposer contre un endosseur ou contre le tireur de la lettre de change en souffrance, au moyen d'une retraite* ou traite inverse de la première, dans laquelle il joue le rôle d'un tireur, de dernier porteur qu'il était dans l'effet primitif.

Le rechange est bien moins employé qu'autrefois.

Dans l'ancienne pratique des lettres de change en foire, il arrivait souvent que le tiré ou le personnage postiche qui en tenait lieu recevait pour instructions de laisser protester la traite, de manière à donner au porteur le moyen de mettre la lettre de change en valeur, en se retournant contre le tireur qui créait ensuite une nouvelle traite, etc. C'était, sous le nom de *recambium* ou *ricorsa*, un des moyens usités pour tourner la prohibition du prêt à intérêt.

Aujourd'hui le rechange est réglementé en vue de modérer l'action en recours, par la détermination *limitée* des frais qui pourront être portés en compte de retour. On s'était aperçu que des porteurs faisaient entrer en taxe des dépenses frustratoires, et que le tireur frappé en dernier lieu succombait sous une dette qui finissait par dépasser de beaucoup le montant de la traite. On a voulu conjurer un tel abus.

[1] Rien ne s'oppose à ce que le garant, qui rembourse en premier lieu le porteur, demande à celui-ci un acquit spécial qui sera alors préférablement donné sur le protêt. Ce qui établira, aux yeux des garants plus éloignés contre lesquels il se retournera ensuite, qu'il a été appelé à faire les fonds de la traite en souffrance, et qu'il a qualité pour les répéter contre de plus anciens que lui. Mais cette multiplication de quittances n'est pas nécessaire, pour assurer la marche du recours.

Un *décret du gouvernement provisoire du 24 mars 1848* a simplifié le rechange et fait cesser certaines controverses auxquelles donnait lieu le texte du Code de commerce. Quoique ce décret eût une portée provisoire, et déclarât suspendre l'effet du Code de commerce plutôt qu'il ne l'abrogeait, il n'est intervenu aucun acte législatif plus récent pour lui enlever sa force. Malgré l'avis contraire professé par une partie de la doctrine, il faut le considérer comme toujours en vigueur.

1328. — Suite. — Le droit d'émettre une retraite va de soi. Il résulte de ce simple fait que le porteur est créancier du garant sur lequel il veut se retourner. Cette créance constitue une provision qui justifie la création d'une lettre de change.

D'autre part le porteur, en établissant cette retraite aussitôt après le protêt et en la faisant escompter par un banquier de sa place, rentre sans retard dans l'argent qui lui est nécessaire et sur lequel il comptait.

Il n'était donc pas besoin que la loi vînt consacrer le droit du porteur à faire retraite, pas plus que l'utilité de ce moyen de recours ne pouvait faire question. Il est d'ailleurs sous-entendu que la retraite ne dispense pas le porteur de l'obligation d'être diligent et d'assigner le garant dans les quinze jours (sauf en cas de clause retour sans frais).

1329. — Suite. — La réglementation de la loi sur le rechange apparaît quant aux points suivants :

a) Ne peuvent être portés en compte de retour dans une retraite que le *principal* du premier effet, les *intérêts* de ce principal à partir du protêt, les *frais de protêt*, ceux du *timbre* de la retraite (aujourd'hui proportionnel et au tarif habituel du timbre des effets), et la *perte du change*.

On entend par ces derniers mots la somme que subit le porteur s'il doit négocier à perte au-dessous du pair, vu l'état du marché, la lettre de change sur la place du garant. L'effet de 10,000 fr. était payable à Bruxelles, le rechange se fait sur Paris. Le papier de Paris se cote en Belgique avec 1/8 de perte : pour une traite de 10,000 fr., on n'obtiendra cette somme à l'escompte que sous déduction de 12 fr. 50. Si l'intéressé supporte cette différence en banque, il est juste qu'il s'en dédommage et la réclame en plus. Il surélevera d'autant sa retraite.

Lorsque le rechange s'exerce à l'intérieur sur une ville de France et non pas sur une place de l'étranger, on portera en compte de retour non pas cet écart variable des cours, mais une *commission* ferme de 3/4, de 1/2 ou de 1/4 0/0, selon que l'on tire sur un petit centre de population, sur un chef-lieu d'arrondissement ou sur un chef-lieu de département. Le décret de 1848 ne permet ni de faire porter intérêt à ces frais accessoires (cfr. art. 185 C. com.), ni de réclamer d'autres droits de courtage, etc., que ceux indiqués ci-dessus.

1330. — *b*) Avant 1848, le compte de retour était une pièce distincte de la retraite. Elle devait être certifiée par un agent de change, afin qu'il fût bien établi que le cours du change dont la retraite débitait le garant était conforme au cours de la place de départ.

Aujourd'hui ce compte est remplacé par un *bordereau* détaillé transcrit au dos de la retraite et signé du tireur seulement.

1331. — *c*) Les *rechanges* ne peuvent être *cumulés*. Chaque endosseur n'en supporte qu'un, ainsi que le tireur (art. 183). En d'autres termes, le garant qui acquitte la retraite faite sur lui peut user d'une seconde retraite contre son prédécesseur, mais à condition de recouvrer seulement son avance, et de ne pas ajouter aux frais qu'il rembourse les frais motivés par la mise en circulation de son propre effet.

On soutenait autrefois que le tireur originaire était placé à cet égard dans une autre condition qu'un endosseur. Le tireur, disait-on, ne devait jamais supporter un rechange plus fort que celui qu'il aurait subi si le dernier porteur avait directement disposé sur lui-même. Cette thèse ressortait d'un article énigmatique du Code de commerce, l'art. 179, dont le décret de 1848 a suspendu l'effet. L'empire que nous continuons à reconnaître à ce décret, non abrogé aujourd'hui, permet de ne plus s'appesantir sur une ancienne particularité, assez difficile à justifier.

§ 3. De la prescription

1332. — Malgré l'absence du protêt ou le retard mis à l'obtenir, malgré le défaut de citation des garants dans les quinze jours, certains signataires restent encore tenus au paiement de la lettre de change. La loi institue pour eux une *prescription de cinq ans* (art. 189).

Ces cinq ans partent du jour du protêt, plus exactement du surlendemain de l'échéance ; car le protêt a pu ne pas être dressé ou l'être tardivement, et le porteur ne saurait étendre ainsi par sa faute la durée de la prescription.

De là naît une question pour les *lettres de change à vue*. Si, pour une traite de ce genre, il y a eu un protêt levé dans les trois mois de la date de l'effet, à la teneur de l'art. 160, les cinq ans courront du jour de ce protêt. Mais lorsque le porteur a été négligent, deux solutions peuvent se défendre. — La prescription, diront les uns, courra de la date même de l'effet, ou plutôt du lendemain : on raisonne comme si le porteur l'avait présenté de suite, le jour même de l'émission, pour essuyer son refus de paiement. — Elle ne courra, diront les autres (et la jurisprudence est en ce sens), qu'à partir de l'expiration des trois mois donnés pour faire la présentation de l'effet.

1333. — Quels sont les débiteurs de change libérés au moyen de la prescription de cinq ans ? Ce sont :

1° Le *tiré accepteur*. Celui-ci peut invoquer la prescription contre le porteur.

Le porteur d'ailleurs pourrait encore rechercher le tiré au-delà de cette époque du chef de la provision du tireur, et en prouvant son existence : l'action née de la provision ne se confond point avec l'action née de l'effet.

Par le même motif, le tireur, obligé comme garant de rembourser la lettre de change, serait encore reçu, le délai de cinq ans passé, à se retourner contre le tiré qu'il démontrerait nanti de la provision (art. 170). Ces points au surplus sont controversés.

2° Le *tireur qui n'aurait point fait provision* ou qui n'arriverait pas à démontrer au porteur qu'il l'a constituée (arg. art. 117, al. 3 et 170). Peut-être la provision a-t-elle toujours fait défaut ; peut-être a-t-elle existé, mais le tireur l'a reprise postérieurement. Ces deux cas doivent être résolus de la même manière (art. 171).

En admettant que la provision a été faite, et n'a été l'objet d'aucun retrait, une autre question surgit. Le tiré est tombé en faillite avant l'échéance : *cette faillite* convertit en un dividende la créance dont la provision rend le tiré comptable : elle *détruit* donc *la provision*. La situation, quand on se place au moment de l'échéance, est la même que s'il n'y avait pas eu de provision du tout. Le porteur, même négligent, est donc fondé à se retourner contre le tireur. S'il avait fait diligence, il est certain que le paiement de l'effet lui eût été refusé. Ce retard ne fait aucun tort au tireur, qui arguerait vainement de sa libération.

Il est donc très important, en la matière, de déterminer l'époque à laquelle la faillite du tiré s'est ouverte. Si elle n'est déclarée qu'après l'échéance, le porteur est déchu faute d'avoir agi en temps utile. Il a perdu son recours contre le tireur parce que la provision a péri *par le fait du tiré* au-delà du jour où l'effet est devenu exigible (arg. donné par l'art. 5 *in fine* de la loi du 14 juin 1865 sur les chèques).

Notons incidemment un cas spécial dans lequel le tireur serait valablement recherché du fait de la lettre de change, même au-delà des cinq ans de l'art. 189. Ce n'est pas le porteur qui l'assigne, mais le tiré, qui dit avoir payé l'effet à découvert. Le remboursement de l'avance qu'il a ainsi faite au tireur repose sur une action de mandat : celle-ci ne prend plus sa base dans la lettre de change, mais dans le droit commun (solution débattue).

3° Les *endosseurs* eux-mêmes, mais très exceptionnellement, puisqu'ils bénéficient d'une cause de libération plus courte, la négligence du porteur. On peut supposer que la lettre contenait la clause retour sans frais : le porteur était dispensé alors d'assigner les endosseurs dans les quinze jours, il doit du moins le faire dans les cinq ans [1].

1334. — Cette prescription repose sur une *présomption de paiement* : présomption assez peu conciliable, il faut en convenir, avec le fait que la lettre de change est toujours aux mains du porteur. Si la lettre est restée en circulation, n'est-il pas plutôt à supposer qu'on s'est abstenu de la régler ?

Quoi qu'il en soit, une fois cinq ans écoulés, la traite est réputée payée. Aussi la loi demande-t-elle que la prescription soit corroborée par le *serment*, si le porteur juge à propos de le déférer à son adversaire. Le signataire devra jurer qu'il a effectivement payé la traite. Autrement il sera condamné, quoiqu'ayant commencé par invoquer l'exception de prescription. Lorsque le signataire est mort et que ce sont ses héritiers que le porteur actionne, ceux-ci prêteront le *serment de crédibilité* : ils jureront que le *de cujus* dans leur pensée a dû payer la traite.

1335. — La prescription quinquennale ne se prête pas aux causes habituelles de *suspension*, tirées de la minorité ou de l'interdiction du créancier. Quand même le porteur viendrait à mourir, laissant un héritier mineur, les cinq ans continueront contre celui-ci : les petites prescriptions, de cinq ans et au-dessous, courent contre les mineurs et interdits (art. 2278; arg. Ordonn. de 1673, V. 22).

1336. — En revanche, la prescription de l'art. 189 comporte les causes légales d'*interruption*; alors le temps déjà couru est annulé, et tantôt la prescription première reprend pour l'avenir, tantôt c'est une prescription de trente ans qui entre désormais en vigueur. Voici en effet les deux situations à distinguer.

1° *Interruption simple*. Le débiteur a été cité en justice, l'*exploit d'ajournement* a un effet interruptif de prescription, chacun des actes nou-

[1] On a imaginé d'autres hypothèses, dans lesquelles la prescription de cinq ans servirait à l'endosseur, celle-ci notamment : l'endosseur a fait défaut faute de comparaître sur l'assignation que le porteur lui a donnée dans les quinze jours, et le jugement qui a été prononcé contre lui s'est trouvé périmé par suite d'absence de poursuites aux fins d'exécution dans les six mois suivants (art. 156 C. Proc. civ.). Cette péremption n'efface pas l'assignation première : il reste acquis que l'endosseur a été cité en justice dans les quinze jours après le protêt. Mais le porteur, n'ayant plus un titre exécutoire utile, devra renouveler sa citation. Il sera obligé de le faire dans les cinq ans de l'art. 189.

veaux de l'instance renouvelle ce résultat. Ou encore le porteur a pratiqué une *saisie-conservatoire* dans les termes de l'art. 172 (le protêt par lui-même, simple sommation, ne dispose pas de la même vertu). Ou bien le signataire a *reconnu sa dette*, quand ce serait au moyen d'une simple déclaration verbale : l'interruption s'est également produite (art. 2244 et 2248).

Dans ces différents cas, c'est la prescription de cinq ans qui reprend son cours, sitôt que l'acte interruptif a eu lieu.

2° *Interruption ayant pour résultat* non seulement d'abolir le temps déjà couru, mais *de nover la dette* en substituant à la prescription de cinq ans une prescription de plus longue durée, celle de trente ans (art. 2262).

Ex. : Le porteur a obtenu un *jugement de condamnation* contre le signataire. Ce jugement ne peut être passible que de la prescription trentenaire. — Ou encore, le débiteur, en même temps qu'il reconnaissait sa dette, en a crédité le porteur dans un *compte-courant* ouvert entre eux deux (c'est là la reconnaissance *par acte séparé* mentionnée par l'art. 189). Le compte-courant forme une convention propre dont tous les éléments servent à constituer le solde périodique. La lettre de change s'est fondue dans ce compte, et la prescription, suspendue d'ailleurs jusqu'à la clôture de celui-ci, ne pourra se consommer que par les trente ans qui sont le délai de la prescription habituelle.

CHAPITRE VII

DU BILLET A ORDRE

(C. com., art. 187 à 189, 636 et 637)

1337. — On sait que *le billet à ordre* forme un *titre* d'engagement *par lequel le souscripteur s'oblige à payer lui-même, à l'ordre d'un preneur, une certaine somme à date fixe* (nos 9 et 1043).

Ce genre d'effet ne dispose que d'un médiocre crédit.

L'ancien droit lui était défavorable : il n'avait pas, comme la lettre de change, le moyen de se défendre par des arguments scolastiques contre la loi de l'Eglise prohibant l'usure. Aujourd'hui, les négociants souscrivent rarement des billets à ordre, ils doivent pouvoir déléguer des débiteurs à leurs créanciers, tirer sur des acheteurs ou sur des banquiers. C'est la lettre de change qui répond aux besoins des affaires. La seule variété de billet à ordre pratiquée sérieusement dans le commerce, c'est le warrant, par lequel le souscripteur tire en quelque sorte sur sa marchandise, faute de l'avoir vendue.

Hors de là, le billet à ordre est plutôt employé afin de donner un court crédit à un consommateur. Et encore le fournisseur, qui doit attendre trois mois le règlement de sa facture, aimera-t-il mieux faire une lettre de change, se munir d'une acceptation et la proposer ensuite à l'escompte de son banquier.

Même dans le milieu agricole, le billet à ordre a de la peine à se propager. On a vu déjà que l'incertitude des récoltes rendait d'une manière générale l'usage du papier difficile pour un agriculteur (nº 1163). Il en sera ainsi, aussi longtemps que l'on n'aura pas solidement jeté les bases du crédit rural par des banques régionales d'escompte, placées elles mêmes au-dessus de caisses locales coopératives ou mutuelles (nº 682). Une fois de pareilles institutions formées, c'est plutôt la lettre de change qui prévaudra chez les cultivateurs. L'acheteur de semences, d'engrais ou de machines, fera disposer des traites sur lui.

1338. — Ressemblances avec la lettre de change. — Le billet à ordre est gouverné par la plupart des règles du *droit du change*, et, sauf les exceptions qu'on verra dans un instant, les dispositions contenues dans les six chapitres précédents lui sont applicables (art. 187 et 188).

Cette observation concerne : — les *conditions de forme* auxquelles obéit le titre ; il contient la signature du débiteur, le nom du preneur avec la clause à ordre, la date de l'engagement (sans indication nécessaire du lieu), l'époque précise de l'échéance, l'endroit du paiement qui se confond d'ordinaire avec le domicile du souscripteur, le chiffre de la somme, la mention de la valeur fournie (le tout pouvant, selon nous, être écrit d'une autre main que celle du signataire, et sans la mention du bon et approuvé, nº 1101).

En ce qui touche les *conditions de capacité*, nous nous sommes prononcés dans le sens de l'assimilation de la lettre de change et du billet à ordre, ce qui est d'ailleurs contestable (nº 1143) : il en résulterait que la femme non marchande ne peut s'engager par voie de billet à ordre.

L'observation vise encore : — les règles se rapportant à l'*endossement* (distinction entre l'endos régulier conforme aux énonciations de l'art. 137, emportant solidarité et purge des exceptions, et l'endos irrégulier qui ne vaut qu'à titre de procuration).

Le *paiement*, soit simple, soit par intervention, fait tantôt sur la présentation du titre, tantôt en son absence moyennant une ordonnance du juge, — la théorie de la validité du paiement fait au porteur apparent à l'échéance, — celle du porteur négligent, avec nécessité d'un protêt le lendemain et d'une action judiciaire contre les endosseurs dans les quinze jours suivants, — la théorie du rechange et des intérêts moratoires, se transportent aussi du milieu de la lettre de change dans celui du billet à ordre.

1339. — Différences. — Il n'y a relever entre les deux titres que les différences suivantes. Elles sont au nombre de trois.

a) Le billet à ordre, par lui-même, ne forme pas un *acte de commerce.* L'énumération de l'art. 632 l'a écarté, pour retenir comme engagement commercial seulement la lettre de change. Il ne devient acte de commerce qu'à la condition d'avoir été souscrit ou endossé en vertu d'une cause d'engagement commerciale de sa nature, ce qui est le droit commun des titres d'obligation.

Cependant, une certaine part a été faite ici au besoin de faire profiter ces effets de la rapidité d'exécution des lettres de change. Le souscripteur de billet à ordre non commercial ne se soumettait point à la contrainte par corps avant 1867. Mais il se soumettait et se soumet encore aujourd'hui, non sans quelque restriction il est vrai, à la juridiction du tribunal de commerce. Voici, à cet égard, la distinction que fait la loi dans les art. 636 et 637.

1° Le billet à ordre ne porte-t-il que des *signatures civiles?* Sans doute, le tribunal de commerce est incompétent pour en connaître, et les signataires ont le droit de demander leur renvoi devant la juridiction ordinaire. Toutefois, dans tout autre procès de nature civile à tort porté devant un tribunal de commerce, l'incompétence de celui-ci serait d'ordre absolu, le défendeur pourrait l'invoquer en tout état de cause, et faute par lui de le faire, les juges devraient se dessaisir d'office.

Tandis que l'incompétence des tribunaux consulaires en matière de billet à ordre a un caractère relatif et se trouve réglée comme une incompétence *ratione personæ.* Elle doit être relevée par le défendeur avant toute conclusion sur le fond, et ne peut être suppléée par le tribunal lui-même. L'art. 636 est très formel quant au dernier de ces effets: il faut pour que le renvoi ait lieu qu'il ait été requis par le défendeur. Le premier effet, consistant dans l'obligation de faire valoir l'exception au début de l'instance, résulte des principes généraux de la procédure.

2° Le billet est-il revêtu de *plusieurs signatures, les unes commerciales, les autres non?* La compétence, qui appartient d'ores et déjà au tribunal de commerce à l'égard des premières, a été généralisée par la loi. Elle s'étend même aux signatures civiles.

Le tribunal de commerce devient compétent à l'égard de tous, et cela quand même le porteur se bornerait à lier l'instance avec celui ou ceux des souscripteurs dont l'engagement n'aurait rien de commercial. — Ex. : Un particulier fait un billet à l'ordre de son tailleur pour régler les confections que celui-ci lui a livrées. Le tailleur passe le billet à l'ordre d'un banquier. Le banquier, non payé à l'échéance, peut assigner le particulier souscripteur devant la justice commerciale, sans être dans l'obligation, pour justifier cette compétence, de mettre aussi en cause le premier endosseur, qui est commerçant.

1340. — *b*) La *prescription de cinq ans*, qui, dans la théorie de l'art. 189 se substitue à la prescription de trente ans pour les dettes nées de lettres de change, ne régit pas uniformément tous les billets à ordre. Le souscripteur d'un billet à ordre ne bénéficiera de cette prescription que s'il est commerçant ou s'il s'est obligé à raison de faits de commerce. Autrement, c'est la prescription de droit commun, la prescription trentenaire le plus habituellement, qui sera applicable.

Cette différence dans la durée de l'obligation, suivant la profession du débiteur ou la nature de sa dette, n'a peut-être pas un sérieux fondement dans l'équité ou dans la logique : pourquoi le non commerçant est-il tenu plus longtemps que le commerçant, alors que dans la vente des marchandises, par exemple, c'est le contraire qui a lieu ? L'acheteur commerçant est tenu du prix pendant trente ans, l'acheteur consommateur d'un commerçant est libéré par l'expiration du terme d'un an (art. 2272, al. 3 C. civ.). Cela ne se comprend guère.

Une autre particularité du système paraît encore peu satisfaisante. Les endosseurs, bien entendu, n'ont pas en général intérêt à se prévaloir de la prescription de cinq ans. Mais comment, s'il y a un *domiciliataire* énoncé dans le billet, régler la durée de l'engagement soit du tiers indiqué, soit du souscripteur ?

Le *tiers* au domicile duquel doit se présenter le porteur pour son paiement n'est tenu d'aucune manière, sa signature ne devant pas être donnée sur l'effet. Rien que de naturel jusqu'à présent. — Mais le *souscripteur*, même dans le cas où il aurait domicilié la traite ailleurs que chez lui, n'est jamais recevable à invoquer la négligence du porteur. Jamais il ne peut tenir le langage d'un endosseur et se dire libéré après quinze jours depuis l'échéance de l'effet.

Et cependant cela serait raisonnable, si le domiciliataire était son banquier chez qui la provision du billet aurait été constituée. De même qu'un tireur de lettre de change, qui a fait les fonds chez le tiré, peut se dégager envers le porteur négligent, de même le souscripteur d'un billet à ordre devrait avoir pareil droit, au cas de domicile convenu. Cette distinction n'est pas faite dans la loi, et il n'est pas permis de la sous-entendre.

1341.— *c*) A la différence de ce qui se produit dans la lettre de change, il n'y a jamais lieu à *acceptation* dans un billet à ordre. Même domicilié chez un tiers, il ne doit pas être présenté à ce tiers avant l'échéance pour que celui-ci y appose sa signature.

La théorie de la *provision* est également exclue du billet à ordre, quoique, répétons-le, on se fût expliqué son extension au billet à domicile.

En conséquence, si le souscripteur vient à faire faillite, le porteur n'est point reçu à se payer par préférence sur les fonds que le failli aurait précédemment déposés chez le tiers convenu pour le paiement.

1342. — Commercialité ou non du billet à domicile. — Le *billet à domicile* a pendant longtemps donné aliment à une controverse, aujourd'hui épuisée. Ce nom était généralement réservé aux billets dans lesquels le tiers domiciliataire résidait *dans un autre lieu* que le souscripteur. L'effet entraînait, par conséquent, remise de place à l'égal d'une lettre de change (avant 1894).

On se demandait dans ces conditions si les règles de la lettre de change ne devaient pas se communiquer au billet à domicile, sous le double point de vue de la compétence du tribunal de commerce et de la prescription de cinq ans. Ne convenait-il pas de traiter le souscripteur dans tous les cas comme débiteur d'un *engagement de commerce*?

Le débat portait sur le sens du dernier alinéa de l'art. 632 : « La loi répute actes de commerce... entre toutes personnes, les lettres de change *ou remises d'argent faites de place en place* ». Cette branche de phrase finale n'était-elle qu'un pléonasme pour répéter le caractère commercial de la lettre de change, ou voulait-elle étendre le droit du commerce à *tous* les engagements emportant remise de lieu ?

Peu importe aujourd'hui. La loi du 7 juin 1894, qui abolissait pour la lettre de change la condition de la dualité des places, a dû, par là même, modifier la teneur de l'art. 632 *in fine*. « Sont actes de commerce, entre toutes personnes, les lettres de change ». L'incidente complémentaire a disparu de la rédaction.

Il s'ensuit que le billet à domicile ne dispose actuellement du caractère d'acte de commerce que dans la mesure où un billet à ordre simple en disposerait. C'est la solution qu'a fait prévaloir le Sénat, et elle est soulignée dans les rapports des deux Chambres.

CHAPITRE VIII

DU CHÈQUE

(L. 14 juin 1865 ; l. 23 août 1871, art. 18 ; l. 19 février 1874, art. 5 à 9)

—

1343. — Le chèque que réglemente la loi est un ordre de paiement à vue donné à un débiteur : on l'appelle *chèque mandat*, par opposition au *chèque récépissé* (voir ci-dessous).

1344. — **Origine.** — Cette institution passe pour être d'origine anglaise. Ce sont en tout cas les Anglais qui ont su la porter au plus haut point de perfection, et c'est d'après leur modèle que l'on s'attache à la pratiquer maintenant sur le continent. Le mot de *check*, qui nous vient d'eux, doit dériver de cette appellation d'échiquier (*exchequer*) qui après avoir servi à qualifier la cour de justice des rois normands, a été appliquée à la trésorerie anglaise. Elle a tout naturellement engendré le terme de désignation d'une opération concernant dans la banque un mouvement de fonds.

Mais il résulte de découvertes d'archives que les Italiens, dès la deuxième moitié du XVIe siècle, connaissaient le dépôt en banque en compte courant, avec des polices à ordre délivrées par les déposants pour rentrer dans leur argent. On possède un certain nombre de ces mandats datés, signés et payables à vue, comme le sont les chèques modernes. Les plus importants sont ceux émis sur la Banque de Naples. Quelquefois le banquier délivrait à son client un titre négociable (*fede di deposito*) par lequel il certifiait la provision et se reconnaissait redevable de l'argent déposé.

Il semble aussi que les Hollandais aient un peu plus tard, au XVII siècle, employé des titres de retrait de fonds sur les caissiers d'Amsterdam en la forme de mandats à ordre. Ce qui détruirait la réputation que les Anglais s'étaient faite d'avoir été les premiers à mettre cet instrument en usage[1].

1345. — Comparaison avec la lettre de change. — On peut définir le chèque : une *traite à vue émise sur une provision d'argent préalable et disponible.*

[1] V. pour l'historique du chèque, AJELLO, dans la publication italienne, *Il Filangieri*, VII, 1882; FRANCHI, *L'assegno bancario* (dénomination italienne du chèque), 1892; G. COHN, dans le *Handbuch* d'Endemann, III, et dans le *Handwörterbuch* de Conrad, II GOLDSCHMIDT, dans son *Universalgeschichte*, p. 451.

De là se dégage immédiatement une grande ressemblance entre la lettre de change et lui : ressemblance telle, qu'on est fondé à se demander si le chèque n'est pas simplement une espèce de lettre de change.

Comme dans la lettre de change, on trouve dans le chèque dès sa mise en circulation trois personnes : un *tireur*, un *tiré*, un *preneur* ou *bénéficiaire*.

Le plus souvent la provision consiste en un *dépôt de fonds* effectué par le tireur chez le tiré et stipulé recouvrable à première réquisition. Le tiré est formé alors par un banquier qui a reçu le dépôt, et le chèque est le moyen d'en opérer le retrait.

Le preneur avait, pour une cause ou pour une autre, une créance contre le tireur : ce dernier, au lieu de régler sa dette en espèces, a préféré délivrer un chèque à son créancier. Il lui a *délégué* le banquier dépositaire des fonds. A l'égal de toute autre délégation, le chèque aura simplifié le règlement et abrégé deux paiements : celui du banquier au tireur, celui du tireur à son créancier rendu porteur de l'effet.

Cela dit, sans préjudice des autres avantages qu'il produira, suivant la manière dont s'éteindront les rapports nés du chèque.

Quelquefois ces trois personnes se réduisent à deux : le chèque peut être tiré *à l'ordre* ou au nom *du tireur* lui-même (art. 1er, al. 1er de la loi du 14 juin 1865). C'est alors le déposant lui-même qui vient toucher son argent au guichet du banquier et qui souscrit un chèque au lieu d'une quittance. On a déjà vu qu'une lettre de change pouvait affecter pareille forme. Mais le profit que peut trouver le tireur, selon les cas, à rédiger la lettre de change à son propre ordre, en attendant l'occasion de la négocier à un tiers, ne saurait se rencontrer pour un chèque.

1346. — **Chèque récépissé.** — Dès avant 1865, époque où la France a été pourvue d'une loi sur les chèques, on employait déjà chez nous, comme mode de retrait de fonds disponibles en banque, un instrument qui n'était pas la lettre de change. On le nommait *chèque récépissé*.

Le chèque se dissimulait sous les dehors d'une quittance et se trouvait par conséquent à cette date exempt de timbre. On partait de l'idée que le porteur de l'acquit d'un créancier est fondé comme mandataire à toucher la somme. Le porteur pouvait se substituer un tiers en remettant l'acquit de la main à la main. L'effet circulait en fait comme un titre au porteur.

Cette habitude n'a pas entièrement disparu : des recouvrements d'abonnements ou de cotisations se font sous cette forme, avec exemption du timbre si la somme ne dépasse point 10 fr., et timbre fixe de 0,10 au-dessus (ce qui est un avantage sur le chèque mandat, timbré parfois à 0,20, voir plus loin).

La possibilité pour les particuliers d'user ainsi du récépissé, même depuis 1865, ne paraît pas contestable. C'est bien à tort qu'on a voulu leur refuser ce droit.

Seulement l'effet ne procure pas au porteur le même avantage qu'un chèque proprement dit. Le chèque en souffrance donne par lui-même ouverture à un recours contre le tireur. Au contraire le récépissé présente celui qui le détient comme pourvu d'un simple mandat de recouvrement, avec obligation de rendre compte.

Il est dans la même position qu'un porteur habilité par un endos irrégulier. Son recours en garantie serait donc subordonné à la preuve d'une valeur par lui fournie au signataire de la quittance. La preuve ne résulte pas du titre, elle est extrinsèque. C'est un effet de nature plus précaire.

1347. — Droit fiscal. Timbre fixe. — Le *chèque-mandat* relève de la *législation fiscale* plutôt encore que du droit privé.

La *loi du 14 juin 1865* qui l'a institué l'a déclaré *exempt* de tout droit de timbre pendant dix ans (art. 7). C'est dans cette faveur que réside l'économie de l'institution. Si le chèque avait dû supporter le *timbre proportionnel* des effets (0.50 0/00), tout motif disparaissait de le réglementer à part de la lettre de change; il devenait une simple lettre de change à vue. Mais aussi la cherté de ce timbre aurait eu pour résultat d'en écarter l'emploi comme mode de retrait de l'argent déposé en banque.

En 1871, on a dû, par suite des nécessités financières de l'époque, revenir sur cette franchise. Le chèque a été frappé d'un *timbre fixe de 0.10*, quelle que fût l'importance de la somme.

A la même date était créé le timbre quittance d'égal montant pour tous paiements supérieurs à 10 francs : le chèque valant quittance à partir du moment où il est acquitté, on ne crut pas en l'imposant manquer à la promesse faite en 1865.

En 1874, ce droit a été augmenté, mais seulement pour les *chèques* émis *d'une place sur une autre*. Le chèque tiré sur la même place continue à être timbré 10 centimes. Le chèque sur un lieu différent est passible d'un *timbre double de 20 centimes* (art. 8 de la loi du 19 février 1874) : on complète alors le timbre mis d'avance par la Régie sur la formule du chèque, au moyen d'un timbre mobile (le timbre habituel de 10 centimes des quittances) qu'oblitère le souscripteur.

A la rigueur on aurait compris que ce chèque sur une autre place fût soumis au droit proportionnel des effets. Car il procure au preneur une remise de place, à l'égal d'une lettre de change. On a eu cette pensée, mais on y a renoncé : cela aurait nui à l'emploi du chèque, instrument dont le public n'apprécie pas encore assez tous les avantages,

Le chèque non timbré ou insuffisamment timbré est puni de la même manière qu'une lettre de change à laquelle le timbre ferait défaut. On lui applique les dispositions pénales des art. 4 à 8 de la loi du 5 juin 1850; c'est-à-dire une *amende de 6 0/0* sur le montant de la somme.

1348. — Mais, pour mériter cette prérogative fiscale, le chèque doit exercer une fonction d'autre nature que la lettre de change. Autrement, toute lettre de change se transformerait en un chèque, pour le plus grand détriment du Trésor. Le titre dont nous devons nous occuper ici achète donc la faveur qui lui est faite au point de vue de l'impôt, moyennant des *prescriptions rigoureuses auxquelles sa provision se trouvera soumise.*

Toutes les différences organiques, qui séparent le chèque de la lettre de change, proviennent de la différence capitale qui existe entre eux sous le rapport du rôle économique qu'ils sont appelés respectivement à exercer.

1349. — **I. Différence d'ordre économique.** — On a vu que la lettre de change était le plus communément un *instrument de crédit*, par lequel le tireur fait argent de rentrées futures ou de valeurs qui ne sont pas encore réalisées. Tel n'est pas le caractère du chèque. Toute idée d'anticipation de terme est nécessairement absente de ce dernier. Il constitue un *instrument de retrait* de fonds que le tireur a chez un tiers et qu'il pourrait aussi bien retirer présentement lui-même.

Le chèque a pour but d'encourager le *dépôt d'argent en banque.* Il est indispensable que les capitaux disponibles forment l'encaisse des établissements de crédit : ceux-ci les mettent en valeur et concourent ainsi à la marche du commerce par le moyen de l'escompte, du prêt, etc.

1350. — A. Il fallait solliciter vers la banque les épargnes des particuliers, au lieu de les laisser improductives aux mains de leurs propriétaires qui, en les gardant chez eux, risqueraient en outre de les perdre. Cela était désirable pour les fonds appartenant aux personnes étrangères aux affaires. Cela l'était aussi pour les fonds des commerçants. Leurs capitaux destinés au roulement de leur exploitation sont versés aujourd'hui et ne doivent être employés que dans quelques jours : pourquoi ne pas les faire travailler dans l'intervalle ?

Le particulier ou le négociant va donc faire de son banquier le détenteur de sa caisse. Il dépose des fonds chez lui à titre de *dépôt irrégulier*

Ce dépôt est sujet à retrait sur première réquisition, le dépositaire a le droit de disposer de l'argent, il est tenu seulement de restituer une égale quantité. Il alloue au déposant un intérêt faible, de 1/2 0/0 par exemple, en représentation de l'usage qu'il en reçoit.

Le banquier ouvre donc à son client un compte de dépôt, il en fait un compte de chèques. Un carnet de formules timbrées (dix, vingt-cinq, cinquante, et numérotées au composteur) est délivré par lui au déposant. Chacune de ces formules est adhérente à une souche.

Cie 1250

SOCIÉTÉ GÉNÉRALE

pour favoriser le développement du commerce et de l'industrie en France

SÉRIE A
N° 3622

Payez. . . . .
la somme de. . . . .
. . . .

Payable au bureau B Paris, le 189
Boulevard Malesherbes, 37

Lorsque, ensuite, le déposant a un règlement à faire, il remplit un chèque au nom de son créancier, le signe et le détache. Le titre devient un équivalent de la monnaie. Une même somme d'argent se trouve utilisée doublement, à deux fins diverses. Chez le banquier, elle est mise en valeur et utilisée par le commerce ; chez le client, elle sert à solder un de ses engagements.

1351. — B. Il fallait, d'autre part, faire en sorte que cet argent engagé dans le mouvement des banques eût une tendance à y rester. Le stock métallique et les billets de banque ne suffisent pas à tous les besoins de la circulation. Le papier doit permettre de recourir à des procédés abrégés de règlement qui combleront cette insuffisance et préserveront la monnaie d'une hausse tenant à sa rareté.

Si le porteur du chèque devait aller le toucher et le convertir en argent, l'avantage obtenu serait médiocre. Les capitaux mis par les dépôts à la disposition du commerce seraient constamment sujets à rappel.

L'organisation d'un système combiné de virements permet avec l'aide du chèque de maintenir l'argent dans la caisse des banques, et c'est par là que les Anglais sont parvenus à faire produire à cette nature d'effets le *maximum* de ses résultats [1].

1352. — Le *virement*, de la part d'une personne qui est en compte avec deux clients, est *le fait de porter une somme au débit de l'un d'eux et au crédit de l'autre*, sur l'ordre qui lui en est donné.

[1] Le chiffre des opérations du *Clearing-House* de Londres atteint, en 1897, 7,402 millions de livres sterlings, soit plus de 185 milliards. — La circulation de monnaie et de *banknotes* en Angleterre atteint à peine 3 0/0 sur l'ensemble des règlements.

Il répond à une délégation par changement de débiteur (art. 1275 à 1277 C. civ.). Le client qui veut régler donne à son créancier un autre débiteur, habituellement dans la personne d'un banquier qui leur est commun à tous deux ; et ce banquier (délégué) s'oblige envers le créancier (délégataire), qui se substitue ainsi au débiteur primitif (déléguant).

Soient donc deux personnes, *Primus* et *Secundus*, en rapport d'affaires, et le premier voulant faire au moyen d'un chèque le règlement d'une dette au second.

Il va se produire à leur égard l'une des trois situations suivantes :

1353. — 1° L'un et l'autre ont le même banquier ARTHUR. *Secundus*, porteur du chèque que *Primus* lui a délivré sur ce banquier, endosse le chèque à ARTHUR pour qu'il en effectue le recouvrement. ARTHUR se trouve à la fois porteur et tiré, créancier et débiteur. Une confusion a lieu, il n'est nul besoin d'opérer un mouvement d'argent. Le banquier débite *Primus* de la somme et en crédite *Secundus*. C'est le virement dans son expression la plus simple.

Ainsi procède la Banque de France avec ses *mandats rouges*, par opposition aux *mandats blancs* qui servent à retirer les fonds. Il n'était même pas besoin d'émettre un chèque pour arriver à ce résultat ; un ordre verbal ou par correspondance échappant à toute taxe fiscale en tiendrait lieu [1].

1354. — 2° *Primus* et *Secundus* ont deux banquiers différents. Le premier fait faire son service de caisse par ARTHUR, le deuxième par BARNARD. Le chèque sur ARTHUR est négocié par *Secundus* à BARNARD.

Mais il se trouve que les deux banquiers sont en rapport de compte. Il est inutile que BARNARD touche le chèque dont il est porteur chez ARTHUR. Il lui suffira que son confrère l'en crédite sur ses livres. Ce sera donc un second virement, ou une délégation en sous-ordre.

Cela est d'autant plus sage, que vraisemblablement le tiré du chèque a d'autre part des effets à recouvrer contre BARNARD. Ces effets en sens inverse, simultanément exigibles, vont *se compenser* : ici encore le déplacement de numéraire est évité.

1355. — 3° Ces deux banquiers ne peuvent pas liquider leurs chèques mutuels par compensation. BARNARD a des chèques à encaisser sur ARTHUR, ARTHUR n'en a pas sur BARNARD.

[1] De cette situation se rapproche la pratique de l'*accréditif*, contrat par lequel le titulaire d'un crédit en banque cède et transporte tout ou partie de ce crédit à un tiers, pour celui-ci en disposer vis-à-vis du banquier débiteur comme le ferait le titulaire du crédit lui-même. Cela se fait sans circulation de papier. La transmission des accréditifs entraîne de fortes mobilisations de capitaux (Trib. com. Seine, 16 mars 1896, *Ann. dr. com.* 1896, p. 342).

Mais il y a sur la place un troisième banquier, CHARLIE. Ce dernier est porteur d'effets sur BARNARD.

C'est donc à lui que BARNARD endossera son chèque et c'est avec lui qu'il compensera.

CHARLIE, usant de cette délégation, se présente chez ARTHUR ; mais par hypothèse celui-ci a des effets sur CHARLIE. Le chèque primitif qui a passé de *Secundus* au banquier BARNARD, puis de BARNARD à CHARLIE, s'éteint encore finalement par *compensation*.

1356. — Opérations du Clearing-House. — Les opérations que nous venons d'analyser se liquident d'une manière plus simple, et sans qu'il soit besoin d'en décomposer les éléments, grâce au groupement établi entre les banquiers d'une même place.

Les banquiers se réunissent en syndicat, afin d'amortir journellement les effets qu'ils ont réciproquement à recouvrer les uns sur les autres. Ils procèdent suivant une *liquidation centrale*, analogue à celle qui fonctionne entre agents de change d'un même parquet pour la liquidation en titres ou en capitaux des marchés à terme.

C'est à ce syndicat qu'est donné le nom de *Clearing-House* en Angleterre ou de *Chambre de compensation* en France.

Chaque banquier du syndicat établit sa situation quotidienne en effets à payer et en effets à recevoir vis-à-vis de chacun de ses confrères, et détermine son solde.

Après quoi chacun d'eux aussi établit sa situation vis-à-vis de la collectivité, en totalisant les soldes en avoir d'une part, les soldes en débit d'autre part, de manière à chiffrer la différence : son solde final envers la masse pour ou contre lui.

Des agents liquidateurs font alors une application individuelle des comptes débiteurs aux comptes créanciers, en sorte que chacun de ceux qui ont une balance à leur actif trouve le moyen de l'amortir sur un confrère déterminé, dont la balance est contraire.

Et le règlement définitif, qui a fait tomber le montant nominal de cette circulation a des chiffres très réduits, n'a même pas lieu en nature : il y est procédé par voie de virement auprès de la Banque d'Angleterre ou de la Banque de France, les banquiers se trouvant en compte avec cet établissement supérieur.

1357. — II. Différence quant à la nature de la provision requise. — Les explications précédentes, destinées à placer le chèque dans son vrai milieu, permettent de saisir pourquoi la provision de ce genre d'effet doit répondre à des conditions beaucoup plus strictes que celle d'une lettre de change.

Et d'abord la loi de 1865 n'a pas voulu limiter l'emploi du chèque aux rapports d'un *banquier* avec un de ses clients. En Angleterre, le chèque est nécessairement tiré sur un banquier : chez nous on peut rentrer dans son argent par la voie du chèque contre un commerçant quelconque, et même contre un non commerçant. Les lois françaises (et cela était surtout vrai il y a trente ans) ne s'adressent pas à des catégories professionnelles. Il n'est pas prouvé d'ailleurs que cette extension du chèque à toute personne soit une bonne chose.

On peut s'en servir pour liquider une créance isolée, il n'est pas besoin d'être avec le tiré en compte suivi d'affaires (*non obstat*, art. 1er de la loi de 1865 : fonds portés au crédit de *son compte*).

Il s'ensuit que le chèque est régulier, chaque fois que la provision consiste dans une *dette d'argent*, présentement *exigible*, envers le tireur, quelle que soit la cause de cette dette. Cette proposition est vraie, moyennant une réserve dont il sera fait mention dans un instant. On peut disposer sous cette forme : — sur un locataire à partir de l'échéance des loyers, — sur un acheteur au comptant ou à terme quand l'époque du paiement est arrivée, — sur une personne qui a ouvert un crédit à une autre, comme mode de réalisation de ce crédit. La condition nécessaire, c'est que le tiré soit redevable au tireur, dès le moment de l'émission, de sommes échues, au moins égales au montant du chèque.

Ainsi se dégage la différence qui sépare le chèque de la lettre de change. Celle-ci supposait bien aussi une provision, mais de nature beaucoup plus souple. La provision d'une lettre de change pouvait consister en *marchandises*, au lieu de reposer sur de l'argent. Pour un chèque, cela ne saurait être. — La provision d'une lettre de change pouvait n'être constituée qu'*après* la mise en circulation du titre, et la créance qu'elle avait pour objet comportait une *échéance différée* : le plus communément pour elle la dette du tiré était à terme. Le chèque ne saurait se contenter d'une provision pareille.

1358. — Il faut même se montrer plus exigeant. La loi de 1865 ne s'est pas contentée de prescrire que la provision fût *préalable* (art. 2). Elle avait commencé par dire que les fonds composant la provision devaient être *disponibles* (art. 1er, al. 1er).

Ce qualificatif a un sens précis, et les mots *fonds exigibles* n'en sont pas absolument l'équivalent. La disponibilité d'une dette résulte de ce qu'elle est liquide, avouée dans son existence et dans son chiffre, exempte de tout caractère litigieux. On a dit, ce qui répond à la même pensée, qu'il fallait une convention préalable entre tireur et tiré par laquelle celui-ci se serait engagé à tenir la somme à la disposition et aux ordres de l'autre.

D'ailleurs il n'est pas besoin que le tiré ait autorisé le tireur à disposer sur lui sous la forme spécifique du chèque. Si le banquier délivre des carnets de chèques à ses clients, l'emploi de cet effet est permis, sans qu'il y ait eu des formules préparées par le tiré.

Cela étant, on voit moyennant quelle condition un vendeur de marchandises est fondé à se couvrir de son prix en vertu d'un chèque émis sur l'acheteur. Il ne suffit pas que le prix soit échu, il est indispensable qu'il soit reconnu : il doit résulter des circonstances, de la correspondance échangée, etc., que l'acheteur, ayant vérifié la marchandise, l'a trouvée conforme à la facture et se montre prêt à en solder le montant, comme il avait été convenu. Jusque-là, le prix est sujet à contestation, la somme n'est pas disponible.

1359. — Lorsque la provision n'existe pas ou lorsqu'elle cesse de répondre aux conditions voulues par la loi, une peine est encourue par le tireur. Au point de vue fiscal, l'effet dégénère en une lettre de change insuffisamment timbrée: il aurait fallu le revêtir du timbre proportionnel. Il y a donc lieu à l'application de l'*amende de 6 0/0*, calculée sur la somme pour laquelle le chèque est tiré (art. 6, al. 2 de la loi de 1865 ; art. 6, al. 5 de la loi de 1874)[1].

1360. — III. **Différences dans la réglementation organique des deux effets.** — Cela nous fait passer à des détails d'application qui sont commandés par les notions précédentes.

1361. — **Titre à vue.** — *a.* Le chèque est nécessairement *à vue* (l. 1865, art. 1er, al. 3), tandis que la lettre de change pourrait être alternativement à vue, à une échéance fixe, à un délai de vue ou de date.

Il est payable *à présentation* (l. 1865, art. 2). Il y aura ainsi concordance entre l'expression du chèque et la nature de sa provision. Du

[1] Le chèque sans provision est-il *nul*? — Quoiqu'on l'ait soutenu, nous ne le pensons pas. Il donne donc, à défaut de paiement, ouverture au recours contre le tireur et aussi contre les endosseurs (*non obstat*, art. 5 de la loi du 5 juin 1850 sur le timbre), dans les mêmes conditions qu'un chèque régulièrement émis (voir ci-dessous). — Mais il ne faut pas, pour déterminer la durée de ce recours, analyser l'effet en une lettre de change à vue. Cette décomposition aurait pour résultat de laisser au porteur les trois mois de l'art. 160 C. com. pour présenter l'effet chez le tiré, et de ne faire courir les délais de recours qu'à partir de l'expiration de ces trois mois, si le protêt était retardé jusqu'au dernier moment. On verra au contraire que la présentation du chèque doit avoir lieu dans un laps de temps beaucoup plus court, cinq ou huit jours. Il serait étrange, lorsqu'un effet prend irrégulièrement les dehors d'un chèque, que les délais ordinaires du recours fussent prolongés au profit du porteur. — L'opinion, plus généralement admise, de la nullité du chèque dénué de provision, conduirait au résultat suivant : le porteur qui était créancier du tireur (ou de son cédant immédiat) n'a été réglé qu'en apparence, donc sa créance originaire subsiste, mais il n'a pas d'action *solidaire* contre les signataires de ce titre improprement qualifié de chèque. — Cette solution, défavorable au crédit, ne serait pas équitable. Le porteur s'est fié aux dehors du titre, il n'était pas renseigné sur l'absence de provision, il serait dur de le frapper.

moment que le tiré doit une somme disponible, il serait illogique que le titre de recouvrement établi sur lui le présentât comme débiteur à terme. On éluderait la règle concernant la provision liquide et exigible, si l'on pouvait faire un chèque à échéance fixe.

1362. — Il se peut qu'on ait contrevenu à la loi de deux manières :

1° Le chèque est ouvertement stipulé payable autrement qu'à vue : « payez le 31 mars ».

L'effet n'est pas sans valeur, et aucune amende n'est encourue, mais le terme apposé au paiement du chèque est nul et la stipulation est non écrite (art. 5, al. 3 de la loi de 1874).

2° Le chèque est *faussement* daté. Sa date est indiquée comme d'une époque plus éloignée (postdate) : émis le 1er mars, il porte la mention qu'il est souscrit le 31 mars ; — ou bien cette date est laissée *en blanc* pour que le porteur puisse la remplir plus tard en énonçant une époque future ; — ou bien elle est inscrite *en chiffres*, pour permettre à ce porteur de l'altérer au moyen d'une adjonction (un 3 devant un 1).

Toutes ces irrégularités marquent l'intention secrète de différer jusqu'à une échéance convenue le paiement du chèque, de faire servir ce titre à d'autres fins que celles qui sont permises par la loi, et probablement aussi l'absence d'une provision disponible. Il faut qu'il y ait une date, mise de la main du souscripteur, que la date soit sincère et écrite en toutes lettres (cette dernière prescription ne concerne que le chèque de place à place, tandis qu'il eût été préférable de la généraliser, et d'autre part, elle n'est pas exigée pour la lettre de change). Autrement, le tireur, le premier endosseur, le payeur du chèque sont passibles solidairement de l'amende de 6 0/0 sur le montant du chèque, sans que cette amende puisse être inférieure à 100 francs (loi 1874, article 5, al. 1er, art. 6, al. 2 et 3).

A noter encore une autre prescription à laquelle la lettre de change n'est pas soumise : l'*acquit* donné sur le chèque au moment de l'encaisser doit être *daté*, l'absence de cet acquit expose celui qui paie à subir une amende de cinquante francs (l. 1874, art. 5, al. 2 et art. 7). On suspecte le chèque dont l'acquit ne permet pas de reconstituer la date, il a dû être payé tardivement, il y a eu sans doute une contre-lettre pour en différer l'échéance.

On trouve des lois étrangères, la loi italienne notamment, qui, tout en voyant en principe dans le chèque un titre à vue, permettent de le rédiger à un délai de vue, pourvu que ce délai soit de courte durée (10 jours par exemple). Cette faculté approprie mieux le chèque aux dépôts de fonds en banque. Ceux-ci, on le sait, ne sont parfois susceptibles de retrait qu'après un préavis de quelques jours.

1363. — Titre sur une place quelconque. — *b)* Le chèque peut être tiré soit sur la *même place*, soit sur une *place différente* (l. 1865, art. 3); nous avons dit que le timbre dont il est imposé se trouve doublé dans le second cas (depuis 1874).

Il doit indiquer le lieu d'où il est émis. La fausse énonciation du lieu est passible de l'amende de 6 0/0 (l. 1874, art. 1er, al. 1er, et art. 6, al. 2).

Les chèques sur une autre place tiennent une grande importance dans la balance internationale du change (papier court, valeur à vue). D'autre part, dans l'intérieur ils se sont beaucoup multipliés depuis l'extension en province des succursales des maisons de crédit. Une personne de Paris, qui a un paiement à faire à Lyon, verse la somme aux guichets d'une banque et prend un chèque sur l'agence lyonnaise de cette banque, pour l'expédier ensuite comme remise à son correspondant. Dans ce chèque, l'établissement de banque est tireur, et sa succursale joue le rôle de tiré : il est inscrit au nom du requérant qui l'endosse à son créancier, ou plus simplement au nom de ce créancier désigné.

Avant la loi du 7 juin 1894, la lettre de change était nécessairement tirée d'un lieu sur un autre : le chèque pouvait l'être, comme il pouvait au contraire être tiré sur la même place. Cette différence a aujourd'hui disparu.

1364. — Titre non commercial. — *c)* Le chèque n'est pas par sa nature, comme la lettre de change, un *acte de commerce*. Qu'il soit émis sur le même lieu, ou sur un lieu différent, sa condition ne varie pas (art. 4 de la loi de 1865). Emettre une lettre de change, c'est faire acte de commerçant, même lorsqu'on ne l'est pas en réalité. Souscrire un chèque, c'est agir en capitaliste ou en homme d'épargne.

Dans les habitudes anglaises le fait est très apparent. Le règlement de factures par le moyen de chèques est considéré dans le milieu des gens de qualité comme signe de bonne éducation. La lettre de change dans cette société serait plutôt dédaignée; elle serait une incorrection, une ingérence dans les affaires.

Partant, si le chèque donne lieu à un procès, le tribunal de commerce ne sera pas toujours compétent pour en connaître. Le souscripteur, à moins d'avoir conclu un acte commercial, demandera et obtiendra son renvoi devant le tribunal civil. D'ailleurs, rien ne s'oppose à ce qu'on applique les règles de compétence édictées par les art. 636 et 637 pour le billet à ordre, là du moins où le chèque n'est pas à personne dénommée ou au porteur. On sait que le tribunal de commerce a reçu à certains égards, par le fait de ces textes, une prorogation de sa compétence habituelle.

Cela rejaillit aussi sur la durée de la *prescription*. Lorsque la provision n'existait pas ou lorsqu'elle a péri dans les délais de présentation, le tireur reste tenu envers le porteur même négligent; cela sera expliqué plus loin. Pendant quelle durée de temps? — Il faut répondre que son engagement de garantie dure en principe *trente ans*. Toutefois, s'il a souscrit le chèque à l'occasion d'un acte de commerce, il sera libéré par la prescription de *cinq ans*, à l'égal d'un souscripteur de billet à ordre ayant opéré dans les mêmes conditions. C'est sous cette distinction qu'il convient d'étendre au chèque la disposition de l'article 189 C. com.

1365. — Forme de rédaction. — *d*) Sous le rapport de sa rédaction, le chèque est libellé dans l'ensemble comme une lettre de change, avec cette particularité qu'il est toujours à vue, et que la loi n'exige pas cette mention « à vue ». La modalité sous laquelle le chèque est payable peut donc être passée sous silence. A cet égard, la prescription est autre pour la lettre de change. — Il n'est pas nécessaire non plus d'insérer le mot de « chèque » dans le corps ou dans le titre de l'effet : la mention de « change » n'était pas davantage exigée dans l'autre effet compris dans notre parallèle.

La prescription de la lettre de change est plus sévère sur un autre point : la loi des chèques dispense le chèque de la mention de la *valeur fournie*. Un chèque contient donc seulement la somme, le nom du preneur, celui du tiré, la date et la signature.

Si l'on avait suivi exactement le modèle de la lettre de change, le chèque eût été toujours *à ordre*. La loi permet, au choix du tireur, de le confectionner au porteur, à personne dénommée, ou à ordre (art. 1er, al. 4 et 5 de la loi de 1865). Cela influera sur son mode de transmission. Il se négociera de la main à la main dans le premier cas, par convention suivie de la signification de l'art. 1690 C. civ. dans le deuxième, par voie d'endossement dans le troisième cas.

Le chèque à personne dénommée présente des inconvénients pour sa circulation, le chèque au porteur est exposé à des chances de perte, le chèque à ordre peut se perdre aussi, mais offre à la personne dépossédée les moyens de restitution réglés par les art. 152 et suiv. sur la lettre de change [1].

1366. — Règles de l'endossement. — *e*) Le chèque à ordre ne suit pas entièrement pour son *endossement* le droit de la lettre de change.

[1] Pour les chèques faux ou revêtus d'un faux endossement, revoir ce que nous avons dit sous les nos 1283 et 1293.

C'est aussi dans cette partie du livre qu'est mentionnée la pratique des chèques barrés (no 1294).

L'endosseur se porte bien *garant* du paiement, et tous les signataires sont solidaires. Mais la forme de l'endos est simplifiée. Le chèque peut être transmis même par voie d'endossement *en blanc* (art. 1er *in fine*, l. 1865) : le nouveau porteur est rendu propriétaire et non pas seulement mandataire chargé d'encaisser pour compte.

1367. — Point d'acceptation. — *f*) Le chèque n'est pas un instrument *acceptable*. Cela tient à la nature qu'il a d'être payable à vue. Le tiré ne le revêtira pas de sa signature.

Pour la lettre de change régnait la présomption : « l'acceptation fait supposer la provision. » Le chèque ne peut bénéficier de cette règle. Rien ne prouve donc à son inspection que la provision existe ou n'a pas déjà été retirée.

Ainsi s'explique le faible crédit du chèque et la rapidité avec laquelle on le présente pour le paiement. L'engagement auquel le porteur attacherait du prix serait celui du tiré, du banquier, et non pas celui du tireur, personne habituellement peu connue; or précisément cet engagement n'est point pris.

On remédierait à cet inconvénient, en faisant *viser* le chèque pour provision par le banquier. Ce visa est donné au moment de l'émission dans les chèques créés par les maisons de crédit sur des agences d'une autre place. Ou il ne signifie rien, ou il emporte reconnaissance de la provision, et, comme une acceptation, promesse par le tiré de ne pas la rendre au détriment des droits du porteur.

Cette manière de faire pourrait se généraliser. Il n'y a pas lieu de le souhaiter cependant. Le jour où les tirés mettraient leur signature sur les chèques, ces effets empièteraient non plus sur les lettres de change, mais sur les billets de banque. Les chèques ainsi visés se maintiendraient en circulation indéfiniment, ou tout au moins pendant cinq ans. On s'en servirait comme d'une monnaie courante. Or la Banque de France dispose seule du privilège d'émettre des billets au porteur et à vue. Il est vrai que l'objection n'aurait pas de valeur pour les chèques à personne dénommée ou à ordre.

1368. — Transport de la provision. — Ce n'est pas à dire que le porteur du chèque soit mal fondé à poursuivre le tiré, si l'effet reste en souffrance. Les principes sur la *provision* que nous avons étudiés dans la lettre de change sont de nature à régir également le chèque.

On a dit plus haut que cet effet renfermait une délégation. Mais il contient aussi cession de la provision. La délégation et la cession de créance ne sont pas deux opérations si dissemblables qu'on ne puisse les fondre dans un même acte juridique.

Aussi longtemps que le chèque n'a pas été présenté et que le tireur demeure *in bonis*, il peut retirer sa provision, compenser chez le tiré, utiliser cette provision pour un second chèque, ou se faire verser la somme. Le banquier est alors déchargé envers le chèque primitif.

Mais si le tireur fait faillite, la provision du chèque est immobilisée, et le porteur peut se l'appliquer de préférence à tous autres pour la sauvegarde de ses droits. Si le tiré refuse de le payer, il aura comme *cessionnaire de la provision* le droit de l'y contraindre.

1369. — **Règles sur la présentation.** — *g*) Effet à vue, le chèque serait sujet à présentation pour le paiement dans les *trois mois* de l'art. 160, si l'on avait suivi la règle admise pour la lettre de change.

Cela n'est pas. Il faut le présenter dans un délai plus bref. Il est de *cinq jours* y compris celui de la date pour le chèque sur la même place, et de *huit jours* pour le chèque sur une autre place (art. 5, al. 1er, l. 1865).

Cette abréviation de délai a sa raison d'être. Si le porteur avait eu trois mois devant lui pour faire diligence en vue de son paiement, le titre aurait mis un certain temps à revenir à la banque, et dans cet intervalle le tireur aurait été entraîné à employer une seconde et une troisième fois la même provision pour couvrir d'autres chèques. L'effet serait sorti de son rôle d'instrument de retrait de fonds, pour devenir instrument de crédit[1].

Comment faut-il entendre la nécessité d'observer le délai ci-dessus? C'est la théorie de la lettre de change sur le porteur négligent qui donne la réponse (art. 5, al. 2), et dans les termes suivants.

1370. — 1) *Ou le porteur se présente dans les cinq ou huit jours.* S'il n'obtient pas son paiement, il fera *protêt* et exercera son recours contre les garants, tireur et endosseurs (art. 4, al. 2, l. 1865).

Quant à la durée de ce recours, elle n'est pas invariablement la même.

Les endosseurs doivent être assignés dans le délai de quinze jours depuis le protêt, à peine de forclusion. Leur condition est indépendante de l'existence ou du manque de provision.

Le tireur doit être poursuivi dans le même délai. Mais il ne pourra arguer d'un retard du porteur qu'en tant que la provision existerait bien

[1] Mais, la provision ayant déjà été appliquée à un premier chèque, le chèque subséquent ne va-t-il pas contrevenir à l'obligation d'une provision respective, avec la pénalité de l'amende de 6 0/0? — Cela n'est pas démontré. Le premier chèque avait une provision lorsque le tireur l'a émis. En émettant son deuxième chèque, le tireur solvable reprend cette provision ainsi qu'il a, semble-t-il, le droit de le faire, et l'applique au chèque nouveau, lequel se trouve ainsi en règle avec la loi. — En tout cas, la manière dont statue la loi en vue d'obliger indirectement le porteur à ne pas trop tarder la présentation de l'effet, a eu pour but d'empêcher ou de rendre plus rare cette cause de controverse.

chez le tiré et qu'il en justifierait, lui tireur. Toujours est-il que, assigné avant l'expiration des quinze jours du protêt et pour un chèque présenté à bonne date, le tireur, pas plus que les endosseurs, ne pourra refuser de garantir le chèque, quoique par hypothèse la provision se trouve chez le tiré, failli ou non.

Il faut donc dire que le porteur *diligent* peut attaquer tous les signataires, en comprenant dans ses poursuites le tiré du chef de la provision que détiendrait celui-ci.

1371. — 2) *Ou le porteur présente le chèque après le délai légal.* Les endosseurs sont déchargés. Le tireur l'est aussi, mais seulement si la provision existait dans le délai, ce qu'il devra démontrer pour obtenir sa mise hors de cause. Il renverra alors le porteur à se pourvoir contre le tiré à ses risques et périls.

Le porteur *négligent* conserve donc son recours vis-à-vis de celle des deux personnes, tireur ou tiré, qui aurait la provision en ses mains. Le retard dont il s'est rendu coupable n'aura rien de préjudiciable, lorsque le tiré, resté en possession de cette provision, n'aura pas fait faillite. Mais il n'en sera plus de même dans le cas contraire.

C'est à ce propos que la loi de 1865 tranche une controverse que nous avons déjà signalée pour la lettre de change. Il se peut que la *faillite du tiré éclate avant la fin des cinq ou huit jours.* Cette faillite est considérée comme une cause de destruction de la provision, puisqu'elle réduit celui qui y peut prétendre à une production au marc le franc. Donc le cas est de ceux où le porteur, même négligent, conserve contre le tireur le droit de recourir non seulement dans les quinze jours suivants, mais même dans les cinq ou trente ans, et malgré l'oubli originaire d'un protêt (art. 5, al. 2).

CHAPITRE IX

DU WARRANT
ÉTUDE D'ENSEMBLE DES MAGASINS GÉNÉRAUX

(L. 28 mai 1858 ; D. 12 mars 1859 ; L. 31 août 1870)

§ 1. Notions générales

1372. — Le *warrant* est un *effet de commerce garanti par un gage sur une marchandise déposée en magasin général.* C'est pour cette raison que nous en avons placé l'étude à la suite de la lettre de change et du billet à ordre.

Le magasin général est un établissement, habituellement géré par une société par actions, dont l'objet consiste à recevoir en garde des marchandises de négociants et à délivrer en retour à ceux-ci des bulletins négociables de dépôt. Ces bulletins favorisent la circulation ainsi que la mise en gage de la marchandise emmagasinée.

Certaines de ces entreprises reçoivent en dépôt des produits d'importation étrangère. On les trouve de préférence dans les ports de mer. En Angleterre ils ont pris le nom de *docks*, de la désignation des bassins de navigation ; le long de ces bassins s'alignent les magasins dans lesquels les navires font directement leur déchargement.

1373. — Il ne faut pas confondre les magasins généraux avec les *entrepôts de la douane*. Ceux-ci reçoivent également les produits exotiques aussi longtemps qu'ils n'entrent pas sur le marché intérieur. Les marchandises ainsi mises en douane sont en *entrepôt réel*. Elles sont reçues en franchise temporaire des droits, et ne les acquittent qu'à la sortie, en supposant qu'elles pénètrent sur le marché français. Autrement, et si elles devaient au moment où on les retire de l'entrepôt se diriger sur l'étranger, l'exemption provisoire de douane dont elles ont été l'objet deviendrait définitive.

Le magasin général ne dispose de pareille faveur qu'autant que l'administration la lui aurait accordée. L'entrepôt est alors *fictif* : cette dernière faculté n'existe que pour les ports et non pas dans les places de l'intérieur. Il faudrait un arrangement pris avec la douane pour placer sous la surveillance du personnel de celle-ci ces magasins situés ailleurs que dans un port ; alors seulement ils pourraient bénéficier de la faculté d'entrepôt.

1374. — La législation des magasins généraux a un lien intime avec celle des ventes ou du gage commercial. Mais c'est principalement dans les rapports de ces établissements avec les *bourses de marchandises* qu'apparaît leur raison d'être, comme d'ailleurs celle de tous les entrepôts.

Beaucoup de personnes opérant à terme sur les grains, les farines, les alcools, etc., se couvrent au moyen de marchandises déposées en magasin général, et les filières destinées à liquider leurs opérations portent l'estampille de dépôt (nº 852).

Ils concourent à déterminer le cours des produits, et le commerce est intéressé à ce que les énonciations et renseignements concernant les existants de ces magasins soient absolument sincères. Il a intérêt encore à ce qu'aucun de ces magasins ne se prête aux plans d'accaparement d'un spéculateur qui s'en assurerait l'usage exclusif et arriverait à fausser ainsi le cours (pratique des *elevators* américains).

Dans le rayon d'action de toute bourse de marchandises il y a un magasin général : d'après les entrées et les sorties de produits qui y sont entreposés, se déterminent leur rareté et leur abondance, et par là même leur prix courant. C'est ce qui explique comment les bourses se forment d'elles-mêmes, et avant que l'autorité ne les reconnaisse, à proximité des entrepôts.

Les *limites* apportées par la loi *à la liberté d'ouverture des magasins généraux* répondent précisément à cette pensée d'assurer la sincérité du marché, et on comprendrait qu'ils fussent placés, ainsi que cela a été proposé, sous un régime de surveillance soit de l'Etat, soit d'un corps constitué, tel que la chambre de commerce[1].

Justifier l'intervention des pouvoirs publics dans cette institution par les restrictions au droit d'ouvrir des maisons de prêts sur gage (art. 411 C. pén.) n'est pas suffisant. Car originairement les magasins généraux ne pouvaient pas cumuler les avances de capitaux ou un commerce quelconque avec la prise en dépôt de marchandises (D. 12 mars 1859, art. 4); et si ce cumul est autorisé depuis la loi du 31 août 1870, art. 3, en ce qui concerne du moins le prêt sur nantissement, il y a beaucoup d'établissements qui renoncent à se prévaloir de cette faculté. Cela ne les empêche pas d'être soumis aux mêmes restrictions administratives que les autres.

1375.— C'est en 1848 qu'on fit pour la première fois en France l'essai des magasins généraux. La crise qui sévit alors sur les affaires détermina la création d'établissements où les commerçants pourraient déposer leurs marchandises en chômage et emprunter sur elles au moyen de la négociation de récépissés (L. 21 mars 1848, et arrêté du 26 mars 1848).

Une organisation défectueuse, tenant notamment à l'unité du titre délivré, fit échouer cette expérience. Elle fut reprise par *la loi du 28 mai 1858* qui règle aujourd'hui l'institution, avec les modifications votées en 1870.

D'après cette loi, le gouvernement, par décret, autorisait l'ouverture d'un magasin général, la chambre de commerce entendue.

La *loi du 31 août 1870* transporta cette attribution au préfet, statuant en vertu d'un arrêté. Le concessionnaire est soumis à l'obligation d'un cautionnement variant entre 20,000 et 100,000 francs. Les tarifs du magasin, disposés de telle manière que l'exploitant mette sans préférence ni faveur ses locaux à la disposition de toute personne et avec des taxes égales, sont imprimés et transmis au préfet avant l'ouverture de l'établissement (D. 12 mars 1859, art. 6 et 8).

[1] Ce droit de surveillance est écrit dans la loi du 28 mai 1858, art. 2, mais il n'existe pas en réalité.

1376. — Ce que la loi réglemente, c'est le magasin *général* qui s'offre au public sans distinction entre les déposants.

Rien ne s'oppose à ce qu'un négociant libre reçoive en garde les marchandises d'un client *déterminé*, et lui remette même des bulletins négociables ou des avances qui seraient garanties par cette consignation : c'est le cas habituel du commissionnaire, dont la profession n'est pas réglementée.

1377. — Le fait d'ouvrir un magasin général sans autorisation ne serait pas sanctionné par la *nullité* des opérations conclues sur récépissés ou warrants délivrés par ce magasin [1].

Les principes ordinaires sur l'acquisition de la possession, par l'intermédiaire d'un tiers convenu, pourraient faire découler de ces opérations un nantissement ou un transport de propriété régulier.

Seulement l'administration aurait le pouvoir d'exiger la fermeture de cet établissement, et les règles dérogatoires au droit commun du gage, établies pour les marchandises déposées dans un magasin autorisé (voir ci-dessous), ne s'étendraient pas à celles qui sont entreposées dans un magasin libre ou dans un magasin ouvert contrairement à la loi.

1378. — Il y a présentement environ 150 entreprises de magasins généraux en France. Telle d'entre elles, la Compagnie des magasins généraux de Paris, dispose de locaux situés dans de nombreuses parties du territoire, et reçoit les produits les plus divers (800,000 tonnes de marchandises annuellement pour cette Compagnie). Plusieurs magasins sont gérés par des villes ou par des Chambres de commerce. Quelques-uns sont des magasins destinés à être utilisés par les agriculteurs, bien que la loi de 1858 limite l'emploi de l'institution « aux matières premières, marchandises et objets fabriqués que déposeraient les *négociants* et *industriels* ». La Chambre des députés est saisie d'une proposition de loi et d'un projet du Gouvernement sur l'organisation du *warrantage agricole* (sans déplacement de possession).

1379. — **Services rendus par le magasin général.** — Quels sont les différents offices que réalise un magasin général? Il sert à tenir lieu

[1] Cette solution n'est pas infirmée par l'arrêt de la Cour de cassation du 17 avril 1882. Il est vrai que cet arrêt a considéré comme nuls des warrants délivrés pour marchandises qui avaient été déposées dans une annexe qui n'était pas comprise dans le décret ou l'arrêté d'autorisation, et que, de ce chef, la contravention était la même que celle que commet un magasinier absolument non autorisé. Mais le moyen sur lequel a été fondée la décision de cet arrêt résultait de ce que, en l'espèce, l'annexe avait été donnée par le magasin en location au propriétaire des marchandises, et que ce dernier, par conséquent, cessait d'être en règle avec la disposition légale qui subordonne la mise en gage à un déplacement de possession. Tel a été le motif de la nullité des warrants.

pour les particuliers de magasins dépendant de leurs maisons, — il facilite la vente des marchandises, — il en facilite la mise en gage.

1380. — Entrepôt de la marchandise. — *A*) Un commerçant trouve dans le magasin général le moyen de ne pas faire les frais d'annexes coûteuses à sa maison pour y entreposer ses produits. L'entretien d'un magasin général est proportionnellement moins cher que ceux d'un ensemble de *magasins particuliers*, et on y rencontre pour la préservation des marchandises de meilleures conditions d'installation avec un matériel mieux approprié.

Le magasinier est tenu, par la réception de la marchandise, en vertu d'un contrat de *dépôt*. Ce dépôt est salarié, un magasinage est dû; si la marchandise donne lieu à des dépenses de réparation, d'assurance, etc.[1], le magasin les recouvrera contre le déposant. Il répond de sa faute même légère et appréciée *in abstracto* dans la garde de la marchandise (*non obst.* art. 1927 C. civ., il a stipulé en effet un salaire, art. 1928).

La nature et le poids des colis certifiés par lui dans les bulletins dont il va être parlé plus loin engagent également sa responsabilité. Mais les avaries internes de la marchandise ne provenant pas de son fait, des différences de type ou de classement entre les énonciations du document et la réalité des faits, ne pourraient déterminer en thèse générale de réclamation contre lui de la part des intéressés.

1381. — La détermination *commerciale* ou *civile* de l'entreprise des magasins généraux est sujette à discussion : ni la loi de 1858 ni le décret de 1859 ne classent expressément ce genre d'exploitation dans le commerce, malgré l'obligation que lui adresse l'art. 19 du décret de tenir les livres ordinaires du commerce.

La manière dont nous avons tracé le champ d'action du droit commercial a eu pour résultat d'y comprendre les opérations des magasins généraux (n° 21) : ils encourraient donc la faillite, s'ils venaient à suspendre l'exécution de leurs engagements.

1382. — Vente du produit. Récépissé. — *B*) Les marchandises une fois déposées en magasin général comportent une *circulation* plus active. La vente en est facilitée, parce qu'un titre négociable se substituera dans le trafic au produit lui-même, et qu'à chaque endossement de ce titre, la marchandise changera d'acquéreur, propriétaire et possesseur, sans subir elle-même le moindre déplacement matériel.

[1] La question de savoir si le magasin général doit, d'office ou non, faire assurer la marchandise contre l'incendie, sera réglée de la même manière que pour un commissionnaire, à l'égard d'une consignation qui lui serait faite par un client (n° 929).

A cet effet, le magasin, lors de l'entrée de la marchandise, délivre au propriétaire un *récépissé* à ordre, dans lequel est constaté le dépôt et est identifié son objet. La formule courante que le magasinier remplira sera celle-ci :

RÉCÉPISSÉ A ORDRE

Il a été déposé sous le n° , par M. , demeurant à , rue , n° , les marchandises ci-après, venues de , par , passibles de douane et autres droits.

(Nombre, espèces et marques). (Nature et poids).

Le 189 . Le directeur,

La maison qui souscrit cette pièce déclare ainsi détenir au compte non pas seulement du propriétaire actuel, mais de la personne quelconque à qui le récépissé viendra plus tard à être négocié et qui sera en mesure de le lui représenter pour obtenir la sortie du magasin (l. 1858, art. 1er).

1383. — C'est sur le marché de spéculation que cette activité du trafic par l'intermédiaire des magasins généraux produit surtout ses résultats.

A l'égard des marchandises déjà distribuées dans le gros ou dans le moyen commerce, le magasin général nuit plutôt à leur écoulement. Elles sont en quête de leurs acheteurs; les acheteurs n'ont pas l'habitude en France de fréquenter les entrepôts pour examiner les approvisionnements qui s'y trouvent. Lorsqu'il se prive de la détention de la marchandise, le négociant en compromet le débouché : cela est plus particulièrement vrai du commerce de boutique.

Afin de remédier à cet inconvénient, la législation de 1858-1859 a décidé que les ventes volontaires aux enchères de marchandises pourraient s'opérer par ministère de courtiers dans des locaux spécialement autorisés par l'administration (deuxième loi du 28 mai 1858, art. 6), et que le magasin général pourrait tenir cette salle de ventes publiques. L'arrêté d'ouverture porte généralement sur ce double objet : exploiter le magasin et la salle des ventes. Des mesures de publicité informeront les intéressés des jours où auront lieu les criées. Seulement ce droit de provoquer des ventes publiques n'est reconnu que pour les marchandises en gros et sous des distinctions précédemment exposées (n° 917).

A l'égard des fabricants traitant sur des matières premières, l'introduction en magasin général offre une autre incommodité : l'industriel ne peut pas mettre en ouvrage dans ses ateliers le produit qu'il a ainsi constitué en entrepôt; et cependant, comme on va le voir, des nécessités de crédit l'obligent d'autre part à s'imposer cette dépossession, afin de se procurer de l'argent. Il est en présence de deux intérêts inconciliables ; garder sa marchandise pour la convertir en produit fabriqué, se séparer d'elle pour la donner en gage.

Il est arrivé à tel magasin général de laisser certains fabricants établir un moteur et des métiers dans ses annexes, afin de ne pas entraver la mise à façon du produit. Un expédient de ce genre cesse de s'accorder à la loi qui, en matière de nantissement, exige un abandon de possession du débiteur, soit au profit du créancier, soit au profit d'un tiers convenu. Le propriétaire de la marchandise, qui s'est réservé de la manutentionner dans les bâtiments d'autrui, n'a pas fait cet abandon de possession. Si ladite marchandise est donnée en gage par le moyen du document dont il va être parlé, ce gage sera irrégulier.

1384. — Mise en gage. Warrant. — *C*) Le magasin général permet de donner en *nantissement* la marchandise déposée, sans que le créancier gagiste ait à la prendre matériellement en charge.

On a supposé jusqu'ici que le document délivré par le magasin au moment du dépôt était un titre unique. Cela n'est point. Le titre est double (depuis 1858). Au *récépissé* est annexé un *warrant* ou bulletin de gage, détaché de la même souche. Le warrant contient, sauf la mention de tête, exactement les mêmes énonciations que le récépissé, ainsi que la signature du magasinier. Il reste provisoirement adhérent à ce récépissé.

Le déposant, sur ces entrefaites, traverse une crise ou une morte saison. Sa marchandise ne trouve pas à se placer. Pour continuer ses affaires courantes, il lui faut des capitaux. Cette marchandise qui ne se vend point va du moins servir au soutien de son crédit : il empruntera à un banquier de l'argent sur elle, tout en la laissant dans le magasin.

A ce moment, et pour ce faire, il séparera le warrant du récépissé et fera du premier de ces certificats un titre autonome, ce qu'il n'était pas jusque-là. Il inscrira au dos du warrant le montant de son emprunt avec l'échéance de remboursement, à l'ordre de son bailleur de fonds, et le remettra à celui-ci. C'est ce qu'on appelle le premier endossement du warrant.

« Bon pour transfert du présent warrant à l'ordre de *Secundus* pour garantir la somme de cinquante mille francs payable le 1er mai prochain.

10 mars 1898. *Primus.* »

Le porteur de cet effet dispose d'un titre de créance à ordre, protégé par un gage. Le magasin général a déclaré détenir pour le compte du porteur du warrant, comme tout à l'heure il détenait pour le compte du porteur du récépissé : aussi longtemps que le warrant ne lui sera point rapporté, il devra s'abstenir de se dessaisir de la marchandise, autrement il engagerait sa responsabilité.

1385. — On devine que des situations variables se produiront dans le régime de cette marchandise entreposée.

1) Le déposant a trouvé acheteur sans avoir eu préalablement à emprunter. Récépissé et warrant font corps ensemble, le vendeur les remet tous deux à la fois à l'acheteur, la formule d'endossement figure sur le récépissé : « Livrez à l'ordre de *Tertius*. 10 mars 1898. *Primus* ».

La réunion de ces deux titres non démembrés montre la *marchandise franche de toute charge*. L'intéressé en a la pleine propriété. Il revendra s'il y a lieu de la même manière, les deux certificats circulant ensemble. Le magasin restituera son dépôt à celui qui lui présentera ce double titre, correspondant à un droit unique et absolu.

1386. — *2*) Le déposant (ou un de ses ayants-cause) ne trouve pas une occasion propice pour se défaire de la marchandise. Il préfère emprunter 50,000 francs sur sa valeur qui, à dire d'experts, est par exemple de 65,000 fr. Il endosse le warrant, il garde le récépissé.

Les deux titres sont désormais en deux mains différentes. Le porteur du warrant a un droit de gage, le porteur du récépissé a un droit de propriété, démembrée du montant du gage, *deducto pignore*. A son échéance, le warrant sera présenté au détenteur du récépissé pour en obtenir paiement. Ce détenteur est à la fois propriétaire de la marchandise et débiteur d'un emprunt à rembourser. La dette qu'il va acquitter est bien la sienne.

Le magasin général ne pourrait pas se dessaisir sur la production qui lui serait faite du récépissé tout seul. On verra plus loin si le porteur de ce titre ne peut pas cependant, sous certaines conditions, se faire mettre en possession. Quant au porteur du warrant, non payé à l'échéance, il peut provoquer la mise en vente de la marchandise dans les salles attenantes au magasin général, et celui-ci n'a pas le droit de s'opposer à cette adjudication. Il se paiera par préférence sur le prix.

1387. — *3*) On peut supposer encore que, démuni du warrant par suite de l'emprunt par lui négocié, le porteur du récépissé vend la marchandise à une nouvelle personne. La mutilation du titre qu'il va falloir exhiber à cet acheteur révèlera de suite en quel état légal la marchandise se trouve : elle est frappée d'un droit de gage,

S'il donne suite à sa pensée d'acquisition, ce gage lui sera opposable. Il sait ou doit savoir qu'il ne dégagera la marchandise à l'échéance du warrant, et si ce warrant reste en souffrance, qu'à la condition de rembourser le porteur.

Dans ces conditions, il ne règlera pas au vendeur le prix nominal du marché dans sa totalité. Il se couvrira contre le risque d'avoir à supporter le montant du warrant, soit 50.000 fr. sur 65,000 fr., contractera envers son vendeur l'engagement de prendre la dette de cet effet à sa charge, et ne paiera que l'excédant du prix convenu sur le chiffre du warrant, soit 15,000 fr.

Nous dirons les dispositions qu'a introduites la loi afin de ménager les intérêts opposés des porteurs de nos deux titres et pour établir entre eux un aussi juste équilibre que possible.

1388. — Le fonctionnement du système a à sa base la théorie du gage commercial. Négocier un warrant, c'est emprunter sur nantissement.

Par là a été longtemps mis en échec le succès de l'institution : des commerçants ont vu dans le warrantage un fait nuisible au crédit, la manifestation d'une gêne et d'un expédient ; le magasin général a été comparé au Mont de Piété [1].

Pour dominer cette prévention, on a essayé d'établir que l'emploi du warrant ne se rattachait pas juridiquement à un emprunt sur gage. Celui qui fournit les fonds d'un warrant ne conclurait pas un prêt, mais une *avance sur le prix* qu'on retirera plus tard de la marchandise lorsqu'elle trouvera acheteur [2]. Une pareille analyse est absolument contraire aux principes engagés dans la matière ; il est choquant de parler d'une avance sur un prix qui, faute de vente déjà faite, n'existe point actuellement.

§ 2. De la réglementation du warrant

1389. — Il ressort de ce qui vient d'être expliqué que le warrant constitue à la fois un effet de commerce et un instrument de gage.

[1] Les Monts de Piété, établissements d'utilité publique, ne relèvent pas du droit commercial. Leurs opérations d'avances s'effectuent au moyen des revenus provenant de leurs dotations. Il est vrai que ces dotations sont en général insuffisantes, ce qui met le Mont de Piété dans l'obligation d'emprunter lui-même à intérêt les fonds qu'il consacrera à son mouvement de caisse (ainsi s'explique la cherté des avances qu'il fait au public). — Dans ce dernier cas, la théorie d'ensemble que nous avons admise au début de cet ouvrage sur la commercialité nous déterminerait à en faire des établissements de commerce. Avec la théorie, dite de la spéculation, cela est impossible.

[2] ALIX SAUZEAU, *Manuel des docks*, 1877, p. 95; cfr. DUBRON, *Etude juridique et économique sur les magasins généraux*, 1898, p. 158 et s.

1390. — I. Le warrant effet de commerce. — Comme effet de commerce, le warrant n'est qu'une variété de *billet à ordre*. Il ne le devient d'ailleurs qu'à partir du moment où il est séparé du récépissé, c'est-à-dire à dater de son premier endossement.

En empruntant à court terme 50,000 fr., on pourrait souscrire à l'ordre de son bailleur de fonds un billet à ordre ordinaire. Si le créancier (ou escompteur de ce billet) n'avait pas confiance dans la solvabilité du débiteur, il demanderait un gage pour se couvrir. Ce gage pourrait porter sur une marchandise actuellement représentée par un titre circulant (connaissement, récépissé de dépôt à ordre). Endosser ce titre circulant au porteur du billet, l'annexer au billet, serait constituer un gage régulier (nos 896 et 1182 pour les traites documentaires). Deux certificats liés ensemble correspondraient ainsi respectivement à deux actes : une promesse de somme à ordre, un gage. Or ce sont ces deux actes que le warrant condense en un seul écrit.

1391. — Ce *premier endossement* du warrant équivaut en conséquence à la création d'un billet à ordre : c'est lui qui donne la vie à l'effet. Le fondement du warrant n'est pas dans la reconnaissance de dépôt du magasin général qui est au recto, mais dans la formule d'obligation de somme qui est au revers.

Les mentions indispensables à la validité d'un billet à ordre seront aussi celles qu'il faudra observer pour la rédaction de ce premier endossement : date (sans énonciation nécessaire de lieu), échéance, somme, clause à ordre, signature de l'emprunteur (art. 5). Exceptionnellement la mention de la valeur fournie n'est pas exigée (voir déjà en ce sens pour le chèque).

1392. — Le warrant sera soumis au *timbre proportionnel* des effets (0.50 0/00) : on ne l'apposera qu'au moment du premier endossement. Quant au récépissé, il a été revêtu dès l'origine du *timbre de dimension* (0.60 au petit format), puisqu'il représente un dépôt, la promesse de restituer une marchandise à qui de droit (art. 13).

1393. — Le premier preneur du warrant ou bénéficiaire du premier endossement (un banquier généralement) pourra à son tour négocier l'effet à l'ordre d'un autre. Ce sera un *endossement ordinaire*, cessant de présenter les particularités du premier : il emporte *garantie solidaire*.

Ici encore la mention de valeur fournie est superflue, son absence n'empêche pas le transport en propriété au nouveau porteur. A cela près, on suit les mêmes règles que pour la lettre de change.

1394. — Tous ces endossements successifs d'un même warrant se rapporteront communément à une série d'opérations d'*escompte*. Le warrant remontera avec les traites l'échelle des banques et entrera dans la composition de leur portefeuille. Un grand nombre de ces effets aboutiront à la Banque de France [1].

Cet escompte serait inconcevable pour le récépissé [2].

Une règle importante est posée par la loi de 1858 : les établissements publics de crédit peuvent recevoir les warrants comme effets de commerce, avec dispense d'une des signatures exigées par leurs statuts (article 11). La marchandise tient lieu d'un débiteur. C'est par cette raison que les trois signatures habituelles tombent à deux, à l'escompte fait par la Banque de France.

L'effet vient-il à se perdre au cours de sa circulation : la personne dépossédée pourra demander et obtenir par ordonnance du juge, en justifiant de sa propriété et en donnant caution, le paiement de la créance (art. 12 l. 1858, cpr. 152 et suiv. C. com.). Ce droit est aussi reconnu au profit de celui qui perd le récépissé, il est fondé à réclamer un duplicata en observant la même procédure.

1395. — Si l'on se place au moment de l'*échéance*, le warrant sera présenté par le porteur actuel au débiteur principal : ce débiteur est le premier endosseur.

Ou bien cet endosseur paie la somme de son plein gré. Il se libère de sa dette, et ne recourra contre personne autre.

Exceptionnellement il aura un recours lorsqu'il s'est dessaisi dans l'intervalle du récépissé. L'acheteur de la marchandise s'est obligé à le cou-

[1] Cet escompte, comme les autres, donne lieu à la retenue du banquier qui porte ce nom : 2 ou 3 0/0 calculés sur l'intervalle de temps à courir jusqu'à l'échéance. Le souscripteur du warrant est souvent une société commerciale. Les emprunts à intérêt de ces sociétés sont sujets à la taxe de 4 0/0 sur le revenu (l. 29 juin 1872 et lois suivantes). — De là, la jurisprudence très sévère qui s'était formée contre les escomptes de warrant : l'enregistrement assujettissait le prélèvement du banquier à l'impôt du revenu, lorsque l'emprunteur était une société (cependant l'escompte des lettres de change en était affranchi). — Cette jurisprudence a cessé d'après la loi de finances du 28 décembre 1895 : la loi de 1872 n'est pas applicable aux avances faites aux sociétés au moyen d'endossements de warrants.

[2] Cela demande à être entendu. — Un warrant endossé laisse encore une marge disponible sur la valeur de la marchandise entreposée : le déposant n'a emprunté que pour les 3/4 de cette valeur. Il peut, s'il le veut, utiliser cette marge en empruntant sur le solde, à supposer qu'il trouve un bailleur de fonds disposé à lui faire des avances dans ces conditions. Il souscrira alors un billet à ce prêteur, et lui endossera le récépissé accessoirement. — Ce récépissé n'investit en réalité le porteur que d'un gage. Le gage ne lui confère que le deuxième rang, il devra laisser passer avant lui le porteur du warrant. On se trouve en face d'un classement rappelant l'ordre des hypothèques. D'ailleurs, au regard du magasin général, le porteur du récépissé se comportera de la même manière que s'il invoquait un droit de nue-propriété. — Lorsque la situation se présentera de cette manière, rien ne s'opposera à ce que le récépissé soit admis à l'escompte d'une banque.

vrir du warrant et en a déduit la valeur du règlement de son prix (n° 1387) : l'emprunteur est alors tenu pour un autre, il se retournera contre cet acheteur, au besoin il disposera de la subrogation légale envers lui (art. 1251, 3° C. civ.). Substitué aux droits du warrant lui-même, il pourrait s'attaquer à la marchandise et se payer par préférence sur le prix d'adjudication (art. 7, al. 2).

Mais, encore une fois, cela suppose que le premier endosseur de la marchandise n'a plus lui-même le récépissé entre ses mains.

1396. — *Ou bien l'emprunteur, premier endosseur du warrant, refuse de payer l'effet.* Il y aura lieu de dresser *protêt* contre lui.

On appliquera les règles du porteur diligent. Ce protêt doit être établi le lendemain de l'échéance. Faute de quoi, l'action en recours est perdue contre tous les endosseurs autres que le premier.

Ces endosseurs doivent être en outre assignés dans les *quinze jours.* C'est le droit commun du change.

Seulement ici la loi de 1858 institue une règle spéciale. Elle veut que ce recours contre les endosseurs soit *subsidiaire*, qu'il s'exerce à défaut seulement par la marchandise de couvrir l'effet en souffrance.

Cela est justement déduit. Un endosseur, payant le warrant et subrogé aux droits qu'il confère, aurait la faculté de poursuivre la marchandise et ne manquerait pas d'en user. Il vaut mieux éviter le circuit des poursuites : le porteur devra discuter la marchandise au préalable.

Les quinze jours de rigueur dans lesquels est enfermée l'action contre les endosseurs prendront date du moment où la vente de la marchandise sera réalisée, et en supposant que le porteur ne retarde pas cette vente plus d'un mois depuis le protêt (art. 9 de la loi). Il va de soi que le recours dans ces conditions ne s'exercera que pour le découvert. Si la marchandise est en état de couvrir le warrant dans sa totalité, les endosseurs sont libérés.

1397. — Quant à l'endosseur originaire, comparable au souscripteur de billet à ordre, il se trouve dans la même condition que ce souscripteur. Il n'est pas fondé à se prévaloir de la négligence du porteur. Il ne pourra arguer que de la prescription de cinq ans de l'art. 189 (en admettant qu'il se soit engagé commercialement, sinon c'est pendant trente ans qu'il serait tenu).

1398. — II. **Le warrant titre de gage.** — Le warrant est encore un titre de *nantissement*, la loi l'appelle un *bulletin de gage* (art. 2).

Il confère au porteur un *privilège* sur la marchandise emmagasinée. Le grand mérite de la loi du 28 mai 1858 est d'avoir devancé les réformes d'ensemble de 1863 concernant le gage commercial. A cette époque, le gage commercial était encore soumis aux *impedimenta* du gage civil (rédaction d'un acte enregistré, vente par ordre de justice). On a simplifié ces formes pour le nantissement portant sur marchandises déposées dans un magasin général.

Or, ce qui était un droit d'exception en 1858 est devenu le droit commun en 1863. Ce n'est plus aujourd'hui que sur des points particuliers que le gage en magasin général renferme des dispositions de faveur, faisant échec aux autres gages pratiqués dans le commerce : nous signalerons ces dispositions spéciales, au fur et à mesure que nous les rencontrerons.

Reprenant un ordre d'exposé déjà suivi pour le gage, nous examinerons la *constitution* du nantissement, puis sa *réalisation* par le moyen du warrant.

1399. — *a) Constitution du nantissement.* — Le premier endosseur, en passant à l'ordre de son créancier la formule de reconnaissance de dépôt souscrite par le magasin général, investit par là même ce créancier de la *possession juridique* de la marchandise. Un tiers, le magasin, détient au compte du prêteur, c'est comme si le prêteur détenait lui-même. Cette proposition n'a plus besoin d'être expliquée.

1400. — **Warrants irréguliers.** — Il faut réserver le cas où des fraudes auraient été commises, et le fonctionnement des magasins généraux n'en est pas exempt. Le gage ne se forme qu'autant que la marchandise existe effectivement en magasin, et si la prétendue détention du magasinier ne colore point une conservation par le débiteur lui-même du lot énoncé sur le titre.

On a vu mettre en circulation des *warrants fictifs*. Des négociants dans la gêne obtenaient du magasinier des reconnaissances immédiates de dépôt pour des produits qu'ils s'engageaient à entreposer plus tard : véritables effets de complaisance dont le porteur faisait ensuite argent en banque (aff. des huiles de Saint-Ouen).

La faculté pour un magasin général, depuis 1870, de faire le commerce de banque et de prêter sur ses propres warrants a contribué à multiplier ces manœuvres : la complicité du magasinier s'explique par l'intérêt qu'il trouve dans l'opération.

Une pratique, sur la légalité de laquelle on ne s'est pas entendu, a rendu aussi ces supercheries plus faciles. Pour certains produits, comme les liquides, le magasinier, au lieu de laisser à chaque dépôt son individualité, a mêlé ensemble dans des récipients communs les produits similaires de ses clients. Il a pris argument de la nature de soins que la marchandise nécessite pour sa conservation.

Cela supprime tout moyen de vérification sur l'existence dans le magasin du lot énoncé sur le titre. Celui à qui on offre à l'escompte un warrant ordinaire peut requérir un courtier assermenté pour estimer la marchandise et à plus forte raison pour en constater l'identité (l. 18 juillet 1866, art. 5). Ce moyen n'est plus praticable pour des *produits mélangés*, et en outre, au cas de faillite de l'établissement, on cesse de voir d'après quelles règles d'attribution ces marchandises indivises doivent se répartir entre les intéressés [1].

De même, il pourrait arriver que le magasin général délivrât des warrants sur des marchandises qui lui appartiennent à lui-même. Il n'a pas le droit de le faire, car si l'escompte du papier lui est permis, le commerce des marchandises continue à lui être interdit. Là, n'est pas encore la véritable cause de l'irrégularité de l'opération. La condition de déplacement de possession fait défaut, si le magasin est à la fois le débiteur et le possesseur ; le gage ne saurait se créer.

Aussi recourt-on alors à des simulations. Le magasin use d'un prête-nom, celui-ci fait escompter les warrants à une banque. Si ce banquier est de bonne foi, on fera appel aux notions connues de la lettre de change, pour donner effet à ce nantissement en apparence régulier, au profit du porteur qui a fait foi aux énonciations du titre : ce sera une solution d'équité plutôt que de pur droit (Orléans, 6 janvier 1887).

1401. — Transcription du premier endossement. — En écartant ces hypothèses anormales, le gage résultant de la première négociation du warrant semblerait ne devoir exiger aucune formalité autre que l'endossement lui-même : la loi de 1858 a entendu supprimer la condition de l'acte enregistré de l'art. 2074 C. civ.

Toutefois tel n'est pas l'état du droit. L'endossement doit être complété par un *acte de publicité* accompli à la requête du créancier.

A défaut de cet acte, le nantissement ne se formerait pas *au regard des tiers* : les créanciers du déposant, mettant saisie-arrêt sur la marchandise en magasin ou faisant déclarer la faillite de leur débiteur, seraient fondés à comprendre cette marchandise dans l'actif de leurs poursuites, et c'est en vain que le porteur du warrant prétendait arguer contre eux de son privilège [2].

Cette mesure de publicité consiste dans une *transcription* à faire *du premier endossement* (non des endossements suivants) avec ses énonciations par les soins du cessionnaire *sur les registres du magasin* (art. 5,

[1] On avait, à la suite de ces abus, proposé il y a quelques années un remaniement de la législation des Magasins généraux, dans un sens non pas de surveillance étendue, mais au contraire de suppression de la réglementation ancienne. Il n'a pas été donné suite à cette proposition (*Ann. dr. comm.*, 1894, 2, p. 50).

[2] De même, le magasin pourrait livrer la marchandise au porteur du seul récépissé, sans engager sa responsabilité vis-à-vis du warrant, dès lors que l'acte en question n'aurait pas été accompli.

al. 3). Mention sera ainsi établie à la souche de la maison du nom du créancier, de la somme dont il a fait l'avance, et du terme pris pour le remboursement.

1402. — On a soutenu, après l'affranchissement général du gage commercial en 1863, que cette formalité avait disparu par voie de conséquence, que le texte était implicitement abrogé : cette transcription, disait-on, a pour but de donner *date certaine* à la formation du gage, elle est équipollente à l'enregistrement de l'acte qu'impose l'art. 2074 C. civ.

Dès l'instant qu'on supprime dans le commerce la condition de la date certaine pour le gage, elle doit disparaître aussi pour les marchandises mises en magasin général.

1403. — Mais c'était une manière inexacte d'expliquer la raison d'être de cette formalité, et elle subsiste aujourd'hui sous les sanctions précédemment énoncées.

La règle de publicité doit être rapprochée, pour être comprise, d'une faculté exceptionnelle introduite par la loi de 1858 au profit du porteur du récépissé, tandis que le warrant est en cours de circulation. Le déposant trouve une occasion de vendre sa marchandise, nous l'avons dit. Mais l'acheteur ne traitera que s'il peut retirer la marchandise et la faire servir à ses besoins dès avant que le warrant ne soit échu.

Strictement, il n'aurait pas ce *droit de retrait* : un gage pèse sur le lot warranté, il est immobilisé au magasin aussi longtemps que le warrant ne sera pas déchargé.

Mais la loi introduit une faveur. Le porteur du récépissé pourra, afin d'entrer immédiatement en possession, user de l'un des moyens suivants :

a) Ou bien trouver le porteur du warrant et lui proposer une *anticipation de paiement* : si celui-ci y consent, à des conditions préalablement débattues entre eux, le warrant faisant retour au porteur du récépissé, la possibilité de retirer la marchandise s'ensuivra naturellement.

b) Ou bien, lorsque ce porteur est inconnu, ou qu'il refuse d'être payé par anticipation (se souvenir de la règle de l'art. 146 du Code de commerce qui n'admet pas le paiement forcé de l'effet de commerce avant son échéance), *consigner le montant nominal du warrant* sans escompte au magasin général [1].

[1] D'après la législation de 1848, il y avait lieu de déduire les intérêts jusqu'à l'échéance, moins onze jours. Le moyen pour le porteur du warrant d'obtenir la somme entière quelques semaines ou quelques mois avant l'échéance le disposera vraisemblablement aujourd'hui à accepter ce paiement de gré à gré.

Cette consignation d'argent libère la marchandise, elle en prend la place, c'est sur la somme que portera dorénavant le gage et non plus sur la marchandise, laquelle s'en trouve dégrevée. Grave dérogation au droit commun : le possesseur d'une sûreté déterminée subit sans son fait une sorte de purge, l'assiette de la garantie passe de la chose primitive sur un prix mesuré à la créance elle-même.

Cette substitution offre un péril : le magasin général peut faire faillite. La consignation a perdu son identité, elle s'est confondue avec le reste de l'actif du magasin, le porteur du warrant ne pourra plus faire valoir son privilège (sauf recours sur le cautionnement), tandis qu'il l'aurait exercé utilement, si la marchandise était demeurée en nature.

N'aurait-il pas mieux valu exiger le dépôt de cette somme à la Caisse des consignations? Celle-ci du moins aurait pu allouer un faible intérêt au capital déposé, tandis que le magasin général, qui en toute rigueur ne doit pas en disposer, le laisse improductif dans sa caisse [1].

Or toute l'économie de ce système repose sur une notification que le porteur du warrant aurait donnée au magasin général de la somme dont il est créancier ainsi que de son nom : de là la nécessité de la transcription afin de parfaire la constitution du gage.

1404. — *b) Réalisation du nantissement.* — Le porteur du warrant non payé peut, après avoir dressé protêt, *faire vendre* la marchandise aux enchères par courtier dans des locaux attenant au magasin général. Il faut *huit jours* d'intervalle entre le protêt et la vente. Celle-ci a lieu *sans autorisation judiciaire* (l. 1858, art. 7, al. 1er).

Ce système, généralisé en 1863 (nouvel article 93), est devenu la vente publique du gage commercial huit jours après une signification.

Si le prix d'adjudication reste inférieur à la créance du warrant, l'excédant donnera lieu à un recours contre les signataires du titre, ainsi qu'il a été dit ci-dessus.

Si le prix dépasse au contraire cette créance, le reliquat demeurera à la disposition du porteur du récépissé.

1405. — Sur le produit des enchères, la créance du warrant est colloquée par préférence. Deux privilèges seulement primeront celle du créancier gagiste :

1° celui du Trésor public ou de l'administration fiscale à raison

[1] Le porteur du récépissé ne peut pas opérer un retrait partiel de la marchandise, en n'effectuant qu'une consignation proportionnelle au retrait. Le principe de l'indivisibilité du gage y met obstacle.

des droits de douane, de contributions indirectes ou d'octroi dus par la marchandise [1].

2° celui des frais de vente, de magasinage et autres dus au magasin pour la conservation de la chose (art. 8, al. 1er). Cpr. art. 2101, 1° et 2102, 3° C. civ.

1406. — Il y a des cas où une transformation antérieure de la marchandise en argent dispensera le porteur du warrant de provoquer cette mise aux enchères. Ainsi en sera-t-il : — de l'hypothèse où la marchandise a été retirée en échange de la consignation de la somme, — et aussi de celle où elle aurait péri par suite d'un incendie après avoir été l'objet d'une assurance. *Le privilège se porte de plein droit de la chose sur l'indemnité.*

Cette dernière règle était particulière en 1858 à la législation des warrants (art. 10). Aujourd'hui (l. 19 février 1889), l'indemnité d'assurance est subrogée au bien assuré pour tous les créanciers hypothécaires et privilégiés, qui se font colloquer sur elle d'après leur rang.

CHAPITRE X

DU COMPTE-COURANT

(L. 24 germinal an XI, art. 33 ; C. com. art. 575, al. 2)

—

§ 1. Généralités

1407. — L'étude des effets de commerce et du change trouve son complément naturel dans celle du compte-courant.

Les comptes-courants sont fréquemment alimentés par des *remises d'effets de commerce*, et le réceptionnaire acquiert alors sur ces effets des droits d'une autre nature que ceux qui dérivent de la théorie ordinaire de l'endossement.

D'autre part, un des avantages les plus appréciables du compte-courant, lorsqu'il intervient entre personnes habitant deux places différentes, c'est d'amortir les dettes réciproques des correspondants par une sorte de *compensation*. L'argent n'a pas à voyager dans deux sens opposés : c'était déjà, on l'a vu, un des bienfaits de la *lettre de change*.

[1] Le droit commun voudrait que le Trésor se fit colloquer par préférence pour tous les droits dont le propriétaire lui serait redevable, même du fait d'autres marchandises que celle qui a été l'objet des poursuites (l. 6-22 août 1791, décret 1er germ. an XIII, etc.) : le privilège est donc en quelque sorte spécialisé.

1408. — Le compte-courant, envisagé sous l'aspect du droit, a été le fruit d'une œuvre patiente de la jurisprudence : les effets originaux, que les tribunaux de commerce lui ont attribués comme expression de la volonté tacite des parties, ont permis à la doctrine de prendre parti sur le caractère d'ensemble de cette convention.

Les usages, raccordés aux principes généraux, constituent à peu près ici la seule source d'information. Car le compte-courant n'est mentionné dans le Code de commerce que par un seul article du livre des faillites, l'art. 575, d'une manière brève ; et en dehors du Code, aucune loi spéciale ne le réglemente : à peine la loi sur la Banque de France du 24 germinal an XI le vise-t-elle dans son art. 33, et sur un point tout à fait spécial[1].

1409. — Deux personnes, *Primus* et *Secundus*, sont en relation d'affaires suivies. *Primus* achète aujourd'hui de la marchandise à *Secundus*, et le crédite du montant du prix. Demain il enverra à ce *Secundus* des lettres de change à encaisser, et il le débitera de leur montant.

Entre ces envois en sens inverse il se produit une *balance*. Tantôt l'un, tantôt l'autre sera en avance sur son correspondant, à moins qu'il n'y ait balance complète.

Si l'une des parties ne doit se dessaisir d'une valeur envers l'autre qu'autant que l'avoir de celle-ci est préalablement couvert par une remise, le compte-courant est *simple*, il ne pourra jamais se solder qu'à l'actif de celui qui est assujetti à la provision.

Si chacun des deux opérateurs s'expose à débiter l'autre sans une consignation de contre-valeur, le compte-courant est *réciproque*, la balance pourra pencher tantôt en faveur du premier, tantôt en faveur du second.

Chacune de ces opérations croisées entre *Primus* et *Secundus* pourrait se liquider une à une et isolément. Cela aurait des inconvénients.

a) *Réclamations répétées* sur le chiffre auquel on arrêtera telle remise faite, tel marché conclu et exécuté, alors qu'il serait possible de renvoyer toutes ces discussions à un moment déterminé ;

b) *Mouvement de fonds* inutilement reproduit ;

c) *Défaut d'allocation d'intérêts* aux capitaux touchés pour compte, à moins de stipulation formelle : un client jouit ainsi de l'argent de l'autre sans lui en bonifier l'usage ;

d) *Impossibilité de rendre connexes et de fondre ensemble le produit de ces opérations* qui se regardent. Car la compensation ne les balance-

[1] Une des dernières monographies françaises du compte-courant est celle de M. Clément, 1889. C'est un sujet qui a été souvent traité, notamment par MM. Feitu, Da, Dietz, Helbronner. Dans son *Précis de droit commercial*, M. Boistel y a particulièrement insisté.

rait qu'à partir du moment de leur exigibilité commune ; et si l'une des parties tombait en faillite avant ce moment, il faudrait liquider deux comptes séparés pour le correspondant solvable : son compte en débit qu'il aurait à rembourser pour le tout, son compte en crédit pour lequel il subirait le sort du dividende. Résultat extrêmement préjudiciable, condamné par les exigences de confiance dans les affaires.

De là, la pensée d'assimiler toutes ces opérations dans un corps d'écritures, composé de mentions par doit et par avoir, et destiné à ne se régler, au moyen de l'extraction d'un *solde*, qu'à des dates périodiquement espacées, qu'on appelle *époques*.

Ce compte sera, selon les cas, trimestriel, semestriel, annuel. Après sa clôture, il donnera lieu à un arrêté. La copie du compte expédié au client sera l'image et la reproduction d'un folio de grand livre.

Une fois dégagé et reconnu, le solde sera payé par celui qui le doit à l'autre partie. Mais on pourrait s'entendre en vue de renouveler pour une seconde ou subséquente période. Alors le *solde* est *reporté* et forme l'article de tête du nouveau compte.

1410. — **Définition.** — Il y a donc *compte-courant*, lorsque *deux correspondants conviennent de faire masse homogène de toutes leurs opérations portant sur des valeurs ou de l'argent* (sauf celles qu'ils en exceptent ou excepteront), de les rendre connexes, et *de les bloquer dans un tout qui se soldera à une époque déterminée*. Le compte-courant est alimenté par des articles de débit et de crédit.

C'est ce qui arrivera notamment lorsque l'un des opérateurs effectuera un paiement ou touchera des espèces pour l'autre. C'est ce qui arrivera aussi en cas d'envois déterminés. Les envois sont qualifiés de *remises*, celui qui les fait est l'*envoyeur*, ils sont inscrits à son avoir ; celui qui les reçoit est le *réceptionnaire*.

Les remises consistent dans de l'argent ou dans des effets de commerce. Elles consistent aussi dans des marchandises vendues, puisque de la vente naît un prix au profit de l'envoyeur. Seuls des engagements portant sur des capitaux peuvent devenir des éléments du compte : des marchandises expédiées en consignation n'y sauraient entrer, elles n'y entreront du moins que lorsque le réceptionnaire en aura effectué la vente ; jusque-là c'est de leur restitution en nature qu'il est comptable.

1411. — Le fonctionnement du compte-courant est très répandu dans le commerce. Il intervient par exemple : entre un négociant et son banquier pour le service des encaissements, versements, recouvrements d'effets ; — entre un fabricant et son commissionnaire pour le service des avances du second au premier, qui se balanceront par le produit des ventes.

D'après la pratique commerciale, toute somme inscrite au crédit de l'une des parties porte intérêt à son profit, sans stipulation expresse, à un taux d'usage, depuis le jour où l'autre l'a encaissée jusqu'à la clôture du compte. Il est naturel que celui qui touche l'argent d'autrui et qui s'en sert, doive le prix de cette jouissance, à valoir de suite. Mais on peut convenir du contraire.

Entre commerçants, le compte-courant est un *acte de commerce*, en vertu de la règle de l'accessoire : les procès qui s'élèveront à son sujet seront du ressort du tribunal de commerce.

S'il y a un arrêté de compte, soit par accord amiable, soit par jugement passé en force de chose jugée, la révision de ce compte ne pourra plus être obtenue : il ne sera procédé qu'à des rectifications partielles, et seulement s'il y a erreur, omission, faux ou doubles emplois (art. 541 C. proc. civ.).

Le compte s'arrêterait de plein droit par le fait de la mort ou de la faillite de l'un des opérateurs ; car il suppose le maintien de la même confiance que dans les rapports formés par le mandat (arg. art. 2003 C. civ.).

1412. — Mais il arrive encore au compte-courant d'être employé en dehors du commerce. Il peut être concerté entre deux personnes qui traitent des opérations civiles ; il réalisera en ce cas les mêmes effets que pour des commerçants (sans pourtant assujettir les contractants à la compétence du tribunal de commerce).

Il y a même des relations de famille, comme celles qui résultent de la tutelle ou du contrat de mariage, où s'expliquerait l'unité de la créance, protestant contre la multiplicité des opérations, par la théorie du compte-courant ou par une théorie semblable. C'est un point de vue sur lequel il est impossible d'insister à cette place.

1413. — On a déjà fait observer que le compte-courant n'obligeait pas nécessairement l'un des opérateurs à traiter à découvert avec son confrère ou client. Il n'a pas pour but par lui-même de constituer un crédit, il se borne à déterminer les effets des opérations qui y sont passées.

Le compte-courant se subordonne à une *convention première*, en exécution de laquelle il réglera la marche de remises ou de mouvements de fonds. Cette convention première dira si l'une des parties a le droit de puiser à la caisse de son correspondant, dans quelle mesure et sous quelles conditions. A cet égard on distingue, entre autres combinaisons, le compte-courant conclu par application d'un *dépôt de capitaux*, ou d'une *ouverture de crédit*.

1414. — **Dépôt.** — *a*) Lorsqu'il y a *dépôt d'argent*, avec ou sans délivrance d'un carnet de chèques, le compte-courant accessoirement convenu renfermera les retraits du déposant, portés à son débit, et en regard les valeurs de provision qu'il consigne, et qu'il peut renouveler à mesure de leur épuisement : le tout avec un calcul adjoint d'intérêts, valeur prise pour chaque article du jour où l'argent est versé ou retiré.

Le déposant peut entretenir son compte au moyen d'effets dont il confie le recouvrement au dépositaire, un banquier habituellement.

1415. — **Ouverture de crédit.** — *b*) Lorsqu'il y a *ouverture de crédit* avec compte-courant, le banquier s'engage à déférer aux demandes d'avances du client, dans les limites du crédit concédé.

L'ouverture de crédit est une *promesse de prêt*, qui peut n'être que consensuelle. A mesure que les avances seront faites, ces avances prendront le caractère de *prêts* (contrats se formant *re*), sujets à remboursement. Mais on verra que le compte-courant imprime immédiatement à ces prêts en les absorbant un caractère nouveau.

Le remboursement aura lieu par la voie tantôt de remises en espèces, tantôt de remises en valeurs qui, elles aussi, viendront se fondre dans le compte [1].

Le crédité pourra ainsi user de son crédit un nombre de fois indéfini, pendant tout le temps pour lequel il lui a été reconnu par la convention première. Il lui suffira pour cela de couvrir successivement le créditeur en versements ou en valeurs, qui feront retomber sa balance au-dessous du *maximum* du crédit.

1416. — Le constituant du crédit, au surplus, a pu exiger une *garantie*.

Cette garantie consistera par exemple dans une *hypothèque* : la convention en pareil cas devra être établie par un acte authentique (article 2127 C. civ.). L'hypothèque sera inscrite [2], elle protège le solde du compte-courant.

Une difficulté s'est produite à son occasion : *l'hypothèque prend-elle rang du jour de son inscription*, ou seulement à partir de chacun des décaissements respectivement faits par le client chez le banquier?

Rigoureusement, la dette de remboursement ne naît qu'au moment où le crédité use du crédit et retire l'argent que le banquier tient à sa

[1] Les actes d'ouverture de crédit sont soumis à un droit proportionnel d'enregistrement de 0,50 0/0 : il sera tenu compte, lors de la réalisation du crédit, du montant du droit déjà payé (l. 23 août 1871, art. 5).

[2] Le droit d'hypothèque (de 1 0/00) sera perçu lors de l'inscription de l'hypothèque garantissant l'ouverture de crédit (l. 23 août 1871, art. 5, al. 3).

disposition. L'hypothèque ne peut pas rétroagir par rapport à ces prises de fonds.

Mais cette solution a été écartée, elle rendrait la situation du banquier trop chanceuse : entre l'ouverture et la réalisation du crédit, le client grèverait ses immeubles d'hypothèques nouvelles qui primeraient la sienne. On a fait remonter le rang de l'hypothèque au jour de l'inscription. Un argument en ce sens a été donné par l'art. 4 de la loi du 10 juin 1853 sur les sociétés de crédit foncier[1].

La garantie à laquelle le crédit est subordonné peut également porter sur des *négociations d'effets*. Les parties auront décidé que, préalablement à toute demande d'argent, le client devra couvrir la banque en valeurs de papier d'un montant au moins égal. La convention déterminera, s'il y a lieu, la longueur de ce papier, son caractère banquable, le nombre de signatures dont il devra être revêtu[2].

1417. — Il nous faut examiner : — la nature juridique du compte-courant, — puis ses différents effets.

§ 2. Nature du compte-courant

1418. — On disait autrefois que le compte-courant n'était qu'un *cadre de comptabilité*. Son étude ne relèverait pas de la science du droit, mais de l'art de tenue des livres.

Comme il est généralement entendu que chaque opération doit être créditée ou débitée d'intérêts au moment de ce qu'on appelle sa mise en valeur, la tâche du comptable consistera à établir ce calcul d'intérêts suivant la méthode la plus simple et en même temps la plus équitable. C'est à déterminer ces procédés de calcul que se limiterait l'étude du compte-courant.

Chaque élément du compte conserverait sa nature première et son *identité juridique*. Le seul effet de la convention serait de suspendre la liquidation de toutes ces créances et dettes différentes dans leurs causes, de les compenser entre elles par application des art. 1289 et suiv. C. civ. lorsqu'elles seront exigibles, de leur faire porter intérêt.

1419. — Il n'est pas impossible que les opérateurs, tout en se servant de l'expression de compte-courant pour régler leurs relations, aient entendu donner à leur vocable cette signification restreinte.

[1] Cette loi qualifie l'ouverture de crédit du nom de *contrat conditionnel de prêt*.

[2] Dans le cas où une hypothèque garantirait l'ouverture de crédit, et où le banquier se ferait ainsi couvrir en valeurs, pour les repasser ensuite, en tout ou en partie, à l'ordre de nouveaux porteurs, il se présentera une question de collocation de ces différentes lettres de change dans l'ordre ouvert sur le prix de l'immeuble hypothéqué. Il a été parlé de cette question sous le n° 1182, p. 675, note.

Il ne sera pas intervenu alors une véritable convention de compte-courant. Quant à dégager des indices de volonté assez clairs pour faire prévaloir cette interprétation négative, il faut avouer que la chose sera pratiquement malaisée.

1420. — L'opinion précédente, en tant qu'elle refusait de voir dans le compte-courant une convention propre et originale, est aujourd'hui abandonnée. Mais pour expliquer ce qu'est cette convention, les auteurs ont imaginé des quantités de systèmes. Il ne peut être question de les présenter ici.

L'opinion qui tend à prévaloir en jurisprudence, et à laquelle s'est ralliée la majorité de la doctrine, consiste à dire :

Le compte-courant forme une convention *sui generis*, ayant sa cause en elle-même, ne puisant point ses effets dans les conventions multiples qui y sont inscrites. Ces conventions étaient hétérogènes : telle d'entre elles reposait sur un prêt (avance de fonds), telle autre sur un mandat obligeant à rendre compte d'une somme (remise d'effets endossés), ou sur une vente (prix de marchandises), sur un bail (loyers échus), etc.

Le compte-courant n'est pas le groupement par addition ou le retranchement par compensation de toutes ces créances de provenance diverse.

Les opérations qui y sont portées perdent leur condition première : comme si elles étaient fondues par l'action d'un creuset, elles viennent se combiner dans un contrat nouveau. Ce contrat nouveau, pour ne pas être signalé dans les classifications de la loi, est aussi légitime que tout autre contrat. Il appartient aux individus dans leur autonomie de créer une convention à leur volonté, même en dehors des énumérations des Codes, pourvu que cette convention ne lèse pas l'ordre public.

1421. — Ainsi, à mesure qu'une créance entre dans le compte-courant, elle se démarque, elle disparaît même pour devenir article de crédit et pour concourir à la formation d'un solde éventuel.

Une institution romaine, toutes différences gardées, fournit un point de rapprochement.

Il est douteux que les Romains aient déjà donné au compte-courant le tour scientifique qu'il a pris de nos jours, grâce aux éclaircissements donnés sur sa portée par les jugements consulaires. La pratique du compte-courant en banque devait déjà leur être familière, puisque, au témoignage de Gaïus, avant que la compensation ne se fût généralisée, le banquier devait, dans ses réclamations à un client, faire lui-même la balance et ne demander que le solde de leurs opérations mutuelles (*compensatio argentarii*)[1].

Mais c'est dans une autre partie de relations contractuelles, à des fins toutes différentes il est vrai que celles auxquelles répond notre compte-courant, que les Romains ont pratiqué une institution conçue d'après le même raisonnement. Lorsque deux citoyens avaient entre eux des créances litigieuses, nées de causes variables, ils transigeaient et ramassaient toutes ces créances dans une stipulation destinée à les nover : c'est la *stipulation aquilienne*[2]. A partir du moment où cette stipulation avait eu lieu, tous les droits préexistants avaient disparu pour se transformer en une créance unique, indivisible, née de la convention *verbis*. C'est ainsi qu'il convient de raisonner pour le compte-courant, si l'on veut en saisir le mécanisme.

1422. — On va examiner les effets produits par le compte-courant et découlant de cette pensée générale. Au surplus, il appartient à la volonté des parties de limiter ces effets, d'accepter quelques-unes des propositions qui vont suivre, et de repousser les autres.

§ 3. Effets produits par le compte-courant

1423. — Quatre effets principaux sont attachés à un compte-courant, que l'intention des opérateurs aurait pourvu de sa plus large portée :

1) *novation* des opérations qui y sont inscrites ;

2) *indivisibilité* du droit, par le fait de l'absorption dans le compte de tous les articles qui concourent au solde ;

3) *caractère conditionnel du crédit* ouvert en compte-courant à une *remise* en valeurs ;

4) *allocation d'intérêts* à chaque article porté dans le compte-courant.

1424. — I. **Novation.** — Le compte-courant opère *novation* à l'égard de toutes les opérations sur lesquelles il s'étend. Lorsqu'une créance est passée en compte-courant, elle s'éteint comme telle, elle cesse d'obéir à ses règles anciennes, elle s'absorbe dans une masse où d'autres créances se sont déjà absorbées.

Cette conversion d'un droit ancien en un droit nouveau n'offrirait rien d'insolite, si la créance issue du compte se formait immédiatement au

[1] Gaïus, *Comment.*, IV, § 64. V. l'ouvrage de M. Ch. Appleton, *Histoire de la compensation en droit romain*, 1895, p. 93 et s.; Girard, *Manuel élémentaire de droit romain*, 2e éd., p. 689.

[2] V. les explications de M. Accarias, *Précis de droit romain*, II, 1re éd., nos 707 et suiv.

profit du titulaire de la créance primitive. Mais ce résultat est retardé jusqu'à la clôture du compte et à l'extraction du solde.

Entre temps, il y a une masse d'affaires en travail, et une absence de créance actuelle. On ne sait pas encore de quel côté s'établira la balance du solde. Celui qui joue le rôle de créancier par une vente de marchandises, par exemple, et qui fait inscrire le prix comme article à son avoir, n'est pas sûr, quelques mois plus tard, d'avoir le solde en sa faveur. Peut-être ce solde se retournera-t-il contre lui.

On est donc en présence d'une novation très particulière, qui n'engendre pas une seconde créance instantanément, au moment où elle détruit l'ancienne. Elle relâche provisoirement les parties du lien d'obligation. Tel qui est créancier aujourd'hui peut se trouver débiteur en fin de compte. Là est la grande hardiesse de la conception. C'est le principe de l'indivisibilité, qui expliquera cet arrêt temporaire, par la marche du compte, d'un rapport d'engagement entre les opérateurs.

1425. — Les applications de l'idée de novation sont les suivantes :

a) Les *garanties réelles ou personnelles*, accompagnant la créance portée en compte et devenue ainsi article de crédit, tombent et s'évanouissent.

Si au compte lui-même d'autres garanties se trouvent attachées, telle qu'une hypothèque, l'opérateur, bien entendu, sera fondé à s'en prévaloir, pour assurer non pas sa créance primitive qui n'existe plus, mais le paiement du solde, supposé ressortir à son avoir. A cet égard, la passation en compte-courant pourra, selon les circonstances, substituer à des garanties anciennes une garantie nouvelle. Les sûretés premières, en tout cas, ont disparu.

Ainsi, c'est un *vendeur d'immeuble* qui, au lieu de se faire verser son prix, demande à être crédité par l'acheteur en compte-courant : *action résolutoire* de l'art. 1654 C. civ. et *privilège* de l'art. 2103 sont immédiatement perdus par ce vendeur.

C'est un signataire d'*effet de commerce* qui règle le porteur non par un paiement effectif, mais par une inscription de la somme en compte-courant : le porteur qui a accepté ce mode de règlement a perdu les actions nées de la traite, et par conséquent le bénéfice de la *solidarité* contre ceux qui l'ont souscrite : les débiteurs de change sont libérés.

b) *Prescription.* — En conservant le même exemple, la *prescription* de l'action de change était de *cinq ans* : celle du compte-courant sera de *trente ans*. La novation emporte donc ou peut emporter changement dans la durée de la dette (nº 1336).

c) *Terme de l'engagement.*— L'exigibilité est reculée jusqu'au moment de la clôture du compte. Jusque-là aucune prescription ne peut courir.

d) Compétence. — L'action de change était *commerciale* ; peut-être le compte-courant a-t-il la *nature civile,* s'il intervient entre deux personnes étrangères aux affaires. La *compétence* se trouvera ainsi modifiée par le fait de la novation[1].

1426. — La logique aurait dans ces conditions entraîné une conséquence défavorable aux droits du *commettant*, donneur d'ordre de vente au commissionnaire pour sa marchandise. La vente a été exécutée, le tiers acheteur est débiteur du prix et ne l'a pas encore versé. Le commettant, si le commissionnaire tombe en faillite, est fondé à *revendiquer ce prix* contre l'acheteur, et à s'en appliquer le montant par préférence à la masse des créanciers. C'est ce que nous avons autrefois constaté (art. 575, al. 2 C. com.).

Mais voici que la situation se complique d'un compte-courant. Ce compte-courant fonctionne entre le commissionnaire et l'acheteur, et le prix de la marchandise y a été porté. Survient la faillite du commissionnaire.

Dès l'instant que l'action en paiement du prix s'est éteinte par l'inscription au compte, la revendication du commettant n'a plus d'aliment. Il faudrait en conclure que le commettant pourra seulement produire à la faillite comme chirographaire, et que d'autre part le syndic fera liquider, solder et régler le compte-courant au profit de la masse.

On a dit que cette solution n'était pas celle habituellement suivie. On interprète l'art. 575 comme respectant au contraire, chaque fois que cela sera possible, la revendication du commettant, nonobstant l'existence d'un compte-courant.

Sur le solde du compte-courant, le commettant sera fondé à prélever une somme égale à la créance du prix. Ce n'est qu'autant que le solde tomberait au-dessous de ce chiffre, à plus forte raison ressortirait à l'avoir du tiers acheteur (prix *compensé* en compte-courant, dit le texte), que le commettant souffrirait de la faillite. C'est une solution d'équité (n° 943).

1427. — **II. Indivisibilité du compte-courant.** — Il ne se compose pas de créances individuelles, sujettes à se totaliser ou à « se compenser », au sens juridique du mot. Le compte-courant a une prestation unique : le solde. Jusqu'à ce que ce solde se dégage, il n'est rien dû de part ou d'autre.

A cette conception se rattachent un certain nombre de déductions intéressantes.

[1] Inversement, si la créance portée en compte-courant était civile, et que ce compte fût commercial, c'est le tribunal de commerce qui verrait sa juridiction substituée à celle du tribunal d'arrondissement.

1428. — *a*) Aussi longtemps que fonctionne le compte, les créanciers de l'un des opérateurs sont irrecevables à pratiquer une *saisie-arrêt* entre les mains de l'autre opérateur, du chef de leur débiteur. L'opposition n'immobilisera pas le compte, ne mettra pas le tiers saisi dans l'obligation de le liquider dans l'état de balance où il se trouve au moment de la mainmise des créanciers.

L'effet de cette saisie se portera sur le solde, ce qui rend la procédure des plus chanceuses.

Cependant, les créanciers pourraient avoir intérêt à obtenir cette liquidation immédiate : le compte se balancerait actuellement à l'avoir de leur débiteur, pour 50,000 fr. par exemple, somme à laquelle s'élèvent leurs réclamations.

Mais cette balance n'est pas l'objet d'une dette présente, la saisie-arrêt frappe en quelque sorte dans le vide.

Les relations continueront entre les deux parties, elles pourront amener le tiers saisi à faire à son correspondant des remises en sens contraire, soit de 50,000 fr., qui amortiront la balance et annuleront le solde, s'il y a lieu. Les créanciers auront ainsi exercé des poursuites stériles.

Ce résultat est accepté, par suite de l'extension que donne la pratique à la disposition de la loi du 24 germinal an XI sur la Banque de France, art. 33 : « Aucune opposition ne sera admise sur les sommes en compte-courant dans les *banques autorisées*. » — Il paraît équitable cependant de réserver aux créanciers le bénéfice de l'action paulienne, si cette continuation du compte-courant depuis leur opposition, avec des envois de remises, avait eu lieu en fraude de leurs droits, par suite d'une entente concertée entre les deux opérateurs.

1429. — *b*) Le prix d'une marchandise ou d'une valeur facturée en compte-courant ne saurait servir de *provision* utile pour le porteur d'une lettre de change d'égal montant, qu'émettrait le vendeur de cette marchandise contre son acheteur.

Primus et *Secundus* ont un compte-courant entre eux : *Primus* vend des cotons pour 20,000 fr. à *Secundus*, il dispose en même temps d'une traite contre lui.

Si le tireur tombe en faillite, le porteur de l'effet ne pourra pas détacher du compte-courant l'article du crédit afférent à la dette des 20,000 francs de *Secundus*, de manière à s'appliquer cette somme par préférence. Le compte sera balancé et soldé avec tous ses éléments : le porteur de l'effet ne pourra même pas se couvrir sur le solde, s'il ressort à l'avoir de *Primus*. Ce solde sera versé à la faillite de celui-ci. Qui dit provision d'un effet suppose une créance sur le tiré : cette créance s'est absorbée dans le compte.

Afin d'obvier à ce résultat, on a imaginé la pratique des *traites avec affectation spéciale de provision* (voir n° 1181).

1430. — *c*) Il est certain que les remises mutuelles des opérateurs sont connexes. Cela veut dire que chacune d'entre elles est rattachée au solde et concourt à le constituer. Mais entre les remises faites dans un sens et les remises faites dans l'autre, il n'y a point un rapport tel que celui qui existe entre une créance et son paiement. On n'envoie pas une valeur à son correspondant pour éteindre ce qu'on lui doit, mais bien pour entretenir le compte. Car en réalité on ne doit rien à ce correspondant présentement.

De là, une conséquence importante à signaler au cas où l'une des parties se trouve dans cette *période suspecte* préliminaire à la faillite qui suit la cessation générale de ses paiements. Un acte du commerçant rigoureusement frappé par la loi dans cette période, c'est le *paiement* qu'il ferait d'une de ses dettes *au moyen de marchandises* ou encore *pour obligation non échue*. Ce paiement est nul et rapportable à la masse, même si le créancier ignorait la cessation des paiements de son débiteur (art. 446).

Or cette théorie est étrangère aux relations croisées que le commerçant échangerait avec un de ses correspondants, même en temps suspect, par application d'une convention de compte-courant.

Secundus, à la veille de tomber en faillite, voit que la balance de son compte avec *Primus* ressortirait pour 50,000 fr. à son propre débit. Il couvre alors le compte en expédiant à l'autre partie pour 50,000 fr. de marchandises, débite *Secundus* de cet envoi, et fait ainsi tomber le solde à zéro pour le moment de sa clôture.

Le syndic ne peut pas attaquer cette remise en vertu de l'art. 446, de manière à rétablir le compte en l'état où il était avant l'envoi (restitution intégrale des marchandises par *Primus* 50,000 fr., obligation pour lui de produire au marc le franc pour 50,000 fr.). Il ne saurait soutenir que cette remise constitue un paiement en marchandises, ou bien un règlement avant terme (le terme normal étant le jour de clôture du compte). Il n'y a rien eu de suspect dans l'envoi : les parties savaient qu'elles étaient dans le cas de se faire des expéditions réciproques. C'est en exécution d'une convention préexistante, convention loyale par hypothèse contre laquelle le syndic est impuissant, que se sont opérés ces échanges, même ceux de la dernière heure : ils doivent conserver l'indivisibilité que les parties leur ont donnée.

Toutefois cette solution suppose que le correspondant du futur failli ignorait, au moment de cette réception de remises ou de marchandises, l'état de cessation de paiements de sa contre-partie. Tout acte à titre onéreux conclu par le négociant est annulable s'il a eu lieu avec connaissance par le tiers de cette cessation des paiements (art. 447).

Le syndic, sans porter atteinte à l'indivisibilité du compte, sans en scinder les éléments, prétendra que l'inscription de l'envoi de marchandises par le futur failli n'a pu légalement s'effectuer, *dès l'instant que la contre-partie connaissait la situation d'affaires de son envoyeur*. Extrait ainsi du compte en vertu de l'art. 447, cet envoi se trouvera annulé par la même raison.

Si l'on suppose le compte-courant arrêté par la *déclaration de faillite* de l'une des deux parties, la connexité qui règne entre ses éléments actifs et passifs exige une liquidation en bloc, et le dégagé du solde qui donnera lieu à production dans la faillite, s'il y a lieu. Le fait importe à relever. On verra dans l'étude de la faillite que le jugement déclaratif met désormais obstacle à toute *compensation* entre le failli et l'un de ses créanciers, si cette compensation n'était pas déjà acquise au moment de son prononcé. Le compte-courant fait échec à cette règle, son unité le veut ainsi.

1431. — *d*) Du moment que les articles par doit et avoir ne se neutralisent pas par l'effet d'une véritable compensation, il en résulte que le calcul des intérêts s'opérera sur chacun d'eux, sans égard à une balance de fait qui existerait à un moment donné de la marche du compte.

Le banquier a pu convenir que ses remises seraient créditées à 6 0/0, tandis qu'il ne serait débité des versements ou envois de son client qu'à un taux plus faible de 4 ou de 5 0/0 par exemple. En supposant que chaque envoi compense un envoi inverse de même date ou de date plus ancienne, le cours des intérêts s'arrêterait aussitôt que deux remises en sens opposé se rencontreraient dans le compte.

Loin de là, chaque article continue à porter intérêt au taux respectif que la convention avait déterminé.

1432. — III. Caractère conditionnel du crédit donné à un envoi d'effet en compte-courant.

Primus expédie en recouvrement à *Secundus*, le 1er avril, une lettre de change de 1,000 fr. à échéance du 1er mai. *Secundus* porte cette valeur au crédit de l'envoyeur *Primus* en compte-courant.

1433. — Deux observations préliminaires ou incidentes doivent être faites.

a) Quand même cette lettre de change ne serait pas endossée *en toute propriété* par *Primus* et *Secundus*, il n'appartiendrait pas à l'endosseur de la reprendre. La négociation est ferme, en dépit de la forme défectueuse qui lui a été donnée.

La présomption de l'art. 138 C. com. n'a point lieu. Il n'est pas vrai que le nouveau porteur ait reçu un simple mandat révocable de toucher l'effet. Il en a fourni la contre-valeur par un crédit inscrit en compte-courant. Moyennant cette inscription, il a été entendu que la traite lui appartiendrait en toute disposition.

En d'autres termes, l'existence entre l'endosseur et le porteur d'une convention de compte-courant, avec l'incorporation de l'effet dans ce compte, est un moyen suffisant pour celui qui a reçu la traite, de combattre et de repousser la présomption légale (voir l'art. 574 C. com. et ce que nous avons dit de cette situation sous le n° 1262, p. 712 note).

b) D'autre part cette inscription au crédit de *Primus* sera faite le plus communément *valeur au jour de l'échéance de la lettre de change*, soit au 1er mai. C'est à partir du 1er mai que courront les intérêts, la somme ne devant être recouvrée par le réceptionnaire qu'à ce moment[1].

1434. — Sous réserve de ces indications, l'envoyeur *Primus* vient à tomber en faillite avant le 1er mai, et l'effet dont il a été crédité en compte reste impayé.

La contre-partie *Secundus* est bien fondée à annuler l'inscription de la remise (ce qui est possible par un *contre-passement d'écritures*) et à clôturer son compte-courant vis-à-vis de *Primus* sans y faire figurer le montant de la traite de 1,000 fr. qu'il a reçue. Il réduit ainsi d'autant le solde dont il est redevable à la faillite, ou il le fait tomber à zéro.

Ce résultat s'explique par les principes ordinaires de la *résolution* inhérente à toutes les *conventions synallagmatiques* (art. 1184 C. civ.).

Si le réceptionnaire a crédité son envoyeur de la remise de 1,000 fr., c'est en retour de la garantie prise par cet envoyeur du paiement de l'effet, garantie résultant de sa signature d'endosseur. Du moment que l'effet reste en souffrance, le porteur se délie envers son cédant, il retire

[1] Il peut arriver que le réceptionnaire, par suite d'un accord convenu, ne fasse courir les intérêts que cinq ou six jours après le recouvrement : l'usage gratuit de la somme qu'il aura eu ainsi dans cet intervalle représentera sa commission ou servira à l'augmenter. — Autre moyen pratiqué dans la banque : la remise est ramenée à sa valeur actuelle prise au jour où le correspondant la reçoit, ce qui suppose une opération d'escompte à 4 0/0 par exemple. Elle porte immédiatement intérêt au crédit de l'envoyeur, au taux entendu pour les différents articles du compte-courant, soit 3 0/0. En réalité la partie qui a reçu la traite s'adjuge ainsi 1 0/0 sans aucun mouvement de fonds de sa part, pour tout le temps à courir jusqu'au moment du recouvrement de l'effet. On comprend que cette manière de faire ait été taxée d'usuraire avant la loi du 12 janvier 1886 et qu'elle puisse toujours encourir ce reproche de la part d'un client qui ne ferait pas commerce.

l'inscription mise à son compte. De là le proverbe doublé d'un jeu de mots : « Entrée en compte-courant n'a lieu que sauf rentrée »[1].

La clause SAUF ENCAISSEMENT *a été sous-entendue dans l'inscription du crédit.*

Voici l'avantage que trouve *Secundus* à procéder ainsi : En faisant tomber le crédit rétroactivement, il se décharge de ces 1,000 fr., d'autant mieux que l'effet ne lui est pas payé à lui-même. Si le crédit subsistait, il aurait à compter 1,000 fr. à la faillite. Il est vrai que le recours de change contre son cédant, pour effet protesté, lui permettrait de réclamer 1,000 fr. d'autre part. Mais ce recours est né depuis l'ouverture de la faillite du remettant, depuis la clôture du compte-courant, et *Secundus* ne pourrait pas le faire entrer en compensation des 1,000 fr. dont il est redevable pour solde. La connexité habituelle au compte-courant cesserait de relier les deux prétentions opposées. Il aurait à régler 1,000 fr. pour le tout, il ne pourrait produire pour 1,000 fr. que d'après la loi du dividende. La différence serait une perte pour lui.

1435. — Deux points semblent les corollaires de cette doctrine.

a) Le réceptionnaire, annulant ce crédit, annule aussi du même coup l'*endossement* qu'il a reçu de cet effet en souffrance. Il doit donc le restituer à la faillite de l'envoyeur. On admet généralement une opinion plus favorable au porteur : il pourrait, tout en contrepassant, garder la traite et exercer l'action en garantie contre les autres signataires, s'il y en a. Cela ne paraît pas logique.

b) Si l'on intervertit les rôles, et qu'on suppose la faillite éclatant chez le réceptionnaire *Secundus*, il n'appartiendrait pas au remettant *Primus* d'arguer du non-paiement de la traite et de contrepasser en faisant sortir les 1,000 fr. de son crédit.

Il y aurait intérêt pour reprendre l'effet des mains du syndic et pour se soustraire au recours de change. Il vaudrait assurément mieux pour lui ne pas produire au marc le franc pour sa créance et ne pas avoir à payer le plein de sa dette.

Cette faculté doit lui être refusée : la résolution d'une convention pour inexécution des engagements ne peut être invoquée par la partie à qui cette inexécution est imputable. *Primus* argumenterait d'un fait qu'on doit plutôt lui reprocher à faute : le défaut de paiement par le tiré dont il s'est constitué garant.

[1] On a voulu justifier ce contre-passement au moyen de la théorie de la cause dans la convention. Le non-paiement de l'effet ferait tomber l'inscription en compte, comme dépourvue de cause. Cette explication ne paraît pas exacte.

1436. — IV. Allocation d'intérêts à chaque article du compte-courant à partir de sa mise en valeur.

Ici le résumé de certaines notions de comptabilité serait désirable[1].

Il s'agit d'ajouter au principal du compte avant de le clore les intérêts courus par chacun de ses articles, du moment de sa « valeur » jusqu'à l'*époque*. Il faudra donc commencer par établir aussi pour chaque article la somme des jours qui séparent cette mise en valeur du moment de la clôture. Pour un capital encaissé le 1er mai, les intérêts qui en formeront l'accessoire comprendront 61 jours, le compte se clôturant au 30 juin.

Or on n'a pas oublié le calcul d'intérêt ou d'escompte, permettant d'établir le rendement d'une somme donnée pour un certain nombre de jours : on y arrive par le produit du capital par les jours, divisé à son tour par un facteur de 7,200, de 9,000, de 12,000, etc., suivant le taux convenu (n° 1079).

Si l'on ménage au folio du grand-livre trois colonnes de chiffres au lieu d'une seule en face des articles à inscrire tant en crédit qu'en débit, la première de ces colonnes mentionnera le *capital* de chaque opération, soit 1,000 fr., la deuxième la somme des *jours* jusqu'à l'époque (du 1er mai au 30 juin): 61, et la troisième les *nombres*, c'est-à-dire le produit de la première somme par la seconde (avec retranchement immédiat des dizaines et des unités) : 610. La division qui doit suivre est temporairement suspendue.

Faites le travail des nombres pour tous les articles, totalisez ces nombres au *doit*, totalisez-les ensuite à l'*avoir*. Ces additions faites, opérez la soustraction du plus petit nombre sur le plus gros. Divisez la différence par le facteur correspondant au taux : 72, 90, 120, etc.

Il suffira de porter le chiffre ainsi obtenu, comme article supplémentaire du compte et balance d'intérêts, du côté du folio où les nombres pèsent le plus fort. Après quoi seulement, le compte pourra se solder.

1437. — Beaucoup de questions concernant la légitimité des intérêts en compte-courant étaient discutées autrefois. La plupart de ces controverses n'ont plus de raison d'être depuis que la loi du 12 janvier 1886 a affranchi l'intérêt de tout taux *maximum* en matière commerciale.

On se demandait, par exemple, si le banquier pouvait se créditer à un *taux élevé* et se débiter à un *taux plus faible* (de manière que deux remises en sens inverse du même jour et de même montant, engendrent,

[1] Il y a des méthodes multiples dont le détail dépasse le cadre et l'objet de ce traité : notamment la méthode des *nombres rouges* qui a été remplacée par une autre, plus perfectionnée.

au lieu de s'équilibrer, une redevance chiffrée par l'écart de ces deux taux); — ou encore si le banquier pouvait s'adjuger pour ses versements ou pour les reports de solde une *commission* en outre de l'intérêt (question déjà débattue à l'occasion de l'escompte, n° 1079).

1438. — Il a subsisté depuis 1886 une cause de discussion. La capitalisation des intérêts, la stipulation des intérêts composés n'est permise qu'à raison d'intérêts dus au moins pour une année (art. 1154 C. civ.). C'est une disposition d'ordre public, contre laquelle l'usage commercial est impuissant.

La pratique du compte-courant semble contrevenir à cette prohibition de l'*anatocisme* dans les reports de solde. Le solde est grossi d'une balance d'intérêts : ces intérêts sont afférents à des articles du compte clos, dont la plupart ne portaient valeur que depuis quelques mois. Cependant ces intérêts vont se capitaliser à leur tour.

On a répondu à l'objection par des arguments qui n'ont pas tous une égale force : — une fois le compte arrêté, le solde est présumé payé par la partie contre qui ressortait la balance, puis il a été rendu à l'autre opérateur à un titre nouveau ; c'est un capital qui ne laisse plus trace d'intérêts anciens (raisonnement au moyen duquel on parviendrait à tourner l'art. 1154 dans tous les cas) ; — les fluctuations du compte-courant font pencher la balance tantôt d'un côté et tantôt de l'autre (ce qui n'est pas vrai pour le compte-courant simple), et la pression du prêteur sur l'emprunteur n'est pas à craindre ; l'inégalité de position des deux parties, qui a inspiré les restrictions légales à l'intérêt composé, n'existe point là où chacun des opérateurs est menacé de voir la capitalisation se faire contre lui. — Tout cela est-il bien décisif ?

SIXIÈME PARTIE

DES FAILLITES ET BANQUEROUTES DES LIQUIDATIONS JUDICIAIRES

(C. com. livre III en trois titres, art. 437 à 614 [et 635], refondu par la loi du 28 mai 1838, avec les lois du 17 juillet 1856, du 12 février 1872 et du 6 février 1895 ; l. 4 mars 1889 et 4 avril 1890 ; C. pén. art. 402 à 405)

NOTIONS PRÉLIMINAIRES

1439. — Historique. — La faillite est de provenance romaine[1]. Sa première expression a été donnée par l'*envoi en possession* que prononçait le préteur, au profit des créanciers sur l'ensemble des biens appartenant à leur débiteur, lorsque celui-ci était hors d'état de faire face à ses engagements.

Cet envoi en possession mettait le patrimoine sous sequestre, ainsi que le fait la faillite actuelle. Il succédait à un régime d'exécution sur la personne même du débiteur (*manus injectio*). Il avait pour objet la vente des biens qui commença par s'effectuer en bloc à un seul adjudicataire : celui-ci s'engageait à payer un dividende aux créanciers, et il succédait à la personne du failli. La vente des biens au détail n'eut lieu que plus tard, sous le Bas-Empire.

La loi romaine ne distinguait pas entre les *débiteurs commerçants* et les *débiteurs non-commerçants*. La faillite avait une portée générale, elle s'appliquait, quelle que fût la profession du débiteur. Le seul moyen pour les créanciers de faire tomber les actes préjudiciables du failli et de reconstituer leur gage compromis était l'*action paulienne*, qui supposait la preuve de la fraude et de la complicité du tiers.

Les Romains n'ont pas connu non plus la théorie du *concordat*, de cette convention qui sous certaines conditions de majorité permet au débiteur de rentrer en possession de ses biens. A peine vit-on pratiquer depuis Justinien les *lettres d'atermoiement* délivrées par l'empereur pour cinq ans au plus, après consultation des créanciers (origine de ces *lettres de répit* dont l'autorité abusa au moyen âge et dans la première partie des temps modernes).

1440. — Suite. — C'est cette organisation qui, après l'éclipse de nombreuses institutions romaines par le fait des invasions, fut remise en honneur par les *villes italiennes* (Gênes, Pise, Florence, etc.). Cette restauration faite par les corporations marchandes, et pour consolider le crédit des affaires,

[1] Voir l'historique de l'institution dans J. Kohler, *Lehrbuch des Konkursrechts*, 1891 (partie reproduite aux *Annales de droit commercial*, 1891 et 1892), ainsi que dans notre ouvrage *Des faillites en droit comparé*, 2 vol. 1887.

devait avoir pour résultat de spécialiser la faillite au commerce. Toutefois, la limitation de l'institution au droit commercial ne s'est maintenue que dans certains Etats latins, comme on le verra plus loin.

Ce sont les républiques d'Italie qui, réagissant contre la notion germanique des saisies individuelles et du privilège du premier saisissant, ont fait prévaloir dans le commerce la procédure de la faillite avec son universalité et l'égalité de rang des créanciers. Ce sont elles qui ont introduit le *concordat* de majorité, ainsi que la notion du *report de faillite*, avec les actions en nullité dispensées de la preuve de fraude de l'action paulienne.

Par l'entremise de la place de Lyon (règlement des changes du 2 juin 1667), la faillite s'introduisit en France. Jusqu'au règne de Louis XIV, les rois ne s'étaient occupés des faillis que pour les frapper de peines (très sévères) en cas de banqueroute.

L'*Ordonnance de 1673*, dans ses trois titres IX, X et XI (défenses et lettres de répit, — cession de biens, — faillites et banqueroutes), soumet les biens au régime de liquidation collective qui est le propre de l'institution. Mais c'était une organisation à peine ébauchée : le concordat y trouvait place, mais non pas les dispositions sur l'action en nullité des actes et la période suspecte (établies seulement par une déclaration de 1702).

1441. — Suite. — Les rédacteurs du Code préparé par la Commission de l'an IX entrèrent dans une réglementation plus détaillée. Mais leur texte ne fut pas celui auquel on s'arrêta en 1807. Le Conseil d'Etat lui fit subir des remaniements considérables, lorsque le Gouvernement, averti par des abus et par des scandales de faillites, se décida à mettre en discussion le projet des commissaires. De là sortit la loi en vigueur pendant trente ans, l'ancien *livre III* du Code.

Plus tard, la manière dont le Code de commerce avait statué sur les faillites donna lieu à des réclamations : les dispositions de ce Code étaient les unes trop dures, trop « napoléoniennes », les autres trop peu précises. Il fallut procéder à une refonte du livre III sous le gouvernement de Juillet. Cette refonte a eu pour résultat une des lois les mieux composées de l'époque, les mieux préparées par le travail parlementaire, la *loi du 28 mai 1838*.

C'est elle qui forme aujourd'hui la charte du droit de l'institution. Beaucoup de lois étrangères s'en sont inspirées. En tant que statuant sur la faillite proprement dite, à peine a-t-elle été amendée sur certaines questions de détail (concordat par abandon, privilège du bailleur, privilège des commis) par des lois du 17 juillet 1856, du 12 février 1872, du 6 février 1895, respectivement rattachées aux art. 541, 450 et 550, 549.

Mais, dans la dernière période, la matière des cessations de paiements a été l'objet d'une réglementation parallèle à la faillite, extrêmement importante. La *loi du 4 mars 1889* (complétée par celle du 4 avril 1890) est venue introduire le bénéfice de la *liquidation judiciaire* au profit des commerçants tombés par mauvaise fortune plutôt que par leurs fautes.

Ainsi, pour les débiteurs de bonne foi, se trouve conjurée la faillite, que remplace alors une procédure de même nature, mais moins sévère. Cette loi contient d'ailleurs certaines dispositions qui s'appliquent aussi à la procédure plus ancienne, à l'institution mère. Nous nous proposons d'examiner la liquidation judiciaire concurremment avec la faillite; car, tout en l'excluant, elle est enfermée dans le même cadre qu'elle, se développe à son image et correspond en définitive à un même régime de biens.

Il s'est ouvert en France 6,305 faillites et 2,861 liquidations judiciaires dans l'année 1894.

1442. — Deux questions préliminaires doivent être abordées : 1) Quelle est la nature d'ensemble de la faillite, et quelles sont les circonstances qui la provoquent? — 2) Quelle est la définition qu'on en doit donner, et en quoi cette définition nécessite-t-elle un complément d'exposé?

1443. — I. Nature de la faillite. — La nature de la faillite ressortira mieux d'une première réflexion sur le parti qui s'offre au négociant hors d'état de payer ses dettes, s'il parvient à traiter de gré à gré avec ses créanciers.

Un commerçant est embarrassé dans ses affaires, il lui devient impossible de pourvoir au paiement de ses engagements.

1444. — Circonstances déterminantes de la faillite. — Et d'abord, cet état peut tenir à des raisons variables.

a) Circonstances de *force majeure* qui laissent intactes sa réputation de probité et même de prévoyance : — sa marchandise cesse de se vendre, par suite de nouveaux procédés industriels, d'un caprice de mode; — ses acheteurs tombent et ne le paient pas (ricochet de faillites); — son papier vient à être refusé à l'escompte. Il ne peut plus réaliser ses valeurs pour solder son passif. Ces hypothèses sont rares.

b) *Fautes* tantôt *légères*, et tantôt plus *graves*. — Absence de discernement dans la conduite de son entreprise. — Frais généraux excessifs; routine; comptabilité mal tenue; aucun sens des progrès à faire; ventes à perte parce que le prix de revient a été mal calculé. — Habitudes de dissipation, train de maison désordonné. — Peu à peu le commerçant mange son capital, des inventaires inexacts l'illusionnent sur sa situation. Vient une dernière échéance pour laquelle les fonds lui manquent.

C'est la faillite préparée de longue date : *Decoctor est qui substantiam suam consumit, sicut ignis paulatim aquam coquendo diminuit* (Rocco).

La basse latinité a forgé les mots *decoctio, decoctor :* mais le mot moderne failli procède de *fallere*, tromper (à comparer avec l'allemand *fallen*, tomber), parce que le négociant trompe ceux qui lui font crédit (*fallitor*), se trompe lui-même (*fallitus*).

Ainsi succombent les petits magasins, ceux qui donnent à la faillite son plus fort contingent, parce qu'ils se sont montés sans capitaux, sans crédit assuré en banque. Sur 6,305 faillites, les industries de l'alimentation et de l'habillement en représentent à elles seules 3,117, plus de la moitié.

c) *Spéculations coupables*, compliquées peut-être de manœuvres frauduleuses. — Opérations différentielles à la Bourse que la nature du commerce ne comportait point. De là des pertes, des déficits, l'absorption de l'actif. — Le commerçant prend la fuite, pour détourner le peu qui lui reste; ou il dissimule des valeurs au lieu d'en rendre compte à sa faillite,

1445. — Faillite et banqueroutes. — Les différences de degré dans la responsabilité du débiteur se sont traduites dans le droit de l'institution. La loi organise une échelle de qualifications : la *faillite*, la *banqueroute simple*, la *banqueroute frauduleuse*.

Au point de vue du régime des biens et de leur mode de liquidation, ces trois situations se confondent (sous réserve des conditions du concordat et de la réhabilitation). Ces trois états correspondent toujours à un état de faillite ; pour être banqueroutier, il faut être d'abord failli.

La banqueroute est donc une circonstance aggravante de la faillite, elle lui imprime le caractère, soit de délit correctionnel, soit même de crime, tandis que la faillite ordinaire n'est pas punissable. C'est au droit pénal, plutôt qu'au droit commercial, de s'occuper de la banqueroute.

1446. — Concordats amiables. — Ces raisons déterminantes de la faillite ayant été brièvement résumées, que va faire le commerçant empêché de payer ses dettes ?

Sa première pensée sera de convoquer ses créanciers à l'amiable et de leur proposer un *arrangement*. Cet arrangement consistera par exemple à leur abandonner l'ensemble de ses biens, qui seront vendus par un liquidateur conventionnel, de manière que le prix en soit réparti proportionnellement entre tous. Moyennant quoi, il obtiendra sa décharge ou au moins un sursis pour le solde, jusqu'à l'acquisition de nouveaux biens.

Les créanciers, à l'unanimité, souscrivent à une pareille combinaison. C'est une supposition. On appellera cette convention du nom très général de *concordat amiable*. Elle tire sa force obligatoire du droit commun des contrats (art. 1134 C. civ.).

Sous quel régime vont se trouver placés alors les créanciers, soit par rapport au négociant, soit dans leurs relations mutuelles ?

Il n'y a pas à en douter : les créanciers se sont volontairement associés en vue de liquider leur gage général ; ils ont confié à un agent qui centralise leurs intérêts une affaire qui leur est commune à tous et dont ils doivent retirer un avantage proportionnel. Chacun d'eux a renoncé à son action individuelle. C'est le trait propre à toute association : association, et non point société, puisque celle-ci supposerait la poursuite d'un bénéfice (art. 1832 C. civ.), et qu'il s'agit seulement de réparer une perte au mieux des intérêts de tous.

1447. — La faillite repose sur une association. — Or ce qu'une convention pourrait faire avec l'accord de tous, la loi l'accomplit de son autorité. Il appartient, soit à un créancier, soit au commerçant lui-même, de provoquer la mise de l'actif sous ce régime de liquidation collective : le tribunal peut également l'établir d'office. Un jugement déclaratif va placer *ipso facto* les créanciers en un état d'association, afin de liquider leur gage et de se faire distribuer le produit du patrimoine au prorata de leurs droits.

Pour n'être pas usuelle, cette décomposition s'impose, et elle est de nature à éclairer toute l'institution. Sans une défiance excessive des Français pour la généralisation, il y a longtemps qu'on l'aurait faite.

La faillite n'est qu'une *association de créanciers résultant du jugement qui la prononce*, et cette association tend à *leur permettre de produire leurs titres et de concourir à la réalisation d'un ensemble de biens* [1].

1448. — Conséquences. — Et de là, deux effets importants de la faillite : la *cessation des poursuites individuelles* pour les créanciers, — le *dessaisissement* du débiteur.

1449. — A. Cessation des poursuites individuelles. — La masse. — Le concordat. — Du côté des créanciers, les poursuites que chacun pouvait exercer avant la faillite se trouvent suspendues. Il n'est pas possible que l'un ou l'autre d'entre eux pratique désormais une exécution séparée.

Ceci n'est qu'un aspect d'une conception plus vaste. Les créanciers sont *syndiqués*. Ils ont un représentant commun qui agit à leur place, le *syndic*. Comme l'associé dans une société dont il serait membre, chacun des ayants-droit se subordonne à la marche de la collectivité. Leur ensemble forme *masse*, la masse du *passif*.

Chacun aussi a mis dans l'association sa part de gage général, à titre d'apport, et c'est là le fonds commun, la masse de l'*actif*.

La liste des créanciers, avec les sommes qui leur reviennent respectivement, ressort du procès-verbal de vérification, après examen des titres. Est-ce forcer la comparaison que de la rapprocher de la liste des souscripteurs déposée devant notaire dans une société anonyme?

Si la comparaison était forcée, d'où viendrait donc l'expression de *dividende*, qui caractérise le droit de chaque prétendant dans la faillite, et qui montre si bien ce que le jugement déclaratif a fait de la créance primitive? Le droit de l'associé dans une société constitue précisément un « dividende », un émolument d'un chiffre incertain. Le droit du créancier est de même nature.

Si les créanciers sont ainsi groupés, il va s'ensuivre que ce groupe sera appelé à prendre des *délibérations communes*. Celles-ci régleront les résultats de l'association dans son indivisibilité. Elles n'auront pas nécessairement besoin, pour s'imposer à tous, de l'adhésion de tous. Dans une assemblée d'actionnaires, la majorité fait la loi. On assistera au même phénomène pour les assemblées de créanciers dans la faillite.

La plus importante de ces délibérations porte sur le *concordat* (art. 507 et s.). Les créanciers ne se contentent pas de voter entre eux. Ils traitent avec le failli personnellement. Il y a deux parties contractantes : le débiteur, la masse. Par le concordat, le failli est remis à la tête de ses biens, moyennant la promesse qu'il fait de servir des dividendes à venir.

Le contraire du concordat est l'*union*, régime de vente des biens et de répartition des sommes (art. 529 et s.) : celui-ci ne se vote pas, il résulte de ce que le concordat est refusé, c'est une solution non pas négative, mais provenant de la négation d'un concordat.

[1] C'est pour cela que l'étude des faillites ne peut être bien comprise que si l'on a commencé par se pénétrer de celle des sociétés.

1450. — Suite. — Bref, par suite de la faillite, un créancier ne peut plus se faire un sort privilégié par rapport aux personnes de la même condition que lui.

Aussi longtemps qu'elle n'était pas ouverte, il avait le droit d'aviser aux moyens de persuasion ou de force, pour obtenir son paiement sans se préoccuper des autres et en lésant même indirectement les autres. Le paiement à obtenir était le *prix de la course*.

Désormais, va régner entre eux tous la plus stricte égalité. Le jeu des coudes doit cesser, ils arriveront au même plan. Le droit basé sur la liberté des contrats donne une prime à l'esprit industrieux de chacun : il comporte la faculté de se conduire soi-même et de sauvegarder sa condition, sans égard à celle du voisin. Mais la survenance de la faillite substitue immédiatement à la notion du laisser faire celle des cadres de répartition, qui en est l'antipode.

C'est ce qui a permis de dire que l'institution de la faillite était de nature essentiellement *socialiste*. Lorsque le débiteur est tombé à terre, serait-il juste que les plus habiles ou les plus hardis fussent seuls à s'attribuer ses dépouilles ?

Ainsi envisagée — et on ne voit pas vraiment qu'on puisse l'envisager différemment — la faillite devient un élément appréciable du *crédit* commercial. On fait foi à un commerçant, on lui donne des délais, avec la perception plus ou moins précise, mais néanmoins consciente que, s'il vient à interrompre ses affaires, la loi prendra en main la cause de tous. Elle ne laissera pas les plus diligents accaparer l'actif à leur profit. La faillite constitue une *sûreté*.

1451. — B. Dessaisissement. Période suspecte. — Le dessaisissement du failli (art. 443 C. com.) constitue la contre-partie de ce régime. De même que les créanciers ont perdu le droit individuel d'exécution, de même le débiteur est frappé de l'*interdiction d'aliéner et d'administrer son actif*. La gestion de ses biens est dévolue au syndic. Celui-ci devient à la fois le mandataire des créanciers et celui du failli.

C'est à partir du jugement déclaratif que se produit cette sorte d'abdication. Toutefois, il est institué, en deçà de la faillite ouverte, une *période* dite *suspecte*, déterminée par la date de la cessation générale des paiements. Tout en reconnaissant que le débiteur avait encore, jusqu'au jour du jugement, qualité pour administrer ses biens et représenter ses créanciers, la loi frappe sous certaines conditions les actes du commerçant prenant date dans cette période. L'*action en nullité*, modelée alors sur l'action paulienne, est plus commode à exercer.

Ainsi le syndic parvient tant bien que mal à reconstituer le gage, en attaquant les opérations frauduleuses ou inconsidérées de la dernière époque (articles 446 et 447).

1452. — Suite. Mainmise sur l'actif résultant de la faillite. — Pour ne prendre la situation qu'à partir du jugement déclaratif, le débiteur, avons-nous dit, s'efface devant le syndicat des créanciers. Il n'a plus la gestion de ses biens, il ne prend pas en main la liquidation de ses dettes.

En s'attachant à l'idée d'*association* qui constitue le fond de la faillite, on pourrait fort bien prétendre que le commerçant lui-même, comme chacun des créanciers, est un élément composant de cette association. Il apporte son avoir dans la collectivité qui se forme en vertu du jugement, et cela afin de parvenir à sa libération.

Mais il y a une autre explication scientifique, en apparence plus simple, et fondée sur les antécédents romains. La faillite est incontestablement aussi une prise de *sequestre*, une *mainmise* faite par l'ensemble des créanciers sur le patrimoine. Au moment où tombe en quelque sorte la faillite sur les biens, le gage imparfait des créanciers, tel qu'il résultait de l'art. 2092 du C. civ., devient un gage parfait qui entre de suite en liquidation.

De là, la possibilité de voir dans cette faillite soit une *hypothèque* générale, soit plus exactement un *nantissement* frappant instantanément toutes les valeurs de l'actif. Il est de la nature d'une hypothèque ou d'un nantissement de rendre désormais toute aliénation, toute dette nouvelle inopposable à ceux qui en sont bénéficiaires. Le dessaisissement n'a pas d'autre objet, il tient dans cette conception.

Déjà, du temps de l'envoi en possession créé par le préteur romain, cet envoi engendrait un *pignus prætorium* : du moment que le débiteur n'est plus fondé à faire un acte pécuniaire quelconque opposable à ses créanciers, et que ce résultat, on le verra, ne dérive pas d'une *incapacité* proprement dite, c'est qu'on est en face d'une *indisponibilité*. Comment concevoir cette indisponibilité, si une charge réelle, comparable à une hypothèque, n'est pas venue grever l'ensemble des biens?

Une assertion de ce genre n'a pas trouvé accueil dans la jurisprudence et dans la doctrine françaises : cela tient toujours à cette même prévention contre les idées générales. Elle est cependant aussi simple et aussi naturelle que possible. — La loi reconnaît aux créanciers une *hypothèque légale* sur les immeubles du failli (art. 490 et 517 C. com.). Or l'existence de cette hypothèque confirme le point de vue auquel nous nous plaçons. Elle n'est, d'après nous, qu'un aspect du dessaisissement et fait corps avec lui. On a préféré y voir un résultat de la faillite distinct des autres. C'est une erreur, nous essaierons du moins de le montrer.

1453. — Résumé. — Ainsi, au total, la faillite tout entière tient dans ces deux particularités : — les créanciers sont ramassés dans un faisceau qui exclut l'action individuelle de chacun; — le débiteur est dessaisi.

Et ces deux particularités ne sont elles-mêmes que la traduction pratique d'une *association forcée*, comme celle qui s'établit entre propriétaires intéressés à des travaux de défense, d'assainissement ou autres et réunis en association syndicale (L. 21 juin 1865), ou encore comme l'association, pendant un voyage en mer, de l'armateur et des chargeurs pour supporter les avaries communes (art. 397 et s. C. com.).

1454. — II. **Définition de la faillite.** — On doit s'attacher maintenant à une définition juridique de l'institution, susceptible de la serrer de plus près.

Les considérations abstraites et philosophiques que nous venons de produire ne se trouvent pas dans la formule légale que donne de la faillite le Code de commerce,

L'art. 437 dit que « tout commerçant qui cesse ses paiements est en état de faillite », ou que *la faillite consiste dans la cessation des paiements du commerçant.*

C'est une définition pratique, voire empirique; elle a du moins le mérite de laisser ressortir deux traits propres à la faillite, et qui viennent s'ajouter à ceux que nous avons déjà marqués : ces deux traits devront être complétés par d'autres, que la formule de la loi laisse absolument dans l'ombre. Nous aurons à les signaler un peu plus loin.

La proposition de l'art. 437 ne vise en effet que la cause efficiente de la faillite, d'une part, et l'indication des personnes qui y sont sujettes, d'autre part. Elle nous apprend que la faillite a sa source dans la *cessation des paiements*, et qu'elle ne s'applique qu'aux *commerçants de profession.*

1455. — A. **Cessation de paiements.** — Il ne faut pas confondre la *cessation des paiements* d'un débiteur avec son *insolvabilité.*

Celle-ci serait *le fait d'avoir un passif supérieur à son actif.* Le commerçant dont le bilan sincère et exact mentionnerait par exemple un ensemble de valeurs à l'avoir pour 100,000 fr. et des dettes pour 150,000 fr. se trouverait dans ce cas : il serait insolvable. La plupart des faillis souffrent de cette insuffisance de gage, mais le fait n'est pas constant.

La cessation des paiements est *le fait de ne pas payer ses dettes exigibles.*

1456. — Or il se peut qu'un commerçant, tout en étant solvable, tombe en faillite : il a cessé ses paiements, cela suffit. Comment, se dira-t-on, s'il possède assez de valeurs pour couvrir son passif, n'est-il pas en mesure de faire face au règlement de ses dettes?

Son actif est immobilisé : si on lui laissait le temps de le réaliser, il trouverait les fonds nécessaires au plein remboursement de ses créanciers : justement, ce délai nécessaire, on ne le lui donne point.

Par exemple, un banquier, lors d'une panique, voit affluer à ses guichets ses déposants, qui réclament instantanément leur argent (*dépôts à vue*). Ses obligations sont gagées par des effets en portefeuille qu'il a pris à l'escompte et qui n'arriveront que graduellement à échéance. Le banquier peut être très solvable et cependant se trouver empêché de rembourser séance tenante.

Cette situation aurait encore plus de chance de se produire pour une *banque d'émission*, si la loi reconnaissait à tout établissement de crédit le droit de souscrire des billets de banque, au lieu de réserver ce droit à une banque privilégiée (Banque de France) : ce sont les porteurs de billets qui, par leurs demandes de conversion en argent, mettraient le banquier dans la nécessité de déposer son bilan.

Ou encore il s'agit d'une société par actions qui n'a encore appelé que le premier quart ou la première moitié de son capital. Avant qu'elle n'ait eu le temps de faire rentrer le complément, elle traverse une crise, et son capital encaissé est insuffisant pour payer ses échéances, alors que le produit de l'*appel de fonds* serait largement en état de les couvrir.

Dans ces hypothèses, la faillite est justement encourue. En 1894, sur un total de 1,796 procédures terminées de liquidation judiciaire, 104 ont donné

100 0/0; et ce même résultat a été atteint pour 95 faillites sur 6,745. Pour plusieurs d'entre elles, il est resté un excédant disponible, les créanciers une fois remboursés.

1457. — Au premier aspect, on est porté à considérer la faillite en pareil cas comme peu équitable. Cependant il était impossible de soumettre le demandeur à la preuve de l'insolvabilité du commerçant.

Cette insolvabilité ne pourrait s'établir qu'au moyen d'une communication forcée des livres, car extérieurement elle n'est pas apparente. Tout au plus, à l'égard des sociétés par actions, dans une législation qui prescrirait la publication annuelle de leurs bilans, serait-on autorisé à voir dans l'insolvabilité un fait motivant la faillite.

Pour un commerçant ordinaire, une information sur la connaissance réelle de l'équilibre des comptes du débiteur est impraticable. Elle nécessiterait une intrusion préalable par autorité de justice, incompatible avec le secret des affaires.

Il a fallu s'en tenir à un *signe ostensible*. Tout négociant doit savoir combien importe la ponctualité des échéances pour éviter la gêne à ses correspondants. Un refus par lui de payer ses dettes motive tous les soupçons, justifie la prise de possession du gage par les créanciers, la faillite.

1458. — En revanche, un commerçant peut être insolvable et continuer néanmoins ses affaires à la faveur du crédit dont il dispose. Peut-être arrivera-t-il à refaire sa balance par une série de bonnes opérations.

La faillite dans ces conditions ne peut être prononcée contre lui. Quand le créancier qui le poursuit le dirait insolvable, il lui manque le moyen d'en faire la preuve. Ou cette preuve, il ne se la procurerait que par des procédés inquisitoires que repousse la loi.

1459. — B. **Qualité de commerçant.** — La faillite ne peut atteindre que le commerçant de profession. Pour les autres débiteurs appartenant aux catégories civiles, fonctionne un régime différent, la *déconfiture*.

Cette dernière consiste dans l'*insolvabilité* de l'homme *rendue notoire par des saisies infructueuses*. En réalité le droit civil n'a pas organisé la déconfiture[1], c'est par son défaut même d'organisation qu'elle frappe l'attention et justifie les critiques dont elle est l'objet. Elle prend le contre-pied de l'idée d'association qui forme l'âme de la faillite.

Chaque créancier conserve sa liberté d'action, il n'y a point de masse, point de syndicat. Chacun poursuit de son côté, saisit, fait ouvrir une contribution, un ordre. Il n'est pas tenu compte des absents; pour profiter des mesures d'exécution entreprises par un autre, il faut former opposition, se relier spontanément à la procédure. *Tarde venientibus ossa.*

Une hypothèque judiciaire (art. 2123 C. civ.), habilement utilisée, tourne à l'accaparement du gage immobilier pour les premiers inscrits : cette hypothèque ne disparaît pas sans doute dans la faillite, mais elle est, par suite de l'économie d'ensemble de l'institution, rendue plus inoffensive.

[1] Cfr. GARRAUD, *De la déconfiture et des améliorations dont la législation sur cette matière est susceptible*, ainsi que notre ouvrage sur les *Faillites en droit comparé*, chap. 1er.

Bref, la déconfiture, c'est la lutte au plus empressé, un régime consacrant des inégalités inévitables.

Quelques textes épars du Code civil introduisent, pour le cas d'insolvabilité démontrée, des règles d'ailleurs dénuées d'ampleur :

L'art. 1167 sur l'*action paulienne ;*

L'art. 1188 sur la *déchéance du terme*, avec les art. 1446, 1613, 1913, 2020, 2032 qui font l'application de la même idée aux *reprises de la femme* contre le mari en état de déconfiture, à la *vente à crédit*, à l'*exigibilité d'une rente perpétuelle*, au *remplacement d'une caution* insolvable, au *recours de la caution* contre le débiteur principal ;

Les art. 1865 et 2003 sur la *dissolution de la société* ou la *révocation du mandat* par le fait de la déconfiture d'une des parties. Quelques-unes de ces dispositions mettent de pair la faillite et la déconfiture.

1460. — Thèse de la faillite civile. — La *faillite civile*, étendue à toutes les professions en dehors du droit commercial, est admise autour de nous en Europe par un grand nombre d'Etats [1]. Elle n'a pas en France de nombreux défenseurs, et peut-être à tort.

Ce qui prévient les esprits, par suite d'une pensée assez vague, contre sa généralisation, ce sont les idées que voici :

a) La faillite civile, en protégeant mieux les rentrées des créances que le système des saisies, serait un *moyen de crédit* pour les personnes que leur profession ne doit pas cependant engager dans la voie des emprunts (cependant on parle de nombreuses entreprises civiles qui auraient besoin de capitaux, l'agriculture particulièrement) ;

b) La faillite, qui nécessite une faible avance de frais pour le demandeur et qui entretient elle-même ses dépenses de marche, constituerait un moyen d'*expropriation hâtif*. L'esprit conservateur des fortunes qui inspire le droit civil verrait avec déplaisir le débiteur exécuté suivant un système sommaire. Il s'y résoudrait à regret, même avec la perspective d'un concordat de majorité, dont d'ailleurs les rares apôtres de la faillite civile ne sont pas tous partisans [2].

[1] Certains de ces Etats, comme l'Angleterre (*bankruptcy*) et l'Empire d'Allemagne (*Konkurs*), appliquent indifféremment la même faillite aux débiteurs commerçants et non-commerçants. D'autres, tels que l'Autriche et l'Espagne, ont institué deux faillites distinctes. En Suisse règne un système particulier, celui de la recevabilité de la faillite contre quiconque se serait fait inscrire volontairement sur le registre de commerce.

[2] Cette impression de trop grande dureté ne résulterait de l'extension de la faillite aux débiteurs non-commerçants, que suivant la manière dont on la ferait fonctionner en pratique. Bien des personnes diront, tout au contraire du texte, que cette procédure ménagerait mieux que les saisies la condition du débiteur, et ne le ferait pas succomber sous le fardeau des frais qu'entraînent les exécutions actuelles. Il est certain que le mouvement qui est parti d'Espagne au commencement du XVIIe siècle, en vue de soumettre à la faillite les débiteurs civils, était plutôt inspiré par le désir de couvrir ces derniers contre des poursuites individuelles trop pressantes, à la manière d'une cession de biens. Cfr. les explications intéressantes de KOHLER, *op. cit.*, traduites dans les *Annales de droit commercial*, 1891, p. 235 et s.

1461. — Résumé. — Tels sont les deux caractères que présente la faillite française et qui ressortent de la définition donnée par l'art. 437.

Mais ce que cette définition s'abstient de dire en outre, c'est que la faillite est *infamante*, et qu'elle se décompose aujourd'hui (depuis 1889) en deux *institutions parallèles*.

La loi ne pouvait pas (en 1838) relever cette dernière particularité; il est naturel qu'elle n'ait rien dit non plus de la première. Le Code de commerce s'occupe de la condition des biens pendant la faillite, et non pas des déchéances politiques qui rentrent dans le droit public. Insistons toutefois sur ces nouveaux éléments de renseignements.

1462. — A. Note infamante de la faillite. — *La faillite emporte flétrissure.* Même, en dehors de toute articulation de faits qui entraîneraient banqueroute simple et frauduleuse, elle attente plus ou moins à la considération. L'opinion la juge sévèrement, fût-elle le résultat d'une force majeure.

Cet état des mœurs s'est répercuté sur la condition juridique du failli. Par suite du jugement déclaratif, le commerçant est suspendu de l'exercice de ses *droits de citoyen :* il n'est plus électeur ou éligible aux diverses fonctions. Il subit une déchéance comparable à la dégradation civique, toutes différences gardées quant à la moralité du sujet.

Cette privation des droits publics persévère jusqu'au-delà de la faillite, elle continue nonobstant un *concordat* ou un *certificat d'excusabilité* (il y a des pays au contraire où ces évènements la font cesser). Ce n'est que par suite d'un arrêt de *réhabilitation* que ses droits politiques lui sont rendus. La condition de la réhabilitation, c'est le remboursement intégral du passif, tel qu'il existait au moment de la faillite, avec les intérêts et frais (art. 604 et suiv. C. com.).

Cette diminution de personnalité n'est pas, comme on l'a dit quelquefois, l'expression d'un dédain historique des classes dirigeantes contre les commerçants. Car elle provient de la manière dont les commerçants eux-mêmes ont réglé l'institution au cours des âges. La loi poursuit un but préventif : la faillite redoutée est un frein mis aux spéculations, au désordre des comptes. Elle s'attache aussi à multiplier les chances de remboursement du solde, une fois la faillite clôturée. Le commerçant travaille pour payer le reliquat de son passif, car par là seulement il reconquerra son rang.

1463. — B. Dédoublement de la faillite. Liquidation judiciaire. — La faillite se dédouble depuis la loi du 4 mars 1889 en *deux procédures* alternativement applicables. Les commerçants qui cessent leurs paiements sont mis, les uns en *faillite*, les autres en *liquidation judiciaire*.

La liquidation judiciaire introduite à la dernière époque, et qui était déjà pratiquée en fait dans certains ressorts avant sa reconnaissance par la loi, [1] n'est en définitive qu'une *faillite atténuée*. Elle en suit les règles dans la plupart des cas (art. 24 de la loi).

[1] La loi de 1889 sur la liquidation judiciaire a eu des précédents dans le régime improprement appelé des *concordats amiables*, qui fut en vigueur en 1848 et en 1870 (D. 19 mars et L. 22 août 1848 ; D. 7 sept. 1870 et L. 22 août, 9 sept. et 19 déc. 1871). Ces dispositions n'avaient eu qu'une portée transitoire.

L'atténuation qu'elle produit au régime de la faillite ordinaire porte sur trois points : — 1° elle n'est pas dénommée *faillite* (il faut tenir compte de la puissance des mots); — 2° elle n'entraîne pas *dessaisissement* : le débiteur dirige lui-même sa liquidation avec l'assistance d'un liquidateur; — 3° elle ne le frappe que dans son *éligibilité*, et non pas dans ses autres droits civiques ou politiques.

Mais pour que le commerçant échappe à la faillite ordinaire, pour se voir appliquer la liquidation judiciaire, il faut qu'il se trouve dans une situation de *débiteur malheureux et de bonne foi* (comme autrefois celui qui faisait cession de biens pour échapper à la contrainte par corps, art. 1265 et s. C. civ.). Et cette liquidation ne deviendra définitive, avec complète exclusion de la faillite, qu'autant que le commerçant aura obtenu de ses créanciers un témoignage de *crédit*.

1464. — Suite. — *a.* D'abord les circonstances doivent plaider en faveur du commerçant qui demande le bénéfice de la liquidation judiciaire. La loi nouvelle veut :

1° que le débiteur *dépose son bilan* et sollicite sa liquidation dans un délai de *quinze jours* au plus depuis la cessation de ses paiements ;

2° qu'il n'ait pas encouru certaines causes déterminées d'*indignité*, telles que la banqueroute simple ou frauduleuse. La connaissance de l'une de ces causes par le tribunal, dès le moment où il est saisi de la demande, empêcherait la justice d'y faire droit : c'est la faillite qui alors l'emporterait. La connaissance postérieure du fait d'indignité, alors que la liquidation a déjà été prononcée, aurait pour résultat de convertir cette liquidation judiciaire en faillite, en vertu d'un nouveau jugement (art. 2 et 19 de la loi de 1889).

Au surplus, d'après la jurisprudence reçue, la liquidation, même demandée dans le délai légal et par une personne contre laquelle n'est relevé aucun des actes signalés par la loi, constitue, au sens rigoureux du mot, un « bénéfice », une *faveur* que le tribunal peut arbitrairement lui refuser.

1465. — Suite. — *b.* D'un autre côté, la liquidation judiciaire n'exclut définitivement la faillite pour celui qui l'a obtenue que moyennant une condition subséquente : la *réussite d'un concordat* homologué que lui délivreront ses créanciers, quel que soit d'ailleurs le dividende stipulé. L'échec de ce concordat le ferait retomber en faillite pour les opérations de l'union et de la vente des biens. Sur ce point d'ailleurs la déchéance de la liquidation judiciaire est *facultative*, le tribunal pourrait ne pas prononcer sa conversion en faillite (même art. 19).

1466. — Suite. — Ces deux conditions de la liquidation judiciaire : célérité mise à la demander et conclusion d'un concordat, — expliquent les raisons qui ont déterminé la réforme de 1889.

L'ancienne faillite, dans son unité d'application, dépassait le but par trop de rigueur. La loi ancienne n'était pas obéie dans une de ses dispositions pourtant capitale : elle obligeait le négociant, sous peine de *banqueroute simple*, à *déposer* spontanément *son bilan* sans tarder, à prendre l'initiative de sa faillite.

On ne lui donnait même alors que trois jours depuis la cessation de ses paiements, à l'effet de pourvoir à ce dépôt (ancien art. 438).

L'idée de la loi était très claire : lorsque l'équilibre des comptes est rompu, en vain le débiteur s'efforcera-t-il de conjurer la ruine en temporisant, il ne fera que l'empirer. Il faut recourir d'urgence à la justice; non retardée, la faillite peut procurer la guérison. Le commerçant obtiendra un concordat des créanciers, d'autant plus aisément qu'il aura fui les opérations louches ou dilatoires : les créanciers en seront quittes pour un faible sacrifice.

Or l'extrême sévérité de la loi mettait échec à ce plan, sage en soi, de rétablissement d'affaires compromises. Le commerçant ne voulait entendre parler de la faillite à aucun prix : c'était trop chèrement acheter son salut.

En conséquence, il préférait se lancer dans des *expédients*, dans des *emprunts ruineux*, *ventes au-dessous du cours* ou *circulations de complaisance*, jusqu'à ce que l'actif fût réduit en lambeaux.

La faillite, déclarée ensuite à la demande des créanciers, arrivait trop tard pour réparer le mal. Elle n'aboutissait plus qu'à de rares *concordats*; le *dividende* tombait à un taux insignifiant; il y avait de nombreux *actes à annuler*, ce qui éternisait la liquidation; la *clôture pour insuffisance d'actif*, nécessitée par l'absence de tout argent, même en vue de faire les frais de procédure (art. 527 et 528 C. com.), avait pris des proportions inquiétantes.

1467. — Aujourd'hui, avec la loi de 1889, la situation s'est amendée. Peut-être les résultats pratiques seraient-ils meilleurs encore, si l'on avait interprété l'octroi de la liquidation judiciaire non pas comme une *faveur*, mais comme un *droit* pour tout débiteur se trouvant dans les conditions légales de l'obtenir.

Quoi qu'il en soit sur ce point, le commerçant n'éprouvera plus le même effroi de faire appel à la justice, du moment qu'il a chance de profiter d'un régime de liquidation qui ménagera mieux sa considération que l'ancien. Les statistiques le prouvent, au moins dans une certaine mesure.

La liquidation judiciaire *se termine* assez *vite* (par opposition aux faillites dont 832 au 31 décembre 1894 étaient ouvertes depuis plus de cinq ans).

Le *concordat* y prévaut, soit près de 60 0/0, tandis que la proportion des concordats de faillite tombe à 14 0/0.

Le *dividende moyen* est plus élevé, quoique la majorité des liquidations ne donnent pas plus de 25 0/0. Dans les faillites, la situation est moins bonne, car à peine 20 0/0 de ces dernières arrivant à une clôture régulière dépassent-elles ce dividende de 25 0/0.

La *clôture pour insuffisance d'actif* ne se rencontre que dans 16 cas sur 100; les faillites subissent encore cette malencontreuse procédure dans la proportion de 54 0/0.

On reproche cependant à la liquidation judiciaire d'être délivrée parfois à la légère, sans que le tribunal ait pu recueillir sur la moralité et sur les précédents du débiteur des renseignements préalables. Il serait loisible de remédier à ce défaut, en subordonnant à une réunion première des créanciers, ordonnée par le tribunal, le prononcé du jugement qui doit accorder la liquidation. La loi pourrait être modifiée en ce sens (proposition Lhopiteau à la Chambre des députés).

CHAPITRE PREMIER

DES CONDITIONS D'OUVERTURE DE LA FAILLITE OU DE LA LIQUIDATION JUDICIAIRE

(C. com. art. 437 à 442, 580 à 583, 635; L. 4 mars 1889, art. 1er à 4, 19 et 24)

1468. — Il y a deux sortes de conditions requises pour qu'un commerçant soit mis en faillite ou en liquidation judiciaire : des *conditions de fond* et une *condition de forme*.

Cette dernière a pour objet le prononcé d'un jugement qui déclare tantôt la faillite, tantôt la liquidation. Nous l'examinerons plus bas : nous constaterons que la faillite, à suivre la manière dont on la comprend dans la pratique, n'est pas en réalité subordonnée à cette déclaration judiciaire, par le fait d'un jugement d'ouverture.

Occupons-nous d'abord des conditions de fond.

SECTION PREMIÈRE

DES CONDITIONS DE FOND

1469. — L'art. 437 C. com. porte ces conditions à deux : 1° la *qualité de commerçant* chez le débiteur ; 2° la *cessation générale de ses paiements*. Lorsqu'on se limite à la liquidation judiciaire, une troisième condition apparaît : tout commerçant qui cesse ses paiements n'est pas fondé à réclamer le bénéfice de cette liquidation pour se soustraire à la faillite. Il faut qu'il y ait chez le requérant *absence de toute cause légale d'indignité*. — De là une distribution de l'étude en trois paragraphes.

§ 1. Qualité de commerçant

1470. — Il ne suffit point, pour être mis en faillite (ou en liquidation judiciaire), d'avoir accompli accidentellement quelques opérations de commerce : il faut être commerçant de sa personne.

A cet égard, grande est la différence entre la règle de droit commercial concernant la compétence des tribunaux, et la règle ayant pour objet l'aptitude à subir la faillite. La *compétence des tribunaux de commerce* s'étend à tous les *actes commerciaux*, fussent-ils restés isolés ; la *faillite* ne peut frapper que les *commerçants de profession*, individus ou sociétés (y compris même les sociétés par actions, poursuivant un objet civil, constituées depuis la loi du 1er août 1893, puisque cette loi les a commercialisées, n° 619).

1471. — Une personne juridiquement *incapable* de faire le commerce professionnel et qui l'aurait néanmoins entrepris ne peut pas encourir la faillite. Elle se prévaudra de son incapacité pour y échapper ou pour faire rapporter un jugement qui l'aurait à tort prononcée; là même où ses engagements continueraient à la lier, ce qui sera exceptionnel. Tel est le cas pour le mineur non autorisé, pour la femme mariée à qui le consentement du mari aurait fait défaut.

Il faut se rappeler à cet endroit la distinction établie entre ceux qui n'ont pas la capacité pour faire le commerce, et ceux à qui le commerce est *interdit*, par suite de son incompatibilité avec d'autres fonctions. La contravention de ces derniers à la règle qui leur défendait l'accomplissement du commerce n'a pas pour résultat de rendre à leur égard la faillite inapplicable, s'ils doivent cesser leurs paiements. — Ex. : notaire mis en faillite (n° 85).

1472. — Ici se placent deux problèmes, dont l'un concerne les sociétés et a déjà déterminé de notre part des vues au moins partielles dans la division du livre qui leur a été consacrée :

1° Un ancien commerçant est-il apte à subir la faillite?

2° La faillite peut-elle être prononcée contre une société?

1473. — Faillite après décès. — I. Un négociant est sorti des affaires. Cela peut tenir à une cause involontaire, son *décès*. La faillite est-elle susceptible de frapper une personne après sa mort? (art. 437, al. 2 et 3 C. com.).

a) Le commerce a été continué par l'héritier. Celui-ci vient à cesser ses paiements. C'est contre l'*héritier personnellement* que la faillite sera prononcée : les biens de la succession et les siens se sont confondus, la faillite englobera l'ensemble de ces valeurs sans distinction. On est en dehors de la question posée.

b) Mais le défunt peut-il être mis en faillite quant aux *biens comprenant sa succession*, et cela à l'exclusion des biens de l'héritier qui en ce cas ne serait pas atteint lui-même par la faillite? — La loi répond par l'affirmative.

Il y a une condition indispensable : c'est que la cause de la faillite se soit déjà produite chez le *de cujus* avant son décès. Il faut qu'il soit *mort en état de cessation de paiements* (on dira plus loin que la jurisprudence se contente d'un état extérieur de gêne se traduisant par des renouvellements de billets ou autres expédients analogues). On en conclut que le négociant qui, voyant approcher le désastre, met fin à ses jours pour ne pas en être témoin, cesse de présenter la condition requise pour pouvoir être mis en faillite après décès.

Cette faillite qu'on est en droit de qualifier de *posthume* peut s'ouvrir à la demande des créanciers ou être prononcée d'office. Elle est limitée à l'*année qui suivra le décès* et ne saurait plus être ouverte une fois que cette année est écoulée.

1474. — Suite. — *Demandée par les créanciers*, la faillite n'est pas autre chose que la forme commerciale de la *séparation des patrimoines*, et une forme beaucoup plus commode que celle de droit civil, — puisqu'il suffit qu'un ayant-droit saisisse le tribunal de commerce de la cessation des paiements, sans mettre en cause les autres ayant-droit, ni l'héritier, ni à plus forte raison ses créanciers personnels.

La faillite du commerçant décédé isole la succession, la tient en dehors des biens de l'héritier, et met les créanciers du défunt en mesure de se payer sur elle à l'exclusion des créanciers propres de cet héritier. Le patrimoine du commerçant mort est ainsi reconstitué. Il est logique de décider dans ces conditions que, quand les créanciers se trouvent déchus du droit de réclamer la séparation des patrimoines (parce qu'ils auraient accepté l'héritier pour débiteur, par exemple), ils sont par là même irrecevables à demander la faillite.

1475. — Suite. — Mais la liquidation collective peut aussi être demandée par les *héritiers*. Ce point était débattu avant 1889 : l'art. 437 semblait plutôt exclure cette faculté des héritiers. Aujourd'hui le dépôt volontaire du bilan leur est accordé, afin qu'ils se fassent admettre, sinon à la faillite, du moins à la *liquidation judiciaire* (l. 4 mars 1889, art. 2, al. 3).

En stricte logique, et pour qui part de l'idée que ce dernier bénéfice est subordonné à un dépôt du bilan de l'intéressé dans les quinze jours de la cessation de ses paiements, les héritiers devraient agir avec une très grande hâte. Non seulement il faudrait que la cessation des paiements se fût produite du vivant du *de cujus*, et que celui-ci fût mort avant l'expiration de la quinzaine suivante (premières propositions qui sont vraies); mais les héritiers en outre ne pourraient disposer que du reliquat de ce court délai à courir depuis l'ouverture de la succession. Si le commerçant a cessé ses paiements le 1er mars et est mort le 5, le dépôt de bilan ne sera recevable que le 15 mars au plus tard.

La loi ne l'a pas décidé ainsi : il convenait de laisser aux héritiers le temps de prendre connaissance de l'état des affaires du *de cujus*. Il leur est accordé *un mois* à partir de l'ouverture de la succession, pour effectuer le dépôt du bilan.

En raisonnant comme précédemment pour la demande des créanciers, cette requête des héritiers devrait être écartée, dès l'instant qu'ils ont fait une *acceptation pure et simple* de la succession. Prétendre liquider la succession en la tenant à l'écart de leurs propres biens, c'est se prévaloir d'une séparation de patrimoines. Or l'acceptation pure et simple en a entraîné la confusion. Les héritiers ne seraient recevables dans leur requête que s'ils avaient fait une *acceptation sous bénéfice d'inventaire*.

Cependant la loi de 1889 leur reconnaît le droit au dépôt du bilan, même s'ils ont accepté sans réserve. Cette solution manque d'harmonie : en faut-il conclure, lorsque l'acceptation aura été pure et simple, que la liquidation judiciaire comprendra les biens des héritiers en même temps que ceux de la succession ? Ou bien va-t-elle se limiter à l'actif du défunt, sauf aux créanciers héréditaires à poursuivre alors leur solde sur les biens propres des héritiers par la voie civile des saisies (droit qu'ils n'auraient point, bien entendu, dans une acceptation bénéficiaire) ? — Ce point n'est pas clair. Son obscurité provient de ce que la loi nouvelle a statué ici contrairement aux principes.

Une autre question discutable est de savoir si les héritiers doivent se mettre d'accord pour déposer le bilan et faire leur demande ensemble, ou bien si chacun d'eux n'a pas plutôt droit au bénéfice légal quant à lui, quelle que soit la détermination prise par les autres. Le texte de l'art. 2 fait prévaloir la première interprétation.

Il va sans dire que cette faillite après décès peut se clôturer par un concordat, tout comme une autre. Mais, si l'on parle d'un concordat par remise du débiteur à la tête de ses biens, on voit, avec quelque réflexion, que les héritiers ne peuvent en devenir bénéficiaires qu'à la condition par eux de confondre pour l'avenir les intérêts héréditaires avec les leurs : ce qui n'est pas sans jeter une nouvelle cause d'obscurité sur le problème des faillites ou liquidations judiciaires prononcées après la mort du propriétaire du fonds.

1476. — Faillite après retraite. — Un autre mode de « retraite » du débiteur, celui qui se rattache au sens usuel du mot, c'est la renonciation aux affaires du commerçant, toujours en vie. L'admissibilité de la faillite ou de la liquidation judiciaire postérieurement à cette retraite n'est pas expressément réglée par la loi. Mais il est permis de statuer par analogie, d'après ce qui se passe en cas de décès.

La demande est recevable, à raison des dettes contractées pendant l'exploitation. Seulement il importe que la cause de la faillite ait préexisté à la retraite, soit que cette retraite ait eu lieu par cession ou par abandon du fonds. La cessation des paiements doit donc remonter au temps où le commerçant était encore en activité [1]. On ne pouvait reconnaître au

[1] Ce qu'il faudra considérer au juste ici comme temps d'activité n'est pas très net. Le commerçant annonce son intention d'entrer en liquidation, le fonds reste ouvert encore pendant quelque temps. C'est alors seulement que se produit la cessation des paiements. La faillite est-elle exclue ? — Nous ne le pensons point.

négociant qui a des affaires embarrassées le droit de se retirer capricieusement pour échapper à la faillite.

Quant au délai d'un an de l'article 437, on n'a pas le droit de l'étendre arbitrairement d'un cas à l'autre.

1477. — Faillite de société. — II. La faillite peut-elle être prononcée contre une *société*?[1] Une société est-elle recevable à user de la liquidation judiciaire?

Il convient d'écarter avant tout les *sociétés civiles* (sauf celles montées par actions depuis la loi du 1er août 1893). Deux raisons pour une s'opposent à ce qu'elles soient placées sous le régime de la faillite. Elles n'ont pas la personnalité morale (d'après notre système); or avant de subir la faillite il faut légalement exister. Elles ne poursuivent pas une exploitation commerciale, et la faillite est spéciale en France aux débiteurs commerçants.

1478. — Dans les sociétés commerciales, on doit éliminer les *associations en participation* : à l'égard de celles-ci non plus, la faillite n'est recevable. Pour le public, l'association en participation est dénuée d'existence, c'est le gérant qui s'oblige personnellement sur tous ses biens. S'il vient à cesser ses paiements, il encourra individuellement la faillite, comme aussi il formera individuellement requête pour obtenir sa liquidation judiciaire. Cette faillite s'étendra à tout son avoir, on n'y trouvera même aucun capital social (no 377).

1479. — Sous cette réserve, toute société commerciale est apte à subir la faillite ou peut solliciter la liquidation judiciaire.

L'art. 437 ne distingue pas entre les commerçants individus et les collectivités, du moment qu'elles sont aussi des personnes. Plusieurs textes font allusion à la faillite de *sociétés en nom collectif* (art. 438, al. 2, énonciation des noms de tous les associés dans la déclaration accompagnant le dépôt du bilan; — art. 458, al. 2, apposition des scellés non seulement au siège social, mais dans le domicile individuel des membres; — art. 531, concordat accordé à un ou plusieurs associés, et refusé à la société elle-même; — art. 604, conditions de la réhabilitation pour l'associé)[2]. La *société en commandite* a les mêmes titres que la société en nom collectif pour comporter le régime de la faillite.

[1] Conf. Pic, *Traité théorique et pratique de la faillite des sociétés commerciales*, 1887; — Duvivier, même titre, 1887.

[2] Ces sociétés peuvent aussi, d'après la loi du 4 mars 1889 (art. 3, al. 1er), solliciter la liquidation judiciaire dans les conditions où un commerçant ordinaire pourrait la demander. La requête contiendra le nom et l'indication du domicile de chacun des associés solidaires, et elle est signée par ceux des associés qui ont la signature

Pour les *sociétés de capitaux*, pour les sociétés anonymes notamment, il faut se prononcer aussi dans le sens de l'admissibilité de la faillite.

La société anonyme constituant une masse de capitaux débitrice plutôt qu'un débiteur dans le sens habituel des expressions, cette solution avait fait doute autrefois. Comment concevoir un concordat sans une personne en mesure de s'engager au-delà de la valeur du capital actuel? Comment appliquer les déchéances civiques de la faillite, s'il n'y a pas d'individu responsable du passif (ces déchéances ne frapperont pas les administrateurs)? Pourquoi ne pas se contenter de dissoudre la société embarrassée dans ses affaires, et de la liquider au mieux des intérêts des créanciers?

Ces objections n'avaient pas grande force : on prendra dans le droit des faillites, quand il s'agira d'une société anonyme, ce qu'il sera possible de lui en appliquer, les autres dispositions resteront sans emploi.

Cette thèse négative ne peut plus même aujourd'hui se défendre : la loi du 4 mars 1889 déclare expressément la société anonyme apte à recueillir le bénéfice de la liquidation judiciaire [1]. La question pour la faillite ordinaire se trouve implicitement tranchée de la même manière. De fait, beaucoup de sociétés de cette nature sont appelées à subir la faillite, et celle-ci protège bien plus énergiquement les intérêts des créanciers qu'une liquidation de société dissoute, dans laquelle aucun dessaisissement n'a lieu, où l'agent de la réalisation n'est pas un syndic, et où les actions en nullité ne sont pas recevables.

1480. — La faillite de la société, quelle que soit sa forme, place sous la main de justice le capital social et toutes les valeurs qui en dépendent.

Un syndic procédera à l'inventaire de ces biens, à la convocation des créanciers sociaux invités à produire leurs titres, au recouvrement et à la vente de l'actif, à la tenue de l'assemblée de concordat. Les scellés, s'il y a lieu, seront mis sur les biens se trouvant dans le local de la société et de ses agences (art. 458).

sociale. Il a été décidé (Paris, 1er mai 1890, *Annales de droit commercial*, 1890, 1, 186) que la requête pouvait être reconnue bonne, quoique ne portant pas la signature de tous ces associés, lorsqu'il y avait impossibilité ou difficulté sérieuse de se procurer le concours de tous.

[1] La requête est signée par le directeur ou par l'administrateur qui en remplit les fonctions (art. 3, al. 2 de la loi). Il n'est donc pas besoin d'une délibération de l'assemblée générale, avec laquelle au surplus ne se concilierait pas l'urgence nécessitée par le dépôt du bilan. Faut-il du moins que le conseil d'administration ait décidé que la requête serait présentée, et doit-on justifier de cette délibération du conseil? — C'est vraisemblable : pourquoi donc ne l'avoir pas dit formellement dans la loi?

Mais on doit se demander si cette faillite de société, frappant une personne juridique, exerce son contre-coup sur la *condition individuelle des associés* et détermine par voie de conséquence leurs *propres faillites*.

1481. — Nous savons déjà (n° 213) qu'une distinction doit être posée : 1° A l'égard d'un *associé en nom collectif* ou d'un *commandité*, il y a incidence et répercussion de la faillite sociale sur l'individu et sur l'ensemble de ses biens propres. La raison en est dans le double fait, que l'associé de cette espèce est un commerçant ; que, d'autre part, solidairement tenu du passif de la société, il devait procéder au paiement des dettes si la société n'était pas en mesure d'y pourvoir, et, ne le faisant pas, se constitue lui-même en état de cessation de paiements.

Les conditions de la faillite sont donc réunies en sa propre personne. Par conséquent aussi, la liquidation judiciaire, demandée pour la société, l'est implicitement pour ces associés eux-mêmes.

La décision qui a prononcé la faillite contre le siège social sera l'objet d'une déclaration de jugement commun vis-à-vis de chaque associé respectivement.

Il va donc s'ouvrir autant de *faillites parallèles*, confiées d'ailleurs à un même syndic, que l'on comptera d'associés responsables, indépendamment de la faillite sociale qui donne une unité de plus. — Chaque associé sera atteint dans son statut de citoyen. — Les créanciers sociaux se feront inscrire dans chacune de ces faillites pour le montant nominal de leurs titres, sans avoir à déduire de la deuxième production le dividende touché par suite de la première (théorie des co-obligés, art. 542 C. com.). — Dans la faillite sociale, ils seront seuls à produire. Dans chaque faillite d'un associé, ils auront à subir le concours des créanciers personnels de celui-ci.

Il y aura ainsi plusieurs vérifications de créances, plusieurs assemblées de concordat, des dividendes de taux différent. La faillite pourra se terminer par voie d'union et de vente des biens à l'égard de la personne morale, tandis que l'un ou plusieurs associés obtiendront un traité les remettant à la tête de leur patrimoine (art. 531).

S'il s'agit d'une liquidation judiciaire, quand la part prise par chacun des associés à la gestion de la société n'a pas été la même, le bénéfice de cette liquidation peut être accordé à l'un des membres, sans l'être soit à l'autre membre plus coupable, soit à la société elle-même : il n'y a pas de l'un à l'autre indivisibilité de régime (Paris, 21 mai 1890).

1482. — 2° A l'égard du *commanditaire* ou de l'*actionnaire* (sauf le cas d'immixtion du premier dans la gestion, art. 27 et 28 C. com.), ce même résultat ne saurait être atteint. L'associé alors n'est plus commerçant, du moins comme tel, et il n'est tenu des dettes en souffrance que jusqu'à concurrence de son apport.

S'il a déjà versé toute sa mise, il ne peut être question de lui rien demander. Autrement, le complément lui sera réclamé par le syndic, agissant à cet effet soit du chef des créanciers, soit du chef de la société elle-même. En cas de refus de paiement, c'est par la voie d'exécution reconnue en droit civil, par les saisies, que le syndic dominera sa résistance (sur la possibilité de faire contre les divers actionnaires des appels d'un chiffre inégal et sans que le syndic ait à justifier préalablement du montant d'un déficit à couvrir, voir déjà le n° 463).

1483. — La société peut être mise en faillite, quoiqu'elle ait été *dissoute*. Aussi longtemps que se poursuit sa liquidation, la personnalité juridique persévère. Un embarras d'affaires, survenant même après dissolution, comporte donc l'application soit de la liquidation judiciaire, soit de la faillite, comme inversement une société pendant sa faillite peut être déclarée dissoute.

Cette coexistence de la faillite et de la dissolution n'est pas sans causer quelque embarras. La société était administrée par un liquidateur, volontaire ou judiciaire. Par suite du jugement déclaratif, un syndic se substitue à lui [1].

Dans la liquidation judiciaire, une identité de vocable assez malencontreuse rend la situation plus trouble. Le représentant de la société, qui se trouve d'ores et déjà être un « liquidateur » parce que la société est dissoute, dirigera la procédure, convoquera les créanciers, etc. Seulement il ne pourra agir qu'avec l'assistance de la personne que désignera le tribunal. Cette personne sera le « liquidateur judiciaire » institué par la loi de 1889. On verra donc deux liquidateurs en prenant le même mot dans deux sens différents, l'un assistant l'autre.

La situation peut même devenir plus complexe : le tribunal choisira peut-être pour liquidateur *judiciaire* celui qui était chargé déjà de la liquidation *amiable* de la société. La procédure ne pouvant se passer du concours des deux agents, il faudra remplacer en pareil cas le liquidateur de dissolution. En général c'est en vertu d'une délibération des associés qu'il sera pourvu à son remplacement (l. 1889, art. 4 al. 2).

[1] Ce n'est pas à dire que le liquidateur, à côté du syndic, soit dépourvu de toute attribution (voir déjà le n° 463). Dans toute faillite le débiteur, malgré le dessaisissement, est appelé à jouer un rôle plus ou moins en évidence. Cela est particulièrement frappant pour le concordat, traité qui se conclut entre le commerçant lui-même et l'ensemble des créanciers. Le liquidateur tiendra dans la procédure la place qu'occuperait le failli dans une faillite ordinaire. Il ne pourra au surplus souscrire à un concordat que s'il y est habilité par une délibération des associés (ou de l'assemblée générale des actionnaires).

1484. — De même que la dissolution de la société se concilie avec sa faillite, de même aussi la *nullité* d'une société, lorsqu'elle a été constituée contrairement à la loi [1]. Quoique le capital de toutes les actions n'ait pas été souscrit, etc., la société comporte la faillite. On se souvient que cette nullité équivaut à une dissolution anticipée. Elle est inopposable aux tiers (n° 441).

Une masse de biens a fonctionné régulièrement jusqu'au jour où le vice de nullité a été relevé, et un ensemble d'opérations ont été conclues, qu'il faut maintenant liquider.

§ 2. Cessation des paiements

1485. — La cessation des paiements ne déterminera la faillite (ou la liquidation judiciaire) que si elle est motivée par une *impossibilité du débiteur d'exécuter ses engagements à leur échéance*. Lorsque le débiteur refuse de payer parce qu'il conteste les dettes qu'on lui oppose, à moins que cette contestation ne soit visiblement une échappatoire, la faillite cesse d'être encourue.

1486. — Au point de vue de l'application de notre institution, « cesser » et « suspendre » ses paiements sont des expressions synonymes. La suspension des paiements serait le fait de renvoyer les règlements à plus tard, en arguant d'un actif suffisant pour couvrir tout le passif, mais non encore réalisé. Ce moyen ne permet pas d'écarter la faillite. En vain le commerçant produirait-il un bilan en équilibre et demanderait-il à la justice une réunion de ses créanciers, qui, dans sa pensée, lui accorderont un délai pour se libérer (atermoiement).

Des lois étrangères qui, sous le nom de sursis de paiements, *moratoria*, etc., ont institué en pareil cas une procédure de nature à conjurer la faillite, n'ont pas été suivies par la nôtre. Il y aura seulement alors à faire application de la liquidation judiciaire, si le commerçant est d'ailleurs dans les conditions légales pour l'obtenir.

C'est qu'aussi l'affirmation, que le débiteur émet, d'être encore solvable malgré la gêne temporaire qu'il éprouve, ne peut pas d'ores et déjà être reconnue fondée. En écartant la faillite, le tribunal tournerait dans un cercle vicieux : il faut commencer par placer les biens sous la main

[1] Réservons le cas où la nullité tiendrait à un défaut de publication de l'acte de société ou des statuts. Une société non publiée cesse de jouir de la personnalité juridique (n° 280). — Peut-être cependant le tribunal déclarera-t-il ouverte la faillite d'une société de cette nature, si personne n'argue pendant l'instance du défaut de publicité. Mais, très certainement, les créanciers personnels d'associés, à qui cette faillite fait grief, pourront en obtenir le rapport sur l'opposition qu'ils formeront (délais de l'art. 580 C. com.).

de justice, et par nommer un agent qui établira l'inventaire avec l'état des profits et pertes.

1487. — Sous réserve du bénéfice de la liquidation judiciaire, la faillite est absolument indépendante d'une responsabilité encourue par le commerçant à raison de ses fautes. Alors même que la cessation des paiements résulterait de circonstances de *force majeure*, le commerçant ne pourrait repousser la demande de faillite dirigée contre lui.

1488. — Mais il faut que cette cessation de paiements laisse en souffrance des obligations échues et arrête effectivement le *service de caisse* du commerçant.

Aussi longtemps que celui-ci fait face à ses échéances, même au prix d'expédients, en s'obérant par des emprunts désastreux, ou qu'il obtient des renouvellements, — sa mise en faillite à la demande des créanciers ou d'office est irrecevable.

On se demandera plus loin si l'expression de « cessation de paiements » ne doit pas être prise dans un sens plus large, lorsqu'on s'occupe du report de la faillite. Quand les paiements auront réellement cessé, la faillite s'ouvrira : il y aura lieu alors de fixer dans le passé la date de la cessation des paiements. Peut-être le tribunal a-t-il le pouvoir de remonter, pour la détermination de cette date, au jour où les premiers expédients se sont produits, et non pas seulement à celui auquel le mouvement de caisse s'est arrêté.

Ce point est réservé, on traite seulement ici des conditions prescrites pour que la faillite puisse être prononcée. Il faut une cessation de paiements *réelle*, une suspension de la vie commerciale.

1489. — **La cessation de paiements à propos de concordats amiables.** — Incidemment se pose une question. Il est rare que les paiements viennent à cesser sous une forme aiguë, par brusque fermeture de la caisse. Du moins alors le débiteur opère-t-il spontanément le dépôt de son bilan. Plus généralement, le commerçant se met en rapport avec ses créanciers, il leur expose sa situation et cherche à négocier avec eux un *concordat amiable*.

L'objet de ce concordat peut être, ou de liquider l'actif de gré à gré par l'intermédiaire d'un agent que déterminera la convention, ou d'accorder un terme de plusieurs mois ou de plusieurs années, avec ou sans remises partielles (n° 1446).

S'il obtient leur adhésion unanime, il n'y a plus lieu, présentement du moins, soit à la faillite, soit à la liquidation judiciaire. La cessation des paiements se trouve réparée, par suite de la convention nouvelle,

Mais il se peut aussi que, le projet de concordat ayant été signé par la majorité des créanciers, *un seul ou plusieurs refusent d'y souscrire.* La faillite est-elle recevable à la demande de ces derniers, ou même des autres qui avaient adhéré à l'arrangement? Il faut répondre par l'affirmative.

Il est vrai que la cessation de paiements à laquelle la loi subordonne la faillite doit porter sur la *généralité* des dettes[1], et que, par hypothèse, l'élément du passif qui proteste ne représente qu'une minorité de créanciers. Mais l'objection ne tient pas compte du caractère imprimé par la volonté tacite des parties au concordat amiable. Chacun des adhérents a subordonné son consentement à l'adhésion de tous les autres. Le traité est ainsi de nature conditionnelle, et la défaillance de la condition le fait tomber même à l'égard des signataires. On retombe dans l'état aigu de cessation de paiements pour tous[2].

1490. — Dettes civiles. — Parfois le commerçant fait honneur à ses dettes commerciales, mais laisse ses *dettes civiles* non payées. En supposant que ses engagements civils représentent une fraction importante du passif, la faillite est-elle encourue?

La loi actuelle ne distingue pas. Mais on admet, en jurisprudence et en doctrine, que la cause de la faillite n'existe plus en pareil cas (dans ce sens, cfr. l'ancien art. 441). Outre que les obligations civiles n'ont pas le caractère de rigueur des dettes commerciales et n'ont pas pour habitude de se régler à date stricte, il y a une considération plus grave

[1] Personne n'exige pour la recevabilité de la faillite l'arrêt de la *totalité* des paiements. Il suffit que les engagements en souffrance correspondent à la partie la plus importante du passif du négociant. — La loi elle-même suppose dans les art. 446, 447 et 449, en présentant les règles de la période suspecte, que le débiteur, depuis la date de la cessation de ses paiements, a effectué des paiements individuels. Ceux-ci n'empêchent point la faillite d'être prononcée : elle aura pour résultat de faire annuler, sous des distinctions à reprendre plus loin, ces paiements individuels.

[2] Il ne serait même pas possible que les adhérents au concordat eussent rendu l'effet de ce traité indépendant de l'acceptation des autres.— Ou le traité porte abandon des valeurs de l'actif. Si cet abandon devait s'exécuter au profit d'une catégorie de créanciers, sans que les non-adhérents y dussent concourir, on serait en présence d'un « traité particulier duquel résulterait en faveur de certains créanciers un avantage à la charge de l'actif du failli ». L'agissement serait nul et punissable, conformément aux art. 597 et 598 : ces textes sont appliqués par la pratique même en dehors d'une faillite déclarée, par cela seul que le commerçant est, en fait, dans l'impossibilité de faire face à ses dettes (voir cette théorie ci-dessous, nos 1502 et s.). — Ou bien le traité porte une clause d'atermoiement. Alors il va de soi que ceux qui ont concédé le délai entendent que tous les autres le concèdent aussi : sinon les poursuites exercées par les non-adhérents viendraient les dépouiller de leur gage et mettre le débiteur dans l'impossibilité de préparer les moyens de se libérer aux nouvelles échéances qu'il a prises.

à invoquer. La faillite est une institution de commerce, faite pour garantir les créanciers commerciaux. Si satisfaction est donnée à ces derniers, on ne comprendrait pas que l'autre catégorie d'ayants-droit pût se prévaloir d'une procédure qui n'a pas été créée à leur intention : c'est par la voie des saisies ou exécutions individuelles que ces créanciers à cause civile exerceront leurs poursuites.

1491. — Preuves de la cessation des paiements. — Quant aux modes de justification de l'état de cessation de paiements, les tribunaux disposent du plus large pouvoir d'appréciation.

D'après le Code de 1807, il y avait des faits énumérés par la loi comme emportant la preuve de l'embarras du commerçant : sa retraite, la clôture de ses magasins, des actes constatant son refus de payer ses dettes.

Aujourd'hui, toute *preuve légale* a disparu. Un jugement motivant cet état de cessation de paiements par des indices quelconques serait valablement rendu en fait, et échapperait à la censure de la Cour de cassation [1].

Le moyen pratiquement le plus commode d'établir que la faillite est encourue consiste dans la production de *protêts* dressés contre le débiteur; cependant la nécessité pour le créancier demandeur de joindre à son protêt ceux qui correspondent aux autres dettes pourra présenter certaines difficultés [2]. En pareil cas, c'est à un moment d'échéance de ses effets que la cessation des paiements du débiteur a éclaté. Mais il se pourrait aussi que cette cessation se fût produite à d'autres époques et résultât de toutes autres preuves que de protêts.

§ 3. Absence de toute cause légale d'indignité (pour la liquidation judiciaire seulement)

1492. — La liquidation judiciaire, instituée par la loi du 4 mars 1889, ne doit, à la différence de la faillite, être accordée qu'à ceux qui la méritent.

La loi nouvelle exige d'une part que le commerçant en prenne l'initiative par le *dépôt volontaire de son bilan*, et qu'il témoigne à le déposer une grande diligence. En d'autres termes, requête doit être pré-

[1] On est en droit de regretter que ces jugements parfois ne soient point motivés. Ils contreviennent alors à l'art. 7 de la loi du 20 avril 1810.

[2] Auprès de certains tribunaux, comme le tribunal de commerce de la Seine, les juges saisis de la demande de faillite sur des titres qui n'établiraient point par eux seuls l'arrêt général de la situation commerciale du débiteur, usent d'un moyen d'information officieux : ils désignent un liquidateur pour se renseigner sur le véritable état des affaires du commerçant et leur en donner rapport.

sentée par lui au tribunal de commerce dans les *quinze jours de la cessation de ses paiements* (art. 2, al. 1er). Mais c'est là une condition de forme sur laquelle il serait peu méthodique d'insister à cet endroit. Il est difficile pourtant de la détacher des autres conditions qui, elles, affectent le fond du droit.

1493. — Faits d'indignité. — Seul est recevable à réclamer la liquidation judiciaire celui qui n'a pas accompli certains actes, spécifiés par la loi de 1889, et le faisant déchoir de ce bénéfice.

La loi, d'ailleurs, ne se sert point de la formule que nous employons ici. Sa volonté ressort d'un raisonnement auquel on doit se livrer sur une autre de ses dispositions.

L'article 19 suppose que le débiteur a été admis au bénéfice de la liquidation judiciaire, et que la connaissance postérieure de certains faits d'indignité déterminera la conversion par le tribunal de cette liquidation en une faillite proprement dite. Ces faits, de nature à emporter ainsi un changement dans le régime légal, sont ramenés par l'art. 19 à deux groupes.

A. Il y a des cas dans lesquels la faillite *peut* être déclarée, sans que les juges soient obligés de la prononcer. Ils auraient pouvoir de décider, malgré la révélation du fait qu'on porte à leur connaissance, que la liquidation judiciaire continuera son cours, avec les règles propres qui lui sont applicables. C'est ce qui arrive :

1° s'il est reconnu que la requête à fin de liquidation judiciaire n'a pas été présentée *dans les quinze jours* de la cessation des paiements, mais seulement au-delà de ce délai;

2° si le débiteur n'obtient pas de *concordat* (ce second cas doit être pour l'instant entièrement négligé).

B. Il y a d'autres hypothèses dans lesquelles le tribunal *devra* déclarer la faillite, pour suivre la liquidation judiciaire sur ses derniers errements et se substituer à elle.

Ainsi en est :

1° si le débiteur est démontré avoir fait depuis la cessation de ses paiements ou dans les dix jours précédents un *acte* qui a été *annulé* suivant le droit propre à la période suspecte : paiement en marchandises à un créancier, etc.

2° s'il a commis une *dissimulation* ou une *exagération*, soit de son *actif*, soit de son *passif*, une omission volontaire d'un ou plusieurs créanciers, une FRAUDE QUELCONQUE (disposition très vague, se rapportant vraisemblablement non pas à tout acte de mauvaise foi relevé dans le passé du débiteur, même dans son passé d'affaires, mais à un agissement connexe à la cessation de ses paiements; ex. : le fait d'avoir circonvenu un bailleur de fonds alors qu'il était déjà dans un état embarrassé en colorant sous de fausses apparences sa situation);

3° dans le cas d'*annulation* ou de *résolution du concordat* (à négliger ici);

4° si le débiteur en état de liquidation judiciaire a été condamné pour *banqueroute simple* ou *frauduleuse*.

1494. — Suite. — Or l'examen d'ensemble de cette disposition oblige d'argumenter de la manière suivante : — La liquidation judiciaire a été accordée par un tribunal insuffisamment éclairé sur les précédents du débiteur. Plus tard, un fait se découvre, inconciliable d'après la loi avec le maintien de la liquidation judiciaire. Cette liquidation est convertie en faillite, tantôt obligatoirement, tantôt à l'appréciation du tribunal.

Donc, si ce même fait est connu des juges au moment même où ils sont saisis de la requête du débiteur, ils refuseront d'y faire droit ou ils auront le pouvoir de la repousser, selon qu'il s'agit d'un acte entraînant conversion nécessaire ou simplement facultative en faillite de la liquidation judiciaire.

Il serait choquant en effet de déclarer la demande recevable, pour transformer ensuite la procédure en faillite : rien ne justifie cette méthode, si l'on a dès le commencement tous les éléments d'information.

1495. — De là, deux conséquences qui sont l'expression d'une logique élémentaire :

a) La banqueroute simple ou frauduleuse, la dissimulation ou exagération d'actif ou de passif, ou une fraude quelconque, l'accomplissement d'un acte de période suspecte dûment annulé — sont autant de *causes d'indignité* pour l'admission à la liquidation judiciaire; elles empêchent le commerçant de l'obtenir.

b) Un retard de plus de quinze jours depuis la cessation des paiements, mis par le débiteur à déposer son bilan, s'il est connu *ab initio* par le tribunal, *peut* justifier de sa part le refus de la liquidation judiciaire.

1496. — La liquidation judiciaire est-elle un droit ou une faveur? — Cette dernière affirmation se rattache à un problème plus vaste et qui est celui-ci : lorsque la liquidation judiciaire est demandée dans le délai légal, y a-t-il *droit acquis* pour le débiteur à ce qu'il en obtienne le bénéfice, toute cause d'indignité, banqueroute, etc., étant absente?

Malgré les tâtonnements de la jurisprudence, plus naturellement portée en général à voir dans la liquidation judiciaire une *faveur* dépendant du pouvoir gracieux du tribunal, l'autre solution semble plus conforme à la loi.

Contre la thèse qui voit dans la liquidation un droit pour le commerçant, on peut, sans doute, arguer de plusieurs raisons:

a) Le rapporteur de la loi à la Chambre (M. Laroze) a dit que le tribunal disposait d'une faculté d'appréciation. Mais cette déclaration, improvisée à la tribune en réponse à la question d'un collègue, ne constitue pas une interprétation autorisée de la loi, si des raisons graves veulent qu'on la réprouve.

b) Tout commerçant, porte l'art. 1er de la loi, *peut* obtenir le bénéfice de la liquidation judiciaire. En d'autres termes, le tribunal *peut* le lui accorder ou non. — Singulière traduction! Pouvoir une chose, n'est-ce pas bien plutôt être fondé à la revendiquer avec succès?

Au surplus, il y aurait à se pénétrer de considérations plus larges. Le but poursuivi par la loi de 1889 serait beaucoup mieux atteint, si le commerçant (non indigne) qui cesse ses paiements savait que le tribunal ne peut pas lui refuser la liquidation judiciaire. L'incertitude sur le parti que la justice prendra à son égard le dissuadera au contraire de déposer son bilan, il entrera dans la voie précaire des expédients.

D'autre part, pour écarter sa demande faite dans les quinze jours, il faudra motiver le jugement (ce qu'en pratique on paraît souvent oublier) : or sur quel motif la décision peut-elle se baser, en dehors des causes d'indignité, au nombre desquelles figure cette *fraude quelconque*, susceptible d'embrasser les agissements les plus divers?

Enfin on est bien obligé de faire une distinction entre celui qui dépose son bilan dans les quinze jours et celui qui le dépose plus de quinze jours après la cessation de ses paiements. Le tribunal *peut*, à son appréciation, accueillir la demande du commerçant, quoique tardive. Cela ressort du raisonnement à établir sur l'art. 19.

En effet, entre la possibilité de maintenir la liquidation déjà ouverte et celle de la déclarer *ab initio*, il doit y avoir concordance. Le fait d'attendre plus de quinze jours depuis la cessation des paiements comporte excuse, au gré des juges : autrement, la loi aurait dit que la conversion en faillite serait obligatoire. Pourquoi ne pas témoigner la même indulgence à celui qui, dès le dépôt de la requête, avoue franchement n'être plus dans les délais?[1]

Conséquemment, la requête faite dans les quinze jours entraîne au

[1] Cette interprétation bienveillante n'est pas accueillie par tous les tribunaux. Elle est en général repoussée. Devant le tribunal de commerce de la Seine, prévaut le sentiment que le délai de quinze jours doit être observé par le débiteur à peine de forclusion. (En ce sens aussi Lyon, 4 novembre 1896, critiqué par Travers, *Annales de Droit commercial*, 1897, 93).

profit du commerçant un véritable *droit* au bénéfice de la liquidation judiciaire. Sinon elle cesserait de se distinguer par ses effets d'une requête tardive, ce qui serait absolument déraisonnable : il faut que l'observation des délais de la loi ait une sanction.

SECTION II

DES CONDITIONS DE FORME. JUGEMENT DÉCLARATIF

§ 1. Généralités

1497. — La faillite (ou la liquidation judiciaire) s'ouvre au moyen d'un jugement qui la prononce (C. com. art. 440 ; l. 4 mars 1889, art. 4).

Ce jugement est rendu par le *tribunal de commerce* (ou dans les arrondissements où il n'en existe point, par le tribunal civil jugeant commercialement).

Sa compétence *ratione personæ* se détermine par le domicile du débiteur. Les procès en matière de faillite sont portés devant le juge du domicile du *failli* (art. 59 C. proc. ; cfr. aussi art. 438 C. com.) : le premier et le plus important de ces procès est le jugement déclaratif. Il en est de même pour la liquidation judiciaire (l. 4 mars 1889, art. 2).

1498. — Toutefois cette expression de *domicile* doit être prise au sens commercial du terme. Elle répond au principal établissement d'affaires du débiteur. Si celui-ci avait un centre d'*intérêts* ou de *relations* dans une localité, et le siège de son *industrie* ou de son *négoce* dans une autre, c'est le tribunal de commerce dans le ressort duquel se trouve la seconde localité qui aurait compétence pour prononcer la faillite. Il est le seul des deux qui, par sa proximité de l'établissement, soit en mesure d'exercer sur la liquidation un contrôle efficace. D'ailleurs, n'est-ce pas de cet établissement qu'est partie la cause de la faillite ?

Il continuerait d'en être ainsi, même si le centre d'industrie présentait moins d'importance pour le débiteur que l'autre centre de ses intérêts, où il a fixé, par exemple, sa résidence prolongée, où il a ses attaches de famille.

1499. — La détermination de ce qu'il faut entendre par domicile présente une autre raison de difficulté dans cette matière de la faillite, s'il s'agit de grandes entreprises, et notamment de sociétés par actions. Celles-ci ont *plusieurs établissements*.

Lorsque l'un d'eux forme un *siège principal*, par rapport auquel les autres ne sont que des *succursales* ou agences secondaires, pas de doute que le tribunal compétent ne soit celui du siège principal.

Mais il arrive que deux centres, souvent séparés par une grande distance, se partagent l'un l'*exploitation* de la société et l'autre son *administration*. Ce second siège, où délibèrent les pouvoirs représentatifs de la société, est le *siège social*.

Nous estimons que le tribunal compétent pour statuer tant sur la faillite que sur la liquidation judiciaire est celui du siège social (n° 215).

Une antinomie semble exister ici entre la loi des faillites et celle de 1889 :

La faillite, dit l'art. 438 *in fine*, sera prononcée par « le tribunal dans le ressort duquel se trouve le siège du *principal établissement* de la société » (c'est-à-dire vraisemblablement de son exploitation) ; — la liquidation judiciaire émane (d'après l'art. 3, al. 2 de la loi de 1889) « du tribunal dans le ressort duquel se trouve le *siège social* ».

Mais il est préférable de rapporter les deux expressions à un même domicile. Cette différence de vocables ne répond pas à une opposition de régime entre les deux procédures. Le siège social est encore, juridiquement parlant, le lieu du principal établissement.

Il est vrai que l'art. 3 de la loi de 1889 dans la suite de son texte, loin de confondre les deux formules, les met en contraste : « A défaut de *siège social* en France, le dépôt est effectué au greffe du tribunal dans le ressort duquel la société a son *principal établissement*. » Mais c'est dans cette dernière disposition que les mots *principal établissement* prennent un sens détourné de leur acception technique : la société n'est pas française, ses pouvoirs dirigeants sont à l'étranger, elle n'a en France qu'une fabrique, une entreprise d'exploitation. Faute de trouver en France un tribunal qui soit celui du siège social, on se contentera, pour les exigences du prononcé de la liquidation judiciaire, du tribunal du lieu où se trouve située cette fabrique, cette entreprise d'exploitation.

En résumé, il n'y a, au point de vue de la compétence, aucune différence à établir entre les deux régimes de liquidation (en sens contraire, MM. Lyon-Caen et Renault).

1500.— Si la faillite ou la liquidation étaient portées simultanément devant plusieurs tribunaux, et qu'ils se déclarent compétents à la fois, il y aura lieu à la procédure de *règlement de juges*. Ce règlement sera porté à la Cour d'appel, si les tribunaux ressortissent à une même Cour, et autrement à la Cour de cassation (art. 363 et suiv. C. pr. civ.). La Chambre des Requêtes est saisie du recours en règlement.

Il va de soi que l'intéressé pourrait aussi, après que ces tribunaux multiples auraient statué, user successivement de la voie de l'appel, puis de la cassation ordinaire pour incompétence ou pour contrariété de décisions.

§ 2. De la faillite de fait, ou faillite non déclarée

1501. — A cet endroit se dresse naturellement un problème d'une extrême gravité, car il domine l'institution de la faillite tout entière. Nous présentons le jugement déclaratif comme une condition de la faillite. Or cela est-il bien exact?

La faillite ne constitue-t-elle pas plutôt un *état de fait* résultant immédiatement de la cessation des paiements du commerçant? Si bien que le droit de l'institution s'appliquerait non seulement à ceux qui sont déclarés faillis par un jugement d'ouverture de la liquidation, jugement obtenu suivant la loi, mais aussi aux *faillis non déclarés tels*.

Le négociant a cessé ses paiements. Il obtient un concordat amiable de tous ses créanciers (voir plus haut, nos 1446 et 1489). Un commissaire liquidera le gage sous les formes déterminées par la convention. — Ou bien, nul accord n'intervient; les créanciers emploient les saisies au lieu de la procédure de la faillite, un ordre est ouvert sur le prix de vente des immeubles, il y a lieu à des contredits de collocation.

Dans ces différents cas, ne convient-il pas de régler les droits des intéressés en conformité du livre III du Code de commerce? ne doit-on pas dire qu'on est encore en présence d'une situation de faillite?[1]

Il y a divergence absolue de vues à cet égard entre la doctrine et la jurisprudence.

1502. — **Thèse de la jurisprudence.** — La jurisprudence admet l'existence d'une faillite de fait. Elle s'appuie sur la définition que donne l'art. 437 : ce texte n'exige pas pour la qualification de faillite un prononcé de jugement, la cessation de paiements emporte faillite *ipso facto* pour le commerçant.

Dès lors, il faut distinguer dans le livre III deux catégories de règles. Les *dispositions de procédure* ne sauraient s'étendre à la faillite de fait, car elles sont corrélatives à un jugement déclaratif qu'on s'est abstenu par hypothèse de faire prononcer; il convient d'en dire autant de certaines *dispositions de fond connexes à la procédure* et qui ne s'expliquent que parce que cette procédure serait celle de la loi.

Ainsi, à défaut de jugement déclaratif, ni *syndic*, ni *juge-commissaire*, ni restriction du liquidateur au pouvoir de vendre ou de faire d'autres actes, ni *formalités* prescrites par la loi, ni *concordat de majorité*, ni *dessaisissement* du débiteur, ni *déchéances civiques*. — Il est certain que le droit pour la majorité des créanciers de lier la minorité dans un con-

[1] Cfr. P. Fourcade, *Des faillites non déclarées*, Lyon, 1889.

cordat ne peut se justifier que par la vertu du syndicat qu'a formé le jugement déclaratif, et que, en l'absence d'un tel jugement, tous doivent donner leur consentement unanime. — Il est certain aussi que le dessaisissement, c'est-à-dire l'interdiction pour le failli de faire des opérations quelconques opposables à la masse, dérive de l'idée de mainmise judiciaire exercée sur les biens, et que, faute de jugement déclaratif, cette mainmise n'a plus lieu. — Il est certain encore que la flétrissure de la faillite, à laquelle on a attaché la perte des droits politiques, provient de la publicité de la procédure légale et doit disparaître, si à cette procédure toutes les parties consentantes en substituent une différente.

1503. — **Suite.** — Quant aux *règles de fond*, autres que celles qui sont solidaires d'une procédure déterminée, la jurisprudence n'hésite pas à les étendre aux faillites non déclarées. Un tribunal, saisi de la question de faillite, autrement que suivant la procédure instituée par le livre III, ne pourrait pas prononcer cette faillite à titre principal. Mais si le problème qui lui est soumis se rapporte à l'allégation d'un droit subordonné au fait d'une faillite, rien n'empêche ledit tribunal de constater incidemment un pareil état de fait, pour en déduire l'application de la règle invoquée par le plaideur. Le juge de l'action est juge de l'exception. De là les résultats suivants :

a) Quoique non déclaré failli par un jugement du tribunal de commerce, le commerçant qui a cessé ses paiements peut être déféré comme *banqueroutier* simple ou frauduleux devant la police correctionnelle ou devant la cour d'assises.

Le ministère public peut, il est vrai, saisir *officieusement* le tribunal de commerce qui prononcera alors la faillite d'office ; après quoi l'information correctionnelle ou criminelle suivra son cours. Mais il n'est pas obligé de suivre cette voie, il peut *de plano* saisir la juridiction de répression.

On fait intervenir d'ailleurs en faveur de cette solution un important principe de droit pénal, à savoir que la renonciation des particuliers à l'action civile ne peut pas arrêter l'exercice de l'action publique (art. 4, C. Instr. crim.).

b) Le droit des faillites institue au profit des créanciers une *action en nullité* plus souple que l'action paulienne, afin de faire tomber certains actes du commerçant postérieurs à la date de la cessation de ses paiements ou accomplis dans les dix jours précédents (article 446 et 447).

Or on admet en pratique que ces actions sont recevables même en cas de faillite de fait, sans qu'aucun jugement déclaratif ait été prononcé.

c) Il y a des droits reconnus par la législation ordinaire à certaines individualités, et ces droits sont limités ou supprimés par la législation des faillites : ainsi en est-il de la *femme* du débiteur quant à l'exercice de son *hypothèque légale* (art. 563), du *vendeur d'effets mobiliers*, quant à son privilège pour le paiement du prix (art. 550), etc.

Il ne serait pas besoin, d'après les arrêts, pour que les autres créanciers fussent fondés à invoquer ces limitations, qu'une faillite officielle eût été prononcée. Les mêmes règles devraient être suivies dans une faillite de fait.

d) Des dispositions rigoureuses sont prises par la loi des faillites contre les avantages privatifs que se réserveraient certains créanciers à l'occasion d'un traité d'ensemble conclu par le débiteur avec la collectivité (art. 597 et 598). Les conventions d'où résulterait en faveur de personnalités déterminées un *avantage à la charge de l'actif du failli* sont nulles et punissables.

La jurisprudence n'hésite pas à étendre ces prescriptions aux contre-lettres intervenues à l'occasion de concordats amiables, par conséquent, en dehors de toute faillite ouverte. C'est que, d'après elle, la faillite latente est encore une faillite, d'après l'art. 437. La seule chose qui importe, c'est que la cessation des paiements ait eu lieu.

1504. — Thèse de la doctrine. — La tendance de la doctrine est de repousser dans son ensemble cette interprétation. La faillite forme un *régime indivisible*, d'après lequel les règles de fond sont intimement liées à l'emploi de la procédure légale.

La faillite existe bien par la vertu de la cessation de paiements; mais ce n'est que le jugement déclaratif qui peut vivifier ce régime, le faire entrer pratiquement en application. L'art. 437 pose un simple principe, il laisse aux textes suivants le soin de mettre ce principe en œuvre.

Il n'est pas exact de dire que tout tribunal ait le pouvoir de reconnaître incidemment la faillite, ou que le tribunal de commerce puisse le faire en dehors de l'instance aux fins de la déclarer. Le contraire est bien plus vrai. Seul un tribunal est investi par la loi du droit de déclarer la faillite, de fixer la date de la cessation des paiements, partant de reconnaître cette cessation : c'est le tribunal de commerce, saisi dans les formes voulues par le livre III.

Tout au plus, la doctrine concéderait-elle à l'opinion précédente que le ministère public peut déférer aux juges de répression sous la prévention de *banqueroute* un commerçant contre lequel un jugement déclaratif de faillite n'aurait pas été préalablement rendu.

Et encore s'en faut-il de beaucoup que ce tempérament soit généralement accepté. L'indépendance de la justice criminelle par rapport aux intérêts civils pourrait à la rigueur le motiver.

Cependant, si la loi a octroyé au tribunal de commerce le pouvoir de déclarer la faillite d'office, n'est-ce pas précisément pour permettre au parquet d'agir auprès de lui officieusement, et, la faillite une fois prononcée, de donner cours à l'information criminelle ? Conférer au ministère public le droit d'exercer l'action pénale sans ce préliminaire, n'est-ce pas enlever sa signification à la faculté très anormale qu'ont les juges consulaires de procéder à la faillite *proprio motu* ?

D'autre part, il est choquant de voir un commerçant condamné à l'emprisonnement ou même à une peine plus forte, pour un fait accusant la cessation de ses paiements, sans que ses biens soient en même temps placés sous le sequestre de ses créanciers. Il est surtout dangereux, lorsque l'inculpé articule à sa défense que sa profession dépend du droit civil, ce qui enlèverait toute base à la qualification de banqueroute, que l'on puisse faire résoudre par un tribunal d'ordre pénal, ou même par un jury composé de gens du monde, la question si pointilleuse de la commercialité.

1505. — **Suite.** — Quoi qu'il en soit sur l'exactitude de la thèse de la faillite de fait dans ses rapports avec le droit de la banqueroute, la doctrine combat cette thèse avec force dans ses autres applications.

Aux arguments signalés ci-dessus, elle en ajoute quelques autres également difficiles à ébranler :

a) Les règles de la faillite dérogatoires au droit commun sont introduites au profit de la *masse*. Cela est particulièrement vrai des actions en nullité des art. 446 et 447, et peut-être aussi de toutes les autres voies de droit instituées par le livre III. Or, la masse, la réunion compacte de tous les créanciers dans un organisme juridique, est une création du jugement déclaratif. En l'absence de ce jugement, il n'y a plus de masse constituée.

b) Un autre argument est fourni par la loi des *liquidations judiciaires* de 1889. Aujourd'hui le commerçant qui a cessé ses paiements est mis tantôt en faillite, tantôt en liquidation judiciaire. Il y a quelque étrangeté dans ces conditions à soutenir que la cessation des paiements l'a placé par elle-même en état de faillite, du moment qu'il a le moyen d'échapper à ce régime par un régime plus doux.

1506. — La faillite serait donc, d'après ce second système, nécessairement liée à un jugement déclaratif. Il importe de rechercher maintenant, — comment le tribunal de commerce est saisi de la demande ; — quel est le dispositif de ce jugement et à quelle nature de décisions il appartient, en engendrant un état de droit absent de la plupart des autres jugements ; — de quels recours il est susceptible ; — quel est le rôle du tribunal de commerce dans la faillite.

§ 3. De la demande de liquidation judiciaire ou de faillite

1507. — Comment la question de faillite (ou de liquidation judiciaire) est-elle portée devant le tribunal de commerce?

1508. — **A. Liquidation judiciaire.** — Le *dépôt volontaire du bilan* est le seul mode d'introduction de la demande. Ni les créanciers, ni la justice opérant d'office n'ont le pouvoir d'en prendre l'initiative.

Le débiteur doit agir spontanément. Ce dépôt de bilan lui est imposé dans les *quinze jours* à partir de la cessation des paiements (le jour de cette cessation inclus, art. 438); le commerçant peut d'ailleurs l'effectuer encore, bien qu'un créancier l'ait déjà assigné en déclaration de faillite, pourvu qu'il se trouve toujours dans le délai (l. 4 mars 1889, art. 2, al. 1er).

1509. — **Dépôt du bilan. Sanction.** — La prescription légale ayant pour objet le dépôt du bilan dans la période susénoncée reçoit une triple sanction :

a) Le retard mis par le commerçant dans ce dépôt peut entraîner contre lui *déchéance de la liquidation judiciaire*. D'après la jurisprudence de certains tribunaux, il entraînerait même nécessairement cette déchéance (voir les explications précédentes, n° 1496). C'est la faillite qui sera prononcée contre lui, avec toutes les rigueurs attachées à ce régime.

b) Prononcée alors au lieu de la liquidation judiciaire, la faillite du commerçant se compliquera, du moins à l'appréciation du ministère public ainsi que du tribunal correctionnel, d'un état de *banqueroute simple*. Au nombre des chefs de banqueroute facultative figure en effet l'omission du dépôt au greffe de la déclaration exigée par les art. 438 et 439 C. com. (art. 586, 4°). — Avant 1889, le délai donné au commerçant était beaucoup plus court, la loi le limitait aux *trois jours* de la cessation des paiements (ancien art. 438).

c) Si le commerçant ne s'est pas conformé à la prescription de dépôt du bilan en temps voulu, le tribunal de commerce (qui le mettra alors en faillite) ordonnera le *dépôt de sa personne dans la maison d'arrêt*, injonction qui, on le verra, n'est que très rarement appliquée dans la pratique. Le dépôt du bilan permet au contraire au tribunal de l'affranchir de cette incarcération (art. 456 C. com.). Ajoutons de suite que, dans la liquidation judiciaire, il n'y a jamais lieu à cette mesure contre la personne du débiteur : le commerçant conserve sa liberté[1].

[1] L'art. 24 de la loi de 1889 porte bien extension à la liquidation judiciaire de toutes les dispositions de la faillite auxquelles cette loi n'aurait pas dérogé. Mais l'article 4 avait commencé par édicter les mentions que doit contenir le jugement ouvrant la

1510. — Ce dépôt de bilan, malgré ce qu'il en coûte à l'amour-propre du débiteur d'y procéder, doit à certains égards lui être profitable : en aboutissant à une mainmise judiciaire de son actif, il le protégera contre les poursuites individuelles de ses créanciers, avec tout ce qu'elles pourraient présenter de vindicatif. A cet égard, cet acte d'initiative correspond à un bénéfice civil usité autrefois avant l'abolition de la contrainte par corps : la *cession de biens* (art. 1265 et s. C. civ.).

Dépôt de bilan et cession de biens dérivent historiquement d'une même institution première qui date du commencement de l'Empire romain. Si la cession de biens permettait au débiteur de se soustraire à l'emprisonnement pour dettes, le dépôt du bilan et d'une manière plus générale la faillite aboutissait pour lui, avant 1867, au même résultat (quoique la contrainte par corps proprement dite fût remplacée en temps de faillite par d'autres mesures limitant la liberté du débiteur).

La disposition de l'art. 541 C. com. ne doit donc pas être prise au pied de la lettre. D'après ce texte, « aucun débiteur commerçant n'est recevable à demander son admission au bénéfice de cession de biens ». Au fond, c'est le contraire qui exprimerait la vérité : la loi non seulement autorise, mais oblige le commerçant à requérir la cession de ses biens.

Ce que le Code veut dire, c'est que cette cession ne peut être requise par lui que dans les formes commerciales de la faillite (ou de la liquidation judiciaire) et non pas dans celles, plus longues et moins commodes, que consacraient les textes pour les débiteurs civils. La question a perdu son intérêt d'application depuis la loi du 22 juillet 1867 : les débiteurs, n'étant plus menacés de la contrainte par corps, ont cessé d'user de la cession de biens. Mais le dépôt du bilan a conservé bien entendu toute actualité. L'institution de la liquidation judiciaire en 1889 lui a donné même plus de portée qu'autrefois.

1511.— Le dépôt a lieu avec déclaration de la cessation de paiements au greffe du tribunal de commerce. Il est donné acte au débiteur de cette déclaration [1].

Le bilan contiendra le tableau des profits et pertes et celui des dépenses de maison, il sera certifié véritable, daté et signé par le débiteur (ou par un fondé de pouvoir). Si le commerçant n'a pas eu le

procédure, ce texte se suffit à lui-même. Par cela même qu'il garde le silence, soit sur l'incarcération du débiteur, soit sur l'apposition des scellés, il faut en conclure que ces prescriptions restent spéciales à la faillite et demeurent étrangères à l'autre régime de liquidation.

[1] La loi du 26 janvier 1892, art. 10, sur la réforme des frais de justice, affranchit du timbre et de l'enregistrement les déclarations de cessation de paiements, dépôts de bilan, affiches et certificats d'insertion relatifs à la déclaration de faillite, etc.

temps de l'établir, il indiquera les motifs dans sa déclaration. Ce bilan, au surplus, n'est que provisoire : les agents de la liquidation auront à en dresser un autre (art. 438 et 439 C. com.).

Dans la liquidation judiciaire, la requête et le bilan doivent être accompagnés d'une *liste* indiquant le nom et le domicile de tous les *créanciers* (art. 2, al. 2, l. 1889).

1512. — B. **Faillite.** — La faillite est déclarée alternativement dans trois circonstances : *a*) sur dépôt du bilan (comme la liquidation judiciaire); *b*) sur demande d'un ou de plusieurs créanciers; *c*) par le tribunal statuant d'office (art. 440).

1513. — *a*) Le *négociant* peut, en déposant son bilan, solliciter sa faillite. Ce qu'il fera rarement depuis 1889, pouvant demander le régime de liquidation judiciaire qui est préférable.

Plus fréquemment, il se verra refuser la liquidation judiciaire qu'il avait demandée, le tribunal estimant que c'est la faillite qu'il a méritée (sur 6,305 faillites ouvertes en 1894, 1,612 l'ont été sur déclaration du débiteur, soit 1/4).

1514. — *b*) Tout *créancier* peut introduire contre le débiteur une demande en faillite, en justifiant de l'accomplissement des conditions de recevabilité de cette procédure. Le demandeur usera, soit de la voie de la *citation*, soit de celle de la *requête* (arg. art. 440). Dans ce deuxième cas, il n'y a point d'assignation signifiée au commerçant.

La première manière de procéder vaut mieux : elle est plus franche, donne un avertissement plus rapide, et procure en outre au créancier, si la créance est sur le point d'être atteinte par la prescription libératoire, le moyen d'interrompre cette prescription [1] (3,939 faillites ouvertes en 1894 sur poursuites des créanciers, soit les 3/5).

Si le tribunal est saisi en même temps d'une demande en liquidation judiciaire du débiteur et d'une demande en faillite provenant d'un créancier, il devra joindre les deux causes et statuer sur le tout par un seul et même jugement (art. 4 *in fine*, l. 1889).

Chaque créancier a pouvoir *individuellement* à l'effet de poursuivre la faillite, si minime que soit le chiffre de sa créance : chacun d'eux est constitué par la loi gérant d'affaires de tous les autres, aux fins de requérir la mise des biens sous le sequestre de justice, comme s'ils étaient pourvus tous d'un mandat réciproque à l'effet de se représenter dans cette instance.

Il en est ainsi : — même si la *créance* du demandeur est *litigieuse*, pourvu qu'il puisse en justifier;

[1] C'est en effet à la citation en justice et non à l'introduction d'instance par voie de requête qu'est attachée la vertu interruptive de l'exploit (art. 2244 C. civ.).

— même s'il est lié au débiteur par un rapport de *parenté* ou d'*alliance* (le droit romain n'accordait pas cependant l'exercice des actions infamantes aux parents tenus au respect);

— même s'il est *étranger* de nationalité (quitte à fournir la caution *judicatum solvi*, comme le veut maintenant la loi du 5 mars 1895)[1];

— même si le créancier a une *hypothèque* ou un *gage* sur un bien du débiteur, et cela nonobstant l'idée que la faillite n'est pas instituée pour les créanciers disposant de sûretés (car peut-être la sûreté est-elle insuffisante, ce qui obligera l'ayant-droit à s'inscrire au marc le franc pour un découvert, d'où naît pour lui un intérêt légitime à la faillite);

— même si le *droit* du demandeur est *conditionnel* ou *à terme*, pourvu qu'il établisse que le règlement des dettes exigibles est arrêté;

— même enfin si sa *créance* est *de nature civile* et non commerciale (prix de vente d'un immeuble, loyers de magasin, fournitures de ménage). Cela n'est pas en désaccord avec une proposition affirmée plus haut, à savoir que la faillite est irrecevable pour non-paiement des dettes civiles (nº 1490). Le créancier civil devra justifier d'une cessation de paiements pour les engagements commerciaux de son débiteur : au point de vue de l'aptitude des créanciers à demander la faillite, si ses conditions d'ouverture sont établies, l'égalité veut qu'ils soient tous sur la même ligne.

On n'admet pas en général qu'un actionnaire ou un commanditaire ait le pouvoir de demander la faillite de la société dont il est membre : il ne saurait prétendre, dit-on, au titre de créancier.

1515. — *c*) Le tribunal de commerce peut également déclarer la faillite *d'office* (629 fois en 1894, soit dans 1/10 des cas).

Un pareil pouvoir, que beaucoup de législations refusent d'admettre (Allemagne, Angleterre, etc.), s'explique au moyen des raisons suivantes, raisons d'ailleurs sujettes à caution :

1º Nécessité de déclarer la faillite malgré l'*abstention des intéressés*, afin de mettre le ministère public en mesure de poursuivre des faits de *banqueroute* (explication qui, en face de la thèse des faillites de fait, perd une grande partie de sa force);

[1] Certaines décisions ont affranchi, à la vérité, le créancier étranger qui demande la faillite de son débiteur français, de l'obligation de fournir cette caution (Trib. com. Seine, 6 décembre 1895). L'exception de caution de *judicatum solvi*, d'après cette thèse bienveillante, ne pourrait pas être opposée à une demande en faillite, parce que l'instance n'a pas pour objet de mettre le demandeur en possession d'un droit de créance, mais seulement de faire consacrer une situation de fait sur laquelle le tribunal aurait même le droit de statuer d'office, en l'absence des intéressés, par mesure d'ordre public,

2° Nécessité aussi de pourvoir aux *intérêts des créanciers absents*, lorsque les créanciers présents préparent avec le débiteur des arrangements dont souffriraient ceux qui n'y participent point ; un certain nombre d'ayants-droit seraient ainsi frustrés de leur gage, la mise en faillite viendra faire échec à ces plans. — Ne peut-on pas répondre que les absents, une fois de retour, auront toujours la ressource de demander la faillite, et d'annuler rétroactivement le concordat qui leur nuit, par la fixation de la date de la cessation des paiements?

§ 4. De l'objet du jugement déclaratif et de sa nature

1516. — Le dispositif d'un jugement déclaratif de faillite ou de liquidation contient plusieurs clauses ou mentions.

Dans l'une et dans l'autre procédure, ce jugement :

1° *constate l'état de cessation de paiements*, après l'avoir dûment vérifié, et *prononce* en conséquence l'état de *faillite* ou de *liquidation judiciaire.* En ce qui concerne la liquidation judiciaire, le débiteur doit être préalablement entendu en personne, à moins d'excuses reconnues valables par le tribunal (l. 1889, art. 4, al. 1er);

2° *nomme* un ou plusieurs *syndics* provisoires dans la faillite (art. 462), un ou plusieurs *liquidateurs* provisoires dans la liquidation judiciaire (l. 1889, art. 4, al. 1) ; — nomme aussi un *juge-commissaire* (art. 451, l. 1889, *ib.*) ;

3° dans la faillite seulement, *ordonne* la *mise des scellés* et le *dépôt du failli* dans la maison d'arrêt ou la garde de sa personne par un officier de police (art. 455) ;

4° *fixe* dans le passé la *date de la cessation des paiements* (art. 441).

1517. — **Fixation de la date de la cessation des paiements.** — Il y a lieu d'insister sur cette dernière mention.

Le débiteur avait cessé ses paiements le 1er mars, la faillite n'est déclarée que le 1er mai. Le tribunal de commerce, instruisant les précédents de la faillite, estime que la date du 1er mars est bien celle à laquelle la généralité des paiements se sont arrêtés, et s'en explique dans le jugement.

C'est ce qu'on appelle dans la langue de la pratique le *report de faillite*. L'expression n'est pas d'une rigoureuse justesse, car la faillite ne rétroagit pas au jour de la cessation des paiements. La détermination de cette date ouvre seulement devant la faillite une *période* dite *suspecte*, dont les actes vont être soumis à un régime de nullité particulier. L'étude de cette nullité est renvoyée à un chapitre ultérieur.

La durée de la période suspecte varie selon les faillites. Elle est nécessairement élastique, D'après le régime français, le tribunal peut remonter aussi loin dans le passé qu'il l'estimera convenable pour en déterminer le point de départ. Il y a des faillites pour lesquelles la période suspecte comprend plusieurs années : le nombre des opérations à annuler est rendu par là d'autant plus grand.

1518. — Suite. — Cependant cette date n'est pas toujours fixée par le jugement déclaratif lui-même : le tribunal peut n'avoir pas encore les éléments de renseignements pour la connaître. Il appartiendra en ce cas au tribunal de la déterminer par un *jugement subséquent*, fût-ce d'office, et même de rapporter la date première une ou plusieurs fois, jusqu'à ce qu'on soit parvenu à un point de la procédure de faillite que nous aurons à préciser plus loin.

Bref, la date indiquée reste provisoire et sans autorité de chose jugée aussi longtemps que la faillite n'aura pas atteint le moment qui la consacre d'une manière définitive.

Il se pourrait aussi que le tribunal de commerce n'indiquât la date de la cessation de paiements ni par le jugement déclaratif ni par un jugement ultérieur. En ce cas cette date se confondra avec celle du jugement déclaratif (art. 441 *in fine*) : les paiements sont présumés s'être arrêtés au moment même du prononcé de la faillite, cela équivaut à la suppression de la période suspecte (sous réserve de ce que nous aurons à dire du sort des actes faits dans les dix jours précédents).

Deux particularités méritent d'être relevées à l'occasion de cette fixation de la date de la cessation des paiements.

1519. — Suite. — 1° D'après le sentiment d'un grand nombre de praticiens (qui ne semble point partagé par le tribunal de commerce de la Seine, 1er juillet 1895, et auquel la doctrine est aussi en général contraire), on devrait, au point de vue du report de faillite, prendre les mots « cessation de paiements » dans un sens plus large que celui où on les emploie pour dire la faillite encourue.

Le tribunal aurait le pouvoir et même l'obligation de remonter au-delà du jour auquel le *fait matériel* et ostensible *de l'arrêt des paiements* a eu lieu. Il y aurait à reculer la période suspecte jusqu'à un moment plus éloigné : celui où se sont manifestés des *faits de gêne du commerçant* précurseurs de son désastre, et assez caractérisés pour qu'une personne clairvoyante ait pu y voir le signe d'une situation désormais perdue. Ex. : le négociant a signé avec ses créanciers un concordat amiable, dont il n'a pu ensuite exécuter les conditions ; — ou il a, après de premières échéances, obtenu un renouvellement d'effets pour laisser finalement ces dernières traites en souffrance. Le jour de la conclusion de ce concordat, celui de ces échéances, quoique prorogées du plein gré des créanciers, serait ainsi celui qui servirait de repère et de point d'attache à la période suspecte.

Il y a du bien et du mal à dire de cette direction de jurisprudence : d'une part, si on limite la période suspecte au temps couru depuis la fermeture réelle de la caisse, on verra échapper à l'action en nullité du syndic beaucoup d'opérations suspectes faites pendant le temps où le négociant se débattait, au su du public, avec les embarras de sa position.

D'autre part, et en sens opposé, si la justice a vraiment le droit de considérer de simples expédients comme équivalant à une cessation de paiements *hoc sensu*, il est à craindre qu'elle ne s'arrête à une date très arbitraire et très éloignée, au plus grand détriment de ceux qui ont fait crédit au commerçant dans la dernière époque.

1520. — Suite. Fixation de cette date dans la liquidation judiciaire. — 2° On est d'accord pour décider que la fixation de la date de la cessation des paiements a lieu dans la *liquidation judiciaire* aussi bien que dans la faillite. Toutes les dispositions du Code de commerce que n'écarte pas la loi de 1889 reçoivent leur application dans la procédure nouvelle (art. 24 de cette loi).

Il est vrai que, si en vertu de ce report de liquidation, un acte passé du commerçant vient à être annulé judiciairement, cette annulation entraînera pour le tribunal obligation de convertir la liquidation judiciaire en faillite (art. 19) [1]. Cela revient à dire que reporter la date de la cessation des paiements dans la liquidation judiciaire, c'est se ménager éventuellement le moyen d'en faire déchoir le commerçant pour indignité : ce qui ne laisse pas de paraître surprenant.

Quoi qu'on en pense, le transport dans la liquidation judiciaire des règles de la période suspecte fait légèrement violence à l'esprit de l'institution. Le commerçant à qui on accorde ce bénéfice est présumé avoir fait toute diligence, pour déposer son bilan aussitôt que l'embarras s'est produit dans ses affaires. La pratique du report vient faire contraste et traduire une impression tout opposée. Fixer une date passée comme étant celle de la cessation de ses paiements, c'est lui témoigner une défiance peu conciliable avec le régime de faveur qu'on lui octroie.

[1] On pourrait être tenté de considérer cet article 19 comme apportant une preuve concluante à l'opinion d'après laquelle le tribunal doit déterminer la date de la cessation des paiements dans la liquidation judiciaire, comme il a à le faire dans la faillite. Ce texte, en supposant un acte du débiteur annulé, d'après les art. 446 et suiv., suppose par là même que le report de la liquidation a eu lieu. — L'argument n'a malheureusement aucune valeur dans l'opinion jurisprudentielle sur les faillites de fait. La nullité des art. 446 et suiv. peut être exercée d'après les arrêts, sans qu'il y ait officiellement une période suspecte, à seule charge par le demandeur de prouver que l'acte par lui incriminé a été conclu depuis la cessation des paiements du commerçant ou dans les dix jours précédents (BAILLY, dans les *Ann. dr. comm.* 1889, 2, 60).

En outre, dans l'opinion qui exige, à peine de forclusion, le dépôt du bilan dans la quinzaine de la cessation des paiements (opinion qui n'est pas la nôtre), on est pris dans un dilemme :

Ou la liquidation sera reportée plus loin que cette quinzaine (probablement parce que les indices de gêne, sinon la fermeture de la caisse, remontent effectivement à une époque antérieure), et alors le tribunal n'est pas très conséquent, en jugeant le débiteur à la fois digne du bénéfice légal par son empressement, et coupable cependant d'avoir temporisé au moyen d'expédients.

Ou la date ne sera pas reculée plus anciennement que la quinzaine avant le dépôt du bilan, et en ce cas une période suspecte aussi courte ne donnera pas pratiquement grand résultat.

La solution paraît certaine, malgré ces objections. Elles ont plutôt une valeur de critique législative qu'une portée d'interprétation pour le droit en vigueur.

1521. — Nature du jugement déclaratif. — La *nature* du jugement déclaratif demande à être mise en évidence. Ce jugement emporte par lui-même sur l'ensemble de l'actif, c'est-à-dire sur tout le patrimoine du commerçant, une sorte de *mainmise* ou de *sequestre*. Les autres jugements constatent en général un droit préexistant et ne créent pas une situation nouvelle. Celui-ci place l'universalité des biens sous un régime qui ne précédait pas son prononcé. Toutes différences gardées, il agit à la manière d'une sentence d'interdiction qui modifie le statut de la personne à l'égard de laquelle elle est rendue.

On peut dire que le caractère d'universalité dont dispose le jugement déclaratif est vrai à la fois quant aux personnes et quant aux biens.

1522. — Suite. Publicité. — *Quant aux personnes*, la décision rendue dans le sens de la faillite ou de la liquidation judiciaire produit *effet* non seulement au regard des plaideurs en cause, mais *vis-à-vis de tout le monde*. L'autorité de la chose jugée n'est pas limitée, comme dans la théorie de l'art. 1351 C. civ., aux personnes parties au procès. L'indivisibilité de la faillite ne permet point qu'on devienne failli pour les uns sans l'être du même coup pour les autres.

Dans ces conditions, il devenait indispensable d'instituer un mode public de notification de ce jugement. Il ne suffisait point de le signifier individuellement au débiteur (ou aux autres personnes intervenues à l'instance qui y auraient défendu des conclusions). Ce n'est pas le débiteur seul qui a intérêt à connaître cet état nouveau : il importe au public tout entier d'être renseigné. Les créanciers doivent être informés, afin de pouvoir produire leurs titres. Le débiteur se trouve dessaisi ou limité dans ses pouvoirs de contracter : il faut que les tiers soient instruits de cet amoindrissement dans l'exercice de sa personnalité.

De là, la *publicité* exigée par l'art. 442 : le jugement qui prononce la faillite et celui qui fixe la date de la cessation des paiements sont affichés dans la salle d'audience du tribunal et insérés par extrait dans les journaux chargés des annonces judiciaires, tant du lieu où la faillite a été déclarée que de tous les lieux où le failli a des établissements commerciaux (c'était le système de publicité consacré avant 1867 pour les actes de sociétés commerciales, moins cependant le dépôt au greffe, absolument inutile pour un jugement qui y est déjà déposé).

1523. — Ce même mode de publicité est requis pour la *liquidation judiciaire* (art. 4, al. 3 de la loi de 1889).

On avait proposé d'abord de se contenter dans ce nouveau régime de la publicité résultant de la lecture du jugement en séance publique, après qu'il eût été délibéré en chambre du conseil : condition que la loi de 1889 pose en tête de ce même art. 4. La liquidation judiciaire devant ne pas froisser la réputation du commerçant, n'était-ce pas aller contre son but que de la répandre par la voie des journaux?

On renonça à cette pensée, en songeant que ce jugement avait besoin de la même notoriété que celui de faillite, pour maintenir à la procédure nouvelle tout son crédit dans le milieu des affaires.

1524. — L'absence de publicité ou le retard mis par les agents de la liquidation à y pourvoir (la loi n'indique pas de délai) n'est pas sanctionné par la nullité de la faillite ou de la liquidation judiciaire. La loi française ne diffère pas jusqu'à l'accomplissement des mesures de publication les effets du jugement rendu : celui-ci est opposable aux intéressés sitôt après son prononcé, le failli est immédiatement dessaisi, etc.

Mais ceux à qui revient la charge de publier le jugement (syndic ou liquidateur) auront intérêt à ne pas tarder de le faire, car :

1° ils engageraient leur *responsabilité* vis-à-vis de ceux qui prétendraient que la faillite ou la liquidation leur est demeurée ignorée, et qui par exemple auraient traité avec le débiteur, le croyant toujours *in bonis* ;

2° la loi fait courir dans la faillite les *délais d'opposition* au jugement déclaratif du jour où la publicité a eu lieu : la faillite ne peut donc passer en force de chose jugée aussi longtemps qu'il n'est pas procédé à la publication (art. 580).

1525. — **Universalité du jugement.** — *Quant aux biens*, la faillite et la liquidation judiciaire embrassent comme masse active tout l'avoir du débiteur, les biens étrangers à son commerce comme ceux qui en dépendent. C'est sur le patrimoine entier que s'exerce la prise de gage des créanciers. La question demandera à être étudiée de plus près à l'occasion du dessaisissement (art. 443).

Ce problème de l'universalité de la faillite en ce qui concerne l'étendue de son action sur les biens (et aussi sur les personnes) a été l'objet de vifs débats dans deux ordres d'applications, dont le premier surtout présente une importance qu'il est superflu de justifier, tant elle se révèle d'elle-même. La question est en effet de nature à soulever des doutes :

1° soit à l'égard d'un commerçant qui, tombant au-dessous de ses affaires, aurait des *biens dans le ressort territorial de plusieurs Etats ;*

2° soit pour un commerçant qui aurait en France *plusieurs établissements* de commerce différents.

1526. — Faillite en droit international. — 1° La première de ces deux situations dépend du droit international privé : à peine y sera-t-il touché dans ce livre [1].

Un négociant ou une société a son siège principal en pays étranger, en Italie par exemple, et une agence (ou simplement des biens, des créances à recouvrer) en France, à Paris.

La faillite prononcée par le tribunal italien, conformément à la loi italienne, avec un syndic de ce pays, va-t-elle s'étendre sur l'actif que possède le commerçant dans les autres pays, en l'espèce sur les valeurs du failli situées en France ? L'universalité de la faillite doit-elle être entendue en ce sens, que le régime de liquidation, tel que le trace la législation du siège principal, pénètrera partout où le débiteur détient des biens, et que le syndic nommé par le tribunal de ce siège aura qualité pour arguer de son titre et de ses fonctions dans un pays quelconque ?

Ou bien, tout au contraire, doit-on pencher vers la pluralité des faillites indépendantes ? Y aura-t-il autant de procédures séparées que se trouveront d'Etats où le débiteur possède des biens ? Chacune de ces procédures sera-t-elle, avec son syndic national, respectivement régie par le droit de l'Etat dans lequel elle se développe ?

[1] Cfr. notamment WEISS, dans les *Annales de droit commercial*, 1888, p. 109 et 168 ; TRAVERS, *L'unité de la faillite en droit international*, 1894 ; SURVILLE et ARTHUYS, *Cours élém. de droit international privé*, 2e éd. 1895 ; et nos observations à la fin de notre ouvrage : *Des faillites en droit comparé*. V. aussi JITTA, *La codification du droit international de la faillite*, 1895.

1527. — Suite. — Les deux systèmes ont des partisans. La thèse des *faillites multiples* est celle qui dans la jurisprudence française tend à prévaloir [1].

Ce qui n'empêche pas nos tribunaux, par une sorte de contradiction, de délivrer souvent l'*exequatur* à un jugement de faillite prononcé à l'étranger, à la requête du syndic que ce jugement avait institué.

En tout cas, il n'est pas admis en pratique que le jugement étranger de faillite puisse *ipso facto* exercer ses effets en France, sans que la justice française l'ait pourvu de la formule exécutoire.

De plus, dans le procès aux fins d'obtention de l'*exequatur*, le tribunal français se réserve d'examiner l'affaire au fond et de reviser la faillite, s'il y a lieu (à moins d'une convention internationale, telle que le traité franco-suisse du 15 juin 1869, qui limite le pouvoir des juges à l'examen de la validité du jugement quant à la forme).

De l'ensemble de cette thèse il résultera, par exemple, qu'un commerçant, déclaré failli à l'étranger, n'est pas pour autant dessaisi en France, ou que ses créanciers conservent la faculté de diriger sur ses biens français des poursuites individuelles, du moins jusqu'à la sentence d'*exequatur*.

La théorie des faillites multiples s'inspire de la pensée suivante : les juges d'un Etat n'ont pouvoir à l'effet d'ordonner des mesures d'exécution que sur la partie du gage des créanciers située dans cet Etat lui-même. La faillite est un régime d'indisponibilité des biens : chaque loi, chaque autorité établit ce régime en toute souveraineté dans ses limites territoriales.

1528. — Suite. — Une autre opinion plus avancée, que consacrent d'une manière plus ou moins complète les délibérations des sociétés savantes ou conférences de la dernière époque : Institut de droit international (Paris, 1894), conférence de La Haye 1894, — prend parti en faveur de la *faillite* dite *universelle*.

Le jugement de faillite, rendu par le tribunal du siège principal, a par lui-même force jugée dans tout autre Etat et quant aux biens qui y sont situés. L'*exequatur*, dans ce système, ne disparaît pas. Mais, suivant le degré de hardiesse témoigné par les partisans de la thèse, cet *exequatur*

[1] Si l'on ouvre en France une faillite distincte de la faillite étrangère, il en résultera que le tribunal français qui a prononcé cette faillite n'aura pas été celui du domicile ou principal établissement du débiteur. Cela ne prouve pas que le tribunal français ait excédé les limites de sa compétence. L'art. 14 C. civ. permet de citer l'étranger devant un de nos tribunaux, quoique n'étant pas le tribunal du domicile du défendeur. C'est de ce texte qu'on fera application (Voir d'ailleurs en ce sens l. 4 mars 1889, art. 3 al. 3, pour la mise en liquidation judiciaire d'une société étrangère en France).

ne serait nécessaire que pour les actes d'exécution proprement dits nécessités en France par cette faillite étrangère (vente de biens français, etc.); le dessaisissement, par exemple, se produirait en France par la vertu même du jugement étranger.

Et, au sentiment de tous ceux qui ont adopté cette doctrine de la faillite universelle, les juges de l'*exequatur* n'auraient pas le droit de revision au fond.

Les raisons de droit auxquelles obéit cette nouvelle école sont variables. On a prétendu au début de la controverse que le jugement de faillite appartenait au *statut personnel* : le failli est rendu incapable comme le serait un interdit. Or, la capacité d'une personne la suit en tout pays. L'étude que nous ferons du dessaisissement prouvera la fausseté de cette conception : on tend à y renoncer maintenant.

La doctrine des statuts décline d'ailleurs de jour en jour. On y a substitué la doctrine de la personnalité du droit, c'est-à-dire de la prédominance dans tous les pays de la loi et des décisions judiciaires concernant un individu, loi et décisions considérées dans le pays de sa nationalité [1].

1529. — Quelque solution que l'on accepte dans cet important problème, un point semble admis par tout le monde, au moins en France. Chaque créancier, avec quelque établissement français ou étranger qu'il ait traité, aura la faculté de produire simultanément sur la valeur des biens placés dans tous ces Etats distincts. Il ne faut pas localiser à chaque groupe territorial des valeurs d'actif, les créanciers qui auraient par la nature de leurs relations commerciales fait crédit à ce groupe.

Autrement les faillites multiples, pour qui croit pouvoir les défendre, aboutiraient à des *dividendes* de taux *différents*, ce qui paraît peu raisonnable.

1530. — **Pluralité d'établissements.** — 2° La seconde application de la faillite universelle est moins embarrassante. Le commerçant qui, ayant *plusieurs établissements*, cesse les paiements de l'un d'eux et continue ceux de l'autre, n'en est pas moins mis en faillite sur tout son actif.

Il ne convient pas que la maison qui tient debout (par quelle force d'équilibre ?) échappe aux effets de la mainmise judiciaire pratiquée sur l'autre. Il ne convient pas non plus, si comme il est probable elle doit sombrer à son tour, qu'on ouvre contre elle une faillite autonome, à part de la première.

[1] V. le développement de cette doctrine dans WEISS, *Traité théorique et pratique de droit international privé*, p. 61 et suiv.

Quelques décisions judiciaires, à la vérité, ont consacré ce dédoublement des faillites ou la possibilité pour l'établissement solvable d'échapper à la faillite de l'autre. Mais l'unité du patrimoine et du gage proteste contre de tels résultats.

§ 5. Des voies de recours contre le jugement déclaratif

1531. — Liquidation judiciaire. — La loi de 1889 a voulu *exclure* du jugement prononçant liquidation judiciaire *toute voie de recours* : il ne peut être attaqué ni par la voie de l'opposition, ni par celle de l'appel. Quoiqu'on soit moins fixé à l'égard du recours en cassation, il est préférable de dire qu'il est également refusé (art. 4, al. 3).

Une seule exception est faite pour le cas où le tribunal serait simultanément saisi d'une requête du débiteur à fin de liquidation judiciaire et d'une demande de créanciers en déclaration de faillite, et où il aurait joint les deux causes pour statuer par une même décision, comme la loi l'ordonne. Ce jugement suivra alors, au point de vue du recours dont il est l'objet, le droit de la faillite, que l'on examinera dans un moment.

1532. — Le refus de toute voie de recours pour une décision prononçant liquidation judiciaire a été motivé par des considérations de célérité et d'économie. D'ailleurs à qui le jugement fait-il grief ? Au débiteur ? C'est lui-même qui l'a sollicité. Aux créanciers ? La procédure ouverte leur donne toutes les garanties d'une faillite.

On critique cependant cette disposition. Le commerçant qui ne méritait pas la liquidation, ayant commis des actes blâmables, pourra à la vérité être déclaré en faillite postérieurement, sans que le premier jugement y mette obstacle : la solution est certaine s'il se trouve dans l'un des cas d'indignité de l'art. 19, qui justifient la conversion en faillite à un moment quelconque de la procédure. A ce point de vue, la règle est sans inconvénient.

Mais il y a un autre cas à considérer : le débiteur, sans être commerçant d'après sa profession, a surpris au tribunal le jugement de liquidation qui lui reconnaît implicitement ce titre. Il va maintenant négocier un concordat de majorité qui sera opposable aux créanciers dissidents. Le statut civil qui le régit voudrait que ce traité eût l'unanimité des voix. Contre cette erreur ou cette tactique, il n'y a point de remède.

1533. — Faillite. Question préliminaire. — A l'égard du jugement déclaratif de faillite, il y a au contraire des *voies de rétractation* instituées. Si la faillite a été prononcée à tort, les intéressés pourront, sous la distinction que nous allons étudier, la faire rapporter.

Mais la portée de ces modes de recours est sujette à un motif de controverse. — Le commerçant qui a été mis en faillite *à bon droit*, parce qu'il était en état de cessation de paiements lorsque le tribunal a statué, peut disposer des moyens que lui donnent ses relations de famille ou autres, pour faire disparaître cet état dans les délais d'opposition ou d'appel. Il se procure les fonds nécessaires pour *rembourser ses dettes* ; ou bien il obtient de l'unanimité des créanciers un *concordat* de remise ou d'atermoiement.

Alors se pose la question de savoir si cette réparation de la cause de la faillite procure au négociant le moyen de faire tomber rétroactivement le jugement rendu contre lui. L'intérêt de la question est considérable.

Sans doute, même en acceptant la solution la moins favorable, la faillite devra s'arrêter dans sa marche, on la clôturera. Mais, le jugement n'ayant pas été annulé, le débiteur restera pour l'avenir sous le coup des *déchéances civiques* qui l'ont frappé. Il lui faudra, pour être rétabli dans ses droits politiques, la procédure de *réhabilitation* ; si c'est d'un concordat qu'il s'est prévalu pour mettre fin à la faillite, sa réhabilitation ne sera possible qu'après le remboursement intégral du passif.

Au contraire, la faillite étant rapportée au sens rigoureux du mot tomberait même pour le passé, et la situation serait la même que si elle n'avait jamais été prononcée.

Sur la réponse que comporte la question posée, l'accord ne s'est pas fait. Le rapport de la faillite, si le débiteur rembourse effectivement ses dettes dans le délai des recours, paraît généralement admis[1]. La possibilité d'obtenir le même résultat au moyen d'un concordat est plus souvent contestée. En logique, les deux situations doivent être régies de même.

Ce qui rend le problème délicat, c'est l'incertitude qui règne en procédure quant à la nature de l'opposition et de l'appel. Si l'on y voit seulement des modes de recours destinés à redresser une sentence *mal rendue*, il est clair que le débiteur ne peut pas arguer de circonstances postérieures au jugement déclaratif pour le faire annuler : la faillite, prise au moment où elle a été prononcée, avait une cause légitime et sa raison d'être, le jugement tiendra.

Mais il paraît préférable de considérer l'opposition ou l'appel comme remettant en question le procès tout entier, avec la fiction qu'il n'y aurait pas eu de premier jugement. Les juges examinent à nouveau

[1] Civ. cass. 23 nov. 1881, et notre *Examen doctr.* dans la *Revue Critique*, 1883, p. 372.

l'affaire, en quelque sorte sur table rase. Pour que le jugement soit maintenu, il faut donc que la cause déterminante de la faillite subsiste au moment où le tribunal ou bien la cour se trouve saisi soit de l'opposition, soit de l'appel. Cela revient à dire que le jugement de faillite sera rétroactivement effacé[1].

1534. — Opposition. — Les deux voies ordinaires de rétractation d'un jugement de faillite sont : l'*opposition*, — l'*appel*.

L'*opposition* (art. 580) fait revenir l'affaire devant le tribunal de commerce. — Contrairement au droit commun :

1° Ce ne sont pas seulement les parties liées à la première instance et défaillantes, qui ont le pouvoir d'employer ce recours.

Le débiteur en usera, s'il s'est abstenu de comparaître ou de conclure; ce qui est bien conforme aux règles habituelles.

Mais, en outre, *tout intéressé*, quoique non-partie au procès de faillite, a qualité pour former opposition, et c'est en cela que consiste la dérogation aux principes. L'opposition prend alors pour cet intéressé le caractère d'une *tierce-opposition*, enfermée par la loi dans un délai de rigueur.

Rien n'est plus conséquent. On a dit en effet plus haut que le jugement déclaratif avait autorité de chose jugée à l'égard de tous, et non pas seulement pour les plaideurs en cause. Si ce jugement fait grief à telle ou telle personne (un créancier alléguant que le débiteur n'est pas un commerçant, ou ayant traité à l'insu du jugement déclaratif avec le négociant dessaisi, etc.), la seule ressource que puisse avoir cette personne pour récuser une décision qui lui est opposable, c'est de l'attaquer de sa propre initiative : la loi intervient pour prescrire que cette attaque se produise dans un court délai.

2° Le *délai* donné pour faire opposition est autrement réglé que d'après le Code de procédure. C'est dans les *huit jours* de la signification d'un jugement que le plaideur qui a fait défaut peut habituellement en

[1] Nous estimons en conséquence qu'un arrangement pris par le commerçant avec *tous* ses créanciers dans les délais de recours, en vue par exemple de reculer à plus tard l'échéance de son passif, lui ouvre le droit de faire rapporter la faillite, alors même que cet arrangement ne recevrait aucune homologation judiciaire. — Nous soutiendrons cependant plus tard que le concordat *amiable* est irrecevable au cours d'une faillite (en ce sens aussi pour la liquidation judiciaire, art. 16 de la l. du 4 mars 1889). Mais notre affirmation présente n'est pas contredite par ce principe d'exclusion des traités amiables pendant la procédure. Aussi longtemps que la faillite n'est point passée en force de chose jugée (et malgré son exécution provisoire), le commerçant peut personnellement aviser au moyen de l'éteindre en faisant disparaître sa cause : il peut, pour les besoins du recours qu'il veut exercer, faire abstraction de l'état de faillite et des conséquences qui en découlent. C'est ainsi encore que, quoique dessaisi, il peut user personnellement de l'opposition ou de l'appel.

relever opposition (dans le défaut faute de conclure : art. 157 C. proc. civ.). Ici il n'y a point de signification : signifier la faillite à chacun de ceux qui doivent en subir les effets était impossible. La signification est remplacée par la *publication du jugement déclaratif*. C'est du jour de cette publication que courront les délais. Ils sont de *huit jours* pour le failli, d'*un mois* pour tout autre intéressé.

1535. — **Appel.** — L'*appel* exerce son action dévolutive accoutumée, il a pour résultat de saisir la juridiction du degré supérieur, la Cour, de la question de faillite. Le jugement sera réformé ou confirmé, selon les cas.

Les délais ordinaires de l'appel sont de *deux mois* depuis la signification à personne pour les jugements contradictoires (art. 443 C. proc.). Ces délais sont abrégés pour tous les jugements rendus « en matière de faillite », dont le jugement déclaratif est assurément le plus important. Ils sont réduits à *quinze jours* à compter de la signification (art. 582 C. com.).

A cette abréviation se limite, dans ce deuxième mode de recours, l'échec fait au droit commun. Ne peuvent user de l'appel que ceux qui ont été vraiment *parties* à la première instance, soit d'ailleurs qu'ils aient conclu ou qu'ils aient fait défaut. Celui qui n'aurait pas été relié à la procédure ou qui n'y serait pas intervenu est irrecevable à interjeter appel : ce sera le cas normal d'un créancier de la faillite, autre que le créancier poursuivant.

Son devoir est de former opposition ; et alors seulement, s'il échoue dans ses conclusions, il pourra en appeler du jugement qui le déboute.

1536. — A ce propos, une difficulté se rattachera à la manière dont on doit combiner les délais d'opposition et d'appel. Le point de départ de ces deux délais, on le voit, n'est pas le même : publicité du jugement dans le premier cas, signification à partie dans le second.

Les circonstances ont pu placer entre ces deux dates un certain intervalle de temps. Le syndic tarde à faire afficher le jugement ; d'autre part, il le signifie immédiatement à la personne du failli ou d'un intervenant qui d'ailleurs a fait défaut. Le délai de quinzaine établi pour l'appel par l'art. 582 vient à expirer. L'appel serait forclos, d'après la lettre de la loi. Mais la procédure de l'opposition est encore ouverte.

Se peut-il que la voie de recours du second degré soit ainsi éteinte, quand la première est toujours recevable ? — Nous ne le pensons pas : qui dit maintien du droit d'opposition, se prononce à plus forte raison pour le maintien de l'appel. En d'autres termes, les quinze jours pour former appel que donne l'art. 582 courront, si le jugement est par défaut, non pas de la signification, mais *de l'expiration des délais d'opposition* (arg. art. 443 C. proc.).

1537. — Rapport de la date de la cessation des paiements. — La question des voies de recours se présente aussi pour le jugement qui fixe dans le passé la *date de la cessation des paiements*, communément appelé « jugement de report de la faillite ». On a dit que cette date pouvait être réformée une et plusieurs fois de suite, jusqu'à l'arrivée d'un moment déterminé de la faillite. Quel est ce moment qui la rend irrévocable ?

On relève une antinomie entre deux articles, difficiles à concilier : les articles 580 et 581. — Le failli dispose, pour faire rapporter la date, de huit jours, à courir de la publication que le jugement a reçue : le délai est réglé de la même manière que pour le jugement déclaratif.

Mais pour les autres personnes que lui, le point reste obscur. — D'après l'art. 580, l'opposition est recevable de la part de toute *partie intéressée*, pendant *un mois* depuis la publication. — L'art. 581 limite à *l'expiration des délais pour la vérification et l'affirmation des créances* le délai donné à la demande des *créanciers*, tendant à faire fixer la date de la cessation des paiements à une époque autre que celle qui résulterait du jugement déclaratif ou d'un jugement postérieur.

Ces deux délais ne coïncident point. En fait, et si l'affiche du jugement n'est point retardée, c'est le délai d'un mois qui s'achèvera le premier. La vérification des créances prend un temps plus long, qui dépend de la marche de la procédure, mais que l'on peut ramener à un *minimum* de deux ou trois mois depuis l'ouverture de la faillite.

Sans nous attarder aux systèmes imaginés pour mettre d'accord ces deux textes [1], voici l'explication qu'a fait prévaloir la jurisprudence. Les deux articles s'appliquent, suivant elle, distributivement, à deux catégories d'intéressés différentes.

a) Est-ce la *masse* des créanciers représentée par le syndic, qui proteste contre la date d'abord fixée (ou un créancier invoquant l'intérêt de la masse) [2] ? Le but de la demande est d'obtenir une extension de la période suspecte dans le passé, un recul de la date aussi loin que possible. Par là s'augmentera le nombre des actes sujets à nullité dans l'intérêt de la collectivité des créanciers, à la teneur des art. 446 et 447. — L'art. 581 est seul à s'appliquer. Il faut laisser aux créanciers le temps de se voir, d'échanger leurs informations sur les précédents immédiats de la faillite : ils auront pour agir jusqu'à l'expiration des délais de vérification et d'affirmation.

[1] Le droit de faire rapporter la date est accordé, tant que le plus long des deux délais ne sera pas expiré. — Ou bien, le délai extrême est d'un mois depuis la publicité ; si pourtant la vérification des créances s'achevait avant la fin de ce mois (hypothèse anormale), les intéressés ne pourraient plus utiliser le complément de ce délai, etc.

[2] Nous nous demanderons si cette action *individuelle* d'un créancier est recevable.

b) Est-ce une *individualité* qui a traité avec le débiteur à la veille de la faillite, et dont le marché est exposé à tomber en conformité des règles établies pour la période suspecte ? — Son intérêt est diamétralement opposé à celui de la masse. Ce qu'il cherche, c'est à réduire cette période, de manière que la date de son opération n'y soit point comprise. Tel est l'intéressé que vise l'art. 580 ; l'art. 581 ne le concerne point. Il n'a qu'un mois depuis la publicité du jugement de report pour y former opposition.

§ 6. Du rôle et des attributions du tribunal de commerce pendant la faillite ou la liquidation judiciaire

1538. — Le rôle du tribunal de commerce ne s'achève pas avec le jugement déclaratif qu'il a rendu. Il ne fait au contraire que commencer. La faillite ou la liquidation est une procédure de longue durée qui se poursuit sous les auspices de la justice.

Le tribunal interviendra donc à mainte reprise, pour statuer sur des questions de diverse nature intéressant la marche de cette procédure. Quand viendra pour elle le moment de se terminer, le tribunal sera appelé à consacrer la fin des opérations, soit qu'il s'agisse d'homologuer un concordat, soit qu'il y ait lieu de prononcer la clôture de l'union.

1539. — **Compétence du tribunal de la faillite.** — Les cas dans lesquels le tribunal de la faillite recevait compétence, à l'exclusion de tous autres, étaient limitativement énoncés dans l'ancien Code de 1807. Depuis 1838, le nouvel art. 635 pose une règle générale (qui doit s'appliquer aussi à la liquidation judiciaire : art. 24 de la loi de 1889) : « Les tribunaux de commerce connaîtront de tout ce qui concerne les faillites, conformément à ce qui est prescrit au livre III. »

Ratione personæ, c'est du tribunal même qui a prononcé la faillite qu'il est question (art. 59, al. 7 C. proc. civ. : en matière de faillite, est compétent le juge du domicile du failli).

Les expressions *en ce qui concerne les faillites..., en matière de faillite*, paraissent des plus compréhensives. Il n'est pas vrai cependant que, chaque fois qu'il s'élève un procès à l'occasion d'une faillite, le tribunal de commerce en doive connaître. Des dispositions, telles que l'art. 500 qui suppose une contestation élevée sur l'admission d'une créance et portée devant un tribunal civil, démontrent à première vue que l'art. 635 ne peut pas être pris dans un sens absolu.

Ici encore la jurisprudence a su, au moyen d'une distinction ingénieuse, faire un départ entre les affaires qui ressortissent par leur nature au tribunal de la faillite et celles qui continueront à suivre le droit commun de la compétence, de manière à être portées, s'il y a lieu, devant une autre juridiction.

1540. — **Suite.** — 1° Il y a des procès qui s'engagent *dans une faillite*, mais *sans puiser leurs éléments de solution dans le droit propre à l'institution*. La faillite sert bien de cadre à la contestation, mais el'e n'en est pas la source.

Si le débiteur était *in bonis*, ou s'il s'agissait d'une déconfiture civile, le même procès pourrait surgir, appuyé sur les mêmes moyens. Il serait faux de prétendre que ce procès concernât la faillite. On déterminera donc soit *ratione materiæ*, soit *ratione personæ* [1], le tribunal du litige d'après les règles de la compétence ordinaire.

Exemples : — Dans le passif qui fait l'objet des productions se trouvent des *créances civiles*: le prix de vente d'un immeuble, des subsistances de ménage, etc. En cas de contredit, lors de la vérification, l'affaire est renvoyée à la justice : c'est le tribunal civil de première instance qu'il faudra saisir du différend, et en principe celui du domicile du débiteur, en vertu de la règle *actor sequitur forum rei* (art. 500 C. com.).

— Le commerçant, dès avant l'ouverture de sa faillite, dès avant le commencement de la période suspecte, a accompli avec la complicité d'un tiers un acte en fraude de ses créanciers. Le syndic attaque cet acte du chef de l'art. 1167 C. civ., en vertu de l'*action paulienne*. Suivant que le défendeur aura, en participant à cette opération, agi civilement ou commercialement, cette action paulienne sera portée devant le tribunal de première instance ou devant le tribunal de commerce. En tout cas, même dans cette dernière éventualité, la compétence ne se justifie point par l'art. 635. Le tribunal compétent pourra être un tribunal d'arrondissement autre que celui de la faillite. On cesse d'être « en matière de faillite »; car la contestation se présenterait dans des conditions identiques, si le débiteur n'était pas un commerçant et que la procédure ouverte sur ses biens fût une ou plusieurs saisies.

1541. — **Suite.** — 2° Mais il existe des procès d'un tout autre caractère, qui mettent en jeu l'application d'une règle spéciale à la faillite; hors d'une faillite cette règle n'aurait point lieu, ce procès n'aurait point de raison de s'engager : alors on est en présence d'une *contestation qui a avec la faillite* une *corrélation directe*, et la loi veut que tous les différends de cette nature se concentrent au tribunal qui a prononcé la faillite, à l'exclusion de tous autres. Tel est le sens de l'article 635.

[1] Nous n'admettons pas, si l'affaire se trouve être commerciale, que le tribunal de la faillite doive nécessairement en connaître, à l'exclusion des autres tribunaux de même ordre.

Exemples : — Le syndic, au lieu de fonder son action en nullité contre le tiers sur l'art. 1167, la base sur les *art. 446 et 447 com.* sans avoir à démontrer la fraude ni le complicité du défendeur avec le failli. Cette nullité, propre à la faillite, qu'on ne retrouve dans aucune autre partie du droit privé, ne peut être jugée que par le tribunal de la faillite. La profession civile du défendeur, la nature immobilière du bien dont le syndic réclame le rapport à la masse, ne changeraient en rien ce résultat (donation d'une propriété faite en temps suspect par le commerçant à un de ses parents). — La femme du failli, dans un ordre ouvert sur le produit de l'adjudication des immeubles de son mari, prétend exercer son hypothèque légale. Les créanciers la repoussent, en vertu des *principes* de la faillite *qui limitent l'hypothèque* à certains biens ou à certaines natures de preuve (art. 563). Le contredit sera renvoyé au tribunal de commerce qui a rendu le jugement déclaratif et sous le contrôle duquel se développe la faillite [1].

1542. — A plus forte raison, le tribunal de commerce est-il compétent pour statuer sur une question de *procédure*, lorsque la marche de la liquidation nécessite son intervention.

Jugements remplaçant le juge-commissaire ou le syndic (art. 454 et 464) ; — délivrant un sauf-conduit au failli (art. 473) ; — statuant sur l'attribution de secours provisoires, si l'ordonnance du juge-commissaire qui les a donnés ou refusés est frappée d'appel (art. 474) ; — sur l'attribution de secours définitifs en cas d'union, après un vote de principe favorable des créanciers (art. 530) ; — homologuant une transaction (art. 487) ; — décidant qu'il soit sursis ou passé outre au concordat, en cas de créances contestées (art. 499 et 500) ; — homologuant ou rejetant le concordat (art. 513) ; — prononçant clôture des opérations en cas d'insuffisance d'actif ou réouverture de ces opérations (art. 527 et 528) ; — prononçant sur l'excusabilité du failli après clôture de l'union (art. 538).

[1] La jurisprudence a cependant une tendance à interpréter avec largeur cette idée dominante du système : à savoir que, sitôt que le procès est *connexe* à la faillite, l'art. 635 doit être appliqué. — C'est ainsi, dans les faillites de *sociétés par actions*, qu'elle attribue par exclusion au tribunal de la faillite, conformément à ce texte, la connaissance des *actions en responsabilité* contre les fondateurs ou contre les administrateurs de la société. Les fautes alléguées à l'égard de ceux-ci ont été, en fait, la cause de la faillite, voilà pourquoi on peut dire qu'on est « en matière de faillite ». — Nous ne nous prononçons point sur l'exactitude de cette solution particulière. — On expliquera plus loin que ces actions en responsabilité, qui ne portent pas sur un élément direct de l'actif de la faillite mais se développent plutôt à côté d'elle, appartiennent au syndic, et qu'il n'est pas au pouvoir d'un créancier de les exercer individuellement.

Toutes les questions, que la faillite aura fait naître et qui seront de la compétence du tribunal, seront préalablement l'objet d'un *rapport* fait *par le juge-commissaire* (art. 452).

Quelques-unes de ces décisions ne comportent *pas de recours*, parce qu'elles ne préjugent pas ou compromettent très faiblement les intérêts engagés dans la faillite. L'art. 583 en donne l'énumération. Les autres, comme le jugement statuant sur l'homologation de concordat, sont susceptibles d'opposition, d'appel, et, s'il y a lieu, de recours en cassation. — Nous rappelons que la durée de l'appel est limitée à quinze jours depuis la signification (art. 582).

CHAPITRE II

DU DÉBITEUR

EFFETS DE LA FAILLITE OU DE LA LIQUIDATION JUDICIAIRE SUR SA CONDITION

1543. — Méthode. — Nous nous proposons de poursuivre nos explications d'après la méthode suivante [1] :

Les intérêts de nombreuses personnes sont engagés dans une faillite ou dans une liquidation judiciaire. L'institution vient exercer sur ces divers intéressés une prise très forte, elle altère leur condition ancienne ; à des droits se développant d'une certaine manière, elle imprime une modification de direction ou un arrêt. C'est à l'égard du débiteur que se manifeste surtout cette action de frein, de régulateur. Mais ceux qui ont des prétentions à produire contre lui se sentent aussi serrés par la faillite, pliés à un régime qui n'était pas celui de leurs droits originaires respectifs.

De là, une division de matières qui doit nous faire passer successivement en revue, dans des chapitres différents, le *débiteur*, — les *créan-*

[1] La méthode habituellement suivie jusqu'à présent à l'école, sans faire les distinctions auxquelles nous allons nous livrer, déterminait une à une les conséquences attachées au jugement déclaratif : 1° dessaisissement du failli; — 2° cessation des poursuites individuelles; — 3° exigibilité des créances à terme; — 4° arrêt du cours des intérêts; — 5° arrêt des inscriptions de privilège ou d'hypothèque ; — 6° hypothèque légale au profit de la masse ; — 7° déchéances politiques du failli. — Ce plan nous paraît manquer d'unité, il exclut en outre sans raison beaucoup d'autres effets, comme ceux qui se produisent par devant le jugement déclaratif (période suspecte), et les limitations ou suppressions complètes de certains privilèges ainsi que de l'hypothèque de la femme du failli. — Ajoutons que ce mode d'exposé a l'inconvénient de ne pas faire marcher de front la liquidation judiciaire et la faillite,

ciers ordinaires formant la masse, — les *créanciers ayant plusieurs co-obligés*, — les *propriétaires* exerçant une revendication, — les *créanciers hypothécaires ou privilégiés*. Ce premier chapitre de la série s'occupera exclusivement de la condition du débiteur et de ses actes, soit que ce débiteur se trouve en faillite, soit qu'il y ait eu prononcé de liquidation judiciaire.

1544. — Le débiteur est diminué dans un triple exercice de ses droits : — quant au pouvoir de contracter sur ses biens ; — quant à sa liberté individuelle ; — quant à ses droits civiques.

Nous allons dans trois sections différentes examiner ces atteintes portées par la faillite (ou par la liquidation judiciaire) aux facultés dont disposent les autres personnes, les autres individus.

SECTION PREMIÈRE

POUVOIR DE CONTRACTER SUR LES BIENS

1545. — La limitation apportée par la faillite au droit de contracter, c'est-à-dire d'administrer ou d'aliéner les biens, s'exerce pour *le temps qui suit le jugement déclaratif*. Elle s'exerce encore, à un moindre degré, pour *le temps qui précède ce jugement*, en arrière de son prononcé, et cela par suite des règles ayant trait à la période suspecte.

En conséquence, il faut distribuer le sujet en deux parties, pour voir — d'abord ce qui se passe depuis le jugement, — et ensuite ce qu'on doit décider des actes qui prennent date avant le jugement, la loi s'attaquant à eux d'une manière rétroactive.

SOUS-SECTION PREMIÈRE. — Pouvoir de contracter après le jugement déclaratif

1546. — Le débiteur cesse d'être reconnu par la loi apte à gérer ses biens, à accomplir des actes opposables à ses créanciers. Si dans la liquidation judiciaire la faculté de faire des actes ne lui est pas refusée, à tout le moins pour agir régulièrement doit-il se pourvoir de l'assistance d'un agent de justice. Voilà pour le côté *négatif*, prohibitif, de la règle qu'il s'agit d'étudier.

L'administration de l'actif est dans ces conditions dévolue à un syndic, ou au débiteur dûment assisté. Cet agent représente la masse des créanciers par ses opérations. Voilà pour le côté *positif* de la réglementation instituée.

§ 1. Du dessaisissement ou de l'assistance du liquidateur

(C. com. art. 443 ; l. 1889, art. 5 *in fine*)

1547. — Le failli est *dessaisi* de ses biens par le jugement déclaratif et à partir de ce jugement. « Le jugement déclaratif, dit l'art. 443, emporte *de plein droit*, à partir de sa date, dessaisissement pour le failli de l'administration de tous ses biens, même de ceux qui peuvent lui échoir tant qu'il est en état de faillite. »

Ainsi, ce dessaisissement ne rétroagit pas, comme le voulait à tort le Code de 1807, dans le passé jusqu'à l'époque de la cessation des paiements.

Il opère d'ailleurs *instantanément*, sans qu'il y ait lieu d'attendre l'affichage du jugement et son insertion dans les journaux [1]. Il sera permis de l'opposer même à des *tiers de bonne foi* qui viendraient à traiter avec le débiteur dans l'ignorance de la faillite ouverte [2].

1548. — Le dessaisissement consiste, on le voit, dans l'exclusion pour le failli du droit d'administrer ses biens, et dans son remplacement par un syndic.

Une pareille mesure est de nature à froisser l'amour-propre du débiteur ; en outre, si le fonds de commerce doit continuer, le changement survenu dans la direction de l'établissement désempare la clientèle. Aussi la règle n'a-t-elle pas été reproduite, au moins sous la même forme, dans la liquidation judiciaire. Le dessaisissement fait place pour cet autre régime à l'*assistance nécessaire d'un liquidateur judiciaire.* Le débiteur reste dans ses biens, occupant la scène du droit ; mais il a à côté de lui un agent, de l'approbation duquel dépendra la régularité de ses actes : « il ne peut contracter aucune nouvelle dette, ni aliéner tout ou partie de son actif, sauf dans les cas qui sont énumérés ci-après (art. 5) ; ... il peut avec l'assistance du liquidateur, procéder au recouvrement des effets..., faire tous actes conservatoires, vendre..., continuer l'exploitation de son commerce » (art. 6 de loi de 1889).

Evidemment, le débiteur, agissant seul, n'a pas plus de pouvoir que sous la faillite à l'effet d'engager son actif par des opérations nuisibles à la masse. A cet égard, la théorie du dessaisissement s'étend d'un régime à l'autre, sans qu'on y change rien. Mais il n'est pas frappé d'exclusion comme le failli, il conduit la liquidation de concert avec un autre agent. A certains égards, on peut le comparer à un mineur émancipé avec son curateur, tandis que le failli serait un mineur simple que son tuteur représente.

1549. — Quelle est la nature du dessaisissement ? Quelle en est l'étendue ? Quels sont les effets du dessaisissement ?

[1] On admet que le dessaisissement se produit dès la première heure du jour où le jugement déclaratif est prononcé, les décisions judiciaires ne mentionnant pas l'heure où elles sont rendues.

[2] Exceptionnellement, le tiers qui paierait à son échéance, de bonne foi et sans opposition du syndic, un effet de commerce au porteur en faillite serait valablement libéré (art. 145 et 149). Cfr. n° 1292.

N° 1. — Nature du dessaisissement

1550. — Le dessaisissement n'affecte pas, à proprement parler, la personne du débiteur. Il ne devient pas *incapable* de contracter, de disposer, d'administrer, de s'obliger. C'est sur quoi tous tombent d'accord. Si le débiteur accomplit des opérations au mépris du dessaisissement, celles-ci ne seront pas *nulles*.

On s'est habitué à appeler *action en nullité* la demande que formerait le syndic (ou le liquidateur) pour les faire tomber ; comme on désigne aussi de ce nom les actions par lesquelles on attaque les opérations de la période suspecte. Mais cette qualification est incorrecte. Il ne paraît pas que l'expression *actions en révocation* soit plus juste pour exprimer les procès déterminés par des actes faits depuis l'ouverture de la procédure.

En effet, les opérations accomplies par le débiteur contrairement à l'art. 443 sont valables au regard de ce débiteur comme au regard de sa contre-partie. Lorsque la faillite ou la liquidation aura pris fin, ces opérations s'exécuteront dans les rapports des deux contractants, sans que l'un ou l'autre soit fondé à se prévaloir de leur irrégularité.

La procédure collective engendre une *indisponibilité* des biens, ce qui est tout autre chose. La seule personne recevable à faire tomber les actes incriminés, c'est la *masse* des créanciers (représentée par le syndic ou par le liquidateur). A dire vrai, elle ne les fait pas tomber, elle fait juger que ces actes lui sont inopposables.

Il dépend de la masse de maintenir l'opération, si elle y trouve intérêt. — Ex. : Le failli a conclu une vente de marchandise à un prix avantageux ; le syndic ratifiera cette vente. Le point de savoir si cette ratification a été faite ou non est une question de circonstances et d'intention, elle peut n'avoir lieu que tacitement.

1551. — En général, l'attaque d'opérations postérieures au jugement est rare, parce qu'aussi ces opérations ne se présentent que très exceptionnellement ; dessaisi, le débiteur suspend l'exercice de son entreprise et laisse les agents de la liquidation accomplir leur rôle. S'il ne le faisait pas, s'il aliénait des valeurs ou des marchandises, il pourrait tomber sous le coup de banqueroute frauduleuse à raison d'un détournement d'actif.

Pour la phase qui précède le jugement déclaratif, alors qu'aucune décision n'a encore été rendue, la situation se présente bien différemment ; les actes à attaquer peuvent être nombreux.

On verra aussi que, dans le cas de clôture des opérations pour insuffisance d'actif, renaissent en fait les occasions pour le débiteur de traiter des conventions avec les tiers ; dans maint procès alors, le droit du dessaisissement a lieu d'être invoqué.

1552. — La masse est un tiers. — Cette faculté qu'a la masse de repousser les effets des actes que le débiteur aurait conclus, a pour résultat de faire de cette masse un *tiers* par rapport au commerçant.

Celui-ci représentait ses créanciers par ses diverses opérations aussi longtemps qu'il s'était trouvé au-dessus de ses affaires ; les créanciers étaient des *ayants-cause* du commerçant, tenus de respecter sur l'actif qui forme leur gage les obligations de celui-ci (sous réserve de la fraude ou des hypothèses relatives à la période suspecte).

Cette situation est maintenant changée. Le droit des créanciers, groupés en masse, vient faire échec à celui du débiteur. Ils se détachent de lui et acquièrent une prérogative propre, celle de méconnaître les opérations du négociant qui leur feraient grief. Et voici la conséquence qui se dégage de cette notion de principe.

1553. — Conséquences. — Il existe un certain nombre d'actes valables par eux-mêmes, *inter partes*, mais qui n'acquièrent leur régularité *au regard des tiers* que moyennant l'accomplissement de certaines formalités. Ces actes ont bien été conclus avant l'ouverture de la faillite (ou de la liquidation judiciaire) ; mais les formalités nécessaires pour les rendre parfaits « vis-à-vis des tiers » n'ont par supposition pas encore été accomplies au moment où le jugement déclaratif est rendu.

Il faut en conclure que l'acte lui-même est inopposable à la masse ; celle-ci peut comprendre dans l'actif la valeur qu'un pareil contrat aurait prétendu sortir du patrimoine du commerçant. Elle peut encore refuser à la personne avec qui cet acte a été passé la faculté de produire à la faillite, du chef de la créance qui y serait portée.

Il y a plusieurs applications possibles de cette conception.

1554. — *a*) Le commerçant a, dès avant sa faillite, négocié une convention de nature civile avec une autre personne (promesse de vente d'immeuble), il en a été dressé acte écrit conformément à l'article 1341 C. civ. Un acte écrit, d'après le droit civil, ne prend *date certaine* au regard des tiers que sous les conditions de l'art. 1328, généralement par la formalité de l'*enregistrement*.

La contre-partie du négociant diffère cette formalité jusqu'après le prononcé du jugement déclaratif. L'acte est inopposable à la masse (le contraire est habituellement admis, on ne saisit pas bien pourquoi ; voir pourtant dans notre sens Civ. rej. 27 janv. 1886, *Annales de Droit commercial* 1886-87, 2, 21 et la note).

1555. — *b*) Il a été procédé par le commerçant avant l'ouverture de la liquidation à une *cession-transport de créance*. Cette créance ne pouvait se transmettre que d'après les règles du droit civil, au moyen de la *signification* prévue par l'art. 1690. Le cessionnaire n'a pas accompli cette formalité en temps voulu.

La masse sera fondée à méconnaître la cession, car il fallait la signification pour saisir le cessionnaire à l'égard des tiers (même solution pour la cession d'un brevet d'invention qui n'aurait pas été enregistrée au secrétariat de la préfecture, l. 5 juillet 1844, art. 20).

1556. — *c*) Le débiteur, avant de tomber en faillite, a fait *donation d'un immeuble* à une personne de sa famille ou de ses relations. L'acte de donation aurait dû être transcrit au bureau de conservation des hypothèques pour opérer mutation à l'égard des tiers (art. 939 et 941 C. civ.). Le défaut de *transcription* peut être opposé par quiconque y a *intérêt*.

La transcription a été négligée ou tardivement faite, après le jugement déclaratif. L'immeuble donné restera dans l'actif de la faillite.

1557. — **La masse a-t-elle un droit réel?** — Ces conséquences étant connues, il importerait de se demander quel est le droit particulier dévolu à la masse des créanciers, et sur quelle base doctrinale il faut le faire reposer. C'est un de ces nombreux problèmes de théorie, devant lesquels on passe un peu négligemment chez nous, sans trop se soucier de les éclaircir.

On se demande, à la vérité, si ce tiers qui s'appelle « la masse » acquiert par le fait du jugement déclaratif un *droit réel* sur l'actif du débiteur et sur les valeurs qui en dépendent. Mais il n'est pas dans nos habitudes de rechercher rationnellement quel serait ce droit réel, et comment la mainmise de justice en rend l'existence au moins très vraisemblable.

Autant qu'on peut traduire un état de doctrine qui élude la question au lieu de la prendre de front, la pensée qui dirige les interprètes serait celle-ci :

La masse, par le jugement déclaratif (et si l'on fait abstraction de l'hypothèque légale qui sera reprise plus loin), n'obtient pas sur les valeurs de l'actif un droit direct, un *droit réel*. Car il serait difficile de qualifier ce droit, et s'il existait le jugement déclaratif devrait (ce qui n'est pas) être taxé au tarif proportionnel d'enregistrement, comme l'est par exemple un acte constitutif d'hypothèque.

Si la masse a reçu de la loi le pouvoir de repousser les opérations du commerçant, c'est par une sorte d'élargissement des règles de l'*action paulienne* et de l'art. 1167 [1] : une présomption *juris et de jure* pèse sur le débiteur, sitôt la procédure collective ouverte. Cette présomption dans la phase suspecte avait déjà une certaine portée. Elle s'aggrave et s'étend à tous les actes en vertu du jugement déclaratif.

Toutes les opérations du négociant sont dorénavant supposées faites en fraude des droits des créanciers (*fallitus, ergo fraudator*), tous ceux qui traitent avec lui sont supposés complices de cette fraude. Chacun des actes tombe ainsi à raison de sa date sous le coup d'une paulienne agrandie et simplifiée.

Or on soutient d'ordinaire que l'action paulienne est une action purement *personnelle*, qu'elle ne permet pas de suivre le bien aux mains d'un sous-acquéreur, qu'elle n'investit les créanciers d'aucun droit réel. C'est une sorte d'action en réparation de préjudice contre une personne qui a eu tort d'entrer en rapport avec l'insolvable. L'action née du dessaisissement aurait la même économie.

1558. — Suite. — Nous avons déjà donné à entendre dans nos préliminaires de la faillite que cette explication n'était pas la nôtre (n° 1452). Fonder les actions en nullité des actes de la période suspecte sur l'action paulienne est une conception juste. Mais à l'égard des opérations postérieures à l'ouverture de la faillite, cette analyse devient insuffisante.

Elle ne fait pas état des précédents du droit romain. Elle s'abstient de tirer de la mainmise judiciaire de la faillite tous les résultats que cette mainmise porte en soi.

C'est une véritable *hypothèque* ou un *gage parfait* qu'acquiert la masse, aussitôt que la faillite est déclarée.

Cette hypothèque ou ce gage, à la différence d'un autre nantissement, entre immédiatement en liquidation : à cela près, on ne voit pas vraiment ce qui s'oppose à un système interprétant la faillite comme une charge qui affecte les biens au remboursement des créanciers contemporains de son ouverture. Une affectation de cette nature doit se ranger dans la catégorie des *droits réels*, puisqu'elle pèse objectivement sur les valeurs comprises dans l'actif.

On parlera ci-dessous de l'hypothèque légale de la masse. Elle se confond, d'après nous, avec le dessaisissement lui-même. Le jugement de faillite avait déjà fait naître cette hypothèque; il lui avait donné effet sans aucune condition de publicité.

[1] Comme aussi l'entrée du syndic dans l'actif, avec la gestion qu'il fait des biens, est un élargissement de l'art. 1166, lequel autorise les créanciers à exercer tous les droits et actions de leur débiteur.

L'inscription que la loi recommande au syndic de prendre sur les immeubles constitue sans doute une mesure salutaire pour assurer la connaissance de la faillite dans le public; mais, quand cette inscription serait omise, et dès avant qu'elle ne soit prise, la masse peut agir à la manière d'un créancier hypothécaire ou gagiste et se prévaloir du double attribut (droit de préférence et droit de suite) pour écarter de nouveaux créanciers ou pour suivre les biens en mains tierces.

1559. — Suite. — Le cas, à l'occasion duquel se discuterait pratiquement le problème précédent, est le suivant :

Le négociant, avant sa faillite, a non pas disposé par donation, mais *vendu un de ses immeubles*. L'acheteur n'opère la *transcription* que depuis le jugement déclaratif.

D'après l'art. 3 de la loi du 23 mars 1855, le défaut de transcription ne peut être invoqué que par « les tiers qui ont des droits sur l'immeuble et qui les ont conservés en se conformant aux lois ». La masse, selon nous, répond à cette condition : elle a un droit sur l'immeuble vendu, elle n'avait pour le conserver aucune formalité à suivre, donc elle retiendra l'immeuble dans l'actif du failli, disant à bon droit que la vente non transcrite lui est inopposable. C'est l'opinion contraire qui est communément acceptée [1].

N° 2. — Etendue du dessaisissement

1560. — Le dessaisissement, d'après l'art. 443, ne se limite pas aux biens mobiliers, ou immobiliers, civils ou commerciaux, appartenant au débiteur au jour du jugement déclaratif. Il s'étend encore aux *biens qui lui adviendraient plus tard* au cours de la procédure (*contra* en Allemagne [2]).

1561. — Cette extension commande cependant quelques correctifs :

a) Il y a lieu d'abord d'introduire un tempérament pour les *successions* ou *legs* que viendrait à recueillir le débiteur pendant la liquidation. Le syndic (ou le débiteur assisté) peut accepter une succession ou legs ou les répudier. Mais, dans le premier cas, il devra respecter les dettes dont l'hérédité se trouverait grevée, là même où les créanciers

[1] Une autre application du même problème se rencontre dans le cas inverse, où le commerçant *in bonis* aurait *acheté* un immeuble, et où le vendeur serait encore créancier du prix au moment où éclate la faillite, sans avoir fait transcrire à cette date l'acte de vente. Le vendeur peut-il exercer l'action résolutoire contre la masse? Nous répondrons négativement, en nous séparant de l'opinion généralement professée. — La question se retrouvera.

[2] V. sur le régime allemand nos *Faillites en droit comparé*, 3e chap.

n'useraient pas de la séparation des patrimoines : *bona non sunt, nisi deducto œre alieno.*

b) Ces biens nouveaux peuvent provenir d'autre part de l'*activité* du failli. Des situations très diverses sont au surplus de nature à se présenter.

Il y a des faillis qui, avant même que leur faillite ne soit close, engagent avec des capitaux d'emprunt une *nouvelle entreprise* et contractent nécessairement de nouvelles dettes. Le syndic de la faillite ne pourrait prétendre réunir à l'actif de la masse ces acquisitions provenant d'une source séparée, qu'à la condition de laisser les créanciers de la seconde exploitation se payer préalablement sur elles.

Ou encore, le débiteur se met aux gages d'un patron, et touche des salaires ou des *appointements.* Ces salaires ne peuvent être confondus dans la masse : du moins, lorsqu'ils ne dépassent pas 2,000 fr. par an, doivent-ils rester propres au débiteur à concurrence des neuf dixièmes de leur montant (l. 12 janv. 1895).

Le plus fréquemment, dans le petit commerce, c'est au *service* même *de la masse* que travaille le failli : le syndic l'occupe à la liquidation, lui donne, s'il a confiance en lui, pouvoir à l'effet de le représenter dans la gestion du fonds de commerce que continue la masse. Il trouve en lui un auxiliaire. Les appointements qu'il lui fournit constituent en outre un secours alimentaire (art. 474). C'est au juge-commissaire qu'il appartient de fixer les conditions de son travail (art. 488). Apparemment cette allocation lui demeure personnelle, ou elle serait un véritable non-sens.

1562. — Lorsque la loi décide que, par le fait du jugement déclaratif, tous les droits du débiteur se trouvent placés sous la mainmise des créanciers, elle fait tacitement exception pour certains droits ou pour certains biens, qui échappent à l'action de la faillite. Il s'agit de les déterminer : ce sont les *droits attachés à la personne du débiteur*, ce sont aussi les *biens insaisissables.*

1563. — Droits attachés à la personne du failli. — Nombreux sont les droits d'une personne qui présentent une nature plutôt morale que pécuniaire, bien que susceptibles de se traduire par un émolument en argent. Le dessaisissement demeure absolument étranger à ces droits, le débiteur continue à les exercer sous sa libre appréciation, les créanciers ne peuvent se faire subroger à lui dans leur exercice (arg. art. 1166 C. civ.).

Ex. : Le failli dispose d'une *action en diffamation* contre un tiers, d'une action en *révocation de donation pour cause d'ingratitude* (peut-être faut-il en dire autant d'une action en contrefaçon). Il poursuivra le procès de son propre mouvement, il l'intentera seul, le profit de la condamnation ne reviendra pas à la masse.

1564. — Suite. — De même de l'exercice de la *puissance paternelle* ou *maritale.*

Si les enfants du failli ont un patrimoine, l'administration de ce patrimoine, et aussi le *droit de jouissance légale* de l'art. 384 C. civ., restent au débiteur comme par le passé. Cette jouissance a été attribuée au père à titre de compensation des charges de l'entretien de sa famille, et à ces charges la faillite n'apporte aucun changement pas plus qu'au pouvoir discrétionnaire du père dans l'éducation de ses enfants.

On propose une atténuation : le syndic exigera le versement, en fin d'année, de l'excédent des revenus laissé libre après l'acquittement de ces charges. Cette opinion ne paraît pas heureuse : elle rend le failli comptable envers ses créanciers de la manière dont il administre les biens des enfants et pourvoit à leur entretien ; ce qui ne doit pas être.

1565. — Suite. — En ce qui concerne la puissance maritale, le mari conserve vis-à-vis de sa femme les attributions résultant pour lui soit de son autorité de chef, soit des clauses du contrat de mariage.

Il délivrera à la femme l'*autorisation* qui serait nécessaire à celle-ci pour l'accomplissement d'un des actes visés par les art. 215 et suiv. C. civ. Situation, en apparence singulière, d'un homme déchu du droit d'administrer ses propres biens, mais toujours apte à contrôler les affaires de sa femme !

Cette singularité est surtout frappante dans l'exercice des droits provenant des conventions matrimoniales. La communauté avec les propres du mari fait bien partie de l'actif de la masse [1]. Mais le mari conserve l'*administration des propres de la femme*, si le régime adopté la lui avait conférée ; la *jouissance* de ces propres, affectée aux charges du mariage, conservera sa destination, sans que les créanciers aient le droit d'en profiter.

En d'autres termes, le régime matrimonial, communauté ou autre, suivra son cours. La faillite ou la liquidation judiciaire n'entraîne pas séparation de biens (cela provient de l'immutabilité des conventions de mariage, art. 1395) [2].

[1] Nous supposons que c'est le mari qui exerçait le commerce et qui a fait faillite. Quant à la femme commerçante, commune en biens, si elle tombe au-dessous de ses affaires, elle sera mise en faillite, mais seulement sur ses propres. Suivant l'opinion la plus habituellement soutenue, le mari et la communauté, quoique responsables de ses engagements, ne peuvent être poursuivis que d'après les modes d'exécution de droit civil (n° 110).

[2] Une proposition de loi déjà ancienne d'un député, M. Parent (24 janv. 1879), demandait que la séparation de biens se produisît par le seul fait du jugement déclaratif. Il n'est plus question aujourd'hui de cette réforme, cependant désirable.

1566. — Suite. — Toutefois la faillite induit en péril la dot de la femme. Elle pourra plaider en *séparation* devant le tribunal civil (art. 1443). Celle-ci lui sera facilement accordée, au seul vu du jugement de faillite du mari.

L'instance a un côté personnel ou moral, en ce qu'elle tend à établir entre les époux un régime nouveau. Elle a un côté pécuniaire, à raison du droit qu'aura la femme séparée de produire dans la faillite pour ses reprises. Aussi le procès doit-il être suivi conjointement par la femme *contre son mari* et *contre le syndic*, mis l'un et l'autre en cause. Chacun de ces deux défendeurs, d'après la jurisprudence récente de la Cour de cassation (Civ. 11 déc. 1895, *Dalloz*, 1897, 1, 17), doit être condamné aux dépens en ce qui le concerne. Ceux que doit le syndic seront mis à la charge de la masse, ce qui permet à la femme d'en obtenir le remboursement intégral. Ceux qui sont dus par le mari doivent venir à contribution, la femme ne les recouvrera qu'au marc le franc [1].

Si, au lieu de parler de séparation de biens, on s'occupe d'une instance en séparation de corps ou en divorce, les époux plaideront l'un contre l'autre sans que le syndic doive être relié à la procédure.

1567. — Biens insaisissables. — Indépendamment de ces droits attachés à la personne du débiteur et soustraits au dessaisissement, il existe des *valeurs* qui ne tombent pas dans la faillite. Ce sont celles que le Code de procédure civile (art. 581, 582, 592) ou que des lois spéciales déclarent *insaisissables*.

On dit bien habituellement que les valeurs insaisissables font partie de la faillite comme les autres. Mais en réalité cette dernière formule a surtout pour but, dans la pensée de ceux qui l'emploient, de prémunir contre une méthode qui appliquerait en double les dispositions du Code de procédure et celle du livre des faillites, sur les *vêtements*, *coucher* et *effets nécessaires* au débiteur et à sa famille (art. 592 C. proc. civ., cpr. à l'art. 469 C. com.). Il n'est pas douteux que ces effets échappent au dessaisissement, puisqu'il faut les extraire des scellés.

Et quant aux autres biens insaisissables, l'opinion générale est que la faillite les laisse aussi en dehors d'elle. C'est là une solution très logique : comment le mode de procédure instituée, comment la profession civile ou commerciale du débiteur peuvent-ils influer sur la consistance de l'actif formant gage des créanciers?

[1] Ces deux modes de collocation ne pourront être compris qu'après l'exposé des règles qui concernent les *obligations de la masse* (n° 1585). — Sur cette jurisprudence, on pourra consulter nos dissertations dans le *Recueil* de Dalloz, 1896, 2, 209 et 1897, 1, 17.

Par exemple, si une *somme* a été *donnée* ou *léguée* au commerçant *sous la condition qu'elle demeurerait insaisissable* ou à titre alimentaire, il est clair que, nonobstant survenance de la faillite, la masse est irrecevable à la comprendre dans l'actif. L'art. 582 C. proc. refuse aux créanciers *antérieurs* à la donation ou à l'ouverture du legs le droit de saisir cette somme ; donc aussi celui de la réunir aux autres valeurs du gage en cas de faillite [1].

1568. — Rentes sur l'Etat. — C'est ainsi qu'on se trouve, par le développement naturel de l'exposé, amené à se prononcer sur le sort des titres de *rente sur l'Etat* se trouvant dans le portefeuille du failli (ou du débiteur en état de liquidation judiciaire).

Ces titres sont-ils compris dans le gage des créanciers, et le syndic pourra-t-il les réaliser pour en appliquer le prix au dividende ?

Il n'est plus utile de reprendre minutieusement cette question pour la faillite : aussi bien est-elle tranchée depuis l'arrêt de la Cour de cassation du 8 mars 1859 dans le sens affirmatif. La Direction de la Dette au Ministère des finances a souscrit à cette interprétation, et elle passe transfert des certificats vendus par le syndic, sur la justification de la qualité de ce dernier.

Cette ancienne controverse, toujours vivante dans d'autres dépendances du droit, avait sa source dans les dispositions des art. 4 de la *loi du 8 nivôse an VI* et 7 de la *loi du 22 floréal an VII*, lesquelles, on le sait, proscrivent toute opposition au Trésor sur la dette inscrite. Cela veut-il dire : — 1° que les rentes sur l'Etat sont absolument soustraites aux poursuites des créanciers du rentier, quelle qu'en soit la forme (en ce sens, rapport de VERNIER aux Cinq-Cents)? — ou 2° que, dans un intérêt de bonne comptabilité, la loi refuse seulement de pratiquer une *saisie-arrêt* sur les inscriptions nominatives de leur débiteur à la Direction de la Dette, admettant tout autre voie d'appropriation qui n'exigerait pas cette saisie-arrêt?

[1] On a fait observer très justement que l'indivisibilité de la faillite rendait délicate la condition de cette somme, lorsqu'elle résulte d'une disposition faite avant le jugement déclaratif. — La donation est postérieure à ce jugement. Pas de doute, la masse n'y saurait prétendre, car tous les créanciers sont antérieurs au jour où elle a pris date. — La donation est très ancienne, et aucune des créances produites à la faillite n'existait encore lorsqu'elle a eu lieu. Pas de doute, en sens inverse : elle tombera dans l'actif. — Mais il y a une situation intermédiaire : les créanciers sont les uns antérieurs, les autres postérieurs à la libéralité. D'après le Code de procédure, la libéralité est dans le gage des seconds et non dans celui des premiers. D'autre part, comment avec l'unité de régime que la faillite entraîne et l'égalité des dividendes pour tous, appliquer deux règles différentes? MM. RENOUARD, DEMANGEAT (sous BRAVARD), LYON-CAEN et RENAULT ont proposé des systèmes variés. La meilleure opinion, d'après nous, est celle qui règle la situation de tous les créanciers d'après le sort fait aux moins favorisés : la somme échappera pour le tout au dessaisissement.

La première thèse aurait eu pour résultat de laisser au failli la disponibilité de ses titres de rente, avec refus pour le syndic d'y mettre la main. La seconde aurait compris les rentes dans le gage de la faillite.

La jurisprudence a tourné la difficulté, en disant que le syndic, en négociant les certificats de rente, agit comme mandataire légal du commerçant, dans la plénitude des droits de son mandant, et non pas du chef des créanciers. Ce n'est plus un acte de poursuites, mais un acte de procuration ! Explication bizarre, qui n'a peut-être convaincu personne, mais dont on s'est contenté à cause des avantages du résultat[1].

N° 3. — *Effets du dessaisissement*

1569. — Il faut observer que le dessaisissement préserve la masse contre les *actes judiciaires* de la même manière que contre les *actes extra-judiciaires* du débiteur, et peut-être aussi contre les effets de ses *délits*.

Les actes extra-judiciaires seront les conventions faites par le commerçant. Il n'y a pas à en parler plus longuement. Les actes judiciaires sont les procès.

1570. — **Procès.** — *Dans la faillite*, « à partir du jugement, toute action mobilière ou immobilière ne pourra être suivie ou intentée que contre les syndics » (art. 443, al. 2). Le failli ne peut plus ester en justice comme demandeur ou comme défendeur.

S'il intente une poursuite, l'adversaire refusera de lier l'instance.

Si c'est lui que l'adversaire attaque au lieu du syndic, le jugement ensuite rendu ne sera pas exécutoire contre la masse.

Cependant « le tribunal, lorsqu'il le jugera convenable, pourra recevoir le failli *partie intervenante* » (art. 443, al. 4).

1571. — *Dans la liquidation judiciaire*, le tiers demandeur devra assigner à la fois *le débiteur et son liquidateur* (art. 6, al. 1er, l. 1889). Pour introduire un procès, le débiteur devra se pourvoir de l'assistance de ce même liquidateur : toutefois au refus par le débiteur d'engager le procès, le liquidateur pourra agir seul à condition de mettre le débiteur en cause (même texte).

[1] Le sens qu'il faut donner à la loi de l'an VI continue en dehors de la faillite à être vivement débattu. La Cour de cassation, par des arrêts de la Chambre civile du 2 juillet et de la Chambre des Requêtes du 16 juillet 1894, ainsi que par l'arrêt plus récent de la Chambre civile du 23 nov. 1897, adopte l'opinion la plus favorable aux créanciers : soit, la saisissabilité de la rente par tous autres moyens qu'une opposition au Trésor. Mais le Ministre des finances refuse d'adhérer à cette interprétation. L'administration et la justice sont en conflit (voir Lévy-Ullmann dans les *Annales de droit commercial*, 1898, p. 22).

1572. — Délits. — L'opinion générale est que le commerçant failli ou en état de liquidation judiciaire ne peut même pas engager la masse par ses *délits*. Le créancier est sans droit pour se faire colloquer des dommages-intérêts, si ce délit ne remonte pas plus haut que le jugement déclaratif. Un homicide volontaire ou par imprudence, commis par le failli après ce jugement, ne donnera pas lieu à réparation dans la faillite.

Nous acceptons cette manière de voir, toute rigoureuse qu'elle soit pour la personne ainsi traitée.

Mais n'est-ce pas en même temps la preuve, que le jugement de faillite frappe l'actif d'indisponibilité et crée au profit de la masse une sorte d'hypothèque? Si le dessaisissement dérivait, comme on le pense d'habitude, d'une présomption de fraude et de complicité dont seraient entachés tous les actes du débiteur, comment étendre cette présomption à des faits délictueux auxquels le tiers lésé n'a certainement point participé ?

APPENDICE. — De l'hypothèque légale de la masse

(C. com. art. 490, al. 3, et 517 ; l. 1889, art. 4, al. 1 *in fine*)

1573. — La loi confère à la masse des créanciers une *hypothèque* sur les immeubles du failli, soit antérieurs à la faillite, soit acquis pendant le cours de sa marche.

Cette hypothèque se relie au *dessaisissement*, bien que le rapport qui l'unit à lui soit, dans la doctrine des auteurs, assez équivoque. On la retrouve aujourd'hui dans la liquidation judiciaire (l. 1889, art. 4).

Elle est soumise à deux inscriptions au bureau des hypothèques de la situation des immeubles. Le syndic doit les prendre, d'abord après sa nomination, puis après l'homologation du concordat, s'il en est accordé un au failli (art. 490, al. 3, 517) [1].

1574. — Le profit que doit retirer la masse de cette hypothèque est surtout visible *après la clôture de la faillite*, et en supposant que le débiteur ait été rétabli dans son actif par un *concordat*. Le dessaisissement cesse, le droit d'administrer ses biens est rendu au commerçant.

Les créanciers désirent cependant être garantis contre les engagements nouveaux qu'il viendra à contracter. S'il doit retomber au-dessous de ses affaires, il convient que les créanciers concordataires priment les créanciers subséquents sur les immeubles déjà existants au temps de la première faillite. L'hypothèque légale, prolongeant ses effets au-delà de

[1] Que cette hypothèque soit légale ou judiciaire, qu'elle découle de la loi ou du jugement déclaratif, question d'ordre purement spéculatif —, le bordereau d'inscription n'a pas à spécialiser les immeubles sur lesquels elle porte.

la faillite elle-même, leur assurera cette préférence. Aussi la deuxième inscription, la plus importante des deux, doit-elle mentionner le jugement d'homologation (art. 517). Les intéressés seraient libres, d'ailleurs, de renoncer à l'hypothèque au moment du concordat.

1575. — Mais l'hypothèque légale est-elle utile aux créanciers, même *pendant le cours de la faillite* ?

Nous ne pouvons y voir quant à nous qu'un complément de *publicité*, donné au dessaisissement par une inscription sur les immeubles. Le syndic y procède sous sa responsabilité vis-à-vis des tiers : sa négligence a pu avoir pour résultat de laisser la faillite ignorée de certaines personnes qui ont traité avec le débiteur en matière immobilière. Mais nulle autre sanction n'existe, puisque le dessaisissement produit son effet au regard de tous au moment du jugement déclaratif, abstraction faite d'une publication quelconque (n° 1547).

On soutient, il est vrai, le contraire. La masse, dit-on, acquiert un *droit réel* sur les immeubles à partir de cette inscription. Elle n'était qu'un tiers ordinaire, par le fait du dessaisissement. Un surcroît de garantie lui est donné. Elle pourra maintenant méconnaître une *vente d'immeuble* faite par le débiteur avant sa faillite et non transcrite par l'acheteur (art. 3 de la loi du 23 mars 1855) [1].

Tel n'est pas notre sentiment. Cette garantie, consistant pour la masse à être munie d'un droit réel sur les différentes valeurs de son gage, nous la lui avons reconnue dans le paragraphe précédent par la vertu même du dessaisissement (n° 1558). L'hypothèque légale fait donc double emploi avec lui. On s'expliquerait malaisément par quelle économie de principe la masse se trouverait, au cours de la faillite, subitement pourvue d'une autre condition juridique que celle résultant pour elle du jugement déclaratif : ce ne serait en tout cas point fort rationnel [2].

[1] Elle pourra s'opposer aussi, dans cette doctrine, à l'exercice de l'action en résolution d'une vente d'immeuble faite au failli, action basée sur ce que l'acheteur n'a pas payé son prix (la transcription de cette vente n'avait pas eu lieu encore au moment du jugement déclaratif). Le privilège du vendeur est éteint, l'action résolutoire l'est aussi par voie de conséquence au regard de ceux qui ont *acquis des droits sur l'immeuble* (art. 7 de la même loi de 1855). — Ce problème, déjà signalé dans une précédente note (p. 864), sera revu plus loin.

[2] Les immeubles sont vendus à la requête du syndic pendant la faillite. Cette vente n'emporte purge des hypothèques que sous certaines conditions. Mettons que ces conditions ne soient pas remplies : le syndic pourrait-il contre l'adjudicataire exercer le droit de suite, du chef de l'hypothèque légale de la masse? — Non, Qui doit garantir ne peut évincer.

§ 2. Administration des biens dans la faillite ou dans la liquidation judiciaire

1576. — Quelles sont les personnes qui interviennent directement ou indirectement dans l'administration des biens de la faillite ou de la liquidation? Ce sont le syndic (ou liquidateur), le juge-commissaire, les contrôleurs.

1577. — **I. Syndic.** — La personne chargée de liquider la faillite s'appelle *syndic*. En général il n'y en a qu'un : la loi permet d'en désigner trois (art. 462). En ce cas, à moins d'attributions partagées par le juge-commissaire, ils agiront collectivement. Ce qui signifie qu'ils sont responsables *in solidum* de leur gestion, ayant dû mutuellement se contrôler ; mais non pas qu'ils doivent opérer en commun. Chacun, au contraire, a le droit d'agir à part.

Le syndic subit des transformations au cours de la procédure. Quand le même agent resterait en fonctions jusqu'à la clôture de la faillite, il change de qualité et reçoit de nouvelles investitures. Il y a en effet une succession de trois syndics :

1° le *syndic provisoire*, désigné du nom d'*agent* en 1807, et nommé par le jugement déclaratif (art. 461, al. 1) ;

2° le *syndic définitif*, appelé *provisoire* en 1807, et que désigne le tribunal, après que, dans les quinze jours du jugement déclaratif, les créanciers présumés auront été convoqués d'urgence pour se prononcer sur le maintien ou sur le remplacement du premier (art. 462, al. 2);

3° le *syndic d'union*, appelé en 1807 syndic *définitif*, désigné de la même manière sur l'avis des créanciers, après le rejet du concordat (art. 529).

1578. — *Dans la liquidation judiciaire*, on retrouve le même renouvellement de fonctions et les mêmes qualifications de liquidateurs *provisoires*, *définitifs* et d'*union* (ce dernier est rare pour un motif que l'on retrouvera) : art. 4, 9 et 15 de la loi de 1889.

1579. — **Du syndicat de faillite.** — Le syndicat de faillite a changé de caractère en 1838 : le Code de commerce avait fait de ces fonctions un mandat *désintéressé*, *gratuit*, conféré *par les créanciers* eux-mêmes et à *l'un des leurs* (sauf en ce qui concernait l'agent nommé d'urgence par le jugement déclaratif).

Cet essai n'a pas réussi, les faillites étaient liquidées par des individus sans expérience. La réforme de 1838 a eu pour résultat de faire du syndicat de faillite une *profession spéciale*. Sauf l'empêchement de parenté avec le débiteur établi jusqu'au quatrième degré, les restrictions anciennes au droit de le choisir ont disparu.

C'est le tribunal qui le désigne sur simple avis consultatif des créanciers, et il le prend dans une catégorie d'hommes déterminée. Agent d'affaires, le syndic ne l'est pas cependant à parler exactement. Ce titre ferait de lui un commerçant (art. 632 C. com.) et il ne l'est pas : il est plutôt un agent de justice.

Dans un certain nombre de ressorts[1], les syndics sont constitués en *corporation officieuse* avec l'agrément du tribunal de commerce; cette corporation dispose sur l'administration des faillites, ainsi que sur celle des liquidations judiciaires, d'un monopole de fait. Ils ont des tarifs, des règles disciplinaires, ils ressemblent à des officiers ministériels, à cela près que c'est le tribunal et non la chancellerie qui les surveille[2].

On s'est plaint que les syndics de faillite fussent devenus trop influents. En réalité les pouvoirs dont on les entoure tempèrent faiblement leur action. Mais mieux vaut encore avoir des syndics trop forts que des syndics maladroits.

On estime que leurs honoraires sont trop élevés : ceux-ci cependant sont taxés par le juge-commissaire, après qu'ils ont rendu compte de leur gestion (art. 462 *in fine*, et l. 1889, art. 10). Quelle que soit la manière dont se clôture la procédure, l'état de la taxe est déposé au greffe : le débiteur et les créanciers peuvent y former opposition dans la huitaine, il est statué par le tribunal en chambre du conseil (l. 1889, art. 15, al. 3 et 4)[3].

[1] Il y a des ressorts nombreux dans lesquels les faillites sont liquidées par des avoués ou par des notaires.

[2] A Paris, depuis 1876, les syndics de faillites (au nombre de 25) sont réunis en Compagnie, et cette Compagnie offre au public des garanties morales et pécuniaires de sécurité. Elle dispose d'un fonds commun s'élevant à cinq cent mille francs, et formé au moyen de prélèvements sur leurs honoraires dont l'ensemble constitue bourse commune (voir la note suivante). En outre, chaque syndic dépose un cautionnement de 20,000 francs.

Ce fonds commun et ces cautionnements répondent solidairement de la gestion de chacun des membres de la Compagnie pour les faillites qui lui sont confiées. Le produit de la bourse commune sert à couvrir annuellement les frais généraux de la Compagnie, y compris les intérêts des cautionnements et les secours alloués aux anciens confrères : le surplus est réparti également entre les sociétaires, à condition de maintenir les 500,000 francs ou de les reconstituer.

Lorsqu'un syndic se retire, soit de son plein gré, soit parce que le tribunal l'oblige à démissionner, il n'a pas la faculté de céder sa charge ou son cabinet. Le nouveau syndic (qui ne recueille pas les affaires de l'ancien) est désigné par le tribunal parmi les candidats en cours de stage, auxquels la Compagnie fait passer périodiquement des examens. Le démissionnaire reprend seulement son cautionnement, avec sa part dans le fonds commun, évaluée à six fois le produit du dernier exercice de la bourse commune. Le nouveau syndic fait en revanche à la Compagnie un versement pareil.

[3] Les règlements à Paris allouent 5 0/0 au syndic sur les réalisations, à concurrence des 100 premiers mille francs, avec reversement par eux du quart de leurs indemnités ou honoraires à la bourse commune de la profession (voir la note précédente). On obvie

1580. — Le syndic n'exerce pas un pouvoir illimité. D'autres autorités sont destinées à lui faire contre-poids.

Le *ministère public* exerce un contrôle sur la faillite. Gardien de la cause de la répression, il peut se transporter au domicile du failli et assister à l'inventaire, se faire communiquer tous actes, livres, etc. (art. 483 et 602). Le syndic lui adresse par l'intermédiaire du juge-commissaire un mémoire de l'état de la faillite et de ses causes dans la quinzaine de son entrée en fonctions (art. 482 : texte applicable à la liquidation judiciaire).

Un décret du 26 mars 1880 a institué au greffe du tribunal de commerce un *registre* public de *comptabilité*, sur lequel sont inscrits pour chaque faillite et dans l'ordre de leur date les actes de gestion, recettes, dépenses et versements du syndic : un relevé sommaire trimestriel est transmis au procureur général.

1581. — II. **Juge-commissaire.** — Membre du tribunal de commerce et délégué par lui, le *juge-commissaire* accélère et surveille les opérations de la faillite. Il statue sur les réclamations élevées contre les actes du syndic et peut proposer au tribunal sa révocation (art. 466 et 467).

On sait déjà que toutes les affaires nées de la faillite et portées devant le tribunal de commerce doivent être l'objet d'un rapport de sa part.

Le concours qu'il prête à la faillite se manifeste surtout par la *présidence des assemblées* de créanciers qui lui est dévolue, par l'ordre donné au greffier de convoquer pour ces assemblées, par l'autorisation de faire les opérations dépassant les pouvoirs ordinaires du syndic ou du débiteur assisté. Il est pourvu à cette autorisation au moyen d'une ordonnance.

1582. — III. **Contrôleurs.** — Comme troisième rouage des faillites ou liquidations apparaissent les *contrôleurs*. Ce rouage peut d'ailleurs ne pas se rencontrer, il est facultatif.

Ce sont des créanciers, nommés dans la quinzaine de l'ouverture de la procédure, par la première assemblée destinée à examiner la situation du débiteur, ou par une assemblée postérieure : le juge-com-

par là aux inégalités de force des différentes faillites distribuées annuellement entre les syndics d'une même place. Si la faillite se termine par un concordat, l'émolument est de 1 0/0 sur le montant du passif. A Lyon, la rétribution est graduée d'après une échelle allant de 2 à 10 0/0. Il y a des places où les syndics peuvent d'ailleurs, hors taxe, se faire allouer des honoraires pour préparation de concordats, liquidations amiables, qui résultent de soins ne rentrant pas directement dans leur mandat judiciaire. — Dans l'ensemble, ces honoraires sont plutôt modérés, et la multiplication des clôtures pour insuffisance d'actif permet de dire qu'ils constituent parfois une bien faible rémunération.

missaire consulte la masse sur l'utilité d'élire de pareils agents qui ne dépasseront pas le nombre de deux. Ils exerceront des fonctions gratuites, ne seront responsables qu'en cas de faute lourde et personnelle et ne pourront être révoqués que par le tribunal de commerce, sur l'avis conforme de la majorité des créanciers et sur la proposition du juge-commissaire.

Le mandat de ces contrôleurs est tenu par la loi dans le vague. Ils sont chargés de vérifier les livres et l'état de situation, ainsi que de surveiller les syndics ou liquidateurs et de leur demander compte de la situation. Il y aura lieu de prendre leur avis sur les actions à suivre ou à intenter (l. 1889, art. 9, al. 3 et 4, art. 10). Les dispositions légales concernant les contrôleurs sont applicables à la faillite comme à la liquidation judiciaire (art. 20, al. 2 de ladite loi).

C'est de 1889 seulement que date cette institution. On avait constaté que la surveillance du juge-commissaire était plus nominale qu'effective. A l'instar de ce qui se passe dans les sociétés par actions, où l'assemblée générale désigne un conseil de surveillance pour suivre de plus près les administrateurs, on a cru qu'une délégation des créanciers aurait dans la faillite, ainsi que dans la liquidation judiciaire, certains avantages.

1583. — Opérations à accomplir. — Il s'agit à présent de donner le tableau des différentes opérations que, par suite du sequestre judiciaire, vont accomplir le syndic ou le débiteur assisté de son liquidateur. Sauf en matière de transaction ou de vente de meubles, il y a concordance entre les deux régimes.

Un agent comptable prenant en charge un ensemble de biens, il faut un document d'entrée : c'est l'*inventaire*. Il doit être précédé *dans la faillite seulement* de l'apposition des scellés par le juge de paix, avisé par le greffier immédiatement après le jugement déclaratif (art. 457), à moins (ce qui arrive presque toujours) que le juge-commissaire n'estime l'inventaire possible en un jour et ne donne dispense des scellés (art. 455) [1].

L'inventaire [2] est dressé par le syndic, le failli dûment appelé (art. 479), ou par le liquidateur agissant avec le débiteur (loi 1889, art. 4, al. 1er). Il est établi en une double minute, dont l'une sera déposée au greffe du tribunal de commerce (art. 480) [3].

[1] V. dans l'art. 469 les objets, effets personnels ou d'exploitation, qu'une ordonnance du juge commissaire dispensera également de placer sous scellés.

[2] Contresigné par le juge de paix, mais seulement s'il est fait sur une levée de scellés (art. 480).

[3] En cas de faillite après décès, cet inventaire sous seing privé, s'il est fait en présence des héritiers, aura la même valeur que l'inventaire notarié qui conserve les droits des intéressés au bénéfice d'inventaire (arg. art. 478 et 481).

L'inventaire est un moyen de préparer le *bilan*. Celui-ci est constitué par le syndic ou par le liquidateur et déposé au greffe (art. 476) : le syndic se sera entouré de toutes sortes de renseignements pour le faire, il aura appelé le failli pour clore et arrêter les livres en sa présence (art. 475).

1584. — Il y aura lieu d'exécuter un certain nombre d'*actes juridiques*, par accomplissement du mandat appartenant, soit au syndic, soit au débiteur assisté, d'administrer ainsi les biens. En voici la liste :

1° *Actes conservatoires* (interruption de prescription, prise d'inscription sur les immeubles de débiteurs du failli, qui seraient tenus hypothécairement envers lui). Ils sont faits par le syndic ou par le débiteur assisté (art. 471, 490 C. com., art. 4, al. 1, *in fine*, et art. 6 *init.* de la loi de 1889).

2° *Recouvrement de sommes d'argent* devenues exigibles, art. 471, 485. Sortie des scellés des effets et des livres. Remise de la correspondance au syndic, qui notifie à l'Administration des postes le jugement déclaratif (non applicable à la liquidation judiciaire).

3° *Vente de meubles corporels*[1] (art. 470, 486). Autorisation du juge-commissaire, qui décidera si cette vente se fera à l'amiable, par l'entremise de courtiers ou de tous autres officiers publics. Dans la liquidation judiciaire, s'il s'agit de meubles dispendieux ou sujets à dépérissement, l'assistance du liquidateur suffit (art. 6 de la loi de 1889).

4° *Transactions* (arrangements pris avec une personne qui prétend avoir des droits dans la faillite).

a) *Faillite*. Autorisation du juge-commissaire, homologation judiciaire au-dessus de 300 francs, le failli dûment appelé. Compétence du tribunal civil ou de commerce, selon que cette transaction porte sur des droits mobiliers (civils) ou immobiliers (art. 487).

b) *Liquidation judiciaire*. Homologation nécessaire seulement au-dessus de 1,500 francs en principal ou de 60 francs de revenu en matière immobilière : les contrôleurs doivent donner leur avis sur la transaction (art. 7, l. 1889).

L'opposition du débiteur empêche dans les deux procédures la transaction immobilière.

Au même régime que les transactions obéissent les désistements, renonciations ou acquiescements (même art. 7).

5° *Dépôt des fonds* de la faillite ou de la liquidation. Ils sont déposés *à la Caisse des consignations* et, comme ils rapportent l'intérêt réglementaire de 2 0/0, ils ne demeurent pas improductifs (il en était autre-

[1] Nous reporterons au chapitre de l'union l'examen des questions concernant la *vente des immeubles*, pour laquelle règnent quelques difficultés.

ment sous le Code de 1807 qui voulait qu'ils fussent enfermés dans une caisse dont le syndic et un créancier avaient les clefs). Ces fonds sont versés dans les trois jours des recettes et retirés plus tard en vertu d'une ordonnance du juge-commissaire (art. 489 C. com. et art. 6 de la loi de 1889). Cela n'empêche pas le juge d'arbitrer la somme nécessaire au roulement de la procédure et de la laisser aux mains du syndic ou du débiteur [1].

Faute d'argent pour faire face aux premiers frais (jugement déclaratif, sa publication, scellés, arrestation du débiteur), le *Trésor public* en fait l'avance, sur ordonnance du juge, à charge d'en être remboursé par privilège sur les premiers recouvrements (art. 461). Mais là se bornent les avances que fait l'Etat aux faillites nécessiteuses : c'est ce qui explique pourquoi un aussi grand nombre d'entre elles se voient forcées de clôturer faute d'actif (à étudier plus tard).

6° *Continuation de l'exploitation du fonds de commerce* : mesure toujours bonne à prendre, là où elle est possible, pour sauver la clientèle et pour rendre le concordat praticable [2]. Autorisation nécessaire du juge-commissaire (art. 476, et l. 1889, art. 6).

Cela entraînera un grand nombre des actes ci-dessus énumérés : encaissement de créances, transactions, ventes, et aussi d'autres opérations, souscriptions d'effets, achats, emprunts. Cela aussi aura pour résultat de mettre à la disposition de l'agent de la liquidation un fonds de roulement plus ou moins abondant.

Le syndic peut se substituer un fondé de pouvoirs, un préposé dans la gestion de ce commerce. Ce fondé de pouvoirs peut être le failli lui-même. Il agit alors comme représentant de la masse, il n'agit plus de son chef, il ne contrevient pas non plus au dessaisissement. Le syndic semble étranger à ses opérations, en réalité il les couvre de son approbation [3]. — *A fortiori* les choses peuvent-elles se passer de la

[1] A Paris, il est d'usage de laisser au syndic une provision de 200 francs pour faire face au courant des opérations de la faillite.

[2] Cette continuation se heurte en fait, dans la faillite des magasins, à deux sérieux obstacles, que les syndics ne connaissent que trop. La valeur des marchandises est absorbée, d'une part, par le privilège du propriétaire pour l'arriéré des loyers (voir plus bas). D'un autre côté, le négociant a donné en gage son fonds de commerce à un capitaliste (nous connaissons cette pratique du nantissement si meurtrière pour la masse), et on admet que le droit de gage de ce créancier porte sur le montant des marchandises qui se trouvent dans le fonds au moment de l'ouverture de la faillite (n° 902).

[3] Le syndic surveille alors le mouvement des fonds destinés à la marche du commerce, et lorsque l'argent encaissé dépasse, à son appréciation, les besoins journaliers de l'établissement, il exerce des prélèvements pour les verser à la Caisse des consignations. Il va sans dire qu'on ne se limite plus alors à la provision de 200 francs.

même manière dans la liquidation judiciaire. Le liquidateur donne mandat au débiteur de gérer seul le fonds, c'est licite et c'est imposé d'ailleurs par les exigences des affaires. Que devient alors cette assistance à laquelle la loi paraît attacher tant de prix?

1585. — Engagements de la masse. — Il y a une remarque importante à faire au sujet de la condition des créanciers nouveaux qui traitent avec le syndic ou avec le débiteur assisté en cours de liquidation. Non seulement ces créanciers ne pourront être écartés des distributions, puisqu'ils ont contracté avec les agents qualifiés de la faillite ou du régime de liquidation judiciaire qui en procède ; mais ils disposent d'un privilège pour leur paiement. Leur débiteur, dit-on, n'est pas le commerçant lui-même, mais la masse. Ils ne sont pas créanciers *dans* la masse, mais *de* la masse.

Ceux dont les droits remontent avant le jugement déclaratif forment le groupe des créanciers syndiqués : les membres de ce groupe sont maintenant forcés de s'écarter devant les nouveaux venus qui leur ont fait foi. Les premières rentrées seront donc appliquées au remboursement de ces ayants-droit. C'est conforme à l'économie des sociétés : les créanciers se paient en premier lieu, les associés ne viennent qu'ensuite à partage[1].

Il en est ainsi aussi bien des créanciers puisant leurs titres dans un contrat que de ceux qui fondent leurs prétentions sur un procès. La réclamation des dépens en frais généraux de faillite, à la charge de la masse, par préférence, est permise de la part de celui qui a plaidé contre le syndic et a obtenu un jugement lui donnant gain de cause : cette créance n'est pas réduite au dividende[2].

[1] Par ainsi, l'on reconnaît à la masse les prérogatives de la personnalité morale. Cela n'a rien d'excessif, du moment qu'elle forme une association (voir les notions préliminaires). Le syndic intente les actions judiciaires de la masse, sans avoir à énumérer dans les exploits les noms des créanciers. Comme toute procédure est commandée par la règle : *Nul ne plaide par procureur*, il faut conclure de là que la masse a les attributs de l'existence juridique. — Avouons qu'on pourrait expliquer d'une tout autre manière la préférence des créanciers nouveaux par rapport aux anciens. Le privilège des frais de justice, établi par l'art. 2101 C. civ., suffirait à leur assurer une collocation de priorité par rapport aux créanciers anciens. Ils ont fait l'affaire de tous en apportant l'appui de leurs capitaux à la liquidation de l'actif. Cela permettrait de dire que les créanciers nouveaux ont, comme les anciens, le commerçant pour débiteur (voir notre article de la *Revue critique*, 1881, p. 630).

[2] C'est ce que nous avons dit de la créance des dépens appartenant à la femme qui a plaidé en séparation de biens; créance que la Cour de cassation, on s'en souvient, soumet à un régime dédoublé (n° 1566). — On pourrait faire la même observation pour tous les procès que le syndic soutient au nom de la masse et dans son intérêt, s'il doit ensuite les perdre : les dépens constituent une dette à la charge de la masse.

SOUS-SECTION II. — Pouvoir de contracter antérieurement au jugement déclaratif. — De la période suspecte (Art. 446, 447 et 449 C. com.)

1586. — On entend par *période suspecte* le *temps écoulé en arrière de la faillite* (ou de la liquidation judiciaire) *et allant du jour de la cessation des paiements au jugement déclaratif, avec une addition des dix jours antérieurs dans certains cas.* La faillite s'est ouverte le 1er juin, la cessation des paiements remontait au 1er février. La période suspecte ira du 1er février au 31 mai inclusivement, et pour certains actes elle prend son point de départ au 21 janvier.

Nous savons déjà :

— que le tribunal de commerce est appelé à juger à titre principal la fixation de cette date, sauf rapport ou rectification dans les délais des art. 580 et 581, textes difficiles à concilier ;

— qu'il peut remonter dans le passé aussi haut qu'il le croira convenable et conforme aux faits ;

— que, faute de fixation spéciale de cette date, la cessation des paiements se confond avec le jugement déclaratif ;

— que les mots « cessation de paiements » sont pris ici (en général du moins) dans un sens plus large que lorsqu'il s'agit de prononcer la faillite ;

— enfin que la période suspecte fonctionne dans la liquidation judiciaire comme dans la faillite, sauf à l'action en nullité, si elle réussit, à faire déchoir le débiteur de la procédure de faveur qu'il avait d'abord obtenue (l. 1889, art. 19).

1587. — La loi a bien fait d'organiser une phase intermédiaire entre l'état de pleine solvabilité et celui de faillite ouverte (voir dans le préambule les insuffisances du droit romain ainsi que de l'Ordonnance de 1673, aussi longtemps que la Déclaration de 1702 ne l'eut pas complétée). Si elle n'avait pas établi ce régime transitoire, le syndic aurait eu l'*action paulienne* (art. 1167 C. civ.) pour seule ressource afin d'attaquer les actes du commerçant antérieurs à la déclaration de la faillite et préjudiciables à ses créanciers.

Or cette ressource eût été insuffisante pour la protection de la masse. Car l'action paulienne est subordonnée à des conditions de preuve difficiles à administrer.

Il faut démontrer : 1° que le débiteur a agi dans l'intention de frustrer ses créanciers en détournant un élément du gage ; 2° (dans les actes à titre onéreux) que la contre-partie a été de connivence avec lui, a voulu l'assister dans cette fraude et en profiter elle-même.

Dans les faillites on rencontre, à la vérité, à la veille du jugement déclaratif, des opérations de ce caractère. Il y en a cependant qui ont une apparence louche sans que l'on puisse établir en fait la fraude. Il y en a aussi beaucoup d'autres qui ne sont pas à proprement parler frauduleuses, mais inconsidérées. Ce sont des expédients destinés à prolonger artificiellement une situation déjà perdue : le débiteur est en faute d'avoir dilapidé le gage, la contre-partie est coupable d'avoir soutenu son crédit sans apparence de relèvement.

Il y a enfin tout un ensemble d'actes que l'action paulienne ne peut atteindre. Ce sont ceux par lesquels un créancier s'assure son remboursement, les *paiements* : en droit civil, celui qui reçoit son dû agit en personne vigilante, soucieuse de ses intérêts, et sans fraude. La loi commerciale de l'égalité des créanciers ne pouvait pas souscrire à ces paiements privilégiés.

1588. — Il fallait donc instituer une autre action, débarrassée des conditions rigoureuses de preuve qu'exige l'art. 1167. C'est à cette fin que la période suspecte fut organisée. Elle ne l'a été avec succès que dans la loi de 1838.

D'après le Code de 1807, le dessaisissement rétroagissait jusqu'à la cessation des paiements. C'était excessif, et la pratique était obligée d'apporter des tempéraments au texte.

En 1838, les articles 446, 447 et 449 ont introduit des distinctions reposant sur une observation juste, et très minutieuses. Aujourd'hui donc le dessaisissement ne part que du jugement déclaratif, et n'a d'effet que pour l'avenir. — D'un autre côté, les actes plus anciens que la cessation des paiements et les dix jours qui la précèdent ne peuvent être attaqués que par l'action paulienne.

Entre ces deux périodes s'en glisse une intermédiaire, que les Italiens appelaient *proximum tempus decoctionis*. Les actes faits depuis la cessation des paiements jusqu'au jugement déclaratif, y compris quelques-uns de ceux des dix jours précédents, seront au regard de la masse les uns valables, les autres *nuls* (expression incorrecte), tantôt à raison de la seule nature de l'acte, tantôt à raison de cette nature d'acte compliquée d'un certain état d'esprit chez les opérateurs.

C'est de ces opérations que nous allons nous occuper, en transposant l'ordre des articles. Nous mettrons ainsi dans notre exposé plus de clarté.

Dans trois paragraphes, nous parlerons : de la nullité facultative de l'art. 447, — de l'exception de faveur de l'art. 449, — des exceptions de rigueur de l'art. 446.

§ 1. Nullité facultative de l'art. 447 (actes à titre onéreux)

1589. — « Tous (autres) paiements, porte ce texte, faits par le débiteur pour dettes échues et tous autres actes à titre onéreux par lui passés après la cessation de ses paiements et avant le jugement déclaratif, *pourront* être annulés si, de la part de ceux qui ont reçu du débiteur ou qui ont traité avec lui, ils ont eu lieu avec connaissance de la cessation de ses paiements. »

Ex. : Le syndic, une fois entré en fonctions, constate que le débiteur a, à la date du 15 avril, *vendu un de ses immeubles* à un acquéreur qui a payé son prix. Il appartiendra à la justice, sous les conditions que nous allons examiner, de faire tomber cette vente et d'obliger l'acheteur à rapporter l'immeuble. — La masse, d'un autre côté, ne peut pas s'enrichir aux dépens des tiers. Si donc le prix ou son équivalent existe encore dans l'avoir du failli, la masse devra le restituer. S'il est dissipé, l'acheteur est sans droit pour en exercer la répétition.

Le syndic découvre, à la même date, un *paiement individuel* fait par le négociant à l'un de ses créanciers, quoiqu'il eût laissé en souffrance la généralité des autres dettes. Le paiement devra être rapporté, et le créancier produira au dividende comme il aurait dû le faire, s'il n'avait rien reçu.

1590. — **Conditions de l'annulation.** — L'acte est annulable, à la demande du syndic, sous les trois conditions suivantes :

1° Il faut qu'il se place par sa date *entre la cessation des paiements et le jugement déclaratif*. Postérieure au 31 mai, l'opération est nulle sans distinction. Antérieure au 1er février, elle n'est réglée que par l'action paulienne ordinaire ;

2° Il faut que *le tiers* qui a traité avec le débiteur *ait eu connaissance de la cessation des paiements* de ce dernier, ce dont le syndic devra justifier ;

3° Il faut que le tribunal de commerce ait jugé convenable d'annuler l'acte, usant à cet égard d'une appréciation toute discrétionnaire. La nullité est *facultative*. La décision serait sujette à cassation si elle portait obligation pour les juges d'annuler l'opération, du moment que les deux premières conditions étaient remplies.

Il se peut en effet que la masse n'ait ressenti aucun préjudice par le fait de cet acte. Il se peut même que l'acte l'induise en préjudice, mais que les circonstances dans lesquelles il a été conclu, l'espoir du tiers de voir son argent consacré à rétablir les comptes du commerçant, etc., disculpent le défendeur et rendent le contrat régulier.

1591. — Comparaison avec l'action paulienne. — Cette action en nullité est une action paulienne simplifiée. Quelque parti que l'on prenne sur l'économie du dessaisissement, ici il n'y a pas de doute : l'art. 447 procède de l'art. 1167.

Il lui ressemble même à ce point, qu'il semble ne faire qu'un avec lui. L'action est de même nature que la paulienne : — elle est *personnelle*, ne peut atteindre que la contre-partie directe du commerçant, et non pas un sous-ayant cause[1] ; — les *intérêts* de la somme versée ou les *fruits* de l'immeuble vendu seront dus par le défendeur à partir de l'acte incriminé, etc.

1592. — Suite. — Il y a cependant entre ces deux voies de droit une différence de régime appréciable, et l'art. 447 sera pour la masse beaucoup plus profitable.

Quelquefois on établit de l'une à l'autre une opposition qui n'est pas juste. On dit que l'action de l'art. 447 n'appartient qu'à la *masse* et que, à défaut du syndic, un créancier ne pourrait l'exercer (ce qui est vrai), tandis que l'action paulienne appartiendrait à *chaque créancier* individuellement. — C'est là plutôt un contraste entre la faillite et la déconfiture ; nous dirons plus loin que, la faillite une fois ouverte, un créancier n'a pas plus qualité pour intenter l'action paulienne que les actions en nullité de la période suspecte.

Néanmoins il y a des différences réelles, et elles portent sur ces trois points :

1593. — *a*) Dans l'action paulienne, le demandeur doit démontrer l'*insolvabilité* du débiteur, et comment l'acte attaqué a créé ou aggravé cette insolvabilité. Dans l'action de l'art. 447, il suffit de prouver la *cessation des paiements* et la connaissance qu'en avait le tiers.

1594. — *b*) Dans l'action paulienne, il faut établir la *fraude* du débiteur et la *complicité* du tiers à cette fraude.

[1] De même qu'un sous-acquéreur ne peut souffrir de la nullité (à moins d'être personnellement dans les conditions d'exercice de l'action), de même un tiers, que l'acte touche d'une manière indirecte seulement, ne peut prendre texte de l'article 447 pour en tirer avantage. — Ex. : Le commerçant avait fait *cession* d'une de ses *créances* depuis la cessation de ses paiements. Le débiteur de cette créance cédée refuse de se libérer aux mains du cessionnaire, aussi longtemps que celui-ci ne lui rapportera pas la quittance du syndic avec la sienne propre. — Le peut-il? Oui, dit le Tribunal civil de la Seine, à la date du 24 décembre 1895. Nous estimons que non, en acceptant la solution du même Tribunal, opposée à la première, et rendue le 28 mai 1897. Car si la nullité a lieu, elle ne peut pas réagir contre le cédé : le paiement qu'il ferait au cessionnaire serait inattaquable (En sens contraire, TRAVERS, *Ann. dr. comm.* 1897, 327).

Dans l'action de l'art. 447, il suffit de prouver que le tiers *connaissait la cessation des paiements* du débiteur. Cette connaissance n'implique pas nécessairement l'intention malhonnête de seconder un plan de détournement, avec la volonté d'en profiter. La loi veut également frapper le fait d'avoir donné sciemment à un commerçant perdu le moyen de continuer ses affaires.

1595. — Paiements. — *c*) Les *paiements* touchés par un créancier à leur échéance échappent, d'après la tradition, à l'action paulienne : *qui suum recipit, nullam fraudem facit* (D. L. 6 § 6, 42, 8, *Quæ in fraudem creditorum*). Au contraire, dans l'art. 447 les principaux actes visés sont les paiements.

Aucun créancier ne doit se faire un sort de faveur au détriment des autres. Quand la somme lui aurait été spontanément offerte, il devait la refuser, sachant la généralité des paiements arrêtés, il pouvait requérir la faillite et devait le faire.

L'acte tombe même sous une seconde disposition du livre des faillites. Il constitue un « traité particulier d'où résulte en faveur du créancier un avantage à la charge de l'actif du failli » : les art. 597 et 598 le rendent nul à *l'égard de toute personne* (ce n'est plus seulement d'une nullité facultative qu'il est entaché, et le syndic n'est pas le seul à pouvoir s'en prévaloir). Le créancier encourt l'emprisonnement, à la teneur de ces mêmes textes[1].

1596. — Paiements judiciaires. — La nullité de l'art. 447, d'après la jurisprudence, ne s'étend pas aux paiements qualifiés de *judiciaires*.

Depuis la cessation des paiements, par exemple, un jugement, prononcé à la requête d'un créancier du commerçant qui avait introduit une *saisie-arrêt* aux mains d'un débiteur de celui-ci, a validé cette saisie et ordonné le transport au saisissant de la créance sur laquelle il avait formé opposition[2]. Le saisissant connaissait la cessation des paiements.

A moins qu'il n'y ait eu un véritable concert entre le créancier et le commerçant en vue de couvrir des sanctions judiciaires un paiement convenu, la Cour de cassation (21 déc. 1881) estime que l'art. 447 ne doit pas recevoir son application. Si la décision judiciaire est passée en force de chose jugée, elle est devenue inattaquable. — Cette jurisprudence laisse subsister des doutes sur son exactitude : on ne voit pas

[1] De son côté, le commerçant en faisant ce paiement commet un acte de banqueroute simple (art. 585, 4°).

[2] On pourrait raisonner de même pour la délivrance de bordereaux de collocation dans une saisie mobilière ou immobilière.

comment l'intervention du tribunal a pu sauvegarder les intérêts de la généralité des créanciers[1].

1597. — Partages. — On s'est demandé si l'art. 447 comprenait ou non les *partages* de famille ou de société auxquels concourrait le commerçant pendant la période suspecte. Les partages peuvent évidemment faire tort à la masse, en mettant dans le lot du débiteur des sommes d'argent faciles à détourner, au lieu d'immeubles ou de biens déterminés.

On avait commencé par soutenir que l'art. 447, comme l'action paulienne, était étranger au partage : opération dont la loi civile désire consacrer la stabilité. Les créanciers doivent former opposition au partage afin qu'il n'y soit procédé qu'en leur présence. Ils ne peuvent plus attaquer un partage consommé (art. 882 C. civ.). — Mais la dernière jurisprudence (Req. 28 mai 1895, Sirey, 95, 1, 385 et la note de M. Lyon-Caen) estime que le partage peut être annulé, s'il a été consenti avec des cohéritiers ou communistes qui connaissaient la cessation des paiements du commerçant[2].

§ 2. Exception de faveur de l'art. 449 (paiement d'effets de commerce)

1598. — Ce que la disposition de ce nouveau texte contient de plus frappant résulte d'un argument *a contrario*. Il veut dire, avant toute chose, que le *paiement, fait par le commerçant, d'un effet de commerce échu en temps suspect ne peut être annulé à la demande de la masse, quoique le porteur ait connu, au moment de le toucher, l'état de cessation de paiements du débiteur de cet effet.*

« Dans le cas, dit l'art. 449, où des *lettres de change* auraient été payées après l'époque fixée comme étant celle de la cessation de paiements et avant le jugement déclaratif de faillite, l'action en rapport *ne* pourra être intentée *que* contre celui pour compte duquel la lettre de change aura été fournie.

« S'il s'agit d'un *billet à ordre*, l'action ne pourra être exercée que contre le premier endosseur.

« Dans l'un et l'autre cas, la preuve que celui à qui on demande le rapport avait connaissance de la cessation des paiements à l'époque de l'émission du titre devra être rapportée ».

[1] Voir la note de M. Labbé dans *Sirey*, 1882, 1, 202, et notre dissertation dans la *Revue critique*, 1883, p. 363.

[2] Cfr. dans le même sens, Montpellier, 26 octobre 1896, et Trib. com. Saint-Etienne, 2 juin 1897 (*Ann. dr. comm.* 1897, p. 84 et 326).

1599. — *Primus* est le futur failli, il est débiteur d'un effet de commerce présentement aux mains de *Secundus* à échéance du 1er mai : il est souscripteur de billet à ordre, tiré de lettre de change.

Au 1er mai, *Primus* a cessé ses paiements, *Secundus* en est instruit. Il présente cependant l'effet, et *Primus* le paie.

Le droit commun de l'art. 447 voudrait que, la faillite de *Primus* venant ensuite à s'ouvrir, le syndic obligeât *Secundus* à rendre la somme qu'il a touchée : ce dernier s'inscrirait ensuite au marc le franc dans la faillite.

Cependant le bénéficiaire de ce paiement dispose d'une prérogative : le paiement qu'il a reçu est inattaquable. Lorsque la créance reposait sur un titre d'une source différente, l'intéressé était en faute de l'avoir recouvrée. Du moment qu'elle dérive d'un effet de commerce, il est disculpé.

Pourquoi? Deux raisons en ont été données.

1600.— 1° C'est une *règle de faveur* destinée à encourager la *circulation* des effets de commerce. Il importe que celui qui détient une lettre de change, un billet à ordre (ou un chèque), sache qu'il pourra l'encaisser sans avoir à restituer plus tard les fonds à une faillite : autrement, il ne prendra pas cet effet en règlement. — L'explication est un peu vague, elle attribue aux commerçants des pensées conjecturales.

1601. — 2° La disposition de la loi provient de l'obligation dans laquelle se trouvait le porteur de l'effet de le présenter à l'échéance et de recevoir les fonds du moment qu'ils lui étaient offerts. La règle est corrélative à la *théorie* du *porteur négligent*, et *du protêt* en matière de change (rapport de M. Tripier à la Chambre des Pairs).

En effet, tout autre créancier est libre de retarder la réclamation de son argent; il doit le faire, s'il sait son débiteur au-dessous de ses affaires.

Un porteur d'effet de commerce, lui, est dans la nécessité stricte de demander le montant de cet effet au débiteur principal *le jour de l'échéance*. Autrement, il perd son recours contre les garants. — S'il demande le paiement, il ne peut pas en même temps le repousser. Autrement, il se prive de la faculté de faire *protêt*, car le protêt constate un refus de payer; il perd encore son recours pour ce motif.

Il est donc pris dans un dilemme : l'obligation de rapporter le paiement à la masse le laisserait désarmé, les actions contre endosseurs et tireur se trouvant éteintes. En conséquence, il faut que le paiement soit maintenu.

1602. — **Limites de la règle.** — Cette explication, qui est la bonne et qui prévaut en pratique, donne à la disposition sa vraie limite. La faveur n'est établie que pour le paiement fait par un *débiteur principal* d'effet, et *à l'échéance*, non pas plus tard.

a) L'effet, par exemple, a été payé à *Secundus*, non pas le 1er mai, mais le 5. Le porteur est en faute d'avoir touché la somme. Il a essuyé un refus le 1er et fait protêt le 2; ou bien il a été négligent à cette date.

Son recours est assuré ou il est perdu par son fait. Il devait refuser l'argent le 5, et pouvait le refuser sans compromettre son droit. Le paiement est irrégulier, l'art. 447 reprend son empire.

b) Ou bien *Primus*, futur failli, et auteur du paiement, était endosseur ou tireur de l'effet. *Secundus* le lui a présenté, sur le recours faute d'avoir obtenu le paiement du tiré ou souscripteur.

C'est à tort qu'il s'est adressé à ce signataire, du moment qu'il savait l'état de ses affaires. Il lui était loisible de se retourner contre un autre parmi les garants. Le paiement ici encore est irrégulier [1].

1603. — Il faut en outre faire remarquer que l'art. 449 laisse en dehors de lui :

1° les paiements d'effets intervenus *depuis le jugement déclaratif* : ils sont nuls de droit par suite du dessaisissement (art. 443);

2° les paiements d'effets *avant leur échéance*, et accomplis en temps suspect : c'est alors la nullité de l'art. 446, on le verra, qui doit les régir.

1604. — La disposition de faveur dont nous venons de parler a sa contre-partie. *La masse* peut retrouver d'un autre côté, et sur une autre personne, l'action en nullité qui lui échappe contre le porteur de l'effet. Elle *attaquera celui qui a primitivement mis cet effet en circulation*.

a) *Lettre de change*. — Le futur failli *Primus* devait de l'argent à Tertius. Celui-ci a fait traite sur son débiteur; en la négociant, il est rentré dans ce qui lui était dû. C'est cette traite qui est arrivée aux mains de *Secundus* et que *Secundus* a touchée.

La masse exigera le rapport du *tireur* Tertius, et à bon droit. L'émission de l'effet n'a été pour lui qu'un moyen de colorer d'apparences régulières le remboursement de sa créance.

[1] D'après la première opinion, au contraire, le paiement même fait depuis l'échéance, ou même par un endosseur, profiterait de la faveur de l'art. 449. — Un système intermédiaire (MM. Labbé et Beudant) n'annule pas le paiement chaque fois qu'il provient d'un endosseur ou du tireur. Ce système le fait tomber seulement, lorsque le porteur se fait rembourser dans son action en recours par son cédant *immédiat*, par celui de qui il tient la lettre de change ou le billet à ordre. Obtenu d'un garant plus ancien, le paiement serait régulier. — La jurisprudence n'a pas souscrit à cette thèse moyenne.

S'il l'avait touchée directement chez *Primus*, il serait tombé sous le coup de l'art. 447, dès l'instant qu'il connaissait la cessation de ses paiements. Il ne se peut pas que, par un détour de circulation d'effet, il rende l'opération régulière.

b) *Billet à ordre.* — *Primus* a souscrit un billet à son créancier Tertius. Celui-ci, *bénéficiaire* ou *preneur* du titre, l'endosse et en reçoit la valeur d'un banquier ou d'une personne quelconque.

Il est équitable, toujours pour les mêmes raisons, qu'il restitue plus tard à la masse le produit de cette négociation.

Mais, dans les deux cas, il est indispensable que la cessation des paiements de celui qui a ensuite payé l'effet (1er Février) ait préexisté à ce tirage de lettre de change, à ce premier endossement de billet à ordre, et que l'auteur de ce tirage et de cet endossement en ait eu connaissance.

Telle est l'action en rapport que règle l'art. 449 en termes explicites. On vient de voir que le texte excluait une autre action en rapport, celle que la règle générale de l'art. 447 aurait donnée contre le porteur de l'effet de commerce à son échéance, le bénéficiaire du paiement de cet effet.

§ 3. Exception de rigueur de l'art. 446 (nullité de droit des actes à titre gratuit et actes assimilés)

1605. — L'art. 447 constituait déjà un progrès sur l'action paulienne, par la nature de l'action en rapport qu'il procurait à la masse : le syndic n'était pas assujetti à la démonstration d'une fraude partagée par le tiers.

Toutefois cette voie de droit ne donnait pas encore satisfaction à toutes les exigences. La demande ne pouvait réussir qu'à la condition d'atteindre un acte postérieur à la cessation des paiements et de prouver la connaissance de cette cessation par le défendeur. Cette preuve est difficile à administrer.

Il se peut, d'un autre côté, que la cessation des paiements coïncide avec le jugement déclaratif (faute de report de la faillite). Même alors le commerçant, dans les quelques jours qui précèdent son dessaisissement, a commis des actes préjudiciables pour la masse. Il convenait de les faire tomber, sans aucun égard aux informations que le tiers pouvait avoir d'une faillite prochaine.

Mais ces *actes particulièrement suspects* devaient être nettement définis par la loi. Ce seront en général des *libéralités* ou des *opérations trahissant* par elles-mêmes soit *la gêne*, soit *une extorsion*.

Le tiers est un donataire, et il est équitable que les créanciers le priment. — Ou l'acte présente une allure équivoque, et la bonne foi du tiers est peu vraisemblable, en tout cas elle est sans excuse.

1606. — On pourra remarquer que les opérations, dont nous allons présenter l'analyse, sont accomplies par le commerçant dans deux cercles très différents de relations.

a) Ici, c'est la *famille* qui se trouve gratifiée, des dispositions de la dernière heure ont été faites à des parents, à des amis.

Le débiteur a voulu mettre à l'abri une partie de son actif, sauvegarder par là l'avenir du ménage ou des enfants (on verra que la jurisprudence, formée par les cours d'appel, se montre moins sévère vis-à-vis de ces opérations qu'envers les suivantes ; tout en appliquant la loi, elle y établit des distinctions, elle suit le courant imprimé par l'esprit du droit civil, dans le sens de la préservation des fortunes contre les chances du commerce).

b) Là, c'est dans le *cercle commercial* de ses affaires qu'a opéré le négociant : il a couvert certains créanciers, de manière à leur permettre d'échapper au dividende. Les habiles ont voulu s'assurer une position privilégiée : ils ont pesé sur le débiteur pour obtenir un traitement de faveur, sans qu'on puisse démontrer en fait leur mauvaise foi.

1607. — Les actes qu'il s'agit d'étudier tomberont, par cela seul qu'ils ont été accomplis dans la période suspecte.

La nullité qui les atteint diffère sous trois aspects de celle qu'avait établie l'article 447 :

1° Le tribunal n'a plus un pouvoir discrétionnaire ; la nullité est obligatoire, elle a lieu *de droit*. Cela ne prouve pas que l'acte soit inexistant, la nullité est toujours judiciaire. *Nul de droit* signifie que l'opération tombera sans égard aux circonstances de fait. L'action est exercée par le syndic (et dans la liquidation judiciaire par le liquidateur mettant le débiteur en cause, plutôt que par le débiteur assisté) ;

2° Il n'est *pas besoin*, pour annuler l'acte, de prouver *que le défendeur à la poursuite connaissait la cessation des paiements du commerçant*, au moment de traiter avec lui ;

3° La période suspecte s'augmente des *dix jours qui ont précédé la cessation des paiements*, et elle se compose, s'il n'y a pas eu de report, des dix jours avant le jugement déclaratif.

1608. — Quels sont ces actes?

C. COM., ART. 446 : « Sont nuls et sans effet, relativement à la masse, lorsqu'ils auront été faits par le débiteur depuis l'époque déterminée par le tribunal comme étant celle de la cessation de ses paiements, ou dans les dix jours qui auront précédé cette époque :

« Tous actes translatifs de propriétés mobilières ou immobilières à titre gratuit ;

« Tous paiements, soit en espèces, soit par transport, vente, compensation ou autrement, pour dettes non échues, et pour dettes échues, tous paiements faits autrement qu'en espèces ou effets de commerce.

« Toute hypothèque conventionnelle ou judiciaire, et tous droits d'antichrèse ou de nantissement constitués sur les biens du débiteur pour dettes antérieurement contractées. »

1609. — Trois chefs d'actes. — Ainsi l'art. 446 groupe les opérations qu'il frappe sous trois chefs :

a) *Donations* faites par le commerçant. — Il y a ici un rapprochement à faire avec l'action paulienne. Lorsque le débiteur, en droit civil, a accompli, en fraude de ses créanciers, un acte à titre gratuit, l'acte sera révoqué sans qu'il y ait à prouver la complicité du donataire à la fraude. On ne veut pas que ce donataire s'enrichisse, alors que le donateur n'a pas payé ses dettes. Il se passe en notre matière quelque chose d'analogue.

b) *Paiements* faits par le commerçant à un ou à plusieurs de ses créanciers, soit *avant l'échéance* de la dette, soit *sous la forme de dation en paiement*.

c) *Sûretés réelles* constituées par le commerçant au profit d'un ou de plusieurs créanciers *pour dettes antérieurement contractées*.

Cette triple division peut au surplus se ramener à deux branches : — Libéralités d'une part. — D'autre part, opérations de commerce tendant soit à payer un créancier *avant* ou *autrement* qu'on ne devait le faire (formule de la loi allemande), soit à le garantir au moyen de sûretés autres que celles auxquelles ce créancier avait originairement droit.

1610. — I. Libéralités. — Le commerçant fait *donation* à un ami d'un immeuble ou de cent mille francs.

Si cette libéralité est antérieure au temps suspect, le syndic n'usera contre elle que de l'action paulienne. Si elle prend date depuis la cessation des paiements (1er février) ou dans les dix jours précédents, elle tombe de droit. — Il en est ainsi d'une donation par promesse comme par dation (*non obst.* art. 446 : tous actes *translatifs*), d'une donation par acte authentique comme d'un don manuel.

L'acte de donation a pu être antérieur à la période suspecte, mais l'acceptation du donataire n'est intervenue ou cette acceptation n'a été notifiée au donateur que depuis l'ouverture de cette période. La donation tombera, puisqu'elle ne pourrait avoir d'effet que du jour de la notification de cette acceptation, et qu'à ce jour l'ouverture de la période suspecte la rend irrégulière (arg. art. 932 C. civ.)[1].

[1] Si c'est une donation immobilière achevée entre les parties avant la période suspecte, mais transcrite seulement depuis l'ouverture de cette période, nous estimons, par application de l'art. 941, que le syndic peut la faire tomber du chef de notre texte,

La loi ne s'occupe pas des legs. Cela ne prouve pas que les légataires priment les créanciers. Le négociant venant à mourir en état de faillite, cette faillite engendre par elle-même séparation des patrimoines (nº 1474). *Bona non sunt, nisi deducto ære alieno.* Les légataires seront tenus de s'effacer.

La pratique nous présente deux sortes de libéralités ou d'actes qui en ont l'apparence, et pour ces actes elle use de procédés interprétatifs favorables à leur maintien. Ce sont la *constitution de dot*, les *assurances sur la vie*.

1611. — *a) Constitution de dot.* — Le négociant marie sa fille dans la période suspecte et lui constitue une dot. Les créanciers peuvent-ils demander le rapport de cette dot?

Un point certain, c'est que, si le mari ignorait l'état de cessation de paiements du constituant, la dot serait maintenue à son endroit. Il continuerait à exercer sur elle les droits résultant du contrat de mariage, un usufruit par exemple. A l'égard du mari, en effet, la dot est faite à titre onéreux, elle lui permettra de subvenir aux charges du mariage, c'est une sorte d'apport en société. Le mari n'est passible que de la nullité de l'art. 447.

Un autre point non moins certain, c'est que si les deux époux étaient informés de la cessation de paiements de l'auteur de la dot, il y aurait lieu à nullité (même art. 447).

Mais, en fait, le mari connaissait cette cessation ; la femme, la personne dotée, l'ignorait. La jurisprudence (assez fortement combattue par la doctrine) estime que *la constitution de dot forme un acte à titre onéreux, même au regard de l'époux doté.* La fille reçoit la dot à charge de se marier [1]. Donc la dot ne pourra être attaquée que si les deux époux sont l'un et l'autre au courant de la situation.

Nous n'examinerons pas cette jurisprudence: c'est dans le droit civil que la question a son siège d'étude. On aurait très bien pu dire que, au regard de la femme, la dot est un acte à titre gratuit, et que la nue-propriété du bien compris dans la constitution tomberait sans distinction dans le gage de la masse, alors même que la bonne foi du mari dût procurer à la jouissance de ce dernier ou de la communauté un caractère irrévocable [2]. C'est au surplus ce qu'admettent la plupart des auteurs [3].

[1] Cette jurisprudence est également acceptée pour des valeurs consacrées à l'établissement du fils (Civ. cass. 18 déc. 1895).

[2] Ou que, le mariage venant sur ces entrefaites à se dissoudre, l'action en reprise appartiendrait à la masse.

[3] V. l'analyse de cette situation dans la L. 25, *Quæ in fraudem creditorum*, D. 42, 8.

1612. — *b*) *Assurance sur la vie.* — Une assurance a été conclue par le commerçant avec une compagnie. Il s'est engagé à verser annuellement une prime de 3,000 fr.; moyennant quoi l'assureur a promis de payer 100,000 fr. à son décès.

Survient sa faillite : la masse peut-elle mettre la main sur le montant de la police ? Il faut distinguer.

1613. — *Si le négociant a contracté l'assurance à son nom*, ou d'une manière indéterminée au nom de ses héritiers, la créance du capital fait partie de son patrimoine. La masse touchera la somme de 100,000 fr. si l'assurance vient à échéance à raison de son décès. La donation que l'assuré ferait du bénéfice de cette assurance en temps suspect serait inopérante au regard des créanciers.

Si l'assuré est encore en vie, la masse est tentée d'exercer à son profit un avantage réservé dans toutes les polices, et qu'on appelle la *faculté de rachat.* L'assuré, prévoyant qu'il arrêterait le service des primes, a stipulé le droit de se faire rembourser l'assurance à la valeur partielle qu'elle aurait à cette date. Le syndic peut-il exercer un pareil droit, à la place du failli ? — La jurisprudence lui accorde cette faculté (Cass. 8 avril 1895, et note HUVELIN dans les *Annales de droit commercial*, 1895, 1, 77), mais en doctrine on incline à la lui refuser. Ce rachat est le fait d'une option qui pouvait avoir un tout autre résultat : en cessant le paiement des primes, l'assuré pouvait prendre un parti différent, qui était de réduire le capital de la police et non pas de la liquider *hic et nunc* par un remboursement. Il y a là une question essentiellement personnelle que le failli seul doit juger [1].

1614. — *Lorsque*, tout au contraire, *la police a été contractée au nom d'un bénéficiaire désigné* (un fils de l'assuré, par exemple), ce bénéficiaire (par suite de l'application faite par les arrêts de la théorie des stipulations pour autrui et de l'art. 1121 C. civ.) devient, directement et de son chef, créancier de la compagnie d'assurances.

Quand même l'acceptation de ce tiers n'interviendrait qu'après la mort du commerçant souscripteur, qu'*après sa faillite* (Civ. cass. 8 avril 1895 *supra*), elle rétroagit dans ses effets au jour de la police elle-même. Le capital de l'assurance n'a jamais fait partie des biens de l'assuré. Donc ses créanciers ne sauraient le réunir à l'actif de la faillite. Ils ne sauraient davantage pratiquer le rachat du vivant de l'assuré

[1] Cfr. COSMAO-DUMANOIR, *De l'assurance sur la vie dans les rapports avec le patrimoine de l'assuré*, 1898, p. 101. — Mais pourquoi le syndic ne pourrait-il pas céder la police telle quelle à un tiers, et en faire argent pour la masse?

Il se pourrait, à la vérité, que cette assurance au profit d'autrui eût été contractée en temps suspect. Elle serait nulle alors, en tant que libéralité indirecte, d'après l'art. 446. Mais la nullité prononcée à la demande du syndic n'aurait pas pour résultat de faire tomber dans la masse *le droit au capital* (100,000 francs), comme si le négociant avait fait l'assurance pour lui. Elle obligera seulement le tiers bénéficiaire à remettre dans l'actif du failli l'argent qui en est sorti, c'est-à-dire *les primes* ou la prime (3,000 francs) versées avant l'ouverture de la faillite [1].

1615.— II. Paiements faits et sûretés données à des créanciers. — Nous avons dit que l'art. 446 frappait : — les paiements accomplis avant l'échéance de la dette ou sous forme de *datio in solutum ;* — qu'il frappait également les sûretés pour dettes antérieurement contractées.

Mais, avant d'examiner ces deux ordres d'opérations, il faut rappeler le principe : — Le commerçant paie en période suspecte et à son échéance une dette, en la nature même de la prestation promise, il verse aux mains de son créancier les espèces dues. — Le paiement ne peut être attaqué que si le tiers connaissait la cessation des paiements du débiteur. C'est l'art. 447 qui en règle les effets (sous réserve de l'art. 449, si c'est un paiement d'effet de commerce).

Or voici que le paiement peut se présenter dans des conditions moins favorables.

1616. — A. Paiements. — *1er cas.* — Le paiement a été fait *par anticipation.* Il est nul, le créancier fût-il de bonne foi. En quelques valeurs qu'il soit effectué, ce règlement tombe au regard de la masse. La loi fait une énumération inutile des objets de ce paiement; inutile, disons-nous, puisqu'elle l'achève par l'adverbe *ou autrement.* Cette énumération aurait mieux trouvé sa place à propos du deuxième cas, qui met alors en opposition des modes de paiement valables et des modes nuls.

Quand même le créancier bonifierait au commerçant un escompte pour prompt paiement, il aurait à rapporter la somme. Le créancier aurait dû attendre l'échéance, la faillite l'aurait surpris, il serait venu au marc le franc, c'est dans cette condition qu'on le rétablit [2].

[1] C'est l'application des principes suivis par la jurisprudence de l'assurance sur la vie. Pour plus de détails, nous ne pouvons que renvoyer aux ouvrages spéciaux qui ont trait à ce contrat.

[2] Il ne cesserait d'en être ainsi que si la faculté d'escompte avait été réservée dans le contrat. Le paiement anticipé ne présente alors plus rien d'anormal (sauf à appliquer, s'il y a lieu, l'art. 447). — Cette obligation du rapport, fondée sur l'art. 446, ne doit pas être étendue à la couverture que le négociant aurait remise à son agent de change en temps suspect en lui donnant un ordre d'opérer pour lui à terme. Il est

1617. — *2e cas.* — Le paiement a été fait à l'échéance, mais *en d'autres valeurs que celles qui étaient dues.*

Cela est contraire aux habitudes courantes. L'acte est en soi suspect, tout porte à croire qu'il a eu lieu à l'instigation du créancier ou par suite d'une pression de sa part, dans la crainte d'une débâcle prochaine.

Il convient donc de distinguer suivant l'objet qui a fait la matière de ce paiement.

1618. — Il y a deux sortes de paiements valables (toujours sous réserve de l'art. 447) :

Les paiements *en espèces.* — Le négociant devait 5,000 francs, il les paie en numéraire ou en billets de banque [1] ;

Les paiements *en effets de commerce* (lettre de change, billet à ordre, chèque). — Au lieu de s'acquitter en argent, il *négocie* au créancier un effet qu'il avait déjà en portefeuille, ou bien il *souscrit* à son ordre un effet nouveau en tirant par exemple sur un débiteur.

C'est là en réalité une dation en paiement, le négociant donne *aliud pro alio.* Il fait une cession de créance : un paiement par cession ou transport serait nul, on va le voir. Celui-ci trouve grâce devant la loi. Le paiement au moyen d'effets est assimilé au paiement en argent [2]. *Qui règle paie.* Ce mode de libération est trop usuel, pour mériter un traitement de rigueur [3].

vrai que la couverture est analysée en un paiement fait par anticipation par le boursier. Mais on ne doit pas oublier qu'il forme aussi la condition du mandat que l'agent de change a consenti à accomplir pour son client; il est une des clauses du contrat synallagmatique conclu entre eux, et si ce contrat n'est pas annulable la couverture échappera à l'action en rapport.

[1] La loi suppose que la dette portait sur de l'argent. Si elle avait un autre objet, la règle serait la même. La livraison de la chose promise est au sens large un paiement, et ici un paiement régulier.

[2] C'est aussi par application de ces idées qu'est réglé le droit du commettant en cas de faillite du commissionnaire, quant à la revendication du prix contre le tiers-acheteur (art. 575, al. 2, no 942).

[3] Si le commerçant a réglé, en disposant sur un acheteur au moyen d'une lettre de change qui ne porte que sa seule signature, le créancier paraît tout d'abord n'acquérir par ce règlement aucune sûreté nouvelle. La faillite survenant avant que cet effet ne soit payé, l'effet fera retour et le créancier produira au marc le franc, ainsi qu'il l'aurait fait sans un pareil règlement.

Toutefois, en raisonnant ainsi, on oublie deux choses importantes : 1o Le tiré a pu mettre son acceptation sur l'effet avant la faillite du tireur; le porteur se fera payer par lui, il se soustrait aux effets de la faillite; — 2o Quand même il n'aurait pas accepté, le tiré est détenteur de la provision que le tireur avait constituée entre ses mains. La jurisprudence admet que le porteur, par l'émission de la lettre de change, a été rendu

On ne doit pas ranger parmi les paiements en effets disposant de l'immunité légale ceux qui seraient accomplis au moyen de *récépissés* ou de *warrants* de marchandises déposées en magasin général.

Endosser un récépissé à son créancier, c'est le payer « en marchandises ».

Lui endosser un warrant, s'il n'avait pas exigé de sûreté originairement, c'est lui donner un gage « pour dette antérieurement contractée ».

Or on va voir que ces deux opérations tombent sous la censure de la loi.

1619. — En regard de ces paiements réguliers, voici les *paiements nuls*, quoique faits à l'échéance de la dette. Ce sont tous ceux qui ont pour objet de fournir une prestation d'autre sorte que celle qui était promise.

1620. — *Paiement par transport.* — Le débiteur fait cession à son créancier d'un droit qu'il a sur un tiers ou lui délègue ce tiers. Il lui cède un immeuble, un titre de Bourse, etc.

C'est un acte louche : le créancier a eu hâte de se couvrir, il a pris le premier élément du gage qui se présentait à lui. Il devra le rapporter.

1621. — *Paiement par vente.* — Même observation. Le commerçant céderait des marchandises en règlement de sa dette d'argent : ce serait un paiement nul, d'après le chef précédent, effectué par transport. Au lieu d'agir ainsi, il masque l'opération des dehors d'une vente : la dette et le prix des marchandises se compenseront à concurrence.

Si cette tactique est révélée, la vente tombera parce qu'elle est fictive. Sincère et sans aucun lien avec la dette d'argent antérieure, la vente serait maintenue [1].

propriétaire de cette provision (n° 1172). La valeur de cette provision va donc échapper à la masse, et le porteur ne subira pas la loi du concours.

On ne pourrait contester ce dernier résultat, qu'en disant : L'art. 446 respecte le paiement « en effet », mais il ne dit rien de la constitution de la « provision » qui accompagne cet effet. Or cette provision contient un paiement avant terme ou un paiement par transport. Les autres dispositions de l'art. 446 veulent que la provision soit rapportable à la masse, bien que l'effet lui-même ne le soit point. — La manière vague dont statuent les arrêts ne permet pas de savoir si telle est bien l'opinion reçue dans le milieu judiciaire. En tout cas, nous l'avons déjà combattue. On se reportera à la partie du livre dans laquelle la théorie de la provision est présentée (n° 1180).

[1] On se demande parfois comment il faut traiter le paiement *par voie de résolution*. — Ex. : le débiteur, qui avait acheté des marchandises et en avait pris livraison, les rétrocède à son vendeur, faute de pouvoir constituer l'argent qui lui eût permis à l'échéance de payer son prix. La masse pourra-t-elle exiger le rapport de ces marchan-

1622. — *Paiement par compensation.* — Il ne s'agit pas d'une *compensation légale* entre deux dettes loyales. Cette compensation peut s'opérer en temps suspect : la compensation équivaut à un paiement normal. On verra, par contre, qu'à partir du jugement déclaratif elle cesse d'être possible.

Ce que la loi réprouve, c'est la *compensation conventionnelle*, un arrangement par lequel le débiteur et son créancier liquideraient entre eux deux dettes litigieuses ou indéterminées, — hâtant ainsi le moment de la compensation légale et fusionnant l'une dans l'autre des obligations réciproques qui seraient restées isolées jusqu'à la faillite, si on leur avait laissé suivre leur cours [1].

1623. — B. **Sûretés.** — Nous passons aux sûretés réelles données *pour dettes antérieurement contractées.*

Ces sûretés sont d'ordre *conventionnel* ou *judiciaire*. Elles consistent dans un *gage* ou *nantissement*, dans une *hypothèque*, dans une *antichrèse*. Le commerçant remet à son créancier depuis la cessation de ses paiements, ou dans les dix jours précédents, une garantie portant sur l'un de ses biens : par là il donne à son créancier un droit de préférence, l'actif chirographaire disponible pour la masse est réduit d'autant.

Cette garantie tombera-t-elle, ou non ? Cela dépend.

Depuis 1838 [2], on doit distinguer les sûretés contemporaines du contrat d'avec celles qui ont été accordées plus tard. Les deuxièmes seules sont atteintes par l'art. 446.

1624. — *a*) Les *sûretés contemporaines* ou concomitantes du contrat (*in continenti*) ont été la condition même du crédit que le créancier a fait au commerçant. Le tiers n'a voulu traiter que moyennant garantie. La sûreté sera maintenue.

dises, en vertu de l'art. 446, et sans avoir à prouver que le vendeur, au moment où on les lui a restituées, connaissait la cessation de paiements de l'acheteur ? — Nous le pensons : ce ne sont pas ces marchandises qui lui étaient dues, mais de l'argent. On objectera peut-être que le vendeur non payé avait l'action résolutoire de l'art. 1654 C. civ. pour reprendre sa livraison, et qu'ici la résolution est amiable, ce qui ne suffit pas à la rendre suspecte. Mais on verra, dans la suite de notre traité des faillites, que l'action en résolution en matière de vente mobilière est exclue par les principes particuliers à notre institution.

[1] Nous avons fait observer déjà, dans le chapitre du compte-courant (n° 1430) que l'art. 446 n'avait pas pour but de frapper les remises que le commerçant sur le point de tomber en faillite ferait à son correspondant pour balancer son compte, si ce correspondant ignorait l'état de cessation de paiements de l'envoyeur.

[2] Sous le Code de 1807, nul ne pouvait acquérir privilège ni hypothèque sur les biens du failli, dans les dix jours qui précédaient l'ouverture de la faillite, c'est-à-dire alors la cessation des paiements (ancien art. 443).

Le banquier qui ouvre un crédit de 50,000 fr. au négociant, en stipulant dès l'origine qu'une hypothèque assurera son remboursement, ne fait donc pas une convention que frappe notre texte. Seulement, s'il avait connaissance au moment de cette convention de la cessation des paiements du débiteur, c'est l'art. 447 qu'on lui appliquera pour faire tomber (à l'appréciation du tribunal) l'hypothèque et aussi les avances consenties[1].

1625. — *b*) Les *sûretés consécutives* ou subséquentes (*ex post facto*, *ex intervallo*) ne disposent plus de ce régime de faveur relative. Elles constituent pour le créancier qui n'y devait point compter une véritable libéralité, ou bien elles cachent des menaces d'exécution que le commerçant n'a vraisemblablement apaisées qu'à ce prix; elles doivent tomber sans distinction[2].

[1] Il y a certains malentendus à éviter.

D'une part, la loi annule les sûretés pour *dettes antérieurement contractées*. Cela ne signifie pas que, pour qu'il y ait nullité, la dette doive être antérieure à l'ouverture de la période suspecte; il suffit qu'elle précède la sûreté constituée, et alors la sûreté tombera dans tous les cas. Le contrat a été conclu le 1er mars, déjà en temps suspect, sans aucune garantie convenue. Puis une hypothèque est conférée au créancier, suivant acte en date du 1er avril : cette hypothèque est nulle.

D'autre part, il peut arriver que la sûreté ait été promise au moment du contrat, mais que les formes nécessaires à l'établissement du droit de préférence n'aient eu lieu que plus tard, avant le jugement déclaratif. — Ex. : L'acte notarié d'hypothèque n'a été passé, le gage n'a été mis en la possession du créancier, qu'un certain temps après le premier contrat. L'opération échappe à la sévérité de l'art. 446. Il n'est plus vrai de dire que le créancier s'est assuré une condition meilleure que celle à laquelle son traité lui donnait droit (Cass. 20 janvier 1886, et Orléans, 15 juillet 1897, sur cass. 16 novembre 1896). — Toutefois, ce n'est pas à prétendre non plus que cette exécution de la promesse d'hypothèque ou de gage soit toujours inattaquable vis-à-vis de la masse. *Sensu lato*, le débiteur a fait un paiement, en fournissant la sûreté qu'il avait promise. Cette sûreté pourra donc tomber sous le coup de l'art. 447, si les conditions fixées par ce dernier texte se trouvent réunies au moment de la remise du gage ou de la naissance de l'hypothèque (connaissance de la cessation des paiements, etc). V. nos observations dans la *Revue critique*, 1887, p. 224 et celles de M. Lyon-Caen, dans le *Journal du Palais*, 1886, p. 732.

[2] Que décider au cas où le créancier, invité par un commerçant à lui faire un supplément d'avances, subordonnerait cette augmentation de crédit à l'obtention d'une hypothèque ou d'un gage destiné à couvrir les avances premières et les avances nouvelles *tout à la fois* ? — L'hypothèque sera-t-elle nulle seulement en tant qu'elle garantit la créance originaire ? Sera-t-elle valable pour le second prêt? — Oui, en général. Mais on ne peut pas donner ici une réponse de principe. Peut-être le créancier n'a-t-il consenti à se dessaisir de nouveaux fonds que pour obtenir son hypothèque et pour garantir l'arriéré. Le sacrifice pécuniaire qu'il s'impose en faisant un deuxième versement sera alors le prix par lui payé afin d'obtenir la sûreté. L'opération doit tomber dans son ensemble : c'est justice.

L'application de la loi présente quelques difficultés en matière de nantissement, par suite d'un fait qu'on rencontre parfois dans le commerce. Le créancier gagiste se dessaisit temporairement du gage et le rend au débiteur soit pour en soigner la vente, soit pour le réparer.

Peut-on dire que la restitution du nantissement au créancier, ou la substitution d'un autre gage au premier constitue, à la teneur du texte, une garantie nouvelle pour *dette antérieurement contractée* ? Il faudra tenir compte des circonstances et pencher plutôt vers la solution favorable au créancier [1].

1626. — Aux sûretés conventionnelles que frappe l'art. 446, ce texte ajoute l'*hypothèque judiciaire*. Celle-ci forme nécessairement une garantie consécutive : le jugement reconnaît à celui qui l'obtient un droit antérieur.

Ainsi le créancier prend en temps suspect un jugement de condamnation contre son débiteur : l'hypothèque de l'art. 2123 ne naîtra pas de ce jugement, et elle sera inopposable à la masse, fût-elle dûment inscrite. Cette hypothèque judiciaire, tant attaquée en législation, cesse, en conséquence, de menacer les immeubles du commerçant lorsqu'il est entré dans la période suspecte, préliminaire de sa faillite.

1627. — Mais l'art. 446 ne concerne ni les *privilèges* autres que le gage [2], ni les *hypothèques légales*.

Si le commerçant achète un immeuble en temps suspect, le vendeur acquerra régulièrement le privilège de l'art. 2103 (de même du privilège des co-partageants, etc.). C'est qu'aussi la sûreté naît alors du fait même de la loi, et au moment de la créance qu'elle garantit.

1628. — **Particularités concernant l'hypothèque légale de la femme.** — Toutefois, il existe une hypothèque légale pour laquelle l'application de l'art. 446 soulève une grosse controverse : c'est l'*hypothèque de la femme* du commerçant.

Aucun doute que cette hypothèque puisse légitimement garantir les

[1] V. sur ce point Lyon-Caen, sous Douai 26 janv. 1893, S. 93, 2, 233; Boistel, sous Civ. 9 avril 1894, D. 94, 1, 409 ; Lesage, *Etude économique sur le transport de possession au créancier dans le nantissement*, 1898, p. 45 et s. — Il ne paraît pas équitable d'assimiler alors le créancier qui avait une sûreté et n'a pas entendu la perdre, à un créancier qui aurait suivi au début la foi du débiteur en acceptant la condition de chirographaire. Mais cette remise temporaire interrompt, d'après nous, le privilège, et si la faillite éclatait avant la restitution, le créancier serait traité au marc le franc.

[2] Ou que le privilège du commissionnaire en marchandises établi par l'art. 95 C. com., et qui se règle de la même manière que le privilège du créancier gagiste : n° 947 en note.

reprises de la femme, quand même la cause de ces reprises ne viendrait à se former que pendant la période suspecte (conclusion du mariage, vente d'un propre, successions échues, etc.).

Munie de son hypothèque, la femme pourra, si elle le juge convenable, au lieu de l'exercer elle-même, en faire passer le profit à un créancier du mari, en *subrogeant* celui-ci à ses droits. Jusqu'ici la masse n'est point lésée, et l'intervention de la femme sous cette forme, à la veille de la faillite de son mari, n'est ni insolite ni critiquable.

Mais la loi donne encore hypothèque à la femme mariée « pour l'indemnité des dettes qu'elle contracterait avec son mari (art. 2135 C. civ. et 563 *in fine* C. com.) ». Si bien que, là même où une femme n'aurait aucune cause de reprises, il lui suffit, pour acquérir hypothèque sur les biens du mari, de *cautionner* les engagements de ce dernier. La caution a un recours en indemnité contre la personne cautionnée, ici ce recours bénéficie de l'hypothèque légale, et les créanciers sont obligés de reconnaître à la femme une collocation de préférence, qui sans son intercession n'aurait pas eu lieu.

Cela étant, lorsqu'un commerçant à la veille de sa faillite veut donner à un créancier antérieur une hypothèque, ne pouvant le faire ouvertement, il use d'un subterfuge. Il invite sa femme à se constituer caution pour lui auprès du tiers, et à subroger ce tiers à l'hypothèque légale que lui confère subitement l'acte de cautionnement lui-même. Du chef de la femme, et en vertu de la subrogation, le créancier fera valoir ainsi une sorte d'hypothèque supplémentaire, née de l'opération, qui l'instant d'avant n'existait pas et qui refoule la masse d'un élément immobilier de l'actif.

Il n'y a pas moyen, en l'état actuel du droit, de déjouer cette manœuvre, dans le cas où la femme est de bonne foi[1]. La masse, au surplus, ne gagnerait rien à faire annuler la subrogation à l'encontre du créancier. La femme resterait tenue envers ce dernier par suite de son cautionnement. C'est elle en ce cas qui se retournerait aux fins de l'indemnité contre la faillite, et qui se prévaudrait de l'hypothèque de l'article 2135. Il serait impossible de lui en refuser à elle-même le béné-

[1] Si elle connaissait la cessation de paiements du mari, son cautionnement tomberait sous l'art. 447, ainsi que l'hypothèque légale qui l'accompagne : la subrogation au profit du créancier tomberait par voie de conséquence, car il présente lui aussi les conditions d'exercice de l'action en nullité.— La femme, du moins, resterait tenue de son engagement personnel envers celui-ci, et serait obligée de l'acquitter sur sa fortune propre, si elle en a une; car la connaissance par elle de l'état des affaires du mari, lorsqu'elle a répondu pour lui, ne saurait annuler son cautionnement vis-à-vis du créancier qui a reçu la promesse.

fice. Nous sommes donc en présence d'une lacune ou d'un vice de notre législation [1].

1629. — Dernière remarque. Les nullités de droit, comme celle de l'art. 447, ne peuvent être invoquées que par la *masse*. Or, lorsqu'elles tendent à faire tomber une hypothèque, il se peut que la masse n'en recueille pas le profit.

Il suffit de supposer pour cela que derrière l'hypothèque annulée, s'en trouve une autre, également de temps suspect, mais régulière, et dont les causes absorbent la valeur de l'immeuble. — Ex.: L'immeuble vaut 100,000 francs. Le commerçant a donné une première hypothèque de cette somme à un créancier pour dette antérieurement contractée, puis une hypothèque de second rang également du même chiffre à un créancier dont le titre est régulier.

Si le syndic fait tomber la première hypothèque, la seconde remonte en rang [2]. La masse n'a donc rien gagné au procès par elle engagé [3].

1630. — Telle est, dans l'ensemble, la théorie laborieuse des actions en nullité de la faillite. Elle traduit de la part du législateur une grande pénétration de vues, et ce n'est guère que sur un point que sa sagacité peut être prise en défaut.

SECTION II

LIBERTÉ INDIVIDUELLE ET VIE MATÉRIELLE DU DÉBITEUR

(C. com. art. 455-456 ; 459-460 ; 472 à 475 ; 505 ; 527, 530, 537 à 541)

1631. — La faillite influe sur la *liberté individuelle* du débiteur. Il semble que ce doive être dans un sens d'aggravation. Cela n'est pas absolument vrai ; surtout avant 1867, le failli sentait sa condition allégée, l'institution renfermait pour lui sa part de bienfait.

Les dispositions qui concernent la personne du failli n'ont plus guère qu'un intérêt rétrospectif. Les unes ont perdu leur sens par suite d'un changement de législation, les autres sont tombées en non usage.

[1] MM. Baudry-Lacantinerie et De Loynes, dans leur *Traité du nantissement, des privilèges et hypothèques* (n°s 990 à 995), ont défendu une opinion qui permettrait d'annuler cette combinaison, généralement complotée entre le commerçant et son créancier sans que la femme en comprenne la signification.

[2] On aurait pu prétendre que la masse, par suite de la nullité de cette première hypothèque, entrait dans les droits du créancier contre lequel elle avait plaidé, et primait ainsi les hypothécaires de rang suivant. Cela n'a pas été admis (Civ. rej. 11 décembre 1889, dans les *Annales de droit commercial*, avec la note de M. Mahoudeau).

[3] Seulement, menacé de voir la masse faire tomber sa première hypothèque, le créancier transigera avec elle et lui versera un prix pour obtenir qu'elle abandonne l'action en nullité. Indirectement, la masse profitera encore de l'art. 446 : elle agira par intimidation.

En suivant l'ordre chronologique des évènements, nous allons nous occuper des entraves mises à la liberté du débiteur, soit *avant le jugement* de faillite, soit *pendant sa faillite*, soit enfin *après sa clôture*.

1632. — I. *Avant le jugement déclaratif.* — La *contrainte par corps* constituait autrefois le moyen pour un créancier d'éprouver la solvabilité de son débiteur en l'incarcérant. Il faisait emprisonner celui-ci pour le décider à délier sa bourse, à révéler l'actif qu'il cachait, à solliciter le concours de sa famille, de ses amis. Ce procédé comminatoire, reconnu d'une manière générale pour les dettes commerciales (de deux cents francs au moins), a été aboli par la loi du 22 juillet 1867. Malgré la nécessité pour le créancier de consigner les aliments, il y avait dans ce mode d'exécution d'homme à homme une brutalité qui froissait le sens de la dignité humaine.

Antérieurement à cette loi, le jugement déclaratif de faillite procurait au commerçant l'*exemption* de la contrainte par corps. Celle-ci n'était plus reçue contre lui (art. 455, al. 3). Sans doute il n'obtenait pas sa sortie de geôle par le seul fait de la faillite, s'il était déjà emprisonné à cette date. Mais son temps de contrainte fini, il obtenait son élargissement sans qu'un autre créancier pût requérir à son tour sa mise sous écrou (par voie de *recommandation*, disait-on alors).

C'est qu'aussi le jugement déclaratif vient suspendre les voies d'exécution individuelles des créanciers : la contrainte par corps appartenait, comme les saisies exercées sur les biens, à cet ensemble de mesures que la faillite ouverte ne permet plus désormais d'exercer. — Comment d'ailleurs, le failli se trouvant dessaisi, essayer d'un procédé de coaction indirecte pour l'obliger à payer? Ce serait un non-sens.

La faillite donnait donc alors au débiteur un moyen de se couvrir contre les effets de la rancune ou de la mauvaise humeur de ses créanciers.

1633. — II. *Pendant la faillite.* — Le Code de commerce et la loi de 1838, tout en refusant l'emploi de la contrainte par corps au cours de la faillite, ont consacré un autre système de restriction à la liberté du débiteur. Le jugement déclaratif, d'après l'art. 455, ordonne le *dépôt du failli dans la maison d'arrêt pour dettes* (établissement qui n'existe plus aujourd'hui) ou la garde de sa personne par un officier de police ou de justice ou par un gendarme.

La disposition sera exécutée, dit l'art. 460, à la diligence soit du *ministère public* (soupçons de banqueroute avant qu'il n'y ait eu instruction ouverte), soit du *syndic* (afin que la masse ait le débiteur sous sa main et obtienne de lui les renseignements désirables).

Cette prescription n'a pas été abrogée par la loi du 22 juillet 1867.

Mais, en fait, elle n'est plus guère suivie : seul le parquet y trouve le moyen de déférer aux exigences de la répression. A cela près :

a) La règle n'a pas été reproduite pour la *liquidation judiciaire*, le débiteur conserve sous ce régime sa liberté ;

b) Le *failli qui a déposé son bilan* dans les quinze jours de la cessation de ses paiements *peut*, par le jugement déclaratif, être affranchi de l'incarcération (art. 456) ;

c) Le tribunal peut accorder un *sauf-conduit* provisoire au failli avec ou sans caution, sur la proposition du juge-commissaire ou sur sa proposition à lui-même (art. 472 et 473) ;

d) Le ministère public, sous les ordres duquel est placé le gardien de la prison, a pour ligne de conduite d'interdire à celui-ci de recevoir le failli sur réquisition du syndic [1].

1634. — III. *Après la clôture de la faillite*, la situation paraît très simple. Il n'y a plus à parler soit de la contrainte par corps ordinaire (supprimée en 1867), soit du régime d'incarcération propre à la faillite, celle-ci étant finie.

Tel est bien l'état du droit. Mais le Code a conservé à l'institution certains traits, dont l'économie ne peut être comprise qu'en remontant au temps où fonctionnait la contrainte. On en acquiert la preuve, en consultant les effets de deux modes de clôture, qui sont : *a*) l'union ; *b*) l'insuffisance d'actif.

1635. — *a*) L'*union* s'achève, tout actif cessant, par la distribution entre les créanciers des deniers provenant des dernières ventes. Le commerçant reste pour l'avenir civilement tenu du solde : les créanciers saisiront ses biens lorsqu'il lui en adviendra. Avant 1867, les créanciers rentraient aussi pour ce solde dans l'exercice de la contrainte par corps (art. 539, al. 1).

Pour obvier à ce résultat, on avait introduit la *déclaration d'excusabilité*. Elle résultait d'un jugement du tribunal de commerce (sauf appel à la Cour dans les quinze jours du prononcé, plutôt que de la signification), après avis émis par les créanciers dans la dernière assemblée de l'union et après rapport du juge-commissaire (art. 537, al. 3 et 538).

Bien entendu, les faillis ne bénéficiaient de l'excusabilité que lorsqu'ils en étaient jugés dignes : les banqueroutiers frauduleux, voleurs, escrocs, etc., n'y pouvaient prétendre (art. 540). Déclaré excusable, le commerçant demeurait affranchi de la contrainte par corps (art. 539, al. 2).

[1] Quoique cet emprisonnement soit tombé en désuétude, le failli doit se tenir à la disposition de la masse, soit pour clore les livres, soit pour assister à l'assemblée de concordat (art. 475 et 505) : faute de quoi il *peut* être condamné à la peine de la banqueroute simple, s'il n'a pas d'excuse légitime à faire valoir (art. 586, 5°).

Cette procédure fonctionne toujours. Il y a aujourd'hui encore des faillis reconnus excusables et d'autres qui ne le sont pas. Mais l'excusabilité n'est plus qu'un brevet platonique d'estime, dénué de tout effet en droit positif.

1636. — *b*) L'actif de la faillite ne suffit même pas à couvrir les frais de procédure. Celle-ci reste en suspens, c'est un état dont le failli s'accommodait fort bien, au temps où le jugement déclaratif le garantissait contre la contrainte par corps de ses créanciers. Pour réveiller l'indolence du débiteur, on institua en 1838 la *clôture pour insuffisance d'actif* (art. 527 et 528). Le syndic, en justifiant de l'absence de fonds, fait rendre par le tribunal de commerce un jugement, en vertu duquel chaque créancier rentrera dans l'exercice de ses actions individuelles, contrainte par corps comprise.

Cette perspective effrayait le failli, il faisait son possible pour se procurer les fonds. — Depuis la loi du 22 juillet 1867, le jugement de clôture n'exerce plus sur l'esprit du commerçant sa vertu préventive. Aussi ce mode d'arrêt des faillites s'est-il considérablement propagé.

1637. — Comment la loi pourvoit-elle au *gîte* et à la *nourriture* du failli et de sa famille ? Nous l'avons déjà dit incidemment.

Par la remise des *vêtements* et effets nécessaires, d'une part (article 469, 1°) ; — par la délivrance de *secours*, d'autre part, qui ne sont pas déterminés de la même manière pendant la période préparatoire au concordat et après l'ouverture de l'union.

Des secours provisoires sont dans le premier cas alloués par le juge-commissaire sur proposition du syndic et sauf appel au tribunal (art. 474). Dans l'union, on prélève sur l'actif une quotité plus ou moins forte (*aliquid ne egeat*, ancien *bénéfice* dit de *compétence*), qu'on accorde au failli, toujours à titre de secours (vote de la majorité des créanciers, indication du chiffre par le syndic, sa fixation par le juge-commissaire, sauf recours au tribunal de la part du syndic seulement, art. 530).

Si l'on se souvient en outre que la masse peut, en employant le failli comme auxiliaire de gestion, lui attribuer un salaire, on constatera que le régime de la faillite, tel surtout qu'on le pratique dans nos grandes villes, est loin de perdre de vue les prescriptions morales d'humanité, et de laisser le débiteur et sa famille dans un complet dénuement.

SECTION III

DÉCHÉANCES POLITIQUES

1638. — D'après le principe exposé dans l'art. 5 de la Constitution de l'an VIII, principe toujours applicable, le failli est suspendu de ses *droits de citoyen*. Même jusqu'en 1848, cette suspension s'étendait aux héritiers immédiats du failli. Aujourd'hui elle lui est toute personnelle.

La privation de droits qui en résulte survit à la faillite elle-même, elle ne cesse que par la procédure de la réhabilitation, après remboursement intégral de l'ancien passif [1].

1639. — Cessant de pouvoir exercer les droits de citoyen, le failli n'est plus temporairement ni *électeur* ni *éligible* (décret du 2 fév. 1852, art. 15 et 27) dans un vote ou pour une fonction représentative quelconque : politique, municipale, professionnelle. L'accès de la Chambre des députés, du Sénat, d'un conseil général ou municipal, lui est fermé, il serait déchu de ces fonctions, s'il les exerçait déjà. Il ne peut davantage concourir à ces diverses élections, et est rayé des listes. Il ne sera ni électeur ni juge aux tribunaux de commerce (l. 8 déc. 1883), aux chambres de commerce ou aux conseils de prud'hommes (l. 18 mars 1806, art. 3).

Il ne peut être investi d'une *charge publique*, d'un *poste administratif* ou *judiciaire*, d'un *office ministériel* (d'agent de change : art. 83 C. com.; de notaire : l. 25 ventôse an XI, art. 35), même du simple titre de courtier inscrit en marchandises (l. 18 juillet 1866, art. 2) [2].

Il ne peut être *juré* en cour d'assises (l. 21 nov. 1872, art. 2 § 8), ni *témoin* instrumentaire dans les actes publics, sauf pour déclaration à l'état-civil (l. 25 ventôse an XI, art. 9, et art. 980 C. civ.).

L'*entrée de la Bourse* lui est interdite (art. 613 C. com.), et il est privé du droit de faire *escompter* son papier par la Banque de France (décret du 16 janv. 1808, art. 50).

Il perd, jusqu'à la réhabilitation, le droit de porter les insignes de la *Légion d'honneur*, ainsi que de la médaille militaire (décret du 16 mars 1852, art. 38 et 39).

[1] Ce stimulant donné à l'amour-propre du commerçant depuis la clôture de sa faillite, n'agit plus comme autrefois : l'extension du suffrage en est cause. Dans la bourgeoisie qui est la classe où le commerce s'exerce, on tient moins à exercer ses droits de citoyen avec tous les prenant part au suffrage universel, qu'au temps où les conditions de cens limitaient l'électorat et l'éligibilité à des catégories relativement étroites. Ainsi peut s'expliquer le faible nombre de réhabilitations : 24 demandes, 9 seulement accueillies à Paris, en 1895 (contre 1508 faillites ouvertes).

[2] Il est bien entendu qu'aucune de ces interdictions n'empêche le failli d'occuper une fonction d'administrateur ou autre dans une société par actions. L'exercice de cette fonction ne se rattache pas au statut politique.

On a soutenu que le failli non réhabilité était incapable d'exercer une *tutelle,* sauf celle de ses propres enfants. C'est là une déchéance comprise en matière criminelle dans la dégradation civique (art. 34 C. pén.), mais qu'on n'a pas le droit de sous-entendre en cas de faillite. Le failli sera destitué d'une tutelle s'il est incapable ou infidèle (art. 444 C. civ.).

1640. — Liquidation judiciaire. — Dans la liquidation judiciaire, ces déchéances de la faillite sont bien amoindries. « Le débiteur ne peut être nommé à aucune fonction élective. S'il exerce une fonction de cette nature, il est réputé démissionnaire (art. 21 de la loi de 1889) »[1].

Ainsi l'*éligibilité*, politique et professionnelle, lui est refusée. Son incapacité l'empêche d'être élu aux tribunaux ou chambres de commerce, aux prud'hommes, aux assemblées municipales, départementales, politiques, comme le sont la Chambre ou le Sénat. La réhabilitation lui importe donc, comme au failli : il l'obtiendra de la même manière et sous les mêmes conditions que celui-ci.

En revanche, il sera maintenu sur les *listes électorales* ou fondé à se pourvoir contre une mesure de radiation dont il aurait été victime.

Il peut être fonctionnaire, du moment que ce n'est point à l'élection qu'il est nommé (mais non pas agent de change, semble-t-il, cbn. art. 83 C. com. avec art. 24 de la loi de 1889). — Il sera valablement juré et témoin dans les actes. — Il conservera le droit de porter la Légion d'honneur (à moins d'avoir été par le grand-chancelier de l'ordre, et pour fait grave, l'objet d'une mesure disciplinaire, à la teneur du décret du 14 avril 1874).

[1] V. Bailly, *La loi sur les liquidations judiciaires*, dans les *Annales de Droit commercial* 1889, 2, 56.

CHAPITRE III

DES CRÉANCIERS ORDINAIRES

EFFETS DE LA FAILLITE OU DE LA LIQUIDATION JUDICIAIRE SUR LEUR CONDITION

—

1641. — Elimination des créanciers à sûretés. — Il faut immédiatement écarter de ce chapitre les créanciers qui ont une sûreté particulière, telle qu'une *hypothèque,* un *privilège* ou un *nantissement*.

Ces créanciers, en tant qu'ils font valoir leur garantie, sont placés hors de la masse, ils échappent à la mise sur un commun niveau. Chacun sera colloqué suivant son rang, et il peut arriver que l'embarras d'affaires de leur débiteur ne leur cause aucun préjudice.

La faillite n'a pas été organisée à l'intention de ces ayants-droit qui trouvent le moyen de contrevenir à l'égalité, c'est-à-dire à la règle fondamentale et première de notre institution.

1642. — Suite. — Il faut écarter encore une autre classe de créanciers : ceux puisant leurs droits dans un *contrat synallagmatique qu'ils n'ont pas encore exécuté* de leur côté, ou qu'ils n'ont exécuté que partiellement au moment où éclate la faillite ou la liquidation judiciaire de leur débiteur.

Ces créanciers se rapprochent de créanciers privilégiés. Car, grâce à leur position défensive, ils disposent, eux aussi, d'une sûreté, qui leur permet de se garantir, soit complètement, soit pour partie, contre l'effet du dividende. Aussi longtemps, en effet, que le débiteur ne paie pas ce que le contrat leur permet de réclamer, ils se trouvent couverts par la prestation mise à leur charge et qu'ils se dispenseront naturellement d'effectuer.

Tantôt ils se prévaudront du *droit de rétention*. C'est un vendeur qui, au moment de la faillite, n'avait pas encore livré la marchandise. Il s'abstiendra de la livrer dès l'instant que son prix ne lui est pas servi, et dans la mesure de la valeur de la chose vendue, il pourra dire qu'il ne souffre point de la faillite (art. 1612 et 1613 C. civ. et 577 C. com.).

Tantôt ces créanciers useront de la faculté de *résolution*. Le débiteur étant hors d'état de s'acquitter par suite de la chute de son patrimoine, ils obtiendront que leur marché ou contrat soit rétroactivement anéanti ; ce qui les dispensera de fournir le service ou la valeur qu'ils s'étaient engagés à donner au failli. C'est, par exemple, un employé qui avait promis d'entrer dans la maison du débiteur, moyennant certains appointements, et qui apprend la faillite de son futur patron avant d'avoir commencé son temps d'engagement (art. 1184 C. civ.)[1].

1643. — La masse, l'égalité, le dividende. — Ces éliminations opérées, les créanciers dont il faut examiner le sort appartiennent au cercle des *créanciers chirographaires*.

On a vu que le jugement de faillite ou de liquidation groupait l'ensemble des ayants-droit en une *masse*. C'est une sorte de corporation organisée en vue de réaliser l'actif du débiteur, au mieux des intérêts de tous.

La masse agit par l'intermédiaire du syndic ou du débiteur assisté. — Elle forme en face du débiteur un *tiers* disposant de droits propres, de la faculté de s'insurger contre ses actes (nº 1552). Le patrimoine se trouvant par le fait du jugement déclaratif sous la main de justice, nul ne peut dorénavant s'assurer un avantage en dehors de l'action de la collectivité dont il est membre. L'*égalité proportionnelle*, tel est le lot de chacun, voulu par la loi d'une manière impérative et absolue.

La créance de tout chirographaire est devenue un *dividende* de liquidation. Peut-être certaine et d'un chiffre déterminé la veille du désastre, elle cesse d'être liquide sitôt que la faillite ou que la liquidation se trouve ouverte. Celui à qui une somme de mille francs était due en vertu d'un effet de commerce, n'est plus fondé, vis-à-vis de la masse dont il fait partie, à réclamer autre chose que ce que la réalisation de l'actif, et d'une manière plus générale ce que les résultats de la faillite lui permettront d'obtenir au prorata du montant nominal de son titre. Le dividende est incertain dans son chiffre aussi longtemps que la liquidation reste en suspens.

La jurisprudence aurait pu poursuivre cette notion jusqu'à ses dernières applications : il n'aurait pas été irrationnel de décider que la créance ancienne se trouve *novée* en un dividende de faillite. Conséquemment, la *prescription*, à laquelle obéissait le titre primitif (prescription de cinq ans pour créance de change, pour créance de loyers, etc.), se serait convertie en une prescription uniformément semblable pour tous les ayants-droit et dont la durée aurait été de trente ans. Bien entendu, cette prescription aurait comporté, par la suite des opérations de faillite, des moyens répétés d'interruption, comme on va le dire.

Mais, ce qu'il eût été opportun de relever, c'est que la faillite, une fois ouverte, aurait servi de titre nouveau à tous les créanciers chiro-

[1] Nous réservons pour le moment les questions auxquelles donne lieu la résiliation de pareils engagements, et tout particulièrement le point de savoir s'ils peuvent, ou non, donner accessoirement ouverture à des dommages-intérêts qui seraient réclamés dans la masse par voie de dividende.

graphaires, groupés ensemble en vertu d'un lien juridique comparable à un lien d'association. Lorsque des créanciers s'entendent à l'amiable avec leur débiteur et consentent à échanger leurs créances primitives contre un droit de participation dans la vente de ses biens, on n'hésite pas à reconnaître que leurs créances originaires se sont fondues dans un titre semblable pour tous, différent du titre ancien, et qui est un titre de société. Il serait naturel de raisonner de même, lorsque la cause qui a groupé toutes ces réclamations réside dans un jugement de faillite.

C'est pourtant une conséquence que les arrêts ont repoussée. Ils signalent la formation du dividende, ils n'admettent pas qu'il y ait novation, c'est un peu incohérent.

1644. — Ni interruption ni suspension de prescription. — Le jugement déclaratif, au surplus, ne *suspend* ni n'*interrompt* par sa seule vertu la *prescription* des diverses créances dont est tenu le débiteur et que celui-ci laisse en souffrance [1]. Cette conversion de créance en dividende, à partir de laquelle l'ayant-droit a certainement consolidé son titre dans la liquidation, est subordonnée à un acte d'initiative de son chef : il faut qu'il produise à la faillite et qu'il se soit fait reconnaître comme créancier. C'est dans la mesure de la somme pour laquelle la masse l'admet qu'il se trouve prenant part à la liquidation ainsi qu'à ses résultats. Cette production, dont on verra plus loin les formes, remplace l'exploit d'ajournement que le créancier, en dehors d'une faillite, signifierait à son débiteur en ouvrant un procès contre lui, afin de le contraindre à s'exécuter. Tout comme cet exploit d'ajournement, elle a un effet interruptif.

Ainsi, lorsque parmi les créanciers il s'en trouve un dont le droit est sur le point de se prescrire au moment où la faillite éclate, le jugement déclaratif n'a nullement pour effet d'arrêter le cours de cette prescription, ou à plus forte raison d'annuler le temps pour lequel elle a déjà couru. Il ne faut pas dire : *Contra agere non valentem non currit præscriptio*. Le créancier devra remettre aux mains du syndic, sur l'avertissement par lui reçu (art. 492), le bordereau énonciatif des sommes qu'il réclame, et c'est à partir de ce moment seulement que la prescription qui menace sa créance se trouve interrompue, comme elle le serait hors faillite par suite d'une citation en justice (art. 1244) [2].

[1] A condition de faire exception pour le créancier qui a provoqué la mise en faillite ou en liquidation, et qui a usé dans ce but de la voie de l'assignation (n° 1514).

[2] Il est permis de déposer le bordereau au greffe du tribunal de commerce (articles 491 et 492), et c'est ainsi que procédera le créancier en cas d'urgence. Ce dépôt produirait le même effet d'interruption que celui qui serait pratiqué par le moyen du bordereau aux mains du syndic.

1645. — Assemblées générales de la masse. — La masse, à laquelle nous devons revenir, cette sorte d'entité juridique composée de la réunion de tous les créanciers chirographaires, est appelée à délibérer en *assemblées générales*. Il y a quatre sortes d'assemblées dans la faillite ou dans la liquidation judiciaire.

1° L'assemblée, dite improprement de *syndicat*, qui, groupant dans les quinze jours au plus tard après le jugement déclaratif les créanciers présumés, émet un avis sur la nomination du syndic, ou sur celle du liquidateur définitif, sans d'ailleurs que ledit avis lie le tribunal qui statue ensuite soit pour confirmer les agents déjà en fonctions, soit pour en désigner d'autres (art. 462 C. com. ; l. 1889, art. 9).

Cette assemblée, en outre, dans la liquidation judiciaire, examine la situation du débiteur, au vu d'un état que présente le débiteur assisté et qui contient l'indication des éléments de l'actif et du passif (même art. 9).

2° Les assemblées de *vérification* et d'*affirmation des créances*, dont il sera plus longuement reparlé ; elles ont pour but d'établir la consistance du passif appelé à concourir aux résultats de la faillite ou de la liquidation. Le procès-verbal de clôture a une importance particulière : il forme la charte de participation à la faillite de tous ceux qui y sont portés comme créanciers vérifiés et affirmés (ou comme créanciers provisionnels), avec la somme pour laquelle chacun d'eux y est respectivement mentionné.

3° L'assemblée de *concordat*, dans laquelle le débiteur traite avec la masse les conditions de sa remise à la tête de ses affaires ou celles de sa libération moyennant abandon de l'actif.

4° Les assemblées d'*union*, la dernière de ces assemblées notamment, ayant pour but de recevoir les comptes du syndic ou du liquidateur, et d'émettre un avis sur l'excusabilité du débiteur.

Toutes ces assemblées ont pour *président* le *juge-commissaire* : celui-ci avait donné l'ordre au greffier de procéder aux convocations des créanciers. Le *greffier* tient le plumitif, les procès-verbaux sont signés par le juge et pourvus ainsi de la force authentique.

1646. — Nous allons répartir l'étude des créanciers chirographaires en plusieurs sections. Elles auront pour objet : — l'interdiction de tout paiement séparé et de toutes poursuites individuelles ; — l'exigibilité des créances à terme ; — et l'arrêt du cours des intérêts.

SECTION PREMIÈRE

INTERDICTION DE TOUT PAIEMENT PARTICULIER, DIRECT OU PAR COMPENSATION; INTERDICTION DES POURSUITES INDIVIDUELLES, QUE REMPLACE LA PROCÉDURE DE VÉRIFICATION DES CRÉANCES

(C. com. art. 491 à 503; l. 1889, art. 11 à 13)

1647. — A. Refus du droit de recevoir un paiement direct ou par compensation. — Un *paiement* séparé ne peut plus avoir lieu à partir du jugement déclaratif. Déjà, dans la période suspecte, un certain nombre de paiements se trouvaient frappés de nullité, soit à raison de leur apparence équivoque, soit parce que le créancier était instruit de l'état des affaires de sa contre-partie (art. 446 et 447). Désormais, la règle se généralise.

Comment le débiteur paierait-il, du moment qu'il est dessaisi ou hors d'état de faire un acte quelconque sans l'assistance de son liquidateur?

Comment le syndic ou le débiteur assisté pourrait-il songer à faire au profit d'un créancier un règlement particulier? Pour avoir droit à un règlement, encore faut-il qu'on justifie d'une créance liquide. Or, la conversion de la créance en dividende, conversion produite *ipso facto* par le jugement déclaratif, a rendu la créance incertaine dans son chiffre, même dans son existence, et cette incertitude durera tant que la liquidation ne sera pas achevée.

1648. — Il y a d'ailleurs contre cette possibilité d'un paiement individuel un argument de plus haute portée et tout à fait décisif : — Qu'est-ce que la faillite (ou la liquidation judiciaire)? Une *opposition* mise sur tous les éléments de l'actif. — Au profit de qui intervient cette opposition? Au profit de la *masse*, c'est-à-dire des créanciers fondus ensemble et placés les uns par rapport aux autres sur le pied de l'égalité.

Affecter une valeur quelconque de l'actif à régler un créancier, serait violer la mainmise résultant du jugement déclaratif, détourner cette valeur de son but, la consacrer à un remboursement particulier, tandis qu'elle doit être réalisée pour la communauté.

La situation serait la même que celle d'une personne qui, devant une somme à une autre, serait touchée d'un exploit de saisie-arrêt à la requête d'un créancier de son créancier, et qui, malgré cet exploit, au mépris par conséquent de la saisie, persisterait à effectuer son paiement à celui envers qui elle s'était obligée. Ce paiement serait irrégulier. Celui qu'effectuerait le failli (ou son syndic), en dehors du système de répartition organisé par la loi, contreviendrait aux mêmes principes.

1649. — Examen spécial de la question de compensation. — Cela nous met en mesure de nous prononcer sur les restrictions apportées par le jugement déclaratif à la faculté de *compensation*.

Supposons que *Primus*, muni d'une créance contre le failli (en vertu d'un effet de commerce, par exemple), se trouve, pour une cause toute différente, débiteur de ce même commerçant. On admettra, pour tout simplifier, que les deux engagements réciproques sont de même chiffre : il a droit à 1,000 fr., mais c'est aussi au chiffre de 1,000 fr. que s'élève son autre engagement.

Si *Primus* pouvait appliquer ce qu'il doit en vertu du second titre à ce qui lui est dû d'après le premier, il bénéficierait d'un paiement indirect. En décomposant la situation, on verrait qu'il a pris un élément de l'actif de son débiteur (un recouvrement sur lui-même), afin de se remplir de sa créance. Par là, il échapperait aux effets du dividende de la faillite de sa contre-partie : ce qu'il désirerait manifestement. Pour arriver à ce résultat, aucun mouvement de fonds ne serait nécessaire : il suffirait de laisser la compensation amortir les créances à partir du moment où elles seront liquides et exigibles toutes deux.

1650. — Suite. — Or, justement, cette compensation est repoussée par les principes de la faillite (ou de la liquidation judiciaire). *Primus* pouvait encore user d'une compensation *pendant la période suspecte* qui précédait la faillite ouverte de son débiteur : la seule compensation qu'eût proscrite l'art. 446 depuis la cessation des paiements ou dans les dix jours antérieurs, était celle, toute *conventionnelle*, que les parties auraient accomplie en liquidant deux créances contraires, en faisant un règlement pour les éteindre mutuellement à concurrence de la plus faible (n° 1622). A cela près, rien n'empêcherait la compensation *légale* d'agir, fût-ce à la veille du jugement déclaratif; *Primus*, créancier du commerçant, se serait remboursé régulièrement en ne payant pas sa dette.

1651. — Suite. — Mais la situation change d'aspect par le fait du *jugement déclaratif* : une compensation, non encore opérée au moment où la faillite est prononcée, cesse de pouvoir désormais s'accomplir. *Primus* réglera séparément ce qu'il doit aux mains du syndic, sans retranchement, et d'un autre côté, il s'inscrira au marc le franc dans la faillite. Il paiera 100 0/0. Il ne touchera peut-être que 25 0/0, il subira le sort commun des autres créanciers.

C'est ce qui se produira : *a*) soit que la dette de *Primus*, symétrique à son droit contre le failli, ne devienne liquide ou exigible qu'après le jugement déclaratif; — *b*) soit que la créance à terme, qui a retardé la compensation, soit celle des deux dont le failli se trouve tenu : le jugement déclaratif, il est vrai, la rend exigible instantanément, on le verra (art. 444 C. com). Mais l'exigibilité arrive trop tard pour engendrer une compensation efficace, elle aurait dû préexister au jugement déclaratif lui-même.

1652. — Suite. — Cette interdiction de compenser n'est écrite nulle part. Cependant elle tient aux notions de droit qui servent de base à la faillite et qui ont été rappelées précédemment. Le jugement déclaratif a frappé d'*opposition* tous les éléments de l'actif, y compris la prétention dont le failli se trouve disposer contre celui qui est d'un autre côté son créancier. La masse a droit à ce que cette prétention soit réalisée et mise en valeur, non pas au profit d'une individualité déterminée, fût-ce le débiteur même de la dette, mais à son profit à elle-même, dans l'intérêt du dividende et du relèvement de son taux.

La compensation, d'après l'art. 1298 C. civ., n'a pas lieu au préjudice des *droits acquis* à un *tiers*. Ici le tiers intéressé à ce qu'elle n'ait pas lieu est la *masse*.

Au surplus, ne serait-il pas étrange qu'un pur hasard, le fait de devoir en même temps de l'argent à celui qui nous en doit, nous procurât dans une faillite le moyen d'échapper au naufrage commun (*contra* en droit allemand)[1] ?

1653. — Tempérament. Créances connexes. — Il convient d'apporter à cette défense de compenser un important correctif. On a raisonné dans la supposition que les deux créances étaient absolument indépendantes l'une de l'autre. Le contraire peut exister : en d'autres termes elles ont été dès l'origine rendues *connexes* par la volonté des deux parties.

Il a été convenu que, une fois exigibles, elles se liquideraient l'une dans l'autre au moyen d'un règlement unique. Cette entente, en outre, remonte à une date plus ancienne par hypothèse que le commencement de la période suspecte.

Or, il serait non seulement rigoureux, mais peu logique, de s'opposer à l'observation d'une pareille convention. La survenance du jugement déclaratif ne peut l'empêcher d'aboutir. Fondre ensemble les deux réclamations inverses, c'est accomplir ce que les opérateurs avaient prévu et voulu dès le premier jour.

Deux applications intéressantes ont été faites de cette pensée : *a*) Le

[1] M. Ch. Appleton prétend, contrairement à l'opinion de M. Accarias, que la règle admise en Allemagne et qui voit dans la compensation un moyen de se couvrir contre la faillite, contrairement à ce qui se passe en France, était déjà reçue chez les Romains, et que tel est le sens du § 65, *Comm.* IV de Gaïus (*Histoire de la compensation*, nos 28 et s.).

compte courant, qui fonctionnait entre le failli et l'un de ses correspondants, ne s'arrête pas avant le jugement déclaratif. Entre le doit et l'avoir il ne s'est pas produit un solde antérieurement à cette date. Cependant tous sont d'accord pour dire que le compte conserve, nonobstant le jugement déclaratif, son individualité, et que les articles créditeurs et débiteurs se pénétreront de la même manière que dans une clôture normale (n° 1430 *in fine*).

b) Parmi les créanciers du commerçant figure sa *femme* pour le compte de ses *reprises*, des sommes apportées par elle en mariage, ou à elle advenues au cours du régime matrimonial. Créancière de sa dot ou de successions, la femme peut être d'autre part comptable de *récompenses*. Ex. : le mari ou la communauté lui a avancé une somme d'argent, pour faire de grosses réparations sur ses propres.

Il est inadmissible que l'on procède séparément dans la faillite à la liquidation de ses reprises et à celle des récompenses à sa charge. Elle produira au contraire pour le solde. Cela a son importance, là où la femme n'a pas la ressource de l'hypothèque légale, afin de se procurer un rang de faveur et qu'elle est traitée comme simple chirographaire. On peut se demander en droit civil si les causes multiples de réclamation appartenant soit à la femme contre son mari, soit inversement, se ramènent à une créance unique; au point de vue des questions agitées à cette place, l'affirmative n'est pas contestable.

1654. — **B. Refus de l'exercice des droits individuels.** — Avant l'ouverture de la faillite ou de la liquidation judiciaire, chaque créancier pouvait, sans se concerter avec les autres, pratiquer sur l'actif formant son gage des mesures conservatoires ou exécutoires. Ce qui comprend :

L'exercice des *droits et actions* du débiteur, avec la faculté de faire *annuler ses opérations frauduleuses*;

Le droit *d'engager un procès* contre lui et de se munir d'un jugement de condamnation;

Le droit au moyen d'un titre exécutoire d'opérer des *saisies* sur les biens du débiteur, d'en provoquer la mise aux enchères et de faire ouvrir sur les sommes provenant de la vente une distribution par ordre ou par contribution, ainsi que dispose le Code de procédure.

Il s'agit de montrer les restrictions mises par le régime de la faillite ou par celui de la liquidation judiciaire à ces droits individuels des créanciers. La doctrine la plus juste et la plus rationnelle est celle qui leur ferait perdre, sans distinction, tous ces avantages dont ils disposaient antérieurement.

1655.— I. Exercice des actions du débiteur et de l'action paulienne. — Un créancier, aussitôt la faillite prononcée, n'a plus pouvoir à l'effet d'exercer les actions du débiteur en vertu de l'*art. 1166* C. civ. ou d'attaquer ses actes en vertu de l'*art. 1167*.

La jurisprudence distingue, à la vérité, entre ces deux voies de droit. Elle admet le créancier à intenter l'*action paulienne* à ses risques et périls et à ses frais, pour les opérations frauduleuses autrefois accomplies par le failli, lorsque le syndic s'abstient de l'exercer au compte de la masse. D'ailleurs, le profit de la condamnation, si le créancier réussit, sera acquis à la faillite.

Il ne faut pas approuver cette interprétation. La personnalité du créancier s'absorbe dans la masse, toutes les prérogatives individuelles se concentrent et sont maintenant dévolues à la collectivité dont le syndic ou le débiteur assisté est l'organe dirigeant. Pas plus quant aux droits résultant de l'art. 1167 que pour ceux qui dérivent de l'art. 1166, le créancier n'a conservé son pouvoir d'action. L'exercice par lui de l'action paulienne, lorsque le syndic croit préférable de s'abstenir, jetterait le trouble dans la liquidation au même degré que l'action subrogatoire.

L'esprit de la loi nous est montré par le régime des actions tendant à annuler les actes faits dans la période suspecte et réglés par les articles 446 et 447 C. com. Ces actions appartiennent au syndic seul (ou au liquidateur). Or elles reposent toutes sur une présomption de fraude, c'est par extension de l'action paulienne que la loi les a créées. Par suite, l'action de l'art. 1167, qui a été l'institution première d'où descendent les autres, ne saurait elle-même appartenir qu'au syndic seul, et à son défaut aucun créancier n'a le droit de l'exercer.

En ce qui touche la mise en œuvre des droits et actions du débiteur, il n'y a aucun désaccord sur le principe. N'a-t-on pas vu que les droits dont le débiteur est dessaisi sont désormais exercés par le syndic?

En généralisant cette idée, on constate qu'un créancier pris individuellement ne peut ni agir en remboursement d'une créance de l'actif, faute par le syndic d'en exiger le paiement, ni interrompre la prescription acquisitive d'un bien de la masse dont un tiers serait en cours de possession, etc.

1656. — Suite. Actions en responsabilité dans les sociétés. — Dans une *société par actions* tombée en faillite, il existe un élément d'actif parfois très appréciable : c'est le produit éventuel des demandes en *responsabilité* contre les personnes coupables de faits à la suite desquels la société a succombé.

Lorsque cette action en responsabilité appartient à la *personne morale*, ce qui est le cas pour les fautes des *administrateurs* ayant entraîné la chute de l'entreprise, il est naturel de décider, par application de ce qui vient d'être dit, que le syndic a seul pouvoir à l'effet de l'intenter et que les créanciers ne sauraient substituer leur initiative à la sienne.

On émet la même solution, là où l'action, sans appartenir à proprement parler à la société, est donnée par la loi à *tous les créanciers* sur la même ligne. C'est le cas, par exemple, la société étant nulle pour contravention à la loi de 1867, de l'*action* en responsabilité *contre les fondateurs*. Pourtant il serait inexact de prétendre que c'est une action *sociale*. Du moins, elle a été introduite dans l'intérêt commun des créanciers, et cela suffit pour que le syndic d'abord ait qualité à l'effet de l'exercer, puisqu'il est le représentant collectif des créanciers, et ensuite pour que, à son défaut, un créancier soit sans pouvoir à l'effet de la mettre en œuvre[1].

Le syndic (ou le débiteur assisté) pourra donc également dans ces conditions *transiger* soit avec les administrateurs, soit avec les fondateurs, pourvu que la transaction soit homologuée par le tribunal compétent (art. 487, 535, etc.)[2].

1657. — **Suite. Causes de controverses.** — Bien que le principe de l'irrecevabilité d'un créancier à exercer des actions appartenant à la masse à partir du jugement de faillite paraisse unanimement accepté, il y a certains points de détail pour lesquels persévèrent les controverses. On peut en citer deux notamment :

1658. — *a*) Peut-être cette exclusion individuelle de la faculté de s'immiscer dans les affaires de la masse doit-elle cesser dans les deux cas suivants.

Une production suspecte a lieu à l'assemblée de vérification des créances. La loi donne à tout créancier simplement porté au bilan, ne fût-il pas encore vérifié lui-même, le droit de fournir un *contredit* à cette prétention. Il y est recevable, alors même que le syndic ou le failli ne contesterait pas l'admission (art. 494). Or un contredit a pour résultat de nécessiter le renvoi de la demande devant le tribunal (art. 498 et suiv.).

[1] Au contraire, des actions en responsabilité qui se trouveraient n'appartenir qu'à certains ayants-droit, *ut individui*, ne sauraient être intentées par le syndic. Ex. : demande dirigée contre les administrateurs à raison de faits répréhensibles qui ont déterminé une hausse factice des actions et motivé des ordres d'achat à la Bourse. Chaque partie lésée agira de son côté (n° 547).

[2] On entend parfois formuler un regret. C'est que le syndic dispose en cette matière d'un pouvoir excessif. Il dépend en définitive de lui seul de mettre ces actions en mouvement. Cela revient à lui conférer une véritable omnipotence sur les résultats de la liquidation. Les créanciers ont, il est vrai, le droit de provoquer sa révocation (art. 467); mais c'est un pouvoir contre l'efficacité duquel se dressent en pratique des obstacles de toute nature.

Nul doute que le syndic n'ait le pouvoir de saisir la justice à cet effet, à supposer que le juge-commissaire s'abstienne de le faire. Mais on se demande si le créancier auteur du contredit n'aurait pas la même faculté. Il serait peu raisonnable de la lui refuser, du moment qu'il a, conformément aux attributions que lui confère la loi, tenu cette créance en suspens.

1659. — La seconde hypothèse discutable est celle de l'une des *voies de recours contre le jugement déclaratif ou contre celui qui a fixé la date de la cessation des paiements.* L'*opposition* est donnée par l'art. 580 à « toute partie intéressée ». Il paraît bien résulter de cette rédaction qu'un créancier, n'eût-il pas été partie dans la première instance, a reçu de la loi le droit de faire rapporter la décision qui a prononcé la faillite. — Quant au rapport du jugement qui a déterminé le point de départ de la période suspecte, la question est moins claire [1].

1660. — Faculté d'intervention. — *b*) Une autre source d'embarras tient à la détermination du droit individuel d'*intervention* dans les procès engagés ou soutenus par le syndic. Lorsqu'une affaire judiciaire intéressant la faillite est en cours de procédure, appartient-il à un créancier de se joindre à l'instance et d'y défendre à ses frais des conclusions ?

Il y a des décisions en sens contraire. L'opinion qui refuse au créancier la faculté d'intervenir est celle qui tend à prévaloir. Le meilleur argument à invoquer dans ce sens n'est pas celui qu'on entend formuler d'habitude : cette intervention, dit-on, jetterait le trouble dans la marche de la faillite. Cela n'est nullement établi. Le créancier peut être, au contraire, selon les cas, un auxiliaire utile pour le syndic.

Le motif qui doit rendre l'intervention irrecevable est d'une autre nature : du moment que le créancier est déjà représenté dans l'instance, il devient difficile de justifier sa participation séparée aux débats. — On peut dire sans doute qu'un débiteur solvable qui suit un procès représente déjà dans le procès où il est plaideur l'ensemble de ses créanciers. Ce qui n'empêche pas chacun de ces derniers de se porter partie intervenante, s'il le juge opportun. — Il n'en est pas moins vrai que le jugement déclaratif constitue dans la personne du syndic un mandataire des créanciers bien autrement énergique et caractérisé que ne l'était

[1] En effet, pour la faculté d'obtenir le rapport de la faillite, ce droit individuel du créancier paraît bien établi. Il y a beaucoup plus de doute pour le rapport de la date de la cessation des paiements. Nous avons vu (n° 1537) que la « demande des créanciers » à cet effet est réglée par les délais de l'art. 581 et non par ceux de l'art. 580. Or, l'art. 581 confère un pouvoir à la *masse*, et non pas aux individualités qui la composent.

le débiteur avant la faillite, et qu'une intervention personnelle ferait véritablement double emploi avec le rôle déjà occupé dans l'instance par le représentant qualifié de la masse [1].

1661. — Ainsi, sous réserve des controverses ayant pour objet ces questions spéciales, le créancier ne peut pas se subroger aux droits du débiteur, alors que c'est à l'agent de la liquidation seul à les mettre en œuvre : il cesse de pouvoir exercer l'action oblique de l'art. 1166. Nous avons dit que, pour nous, l'action paulienne ne lui appartiendrait pas davantage.

1662. — II. **Procès**. — De droit commun, et en supposant toute faillite absente, chaque créancier pouvait, contre son débiteur qui refusait d'exécuter ses engagements, faire acte introductif d'instance. Chaque créancier pouvait toucher son débiteur au moyen d'un exploit d'ajournement et lui faire un *procès*, de manière à obtenir un jugement de condamnation.

Or il est certain que le jugement déclaratif dessaisit le créancier de cette faculté. Il est devenu partie intégrante de la masse ; pour s'y faire agréger, il doit suivre une voie de tout autre nature que le procès, tel qu'il est habituellement organisé. Il n'a pas le droit de remplacer à sa guise la procédure de vérification des créances qui va être examinée, par une autre procédure où il exercerait un rôle séparé et qui multiplierait les dépens.

Le syndic refuserait à bon droit de lier partie et demanderait le renvoi de l'affaire à l'assemblée des créanciers, tous frais de cette ouverture d'instance maladroite et injustifiée étant laissés à la charge du demandeur.

1663. — Il faut aller plus loin. Le procès ouvert par le créancier contre son débiteur était par hypothèse déjà formé, au moment où éclate la faillite ou la liquidation judiciaire : il sera *suspendu* de droit. Il n'y aura pas lieu à reprise d'instance au nom du syndic ou du débiteur assisté. Le litige est mis dans l'impossibilité de continuer : il y aura lieu, comme ci-dessus, à renvoi devant l'assemblée de vérification.

1664. — Ces points, le dernier du moins, étaient autrefois sujets à discussion : l'art. 443, le texte fondamental sur le dessaisissement,

[1] Cfr. Cabouat, note sous Caen, 20 juillet 1887, *Annales de droit comm.* 1888, 1, 24, et J. Appleton, note sous Civ. Lille, 19 juin 1895, *Dalloz*, 1896, 2, 353. — D'après l'art. 7, al. 3 *in fine*, de la loi de 1889, tout créancier peut, dans la liquidation judiciaire, intervenir sur la demande en homologation d'une transaction conclue par le débiteur assisté. — En outre tout créancier admis aux opérations concordataires peut former opposition au concordat (art. 512).

dispose dans son al. 2 que, « à partir du jugement de faillite, toute action mobilière ou immobilière ne pourra être suivie ou intentée que contre le syndic ».

Ce texte ne semblait-il pas autoriser, au contraire de ce qui vient d'être soutenu, l'ouverture ou la continuation d'un procès dans la faillite ?

On répondait que ces actions prévues par l'art. 443 sont celles qui appartiennent à des propriétaires revendiquants, et d'une manière générale à des intéressés autres que les créanciers chirographaires. Quiconque en effet n'est point membre de la masse reste dans la situation où il se trouvait avant la faillite, avec le droit d'engager un procès séparé.

Il y avait cependant une cause de doute dans cette rédaction au moins équivoque du texte. Elle a disparu aujourd'hui, depuis une loi du 4 avril 1890 qui a modifié l'art. 5, al. 1er de la loi de 1889 sur les liquidations judiciaires, et qui a été voté dans des circonstances auxquelles on reviendra dans un moment. « A partir du jugement qui déclare ouverte la liquidation judiciaire, porte cette loi, les actions mobilières ou immobilières... sont suspendues *comme en matière de faillite*. Celles qui subsistent doivent être intentées ou suivies à la fois contre les liquidateurs et le débiteur ». Cela ne laisse plus place à la moindre hésitation.

1665. — III. **Voies d'exécution**. — Il reste à s'occuper des *voies d'exécution*, saisies mobilières ou immobilières, pendant la faillite ou la liquidation judiciaire. Elles ne sont plus praticables. Celles d'entre elles qui se trouveraient en cours au moment du jugement déclaratif devraient instantanément s'arrêter[1].

En effet, toute saisie est l'expression d'un droit à une créance liquide, à un paiement séparé. Le saisissant affirme le pouvoir qu'il a de contraindre son débiteur à lui payer le montant nominal de son titre. La faillite supprime la créance liquide, supprime le paiement individuel, donc elle supprime également la saisie. Le syndic ne manquerait pas d'y former opposition ès-qualités, les deniers ne pourraient plus être distribués qu'au marc le franc. Il est alors beaucoup plus simple de laisser les distributions s'accomplir suivant la procédure de la faillite, qui est plus rapide et moins coûteuse.

1666. — On arguait autrefois du même art. 443, que nous avons vu cité plus haut par les partisans du droit à l'ouverture d'un procès

[1] Quitte à indemniser le saisissant, en frais de justice, sur les premiers deniers de la liquidation, du montant des dépens par lui exposés pour le commencement de la procédure.

dans la faillite, pour soutenir que le jugement déclaratif n'interdisait pas davantage les saisies. « Il en sera de même de toute voie d'exécution tant sur les meubles que sur les immeubles (en d'autres termes, elles seront suivies contre les syndics) » (art. 443, al. 3). Si elles doivent être suivies contre les syndics, c'est qu'elles sont possibles.

On faisait observer en sens contraire — que le législateur visait seulement dans cette disposition les voies d'exécution introduites par les créanciers hypothécaires ou privilégiés, ayants-droit étrangers à la masse et que notre règle ne concerne pas ; — que d'autres textes de la faillite laissaient clairement entendre que, pour le commun des créanciers, les saisies sont suspendues : l'art. 455 qui refusait l'emploi de la contrainte par corps, l'art. 571 qui interdisait la saisie immobilière à d'autres que les créanciers hypothécaires, les art. 527 et 539 qui, après clôture faute d'actif ou l'union une fois dissoute, faisaient rentrer les créanciers dans l'exercice de leurs actions individuelles contre les tiers; preuve évidente que la faillite les en avait temporairement dépossédés.

Toutes ces considérations avaient fini par assurer le succès de la thèse qui était contraire à l'emploi des saisies dans la *faillite*. Mais le problème se présenta à nouveau pour la *liquidation judiciaire* après le vote de la loi du 4 mars 1889.

L'art. 5, al. 1 de cette loi reproduisait la formule à double entente de l'art. 443. Dans ces conditions il se forma une opinion, d'après laquelle les créanciers chirographaires conservaient, nonobstant le jugement déclaratif, le pouvoir de saisir, — sauf pourtant les immeubles (même art. 5, al. 2). Elle fut consacrée par plusieurs décisions judiciaires (Paris, 14 mai, et Rennes, 11 juin 1889).

On se demande par quelle méconnaissance des principes réglant l'économie de la procédure collective, des hommes de lois avaient pu défendre une pareille hérésie. Il était impossible de découvrir un motif de bon sens pour que la liquidation judiciaire suivît un autre régime que la faillite : dans l'une et dans l'autre procédure, les mesures d'exécution venaient jeter dans l'action dirigeante de la masse une véritable perturbation. Dire, comme on l'avait fait, que le débiteur en état de liquidation n'est pas frappé par le *dessaisissement* qui atteint le failli, c'était une allégation tout à fait en dehors de la question. Il ne s'agit pas de savoir si le débiteur est dessaisi de son administration, mais bien si les créanciers sont dessaisis de leurs voies d'exécution. Or à cet égard les deux procédures sont identiques.

Ce courant de jurisprudence a été arrêté par la loi du 4 avril 1890 : « à partir du jugement qui déclare ouverte la liquidation judiciaire, est-il dit dans le nouvel art. 5, al. 1er modifié, ... toutes voies d'exécution tant sur les meubles que les immeubles sont suspendues comme en matière de faillite ». C'était la vérité même, commandée par les principes élémentaires du sujet.

1667. — Transition à l'étude de la vérification des créances. — Toutes les explications précédentes montrent ce que le créancier n'a pas le droit de faire. Il faut rechercher maintenant les attributs qui lui appartiennent, et la manière dont il doit se comporter pour assurer sa participation à la faillite ou à la liquidation judiciaire.

Nous avons dit déjà que la faillite se ramenait à un *syndicat* de créanciers liquidant leur gage commun. Or, au moment où se forme ce syndicat, les membres qui le composent ne se connaissent pas mutuellement et leurs titres ne sont pas établis. Le chef du syndicat ignore ceux qui ont qualité pour suivre les opérations, de même que le chiffre pour lequel ils peuvent être appelés respectivement à y concourir : tout au plus les mentions des livres le mettront-elles sur la trace des ayants-droit, mais les créanciers que les livres mentionnent sont des créanciers simplement *présumés*, et non des créanciers certains. Les livres peuvent contenir des oublis, peut-être le failli n'a-t-il tenu même aucune comptabilité. D'autre part, les créanciers portés aux livres n'ont pas toujours des droits avérés : il s'en trouvera de fictifs dans le nombre, si le débiteur a frauduleusement majoré son passif en s'entendant avec des compères.

Il a donc fallu que la loi organisât une procédure, à l'effet de permettre aux créanciers d'obtenir en quelque sorte leur *immatriculation* dans la faillite ou dans la liquidation judiciaire et de se créer un *titre légitime pour concourir à ses résultats*. Ainsi s'établira finalement l'état du passif, par la connaissance précise des créanciers et des sommes dues exactement à chacun d'eux. Telle est la *procédure de vérification et d'affirmation des créances*, réglée au Code de commerce dans les art. 491 à 503, ainsi que dans les art. 9 à 13 de la loi de 1889 [1].

1668. — Les créanciers sont invités à se faire connaître et à pratiquer toute diligence pour requérir leur inscription. Cette invitation a lieu non pas par les soins du syndic ou du liquidateur *provisoire*, mais par ceux du syndic ou du liquidateur *définitif* désignés en remplacement ou en confirmation du premier, après que s'est tenue une assemblée de créanciers présumés dans les quinze jours depuis le jugement déclaratif.

Elle a lieu sous deux formes : par des *avertissements* insérés dans les journaux d'annonces et par des lettres du greffier à ceux des créanciers

[1] C'est dans un chapitre subséquent que nous rechercherons si cette procédure est obligatoire pour les créanciers privilégiés et hypothécaires.

dont les livres permettraient de connaître les noms et les adresses : les créanciers sont conviés ainsi à se présenter soit *en personne*, soit *par fondés de pouvoirs*. Il y a des cas pour lesquels l'avertissement individuel est impraticable : on ne peut y recourir notamment pour les porteurs d'effets de commerce ou, s'il s'agit de sociétés, pour les détenteurs d'obligations négociables libérées et mises au porteur.

Le créancier peut, au surplus, déposer de lui-même ses titre et bordereau au greffe du tribunal de commerce, avant d'avoir reçu la moindre invitation, et le greffier en demeurera responsable pendant cinq ans (art. 491).

1669. — L'avertissement, quelle qu'en soit la forme, vaut notification à l'effet de produire ou de s'inscrire à la faillite. Sans vouloir insister sur des comparaisons que l'on pourrait trouver abusives, nous répéterons en passant que le syndic procède ici de la même manière qu'un fondateur de société anonyme qui arrête l'ensemble des souscriptions, afin de constituer la minute de la liste des actionnaires qui coopèreront désormais à la marche de la société et profiteront de ses résultats. — Ce rapprochement a surtout pour but de dégager une fois de plus le lien qui va désormais soumettre tous ces participants à une action combinée : c'est un véritable lien d'association.

1670. — Un *délai* est donné aux créanciers, à l'effet de répondre aux avertissements qu'on leur adresse. Il varie dans sa durée, suivant le domicile de chacun d'eux.

Ceux qui sont domiciliés dans le lieu même où siège le tribunal saisi de la faillite, doivent faire acte de production dans le délai de *vingt jours* à partir des insertions dans les journaux.

Ceux dont le domicile est plus éloigné, tout en se trouvant en France, disposent, en outre de ces vingt jours, d'un *jour supplémentaire par cinquante kilomètres* de distance.

Les créanciers domiciliés hors du territoire continental de la France, ont un délai plus long que règle l'art. 73 du Code de procédure pour répondre à un exploit d'ajournement dans un procès (art. 492).

1671. — **Acte de production.** — L'*acte de production* qui intervient à la suite de ces avertissements est une *réquisition faite par le créancier*, ou par celui qui se dit tel, *d'être reçu participant à la faillite ou à la liquidation pour la somme à laquelle il prétend s'élever son droit.* Il consiste dans la remise du titre de créance, s'il y en a un, avec un bordereau énonciatif des causes et du montant de la réclamation[1].

[1] Sont affranchis du timbre et de l'enregistrement depuis la loi de finances du 26 janvier 1892, art. 10, les divers actes rédigés en exécution des lois des faillites ou

On a souvent souligné la ressemblance de cet acte de production avec celui qui a lieu en droit civil dans une procédure de distribution par contribution ou dans un ordre, de la part des créanciers opposants. La procédure commerciale de la faillite a une valeur supérieure ; car :

a) La vérification des titres s'effectue ici, non pas à la suite de la vente aux enchères des biens, mais à un moment où la solution de la faillite n'est point encore préjugée. Dans la matière des saisies, l'état des productions admises est en même temps un état de répartition de sommes provenant de réalisations acquises, et sur lesquelles on ne peut plus revenir, quand même on les regretterait : ce qui n'est nullement le cas dans la faillite, où un concordat reste possible.

b) La vérification se concentre aux mains du syndic, sans qu'il soit besoin d'ouvrir à grands frais pour chaque nature de biens une distribution distincte.

c) En droit civil, en dehors des créanciers hypothécaires ou de ceux qui ont fait opposition, il n'y a pas d'invitation à produire, ce qui s'explique par l'absence aux mains du débiteur de livres susceptibles de fournir des renseignements sur son passif ; il n'y a pas non plus de mesures de publicité collectives.

d) Une garantie de sincérité plus grande résulte de ce que les créanciers vont pouvoir se contrôler réciproquement et élever des contredits les uns contre les autres, vont mieux découvrir, par conséquent, les supercheries tendant à l'intrusion d'imposteurs dans la masse.

e) La vérification et l'admission se complètent par une affirmation de l'intéressé qui met un frein contre les productions fictives. Car cette affirmation, reconnue fausse plus tard, entraînerait contre celui qui l'a faite des peines criminelles (art. 593, n° 2).

1672. — La procédure de vérification des créances n'est pas par elle-même une *procédure contentieuse*. La créance peut ne soulever aucune objection. Déjà, à l'égard d'un débiteur *in bonis*, le créancier avait la ressource de faire reconnaître, d'accord avec sa contre-partie, l'obligation sous-seing privé dont il était porteur : ce qui lui conférait un titre liquide et pourvu de la force authentique, si cette reconnaissance était judiciaire (art. 2123 C. civ. et l. 3 septembre 1807).

Ici la reconnaissance doit être établie au regard de la masse. Ce n'est qu'autant que celle-ci refusera d'y adhérer, qu'il faudra faire un procès, et que le droit produit par le créancier prendra le caractère litigieux.

des liquidations judiciaires, notamment les actes de produit, les procès-verbaux d'assemblée, les procès-verbaux de vérification, concordats, états de répartition. L'impôt de remplacement institué par cette loi consiste dans un droit proportionnel de 25 centimes 0/0 sur les sommes mises en distribution (art. 15 et 16).

Il faut donc distinguer, suivant que la créance est admise à l'amiable, ou suivant qu'elle est l'objet d'une contestation.

1673. — *Première hypothèse. — La créance est admise.* On aurait compris que l'admission fût consentie par le syndic seul (ou par le débiteur assisté de son liquidateur). Elle se serait opérée en dehors du contrôle des autres intéressés.

C'est bien ainsi en fait que les choses se passent, par suite de l'habitude prise par les syndics d'instruire d'abord eux-mêmes toutes ces productions, de retenir toutes celles qu'ils jugent sincères, et de les porter ensuite pour la forme à une assemblée de vérification et d'affirmation tout à la fois, où défilent les créanciers ou leurs fondés de pouvoirs sans aucune apparence de débats.

Théoriquement, la situation est autre. Il est à craindre que la bonne foi du syndic ne soit surprise, ou que le produisant ne s'entende avec lui. La vérification s'établira donc en *assemblée générale.*

Cette assemblée doit commencer ses opérations aussitôt que le délai donné aux créanciers les plus éloignés de France a pris fin, soit dans les *trois jours* qui suivent, et sans attendre les créanciers de l'étranger. Elle sera continuée sans interruption.

L'avertissement primitif du greffier a dû mentionner le moment de l'ouverture de cette assemblée, sans préjudice d'un nouvel avertissement avec convocation ferme, une fois que le délai donné pour produire a pris fin (art. 493).

Dans la *liquidation judiciaire*, le moment à partir duquel la vérification commence est établie dans la première assemblée qui a été tenue immédiatement après le jugement déclaratif, afin de prendre l'avis des créanciers sur le choix du liquidateur définitif; le procès-verbal de cette assemblée porte fixation, dans les *quinze jours* au plus tard, de la date de la première assemblée de vérification. Les lettres de convocation qu'il faut adresser le lendemain contiennent ainsi l'indication précise du jour des premières vérifications, sans qu'il soit besoin, comme dans la faillite, de les renouveler après la remise des bordereaux et des titres.

Toutefois, ce que la procédure de la faillite n'avait point prescrit, ceux qui se sont abstenus de répondre à cette convocation recevront une invitation subsidiaire à quinze jours de date : et lorsque le passif renferme des effets de commerce en cours de circulation et non encore échus, il peut être procédé, avec l'autorisation du juge-commissaire, à une troisième et dernière convocation (articles 9, 12 et 13 de la loi de 1889).

1674. — L'originalité du système introduit par la loi réside dans la présence à l'assemblée, au moment où sera discutée l'inscription de chacun d'eux, de tous les créanciers vérifiés ou non à cette date, ainsi que dans celle du débiteur.

On part de l'idée que le pour et le contre de la production vont être l'objet d'un échange public d'observations.

Le syndic d'abord, et le débiteur ainsi que chaque créancier individuellement, peut élever un contredit (art. 494).

1675. — S'il ne surgit pas de contestation, le syndic (ou le liquidateur) donne acte de la production et de son admission. Mention en est faite sur le titre : « admis au passif de... pour la somme de... le... » ainsi qu'au procès-verbal. Le créancier a désormais le droit ferme de concourir à la liquidation (art. 495).

Mais l'admission doit être confirmée par un acte complémentaire. Le créancier dans la huitaine de l'admission a, en personne ou par fondé de pouvoir, à se présenter devant le juge-commissaire pour *affirmer* (il n'est pas besoin que ce soit sous la foi du serment) la vérité et la sincérité de sa créance (art. 497). On a dit déjà qu'une affirmation sciemment fausse exposerait celui qui l'a faite aux pénalités de la banqueroute frauduleuse.

Le délai de huitaine n'est pas prescrit à peine de déchéance, mais le juge pourrait ordonner la clôture du procès-verbal, si toutes les autres créances étaient vérifiées et affirmées d'après leur date : le procès-verbal de clôture alors ne contiendrait pas le créancier retardataire.

Au cas où le syndic se trouverait personnellement créancier du failli, sa créance serait vérifiée et admise par les soins du juge-commissaire (art. 493 *in fine*).

1676. — **Irrévocabilité de l'admission.** — Lorsque la créance, dûment admise et affirmée, a été inscrite au procès-verbal de vérification, l'admission devient définitive. Elle ne peut plus être *révoquée.*

Le syndic ne serait pas fondé à la rétracter ou à en réduire le chiffre. Le créancier de son côté n'aurait pas, sous prétexte d'une erreur commise, le droit de réclamer un supplément de production. Seulement si, ayant deux créances distinctes, il ne s'est fait inscrire et admettre que pour l'une d'elles, on devra le traiter pour la seconde comme créancier retardataire : ce qui lui donnera le pouvoir de se faire reconnaître plus tard, au second chef, même après fermeture du procès-verbal, mais sous les réserves qu'il y aura lieu de signaler pour ces ayants-droit survenant après les délais de la loi (Civ. rej. 12 nov. 1895).

1677. — **Suite.** — A cette irrévocabilité de l'admission, la jurisprudence apporte un correctif. L'admission et la vérification cessent d'être irrévocables, mais seulement si des circonstances de *dol*, de fraude, de violence ou de force majeure n'avaient pas permis de faire de la créance une vérification exacte et sérieuse (Req. 28 nov. 1881 et 23 févr. 1885), ou encore si l'admission avait été accompagnée de réserves ayant pour objet l'exercice ultérieur du droit de la rectifier (Civ. rej. 11 nov. 1885).

Quoique cette formule soit un peu vague, elle paraît se rattacher dans l'esprit des arrêts à la voie extraordinaire qui consiste à attaquer les jugements passés en force de chose jugée et qui s'appelle la *requête civile* (art. 480 et suiv. C. proc.) : le moyen usuel justifiant cette voie de recours est le dol personnel, par lequel a été surprise la conviction des juges. Hors de là, le jugement s'impose au respect des parties sans aucune rétractationpossible : « voie de nullité n'a lieu ».

Les arrêts, lorsqu'ils s'occupent de l'admission dans une faillite, parlent constamment d'un *contrat judiciaire* qui se serait formé entre le créancier et la masse, et qui ne permettrait plus de remettre en question la créance et son montant. C'est ce même langage qu'on emploie, pour caractériser le lien qu'un jugement d'ordre contentieux établit entre les deux plaideurs.

1678. — **Suite.** — On a quelque peine à souscrire à cette analyse. L'admission, en supposant toute contestation absente, ne résulte pas d'un *procès*, mais bien d'une *convention amiable*, sanctionnée par la juridiction gracieuse du tribunal que représente le juge-commissaire, et revêtue de l'authenticité. Cette convention devrait obéir aux mêmes causes de rescision qu'un contrat notarié ou qu'un contrat quelconque : le Code civil ne limite pas au cas de dol ou de fraude les cas où on pourra la faire tomber.

Notamment une erreur substantielle sera justement invoquée afin d'en obtenir l'annulation. — Ex. : au moment où la créance a été admise, la date de la cessation des paiements n'avait pas été reportée dans le passé [1]. Le report, obtenu par la suite, fait remonter la période suspecte à une époque plus ancienne que celle de l'opération pour laquelle le créancier a été admis, et cette opération se trouve tomber sous le coup des art. 446 ou 447, ce que le syndic bien entendu ne

[1] Rappelons que la masse peut faire fixer ou rapporter cette date, d'après l'art. 581, jusqu'après l'expiration des délais pour la vérification et l'admission des créances. Or il se pourrait qu'une créance fût admise, avant que toutes les autres n'eussent été vérifiées. Le délai pour reporter la date resterait donc encore ouvert. — On pourrait, il est vrai, supprimer la raison d'être de la controverse, en soutenant que ce qui rend irrévocable l'admission, ce n'est pas le fait qu'elle a eu lieu, mais seulement sa mention définitive sur le procès-verbal de clôture, arrêté dans la dernière assemblée.

pouvait pas augurer. Dans ce cas, il paraît conforme au droit d'autoriser la masse à demander que l'admission soit rapportée.

1679. — **Créanciers défaillants.** — Toutes les créances étant admises et affirmées, les délais donnés aux créanciers de France pour se faire connaître étant à plus forte raison expirés, le procès-verbal du juge-commissaire est clôturé, avec la liste énonciative de tous les ayants-droit : il sera passé outre aux opérations du concordat (art. 502). Quel est donc le sort de ceux qui ne se sont pas présentés en temps voulu, et qui ne figurent pas sur le procès-verbal comme prenant part à la faillite ?

Ils ne sont pas atteints de *forclusion*, comme le seraient, dans une distribution par contribution après saisie, les créanciers en faute de n'avoir point formé opposition. Les délibérations se prendront sans eux et sans que leurs créances aient à faire nombre, ils ne voteront pas au concordat, ils ne seront pas compris dans les répartitions (il faut sur ce dernier point réserver les droits des créanciers domiciliés à l'étranger, pour lesquels il y aura mise en réserve de dividendes, art. 567 et 568).

Mais, cela dit, les créanciers défaillants restent libres, aussi longtemps que les dernières distributions n'ont pas eu lieu, de former une opposition dont les frais resteront à leur charge. Cette opposition n'aura pas pour résultat de rouvrir la procédure de vérification, mais son effet sera de saisir le tribunal de leurs prétentions. Ils pourront alors suivre la faillite ou la liquidation à partir du jour où ils se sont fait connaître, ce qui leur procurera le triple avantage suivant :

a) Le droit, même avant qu'il n'ait été statué sur le bien fondé de leur réclamation, de faire nombre dans les répartitions non déjà ordonnancées par le juge, et cela par la mise en réserve d'un dividende à leur profit (cfr. Paris, 12 mai 1892, *Ann. dr. comm.* 1892. 1, 148).

b) Le droit, une fois leur créance reconnue, de se faire colloquer définitivement sur les répartitions futures ;

c) Cet autre avantage, tout à fait extraordinaire et que le Code de 1807 leur refusait, de prélever sur les dites répartitions futures le montant des sommes qui leur avaient échappé dans celles déjà opérées sans eux avant leur opposition.

En tout cas, ce que la loi leur refuse, c'est le droit de critiquer les répartitions plus anciennes, de manière à obliger ceux qui les ont régulièrement reçues à les en faire profiter eux-mêmes.

1680. — *Deuxième hypothèse.* — Il se trouve que *la créance est l'objet d'un contredit* en assemblée générale, par le fait soit du syndic ou du liquidateur, soit du débiteur, soit d'un simple créancier. Il y a lieu alors à procès, non sans une représentation possible des livres demandée préalablement par le juge-commissaire (art. 496). Le renvoi à la justice de l'examen du bien fondé de la réclamation résulte de cette contestation.

Quel est le *tribunal compétent?* Comme il ne s'agit pas d'une affaire « concernant la faillite » au sens de l'art. 635 (n°s 1539 et suiv.), on se déterminera d'après les règles de compétence de droit commun.

S'il s'agit d'une prétention de nature commerciale du côté du débiteur, le renvoi aura lieu devant le *tribunal de commerce*, lequel sera le plus généralement celui de la faillite : il n'y aura pas besoin dans ce dernier cas d'une citation, c'est le juge-commissaire qui saisira le tribunal sur son rapport, et le tribunal pourra s'éclairer au moyen d'une enquête (art. 498).

S'il s'agit d'une prétention de nature civile (livraison de fournitures de ménage), l'affaire sera du ressort du *tribunal civil*.

Lorsque le titre produit est incriminé de faux, il faudra renvoyer devant les *juges de répression*, en vertu de la règle de droit pénal que « le criminel tient le civil en état » (art. 499 et 500).

A première vue, ce procès, devant quelque juridiction qu'il soit porté, semble devoir suspendre la marche de la faillite. Mais s'il faut attendre pour continuer la procédure, pour clore le procès-verbal et pour procéder à la conclusion du concordat, que le tribunal ait statué sur le fond du droit du créancier contesté, il en résultera pour la faillite ou pour la liquidation un retard, peut-être contraire aux intérêts de la collectivité. Ainsi en était-il sous le Code de 1807.

La loi de 1838 a paré à cet inconvénient au moyen du *passé outre au concordat* et de l'*admission provisionnelle*. On entend par là une information de nature double qui déterminera, par suite du contredit formé, un jugement ou plutôt deux jugements d'avant-faire-droit.

1681. — I. Sursis ou passé outre au concordat. — On soumettra au *tribunal de la faillite* (seul compétent sur cette première question, car il s'agit bien d'une affaire « concernant la faillite ») le point de savoir s'il y a opportunité à *surseoir* aux opérations à cause du procès pendant, ou s'il n'est pas préférable au contraire de *passer outre* à la convocation de l'assemblée pour la formation du concordat, tout en laissant le contredit suivre son cours.

Cela dépendra de l'importance de la créance contestée par rapport à l'ensemble du passif, ou de toutes autres circonstances susceptibles d'agir sur le discernement du tribunal. Celui-ci décidera donc — tantôt le sursis, cas auquel la procédure demeurera suspendue jusqu'au prononcé sur le fond, — et tantôt le non-sursis, c'est-à-dire la continuation de la faillite ou de la liquidation, avec clôture du procès-verbal.

1682. — **II. Admission provisionnelle.** — Le fait par le tribunal de statuer dans le sens du sursis dispense d'examiner toute autre question préjudicielle: il suffira d'attendre le prononcé sur le fond.

Mais il en est autrement si la justice décide de passer outre au concordat. Le créancier contesté sera-t-il tenu à l'écart des opérations concordataires ?

Cela peut ne pas être équitable, lorsque son droit, sans paraître certain, présente de sérieuses vraisemblances de vérité.

La justice pourra donc ordonner l'*admission provisionnelle* de ce créancier pour une somme qu'elle établira, et à concurrence de cette somme le créancier sera inscrit à la suite du procès-verbal, à l'effet de participer au concordat, tout comme s'il n'avait pas été contesté [1].

Cette nouvelle question n'est pas nécessairement du ressort du tribunal de commerce: elle relève du *tribunal saisi du fond du droit*, lequel est plus à même que tout autre de s'éclairer sur la vraisemblance de la créance. Ce peut être un tribunal civil.

Exceptionnellement, l'admission provisionnelle ne peut être accordée, lorsque la réclamation est l'objet d'une instruction criminelle ou correctionnelle. Elle préjugerait l'innocence de l'inculpé, elle préjugerait surtout sa culpabilité si elle était rejetée. Cela pourrait avoir des conséquences graves: le seul moyen de ne pas peser sur le verdict pénal était de défendre que la question pût être seulement posée, et la loi est en ce sens (art. 499 et 500) [2].

SECTION II

EXIGIBILITÉ DES CRÉANCES A TERME

(C. civ. art. 1188 ; C. com. art. 444, al. 1er ; L. 4 mars 1889, art. 8, al. 1er)

1683. — « Le débiteur ne peut plus réclamer le bénéfice du terme lorsqu'il a fait faillite ». Ainsi s'était exprimé déjà le Code civil dans l'art. 1188, qui réglait aussi bien par cette disposition la déconfiture que la faillite. Le Code de commerce reprenant la même règle décide,

[1] Si pourtant, avant l'assemblée de concordat, était rendu sur le fond le jugement qui le déboute, le bénéfice de l'admission provisionnelle tomberait pour lui, en supposant ce jugement passé en force de chose jugée.

[2] L'admission provisionnelle concerne seulement la participation au concordat; elle n'a pas d'effet sur les distributions de deniers en cas de répartition de dividendes. Le seul fait que la créance est contestée oblige le syndic à mettre en réserve le dividende afférent aux créances sur l'admission desquelles il n'a pas encore été définitivement statué (art. 568, al. 2). Cela serait imposé, même si l'admission provisionnelle avait été repoussée.

dans son art. 444, que « le jugement déclaratif rend exigibles, à l'égard du failli, les dettes passives non échues », (et dans le même sens pour la liquidation judiciaire, l'art. 8 de la loi de 1889).

Ainsi, *le jugement de faillite ou de liquidation supprime le terme* dont les engagements du débiteur se trouvaient affectés.

1684. — On ne peut pas, en renversant les rôles, dire que les *créances figurant dans l'actif du débiteur* et suspendues par un terme, deviennent exigibles. Ce serait faire souffrir un tiers solvable de la faillite de son créancier.

Par application de cette dernière idée, lorsqu'une *société par actions* fait faillite, ses actions étant incomplètement libérées, *le syndic devrait respecter* envers les souscripteurs *les délais* pour libérer les titres, qui auraient été octroyés par les statuts aux actionnaires. Il se peut, si rare que soit cette convention, que l'on ait conféré dès l'origine aux porteurs d'actions un terme de plusieurs années pour le paiement du complément. Cette promesse devrait être tenue, même au cas de faillite de la société [1].

Si l'on oppose que l'action en versement du complément appartient non seulement *à la société*, mais encore en propre *aux créanciers*, en vertu de la poursuite directe que la jurisprudence reconnaît à ces derniers (nos 325 et 462), il est facile de répondre que les dettes qui viennent à échéance par le fait de la faillite sont celles-là seules dont est tenu le failli, et que les actionnaires ne sont pas des faillis.

1685. — La raison, pour laquelle la loi déclare le terme effacé par le jugement déclaratif, est facile à comprendre. Il était équitable que le créancier, dont le titre est à échéance future, devînt un créancier pur et simple et qu'il reçût un dividende immédiat, en même temps que les autres. Sinon, il aurait fallu mettre ce dividende en réserve, prolonger ainsi d'une manière inutile les effets de la liquidation. — Le terme, au surplus, avait été concédé à raison de la confiance que suggérait le débiteur : la faillite, qui brise le crédit, doit aussi briser le terme.

Toutefois la loi comporte un reproche : tout en rendant les dettes exigibles, il aurait fallu déduire du montant nominal de la créance, avancée dans son échéance, un *escompte* proportionnel, sauf à la loi à en énoncer le taux. Le prix d'une machine, coûtant 50,000 francs et

[1] C'est ce que n'avaient pas compris certaines décisions judiciaires remontant à plusieurs années (Com. Le Havre, 9 janvier 1884, et notre dissertation dans la *Revue critique*, 1885, p. 294). — Habituellement les statuts n'ont pas fixé d'avance l'époque de paiement des deuxième, troisième et quatrième quarts. Alors le syndic peut de son autorité obliger les actionnaires à payer immédiatement le non versé, avant même que le montant du passif et l'insuffisance des sommes destinées à le couvrir ne soient établis (nos 463 et 1482).

payable dans deux ans de date, n'aurait dû, la faillite éclatant le lendemain de la livraison, déterminer qu'une production de 45,000 francs par exemple, au taux de 5 0/0.

Le législateur français ne l'a pas fait. Il assimile le créancier de fournitures immédiatement payables, et celui qui avait stipulé un paiement à plus longue date. C'était oublier que qui a un terme doit en réalité moins que celui qui doit présentement. Si cette faillite doit donner 100 0/0, le créancier aura trouvé au dépôt du bilan de son débiteur un véritable avantage. C'est au moins singulier, surtout du moment qu'on rapproche notre règle de la règle suivante, à savoir que le jugement déclaratif arrête pour l'avenir le cours des intérêts [1].

1686. — C'est *au regard du failli* ou du liquidé judiciaire seul que le terme de la créance est supprimé. On verra que, pour les autres codébiteurs de la même dette, l'échéance reste réglée comme elle l'était par le titre de l'engagement. Mais cela souffrira un tempérament pour les obligations issues d'une lettre de change ou d'un billet à ordre.

1687. — L'art. 444 s'occupe des dettes à terme et non des *dettes sous condition suspensive*. Ces dernières sont incertaines dans leur existence ; elles resteront telles, malgré la survenance de la faillite. En vue de permettre au créancier qui en est titulaire de suivre les opérations de concordat, il faudra évaluer ces dettes et en chiffrer la valeur, d'après la chance plus ou moins grande que la condition peut avoir de se réaliser.

De toute manière, une fois admises, elles concourront pour leur chiffre nominal aux répartitions de dividendes dans l'union. Le *dividende* sera *mis en réserve*, à la différence de ce qui a été montré plus haut pour les dettes à terme (à moins qu'on n'use d'une combinaison différente, qui ferait distribuer ce dividende aux autres créanciers sous promesse par eux de le remettre au créancier conditionnel, après accomplissement de la condition).

Ces hypothèses de créances conditionnelles, dont l'incertitude persévérerait jusqu'au-delà de la faillite, sont assez rares. Le contrat aléatoire d'*assurance* peut à la rigueur les faire naître, mais alors pratiquement le créancier prendra un autre parti.

Ex.: Faillite d'une compagnie d'*assurances contre l'incendie ;* les assu-

[1] Lorsque l'inspection du titre de créance permet de faire une distinction dans le montant de l'obligation entre le principal de la dette et des intérêts s'y trouvant surajoutés, le juge aurait, semble-t-il, tout pouvoir à l'effet de n'autoriser la production dans la faillite que pour le capital et pour les intérêts déjà courus au jour de la faillite. — Ex. : Le commerçant a reconnu par promesse une avance de 1,000 francs et pris l'engagement de rembourser 1,050 francs dans un an.

rés en cours de police ne produiront pas pour le montant de l'indemnité, car ce serait s'engager à servir les primes au fur et à mesure de leur échéance, tout en sachant la compagnie insolvable. Ils préféreront user du droit de résilier leur contrat en vertu de l'art. 1184 C. civ., et ils iront ensuite traiter de nouvelles polices auprès d'une autre compagnie, qui prendra la suite du risque à sa charge.

1688. — Il y a une situation qui tient le milieu entre une créance à terme et une créance conditionnelle. C'est la créance à *terme incertain.* C'est toujours dans les assurances qu'on peut découvrir un cas d'application de cette nature de dettes.

La personne qui fait une *assurance vie entière* stipule, en retour de primes annuelles, un capital payable à son décès, époque dont elle ignore la date. Ici encore les assurés, en cas de faillite de la compagnie, s'abstiendront de produire, quoique l'art. 444 leur permette de le faire à titre de créances rendues exigibles. Cela les obligerait à servir ensuite sans réduction leurs primes annuelles à leur échéance respective, quoique d'autre part la somme assurée soit réduite par la faillite. Ils préféreront faire résilier leurs polices et produire pour la valeur de rachat, c'est-à-dire pour la partie des primes antérieures mises en réserve à leur compte par la compagnie et non absorbées par le risque déjà couru[1].

SECTION III

CESSATION DU COURS DES INTÉRÊTS

(C. com. art. 445, al. 1er ; L. 4 mars 1889, art. 8, al. 1er)

1689. — Le *jugement déclaratif de faillite arrête* à l'égard de la masse, d'après l'art. 445, al. 1er, *le cours des intérêts* de toute créance chirographaire. Même solution pour le jugement prononçant la liquidation judiciaire (l. 1889, art. 8).

Cette disposition est juste : si les intérêts avaient continué à courir après l'ouverture de la faillite ou de la liquidation, les lenteurs de la procédure auraient profité à ceux des créanciers qui ont pris la précaution de stipuler des intérêts. Tandis qu'à l'inverse ceux qui n'en ont pas convenu auraient subi une sorte de refoulement, voyant de jour en jour grossir à leurs propres dépens le dividende des premiers.

[1] Si l'on suppose la faillite d'une caisse de *rente viagère*, le crédi-rentier n'a pas à faire résoudre la constitution de rente pour rentrer dans le remboursement de son capital (art. 1978 C. civ.). Il a seulement le droit de faire ordonner la consignation d'un dividende calculé sur le capital de la rente, et les intérêts de cette consignation lui permettront annuellement de toucher, en monnaie de faillite, l'équivalent de ses arrérages jusqu'à l'expiration normale du contrat (par son décès), à la suite de laquelle cette consignation fera retour à la masse.

Il est d'ailleurs de principe que les droits des intéressés se déterminent, les uns par rapport aux autres, d'après l'état des créances pris au jour du jugement déclaratif, et que le dividende doit être fixé, dès ce jour-là, dans ses éléments de formation.

1690. — L'arrêt des intérêts n'a lieu qu'*à l'égard de la masse*, et en ce qui concerne les opérations de la faillite. En supposant que l'union soit dissoute, le créancier qui s'était assuré des intérêts par la convention originaire pourra dans l'avenir régulièrement en exiger le paiement du commerçant, pour le temps correspondant à la faillite et pour le temps suivant.

1691. — Un point plus délicat à résoudre est celui où, la faillite venant à se liquider par le *remboursement intégral* de tous les créanciers, payés ainsi du principal de leurs titres et des intérêts arrêtés au jour d'ouverture de la liquidation, l'actif laisserait encore un *excédant disponible*. Les créanciers seront-ils recevables à exiger que cet excédant leur soit appliqué, pour couvrir leurs intérêts correspondant à la période de la faillite?

Sur le principe, il faut répondre affirmativement, étant bien spécifié que c'est l'acte de production à l'assemblée de vérification de chaque créancier qui fera courir respectivement ces intérêts au taux moratoire de 6 ou de 5 0/0 pour ceux d'entre eux dont les titres ne portaient pas intérêt par eux-mêmes (l'acte de production vaut à cet égard ajournement, arg. art. 1153 C. civ.)[1].

Mais ce n'est pas au *syndic* à se charger de ces répartitions. Son rôle est fini, les créanciers sont désintéressés dans la mesure des droits qu'ils ont à faire valoir dans une faillite. Il appartient au commerçant rentré en possession de cet excédant (ou à un *liquidateur*, s'il s'agit d'une société) de procéder à ces distributions complémentaires.

1692. — Nous ne reviendrons pas ici sur certains calculs difficiles. Ce sont ceux auxquels donne lieu, dans une faillite de société par actions, la production des porteurs d'*obligations à prime*. Ceux-ci avaient souscrit les titres au-dessous du pair, à 400 francs par exemple, la valeur nominale de remboursement étant de 500 francs. La faillite éclatant en pleine période d'amortissement, les obligataires peuvent-ils, indépendamment du capital versé, s'inscrire pour la prime ou pour une fraction de cette prime ?

Une sorte d'antinomie se présente à ce propos entre — l'art. 444 qui, rendant la créance exigible, voudrait par là-même que la production comprît la prime entière, — et l'art. 445 qui écarterait plutôt cette pro-

[1] Paris, 30 janvier 1890 et Civ. rej., 17 janv. 1893 (*Dalloz*, 1893, 1, 537, note Boistel; *Sirey*, 1894, 1, 113, note Labbé).

duction, parce qu'elle est afférente à des intérêts postérieurs à la faillite. La pratique a consacré des systèmes intermédiaires, assez divergents eux mêmes quand on les compare et qu'on essaie de les concilier (n° 596).

CHAPITRE IV

DES CRÉANCIERS AYANT PLUSIEURS DÉBITEURS. THÉORIE DES CO-OBLIGÉS.

(C. com. art. 444, al. 2; 542 à 544)

1693. — L'existence de coobligés (en comprenant sous cette expression les débiteurs solidaires et les cautions) est fréquente dans les relations de commerce.

Les *associés en nom collectif* sont tenus solidairement soit entre eux, soit avec la société à laquelle ils appartiennent. La société tombe en faillite.

— Ou encore les signataires d'une même *lettre de change*, d'un *billet à ordre* sont garants solidaires envers le porteur de l'acceptation et du paiement, et l'un de ces signataires a déposé son bilan.

— Un négociant, pour répondre d'un engagement, donne une *caution* qui, par le fait de l'usage et sans déclaration expresse, est également tenue envers le créancier sur la foi de la solidarité : ou le débiteur principal, ou la caution peut faire faillite.

Quel est l'effet de la faillite de l'un de ces débiteurs sur le sort des autres?

§ 1. Caractère relatif de la faillite à l'égard du seul débiteur qui en est atteint

1694. — La faillite d'un codébiteur n'aggrave pas en général la condition des autres codébiteurs, en la personne desquels la cessation des paiements est absente. Elle n'a pas d'incidence sur les débiteurs demeurés solvables et sur les patrimoines de ceux-ci. La faillite ne produit que des effets individuels, limités au commerçant qui a personnellement suspendu ses affaires.

Il est vrai que, dans une société en nom collectif, la faillite de l'être moral entraîne aussi celle de chaque associé. Mais cela tient à une raison particulière et qui ne contredit pas notre formule : la cause de la faillite existe alors chez les associés responsables qui, tous commerçants et uniformément tenus de toutes les dettes sociales, se dénoncent comme en état de cessation de paiements du moment qu'ils laissent le passif en souffrance.

Ainsi, lorsque le débiteur principal d'une dette fait faillite : — sa caution solvable conserve vis-à-vis du créancier et, sans changement, la position résultant pour elle de son engagement primitif ; — elle ne perdra pas le bénéfice du *terme* ; — elle répondra, s'il y a lieu, des *intérêts* de la créance postérieurs au jugement déclaratif ; — après l'échéance, elle sera passible des *saisies* ou autres voies d'exécution qu'exercera contre elle le créancier.

On verra même, sous l'art. 545, que lorsque le failli aura obtenu un concordat le libérant d'une partie de ses dettes, la *remise concordataire ne saurait profiter* à la caution ou *à un* autre *codébiteur* de ce failli, toujours en vertu de la règle que la faillite exerce une action restreinte à la personne contre qui elle a été prononcée.

1695. — Règle spéciale aux effets de commerce. — Ces principes souffrent échec, à un point de vue déterminé, dans l'ordre des *effets de commerce*.

Contrairement à la règle ordinaire, la faillite du *débiteur principal* d'une lettre de change ou d'un billet à ordre a son contre-coup sur les autres signataires, en rendant la dette exigible même contre eux. Les endosseurs, en conséquence, pourront être recherchés, bien que l'effet ne soit pas arrivé à l'échéance portée dans son contexte.

Seulement, ce que le créancier leur demandera, c'est de *fournir une caution solvable* afin de répondre du paiement à cette échéance, à la place du souscripteur failli. Le remboursement immédiat de la traite sera facultatif pour le garant : il en usera, s'il ne trouve pas de caution à présenter ou s'il juge plus commode de faire de suite (et sans escompte) les fonds de l'effet (art. 444, al. 2).

1696. — La raison de ce recours se devine : chaque signataire accessoire s'est porté garant, non seulement du paiement quand viendrait l'échéance, mais du maintien jusqu'à cette date de la solvabilité du débiteur principal. Le droit civil nous offre une situation de même ordre : une personne a dû présenter à son créancier un répondant ; il y a dans le fait de le fournir la promesse tacite que, si ce répondant doit devenir ensuite insolvable, elle en donnera un autre (art. 2020 C. civ.). C'est ce qui se passe également ici.

On n'a pas le droit de dire, en renversant l'hypothèse, et en supposant la mise en faillite d'un débiteur accessoire, d'un endosseur, que le débiteur principal, le souscripteur, avait garanti la durée de la solvabilité de cet autre signataire que lui. Cette interprétation serait d'autant plus choquante, que l'endosseur est venu au titre après le souscripteur et sans que celui-ci soupçonnât, au moment de s'engager, que cette autre signature ferait suite à la sienne. En conséquence la faillite d'un endosseur n'ouvre d'action immédiate au profit du porteur contre nul autre des obligés, soit parmi ceux qui le précèdent, soit même parmi ceux qui le suivent.

Cependant, d'après la lettre de l'ancien Code (art. 448), quelle que fût la qualité du signataire qui tombait en faillite, le porteur était fondé à demander une caution aux autres. C'était une disposition trop générale dont la loi de 1838 a limité la portée.

Il y a même des personnes convaincues que mieux eût valu supprimer la disposition tout entière. Une personne qui endosse un effet se sait bien menacée d'un recours à partir de l'échéance, si le paiement en est refusé. Mais elle n'a pas fait entrer dans ses calculs le risque de voir le principal obligé tomber en faillite dès avant que l'effet devînt exigible. Elle est prise au dépourvu, du moment que la loi la contraint en pareil cas à fournir une caution ou à rembourser l'effet sans retard.

1697. — Quel est le *principal obligé*, dont la mise en faillite détermine un recours contre les autres?

a) Pour un *billet à ordre*, ce débiteur principal est le *souscripteur*. Les endosseurs le garantissent, ainsi que les donneurs d'aval. Le porteur s'autorisera de la faillite du souscripteur pour les rechercher tout aussitôt. Par contre, une faillite d'endosseur laisse le porteur désarmé.

b) Pour une *lettre de change*, on doit distinguer :

Cette lettre a-t-elle été déjà *acceptée*, avant que se produisît une faillite : c'est sur le *tiré* que repose l'effet, c'est donc la faillite de celui-ci qui donnera ouverture au recours, la faillite de tout autre signataire ne pouvant en revanche exercer de répercussion contre ses co-obligés.

Il est visible que, en pareil cas, le recours pour insolvabilité de l'accepteur n'est qu'un développement du *recours faute d'acceptation* lui-même. Le tiré refuse d'accepter, les autres signataires sont recherchés (art. 120). Le tiré a accepté, mais il cesse ensuite d'être *in bonis* : son acceptation est devenue illusoire, le porteur se comportera de la même manière que si elle n'avait pas eu lieu.

Au contraire, la lettre de change n'a-t-elle pas encore été présentée à l'acceptation : celui sur qui l'effet prend son assise, c'est le *tireur*. La faillite de ce tireur permettra donc au porteur de se retourner contre les autres. Le porteur pourra au surplus suivre une seconde voie : il présentera l'effet au tiré pour que celui-ci l'accepte, c'est aller au-devant d'un refus, alors il exercera le recours ordinaire faute d'acceptation. Les deux procédés conduisent à un semblable résultat.

§ 2. Production du créancier pour le montant intégral de son droit dans les diverses faillites de coobligés

1698. — La loi devait se demander, au cas où plusieurs coobligés feraient faillite à la fois ou successivement, quel serait le montant de la production du créancier dans chacune de ces faillites? Devait-il notamment déduire du montant de sa seconde et subséquente production le dividende fourni ou à fournir par la production première en date et antérieure?

Le créancier a devant lui un *débiteur principal* et une *caution*.

La caution fait faillite la première, cette faillite donne ou donnera 75 0/0. Le créancier, dont nous supposons le droit égal à 100, touche son bordereau de collocation et ne pourra de toute manière prétendre recevoir ensuite pour solde que 25.

Survient la faillite du principal obligé. *Le créancier s'inscrira-t-il dans cette faillite pour le montant nominal et primitif* de son droit, c'est-à-dire pour 100 (ce qui, en cas de dividende de 25 0/0, lui assurera son plein désintéressement), ou bien ne pourra-t-il s'inscrire que pour le solde de 25 (ce qui dans cette même hypothèse aura pour résultat de ne lui allouer que 6,25, en lui infligeant une perte définitive de 18,75)?

C'est la première solution, la plus favorable aux intérêts du créancier, que consacre le Code de commerce.

1699. — **Historique.** — On avait vu au XVIIe et au XVIIIe siècles la législation passer sur cette question par plusieurs phases.

Les premiers interprètes de l'Ordonnance, l'un d'eux au moins, *Savary*, tenaient que *le créancier avait entièrement épuisé son droit contre les autres coobligés* après avoir produit à la faillite de l'un d'eux. Il a été payé, en monnaie de dividende il est vrai, mais avec la même étendue d'effets que si le débiteur, supposé *in bonis*, l'avait intégralement remboursé. Dans cette conclusion rigoureuse, réduisant le bénéfice de la solidarité à une lettre morte, apparaissait un vestige de la théorie du droit romain classique sur les conséquences de la déduction d'une créance en justice : en liant le procès, le créancier consommait son droit au regard de tous les coobligés.

Un pareil règlement des droits du créancier ne pouvait obtenir longtemps crédit : en exigeant la pluralité des débiteurs, le créancier a entendu se ménager le droit de les poursuivre tous. *Pothier* proposa en conséquence de recevoir le créancier à produire dans la seconde faillite *pour le solde de son titre*, défalcation faite du dividende obtenu dans la première. Ce premier dividende joue le rôle d'un acompte à lui versé sur la dette entière; cet acompte limite de plein droit l'obligation au reliquat, comme le ferait un paiement partiel.

Les praticiens, tout en reconnaissant la supériorité de ce système sur le précédent, furent frappés du résultat fâcheux qu'il occasionnait au cas où tous les débiteurs sans distinction feraient faillite. A moins qu'une de ces faillites ne donne le 100 0/0, le créancier ne sera jamais entièrement satisfait, forcé qu'il est de déduire de sa subséquente production les dividendes déjà touchés. Or, lorsqu'on s'assure le bénéfice de la solidarité, on cherche à garantir le plus possible son remboursement au pair.

C'est pour ce motif qu'on fit prévaloir, par un arrêt du Parlement de Paris en date du 18 juin 1776, suivi d'autres arrêts du Conseil du roi dans le même sens en 1778 et 1781, un troisième système, celui qui devait faire au créancier la part la plus belle. *Le créancier est fondé à s'inscrire dans chaque faillite pour le montant nominal de son titre jusqu'à parfait paiement.* Et c'est ce mode de règlement qui a été consacré de nouveau par le Code de commerce, ainsi que par la loi de 1838 sous certaines réserves (art. 542 à 544).

1700. — Justification théorique. — Il s'agit de justifier théoriquement cette règle singulière. Elle froisse au premier aspect la logique. L'opinion de Pothier paraît beaucoup plus vraie : n'ai-je pas, en touchant le premier dividende, éteint partiellement ma créance, en la diminuant de la somme à laquelle s'élevait ce dividende, et d'où vient que je puisse rendre à mon droit, vis-à-vis d'un second obligé, son ampleur primitive ?

Pour comprendre cette anomalie apparente, il faut se dire qu'il y a des exemples fournis par la loi elle-même où, parmi plusieurs coobligés tenus à une même dette, l'un d'eux obtient sa décharge de la solidarité, moyennant une prestation ou un sacrifice de sa part au créancier, et cela sans que cette décharge réduise l'engagement des autres, lesquels resteront tenus pour le tout. C'est ce que suppose l'art. 1281 C. civ.

Une caution désire sortir du lien d'obligation, elle propose au créancier de lui donner *quitus* ; afin de vaincre l'hésitation de celui-ci, elle lui offre une somme à forfait, qu'elle paie de suite ou dont elle lui délègue le montant sur son actif. Le créancier adhère à cette proposition.

Qu'advient-il de la créance solidaire par rapport aux autres obligés ? En thèse générale, ils sont déchargés eux-mêmes (art. 1281, al. 2)[1].

1. Ce texte statue, il est vrai, sur la situation inverse : un arrangement est pris avec le débiteur principal, le texte se demande si la caution est déchargée par novation, et il répond affirmativement. Mais l'art. 1281 avait posé d'abord une règle générale de même ordre dans la supposition qu'il s'agirait de plusieurs codébiteurs solidaires ; et, en droit commercial, les coobligés sont en fait toujours solidairement tenus. — Au surplus, les articles de la section *des obligations solidaires*, au Code

Mais cette décharge peut être évitée. Le créancier, au contraire, est libre de prendre ses dispositions pour que l'obligation continue à frapper ces autres débiteurs solidairement, avec la même étendue qu'auparavant. Il n'aura pas alors à faire imputation de la somme que la caution aurait ainsi versée pour le rachat de son cautionnement, pour sa rançon peut-on dire. La prestation reçue du premier débiteur pour lui permettre de se dégager ne viendra donc pas en déduction de la dette des autres, laquelle reste entière. Il pourra même se faire, dans un arrangement amiable de cette nature, que le créancier finisse par toucher une somme supérieure à sa créance primitive : 100 fr. de la caution comme prix de la libération de cette dernière, 1,000 fr. des autres débiteurs, alors que c'est par 1,000 fr. seulement que se chiffrait l'engagement.

Pour qu'il en soit ainsi, sans doute, il faut obtenir l'accession expresse de ces autres débiteurs à l'arrangement intervenu. Mais, du moment que cette accession a eu lieu, la créance primitive persévère contre eux, chiffrée par son montant nominal : le versement du coobligé déchargé n'est pas à valoir sur le capital de la créance (arg. art. 1281, al. 3 C. civ.).

Dès lors, le motif pour lequel le Code de commerce maintient la créance vis-à-vis des codébiteurs à son chiffre originaire, nonobstant la faillite de l'un d'eux et malgré le dividende touché dans cette faillite, commence à s'apercevoir. Par suite du dépôt du bilan du premier coobligé, il s'est opéré à son égard une transformation de la créance en un dividende ; mais c'est là un effet tout à fait relatif à la personne faillie.

Cette personne est censée tenir au créancier le langage suivant : « Procurez-moi décharge de la solidarité ; en retour de quoi je vous donne une part dans la distribution de mon actif. Au regard de mes consorts dans la dette, la situation demeurera non altérée, le cercle de l'engagement se limitera à eux, se réduira d'un débiteur qui est moi, et le fardeau de la solidarité continuera à peser sur leurs têtes sans rabais de chiffre ».

Or, à cette proposition dont le créancier doit donner acte, les autres coobligés ont adhéré d'avance : dans le commerce, chaque fois qu'il est contracté un engagement solidaire, les débiteurs consentent implicitement à rester dans la dette entière, même dans l'éventualité de la faillite de l'un d'eux. Cela revient à dire, en cas de pluralité d'obligés, que la faillite et l'émolument qu'elle donne n'ont pas du tout pour ré-

civil (art. 1210 et suiv.) parlent du créancier qui consent à la division de la dette à l'égard de l'un des codébiteurs ; il n'est plus dit à cet endroit que les autres coobligés soient déchargés, mais seulement que la part du débiteur à qui la division a été consentie vient en déduction de la solidarité.

sultat d'éteindre, même partiellement, la dette objet à la production, mais tout simplement de faire sortir de l'engagement le débiteur failli : *potius eximit reum ab obligatione quam exstinguit obligationem.*

1701. — Cette argumentation préliminaire va nous permettre de circonscrire la portée de la règle. Il faut examiner plusieurs hypothèses, les deux premières sont seules réglées par la loi.

1702. — **Première hypothèse**. — Au moment où le créancier réclame son dû, *tous les coobligés sont en faillite*, et le créancier n'avait reçu aucun acompte avant l'ouverture de ces faillites multiples.

A la teneur de ce qui vient d'être exposé, « le créancier, dit l'art. 542, participera aux distributions dans toutes les masses, et y figurera pour la valeur nominale de son titre jusqu'à parfait paiement ». Il produira donc *in solidum* dans toutes ces faillites, mais sans pouvoir, par le cumul des dividendes, dépasser le montant de sa créance.

Il s'agit, par exemple, de droits issus d'un effet de commerce : le *tireur*, le *tiré* accepteur, l'*endosseur* de la lettre de change font tous trois faillite. Le porteur auquel il est dû 100 s'inscrira pour cette somme aux trois liquidations.

La faillite de l'endosseur donne 75 0/0, celle du tireur en donne 10, celle du tiré en donne 5. Le porteur retire au total 90 0/0.

Si, sans rien changer aux autres chiffres, la faillite du tiré donne 15 0/0, le porteur obtient son plein paiement.

Si elle donne 40 0/0, comme il a déjà touché 85 0/0 dans les deux premières faillites, il ne peut pas toucher le plein du troisième dividende, sous peine de percevoir plus que sa créance. Il prélèvera sur ce dernier dividende 15 0/0 seulement, laissant ainsi disponible 25 0/0, le complément, dont il y aura lieu de rechercher dans un instant l'emploi [1].

1703. — Ce mode de règlement par production solidaire a son *contre-coup* sur le sort mutuel des *coobligés cherchant à recourir les uns contre les autres*. Parmi ces débiteurs faillis, il en est qui tiennent le rôle de cautions vis à vis de l'un d'eux. Dans l'exemple ci-dessus, l'endosseur a le droit de se faire rembourser par le tireur et par le tiré, le tireur a le même droit contre le tiré, le tiré est le débiteur principal, à la charge de qui doit finalement retomber la dette.

[1] Comment le syndic de la deuxième ou troisième faillite connaîtra-t-il les dividendes déjà touchés par le porteur dans la première et dans la deuxième ? — Par la présentation du titre de ce créancier. L'admission aux premières faillites a été mentionnée par écrit sur ce titre (art. 497) ainsi que les sommes payées dans les répartitions (art. 569).

Il semble que ces obligés accessoires, ayant dans leurs propres faillites fait les frais de dividendes, l'un de 75, l'autre de 10 0/0, pour une lettre de change incombant au tiré, aient la faculté de se retourner contre la faillite de celui-ci et de s'y inscrire à raison de ces dividendes dont ils arguent comme étant des avances de leur part.

Or ce droit leur est refusé par l'art. 543 : « Aucun recours, pour raison des dividendes payés, n'est ouvert aux faillites des coobligés les unes contre les autres... »

Cela est naturel : du moment que le créancier a déjà produit lui-même pour 100 dans la faillite du principal obligé (tiré), il est inadmissible que la caution ou les cautions (endosseur et tireur) viennent encore produire à côté de lui. Il s'agit toujours de la même créance que la sienne, et une seule créance ne saurait dans une même faillite faire la matière de plusieurs productions. Le tiré ne s'est obligé que pour une somme de 100 francs. Le porteur est représenté dans sa faillite pour cette somme entière. La masse protesterait à bon droit, si, du chef du même effet, surgissaient concurremment à lui d'autres prétendants, de manière à porter la production de 100 à 185, en acceptant nos chiffres [1].

1704. — Néanmoins cette élimination des débiteurs accessoires n'est pas constante. Elle cessera, là où le créancier laisse dans la faillite de l'obligé principal un *excédant disponible* parce qu'il a touché son plein : soit 25 0/0 dans notre exemple précédent.

Toute raison d'écarter les cautions disparaît alors. « Cet excédant sera dévolu, suivant l'ordre des engagements [2], ajoute l'art. 543, à

[1] Ceci suggère une réflexion sur le manque de concordance des dispositions du Code civil et du Code de commerce. Le Code civil, dans l'art. 2032, avait dit : « La caution, même avant d'avoir payé, peut agir contre le débiteur pour être par lui indemnisée... lorsque le débiteur a fait faillite ». On voit au contraire, en lisant l'art. 543, que la caution, *eût-elle payé en monnaie de premier dividende*, n'a pas le droit de se retourner contre la faillite du débiteur, du moment que le créancier y participe lui-même. A plus forte raison, si elle n'a rien payé du tout. — L'application de l'article 2032 se limitera donc au cas où le créancier s'abstiendrait volontairement de produire à cette faillite du débiteur principal. Il ne paraît pas que les rédacteurs du Code civil aient pressenti la difficulté.

[2] Il ne s'agit point là de l'ordre *chronologique* des engagements, mais d'un ordre logique et *rationnel* qui correspond tout au contraire dans les effets de commerce à l'ordre des dates renversé. Cet excédant de 25 0/0 est disputé par la faillite de l'endosseur qui a fourni un dividende de 75 et par celle du tireur qui en a fourni un autre de 10. En suivant l'ordre des dates, le tireur, ayant négocié l'effet avant l'endosseur, devrait le primer, il toucherait 10 et ne laisserait que 15 à celui-ci. Or, loin de là, c'est le tireur qui devra s'effacer devant l'endosseur, auquel les 25 0/0 seront attribués pour le tout. — Rien de plus juste. Le tireur doit garantie à l'endosseur, il n'est pas possible qu'il se ménage la priorité sur lui.

ceux des coobligés qui auraient les autres pour garants (en d'autres termes aux cautions) ».

1705. — Deuxième hypothèse. — Avant toute faillite de coobligé, le créancier a reçu un *acompte* de l'un des débiteurs *in bonis*. Puis éclate une ou plusieurs faillites, soit celle du débiteur qui avait versé l'acompte, soit celle d'un autre.

La loi, pour déterminer les droits du créancier dans cette faillite ou dans ces faillites, prend le contrepied de la règle précédente. Le créancier reçoit un traitement moins avantageux. L'*acompte* antérieurement touché *est venu en déduction de la créance* et l'a partiellement éteinte. Le porteur de l'effet, qui a obtenu 75 de l'endosseur alors solvable, 10 du tireur solvable également, n'est plus en possession que d'une créance de 15 : c'est pour ces 15 qu'il s'inscrira dans la faillite du tiré ou de quelque autre obligé que ce soit (art. 544).

1706. — On s'est livré à de nombreuses conjectures pour saisir le motif de cette dérogation au principe formulé d'abord. En partant de l'explication que nous avons proposée, cette solution allait de soi.

Un acompte servi par un débiteur *in bonis* diminue nécessairement le montant de la dette. On ne saurait raisonner pour cet acompte comme pour une production dans une faillite. Tout à l'heure la faillite constituait un mode légal de se dégager individuellement des liens de la solidarité, sans attaquer la substance même de la dette : celle-ci subsistait, non amoindrie, pour tous autres que le failli. C'est un résultat tenant à l'économie de la faillite. On ne saurait l'étendre à un paiement partiel, qui obéit à des idées très différentes.

1707. — Là où le créancier se trouve forcé de réduire ainsi sa production au solde de sa créance, par suite d'un acompte antérieurement reçu, il n'y a plus à parler de l'élimination des débiteurs accessoires, que nous avons relevée à titre de corollaire dans le premier cas. Bien au contraire, les *auteurs des acomptes* (endosseur pour 75, et tireur pour 10) *s'inscriront parallèlement à lui*, et à eux tous ils ne produiront jamais que pour 100.

L'effacement nécessaire des cautions était la conséquence de la production intégrale du créancier ; du moment que le créancier ne peut plus produire que pour un solde, le droit pour les cautions de se faire indemniser de leurs avances renaît dans sa plénitude, et c'est à ces cautions, non au créancier, que leurs dividendes seront attribués (art. 544 *in fine*)[1].

[1] En vain dit-on, pour attribuer au créancier le dividende inscrit au nom de la caution, qu'autrement la caution, se retournant contre le débiteur principal, invoquerait une subrogation partielle aux droits du créancier et réduirait d'autant le dividende de

1708. — Troisième hypothèse. — La deuxième faillite ne s'ouvre qu'*après clôture de la première*, et le dividende de celle-ci étant déjà distribué (c'est une des hypothèses que le Code ne prévoit point). Le créancier doit-il déduire de sa production à la nouvelle faillite la somme représentative du dividende par lui antérieurement touché ?

On répond négativement : il usera du droit de production intégrale, c'est le principe de l'art. 542 qu'on lui appliquera.

La logique le veut ainsi : pour régler la condition du créancier dans la seconde faillite, il importe peu que, au moment où celle-ci s'ouvre, la première soit toujours ouverte ou qu'elle ait pris fin.

On ne saurait trop appuyer sur la pensée, que la première faillite, en atteignant l'un des débiteurs, a laissé subsister contre tous autres la dette solidaire dans son intégralité : elle avait seulement détaché le failli de l'obligation conjointe et procuré par compensation au créancier le dividende à attendre des résultats de sa liquidation. Le dividende est le prix de l'abandon que le créancier doit faire de son action individuelle contre le coobligé insolvable, il n'y a pas lieu d'en précompter le montant sur le capital même de la dette. Il est donc tout à fait indifférent au problème que ce dividende ait été déjà servi, lorsque la seconde faillite est déclarée, ou qu'il soit encore pendant à cette date. Dans l'un et dans l'autre cas, il a le caractère d'un rachat que le failli a obtenu de son engagement, alors que la dette persévère à son chiffre initial contre ses consorts.

1709. — Quatrième hypothèse. — Tandis que l'*une des faillites est en cours d'opérations*, un autre débiteur resté au-dessus de ses affaires verse un *acompte* au créancier. Celui-ci va-t-il être obligé de rabaisser sa production dans la faillite pendante, à raison de ce paiement partiel ?

ce créancier en produisant à côté de lui : ce qui est contraire à la règle *nemo contra se ipsum subrogat* (art. 1252 C. civ.). Les principes généraux défendraient ainsi à la caution de léser le créancier en s'inscrivant par action latérale : ce serait amoindrir le dividende de celui-ci. — Mais il ne paraît pas que l'art. 1252 ait une telle largeur. Il règle seulement le cas où la créance serait pourvue d'un privilège ou d'une hypothèque, et il décide, en cas de paiement partiel, que le créancier pour son solde sera colloqué *dans l'ordre* préférablement à la caution, quoique celle-ci prétende arguer de la subrogation. L'art. 1252 ne prétend pas priver la caution de son recours chirographaire, quoique le créancier vienne indirectement à en souffrir, en touchant moins que si la caution ne s'était pas présentée à la faillite.

Au surplus, ce n'est point à prétendre que le dividende alloué ainsi à la caution doive lui être effectivement servi à elle-même. Elle est restée pour le solde débitrice du créancier. Celui-ci peut donc pratiquer sur ce dividende une saisie-arrêt. Seulement il concourra, par suite de cette saisie-arrêt, sur le montant de la somme frappée d'opposition avec les autres créanciers de la caution, au cas où celle-ci serait embarrassée dans ses affaires. Ce qui demeure vrai, c'est que le créancier n'a pas un droit *propre* et *direct* sur le dividende né de la production de la caution.

Va-t-il s'inscrire seulement pour le solde, en tolérant alors la production faite à côté de lui par l'auteur de l'acompte?

Ici encore il convient de statuer dans le sens le plus favorable au créancier. Il ne sera pas tenu d'opérer une pareille réduction : on suivra l'art. 542, non l'art. 544.

Il est en effet de principe que tout dividende se règle, eu égard à la situation prise au jour du jugement d'ouverture de la faillite, et sans que les faits subséquents doivent en modifier la quotité. Or, au jour où la faillite s'est ouverte, la créance existait dans son intégralité. C'est ainsi qu'on parle d'ordinaire.

Mais on peut exprimer la même pensée sous une autre forme : le débiteur failli a obtenu la rançon de sa libération par le dépôt de son bilan. Il faut déterminer les bases pécuniaires de cette rançon. Elles se règlent nécessairement d'après l'état des choses, d'après le chiffre de la créance au moment du jugement déclaratif, puisque c'est ce jugement déclaratif, par sa seule vertu, qui a dégagé des liens de la solidarité le débiteur tombé au-dessous de ses affaires.

1710. — Question de droit civil. — Une question peut-être plus délicate consisterait à rechercher si la théorie des coobligés, telle que le Code de commerce la résout sous les art. 542 à 544, doit être transportée de la faillite *dans une déconfiture civile.*

Lorsque les divers signataires d'un billet à ordre, non commerçants par hypothèse, sont hors d'état de payer l'effet et subissent les poursuites du porteur qui pratique des saisies et fait ouvrir des ordres contre les uns et contre les autres, le créancier peut-il se faire colloquer pour le montant nominal du titre dans toutes les procédures?

Tel n'est pas notre avis. Le montant du bordereau ordonnancé à son nom dans la première distribution l'oblige à réduire le chiffre de la seconde production, et ainsi de suite. La caution qui a subi par voie de contrainte le premier dividende produira à côté de lui. En d'autres termes, c'est dans l'art. 544 que nous trouvons le principe applicable en droit civil, et non pas dans l'art. 542.

L'économie de la faillite explique seule, d'après nous, le phénomène dont l'art. 542 nous rend témoins : ce n'est pas toute espèce de dividende sur le prix de valeurs réalisées, qui a la propriété de maintenir la dette à son chiffre intégral vis-à-vis des codébiteurs, mais seulement le dividende issu de la *faillite*, de la procédure collective. Lorsqu'un débiteur est exécuté sur un seul de ses biens, la somme que touche le créancier en vertu de l'ordonnance du juge est tout à fait assimilable à un acompte volontaire : elle éteint la dette à concurrence, tant au regard du débiteur saisi qu'au regard des autres.

La partie saisie est-elle maintenant libérée sur ses autres biens actuels, par le fait de la délivrance du bordereau au créancier? Certainement non. Donc la dette a persévéré aux conditions du contrat originaire, et le droit de la déconfiture résiste absolument à la fiction qui est à la base du système, et d'après laquelle le failli a censément obtenu quittance de la solidarité en laissant ses consorts grevés pour le tout.

C'est, on le voit, par des considérations purement abstraites que nous nous laissons guider. Mais aussi n'est-ce qu'à la faveur de ces considérations que la règle de l'art. 542 se débrouille et cesse d'être une énigme.

1711. — *En résumé*, et cette dernière difficulté écartée, le créancier trouve dans la mise en faillite de l'un de ses coobligés l'avantage de garder contre les autres son action intégrale primitive, en compensation de la perte que cette faillite va lui occasionner.

Et, d'autre part, la production qu'il a le droit de faire sur l'actif du codébiteur failli ne tombera jamais au-dessous de la somme par laquelle se chiffrait la créance au moment du jugement déclaratif; on a vu que dans des cas nombreux elle pourrait se chiffrer par une somme plus élevée.

CHAPITRE V

DES PROPRIÉTAIRES USANT DE LA REVENDICATION

(C. com. art. 557-564, moins 562 et 563; 574 à 579)

—

1712. — Toutes les valeurs qui se trouvent aux mains du débiteur en faillite ou en liquidation judiciaire ne font point nécessairement partie du gage des créanciers. Il en est qui peuvent être la *propriété d'un tiers*, soit que le débiteur les détienne légalement ou non. Il en sera fait distraction au profit de l'ayant-droit : celui-ci exercera une *revendication*.

Tout propriétaire est armé d'un *droit réel*. L'attribut essentiel du droit réel, c'est le droit de *préférence*, qui fait échapper son titulaire au dividende, au marc le franc. Il primera les créanciers.

Le syndic peut, avec l'approbation du juge-commissaire, admettre les demandes en revendication (art. 579); dans la liquidation judiciaire, c'est le débiteur dûment assisté qui y acquiesce avec l'approbation du même juge. L'avis des créanciers contrôleurs, s'il y en a, doit être préalablement demandé (art. 9 de la loi de 1889).

A défaut d'entente amiable, la revendication donne lieu à un procès: il sera dirigé contre la masse, à la charge de qui retomberont les frais si le demandeur obtient gain de cause.

Les actions mobilières ou immobilières à suivre ou à intenter contre le syndic dans la faillite, et que mentionne l'art. 443 (voir aussi l'art. 5 de la loi de 1889), sont précisément celles-ci: on se souvient que les actions des créanciers chirographaires, à raison même de la formation de la masse, sont au contraire interrompues.

1713. — Les droits du propriétaire se règlent *au moment du jugement déclaratif*. Si l'ayant-droit dispose d'une situation de préférence ce jour-là, les circonstances ultérieures ne pourront plus la modifier à son détriment.

Ex. : Un dépôt a été constitué par un tiers chez le commerçant, et ce dépôt existait encore en nature quand a éclaté la faillite. — Le syndic réalise l'objet déposé, le croyant peut-être dans l'actif du failli. Il a agi sans droit. Comme il s'est comporté en qualité d'agent de la masse, celle-ci est tenue de procurer réparation au propriétaire. Celui-ci n'obtiendra pas la restitution de son dépôt, s'il a passé en mains tierces, si un acquéreur de bonne foi en a pris possession (art. 2279 C. civ.). Du moins, le déposant a-t-il une action en dommages et intérêts, il est devenu créancier *de* la masse, il n'a pas à produire au dividende.

1714. — Pour que la revendication réussisse, il faut qu'elle porte sur un bien *spécialisé*, et dont l'identité se trouve établie. L'objet déposé que le commerçant aurait confondu dans l'ensemble de son actif sans qu'on fût en mesure de lui rendre son individualité, demeurerait dans la masse, et le réclamant ne pourrait prétendre qu'à un dividende en faisant vérifier sa créance.

Par la même raison, celui qui achète une marchandise du négociant sur le point de faire faillite, et sans en avoir pris encore livraison, n'a aucune revendication à exercer, mais seulement une *action personnelle*. Nous supposons que la vente portait sur une *chose fongible*, et non sur un *corps certain*. Dans ce dernier cas, les principes du droit moderne français veulent que l'acheteur ait été rendu propriétaire par le fait même du contrat (art. 1138 C. civ.).

Même dans les ventes de choses fongibles, il n'est pas toujours indispensable que le contrat ait été suivi d'une délivrance, pour que l'acheteur soit propriétaire. D'autres faits que la tradition peuvent emporter acquisition par lui de la propriété.

La marchandise, par exemple, a été l'objet par le vendeur, non encore failli, d'une mise en ballot au nom de l'acheteur. Le ballot retrouvé dans la faillite sera revendiqué et prélevé, du moment qu'il résulte tacitement ou expressément du marché que le transport de propriété pouvait être réalisé par un pareil mode, sans que l'acquéreur fût présent.

Ce sont les mêmes principes qu'on suit dans les faillites d'intermédiaires à la Bourse : les titres au porteur, achetés pour le compte d'un client déterminé, et qui, par mention de numéros sur les livres de l'agent ou par le moyen d'une fiche épinglée aux certificats, auraient été l'objet d'une application, sont devenus la propriété du donneur d'ordre ; celui-ci est bien fondé à les revendiquer.

1715. — Les cas de revendication dans une faillite *ne sont* nullement *limités*. Le Code de commerce statue sur quelques situations, dans lesquelles il a une tendance sans doute non pas à reproduire le droit commun, mais à en restreindre l'effet au détriment du revendiquant. Mais le Code ne prétend pas exclure les autres situations : elles se règleront par appel aux principes généraux.

Les employés du failli qui participaient à son habitation revendiqueront leurs hardes ; — les clients d'une banque qui est tombée au-dessous de ses affaires reprendront par préférence les valeurs de portefeuille que cette banque avait prises en dépôt, etc.

Une idée contraire, reçue avec plus ou moins de largeur en matière de possession mobilière par le droit anglais, n'a pas été accueillie chez nous : d'après cette idée, ce que possède le débiteur au moment de la faillite est absolument présumé faire partie de son actif, et quiconque prétendrait à une restitution ne peut la faire valoir que sous forme de créance chirographaire. La masse, dans une pareille législation, est traitée sur le gage général mobilier à peu près de la même manière que l'est chez nous un acquéreur de bonne foi, possesseur du meuble, protégé contre toute éviction par l'adage : « En fait de meuble, possession vaut titre. »

1716. — Quatre hypothèses de revendication sont réglementées par le livre des faillites. Trois d'entre elles sont groupées sous le chapitre *de la revendication* (I. 10) ; la quatrième est examinée dans la section *du droit des femmes*. Il est facile de voir que, de ces quatre hypothèses, les deux premières ont déjà fait l'objet d'un exposé dans d'autres parties de ce livre ; il n'y a plus lieu d'y revenir.

Ce sont : 1° la *revendication des remises en effets de commerce* ou autres titres non encore payés (art. 574).

Le propriétaire d'un effet l'a adressé à un tiers « avec le simple mandat d'en faire le recouvrement et d'en garder la valeur à sa disposition. » C'est le cas d'un endossement de procuration ; le réceptionnaire n'a pas été rendu propriétaire. S'il dépose ensuite son bilan,

« alors que l'effet se trouve encore en nature dans son portefeuille à l'époque de la faillite », l'envoyeur pourra le revendiquer.

On sait que l'*envoi en compte courant* a un autre résultat, là même où la remise aurait été faite par un endos irrégulier : il faut en pareil cas que la lettre de change expédiée « ait été spécialement affectée à un paiement déterminé », pour que l'envoyeur puisse reprendre l'effet, parce qu'alors il a été excepté du compte et ne s'est pas fondu en lui (nº 1262 et particulièrement note de la page 712, et nº 1433) ;

2º La *revendication* que le commettant exerce *sur la marchandise consignée chez le commissionnaire*, présentement failli (art. 575). La consignation est un dépôt, elle n'a pas fait passer la propriété sur la tête du commissionnaire. Le commettant peut donc la reprendre sans souffrir de la faillite, pourvu toutefois « que la marchandise existe encore en nature, en tout ou en partie ».

La vente de la marchandise, que le commissionnaire, selon ses pouvoirs, aurait déjà opérée pour compte avant de déposer son bilan, éteint, bien entendu, cette revendication ; car la marchandise est devenue la propriété du tiers acheteur. Mais la loi, soucieuse de protéger les intérêts du commettant, lui permet alors de *revendiquer* dans la faillite le *prix* de ces marchandises « qui n'aurait été encore ni payé, ni réglé en valeur, ni compensé en compte-courant entre le failli et l'acheteur » (voir sur ces diverses situations les nºs 933, 939 à 943, et 1426).

Il ne nous reste plus dans ces conditions qu'à statuer sur : 1º la revendication du *vendeur d'effets mobiliers* en garantie de son prix (art. 576 à 578 et 550 *in fine*) ; — 2º la revendication *de ses reprises* par la *femme* du failli (art. 558 à 561).

SECTION PREMIÈRE

DE LA REVENDICATION DU VENDEUR DE MEUBLE

(C. com. art. 550 *in fine*, art. 576 à 578)

1717. — **Généralités.** — Il s'agit, à propos de la revendication, d'entreprendre l'examen de la condition du vendeur de meuble dans son ensemble.

Ce n'est que par exception qu'on le verra revendiquer l'objet par lui vendu. La « revendication » sort ici de son acception courante : l'acheteur a été rendu propriétaire (sous des distinctions connues entre corps certains et choses fongibles) : le vendeur n'est donc pas fondé à dire que la chose soit restée son bien.

Aussi bien est-ce, non pas une propriété, mais une créance qu'il fait valoir, celle qui porte sur le paiement du prix. On verra même que, dans la généralité des cas, cette créance tombe au rang le plus mauvais que puisse occuper un créancier, au rang chirographaire. Le vendeur ne sera pas mieux traité que le porteur d'une simple promesse dépourvue de toute sûreté ; il figurera alors aux antipodes de la place réservée aux revendiquants.

Non seulement nous aurons à élargir ainsi le cadre de l'étude, de manière à nous prononcer sur les éventualités multiples dans lesquelles le vendeur se trouve placé. Mais en outre, nous serons incidemment amenés, lorsque nous parlerons du cas où la vente n'a pas été encore accomplie de la part du vendeur au moment de la faillite, à parler des autres créanciers agissant en vertu d'un contrat synallagmatique non exécuté de leur côté, d'un contrat qui ne serait pas une vente, mais un louage d'ouvrage, de services, etc.

1718. — Une personne a vendu pour un certain prix des effets mobiliers, que nous supposerons consister dans des marchandises, sauf à montrer plus loin que la loi a une portée générale et qu'elle s'applique à des meubles de toute espèce. L'acheteur ne paie pas la somme et tombe en faillite : comment le vendeur sera-t-il traité pour se couvrir de ses droits ?

1719. — **Droit civil.** — Le droit civil lui conférait quatre sortes de garanties, dont la concession dépendait d'ailleurs de la position où le vendeur se trouvait placé, ou bien du temps où s'opérait sa réclamation.

Ces garanties résidaient : — dans le *droit de rétention* ; — dans l'*action en résolution* ; — dans le *privilège* exercé sur le prix du meuble vendu ; — dans la *revendication* du meuble.

1° Aussi longtemps que le vendeur ne s'était pas dessaisi de l'objet vendu, sa possession lui assurait l'avantage de la défensive. Le *droit de rétention* invoqué par lui lui permettait de conserver la chose par devers lui, sans que d'ailleurs la vente fût pour autant résolue. Ce droit lui appartenait même à l'encontre des créanciers de l'acheteur, il constituait pour lui un droit réel *sui generis*.

D'ailleurs il n'était consacré que dans les *ventes au comptant* : là seulement où l'acheteur s'est engagé à payer son prix au moment même où la chose lui serait délivrée, le vendeur refusera de livrer si ce prix ne lui est pas offert (art. 1612).

Par exception, le droit de rétention était encore accordé dans les *ventes à crédit*, lorsque l'acheteur tombait en *déconfiture* avant que la chose ne fût livrée : la déconfiture rend exigible la dette à terme du prix (art. 1188), et la situation devient la même que si le prix avait été stipulé payable au comptant (art. 1613).

2° Le vendeur, même après avoir livré, et pendant tout le délai de prescription de sa créance, c'est-à-dire pendant trente ans, avait en droit civil l'*action résolutoire* de l'art. 1654, qui n'était elle-même qu'un dérivé de l'action beaucoup plus générale consacrée par l'art. 1184.

Le défaut de paiement du prix l'autorisait à faire tomber judiciairement le contrat; il reprenait sa chose par préférence aux autres créanciers de l'acheteur, en supposant qu'elle n'eût pas déjà passé, par le fait d'une revente, aux mains d'un nouvel acquéreur de bonne foi.

3° Le *privilège* spécial sur meuble, classé sous le n° 4 de l'art. 2102, lui permettait par une autre voie d'échapper aux conséquences du dividende.

Il provoquait sur son acheteur la vente forcée du meuble vendu, toujours dans la supposition que cet acheteur l'eût encore en sa possession. Puis il se faisait colloquer par priorité sur le prix, en vertu de la règle d'équité que, créateur de cette valeur dans l'actif de l'acheteur, il devait primer sur son produit tous autres compétiteurs : *causam pignoris fecit*.

4° Il disposait enfin, d'après ce même article 2102, 4°, d'un dernier avantage dont la nature avait été longtemps controversée, et qui était dénommée par la loi *droit de revendication* : il n'existait d'ailleurs que dans les *ventes au comptant* et à condition d'être exercé dans la huitaine de la livraison, sur une chose restée en possession de l'acheteur.

Comme, d'une part, la vente ou la livraison avait entraîné transmission de propriété à l'acheteur (ce qui est contradictoire avec une revendication), et que d'autre part la reprise du meuble impayé restait possible par le moyen de la résolution pendant trente ans, on avait peine à s'expliquer cette nouvelle prérogative limitée à un temps très court, et qui ressemblait plutôt à une restriction de garanties.

On avait fini par admettre que le vendeur recouvrait, à la faveur de cette disposition, le droit de rétention qu'il avait imprudemment abandonné, et que par suite la vente n'était pas rétroactivement anéantie.

1720. — Droit de la faillite. — Or, tel étant l'état du droit civil, le droit commercial de la faillite traite le vendeur avec beaucoup moins de générosité. Il ne lui reconnaît que la première de ces quatre garanties : le droit de rétention.

S'il ne supprime pas entièrement les trois autres, du moins ne les accorde-t-il qu'à titre anormal et transitoire et en supposant que l'objet vendu se trouve dans des conditions actuelles déterminées. Le plus habituellement, le vendeur sera colloqué comme simple chirographaire.

Cela paraît d'abord peu équitable ; n'a-t-il pas, tout comme en droit civil, mis la chose dans l'actif de son acheteur, et le fait d'en appliquer le prix à la masse qui est restée étrangère à cette acquisition ne vient-il pas froisser le sens de la justice ?

La loi a dû faire prévaloir une considération de pratique et de confiance commerciale. L'acheteur, après s'être fait livrer la marchandise, a argué de sa possession pour obtenir du crédit. C'est à raison des approvisionnements qu'on a vus en ses mains que les tiers lui ont donné terme, convaincus que ces approvisionnements formaient leur gage. Aucun indice extérieur ne leur montrait ces valeurs grevées d'une dette de remboursement, ils n'ont pas su que le prix en restait dû au vendeur. Que si ce dernier, après faillite de l'acheteur, pouvait s'attribuer la chose ou son produit par préférence aux autres créanciers, ceux-ci souffriraient d'une surprise. Le législateur ne l'a pas voulu.

1721. — Ceci dit, il faut décomposer le système consacré par la loi, en trois hypothèses dans lesquelles le vendeur n'a pas un même traitement : — la *chose* vendue *est déjà arrivée en la possession de l'acheteur*, lorsque s'ouvre la faillite de celui-ci ; — à ce même moment, *elle n'est plus aux mains du vendeur*, mais l'*acheteur ne l'a pas reçue* davantage dans ses magasins ; — enfin le *vendeur ne s'était pas encore dessaisi*.

1722. — **Première hypothèse**. — *L'acheteur avait pris livraison* de la chose vendue dès avant que ne fût prononcée sa faillite (ou sa liquidation judiciaire).

C'est en pareil cas qu'il faut suivre l'idée exposée il y a un instant, et réduire le vendeur au strict *minimum* des droits d'un chirographaire.

a) Il a renoncé au *droit de rétention*.

b) Il ne peut plus recouvrer cette rétention, même dans les dix jours de la livraison et la vente fût-elle au comptant ; car l'article 550 *in fine* le dépouille de la *revendication* de l'article 2102, 4°.

c) Le *privilège* lui est enlevé par le même art. 550.

d) Resterait à se prononcer sur l'action résolutoire : aucun texte de la faillite ne dit expressément que le vendeur de meubles en soit privé. C'est pourtant bien à la cessation de cette garantie qu'on doit conclure *a contrario*. On verra ci-dessous que la loi, sous un vocable trompeur, limite la résolution au temps où la marchandise se trouve en cours de route ; il en résulte qu'elle est refusée, du moment que l'acheteur a reçu livraison.

Ainsi, collocation du vendeur comme *créancier chirographaire*, avec nécessité pour lui de participer aux opérations de vérification des créances : tel est le résultat, à moins, bien entendu, qu'il ne se soit assuré une garantie, comme une hypothèque ou un nantissement, constituée alors suivant les prescriptions ordinaires du droit.

1723. — On a cru découvrir un moyen de tourner la loi :

Tantôt le vendeur, par une clause expresse du contrat, se réserve la conservation de la propriété aussi longtemps que le prix ne lui aura pas été payé [1], ou, ce qui revient au même, il déclare subordonner la vente, par condition suspensive, au paiement complet de ce prix : ce qui semble devoir, nonobstant faillite ultérieure, lui garantir la reprise d'une chose qui n'a pas cessé d'être à lui.

Mais la loi, sous peine de réduire les droits de la masse à un vain simulacre, ne peut pas souscrire à une pareille convention qui finirait par devenir de style [2].

Tantôt les parties, surtout lorsque la chose vendue est un objet d'outillage, colorent le marché des dehors d'un *louage*. L'acheteur s'engage à faire des versements périodiques; il se libérera mois par mois dans un délai total de deux ans. Il est spécifié qu'il détient en vertu d'un simple bail et que ses versements seront des *loyers*; si bien que, en cas d'arrêt de paiements, la chose sera reprise par le prétendu bailleur sans restitution des mensualités reçues. L'expiration du temps convenu, après règlement de toutes les redevances, rend l'acheteur plein propriétaire sans aucun nouveau versement de sa part.

Cette dernière clause montre qu'il y a sous cette opération une véritable vente déguisée, sur le prix de laquelle les prétendus loyers ont été successivement imputés. Au moyen d'un tel subterfuge le vendeur ne peut pas s'assurer une revendication, à laquelle le système de la loi est manifestement contraire.

1724. — Le refus du privilège ainsi que de l'action résolutoire au vendeur, après prise de livraison de la marchandise par l'acheteur, produit parfois un résultat inattendu et même fort regrettable.

C'est dans l'intérêt de la *masse* que ces sûretés réelles sont supprimées : la loi s'est préoccupée du dividende commun et a cherché par là à en relever le taux. Or il peut arriver que d'autres que la masse profitent de ce régime, et non la masse elle-même.

Il suffit de supposer que le commerçant failli est établi en vertu d'un bail dans un magasin où la marchandise est entrée. Le *bailleur* dispose d'un privilège pour le paiement de ses loyers, avec des réserves

[1] Le droit romain, suivi dans notre ancienne France, sous-entendait cette réserve de propriété dans les ventes au comptant (Instit. § 41 *de divis. rerum*); dans les ventes à terme, on insérait le *pactum reservati dominii* qui aboutissait au même résultat.

[2] Req. 17 juillet 1895 et notre note sous *Dalloz*, 1896, 1, 57; voir dans un esprit différent, et à propos de questions mettant le vendeur en conflit, non avec la masse, mais avec des créanciers hypothécaires, CH. APPLETON, sous Lyon, 10 août 1888, *Sirey*, 90, 2, 114.

inutiles à examiner pour le moment, sur tout ce qui garnit la maison louée ; même sur des meubles achetés, dont le prix serait encore dû.

En telle sorte qu'un autre privilégié, que la loi des faillites n'a pas eu pour but de favoriser, va gagner en complément de garantie ce que perd le vendeur. Les art. 550 et autres ont voulu venir au secours des créanciers chirographaires ; or le règlement auquel on a abouti ne leur sert à rien, et le vendeur est dépouillé au profit d'un troisième larron (Req. 18 février 1895, *Sirey*, 95, 1, 209)[1].

1725. — On a eu, d'autre part, à se préoccuper du point de savoir si l'*action résolutoire ou le privilège* étaient exclus, même *dans le cas où le vendeur* de meuble *aurait déjà commencé à les exercer* avant le jugement déclaratif.

La marchandise a été livrée : faute d'en recevoir le prix, le vendeur assigne sa contrepartie aux fins de voir résoudre la vente conformément à l'art. 1654 C. civ., et ce n'est que postérieurement à cet exploit d'ajournement que la faillite vient à s'ouvrir.

Il a été reconnu qu'en pareil cas le vendeur bénéficiait du régime de droit commun, et que le procès, continuant dans la faillite, aboutirait pour lui à un prononcé de résolution. C'est l'application de l'idée, que les juges doivent se reporter au jour de l'introduction de la demande pour en apprécier le bien fondé : or c'est la faillite seulement qui réduit le vendeur au rang chirographaire (Cass. 24 déc. 1889, avec la note de M. Boistel, dans *Dalloz*, 1890, 1, 161)[2].

1726. — Deuxième hypothèse. — *Le vendeur s'est dessaisi de la marchandise, mais elle n'est pas entrée encore dans les magasins du failli* ou de son commissionnaire chargé de vendre.

[1] Le bailleur dans la faillite se trouvera donc dans une meilleure situation à cet égard que dans une déconfiture : en droit civil, il n'est préféré au vendeur impayé sur le produit du meuble, qu'à la condition d'avoir ignoré la dette du prix au moment de l'entrée dans son immeuble de l'objet acheté (art. 2102, 4°, 3e al.). Ici il continue à le primer, même sachant que l'acheteur était encore redevable de ce prix. — On aurait pu éviter ce résultat choquant, en décidant que la masse seule a qualité, à l'effet de se prévaloir contre le vendeur des limitations mises par les art. 550 *in fine*, 576 et suiv. à ses garanties de droit commun (voir une situation de même ordre, à propos des nullités d'hypothèques constituées en temps suspect, sous le n° 1629).

[2] On doit supposer cependant, pour défendre pareille solution, que l'acheteur n'était pas encore *en état de cessation de paiements* au moment où l'exploit d'ajournement a été introduit. Une telle restriction est imposée par la jurisprudence admise sur les faillites de fait (nos 1502 et suiv.) : le droit de la faillite, y compris les limitations au droit du vendeur, s'applique aussitôt que le négociant a cessé ses paiements. — Cette remarque explique aussi pourquoi nous avons compris parmi les paiements annulés en temps suspect, à la teneur de l'art. 446, la restitution amiable au vendeur de la chose vendue (n° 1621, note).

Cette situation se présente le plus habituellement au cas de transport : la marchandise est en cours de route, le vendeur l'a adressée à son acheteur par l'entremise d'un capitaine de navire ou d'un voiturier (par imitation du droit anglais : *the right to stop in transitu*).

Sous le nom de *revendication*, l'art. 576 institue au profit du vendeur un moyen de reprendre sa marchandise et de l'empêcher de tomber dans l'actif de la masse. Il fera opposition de livrer à l'acheteur, par un acte signifié à la personne ou à l'administration qui détient actuellement l'objet vendu. Le Code de procédure (art. 826 à 828) crée à cet effet une saisie revendication en vertu d'une ordonnance du président du tribunal civil : le voiturier doit y obtempérer.

Le vendeur immobilise ainsi la marchandise, et l'empêche d'arriver à l'acheteur avant que la faillite de celui-ci soit prononcée. C'est là le résultat essentiel à obtenir ; car, autrement, la chose tomberait en possession de l'acquéreur, fût-ce la veille du jugement déclaratif, et elle ferait partie du gage de la masse [1].

1727. — Ce droit de revendication, que le Conseil d'Etat a consacré en 1807 après une vive discussion à laquelle l'Empereur prit une grande part, n'a rien d'anormal lorsque la facture de vente spécifiait que la marchandise serait *livrable* seulement *à l'arrivée* : le vendeur alors n'est pas encore dessaisi de la propriété durant le trajet que parcourt le colis pour arriver chez l'acheteur : il est naturel qu'il puisse revendiquer.

Lorsque, au contraire, la chose vendue était *livrable au départ* (ce qui est le cas normal, n° 840), il convient d'éviter une équivoque. Le vendeur est un expéditeur de transport : il a par conséquent le droit de disposer du colis, et d'interdire au voiturier d'en effectuer la remise à destination. Ce n'est pas dans l'art. 576 qu'il puise ce droit, mais dans les principes mêmes du contrat de transport : le voiturier doit déférer à sa défense, quelle que soit la cause de l'ordre qu'on lui donne, et sans se demander si c'est une faillite imminente de l'acheteur qui le motive (n° 974).

Mais si l'art. 576 n'existait point, le vendeur, frappant de saisie la marchandise en route, devrait compte de sa conduite à la masse. Il serait obligé de rendre à l'actif de la faillite le colis indûment immobilisé par ses ordres. C'est ce qui n'aura point lieu : la loi lui octroie un bénéfice dont il a usé dans la plénitude de ses droits. Il craignait la

[1] Si la faillite, au contraire, était déclarée dès avant que la marchandise parvînt à l'acheteur, les droits du vendeur sont sauvegardés. On a déjà dit que la situation des parties se réglait d'après l'état contemporain du jugement déclaratif. D'ailleurs, en pareille hypothèse, l'acheteur n'a pas pu faire servir la marchandise au maintien de son crédit.

survenance de l'insolvabilité de l'acheteur, et il a vu juste, ainsi que l'événement l'a démontré.

1728. — Ce bénéfice est tout à fait légitime : l'acheteur n'a pu se prévaloir de la marchandise et en faire étalage vis-à-vis de ses correspondants, du moment qu'elle ne lui est arrivée que depuis son dessaisissement. Toute raison d'écarter les sûretés de droit commun cesse d'exister.

Mais quelle est la *nature de la garantie* conférée ?

Ce n'est pas une revendication provenant d'un *propriétaire*, puisque la marchandise, la plupart du temps, appartenait déjà à l'acheteur au moment où le vendeur l'arrête.

Ce n'est pas non plus une *reprise du droit de rétention,* comme la garantie de même nom instituée par l'art. 2102 C. civ. et abolie d'ailleurs dans la faillite par l'art. 550 *in fine* C. com.

C'est une véritable *action en résolution* pour défaut de paiement du prix : action procédant de l'art. 1654 C. civ. et limitée à la durée du voyage de la marchandise.

Une particularité de la loi le démontre. Si le vendeur avait reçu des acomptes, il devra les rembourser à la masse, et dédommager en outre celle-ci des frais de transport, assurances ou autres dépenses (art. 576 *in fine*). Ce qui établit incidemment que la résolution n'a pas lieu avec dommages et intérêts, que le vendeur ne peut pas, tout en reprenant ses effets, demander une réparation pécuniaire : proposition dont il faudra faire état plus loin, au sujet d'une controverse de portée plus large.

Or, la décomposition de notre revendication en une simple reprise de la rétention n'expliquerait pas pourquoi le vendeur aurait à restituer les paiements partiels par lui reçus. La restitution laissait subsister le contrat de vente et la cause des premiers versements. Le fait qu'il doit les rendre montre que la vente est juridiquement anéantie.

D'ailleurs le syndic est maître, sous l'autorisation du juge-commissaire, de conjurer l'effet de la demande, s'il estime la marchandise de recette pour la faillite. Il n'aura alors qu'à payer au vendeur dans son intégralité le prix convenu : c'est ce qu'il fera au nom de la masse, intéressée à exiger la livraison (art. 578).

1729. — Pour que la revendication soit admise, il faut que *trois conditions* se trouvent réunies.

a) La marchandise doit avoir conservé son *identité* : l'ancien Code voulait même que les enveloppes n'eussent pas été ouvertes, ce qui supprimait le droit du vendeur pour les marchandises visitées à la douane ou à l'octroi. Cette restriction n'a pas été reproduite par la loi de 1838.

Mais il se pourrait que la chose vendue eût changé de nature, non pas parce qu'elle est chargée sur navire ou sur wagon, mais parce que le vendeur, sur l'ordre de l'acheteur, l'avait dirigée sur une maison de fabrique appelée à la transformer, de filé en tissu par exemple, et à remettre ensuite le produit définitif à l'acquéreur. Dès l'instant que cette transformation a eu lieu, la revendication du vendeur est éteinte.

1730. — *b) La marchandise ne doit pas* encore avoir *pénétré dans les magasins de l'acheteur* ou de son commissionnaire vendeur (art. 576, al. 1er). La revendication reste sauve, tant que cette entrée en magasin ne s'est pas produite : le fait par l'acheteur d'avoir reçu connaissement ou récépissé du colis laisse le vendeur armé de sa sûreté légale.

Pratiquement, il est difficile de déterminer les signes auxquels se reconnaît un *magasin* du failli, et cela donne lieu à de nombreux procès. On s'accorde à dire que le magasin n'est pas nécessairement une salle, galerie, halle couverte, attenante ou non aux bureaux de l'acheteur.

La jurisprudence commerciale penche à étendre ce terme, en lui donnant un sens très compréhensif. C'est afin, chaque fois que faire se peut, de favoriser la masse, qui représente la cause du dividende, dans le conflit soulevé entre le vendeur et elle : la cause de la masse lui paraît préférable à celle d'une individualité.

Le bateau ou chaland de l'acheteur portant à son bord la marchandise livrée, même ailleurs qu'au centre ordinaire d'affaires de cet acheteur ; — le parterre d'une coupe en forêt, pour une vente de bois ; — un point de déchargement sur le quai d'un port ou d'un fleuve, pour marchandises reconnues par l'acheteur etc., — ont été considérés comme des magasins suivant la terminologie du texte.

Mais il faut toujours qu'il s'agisse d'un endroit où l'acheteur a pour habitude de traiter avec le public, où il tient en garde les éléments de son actif commercial afin d'être à même d'en disposer à l'occasion (Poitiers, 20 mai 1895). Si l'acheteur faisait venir à lui une marchandise appelée à passer successivement aux mains de plusieurs voituriers, le fait au milieu du trajet d'en avoir pris réception par les soins d'un agent de transit, à charge de lui soigner la réexpédition, n'emporterait point contre le vendeur forclusion du droit de revendiquer. Ce résultat ne se produirait qu'au moment de l'arrivée du colis chez l'acheteur (et non pas même pendant le magasinage à la gare de destination).

1731. — *c) L'acheteur ne doit pas avoir* entre temps, et dès avant l'ouverture de sa faillite, *revendu* la marchandise en route « sur *factures* et *connaissements* ou *lettres de voiture* signées par l'expéditeur » (art. 576, al. 2).

On a dit plus haut que la réception par l'acheteur du titre de transport, même à ordre ou au porteur, ne suffisait pas pour éteindre la revendication. Mais il en est autrement, lorsque l'acheteur a négocié à son tour ce titre de transport à un sous-acheteur.

Celui-ci se trouve alors en aussi bonne situation que si la marchandise était déjà entrée réellement en sa possession. Il est retranché derrière l'art. 2279 : *Possession vaut titre.* Ce qui lui permet d'échapper à toute éviction d'un premier vendeur ou d'une personne quelconque, pourvu qu'il soit sans fraude : c'est le cas de se rappeler les principes concernant la prise de possession juridique par le moyen du titre représentatif de la marchandise (nos 833 et suiv.) [1].

En se plaçant dans ce nouvel ordre d'idées, l'intérêt de la masse n'est plus en question : la compétition a lieu entre le vendeur primitif et un ayant-cause de son acheteur, et c'est à ce dernier qu'est donné l'avantage.

On s'explique vainement pourquoi la loi exige que le sous-acheteur se soit fait délivrer, indépendamment du titre de transport, la *facture* de la vente primitive et une facture signée. Mais le texte est formel pour demander qu'il ait les deux pièces en mains : autrement il échouerait contre l'auteur de la revendication [2].

1732. — **Troisième hypothèse.** — *Il n'y a même pas eu encore un commencement d'exécution* au moment du jugement déclaratif. Le vendeur, à cette date, ne s'est pas dessaisi.

La loi lui reconnaît, en ce cas, le *droit de rétention* (art. 577) : les principes du Code civil restent applicables, il n'y est pas dérogé par la législation des faillites.

1733. — Si le vendeur demeuré en possession conserve la même position qu'en droit civil, il faut en conclure qu'indépendamment de la

[1] Nous estimons que ce titre de transport doit être à ordre ou au porteur, et non à personne dénommée, pour investir ainsi le sous-acheteur de la possession à l'encontre du premier vendeur. Cela réduit singulièrement la portée de l'exception introduite en faveur du sous-acquéreur, pour les transports de l'intérieur faits par chemin de fer (p. 471, note 1). A tout le moins, si le titre est à personne dénommée, le sous-acheteur a-t-il dû, avant la faillite du premier acheteur, opérer une signification au voiturier, conformément à l'art. 1690 C. civ. Or cette signification n'est point dans les usages.

[2] Peut-être la loi a-t-elle voulu dire : le sous-acquéreur ne l'emportera qu'autant que la facture primitive portait livraison au premier acheteur dès le moment de l'expédition, ce dont le sous-acheteur doit s'assurer en se faisant produire ladite pièce. Il serait en effet naturel de mieux protéger l'acquéreur subséquent, lorsque le futur failli a revendu une marchandise « dont il était déjà propriétaire en cours de route ». Mais il est douteux que le législateur ait apporté au problème cette finesse d'analyse.

rétention, il a la faculté pleine et entière de *résolution*, à la teneur de l'art. 1654. C'est ce dont nul ne peut douter, puisqu'il aurait cette résolution, qualifiée par la loi « revendication » même après s'être dessaisi, et la marchandise se trouvait en cours de route.

Mais *la jurisprudence refuse* au vendeur, qui ferait ainsi résoudre le contrat, le pouvoir de produire en outre dans la faillite de l'acheteur pour des *dommages-intérêts*. — Ex. : Un négociant fait une vente de blés à un autre, soit au comptant soit à terme, sur le cours de 30 fr. Les blés tombent à 27 fr. et l'acheteur fait faillite. Le vendeur peut rester couvert des quantités dont il n'a pas encore fait livraison et se dégager du marché au moyen d'une résolution. Mais, quoiqu'il réalise à un cours de baisse, qui est de trois unités inférieur à son contrat, il ne pourra pas, au dire des arrêts, réclamer la différence à la faillite et produire, même au marc le franc, pour l'obtenir. (Civ. cass. 16 février 1887, faillite de l'*Union générale* contre la *Compagnie de Terrenoire*).

Ce refus au vendeur du droit de se faire colloquer pour des dommages-intérêts, que ne consacre aucune législation de l'étranger, est généralement critiqué par la doctrine [1].

En vain la Cour de cassation dit-elle que les art. 550, 576 et suivants *limitent* les droits du vendeur d'effets mobiliers, sans lui conférer une indemnité de résolution ; que la faveur consistant à retenir la marchandise, qui permet déjà au vendeur de se couvrir et d'échapper au traitement commun, ne doit pas recevoir d'extension au-delà de ses termes.

En vain, fait-on observer encore que l'art. 576 établit pour la marchandise en voyage une *résolution sans dommages-intérêts*, et qu'il convient d'émettre la même solution lorsque la marchandise est encore chez le vendeur.

Ces considérations ne sont pas décisives. La dernière n'a point de portée. Car, lorsque le vendeur s'est dessaisi, on aurait compris, à la rigueur, que la loi le fît tomber au rang chirographaire même pendant que le meuble est en cours de route ; en lui accordant par très grande faveur une revendication, elle a pu aussi subordonner cette garantie à toute absence d'indemnité additionnelle. Tandis que le vendeur encore nanti a conservé la plénitude des droits d'un créancier impayé, avec la faculté d'exiger en monnaie de faillite une réparation, s'il y a lieu.

Les premiers arguments n'ont pas plus de valeur. Le droit civil continue en effet à régir les droits du vendeur dans le commerce, à moins qu'il n'y ait des textes de faillite pour y déroger : or nulle part le refus de dommages-intérêts n'est écrit dans le livre III. On ne peut pas dire

[1] Ch. Appleton, dans les *Annales de droit commercial*, 1886-87, p. 257, et Labbé, en dissertation sous l'arrêt, dans le recueil de *Sirey*, 1887, 1, 145. En sens contraire, Bonfils, *Rev. crit.* 1888, p. 453.

qu'il cherche à s'assurer un avantage, du moment qu'il ne les réclame point par préférence, mais qu'il produit au marc le franc pour leur montant. Se comportant ainsi, il argue seulement d'une perte que la faillite lui occasionne : il est étrange que le droit de s'en prévaloir lui soit fermé.

1734. — Pour être tout à fait conséquente avec elle-même, la jurisprudence a dû faire un pas de plus et poser une formule applicable à tous les contrats synallagmatiques dans la faillite. Cette formule est que *nul ayant-droit, se réclamant d'un contrat synallagmatique encore inexécuté de son côté, n'est fondé à s'inscrire dans la faillite pour des dommages-intérêts de résiliation*, lorsque cet ayant-droit se décide à ne pas effectuer sa propre prestation et se trouve ainsi couvert à proportion de la valeur de celle-ci [1].

Ex. : — Le failli était vendeur et non acheteur de marchandises, le jugement déclaratif le met hors d'état de livrer. *L'acheteur* fera résoudre alors le marché et conservera son prix. Mais quoique les cours se soient élevés, ce qui l'oblige à se remplacer maintenant à des conditions plus chères, il ne pourra point s'inscrire dans la faillite pour la différence.

Autre ex. : — Le failli avait donné une entreprise de travaux à un tiers qui, par suite du jugement déclaratif, s'abstient d'exécuter les devis : l'*entrepreneur*, induit en préjudice par des approvisionnements qu'il ne peut plus employer, n'est pas fondé à produire, même au marc le franc, pour des dommages et intérêts, etc., etc.

Sans qu'on puisse affirmer que les arrêts obéissent uniformément, et de propos délibéré, à cette formule d'ensemble pour tous les contrats synallagmatiques en suspens, il n'est pas douteux qu'ils tendent de plus en plus à la considérer comme un axiome de droit.

Or c'est précisément la notion contraire que les principes généraux entendent consacrer : toute créance légitime a le droit de se produire dans une faillite, qu'elle repose sur une résolution ou non, et quand même elle aurait une réparation pécuniaire pour objet.

On soupçonne bien à quel sentiment cède la jurisprudence : c'est la faillite qui a déterminé la résolution (non pas de plein droit, mais en enlevant au débiteur le moyen de s'exécuter), or la masse est innocente

[1] La jurisprudence n'a pu parvenir de toute manière à poser une pareille règle pour le contrat de louage d'immeuble. La faillite du locataire, avant l'exécution du bail ou pendant son cours, faillite suivie de résiliation à la demande du bailleur, ne met pas obstacle à une collocation de celui-ci pour des dommages-intérêts, à raison du tort que cette résiliation cause au propriétaire. Ce bailleur aura même, pour obtenir cette somme, une collocation *privilégiée* sur la valeur des meubles garnissant la maison louée. Ainsi dispose expressément l'art. 550 (l. 12 février 1872).

de cet évènement, et c'est sur elle qu'on ferait retomber des dommages-intérêts dont le failli seul est responsable.

C'est se payer de mots ou jouer sur une équivoque : le passif de la liquidation doit accueillir *toutes* les créances qui se sont formées du chef du débiteur au temps où il était *in bonis*. Le crédit des affaires, d'accord avec l'enchaînement du raisonnement, veut qu'on y comprenne celles que l'inexécution en nature motivée par la cessation des paiements a transformées en des dommages-intérêts[1].

1735. — La théorie précédente sur les droits du vendeur de meubles a surtout son application dans la vente de marchandises. Mais tous les meubles, corporels ou non, sont gouvernés par les mêmes principes.

Le constructeur, qui vend un *matériel* au commerçant et le livre, ne peut plus, à partir de la faillite, exercer le privilège ou l'action résolutoire (art. 550 *in fine*). C'est d'autant plus fâcheux que, si ce matériel est devenu, à raison de son installation chez le failli, immeuble par destination, la valeur en profitera aux créanciers hypothécaires, et non à la masse.

De même, le vendeur d'un *fonds de commerce* (à moins de constitution expresse de gage) n'a pas le droit, après faillite de son acheteur, de résoudre la vente déjà exécutée, et de s'appliquer l'établissement par préférence aux autres créanciers.

En législation, il serait possible de remédier à cette situation, en créant un registre public sur lequel les vendeurs soit de machines ou appareils, soit de fonds de commerce, auraient à inscrire leur privilège, ainsi dûment conservé[2].

SECTION II

DE LA REVENDICATION PAR LA FEMME DE SES REPRISES

(C. com. art. 558 à 561 et 564)

1736. — La femme mariée exerce ses reprises en droit commun de deux manières :

a) Comme *propriétaire*, pour les biens qui ont continué à lui appartenir, et qui n'avaient pas été aliénés par elle au mari ou à la communauté ;

[1] Voir notre note dans le recueil de *Dalloz*, 1895, 2, 233, sous l'arrêt de Paris du 19 mai 1892. Cfr. encore Pochet. *Des effets du jugement déclaratif sur les contrats synallagmatiques antérieurs*, 1897, p. 67 et s.

[2] En ce sens la loi belge pour les appareils employés dans l'industrie, et une proposition française de M. Plichon pour les constructeurs de bateaux (1895). Voir ce que nous avons dit de ce genre de publicité en matière de nantissement sous le n° 899.

b). Comme *créancière* dans le cas contraire, et tout particulièrement pour les choses fongibles, telles que des sommes d'argent : cette créance est au surplus garantie par une *hypothèque légale*.

Il ne sera question, dans cette partie de notre exposé, que du premier de ces deux titres de réclamation, que la loi réglemente l'un et l'autre dans une même section ; le deuxième sera examiné dans le chapitre suivant [1].

1737. — La loi commerciale est sévère pour la femme. Elle redoute un concert frauduleux des époux, ayant pour objet soit de supposer des reprises sans cause réelle (ce qui serait un détournement du gage), soit de substituer à des apports de peu de prix des valeurs plus précieuses (ce qui constituerait encore un détournement).

Aussi le Code de 1807, inspiré par les idées de Napoléon, privait-il la femme de toute revendication *mobilière*, meubles meublants et autres objets, « sans qu'elle pût recevoir autre chose que les habits et linges à son usage », avec une légère réserve quant aux bijoux dont elle justifierait par loyaux inventaires.

1738. — En 1838 ce régime a été atténué. La jurisprudence, à son tour, s'est efforcée de l'adoucir. Sur la dot pèsent des charges perma-

[1] En fait, le droit pour la femme de participer aux opérations de la faillite de son mari et de s'y inscrire, soit comme propriétaire, soit comme créancière, est subordonné à un jugement de *séparation de biens* demandé à sa requête. On a vu précédemment en quelle forme s'instruit cette demande et comment sont colloqués les dépens (nº 1566). Une fois séparée, il va de soi que la femme peut réclamer ses reprises devenues exigibles et reprendre l'administration de ses biens. — Mais, en pure théorie, on s'expliquerait encore que la femme eût le droit de distraire ses biens de l'actif de la faillite et de produire pour ses reprises de créance, sans le préliminaire d'un jugement de séparation. Seulement, comme le régime matrimonial continuerait alors par hypothèse, les reprises ne vaudraient que comme créance éventuelle, et donneraient lieu à une consignation jusqu'au jour où ce régime prendrait fin : solution assurément incommode. De toute manière, la revendication par la femme non séparée des immeubles et corps certains qui lui appartiennent vaudrait opposition, signifiée à la masse, à la réalisation de ces biens qui ne font point partie de l'actif du failli : le mari en garderait l'administration.

A propos de la séparation de biens, il faut observer qu'elle donne lieu à de fréquentes manœuvres, aux approches de la faillite. Les époux se concertent afin de la faire prononcer par justice et d'opérer une liquidation des reprises de manière à passer à la femme, sous couleur de restitution de dot, la plus large part de l'actif : on espère pouvoir terminer cette liquidation avant que les réclamations des créanciers ne se soient déchaînées. La publicité de la demande et du jugement de séparation, avec faculté pour les créanciers d'intervenir pour la conservation de leurs droits, ne suffit pas toujours à déjouer ces manœuvres. On sait que, si la séparation a eu lieu en fraude des droits des créanciers, ceux-ci disposent de la tierce-opposition dans le délai d'un an (art. 873 C. proc.). Il ne semble point que les règles spéciales à la période suspecte (art. 446 et 447) procurent à cet égard aux créanciers un surcroît de garanties, pour une séparation prononcée depuis la cessation de paiements du mari.

nentes d'entretien familial dont il y avait lieu de tenir compte. On a cherché à interpréter les atteintes aux droits des femmes dans le sens le moins défavorable pour elles. Dans certains cas où la loi enlevait à la femme la reprise en nature, on a pu la lui restituer sous une autre forme et avec une efficacité presque égale.

Il reste vrai que, depuis 1807 et même depuis 1838, il s'est produit dans la consistance ainsi que dans l'étendue de la fortune mobilière des modifications profondes, et que ces modifications ont rendu la loi inapplicable dans sa lettre, surtout quant au système des preuves, absolument vieilli.

1739. — On verra, dans le chapitre suivant, que les limitations hypothécaires aux droits de la femme, résultant de la faillite, ne sont applicables que *si le mari exerçait déjà le commerce au moment de la célébration du mariage*. Ici nous parlons de la femme propriétaire : les restrictions mises à sa revendication ne sont pas subordonnées à cette condition d'un commerce déjà exercé au début du mariage. Quelques arrêts l'ont sous-entendu par analogie de motifs, dans les textes qui règlent cette revendication ; mais c'est à tort.

Il faut en conclure que les dispositions suivantes, qui donnent à la femme moins de droits que le Code civil, sont applicables même si le commerce a été entrepris seulement au cours du mariage (sauf la particularité que nous aurons à relever pour la déchéance des avantages matrimoniaux et autres libéralités).

1740. — Les dérogations apportées au droit commun par la loi des faillites (ou par celle des liquidations judiciaires) sont de deux ordres différents. — D'une part, la femme, pour revendiquer au regard de la masse les biens qu'elle a apportés en dot ou qui lui sont échus pendant le mariage, est soumise à une *aggravation dans le mode de preuve* qu'elle doit administrer. — D'un autre côté, elle *perd certains droits*, qu'elle ne peut exercer alors ni au titre de propriétaire ni à un titre quelconque.

1741. — A. Aggravation du système des preuves. — Cette matière est assez obscure, cela tient au défaut de clarté du Code civil lui-même sur la nature des preuves auxquelles la femme est assujettie dans la déconfiture du mari.

Sur un point déterminé, l'exception apportée au droit commun est assez apparente. Lorsqu'il s'agit de biens meubles ou immeubles acquis par la femme ou en son nom au cours du mariage, l'art. 559 présume que *ces biens ont été payés des deniers du mari*, qu'ils appartiennent par conséquent à celui-ci, et qu'ils doivent être réunis à la masse, la femme n'ayant été qu'un prête-nom.

C'est l'ancienne *présomption mucienne* (L. 51 *de donat. inter vir. et uxor.* D. 24, 1), admise dans notre ancienne France par les pays de droit écrit, et que quelques personnes, une minorité sans doute, proposent de suivre encore en droit civil pour le régime dotal.

Il est certain que cette présomption a été rétablie par le législateur du commerce. La femme d'ailleurs peut fournir la preuve du contraire [1]. — Mais la règle n'a de sens que si les époux sont mariés sous un régime dotal ou de séparation, laissant à la femme des biens en administration propre. Lorsqu'il y a eu communauté, par exemple, les acquisitions faites pendant le mariage à titre onéreux sont *communes*, de quelque époux qu'elles proviennent, mari ou femme, et cette dernière n'est pas recevable à en exercer la reprise.

1742. — Cela dit, et en nous limitant aux biens d'une autre provenance (dot, successions, etc.), une distinction s'impose entre les immeubles et les meubles.

A l'égard des *immeubles*, aucune fraude sérieuse n'est à craindre. Leur identité résulte des actes mêmes qui en emportent transmission, l'origine de propriété sera toujours reconnaissable. L'art. 557 n'exige aucune preuve spéciale. La femme pourra ainsi reprendre dans la faillite des immeubles apportés par elle en mariage ou advenus depuis la célébration par succession, sans que le contrat de mariage ou qu'un état de liquidation les ait nécessairement mentionnés [2].

1743. — Pour les *meubles*, il en va différemment : ils se prêtent à des substitutions, à des attributions fictives. La femme dit avoir un portefeuille de valeurs. Surtout s'il s'agit de titres au porteur, il n'est pas impossible de simuler des actes qui la montrent propriétaire de ces titres dès avant le mariage, ou qui justifient en apparence de leur acquisition par une personne dont elle est devenue l'héritière. Quand ces documents n'auraient rien de suspect (bordereau d'agent de change avec désignation de numéros), il se peut encore à la rigueur que les

[1] Il n'est pas besoin que cette preuve contraire résulte d'un *acte authentique*, même si l'acquisition est mobilière. On verra cependant dans un instant que l'art. 558 exige un acte de cette nature en cas d'emploi de deniers appartenant à la femme : il faut que l'origine de ces deniers résulte d'un instrument notarié. — Mais comment exiger décemment de la femme qu'elle produise un acte authentique pour justifier de la réception de ses loyers, lorsqu'après leur versement elle les a consacrés à acheter, par exemple, une valeur en Bourse ? Ce serait excessif : toutes les preuves de droit commun sont recevables.

[2] La femme ne reprend ces immeubles qu'à la charge des dettes dont ils sont légitimement grevés (art. 561). Si elle a constitué sur eux une hypothèque au profit des créanciers du mari (à moins qu'il ne s'agisse du régime dotal et d'immeubles inaliénables), elle devra la respecter.

valeurs aient été revendues avant le mariage ou avant l'ouverture de la succession, puis rachetées par le mari pendant la communauté, ce qui expliquerait leur présence dans l'actif.

1744. — Le *droit civil* établit une antithèse entre le mobilier existant lors du mariage et celui échu depuis cette date [1].

Le *mobilier antérieur* au mariage doit être établi au moyen d'un *inventaire authentique* ou d'autre état de même nature en bonne forme, faute de quoi il reste dans le gage des créanciers (art. 1499).

Le *mobilier de la femme provenant d'une cause postérieure* à la célébration (au moins sous la communauté conventionnelle et sous les autres régimes plaçant ce mobilier sous l'administration maritale) peut, à défaut d'inventaire, être établi par *tous moyens de preuve*, même par *commune renommée* (art. 1504) [2].

1745. — Le *droit des faillites*, au contraire, met sur la même ligne le mobilier de la femme antérieur au mariage, et celui advenu plus tard. Dans les deux cas, si la femme n'arrive pas à justifier de l'identité de ces biens ou valeurs au moyen d'un inventaire ou d'un autre *acte authentique*, la revendication lui est refusée : elle ne pourra réclamer que les habits et linges *nécessaires* à son usage [3], et que lui remettra le syndic avec l'autorisation du juge-commissaire (art. 560). — Ex. : Le contrat de mariage porte qu'elle se constitue en dot un ensemble de valeurs, rentes sur l'Etat, actions de chemins de fer, comptes courants en banque, évaluées 100,000 francs, mais sans les spécialiser : elle est privée du droit de les reprendre en qualité de propriétaire.

1746. — La femme n'est pas soumise à un aussi mauvais traitement qu'il y semble au premier abord. Les valeurs qu'elle ne peut revendiquer, elle aura le droit de les réclamer au titre de créancière, et si l'hypothèque légale lui permet de se faire colloquer par préférence,

[1] On raisonne ici en dehors du régime de la communauté *légale ;* car alors ces objets mobiliers ne seraient pas propres à la femme, ils seraient communs.

[2] Cette distinction est certaine en droit civil, lorsque la femme prétend établir le compte de ses reprises vis-à-vis du mari ou de la succession du mari. Mais si ce mari ou cette succession est insolvable, *la femme lutte contre des créanciers.* Il y a des personnes qui soutiennent alors que sa revendication est subordonnée *dans tous les cas* à la production d'un inventaire énonciatif des valeurs qu'elle réclame. Un certain art. 1510 conduirait à ce résultat. — Nous ne prenons point parti dans la controverse. Mais si cette solution est vraie, il faut en conclure que l'art. 560 fait à la femme, en cas de *faillite* du mari, la même condition, au point de vue des preuves, que le droit civil de la *déconfiture.*

[3] Et non pas *tous* les vêtements compris dans son trousseau, quand même elle en aurait stipulé la reprise entière dans le contrat de mariage.

elle échappera par ce moyen aux conséquences de la faillite tout comme si elle exerçait une revendication.

Il faut supposer d'ailleurs qu'elle est en mesure de produire les preuves de l'art. 560, différentes de celles d'où dépend la revendication, et que l'on retrouvera sous le chapitre suivant [1].

1747. — Malgré ce procédé détourné de sauvegarder les intérêts de la femme, on doit convenir que ce régime de preuves n'est plus guère approprié à la composition actuelle des fortunes mobilières. On aurait dû accepter un tempérament à l'exigence de l'acte authentique, au moins pour les *valeurs mobilières inscrites en nominatif*.

L'immatriculation par transfert au Trésor ou sur le registre d'une Compagnie passe, en effet, pour présenter les mêmes garanties de sincérité qu'un acte pourvu de date certaine par la formalité de l'enregistrement [2].

Dans ces conditions, il est peu équitable de repousser la preuve que la femme entendrait tirer de son inscription de rentes antérieure au mariage ou de l'inscription de son ascendant dont elle serait devenue héritière depuis la célébration. Cependant, si les rentes n'ont pas été énumérées dans le contrat ou dans l'inventaire après décès, elle n'a pas, vis-à-vis de la faillite, le droit de revendiquer les certificats, et c'est regrettable.

1748. — Il y a une catégorie de biens, ne rentrant pas rigoureusement dans les divisions précédentes, et à l'égard desquels reparaît la prescription d'un acte authentique ; ce sont les biens meubles ou immeubles acquis pour la femme à titre d'*emploi* ou de *remploi* [3].

Ce remploi doit obéir, d'abord, aux conditions voulues par l'art. 1435 C. civ., et il faut que la femme l'accepte dès avant l'ouverture de la faillite de son mari, si elle n'a pas concouru à l'acte d'acquisition. Mais il faut, en outre, que l'*origine des deniers* consacrés au remploi soit constatée par inventaire ou par tout autre *acte authentique*, ce que le droit civil de la déconfiture n'exigeait point (art. 558).

1749. — B. Perte des libéralités faites par le mari a la femme. — La femme ne peut exercer dans la faillite de son mari « aucune

[1] Sur cette question, on consultera une note de M. Bufnoir, sous un arrêt de Dijon du 4 février 1884 (*Journ. du Pal.* 1885, p. 196).

[2] C'est pour ce motif que les transferts produisent effet au regard des tiers, sans les conditions prescrites par l'art. 1328 C. civ.

[3] L'art. 558 ne parle que des acquisitions *en immeubles*, mais il paraît juste de l'étendre aux acquisitions mobilières. D'autre part, il ne statue que pour le remploi de *deniers provenant de successions ou donations*, mais il convient de l'étendre à l'emploi de sommes comprises dans son apport matrimonial, et peut-être aussi au remploi du prix d'un immeuble aliéné.

action (comme propriétaire ou comme créancière) à raison des *avantages portés à son contrat de mariage* » (art. 564).

Il ne convient pas qu'elle s'attribue comme donataire des valeurs qui serviront plus équitablement à rembourser les créanciers. Par une juste compensation, les créanciers ne pourront, de leur côté, se prévaloir des avantages faits par la femme au mari dans le même contrat.

Mais cette déchéance suppose que le *mari était déjà commerçant à l'époque de la célébration du mariage* ou que, n'ayant alors aucune profession déterminée, il est devenu commerçant dans l'année suivante. Hors de là, la femme, n'ayant pu se douter lors du mariage qu'elle serait régie par le statut commercial, conserve tous les droits que lui assure le droit commun.

1750. — L'art. 564 parle exclusivement des « avantages matrimoniaux ». Pris à la lettre, il s'appliquerait rarement.

En effet, si l'on excepte le préciput de communauté, qui aurait été stipulé dans les termes de l'art. 1515 même pour le cas de renonciation [1], la plupart des avantages par contrat de mariage se composeront de biens à venir (donation du quart ou de moitié des biens en propriété ou en usufruit, par exemple) : or, ces libéralités s'exécutent sur l'actif net et ne sauraient faire tort aux créanciers [2]. Une donation de biens présents entre futurs époux est rare dans le contrat de mariage.

1751. — Pour donner à la disposition de la loi une portée pratique, il faut l'étendre même aux libéralités faites à la femme par le mari *au cours du mariage*. Cette extension a été consacrée par la jurisprudence. Elle s'est dit que, si la faillite fait tomber des donations irrévocables, il a été, à plus forte raison, dans les intentions de la loi d'anéantir celles qui ne le sont pas.

De là, sans doute, naît une objection : les donations entre époux sont essentiellement *révocables*, à la volonté du disposant (art. 1096). Il est donc présumable que le mari, tombant en faillite, entend révoquer les libéralités faites à sa femme, afin de liquider son passif.

Il est vrai ; mais ce droit de révocation est essentiellement personnel au disposant. Peut-être le failli ne voudra-t-il pas en user. Il faut que la masse soit armée d'un droit propre pour faire tomber la donation, et ce droit est reconnu par les arrêts.

[1] Et que l'art. 1516 prétend, à tort ou à raison, ne pas être un véritable avantage matrimonial.

[2] Pas plus que ne leur ferait tort le droit de succession, établi maintenant depuis la loi du 9 mars 1891 au profit du conjoint survivant, et qui a rendu pratiquement ces donations de biens à venir beaucoup plus rares. Si l'actif est surchargé, ce droit de succession sera absolument illusoire.

1752. — La question a surtout l'occasion de se présenter à l'égard des contrats d'*assurances sur la vie* que le mari aurait au cours du mariage conclus *au profit personnel de sa femme*, tout en alimentant la police de ses propres deniers ou de ceux de la communauté. La survenance de la faillite annule la libéralité contenue dans ces contrats.

Mais on a déjà vu, à l'occasion de la période suspecte et des rapports de l'assurance sur la vie avec le droit des faillites (nº 1612), que cette nullité n'avait pas pour effet de réintégrer dans la masse le *capital* assuré tout entier. Le bénéficiaire continuera à le recueillir, car il a acquis cette valeur contre la compagnie de son propre chef, sans qu'elle ait jamais figuré dans l'actif de l'assuré. Il devra seulement dédommager la masse de la somme des *primes* que le commerçant a versées depuis l'origine de la police.

La femme se trouvera dans cette même situation : la récompense à servir par elle peut être ainsi notablement inférieure à la valeur nominale du contrat, et c'est cette valeur que la compagnie lui paiera à elle-même à l'échéance (Civ. 22 février 1888).

CHAPITRE VI

DES CRÉANCIERS PRIVILÉGIÉS ET HYPOTHÉCAIRES

(C. com. art. 443, al. 3, 445, al. 2, 448, 450, 501, 508, 546 à 551, 552 à 556, 563, 571 ; L. 4 mars 1889, art. 18 et 22)

1753. — Les créanciers disposant d'un privilège, nantissement ou autre, ou d'une hypothèque, *ne sont pas* à ce titre *dans la masse*. Ils ont une sûreté réelle que la faillite n'atteint pas ; leur créance n'a pas été convertie en un dividende. La faillite, groupant les créanciers qui sont au même rang, afin de mettre strictement en œuvre le grand principe d'égalité de l'art. 2093 C. civ., doit nécessairement demeurer étrangère aux intéressés qui se sont assuré une situation de préférence.

On verra plus loin une importante conséquence déduite par la loi, en matière de concordat, de cette idée primordiale : les créanciers privilégiés ou hypothécaires, puisque le dividende ne les touche point, n'ont pas à délibérer sur la fixation de son chiffre ; ils n'y sont nullement intéressés, en tant du moins qu'ils arguent de leur sûreté. L'art. 508, dont nous devons réserver l'examen, veut qu'*ils s'abstiennent* de faire nombre et *de voter dans l'assemblée de concordat*,

1754. — Toutefois, nos ayants-droit n'ont pas seulement leur sûreté, ils peuvent, en outre, se prévaloir du *gage général* que tout créancier possède sur le patrimoine de son débiteur (art. 2092 C. civ.). Leur sûreté ne les couvre pas toujours du montant de leurs prétentions. Il est possible qu'ils n'arrivent pas en rang utile soit pour partie, soit même pour le tout. La loi a eu donc à rechercher s'ils seraient fondés à concourir aux opérations de la masse chirographaire, en produisant alors au marc le franc.

1755. — Il y a lieu d'examiner la mesure de leur participation actuelle ou éventuelle dans la masse ; après quoi nous les envisagerons en face de leurs sûretés, et nous verrons — que les dispositions qui suspendent le droit individuel d'exécution ne s'appliquent pas à eux ; — que les privilèges et hypothèques de droit commun souffrent, en cas de faillite, d'importantes restrictions ; — que le jugement déclaratif, et aussi dans une moindre mesure l'ouverture de la période suspecte, arrêtent le cours des inscriptions.

SECTION PREMIÈRE

PARTICIPATION DES CRÉANCIERS PRIVILÉGIÉS ET HYPOTHÉCAIRES A LA MASSE POUR LE SOLDE NON COUVERT PAR LEURS SURETÉS

(C. com. art. 552-556)

1756. — Les art. 552 à 556 établissent la somme pour laquelle nos créanciers produiront respectivement, et sur le bien affecté à leur remboursement, et sur l'actif de la masse.

Ces textes ne statuent expressément que pour les créanciers ayant hypothèque ou privilège sur les immeubles ; mais il convient de les étendre même aux privilèges généraux ou spéciaux sur meubles (sous réserve de ce qu'il y aura lieu de dire ensuite relativement aux privilèges résultant d'un nantissement).

1757. — La loi considère ces créanciers comme appartenant à la masse, mais d'une manière subsidiaire, c'est-à-dire *pour le reliquat* que leur sûreté ne couvrirait point (ou pour le tout, si cette sûreté devait être entièrement inefficace).

Celui qui, étant créancier pour 100, parvient à se faire colloquer dans l'ordre pour 50, et sur qui les fonds viennent à manquer au-dessus de ce chiffre, est fondé à se dire chirographaire, mais seulement pour les 50 représentant le solde de son titre.

On n'a pas suivi les mêmes errements qu'à l'égard des créanciers ayant plusieurs coobligés. Quiconque a plusieurs débiteurs peut, on se le rappelle, s'inscrire pour le montant intégral de sa créance, jusqu'à parfait paiement dans les faillites des uns et des autres (chap. IV, art. 542). Ici le créancier, s'il entend suivre les opérations de la masse, doit précompter sur sa production les sommes que lui donne ou que lui donnera l'exercice de sa garantie réelle.

C'est logique : il n'a pas deux patrimoines devant lui, mais un seul qui comprend à la fois le bien qui lui est affecté par préférence et les autres biens répondant de toutes les dettes. Comment serait-il recevable à se dire créancier dans la masse *in solidum*, du moment qu'il a été entendu qu'une valeur déterminée servirait à le couvrir et qu'il ne courrait les risques d'insolvabilité que dans la mesure où cette valeur serait insuffisante à le rembourser?

Il est bien entendu, en outre, que, pour se comporter ainsi comme membre de la masse, notre créancier devra préalablement faire admettre et affirmer sa créance en assemblée de vérification. Cette exigence est certaine (art. 552 *in fine*), de quelque manière qu'on doive se prononcer sur l'obligation pour lui de faire vérifier sa créance en vue de s'inscrire par préférence sur sa sûreté elle-même : question délicate que nous retrouverons plus bas.

1758. — L'ordre logique des choses voudrait que *le bien grevé de l'hypothèque* ou du privilège fût *liquidé en premier lieu :* après quoi le créancier concourrait aux distributions chirographaires, sur le pied de l'égalité avec les autres, pour l'excédant qui se dégage clairement du premier règlement.

Mais on ne peut pas toujours faire en sorte que les deux procédures se suivent dans ce rang de dates : l'ordre sera parfois interverti, surtout si la réalisation de l'immeuble hypothéqué est lente à s'opérer. La loi s'attache, en pareille matière, à établir un règlement final tel, que le résultat pécuniaire soit le même dans les deux cas, c'est-à-dire soit que l'ordre hypothécaire ait été antérieur, soit qu'il ait été postérieur aux distributions de la masse. Autrement, le hasard seul des circonstances déterminerait le produit recueilli par les ayants-droit dans une faillite, ce qui était inadmissible.

1759. — La *sûreté* propre au créancier est-elle *liquidée en premier lieu.* Aucune difficulté, pour admettre celui-ci à ne produire dans les répartitions subséquentes de la masse que pour le reliquat.

A-t-on commencé par *les répartitions chirographaires* : le créancier à hypothèque ou à privilège pourra *provisoirement* réclamer dans la masse *toute sa créance* et obtenir un dividende proportionnel.

Puis, lorsque viendra la liquidation du bien formant garantie, la collocation s'établira au profit du créancier pour sa créance primitive, en faisant abstraction du dividende précédemment perçu.

Une fois cette collocation déterminée, l'évènement prouvant que l'ayant-droit avait touché précédemment un dividende ou une partie de dividende sans cause légale, on déduira de cette collocation une somme égale à ce trop-perçu, pour en effectuer le *reversement à la masse.*

Sans ce travail de rectification, la masse subirait un préjudice illégitime. C'est à en fixer les bases que s'attachent les art. 552 et suiv.

Des exemples éclaireront cette théorie. Trois cas sont à considérer :

1760. — *Premier cas.* — Le créancier privilégié ou hypothécaire ne peut venir *pour aucune partie de sa créance* en rang utile sur sa garantie. La valeur de l'immeuble est absorbée, par exemple, par des hypothèques antérieures à la sienne (art. 556).

La priorité de l'une ou de l'autre liquidation importe alors fort peu. Il est dû 100 au créancier, le dividende de la masse est de 50 0/0, c'est ce dividende qu'il obtiendra.

1761. — *Deuxième cas.* — La sûreté, tout au contraire, couvre *intégralement* le montant de la créance : l'ayant-droit arrive en rang utile pour le tout (art. 553 et 554).

I. Si l'ordre hypothécaire est le premier en date, le créancier obtient collocation entière pour 100; lorsque viendra ensuite la distribution de deniers mobiliers, il s'abstiendra d'y participer, ayant été rempli précédemment de ses droits.

II. La distribution de deniers mobiliers a-t-elle lieu avant celle du prix de l'immeuble grevé :

a) Le créancier hypothécaire commencera par concourir aux répartitions pour sa créance totale, soit pour 100, et il obtiendra par supposition 50.

b) Après la vente de l'immeuble, le règlement définitif de l'ordre lui appliquera 100, comme s'il n'avait touché aucun dividende.

c) Mais le dividende antérieur de 50, cessant alors d'être justifié, sera l'objet d'une reprise sur cette collocation de 100; on le déduira du montant de la somme pour en opérer le reversement au profit de la masse.

Si le législateur n'avait pas expressément statué ainsi, les 50 que le créancier hypothécaire laissait libre sur sa collocation de préférence, ayant déjà touché 50 antérieurement, recevaient une autre destination; ils restaient dans l'ordre pour être appliqués au créancier hypothécaire de rang suivant, et la masse n'y pouvait point prétendre.

Par la manière dont dispose la loi, au contraire, la masse va se trouver subrogée au créancier hypothécaire dans la mesure du dividende dont elle avait d'abord supporté la charge, et elle se glissera en quelque sorte entre deux inscriptions, qui se suivaient cependant sans interposition apparente. Cet hypothécaire subséquent pourra à son tour sur sa propre collocation, le cas échéant, subir une nouvelle distraction avec reversement, au cas où il aurait lui aussi commencé par concourir à des distributions de deniers mobiliers pour le tout.

1762.— *Troisième cas.*— I. Le créancier ne peut-il être colloqué que *partiellement* pour 50, dans la distribution hypothécaire, censée faite la première, car les fonds ont manqué au-delà de cette somme.

Le dividende auquel il aura droit ensuite dans la masse, calculé sur un excédant de 50, lui donnera, au pied de 50 0/0, 25. Tout compte fait, il aura touché 75, et perdu 25 : le quart de sa créance.

II. Or c'est toujours le résultat auquel on doit aboutir, même si les distributions de la masse ont précédé l'ordre.

a) Il a touché son dividende de 50 0/0 sur le plein de sa créance, 100 ; soit un émolument de 50.

b) Mais c'est un règlement provisoire. Au lieu de recueillir dans l'ordre les 50 que donne à son rang l'immeuble (ce qui lui assurerait une satisfaction complète), il subira sur ces 50 une retenue de 25, qui sera reversée à la masse chirographaire, et non pas à l'inscrit suivant (art. 555).

1763. — Créancier gagiste. — Il est donc acquis que le créancier pourvu d'une hypothèque ou d'un privilège ne peut en définitive se dire membre de la masse que pour la somme que sa garantie ne parvient pas à couvrir.

Lorsque l'ayant-droit est un *créancier gagiste*, la loi établit un autre mode de collocation (art. 546 à 548). L'ayant-droit en pareil cas a en sa propre possession le bien mobilier affecté à son paiement.

Il y a une première éventualité à écarter. Le syndic (ou le débiteur assisté) juge utile de *retirer le gage*, parce que sa réalisation actuelle par le créancier le ferait vendre dans des conditions intempestives. Il est maître de le faire, avec l'autorisation du juge-commissaire, mais à condition de rembourser la dette pour le tout. Il dégage ainsi le nantissement au compte de la masse (art. 547).

Sous la réserve précédente, l'un des deux cas suivants se présentera.

A). *Le créancier vend le gage* [1].

Le prix de vente *dépasse* le montant de la créance garantie : le surplus sera recouvré par le syndic.

Le prix reste *inférieur* : le créancier viendra à contribution pour

[1] C'est ce qu'il fera suivant les formes d'exécution de l'art. 93, à moins que le syndic ne lui reconnaisse le droit de vendre à l'amiable (nº 904).

l'*excédant* dans la masse comme créancier ordinaire (art. 548). C'est ce que nous avons vu pour les créanciers hypothécaires.

B). *Le créancier s'abstient de réaliser le gage.*

Surviennent des distributions chirographaires : le gagiste ne peut y participer, et à cet égard sa position diffère de celle des créanciers hypothécaires dont il était parlé plus haut. *Il n'est inscrit dans la masse que pour mémoire*, dit l'art. 546.

Il n'est pas très facile de motiver ce traitement de rigueur. Qui sait, ont observé les uns pour l'expliquer, si le créancier ne détournerait pas le gage, une fois que le dividende chirographaire lui aurait été servi, et en ce cas comment dédommager la masse au moyen d'un reversement?

Il vaut mieux dire que le créancier gagiste se trouve, à raison du nantissement même, dans une position particulière, n'ayant point son pendant pour un créancier hypothécaire. Dès l'instant qu'il engage des mesures d'exécution ou qu'il participe à des mesures de ce genre contre le débiteur, ce ne peut être que sous la condition préalable de liquider l'objet du nantissement. Un créancier hypothécaire peut au contraire diriger ses poursuites à son choix contre un bien libre du débiteur ou contre l'immeuble affecté au paiement.

« Retenir et exécuter ne vaut », pourrait-on dire. Le fait de conserver le gage au lieu de le vendre implique volonté du créancier de laisser le contrat en suspens. Le fait de produire dans une distribution judiciaire des sommes implique volonté de le mettre à exécution. Les deux choses sont contradictoires. Ainsi s'expliquerait la loi [1].

SECTION II

NON-APPLICATION AUX PRIVILÉGIÉS OU AUX HYPOTHÉCAIRES DES RÈGLES SUR LA CESSATION DES POURSUITES INDIVIDUELLES, SUR L'EXIGIBILITÉ DES CRÉANCES A TERME, SUR L'ARRÊT DES INTÉRÊTS

(C. com. art. 443, al. 3, 445, etc.)

1764. — Les créanciers à sûreté, lorsqu'ils agissent sur le bien affecté à leur créance, ne sont pas absorbés par la masse. Par suite, les

[1] Cette interprétation permettrait de se prononcer sur l'application de l'art. 546, lorsque la créance garantie par le gage est *conditionnelle* ou *à terme*. Nous dirons plus bas que le jugement déclaratif ne rend pas, selon nous, la créance du gagiste exigible, pour l'autoriser à vendre le gage avant l'échéance convenue. De toute manière, la faillite ne fait pas disparaître la condition dont cette créance est affectée. — Dans ces hypothèses, nous estimons que l'art. 546 cesse de faire loi. On ne peut en effet arguer envers le créancier de ce qu'il garde la position défensive, pour l'écarter des distributions de la masse; s'il garde cette position, en ne prenant pas l'initiative de la vente du gage, c'est qu'il lui est impossible d'agir différemment.

dispositions qui ont été étudiées dans le chapitre III, et qui dérivent elles-mêmes d'une pensée de concentration des créanciers réduits au dividende, ne sauraient s'étendre à eux.

1765. — I. *Exécution individuelle.* — Nos créanciers continuent à pouvoir frapper de *saisie* le bien ou les biens formant leur garantie. Ils peuvent provoquer l'ouverture d'une *contribution* ou d'un *ordre* sur les sommes provenant de cette saisie, afin de se faire colloquer à leur rang, suivant les règles de forme du Code de procédure civile. Les poursuites sont dirigées contre le syndic dans la faillite (art. 443, al. 3), contre le débiteur assisté dans la liquidation judiciaire (l. 1889, art. 5, al. 1er).

Il y a cependant quelques tempéraments. Ce pouvoir d'exécution séparée, reconnu expressément aux créanciers ayant un privilège immobilier ou une hypothèque (art. 571), ainsi qu'au créancier gagiste (art. 548), et au propriétaire bailleur (art. 450), est discuté à l'égard de ceux qui disposent d'un *privilège général* (frais de dernière maladie, fournitures de subsistances, etc.), et pour ceux dont le *privilège* mobilier repose sur une idée de *réparation* ou de *conservation*. On a pratiquement la tendance à refuser à ces derniers ayants-droit le droit de poursuites individuelles, parce que la loi des faillites ne le leur confère pas en termes formels. En doctrine, cette exclusion ne saurait se justifier.

D'autre part, les hypothécaires eux-mêmes (ainsi que les privilégiés sur immeubles), qui n'auraient pas commencé *avant l'ouverture de l'union* les poursuites en expropriation, ne sont plus admis dorénavant à les entreprendre (art. 572) : c'est le syndic qui, à bref délai, procédera à la vente, ainsi qu'on le verra ci-dessous.

1766. — **Vérification des créances.** — Pour être conséquent avec la formule qui vient d'être posée, il faut dire que *les créanciers privilégiés ou hypothécaires sont dispensés de produire leurs titres et de se faire admettre en assemblée de vérification des créances.*

Un texte s'est glissé, à la vérité, dans la section V qui a cette vérification pour objet. C'est l'art. 501 ; il y est fait mention d'un créancier « dont le privilège ou l'hypothèque seulement serait contesté ». Mais cela ne prouve pas que cette vérification soit obligatoire.

Et l'on peut décliner de la même manière l'autorité de la loi du 4 mars 1889 qui, pour une liquidation judiciaire, veut que le bordereau de production du créancier énonce « les privilèges, hypothèques ou gages qui sont affectés à la créance (art. 11, al. 1er) ». — Cette disposition peut s'entendre d'un créancier qui désire à la fois conserver sa sûreté et concourir pour un dividende aux opérations de la masse. Nul doute que, en cette deuxième qualité, il ne doive faire admettre sa créance. L'art. 552 *in fine* le dit clairement, et, par la manière dont il s'exprime, il exempte le créancier de cette même procédure, en tant que celui-ci voudrait se payer seulement sur le bien affecté à son remboursement.

1767. — Suite. — Les principes sont clairs : seuls sont obligés de produire et de faire admettre leurs créances, ceux qui font partie intégrante de la masse, cette admission étant leur titre d'affiliation. Etrangers à la masse, nos créanciers n'ont pas à s'y faire introduire.

L'admission pourra leur servir, sans doute, en ce que, n'étant pas contestés en assemblée de créanciers, ils seront fondés ensuite dans l'ordre à repousser un contredit que viendrait à élever le syndic, en lui opposant la reconnaissance sans réserve qu'il avait faite de leur droit dans la première procédure[1].

Mais, en supposant qu'ils se soient abstenus de produire dans les délais des art. 491 à 503, ils ne sont pas forclus. A un moment quelconque, ils feront ouvrir un ordre sur la distribution du prix de l'immeuble hypothéqué. Ils procéderont auprès du tribunal civil de la situation de cet immeuble (et non pas auprès du tribunal de commerce), et les délais de production à cette distribution des divers ayants-droit seront absolument réglés par le Code de procédure, sans qu'on doive arguer contre eux de la clôture antérieure du procès-verbal de vérification sur lequel ils ne seraient pas mentionnés.

1768. — Suite. — La jurisprudence nous présente des décisions dans les deux sens : elle paraît incliner maintenant vers la solution contraire à la nôtre (sauf à l'égard du créancier gagiste : Civ. rej. 19 juin 1889)[2].

Elle cède à une impression trop naturelle, pour être vivement critiquée. La procédure de vérification, en effet, constitue au profit de la masse une garantie contre les intrusions de faux créanciers. Or, c'est principalement contre les créanciers à rang de préférence que celle-ci demande à être protégée, puisque ces créanciers n'augmentent pas seulement les prenants-part au dividende, mais qu'ils évincent complètement la masse d'un élément de l'actif.

[1] On peut ajouter encore, s'il s'agit d'un privilège sur meuble autre qu'un gage, que le syndic, venant à réaliser ce meuble et à distribuer les deniers, n'encourt point de responsabilité pour s'être abstenu d'appliquer les fonds par préférence au créancier privilégié, du moment que celui-ci ne s'était pas fait connaître ; il a réparti les sommes au marc le franc, c'était son droit. Il en serait autrement si la créance ainsi que le privilège avaient été admis en assemblée.

[2] Paris, 14 décembre 1888, approuvé par M. MAHOUDEAU, dans les *Annales de droit commercial*, 1889, 1, 102.

Malheureusement, cette opinion pêche par défaut complet d'harmonie, et, lorsqu'on veut essayer de la suivre dans ses applications de procédure, on s'aperçoit qu'elle ne donne pas de solutions parfaitement claires.

1769. — II. *Créances à terme.* — Selon nous, *la faillite* (ou la liquidation judiciaire) *ne rend pas exigibles les dettes hypothécaires ou privilégiées à terme*, comme elle fait échoir les simples dettes chirographaires. L'art. 444, dans sa rédaction, ne fait aucune distinction, mais cette distinction s'impose.

Il faut s'entendre. Lorsque le syndic ou l'agent de la liquidation réalise le bien meuble ou immeuble sur lequel porte la garantie du créancier, celui-ci, quoique le terme ne soit pas encore arrivé, sera reçu à obtenir une collocation immédiate et définitive sur le prix : le déplacement ou la disparition de la sûreté promise par le contrat au créancier autorise ce dernier à considérer sa créance comme échue (art. 1188 C. civ.).

Mais, *en supposant la sûreté maintenue*, le droit pour le créancier d'anticiper sur l'échéance du contrat et de saisir actuellement ne se comprendrait plus. En effet, la suppression du terme était motivée par la perte de la confiance en la personne du failli. Or, le créancier hypothécaire ou privilégié n'a pas fait crédit à l'*individu*, mais à la *chose*, et la faillite n'a point altéré les conditions de ce crédit.

Il y a un dilemme à poser. — Ou bien le créancier se dit membre de la masse : en ce cas, toute voie d'exécution lui est refusée. — Ou il déclare être hors de la masse (ce qui est la vérité) ; et alors, comme l'exigibilité des dettes à terme n'a été introduite que pour les créanciers groupés et ramenés au dividende, il s'ensuit que le bénéficiaire d'une hypothèque ou d'un privilège n'a pas le droit de l'invoquer.

1770. — La jurisprudence se prononce catégoriquement dans le sens opposé.

C'est que, dans les travaux préparatoires du Code civil concernant l'art. 1188, texte reproduit par l'art. 444 C. civ., il a été dit que la règle de la déchéance du terme s'appliquait même aux créanciers hypothécaires.

Voici la réponse : les orateurs songeaient vraisemblablement à la déconfiture, régime non organisé ; or il est certain qu'en droit civil le créancier à terme, pouvant se prévaloir de l'art. 1188 afin de diriger des poursuites immédiates sur une valeur quelconque de son débiteur, serait fondé à saisir tout aussi bien, par suite de cette exigibilité, l'immeuble même sur lequel porte sa garantie. Le droit civil ne procède ni à une séparation méthodique des créanciers ni à l'institution d'une masse. Le problème se présente dans la faillite sous un autre aspect [1].

1771. — C'est pour avoir ainsi étendu la règle de l'art. 444 aux créanciers privilégiés, que les arrêts en étaient venus avant 1872 à faire au *propriétaire bailleur* réclamant ses loyers futurs une situation absolument intolérable pour la masse. On s'en apercevra plus loin.

La *loi du 12 février 1872*, qui est venue interdire cette collocation de termes non échus, eût été inutile, si la jurisprudence avait pris précédemment sur l'art. 444 une autre direction.

Cette loi, dans son article 2, statue à l'égard des baux antérieurs à sa promulgation ; elle paraît procéder alors par mesure interprétative, en interdisant au propriétaire, agissant en vertu de pareils baux, d'exiger par anticipation les loyers à échoir, quand ses sûretés ne sont pas déplacées.

Cela n'a pas changé cependant l'interprétation reçue pour les créanciers hypothécaires ou privilégiés ayant un titre différent : aujourd'hui encore, la jurisprudence leur permet de saisir, aussitôt que la faillite est déclarée, et quoique le terme du contrat ne soit pas encore arrivé.

1772. — III. — *Cours des intérêts.* — *Le jugement déclaratif* n'arrête les *intérêts* que pour les créanciers chirographaires ; l'art. 445 al. 1er *les laisse courir* pour ceux qui sont pourvus d'un privilège ou d'une hypothèque (de même L. 1889, art. 8 al. 1er *in fine*).

[1] On a dit encore à l'appui de cette opinion : Nos créanciers ne peuvent participer au *concordat*, sans perdre leurs sûretés (art. 508) ; le créancier *gagiste* ne peut concourir aux *distributions de la masse* aussi longtemps qu'il retient le gage (art. 546). Cela peut offrir de sérieux inconvénients pour l'ayant-droit, lorsque la sûreté ou le gage menace de rester inefficace : l'intérêt du chirographaire prévaut alors en lui, ce qui justifierait, soit sa délibération au concordat, soit sa participation aux dividendes distribués. — Pour un créancier pur et simple ce remède est indiqué, il dépend de lui d'y recourir. Il réalisera en toute diligence l'immeuble ou le meuble affecté à sa créance, et, ayant fait dégager le solde non couvert par sa sûreté, il concourra valablement au concordat pour ce solde ; il prendra part, lui gagiste, pour la même somme aux distributions de la masse. Sitôt au contraire qu'il s'agit d'un créancier à terme, dès l'instant qu'on lui refuse le droit de considérer sa créance comme échue pour les besoins de la liquidation de sa sûreté, on consacre envers lui une solution injuste : il devra rester étranger au concordat ou aux distributions, alors que peut-être sa sûreté sera illusoire suivant le prix auquel on la vendra après l'échéance.

Cette nouvelle considération n'est pas non plus déterminante ; si au lieu de supposer que la modalité qui affecte la créance est un terme, on la fait consister dans une condition suspensive, la thèse adverse éprouvera autant d'embarras que la nôtre à régler équitablement le sort du créancier. Il nous semble que le créancier, justifiant dans les deux cas d'un obstacle légal à la réalisation immédiate de son gage, pourra, nonobstant les art. 508 et 546, participer sans déchoir, soit au concordat, soit aux distributions de dividendes.

La règle avait, en effet, son unique source dans le régime égalitaire de la faillite : il n'y a que ceux qui sont soumis au dividende qui doivent la subir.

Au surplus, les intérêts qui correspondent à l'époque postérieure au jugement déclaratif ne pourront être réclamés que sur les sommes provenant des biens affectés au privilège, à l'hypothèque ou au nantissement (art. 445, al. 2; l. 1889, art. 8, al. 2).

1773. — De là une difficulté. Rien de mieux pour le créancier, s'il obtient dans l'ordre de quoi le couvrir intégralement, en capital et en intérêts, même postérieurs à l'ouverture de la faillite. Mais la collocation peut n'être que partielle. Il réclamait 100 en principal, 5 en intérêts, et c'est pour 100 qu'il est colloqué : les fonds manquent pour le surplus.

On admet que le créancier est recevable à *imputer* ces 100, d'abord *sur les intérêts*, et subsidiairement sur le capital (arg. art. 1254 C. civ.), de manière à faire ressortir à son profit un excédant de 5 en capital, pour lequel il produira dans la masse au marc le franc (Cass. civ. 13 juill. 1896, jurispr. remontant à 1871). Tandis que, si on l'obligeait à diriger son imputation sur le capital, celui-ci se trouverait entièrement couvert, et les 5 d'excédant représenteraient des intérêts « postérieurs à la faillite », pour lesquels la loi lui interdit de s'inscrire dans la masse.

Pendant longtemps ce calcul a été contesté. Le créancier n'arrive-t-il point, par cette voie indirecte, à faire retomber sur la masse une charge d'intérêts qui n'existe pas à l'égard de celle-ci ?

Non. Tout ce que l'art. 445 défend, c'est de réclamer les intérêts dans la faillite, lorsque le créancier ne trouve pas même sur l'immeuble garanti somme suffisante pour se les appliquer. Autrement, le syndic doit s'incliner devant un mode d'imputation conforme au droit, quoique la masse en souffre.

Ce choc en retour ne peut pas être évité : lorsque notre créancier trouve collocation entière, ne réduit-il pas, à raison des intérêts compris dans son bordereau, la marge disponible pour les hypothécaires suivants, qui se retourneront alors contre la masse à raison de leur propre reliquat ? C'est un résultat auquel il n'y a pas moyen de se soustraire.

SECTION III

RESTRICTIONS OU SUPPRESSIONS DE CERTAINS PRIVILÈGES ET HYPOTHÈQUES DE DROIT COMMUN

§ 1. Généralités. — Privilège des commis et des ouvriers (Art. 549)

1774. — En thèse générale, il faut admettre dans une faillite ou dans une liquidation judiciaire les privilèges consacrés par le droit commun : — le privilège des *frais de justice* de l'art. 2101, 1°, qui est d'application courante, car toutes les dépenses de syndicat peuvent être prélevées en cette qualité sur l'actif de la masse [1] ; — le privilège sur la *plus-value immobilière* de l'art. 2103, 4°, appartenant aux entrepreneurs de constructions d'usines [2] ; — le privilège de la loi du 26 pluviôse an II appartenant aux *ouvriers* et *fournisseurs d'entrepreneurs de travaux* sur le montant du prix des devis, privilège qui a été étendu des travaux de l'Etat à tous les travaux publics par la loi du 25 juillet 1891 [3] ; — le privilège sur *cautionnement* des fonctionnaires publics pour faits de charge de l'art. 2102, 7°, applicable notamment dans une faillite d'agent de change [4], etc., etc.

1775. — A certains égards même, les privilèges qu'institue le droit civil sont agrandis. Le droit commercial étend au *commissionnaire* le privilège du créancier gagiste sur la marchandise qu'il garde en consignation (art. 95).

D'un autre côté, les *commis* et *ouvriers du failli* ont un privilège sur la généralité des meubles, qui répond de l'arriéré de leurs appointements et salaires, au rang fixé par l'art. 2101 pour le privilège des gens de services (art. 549). Insistons sur ce dernier privilège.

1776. — Supposons que, la faillite ouverte, l'*exploitation* commerciale ou industrielle *continue*, avec l'autorisation du juge-commissaire.

[1] Et même, en matière de sociétés, il y a un certain nombre d'arrêts pour admettre par priorité, au titre de ce privilège, les dépenses faites avant l'ouverture de la faillite par un liquidateur ou par un administrateur provisoire. — C'est assez hardi, mais conforme à la pensée que le liquidateur représente non seulement la société, mais aussi les créanciers (n° 357).

Ce privilège est inopposable à ceux des créanciers qui ne profitent pas des frais déboursés : c'est ce qui explique pourquoi le propriétaire bailleur, armé de moyens d'exécution rapides, peut ne pas subir la charge de ces frais, sous des distinctions dont l'étude rentre dans le droit civil.

[2] Il serait intéressant de rechercher si ce privilège s'étend aux constructeurs de *machines* ou d'un autre outillage, devenus immeubles par destination, en vertu de leur établissement dans l'usine. — La question n'avait pas la même importance en droit civil, le constructeur non payé pouvant par sa saisie faire cesser l'immobilisation, puis se prévaloir du privilège du vendeur de meuble (arg. art. 592 et 593 C. proc.). Or, ce dernier privilège lui est refusé par la loi des faillites : le constructeur trouve-t-il du moins à fonder son privilège sur l'art. 2103, 4° ?

[3] On pourra rapprocher de ce privilège, qui relève des travaux publics, l'action directe donnée par l'art. 1798 C. civ. aux ouvriers employés à des *travaux particuliers* contre celui pour lequel les ouvrages ont été faits.

[4] Le cautionnement dont l'Etat exige le versement d'un entrepreneur de travaux constitue également une garantie procurant un droit de préférence et opposable dans une faillite. Mais c'est plutôt une variante du gage, que le privilège véritable sur le cautionnement dont s'occupe l'art. 2102 : il ne comporte pas le privilège en second ordre du prêteur de deniers de la loi du 5 nivôse an XIII.

Les commis et ouvriers échapperont au dividende pour la rétribution qui correspond à leurs services nouveaux. Mais c'est parce que ces services ont été donnés à la faillite : c'est le cas d'appliquer la règle relative aux *dettes de la masse*.

Une rupture abusive d'engagement par le syndic en cours de liquidation motiverait des dommages-intérêts, à la teneur du nouvel art. 1780 C. civ., et ces dommages et intérêts seraient dus par préférence, toujours pour la même raison.

1777. — Mais la loi a garanti, au moyen d'un privilège formel, les appointements et salaires dus au moment du jugement déclaratif.

Ce privilège date de 1838. On s'était demandé sous le Code de 1807 si le privilège des *gens de service* ne s'appliquait pas de plein droit au personnel commercial et industriel. On s'était prononcé pour la négative, la qualification de « gens de service » ne pouvant viser que les serviteurs de ménage ou de culture. C'était une lacune fâcheuse : quelle plus juste protection que celle qui est due aux ouvriers et aux commis pour qui la profession est un gagne-pain ! Elle est aujourd'hui comblée.

Le privilège garantit : pour les commis, les *six mois* d'appointements antérieurs au jugement déclaratif ; et pour les ouvriers (dont les paies sont plus rapprochées), les *trois mois* avant cette même date [1]. Les dommages-intérêts résultant de la résiliation par le fait de la faillite ne sont pas privilégiés [2].

1778. — Nous avons vu, à l'occasion des représentants de commerce, que la loi du 6 février 1895, avait au profit des « commis attachés à une ou plusieurs maisons de commerce, sédentaires ou voyageurs » étendu, en faillite le privilège des appointements fixes aux *commissions proportionnelles* acquises depuis le troisième mois avant la faillite, même à raison de marchés de date plus ancienne négociés par leur intermédiaire (nº 925).

1779. — Il faut signaler une autre loi de la même année, celle du 27 décembre 1895, qui pose d'abord le principe de l'obligation pour les chefs d'entreprise de verser à la Caisse des retraites ou à d'autres caisses autorisées les retenues faites sur les salaires en vue d'un but de pré-

[1] La loi de 1838 ne donnait à ces derniers le privilège que pour un mois, c'est la loi des liquidations judiciaires qui l'a porté à trois mois (l. 1889, art. 22).

[2] Il est cependant, dans nos grandes villes, conforme aux habitudes du syndic de remettre au personnel congédié des employés quinze jours ou un mois d'appointements, payés intégralement en frais de syndicat.— Cela n'est nullement d'accord avec la jurisprudence qui refuse des dommages-intérêts dans la faillite, du chef de contrats synallagmatiques inexécutés (nº 1734).

voyance, — puis cet autre principe de l'acquisition d'un gage par les ouvriers sur les dépôts ainsi constitués.

La loi ajoute que la restitution des sommes qui, lors de la faillite, n'auraient pas été effectivement versées à l'une des caisses susdites, est garantie, pour la dernière année et pour ce qui sera dû sur l'année courante, au moyen d'un privilège prenant rang concurremment avec le privilège des salaires des gens de service établi par l'art. 2101 (art. 4, al. 2 de la loi) [1].

1780. — Si le *droit des faillites* crée au profit des commis et des ouvriers un privilège que le droit commun ne connaît pas [2], il ne faut pas juger de son esprit général d'après cette note extensive. Au contraire, sa tendance est plutôt de *restreindre le champ des privilèges et des hypothèques*. Le privilège fait échec à la conception d'égalité qui est à la base de la faillite, et celle-ci le voit d'un œil défavorable.

Cette dernière observation se rapporte à trois ayants-droit, qui, soit par limitation, soit même par suppression complète de leurs garanties ordinaires, occupent une situation moins bonne dans une faillite que dans une déconfiture. Ce sont :

1° Le *vendeur d'effets mobiliers* [3], que l'art. 550 *in fine* prive du privilège et de l'action résolutoire sous les réserves de la revendication ou de la rétention réglées par les art. 576 et 577 (nous ne reviendrons plus sur ce créancier dont les droits ont été analysés ci-dessus) ;

2° Le *bailleur de l'immeuble* affecté au commerce ou à l'industrie du failli, pour les loyers échus, courants ou à échoir, ainsi que pour tout ce qui concerne l'exécution du bail ;

3° La *femme du failli* exerçant son hypothèque légale.

Nous allons nous occuper particulièrement de ces deux derniers ayants-droit.

[1] Ajoutez maintenant les dispositions de la loi du 9 avril 1898 sur la *responsabilité des accidents industriels* : « Art. 23 : La créance de la victime de l'accident ou de ses ayants-droit, relative aux frais médicaux, pharmaceutiques et funéraires, ainsi qu'aux indemnités allouées à la suite de l'incapacité temporaire de travail, est garantie par le privilège de l'art. 2101 C. civ. n° 6 ». Pour les indemnités afférentes à un cas de mort ou d'incapacité permanente, voir les art. 24 à 28 de ladite loi.

[2] A tel point que, si l'entrepreneur de travail n'est pas commerçant, les ouvriers et commis, en cas de déconfiture, ne pourront produire pour leurs appointements et pour leurs salaires qu'au marc le franc.

[3] Mais non pas, bien entendu, le vendeur d'immeubles. Celui-ci conserve dans la faillite de son acheteur le privilège de l'art. 2103 (à condition de l'avoir rendu public avant le jugement déclaratif : sur ce point, de même que sur le sort de son action résolutoire, voir la section suivante).

§ 2. Privilège du bailleur de l'immeuble affecté au commerce et à l'industrie du failli

(C. civ. art. 2102, 1°; C. com. art. 450 et 550 modifiés par la loi du 12 février 1872; L. 1889, art. 18)

1781. — Le commerçant exerce son exploitation dans l'immeuble d'un tiers, qu'il a pris à bail, dans un magasin loué, dans une usine louée ; autrement, et s'il est lui-même propriétaire de cet immeuble, le problème du privilège ne se pose plus.

Fût-il en location pour son appartement particulier, les droits du bailleur réclamant ses loyers et l'exécution du bail seraient absolument réglés par l'art. 2102, 1° C. civ., dans toute l'étendue de privilège que cet article consacre, sans référence aucune aux textes spéciaux à la faillite. Mais le bailleur de l'usine ou du magasin se trouve, aujourd'hui du moins, dans une condition différente.

Les meubles garnissant l'immeuble loué se composent de *marchandises* ou d'un *outillage industriel* plus ou moins précieux, peut-être de ces deux éléments à la fois. Cette partie de l'actif représente souvent la portion la plus claire du gage ; il y a des faillites qui ne contiennent pas autre chose. Le bailleur va-t-il pouvoir se payer par préférence de ses loyers, des réparations locatives, des dommages et intérêts en cas de résiliation, etc., sur l'ensemble de ces meubles, pour tout ce qui lui est dû, sans restriction ?

Il faut distinguer la situation qui lui était faite sous le Code de commerce jusqu'en 1872, de celle sous laquelle il se trouve placé depuis la loi du 12 février 1872.

1782. — I. *Régime antérieur à 1872.* — Le bailleur se taillait la part du lion. On lui appliquait l'art. 2102, 1°, avec la même étendue dans la faillite que dans une déconfiture civile, pour un bail ordinaire. Il était tenu seulement de suspendre toutes voies d'exécution pendant les trente jours qui suivaient le jugement déclaratif (ancien art. 450).

L'application pure et simple de l'art. 2101 conduisait aux résultats suivants lorsque le bail avait acquis *date certaine* : le bailleur pouvait se faire colloquer par privilège pour le montant de *tous les loyers*, de ceux échus au moment de la faillite, si fort que fût l'arriéré, du loyer de l'année courante et de ceux de toutes les années à échoir.

En vain le syndic préparait-il un concordat et, en offrant au bailleur une somme égale aux loyers échus, laissait-il les meubles en place : ce maintien des sûretés, qui continuaient à répondre pour l'avenir de l'exécution du bail, semblait donner au bailleur toute satisfaction.

Il n'en était rien. Celui-ci arguait de l'*exigibilité des dettes à terme* résultant de la faillite (et applicable d'après la jurisprudence même aux créanciers privilégiés), pour exécuter le mobilier et pour exiger une collocation immédiate, du chef de *tous* les loyers non encore échus. La seule compensation qu'il laissait à la masse était la faculté de relouer l'immeuble après que les ventes l'auraient dégarni, et de faire son profit de la relocation (profit bien précaire) pour le reste de la durée du bail.

C'était, pour le bailleur, contrecarrer tout projet de rétablissement du débiteur dans son commerce ou dans son industrie.

C'était surtout se ménager un *enrichissement peu équitable* : le fait d'avoir loué le magasin ou l'atelier peu de temps avant la faillite, pour dix-huit ans, au loyer de 10,000 fr., lui procurerait, s'il y avait marchandises ou outillage suffisants, une capitalisation, instantanément disponible, du revenu à venir de son immeuble, soit 180.000 fr. en espèces, sans préjudice de la reprise de cet immeuble dix-huit ans plus tard : le doublement de son avoir ou à peu de chose près, grâce à ce don de fortune qui s'appelle la faillite d'un locataire !

Tout l'actif se trouvait absorbé par la présence d'un privilégié, véritable accapareur, et d'un privilégié qui n'appartenait pas au milieu commercial.

1783. — Ce vice d'organisation tenait à la manière dont la jurisprudence avait interprété l'art. 444, en étendant la déchéance du terme aux créanciers même non chirographaires.

Si l'on avait donné à ce texte une portée plus étroite, le maintien des meubles avec remboursement de l'arriéré aurait condamné le vendeur à une attitude expectante et inoffensive, et le concordat n'aurait pas été entravé. C'est ce que plusieurs auteurs proposaient d'admettre, mais sans succès.

D'autres disaient que, pour ses loyers à venir, le bailleur n'était pas seulement créancier à terme, mais *créancier sous condition suspensive*. Chaque terme de loyer sera en effet subordonné à la paisible jouissance pour le temps correspondant. On partait de là, pour interdire au bailleur la faculté actuelle d'exécution, du moment qu'il n'est pas certain que les loyers futurs lui soient dus. — Mais cette seconde thèse, beaucoup plus critiquable que la première, n'avait pas non plus trouvé faveur auprès de la pratique.

Bref, le bailleur ne rencontrait aucun obstacle à sa prétention d'être remboursé en bloc et d'une seule fois, préférablement à la masse, de tout ce que la marche du bail lui aurait procuré de loyers périodiques, successivement. C'était un régime intolérable.

1784.— II. *Régime postérieur à 1872.*— La *loi du 12 février 1872*, insérée dans les articles 450 et 550 C. com., loi d'intelligence difficile, a fait disparaître cet ancien abus [1].

Cette loi aurait pu se contenter de condamner la jurisprudence suivie sur l'exigibilité des créances hypothécaires et privilégiées, et décider que les créances de cette nature (ou tout simplement celle du bailleur) ne pourraient plus prétendre à des voies d'exécution immédiates, du chef de prestations non encore échues lors de la faillite (en supposant les garanties anciennes non déplacées). Il n'en fallait pas davantage pour réparer le mal.

On a préféré suivre une voie plus compliquée, moins scientifique, et se noyer dans des détails de réglementation.

1785. — Voici l'idée qui paraît émerger de la loi. La *masse*, être solvable, se substituant de plein droit au locataire par le fait du jugement déclaratif, *prend sa position dans le bail* et met en face du propriétaire un preneur nouveau, contre lequel l'exigibilité des loyers futurs ne peut plus être invoquée, puisque ce preneur n'est pas failli lui-même.

Un transport du bail s'est opéré, du débiteur, locataire primitif, sur la collectivité de ses créanciers. Celle-ci, en payant l'arriéré des loyers et en laissant les sûretés pour l'avenir, désarme le propriétaire de toute cause de réclamation actuelle. De quoi se plaint-il, les conditions du contrat n'étant point altérées? Parlant au failli, il pourrait arguer de la déchéance du terme. Il n'y est plus fondé, du moment qu'il parle à la masse, subrogée au failli.

C'est là, d'ailleurs, une situation intérimaire. Si l'on arrive ainsi, par une continuation provisoire de l'exploitation, à un *concordat*, ce bail fera retour au titulaire primitif: il suivra maintenant son cours régulier, sans que l'échéance des loyers futurs puisse désormais être invoquée, la faillite ayant cessé.

Si c'est l'*union* qui l'emporte, la masse a encore un moyen de conjurer de la part du bailleur une collocation privilégiée pour les loyers à venir : c'est de céder à un adjudicataire du fonds de commerce le bail pour tout le temps qui reste à courir, à charge par le cessionnaire de maintenir dans l'immeuble gage suffisant. Ici encore le bailleur se trouve en présence d'un cessionnaire solvable, qui n'offre pas en sa

[1] Le sentiment qui se fait jour en pratique est que, sous la loi nouvelle, les prétentions du bailleur pèsent encore trop lourdement sur la masse, et qu'une nouvelle limitation de la mesure de ses loyers garantis est souhaitable; dans les faillites des petits magasins, l'actif en marchandises sert trop souvent à couvrir le bailleur, sans laisser d'excédant à la masse; et, de là, tant de clôtures pour insuffisance d'actif (v. notre article dans les *Annales de droit commercial*, 1896, p. 289).

personne les conditions voulues pour que les loyers futurs deviennent exigibles : celui-ci exécutera les obligations résultant de la convention au fur et à mesure des échéances, et sans changer la destination des lieux (art. 550, al. 5).

Mais l'une et l'autre combinaison, soit la continuation transitoire du bail par la masse, soit sa transmission à un adjudicataire, ne sont possibles qu'autant que le bail ne contient pas une clause interdisant la cession de ce bail ou la sous-location [1].

1786. — En outre, la masse qui exploite le fonds de commerce dans l'immeuble du propriétaire, ne peut empêcher les poursuites de celui-ci, que si elle lui paie :

1° L'*arriéré des loyers* (nous verrons que cela veut dire *deux années échues et l'année courante*), avec les réparations encourues pour un fait antérieur à la faillite ;

2° Les loyers qui viennent à échéance pendant la faillite même, *à mesure de leur exigibilité* (art. 550, al. 3). Ce n'est pas au titre du *privilège du bailleur* que le propriétaire réclamera ces loyers de la seconde catégorie : il y a droit comme *créancier de la masse*, se payant sur les premières rentrées, et pour un temps aussi long que la faillite durera en continuant ainsi le bail.

1787. — Deux faits sont de nature à rendre irréalisable le résultat précédent. Ce sont : 1° la vente des meubles garnissant le magasin ou l'atelier (sans qu'on cède le bail lui-même en assurant gage suffisant); 2° la résiliation.

1788. — 1° *Vente et enlèvement des meubles.* — Si le syndic ne continue pas l'exploitation, par là même il s'abstient de continuer la bail. La règle de la déchéance du terme s'applique alors dans toute sa rigueur, puisque le locataire est failli et que la masse ne vient pas revendiquer sa place. Les marchandises et objets d'outillage sont donc vendus, soit à la requête du syndic, soit à celle du bailleur lui-même.

[1] C'est ce qui résulte de l'art. 550 6° : « Dans le cas où le bail contiendrait interdiction de céder le bail ou de sous-louer, les créanciers *ne* pourront faire leur profit de la location que... ». Cela revient à dire que, s'il y a défense de sous-louer, le propriétaire peut s'opposer à ce que la masse entretienne le bail, même lorsque le syndic offre de payer l'arriéré des loyers. Il usera alors, soit de la vente forcée des meubles, soit de la résiliation (voir n°s 1788 et 1791), de manière à rentrer dans la possession de son immeuble, tantôt à une année de date, et tantôt immédiatement, et cela alors même que la masse aurait le plus grand intérêt à voir le bail continuer et qu'elle mettrait à ce prix le vote d'un concordat. — Cet inconvénient provient toujours du sens fâcheux donné à l'art. 444. En écartant les créanciers privilégiés du bénéfice de ce texte, on aurait décidé que la faillite permet l'entretien du bail, nonobstant toute clause interdisant la sous-location.

L'art. 2102 aurait voulu que le propriétaire obtînt collocation pour *tous* les loyers présents, pendants et à venir (du moins dans les baux à date certaine).

La loi de 1872 limite au contraire le privilège à *deux années* dans le passé, à l'*année courante* et à *une année à échoir* à partir de l'expiration de cette année courante [1] : elle l'accorde en outre pour tout ce qui concerne l'exécution du bail et pour les dommages-intérêts, s'il y a lieu. Elle cesse de distinguer entre les baux à date et ceux sans date certaine, tous sont traités de la même manière (art. 550, al. 4) [2].

Pour le complément de l'année courante ainsi que pour l'année qui suivra, la masse pourra faire son profit du bail et user de la relocation, là même où il y aurait interdiction de sous-louer (art. 550, al. 6). Le bailleur rentrera ensuite dans son immeuble, après que cette année future aura pris fin.

1789. — Cette saisie des meubles par le bailleur n'est au surplus point permise, aussitôt que s'ouvre la faillite. Le propriétaire, en dehors de mesures simplement conservatoires, n'a pas la faculté d'user de voies d'exécution immédiates, dans l'ignorance où il est du point de savoir si la masse entretiendra ou non le bail.

La loi dicte aux intéressés un temps de réflexion. Le bailleur suspendra ses poursuites jusqu'à l'*expiration des huit jours à partir de l'expiration des délais donnés* par l'art. 492 aux créanciers de France *pour la vérification de leurs créances*.

Cela ne lui enlève pas d'ailleurs le droit de rentrer plus tôt en possession de l'immeuble, si le contrat a pris fin dans l'intervalle, si, par exemple, le bail stipule son arrêt *de plein droit* par suite du jugement déclaratif.

1790. — Le délai sus-énoncé est en outre donné au syndic pour se prononcer sur la continuation du bail par la masse ; il pourra, pendant ladite période et huit jours après, avec l'autorisation du juge-commissaire et le failli entendu, *notifier au propriétaire son intention d'entretenir le bail* (art. 450) [3].

[1] Comment calculer le point de départ de ces deux ans et de cette année courante? On peut hésiter entre deux méthodes : celle qui fixe l'année en cours d'après la période que parcourait le bail *au moment du jugement déclaratif*, et celle où le bail se trouve *au moment de la vente des meubles*.

[2] Tous les baux doivent être enregistrés depuis 1871 dans un délai de rigueur, on peut dire qu'ils sont tous aujourd'hui pourvus de la date certaine.

[3] Plusieurs malentendus sont possibles au sujet de cette notification dans le délai imparti par la loi : — 1° Le texte ne dit pas que la notification *doive* être faite ; là même où le bail est continué en fait, le syndic peut se dispenser de l'accomplir, et ainsi se passent les choses dans de nombreuses faillites ; — 2° la notification ne lie pas le syndic

La notification, dans la liquidation judiciaire, est faite par le débiteur assisté (l. 1889, art. 18).

1791. — 2° *Résiliation à la demande du bailleur.* — Le propriétaire peut avoir à invoquer un motif de résiliation du bail, soit à raison d'un fait (d'abus de jouissance, par exemple) antérieur à la faillite, soit par suite de la faillite elle-même (si le contrat a fait d'elle une cause résolutoire au gré du bailleur) : mais le jugement déclaratif, à lui seul, n'emporte pas résiliation.

Il est désirable que le bailleur fasse valoir au plus vite les moyens qu'il a de rompre la convention. La masse, qui prépare un concordat, veut être édifiée sur le degré de solidité du bail ; si un vice latent permettait au propriétaire de rentrer dans son immeuble après que le failli aurait été rétabli dans ses biens, l'avenir serait compromis.

De là, la nécessité pour le bailleur d'agir en *résiliation*, dans les *quinze jours après la notification* qu'a faite le syndic de continuer le bail. Faute de quoi, il est présumé renoncer à tous les moyens de résilier qui lui appartenaient à cette date (art. 450 *in fine*).

1792. — Si la résiliation a lieu, le bailleur reprend de suite la possession de son immeuble, et sur la valeur des meubles qui le garnissent, il se fera colloquer par privilège pour *deux années* de loyers échus seulement, ainsi que pour l'*année courante* [1], sans préjudice de toutes autres prestations dues en vertu du bail, ainsi que des *dommages-intérêts* (art. 550, al. 2) [2].

1793. — Ce qu'il y a en somme de plus intéressant à constater dans cette loi de 1872, ce n'est pas la limitation du nombre d'années de

pour l'avenir ; il est toujours libre de renoncer à l'exploitation et de faire vendre les meubles, même après avoir commencé par entretenir le bail ; — 3° le syndic enfin peut faire la notification après le délai de l'art. 450, ce délai n'est pas prescrit à peine de déchéance. La seule sanction attachée à un retard consiste dans la possibilité pour le bailleur de former sa demande en résiliation, s'il dispose de moyens recevables à cet effet, dans les quinze jours de la notification faite par le syndic (voir plus bas). Plus le syndic différera de notifier la continuation du bail, plus il prolongera l'incertitude où est la masse des causes de résiliation appartenant au propriétaire.

[1] Même difficulté que plus haut, pour préciser le moment où l'on doit se placer (jugement déclaratif, prononcé de résiliation, etc.) afin de déterminer l'année courante. — Il va de soi que les loyers de l'année courante ne sont pas dus pour le tout, mais seulement pour la partie de cette année qui précède, soit le jugement de faillite, soit la résiliation, selon le mode de calcul qu'on aura d'abord admis.

[2] Il peut baser sa demande en réparation sur le chômage de son immeuble jusqu'à ce qu'il ait trouvé un nouveau locataire. Si le tribunal arbitre à un an la durée probable de ce chômage, le bailleur qui résilie obtiendra l'équivalent de l'année de loyers à échoir, pour laquelle la loi colloque un bailleur qui participerait au produit de la vente des meubles sans résilier (n° 1788).

loyers pour lequel elle confère le privilège; mais bien la possibilité pour la masse, en entretenant le bail, d'éviter l'anticipation des termes futurs et de les purger d'une exigibilité qui s'était produite du chef du failli [1].

§ 3. Hypothèque légale de la femme du failli

(C. com. art. 562 et 563)

1794. — La femme est créancière envers son mari à raison de ses reprises en valeurs (apports et deniers échus à titre gratuit). Il faut y ajouter deux autres causes de prétention : le remboursement du prix de propres aliénés, l'indemnité des engagements contractés avec le mari ou pour lui [2].

Le droit civil lui confère, à titre de garantie de ces diverses créances, une *hypothèque légale générale*, portant sur tous les immeubles du mari, indifféremment, quelle qu'en soit la date ou la source d'acquisition (art. 2121 et 2135, 2°). Aucun système particulier de *preuve* n'est organisé pour établir la consistance des droits pour lesquels elle se fait ainsi colloquer par préférence.

Dans la faillite, on redoute des fraudes de même ordre que celles qui ont obligé de limiter contre la femme l'exercice de sa revendication (supposition d'apports ou de deniers personnels à la femme : le mari a reconnu dans le contrat une dot toute fictive, etc.).

1795. — La femme n'est atteinte par le droit de la faillite dans son hypothèque légale qu'à une condition : il faut que le *mari ait été commerçant déjà au moment de la célébration du mariage*, ou tout au moins que, n'ayant pas à cette date de profession déterminée, il soit devenu commerçant l'année suivante [3]. Alors seulement la femme a su ou soup-

[1] Hypothèse où l'immeuble loué viendrait à être incendié, après quoi le locataire tomberait en faillite : — Le propriétaire bailleur réclame la valeur de son immeuble (art. 1733 C. civ.). D'une part, à défaut du mobilier du locataire qui a été détruit par le feu, il fait porter son privilège sur l'indemnité d'assurance, à supposer que le preneur ait fait assurer les marchandises, etc. (subrogation réglée par la loi du 19 février 1889, art. 2). D'un autre côté, lorsque le locataire a assuré en outre le *risque locatif*, le propriétaire a le droit de se payer, par préférence à tous les autres créanciers de ce locataire, sur l'indemnité correspondant à ce risque et due par la compagnie assureur (même loi, art. 3, al. 2).

[2] Pour le cautionnement que pendant la période suspecte, la femme donnerait à son mari au profit d'un créancier antérieur de celui-ci, et pour la subrogation à l'hypothèque légale qui résulterait de ce cautionnement, se reporter au n° 1628.

[3] La formule de la loi n'est point parfaite. Le mari pouvait être occupé dans le commerce à l'époque de la célébration, à titre d'employé, et être devenu patron plus tard. C'est un cas où la femme conserve la plénitude de son hypothèque de droit civil. Elle a dû s'attendre cependant, lors du mariage, à voir ultérieurement le mari entreprendre

çonné, en contractant mariage, le régime légal auquel obéiraient ses reprises. Hors de là, le droit civil continue à s'appliquer.

1796. — Les restrictions mises à l'hypothèque sont de deux natures différentes : elles concernent — l'assiette de cette hypothèque, — les espèces de créances garanties.

1797. — **I. Assiette de l'hypothèque.** — L'hypothèque ne frappe que les immeubles qui appartenaient au mari *à l'époque de la célébration du mariage* et qui lui sont *advenus depuis à titre gratuit* (art. 563 al. 1er).

Le Code de 1807 était plus sévère : il excluait de l'hypothèque légale tous les immeubles acquis par le mari depuis la conclusion du mariage, soit à titre onéreux, soit même à titre gratuit. On se laissait guider alors par des motifs de suspicion exagérés; un partage de succession par exemple pouvait, par suite d'une entente concertée, avoir pour résultat de mettre dans le lot du mari plus d'immeubles que la composition de la masse partageable ne l'aurait comporté ; c'est à la femme que leur valeur aurait passé, la masse était frustrée d'autant.

Actuellement, les seuls immeubles affranchis de l'hypothèque sont ceux *acquis par le mari à titre onéreux* depuis la célébration. On suppose qu'ils ont été achetés avec l'argent des créanciers ou tout au moins au moyen de deniers ou de valeurs mobilières qui formaient leur gage général. Il est juste que, le prix d'acquisition étant chirographaire, le produit de l'immeuble acquis le soit aussi [1].

Certaines difficultés d'application sont nées de la disposition légale, examinons-les.

1798. — *a*) Dès avant la conclusion du mariage, le mari avait un *droit indivis* dans une succession immobilière. L'immeuble était donc grevé de l'hypothèque de la femme pour partie. Au cours du mariage,

le commerce pour son compte.— L'ancien Code assimilait à la femme d'un commerçant la femme ayant épousé un fils de commerçant devenu lui-même négociant par la suite (mais à condition par ce fils de n'avoir pas encore d'état déterminé lors de la célébration).

[1] Il faut noter que, la plupart du temps, le régime matrimonial sera la communauté, et que les immeubles advenus à l'un ou à l'autre époux sous ce régime sont des acquêts et non des propres. Cela ferait croire que, même dans une déconfiture civile, la femme est exclue de son hypothèque sur ces conquêts, la loi ne la reconnaissant que sur les « immeubles du mari ». — Mais on se souvient aussi que la jurisprudence civile en est venue à étendre l'hypothèque légale aux conquêts de communauté, sous certaines restrictions si la femme accepte, et très largement lorsqu'elle répudie cette communauté (AUBRY et RAU, *Cours de droit civil français*, III, § 264 *ter*). Or, dans la faillite du mari, la position de la femme sera toujours en fait une position de renonciation.

le partage a lieu et, par licitation ou autrement, il fait tomber l'*immeuble entier au lot du mari*.

On se demande si l'hypothèque légale va s'étendre de la partie indivise première à l'immeuble tout entier.

La *jurisprudence* répond affirmativement et statue ainsi dans l'intérêt de la femme contre la masse. Elle se fonde sur la fiction du partage déclaratif (art. 883 C. civ.) : le partage remonte dans ses effets au jour de l'ouverture de la succession, le mari est présumé avoir eu tout l'immeuble avant que son mariage ne fût célébré [1].

En *doctrine*, on est d'un sentiment contraire. Les arrêts, dit-on, donnent à l'art. 883 une portée qu'il n'a pas; comme toute fiction, il doit être renfermé dans l'ordre de résultats pratiques que la loi a entendu poursuivre. Sous peine de surprise, un cohéritier ne doit pas être évincé à raison de charges constituées pendant l'indivision par son cohéritier. Ici, rien de pareil n'est à craindre, de quelque manière qu'on statue : le mari est recherché sur l'immeuble non du chef d'une hypothèque constituée par autrui, mais d'une hypothèque née de son propre chef et qu'il connaît bien. Dès lors, c'est entre ses autres créanciers et sa femme que le conflit se produit.

Il faut en conséquence rentrer dans la vérité, qui veut que le partage soit une vente ou un échange, c'est-à-dire un acte à titre onéreux. C'est l'argent de la masse qui a servi à acquérir le complément de l'immeuble, ou, ce qui revient au même, les valeurs mobilières de la succession ont couvert la soulte : il convient que le produit de cette portion d'immeuble fasse retour à la masse [2].

[1] Si la licitation, ajoute-t-on, avait fait adjuger l'immeuble au cohéritier du mari, cette même fiction aurait voulu que l'adjudicataire fît remonter son acquisition dès avant le mariage. La femme perdrait son hypothèque pour le tout. Il est juste que, par compensation, elle l'exerce sur tout l'immeuble, si c'est le mari qui s'en porte acquéreur. — Cette raison n'est pas péremptoire : la femme n'aurait pas, à la vérité, le *droit de suite* contre le cohéritier de son mari, l'art. 883 y met obstacle; mais ne pourrait-elle pas du moins exercer le *droit de préférence* sur la partie du prix d'adjudication que doit ce cohéritier au mari? Ce point vaudrait au moins la peine d'être préalablement examiné.

[2] Il convient aussi de raisonner d'une manière semblable, à l'égard des immeubles sortis de l'actif du mari avant le mariage et qui y rentreraient ensuite au cours de l'union conjugale, par le jeu d'une condition résolutoire coûtant au mari une somme d'argent ou une créance d'argent. — La rétroactivité de la condition voudrait que cet immeuble n'eût jamais cessé d'être la propriété du mari; mais en réalité c'est à titre onéreux qu'il lui est revenu, il faut donc le comprendre dans le gage de la masse. — Ex. : exercice d'une clause de *réméré* (art. 1659 et s. C. civ.), ou du droit de *résolution* parce que l'acheteur n'avait pas payé son prix (art. 1654).

1799. — *b*) Le mari avait, avant le mariage, un immeuble non surbâti, il y élève une *construction depuis la célébration*. L'hypothèque légale va-t-elle s'étendre de la valeur du sol à celle de l'édifice?

Oui, dira-t-on, en acceptant la théorie de l'accessoire : l'hypothèque s'étend à toutes les améliorations survenues à l'immeuble hypothéqué (art. 2133).

Non, au contraire, lorsqu'on part de l'idée que, dans la mesure de la construction faite, l'immeuble cesse de répondre à la condition hypothécaire de l'art. 563, qui est l'acquisition antérieure au mariage ou à titre gratuit. Le bâtiment a été construit à prix d'argent. Dans les deniers provenant de la vente de l'immeuble, il y aura une ventilation à opérer.

Il s'agit, comme dans le cas précédent, de savoir dans quel esprit on veut interpréter la loi : est-ce dans l'intérêt de la femme, c'est-à-dire de la famille, est-ce dans l'intérêt du commerce et du crédit? La jurisprudence des cours (statuant en appel sur ces questions)[1] penche visiblement du côté de la protection de la famille.

1800. — *c*) Le mari a, pendant le mariage, *échangé un immeuble* grevé de l'hypothèque légale *contre un autre immeuble*.

Ce dernier ne saurait être compris dans les poursuites hypothécaires de la femme, l'art. 563 est formel à cet égard. Cependant l'immeuble a été acquis non avec des deniers mobiliers, mais moyennant un précédent immeuble sur lequel portait l'hypothèque.

L'objection est facile à écarter. Cette opération d'échange, en dépit des apparences, est encore pour le mari la source d'un engagement mobilier dont la masse supportera la charge. Le co-échangiste fera la purge contre la femme ou il se laissera exproprier par elle. Dans les deux cas, il se retournera en garantie contre le mari.

Or, il est inadmissible et injuste que la masse subisse à la fois cette action récursoire du tiers et la collocation hypothécaire de la femme sur le second immeuble. Celle-ci, d'autre part, aurait trouvé dans la substitution d'immeuble opérée par son mari le doublement de sa garantie : cela prêterait aux fraudes.

1801. — *d*) La femme, en obtenant sa séparation de biens judiciaire contre son mari, prétend se faire colloquer de ses reprises, non plus au titre d'hypothèque légale que la loi restreint, mais au titre d'*hypothèque judiciaire* que le droit des faillites ne limite point (sous réserve des jugements prononcés après l'ouverture de la période sus-

1. Nous avons vu que les questions de limitation de l'hypothèque légale, quoique immobilières de leur nature, étaient en première instance du ressort du tribunal de la faillite, en vertu de l'art. 635 (n° 1541).

pecte, art. 446, 3°). Elle n'a pas le droit d'intervertir ainsi son titre, afin de se procurer une situation meilleure que ne le veut la loi [1].

1802.— II. Nature des créances garanties, et preuves auxquelles elles sont soumises. — Les prétentions que peut exercer la femme dans la faillite au soutien de son hypothèque légale sont moins larges qu'en droit civil. Le rapprochement de l'art. 2135 C. civ. d'une part, et des art. 562 et 563 de l'autre, en fournit la démonstration. Voici les points sur lesquels les dérogations se produisent :

1803. — *a*) L'hypothèque garantit en droit commun, d'après l'art. 2135, les « conventions matrimoniales », ce qui signifie les *avantages* résultant du contrat de mariage. On a dit que l'art. 564 faisait entièrement tomber ces avantages en cas de faillite (n° 1749).

1804. — *b*) La femme, en droit civil, peut établir par tous moyens de preuve, tant la consistance de sa dot ou des valeurs à elle postérieurement advenues, que le versement qui en aurait été fait au mari. — Même, sous le régime dotal, règne une *présomption* d'après laquelle *le mari est censé avoir touché la dot dix ans après qu'elle était exigible*, et la femme n'aura pas alors à produire de quittance afin d'en obtenir la restitution (art. 1569).

Dans la faillite, sans distinction entre le régime dotal et les autres, la collocation par hypothèque de la dot ou de valeurs provenant de succession, donation ou testament, n'est possible que moyennant l'exhibition d'une *quittance du mari*, établissant la réception de cette dot ou de ces valeurs. Et cette quittance doit, en outre, *avoir pris date certaine dès avant le prononcé de la faillite* ou de la liquidation judiciaire (ce qui est conforme à la théorie générale de l'art. 1328 C. civ.).

Si, en effet, la dot a été versée au mari, en dehors du syndic, depuis l'ouverture de la faillite, l'actif que détient la masse ne s'est pas augmenté de son montant, et il ne doit pas en souffrir le prélèvement. Or, faute de date certaine, c'est un versement postérieur à la faillite qu'on doit supposer au regard de la masse, ou encore une fiction de versement avec confection d'une quittance mensongère.

Le contrat de mariage renferme parfois la clause, d'après laquelle la *célébration de l'union vaudra quittance* de la dot : le mari n'a passé outre au mariage, qu'après s'être fait délivrer l'apport constitué par la femme ou pour elle.

C'est alors dans cette conclusion du mariage, acte non seulement enregistré, mais de nature authentique, que la femme trouvera la jus-

[1] Nous ne parlons pas de la provision alimentaire que le tribunal lui aurait attribuée par avant-faire-droit.

tification de ses reprises, sans avoir à produire une pièce séparée ; au point de vue de la réception de la dot, les parties ont donné au mariage la valeur d'une quittance. Il faut avouer pourtant que cela est de nature à encourager les dots fictives.

1805. — *c*) La femme, dans la faillite comme dans la déconfiture, peut user de son hypothèque légale afin de réclamer l'indemnité des dettes contractées pour son mari ; mais, à la différence du droit civil, si *elle a payé des dettes* pour lui, la présomption est qu'elle l'a fait *des deniers du mari*, et elle ne pourra exercer aucune action (même chirographaire) dans la faillite, sauf la preuve du contraire (art. 562). C'est un des aspects de la présomption mucienne.

1806. — Cette étude doit se terminer par deux observations :

1° Les arrêts tendent à conférer à *toute personne* intéressée, et non pas seulement à *la masse*, le droit de se prévaloir contre la femme des limitations à l'hypothèque légale.

Ex. : Un créancier hypothécaire, postérieur en rang à la femme, pourra écarter la collocation de celle-ci sur le prix d'un conquêt du mari, alors que la masse reste neutre et indifférente, le prix étant de toute manière absorbé par l'ordre, sans aucun reliquat à verser à la caisse chirographaire.

Ainsi, l'on statue autrement que pour les nullités d'hypothèques constituées en période suspecte au mépris des art. 446 et 447, et que la masse seule avait le droit d'invoquer (n° 1629).

Cette solution suggère des doutes. Il est vrai que le texte de l'art. 563 pose une règle générale, sans en limiter l'effet aux rapports de la femme avec la masse ; mais une pareille limitation doit se sous-entendre, si l'on songe au profit de qui seulement les dispositions égalitaires de la faillite ont été introduites [1].

1807. — 2° C'est l'hypothèque légale de la femme seule que restreint le droit des faillites. L'*hypothèque* légale des *mineurs*, lorsque le failli exerçait une tutelle, conserve toute sa plénitude.

D'où il résulte que, si la femme du commerçant était morte avant la faillite, en laissant des enfants mineurs devenus ses héritiers, ceux-ci obtiendraient une collocation de préférence sur les immeubles quelconques du mari, du chef de la fortune de leur mère.

[1] Mais nous admettions bien que, l'immeuble acquêt du mari ayant été vendu par le mari avant la faillite, l'acheteur pût ensuite, la faillite une fois ouverte, opposer l'art. 563 à la femme qui exercerait contre lui le droit de suite, et soutenir que cet immeuble n'est pas grevé de l'hypothèque légale.— Autrement, il aurait un recours en garantie à faire valoir dans la masse. Celle-ci est donc intéressée à ce que l'éviction du tiers n'ait point lieu.

Le mari tuteur, sans doute, a conservé la garde de ces biens sans changement extérieur dans son titre d'administration. Ce titre pourtant s'est transformé, là du moins où la confection d'un inventaire après décès ou d'un autre acte analogue témoignera d'une interversion dans la cause de sa possession. Ce n'est plus l'hypothèque de la femme qui est exercée contre lui, c'en est une autre.

SECTION III

ARRÊT DU COURS DES INSCRIPTIONS DE PRIVILÈGES OU D'HYPOTHÈQUES A PARTIR DU JUGEMENT DÉCLARATIF ; NULLITÉ FACULTATIVE DE CERTAINES INSCRIPTIONS PRISES EN PÉRIODE SUSPECTE

(C. com. art. 448)

1808. — La disposition suivante n'a point trait aux *privilèges mobiliers*, car ils se conservent sans aucune mesure de publicité. Elle est même étrangère aux *privilèges généraux* qui, par suite d'insuffisance de mobilier, s'exerceraient subsidiairement sur les immeubles du débiteur (art. 2101 et 2104 C. civ.). Les créances garanties par ces privilèges sont en effet dispensées d'inscription, en tant qu'elles usent du droit de préférence, ce qui est le cas dans l'hypothèse d'une faillite : elles se trouvent en conflit non avec un acquéreur, mais avec d'autres créanciers (art. 2107).

On doit ajouter que la règle, dont il va être question, laisse également en dehors d'elle les *hypothèques qui se conservent sans inscription* : celles de la femme mariée et du mineur. Mais ici, il y a une atténuation, par suite de la nécessité dans laquelle se trouvent ces hypothèques depuis la loi du 23 mars 1855 de se faire connaître avant l'expiration d'un certain délai. Nous nous expliquerons plus nettement, lorsque le moment sera venu de le faire.

1809. — Tout droit d'hypothèque ou de privilège soulève deux ordres de questions différentes : une *question de constitution*, une *question de publicité*, c'est-à-dire de conservation.

Pour qu'un droit de ce genre puisse s'exercer dans une faillite, il faut d'abord que le titulaire échappe pour la sûreté elle-même, prise dans sa source, à tout moyen de nullité : le fait de l'avoir rendue publique à bonne date ne la relèverait pas de cette nullité, si d'après la législation des faillites elle était encourue en l'espèce.

Réciproquement, la sûreté a pu naître régulièrement ; mais l'ayant-droit ne pourra s'en prévaloir au regard de la faillite, parce qu'elle est restée occulte ou qu'elle a été publiée tardivement.

La présente section n'examinera plus les causes qui affectent une hypothèque ou un privilège *dans son titre constitutif* et qui en entraînent nullité substantielle. C'est dans la partie du dessaisissement et dans celle de la période suspecte que ce côté du problème a été traité.

On déclarera nulle : une hypothèque conférée par le failli après le jugement déclaratif (art. 443), — ou avant cette date et depuis la cessation des paiements au profit d'un créancier renseigné sur l'état des affaires du débiteur (art. 447), — ou encore depuis cette même date, ou dans les dix jours précédents, même à un créancier de bonne foi, pour dette antérieurement contractée (art. 446).

Cette nullité sera indépendante du point de savoir si une inscription a été prise en toute diligence dans un délai déterminé. Lorsqu'un acte, pris en lui-même, est sans valeur, une publicité ne saurait lui donner la vie.

1810. — Mais, soit maintenant une opération entraînant privilège immobilier ou hypothèque, et contre laquelle la masse ne peut arguer d'aucune cause de nullité : elle est antérieure au temps suspect et exempte de fraude; ou, accomplie depuis la période suspecte, elle ne tombe point sous le coup des art. 446 et 447.

Le créancier peut-il retarder indéfiniment la conservation de son droit par inscription au bureau des hypothèques?

Non, un *délai* extrême lui est assigné, passé lequel il est déchu de son droit de préférence dans la faillite ou dans la liquidation judiciaire. Le régime légal tient dans l'énoncé d'un principe, et dans celui d'une proposition de second plan qui enchérit sur l'application de ce principe.

1811. — **I. Principe.** — « Les droits d'hypothèque et de privilège valablement acquis pourront être *inscrits* jusqu'au *jour du jugement déclaratif*[1] ». Ainsi s'exprime l'art. 448 *init.*

Avant 1838, d'après les Codes civil et de commerce (art. 2146 C. civ. cbn. avec l'ancien art. 443 C. com.), une hypothèque ou un privilège ne pouvait être ni *constitué* ni *publié*, aussitôt que s'était ouvert le dixième jour précédant la cessation des paiements. Aujourd'hui, c'est seulement le jugement déclaratif qui arrête le cours des inscriptions.

On a donné de la loi actuelle deux motifs, l'un pratique, l'autre juridique.

a) Sans une pareille forclusion, le créancier aurait cédé au désir exprimé par le commerçant de ne pas faire connaître temporairement la

[1] Ce qui veut dire, paraît-il, jusqu'à la veille incluse de ce jugement : l'inscription prise le jour même est sans valeur. Cela s'accorde peu avec l'adage *Dies ad quem computatur in termino.*

charge constituée sur l'immeuble. Grâce à ce retard dans la publicité, le débiteur se serait entouré d'un crédit mensonger, dupant ceux qui s'en rapporteraient à sa parole avec la croyance d'un gage immobilier intact. Le créancier, au contraire, fera toute diligence pour s'inscrire, dans la crainte d'une faillite prochaine qui le punirait de son retard par la perte de sa sûreté.

b) La publicité est une condition de l'hypothèque ou du privilège pour être, sinon valable entre parties contractantes, du moins *opposable aux tiers*. On a dit déjà que la masse formait un « tiers ». Si l'on invoquait [illegible]ontre celle-ci une inscription postérieure au jugement déclaratif, elle [illegible]rait fondée à répondre que le droit lui-même que cette inscription [illegible]ele est censé né depuis l'ouverture de la faillite, en temps de des[illegible]ssement, par conséquent du chef d'un constituant qui n'avait plus [illegible]'administration de ses biens. Et ainsi, l'on en revient à l'idée [illegible] droits des intéressés dans une faillite se règlent au moment du [illegible] déclaratif[1].

[illegible] Disons d'abord que la règle concerne les *privilèges* comme [illegible]*es*, quitte à rechercher si son application n'est pas délicate [illegible]nciers agissant en vertu du premier de ces deux titres : ce [illegible]ons un peu plus loin.

[illegible]te d'ailleurs à divers tempéraments.

[illegible] *a*) L'art. 448 ne prétend pas statuer pour les *inscriptions* [illegible] *renouvellement*, destinées à empêcher la péremption d'inscriptions précédentes (art. 2154). Si le créancier, avant l'expiration des *dix ans* à courir depuis sa première inscription, prend une seconde inscription, celle-ci est régulière, même quand la faillite du débiteur a été déclarée dans l'intervalle ; car cette inscription nouvelle tend seulement à proroger les effets de la première, au profit d'un ayant-droit, pourvu d'une sûreté valable au moment où la faillite s'était ouverte.

Mais, en revanche, si les dix ans étaient expirés, sans que le créancier eût renouvelé dans ce délai, il serait trop tard pour lui de prendre ensuite l'inscription vis à vis de la masse ; cette inscription ne vaudrait qu'à sa date, comme celle d'une hypothèque absolument nouvelle. Cela revient à dire qu'elle ne vaudrait rien.

[illegible] explication prendrait beaucoup plus de relief, si l'on acceptait l'idée que la masse acquiert, par la vertu du jugement déclaratif, une hypothèque sur tous les immeubles du failli, valable sans forme de conservation particulière et avant toute inscription du syndic. Entre deux créanciers hypothécaires, la préférence est assurée à celui dont l'hypothèque a été conservée la première. — Mais on sait que ce point de vue n'est pas accepté.

1814. — *b*) Les *hypothèques légales du mineur ou de la femme* pourraient être exercées dans la faillite, sans inscription prise avant son ouverture [1]. Toutefois, si, pendant la liquidation, le mariage vient à se dissoudre ou la tutelle à cesser, les intéressés devront, pour la conservation de leurs droits, prendre inscription au plus tard dans l'année suivante : alors seulement l'hypothèque rétroagit au jour du commencement du mariage ou de la tutelle (l. 23 mars 1855, art. 8). Faute de quoi, et ce délai passé, l'ayant-droit ne pourrait se faire colloquer par préférence contre la masse, puisque l'inscription ne vaudrait qu'à sa date, et, vu la faillite ouverte, serait dénuée d'effet.

1815. — *c*) Si le droit d'hypothèque ou de privilège est né *p[illegible] rieurement au jugement déclaratif*, on ne peut pas exiger du créa[illegible] qu'il ait pris inscription avant l'ouverture de la faillite ou de la li[illegible] tion ; ce serait déraisonnable. — Ex. : Succession échue a[illegible] partage opéré pendant la faillite mettant une soulte à la c[illegible] débiteur.

Cette prétendue exception est purement apparente. Elle [illegible] vice de méthode.

A vrai dire, comme le syndic a dû être partie au part[illegible] constitue une véritable *dette de la masse*, et ce n'est pas [illegible] des co-partageants que les co-héritiers créanciers se prév[illegible] prise d'inscription est superflue [2].

1816. — *d*) On peut se demander si le créancier, qui avai[illegible] blement inscription pour le capital et pour les trois ans d'intérêts pro[illegible] tégés au même rang que le principal par l'art. 2151 (modifié par la loi du 17 juin 1893), serait fondé, au cours de la faillite, à prendre des *inscriptions supplémentaires d'intérêts* pour un nombre d'années supérieur à trois.

Bien que certains arrêts lui aient conféré cette faculté, il nous paraît difficile de la lui reconnaître. Ces inscriptions hypothécaires ne porteraient hypothèque qu'« à leur date », c'est-à-dire à une date où, d'après l'art. 448, le registre du conservateur est fermé, quant au failli.

Il est vrai que la créance des intérêts n'est venue à échéance que pendant la faillite. Elle existait cependant comme un droit futur dès

1 Arg. art. 508 : « Les créanciers hypothécaires inscrits ou *dis[illegible] tion...* »

2 Nous dirions, par la même raison, que, si cette succession s'était ouverte *depuis l'ouverture de la faillite*, l'acceptation qu'en aura faite le syndic oblige la masse à laisser les créanciers héréditaires se payer par préférence. Nous le dirions, là même où ceux-ci n'auraient pas argué de la séparation des patrimoines, et indépendamment de toute inscription dans les six mois de l'art. 2111 ou postérieure à ces six mois.

avant son ouverture. Pourquoi le créancier ne réalise-t-il pas sa sûreté, au moment où il voit les trois premières années d'arriéré sur le point de s'accomplir ?

L'art. 2151 repose en partie sur la pensée d'un ménagement à prendre vis-à-vis du débiteur : le créancier d'un individu *in bonis* peut temporiser plus de trois ans sans compromettre son recouvrement ; il prendra une inscription supplémentaire, le débiteur évitera une expropriation. Or, il n'y a plus à ménager un failli, dont la ruine est publique. Loin de donner effet à des inscriptions supplémentaires, on s'expliquerait que la loi obligeât le créancier à des poursuites immédiates, en lui refusant même le complément des trois ans au rang du principal.

1817. — Application de la règle aux privilèges. — Il s'agit maintenant de montrer comment l'obligation de rendre la sûreté publique s'applique, d'après la lettre même de l'art. 448, aux créanciers privilégiés (comme aux créanciers à hypothèque conventionnelle ou judiciaire) et d'où vient que cette extension comporte en législation des critiques.

Le commerçant, avant sa faillite, achète un immeuble et n'en paie pas le prix : *privilège du vendeur* (art. 2103, 1°).

Il a concouru à un partage de biens indivis, toujours avant cette date, et il est débiteur d'un prix de licitation ou d'une soulte qu'il ne paie pas : *privilège des co-partageants* (art. 2103, 3°).

Il a commandé, étant encore au-dessus de ses affaires, des travaux de construction à un entrepreneur. Celui-ci, si les travaux ne sont pas encore commencés lors du jugement déclaratif, préférera vraisemblablement n'y pas donner suite (à moins que le syndic, au nom de la masse, ne lui fournisse des garanties), et il fera résilier le marché conformément à l'art. 1184. Mais les travaux sont engagés, et le prix est en souffrance : *privilège* du constructeur *sur la plus-value* résultant des ouvrages (art. 2103, 4°).

Une succession a été acceptée par le commerçant encore *in bonis*. Les créanciers héréditaires peuvent demander à être payés par préférence à ceux de l'héritier, à la condition d'invoquer la *séparation des patrimoines* : *privilège*, de nature d'ailleurs contestable et contestée, consacré par l'art. 2111.

1818. — Suite. — Si l'on suppose d'abord que ces divers intéressés aient rendu leur privilège public au bureau des hypothèques avant l'ouverture de la faillite, leur droit de préférence est respectivement conservé, et la faillite ne leur cause point préjudice. Cela est certain. On sait que le moyen légal de publicité est une inscription, que pour le vendeur l'inscription peut être remplacée par la transcription de l'acte de vente portant que le prix est encore dû (art. 2108).

A l'égard des constructeurs, la conservation du privilège exige l'inscription de *deux procès-verbaux* d'état des lieux, l'un avant le commencement, l'autre après la fin des travaux et dans les six mois au plus tard de leur perfection. Il est juste de considérer la nouvelle inscription comme ne faisant pas naître le privilège, mais consolidant seulement l'effet de la première.

D'où il résulte que, si la première a été prise avant le prononcé de la faillite, la seconde maintiendra au privilège toute sa portée, pourvu qu'on ne la retarde pas plus de six mois. L'art. 448 n'y met pas d'empêchement, et il faut raisonner ici comme on l'a fait pour les inscriptions de renouvellement.

1819. — **Suite.** — Mais supposons, d'autre part, qu'aucun des ayants-droit ci-dessus mentionnés n'ait pas fait inscrire son privilège (ou, si c'est le vendeur, transcrire l'acte de vente) avant le jugement de faillite ou de liquidation.

Ils ne pourront participer à la faillite qu'en qualité de chirographaires : encore une fois, l'art. 448 assimile les privilèges aux hypothèques.

Lorsque le titre d'où naît le privilège a précédé de peu de temps, de quelques jours à peine, l'ouverture de la faillite, on trouve la solution rigoureuse. — Le *partage* remontait à moins de *soixante jours* : le droit civil donne au co-partageant le droit d'épuiser ce délai et celui, en ne le dépassant point, de primer les hypothèques constituées dans l'intervalle par le débiteur de la soulte (art. 2109). — La *vente* avait eu lieu à la veille de la faillite : plus généreux encore, le droit civil permettait au vendeur de publier son privilège à une époque quelconque et de se faire colloquer avant les créanciers hypothécaires de son acheteur.

Ici, c'est un changement à vue : on ne laisse ni au co-partageant ces soixante jours de répit, ni à plus forte raison au vendeur ce délai indéfini. On ne laisserait pas davantage aux créanciers séparatistes le bénéfice rétroactif de l'inscription prise dans les six mois de l'art. 2111. Si rapidement qu'éclate la faillite après l'acte constitutif du privilège, le créancier privilégié est sacrifié au marc le franc, à l'intérêt de la masse.

1820. — **Suite.** — La solution, en l'état actuel des textes, paraît incontestable : en parlant de « privilèges », l'art. 448 envisage la sûreté à un moment où le droit commun permettrait à l'inscription de primer les hypothèques et de rétroagir. En ce qui concerne le privilège des co-partageants, il suppose que l'on est encore dans les soixante jours du partage, puisque, passé ce délai, le privilège ne vaut que comme une hypothèque ordinaire : le texte frappe donc le privilège même dans ce temps de faveur, au lendemain de sa naissance.

En vain dirait-on, pour sauver le vendeur de ce résultat, que celui-ci conserve son privilège au moyen d'une *transcription*, non d'une inscription, et que l'art. 448 n'arrête pas les transcriptions. — La transcription tardive serait tout aussi inopérante, elle ne pourrait avoir plus d'effet que n'en aurait une inscription : la lecture de l'art. 2108 C. civ. en fournit la preuve manifeste.

1821. — Suite. — Toute cette théorie marque une extrême dureté. Elle n'est même pas logique. Le privilège (sauf celui du constructeur) naît de la convention même qui a fait échoir l'immeuble au failli. Si la masse comprend cette valeur dans ses poursuites, c'est *en vertu du titre d'acquisition* du débiteur.

Ce titre dans son indivisibilité dénonçant l'immeuble comme grevé d'une charge, il serait naturel que la masse dût la respecter, tout comme s'il s'agissait d'un engagement directement pris par elle : c'est déformer les conditions de l'acquisition que de mettre la main sur le bien, en désavouant la dette connexe à son entrée dans le patrimoine du failli [1].

D'un autre côté, lorsqu'on veut ramener la faillite à ce qu'elle est en réalité, une *hypothèque* qui, au lieu d'appartenir à un individu, échoit à la collectivité des créanciers groupés ensemble, à une masse, il est étrange que cette hypothèque soit armée en face d'un privilège d'un droit plus fort que les autres hypothèques. Il faudrait que le co-partageant disposât, comme en droit civil, du délai de soixante jours de l'article 2109, nonobstant le jugement déclaratif intervenu. Il faudrait que le vendeur pût transcrire, à quelque moment que ce fût de la faillite. Par là, le droit civil et le droit commercial retrouveraient leur symétrie.

1822. — Suite. Action résolutoire du vendeur. — La controverse, que l'art. 448 permet de considérer comme éteinte sur le terrain des privilèges, reprend aliment à l'égard du vendeur, en ce qui touche l'*action résolutoire*. Le vendeur non payé peut faire résoudre la vente, d'après l'art. 1654, et reprendre son immeuble *in rem*, par préférence

[1] Frappés de ce manque de logique, MM. VALETTE, PONT, etc., avaient proposé autrefois des systèmes divers, tendant à assurer, au moins au vendeur, le droit de transcrire utilement, même après le jugement de faillite. — L'immeuble acheté, ont-ils dit, ne devient propriété du failli qu'à partir de la transcription de la vente, donc par hypothèse postérieurement au prononcé de la faillite; et la masse serait mal venue dans ces conditions à exiger que le privilège eût été publié précédemment. — Ou encore, le vendeur, en aliénant, a conservé par devers lui le privilège comme un élément composant de sa propriété, et cette retenue d'un droit n'a pas à être publiée du tout. — Ces explications, au point de vue juridique, étaient inexactes, on n'avait pas eu grand peine à le démontrer.

aux créanciers de l'acheteur : aussi bien, est-il présumé n'avoir jamais cessé d'être propriétaire.

L'exercice de ce droit, bien entendu, n'est pas contestable, lorsque le vendeur a conservé son privilège par une transcription antérieure au jugement déclaratif. C'est à lui de voir s'il vaut mieux faire tomber la vente que d'exproprier l'immeuble et de produire sur le prix.

Mais que décider au cas où, faute de transcription, le vendeur a perdu son privilège dans la faillite? Est-il encore fondé à user de l'action résolutoire?

1823.— Suite.— En raison, la négative s'impose. Nous avons critiqué la perte du privilège ; mais, en admettant qu'il ait disparu, l'action résolutoire doit suivre le même sort. Si l'on désarme le vendeur, il faut que ce soit pour les deux garanties à la fois. Quelle cote mal taillée, que celle qui, tout en faisant de lui un créancier chirographaire du prix, l'autoriserait indirectement à primer la masse sur le bien vendu sous une autre appellation ! L'art. 7 de la loi du 23 mars 1855 a solidarisé l'action résolutoire et le privilège, en disant que la perte pour le vendeur de ce dernier droit entraînerait aussi celle de l'autre garantie.

Néanmoins trois opinions ont été défendues :

a) Cet art. 7 n'est pas applicable. *L'action résolutoire* survit au privilège et *peut être exercée à quelque moment de la faillite que ce soit.* — Ce n'est qu'après l'*extinction* du privilège du vendeur, que le législateur de 1855 empêche l'exercice de la résolution. Or le privilège non transcrit n'est pas « éteint », mais seulement inopposable à la masse (c'est une subtilité). — Au surplus, la règle de l'art. 7, ainsi que celle de l'art. 6 qui précède, dispose seulement à l'égard du droit de suite. Elle est invoquée par un sous-acquéreur, qui aurait transcrit son titre avant que le vendeur primitif n'eût rendu public son privilège. Elle est étrangère au droit de préférence.

b) L'art. 7 peut être invoqué par la masse contre le vendeur. Rien ne prouve que son application soit limitée à l'exercice du droit de suite. — Mais encore faut-il que cette perte de l'action résolutoire, par répercussion de la perte du privilège, soit invoquée « par un tiers qui a acquis des droits sur l'immeuble du chef de l'acquéreur et qui s'est conformé aux lois pour les conserver. » Or la masse n'a pas cette qualité, par le seul fait du jugement déclaratif. Elle ne l'obtient qu'à la date de la prise d'inscription de son hypothèque légale par le syndic (art. 490) : alors seulement elle est investie d'un droit réel.

Bref, *le vendeur*, quoique déchu de son privilège, *est encore recevable à agir en résolution*, pourvu qu'il donne citation *avant l'inscription de ladite hypothèque*. Après cette date, il serait trop tard pour entreprendre l'instance. Telle est actuellement la jurisprudence (Cass. 14 mars 1891, etc.).

c) Une thèse plus catégorique veut que, *dès que la faillite est ouverte*, et sans même que le syndic ait fait inscrire l'hypothèque légale de *la masse*, celle-ci puisse *repousser la résolution*, du moment que le privilège n'a pas été conservé.

C'est notre opinion. Elle est basée sur l'idée que le jugement déclaratif procure instantanément à la masse un véritable *droit réel*, et que l'inscription du syndic ne fait que donner un supplément de notoriété à une hypothèque, née de la faillite elle-même, et exempte de toute condition de publicité pour sa conservation. La thèse a été développée plus haut (n° 1557) : il est inutile d'y revenir.

1824. — II. Règle qui enchérit sur le principe. — La formule précédente donnerait à croire *a contrario* que l'inscription d'hypothèque ou de privilège peut être retardée jusqu'à la veille du jugement déclaratif, sans jamais faire encourir aucune déchéance. Or cela n'est pas : il y a des inscriptions prises dans la période suspecte, et dont il appartiendra à la masse d'obtenir l'annulation, de manière que le titulaire soit traité dans la faillite ou dans la liquidation comme chirographaire pur et simple.

« Les *inscriptions* prises après l'époque de la cessation des paiements ou dans les dix jours précédents, *pourront* être déclarées nulles, s'il s'est écoulé *plus de quinze jours* entre la date de l'acte constitutif de l'hypothèque ou du privilège (acte notarié, jugement de condamnation, vente, partage, etc.) et celle de l'inscription. Ce délai sera augmenté d'un jour à raison de cinq myriamètres de distance entre le lieu où le droit d'hypothèque aura été acquis et le lieu où l'inscription sera prise (art. 448, 2e partie) ».

Toujours même préoccupation par la loi de pousser le créancier privilégié ou hypothécaire à faire connaître au plus tôt sa sûreté, pour empêcher le débiteur de se ménager un crédit factice. On lui demande de ne pas différer plus de quinze jours la prise d'inscription : faute de quoi, et si l'on est déjà entré dans le *temps suspect* (*qui comprend* en pareil cas, ainsi que dans la théorie de l'art. 446, *les dix jours antérieurs* à la cessation des paiements), au moment où cette inscription a lieu, la masse peut la faire annuler.

Il faut noter : 1° que cette nouvelle disposition s'applique, comme la première, aux privilèges ainsi qu'aux hypothèques, et que, conséquemment, un vendeur, qui aurait mis un intervalle de plus de quinze jours entre la vente et sa transcription, encourt la déchéance ;

2° que la *nullité* de l'inscription est *facultative* pour le tribunal : la justice a un pouvoir discrétionnaire, elle appréciera les raisons du créancier et repoussera l'action de la masse, si elle les trouve plausibles[1].

CHAPITRE VII

SOLUTIONS DE LA FAILLITE OU DE LA LIQUIDATION JUDICIAIRE. DU CONCORDAT SIMPLE

1825. — L'assemblée de concordat répond au moment décisif de la faillite ou de la liquidation judiciaire. De ses résultats dépendent, sous réserve de l'homologation judiciaire, l'avenir du débiteur et le produit de la liquidation.

Cette assemblée tarde un certain temps à se tenir. Toute solution de la faillite nécessite l'accomplissement d'une première *période*, appelée parfois *préparatoire*, et à laquelle le nom d'*informatoire*, ou simplement de *période de vérification des créances*, conviendrait mieux.

On a vu que l'agent de la liquidation (syndic ou liquidateur définitif) devait, d'une part, procéder à la formation du bilan, et, dans ce but, arrêter les livres, entendre le débiteur, ses employés ou toute autre personne, laisser les héritiers du débiteur, s'il était venu à décéder, se présenter à cette opération (art. 475 à 478) ; et, d'autre part, entreprendre et suivre la procédure de vérification des créances.

Par l'inventaire et par le bilan se détermineront les forces de l'*actif*, la *masse des biens* sur lesquels porte le gage. Par le procès-verbal de clôture de vérification, se détermine le montant du *passif*, la *masse prenante*. Le rapprochement des chiffres donnés par ces deux masses fournit les éléments d'un rapport arithmétique. On se rend compte, par à peu près, du rendement de la liquidation pour le cas où l'on effectuerait la réalisation des biens.

Evidemment la durée de ces opérations préliminaires au concordat variera avec chaque faillite ou avec chaque liquidation.

[1] Une véritable inadvertance s'est glissée dans la loi du 4 mars 1889 sur la liquidation judiciaire. Cette liquidation sera transformée en faillite, si le débiteur a consenti un acte mentionné *dans l'art. 448* et dont le tribunal vient à prononcer l'annulation (art. 19, 2e al. 1°). Le retard mis par le créancier à s'inscrire est-il un « acte consenti par le débiteur », et d'où vient que, le débiteur étant demeuré étranger à la temporisation du créancier, la loi vienne le priver du bénéfice de la liquidation judiciaire?

En additionnant les délais *minima* que fixe la loi (*quinze jours* pour l'assemblée des créanciers présumés, appelée à émettre un avis sur la désignation ou sur la confirmation du syndic; *vingt jours* pour la production des titres sur l'invitation du syndic définitif; *trois jours* pour engager la vérification; *huit jours* pour l'affirmation d'un créancier après qu'il a été admis), et sans plus revenir sur les quelques particularités que présente à cet égard la liquidation judiciaire, il est impossible que la clôture du procès-verbal de vérification ait lieu avant la sixième ou la septième semaine depuis le prononcé du jugement.

Une faillite liquidée dans de telles conditions de vitesse doit être à peu près sans exemple : il faudrait supposer la procédure exempte de tout incident, de tout renvoi à l'audience, de toute question de sursis au concordat et d'admission provisionnelle.

1826. — La consistance de l'actif et du passif étant connue, il va se poser une question de première importance. Vaut-il mieux *vendre les biens* et en distribuer le prix entre les créanciers? Ou n'est-il pas préférable de *rétablir le débiteur à la tête de son actif*, s'il en manifeste le désir, moyennant la promesse par lui de servir des dividendes, dont le traité arrêterait le taux, payables dans un avênir déterminé?

Ce second parti, en escomptant les chances de relèvement du failli, peut aboutir à un meilleur rendement que des ventes actuelles, dont le produit serait nécessairement limité à la valeur présente des biens, valeur dépréciée si l'on doit réaliser l'outillage au détail. Ce second parti peut donc constituer une bonne affaire pour la masse, en même temps qu'il permettra à l'homme d'entreprise, plus malheureux que coupable dans le mécompte de son exploitation précédente, de prendre sa revanche et de porter à nouveau les efforts de son travail sur un capital à lui restitué.

En tout cas, il y a là une chance à courir : elle peut être salutaire. C'est aux créanciers de voir si le débiteur, malgré sa chute, mérite un témoignage de confiance. Le crédit a été atteint, rien ne prouve qu'il soit irrémédiablement perdu : il lui arrivera de renaître de l'instruction même à laquelle on vient de se livrer, sur les causes et sur les précédents de la faillite.

1827. — Telle est la donnée à laquelle répond le concordat. C'est un *traité conclu à certaines conditions de majorité entre la masse et le débiteur* en faillite ou en liquidation judiciaire, et en *vertu duquel celui-ci rentre dans son actif, sous la promesse de rembourser à certaines échéances tout ou partie de son passif.*

Le concordat dont il est ici question est désigné du nom de *simple* ou d'*ordinaire*, à la différence du concordat *par abandon d'actif*. Dans cette seconde forme de traité, il n'y a pas restitution des biens au débiteur, mais au contraire vente de ceux-ci, et répartition des sommes, avec remise sur les biens à venir du reliquat que ladite réalisation ne parviendrait pas à couvrir.

Quel que soit au surplus le mode de concordat, qu'il appartienne à la deuxième espèce ou à la première, le concordat est dit *judiciaire*, parce qu'il lui faut, pour devenir définitif, la sanction du tribunal.

Par là il diffère du *concordat amiable*, qui intervient en dehors de toute faillite et de toute liquidation judiciaire. Ce dernier traité, dont peut profiter un débiteur, soit civil, soit commerçant, tend au même but que l'autre, et renferme, comme lui, soit la concession de délais, soit des remises partielles. — La loi ne le règlemente pas. Il demeure gouverné par le droit commun des contrats. La justice n'intervient pas pour le contrôler. Il suppose le *consentement unanime* des créanciers ; au besoin, lorsque quelques-uns d'entre eux refuseront d'y adhérer, les autres auront la ressource de racheter leurs créances, et, une fois subrogés aux droits de ces dissidents, de les soumettre au régime accepté par le traité.

1828. — Le concordat simple, comme de raison, est plus souvent pratiqué dans la liquidation judiciaire que dans la faillite. En 1894, sur 2,690 liquidations judiciaires terminées dans l'année, 995 l'ont été par voie de concordat, environ le tiers ; tandis que des 6,745 faillites clôturées dans cette même année, 693, seulement un dixième, ont abouti à ce résultat.

Ce sont les cités italiennes qui ont, les premières, pratiqué au moyen âge le concordat de majorité. *Melius est pauca dividere quam totum perdere*, disait Straccha.

Plus tard prévalut aussi dans les foires de Lyon le principe, que le traité intervenu entre les créanciers et le failli serait obligatoire même pour les créanciers qui n'auraient pas voulu le signer, par le fait de son homologation par la Conservation.

Il semble même que cette pratique ait déjà reçu des applications partielles dans les foires de Champagne[1]. Le précédent immédiat du concordat du Code de commerce nous est donné par l'Ordonnance de 1673, XI, art. 5 à 7. Cette matière a été, bien entendu, revisée avec tout le livre *des faillites* en 1838.

[1] Les *Coustumes*, *stille et usaige* de ces foires reconnaissent du moins le droit de donner un sauf-conduit au failli contre lequel mandement de justice aurait été décerné, aux créanciers formant la majorité en nombre et en sommes. Et d'autres passages font allusion à des jugements, isolés il est vrai, prononçant l'obligation pour les créanciers de la minorité de subir les remises de dettes consenties par les autres (HUVELIN, *Essai historique sur le droit des marchés et des foires*, p. 494 et s.).

1829.— On présente d'ordinaire le concordat, comme faisant échec à la règle qui subordonne l'effet obligatoire d'un contrat au libre consentement de toutes les parties (art. 1134) : la majorité lie la minorité, ce qui est contraire au droit commun.

Ce point de vue ne nous semble point juste : ce ne sont pas les créanciers pris séparément qui souscrivent au traité, c'est la masse qui le conclut avec le failli. La masse forme une sorte de corporation : sa volonté n'est pas nécessairement subordonnée à l'adhésion individuelle de tous ses membres. La majorité exprime la délibération prise par le corps tout entier, à la condition de le faire suivant les formes légales.

Chaque fois que la loi reconnaît la vie juridique à un être collectif, elle est obligée de donner effet à des résolutions basées sur l'idée : *major pars trahit ad se minorem*. Cela se voit notamment dans les sociétés par actions. Il n'y a rien là de dérogatoire aux principes : c'est un résultat inévitable de la personnification morale.

SECTION PREMIÈRE

DE LA FORMATION DU CONCORDAT

(C. com. art. 504 à 515 ; L. 1889, art. 14 à 16 et 20)

1830. — Dans les *trois jours* qui suivent la clôture du procès-verbal de vérification des créances (et pour la liquidation judiciaire le *lendemain* de la dernière assemblée où cette clôture a été prononcée), les créanciers vérifiés et affirmés ou simplement admis par provision sont invités, par lettres individuelles du greffier et par insertions dans les journaux, à se rendre à une assemblée de concordat.

Cette réunion a lieu *quinze jours après* dans la liquidation judiciaire, sauf augmentation de délai par ordre du tribunal lorsqu'il y a des créances contestées. Pour la faillite, aucun délai n'est imposé par la loi (art. 504 et l. 1889, art. 14).

Aux lieu, jour et heure fixés, l'assemblée se forme sous la présidence du juge-commissaire ; y assistent : — le *débiteur*, qui a été spécialement appelé à y venir et doit, s'il est libre, se présenter en personne, ou en cas de motif d'excuse par un fondé de pouvoir [1] ; — les *créanciers* ci-dessus mentionnés [2], personnellement ou par représentant ; — le

[1] Son absence sans motif légitime lui ferait encourir les peines de la banqueroute simple, facultativement à l'appréciation du tribunal (art. 586, 5°).

[2] Et, en outre, ceux qui ne se seraient fait connaître et n'auraient formé opposition que depuis la clôture du procès-verbal (art. 503), à condition d'avoir eu le temps de faire statuer favorablement sur leur opposition. Même observation pour les créanciers contestés, qui auraient obtenu dans l'intervalle la reconnaissance du bien fondé de leurs droits. — Il peut arriver ainsi que la liste des créanciers et du passif, telle

syndic (ou liquidateur), lequel devra faire à l'assemblée un rapport écrit et signé, remis au juge-commissaire, sur l'état de la faillite ou de la liquidation et sur les formalités qui auront été accomplies ainsi que sur les opérations qui auront eu lieu (art. 505 et 506).

Après quoi, le failli entendu sur les propositions de concordat et, s'il y a lieu, une discussion générale s'étant produite, on passe au vote. Il est bien entendu que le débiteur, pour les besoins du traité qui va suivre, n'est plus atteint par le dessaisissement ou par les règles de la liquidation judiciaire sur l'assistance d'un liquidateur. Il figure lui-même en scène, et dans la convention à conclure avec la masse il forme la contre-partie de celle-ci.

1831. — Pour que le concordat aboutisse et devienne définitif, *trois conditions* sont requises : — le vote d'une double majorité; — l'absence de toute banqueroute frauduleuse chez le failli; — l'homologation du traité par le tribunal de commerce.

1832. — 1° *Vote d'une double majorité.*

« Le traité ne s'établira que par le concours d'un nombre de créanciers formant la *majorité* et représentant en outre les trois quarts (depuis 1889, les *deux tiers*) de la totalité des créances vérifiées et affirmées ou admises par provision : le tout à peine de nullité » (art. 507, al. 2 et l. 1889, art. 15, al. 1er et 20).

Ainsi la majorité comprend cumulativement deux éléments, un élément *personnel* et un élément *pécuniaire*.

Il faut d'abord l'adhésion de la moitié plus un des créanciers, c'est-à-dire la *majorité par têtes*, chaque créancier comptant autant que les autres, malgré le chiffre différent de leurs droits. S'ils sont 100 en tout, il faut que 51 au moins votent dans le sens du traité.

En outre, comme on ne pouvait faire abstraction du montant des créances, cette majorité numérique doit comprendre aussi les deux tiers du passif. Si ce passif se chiffre par 120,000 fr., les adhérents devront représenter 80,000 fr. au moins (*majorité en sommes*).

La loi n'a pas voulu permettre aux forts créanciers d'écraser les petits, souvent hors d'état de donner de longs délais ou de renoncer à une portion appréciable de leurs créances. Elle a compris d'un autre côté qu'il convenait de reconnaître une influence prépondérante aux forts

qu'elle ressortait du procès-verbal de vérification, se trouve modifiée dans son chiffre et étendue; comme il se pourrait, en revanche, que le fait par la justice de débouter au fond avant l'assemblée de concordat un créancier admis provisionnellement, obligeât à la réduire. Cela aura son contre-coup sur la double majorité à obtenir et sur le total d'après lequel il faudra la compter.

créanciers, à proportion du montant nominal de leurs droits et du capital engagé par eux dans la liquidation [1].

1833. — Ces deux majorités se calculent, l'une et l'autre, sur *tous les créanciers vérifiés et affirmés*, sur *tout le passif vérifié et affirmé.*

Elles ne se comptent pas seulement d'après l'ensemble de personnes qui auraient participé effectivement au vote. Les absents ou ceux qui se seraient abstenus font nombre, et par là même dans le sens du refus du concordat. Il y avait lieu à controverse sur ce point avant la loi de 1889 : on pouvait à la rigueur soutenir, d'après la rédaction de l'art. 507 datant de 1838, que la majorité par têtes devait se calculer sur le nombre des votants. Mais l'art. 15 de la loi des liquidations judiciaires, dont l'art. 20 ordonne l'extension à la faillite elle-même, a coupé court pour l'avenir à cette interprétation [2].

1834. — Dans l'assemblée tenue pour le concordat, trois éventualités peuvent se produire.

a) On obtient de suite la double majorité.— Les adhérents signent le traité séance tenante, à peine de nullité. Leur signature seule les oblige, et elle ne saurait être reçue après coup. On redoute les obsessions dont le créancier serait l'objet de la part du failli (art. 509, *init.*). Le concordat, annexé au procès-verbal du juge et visé par lui, a force de preuve d'un acte authentique.

b) Aucune des deux majorités ne se rencontre. — C'est un avortement du projet de rétablissement du débiteur à la tête de ses biens : les créanciers sont de plein droit en état d'union (art. 529, al. 1er).

c) Le vote a donné l'une des deux majorités, et non l'autre. — Il reste une dernière chance en faveur de l'entente, sur de nouveaux pourparlers. En conséquence, la délibération est remise à huitaine pour tout délai : cette prescription touchant l'intervalle des deux réunions est

[1] Dans les assemblées générales que tiennent les sociétés par actions, on arrive sous une autre forme à concilier ces deux intérêts. Le vote de l'actionnaire est bien proportionné à son nombre d'actions (majorité en sommes). Mais les statuts limitent aussi le maximum de voix qu'un seul actionnaire peut avoir, en décidant qu'il ne dépassera pas dix ou vingt, par exemple.

[2] Il subsiste encore quelques difficultés: une créance, reposant au moment du jugement déclaratif sur une seule tête, a pu se diviser postérieurement, soit par une cession partielle, soit par la mort du créancier laissant plusieurs héritiers. Cette créance dans la majorité numérique donnera-t-elle plusieurs voix ou une seule? Une seule, dirons-nous, si c'est un acte volontaire entre vifs qui a déterminé une pareille division; car, autrement, rien ne serait plus facile pour un créancier, au moyen de cessions supposées, que de multiplier le nombre de ses voix au mépris de la loi. Plusieurs voix dans le cas contraire, les circonstances écartant tout soupçon de fraude. — On pourrait discuter la question dans la supposition contraire : des créances, primitivement séparées, se sont réunies dans une même main depuis le jugement déclaratif.

de rigueur. On veut empêcher le failli d'assiéger les créanciers de ses doléances, de ses supplications : ceux-ci, de guerre lasse ou par simple commisération, lui délivreraient un traité dont ils ne sont, au fond, point partisans.

A la seconde réunion, les créanciers votent à nouveau dans leur liberté, sans qu'on puisse leur opposer l'adhésion qu'ils ont donnée la première fois. Les votes de la première séance demeurent sans effet. La plupart du temps, en effet, le projet de concordat a été modifié dans l'intervalle, peut-être, il est vrai, dans un sens moins avantageux pour le failli. Mais cette aggravation même, en rendant plus chanceux l'accomplissement des promesses du débiteur, décidera certains créanciers qui avaient accepté le premier projet à repousser le second (art. 509 *in fine*).

1835. — Une chose toujours à redouter, c'est l'*achat de voix* d'un ou de plusieurs créanciers. Un ayant-droit, dont le concours est indispensable pour déterminer la majorité, met son adhésion à prix d'argent, non pas publiquement mais par négociation secrète. Afin qu'il se rallie, des avantages lui sont faits soit par le failli, soit par une autre personne, par exemple, par un de ses parents. Il importe peu que ces avantages lui soient attribués « à la charge de l'actif ». Le débiteur s'engage, si l'on veut, à lui payer le solde de sa créance plus tard, une fois que les dividendes concordataires auront été servis à tous sur la même ligne : le gage de la masse ne souffre pas de cette promesse. Ou bien le parent du failli prend sur ses propres biens la somme qui doit assurer au créancier cette situation de faveur.

Il n'y a pas à faire ces distinctions : dans tous les cas, et si le créancier a donné son adhésion par suite d'un pareil avantage, resté occulte, l'attitude qu'il a prise est répréhensible. Il a cessé de se guider par des considérations d'intérêt commun, son vote n'est plus libre ; et l'on ne peut plus dire de tous ceux qui ont souscrit au concordat qu'ils ont estimé le débiteur digne de l'obtenir et en mesure d'en exécuter les clauses.

Ce *traité particulier* est *nul* à l'égard de toute personne (sans annuler le concordat lui-même : c'est une contre-lettre, art. 1321), et le créancier qui y a participé encourt un *emprisonnement* d'un an, ainsi qu'une *amende* de 2,000 francs.

Ces agissements, et d'autres encore, se retrouveront plus loin, sous les art. 597 et 598 ; ils peuvent se produire dans des occasions diverses, mais c'est à propos d'un concordat qu'ils ont le plus de chance de se réaliser.

1836. — Nous avons réservé pour la fin une règle fort importante : celle qui refuse aux *créanciers hypothécaires et privilégiés* (mobiliers ou immobiliers, gagistes ou non, généraux ou spéciaux) le droit de faire nombre au concordat et d'y émettre un vote affirmatif ou négatif. Cette règle est établie par l'art. 508 [1].

Il est possible que ces créanciers aient fait admettre leurs titres et leurs sûretés en assemblée de vérification (un parti considérable les y oblige, on l'a vu précédemment, n° 1768). Ils auront alors été convoqués à l'assemblée de concordat. Il est possible qu'ils répondent à cette convocation et qu'ils discutent avec les autres l'opportunité du traité; et cela ne leur est pas défendu. Mais *il faut qu'ils s'abstiennent de participer au vote.*

Rien de plus logique. La disposition légale résulte de la distinction profonde qu'il y a lieu de faire entre nos ayants-droit et les autres créanciers, de leur exclusion de la masse. Le concordat a pour but de fixer le dividende. Seuls, doivent en délibérer avec le failli, ceux qui ont vu le jugement déclaratif convertir leur créance en un dividende. Comment s'expliquerait-on la participation à une délibération du collège, du syndicat des créanciers, de personnes qui, par leurs titres mêmes, n'en font point partie? Voit-on, par exemple, un créancier d'une société concourir aux assemblées générales des actionnaires? Ici l'introduction dans le personnel des votants d'un créancier disposant d'une sûreté pècherait par la même anomalie.

Au surplus, le vote qu'il émettrait dans de pareilles conditions serait, non pas seulement suspect, mais sans signification sérieuse, puisqu'il ne supposerait aucun sacrifice : appelé comme par le passé à exercer sa sûreté non atteinte, non diminuée, le créancier souscrirait sur le dos des autres à toutes les remises, à tous les délais. Il n'aurait pas à en souffrir, ou il n'en souffrirait que pour un reliquat éventuel, auquel le bon rang de sa garantie ne l'expose probablement point.

1837. — Il se peut cependant que, malgré la défense de la loi, les créanciers à sûreté votent au concordat. Quelle sera la *sanction?*

La loi pouvait dire qu'il serait fait abstraction de leurs voix, et que pour le calcul de la majorité il ne serait tenu aucun compte de leur vote, tout comme s'ils s'étaient abstenus.

[1] Il est question dans ce texte d'un créancier qui aurait reçu hypothèque ou gage sur les biens de son débiteur. Si la garantie avait été constituée à son profit par un tiers (*caution réelle*), son vote au concordat du débiteur serait pleinement licite. Le créancier est alors dans la même position que s'il avait deux coobligés tenus de la même dette, et c'est de la théorie de l'art. 542 qu'il faut s'inspirer pour déterminer ses droits. — D'ailleurs, ainsi qu'on le verra dans le texte, la masse ne peut se prévaloir de l'art. 508 que parce qu'elle trouve dans la perte de la garantie le moyen de faire rentrer le bien qui en est l'objet dans l'actif chirographaire; or si la garantie émane d'un tiers, une pareille conséquence ne se produirait pas.

Elle a pris un autre parti : le créancier hypothécaire ou privilégié est, d'abord, maître de renoncer expressément à sa garantie réelle, et de voter alors en qualité de chirographaire. Or c'est cette *renonciation* que *la loi présume*, par le seul fait de sa participation au concordat (art. 508, al. 2).

1838. — Le créancier n'est pas considéré comme *déchu*, par suite d'une peine dont la loi le frapperait. Il est censé *renonçant*, et cela de quelque manière qu'il vote, alors même que le concordat échouerait faute des majorités exigées ou que le tribunal en repousserait ensuite l'homologation.

De cette idée de renonciation implicite, se déduit une conséquence certaine à l'égard des créanciers hypothécaires ou privilégiés qui n'ont pas le pouvoir, soit par eux-mêmes, soit par leur représentant, de renoncer à leurs sûretés.

Ex. : — *femme du failli*, mariée sous le régime dotal, atteinte en conséquence, par suite de l'*inaliénabilité dotale*, de l'incapacité de renoncer à son hypothèque légale ; — créancier *mineur*, que son tuteur peut sans doute représenter au concordat du débiteur, à défaut même de toute autorisation du conseil de famille (c'est un acte d'administration), mais sans avoir le droit de renoncer à une sûreté appartenant au pupille ; or la créance de celui-ci, par hypothèse, est de nature hypothécaire.

Dans ces situations spéciales, on ne tiendra pas compte du vote du créancier ou de son mandataire, et la sûreté sera maintenue ; l'art. 508 ne recevra point d'application.

1839. — La participation des créanciers privilégiés ou hypothécaires au concordat est de nature à se produire dans des conditions favorables, et sans que l'ayant-droit perde sa sûreté, ou soit présumé y avoir renoncé. Mais on n'est point fixé sur la détermination précise des circonstances qui rendront le créancier apte à voter, tout en conservant le bénéfice de son droit de préférence.

Il y a cependant un point certain : c'est que si la sûreté a été réalisée avant l'assemblée de concordat, et si, dans l'ordre, les sommes ont manqué totalement ou partiellement sur le créancier, celui-ci est fondé à délibérer au concordat et à y faire nombre pour le *reliquat* non couvert. Il n'a pas à rapporter à la masse le produit de son bordereau de collocation. Sa participation au traité à raison de l'excédant non soldé est tout à fait justifiée, puisque pour cet excédant il fait bien partie de la masse.

1840. — Mais il y a d'autres difficultés :

1° Sa sûreté n'a pas été réalisée, mais le retard tient à des causes qui ne lui sont pas imputables. Même en usant de toutes diligences, il n'aurait pu liquider la garantie. Par exemple, une *condition* (ou un *terme* dans notre doctrine) suspend l'exigibilité de la créance, et avec elle la faculté d'exécution. Ou encore, le créancier a vu sa sûreté *contestée* par les créanciers, ce qui le met dans l'impossibilité de donner actuellement suite à la saisie et à la vente. — Pourra-t-il concourir au concordat?

Nous le penserions. Il ignore, jusqu'à plus ample informé, si sa garantie est efficace ou non; l'intérêt qu'il a au concordat est manifeste, pour le cas où il n'arriverait pas en rang utile. Si on ne lui permet pas indistinctement de voter pour la somme entière, à tout le moins est-il équitable de procéder à une évaluation de la sûreté. On l'admettra à donner sa voix pour le chiffre que cette sûreté menace de ne point couvrir.

Il est vrai que l'art. 501 statue au cas d'un contredit élevé contre l'existence ou contre la validité de la garantie. Il décide que « le créancier, dont le privilège ou l'hypothèque seulement serait contesté, sera admis dans les délibérations de la faillite *comme créancier ordinaire.* » Les derniers mots de ce texte feraient croire que le créancier perd sa sûreté et suit le sort commun à tous les autres créanciers privilégiés ou hypothécaires, votant au concordat. — Mais la tournure générale de l'article, sur lequel les travaux préparatoires de la loi de 1838 ne donnent pas d'explications bien nettes, est plutôt favorable à l'autre opinion. On autorisera le créancier à voter, sans qu'on doive inférer de son attitude la moindre pensée de renonciation : c'est un droit que l'art. 501 consacre, et non pas la perte d'une sûreté[1].

1841. — 2° La manière dont vient d'être résolue cette première série de problèmes, préjuge la réponse à donner sur cette autre question : au cas où il appert pour le créancier que la valeur de son gage est insuffisante à lui procurer un remboursement intégral, il déclare *renoncer à la partie de sa sûreté* qu'il juge inefficace (à la moitié par exemple), tout en voulant la conserver à proportion de la valeur qu'il lui reconnaît.

Peut-il, par cet abandon partiel, placer sa créance dans la même position que s'il avait deux créances, l'une nantie d'un gage et l'autre chirographaire? Peut-il voter au concordat pour la portion à laquelle il a renoncé, demeurer privilégié pour l'autre? La jurisprudence tend à lui assurer un pareil pouvoir (Douai, 2 décembre 1895) ; on ne voit pas bien les raisons à invoquer en sens contraire.

[1] Guidé par ces considérations, nous irions même jusqu'à déroger à la règle de l'art. 508, dans le cas où le créancier justifierait de son retard à liquider la garantie réelle lui appartenant, par de simples *motifs de fait*, par des empêchements tenant à l'ensemble des circonstances, sa créance étant d'ailleurs échue.

1842. — La perte de l'hypothèque et du privilège par suite du vote au concordat peut entraîner, au détriment du créancier, un autre résultat tenant à une sorte de choc en retour. C'est ce qui arrivera, s'il a stipulé à la fois une *sûreté réelle* et une *caution.*

La caution s'attendait à bénéficier de la subrogation légale au cas où elle serait obligée de faire l'avance de la dette, et, une fois subrogée, à exercer la sûreté aux lieu et place du créancier. Du moment que, par le fait du créancier, cette subrogation ne peut plus s'opérer, la caution elle-même est déchargée (art. 2037 C. civ.).

1843. — 2° *Absence de banqueroute frauduleuse.* — La banqueroute frauduleuse emporte indignité de recevoir un concordat. Découverte et suivie de condamnation seulement après le vote et l'homologation du traité, elle aurait pour résultat de l'*annuler* rétroactivement (article 520). A plus forte raison doit-elle l'empêcher, si la condamnation pour banqueroute a précédé l'assemblée : le concordat ne pourra pas être formé.

Lorsque, à cette date, l'instruction en banqueroute frauduleuse aura été seulement commencée, les créanciers peuvent ou bien repousser de suite le concordat ou bien décider de surseoir jusqu'à l'issue des poursuites; mais ce sursis lui-même ne pourra être voté qu'à la condition de la double majorité légale (art. 510).

La *banqueroute simple*, au contraire, n'empêche plus aujourd'hui, comme avant 1838, la conclusion d'un concordat[1]. Toutefois, en cas de poursuites commencées, les créanciers pourront toujours, moyennant la double majorité, surseoir à délibérer jusqu'à la fin des poursuites. Ils ont donc le choix entre trois partis : voter le concordat, le repousser, surseoir à son examen (art. 511).

1844. — 3° *Homologation du traité par le tribunal de commerce.* Le concordat ne devient définitif que par l'approbation que lui donne le tribunal de la faillite ou de la liquidation judiciaire. C'est la nécessité de protéger les droits de la minorité (ou des absents, auxquels le traité va se trouver opposable) qui justifie cette intervention.

1845. — Doit-on inférer de là que, lorsque tous les créanciers sans exception signent le traité, l'homologation judiciaire devienne superflue? En d'autres termes, pourrait-on pratiquer le *concordat amiable* dans une faillite ou dans une liquidation judiciaire ouvertes, si l'on obtenait l'unanimité des consentements?

[1] Dans une faillite bien entendu. Car, dans une liquidation judiciaire, la question ne se présentera pas, la banqueroute simple excluant ce mode de liquidation.

Certainement non : « Sont nuls et sans effet, dit l'art. 16 de la loi de 1889, tant à l'égard des parties intéressées qu'à l'égard des tiers, tous traités ou concordats qui, après l'ouverture de la liquidation judiciaire, n'auraient pas été souscrits dans les formes ci-dessus prescrites ». Il doit en être logiquement de même pour la faillite.

Le concordat amiable n'est possible qu'en dehors de toute procédure de justice, et lorsque les intéressés ont remplacé le régime légal par un régime conventionnel de leur choix, en vue de liquider la situation chargée du débiteur. Une faillite, dûment ouverte, doit se développer selon la loi.

On ne saurait en douter, lorsqu'on pense que la faillite et ses délibérations produisent leur effet vis-à-vis de tous les créanciers chirographaires, actuellement connus ou inconnus, y compris ceux qui ne se présenteraient que plus tard.

Or, lorsque se conclut un concordat amiable, on ne peut jamais affirmer que tous les créanciers du failli soient consentants; peut-être en surgira-t-il ultérieurement, qu'on ne soupçonne pas pour le moment. Et alors, en partant de l'idée que ce traité aurait régulièrement mis fin à la faillite, sans que le tribunal l'eût homologué, ces tard-venus seront-ils obligés d'en subir la loi ? On sent bien que non, mais c'est aussi la condamnation de ce concordat amiable dans le milieu où l'on voudrait le transporter.

En acceptant la thèse contraire, le failli pourrait s'entendre séparément avec chacun de ses créanciers sans les faire convoquer en assemblée générale, et il obtiendrait par le moyen de ses démarches un traité unanime régulier ; en ce cas que deviennent les formalités protectrices de la loi ?

1846. — Le rôle du tribunal dans l'instance en homologation est bien rendu par l'art. 515. D'après ce texte, il y aura refus d'homologuer : *en cas d'inobservation des règles de forme* (la double majorité n'était pas obtenue, les délais n'ont pas été observés, etc.); *en cas de motifs tirés de l'intérêt public* (le débiteur a mauvaise réputation, sans être nécessairement banqueroutier frauduleux); *en cas de motifs tirés de l'intérêt des créanciers* (les dividendes stipulés sont trop faibles ou trop forts, et dans ce dernier cas sans qu'il y ait chance pour le failli de tenir sa parole).

1847. — Le tribunal de commerce est saisi à la requête de la partie la plus diligente, et d'une manière normale à la requête du syndic. Il ne pourra statuer avant l'expiration du délai de huitaine. Ce délai est laissé aux intéressés pour former *opposition*, et le tribunal prononcera, après rapport du juge-commissaire (art. 514), par un seul et même jugement.

D'ailleurs l'opposition demeurerait recevable même après huitaine, aussi longtemps que le jugement n'aurait pas été rendu.

Cette faculté d'opposition, avec motifs à l'appui, est ouverte au profit de tout créancier vérifié, ou seulement reconnu après la clôture du procès-verbal, même après l'assemblée, en quelque sens qu'il ait voté. Si la loi parle de l'opposition du syndic, elle le suppose créancier lui-même, agissant à ce dernier titre (souvenir du régime antérieur à 1838); comme syndic, représentant de la masse, donc de la majorité, le droit d'opposition lui est refusé.

Il se peut que l'opposition soulève une question étrangère à la compétence du tribunal de commerce (contestation d'état pour l'héritier apparent d'un créancier, etc.) : le tribunal renverra pour l'examen de cette question à la juridiction dans le ressort de laquelle elle doit rentrer (tribunal civil d'ordinaire), et il surseoira à prononcer sur l'homologation jusqu'à ce que cette affaire ait été tranchée (art. 512 et 513).

Si le tribunal homologue le concordat, il déclare en même temps la faillite ou la liquidation judiciaire terminée (l. 1889, art. 15, al. 2). Le jugement prononçant ou refusant l'homologation est, comme les autres jugements rendus en matière de faillite ou de liquidation judiciaire, sujet à appel devant la Cour dans les quinze jours à partir de la signification (art. 582).

SECTION II

DES EFFETS DU CONCORDAT

(C. com. art. 516 à 519, 531 et 545)

1848. — Le concordat, dûment homologué, met fin à la liquidation judiciaire ou à la faillite. Il emporte dissolution de cette association *sui generis*, que le jugement déclaratif avait organisée en instituant une masse.

Les autres modes de clôture, comme l'union, opèrent à la vérité le même résultat. Ce que le concordat présente de particulier à cet égard, c'est que la dissolution a lieu *par retour au débiteur de son actif*, moyennant les dividendes promis, tandis que l'union conduit à la vente aux enchères des éléments de ce même actif. — Telle une société, dans laquelle l'un des associés rachèterait les parts des autres, au lieu de laisser réaliser les biens : toutes différences gardées, bien entendu, entre ces deux sortes de situations.

Mais, ce qu'il faut ajouter de suite, c'est que l'un des effets de la faillite (ou de la liquidation judiciaire) persiste nonobstant concordat, et persistera même après le paiement des dividendes qui y sont stipulés : la *déchéance des droits politiques*. Celle-ci ne s'effacera que par la procédure de réhabilitation.

Cette terminaison de la faillite ou de la liquidation ne se produit, au surplus, qu'à partir du moment où le *jugement* de concordat est, par l'expiration des délais de recours, *passé en force de chose jugée*, ou, s'il a été frappé d'appel, à partir du prononcé de l'arrêt par la Cour (arg. art. 519, al. 1er). Jusque-là le concordat n'a pas acquis son caractère définitif.

1849. — De même que le jugement de faillite avait produit effet sur le patrimoine tout entier du débiteur et à l'égard de tous les créanciers (nº 1521), de même aussi des résultats du concordat.

Il n'est pas douteux que, à moins de conventions spéciales, il a pour objet de lever le séquestre de justice sur *tous les biens* du failli. — Ce n'est que dans le cas d'une *faillite internationale* qu'on se demandera si le concordat, obtenu et homologué dans un pays étranger, étend son action à l'égard des biens que le commerçant possèderait en France; et ce problème, avec la question d'*exequatur* qui en est le corollaire, se tranchera différemment, suivant l'opinion qu'on aura commencé par admettre relativement à la limitation ou la non-limitation d'une faillite aux biens territoriaux (nºs 1526 et s.).

1850. — En ce qui concerne l'étendue d'action du concordat *sur les créanciers* (le problème de droit international étant écarté), la règle est fixée par l'art. 516 : « L'homologation du concordat le rendra obligatoire pour tous les créanciers portés ou non portés au bilan, vérifiés ou non vérifiés, de même que pour les créanciers domiciliés hors du territoire continental de la France, ainsi que pour ceux qui auraient été admis par provision. »

A l'observation du concordat sont donc assujettis *tous les créanciers chirographaires*, même ceux qui n'auraient révélé leur existence et fait établir juridiquement leurs droits que depuis l'assemblée, après clôture de la faillite, par conséquent; ils y sont soumis, du moment que leur titre remonte à une époque antérieure à son ouverture. Tous doivent subir la réduction de leurs créances aux dividendes convenus [1]; y compris ceux dont les droits étaient de nature conditionnelle, la condition ne s'étant réalisée que depuis le concordat lui-même [2].

[1] Mais, d'après la jurisprudence, sans que le concordat ait entraîné *novation* de leurs droits : les créanciers en vertu de lettres de change, par exemple, continueront à être régis par la prescription de cinq ans, naturellement suspendue jusqu'à l'échéance des dividendes (nous avons critiqué plus haut, nº 1643, cette interprétation).

[2] On ne s'explique pas, dans ces conditions, la doctrine de l'arrêt de la Chambre des requêtes du 19 janvier 1898, d'après lequel le concordat n'est pas opposable à un créancier dont la créance de dommages-intérêts, à raison d'un *quasi-délit*, commis par le failli antérieurement à la faillite, n'a été judiciairement établie qu'après la conclusion du traité. — La Cour de cassation était, semble-t-il, beaucoup mieux dans la vé-

Mais il va sans dire que le concordat laisse en dehors de son action les créances nées contre le commerçant depuis son homologation.

1851. — On peut ramener à deux idées dominantes les conséquences produites par un concordat :

1° Il *fait cesser* pour l'avenir *la faillite* ou la liquidation judiciaire ;

2° Il *procure* au débiteur des *termes* pour se libérer, et le plus généralement aussi *une remise partielle* de ses engagements.

Ce sont ces deux idées qui vont être développées.

1852. — I. *Le concordat fait cesser la faillite ou la liquidation judiciaire.*

Lorsque la procédure s'est poursuivie sous cette seconde appellation, en conformité de la loi de 1889, la délivrance du concordat entraîne un premier résultat des plus appréciables : la *consolidation de la liquidation judiciaire* au profit du commerçant. Celle-ci ayant pris fin, le débiteur n'est plus menacé de sa conversion éventuelle en faillite. Si le concordat lui avait été refusé, et si l'union avait été déclarée, le tribunal aurait pu décider contre lui la continuation de la procédure sous le régime de la *faillite*. Il était même dans la pensée première des auteurs de la loi de 1889 de faire de l'insuccès du concordat une cause *nécessaire* de transformation en faillite. Cette transformation a été rendue simplement *facultative* pour le tribunal. En tout cas, le fait par le débiteur d'avoir obtenu l'homologation de son traité l'affranchit d'un pareil danger.

Mais il y a dans l'obtention du concordat par le bénéficiaire de la liquidation judiciaire un second avantage de même ordre et non moins appréciable. — On se rappelle les causes, autres que le refus du concordat, qui, d'après l'art. 19 de la loi de 1889, motiveraient une conversion semblable, et, avec le jugement qui la prononcerait, la déchéance des droits électoraux que n'avait pas produite la liquidation judiciaire.

Or, après le concordat simple, cette menace disparaît : il est impossible de convertir ce qui n'existe plus (Paris, 14 mars 1890). Mais nous estimons (avec M. Lyon-Caen, note sous l'arrêt, *Sirey*, 1891, 2, 1) que ce n'est qu'à partir du jugement d'homologation, et même seulement

rité, en décidant que le concordat est opposable à un liquidateur de société anonyme, qui réclame au failli la libération d'actions par lui souscrites quand il était encore *in bonis*, et cela alors même que l'*appel de fonds* n'a eu lieu que depuis le concordat (Req. 16 décembre 1896). V. Travers, dans les *Annales du droit commercial*, 1897, p. 90, n° 38 et 1898, p. 90, n° 13.

après l'expiration des délais d'appel, que le débiteur peut se considérer comme à l'abri de cette demande en conversion[1].

1853. — En mettant la faillite et la liquidation judiciaire de pair, voici les précieux effets attachés au traité, à compter du moment où il est devenu définitif.

1854. — *a*) *Le débiteur cesse d'être dessaisi* (ou d'être soumis à l'assistance du liquidateur). L'administration libre de ses biens lui fait retour, les actes qu'il conclura désormais seront réguliers, la mainmise de la justice sur son actif a cessé. Là est la grande différence qui sépare notre concordat du concordat par abandon d'actif.

Le *syndic* (ou liquidateur), dont les fonctions s'arrêtent par là même, va *rendre ses comptes*, en présence du juge-commissaire. Ce n'est pas aux créanciers que ces comptes sont rendus, mais au failli lui-même, en même temps que l'universalité de ses biens, livres, papiers et effets lui est restituée et qu'il en donne décharge. Par conséquent, s'il y a des frais à rembourser et des indemnités à servir à l'agent de la liquidation, ces frais incombent au débiteur, rétabli dans ses biens[2].

1855. — *b*) *Les poursuites individuelles des créanciers renaissent*, puisque la masse se désagrège : mais elles ne s'exerceront pas de suite, autrement le traité serait un non-sens. La deuxième série de conséquences attachées au concordat, et dont il sera question plus bas, vient donner à notre proposition ses limites raisonnables.

Les poursuites demeurent suspendues jusqu'aux échéances des dividendes concordataires, et elles ne se réaliseront qu'à défaut de paiement de ces dividendes : un créancier qui a consenti un terme ne peut pas exécuter son débiteur avant le délai convenu.

Une sûreté réelle viendra d'ailleurs garantir ces poursuites futures : l'*hypothèque légale de la masse*. Le concordat ne la fait point tomber[3], à moins que les créanciers n'y aient formellement renoncé par le traité : le syndic devra prendre au bureau des hypothèques une nouvelle ins-

[1] Une des causes de conversion portées en l'art. 19 est la banqueroute frauduleuse. S'ensuit-il, si cette banqueroute est découverte seulement après l'homologation du concordat, que le débiteur échappe à la faillite ? — Aucunement. Cet événement entraîne nullité du concordat, la procédure est donc rouverte, et la conversion en faillite se produira.

[2] L'état des frais et honoraires, à taxer par le juge-commissaire, est déposé au greffe : le débiteur peut former opposition à la taxe dans la huitaine. La loi de 1889, qui organise cette procédure pour les comptes à rendre après la fin de l'union, ajoute qu'elle sera encore applicable dans tous les cas où il y aura lieu à reddition de comptes (art. 15 *in fine*), et que l'on devra l'appliquer aussi bien dans la faillite que dans la liquidation judiciaire (art. 20, al. 1er).

[3] Mais elle ne s'étendra pas aux immeubles qui adviendront au débiteur après l'homologation du concordat seulement.

cription mentionnant le jugement d'homologation (art. 517). — Les créanciers ne se contentent pas toujours de cette sûreté légale : ils demandent que des *cautions* viennent répondre pour le failli du paiement des dividendes à leur date : ce mode de garantie est assez répandu, là surtout où l'actif ne renferme pas d'immeubles.

1856. — Du moment que chaque créancier reprend désormais son individualité, on est enclin à penser que les *nullités introduites* par le livre III *au profit de la masse* ne peuvent plus être invoquées, si le syndic ou les intéressés, pendant la durée de la faillite, s'étaient abstenus de s'en prévaloir.

Ex. : Hypothèque constituée en temps suspect et tombant sous le coup de l'art. 446 ; plus tard, après concordat, ouverture d'un ordre sur le prix de vente de l'immeuble hypothéqué. Un créancier chirographaire, en se basant sur l'art. 446, ne pourrait pas former opposition à la collocation de l'hypothèque suspecte : ce droit n'appartenait qu'à la masse, qui n'est plus.

La solution contraire prévaut, et à bon droit. La masse, quoique dissoute, laisse des représentants dans la personne de chaque créancier respectivement : chacun d'eux en conséquence, *parte in qua*, et dans la limite de son intérêt, peut se prévaloir encore, à titre d'ayant-cause, des avantages qui s'étaient ouverts au profit de la collectivité au temps où elle était constituée.

Mais le *débiteur* concordataire ne serait pas recevable à exercer ces nullités ou ces restrictions de faillite, afin d'écarter par ce moyen une collocation sur l'un de ses biens. Cette faculté lui serait refusée, quand même il arguerait de l'intérêt de ses créanciers et du besoin qu'il a de se faciliter ainsi l'accomplissement de son traité. En réalité, c'est son propre intérêt qu'il soigne, et les nullités de la faillite n'ont pas été organisées pour lui. — Lorsque l'art. 587 suspend, en cas de condamnation du failli à la banqueroute simple, jusqu'après l'échéance des dividendes du concordat, le recouvrement par le Trésor des frais de poursuite (frais inopposables à la masse), ce texte pose une règle exceptionnelle, qu'il ne faut pas étendre au-delà de ses termes : le failli, tout comme un créancier, peut écarter le Trésor de sa demande de remboursement. Mais il n'en serait pas de même de la contestation d'une hypothèque, née autrefois en période suspecte ; au regard du débiteur, cette hypothèque est régulière.

1857. — II. La seconde idée que suggère un concordat est bien plus fertile encore en applications. — Il n'y a pas de concordat simple concevable, sans un *recul d'échéance* pour le passif qui vient d'être liquidé dans la faillite. Peut-être est-ce là le seul bienfait que le traité soit appelé à rendre au failli (ou au débiteur en état de liquidation judiciaire) : la charge de ses engagements reste la même, mais il prend des termes échelonnés pour les rembourser, cinq ou dix ans par exemple. On dit alors qu'il y a *concordat par atermoiement.*

Mais, souvent, en outre, la concession de délais est accompagnée de remises partielles sur le montant nominal du passif : les créanciers renoncent à 50 ou à 75 0/0 de leurs droits et ne laissent à la charge du failli, en le rétablissant dans ses biens, que les 50 ou les 25 0/0 restants : c'est un *concordat de remise.*

1858. — Parfois encore, une modalité particulière accompagne ces remises partielles : la *clause de retour à meilleure fortune.* Le débiteur, pour le cas où il lui arriverait de nouveaux biens en quantité suffisamment appréciable, s'oblige à payer le solde dont les créanciers lui avaient fait l'abandon.

Cette clause doit, de toute manière, être entendue avec beaucoup de mesure. Peut-être la clause dans la pensée des parties est-elle de pur style, en impliquant de la part du failli un simple engagement d'honneur. Les arrêts admettent qu'elle peut, dans le cas contraire, donner lieu à des poursuites civiles, si les conditions auxquelles cette promesse du solde est subordonnée se sont effectivement réalisées : ce que les juges apprécieront[1].

1859. — Ce que, en revanche, un concordat judiciaire ne pourrait pas effectuer, c'est la *transformation* pour l'avenir des créanciers *en associés* du failli (ou, s'il s'agit d'une société anonyme, en actionnaires). L'émolument du concordat dépendrait alors de l'existence de bénéfices dans les années futures, et se limiterait à leur montant, au prorata du droit de chaque ancien créancier.

Un concordat amiable peut réaliser ce résultat, mais non pas un concordat de faillite. Cela est surtout vrai, si l'on admet, avec la ju-

[1] On ne peut s'empêcher de constater que, par là, on arme éventuellement les créanciers d'un droit d'inquisition dans les biens du débiteur afin d'en dégager la nature et la consistance, et que cela n'est peut-être pas absolument conforme au principe de la liberté du droit de propriété. — D'ailleurs, on voit dans certains concordats bien d'autres causes de gêne, apportées pour l'avenir à la gestion de l'actif du failli : les créanciers désignent un *commissaire*, chargé de surveiller les opérations du débiteur et de se faire communiquer les livres.— Dans les concordats délivrés aux sociétés anonymes, les créanciers, composés pour la plus grande partie d'obligataires, choisissent un ou plusieurs *mandataires qui concourront aux délibérations du conseil d'administration*, ou à l'adhésion desquels il faudra soumettre les actes d'exploitation les plus graves, les ventes d'immeubles ou les constitutions d'hypothèques, etc. (V. notre note sous Req. 5 novembre 1895, *Dalloz*, 1897, 1, 113).

risprudence, que le concordat ne peut pas nover les dettes primitives, en leur imprimant une cause différente [1].

1860. — Comparaison entre la remise du concordat et une remise ordinaire. — Bornons-nous à examiner le concordat, en tant qu'il contiendrait des remises partielles.

On établit souvent un parallèle entre cette *remise concordataire* et l'opération réglée dans le Code civil, aux art. 1282 à 1288, également sous le nom de « remise de la dette ».

Le parallèle doit, pour être profitable, se restreindre à des circonstances de libération spécifiées : autrement, et pris dans sa généralité, il porte sur deux actes profondément différents. On ne peut mettre en balance que des unités similaires.

Si l'on parle d'une remise de dette consentie à un débiteur *in bonis* et sans contre-valeur en retour, cette remise n'a avec celle du concordat aucun rapport. En effet : 1° elle porte le plus habituellement sur la *totalité* de la dette, tandis que la remise contenue au concordat est nécessairement *partielle;* — 2° ne fût-elle consentie que pour une partie de la dette, elle est animée d'un sentiment de libéralité et constitue une *donation*; tandis que le créancier dans le concordat obéit à un *mobile très intéressé*, cherche à assurer la rentrée d'une portion de sa créance en renonçant à l'autre; — 3° la créance ou la portion de la créance remise, en droit civil, *s'éteint* à tous les points de vue; tandis que la remise du concordat laisse subsister une charge morale de remboursement pour le failli, et même une véritable *obligation naturelle*. Cette obligation naturelle devra être exécutée, pour que le débiteur obtienne sa réhabilitation, et en vue de ce résultat il pourra contraindre son créancier à recevoir le solde, même après que les dividendes concordataires auront été payés.

1861. — Suite. — Il est donc préférable de limiter la comparaison au *concordat judiciaire* d'une part, et au *concordat amiable* de l'autre; en entendant, par ces derniers mots, le traité consenti hors faillite à un débiteur civil ou commerçant, embarrassé dans ses affaires, et à qui ses créanciers consentent l'abandon d'une partie du passif.

Ces deux opérations sont inspirées par le même esprit et elles forment des actes à titre onéreux l'une et l'autre. Comme le créancier n'a dans le concordat amiable ainsi que dans le concordat de faillite renoncé à une fraction de sa créance, que parce qu'il y était moralement contraint

1. Mais les obligataires pourraient, à la place de leurs anciens titres, recevoir de nouveaux *certificats avec coupons variables*, dont le service serait ainsi subordonné à des bénéfices futurs : cela ne les rendrait pas actionnaires (Cfr. JUGLAR, *De la situation des obligataires en cas de faillite*, 1894).

pour la sauvegarde du reste, les sommes comprises dans la décharge continuent, ici et là, à subsister à titre d'obligation naturelle (malgré l'absence pour le non-failli de tout motif de réhabilitation).

On peut alors se demander si ces deux actes sont traités de la même manière, soit quant à l'*obligation du rapport à succession*, soit quant à la *condition des coobligés* du débiteur concordataire.

1862. — 1° Rapport à succession.— Et, d'abord la *remise* consentie par un concordat judiciaire est-elle éventuellement *sujette à rapport*, lorsque le débiteur est un successible de son créancier?

Un père prête 100,000 fr. à l'un de ses fils qui est dans le commerce. Le fils fait faillite, puis obtient un concordat auquel adhère le père et qui laisse 50 0/0 à sa charge. Il paie tous les dividendes aux échéances convenues. Le père vient à mourir : la succession peut-elle demander 50.000 fr. au fils commerçant, à supposer qu'il accepte le titre d'héritier[1] ?

Non, en principe. Il n'y a pas lieu au *rapport des donations*, puisque le père n'a pas fait de libéralité à son fils en le déchargeant d'une partie de sa dette. Il n'y a pas lieu non plus au *rapport des dettes* (art. 829 C. civ.) ; car, malgré les controverses qui ont été échangées sur ce point, le rapport des dettes n'est exigé que pour les obligations dont le successible serait civilement tenu, et non pas pour les obligations naturelles[2].

Il y a un tempérament à introduire. Ce qui influera sur la dette du rapport, ce n'est pas la nature de la remise faite dans le concordat (puisque cette remise n'est jamais gratuite), mais celle de la dette originaire contractée par le fils envers son père. Si celui-ci avait fait à son successible un prêt sans intérêt ou à intérêt très faible, ou une opération de même genre, dépourvue d'un mobile intéressé, il faudrait voir dans ce contrat une *libéralité indirecte*, sujette à rapport comme telle. Le concordat postérieur n'a pas pu lui enlever ce caractère ; et, en conséquence, le fils doit à ses cohéritiers le rapport de ce qui reste dû au moment du décès en vertu de cette opération, soit qu'une remise ait eu lieu dans l'intervalle, soit qu'il n'y ait pas eu de remise du tout.

Les règles sont les mêmes pour le concordat amiable et pour le concordat judiciaire.

[1] La question pourrait aussi se présenter au point de vue de la réduction à la quotité disponible, et les motifs de décider seraient les mêmes.

[2] C'est un thème considérable de droit civil, que nous n'avons pas à aborder à cette place. Cpr. Deschamps, *Du rapport des dettes.*

1863. — 2° Condition des coobligés. — Les *remises* contenues dans le concordat *profitent-elles aux coobligés du failli*, ou du débiteur dont les biens ont été l'objet d'une liquidation judiciaire ?

Un créancier a à la fois un *débiteur principal* et une *caution*. Le débiteur fait faillite, la caution demeure solvable ; le créancier s'inscrit à cette faillite pour le montant nominal de son droit, soit 100, et écarte la production parallèle de la caution (art. 543). Il participe au concordat (ou s'abstient d'y participer). Le traité fait au failli remise de 75 0/0. — Le créancier, dont le droit vis-à-vis du failli est ainsi tombé à 25, est-il toujours admis à réclamer l'excédant à la caution ?

En suivant les règles du droit civil sur la remise de la dette (art. 1285 et 1287), la remise consentie au débiteur principal libérerait la caution (sans que d'ailleurs le contraire fût vrai : la décharge accordée à la caution ne libérerait pas le débiteur principal) ; la remise donnée à l'un des codébiteurs solidaires libérerait les autres.

Sous le Code de 1807, et dans le silence des textes, on se demandait dans quelle mesure ces principes devaient être appliqués aux remises résultant d'un concordat de faillite : on inclinait à penser que les remises devaient profiter au codébiteur, mais seulement lorsque le créancier avait pris part au concordat et en avait voté les clauses.

La rédaction de 1838 fait au créancier un sort meilleur : Art. 545. « *Nonobstant le concordat, les créanciers conservent leur action pour la totalité de leurs créances contre les coobligés du failli* ».

Ainsi le créancier, d'après notre exemple, a toujours le droit de réclamer à la caution le montant nominal de sa créance.

Et la situation serait la même, si la faillite avait frappé la *caution* ou un *codébiteur solidaire* : le concordat n'empêcherait pas le créancier de poursuivre pour le tout le débiteur principal ou les autres coobligés : les distinctions des art. 1285 et 1287 ne sont plus applicables.

1864. — Le créancier pourra d'ailleurs agir envers la caution de l'une des deux manières suivantes :

Ou bien il attendra que le dividende concordataire lui ait été servi à son échéance, soit 25. Après quoi, il exigera le complément (75) de la caution, laquelle n'aura aucun recours de ce chef contre le débiteur principal ; car celui-ci s'est libéré de sa dette de 100 en monnaie de concordat.

Ou bien il exigera de la caution le paiement de 100 ; et celle-ci, subrogée au dividende du créancier, touchera 25 à sa place lorsque les échéances seront venues, sans pouvoir se faire indemniser pour une somme plus forte.

1865. — Ce maintien de la dette envers les coobligés du failli a paru surprenant.

On a dit que, si le créancier hypothécaire qui vote au concordat perd son hypothèque (art. 508), il serait logique que celui qui concourt au traité, ayant une caution, subît le même sort.

On a dit encore que le vote favorable du créancier au concordat et que la réussite de ce concordat faisaient perdre à la caution son recours subrogatoire ou en limitaient l'effet aux dividendes laissés à la charge du failli ; que, dans ces conditions, la caution devrait pouvoir se dire déchargée d'après l'art. 2037 C. civ.

1866. — Sans prendre la peine de répondre à ces objections, qui reposent partiellement sur des erreurs, il faut relever la manière non moins inexacte, selon nous, dont on a cherché à justifier la règle de l'art. 545.

Dans une remise civile, a-t-on dit, la décharge *éteint* entièrement la dette ou la part de dette à laquelle le créancier renonce. Et de là vient que, sous les distinctions des art. 1285 et 1287, le créancier n'ait plus droit d'action contre les coobligés.

Dans un concordat, au contraire, la part comprise dans la remise continue à être l'objet d'une *obligation naturelle* ; or une obligation de ce genre peut servir encore de support à un cautionnement ou à l'accession d'un codébiteur solidaire.

Ce n'est pas là un argument décisif. Car, autant, lorsque la dette a eu pour le principal débiteur le caractère naturel dès le début, il est logique d'admettre que la caution a entendu en répondre civilement et a pu le faire; autant cette volonté pour elle de demeurer tenue, lorsque la dette de civile à l'origine deviendrait naturelle plus tard, reste conjecturale, à ne rien dire de plus.

1867.— La disposition, qui laisse subsister la dette entière au regard des débiteurs solvables, malgré la libération du concordat, procède de la théorie d'ensemble sur les coobligés : les art. 542 et 544 entraînaient l'art. 545 comme une conséquence forcée (n° 1700).

Un concordat, en effet, n'a d'autre but que de *fixer le chiffre du dividende* né de la faillite; ce n'est pas une opération nouvelle, mais la résultante de la faillite elle-même, comme le serait la répartition de dividendes d'union.

Or, nous avons dit et répété que *la faillite n'atteignait pas la dette* même au regard du failli. Elle lui ménageait seulement le moyen *de sortir de la solidarité*, moyennant un prix qui est précisément le dividende. Ce prix, c'est le concordat qui le liquide.

Pendant que la faillite suivait son cours, les coobligés solvables demeuraient tenus pour le tout : preuve évidente que le jugement déclaratif n'avait point réduit le chiffre de l'obligation et en avait respecté le montant. Pourquoi voudrait-on que ces coobligés fussent libérés, une fois le concordat voté et le dividende arrêté sous la forme de promesses? C'est une disposition qui statuerait dans un sens opposé à l'art. 545, qu'il faudrait taxer d'illogique.

Evidemment, la caution est à plaindre de ne pouvoir se retourner contre le failli concordataire; mais, en s'obligeant, c'est un risque qu'elle a consenti à courir.

Si l'on tient absolument à faire ressortir que la dette envers le failli concordataire continue *naturaliter*, et qu'autrement le cautionnement manquerait de base, la déclaration est bonne sans doute à retenir, mais elle ne suffit pas à expliquer la règle. Ce qu'il faut dire, c'est que le débiteur, en faisant faillite, a racheté sa place dans la dette sans toucher à la dette elle-même, et que la valeur de ce rachat est un dividende qu'établira plus tard soit un concordat, soit une vente d'union. Donc la dette persévère avec son chiffre primitif à l'égard de tous autres que lui, alors surtout que l'engagement à son propre respect n'a point disparu en droit naturel.

1868. — Par là, se dégage la réponse qu'on doit donner dans un concordat amiable : les *remises* accordées alors à l'un des débiteurs *libèrent* d'autant *les autres* [1].

Cependant, ces remises laissent bien subsister la dette à titre d'obligation naturelle, comme elles la laissaient subsister dans un concordat de faillite (nº 1861).

Il n'importe : le dividende d'un concordat amiable cesse de pouvoir s'analyser de la même manière que celui d'un concordat judiciaire; ce n'était qu'à condition de tomber en faillite que le débiteur aurait pu dire qu'il s'est détaché de la dette, demeurée entière pour les autres. Ici, il l'a partiellement éteinte, ce sont les art. 1285 et 1287 qu'il faut suivre.

Le créancier, en renonçant aux trois quarts de sa créance, a consenti à son débiteur, disaient les Romains, un pacte *de non petendo in rem*. Il lui a promis que ces trois quarts ne lui seraient plus jamais réclamés, même indirectement, fût-ce par une caution appelée à en faire l'avance. En conséquence, la caution elle-même est recevable à se prévaloir de cette libération vis-à-vis du créancier.

Autrement, on tomberait dans cette impasse. — Ou la caution, payant la dette, serait sans recours contre le débiteur; et comment cela peut-il se faire, du moment qu'elle n'a pas été partie au concordat amiable? — Ou bien elle aurait son recours; et en ce cas le débiteur,

[1] Mais, bien entendu, le concordat amiable délivré à la caution ne libère pas le débiteur principal.

par suite de ce circuit d'action, cesserait de profiter de la remise que le créancier lui avait délivrée : ce qui serait inconséquent.

1869. — Concordat dans les sociétés. — Le problème du maintien de la dette entière envers les coobligés du failli concordataire appelle quelques remarques spéciales, lorsqu'il s'agit de faillites de sociétés.

Une société, soit par intérêt, soit par actions, est apte à recevoir un concordat [1].

La possibilité pour elle, à la vérité, de bénéficier d'un concordat simple est discutée, lorsque la *société* est *dissoute* ou *nulle*; on estime en général que l'état de liquidation où elle se trouve par suite de la fin de son existence est incompatible avec un concordat soit de remise, soit même d'atermoiement.

Mais encore cette restriction au droit dont dispose une société faillie d'user du concordat, n'est-elle pas certaine. Pourquoi ne serait-elle pas fondée à conclure un traité avec l'ensemble de ses créanciers, afin de reporter à des dates ultérieures le règlement du passif?

La clôture des opérations de liquidation sera suspendue jusqu'à cette époque prévue : rien dans la loi ne semble y mettre empêchement.

1870. — Suite. — Où apparaît le problème des coobligés, c'est dans les faillites et concordats de *sociétés en nom collectif* et *en commandite*. Ces faillites, on s'en souvient, laissent voir parallèlement plusieurs faillis : la *personne morale* pour la liquidation de l'actif social, et *chacun des associés* responsables (n°s 213 et 1481) pour la liquidation respective de ses biens propres. Les créanciers sociaux produisent seuls dans la première de ces deux faillites, ils concourent avec les créanciers personnels dans les autres.

Du moment que ces faillites se décomposent, chacune d'elles se prête à la tenue d'une assemblée distincte de concordat. Les majorités ne se

[1] S'il s'agit d'une société par actions, son *liquidateur* ou le *conseil d'administration*, qui était en fonctions au moment du jugement déclaratif, a tous pouvoirs pour négocier le concordat avec la masse : c'est lui, en effet, qui représente la société. Mais ce concordat doit être soumis à une *délibération* conforme de l'*assemblée générale* extraordinaire, car il dépasse les attributions normales d'un conseil d'administration.

Dans les concordats de sociétés par actions, figurent souvent des clauses concernant les *fondateurs* ou *administrateurs* responsables de la ruine de la société : à eux aussi les créanciers font remise de leur responsabilité, moyennant une somme promise à forfait (il se pourrait que des arrangements analogues fussent pris avec les actionnaires qu'on libérerait du non-versé de leurs titres, à charge de certains versements). — Mais ces stipulations ne sont pas, à proprement parler, les éléments d'un concordat, car ceux qui en profitent ne se trouvent pas en faillite. Elles constituent des *transactions* conclues par la masse, sur des droits appartenant en commun à tous les créanciers (*Revue critique*, *Ex. doct.* 1885, p. 296), et ces transactions se trouvent liées au concordat qui est délivré à la personne juridique société.

calculeront pas sur le même passif dans toutes les assemblées : le concordat peut réussir dans une faillite et ne pas réussir dans une autre.

1871. — Lorsque le concordat est refusé à la société comme telle, ou n'est pas proposé en son nom, le régime de l'*union* prévaut pour le capital social. Cela n'empêchera pas les créanciers de délivrer un *concordat* à *un ou plusieurs associés*, en supposant celui à qui on le concède exempt de banqueroute frauduleuse.

L'associé qui a reçu un concordat particulier est « déchargé de toute solidarité », c'est-à-dire qu'il sort personnellement du passif solidaire, moyennant l'engagement d'un dividende à servir sur son avoir personnel. Ce dividende ne s'imputera ni sur celui qui provient de la liquidation du capital social, ni sur ceux que donnent les faillites de ses coassociés. Son traité particulier n'a pu contenir l'engagement de payer un dividende que sur les valeurs étrangères à l'actif social (art. 531).

1872. — Lorsque, au contraire, le concordat est consenti à la société, il est de jurisprudence (Civ. cass. 5 décembre 1864) que ce concordat profite, à défaut de réserves contraires, aux associés en nom, alors même que ceux-ci ne concourraient point aux sacrifices faits par la société pour obtenir le concordat qui l'a libérée.

Mais, s'il y a des réserves faites, la question du concordat se présentera séparément pour chacun des associés responsables, et pourra aboutir à des dividendes de taux différent qui se cumuleront entre eux[1].

1873. — Concordat pour les époux en communauté. — De cette question des faillites et concordats de sociétés se rapproche celle des *engagements respectifs du mari et de la femme* autorisée, sous le régime de la communauté. Le passif de la femme commerçante tombe à la charge de la communauté : le mari, lorsqu'il est commerçant de son côté, encourra la faillite en ne payant pas ses dettes (n°s 106 et s.).

Si un concordat est délivré *au mari*, les créanciers de la femme peuvent-ils encore, pour avoir paiement de la portion de la créance remise au failli, et dont la femme est toujours personnellement tenue, exercer des poursuites du chef de celle-ci sur les *biens de la communauté*?

La jurisprudence ne le pense pas : dans la faillite du mari, les biens communs ont été englobés; donc le concordat a été accordé à l'actif de la communauté aussi bien qu'aux propres du mari (Req. 17 janv. 1881).

[1] Il n'est pas absolument impossible que les biens des associés soient mis en état d'union, alors que pour la société c'est le concordat qui avait prévalu.

SECTION III

DE L'ANNULATION ET DE LA RÉSOLUTION DU CONCORDAT

(C. com. art. 518, 520 à 526 ; L. 1889, art. 19)

1874. — Le concordat voté et homologué, passé en force de chose jugée, sera-t-il maintenu dans l'avenir à tout évènement ? Ce contrat, qui forme un acte de juridiction gracieuse, — sauf sur les moyens d'opposition qui ont pu constituer des incidents de l'instance aux fins d'homologation, — ce contrat est-il sujet aux mêmes causes de destruction qu'un contrat ordinaire (nullité pour incapacité de l'une des parties, pour erreur substantielle), etc.

Cette question, débattue avant 1838, a été tranchée suivant une transaction, par la loi de révision des faillites.

L'intérêt pour tant de personnes au maintien du concordat a dû, en principe, le rendre irrévocable. Mais on a admis par exception deux causes de rupture du traité, qui sont : — l'*annulation* pour dol, — et la *résolution* pour inexécution des conditions (art. 518 et 520).

La conséquence de la recevabilité de l'un de ces deux moyens d'anéantissement du contrat sera de rouvrir la faillite. Au cas de *liquidation judiciaire*, il y a un second résultat atteint, à certains égards plus grave : l'annulation, comme la résolution du concordat, entraîne, en vertu d'un jugement du tribunal de commerce, *conversion* obligatoire de cette liquidation *en* une *faillite* (l. 1889, art. 19, al. 2, 3°).

1875. — L'*annulation* suppose l'existence dans le concordat, pris au moment de sa formation, d'un défaut substantiel. A lire les art. 518 et 520, ce défaut consisterait, tantôt dans la découverte d'un *dol ayant pour objet une dissimulation d'actif ou une exagération du passif*, et tantôt dans une condamnation du débiteur pour *banqueroute frauduleuse*.

En réalité, ces deux causes n'en font qu'une. Car la banqueroute frauduleuse elle-même a sa source dans le détournement d'actif ou dans la supposition mensongère de dettes fictives (art. 591). Seulement, un fait de ce genre venant à se découvrir depuis le concordat, voici l'alternative.

Tantôt, l'ouverture d'une instruction criminelle aboutira à une condamnation du failli en Cour d'assises; ce qui aura pour résultat de rouvrir de plein droit la faillite, sans qu'il soit besoin d'un jugement préliminaire d'annulation du concordat (art. 522, *init.*)[1].

[1] Dès les premières poursuites pour banqueroute, le tribunal de commerce peut prescrire telles mesures conservatoires qu'il appartiendra. Ces mesures cesseront de plein droit, aussitôt après l'ordonnance ou l'arrêt de non lieu ou après l'acquittement (art. 521).

Tantôt le ministère public, s'abstenant de poursuivre, un intéressé quelconque, articulant le fait de dol, saisira le tribunal de commerce d'une demande en annulation (même art. 522), et cela pendant dix ans à courir depuis que ce dol a été découvert (art. 1304 C. civ.) [1].

1876. — La *résolution*, au contraire, suppose un concordat exempt d'un vice contemporain de sa formation. Elle se réfère à la survenance d'un fait postérieur, qui est l'*inexécution des prestations concordataires* elles-mêmes.

Les créanciers non payés aux échéances que stipulait le traité, et chacun d'eux individuellement, peuvent demander (pendant trente ans à la rigueur) au tribunal de commerce de la faillite de faire tomber le concordat, Celui-ci disparaîtra alors vis-à-vis de tous dans son indivisibilité : ce qui entraînera également la réouverture de la faillite (art. 520, al. 2, et 522, al. 1er).

C'est l'application de l'art. 1184 C. civ. : les remises n'ont été délivrées que contre la promesse de payer le solde ou de fournir les garanties convenues ; le débiteur ne tient point sa parole, la cause des remises tombe par là-même. La justice peut d'ailleurs accorder des délais de grâce, et elle ne manquera pas de le faire, si la demande ne provient que d'un créancier ou d'une faible minorité.

1877. — **Effets.** — Ces deux causes, annulation et résolution, engendrent des effets identiques, un seul excepté.

Le point sur lequel elles se séparent a trait à la *condition des cautions*, qui étaient intervenues au concordat afin d'en garantir l'exécution.

En cas d'*annulation* pour dol, ces *cautions* sont *libérées* (art. 520, al. 1er).

En cas de *résolution*, elles *continuent à demeurer tenues* dans les limites des prestations concordataires promises (art. 520, al. 3), pourvu, toutefois, qu'elles aient été mises en cause et reliées à l'instance (al. 2).

Cette différence se justifie d'elle-même. Strictement, puisque le concordat tombe, les cautions devraient être déchargées, et ce résultat ne pouvait faire question dans le procès en annulation. Mais la non-exécution du concordat est une faute imputable aussi bien aux cautions qu'au débiteur : les cautions devaient pourvoir à l'accomplissement du traité. Elles ne sauraient tirer avantage d'un fait qu'on leur reproche

[1] Et non pas depuis le fait criminel lui-même. Il est vrai que l'action publique aux fins de répression se prescrit par dix ans et que l'action civile née du crime s'éteint en même temps que la première (art. 637 C. Inst. crim.).— Mais cette action civile, solidaire dans sa durée de l'action publique, est celle qui aurait pour objet la *réparation pécuniaire* de l'infraction, et il n'est pas possible de considérer l'action en nullité du concordat comme ayant ce caractère.

justement. La théorie de l'art. 1382 et des dommages-intérêts suffirait à expliquer pourquoi leur engagement doit persévérer.

1878. — Quant aux effets résultant de l'annulation et de la résolution tout à la fois, ils se groupent autour de ces deux idées : — *reprise des opérations de la faillite* ; — *concours des créances nouvelles* nées depuis le concordat *avec les créances concordataires*, sans que ces dernières puissent uniformément revivre au regard des autres pour leur montant nominal primitif.

1879. — I. Et d'abord, la faillite recommence, le tribunal de commerce nomme un *juge-commissaire* et un (ou plusieurs) *syndics* : ce jugement sera publié. La masse des créanciers, dispersés depuis l'homologation du traité, se reconstitue.

Mais on ne sera pas obligé de respecter de tous points les délais de procédure et les exigences d'information d'une faillite ordinaire. Il n'y a pas lieu à une nouvelle vérification des créances admises à la faillite et au concordat passé. La liste de ces créances est connue (art. 523, al. 2).

De même, la composition de l'actif se dégage du précédent inventaire, du précédent bilan. Mais il s'est produit dans l'intervalle des modifications dans la consistance de cet actif. Aussi le syndic procédera-t-il (avec l'assistance du juge de paix, s'il y a eu mise de scellés), sur l'ancien inventaire, au *récolement* des valeurs qui y figurent, ainsi qu'à un supplément d'inventaire : ce qui déterminera aussi la revision du bilan (art. 522, al. 2 et 3).

1880. — II. Les créanciers concordataires vont trouver en face d'eux des créanciers nouveaux.

Ici se posait, avant toutes choses, une question de principe. La faillite rouverte va-t-elle se raccorder à l'ancienne, rétroactivement et sans solution de continuité ? S'il en avait été ainsi, le débiteur serait présumé n'être jamais sorti de faillite, et la permanence du *dessaisissement* aurait conduit à *annuler tous les engagements* contractés par lui dans l'intervalle.

Ce résultat était inadmissible : les nouveaux créanciers ont traité avec le débiteur, sur la foi du concordat qui le relevait du dessaisissement. Ce concordat, ce sont les anciens créanciers qui l'ont délivré. La plus élémentaire probité les oblige à reconnaître les dettes nouvelles dont ils sont les promoteurs et qui, dans leur pensée, devaient mettre le failli en mesure de servir les dividendes à leur échéance respective.

Il y aura donc lieu à *vérification du passif* pour ces dettes, formées postérieurement à l'homologation du concordat et avant réouverture de la faillite. Ces créanciers nouveaux seront convoqués suivant les formes ordinaires et invités à produire leurs titres dans les *vingt jours*, pour tout délai (sans augmentation à raison des distances), quitte à ne pas opérer de répartition d'actif avant l'expiration du temps donné par les art. 492 et 497 aux créanciers français pour se faire connaître (art. 522, al. 4, et 524, al. 2).

Après clôture de ce nouveau procès-verbal de vérification, destiné à faire suite à l'ancien, on procédera à une nouvelle assemblée de *concordat* (si c'est par suite d'une résolution que le premier concordat est tombé, car la banqueroute frauduleuse met radicalement obstacle au traité) : et dans cette assemblée les créanciers anciens et nouveaux concourront ensemble.

1881. — Sans aller jusqu'à faire rétroagir le dessaisissement, la loi aurait pu instituer devant cette faillite rouverte une *période suspecte*, par fixation de la date de la seconde cessation des paiements : ce qui aurait donné ouverture aux nullités des art. 446, 447 et 448.

Elle ne l'a pas fait davantage. La masse qui avait accordé le concordat s'était engagée, en relevant le failli, à reconnaître toutes les opérations que le débiteur viendrait à conclure par la suite.

Il n'y a d'exception que dans le cas de *fraude* démontrée : ces engagements intermédiaires ne pourront être attaqués qu'en vertu de l'*action paulienne*, suivant l'art. 1167 C. civ. (art. 525)[1].

1882. — Mais dans cette rencontre de deux classes de créanciers, les anciens et les nouveaux, comment trouver une mesure équitable, de nature à établir les droits respectifs des uns et des autres?

Puisque les nouveaux créanciers ont, disions-nous, traité avec le négociant sur la foi du concordat dont les anciens créanciers sont les auteurs, auront-ils le droit de *primer ces anciens créanciers*, en invoquant le raisonnement dont usent dans une faillite les créanciers de la masse? « C'est vous-mêmes, créanciers concordataires, qui vous êtes obligés envers nous sur l'actif du failli, rendu par votre fait à son administration ».

Ce mode de règlement aurait fait pencher la balance à l'excès du côté des créanciers nouveaux. La loi a donc décidé que les deux catégories viendraient en concours.

1883. — Même sur certaines valeurs, la priorité est assurée aux créanciers concordataires par rapport à ceux dont les titres sont postérieurs au concordat.

[1] Toutefois, si, parmi les créanciers concordataires, les uns avaient reçu leur dividende et que les autres ne l'eussent pas touché, il faudrait rétablir entre eux la péréquation, au moyen du rapport des sommes touchées par les premiers. C'est un engagement tacite qu'ils ont pris réciproquement, en votant le concordat lui-même.

En effet, quoique ce concordat soit tombé, l'*hypothèque légale* subsiste sur les immeubles qui en ont été grevés par la faillite première, et elle n'appartient qu'au groupe qui a pris part à cette faillite première : à la différence des cautions personnelles qui, intervenues à ce concordat, se trouvent maintenant libérées (en cas d'annulation), l'hypothèque survit, car c'était le jugement déclaratif originaire qui l'avait fait naître, et nullement le concordat lui-même [1].

1884. — Restait une difficulté : *pour quelle somme* devait-on *admettre les créanciers antérieurs au concordat*? pour leur droit originaire? ou pour ce droit diminué des remises concordataires? — Soit un créancier auquel il était dû 100 primitivement, et le concordat a consenti une remise de 75 0/0. Produira-t-il pour 100, ou seulement pour 25?

Si les créanciers concordataires se retrouvaient entre eux seuls, sans que le failli eût contracté un nouveau passif, ils rentreraient dans la *plénitude* de leurs créances originaires.

Mais une pareille éventualité est improbable, et c'est *au regard des créanciers nouveaux* qu'il faut déterminer la mesure de leurs droits. La loi la fixe, au moyen d'une distinction que fait l'art. 526.

a) N'a-t-il encore été payé *aucun dividende* au moment où tombe le concordat et où la faillite est reprise? — Les remises contenues dans le traité sont anéanties, et les créanciers antérieurs au concordat rentrent vis-à-vis des nouveaux dans l'*intégralité de leurs droits originaires.*

b) Y a-t-il eu, au contraire, une *partie du dividende touchée* à cette date? Par exemple, des acomptes représentant les 2/5 de ce dividende complet, 10 sur un total de 25.

L'*acompte* payé *conservera* dans la masse nouvelle l'*effet libératoire* proportionnel que le traité avait entendu lui donner.

Le créancier de 100 a obtenu satisfaction à concurrence des 2/5 : ce qui veut dire à concurrence de 40; et cependant ce n'est qu'une somme de 10 qu'il a encaissée. Il ne reste donc plus créancier que des 3/5,

[1] Nous présentons la question, de la manière dont on la développe d'habitude; mais nous ne pouvons nous empêcher d'ajouter que, d'après le sens que nous avons donné à cette prétendue hypothèque (n°s 1558 et 1575), la destruction du concordat devrait la faire tomber, en sorte que créanciers anciens et nouveaux produiraient au marc le franc, sur les immeubles du failli comme sur les autres valeurs. — En effet, d'après nous, pendant le cours de la faillite primitive, cette hypothèque se confondait avec le dessaisissement. Or le dessaisissement a cessé avec l'homologation du concordat. Il est vrai que les prestations de ce concordat étaient garanties par l'hypothèque légale (art. 517). Mais du moment que ce concordat tombe, l'hypothèque doit tomber avec lui. Il n'y a point dans le paragraphe *de l'annulation et de la résolution* de texte, d'où l'on puisse induire que, la faillite étant reprise, les créanciers antérieurs au concordat disposent d'un rang de préférence quelconque au regard des créanciers nouveaux : la disposition de l'art. 526 semble plutôt dire le contraire.

soit de 60, et c'est pour cette somme qu'il sera appelé à participer aux opérations de la faillite rouverte.

La loi exprime cette pensée de la manière suivante : « les créanciers qui ont reçu une partie du dividende figureront dans la masse, pour la portion de leurs créances primitives correspondante à la portion de dividende promis qu'ils n'auront pas touchée ».

1885. — On voit que la loi s'attache à octroyer aux créanciers nouveaux une condition favorable. Ils continuent à certains égards à se prévaloir du concordat vis-à-vis de la première masse, bien que ce concordat soit tombé. Et cela est raisonnable : ils ont fait crédit au commerçant, parce qu'ils croyaient à sa libération dans les limites où le concordat le déchargeait. Leur permettre de pousser jusqu'au bout l'argument résultant de cette pensée, eût été abusif. Il fallait s'arrêter à un moyen-terme : le régime consacré paraît l'avoir assez heureusement découvert.

1886. — On oppose à l'annulation ou résolution du concordat, l'hypothèse de la *survenance d'une nouvelle faillite* (art. 526, al. 3).

Il y a nouvelle faillite, lorsque c'est par suite du *non paiement de ses dettes nouvelles* que le commerçant retombe en dessaisissement. C'est à la requête des créanciers qui souffrent de ce défaut de paiement que la faillite sera déclarée (ou par dépôt de bilan, ou d'office).

Il y aura bien alors une faillite indépendante de l'ancienne, avec sa *période suspecte*, par suite de la fixation de la date de la cessation des paiements, avec *nouvel inventaire* et *vérification des titres* selon les délais ordinaires.

Comme cette nouvelle faillite empêche l'exécution de l'ancien concordat, celui-ci se trouve par là même résolu. Les deux catégories de créanciers produiront donc ensemble, comme ci-dessus, sans que le mode de calcul que nous venons d'étudier subisse la moindre modification.

CHAPITRE VIII

SOLUTIONS DE LA FAILLITE OU DE LA LIQUIDATION JUDICIAIRE. DE L'UNION

(C. com. art. 529 à 540 ; 565 à 573 ; L. 1889, art. 19, al. 1er, 2e)

1887. — L'*union*[1] est la solution diamétralement opposée au concordat. Le concordat (le concordat simple, tout au moins) impliquait la concession d'un crédit, une confiance mise dans les résultats du relèvement du débiteur; l'union exprime un refus de crédit et l'exécution forcée poursuivie sur les valeurs de l'actif jusqu'à leur parfait épuisement.

Cette solution *consiste* donc *dans la vente des biens compris dans la faillite, avec répartition des sommes entre les créanciers*, sans d'ailleurs aucune remise consentie aux biens à venir pour le reliquat que ces distributions ne parviendraient pas à couvrir.

1888. — Ce terme d'*union* n'est pas, grammaticalement, d'une parfaite justesse. Il répond, par son étymologie, à la même idée que le mot *masse* : les créanciers sont réunis ensemble, et, en quelque sorte, confédérés. Or, ce résultat tenait au seul prononcé du jugement déclaratif: ce n'est pas au cours des opérations de la faillite qu'il vient à se produire, comme conséquence du rejet du concordat.

Le mot d'*union* prétend traduire une pensée désormais agressive contre le débiteur : à partir de sa constitution, le failli n'a plus à attendre de ménagements, l'espoir de reprendre l'administration de son actif est perdu pour lui.

1889. — Il semblerait que le régime d'union fût incompatible avec la liquidation judiciaire : à ce titre, le rejet du concordat entraînerait pour une personne, à qui la procédure de la loi de 1889 a été d'abord accordée, conversion de la liquidation en faillite, en même temps que déclaration de l'union.

On sait que cette conséquence, admise primitivement par le projet, a été repoussée comme étant trop dure. La déchéance de la liquidation judiciaire, par suite du refus du concordat ou de sa non homologation, n'est pas une règle fatale : la question dépendra de l'appréciation du *tribunal* qui, soit d'office, soit sur la poursuite des créanciers, *pourra*

[1] Pratiquée en 1894 dans 1,731 faillites (sur 6,745 procédures terminées dans l'année), et dans 448 liquidations judiciaires (sur 2,690).

ou bien *déclarer* pour l'avenir *la transformation de la liquidation judiciaire en faillite*, ou bien décider que la liquidation judiciaire continuera son cours sous le régime de l'union (L. 1889, art. 19, al. 1er, 2o).

En faveur de la solution modérée que la loi a consacrée, il y avait notamment ce motif à invoquer. Le maintien de la liquidation judiciaire est assuré par la loi au débiteur qui obtient une forme de concordat quelconque, même un concordat par abandon d'actif. Or, dans ce dernier cas, le commerçant se trouve dans une situation voisine de l'union : ses biens sont vendus et le traité que les créanciers lui ont accordé n'exprime, pas plus que le régime d'union, la confiance de la masse dans son avenir[1].

1890. — Lorsque le tribunal se prononce pour la conversion en faillite (421 conversions en 1894), les avantages, que le débiteur avait trouvés jusque là à être affranchi du régime établi au livre III, disparaissent naturellement ; il est maintenant, pour la phase d'exécution des biens, un *véritable failli*. Sa condition en droit public s'aggrave : à l'inégibilité, dont il était atteint précédemment, vient s'ajouter la perte de tous les autres droits d'ordre politique, de l'électorat notamment.

En outre, le dessaisissement le frappe : il n'est plus un débiteur simplement assisté d'un liquidateur ; il y a lieu de désigner un véritable *syndic* d'union, qui opérera la vente des biens et la répartition des sommes en dehors du concours du commerçant lui-même. « Si la faillite est déclarée, il est procédé conformément aux art. 529 et suiv. du Code de commerce » (art. 19, al. 1er, 2o *in fine*).

Les opérations de la faillite seront d'ailleurs suivies sur les derniers errements de la procédure de la liquidation (même art., alinéa final). Le procès-verbal de vérification des créances a été précédemment dressé, et c'est à la teneur de son contenu que les créanciers participeront aux distributions.

On doit, dès lors, éprouver des doutes sur l'exactitude d'une pratique admise depuis 1889. D'après l'art. 581, la masse des créanciers ne peut plus faire modifier la date de la cessation des paiements du débiteur, une fois que les délais de vérification sont expirés (no 1537). Néanmoins, on prétend que ce texte cesse d'être applicable, s'il y a conversion de la liquidation en faillite. La fin des délais de l'art. 581 ne mettrait pas

[1] Nous ne croyons pas nécessaire de reprendre l'examen des diverses causes qui entraîneraient, les unes à titre obligatoire, les autres à titre facultatif, la conversion en faillite d'une liquidation judiciaire. Ces causes sont déterminées par l'art. 19 de la loi de 1889. Nous les avons déjà examinées, en nous demandant si la connaissance de ces causes par le tribunal, dès le moment où il est saisi de la requête du commerçant et du dépôt de son bilan, devait avoir pour effet d'empêcher le prononcé de la liquidation judiciaire (no 1493).

ultérieurement obstacle à ce que l'on appelle communément une demande en report de faillite (Agen, 30 déc. 1892).

Nous répétons que cette affirmation ne repose point sur des preuves péremptoires. S'il n'y avait pas lieu dans une liquidation judiciaire à la fixation de la date de la cessation des paiements, on s'expliquerait un report de faillite après conversion, et au-delà des délais. Mais, du moment que les art. 446 et suivants, ainsi que l'art. 581 lui-même, doivent s'étendre de l'un des deux régimes à l'autre (nº 1520), la raison de laisser indéfiniment ouverte la phase de report cesse d'apparaître clairement.

1891. — Lorsque, tout au contraire, le tribunal maintient au débiteur, malgré l'union, le bénéfice de la liquidation judiciaire, il n'y a ni syndic nommé, ni perte des droits politiques. L'agent qui poursuivra les opérations sera un *liquidateur* d'union.

Cet agent se bornera-t-il à assister le débiteur, ou se substituera-t-il à lui pour la vente des biens et pour les répartitions de sommes?

C'est la seconde solution qui prévaut : elle trouve un certain appui dans les travaux préparatoires, elle est surtout d'accord avec le texte de l'art. 19, qui renvoie pour les formes de la réalisation à l'art. 15, et par la chaîne que donne cet art. 15, à la fois aux art. 541 et 529 du C. de com.

Or ces dernières dispositions règlent des opérations faites par un syndic, sans coopération du débiteur lui-même. Il doit en être de même ici : le commerçant est donc *dessaisi*, ce qui le place dans une position autre que celle qui résultait du jugement déclaratif. Se représenterait-on un débiteur, poursuivant lui-même sur ses biens au compte de ses créanciers des actes d'exécution forcée ? (Civ. Seine, 3 juillet 1885.)

1892. — Laissons de côté les particularités que présente le régime de l'union, lorsque c'est à la suite d'une liquidation judiciaire qu'il intervient, et dégageons quelques notions générales.

1893. — **Rapprochement entre l'union et le concordat.** — Il existe entre l'*union* et le *concordat* quelques points de contact et quelques analogies :

1º L'un et l'autre de ces deux régimes emportent *clôture* de la faillite : le concordat, à partir de son homologation passée en chose jugée; l'union, après la répartition des derniers deniers et la tenue d'une assemblée dont nous reparlerons. « Après clôture de cette assemblée, l'union sera dissoute de plein droit » (art. 537, al. 4)[1].

[1] Toutefois, d'après la jurisprudence, lorsque certains biens, qui appartenaient déjà au failli pendant la durée de la faillite, auraient échappé aux investigations du syndic, la clôture de l'union ne s'appliquerait point à ces biens. Il faudrait rouvrir la faillite et

2° L'union, ainsi que le concordat, a pour objet la *fixation du dividende*. Seulement elle se détermine par une voie différente dans les deux régimes. Dans le concordat, c'est le *traité* qui l'établit, avec promesse de payer le dividende à des époques futures; dans l'union, le dividende ressort du chiffre atteint par le *produit des ventes* et des recouvrements, toutes charges, tous frais, tous droits de préférence déduits, et il se limite à ce chiffre.

1894. — **Suite.** — Mais c'est surtout par les différences qui le séparent d'un concordat que le régime d'union frappe d'attention :

1° Le concordat est l'œuvre d'un *traité*, une convention a été conclue entre le débiteur et la masse. L'union ne se vote pas, elle résulte *ipso facto* du refus du concordat ou de la décision judiciaire qui en repousse l'homologation. Le juge-commissaire déclare l'union ouverte, de quoi fait foi le procès-verbal (art. 529, al. 1er).

2° Le concordat lève le *dessaisissement* dont l'actif était l'objet. L'union le laisse subsister jusqu'après réalisation et distribution des sommes.

3° Le concordat contient ou peut contenir des *remises partielles*. Le régime de l'union est exclusif de tout abandon d'un reliquat par les créanciers. — Lorsque la faillite sera close, sans qu'ils aient touché l'entier montant de leurs droits, l'excédant subsiste à la charge du failli à titre d'obligation civile. Il appartiendra aux créanciers, en cas de survenance au commerçant de biens futurs, de poursuivre le paiement du solde sur ces biens (art. 539, al. 1er). Seulement, ils procéderont, à cet effet, par la voie des saisies individuelles, et non par une nouvelle mise en faillite, qu'empêche la maxime : *Faillite sur faillite ne vaut*[1].

1895. — L'union, qui est, suivant les faillites, de durée plus ou moins longue, se développe entre deux dates, celle de son ouverture et celle de sa clôture.

1896. — **Ouverture.** — On a déjà dit dans quelles conditions elle s'ouvrait : par le fait de l'insuccès des tentatives de concordat.

Le juge-commissaire consulte immédiatement les créanciers sur les

procéder à un complément de liquidation. L'aliénation que ferait le failli de ces biens, même postérieurement à la clôture apparente, serait inopposable aux créanciers, le dessaisissement ayant persévéré quant à eux (Req. 20 décembre 1886, et note Lacour, dans les *Annales de droit commercial*, 1886-87, 1, 105).

[1] Cette maxime n'est pas écrite dans la loi. Mais il serait déraisonnable d'autoriser une seconde procédure d'ensemble se proposant de liquider le passif du commerçant, du moment que ce passif a déjà été l'objet d'une précédente liquidation. — C'est aussi pour ce motif qu'en cas d'inexécution du concordat, les créanciers procèdent par voie de résolution et non par une demande de faillite nouvelle (n° 1876).

faits de la gestion et sur le maintien ou sur le remplacement du syndic (les créanciers privilégiés ou hypothécaires étant admis à cette délibération) : après quoi le tribunal statue, et le syndic remplacé rend ses comptes au syndic nouveau, le troisième en date, dénommé *syndic d'union* (art. 529).

En outre, les créanciers sont consultés sur l'attribution d'un secours définitif au failli, par prélèvement sur l'actif de la masse (art. 530) ; on a parlé de ce mode d'assistance et de la procédure à suivre, dans une autre partie de ce traité, à propos du devoir alimentaire de la faillite (nº 1637).

1897. — Clôture. — On sait aussi quel événement vient mettre fin à l'union : c'est la distribution des derniers deniers, suivie d'une *assemblée des créanciers*.

Celle-ci a un double rôle : elle *reçoit les comptes du syndic*, le failli étant présent ou dûment appelé (sans préjudice, dans une faillite de longue durée, de convocations que les créanciers ont dû recevoir chaque année en vue du même objet, art. 536) [1].

En outre, l'assemblée émet un *avis* consultatif *sur l'excusabilité* du failli, que prononcera ensuite ou que refusera de prononcer le tribunal [2]. — Cette excusabilité, avons-nous dit naguère (nº 1635), a perdu, depuis l'abolition de la contrainte par corps, son ancienne signification, et même a cessé d'avoir toute portée en droit positif. Elle n'a cependant pas disparu. Dans le concordat, un avis et un jugement de ce genre sont inconnus; c'est qu'aussi le concordat, par lui-même, témoigne que le failli est digne d'excuse.

Le fait qui clôture l'union n'est pas le jugement du tribunal, mais l'assemblée des créanciers qui l'a précédé (art. 537 à 540).

1898. — Les opérations que l'union comporte, dans l'intervalle de ces deux dates, sont de nature multiple. Mais on peut les rattacher à deux ordres de fonctions incombant au syndic. Il y a lieu : 1º à la transformation des biens en argent ; — 2º à la répartition des deniers entre les créanciers.

1899. — I. Transformation des biens en argent. — Du moment que tout projet de concordat a échoué, la procédure doit s'orienter directement vers les mesures de réalisation, c'est-à-dire vers les *ventes*.

[1] Le chapitre précédent expliquait, à propos des effets du concordat, la manière dont le syndic opère le dépôt au greffe de l'état des frais et en requiert la taxe (art. 15 de la loi de 1889). C'est une procédure commune à tous les cas où il y a lieu à reddition de comptes (nº 1854).

[2] Est-il possible, si la liquidation judiciaire a continué en état d'union sans être convertie en faillite, qu'elle aboutisse à un jugement prononçant que le débiteur n'est pas excusable ? — Oui, d'après la loi ; mais cette éventualité est bien invraisemblable.

Jusque là, on était dans une phase d'attente, et le devoir du précédent syndic était de limiter les aliénations aux objets périssables (quoique la loi autorise même avant l'assemblée de concordat les ventes mobilières sans y mettre cette restriction, en s'en rapportant à la surveillance du juge[1], et qu'elle permette aussi, comme on le verra, les ventes immobilières avant union, sous certaines conditions).

Cette phase d'attente est maintenant finie, et c'est à l'exécution du gage commun qu'il va falloir procéder.

1900. — Toutefois, peut-être les circonstances conseillent-elles encore de temporiser : le moment de vendre serait mal choisi, particulièrement à l'égard de l'établissement où s'exerçait le commerce ou l'industrie du failli. L'*exploitation du fonds* pourra donc être provisoirement *continuée*, nonobstant union.

Seulement il ne suffira plus, comme dans la période précédente, d'obtenir l'autorisation du juge-commissaire (n° 1584). La mesure est trop grave, trop contraire à la nature ordinaire de l'union, pour dépendre de la seule appréciation du juge. Une *délibération de la masse*, prise en assemblée générale, est en conséquence nécessaire.

Cette délibération, qui fixera en outre la condition du mandat d'exploitation donné au syndic avec le montant des sommes qu'il pourra garder entre ses mains, est subordonnée à une majorité extraordinaire, inconnue même du concordat : la majorité des *trois quarts* des créanciers en nombre et en somme[2], la voie de l'opposition restant ouverte au failli et aux créanciers dissidents (art. 532).

Cette continuation d'exploitation peut entraîner des engagements d'une certaine importance. La loi a cru bon de déterminer le gage de paiement donné aux fournisseurs, qui traiteraient désormais avec le syndic.

Ces fournisseurs sont d'abord créanciers *de* la masse, et par conséquent recevables à se faire rembourser sur l'actif de la faillite par préférence aux créanciers compris dans la masse elle-même. Ce droit découle des principes de l'institution (n° 1585).

Mais, *subsidiairement*, et si les forces de la faillite sont insuffisantes, ceux des *créanciers qui ont autorisé* la continuation de l'exploitation *sont responsables* envers les fournisseurs du passif encouru, non pas

[1] Il s'est produit à certains égards des abus par la trop grande facilité laissée au syndic de vendre avant l'union ; il y a des projets de concordat auquel on a dû renoncer, par suite de ces réalisations trop hâtives. On a même vu faire des distributions aux créanciers avant la tenue de l'assemblée de concordat, mais non pas, bien entendu, avant la clôture du procès-verbal de vérification.

[2] Il semble que les créanciers privilégiés et hypothécaires aient pouvoir à l'effet de concourir au vote, sans perdre leurs sûretés.

solidairement, mais au prorata de leurs créances. Les créanciers dissidents, au contraire, échappent à cette action personnelle (art. 533). On a fait justement remarquer que ce régime n'était pas sans quelque analogie avec celui qui résulte d'une société en commandite.

1901. — Sous la réserve de ce droit de poursuivre l'exploitation, c'est à la réalisation des biens que se consacrera le syndic : ce qui comprendra : *a*) la vente des meubles ; *b*) la conclusion de traités à forfait; *c*) la vente des immeubles.

1902. — *a*) *Vente des meubles* (art. 534). — L'autorisation du juge-commissaire n'est plus nécessaire, il exercera seulement sa surveillance.

Tous les effets mobiliers, corporels ou incorporels, atteints par le dessaisissement, seront aliénés, soit en vente publique et par ministère de courtiers inscrits s'il s'agit de *marchandises*[1], soit même en vente amiable[2].

Pour les *effets* publics et valeurs mobilières, l'officier compétent est l'agent de change.

Pour le *fonds de commerce*, envisagé comme tel, c'est le notaire[3].

1903. — *b*) *Traités à forfait*[4] (art. 570). — Lorsqu'il y a dans l'actif des droits d'un recouvrement long et difficile, il est préférable pour le syndic non de les exercer lui-même (ce qui pourrait prolonger considérablement l'union), mais de les céder à un tiers à prix d'argent et à forfait. Un semblable traité n'est possible que moyennant l'*autorisation du tribunal de commerce*, le failli dûment appelé. Tout créancier pourra en outre provoquer une délibération de l'union à cet égard.

L'acheteur de ces droits de la masse est-il passible du *retrait litigieux* de la part de la personne contre qui les droits devaient être exercés ? Une réponse affirmative aurait pour effet d'autoriser cette personne à se faire tenir quitte par le cessionnaire, en lui remboursant le prix par lui payé à la masse.

[1] Sur la distinction des ventes en gros et au détail pour déterminer les attributions des courtiers, voir le n° 917.

[2] Il ne paraît pas que le syndic soit incapable de se porter lui-même acquéreur de ces biens : il n'est pas le mandataire chargé de vendre dont parle l'art. 1596 du Code civil, mais un mandataire général, qui vend les biens comme conséquence d'un pouvoir aux attributions plus larges. — D'ailleurs, sur les places où il y a des corporations de syndics placées sous la discipline du tribunal, un acte de ce genre tomberait sous la censure de la justice, en supposant que le syndic exerçât par là une spéculation sur marchandises.

[3] Cfr. n° 917, p. 523, note, pour la distinction à faire.

[4] Pour les transactions, voir le n° 1584, 4°. — La faculté d'opposition, que l'art. 487 reconnaissait au débiteur dans la période précédente, cesse à partir de l'union (art. 535).

Ce retrait n'est possible que si le droit cédé était vraiment litigieux, c'est-à-dire si, au moment de la cession, la créance était l'objet d'une contestation judiciaire (art. 1699 et 1700 C. civ.; Paris, 22 juin 1892 et 15 février 1893).

Il est bon que la loi n'ait pas donné à cette faculté de retrait une plus grande portée. Autrement les traités à forfait, en écartant les acquéreurs, seraient devenus de négociation difficile, et la masse eût été la première à en souffrir.

Toutefois les acheteurs des droits de la faillite peuvent, dans l'exercice des droits qu'ils se sont fait céder par l'union, se heurter à d'autres fins de non-recevoir ou à certaines limitations de poursuites. Ainsi en est-il des personnes qui, dans la faillite d'une société anonyme, achètent au syndic, à prix ferme, les appels de fonds contre les porteurs d'actions non libérées.

Si le syndic avait dirigé ces appels lui-même, il aurait pu les exercer *pour le tout*, sans avoir à justifier du montant du passif à éteindre (ainsi du moins le décide la jurisprudence, nos 463 et 1482).

Mais sitôt que les actionnaires sont recherchés par un cessionnaire, la demande sera limitée aux *sommes* qui eussent été *nécessaires* au syndic *pour couvrir le déficit*. C'est que, aussi bien, le syndic n'aurait encaissé les fonds qu'à la charge de restituer ensuite l'excédant inutile ; or, lorsqu'un acheteur se subroge à ses droits, le syndic qui a vendu le produit des appels de fonds au-dessous du pair, pour une somme qu'absorbe le passif, cesserait de donner aux actionnaires cette garantie éventuelle de restitution (Comm. Seine, 9 juillet 1886, *Ann. de dr. com.* 1897, p. 15).

1904. — c) *Vente d'immeubles* (art. 571 à 573). — La poursuite du syndic (ou du liquidateur), en vue de procéder à cette vente, doit être entreprise dans la *huitaine* de la déclaration de l'union. Sitôt cette union ouverte, les créanciers privilégiés ou hypothécaires cessent de pouvoir commencer des poursuites nouvelles d'expropriation sur les immeubles affectés à leur remboursement. Le syndic se fait délivrer une *autorisation du juge-commissaire* : ce qui implique le pouvoir, qui appartient à ce juge, de décider que la vente soit différée (art. 572).

La vente des immeubles aura lieu par *adjudication publique*, suivant la forme établie par le Code de procédure civile (art. 957 et suiv.) à l'égard des immeubles des mineurs (moins, pourtant, l'avis du subrogé-tuteur, qui serait ici dépourvu de sens).

Le tribunal civil du lieu de la situation ordonnera donc la vente soit devant lui, soit devant notaire, sur une mise à prix qu'il déterminera. Des affiches annonceront les jour, heure et lieu de l'adjudication, et les enchères s'ouvriront sur un cahier des charges déposé par l'avoué ou dressé par le notaire.

1905. — L'adjudication n'est pas définitive. Sans parler de la folle enchère, l'art. 573 organise au profit de toute personne, dans les *quinze jours* suivants, une procédure possible de *surenchère* au greffe du tribunal civil.

Cette surenchère sera d'au moins le *dixième* du prix de la première adjudication. Lorsque ce prix a atteint 50,000 fr., il faudra que le surenchérisseur s'engage à le porter à 55,000 francs.

A deux points de vue, la surenchère, qui était déjà de droit pour les ventes publiques d'immeubles (art. 708 et s., 965 C. proc. c.), se trouve facilitée dans la faillite : ailleurs, et dans les ventes de biens de mineurs notamment, elle n'était recevable que dans les *huit jours* qui suivent l'adjudication principale (ici dans les quinze jours), et elle devait être du *sixième* au moins du prix (ici du dixième seulement).

1906. — Purge des privilèges et hypothèques. — Cette surenchère a servi d'occasion à une sérieuse controverse. L'adjudication des immeubles du failli après union, sur la poursuite du syndic, vaut-elle *purge* à l'égard des créanciers privilégiés et hypothécaires?

Si la vente avait eu lieu à la requête de ces créanciers eux-mêmes et en la forme de l'adjudication sur *saisie immobilière*, il est certain que la purge se serait produite. « Décret forcé nettoie toutes hypothèques ». Le droit de préférence des créanciers se serait porté sur le prix (art. 717, al. dern. C. proc.), et l'adjudicataire se serait trouvé à l'abri de l'éviction.

Mais c'est à la diligence de la masse que la vente a été poursuivie et dans une forme qui n'est pas celle de l'exécution forcée.

1907. — Suite. — En stricte logique, l'adjudication ne devrait point purger l'immeuble.

La vente des biens de mineurs, dont elle suit les formes, laisse subsister le *droit de suite* des créanciers. Donc, malgré l'expiration des quinze jours donnés par l'art. 573 à une personne quelconque pour pratiquer la surenchère, et quoique les créanciers hypothécaires aient omis d'agir dans ce délai, l'adjudicataire devrait encore pour sa sécurité faire l'offre de son prix aux créanciers inscrits. Il les mettrait ainsi en demeure d'exercer dans les quarante jours suivants la surenchère du dixième des art. 2181 et s. C. civ. En s'abstenant de ces notifications à fin de purge, l'adjudicataire reste exposé à l'action hypothécaire des créanciers.

La règle de la vente sur saisie immobilière ne doit, en effet, pas être étendue à la vente en faillite : dans la saisie, les créanciers hypothécaires sont reliés à la procédure par communication du cahier des charges (art. 692 C. proc.). Le fait qu'ils n'ont pas concouru aux enchères vaut reconnaissance de leur part que le prix le plus élevé possible a été atteint. Ici les créanciers inscrits n'ont pas été appelés à la vente.

1908. — Suite. — Telle n'est pas cependant la solution admise en jurisprudence. L'adjudication emporte purge au regard des créanciers, comme dans la vente après saisie.

L'intention du législateur des faillites, d'après les arrêts, aurait été de fondre, dans l'art. 573, en une seule surenchère les deux procédures qualifiées du même nom dans la procédure ordinaire : celle de toute personne, et celle des créanciers touchés par des offres de purge.

En portant cette surenchère à *quinze jours* à compter de la vente, et en l'abaissant au *dixième* du prix, la loi a obligé les créanciers hypothécaires à s'en contenter, sans pouvoir, une fois ledit délai expiré, user encore de leur droit de suite. S'ils n'ont pas été, à proprement parler, reliés à la vente, ils ont été convoqués à la faillite, ils ont été informés de l'ouverture de l'union, de l'imminence de l'adjudication, et en leur donnant (comme à tout autre d'ailleurs) quinze jours de plus pour protester contre le prix, on leur fait encore la part assez belle.

Ainsi se trouvent épargnée à l'adjudicataire la procédure des offres, et encouragée sa participation aux enchères pour le plus grand profit de la masse.

1909.— Mais les motifs, sur lesquels s'appuie cette solution, en limitent tout naturellement l'effet aux créanciers hypothécaires ou privilégiés qui seraient à la fois *créanciers personnels du failli*. Ces derniers seuls ont été appelés à produire à la faillite et en ont suivi les opérations : seuls ils ont été avertis de l'approche de la vente. Donc, au regard des créanciers inscrits du chef d'un précédent propriétaire, l'adjudication n'emportera point purge, et c'est aussi ce que décident les arrêts.

1910. — Vente avant union. — Une autre difficulté se rattache à la vente des immeubles en faillite. Telle circonstance, comme une éventualité de dépréciation ou le désir de profiter d'une occasion qui ne se retrouvera pas, peut conseiller de procéder à la vente dès avant l'ouverture de l'union. Dans le silence que garde la loi sur le pouvoir de vendre durant cette première période, on s'est demandé s'il fallait ou non le reconnaître au syndic, et sous quelles conditions.

La jurisprudence admet que la vente est possible, toujours moyennant les *formes* requises pour une vente de biens de mineurs. Mais elle veut alors que le syndic obtienne en outre le *consentement* personnel *du failli*, et l'*autorisation du tribunal de commerce* de la faillite.

Ce surcroît de formalités s'explique très bien. L'objection à faire à une vente avant union, sur la poursuite du syndic, c'est que cet acte sort légalement de ses attributions. Mais ce ne sont que le débiteur d'une part, ou les créanciers pris individuellement de l'autre, qui auraient le droit d'attaquer une pareille adjudication. Or, comment seraient-ils recevables à le faire, si le failli a donné son consentement, et si, de plus, le tribunal de commerce, la plus haute autorité de la faillite, a couvert la vente de son approbation ?

1911. — A la différence de la vente entreprise après union, celle qui a eu lieu avant cette date, et qui est considérée comme « vente volontaire », *n'emporte pas purge* des privilèges et des hypothèques. Car les créanciers inscrits n'ont pas eu pour avertissement le rejet du concordat annonçant une vente prochaine ; et on ne saurait tirer de leur abstention aux enchères un indice de renonciation.

Très fréquemment, en pratique, le syndic s'emploie à arrêter la vente sur saisie immobilière comme trop coûteuse, et il procède, d'accord avec les saisissants, à la *vente par conversion* (art. 743 C. proc. c.) : il est bien entendu que le consentement du failli et l'autorisation du tribunal sont toujours nécessaires.

1912. — Bien que les arrêts aient prétendu que, sous la *liquidation judiciaire*, les immeubles du commerçant avant union ne pouvaient être d'aucune manière aliénés, il convient d'écarter cette interprétation. Elle est basée sur une entente trop étroite des derniers mots de l'article 5 de la loi de 1889 (le débiteur ne peut « aliéner tout ou partie de son actif »). On suivra par analogie les règles que nous venons d'énoncer pour la faillite [1].

1913. — **II. Répartition des sommes entre les créanciers** (art. 565 à 569). — Les sommes provenant des recouvrements et des ventes, à l'exception de celles qui ont été laissées au syndic pour ses dépenses arbitrées par le juge, ont dû être versées successivement à la Caisse des consignations (n° 1584, 5°). Elles n'en seront retirées qu'en vertu d'une ordonnance du juge-commissaire fixant répartition à faire par le syndic (ou par le liquidateur). S'il existe des oppositions, le syndic devra préalablement en obtenir mainlevée.

A cet effet, il sera remis tous les mois au juge un état de la situation de la faillite et des deniers déposés à la Caisse, et celui-ci décidera les distributions et en déterminera la quotité quand, à son appréciation, le

[1] V. notre dissertation sous les arrêts de Douai du 8 août 1894 et du 27 février 1895, dans *Dalloz*, 1896, 2, 1.

moment sera venu de le faire (art. 566). Les créanciers en seront avertis, suivant le double système de convocations pratiqué dans la faillite.

Les sommes, revenant respectivement aux ayants-droit, pourront être ordonnancées soit directement au nom de chaque créancier sur l'état de répartition approuvé par le juge, soit en bloc au nom du syndic qui, après les avoir retirées, avisera ensuite à leur distribution détaillée, toujours avec l'approbation du juge (art. 489, al. 2).

Le deuxième mode de procéder laisse aux créanciers défaillants, qui se font connaître seulement après la clôture du procès-verbal de vérification, un temps plus long pour former opposition aux répartitions en leur absence. — On se rappelle (nº 1679) que les *répartitions ordonnancées* dès avant la signification de leur exploit sont définitives, bien qu'ils ne soient pas appelés à y participer ; et que, tout au contraire, ils concourent, au moyen d'une mise en réserve, aux *répartitions non encore opérées* à cette date (art. 503). Or le fait qui entraîne contre eux cette forclusion n'est pas l'ordre de paiement donné par le juge-commissaire par *attribution d'ensemble* aux créanciers affirmés, mais l'état de répartition indiquant la somme à recevoir par chacun d'eux (arg. art. 503, al, 1er : « jusqu'à la distribution des deniers inclusivement » : Paris, 12 mai 1892).

Nul paiement, à moins d'impossibilité justifiée, ne se fera sans représentation du titre : le syndic y portera mention de la somme payée, le créancier donnera quittance en marge de l'état de répartition (art. 569).

1914. — Les distributions détermineront certains prélèvements au profit des créances qui ne sont pas simplement chirographaires. Elles auront lieu dans l'ordre suivant :

1º Frais et dépenses d'administration de la faillite (ou de la liquidation judiciaire), y compris les dettes contractées *par* la masse : toutes causes d'engagement que l'on peut analyser comme des *frais de justice* au sens de l'art. 2101 C. civ. ;

2º Secours accordés au failli et à sa famille ;

3º Créances privilégiées ou hypothécaires, suivant la nature du bien dont les deniers proviennent [1].

[1] Les frais de faillite et honoraires du syndic passent après le privilège du bailleur sur les sommes provenant de la vente des meubles garnissant la maison louée (Alger, 23 février 1893), parce que le bailleur n'a pas profité de ces frais. — En outre, comme les créanciers privilégiés ou hypothécaires ne sont tenus d'après le Code de procédure à aucune obligation alimentaire envers le débiteur, il nous semble qu'ils auraient le droit de se faire colloquer avant le prélèvement des secours accordés au failli. Nous avons suivi dans le texte l'ordre que donne l'art. 565, sans le croire impératif.

Le reliquat se partage au marc le franc entre les divers créanciers chirographaires (art. 565)[1].

1915. — Nous rappelons qu'il y a lieu à une *mise en réserve* pour certains dividendes. En négligeant le dividende éventuellement destiné aux créanciers retardataires pendant le temps qu'ils font juger le mérite de leur opposition, ce sont : — les dividendes afférents aux *créances conditionnelles*, s'il y a lieu (nº 1687) ; — ceux qui correspondent aux droits des *créanciers habitant hors de France*, du moment que la faillite a poursuivi sa marche sans attendre les délais qui leur étaient donnés (art. 567 et 568, al. 1er ; nº 1670) ; — enfin les dividendes à consigner pour raison de *créances sur l'admission desquelles il n'aurait pas été définitivement statué* (art. 568, al. 2 ; nº 1682, p. 927, note 2).

La durée de cette consignation peut être assez longue : les dividendes seront donc productifs de l'intérêt au taux de 2 0/0. Cet *intérêt* s'ajoutera-t-il au principal du dividende, de manière que le créancier en profite, lorsqu'il touchera sa répartition ? Ou bien doit-il revenir à la masse, et donner lieu à des répartitions complémentaires ?

La Cour de cassation a consacré la première solution (Civ. rej. 26 octobre 1897, *Sirey*, 1898, 1, 5 et la note de M. LYON-CAEN). Nous avions autrefois exprimé un sentiment contraire (Lyon, 10 nov. 1888, *Dalloz*, 1889, 2, 217).

CHAPITRE IX

SOLUTIONS DE LA FAILLITE OU DE LA LIQUIDATION JUDICIAIRE. DU CONCORDAT PAR ABANDON D'ACTIF

(C. com. art. 541, al. 2 et s., loi du 17 juillet 1856 ; L. 4 mars 1889, art. 15, al. 2)

1916. — On appelle *concordat par abandon d'actif* un *traité*, conclu dans l'assemblée de concordat entre le débiteur et la masse *aux conditions d'un concordat simple* et sous réserve de l'homologation judiciaire,

[1] On n'a pas oublié que les créanciers *à sûreté réelle* peuvent concourir ainsi, comme chirographaires, sur les sommes provenant d'une source différente de leur sûreté. Ils le peuvent même pour leur créance entière, si cette sûreté n'est pas encore liquidée, mais alors avec une charge éventuelle de reversement, ainsi qu'il est réglé sous les art. 552 et suiv., dont la théorie a été présentée dans les nos 1756 et s.

— traité *qui porte abandon aux créanciers de tout ou partie de l'actif de la faillite, avec remise du solde sur les biens futurs.*

L'existence d'une banqueroute frauduleuse empêche ce traité. Il peut être annulé ou résolu pour les mêmes causes qu'un concordat simple. Il obéit aux formes, il produit les effets des autres concordats, d'après l'art. 541, al. 2 et 3.

C'est donc une variante du concordat ordinaire, pratiquée, disent les statistiques de 1894, dans 353 liquidations judiciaires (sur 2,396) et dans 232 faillites (sur 6,745).

On voit que le régime de la *liquidation judiciaire* n'en exclut point l'emploi : les juges n'auraient même pas le pouvoir de convertir la liquidation en faillite, lorsque c'est le concordat par abandon qui a prévalu, comme ils auraient ce pouvoir si c'était l'union qui l'eût emporté.

1917. — Rapprochement avec l'union. — Il y a quelque affinité entre le régime de l'*union* et celui qui provient d'un *concordat par abandon.*

De part et d'autre, les biens de la faillite sont vendus (et suivant les mêmes formes; on le verra plus loin); le débiteur n'est pas rétabli dans son actif; on s'abstient de lui donner un témoignage de crédit; les deniers résultant des ventes sont distribués entre les créanciers.

Mais, à la différence de l'union, le commerçant obtient sa décharge sur les biens qui lui adviendront par la suite ; *pour le reliquat* que ne couvriront pas les ventes, *il est libéré civilement.*

1918. — Rapprochement avec le concordat simple. — Si l'on cherche, au contraire, à rapprocher notre concordat du *concordat simple*, c'est précisément par cette *remise partielle* qu'il lui ressemble, indépendamment des conditions de forme et de majorité qui sont les mêmes de part et d'autre.

Où apparaît la différence, c'est dans la notion de *rétablissement dans l'actif*, qui forme l'essence du concordat ordinaire, tandis qu'elle est absente de celui-ci. Le dividende n'est pas débattu de gré à gré, avec promesse de le payer plus tard sur un patrimoine *in bonis* ; il se limitera au produit de la réalisation de l'actif présent.

1919. — Cela étant, on s'explique assez mal le mobile qui porte les créanciers à accepter un concordat d'abandon, alors que le régime de l'union leur donnerait les mêmes résultats actuels, sans exiger d'eux le sacrifice du solde.

Il faut supposer, pour la réussite d'un semblable traité, que la masse désire ménager le failli (ou à plus forte raison le débiteur en état de liquidation), qu'elle le tient pour un honnête homme, tout en le jugeant incapable de se relever.

Au surplus, le traité est souvent accompagné de clauses, telles que la garantie d'un taux déterminé de dividende et la promesse de le parfaire sur les biens futurs, ou même l'accession d'une caution qui s'engage à le payer. L'avantage d'un tel concordat par rapport à l'union est alors visible.

Il le serait encore, si l'abandon n'était que partiel, et si le failli, en retour de la restitution qu'on lui fait d'une certaine quantité de ses biens, promettait un complément de dividendes pour une échéance future.

1920. — La loi ne statuait point, avant 1856, sur le concordat par abandon. Il était cependant déjà pratiqué alors, et plus librement qu'aujourd'hui.

Les créanciers cherchaient à échapper aux lenteurs et aux frais de l'union. Ils votaient un concordat portant vente des biens et répartition des sommes sans les formes de la loi, avec désignation d'un nouvel agent de liquidation qui se trouvait détaché des prescriptions du livre III. On poursuivait ainsi la réalisation de l'actif avec plus d'économie que si l'on avait, en repoussant tout concordat, fait déclarer l'union.

Malheureusement, des abus s'étaient révélés : ce liquidateur, sur lequel le tribunal n'avait pas à continuer son contrôle, procédait parfois sans ordre, il s'abstenait de convoquer certains créanciers, et le failli plus tard, faute d'une comptabilité en mesure de justifier des versements opérés, n'arrivait pas à se faire réhabiliter.

Aussi la *loi du 17 juillet 1856*, insérée sous l'art. 541 [1], sans proscrire pour l'avenir l'usage d'un pareil concordat, a-t-elle exigé que la liquidation de l'actif abandonné serait nécessairement faite dans les mêmes *formes* que sous le régime *d'union*. Il y aura désignation d'un syndic (ou liquidateur) et maintien du juge-commissaire. Les ventes d'immeubles seront donc judiciaires, comme s'il s'agissait de ventes de biens de mineurs; les deniers resteront consignés, et il y aura lieu aux

[1] Cette loi a été mise à la suite d'une disposition de la loi de 1838 qui déclarait le commerçant irrecevable à demander le bénéfice de cession de biens. On ne voit pas la relation qu'il y avait entre cette cession et le concordat par abandon. La cession de biens pouvait être imposée aux créanciers, le concordat résulte nécessairement d'un traité. C'est pourtant, comme une exception à la règle légale portant refus de la cession de biens au commerçant, que cette forme de concordat a été consacrée; l'adverbe *néanmoins*, qui ouvre le deuxième alinéa, en fournit la preuve. — Nous avons, au surplus, déjà relevé ce que la disposition initiale de l'article présente d'ambigu, et historiquement d'inexact (n° 1510).

ordonnancements, à une assemblée de clôture, une fois toutes les répartitions faites, etc. (art. 541, al. 4 et l. 1889, art. 15)[1].

Cette soumission du concordat par abandon aux formes de l'union l'a naturellement rendu plus rare.

CHAPITRE X

SOLUTION FACTICE DE LA FAILLITE OU DE LA LIQUIDATION JUDICIAIRE.

DE LA CLOTURE DES OPÉRATIONS POUR INSUFFISANCE D'ACTIF

(C. com. art. 527 et 528)

—

1921. — Ce n'est une solution de la faillite qu'en apparence : les opérations seules sont *clôturées*, par suite du défaut d'actif pour couvrir les frais de procédure. Peut-être eût-il été plus vrai de dire qu'elles sont *suspendues* ou *interrompues*, puisque la faillite va persévérer par rapport au dessaisissement, et qu'on espère la reprise de la liquidation plus tard, lorsque cette cause d'arrêt aura cessé.

Cause d'arrêt, qui se produit malheureusement trop souvent (en 1894, dans 418 liquidations judiciaires sur un total de 2,690, et surtout dans 3,648 faillites sur 6,745, plus de la moitié, par conséquent).

Il y a des faillites qui s'ouvrent, pour se clôturer immédiatement après faute d'actif. Car le syndic a constaté que tout l'avoir était absorbé par le privilège du propriétaire, lequel n'a pas à supporter les frais de procédure. Il aurait mieux valu, dans ces conditions, qu'on se fût dispensé de prononcer le jugement déclaratif (diverses législations étrangères sont en ce sens) : mais aussi, comment établir un inventaire véridique de l'avoir du débiteur, dès l'instant qu'il n'était pas encore failli ?

1922. — La clôture dont nous parlons est une *suspension des opérations de la faillite* ordonnée par le tribunal de commerce, et *dont l'objet est de rendre aux créanciers leurs poursuites individuelles ;* suspension

[1] On ne s'explique pas comment la Cour de Paris a pu, par un arrêt du 4 mars 1896 homologuer, à titre de concordat simple qui serait, d'après elle, exempt des formes de l'art. 541, un traité moyennant lequel le failli s'était engagé à payer 60 °/o du passif, avec le produit de la vente de ses immeubles à réaliser à l'amiable par le ministère de commissaires : cet arrêt commet une erreur, lorsqu'il dit qu'un concordat par abandon aurait pour objet de transporter aux créanciers la *propriété* des biens abandonnés.

motivée par l'absence soit des deniers nécessaires à la continuation de la liquidation, soit d'un actif réalisable dans ce but.

Ainsi, l' « insuffisance d'actif » n'est pas l'absence de fonds pour servir un dividende aux créanciers. Il y a des faillites qui se clôturent régulièrement après union et avec 0 0/0.

La pénurie de l'actif a une telle gravité, qu'il n'est même pas assez élevé pour permettre de suivre jusqu'au bout la vérification des créances[1]. Une fois l'assemblée de concordat tenue, ou plutôt une fois le concordat homologué ou l'union formée, on ne comprendrait plus que cette cause d'arrêt pût s'opérer (art. 527 *init.*).

Le jugement est prononcé à la demande du syndic ou même d'office, sur le rapport du juge-commissaire.

1923. — Cette institution date de 1838. Elle était alors intimement liée au régime de la *contrainte par corps* qu'a abolie la loi du 22 juillet 1867; de là vient aussi que la clôture a cessé d'exercer aujourd'hui son action comminatoire et qu'elle s'est extraordinairement répandue.

Le droit dans l'exercice duquel avant 1867 rentraient les créanciers était, avant tout, le droit de faire mettre le débiteur en prison pour dettes. C'était ce dont s'alarmait principalement le commerçant : il savait que, faute de biens apparents, les intéressés ne manqueraient pas de recourir à ce moyen de coercition sur sa personne.

Aussi, pour conjurer un tel résultat, faisait-il tous ses efforts pour obtenir le concours de ses proches dans l'espoir d'arriver à un concordat, ou, s'il avait jusque là dissimulé quelque valeur (chose, il est vrai, fort grave, puisqu'elle constitue la banqueroute), se décidait-il à la représenter (n° 1636).

Aujourd'hui la perspective d'une clôture laisse le failli indifférent : il ne trouve plus dans la faillite le refuge qu'elle lui donnait contre l'emprisonnement, une protection contre l'animosité de ses créanciers. Les statistiques montrent à quel degré d'indolence ou d'apathie il est arrivé.

1924. — Le jugement n'est exécutoire qu'après un mois : on donne ce délai au failli pour se procurer les fonds, si cela lui est possible.

Le jugement « fait rentrer chaque créancier dans ses actions individuelles (tant) contre les biens (que contre la personne) du failli » (article 527, 2e et 3e al.).

[1] On a déjà dit (n° 1584) que le Trésor faisait l'avance des frais nécessités par le jugement déclaratif et par sa publication, ainsi que par l'incarcération du failli (à citer pour mémoire) et par l'apposition des scellés. Mais le concours pécuniaire de l'Etat ne va pas plus loin : il est fâcheux qu'il n'avance point les frais d'inventaire, puisque c'est cette pièce qui établira le plus souvent que l'actif est insuffisant.

Ainsi, tout créancier se retrouve, au point de vue du droit de poursuites, dans la position qu'il occupait avant que le jugement déclaratif ne fût rendu. Lorsqu'il n'aura pas de titre exécutoire, il engagera un procès. Il provoquera des *saisies* s'il trouve matière à en exercer, il fera ouvrir une *contribution* ou un ordre. A cet égard, la masse se désagrège.

Mais les mesures individuelles prises ainsi par un ou par plusieurs créanciers, à leurs risques et à leurs frais, sont toujours faites dans l'intérêt collectif, en vertu d'une sorte de gestion d'affaires. Au cas où ils obtiendraient une attribution judiciaire de sommes par suite de ces actes d'exécution, ils auront à les *restituer* ensuite à la masse, après que le jugement de clôture aura été rapporté [1].

1925. — Mais, à tous autres égards que la reprise des voies d'exécution, la faillite subsiste. Nous ne parlons pas seulement du maintien des déchéances politiques, que d'ailleurs le concordat ou la clôture de l'union laisserait durer au même degré, mais du maintien du *dessaisissement* (ou de l'assistance du liquidateur).

Le syndic (ou le liquidateur) ne sort point de charge ; seulement, en fait, son action n'a plus guère lieu de s'exercer tant que l'arrêt des opérations se prolongera.

Le débiteur ne pourra pas s'obliger valablement, ses dettes seront sans effet au regard de la masse. Il n'est apte ni à agir en justice, ni à traiter un marché, ni à concourir à un partage, du moment que ce n'est pas le syndic qui a figuré à l'opération ou au procès (Cass. 11 août, 26 oct., 10 nov. 1885, *Sirey*, 1887, 1, 473 et la note de M. Esmein).

Le failli demeure donc irrecevable à se pourvoir seul, en son nom, contre un arrêt qui aurait statué sur une contestation relative à des biens dépendant de la faillite (Cass. 31 mai 1897) [2].

[1] Cette conséquence résulte de ce que dit l'art. 528, al. 2, dans l'hypothèse de ce jugement de rapport : les frais des poursuites individuelles exercées par les créanciers dans l'intervalle devront être préalablement acquittés. C'est donc que ces frais ont été utiles à la masse. Ils ne peuvent lui être utiles qu'autant que le produit des poursuites est reversé à la collectivité. La loi sous-entend donc ce reversement.

[2] Il est très difficile de déterminer en pratique, à l'occasion d'un *acte judiciaire* ou *extrajudiciaire*, prenant date après la clôture pour insuffisance d'actif et avant réouverture de la faillite, quelle est la *mesure du défaut de qualité du failli*, et *dans quelles circonstances* aussi le *syndic aurait pouvoir à l'effet de l'accomplir*. — Sur ce dernier point, il paraît bien certain, malgré certaines divergences de doctrine, que, les pouvoirs du syndic n'ayant pas cessé, celui-ci demeure investi du droit d'agir dans l'intérêt de la masse et de faire notamment des diligences pour assurer le recouvrement de toute valeur dépendant de la faillite. Mais est-ce bien contre lui ès-qualités ou contre le débiteur qu'un créancier aurait à engager une instance à l'effet de se procurer un titre d'exécution sur les biens? On ne le voit pas exactement. On s'ex-

1926. — Ce *régime hybride* n'est pas très satisfaisant. Il est fertile en surprises pour les tiers, qui, ne voyant pas le commerçant environné de l'appareil de la faillite, croient à sa pleine capacité. Ils sont victimes de leur crédulité.

D'autres lois ont fait de la clôture des opérations de la faillite une clôture à tous égards, sauf réouverture ultérieure de la liquidation,

1927. — Cette réouverture a lieu lorsqu'un intéressé, le failli ou toute autre personne, justifie qu'il existe des fonds pour faire face aux frais des opérations de la faillite (ou de la liquidation judiciaire), ou fait consigner somme nécessaire pour y pourvoir : alors le tribunal de commerce rapporte le premier jugement, et la liquidation reprend son cours sur les derniers errements de procédure (art. 528, al. 1er).

Une pareille éventualité se présente trop rarement, au gré des personnes qui ont leur argent engagé dans les faillites; et c'est encore le conseil de passer leurs créances par profits et pertes qu'elles feront le mieux de suivre !

CHAPITRE XI

DES BANQUEROUTES ET AUTRES INFRACTIONS DE FAILLITE

(C. com. art. 584 à 603; C. pén. art. 402 à 404; L. 1889, art. 19)

1928. — La banqueroute (de *banco rotto*, à cause de l'ancienne habitude de briser publiquement le comptoir du commerçant qui détournait son actif) est une cause d'aggravation de la faillite, dépendant du droit criminel.

plique mal, en tout cas, que, d'après un arrêt de la Chambre des Requêtes du 5 juin 1896, un créancier ait été recevable à former tierce-opposition à un jugement qui avait statué sur la demande en résolution du vendeur, en l'espèce liée contre le syndic depuis la clôture des opérations : l'instance n'avait-elle pas été suivie en procédure comme elle devait l'être? — Mais, en ce qui touche la mesure du dessaisissement du failli, il ne faut pas poser de règle absolue : — le débiteur conserve le libre exercice des actions attachées à sa personne (l'action en contrefaçon contre les tiers est-elle du nombre? oui, dit la Cour de Paris, 18 mars 1897, cfr. TRAVERS, dans les *Annales de droit commercial*, 1897, p. 335); — s'il entreprend une industrie nouvelle, les actes se rapportant à cette industrie ne pourront être annulés par la masse lorsque celle-ci en voudra revendiquer les résultats (Trib. com. Seine, 12 avril 1897; Trib. com. Lyon, 14 janvier 1898). Cela tient aux limites que reçoit le dessaisissement et que nous avons déjà fait connaître dans un précédent chapitre (nos 1561 et 1563).

La faillite se déroulera suivant ses règles propres. Les deux procédures demeurent indépendantes (art. 601). On a renoncé à la pensée qu'avait eue l'avant-projet du Code de transporter à la juridiction répressive la connaissance de la faillite, en cas de prévention de banqueroute [1].

1929. — Il n'y a plus à revenir — soit à l'idée que la condition essentielle à toute inculpation de banqueroute est la qualité de failli, — soit au thème classique de la recevabilité des poursuites pénales à l'égard d'un commerçant qui, en état de cessation de paiements, n'aurait pas été l'objet d'une déclaration préalable de faillite (nº 1501 et s.).

1930. — L'ancien droit ne connaissait qu'une banqueroute : celle qui est entachée de fraude. Elle était frappée avant les premiers textes qui ont réglementé la faillite quant aux biens ; des Ordonnances successives, dont la première remonte à François Ier, prononçaient contre elle la peine de mort.

Le droit nouveau reconnaît deux espèces de banqueroute, la *banqueroute simple*, délit du ressort des tribunaux de police correctionnelle, et la *banqueroute frauduleuse*, qui est un crime relevant de la Cour d'assises [2].

1931. — L'une et l'autre des deux infractions déterminent une instruction ouverte par les magistrats compétents, suivant le Code d'instruction criminelle, avec ordonnance ou arrêt de renvoi (ou de non-lieu).

Mais la loi des faillites confie au syndic, en faisant de lui l'auxiliaire du ministère public, un rôle d'information préliminaire, si l'on peut s'exprimer de la sorte : chaque syndic, dans la quinzaine de son entrée ou de son maintien en fonctions, doit remettre au juge-commissaire un mémoire sur l'état de la faillite et sur ses causes et caractères apparents, et ce mémoire est transmis, avec les observations du juge, au procureur de la République (art. 482). Nous avons déjà dit (nº 1580) que cette prescription recevait son application dans la liquidation judiciaire, comme dans la faillite (art. 24 de la loi de 1889).

1932. — **I. Banqueroute simple.** — C'est un *délit* passible d'un emprisonnement d'un mois au moins et de deux ans au plus (art. 402,

[1] Un seul vestige est demeuré de cette pensée primitive : le syndic remettra au ministère public les pièces, titres et papiers qui lui seront demandés, et ne pourra plus ensuite en prendre communication que par la voie du greffe (art. 602 et 603).

[2] Il n'y a point, dans le droit civil de la déconfiture, d'infractions qui correspondent aux banqueroutes commerciales.

al. 3 C. pén.)[1], sauf réduction de la peine en cas de circonstances atténuantes.

Il n'y a pas lieu de lui appliquer les règles de la *complicité* (arg. art. 403 C. pén.) ; et seul peut commettre ce délit, celui qui est personnellement failli. D'où il résulte que, dans l'état actuel du droit, les administrateurs ou liquidateurs d'une société anonyme, présentement en faillite, qui auraient accompli du chef de la société l'un des actes constitutifs de la banqueroute (non dépôt du bilan, opérations ruineuses pour retarder la faillite) échappent à la répression, parce que la condition personnelle constitutive de l'infraction n'existe point quant à eux.

1933. — L'action publique est exercée soit par le *ministère public*, soit par un *créancier*, soit par la *masse*. Dans ce dernier cas, comme au cas où la masse se constituerait partie civile à côté du ministère public, il faut une délibération préalable des créanciers, prise à la majorité individuelle des créanciers présents (art. 589).

S'il y a condamnation, les frais de la poursuite seront, dans toutes ces hypothèses, supportés ou remboursés par le Trésor public, — sauf à lui de pouvoir exercer son recours contre le failli, mais seulement lorsque les termes accordés par le concordat (en supposant qu'il y en ait eu un) seront expirés (art. 587 à 590). Donc, les règles habituelles de droit pénal, sur la détermination des personnes à qui incombent les frais en cas de condamnation, ne sont pas absolument suivies (voir des traités spéciaux de droit criminel).

Mais, s'il y a acquittement, les frais seront supportés par le poursuivant (ou par la partie civile). Ce qui explique la nécessité d'une assemblée des créanciers, pour entreprendre l'instance ou pour se joindre au ministère public (mêmes textes).

1934. — La banqueroute simple peut se rattacher à un fait de l'une des deux catégories suivantes.

I. Il y a *quatre* cas de *banqueroute* dite *obligatoire*, parce que le juge doit condamner le failli, du moment que le fait articulé contre lui est établi. — Ce sont des *actes positifs* qu'on reproche au commerçant : c'est-à-dire soit des prélèvements de fonds qu'il n'aurait pas dû faire alors qu'il exploitait son commerce, soit des opérations dont il aurait dû s'abstenir et qui ont ou aggravé son passif, ou dilapidé le gage, ou contrarié l'application entre les créanciers du principe de l'égalité.

[1] Pour les agents de change et pour les courtiers officiels, la faillite entraîne banqueroute de plein droit, et la peine, même en dehors d'une banqueroute frauduleuse, est celle des travaux forcés à temps (art. 404 C. pén. et 89 C. com.).

Voici les faits incriminés sous ce chef (art. 585 C. com.) :

a) *Dépenses* personnelles ou de maison, jugées *excessives* (voilà pourquoi le livre-journal doit mentionner ces dépenses mensuelles de maison, ou, pour approprier la terminologie à la manière moderne de faire, ses prélèvements périodiques sur la caisse des sommes qu'il s'attribue en représentation de son travail pour les dépenses de son ménage ou de sa vie courante, art. 8 C. com.; — voilà aussi pourquoi le dépôt du bilan devait contenir comme annexe le tableau des dépenses, art. 439).

b) Consommation de fortes sommes dans des *opérations de pur hasard* (jeu) ou dans des *opérations fictives de bourse ou sur marchandises* (il n'y a plus d'opérations fictives de cet ordre depuis la loi du 28 mars 1885, sauf controverse sur le sens de ladite loi; — cependant ce chef de délit est maintenu, en ce sens que le commerçant, qui fait à la Bourse des opérations différentielles, sans rapport avec l'objet de son exploitation, continue à encourir la banqueroute).

c) Actes ayant pour intention de *retarder la faillite*, et consistant soit à *acheter pour revendre au-dessous du cours*, soit à faire des *emprunts, circulations d'effets* (effets de complaisance, n°s 1162 et s.) ou *autres moyens ruineux* de se procurer des fonds (on sait sous quelles conditions de pareils actes accomplis pendant la période suspecte seraient annulables, art. 446 et 447).

d) *Paiement d'un créancier* au préjudice de la masse après la cessation des paiements (se rappeler encore les circonstances dans lesquelles ce paiement pourrait être attaqué par le syndic, et voir plus loin ce qui sera dit de la pénalité encourue de son côté par le créancier qui le reçoit en connaissance de cause, art. 597 et 598).

1935. — II. Il y a en outre des cas de *banqueroute facultative*, dans lesquels le tribunal, même si le fait est constant, peut prononcer l'acquittement. *Six* espèces d'imputation se classent dans cette seconde catégorie.

Mais ici, ce que l'on reproche au failli, ce ne sont plus des actes positifs, mais des faits déterminés d'abstention. Il aurait dû, alors qu'il était encore *in bonis*, prendre certaines mesures d'ordre ou de prévoyance, et, en ne les accomplissant point, il a été l'auteur responsable de sa ruine, ainsi que du tort qu'elle a causé à la masse. Ou bien il aurait dû à l'occasion de sa faillite, ou pendant sa marche, ou même après son issue, remplir certaines obligations qu'il a au contraire omises. Bref il est coupable de ne pas avoir agi (*non agendo*) ou de n'avoir pas agi d'une certaine manière. Et c'est peut-être parce que l'inculpation repose sur une négligence de sa part, et non pas sur un acte de son initiative, que la loi use envers cette classe de banqueroute de plus d'indulgence que pour l'autre : à tel point que certains de ces faits d'omission, tels que le non dépôt du bilan, ou l'irrégularité de tenue des livres ne donnent plus lieu aujourd'hui à des poursuites pénales, s'ils ne se compliquent pas d'autres infractions.

Les six faits de banqueroute facultative sont les suivants (art. 586) :

a) Fait, en contractant des *engagements trop considérables* pour compte d'autrui, de ne pas recevoir *en échange* des *valeurs* pour se couvrir : — ce n'est pas le cautionnement donné à autrui, ni le fait d'accepter les traites d'autrui qu'on lui reproche, mais son imprudence pour n'avoir pas exigé une provision, si les engagements qu'il a pris ainsi sont très élevés.

b) Nouvelle déclaration de faillite sans avoir satisfait aux obligations d'un précédent concordat (*résolution de concordat*).

c) *Absence de publicité du contrat de mariage*, conformément aux art. 69 et 70, lorsque le commerce a été entrepris au cours du mariage.

d) *Omission*, dans les quinze jours (avant 1889 dans les trois jours) de la cessation des paiements, *du dépôt du bilan* ou de la déclaration dans ce dépôt des noms des associés solidaires.

e) Fait, sans empêchement légitime, de *ne s'être pas présenté* en personne *au syndic* dans les cas et dans les délais fixés (à l'assemblée de concordat notamment), ou de ne s'être pas représenté à la justice après l'obtention d'un sauf-conduit.

f) *Absence de tenue de livres* ou d'inventaires exacts, ou irrégularité dans cette tenue, sans toutefois qu'il y ait eu fraude.

1936. — Toutes ces causes de délit sont distinctes; par conséquent, l'acquittement du prévenu, lorsqu'il a été poursuivi sur l'un des chefs précédents, n'empêcherait pas de le poursuivre à nouveau sur un chef différent. Au cas où plusieurs chefs sont encourus, on suit la règle de l'art. 365 C. instr. crim. sur le non-cumul des peines.

1937. — II. **Banqueroute frauduleuse.** — C'est un *crime* puni des travaux forcés à temps (art. 402, 2e al., C. pén.)[1], toujours sous réserve des circonstances atténuantes. Il comporte les règles de la complicité (art. 403 C. pén., cpr. à 593 1° C. com.)[2].

L'action publique est exclusivement exercée par le ministère public. En aucun cas, les frais de banqueroute frauduleuse ne pourront être mis

[1] Et, pour un agent de change ou courtier, des travaux forcés à perpétuité (art. 404).

[2] Ce n'est pas cependant par application de la complicité et des art. 59 et 60 C. pén. qu'il y aurait lieu de poursuivre les directeurs de sociétés anonymes, coupables d'avoir détourné l'actif social. Car il n'y a pas de complice sans auteur principal, et la société elle-même n'est pas coupable. L'agissement tombera donc sous un autre chef de criminalité, qu'on retrouvera ci-dessous.

à la charge de la masse, lors même qu'elle se serait constituée partie civile et qu'il y aurait eu acquittement : aussi une délibération des créanciers n'est-elle pas nécessaire (situation à comparer avec le droit commun de l'instruction criminelle).

Si ce sont des créanciers individuellement qui se sont portés partie civile, l'acquittement a pour effet de mettre les frais à la charge de ceux-ci ; en cas de condamnation, ils seront remboursés (art. 592).

1938. — La banqueroute frauduleuse résultera de l'un de ces *trois* faits susceptibles de se ramener à deux (art. 591) :

a) *Soustraction des livres* (motivée par l'intention de dissimuler l'actif).

b) *Détournement ou dissimulation d'une partie de l'actif* : c'est une usurpation du gage des créanciers, traitée ainsi plus sévèrement que ne l'est un vol, même qualifié [1].

c) *Exagération de passif*, c'est-à-dire supposition frauduleuse de dettes fictives par le failli, soit dans des actes publics ou privés, soit dans le bilan [2].

1939. — Si l'on s'attache à rechercher l'influence exercée par l'une ou par l'autre de ces deux banqueroutes sur les avantages susceptibles d'être obtenus dans la faillite elle-même, comme régime des biens, on constate : — 1° que la *banqueroute frauduleuse* met obstacle à la *liquidation judiciaire*, au *concordat*, à l'*excusabilité*, ainsi qu'à la *réhabilitation*, — 2° tandis que la *banqueroute simple* n'exclut, parmi ces divers bénéfices, que la *liquidation judiciaire* : un failli qui l'a commise peut encore être déclaré excusable après union, comme il peut aussi obtenir un concordat.

1940. — III. **Autres infractions connexes à un état de faillite.** — En éliminant l'hypothèse de la *complicité* dans la banqueroute frauduleuse, qui emporterait contre le complice la même nature de peine que contre le failli ayant agi d'accord avec lui (art. 593, 1°), — il y a lieu de relever un crime propre, consistant soit à *dissimuler l'actif* ou à *exagérer le passif* quand on fait le commerce sous le nom d'autrui (même art., 3°) [3], soit à *produire* et à faire acte d'affirmation pour *une créance*

[1] Mais, si le détournement provient du conjoint ou d'un parent ou allié en ligne directe du failli (en dehors d'une complicité commise avec lui), ce sont les peines du vol que décerne la loi (art. 594).

[2] La loi de 1889 sur les liquidations judiciaires, pour déterminer les causes de conversion de liquidation en faillite, crée en outre l' « exagération d'actif » ; mais ce n'est pas là une infraction tombant sous le droit pénal.

[3] C'est sous cette imputation que tomberaient les administrateurs de sociétés anonymes.

supposée dans une faillite, en son nom ou par personne interposée (2°). Ces deux crimes entraînent l'application des travaux forcés à temps, bien que ceux qui les commettent ne soient, à proprement parler, ni banqueroutiers, ni complices[1].

1941. — Mais c'est un autre d'ordre d'infractions, susceptibles d'être commises par un *créancier*, qui mérite surtout d'être examiné. La loi, dans les art. 597 et 598, reproche au créancier d'avoir manqué au devoir qui lui incombait de respecter l'égalité avec les autres, ou de s'être laissé influencer personnellement par l'argent, dans une délibération à laquelle il a concouru.

Son agissement est un *délit*. Il est puni d'un maximum d'un an d'emprisonnement (ou de deux ans lorsqu'il est syndic), ainsi que d'une amende de 2,000 fr. au plus (sans circonstances atténuantes, puisque le délit n'est pas prévu par le Code pénal). Et, en outre, la *convention* faite par le créancier est déclarée *nulle*, de nullité absolue, à l'égard de toute personne, même vis à vis du failli (ce qui a notamment pour résultat de donner l'action en nullité, pour un paiement de faveur fait à ce créancier, non seulement au syndic comme le voudraient les articles 443, 446 et 447, mais à un intéressé quelconque, et au commerçant lui-même avant ou après la clôture de sa faillite).

1942. — Il y a là *deux* délits que la jurisprudence étend aux concordats amiables et aux faillites de fait (n° 1503), et pour lesquels la loi établit la même sanction.

1° C'est d'abord la *stipulation* par *un créancier*, avec le failli ou avec toute autre personne, *d'avantages particuliers à raison de son vote dans les délibérations de la faillite*.

Un créancier, dont la voix est nécessaire pour constituer la majorité (au concordat par exemple), se fait attribuer sous main une somme ou une valeur afin de voter ainsi que le désire le failli.

La prestation ou la promesse est nulle, et le créancier est punissable. Il en est ainsi, non seulement lorsque cette prime a été fournie sur l'actif, c'est-à-dire sur le gage de la masse, mais même quand elle est prise sur l'actif d'une autre personne solvable. La solution est la même, lorsque la promesse, d'après ce contrat particulier, ne devait être acquittée qu'après les termes du concordat.

Le créancier, pour voter, ne s'est plus guidé par des raisons d'intérêt collectif : il a reçu un pot-de-vin. Mais bien entendu, rien ne s'oppose, dans un concordat amiable, à ce qu'un créancier refuse au grand jour son concours et se fasse racheter sa créance par les autres.

[1] Nous délaissons les actes de malversation du syndic frappés par l'art. 596.

2° C'est ensuite le *traité particulier d'où résulterait* en faveur du créancier, en dehors de tout vote, *un avantage à la charge de l'actif du failli.* — Cette disposition est assez compréhensive, semble-t-il, pour englober même des paiements individuels qui auraient été faits en temps suspect, si le créancier connaissait l'état des affaires de son débiteur (puisque, aussi bien, d'après les arrêts, ce dernier comportait déjà la qualification de *failli* à cette date, et que ce paiement est un avantage prélevé sur l'actif) [1].

CHAPITRE XII

DE LA RÉHABILITATION

(C. com. art. 604 à 614)

1943. — Au point de vue du droit des faillites, la *réhabilitation* est le *fait par le débiteur* qui avait encouru une faillite (ou une liquidation judiciaire), *après remboursement de tout son ancien passif*, y compris le solde non couvert par l'union ou par les dividendes du concordat, *de se faire réintégrer dans ses droits civiques et politiques, par un arrêt de la Cour d'appel.*

Elle peut avoir lieu même *après décès*, à la requête des héritiers (art. 614); et elle est alors plus méritoire encore, soit parce qu'elle forme un hommage à la mémoire du mort, soit parce qu'elle constitue en ce cas un acte tout à fait désintéressé, les déchéances civiques ne s'étant pas transmises à l'héritier [2].

1944. — La nécessité d'une réhabilitation commerciale se conçoit seulement, en partant de l'idée que, malgré clôture de la faillite par la fin de l'union, malgré concordat et même exécution de ce concordat, le débiteur reste privé, dans l'ordre du droit public, des avantages attachés au titre de citoyen (ou d'une partie de ces avantages, s'il a été en

[1] Seulement, on est en droit de se demander ce que devient alors pour ces paiements la nullité toute facultative et toute *relative à la masse* de l'art. 447. Elle est en réalité absorbée par la nullité, beaucoup plus large, de l'art. 598.

[2] Nous parlons de l'état actuel du droit public : car, d'après le régime du droit intermédiaire qui s'est continué sur ce point jusqu'à la loi électorale du 15 mars 1849, les déchéances de la faillite se transmettaient au contraire aux héritiers immédiats. On a même pu se demander depuis 1849 si, à part la restitution à l'héritier du droit d'être électeur, les autres déchéances ne devaient pas, comme par le passé, se communiquer du *de cujus* à lui-même (BRAVARD, 1re éd. VI, p. 200).

état de liquidation judiciaire). C'est même le seul effet de la faillite qui persévère à sa charge.

La restitution des droits politiques est subordonnée à un remboursement complet du passif, d'après son montant nominal originaire, et à la constatation par la Cour de ce remboursement [1].

1945. — On ne doit pas confondre cette réhabilitation avec la *réhabilitation criminelle.*

Cette dernière est prononcée, elle aussi, par la Cour depuis 1885. Mais elle relève un condamné de la dégradation civique résultant d'un crime (ou d'incapacités résultant de certains délits) ; ce qui n'est nullement le cas pour un failli. Et elle constitue une *faveur*, avec appréciation par les juges de la moralité actuelle du requérant ; tandis que l'autre, la réhabilitation commerciale, est un *droit* pour celui qui a accompli les conditions pour l'obtenir.

1946. — Il existe un cas dans lequel ces deux réhabilitations rencontrent un terrain qui leur est commun : c'est celui où un failli a été condamné par la Cour d'assises aux peines de la *banqueroute frauduleuse.* Mais on va voir aussi combien la législation est incohérente sur ce point.

Comme failli, le commerçant auteur d'un détournement d'actif avait subi les déchéances politiques ordinaires. Comme banqueroutier, il est frappé de la dégradation civique, c'est-à-dire d'un ensemble d'incapacités qui, pour la plupart, dérivaient déjà de son premier titre de failli.

Ce commerçant, après avoir accompli sa peine ou prescrit contre son exécution, aurait besoin d'une *double réhabilitation* : et de sa réhabilitation criminelle afin d'être relevé de la dégradation civique, et de sa réhabilitation commerciale afin d'effacer les déchéances de la faillite.

Or, par une étrange inconséquence, la loi lui permet d'obtenir la première de ces deux réhabilitations, à la condition de « justifier du paiement du passif de la faillite en capital, intérêts et frais, ou de la remise qui lui en a été faite » (remise qui ne pourra jamais résulter d'un concordat judiciaire, puisque ce concordat est inaccessible à un banqueroutier frauduleux) : art. 623 C. inst. crim., dont le texte a été modifié en 1885 et en 1898, mais non pas sur le point qui nous occupe.

Mais, se fût-il fait réhabiliter au point de vue criminel, il ne pourra pas prétendre à la réhabilitation commerciale (art. 634, al. 2, remanié en dernier lieu sur d'autres points par la loi du 10 mars 1898) : « Les interdictions prononcées par l'art. 612 du Code de commerce sont

[1] C'est le système français. D'autres lois ne font pas survivre ces déchéances à la faillite, ou les font cesser, soit par l'homologation d'un concordat soit au moins par son exécution.

maintenues, nonobstant la réhabilitation obtenue en vertu des dispositions qui précèdent. »

Autant dire qu'un banqueroutier frauduleux ne se donnera pas la peine de rechercher la première des deux réhabilitations, du moment surtout qu'elle est subordonnée à un remboursement préalable de son passif, puisqu'elle doit le laisser frappé des mêmes incapacités à un titre différent. Il eût été plus honnête, plus sincère de lui refuser les deux réhabilitations tout à la fois. La meilleure solution aurait été de les accorder l'une et l'autre : la réhabilitation profite moins encore au débiteur qu'à ses créanciers, remboursés grâce à elle de leur solde.

1947. — Les conditions de la réhabilitation commerciale se ramènent à trois : *remboursement de tout l'ancien passif de faillite en principal, intérêts et frais; — absence de banqueroute frauduleuse; — arrêt de réhabilitation.*

1948. — 1° Le failli doit rembourser préalablement tous ses créanciers antérieurs au jugement qui l'a mis en faillite, et pour le montant nominal de leurs créances[1].

Le *remboursement* s'impose, quant au *principal*, aux *frais* et aux *intérêts* (art. 604, al. 1er).

Il paraît bien que la loi alloue à ces créances en notre matière l'intérêt commercial de 6 0/0 (et exceptionnellement de 5 0/0 si elles sont civiles) depuis le jour de la production des titres à la faillite, puisque cette production équivaut à une assignation judiciaire. Car si les intérêts sont suspendus par le fait du jugement déclaratif, la règle n'est vraie que par rapport à la masse (art. 444), non par rapport au failli lui-même. Cela rend les conditions de la réhabilitation vraiment bien difficiles à remplir, et l'on s'explique que certaine proposition de loi (déposée au Sénat en 1889 par M. Millaud, et qui n'a eu d'ailleurs aucune suite) se soit attachée à les rendre moins rigoureuses.

1949. — Au paiement proprement dit, il faut assimiler des modes de satisfaction équivalents : une *compensation*, ou encore la *confusion*, lorsque le failli devient héritier de son créancier.

Mais une *novation*, par changement d'objet ou de débiteur, ne devrait être traitée de la même manière qu'à partir du moment où la dette nouvelle aurait été réellement acquittée.

Et, en ce qui touche la *prescription* par l'accomplissement de trente ans (ou d'un délai plus court selon les cas), ou en ce qui concerne la *remise* gratuite du solde par le créancier, — ces moyens ne sauraient

[1] Mais il est clair que cette obligation laisse en dehors d'elle les dettes contractées depuis la fin de la faillite et même pendant sa marche.

être utilement invoqués : le failli parviendrait trop facilement par là à recouvrer son statut civique, sans sacrifice de sa part.

A supposer que le créancier refuse de recevoir son paiement, le commerçant fera des offres suivies de consignation (art. 1257 et s. C. civ.): ce qui produira les mêmes effets qu'un paiement véritable.

L'exécution d'un *concordat* judiciaire ne met donc pas, à elle seule, le débiteur en mesure de prétendre à sa réhabilitation, si cette exécution laisse un reliquat du passif nominal impayé.

Les quittances justifiant de ces paiements ne seront pas nécessairement établies par acte notarié. L'essentiel est qu'elles paraissent dignes de foi : la Cour se demandera si ce sont des pièces de complaisance.

1950. — Lorsque le failli était un *codébiteur solidaire*, il faudra que tout le passif ait été soldé, et non pas seulement la part contributive de ce failli dans le total des dettes.

Les deux conditions doivent au surplus être simultanément remplies : et, par conséquent, l'*associé en nom collectif*, mis en faillite avec la société dont il était membre, ne pourra obtenir sa réhabilitation qu'en démontrant que toutes les dettes de la société ont été intégralement acquittées, lors même qu'un concordat particulier lui aurait été délivré (art. 604, al. 2). D'autre part, si ce paiement du passif social provient d'un autre que lui, il devra démontrer qu'il a payé à ses coassociés la part de contribution lui incombant dans ce passif.

1951. — 2° Le failli ne peut requérir sa réhabilitation que *s'il n'est pas atteint de banqueroute frauduleuse* (art. 612).

A la banqueroute frauduleuse la loi assimile le vol, l'escroquerie, et en général les mêmes délits qui empêchent la déclaration d'excusabilité après clôture de l'union (cpr. art. 540).

Mais la *banqueroute simple* n'est pas un obstacle à la réhabilitation, pas plus qu'elle n'empêchait le concordat ou l'excusabilité : toutefois, ce banqueroutier doit avoir subi sa peine (art. 612, al. 2).

On a montré un peu plus haut que le régime fait au banqueroutier frauduleux n'était pas très bien compris : ce sont les créanciers surtout qui souffrent de cette interdiction.

1952. — 3° La réhabilitation n'a pas lieu de plein droit. Elle résulte d'un *arrêt* qui la prononce.

La procédure à suivre comprend les actes suivants. — *Requête* adressée par le failli *à la Cour* dans le ressort de laquelle il a son domicile, avec les quittances et pièces justificatives (art. 605). — *Expéditions* de la requête, adressées par le procureur général *au procureur de la République ainsi qu'au président du tribunal de commerce* du domicile du demandeur, et de toute manière du tribunal de commerce qui avait ouvert autrefois la faillite (art. 606). — *Affiche* de cette demande pendant deux mois dans les salles d'audience de chaque tribunal et à la maison commune (art. 607). — *Opposition* recevable pendant ce délai, par simple acte au greffe appuyé de preuves, *de la part de tout créancier* qui n'aurait pas été intégralement payé, et de la part de toute autre personne intéressée (art. 608) : cet opposant ne pourra être partie dans la procédure de réhabilitation. — *Transmission* par les procureur et président au *procureur général* des renseignements recueillis ainsi que des oppositions formées, le tout accompagné de leur avis sur la demande (art. 609). — *Prononcé de l'arrêt* par la Cour (sans qu'il soit nécessaire de la convoquer en audience solennelle, toutes chambres réunies [1]), sur les conclusions du procureur général et, en cas d'*admission*, *transmission* de l'arrêt *au procureur de la République et au président du tribunal de commerce*, qui en feront faire la lecture publique avec transcription sur les registres judiciaires; en cas de *rejet*, au contraire, *défense de reproduire la demande avant* l'expiration d'*une année* (art. 610 et 611).

1953.— Supposons que la Cour estime conforme à la vérité la déclaration du remboursement de tout le passif. Il n'est point dans son droit de rejeter la demande pour un autre motif, tel que l'absence de considération chez le commerçant. Les travaux préparatoires montrent que la justice n'a d'autre rôle que de se prononcer sur l'exactitude des pièces produites : autrement, le failli ne se risquerait pas à un sacrifice pécuniaire, sans la certitude d'en être récompensé.

Cela même dit indirectement quel effet produirait l'arrêt de réhabilitation à l'égard d'un *créancier qui démontrerait* plus tard *n'avoir pas été personnellement remboursé*, malgré l'opinion où était la Cour qu'aucune des anciennes dettes n'avait été négligée. Ce créancier aurait, nonobstant tout concordat, le droit de forcer le débiteur réhabilité à lui payer le solde. Car celui-ci a, par sa demande même en réhabilitation, offert leur remboursement intégral à ceux qu'il aurait omis par mégarde de désintéresser.

[1] Il y a lieu à audience solennelle pour les causes où se trouve en question l'*état civil* du plaideur (D. 30 mars 1808, art. 22). Il s'agit ici de son *état civique*; ce texte n'est donc pas applicable (Cass. 6 nov. 1883).

SEPTIÈME PARTIE

DES TRIBUNAUX DE COMMERCE

(C. com. livre IV, art. 615 à 648 ; L. 8 décembre 1883 ; C. proc. civ. art. 414 à 442)

—

1954. — Les procès commerciaux sont portés devant un tribunal d'un autre ordre que le tribunal de droit commun. Les tribunaux de commerce forment une *juridiction d'exception*, composée de magistrats élus et à fonctions de durée temporaire.

Leur existence et leur maintien s'explique par l'histoire et par la force des traditions. Réunis en corporations au moyen âge, les commerçants disposaient d'une autonomie qui se traduisait par l'exercice d'une véritable souveraineté : cela est particulièrement vrai du régime des villes italiennes.

Ces corporations avaient leurs *consuls* annuels qui, moyennant des distinctions locales, statuaient sur les différends entre membres de la même profession, et même sur ceux où le rôle seul de défendeur était tenu par un marchand de la corporation respective.

Les consuls apparaissaient comme de véritables arbitres volontaires. Les plaideurs les choisissaient ou étaient censés les choisir, afin de se soustraire aux lenteurs, à la cherté et au formalisme de la justice ordinaire : ils jugeaient d'une manière expéditive et sans figure de procès. Cette particularité est demeurée vraie, au moins dans une certaine mesure, de la justice commerciale moderne : on en a pour preuve la simplification de procédure admise devant les tribunaux de commerce, et la tendance de ces derniers à rendre s'il est possible cette procédure plus sommaire encore. L'organisation consulaire du moyen âge, transportée sur les comptoirs que les Italiens entretenaient dans le Levant, a été la première origine du régime des capitulations, qu'on a bien tort de montrer comme postérieure à la prise de Constantinople par les Turcs.

1955. — En France, c'est sous la forme de *garde* ou de *conservateur des foires* que cette juridiction s'est d'abord manifestée, sur les marchés de Champagne qui se tenaient périodiquement, avec une grande affluence de commerçants de tous pays. Comme c'étaient les forains qui élisaient ce magistrat (du moins avant le transfert de ces foires à Lyon), l'institution dépendait à certains égards du droit international et elle était intermittente.

Les décisions des gardes se limitaient aux procès de foire et ils délivraient des mandements sur la personne et sur les biens de la partie condamnée [1].

1956. — On s'accorde généralement à faire dater la première juridiction permanente dont le commerce français ait été pourvu, de l'*Edit de Charles IX de 1563*. Cet Edit institua à Paris un tribunal composé d'un juge et de quatre

[1] Nous ne faisons que rappeler à cet endroit les deux ouvrages de M. Huvelin et de M. Morel, que nous avons déjà cités p. 36 et 38.

consuls (d'où le nom de tribunal consulaire conservé par la langue), élus et renouvelés annuellement par les notables commerçants de la place. Au-dessus de 500 livres, appel était porté de leurs décisions au Parlement de Paris (nº 38).

A ce tribunal créé pour la capitale vinrent s'en ajouter d'autres, sur le même modèle. La juridiction se développa. Mais, sous l'ancien régime, les *juges-consuls* ne connaissaient ni des procès de droit maritime, déférés aux *Cours d'amirauté* (excepté entre les années 1673 et 1681), ni des faillites qui relevaient de la justice ordinaire.

En outre, à la différence du régime consacré par le Code de commerce, ce n'est point par la nature de l'acte, mais par la qualité du plaideur que se déterminait leur compétence (toute réserve faite quant aux obligations résultant de lettres ou de billets de change, qui ne constituent peut-être qu'une exception tout apparente).

1957. — Cette justice élective a traversé les tourmentes de la Révolution sans disparaître. Elle a vu même, par la suppression des Cours d'amirauté, sa juridiction s'étendre sur le droit maritime.

Quoique vestige d'ancien régime, elle a survécu, disposant en France d'une assez grande popularité, malgré les difficultés de recrutement et la faible expérience des juges dans les petits centres de population.

Au contraire, les autres Etats, ou bien comme l'Angleterre ne l'ont jamais connue ; ou bien l'ont abandonnée pour transporter ses attributions soit aux tribunaux de droit commun (Italie), soit à des tribunaux mixtes composés d'un juge ordinaire et d'assesseurs commerçants (chambres commerciales des tribunaux régionaux, en Allemagne) [1].

1958. — On peut dire en faveur de cette justice d'exception :

1º Que des juges commerçants disposent sur les plaideurs, commerçants eux-mêmes, de *plus d'autorité*, qu'ils poussent à les faire transiger, et y arrivent dans plus du quart des procès [2]; qu'ils possèdent mieux la langue des affaires, la connaissance des usages avec le sens que les parties ont entendu donner à leurs marchés ;

2º Que cette *juridiction* est *rapide* et *peu onéreuse* : mérite inappréciable dans un milieu où le temps est de l'argent ;

3º Que, grâce à la faculté d'appel pour les procès excédant 1,500 fr., et à l'examen du litige en deuxième instance par des magistrats de Cour, *les erreurs commises* par les premiers juges *peuvent être réparées*, que d'ailleurs le faible nombre des arrêts de réformation (dont la proportion est même aujourd'hui moins forte que pour les jugements des tribunaux civils : en 1895 31 0/0 au lieu de 32) témoigne du mérite de la moyenne des décisions rendues.

[1] La Belgique, et, dans une certaine mesure, l'Autriche, sont dans le centre et l'ouest de l'Europe les seuls Etats pratiquant encore avec nous les tribunaux de commerce.

[2] Sur 195,363 affaires jugées et terminées en 1894 devant les tribunaux de commerce (et les tribunaux civils jugeant commercialement), 52,051 l'ont été au moyen de transactions. Pour les affaires civiles, la proportion est moindre ; 36,616 transactions sur 149,255 affaires.

1959. — En sens contraire, on peut soutenir :

1° Que la connaissance du droit ne s'improvise point, que les conventions abandonnées aux usages deviennent plus rares, tandis que se multiplient en revanche celles qui nécessitent l'interprétation de statuts de sociétés, ou de règlements de marchés ;

2° Que les juges de commerce puisent parfois leurs inspirations dans un personnel auxiliaire plus expérimenté qu'eux, et dont tous les membres influents n'offrent pas de garanties complètes ;

3° Que le dualisme des juridictions (avec la séparation souvent factice des affaires entre le tribunal civil et le tribunal de commerce) entretient ce moyen de chicane, qui s'appelle l'*exception d'incompétence* et qui est la plaie des procès.

1960. — Nous n'avons à parler ici que de l'*organisation* des tribunaux de commerce. Quelques mots seulement seront consacrés à leur *compétence* ainsi qu'à leur *procédure*.

1961.— **I. ORGANISATION.**— Les tribunaux de commerce sont dans les attributions et sous la surveillance du ministère de la justice (art. 630 C. com.). Les fonctions de leurs membres sont seulement honorifiques, c'est-à-dire non rétribuées (art. 628).

Ils n'existent pas uniformément sur le territoire, il y en a 225 en tout. C'est au chef de l'Etat qu'il appartient, par règlement ou en la forme d'un règlement d'administration publique (d'après la délégation que lui donne à cet effet l'art. 615 C. com.), de déterminer les villes qui en doivent être pourvues.

1962. — Le ressort d'un tribunal de commerce comprend en général, comme celui du tribunal civil, l'*arrondissement administratif*. Mais il peut y avoir plusieurs tribunaux de commerce dans un même arrondissement, suivant son importance commerciale, et le décret détermine alors les cantons qui ressortissent à chacun d'eux (art. 616).

Beaucoup de tribunaux de commerce fonctionnent dans des centres qui ne sont ni des sous-préfectures ni des sièges de tribunaux de première instance [1].

1963. — Dans les arrondissements où il n'y a pas de tribunal de commerce, le *tribunal civil* [2] en exerce les fonctions et connaîtra alors des matières attribuées par la loi aux juges commerciaux (art. 640).

[1] Trois départements manquent *complètement* de tribunaux de commerce : la Creuse, la Lozère, la Haute-Savoie. Quinze n'en ont qu'*un* (en écartant la Seine), et plusieurs de ces départements ont un grand mouvement d'affaires (Ain, Hautes-Alpes, Basses-Alpes, *Aube*, Cher, *Doubs*, Indre-et-Loire, Landes, *Loire-Inférieure*, Lot, *Meurthe-et-Moselle*, Pyrénées-Orientales, Deux-Sèvres, *Haute-Vienne*, Vaucluse). Le département qui en possède le plus est la Seine-Inférieure : elle en compte *dix*, ou, indépendamment des chefs-lieux d'arrondissement, cinq (Le Tréport, Fécamp, Gournay, Elbeuf et Saint-Valéry). Viennent ensuite le Calvados et la Charente-Inférieure (avec *huit* tribunaux chacun). Le Nord n'en compte que *six*.

[2] L'art. 640 dit : « les juges du tribunal civil ». On s'était autrefois prévalu de cette rédaction pour soutenir que le tribunal civil jugeant commercialement devait siéger sans le magistrat du ministère public : car ce magistrat est absent des tribunaux de commerce, et l'art. 641, qui suit, prescrit aux tribunaux civils, lorsqu'ils statuent en

Ce tribunal civil procédera pour ses affaires commerciales suivant les mêmes formes d'instruction et de procédure que les tribunaux de commerce proprement dits (art. 641)[1].

167 tribunaux civils en France ont les affaires commerciales dans leur ressort.

1964. — Les jugements des tribunaux de commerce sont rendus par *trois juges* au moins : aucun suppléant ne pourra être appelé que pour compléter ce chiffre (art. 626). Le tribunal pourra siéger avec un nombre plus élevé de juges, mais toujours en *nombre impair* (arg. art. 4 de la loi du 30 août 1883 sur la réforme judiciaire).

Lorsque le personnel est insuffisant pour la tenue des audiences par suite d'empêchements ou autrement, on fait appel aux *juges complémentaires* : il y a lieu de la part du président, en séance publique, de procéder à un tirage au sort sur une liste variant entre 50 et 15 noms et formée annuellement par le tribunal entre les éligibles, et subsidiairement entre les électeurs de la résidence (l. 8 déc. 1883, art. 16). A Paris il est sans exemple, en fait, qu'on ait eu recours aux juges complémentaires.

1965. — Les tribunaux de commerce ne sont pas divisés en *chambres*. Mais ils peuvent, comme cela se pratique à Paris, répartir leurs travaux en *sections*, par suite de l'organisation intérieure de leur service.

1966. — Il n'y a pas de *ministère public* auprès des tribunaux de commerce.

On a cherché plusieurs fois à combler cette lacune. Mais cette pensée a toujours été abandonnée. Elle offrirait beaucoup plus d'inconvénients que d'avantages. « La discipline très ferme exercée par le président est l'une des causes principales du bon fonctionnement du tribunal. L'introduction d'un élément étranger à l'élection aurait pour effet de créer des rivalités qui nuiraient à l'autorité du président et par suite à la discipline »[2].

1967. — La *magistrature* commerciale est *élective* : le commerce lui-même désigne pour en exercer les fonctions les hommes qui ont sa confiance. Le nombre des juges attachés à chaque tribunal varie suivant les endroits, un règlement d'administration publique le détermine. Le minimum est de deux juges non compris le président (art. 617 modifié par la loi du 18 juillet 1889). A Paris, il y a 21 juges titulaires et 21 suppléants.

pareil cas sur les affaires commerciales, d'adopter les mêmes formes que s'ils étaient de véritables tribunaux de commerce. — Mais on n'a point persévéré dans cette interprétation : le ministère public est partie intégrante du tribunal civil, sans lui les juges ne forment pas un corps organisé. On n'est plus en présence d'une simple question de procédure.

[1] Par conséquent, les plaideurs sont affranchis du ministère des avoués; ou ils n'y recourent, comme devant les tribunaux de commerce, qu'à titre de représentants libres appelés à justifier au tribunal de leurs pouvoirs exprès, de la même manière qu'un autre mandataire.

[2] HOUYVET, *Les tribunaux de commerce*, p. 31.

Ils sont élus au scrutin de liste, le président est élu aussi mais par un scrutin distinct et uninominal (art. 621). Les fonctions sont étagées dans l'ordre de temps où on les exercera : le président a dû précédemment avoir été juge, le juge titulaire a dû précédemment être juge suppléant (art. 620 *in fine*).

1968. — Les *élections* se font pour *deux ans*. Mais il y a chaque année un renouvellement partiel pour moitié : cela assure l'esprit de suite et le maintien des traditions dans les travaux judiciaires. Les premières élections qui suivent la constitution du tribunal nécessitent un tirage au sort, pour dire quels sont les juges dont les pouvoirs expireront l'année suivante (art. 622).

Le président ou les juges, sortant d'exercice, après deux années, pourront être réélus immédiatement pour deux autres années. Mais, cette nouvelle période expirée, ils ne seront éligibles qu'*après un an d'intervalle*.

Toutefois, les fonctions présidentielles échappent à cette obligation d'intermittence après deux judicatures : on peut élire le président immédiatement, même parmi les juges en titre depuis quatre ans, et on pourra encore le réélire deux ans après sans solution de continuité (art. 633 et l. 8 décembre 1883, art. 13). Autant vaudrait permettre le renouvellement pendant quatre judicatures de suite, même pour les simples fonctions de juge.

1969. — Quel est le mode de suffrage appliqué aux tribunaux de commerce?

Les systèmes d'élection qui ont été pratiqués aux différentes époques peuvent se ramener à deux : le *suffrage restreint* et le *suffrage universel* des commerçants du ressort.

1970. — A. *Suffrage restreint*. — Il a fonctionné depuis 1807 jusqu'à 1883 (excepté dans la période qui va de 1848 à 1851). Les juges sont élus par des notables commerçants ou, pour employer la terminologie légale, par « une assemblée d'électeurs pris parmi les commerçants recommandables par leur probité, esprit d'ordre et d'économie », électeurs représentant la dixième partie des commerçants patentés du ressort.

Quelle est l'autorité qui dresse la liste de ces électeurs? Elle a varié suivant les époques.

De 1807 à 1871 (sauf bien entendu le temps de la République de 1848), ce fut le *préfet* du département.

De 1871 à 1883 fonctionna un régime plus libéral. La liste des électeurs était dressée par une *commission*, à la composition de laquelle concouraient, soit par leur président ou maire, soit par un second ou troisième membre qu'élisaient ses collègues, le tribunal de commerce, la chambre de commerce, le conseil général, le conseil des prud'hommes, la municipalité du siège du tribunal : neuf membres en tout. C'est encore le mode d'élection suivi pour les Chambres de commerce [1].

[1] Mais les fonctions de membre de la Chambre de commerce durent six ans, avec renouvellement par tiers tous les deux ans. Et, en outre, c'est la Chambre de commerce elle-même qui nomme tous les ans, dans son sein, son président et les autres membres du bureau.

1971. — B. *Suffrage universel.* — (Appliqué en 1848 et repris par la loi du 8 décembre 1883 qui est actuellement en vigueur).

Tous les commerçants patentés du ressort sont électeurs de droit, à condition de répondre à certaines conditions de temps d'exercice et de domicile, et d'être exempts de certaines pénalités.

Ce système est basé à la fois sur la prédominance constitutionnelle du suffrage universel, et sur l'intérêt qu'il y a pour tout commerçant de participer à la formation d'un tribunal qui est appelé à le juger lui-même.

S'il n'a pas modifié sensiblement l'esprit judiciaire des tribunaux de commerce, son application a traduit un fait regrettable : la profonde indifférence du corps électoral. Le scrutin est chaque année délaissé ; pour que l'élection soit définitive au premier tour, il faut que la majorité obtenue par l'élu soit égale au quart des électeurs inscrits. Autrement, il y a, quinze jours après, un scrutin de ballottage pour lequel la majorité relative suffit. Or ce deuxième scrutin est constamment nécessaire, le nombre des bulletins reste toujours de beaucoup inférieur au *quorum* exigé par la loi.

Ce système mérite néanmoins d'être conservé : il a surtout pour avantage d'écarter du tribunal le soupçon de représenter les catégories riches de banquiers et d'industriels de la place, à l'exclusion des autres. C'est pour cela qu'il vaut mieux qu'un autre système, plusieurs fois recommandé : l'élection à deux degrés, dans laquelle chaque corporation aurait un nombre de voix proportionnel au chiffre de patente qu'elles paient respectivement.

Il y a lieu pour toute élection de s'occuper : 1° des électeurs, 2° des éligibles.

1972. — **1° Electeurs, listes électorales.** — Sont électeurs « les *citoyens français commerçants patentés* ou associés en nom collectif » (art. 1er, al. 1er, l. 1883), si l'on néglige pour un instant les personnes assimilées aux commerçants ou aux commerçants en activité, et si l'on fait abstraction des conditions de domicile ou d'exercice.

Aux citoyens français, il faut ajouter maintenant les *femmes*, si elles remplissent les conditions exigées des autres électeurs, c'est-à-dire les femmes commerçantes, mariées ou non mariées, payant patente, etc. (l. 23 janvier 1898) [1]. Il y a là une brèche importante faite au principe d'après lequel la femme ne dispose pas des droits politiques : l'extension en faveur des femmes commerçantes du droit de suffrage aux élections consulaires est trop naturelle pour avoir besoin de justification. Mais le droit qui leur est conféré ne s'étend pas à l'éligibilité : elles ne peuvent pas être appelées à faire partie d'un tribunal de commerce.

En revanche, ne sont électeurs ni le *mineur* exerçant le commerce conformément à l'art. 2, ni l'*étranger* même admis à domicile en France : ils ne sont citoyens ni l'un ni l'autre.

[1] C'est une innovation déjà réclamée depuis un certain nombre de législatures, et qui avait fait notamment l'objet d'un amendement lors de la discussion de la loi de 1883. Nous avons fait pressentir dans les premières pages de ce livre (n° 98) l'approche du vote de la loi.

Le commerçant *non inscrit à la patente* est bien citoyen, mais la loi lui refuse l'électorat aux tribunaux de commerce : il faut être commerçant et patenté tout à la fois.

La condition d'exercice des fonctions commerciales est, pour tous les électeurs, de *cinq ans*, et tous doivent, en outre, être *domiciliés* depuis cinq ans au moins dans le ressort du tribunal.

1973. — Sur la même ligne que les commerçants, la loi de 1883 énumère « les capitaines au long cours et maîtres de cabotage ayant commandé des bâtiments pendant cinq ans, directeurs des Compagnies françaises anonymes de finance, de commerce et d'industrie, agents de change et courtiers d'assurances maritimes, courtiers de marchandises, courtiers interprètes et conducteurs de navires. »

Au surplus, nous avons reconnu la qualité de commerçants aux agents de change ainsi qu'aux courtiers (n° 689) ; en revanche, les capitaines et directeurs de Compagnies ne le sont point.

1974. — Si les commerçants retirés des affaires ne figurent pas en principe sur les listes électorales, il y a une exception concernant « les *membres* anciens ou en exercice *des tribunaux et des chambres de commerce*, des chambres consultatives des arts et manufactures, les présidents anciens ou en exercice des conseils de prud'hommes ». Ces personnes sont électeurs dans leur ressort (l. 1883, art. 1er, al. 2).

1975. — La loi établit certaines *causes d'indignité* : elles tiennent à des condamnations pénales déterminées, les unes pour crimes ou délits ordinaires (vol, escroquerie), les autres pour des infractions d'ordre professionnel (usure, contravention aux lois sur les loteries ou maisons de prêt sur gage, tromperie sur la nature de marchandises vendues), etc.

Les officiers ministériels destitués, et les faillis, aussi longtemps que leur réhabilitation n'a pas été prononcée, sont également incapables de participer aux élections (art. 2).

1976. — La liste des électeurs est établie, dans chaque commune, par le maire, en septembre. Les listes sont centralisées par le préfet ou par le sous-préfet, qui fait déposer la liste générale au greffe du tribunal de commerce, et les listes cantonales aux greffes des justices de paix, trente jours au moins avant l'élection.

Pendant les quinze jours qui suivent le dépôt, tout commerçant patenté du ressort peut en prendre connaissance, et exercer des *réclamations* tendant soit à l'*inscription d'un électeur omis*, soit à la *radiation d'une personne indûment inscrite*.

La réclamation est portée sans frais devant le *juge de paix*, qui statue en dernier ressort, sauf pourvoi en cassation dans les dix jours de la notification de la décision. Le pourvoi n'est pas suspensif et est déféré à la Chambre civile, sur simple requête, sans frais ni ministère d'avocat (art. 3 à 6).

La liste, rectifiée s'il y a lieu, est close définitivement dix jours avant l'élection (art. 7).

1977. — **2° Eligibles, élections.** — Sont éligibles au tribunal de commerce « tous les *électeurs inscrits sur la liste électorale et âgés de trente ans*, et, en outre, les *anciens commerçants* français ayant exercé leur profession pendant cinq ans au moins dans l'arrondissement et y résidant » (art. 8, al. 1er).

Il résulte de cette formule : — que, si un électeur a été omis sur les listes, il n'est pas éligible (note de M. Audibert, sous Riom, 31 déc. 1888, dans les *Annales de droit commercial*, 1889 1re p., p. 78) ; — et, à l'inverse, qu'un électeur, indûment inscrit et non rayé en temps utile, peut être élu juge ou suppléant.

1978. — L'assemblée électorale est convoquée, par arrêté du préfet, dans la première quinzaine de décembre : le *vote* a lieu *par canton*, avec un bureau que préside le maire du chef-lieu.

Le scrutin reste ouvert pendant six heures. Nous avons déjà parlé des conditions de majorité pour le premier tour et du scrutin de ballottage (art. 9 et 10).

La loi règle la composition de la commission de recensement, qui siège à la préfecture, et dont la décision est transmise, par copie de procès-verbal, tant au procureur général, qu'à chacun des greffiers des tribunaux de commerce, ainsi qu'aux maires des chefs-lieux, lesquels font afficher les résultats.

1979. — Dans les cinq jours (qui courent à partir de l'élection elle-même pour tout électeur, et à partir de la réception du procès-verbal pour le procureur général), les élections peuvent être attaquées : 1° pour *inobservation des formes* ; 2° pour *absence de liberté dans le vote* ; 3° pour *incapacité légale de l'élu*.

La réclamation est du ressort de la Cour d'appel, qui statue sommairement et sans frais. Le pourvoi en cassation n'est recevable que dans les dix jours de la signification. Il aura un effet suspensif et sera instruit dans les mêmes formes qu'un pourvoi formé contre la composition de la liste électorale (art. 11 et 12).

1980. — Il n'y a pas lieu, comme autrefois, à confirmation des pouvoirs des juges par un décret du chef de l'Etat.

Les élus sont invités par le procureur général, dans la quinzaine de la réception du procès-verbal, à se présenter à l'audience de la *Cour d'appel* pour y *prêter serment*, à moins que ceux-ci ne demandent que le tribunal civil de l'arrondissement ne soit commis à cet effet.

Ils sont *installés* ensuite en séance solennelle et publique par le président et par les magistrats en fonctions de leur propre tribunal, à la suite desquels ils prennent rang (art. 14 et 15).

1981. — II. **COMPÉTENCE.** — En ce qui concerne maintenant la *compétence* des tribunaux de commerce (art. 631 à 637), il suffira de se reporter aux diverses parties de ce traité, et de grouper les renseignements que nous avons donnés à l'occasion de chacune des institutions commerciales.

Ratione materiæ, les tribunaux de commerce connaissent [1] :

1° Des *actes de commerce* entre toutes personnes, même non commerçantes de profession (art. 631, 3° : n° 5);

2° Des *contestations* relatives aux engagements et transactions *entre commerçants* (art. 631, 1°); ou, plus exactement, des contestations dans lesquelles un commerçant joue le rôle de défendeur et est recherché à raison d'un acte de commerce quant à lui (n° 49) [2];

3° Depuis 1856, des *contestations entre associés* pour raison d'une société de commerce (art. 631, 2° : voir n° 226);

4° Des actions *entre commerçants et leurs commis*, pour le fait du trafic auquel ceux-ci sont attachés (art. 634, 1°).

Cela exclut les procès entre patrons et ouvriers, qui sont du ressort soit du conseil des prud'hommes, soit, en l'absence de cette juridiction, du juge de paix (L. 1er juin 1853 ; l. 25 mai 1838, art. 5, 3° ; voir n° 23) [3];

5° Des *billets* faits par les *comptables de deniers publics* (art. 634, 2°). — Il s'agit là d'un cas de compétence tout à fait hors cadre, et sans application pratique bien grande : un trésorier-payeur général, pour se procurer le montant complet des recettes d'impôts dont il est responsable envers le Trésor, peut être amené à souscrire et à faire escompter des effets : ceux-ci emporteraient contre lui compétence non pas des juges administratifs, mais des tribunaux de commerce Cela présentait un plus grand intérêt avant l'abolition de la contrainte par corps ;

6° Des procès concernant soit des *lettres de change réputées simples promesses*, soit de *billets à ordre*, moyennant les distinctions qu'établissent à cet égard les art. 636 et 637 (n° 1339);

7° De tout *ce qui concerne les faillites* (art. 635; voir n° 1539) [4].

1982. — En toute autre matière que celles qui viennent d'être énumérées et que la loi détermine limitativement, le tribunal de commerce est incompétent d'*incompétence absolue*. Le déclinatoire peut être opposé par le défendeur en tout état de cause, et les juges doivent se dessaisir d'office, à peine de cassation [5].

[1] Même lorsque l'intérêt du procès ne dépasse pas 200 francs. Si le litige d'un aussi faible chiffre était de nature civile, il ressortirait à la compétence du juge de paix (l. 25 mai 1838). Mais le juge de paix n'a pas la connaissance des matières commerciales.

[2] Nous avons dit que, si le demandeur a fait acte civil, il a, d'après la jurisprudence, le droit de choisir, dans le procès qu'il engage contre le commerçant, entre le tribunal civil et le tribunal de commerce (n° 34).

[3] L'étude de l'organisation et de la compétence des conseils de prud'hommes ne rentre pas dans les limites de ce livre; elle dépend de la législation industrielle.

[4] Les tribunaux de commerce disposent en outre, dans certains cas, de pouvoirs de *juridiction gracieuse*. C'est ainsi qu'ils sont appelés, moyennant des distinctions inutiles à rappeler ici, à autoriser les *ventes publiques de marchandises* (n° 917).

[5] Il est pourtant de jurisprudence que, si l'incompétence n'a été proposée ni en première instance ni en appel, l'arrêt prononcé sur le fond par la Cour, qui est juge de second degré à l'égard des tribunaux civils et de commerce tout à la fois, purge la décision de ce vice d'incompétence : ce qui exclut alors un pourvoi utile en cassation.

Il faut suivre cette règle, alors même que la question étrangère au ressort du tribunal de commerce ne se présenterait dans le procès que *sous forme incidente.* Quoique l'affaire au fond relève des juges consulaires, ils ne pourront pas connaître de cet incident; ils devront renvoyer pour son examen aux juges compétents et surseoir à l'instruction du fond.

Ex. : Le défendeur, assigné par le *prétendu héritier* de son créancier, lui refuse cette qualité (contestation d'état). — Ou bien le créancier poursuit, en même temps que son débiteur commerçant, une *caution civile* qui a répondu pour ce dernier (à moins que ce ne soit par un aval donné sur lettre de change); la caution n'a pu être distraite de ses juges naturels; malgré la règle *accessorium sequitur principale*, l'affaire quant à elle doit être renvoyée au tribunal civil.

1983. — Les tribunaux de commerce étant absolument incompétents en matière civile, il paraîtrait logique de décider que les tribunaux civils sont, de leur côté, absolument incompétents en matière commerciale [1].

Or cette contre-partie du problème de la compétence n'est pas acceptée. Il règne au contraire en pratique une opinion très ferme, d'après laquelle les tribunaux civils, étant tribunaux de droit commun, disposent de la plénitude de la juridiction, et possèdent ce que l'on appelle un germe de compétence même sur les matières de commerce.

Il est vrai qu'un commerçant, assigné devant le tribunal civil par un autre commerçant, peut en décliner la compétence, à condition de le faire *in limine litis.*

Mais s'il commence par conclure au fond, il cesse de pouvoir opposer l'incompétence, et le tribunal civil ne saurait d'office prononcer le renvoi. Deux commerçants peuvent ainsi, d'un commun accord, saisir le tribunal civil de leur différend, de même que dans leur marché ils peuvent d'avance introduire une clause portant juridiction de ce tribunal à l'exclusion du tribunal de commerce. Ainsi s'explique le nombre de procès commerciaux sur lesquels les tribunaux de droit commun se trouvent appelés à statuer.

1984. — Au surplus, cette interprétation est, dans son ensemble, assez critiquable. Non seulement elle crée entre les deux ordres de juridiction, lorsqu'ils sortent de leur compétence normale, une inégalité choquante. Mais elle paraît oublier que la création des tribunaux de commerce tient, à tort ou à raison, à la pensée que les juges civils n'ont pas l'expérience qu'il faut pour statuer sur les procès de commerce. Cette considération d'ordre public semblerait devoir exclure pour les plaideurs le droit de proroger la compétence des

[1] Il existe d'ailleurs un moyen très régulier de soumettre l'affaire, quoique commerciale, à la connaissance des juges civils. C'est de l'engager par la voie d'une saisie-arrêt, procédure d'exécution qui est du ressort des tribunaux de droit commun. — Ex. : J'apprends que mon débiteur, commerçant, est créancier d'un tiers, je fais opposition entre les mains de ce tiers, et je poursuis la validation de cette saisie devant le tribunal civil.

juges civils sur des matières qui, en réalité, ont été soustraites à leur ressort. (l. 16-24 août 1790, titre IV, art. 4 : c'était aussi le sentiment de Pothier)[1].

1985. — A la compétence *ratione materiæ* on oppose la compétence *ratione personæ*. Etant établi que l'affaire est du ressort des tribunaux de commerce, quel est, en l'espèce, sur le territoire celui de ces tribunaux que le demandeur doit saisir (à peine de se voir repousser par un déclinatoire *in limine litis*)?

Cette nouvelle question rentre dans l'enseignement de la procédure. Elle est tranchée par un texte important qui est l'*art. 420 C. proc. c.*

1986. — Au lieu d'être obligé de porter le procès (action personnelle et mobilière) devant le tribunal du domicile du défendeur (*actor sequitur forum rei*, art. 59 C. proc.), le demandeur a l'option entre trois tribunaux, qui sont : 1° celui du *domicile du défendeur* ; 2° celui de l'arrondissement *où la promesse a été faite* et *la marchandise livrée* ; 3° celui du *lieu du paiement*[2].

1987. — La règle est assez large pour s'étendre du contrat de vente au transport et à tous les marchés de commerce ; même à un contrat portant sur du papier ou sur des capitaux ; et jusqu'aux contestations entre un patron et son employé. Elle est vraie de tous les cas où les tribunaux de commerce ont compétence, hormis toutefois des procès en matière de faillite ou de société (n°s 216 ; 225 ; 875, 3° ; 1322).

1988. — III. **PROCÉDURE.** — Nous serons encore plus brefs sur les questions de *procédure* proprement dite (C. proc. c., livre IIme, titre XXV, art. 414 à 442)[3].

1989. — En matière de commerce, aucun préliminaire de conciliation en justice de paix.

Assignation donnée à un jour franc (et même d'heure à heure sur ordonnance présidentielle). Le défendeur ne signifie point de conclusions.

[1] M. Garsonnet (*Traité de procédure*, § 154) admet l'opinion qui prévaut en pratique, et qui est basée sur la plénitude de juridiction des tribunaux civils.

[2] Il va sans dire que, si les parties ont fait une élection de domicile (art. 111 C. civ.), elles ont pu saisir un tribunal d'autre arrondissement encore que ceux mentionnés par l'article 420.

[3] Il n'y a pas devant les tribunaux de commerce de procédure de référé. Il en est autrement en Belgique. D'après le sentiment général (Lyon-Caen et Renault, *Traité* 2e éd. I. n° 419 bis), on ne peut même pas porter en référé devant le président du tribunal civil les affaires commerciales urgentes comportant une solution provisoire. La loi part de l'idée que la juridiction commerciale est presque aussi expéditive. Mais on a d'autre part fait observer très justement que les ordonnances de référé étaient, soit par suite du refus d'opposition, soit à cause de la dispense de caution, plus rapidement exécutoires que les jugements des tribunaux de commerce ; ce qui a déterminé quelques auteurs à accepter l'extension aux matières commerciales de la juridiction du président du tribunal civil statuant en référé (Glasson, sur Boitard, *Leçons de procédure civile*, II. n° 1067, p. 523 ; Garsonnet, *Traité de procédure*, VII, § 1461).

Les parties peuvent comparaître en personne ou par le ministère d'un fondé de procuration spéciale, avoué ou autre. Devant les tribunaux importants, ce fondé de pouvoir est un *agréé*.

1990. — Les agréés sont des *mandataires judiciaires* (non-commerçants eux-mêmes), réunis, sous la surveillance du tribunal de commerce, en une corporation officieuse sans existence aux yeux de la loi. Ils sont en nombre limité, obéissent à une discipline et ont leurs tarifs propres.

Ainsi que leur nom l'indique, le tribunal a approuvé leur entrée en fonctions, généralement à l'occasion de la cession de charge consentie par l'agréé qui se retire au profit de celui qui le remplace.

Ils n'ont pas de monopole. La seule préférence dont ils disposent par rapport aux autres mandataires, c'est d'être affranchis de la nécessité de faire légaliser la signature du plaideur qu'ils représentent. Un avoué, devant les tribunaux civils, n'a pas à justifier du pouvoir du client, et de là la théorie du désaveu : or elle n'existe pas en matière commerciale [1].

1991. — Les moyens d'instruction admis devant les tribunaux de commerce sont des plus expéditifs.

On sait déjà que, dans les procès résultant d'effets de commerce, le tribunal statue habituellement dès la première audience, et ne prononce la remise que si l'exception alléguée par le défendeur repose au moins sur quelque présomption (nº 1322).

1992. — Dans les autres procès, les agréés n'ayant pas leur dossier complet, il y a lieu à remise. A Paris, l'affaire est inscrite soit à l'audience de semaine où l'on plaide par simples observations, soit à celle du grand rôle.

Elle est très souvent après les plaidoiries *mise en délibéré* (16,834 affaires sur 42,986 jugées en 1895 par le tribunal de commerce de la Seine), et, par mesure intérieure, son examen est confié à un juge qui, après avoir entendu les parties, rédige un rapport officieux. Ce rapport est soumis ensuite à l'approbation du tribunal ou de la section, et il forme les éléments du jugement à prononcer [2].

1993. -- Parmi les moyens d'instruction reconnus par la loi, il convient de citer :

1º Le renvoi à des *arbitres rapporteurs* (dans 9,366 affaires à Paris en 1895), qui concilieront les parties ou, autrement, rédigeront un rapport à entériner

[1] La règle de l'art. 60 C. proc. civ. d'après laquelle la demande en remboursement de frais, formée par un officier ministériel contre son client, doit être portée au tribunal où les frais ont été faits, ne s'applique point à l'agréé, puisqu'il n'est point un officier ministériel. Mais si ce client avait un intérêt commercial au procès, il serait justiciable envers son agréé des tribunaux de commerce, ayant fait, lui commerçant, un acte de commerce par la théorie de l'accessoire, en entamant et en suivant l'instance.

[2] On trouvera dans le livre de M. Houyvet, déjà cité, des indications pratiques intéressantes.

par le tribunal. Ces arbitres (qu'il ne faut pas confondre avec les arbitres-juges d'un compromis) prêtent leur ministère dans les procès de comptes ou de chiffres, et ils sont pris à Paris sur une liste que dresse le tribunal. Le tribunal de commerce peut aussi prendre l'avis d'un syndicat professionnel (l. 21 mars 1884, art. 6, al. 6);

2° La *preuve testimoniale*, qui est admise sans limite de sommes en matière commerciale (C. com., art. 109), l'enquête ayant lieu à l'audience même.

1994. — Cette liberté de la preuve testimoniale a son contre-coup sur les autres moyens de preuve, et elle en élargit la portée ; car :

a) La preuve au moyen de simples *présomptions de fait* est en matière commerciale toujours recevable (art. 1353 C. civ.); ce qui explique notamment la force probante discrétionnaire des livres de commerce simplement facultatifs ou des livres non tenus selon la loi (n°s 132 et 136) ;

b) La *pluralité des doubles* dans les actes constatant une convention synallagmatique n'est pas exigée dans le commerce, ainsi que le voudrait l'*article 1325* C. civ., l'original unique valant présomption de fait en faveur de son contenu ;

c) Le *bon ou approuvé* de l'*art. 1326*, écrit de la main du signataire, n'est pas exigé davantage dans un contrat commercial, même fait par un non-commerçant, et pour la même raison ;

d) L'écrit qui constate un acte de commerce fait foi par lui-même de sa *date* au regard des tiers comme dans les rapports des parties (donc sans les conditions de l'*art. 1328*), la date écrite étant supposée sincère et vraie, jusqu'à preuve du contraire ;

e) Les marchés ou traités réputés actes de commerce selon la loi, faits sous signature privée, quoique donnant lieu au droit proportionnel, sont enregistrés provisoirement au *droit fixe* de 3 francs : le droit proportionnel ne sera perçu que lorsqu'interviendra sur ces marchés un jugement de condamnation ou de liquidation, et seulement alors sur la partie des sommes faisant l'objet de cette condamnation (l. 11 juin 1859, art. 22).

Si la loi n'avait pas institué une faveur fiscale de cette nature, le plaideur se serait abstenu de produire l'écrit en justice; il aurait couru la chance de la preuve testimoniale, pour n'avoir pas à acquitter les droits sur la somme nominale du titre, somme souvent supérieure au reliquat formant l'objet de sa demande.

1995. — On retrouve devant les tribunaux de commerce, comme devant les tribunaux civils, le double *défaut faute de comparaître* et *faute de conclure* (avec des délais d'opposition différents, et la péremption par l'expiration de six mois possible du jugement dans le premier cas seulement) [1].

1996. — Les jugements des tribunaux de commerce sont *exécutoires par provision*, nonobstant appel. Sauf le cas de titre non attaqué ou de condamna-

[1] S'il est une question classique en procédure, c'est bien celle de l'unité ou de la dualité du défaut en matière commerciale, avec la conciliation des art. 436 C. pr. civ. et 643 C. com. Nous n'avons pas à nous y arrêter ici.

tion précédente, cette exécution provisoire n'aura lieu qu'à charge de donner caution (art. 439, C. proc.).

1997. — L'*appel* est porté devant la *Cour*, dans le ressort de laquelle le tribunal de commerce est situé : la pensée de constituer des Cours d'appel commerciales, dont les membres seraient nommés par les tribunaux et par les chambres de commerce, avait été émise il y a quelques années (proposition de M. Félix Faure), mais elle a été abandonnée.

1998. — L'appel est recevable pour les demandes excédant la valeur de *quinze cents francs* en principal, qu'elles soient principales ou reconventionnelles [1] ; — excepté dans ce dernier cas si la reconvention, portant sur des dommages-intérêts, est exclusivement fondée sur la demande principale elle-même, cas auquel il sera statué en dernier ressort sur ces dommages-intérêts, quel qu'en soit le chiffre (art. 639 C. com.).

1999. — Le délai pour interjeter appel est de *deux mois* à compter de la signification ou de l'expiration du délai d'opposition, suivant que le jugement est contradictoire ou par défaut (art. 645). Exceptionnellement, en matière de faillite, il est réduit à quinze jours (art. 572 ; nos 1535 et 1539) [2].

2000. — L'appel est jugé par la Cour comme appel de jugement rendu en matière sommaire (art. 648).

[1] Lorsque l'une des demandes, principale ou reconventionnelle, s'élève au-dessus de ce taux, le tribunal ne peut prononcer sur toutes qu'en premier ressort.

[2] Il va sans dire que le plaideur peut renoncer au bénéfice de l'appel. Si le jugement rendu contre lui porte sur un incident de compétence, cette renonciation résultera du fait, par le plaideur, après avoir succombé sur son déclinatoire, d'avoir plaidé au fond au lieu de relever appel immédiatement (le jugement sur la compétence est toujours susceptible d'appel, quel que soit l'intérêt pécuniaire du litige). — Cette situation se présentera moins souvent que devant les tribunaux civils. Car le tribunal de commerce, saisi d'abord de l'exception d'incompétence, peut joindre l'examen de cette exception à celui du fond, de manière à statuer à la fois sur l'une et sur l'autre par deux dispositions distinctes (art. 425 C. proc. civ.).

TABLE DES MATIÈRES

INTRODUCTION

PREMIÈRE PARTIE

DES COMMERÇANTS INDIVIDUS

DEUXIÈME PARTIE

DES SOCIÉTÉS

TROISIÈME PARTIE

DES BOURSES DE COMMERCE, SPÉCIALEMENT DES BOURSES D'EFFETS OU DE VALEURS

QUATRIÈME PARTIE

DES CONTRATS SUR MARCHANDISES

(Vente, gage, courtage, commission, transport)

CINQUIÈME PARTIE

DES CONTRATS SUR ARGENT ET SUR CRÉDIT

(Effets de commerce, avec les chèques, les warrants et les comptes-courants)

SIXIÈME PARTIE

DES FAILLITES ET BANQUEROUTES. — DES LIQUIDATIONS JUDICIAIRES

SEPTIÈME PARTIE

DES TRIBUNAUX DE COMMERCE

BAR-SUR-SEINE. — IMP. Ve C. SAILLARD

BAR-SUR-SEINE. — IMP. Vve C. SAILLARD.

www.ingramcontent.com/pod-product-compliance
Lightning Source LLC
LaVergne TN
LVHW021039011026
849160LV00007BA/108